金石文獻叢刊

八瓊室金石補正

三

【清】陸增祥 撰

上海古籍出版社

八瓊室金石補正卷八十九

太倉陸增祥撰　男　繼煇校錄

吳興劉承幹覆校

宋八

保甯等寺牒并使縣帖

高三尺四寸廣二尺八寸五分三列上列廿七行中列廿二行下列廿一行行字大小均不一行書在興平劉浴室院鐘樓記碑陰

中書門下牒京兆府
京兆府奏准勅分析
所管存留有無名額
僧尼寺院共陸拾壹
所伍拾柒所並各勝
任額數內興平縣肆
所並無額
一清梵寺
宜賜保甯之寺爲額
一西禪寺
宜賜淨相禪院爲額
一誌公塔院
宜賜多寶之院
一法花院
宜賜惠安之院爲額
牒奉
勅據分拆到先存留
無名額寺院等宜令
本府係□勝任得額
外其諸寺院各依前
項名額勒懸掛牒到
准　勅故牒
太平興國三年四
月三十日牒
中書侍郎平章事盧
右僕射兼門下侍郎平章事
□僕射兼門下侍郎平章事
右上列

使帖　興平縣　右准
勅命如前撿會昨准
轉運衙牒奉　勅命指揮仰
子細分析逐寺院見在殿宇房
廊功德佛像及僧尼人妓仰逐
處官員等利度內有合勝任得
勅額寺院乞奪別坐聞奏者
使司尋備錄帖司錄司仰一依
勅命指揮遍下管內廂界諸縣
仰子細分析無名額存留寺院
見在殿宇房廊功德佛像僧尼
人妓仰攢簇都大文帳申上續
據司錄司狀申據長等一十
三縣及左右廂司供申到准
勅命存留無名額僧尼寺院殿
宇房廊屋舍佛像及壁畫功德
僧尼人妓文帳　使司尋具
此繳連申　奏申　堂牒
轉運衙及申　大王訖今奉
勅命宜令本府除未勝任得額
外其餘寺院各依前項名額書
勒懸掛者事須帖本縣仰一依
降到　勅命指揮管界諸寺
院速便各勒逐寺製造額牌依
降到名額書勒大字了將赴衙
呈過各赴本寺懸掛無具知委
結罪文狀供申者
太平興國三年六月五日帖
觀察推官范　節度推官□
右贊善大夫通判軍府事楊
水部員外郎知軍府事奚
使武功郡王　賽
右中列

縣　帖保寍之寺
清梵寺准　使帖奉
勑冝賜保寍之□寺爲額者今
帖縣仰一依降到　勑命指揮
勒本寺製造額牌依降到名額
書勒大字了各將赴衙呈過歸
本寺懸掛蕪具知委結罪文狀
供申者
右准　使帖如前續准　使帖
指揮切緣諸縣例是各有寺院

若將牌上府呈過況當時暑又
緣去府往覆地遥仰立便指揮
管界寺院依降到名額各令如
法書勒大字了當只仰本寺院
便自懸掛不得更將上府申呈
者須帖本寺一依
勑命指揮降到名額製造額牌
如法書勒大字了便於本寺懸
掛仍具知委懸掛月日結罪文
狀申上以憑申

使不□□違者太平興國三年
六月二十日帖
守主簿權知縣事　彭
大宋天聖四年歲次丙寅
五月一日丙子
當寺賜紫沙門　呂　共
昔大宋慶厤三年五月
浴室院主　□海　同建
官表白僧　潛用　寺主僧□智　寺
尚座僧　守勤　維那僧楚玉
東京大相國寺僧惠詮書

安文晟刻
右下列
訪碑錄兩見一列太平興國三年一題浴室院鐘
樓記僧惠詮書並作思詮均誤也關中金石記亦作思碑下
列見昔大宋慶四字又有一寺字當是後來續刻
訪碑錄又有慶厤三年五月浴室院建鐘樓碑陰
記蓋即下方題字也此拓不全關中金石記亦無
全文
大佛巖題刻七段在簡州
吳元德等修像題名高二尺廣二寸六分二行行字不一字徑寸許正書

監修修□司吳元德承引官楊懷文同發心修粧
繹迦牟尼佛一座供養天聖六年十一月十一日表讚
訖

轉運使明鎬等題名 高三尺廣一尺二寸五行行字不一字徑一寸七分正書
益州路轉運使尚書□□□外郎直史館明鎬益州路
提點刑獄公事尚書都官員外郎驥按部簡池邂逅于
此陟降險阻疲頓軒馭納涼神宇命筆爲誌時景祐五
年歲次戊寅仲夏十有四日士龍題

慶厤殘題名 高三尺廣六寸二行行字不計字徑寸四五分正書左行在前刻之右
忝將漕 缺約五六字 由嘉眉陵簡而歸益部慶厤初元季冬

缺 郎宜□章氵 題
轉運判官□庶先題名 高三尺廣六寸七分三行行字不一字徑一寸五分正書
慶厤四年季夏初二日予今按自嘉眉陵簡還益都道
由宇文公神館益州路轉運判官太常博□□□ 缺字
庶先題

提點供奉官王釗題名 高一尺二寸廣二尺四寸十行行六字字徑一寸五分正書
慶厤四□□□後三日因按部自嘉眉陵簡還歸益部
陟此山高嶮峻人馬疲頓暫憩文王神宇益州路提點
諸州軍刑獄公事供奉官閤門祗候王釗公遠□

前溪劉松茂等題名 高七尺廣一尺六寸七行行字不一字徑寸五分許行書左行
前溪劉松茂弟松壽環溪張檢舉弟雲龍元祐癸酉六
月一日同贍古刻
癸酉爲元祐八年
大鄭宋京題詩并跋 高二尺二寸廣一尺三寸六行行字不一字徑寸許首行較大正書時帶行筆
大鄭宋公留題周文王廟詩
成都宋京宏父謁
祠壬辰仲夏月
徂西將帥念君王刻石巴山事渺茫千載衣冠付冥寞

路人無語奠椒漿
典章文物一朝完有子何憂霸業難□使阿堅生肉角
至今遺恨碧峰寒 武帝□缺阿堅
宋莫跋 高一尺七寸廣七寸八行行字不計字徑六分正書
缺五字 中從事時過此後周文帝祠留詩 缺四字 今廿七年
矣□詠典雅宜有神物護 缺六字 而墨色如新莫來□陽
安□丰 缺五字 覽前人題紀始見手澤感涕慨 缺四字
在龜石座凸處不容□刻曰摹鐫□□□脫風雨剝蝕
之患且爲新廟榮觀云紹興九年四月望日男右宣教
郎知簡州陽安縣主管勸農公事 莫書

据跋是政和二年所題至紹興九年乃刻於宇文

神祠

孔勗祖廟祝文

高二尺三寸三分廣二尺四寸廿三行行廿四字字徑七分正書在曲阜

祖廟祝文

維天聖八年歲次庚午三月甲寅朔七日庚申四十四代孫太中大夫行尚書司封郎中新授知單州軍州兼管內勸農及管勾開治溝洫河道事上柱國賜紫金魚袋勗謹率次代孫朝奉郎行左司監充龍圖閣待　制新授知鄆州軍州事兼管內河隄勸農同群牧使輕車

都尉賜紫金魚袋齋等以清酌庶羞之奠敢致祭于聖祖至聖文宣王惟　王體膺上聖道尊緜古歷帝師資群膺遺矩筵仕　聖朝策名藝圃無德以居惟聖是祐昔蒞縣封躬持脩脯自鮮銅章逮慶金組涉歲滋深之官旁午雖有子孫嗣守邦土恨違衮華徒瞻首顓旣陟郎蕓更直帝　宇覩荷　隆構少甯丹府紹慶門闕授之道輔　主上纘臨官崇遺補言路是開德音思普　召備諫垣日親殿廡　操履且嚴藝揮有槩上贊　皇猷下幹父蠱忠孝克孚鄉校不侮內閣進班　端闈布武得請　天宸試才汝游惟勗抗章再臨單父同別　縣境俱分銅虎輝耀鴻都歸選故磐林近五衢春融九鳳景物濕濕原田膴膴式仰　威靈奚勝鼓舞集是慶榮盍承訓詁乃竭精誠用絜罍鈃虔祭告辰丕昭　多祐勉惕之心弗窮覲禮以兗公顏子七十二賢二十一先儒配

尚饗　門人張籛辭　齋書　沈陞刻

將仕郎守兗州仙源縣主簿主管　廟事龢　太廟齋郎龠　太廟齋郎寬　將仕郎守將作監主簿竟龠已上並陪位

右孔勗祖廟祝文山左金石志所未載勗之事蹟

略見孔道輔傳碑所署銜史不一載道輔署銜惟龍圖閣待制見於列傳左司諫傳作右司諫其知鄆州事史亦不載史於明道二年之前云出知青州還遷兵部員外郎復出知許州此刻在天聖八年下距明道二年僅三載餘耳疑青州爲鄆州之誤撰文者張宗益字仲巽河南人見雲門山富弼題名內山左金石志云殆即熙甯初充遼國賀生辰正旦使者

重刻唐中書令張九齡碑

高八尺八寸廣四尺八寸五分四十行行六十字字徑一寸正書篆額四行題唐尚書右丞相中書令張

公碑十二字字長徑三寸許在曲江

唐故金紫光祿大夫□□令集□□□知□□修國

□尙書右□□荆州都督□□□□□都督上□國

□□□開下渤

銀青光祿大夫廣州剌□□□□□節充嶺南節

度支度營田五府經略觀察□□□□□□□□□

□□國公徐浩□□□

有□既□□□□□天□□□□□□□□□魏衛公

□格于皇天在　高宗時有□□□□□□□□□

□在　中宗□有□□□五□□□□□□□復宗社在

□宗時有若□□□□□燕□始興□張

□興□□王業夫以天柱將傾□□□□振綱目再

闢皇猷□□公□之公□□□□壽一名□□□□

□陽方□□□□□□□□□氏艮□□□□□稱

□□或相韓五葉或□□□□有大賢時稱盛族四

□祖□□禮隨□□□□□曾□□□□　皇朝

韶□□□□□□□□□□□□□□冑□州剌縣令

列考□□□□□□□縣丞贈太常卿廣州□督皆□

□□光力□□□□積高而□嶽□□而作霖雨□

□□□□□□□□□□□歲□□□太常府君憂柴

毀□□□□□樹數株連理王公方慶□□□□□年

十□□□□左燕公過嶺□□□章並深提□□□□

□□□□□□□□□郎□□期九所激揚□□□□

□有下等謗議上聞中書令李公□代詞宗□令□□

□□再拔其萃擢祕書省校書郎應道□□□□□□

□□□□□□□□□直言不協□□□□□□拂衣

告歸太夫人在堂承順□□□之至□里化爲始興

北嶺峭□巉絕大庾南谷坦然平□□□□□□□□

□□□□□□時行可方□□□□□□□□禮部司

勳二員外郎加□□大夫趙中書舍人封曲江縣男轉

□常少卿出冀州刺史□□□□□□□□□□□洪州

□□□州都督□□□□□嶺南按察兼選補使黜

免貪吏引□□□任□登能亮賢□事澤被膏雨介行

祥風屬燕公羨落斯□□□□□□□□□賢□□

副知院□□□□□□□排根窮栖歲餘深不得意渤

海□□□□□□□我王命思絕其詞中書奏章不愜

上意命□□□□□□□　上甚嘉焉卽拜尙

書□□□郎□知　制誥扈從北巡便祠□□□□

□□撰敕對　御爲文凡十三紙初無藁草

上曰比□□□□□□□□□□□佐之才今日□□

□□經術濟朕累乞歸養　上深勉焉□□□九皐
九章官近州里伏臘賜告給驛歸甯還中書侍郎丁內
憂□□尉□□□□□□南訃耐埊□塋□□圖
生嗌不容粒白雀黃犬號噪庭塋素□□芝菓植□龍
□□至者將有感乎既卒哭復遣中使□□本官同中
□□□□□□□□許爲辭□□□□□□命號
眺使者逼迫及至闕下懇請□□　手詔曰不有至
孝誰能盡忠壘□□□□□□之望□在□□□□□
□□□□□□□□□□□表賜□第一區　御馬
一尋選中書令集賢□令知□事□□□□公作相也

奏□擇元戎皆取頁吏不許入□罷賞戰功減諸軍兵
省年支賜言臣□□□□不□明年公奏籍□□□□
耕□□加□□□祿大夫□□□伯每天長節□□
□□□□□□□□□三卷述帝□□□袁爲鑒□□
□□鯁詞有死無貳彰善癉惡見義□□□□□□□
□□□□□□□□□□上極震怒謂其□□□□□
□□□□□□其罪當笞□□□本□□□□
上匹涕□遂寢其奏武貴妃離□儲君將立其子使中
使□私□□□□□廢也必將與爲□□□□□□□
□□□□輒□御史□□□□□□□卿裴佃先不

禮中官皆忤　上肯必□□□公全度焉□□節度
張公□□□降兩蕃斬屈突干□□□□□□□□□
□客以□軍□□拜□□□觸鱗固爭竟不奉　詔平
盧將安祿山入朝奏事見於廟堂以爲必亂中原固□
□□上曰卿以王衍知□□□□□□□□兵爲虜
所敗□□□請按軍令中留不行公狀諫曰穰苴出軍
必□莊賈孫子行令□斬宮□守珪所奏□□□□不
當免死再三懇□　上□不從□□□嘉運等上策
□□□□襄平西戎公以爲不可妄舉結後代讎□阜
王之化也　上又不納及羯胡□□□□逆命

元宗追歎曰自□□□□□□□□讜言發中使至□□
弔祭其先見之明有如此者學究精義文參微旨或有
興託或存諷諫後之作者□□□□上表論事事多樞
密入皆□□□□□□常以致　君堯舜□衡管樂
行之在我何必古人由是去循資□置採訪使收拔幽
滯引進嘉言野無遺賢□□闕政百揆時序庶工允釐
□□□□□□潛溝罷公爲尚書右丞相初不介意居
之坦然執憲者素公所用□奏權臣豕冠得罪借以爲
累貶荊州□□□□歲爲相萬邦底甯而善惡太分背
憎者衆虞機密發投杼生疑百犬吠聲衆狙皆怒毎讀

韓非孤墳涕泣霑□開元二十八年春請□□□歸五
月□□□□薨於韶州曲江之私第享年六十三
皇上震悼贈荊州大都督有司謚行曰文獻公粵來歲
孟冬葬於洪義里武臨原近□□塋□□□□□□□
□□譚氏循州司馬府君誨之子也淑慎宜家齋莊形
國珊環有節纂組皆工幼作女儀長爲內則太夫人樂
在南國不欲北轅克勤□□□□□□□□□□月
六日終於私第春秋七十七書哭闔門日月□□同塋
異穴卜兆從宜公仲弟九皐宋廣襄三州刺史採訪節
度經略等使殿中□□□□□□□□□等州刺史鴻臚

卿□金拕紫三虎爲榮立德行□□□□□□□拯□
喪以孝聞立身以行著蹈在寇逆不受僞官及收復兩
京特□□□□□□□□□□善大夫孫藏器河
南府壽安尉□保先□□□□□□□侍御史抗文
吏雅□清公賢操以兄拯早世姪藏器幼孤未□□
□□□□□□□□□揚世父之美浩義深知已
眷以□章禮□□□□□□□德無媿其詞銘
曰
鳳生丹穴鵬翥南溟天垂粹氣地發精靈□□□□□
□□　庭甫稱降神說表騎星學究經術文高宗匠

再掌司□□□□□□□□□□□□　□綱允
鑾帝宋惟亮退居右揆出守南□□□□□□□□□□
□瞑猶視雖歿如生昭昭令名千古作程
長慶□□□次□□七□癸丑朔□□□□□□□
□□□□節度判官監察御史裏行仲舉建立
曾孫承奉郎虔州下泐不知幾字
墳塋□□北去□□□□□□□□□□□
□□□□□復同句□立　元□□□□進士□
新□元孫鄉貢進士下泐不知幾字
承務郎試秘書省校書郎守韶州曲江縣

令□□□篆額　韶□□□□□□□□□□□
士□試□□省校書郎下泐不知幾字
朝奉郎尚書屯田員外耶知韶州軍州兼管內勸農
事三□□□刁湜重建　皇宋天聖□□□□□
□立石於曲江之下泐
右張九齡碑校唐書列傳所載大節多同而時時小
異傳云壽六十八碑云六十三傳自左補闕改司勳
員外耶碑云遷禮部傳言張說卒召爲秘書少監集
賢院學士知院事碑云副知至後作相遷中書令始
知院事其載張守珪請誅安祿山事傳云九齡判守

珪狀碑云守珪所請留中不行而公以狀諫然其爲語則略同碑長慶中立薨在開元二十八年至長慶三年實四十八年所傳或有同異至於年壽官爵其子孫當不謬當以碑爲是也集古錄跋尾

唐中書令張九齡碑廣州刺史嶺南節度使徐浩撰并書九齡字子壽一字博物韶州曲江人開元中官至中書令罷爲尚書右丞相貶荆州長史謚曰文獻碑以大秝中撰書長慶三年刻石集古錄目

歐陽公集古錄云云今攷之浩撰碑時爲嶺南節度使在大秝閒距曲江之卒未遠至長慶中其家始刻

石耳劉禹錫讀曲江集詩序以爲曲江燕翼無似終爲餒魂而碑載公嗣子拯孫藏器碑後又載曾孫敦慶元孫景新景重然則曲江爲有後矣不知禹錫何所據乎碑又云公一名博物而史不載金石錄

右中書令張九齡碑大秝中文獻之猶子抗爲殿中侍御史請徐季海製文書之距文獻歿已廿餘年至長慶三年抗之從子仲舉始立石今所存者宋天聖八年知韶州刁湜重刻本也碑在文獻墓前乙未夏予按試曲江募工拓而裝之文多剝落以術推之癸丑朔乃長慶癸卯之七月也湜昪州人兵部郎中衎之子登進士第官屯田員外郎史不載知韶州事潛研堂跋尾

碑在曲江縣所載祿山入奏九齡以爲必亂中原與涑水通鑑不合通鑑據舊唐書作祿山敗績執送京師時語攷元宗實錄守珪奏祿山失律請依軍法決斬許之祿山臨刑抗聲言曰兩蕃未和忍殺壯士豈爲大夫謀也守珪以祿山當捷於擒生聞其言捨之以聞是實錄不謂執送京師也曲江集敕守珪云宜且停舊官令白衣將領卿更審量本狀隨事處之是遥敕守珪處分之辭若既執送京師而後捨之則敕當云停舊官放還白

衣將領何以敕不言放還而言卿更審量耶据此則祿山未嘗執送京師九齡見之當從碑在入奏時爲實通鑑不從者蓋未見拓本第因祿山事迹九齡語裴光庭之誤考異祿山事迹云二十一年守珪令祿山奏事中書令張九齡見之謂裴光庭曰亂幽州者此胡也校光庭二十一年卒是冬九齡爲相公與光庭語誤遂并入奏事刪之耳碑云五月薨而通鑑云二月是未見碑本之證也廣東通志

碑立於天聖八年在歐陽公集古錄之前不知歐趙二家所見者唐刻耶宋刻耶朱長文墨池編云中書令張九齡碑徐浩撰并書長慶三年立則固唐碑矣

而此碑不著書人姓氏字雖出摹勒字法頗與徐似則亦粵東古刻矣粵東金石略

碑爲宋代重刻世字不避寫从旦从虎之字亦不改筆則亦宋人所重書也文多剝泐唐書宰相世系表九齡四世祖守禮隋塗山丞曾祖君政韶州別駕祖子胄剡令父宏愈索盧丞可据補碑文先世之缺表又云隨晉南遷至君政因官居於韶州曲江碑文皇朝韶下所缺當述其占籍之事表載九齡之子拯右贊大夫傳云賊平擢太子贊善大夫碑文善大夫上所缺當是太子贊字表載其孫

藏器長水丞與碑言壽安尉者不符曾孫敦慶袁州司倉參軍碑於曾孫承奉郎見虔州字亦不相元孫景新不言出身而碑有進士字景重洪州諸督府參軍而碑見鄉貢進三字或立碑時未任參軍也表載來孫以下八十一人夢得燕翼無似之語殆以拯之早世而言特未可遽稱餒魂耳其餘缺字有可据史傳知之者如鄉無以王術知石勒而害忠良之類

廣元千佛崖□氏造象記

高存一尺七寸廣六寸五行行字不一字徑六七分正書在廣元

□□弟二十□指□□二□□泐□□□□□氏合家
□□口爲所生父母重缺□儁一龕共一十八身意乞
兩地骨肉安康□缺吉時大宋天聖九年辛未歲三月
□□日淸缺□□□□□□□□□福祐

放商鹽頌

高五尺八寸五分廣二尺四寸五分十六行行五十四字分書在解州

皇宋放商鹽頌并序

朝請郎守尙書度支員外郎充集賢校理知解州軍州兼管內勸農提點兩池鹽場事輕車都尉賜緋魚袋借紫張仲尹撰

睿聖文武體天灋道仁明皇德皇帝纘臨大寶承天之序昭顯令悳綏民丐中英聲茂實靡不攸暨萬務成憲底丐大寧乃眷解梁沃饒近監鬻鹽之役人用告勞日屆月諸奏牘交委　上知而憫之乃擇大臣中孰於利害者議定可否以聞繇是參酌古今考詳微隱列狀而上　僉以放商爲便翌日頒　詔自式京而下數十州罷總榷之法於入官之直止取其□餘之羨剩歸於民間命令既行公私咸利　細商巨賈雲屯櫛比千艘萬軸水行陸進出納之數晝夜無窮於是解之民無少長蹈儛稱慶更相□日禁网既緩爲一定之制咸別

滋味用廣貨□必而令而後絕蕩離之患保父子兄弟
守先人舊廬無非辜無濫刑朞終天年以續世緒熙熙
然□太平民也守臣仲尹聞而美之曰
聖人在於上非專利於□而與民共其利非利於壹時
而利於千古也孟子曰亦有仁義而已矣觀斯□是謂
發明王道抑薄霸業□□□□王常行之典也書云知
之非艱行之惟艱其是之謂矣　我皇帝
四葉　明　三聖□除昔弊澄清化源敢謂
□□□之微而得王道之深矣俾焦慠之俗踏華胥之
樂反怫鬱之氣協冲一之和見之　今日矣下臣醺醲

聖謨沐浴醲化嗟歎不足敢揚頌聲辭曰
惟　皇御極欽崇儉德稽古行道體天立則乃眷解梁
孕茲寶澤出若彼注□如山積歲運四須日勞民力道
聖之上晝夜不息車□□□□程窣雲首尾相貫上下
成羣輦于太倉在河之濆昔責峻厲怨讟紛紜貧隨産
蠲名由籍存飛章疊至　睿聽升聞爰命法□□
□□□宏停總榷俾臻闤闠惠民之餘實邊為大官□
維弍商獲其倍舟運車□輸金納賄普率之下公私咸
賴　聖念日臧德音□□□□□國利我于商彼

□尙霸我尙于王率由中衢表□　皇綱邊濱反□
超虞邈唐形諸頌聲勒石流芳
趙郡□□□□
明道二年歲在癸酉夏六月甲午朔十一日甲
辰建　儒□郎試秘書省校書郎監解縣鹽池
兼知縣事梁堅書　汾陽郭昌刻
右放商鹽頌碑張仲尹撰梁堅八分書未見箸錄
碑裂為三此合而拓之殘泐無幾弟九行我皇帝
下缺四字四葉下缺一字弟十行令日上缺一字
皆拓本破損空以俟補案玉海云山海經景山望

鹽販之澤郭景純曰即解縣鹽池也地理志曰鹽
池在安邑西南許愼謂之鹽鹽宿沙煑海謂之鹽
河東鹽池謂之鹽池西又有一池謂之女鹽澤在
猗氏故城南春秋成六年晉大夫曰郇瑕地沃饒
近鹽唐地理志河中府安邑有鹽池與解為兩池
此兩池之名所自昉也宋史仁宗紀天聖八年八
月詔盛度等詳定解鹽法悉罷三京二十八州軍
榷法聽商人入錢貨京師而受鹽于兩池民甚便
之又玉海云天聖初置司議茶鹽利害因言解鹽
兩池舊募商人入錢在京榷務乾興初歲入緡二

十三萬緡視天禧損十四萬請罷之令入中並邊芻粟久之復令入錢於京從商人所便而民困轉輸至是上書者言禁鹽利微而害博請聽通商八年八月丙戌命學士盛度中丞王隨詳定鹽法利害度等上通商五利十月丙申詔除解鹽禁行通商法聽商旅入錢若金銀在京榷務受鹽兩池人便之九年十一月十八日度言在京鹽院請權罷輦運明道元年十二月二十三日命三司李諮與學士度隨同議通商之法碑所謂式京而下數十州罷總榷之法者郎此事也惟碑云入官之直止

取其□據頌辭當是一字餘之羨剩歸於民間此稅課之則史未詳及耳文獻通考云兩池積鹽爲阜其上生木合抱數莫可校碑故有□如山積之語又云復禁永興同華耀河中陝虢晉絳慶成十一州軍商鹽官自輦運以衙前主之自禁榷之後量民之厚薄役令輓車轉致諸郡道路糜費役人涓產不能償往往亡匿關內騷然此明道後復禁時情形而未弛榷禁未罷輦運之先當亦相同碑故有鬻鹽之役人用告勞及貲隨產蠲名由籍存之語惟所謂歲運四須者則亦未詳其制耳蓋先是官鬻

鹽而民困於輦輸一罷其法商賈流行自來官與民爲市鮮不貽害於民者聽民自運而平估收直至爲良法宜其有頌聲作也乃不久而漸增其直復令入中他貨於是猾商賕吏朋比爲姦虛估賤售弊滋而私因以耗勢不得不復舊禁法非不善不得其人耳逮後蔡京變法而解池美利直等糞壤可勝歎哉史仁宗紀天聖二年十一月戊戌上尊號曰聖文睿武仁明孝德皇帝明道二年二月丁未上尊號曰睿聖文武體天法道仁明孝德皇帝秋七月戊子讓尊號睿聖文武四字此碑立於

六月尚在未讓尊號之時故猶冠以睿聖文武之稱張仲尹史無傳梁堅名亦不見頌辭下行末有趙郡等字當是立石人姓名而已泐矣

孔道輔祖廟祭文　高二尺廣三尺二寸四分廿六行行十八字字徑七分後銜名三行小字字數不等正書在曲阜

祖廟祭文　道輔撰

維景祐二年歲次乙亥六月癸丑朔九日辛酉四十五代孫龍圖閣直學士朝請大夫右諫議大夫知兖州軍府事兼管內勸農使及管勾仙源縣景靈宮太極觀提舉兖鄆濮齊州清平軍兵馬衣甲巡撿公事上輕車

都尉魯郡開國侯食邑一千一百戶食實封貳伯戶賜
紫金魚袋□謹以清酌庶羞之奠敢昭告于
祖聖至聖文宣王□早持邦憲興淮城方數月閒遷
守徐域　大君之惠樂諫旌忠亦以
祖聖慶餘能守直道不寘於法儒者進則事
君退則事親忠孝之道　祖教之本後嗣弗能守其
孰能行之昔曾子耕山無祿能事父母今□位爲大夫
權任方面　嚴父慈母不能歸養豈　聖意乎因
西鄉拜章　天從其欲　詔守故魯對敭　休
命且厚於親者薄於位深於道者淺於利脩其身者尊

其祖明於禮者先乎祀□不佞敢事親守道恭祖致祀
將無忝　祖聖之慶夫日月之運天地之久不言之
化也賛日月之明合天地之功言成其化者　祖聖
之教也　明天子北面事之如親弟子禮固不假後
昆辭而尊之然后爲貴也今授魯之政至治之初灑埽
祠壇蠲潔牲幣粢盛庶品祈事厥誠惟福流於親
益永其齡以究公願子七十二賢二十一先儒從祀配
神尚饗
將仕郎試秘書省校書郎張　□奉　命書　沈
昇刻

將仕郎前守徐州彭城縣主簿□將仕郎守將作監
主簿□將仕郎守國子監主簿襲封文宣公□朝奉
郎行太常寺太祝□宣德郎行太常寺奉禮郎□
通奉大夫守秘書監分司南京主管　祖廟事上柱國
會稽縣開國伯食邑八百戶賜紫金魚袋　勗

右碑文及題銜凡二十八行字徑八分案宋史孔道輔本傳載明道二年十一月召爲右諫議大夫嗣以爭廢后事出知泰州景祐元年徙徐州碑稱早持邦憲興淮城方數月閒遷守徐域是也傳又云景祐四年徙兗州近臣有獻詩百篇者執政請除龍圖閣

直學士帝曰是詩雖多不如孔道輔一言乃進道輔龍圖閣直學士今據碑是景祐二年知兗州因祭祖廟且系銜已有龍圖閣直學士其乞養一事亦史傳所闕載末列銜名三行名勛者道輔之父故書體較大別爲一行曰輔彥輔皆道輔之弟宗翰乃道輔之子見本傳宗愿宗亮皆其從子也山左金石志

案孔氏祖庭廣記四十三代孫仁玉三子曰宜曰憲曰勛宜襲封文宣公四十五代延世四十六代聖佑無嗣以延澤之子親堂弟宗愿繼世宗愿字子莊以國子監主簿襲封文宣公是爲寶元二年

今此碑立於景祐二年已稱褒封文宣公則廣記
所載爲誤矣

八瓊室金石補正卷八十九終

八瓊室金石補正卷九十

太倉陸增祥撰　男　繼煇校録
吳興劉承幹覆校

宋九

浯溪題刻三十九段在祁陽

陳統詩景祐五年萃編已載

祠部郎中祠誤刑并脫郎字　三百年來三誤作正翰灑缺灑字

陳統詩正書十七行字數不齊詳案詩十二行行十字前後不等在磨崖間浯溪新志遺去前一詩而以後次山舊隱一首屬之書人鄭紘謬甚又羣山合作羣山在皆當以

石刻正之古泉山館金石文編

宋史兵志有內殿直有散祗候各有都虞候指揮兼同提刑無攷進士周賁於元祐三年刻華嚴岩張綬題名宋此所刻者成戩等題名也金石諸家皆誤系於張綬題名後去仁宗景祐五年凡五十一年此人豈自少至老爲進士且專爲人刻字邪疑此人後來題賞重刻細審進士鄭紘之下剝蝕數字其第一字似元字則或元祐時所刻也金石審

萃編闕譌校補如右又鄭紘一行石本在後王氏錄之於前亦非又提點下通志承志作刑獄二字

提刑不言何路陳統名亦不見於官志又因訪古
之因省府志均作思審之似不誤然已沕矣至詞
源均作原則志之誤也水旁上兩點已殘損却似
原字

運判宋□殘題名存八行行十一字字徑七八分行書

東□□□□□□□□□□搆□□□□□□□□□
中藏□樹□居□□□出遊則□□□□不□□勝也
僕自春陵□道過此久不能去因識歲月□厤八□三
月初九日□□□□轉運判官□□□□□□□□宋□
□題

右刻在磨厓石壁爲李若虛磨去改刻其詩僅存
四十字行字疏落筆致朗潤惜不得其全矣厤上
是慶字尙有下半夊字可辨此刻前人未見

王忢咼題名高廣不計一行十九字字徑五分古篆書

皇祐辛卯歲中冬廿有弌日河
南王忢咼因宴題

皇祐辛卯歲中冬廿有弌日河南王忢咼因宴題釋文

右古篆一行刻於修復浯溪記元友讓詩碑後仁古
文作忢从千心嚋篆文作𠷎或作咼並見說文因古
文國古文四聲韻云出義雲章然以仁嚋爲名文義
似不相屬或因嚋字从壽作咼竟借爲壽字亦未可
知古泉山館金石文編

[illegible]本王存乂切韻卯石經作[illegible]此小變其形
[illegible]見汗簡云出諸家碑國作[illegible]見義雲章古
亦以爲方字[illegible]本華岳碑[illegible]本義雲章切韻

狄青題名高三尺五寸廣二尺三行行十三字另二行行字不等字徑二寸五分正書

皇祐壬辰孟冬儂冠復邕管宣徽南院使彰化軍節度
使狄青奉　詔致討明年季春朔凱旋過此
□□石州軍事推官掌機宜武緯
大理寺詳斷官太子右贊善大夫掌機宜馮炳從行

右狄青題名正書五行在浯溪磨厓右攷廣源州蠻
儂智高於皇祐四年四月反五月陷邕州及橫貴等
八州圍廣州嶺外騷動楊畋安撫久無功乃命孫沔
余靖等討賊仁宗猶以爲憂時狄青以彰化軍節度
使知延州權樞密副使上表請行乃改宣徽南院使
宣撫荊湖南北路經制廣南盜賊事置酒垂拱殿以
遣之時智高還據邕州青出奇兵大敗智高遂遁去
復爲樞密副使遷護國軍節度使河中尹還至京師
帝嘉其功拜樞密使事詳宋史及東都事略今廣西
嶠桂有大宋平蠻碑及平蠻三將題名皆其事也據

三將題名靑以皇祐五年正月破賊二月班師至桂林詔換河中旌節召還樞密與此云季春朔凱旋過此正合後有武緯馮炳二人並云掌機宜宋制招討使得奏辟隨軍書寫機宜文字此靑之從官也亦見三將題名儂智高者平蠻碑云賊之巢穴曰廣□州交阯之附庸也父爲交阯所戮遂棄其州奔南蠻界中僭號自名其居曰雲南道又曰南天國再名其年曰景瑞曰啟厤云古泉山館金石文編

石州上當缺二字通志永志均不言其缺殆非以三將題名證之非權攝即前權也覆審拓本石上權字下半可辨其上一字則無一筆存矣贊善二字尚可辨從行二字則漫滅已盡據志補之　又案祁陽志載此邕下多一桂字度誤作渡詔致討誤作部勅封季春下脫朔字石誤作右大夫上多中字皆誤

柳拱辰等題名高三尺三寸二分廣二尺三寸二分五行行九字字徑三寸餘正書

皇祐六年甲午歲正月廿一日尚書職方員外郎知永
州柳拱辰同尚書駕部郎中分司周世南祁陽縣令齊
術遊此

浯溪東崖有柳拱辰題名正書五行字徑二寸許方輿勝覽云柳拱辰其先靑州人五季避地荆楚爲武陵之靑陵人年六十即有挂冠之志刱亭於靑陵館名橋曰歸老案曾鞏元豐類藁有歸老橋記爲拱辰作也洪邁容齋五筆謂拱辰以天聖八年王拱辰榜登科殆應辰之兄明統志載拱辰通判鄂岳州有惠愛弟應辰子平猷等相繼擢第人號武陵五柳容齋五筆又載蔣世基述夢記云至和三年八月知永州職方員外郎柳拱辰受代歸闕祁陽令齊術送行至白水夢一儒衣冠者曰我元結也今柳公游浯溪無詩而去子盍求之覺而心異之遂獻一詩柳依韻而

和云云今拱辰詩未見僅於石門西北面尚存銜名二行其前已爲後人磨去或刻或即詩之結尾歟皇祐六年即至和元年是年三月始改元題名刻於正月故稱皇祐六年拱辰尚有至和二年六月淡岩題名九月朝陽岩題名十一月華嚴岩題名又三年二月建柳子厚祠堂記俱在永所作則八月去官之說是也同游者有祁陽縣令齊術亦與述夢記合術平樂人皇祐五年宰祁陽期月建三絕堂於浯溪孫適爲之記殆亦風雅好事居官而知所先務者也周世南祁陽人登大中祥符元年進士曾以虞部員外郎

知郴州此題名銜云尚書駕部郎中分司後又有詩一首署銜與題名同而改分司爲致仕攷分司致仕者例得從便居住則分司猶致仕也時世南辭官家居與守令同游而列銜在邑令之上可見宋時鄉宦之重縣志謂世南篤學有氣節以持議忤王欽若致仕又載其遺事云少聘董氏女未婚喪明登第女父請改婚父貽書問之世南曰人生配偶有定分始全終廢天也卒娶瞽女爲婦士論高之則世南固亦卓然樹望於搢紳中者古泉山館金石文編

萃編誤以爲岱岳觀題名因重錄之題名在皇祐

六年柳拱辰已稱知永州則永志謂以至和二年任者誤祁陽志廿作二十令上脫縣字

柳拱辰殘刻高一尺二寸五分廣九寸三行行六字字徑二寸許正書

□月二十一日尚書職方員外郎柳拱辰書

右柳拱辰題名正書二行在石門西北面石上古泉山館金石文編

通志永志載此缺月日一行

周世南詩高一尺二寸四分廣一尺八寸八分十行前四行行七字銜名一行十一字詩存五行行八字字徑一寸五分正書

浯溪崖碑辭筆精妍景物奇峭輒成五言四韻詩一首紀題　尚書駕部郎中致仕周世南

壁立石青蒼隣溪復枕江刋銘傳不朽文筆老無雙怪樹森圓幄□□奇□幢奇蹤□異景下缺

右周世南詩正書十行在石門西石上後二行已漫漶末句爲人磨去改刻僅存末二行浯溪新志未載古泉山館金石文編

省府志載此詩筆誤語銘誤名省志不誤文誤縱老誤記并缺樹幄奇蹤四字第九行末一字似聳姑从志注寄字於旁周世南已見前附前刻之後

郭祖□題名高一尺二寸七分廣二尺五行行四字字徑二寸許正書

至和三年丙申八月二十一日游此福昌郭祖□題

右郭祖□題名未見箸錄至和三年即嘉祐元年九月改元故八月猶書至和也

潘夙題名高一尺六寸廣一尺二寸四行行四字字徑一寸八分許正書

新江東提點刑獄潘夙嘉祐丙申經此

潘夙題名正書四行在浯溪厓上攷宋史潘夙字伯恭鄭王美從孫也自天聖中上書論時政授仁壽主簿歷知韶州擢江西轉運判官提點廣西湖北刑獄遷轉運使徙知滑州改鴻北轉運使知桂州謫監隨州酒稅起知光化軍易端州刺史再遷鄆州召對稱

旨還司封郎中直昭文館復知桂州徙河北轉運使
歷度支鹽鐵副使知河中府又嘗知潭州再遷光祿
卿知荆南鄂州卒年七十題名云新江東提點刑獄
乃新除江南東路之提點刑獄而傳未之及丙申爲
嘉祐元年即至和三年也是年九月改元嘉祐夙題
名不書至和而書嘉祐當在九月以後此刻前人未
見古泉山館金石文編
余嘗於四朝聞見錄諸書見太祖初入周宮武士持
周主幼子將出太祖顧潘美美力言不可誅太祖即
以屬美美收養之冒潘姓潘夙實其所存遺裔之子

也此事君臣祕密幸得保全於太宗之世太祖之仁
至矣永州府志越峴山房史信
余洵直題名高一尺二寸二分廣一尺三寸三分六行行五字字徑二寸四五分左行正書
新儀眞司民余洵直君儀侍　親按永先還艤舟登此
嘉祐丁酉五月晦題
右余洵直題名正書六行左行在峿臺左古泉山館金石文編
文云侍親按永則其親當是官荆南者而通志職
官仁宗朝並無余姓其人莫可攷矣丁酉爲嘉祐
二年
米君平題名高一尺廣一尺一寸五行行四字五字字徑二寸正書

米君平會盧臧吳克謹食嘉祐二年六月九日臧題
右米君平等題名正書五行在峿臺左前人未見古泉山館金石文編
盧察詩高一尺五寸廣一尺九寸九行行字不一字徑二寸後三行較小正書
留題浯溪
太子中舍知蒙州盧察
□後敵名人始貴眞卿筆札次山文二賢若使生同世
□□□悲不放君
天聖辛未九年八月作嘉祐丁酉二年□月男臧上
石

右盧察詩正書九行在磨厓碑之巔峿臺之左前人
未見古泉山館金石文編
盧察再題詩高二尺一寸八分廣一尺五行行字不等字徑一寸五分許正書
再題浯溪
殿中丞盧察字隱之
逆孽滔天亂大倫忠邪淆雜竟何分欲知二聖巍巍力
止在浯溪一首文
明道元秊作嘉祐二年十二月男臧上石
右盧察再題浯溪詩正書五行不齊在峿臺左前人
未見古泉山館金石文編

案盧藏嘉祐中爲永州司理河内人（金石審）

余靖題名（高不計廣一尺五寸四行行十二字字徑二寸許正書左行）

嘉祐庚子再（授）命充廣西體量安撫使俻（禦）蠻寇
明年春巳事而旋尚書（吏）部侍郎集賢院學士余靖題

余靖題名正書四行左行在浯溪磨崖石庚子乃嘉祐五年攷宋史是時交阯與甲峒蠻合兵寇邊又蘇茂州蠻寇邕州乃以靖按撫廣西先是儂智高反靖方丁父憂即喪次起爲秘書監知潭州詔委經制廣南西路儂寇平遷給事中御史梁蒨言賞薄又遷尚書工部侍郎狄青及諸將班師獨留靖廣西禽智高母子弟致闕下加集賢院學士故題名云再授命也史言遷工部侍郎而此云吏部殆其後又轉此官而史未詳及也廣西臨桂有靖嘉祐五年晦日題名署銜稱廣南西路體量按撫使副此無副字亦後來轉官史亦未詳其廣西事旋之歲月據此可以知之此刻前人未有箸錄者（古泉山館金石文編）

案安撫瞿木夫誤作按撫（金石審）

右刻在碑亭中爲横板所隔分上下兩截拓之每行缺一字據志補入余靖字安道韶州曲江人史敘安撫事云交阯蠻申紹泰寇邕州殺五巡檢復命安撫廣西至則召其用事臣費嘉祐詰問答以近邊種落相侵誤犯官軍願悉推治還所掠及械罪人自贖靖厚賜遣去遂不復出擢工部尚書知廣州代還此題名云已事而旋則安撫事竣靖即去桂尚在未知廣州之前亦尚未擢工部尚書也史傳漏敘一節矣特未知去桂之後又曾爲何官耳靖又有嘉祐五年九龍巖題名安撫使下亦有副字宗氏謂銜稱使副葢合賈師熊而省書必靖使而師熊副也竊意龍隱巖一刻亦係合下而省者未必史所漏敘惜未得拓本一審之

楊巽詩（高不計廣一尺九寸左五行行存六字年月一行十一字字徑二寸許正書左行）

尚書職方員外郎知衡州楊巽
長安失馭頌聲沈（天寶十年□□□□□□）作者誰能刻翠岑大業
盡歸文老筆（次山□□□□□□□□）中興還死叛臣心天邊奎璧
垂芒冷溪上龍蛇倒影深（元次山作頌顏魯公磨崖書在浯溪之上）當日形
容播金石洋洋千載有遺音
皇宋嘉祐七年九月十一日

右楊巽詩正書七行左行在浯溪厓上前人未見楊巽衡州府志遺載（古泉山館金石文編）

右刻不全前五行上截已爲梁恭辰劖削替以已

刻而恭辰名已涉漫滅近聞又爲人磨去矣碑所缺處據志載補之通志已載此刻而楊冀知衡州仍未補入官志不出木老手也芒永志誤作茫冀祁陽志作巽此下多一題字

嘉祐八年殘詩刻 高存二尺二寸五分廣三尺一寸詩四行行存五字字徑三寸六分記存四行行字不一字徑二寸俱正書

缺□夏過浯溪缺重來爲賦詩缺唐朝事興癈缺斷案是斯碑

缺祐八年仲冬望日□□缺國解印横□易□□□

缺侍叔叔□□殷明年洎與缺德寶□□□曉□舟

右嘉祐八年詩正書八行在唐亭東厓下方石之北面其東面即黃山谷與長老新公石刻後四行字較小上數字爲一大樹傍石壓掩不可見此刻前人未收錄金石文編

第一字是夏湖南通志作夜非餘亦有舛錯石極曼患後四行行首亦未全

王世延等題名 高一尺四寸廣一尺二寸七行行六字字徑一寸四分正書

王世延曼卿李脩損之侯絢□素張績公紀鞏固固道邱昉晦之同遊熙甯戊申十二月衡霖□□題

曼卿等題名正書六行在浯溪厓上前人未見古泉山館金石文編

通志永志缺譌甚多據石校正而錄之瞿氏未見首三字故有石曼卿之疑戊申爲熙甯元年鞏固名見治平丁未鞠拯等朝陽岩題名亦見於熙甯二年宋昭遊浯溪題名

毛抗詩 熙甯二年七月萃編已載

□南 南上失一格 毛抗 字缺毛 汙我 字缺汙 磨崖 字缺磨 僻南地 南缺字 詩傳 字缺詩 播夷夏 二字缺播夷

右毛抗詩正書十一行在磨崖趙楷詩後毛抗浯溪新志作吳杭僻南地作在僻地自爾作自是皆當正

之古泉山館金石文編

萃編缺誤校補如右南上當是湖字尚隱約可辨磨字下半石字尚分明上半亦有形模而省府志均缺并缺中興上唐字永志外郎上多員字俱誤又詩傳下一字志均作入字審之似是洛字雖未敢遽定而决非入字也毛抗夏杲志職官失載嗣見縣志載此詩毛誤作吳久不復作不久復大節□時□作大筆時縱横瓊□英作飛瓊英□雲作雲烟僻南地作在僻地自爾作自是□傳入□夏作名傳播夷夏人神聽作神仙聽或作本因覆

審拓本惟播夷夏三字爲可信乃復補之

宋昭邈題名萃編已錄

十二日缺十字

右宋昭邈等題名正書五行在磨厓左李公度浯溪新志作李公波古泉山館金石文編

祁陽志度誤作渡

柳應辰等題名高一尺二寸三分寬一尺九寸五行行字不等字徑一寸六七分正書

都官員外郎柳應辰明明　大理寺丞楊傑英甫　攝

福州司戶吳栻顧道

熙甯六年十月二日同遊

右柳應辰題名正書五行在石門西古泉山館金石文編

楊傑別有澹岩題名後此一年萃編著錄王氏謂非即史傳所載之楊傑以自署英甫史稱字次公彼題自署華陰史稱無爲人皆不合也

柳應辰押字題記詩拓本高二丈八寸廣一丈一尺六寸押字長八尺餘上題字十八行行四字字徑二寸五分正書

夬

押字起於心心之所記人不能知大宋熙甯七年甲寅歲刻於浯溪之石尚書都官員外郎武陵柳應辰明明

浯溪石在大江邊心記閑將此處鐫向後有人來屈指四千六百甲寅年

予頃因見鄂州南樓土中磨厓碑其一刻柳字下一字不可識後訪得其人名應辰而云是唐末五代時湖北人也既載之四筆中今始究其實柳之名是已蓋以國朝寶元元年吳溱榜登甲科今浯溪石上有大押字題云押字起於心心之所記人不能知大宋熙甯七年甲寅歲刻尚書都官員外郎武陵柳應辰時爲永州通判仍有詩云浯溪石在大江邊心記閑將此地鐫自有後人來屈指四千六百甲寅年有閩

中陳思者跋云右柳都官欲以怪取名所至留押字盈丈莫知其何爲押字古人書名之草者施於文字閒以字別識耳今應辰鐫刻廣博加許已怪矣好事者從而爲之說謂能祛逐不祥眞大可笑予得此帖乃恨前疑之非石傍又有蔣世基述夢記云至和三年八月知永州職方員外郎柳拱辰受代歸闕祁陽令齊術送行至白水夢一儒衣冠者曰我元結也今柳公游浯溪無詩而去子盍求之覺而心異之遂獻一詩柳依韻而和其語不工拱辰以天聖八年王拱辰榜登科殆應辰兄也輒並記之容齋四筆

浯溪石在大江邊四句鐫頌碑之左視前押橫直大四五丈案甲寅即所書熙甯七年甲寅也而云四千六百者攷大初厤以上元十一月甲子朔冬至推算每一千五百三十九年爲一統三統爲一元六甲盡矣又還甲子朔旦冬至若以三統計之共四千六百一十七年至於元豐七年復得閼逢攝提格之歲或熙甯七年正值是所謂復得閼逢攝提格也故云云姑備述以俟攷又爾雅太歲在甲曰閼逢在寅曰攝提格祁陽縣甯志

押字怪迹一稱浯溪舊有山怪應辰泊舟有巨手入

窗應辰爲書押其旦字在石壁乃刻之一稱應辰守道州以押字鎮水怪降槐樹妖其說甚幻然揣其命意蓋取決判決諸心則邪惑自去道家符籙役使其理祇如此耳湘僑聞見偶記

右柳應辰押字并詩押字長徑八尺彊深二寸許題字及詩正書十八行在磨厓碑右容齋四筆載柳明明詩此處作此地向後有人作自有後人似當以石刻爲正古泉山館金石文編

右刻有年無月而是年殘詩刻後云刻於浯溪心記之東則此刻必在三月以前矣

熙甯殘詩刻高一尺六寸廣三尺六寸存廿行行七字字徑一寸三四分正書

老如包下泐四字蒼黃下泐五字身雖下泐五字垂鬚鬚字泐三力疲但
爲妻子謀道傍多朱門勢利交相求他賓尔雖佳閉關
如避仇敵門聲剝啄謝客語咿呦　俟何所尚殊不
與茲輩侔攝職顧未久善化應巳柔近嶺山更佳九疑
清氣裒我方困羈鞅　俟想多長謳何當郡齋內一
罇相獻酬

熙甯七年甲寅三月望日刻於浯溪心記之東

右熙甯七年詩正書在心記之後其前爲近人磨去攷刻姓名已無攷僅存後二十行此刻前人未見古泉

山館金石文編

鬣二志俱誤作髩鬚鬣髮亂貌見類篇又集韻鬚鬣白頭人也

丁僑題名高一尺三寸五分廣一尺六寸九行行七字字徑一寸二分末一行字較小約十二字正書

□甯五年閏七月□五日到任八年□月初八日得替
十日早到浯溪往來攜家還登亭臺縱觀中興頌及看
柳明明心記尚書虞部郎中前知軍州事丁僑景眞題
男□□□□□□□侍行此行小字

浯溪有丁僑題名正書九行前人未著錄首題□甯

五年云云甯上一字已殘缺攷熙甯七年柳應辰淡山巖記畧云澹山巖中貯御書歲度僧一人僧惟利居處之便而不顧蔽隱障過之弊糞穢積聚煙爨熏烝道隧陰黑非秉炬不能入太守丁公僑處事剛嚴始至大不懌悉撤羣僧之舍俾居巖外他日公率應辰大理寺丞楊傑河陽節度推官楊巨卿同至遊覽層構一空衆狀在目實人情之共快云云乃知僑亦風雅好事之賢守也題名首云五年閏七月□五日到任八年□月初八日得替十日早到浯溪後署銜云尙書虞部郎中前知軍州事蓋僑於熙甯八年罷知永州後遊此甯上缺者當是熙字古泉山館金石文編

右丁僑題名在小唔臺西丁僑知永州見職官志還志誤作遊末一行失載

柳應辰再題記高一尺二寸五分廣一尺五寸十一行行字不一字徑一寸正書

應辰皇祐五年坐儂蠻冦昭謫居隨州舟次浯溪嘗刻
歲月後二十一年通判本郡偏尋舊記漫不可見亦不
記所題之處比任滿泊舟江下經五日始見於石門之
東字刻不淺隱約能辨亟令家僮依舊畫鐫深之熙甯
丙辰十一月十五日記

右柳應辰題名正書十一行不齊在石門東應辰屢

過浯溪必大書深刻於石可謂好事矣此記有令家僮依舊畫鐫深之語蓋唐宋士大夫之善書者往往能手自模勒如李北海之託名黃仙鶴伏靈芝是也因而僕從觀摩亦能操刀從事則又康成之婢穎士之奴矣所謂耳濡目染其淵源授受之由蓋不獨子弟之於家學爲美談也古泉山館金石文編

案右刻亦逼眞顏書宋人書眞仁以前逎渾有漢晉遺意至和以後皆學唐人書近顏者尤衆及蘇黃米蔡之徒出而體格各從其變亦風氣盛衰之一證也金石審

儂蠻下冦字可辨省府志均闕据石稀之皇祐五年曾刻今未之見志亦未列其目

柳公臺題字高一尺七寸廣一尺二寸五分一行三字字徑五寸許左右各二字字徑二寸許均正書

柳公臺　熙甯　丙辰

右題字在石門西北小石上臺字之右刻熙甯二字左刻丙辰二字此下當尚有字爲書人姓名或已闕損或永志建置門失載柳公臺莫攷其興廢矣

曹南張□□題名高廣各一尺二寸十行行十字字徑七分許正書

尙書屯田員外郎曹南張□□熙寧元年戊申歲以□
作□□□潭州□□越明年二月到任□上考□□□
□知永州江華□三□□□州秩滿就陞通判□州元
豐元年戊午歲仲秋□八□自□州挈家來□□□□
□□□□□□□□□□□月□□

右曹南張□□題名半涉漫患張下二字不可辨當是張君之名此刻前人未見

陶輔等題名（元豐四年　萃編已載）

八月（缺八字）

萃編缺八字省府志所載有之諦視石本尙可辨識也瞿氏跋此刻云前人未見偶失檢矣

孫欽臣題名（高一尺三寸廣七寸三行行六字字徑一寸七分正書左行）

長沙孫欽臣仲恭元祐丙寅八月十九日登此

右正書三行左行在浯溪巖壁前人未見（古泉山館金石文編）

丙寅爲元祐元年

前知永州殘題名（高二尺二寸廣一尺二寸七行行十二字字徑寸許正書左行）

前知永州軍州事朝（請）大夫□□□□永□司戶叅軍
□□□□□□粱□肯□酒稅□□□□□□□長沙
□□縣□□□□□□衡州常（甯縣）尉□□簿事□
□□力爲元祐丙寅九月初六日同遊浯溪

右前知永州殘題名正書七行左行在元祐孫欽臣題名前文多漫漶不可辨案其所署官爵乃南宋以前制也前人未見（古泉山館金石文編）

通志列於宋末永志因之今審出年月乃元祐丙寅所刻瞿氏謂南宋以前信然惜諸人姓名無一可見者通志缺十六字併補之

元祐殘題名（存高一尺四寸八分廣二尺五行行存字不一字徑二寸七八分正書左行）

余嘉祐中（嘗）得縱遊浯（溪）零陵幙□□事復過
此□、焉元祐三年十一月

右刻行書五行其下半被明正德時人陳斗磨去致

莫知其爲何人（金石審）

通志失載永志載此誤焉爲熙遂以意定爲熙甯五年殊盂浪也并脫弟四行茲據石正之幙下永志作再審之似是而非常溪二字未見乃據永志補入

邢恕詩（高廣各一尺三寸五分詩四行行七字字徑一寸五分許款二行行六字較小正書）

歸舟一（夜）泊浯溪曉雨絲〻不作遲□（石）蒼崖訪遺刻
□□苔蘚爲留題
元祐九年正月原武邢恕和叔

行書六行案元祐八年九月宣仁皇后崩是年四月

即改元紹聖恕於改元之前已被召命得歸女堯舜亾而共驩𪆝喜消長治亂之機已見於此觀乎此詩所謂曉雨絲絲不作泥者其希恩冒寵之心畢著矣金石審

此刻通志失載

盧約等題名高二尺廣一尺八寸四分六行行七字字徑寸許正書

元符二年七月甲子上饒盧約潛禮長沙孫欽臣仲恭
莆陽吳耕深夫同遊浯溪縱觀東西峰諸亭臺遂遷邑
渺

正書六行在摩厓壁間案約有紹聖元年九月澹山巖題名見前此蓋其自廣西罷任過浯溪時也此刻前人未見古泉山館金石文編

案盧約淡巖題名自署其貫曰永豐孫欽臣亦有淡巖題名又有元祐丙寅浯溪題名

黃庭堅書欸乃曲石高一尺一寸八分寬五尺七寸七分廿二行行字不等徑一寸七八分行書

千里楓林煙雨深無朝無莫有猿吟停橈靜聽曲中意
好是雲山韶濩音
零陵郡北湘水東浯溪形勝滿湘中溪口石顛堪自逸
誰人相伴作漁翁

右元次山欸乃曲欸音媪乃音靄湘中節歌聲子厚漁父詞有欸乃一聲山水淥之句誤書款乃少年多承誤妄用之可笑

山谷云千里楓林煙雨深無朝無暮有猿吟停橈靜聽曲中意好是雲山韶濩音零陵郡北湘水東浯溪形勝滿湘中溪口石顛堪自逸誰人相伴作漁翁右元次山欸乃曲欸音媪乃音靄湘中節歌聲子厚漁父詞有欸乃一聲山水淥之句誤書款乃少年多承誤妄用之可笑苕溪漁隱曰余游浯溪讀磨崖中興頌於碑側有山谷所書欸乃曲因以百錢買碑本以

歸今錄入叢話又元次山欸乃曲注云欸音襖乃音靄棹船之聲洪駒父詩話謂欸音靄乃音襖遂反其音是不會看元次山集及山谷此碑而妄爲之音耳漁隱叢話

案釋惠洪冷齋夜話洪駒父云欸靄一聲山水淥欸音襖後人分欸乃爲二字誤矣與胡仔所引不合金石審

山谷書欸乃曲無年月亦不署姓字要其爲文節手筆無疑文節於崇甯三年謫宜州道經三浯當與中興頌題記同時所書石在磨崖壁下沙土壅

塞上建碑亭近始搜得之故永州府宗志以爲已佚金石家亦未之見石右下方缺一角磨泐十七字據漁隱叢話補之祁陽志載欵乃曲二詩次第倒置石顛作巔誰人作誰能靜聽作試聽韶濩作護均可據石訂正也此外尚有三首并錄之偶存名跡在人間順時與俗未安閒來謁大官兼問政扁舟直入九疑山湘江二月春水平滿月和風宜夜行唱橈欲過平陽戍守吏相呼問姓名下瀧船似入深淵上瀧船似欲升天瀧南始到零陵郡應絕高人乘興船

黃庭堅東崖題記高一尺五寸廣三尺六寸十六行行六字至八字不等字徑一寸三分許行書

余与陶介石遶浯溪尋元次山遺跡如中興頌浯臺銘右堂銘皆衆所共知也与介名裴徊其下想見其人實深千載尚友之心最後杫唐亭東崖披翦榛穢得次山銘刻數百字皆江華令瞿令問玉筯篆筆畫深穩優於峿臺銘也故書遺長老新公俾刻之崖壁以遺後人山谷老人書

右黃庭堅題名在浯溪東厓文凡十有六行不題年月以山谷年譜攷之當在崇甯三年三月蓋自鄂州赴宜州謫所道所經也介石名豫長老名伯新黃㽦撰年譜唯載磨崖碑後題名而不及此題故具錄之予嘗跋唐廎銘據說文謂廎與高同訓小堂不當仍作亭字今山谷題已作亭又陳衎題浯溪圖云元氏始命之意因水以爲浯溪因山以爲峿臺作屋以爲唐亭頃於何君元錫齋見所拓磨崖大字有云唐亭磴道者有云唐亭銘驗其筆蹤似唐人所題則讀廎爲亭沿譌已久六書之不講豈獨近代爲然哉潛研堂金石文跋尾續

鄒浩等題名高一尺二寸五分廣一尺九寸七行行六七字不等字徑一寸五分許正書

晉陵鄒浩子柄耩零陵張綬蔣緯祁陽成權姝逸道人文照伯新義明同遊崇甯四年正月五日囗零以下磨泐

鄒浩題名正書六行在浯溪厓上攷史傳謂浩爲右正言章惇爲相每觸惇忌因誣其狂妄削官羈管新州徽宗立召還復官屢遷至兵吏二部侍郎以寶文閣待制知江甯徙杭越州蔡京用事又疏害之再責衡州別駕尋竄昭州五年始歸其責衡州別駕及竄昭州傳皆不詳其歲月而本紀云崇甯二年正月浩與任伯雨陳瓘龔夬同竄嶺南合紀傳觀之二年以後五年以前浩當在昭州不應至此題名宋史恐有

外譌後讀高斯得恥堂存稿跋甘泉銘亦以此爲疑
而云四年九月移漢陽軍豈九月乃正月之譌邪又
讀胡仔漁隱叢話引復齋漫錄云鄒志全元符間貶
新州徽宗即位以爲中書舍人未幾謫零陵別駕龍
水安置未幾徙昭則又以衡州別駕爲零陵別駕與
正史不合並志之以俟知者浩字志完漁隱叢話作
志全蓋避欽宗嫌名也浯溪新志伯新譌作伯許崇
甯譌作熙甯成權妷逸道人文照伯新義明並見前
山谷題記（古泉山館金石文編）
宋史本傳無永州安置四字今省志流寓傳引宋史

乃有此句其文見恥堂存稿蓋當時國史舊文非本
傳也復齋所云零陵別駕瀧水安置八字當是永州
安置之譌抑或由衡又改永州由永又徙瀧水姦邪
禍正人朝夕易地不遺餘力亦不可知也又桉零陵
縣名勝志鄒浩道鄉謫道州經過道州有瀧水零陵
指永州瀧水指道州則過澹巖自當在元年（金石審）
末行零字諸家皆未審出又永志正月譌作五祁
陽志柄作炳構作權蔣作涂妷作佚新作許崇作
熙皆譌
高衛題名（高一尺二寸五分廣一尺四寸四行行五字字徑寸餘正書）

高衛措置荆湖茶事崇甯四季十二月二十八日游
右高衛題名正書四行在鄒浩題名後前人未見（古泉山館金石文編）
案此兩刻間中空二行許似尚有字蹟而不可辨
矣
錢穌詩（高一尺三寸五分廣一尺二寸四分詩四行行七字字徑一寸餘行書款二行行廿一字上石人名一行字徑五分許）
唐室中興頌德碑元顏文字孰宜爲天齊崖石磨鐫久
萬世功名不可褱
會稽錢穌邑甫大觀戊子□月廿二日兩過□□□同

祁陽宰戴斈中道純中宮寺伯新禪老游男壽昌侍
儒林郎知縣事（約缺八字）戴斈中立石
宋錢穌浯溪題名行書大觀二年在祁陽（寰宇訪碑錄）
錢穌字邑父吳越王後以孝義知名居杭州錢唐門
外九里松之間建傑閣藏書甚富東坡榜之曰錢氏
書藏仕至直祕閣知荆南府其兄穆父有寄仲弟邑
父詩曰東方千騎擁朱輪衣錦歸逢故國春莫向西
湖戀風月鴒原知有望歸人見武林紀事此題名恐
即邑父官荆南時游題也（古泉山館金石文編）
省府志僅列此目均未見石本也穌字稍涉曼患

以訪碑錄證之確然無疑過下所缺似浯溪偕三字戴孚中於大觀年令祁陽見永志職官表亦見於蓋士□題名內錢僻自署會稽則其居杭州者乃流寓也呂瞿跋作呂恐誤

蓋士□題名大觀四年萃編已載

道過浯溪缺過字

右蓋士□題名正書五行在小峿臺北浯溪新志亭誤平蓋誤張經誤過戴誤趙廿誤二十古泉山館金石文編道下一字雖殘泐右旁冎形尙明顯其爲過字無疑瞿氏何反以爲誤也永志亦沿其譌戴孚中爲

祁陽令見職官志石刻此字子上具有筆蹤而省府縣志均誤作子中縣志誤與溪志同蓋守名不見於官志無從攷補

劉德甫題名高廣各一尺一寸二分六行行五字字徑寸許正書

潁昌劉德甫絜家遊浯溪觀磨崖之碑時大觀四季十二月十有三日男□題

右劉德甫題名正書五行在磨厓壁間前人未見古泉山館金石文編

八瓊室金石補正卷九十終

八瓊室金石補正卷九十一

太倉陸增祥撰　男　繼煇校錄

吳興劉承幹覆校

宋十

浯溪題刻二十七段

黃庭堅詩高七尺廣五尺十一行行廿六至廿九字又另二行字徑二寸許正書萃編載卷九十六附中興頌後

僧守能缺僧字扶藜缺藜字鬚成絲鬚作髮已作缺已字師內閒張后色缺內張二字后誤名李父父誤乂軍去事尤危軍下四字缺同來野僧缺野字舂陵尼缺陵字尼誤允

上缺子蒸秀才家適以私錢刻之中興頌碑之側同來相視南陽何安中得之上缺祁陽令陸弁景莊浯溪伯新宣和□子十二月廿日書無諸釋可環模刻以上全缺

山谷浯溪詩刻石後人目爲小磨厓輿地碑目

崇甯三年黃太史魯直竄宜州泊於零陵時外祖曾空青坐鉤黨先徙是郡約遊浯溪觀中興碑太史賦詩書姓名於左外祖止之曰某方為流人豈可出郊公又遣從豈可不過爲之防太史從之詩中云亦有文士相追隨蓋爲外祖設也揮麈錄

魯直題磨厓碑後詩云事有至難天幸耳上皇跼蹐還京師內閒張后色可否外閒李父頤指揮南內淒涼幾苟活高將軍去事尤危臣結春秋二三策臣甫杜鵑再拜詩安知忠臣痛至骨後世但賞瓊琚辭觀詩意皆是言明皇末年事余以唐史考之明皇幸蜀還居興慶宮李輔國遷之西內居甘露殿繼流高力士於巫州詩云南內誤矣又以元結本傳及元次山集攷之但有時議三篇指陳時務而已初無一言及明皇肅宗父子閒不知魯直所謂臣結春秋二三策者更別出何書也魯直以此配臣甫杜鵑再拜詩予

美杜鵑詩正爲明皇遷居西內而作則次山春秋二三策亦當如杜鵑詩有爲而言者以時議三篇爲是則事無交涉乃誤用也或云魯直用孟子吾於武城取二三策之語然於元結果何預焉如顏魯公湖州放生池碑載其上肅宗表云一日三朝大明天子之孝問安視膳不改家人之禮東坡謂魯公知肅宗有媿於此乎孰謂公區區於放生哉此事若用之卻爲親切苕溪漁隱叢話

山谷中興頌碑後詩是論宗語俯仰感慨不忍再讀迫急詰屈亦令人易厭書法翩翩有致惜搨摹久遂多失眞者余謂坡筆以老取妍谷筆以妍取老雖側臥小異其品格固已相當跋尾云惜不得秦少游妙墨鑱之厓石少游當亦善書爾時謫藤州故谷念之邪弇州山人稿

山谷題名並詩共十一行正書在浯溪磨厓之左其後有宣和閒人題語三行似記模刻緣起也其首一行爲康熙閒祁陽令王某磨去改刻已之重修刊歲月姓名以故字蹟已失山谷眞面且題名中惜字誤從手旁此妙墨之此筆畫有譌謬萬官下一字集本作巳而石刻似也又事文類聚引此句作萬官奔竄

鳥擇棲其鳥字集本作烏任淵注云烏字或作鳥非春秋集本作春陵任淵注云春陵或作春秋非是可見當時傳本自有不同今集本乃任淵作注時更定也進士陶豫卽後刻所稱之陶介石見集中游愚溪詩序集中有云蔣彥回者亦山谷在永所交友未知卽此居士蔣大年否宣和跋所存二行上下亦多磨損不全攷淡山岩有元祐中楚人高公傑子發題名疑卽此子發秀才也讀山谷自題惜秦少游已下世不得此妙墨劖崖石之語知當時此詩未及刻石而墨蹟藏於子發秀才家至宣和時乃勒石耳子上一

字當是庚庚子乃宣和二年在崇甯三年後十六年少游卒於建中靖國元年乃崇甯三年之前四年也武虛谷謂偶強作數語集本少偶字今石刻偶下並無強字誤也古泉山館金石文編

弇州跋末數語殊誤所見本或已損闕其謂少游時謫藤州則未之深考矣瞿氏跋謂萬官下一字集本作已而石刻似也今諦審之石刻此字中無一豎玩其筆勢本是已字特筆畫有誤耳而通志錄作也永志因之當更正焉其碑文所闕仍据志補註於旁今陸弁上有祁陽二字陽字下半明顯

無疑祁字亦有形模可辨則瞿氏所未審出者陸弁名亦不見於官志高公傑哲宗時爲湘陰令則此所謂子發秀才者當別是一人何安中中字漫漶審之殊不甚確寰宇訪碑錄載有宣和年南陽何安世浯溪題名一刻今未之見疑此刻何安下是世字并疑訪碑錄所謂何安世題名者卽此刻之後二行也首行之旁有題字一行約十七八字僅舟經過此摩崖六字可辨疑亦宋刻中興頌之右有陽訪二字可辨碑左上方康熙癸丑之後有谿上久之等五字筆意與宣和題字相近又其後

爲明人所刻矣伯新閩人福建續志引莆田志云伯新爲浯溪初祖鄒道元黃山谷與結物外交鄒題浯溪云浯溪老人伯新忘情人也而特愛予艸書取紙簇中一無所有乃拆寢被六幅書之黃題浯溪詩云同行野僧六七輩亦有文士相追隨伯新與焉

吳少逸題名高一尺四寸廣一尺六寸四行行六字字徑一寸五分正書左行

閩中吳少逸赴永□任挈家遊此宣和壬寅十月二十五日書

右正書四行左行在摩厓壁間前人未見古泉山館金石文編

桼永下一字似糾字或卽巡檢巡警之別稱金石審桼巴州南龕黃永之題名內有張元方署官云郡糺三嶴縣潼川府修學記碑內書人文彪署銜云充府學糾察此云永糾殆卽郡糾也

張耒詩高四尺廣四尺四寸詩十一行行十三字字徑一寸五分許行書跋五行行廿二至廿四字不一字徑寸許正書

玉環妖血無人掃漁陽馬厭長安草潼關戰骨高於山萬里君王蜀中老金戈鐵馬從西來郭公凜凜英雄才舉旗爲風偃爲雨灑掃九廟無塵埃元功高名誰與紀風雅不繼騷人死水部胷中星斗文太師筆下龍蛇字

天遣二子傳將来高山十丈磨蒼崖誰持此碑入我室
使我一見昏眸開百年廢興增嘆嘅當時數子今安在
君不見荒凉浯水棄不收時有游人打碑賣

正德丙寅十月甲子予奉使安南國道浯溪□□程
銀臺德和道州李式佐一元偕觀回念缺宋黃張二
□時李□祁陽磨崖要予書既□看文乃山谷詞也
嘅昔□□□此心遂□別加顯惟□□文潛歌程云
殆非湮張□□□仍□書□□江華□叅廷禧按部
適至更爲遂取刻手成□□□□□□□□
□□師煜鐫

余頃歲往來湘中屢游浯溪徘徊磨崖碑下讀諸賢
留題惟魯直文潛二詩傑句偉論殆爲絕唱後來難
復措詞矣詩並不錄復齋漫錄云韓子蒼言張文潛集中
載中興頌詩疑秦少游作不惟浯溪有少游字刻兼
詳味詩意亦似少游語也此詩少游號傑出第玉環
妖血無人掃之句爲病蓋李遐周詩云若逢山下鬼
環上繫羅衣貴妃之死高力士以羅巾縊焉非死兵
刃也然余以杜詩有血污游魂歸不得之語亦指妃
子張蓋本杜也苕溪漁隱曰余觀少游書當以刻石
爲正不知子蒼亦何所據而言邪漁隱叢話

案張耒字文潛弱冠第進士紹聖初歷官至直龍圖
閣知潤州坐黨籍謫監黃州酒稅徽宗立起爲通判
崇甯初復坐黨籍落職又貶房州別駕安置於黃五
年得自便居陳州晚監南嶽廟主管崇福宮卒年六
十一建炎初贈集英殿修撰浯溪詩當是文潛監南
嶽廟時游題蓋在宣和時湖南通志

右張耒詩明代模刻原石已亾矣近時沈栗仲又
書刻之永志名勝載此詩塵埃作氛埃元功高名
誤作元功高明廢興作興廢浯水作溪水皆當以
石刻爲正又案王象之輿地碑記目永州碑記内
載秦少游中興頌碑并錄其詩即此詩之首四句
也然則以此詩爲少游作者當有所据

黃仲堪題名高一尺一寸五分廣二尺八寸九行行三四字不等正書

靖康元年十月廿九日雙井黃仲堪覺民自零陵行縣
游此子鎰携家侍行

黃仲堪題名正書九行在浯溪磨厓下攷仲堪山谷
弟也見山谷題跋禮思大禪師題名雙井乃山谷所
居鄉名在洪州分甯縣其地產茶山谷題跋石門寺
與韓城元聿同游題名自稱雙井黃某石門乃寺名
宋榕浯溪新志采作浯溪厓旁之石門題名誤矣又

廿九日作二十九日黃作王民作氏皆非古泉山館金石文編
案文云行縣游此則仲堪必官於湖南者而官志
不載其名知缺漏多矣縣志鎰誤作鑑餘同溪志

賈時舉等題名高一尺三寸五分廣一尺一寸五行行五字字徑一寸五分行書

賈時舉李仲威王開叔同遊浯溪建炎已酉二月十七
日

右題名正書五行在磨厓壁間前人未見古泉山館金石文編
案拓本乃三月係行書金石審
右刻在李若虛詩後已酉為建炎三年石刻二月
瞿氏不誤宗氏何以審為三月

潘正夫題名高三尺四寸廣二尺六寸七行行九字字徑二寸七八分正書

吳國長公主之荆湖駙馬都尉潘正夫侍 親同来渡
湘江宿浯溪寺觀唐中興碑親屬被 旨從行者舅趙
子珊子珮兄節夫弟堯夫男長卿粹卿端卿温卿侍

吳國長公主題名七行正書在浯溪石門之後唔臺
西石上吳國長公主乃宋哲宗弟三女也攷宋史本
傳始封康懿公主進嘉國慶國政和二年改韓國出
降潘正夫改淑慎帝姬靖康末以先朝女留於汴建
炎初復公主號改封吳國避地至婺州紹興四年入
是眞子堯卿等五人各進官一等主奏言祖宗以來
附馬都尉石保吉等皆除使相今正夫歷事四朝在
京會建議迎陛下至杭州又言禁衛未集預宣防變
乞除開府上不許八年再入又為正夫求恩數上曰
官爵豈可私與人况今日多事未暇及此時趙鼎當
國方論羣臣紹述之姦頗抑正夫鼎去位始得開府
之命給事中劉一正言其非體恐援例者多乃詔哲
宗惟正夫為近親餘人毋得援例顯仁太后歸主同
秦魯國大長公主迎於道十九年又入朝子長卿粹
卿端卿皆自團練使升觀察使從所請也孝宗即位
進封秦國大長公主隆興二年薨諡康懿主在日正

夫官至少傅封和國公温卿甯國軍承宣使長卿甯
江軍承宣使端卿昭信軍承宣使清卿容州觀察使
墨卿才卿並帶團練使其盛如此正夫薨於紹興二
十二年贈太傅此題名不書年月而稱吳國長公主
則在建炎改封之後矣據前錢遜叔題濟巖時為建
炎四年仲冬其與正夫唱和又在春則正夫至永乃
紹興初年事傳言紹興四年入是眞子堯卿等五人
各進官一等此題名有弟堯夫而子無堯卿名又止
四人與傳不合攷史於傳後歷敘正夫子之官階亦
不及堯卿豈正夫長子先正夫而没者歟此題名已

無堯卿則又在紹興四年之後恐史文有錯誤也傳
又云十九年子長卿粹卿端卿皆自閤綵使升觀察
使而不及温卿蓋温卿其時猶年少也傳又有清卿
墨卿才卿三人此題名所無蓋此三人皆正夫幼子
或其時尚未生耳又攷朝野雜記所載與史傳略同
惟署正夫官爲少保昭化軍節度使和國公秦國康
懿大長公主亦云哲宗弟三女而石刻鋪敘云絳帖
前後各十卷相傳駙馬潘正夫以閣帖增損翻刻潘
尚哲宗弟四女秦國公主云云似誤也又案史宗室
世系表子珊官武翼郎子珮官武節郎皆奉化郡公

令緝之子太祖次子燕王德昭之五世孫也與吳國
長公主爲昆弟行故稱舅也古泉山館金石文編
案康懿公主傳入是眞三字蓋亂離之後詐冒者衆
有稱公主者必命內人驗之後紹興中如榮德帝姬
柔福帝姬皆以詐誅則是眞二字乃驗信之詞本傳
是眞之前有覲上獻玉管玉山上温詞卻之之語其
時殆猶未信歟金石審

吳國長公主至湘史傳所不詳通志以正夫與錢
伯言唱和詩刻爲證系於紹興初年余嘗攷得潘
正夫烏石山題名其文云建炎中興天子受命吳
國長公主始至睢陽明年春淮甸蕩滌□向南避
於錢塘車駕幸建康還復入覲繼適江表舍胡騎
去至循□水走湘湖瀕南海而達閩川此正其入
粵時道經浯溪所題也彼題名在紹興二年仲春
以程計之此題名當在元年可無疑矣彼題名亦
有長卿等四人與此正同並無堯卿或堯卿未隨
侍行瞿氏疑其先浸並疑史紹興四年堯卿等五
人之文恐有錯誤殆未必然

無相盦題字萃編已載

河東薛公度字缺東施于浯溪寺字缺于以奉字缺以

右刻在磨厓右無相盦三大字篆書河東云云一行
題於右無相大士一行題於左正書㯤字隸變作無
庵乃盦之俗字此宋人之明於六書者可貴也浯溪
新志脫于字以奉作供奉誤古泉山館金石文編

東于二字據省府志補縣志云無相石在磨厓之
左柳公押之右篆書無相盦三字甚古勁

蔡說詩高二尺五寸七分廣二尺八寸十二行行十字字徑一寸餘正書左行

岳陽蔡說備員邑令見磨厓碑而思魯公之忠節當時
河北二十四郡獨公能以死討賊則刻石紀功之志□
見於是時因乱道五十六字以敘其欽慕之意生非耀

□欲爭雄發見英華□自中□秉湘東千古筆已思河
北一時躬忠肝義膽平□□鐵畫銀鉤大紀功尊 主
□□□子事晞顏志節亦顏同紹興壬子三月旦日題

右詩正書十二行左行在磨厓左浯溪新志見磨崖碑之見作讀下文□見於是時戉作千載如見又五十六字作五言六韻末無題字皆誤古泉山館金石文編

壬子爲紹興二年石刻泐處據志載補入旦日省府縣志均誤作望日縣志乱道作口賦餘同溪志蔡說自題云備員邑令而官志不見

李若虛詩高一尺四寸七分廣四尺二寸十三行行四字至六字不等正書

元顏文字照語溪神物予今常護持崖邊尚有堪磨處
留刻中興第二碑紹興五年五月二十四日廣平李若
虛過浯溪觀中興磨崖因成□絕

右李若虛詩正書十三行在磨厓石壁書法頗佳乃學山谷者古泉山館金石文編

紹興月三字石已殘損據志補入省府志神誤作鬼後有李若虛篆章一方又此石有宋某題名八行李詩即刻其上

游何題名高一尺九寸三分廣一尺九寸五分七行行十字字徑二寸許分書

滴川游何□卿以紹興乙丑再□浯溪令尹趙不曠瀛
卿率幸邑官會于僧寺錦屏□□連□蒲版穆沂季淵
亦相繼至薄晚浮湘而下舟中頫仰睇觀江流鏡清崖
石壁立安得□□□

右游何題名八分書七行在磨厓壁間濟州當是淄州此因隸變字形相似而譌案太宗六世孫皆以不字排行爲名此不曠名不見於宋史宗室世系表必表有脫誤古泉山館金石文編

滴川志誤作濟州速字缺下誤作去安得下弟二字作此審之似是興與上似盡雖未敢遽定然決非此字無疑蒲至二字據志補入卿上是蕭字游

何有澹山巖題名自稱其字爲蕭卿也趙不曠名志不載於職官又此刻下方有百尺□□欲昏等字餘不可辨約五六行行存三字字徑二寸五六分正書極爲端謹則別一刻也

太學上舍題名碑高一尺廣三尺七寸前廿九行行十一字正書後十五行行十字篆書

崇甯三年太學上舍題名序

若稽古下空

神考以聰明淵懿之資慨然恢復成周之治以樂育人
材爲先務故於熙甯紀元肇新三舍之法垂三十年于

茲矣於鑠下空
皇帝聖學日躋獨冠百王之上拳拳業業唯繼述是念
即國之郊崇建辟廱又頒教法於天下郡縣所在學館
一新紛袍韠業雲集響應崇甯三年十一月四日下空
躬幸太學取論寂之士十有六人官之堂下諸生恩賜
有羌焉禮行俄頃之間風動四海之外儒生之榮古未
有也臣等親逢下空
聖旦得預茲選其爲幸會何可勝言輒鏤版刊石記其
姓名以德下空
上之賜且爲子孫世世之光華豈不休哉下空

鄭南 程振 趙滋 劉嗣明 吳揆
趙熙 崔珪 張綽 方開 李會
戴頎 葉祖義 江致平 林徽之 喬孝純
胡伺文以上正書
神宗皇帝以經術造士始於熙甯之初當時欲遂放三
舍天下未暇也下空
徽宗益新月書季考之法崇甯三年首命大學上舍生
賜第者十六人蓋經術之興至是□下空
三朝矣而得人此其選也耑是政和翰林學士劉公賞
在選中後五十年公之子襄通守此州願刻之石以紀
其盛於是乎書紹興廿年三月左太中大夫提舉江州
太平興國宮永州居住臣汪藻書以上篆書

浮溪翁題銜稱提舉太平興國宮者宋時謂之宮觀
使也宮觀使置自眞宗祥符中在京以宰相見任史
相領之在外則少保已上始得使名吏相已下提舉
宮觀而已見李心傳朝野雜記提舉宮觀眞宗時以
兩省兩制丞郎官爲之天聖七年以後學士待制知
制誥皆得爲提舉初設祠祿之官原以佚老優賢員
數絕少王安石相欲以處異已者遂詔無限員又在
外宮觀嶽祠初須力請而後授若因責降政作管勾

差焉亦安石相後異已者方直除大抵非自陳而朝
廷特差者如降黜之例又熙甯二年詔宮觀五嶽廟
並置管勾提舉提點官四年詔各留一官餘聽如分
司致仕例從便居住其時宮觀止十餘江州太平興
國宮其一也並見文獻通考時浮溪以顯謨閣學士
出知徽州徙宣州爲言者所論奪職居永所謂學士
得爲提舉也太平興國宮在江州不赴江州而永州
居住者所謂黜降及聽如分司致仕例從便居住是
也今縣志溪志載其文不明宋制改槩爲學宮爲公
謬甚故爲正之湖南通志古泉山館金石文編

右太學上舍題名碑在浯溪鏡石下瞿木老輯通志時未見此刻宗滌樓輯永州府志亦未之見故所載多舛錯輯金石而不見拓本僅據它書錄之譌誤且百出也又頒教法于天下又誤作大紛袍肄業袍誤作他恩賜有差差誤作光親逢聖旦親誤作新崔琔琔誤作瑢張緯緯誤作繂江致平致誤作欽賓在選中選誤作其通守此州此誤作永廿年誤作二十年又吳援下脫趙熙一人并誤列方開於崔琔之上葉祖義於李會之上喬孝純於江致平之上備錄諸以俟續修者採焉又案永志

所載胡尚文下有一朱字似尚有一人姓名以文內十六人證之不應再有石本固無之也至紛袍句疑碑有訛字縣志所載與府志略同惟紛袍之袍不作他論㝡之㝡作定爲異耳宋史程振有傳字伯起樂平人少有軼才入太學徽宗幸學以諸生右職除爲辟雍學錄官終開封府尹即此碑所列之程振也史又有趙滋傳以父士隆戰歿錄三班奉職康定初除涇原儀渭鎮戎軍都巡檢則別是一人餘俱無傳劉襄見太平寺鐘銘亦紹興廿年所刻其題銜云右朝散郎權通判永州主管學

事此碑敘述不言權者略之但不知其本任何職耳通志職官失載其名又考史神宗紀熙甯四年二月更定科舉法專以經義論策試進士給諸州學田增置學官十月戊戌立太學三舍法初入外舍不限員次升內舍二百員又升上舍一百員員各治一經元豐二年八月甲寅增太學生置八十齋齋三十人外舍生二千人內舍生三百人月一私試歲一公試補內舍生間歲試補上舍生如定制哲宗紀元祐元年三月修國子學制六年十月庚午幸國子監賜祭酒豐稷三品服學官賜帛有

差紹聖四年正月班內外學制元符二年十一月乙未選監司提舉諸州學事依太學三舍法考選生徒升補徽宗紀崇甯元年作辟雍於城南諸生自縣庠升之州學分三舍貢之辟雍自辟雍登太學俟殿試命以官三年十一月甲戌幸太學并辟雍賜司業吳絪蔣靜四品服學官推恩有差與碑所敘述者悉合至其賜第十六人史例所不載顧亦見於程振傳矣案紹聖元年郭知章言元豐以來十餘年上舍生推恩惟林自一人見玉海則此賜第十六人者實爲異數而史不及之也碑又云徽

宗益新月書季考之法史亦未詳及

李元老題名後跋 廣四寸五分十行行十三字字徑三分許正書 李紹已載失錄後跋

□□□□□赴清湘過□□□□□□□而言曰
□昔□□□□□天□□□□□□□□□
□林□□□□□□名□相□□在□往非□□
□□不在下空公平忍不爲漫耶一言□下空公笑曰有是
哉乃□□□□□□明年春二月既望□□□□□□
□□□□□□之□□

右李元老題名正書六行在摩厓石壁浯溪新志者明書厚者勲六字誤作書厚勲三字壻鄭种脫壻字种誤重 古泉山館金石文編

右李元老題名後題記十行行十一字字徑四分正書前人未見漫漶殊甚僅辨四十字又案通志職官孝宗朝李元老知邵州當即其人縣志所誤與溪志同永志中冬作仲冬

李逸題名 高一尺三寸二分廣一尺五寸六分七行行七字字徑一寸三四分正書

紹興辛巳盤谷李逸德舉貳郡鴈峯以中秋被檄如清
湘事竟既還九月二日來遊溪上觀磨崖碑偉哉男絜
侍行

李逸題名正書七行在磨厓石壁自稱盤谷李逸必是唐李愿後裔其云貳郡鴈峯者蓋逸時通判衡州也清湘縣在今廣西之全州係馬氏置爲全州治明洪武中始省入全州宋時全州曾屬荆湖南路故李逸有被檄如清湘事浯溪新志脫如清湘事竟五字哉誤作蹟 古泉山館金石文編

辛巳爲紹興卅一年李逸判衡州職官志漏載縣志與溪志同誤

秋隱里叟詩 高二尺一寸六分廣一尺二寸五分三行行十字又標題一行四字字徑一寸五分正書

讀中興碑

辭本春秋作聲翁策固長護嗟褒貶迹孰繼老汾陽
隆興改元秋隱里叟題

秋隱里叟讀浯溪中興頌詩正書隆興元年在祁陽縣 寰宇訪碑錄

通志永志皆未見拓本

劉芮題名 高一尺七寸五分廣一尺四寸七分六行行十字字徑一寸五分分書左行

河間劉芮巨常平茶鹽職事行部祁陽令侍其光祖監
南嶽廟趙公衡寓士吳大光送別浯溪讀中興頌閱古
今題字煮泉酌茶而行隆興甲申六月戊寅題

劉芮等題名八分書六行左行在峿臺西攷宋史宗

室世系表魏王廷美之六世孫皆以公字排行表列
以公衡名者四人一爲秉義郎公衡承議郎綽之之
子一爲從事郎公衡左中奉大夫縱之之子皆穎川
郡王德彝之後一爲承節郎公衡忠翊郎緒之之子
乃廣陵郡王德雍之後一爲忠訓郎公衡忠翊郎廙
之之子乃申王德元之後宋制選人許乞嶽廟故朱
文公嘗以左迪功郎監南嶽廟選人者進士也進士
選官例得防團推官監判官元豐改官制以階易官
崇甯後選階換從事郎其秉義承節忠訓等郎皆武
階此公衡以選人監南嶽廟階應從事郎則必德彝

之後縱之之子矣　侍其光祖祁陽縣志誤作侍其
先古泉山館金石文編
通志職官高宗朝載劉芮爲永州通判殊誤孝宗
朝載侍其先爲祁陽令亦誤復載侍其光祖爲武
陵令豈後經量移耶侍其光祖有浯溪石刻後集
再集一卷漁洋山人浯溪攷引作纂光祖誤祁陽
縣萬志目誤作因而光祖字不誤瞿氏所見殆非
萬志

王彥清題名高一尺二寸五分廣九寸五行行九字十字徑寸許正書
乾道辛夘中秋後十日王彥清同骨肉泛舟来餞弟千

乘之官象臺喪回磨崖碑下終日而别姪楢男慶老侍
行千乘書
右刻載浯溪新志云在鏡石下湖南通志
右刻在太學上舍題名序後省府志載此肉作月
喪回作徘徊崖作厓厓下誤多一峯字姪作侄志
惟肉姪二字不誤餘與省府志同
李處端題名高一尺二寸廣不計存三行五字字徑一寸五分正書
李處端龥伯以乾道壬辰□□□□後下缺
右李處端題名在摩厓壁閒後半剝蝕并為後人磨
去改題僅存此二行十字矣正書古泉山館金石文編

右刻在摩厓右弟三行省府志均失載尚存一後
字極爲明顯以意度之處端於乾道五年曾至浯
溪後復經此乃有是刻然不可攷矣左有行書三
行僅見家到此開月下澣七字每行上有缺字未
拓當是開禧年所題附識於此
陳從古詩高七尺廣四尺七寸八行行十四字字徑五寸許又上石年月一行正書
浯溪一股寒流碧聳起雙峯如削壁兩公文墨照溪津
到今草木增顏色想當忠憤欲吐時盡把江山供筆力
我来吊古不勝情豈但登臨愛泉石漁陽舊事忍再論
僅賴令公安反側書生百感夜不眠起讀新詩轉悽惻

南徐陳從古希顔紹興辛巳烁過浯溪誦簡齋詩因
用其韵
乾道□年□月初十日右從事郎知祁陽縣主管
學事范□□上石此行小字

右陳從古詩正書九行在浯臺西北石壁筆法甚佳
古泉山館金石文編
范令名已泐職官志孝宗朝祁陽令無姓范者其名不可攷矣簡齋詩今未之見想已不存縣志載有陳與義詩號簡齋汝州人疑即其人惟此云因用其韻而彼係七律近體爲不合耳縣志載此詩

欲吐時作吐詞時又載其重過浯溪詩云碑在浯臺西北今未之見省府志并未列其目宜補之詩云小憇唐亭上悠然倚一枝雲埋漫郎宅水落魯公碑興廢悲前古登臨記昔時重來頭已白忍看舊題詩

陳從古題名高一尺二寸五分廣四寸四字字徑三寸許正書

陳從古來

右刻在浯臺絶頂石上壬申九月楊海琴親自揆出

劉學雅題名高廣不計四行行字不一字徑八分許正書左行

建安劉學雅以廣西帥按劾謂謗訕□政斥罵宰相
臺諫姓名特降一官停轉運司主管文字見任仍永不
與堂除□□□經浯溪再題

劉學雅題名正書四行左行在余靖題名末行下空處其第三行堂除下爲後人磨去改刻缺數字矣攷學雅係從事郎監潭州南嶽廟劉玶兄子樞密珙之長子珙玶二墓志俱朱子撰見大全集珙卒於湻熙五年時學雅官承務郎此云以廣西帥按劾特降一官停轉運司主管文字見任永不與堂除者宋制轉運司屬官有主管文字一員蓋學雅時爲廣西轉運

司屬官被劾削去不准復除他官也所謂堂除者猶今之吏部揀選耳題名末云經浯溪再題則必先已有題刻矣今未見此刻前人未著錄予揆剔得之古泉山館金石文編

省府志脫仍字據石補之行首二字爲碑樓橫板所掩不得拓末行題字無存溪再二字亦復模餬仍據志載補入案劉珙嘗兩知潭州俱在湻熙以前通志列此刻於湻熙之末姑從之

浯溪二篆字高九尺六寸廣四尺五寸二字篆書字長徑四尺三寸許左右各一行行字不一字徑二寸五分正書

語溪

慶元已未重陽永州通判徐大節篆此行在左

祁陽縣令下渺此行在右

右語溪二篆字前人未見與濬凫二篆字同日書

趙彥橚題名嘉泰四年九月二十日 萃編已載

焯夫焯誤作焯

趙彥橚題名正書七行在浯溪磨崖碑右頗有晉人風骨攷宋史宗室傳彥橚字文長悼王七世孫登乾道二年進士第尉樂清又官福建路運幹慶元初知晉陵縣多善政擢登聞檢院時韓侂胄當國朝士悉趨其門彥橚切歎惋出知汀州遷湖廣總領侂胄死詔爲戶部侍郎兼密院檢詳遷湖廣總領又知平江府昆山縣並奏分置嘉定縣轉寶謨閣待制卒於官年七十一此正由汀州遷廣西提刑時道經浯溪所題也朱子大全集有與趙子欽彥橚書子欽蓋其號也浯溪新志橚誤作𪲍脫頌字客字退誤作返焯誤作焯古泉山館金石文編

法嗣審金石

案右行書古拙有魏晉閒意而用筆偏銳仍是初唐

案史彥橚知永豐訓之之孫惠州防禦使叔侯之曾孫也炬夫焯夫傳不詳其名縣志誤與溪志同

王□達詩高一尺一寸廣一尺詩五行行十一字十二字不等款二行行字不一字徑七分許正書

□□游宦過湘山道阻□□十里間奎畫自今容拂拭

蒼崖從昔要躋攀掃除妖孽□□□□錄勲庸信□□

自嘆此生挪復□是行應得□□□

開禧改元乙丑仲冬十有三日濡須王□達□□

右王□達詩在磨厓右王世延題名之下前人未見近始搜剔得之案浯溪有嘉定年濡須王枅題名初疑是詩即枅所作細審之王下弟二字是達則非枅也枅字仲方見淡嵓題名然志載職官並無王□達其人者

趙不惪中興頌高一丈一尺二寸廣一丈六尺二寸卅七行行廿八字字徑三寸題記三行行三十五字字徑一寸二分俱正書

□宋中興頌

左□□□□□□□判官兼□舉學事臣趙不惪

撰上低二格

左□□□□□□□判官兼提舉學事臣趙公

碩書上低二格

□憲天體道太上皇帝以聖神文武之資受天眷

命光啓□興□□□三紀思欲頤神沖粹與□□
□□□□乃　賚（磨去五字）　宸衷親以　洪
圖授之　主器今　皇帝懇辭切至（磨三字）　回欽奉
慈謀嗣承　慶祚　聖繼　聖　明繼
（磨三字）　以事　親厲精以爲治凡施仁發政皆得
於問安侍膳之餘（磨三字）　□□遜□□□□□□天
自唐虞以來未有盛於　今日雖（磨三字）　□□國史
□之與典謨並行然歌頌
（磨三字）　于金石爲千萬世不朽之傳亦臣子歸美報

（磨三字）　詎敢以固陋辭臣謹拜手稽首而獻頌曰
（磨五字）　我　聖朝是生　光堯溥博如天淵泉如淵　帝
德罔愆炎（磨五字）　□歸惟　帝是依　應龍之□于彼雎
陽赤伏呈祥　天命（磨五字）　興□大明昭升羣盜訖平六
合塵清復振　天聲不戢屈人（磨五字）　視同仁　天德好
生善勝不爭措刑寢兵惟民是憂和好乃修撫之以柔
龜鼎既安歸然石磐萬國重□日奉　慈□盡孝盡倫
四海儀刑　宗廟薦羞蔵事　□□以□　□□　帝
耤躬耕百穀用成以供（磨十三字）□□□士雲從於論鼓鍾

於樂辟廱尙（磨十三字）□□□贊煌煌雲漢爲章細書六經
刻（磨十三字）□□□□詩與書用損持盈□刑薄征（磨十三字）□
□□□言如□容□以寬　帝王所（磨十六字）□□□□
□功成□居迺命（磨十六字）□紀□□□□□□克臧
（磨六十字）英□□孝仁□其□□□□（磨十六字）　朕心□□
儲皇□□□□（磨十六字）□緝紳□□　洪圖大賚褒區
（磨六十字）□□□□□輝光益新至矣（磨十六字）□□□□□
□興儉德同符（磨十六字）□具□□□□靡遑若時登庸稷
契夔龍　同（磨十五字）□燿名卿賜對□英蕃宣列城親（磨十五字）
□□甲先庚信若權衡綜核勸懲（磨十五字）□□如　今親

□規□揖遜都俞（磨十五字）□　上皇聖謨洋洋於□有
（磨五十字）□子忠告厥成功頌聲形容不□（磨十三字）山□星爭
□可磨可刊以鑱于碑與天（磨十五字）年夏四月刻
□□少師宣簡崇公通守零陵時倣次山體所作之
頌也以未上□□□命□留刻□□□□至□始能
入石後四十三年□官□□□久之僅鐫置次山
□□□□□□□□□□□□□□成先志□
嘉定二年□十月□日嗣孫迪功郎□州（下缺）
右趙不悳中興頌在山谷詩左前人未搜及碑共
九百餘言爲明人磨去三百廿餘字蝕損者又百

世字存四百五十餘字紀元已泐標題下有題記三行爲嘉定二年十月所刊當即據以次之不恵字仁仲嗣濮王宗暉曾孫史傳作不恵史之誤也不恵署銜存判官兼□舉學事當是轉運判官史稱其爲永州通判不言湖南運判或史之漏也不恵作頌未即上於朝或刻石時已爲夔州運判也題記稱少師宣簡崇公其贈崇國公傳表皆有之其謚宣簡則見於表而傳無之少師當亦贈官傳但言開府儀同三司耳書者趙公碩書法魯公宗室表有兩公碩一贈正奉大夫係廣陵郡王德雍

五世孫贈大中大夫宗之之子一朝請大夫係江國公德欽五世孫贈武經大夫貌之之子書此頌者或即朝請邪題記者不恵之孫不恵有孫十六此不知何人疑是汝讜湖南通誌職官列汝讜於理宗朝不恵爲高宗時人汝讜爲不恵弟二孫其時次不甚符合疑通志有誤然名已闕泐無可確證所謂後四十三年者或爲作頌之後或爲入石之後亦未可定矣惟浚儀趙某詩重見磨崖有□□林伯成詩歸美從來臣子事誰歌宋德乃心同曾煥詩還鐫我宋中興碑鍾興嗣詩盍觀我宋朝崖上中興碑李祈孫詩兩刻中興大業碑皆在嘉定二年以後則嘉定二年當即刻石之年也前此四十三年爲乾道丙戌頌作於不恵判永之時在紹興廿七八年至乾道初乃上於朝至嘉定初乃鐫於石四月爲初刻之時十月爲工竣題記之時也爰讀趙林曾鍾李諸詩知宋亦有中興頌碑輒以未見爲疑甲戌秋拓得此嘉定二年題記三行有歎次山體所作之頌一語因函遠仲維屬再搜拓至季冬果獲見寄爲之暢然往來浯溪者不知凡幾剔抉古刻者又不知凡幾而如斯巨幅絶無

人知只以紀元闕泐忽略過之羅致之艱潛心者寡也乙亥春錄竟因併識諸

趙善謐詩高一尺二寸五分廣三尺四寸前序六行行十二三字不等字徑五分餘詩九行行七字字徑一寸五分許後跋十四行行十六字字徑四分均正書

善謐假守二年首尾困於供億寇宄既清　諸臺摭微勞　剡上而善謐以多病丐歸矣舟次浯溪扶疾周覽風物因留四韻以識重遊非敢言詩也嘉定辛未莫春五日浚都趙善謐安之

兩載夤成漫浪遊豐碑重拂倍含羞空憐民力疲芻粟濫厠時賢動

毿旒病骨詎堪勝重寄歸舟喜不負清流家山屈指朝
朝□□老休勞念□□
石泐□□禊後一日歸舟同石泐□□□□詩以授希閭
石泐□□□□□□□□□石泐□□□清流之語□□
□石泐□也□□□□□□下空公之遺□□出□可不刻
諸崖石以慰邦人之思惜也堅珉未磨而下空公已□
玉樓於天上矣雖然其可已虖昔羊叔子與石泐□慨
歎先達多湮沒無聞□石泐猶應登此湛輩亦謂□之
石泐□卒使異時見峴碑□石泐敏敢於下空公亦□石泐□
既望族姪孫漕貢進士永石泐希閭百拜敬書

趙善謐浯溪詩正書嘉定四年在祁陽縣寰宇訪碑錄

案謐訪碑錄作謐攷零陵縣志景定甲子教授吳之道永州修城記嘉定間趙侯善謐始增修裏城云云似即此題詩之人而作謐又攷宋史宗室世系表善謐乃贈朝奉郎不佞子善謐武節郎不迿子係兩人皆鎮王元僖後此必官零陵今之人而贈其父為朝奉者當作善謐今攺正湖南通志

右趙善諡詩當時未即上石至其族姪孫希閭始跋而刻之而跋內年月適在石泐處仍以作詩年月係之辛未為嘉定四年諡訪碑錄作謐瞿木老輯通志攷作謐永志因之今得石本乃作諡其以安之為字則謐字當不誤然石刻實作諡也通志職官不載趙善諡名永志職官表列趙諡名云舊作趙善謐恐傳異考浯溪嘉定辛未題名有假守趙善諡或又一人也宗氏既知此刻之作諡不據以攺舊官志謐字之誤復合趙善謐趙謐為一人且於金石內仍作趙善謐彼此歧異亦疏舛之甚矣跋內矣無二字石雖已泐尚有一二筆蹤可以補入又文云困於供億寇宄既清攷宋史嘉定元年柳州黑風洞寇羅世傳作亂招降之二年黑風

洞寇李元礪復作亂連破諸縣詔遣荆鄂江池四州軍討之三年二月以湖南運判曹彥約知潭州督捕峒寇六月池州副統許俊江州副統劉元鼎與元礪戰皆不利曹彥約亦為所敗賊勢愈熾十二月羅世傳縛元礪以降峒寇悉平四年二月乙卯元礪伏誅壬戌賞平峒寇功碑所云蓋即此事

嶺表撫刑題名 高一尺二寸六分廣一尺二寸四分五行行八字字徑一寸三四分正書

予授
撫刑嶺表假道浯溪與從姪祁陽尉包□偕
遊于此
嘉定四年四月初□□□□識之

右刻人名已泐祁陽尉包□志亦不載莫可攷矣
年號上一字半蝕而其爲嘉字無疑下一字尚存
上半宀字此刻通志永志均未載

浚儀趙某詩 高一尺二寸廣二尺一寸詩七行行九字跋七行行八九字字徑寸許正書

元頌顏書□□好風吹我過三吾倚空□□煙雲□
□古興亡草木枯讀盡□□留□□□□□□較錙銖
下空
□□□□□□□重見磨崖有□□
嘉定四□□月七日浚儀趙□□□□□□□□
□□□□□通□□□媿□□□□□□以□與□
□□□□□□以識□□□□□□

右浚儀趙某詩在石門西北王枅題名之左石既磨泐拓亦不精後半尤難辨識兩得拓本彼此互證始審定四十七字前人未有箸錄就可見者錄之趙下顚似與詠二字又案寰宇訪碑錄載有嘉定八年趙某題名一種疑即此刻

八瓊室金石補正卷九十一終

八瓊室金石補正卷九十二

太倉陸增祥撰　男　繼燀校錄
吳興劉承幹覆校

宋十一

浯溪題刻三十九段

崇椿張□□詞 高三尺一寸廣三尺二寸十一行行字不一字徑一寸三四分行書

英聲初發記合遐齊驅祖鞭先著風月平分尊罍談舊各已蒼顏白髮屈指待拚一醉祝生申嵩嶽怎知道爲清湘□澗暫移賢傑　休說予心渴里巷爭先擬持杯階闥畢竟人問賞心樂事種〻盡歸緑法拈取瑞香一

瓣爇向湘山名刹無量壽和一身見在兩尊菩薩　同舍戚餘庾賦喜遷鶯爲賤生壽生申之日適□事□□用調和韻以謝先施斷不可移之他人越明年椿□沙堤之上話□又馳□嘉定甲戌夏五月崇椿張□□□

訪碑錄有張□□題浯溪詩行書嘉定七年當即此刻惟誤詞爲詩耳詞後題語有越明年椿云云椿似是其人之名末云崇椿張□之□又似其人之字不能明矣戚餘庾疑即臧辛伯

臧辛伯詩 高一尺二寸七分廣一尺五寸五分六行行六字字徑一寸四五分正書

四山凝碧一江橫讀盡唐碑萬感生却想老儒明月夜

度香橋下聽溪聲空下　吳興臧辛伯
行書六行不紀時代前人未之見也金石書
通志職官甯宗朝臧辛伯通判永州不詳其貫得
此刻知爲吳興人也潛岩有辛伯殘詩刻系嘉定
甲戌甲戌爲嘉定七年此刻當在其時

趙崇憲題名高二尺二寸廣一尺六寸七分四行行五字字徑三寸許正書
趙崇憲洪友成同遊嘉定乙亥廿四日

趙崇尹題名高一尺五寸五分廣一尺四寸四行行五六字徑一字徑二寸許正書偶涉行體
弟崇尹同姪必益必矩鄉人曹仝昌冊行越三日繼至

語溪有趙崇憲崇尹崇模崇寬四題名皆在摩厓之左厓凹間以次續題自南而西北弟一趙崇憲四行次崇尹四行次崇模四行次崇寬五行皆正書字大小不齊攷宋史宗室世系表崇憲崇尹俱漢王元佐之後贈太師申國公不求之曾孫善應之孫必益乃崇憲之子必柄必爽皆崇尹弟崇夏之子必樞乃崇尹同八世祖崇瀚之子也崇瀚兄崇濼之子有必榘即必矩也崇模不見於表而以必珂係於崇憲弟崇夏之兄崇樸下非崇樸乃崇模之誤即必珂上脫去崇模二字崇寬名亦不見於表恐皆表之脫誤也據

此可以正之表有兩崇憲皆係漢王之後以前後四題名證之此崇憲當是汝愚之子崇尹乃汝愚弟汝摠長子也語溪又有趙必愿題名必愿亦汝愚之孫崇憲之長子也史有傳崇憲史附其父汝愚傳字含章淳熙八年對策弟一越三年復以進士對策擢甲科初仕爲保義郎監饒州贍軍酒庫換從事郎撫州軍事推官汝愚帥蜀辟書寫機宜文字改江西轉運司幹辦公事監西京中岳廟汝愚既貶死海內憤鬱崇憲闔門自處居數年復汝愚故官職多勸以仕改奉議郎知南昌縣事荒政所活甚多升籍田令以父冤未白上疏力辭俄改監行在都進奏院復引陳瓘論司馬光呂公著復官事申言之乞以所陳下三省集議辨其父之讒謗顯其父之功德乞下史官改正誣史又請正趙師召妄貢封章之罪究蔡璉與大臣爲仇之姦毀龔頤正續稽古錄之妄詔兩省史官考訂以聞復以誣史未正進言復玉牒所卒重修龍飛事實未幾贈汝愚太師封沂國公擢崇憲軍器監丞改太府監丞遷秘書郎尋爲著作佐郎兼權考功郎又因閔雨求言上封事請外知江州疏蠲江州民知糴又以瑞昌民負茶引錢請以新券一償舊券以紓

民困受賜者千餘家刻石以紀其事修陂塘以廣溉灌數千所提舉江西常平兼權隆興府及帥漕司事遷轉運判官仍兼帥事修復汝愚捐創養濟院更復社倉以兵部郎中召尋改司封皆固辭遂直祕閣知靜江府廣西經略安撫靜江屬邑之賦再加蠲減縣民立祠刻石劾瓊守激黎峒之變民何釁父子導峒蠻爲寇繫置之法嚴民夷交通之禁又條上復扞防溪峒之議朝廷頗采用之天性篤孝居父喪月餘始食小祥始茹果實終喪不飲酒食肉比御猶弗入者久之此題名蓋崇憲知靜江府經略廣西時道經浯

溪所題也又廣西臨桂有新灃州善化縣主簿張茂良廣西經略顯謨趙公德政頌碑云紹定四年秋有詔帥廣西趙公進直顯謨閣易鎮寶婺桂人德公之久結戀不釋又云公丞相忠定之三子名崇模模字履規粵西文載謂崇憲弟崇模亦知靜江有美聲葢後崇憲二十六年今據題名則崇模知靜江府乃寶慶二年在崇憲十二年之後又五年而易鎮婺州去任也文載作二十六年誤此四刻前人皆未見粵西金石略載有嘉定丙子曾仝洪友成趙必益必矩題名以此刻證之曾仝恐是曹仝之譌 古泉山館金石文編

案興甯有趙崇尹書天下奇觀四字鐫山麓石上郴州志云嘉定七年任興甯令而通志職官甯宗朝載趙崇尹爲永興令二者不同未審孰是

管湛題名 高一尺二寸廣二尺六寸六行行三字字徑三寸許正書

管湛守桂召還乙亥五月十日摩崖石刻而去

右管湛題名在石門小石西北前人未見題名有干支而無年號案管湛字定夫括蒼人廣西臨桂隱山棲霞洞白龍洞中隱山劉仙岩均有其題名嘉定辛未七月稱憲臺壬申初伏稱計使癸酉九月稱經略安撫是由刑司轉漕司而帥桂也此云

守桂召還蓋卽其人乙亥乃嘉定八年也

劉用行詩 高四尺七寸廣三尺二寸八分詩五行行十二字款二行行七字字徑四寸許正書

祿兒豈解傾唐祚獨使斯文書兩翁蜀道至今遺舊話
湘流澈底照孤忠摧風溜雨中興字轉地回天尅復功
人說蒼崖磨向盡不知磨盡幾英雄
嘉定乙亥臘月清源劉用行聖與題

右劉用行正書七行在磨厓左厓上趙崇憲題名後深沒土中發掘洗拓僅得其上截此刻前人未見案劉用行撰有紹定五年茶陵築城記中云予以屬郡丞諸潭白事則用行恐官永州丞者 古泉山館金石文編

通志永志每行各缺五字據石補之乙亥爲嘉定
八年

林伯成詩 高一尺五寸五分廣二尺八寸十二行行七字字徑一寸七八分正書

讀時方喜能戡亂責備猶疑過頌功歸羨從來臣子事
誰歌空下
宋德乃心同
嘉定丙子孟秋旦長樂林伯成知萬耕子元鼎元泰同
張器之□叔郡貢士唐□□卿子暉□□□□賦此以
識歲月

右林伯成詩正書十二行在摩厓石壁前人未見朝野雜記載丙寅淮漢蜀口用兵事目中有盱眙守臣施宿正旦副使林伯成皆言北方事云云乃在開禧四年正月後疑卽此題詩之林伯成也 古泉山館金石文編

通志缺讀戡亂三字永志補之誦視拓本不誤也器之下永志作令審之殊不相似仍從其闕暉志均作煇誤丙子爲嘉定九年通志職官林伯成知桂陽軍系於度宗朝恐誤

易祓詩 高五尺廣二尺六寸五分十行行廿字字徑一寸五六分正書款行書

湘江東西直浯溪上有十丈中興碑誰鑿豐碑鎮山曲溪邊美人美如玉想當歌頌大業時胸蟠星斗光陸離鬣須虆尾更清勁凜凜襟懷氷雪瑩水部之文魯公書兩翁寥寥千載餘後來更有黄太史健筆題詩起翁死一泒溪流徹底清溪邊鏡石堅而明我思古人不可見水石猶作瓊瑰聲因來名山訪遺蹟煙雨淒迷山路濕野叟家頭看打碑君其問諸水邊石
長沙易祓還自清湘道出浯溪□舟崖下懷古興思輒綴數語以識我山邱□願長沙賀廷彥始安歐陽誠同□男□侍行嘉定九年七月旦書

宋長沙易□遊浯溪詩行書嘉定九年七月在祁陽縣 寰宇訪碑錄

右易祓詩在摩厓右四下近始從沙土中掘出瞿宗兩家均未之見也訪碑錄缺其名審之是祓字易祓通志有傳字彥章甯鄉人湻熙十一年上舍釋褐爲翰林學士歴禮部尚書封甯鄉縣男退閒三十年號山齋居士著述自娛樂雷發謁山齋詩云湻熙人物到嘉熙聽說山齋亦白髪細嚼梅花讀總義祗應姬老是相知又楚寶增輯云易祓字彥祥一字彥偉初仕文林郎昭慶軍節度使掌書記累官至禮部尚書兼翰林院直學士以時論不合謫融州移全州得旨自便尋復原官轉朝議大

夫賜紫金魚袋封甯鄉縣開國男食邑三百戶著
書甚多周易總義見宋史藝文志周易辨疑見一
統志易學舉隅禹貢疆里廣記見朱竹垞經義考
今廣西諸岩多有其題刻此云還自清湘蓋自全
回家得旨自便時也縣志載此詩寥寥作寥寂揭
來名山誤作偶來真仙其餘曼患之字據以補之

易祓和許玠詩高三尺一寸廣二尺七行行十九字字徑一寸四五分正書

讀唐中興頌　長沙易祓彥祥
唐家基業重於山甯許胡雛撼九關當日人心旋□堵
與時世變却循環壞分旄鉞誰能制政出貂璫不復還

千古高崖鎖蒼蘚空留遺蹟蹈元顏
嘗謂祿山驕兵不足以亂唐而唐祚中微正在祿山
既平之後覆車不戒禍變相仍可勝歎哉因次襄邑
許玠介之韻嘉定丙子七月三日

右易祓和許玠詩前人未見祓自稱其字曰彥祥
舜志作彥章者誤然志引魏了翁云彥章周禮足
補傳記所未及則似又字彥章矣

林訪詩高一尺七寸五分廣一尺七寸前後共十四行行字不一行書

訪嘉定丁丑仲夏秩滿零陵郡決曹理棹東歸過□
溪觀中興頌周覽古今碑刻輒嘆□□之勳業元顏
之文筆歷年雖久久□□□□□□黃太史以來□□
□者非止此後二行全泐
□□林□□□
靈武儲皇識事端解將權術濟艱難當時若徇匡又節
宗社何由獲再安
文士相輕自古然堪嗟嘲詠費雕鐫元顏文華非餘子
未可毛疵議昔賢
子慶孫姪起子二孫顯承侍

右林訪詩在摩厓右案永志職官表林訪以嘉定
九年任參軍此刻首云訪嘉定丁丑仲夏秩滿零

陵郡決曹弟七行見一林字其爲林訪無疑而通
志職官失載其名宜據補之林訪嘗爲陰德堂銘
宗氏以堂爲法曹廳事與此言決曹者亦合輒嘆
下似是汾陽二字姑闕之此刻前人未見亦近時
搜出者

酉鎸詩高四尺六寸五分廣三尺三寸詩四行行十四字款二行行九字字徑三寸餘行書另刻石一行小字

天生一代老文詞酉得高名日月垂山□猶餘元氏族
溪痕幾□魯公碑未論再造中興業却羨三吾高卧時
崖石雖磨千古在渡香橋下水空悲

清源畱筠嘉定丁丑臘前行部來游
住持傳法僧法祖謹刻崖石
右留筠詩行書七行在摩厓左厓上前人未見攷留筠係孝宗朝參政留忠宣正之次子也廣東㕍海蘇文忠浴日亭詩乃其所刻跋云嘉定辛巳則在此刻後四年矣後澹山巖詩自署其字曰端父與浴日亭詩跋同此與澹山巖二刻俱云行部來游則筠必持節官荆南者而舊志俱無其名修志不援金石知缺漏者多矣浴日亭詩跋中云舊得此眞蹟於湘中盍正指此題名時言之彼此可以互證筠書法端秀似

學顏清臣者古泉山館金石文編
案通志仍未補留筠名職官志不出木老手也

留筠再題詩高二尺九寸廣二尺八寸七行行字不一字徑二三寸不等行書另刻石人名一行小字

爲愛浯溪風景幽重臨釣石繫歸舟不妨細讀豐碑下墨本空看幾白頭
自咲塵埃賦□忙佳山招我莫徜徉何當了却癡兒事来伴高人枕碧湘
筠舟還浯溪再留二絕
住持傳法僧法祖謹刻崖石此行小字正書
右留筠再題浯溪詩草書七行即在前題之後北面前人亦未見古泉山館金石文編

方信孺題名高不計廣四尺九寸七行行一二三字不等字徑六寸許正書

莆田方信孺紹熙癸丑嘉定丁丑三訪浯溪

右方信孺題名七行每行一二三字不等正書大徑六寸許卧刻於石溪石門右北小石上面向上半浸土中予發土搜剔出之三上一字石已損闕攷宋史傳云方信孺字孚若興化軍人少有雋才爲周必大楊萬里所賞以父蔭補番禺縣尉後爲朝臣所薦假朝奉郎樞密院檢詳文字充樞密院參謀官持督師書通使於金往返三次俱以正辭折敵還朝以金人

欲得太師頭語攖韓侂胄怒奪三秩臨江軍居住後王柟使金和議成歸奏言皆信孺備嘗險阻再三將命之功金人見柟必問信孺安在乃詔信孺自便尋知韶州累遷淮東轉運判官兼提刑知眞州山東初內附信孺言宜選威望重臣將精兵數萬開幕山東以主制客坐責降三秩再奉祠稍復官信孺性豪邁輕財好客使金時年甫三十其尉番禺有捕盜功知眞州卽山築隄後金人至決水退敵城乃獲全旣去官歸營巖室放於詩酒而沒案今廣西臨桂巖洞多信孺題刻乃自嘉定六年三月訖八年八月官廣西

提點刑獄兼轉運判官時也據吳獵撰信孺父故廣西轉運判官方崧卿祠堂記崧卿於紹熙壬子四月至桂林此題名云紹熙癸丑者蓋信孺於壬子次年赴父任時經浯溪也攷甯宗戊辰年改元嘉定終於十七年甲申其十年當爲丁丑粵西金石略謂嘉定九年十二月尙爲本路運判則此丁下所缺一字必是丑字蓋信孺於十年去廣西任復經浯溪而又兩游其地故云三訪耳此刻前人未著錄古泉山館金石文編

右刻在柳公臺之下丁下丑字尙可辨識瞿氏之言爲足徵信也惟云復經浯溪而又兩游其地恐

未必然其再訪浯溪或在由韶至道之時歟

王枅題名高一尺二寸五分廣一尺二寸五行行七字字徑一寸五分許正書

濂須王枅通守零陵治檄慮囚歸塗經此留連一夕而去時嘉定戊寅十二月望

案右刻在小峿臺北見浯溪新志但有紀元月而無年歲恐有脫誤湖南通志

右王枅題名在石門西北小石上省府志脫歸塗戊寅四字又留作流未見拓本沿溪志之誤也縣志亦然王枅亦有燄嵓題名彼刻自稱其字曰仲方永志據以補入官表通志失載其名戊寅爲嘉定十一年

呂銓題名高二尺二寸六分廣二尺七行行八九字不等字徑二寸許行書

嘉定己卯閏三月甲子汲郡呂銓平叔之官零陵艤舟浯溪得□訪古遍□清勝是日□□□□文譽德父唐汝能子□□□子淮壻□侍

右呂銓題名在小峿臺東南前人未見文云之官零陵而省府志職官均無其名不知所任何職也

許綸等題高二尺廣二尺九寸六分十二行行七字字徑一寸五分正書

豫章許綸行之嘉定庚辰長至日拉金陵李植直夫廣陵王瀛彥行清江張天錫應祥錢塘夏謙華之巴陵鄭

導□叔古桂頊文子□卿艤舟于磨崖之下步自峿臺至于中堂登鏡溪□□□□□□□

右許綸等題名在石門東南前人未見許字僅存午旁澹巖有前守春陵許綸題名係紹定三年所刻永志職官表許綸任道州在寶慶三年通志亦列於理宗朝此題名之許綸非即其人彼刻自署云永嘉此云豫章亦不合也又通志職官甯宗朝有輿甯令王瀛不詳其貫未審即此廣陵之王瀛否

曾煥詩高一尺二寸廣二尺七行行字不一行書

元頌顏書山谷詩還鐫我宋中興碑慇懃三讀重回首
萬□□□江渺瀰廬陵曾煥將漕廣西召還過此嘉定
庚辰四月二十三日
右曾煥題名行書七行在磨厓石壁案廣西臨桂嘉
定丁丑題名煥字少卿乃在此前二年此云將漕廣
西召還則此次似未經到粵西矣丁丑題名時未知
煥爲粵西何官也此刻前人未見古泉山館金石文編
趙某殘詞高一尺四寸廣二尺存十一行行八字行書
□□□□皆阝□□流垂□斷崖依舊橫碧□□獨有
千古文章鏗鍧炳燿不與名□□□□□□□□□□

□□盡□□遠□□□□□□□不□□□拳石舉杯相
屬坐還有此客
嘉定庚辰夏五月□日趙□□□□書
右行書十行半磨滅金石審
右趙某殘詞刻通志未載永志有闕譌據石正之
前爲鄒某磨去改刻其詩五六七行之上截及末
一行又爲俗子羼刻不能全讀矣趙下似崇字
鍾興嗣詩高三尺五寸廣一尺九寸五分序五行行四十字字徑五分詩十行行三十字字徑寸許正書
嚮暫寓浯溪得觀古今碑刻往往議論互相矛
盾其端皆由黃太史之詩而起曾不知黃太史
特以石渺二字之法責備肅宗初不議次山之失且
云臣結春秋二三策臣甫杜鵑再拜詩安知忠
臣痛至骨世上但賞瓊琚詞則是不識元子之
頌明矣吁至美不贖惡大醕不掩疵其唐宗之
謂歟曾未若我
宋南渡　二帝聖德粹然無瑕可指千萬世而
下又孰得容喙耶寻推明山谷不責元子之意
因降嘆
光堯　孝宗聖明相繼之盛云時嘉定庚辰秋

孟朔旦章貢鍾嚮序
翔奴禍唐室宗社已傾危翠華幸西蜀大物孰主持儲
君起靈武事亦從權宜人望既有屬姦孽就誅夷次山
憂國切聞此喜可知歸美頌君父隱惡義當爲涪翁仗
正論凛然寓刺規指擿心中過併及宮闈微玆用春秋
法肅宗其何詞曾無一半語追咎元子非後來好事輩
往往互詆譏或立黨同意或費解嘲詩識者具眼力理
解夫奚疑盍觀我
宋朝崖上中興碑　光堯再造績炳若日星垂功成
體天道退處志莫移神器親付授　嗣皇猶懇辭數

四不獲命黽勉祗受之飭躬備敬養朝夕益孳孳君不
見帝典書之盛端由揖遜基　二聖盡慈孝堯舜並
驅馳俯視於李唐德業有餘疵惟餘尅復願天每靳其
機　孫支繼述責未有易今時出兵弔遺黎孰不迎
王師免使讀頌者懷憤徒傷悲

右刻序五行詩十行皆正書據詩似宋亦有中興碑
者抑即作者自以此詩當之耶此刻前人未見近亦
罕有拓者續辰於十二年前過崖下得之金石審
首行末石泐處宗氏作春秋二字其唐宗宗上多
一肅字皆以意增補石刻所無也碑左下角有庚

午年廖應瑞題名

徐自明詩 高一尺三寸廣三尺二寸五分十三行行五字六字字徑二寸許正書

□□□□□奇金石輝輝萬古垂論定固知名貴正
時危更識禮從宜溪山不老刊長在天地重開繼者誰
多少艤舟咸有紀況予畢戍可無詩
嘉定庚辰中秋後四日郡守永嘉徐自明書

右徐自明詩正書十三行在磨厓石壁首行已爲後
人題刻磨去前人未見攷自明字誠甫撰有宰輔編
年錄古泉山館金石文編
徐自明知永州通志職官列理宗朝殊誤

董鴻道詩 高一尺九寸五分廣二尺八寸五分十四行行八字字徑一寸五分許正書

臨川董鴻道叔宏省　親零陵偕友人丘靖夫東歸
夜泊浯溪叔雲弟挈舟來餞時嘉定庚辰臘月五日

艤舟和月上唐亭風露凄寒酒易醒誰爲漫郎寫幽思
度香橋下水泠泠
二十年前八桂回摩挲蒼蘚讀碑來如今再自浯溪過
折得梅花伴酒杯

董鴻道浯溪詩正書嘉定十三年十二月在祁陽縣寰宇訪碑錄

瞿氏未見此刻故疑訪碑錄所載即火星巖題刻
之誤宗氏亦未見此度香橋在縣南浯溪寺前見
通志

臨汾張某題名 高一尺二寸廣八尺五寸四行行六字字徑一寸五分許正書

臨汾張□□□正淞檄□□□時嘉定辛巳仲春二十
四日

右臨汾張某題名在石門西北王枅題名之右前
人未有著錄此刻之前有綸輿亡三字字徑二寸
許是詩尾也疑即張某所題

張潞詩 高一尺一寸廣二尺十三行行七字字徑寸許行書

高棱巨壁立□蒼中直浯溪帶様長黃屋朝臨蜀萬里
翠珉暮刻楚三湘兩朝功罪乾坤定二子文書日月光
太息斯盟誰復主代與今者得黃張
嘉定辛巳四月丙戌桂林郡丞盧陵張潞之宣經游
讀碑感慨爲賦七言
右張潞詩行書十三行在磨崖壁上前人未見古泉山館金石文編
丙盧二字已泐據志載補辛巳嘉定十四年也末
句云代與今者得黃張黃乃山谷張則文潛漁隱
叢話云惟魯直文潛二詩傑句偉論殆爲絶唱而

文潛詩僅存明刻矣
趙崇模題名高二尺廣一尺三寸三分五行行字不一字徑一寸七八分行書
後十二年寶慶丙戌九月二十五日崇模被命守桂
實繼先兄吏部前躅道由浯溪敬瞻題墨爲之泫然男
必珂侍萬渙之陳定孫萬時偕行
通志職官常宗朝有趙崇模爲安化令名宦志云
番禺人豈别一崇模邪
趙必愿題名寶慶三年四月三日萃編已載
洪大成字缺大
案崇憲題名見前乃嘉定乙亥四月故云整整一紀

洪下缺一字据前嘉定題名當是友古泉山館金石文編
以拓本審之洪下似是大字縣志亦作大
趙崇夏題名高二尺廣一尺一寸六分五行行字不一行書
寶慶丁亥十一月二十一日弟崇夏以邑令之鐔津避
兄經略親挈家還鄉□經浯溪裴回半日得□□□
□□□必□必柄必爽必□□□□□□□道隆郭從
朴
右趙崇夏題名省府志誤作崇寬餘亦多所闕譌
據石校正之必柄上志作樞審之殊不相似鐔津
今藤縣地避兄經略者即前題名之趙崇模也此

拓疑尚未全
王音殘刻高一尺四寸八分廣二尺八寸前四行行存五字字徑寸許後六行行存四字五字徑二寸五六分正書
天寶六載元□出而爲□□□殆有光古體紹
定庚以上前四行
古有勞邱傢不能□格□□初□詞□□□
能知我今掩王音作此
右王音殘刻在小峿臺東南前人未有著錄原籤
題云紹定聞王音作審之紹定二字在前四行末
似是詩序王音二字在最後一行刻於右偏似即

在詩句中者殘缺或已磨云或未拓全均意中事
能下似學字格下似豈字紹定下僅見庚字是紹
定三年庚寅也

李伯堅題名高二尺九寸廣二尺三寸八行行十字字徑二寸五分正書

紹定辛卯七月既望東□東伯堅冡　恩東歸郡邑官
士餞於唐亭者張之才　裴朱王制　潘立功周浹唐桂□
□鄉□三學　趙師𣗳　王執中唐鴻唐大德唐藝　何浩然
唐模宋淇趙孟禔　宋中興王垚男宏遠侍行

右李伯堅題名正書八行在磨厓壁間前人未見攷
宋史宗室世系表趙師𣗳係趙伯逭子趙孟禔係趙

與偕子皆燕王德昭原誤作助之後古泉山館金石文編

右刻在狄青題名之右藏於沙土者已久甲戌秋
始復搜出之才省府志均誤作來省志未審出制
學二字府志亦未審出桂字東下作淅桂下作任
任下云似岳字皆不甚似唐桂零陵人寶慶二年
王會龍榜進士宋淇祁陽人寶祐元年姚勉榜進
士官駕部郎遷少卿王垚亦祁陽人景定三年方
山京一作宗榜進士均見選舉志王執中東嘉人嘗
官澧州教授見職官志志有武岡軍教授王之制
與之同時疑即此王制之誤

衛樵詩紹定六年元日萃編已載

當世當誤作萬

右衛樵詩正書十一行後二行微小在磨厓碑左厓
上衛樵乃我吳崑山衛太師文節公名涇之子宋淩
萬頃玉峯志元東溪老人楊譓崑山志但言其魁鎖
闈又魁鎖廳終知信州而不及守永州事又零陵志
載其題澹岩詩自署中吳衛樵山甫山甫蓋其字也
皆可据以補之文節亦於嘉定中知潭州攷姑蘇志
傳略云字清叔湻熙十一年進士弟一授承事郎添
差鎮東軍簽判歷官至資政殿學士金紫光祿大夫

致仕進封吳郡開國公寶慶二年卒理宗輟視朝一
日特贈太師進封秦國公賜謚文節開禧三年自吏
部尚書拜御史中丞時請誅韓侂胄論罷陳自強拜
參知政事嘉定初兼太子賓客又患史彌遠有專恣
之漸因欲去之彌遠知涇謀諷御史劾罷之五年出
知潭州八年攺知隆興府先居里中闢西園取范文
正公之言名其堂曰後樂後甯宗以其三世同居有
堂曰友順御書二大字太子亦爲書後樂堂榜賜之
文節歷仕三朝出入內外四十餘年憂國忘家始終
一節謀深慮遠不邀近功嘗語人曰官職自有定分

名義千古不磨故其在朝孤立自守不畏強禦薦進賢才汲汲如不及若李燔輔廣倪思陳韡皆其人也守潭時與朱文公有交誼之情侂胄斥文公及侂胄死奏召還朝而文公已卒復移文新安取諸經四書傳注刊刻以傳又請爲張南軒賜謚其表章正學之功如是自號後樂居士所著文章五十卷曰後樂集廖道南楚紀雖載文節知潭州事而云齊人謬矣故今爲表而正之古泉山館金石文編

省府志載此誤㦸爲減當據石正之此本失拓後跋所校勘者前十一行耳縣志載此詩誤作吳衙樵又當世作當日無可憾作無可議有何評作有誰評衙樵尙有淡巖萬石山兩題名未得拓本其淡巖詩刻則已錄入矣永志官表衙樵知永州以紹定五年任又此本尙是十年前所收近復得此拓本則上截已磨去僅存下半四字矣

趙楷詩 高二尺廣一尺三寸八行行十五字字徑寸許正書

舟□□□讀中興碑

南岳趙楷端父

西風吹岸著浯溪玉潔摩空十丈碑不□開元久培植可歎靈武善扶持斯文未泯今□□盛德之興彼一時崖下漫郎應在否□□流涕手題詩

端平丙申秋七月朔題湘中萬宗大宗父偕德中同游

右趙楷詩正書八行在韋瓘題名後前人未見古泉山館金石文編

案端父瞿氏誤審作端文吹岸二字瞿氏缺金石審著省府志誤作看岳均作嶽通志缺吹岸二字永志補之諸審拓本均祇存形模耳今平二字已泐據志錄入首行中上有讀字可辨宗氏亦但審得舟字未見讀字也余得此拓本不少而讀字明顯者僅見其一拓本之不同者如此

施復等題名 高四尺廣二尺一寸五分六行行十二字字徑二寸五分正書

端平丙□□□□□施復孫□□隨 節□□□以巡覲□□郡事迫期而□及親遊泝□□秋漕試經由薄暮而不克詳□ 逾月舟還徜徉竟日始得徧觀□重陽月二日書

右施復等題名在浯亭下東面端平止三年丙下蓋是申字此刻前人未見

徐大忠題名 高一尺四寸廣二尺四行行四字字徑三寸許正書

□山徐大忠以職事來遊丙申四月

金石補正卷九十二 三三 吳興劉氏希古樓刊

右正書四行在摩厓右厓下大書深刻似宋人筆山上所缺必是眉字蓋三蘇之族人也此刻前人未見 古泉山館金石文編

右徐大忠題名志載作蘇大忠以余審之實徐字也山上亦非眉字筆法深穩學魯公是北宋人手筆紀年有干支而無建元姑附於端平三年宋代最後之丙申也

曾宏正詩 高一尺三寸五分廣二尺三寸六分十五行行十二字字徑六分正書

開元初政儘精明歲晚色□□牝晨胡雛養虎自遺患馬嵬□穢生戰塵幸哉有子繫民志宗祏將傾猶未墜當時監國若□避大物必歸安與史較輕量重法受惡父子至情休責備南內淒涼葉落時倘勝公侯步間市鏤刻摹寫皆瓌詞□□以頌而以規我來解嘲千載後□超九京共評之

題此詩於數百載衆傑作之后可笑不自量然从前似未有為肅宗解嘲者則亦不得以鄙陋辭也淳祐二年壬寅季秋十二日臨江曾宏正識

曾宏正題浯溪詩行書十五行在浯溪厓石攷宏正乃直龍圖閣謚忠節曾三聘之子三聘宋史有傳又廣西臨桂有游倡所撰神道碑係宏正書題銜稱嗣子朝奉□□祕閣廣南西路轉運判官云云又有宏正題隱山詩及水月洞詞皆淳祐二年後有元至正間曾孫臨桂縣尹天驥跋云先曾祖自宋提點湖南刑獄淳祐癸卯調廣西運使則此淳祐二年壬寅正宏正官湖南提刑時逾年而去任也此刻前人未見 古泉山館金石文編

右刻如傳晚色胡等十字瞿木夫所缺今皆審出步間市誤作出關市案說文步古文或以為艸字讀若徹此蓋作艸字用也又必歸誤作一歸以頌誤作一頌今並改正之 金石審

右刻在摩厓左通志缺儘晚色雛遺患生墜史鏤刻摹十二字永志補之仍缺刻字而又誤儘為傳誤患為害通志胡雛之胡誤作明養虎之養誤作若安與史之與誤作共養與二字永志亦誤又衆傑作之后永志后作後通志不誤也又案史稱曾三聘為新淦人此刻宏正自署臨江新淦屬臨江軍也

曹一龍詩 高二尺七寸廣一尺四寸詩四行行十字字徑二三寸不一款一行較小行書

行樂乘陰好誰能困壘朱重陽邀數客盡日款三吾煙㶏江山古風清竹木癯漫郎如可作分酒酹茱萸

昔淳祐丙午四明曹一龍書　住山慧圓上石此小字正
書

右曹一龍詩在晧臺右路旁前人未見通志職官
理宗朝有曹一龍知郴州當即其人江西通志曹
一龍新建人紹定二年黃朴榜進士此署四明或
別有一人也

樂炎發題名三行行五字字徑一寸三四分行書

淳午冬瀌溪樂炎發同阿章王應雷來

右樂炎發等題名行書三行在柳明明心記石劉錫
題名下題云淳午冬想即前高不傳題名淳八戊之

類也攷宋代以淳紀元者淳化五年甲午淳熙元年
甲午十三年丙午淳祐六年丙午咸淳六年庚午此
未知何屬此類文法蓋始於南宋末年此題名非淳
祐當即咸淳姑附於此前人未見古泉山館金石文編

右刻行書三行在柳明明心押右脅下宋末題名往
往簡省年號甲子樂雷發理宗時人炎發必其伯仲
以此定其為淳祐丙午也金石萃

通志系咸淳庚午蓋淳午之最後者永志系淳祐
丙午以其為理宗時人也姑從宗氏

朱天錫題名三行行字不等字徑寸餘正書

戊申孟秋遠迓石壁侍郎石鼓承節郎朱天錫偕來

右刻在柳明明大押記之下右方前人未見案通
志職官理宗朝有朱天錫任藍山令然則此戊申
乃淳祐八年也惟承節郎為武官階不甚符合錄
俟再考

楊瑾題名高一尺七分廣一尺五寸六行行五字字徑二寸許正書

淳祐戊□□月上澣□□楊瑾被□守藤道由浯溪
借婿永嘉倪夢鞠曾遊

右楊瑾題名正書六行在摩厓右石上前三行下漫
士中不可見前人未載古泉山館金石文編

右刻在押字左下方紀年戊字上半可見蓋八年
戊申也志載由誤作出並補正之浯嘉遊三字今
未之見恐亦為土所壅矣藤即今之藤縣宋為藤
州感義郡

淳祐殘題名高二尺三寸廣二尺七寸八行行八字字徑二寸五分許正書

□祐巳酉秋□□□□稽豐□處□□□石雙郎艤舟
□□□讀中興碑盤□□□偕行同里沈□□□父陳
策次賈四明□懷虛澄□□□□遊父□□孫子碩孫
侍

右題名殘刻八行祐上一字已泐宋代景祐皇祐

嘉祐元祐寶祐俱不値巳酉前而唐之天祐後而金之貞祐元之德祐延祐亦俱不値巳酉故可定爲淳祐九年也前五行下截三字爲明人刻張未詩磨去餘亦多闕泐題名中名字全見者惟陳策一人耳其字端父者疑卽端平丙申題詩之趙楷而端上一字却不甚似楷也稻上存下半日字四明下似是史字孫上似是暘字姑闕之此刻前人未見

林華詞 淳祐九年十月 萃編已載

汲度香橋下流泉書字 脫書

右林華詞行書十行不齊在磨厓石壁前人未見 古泉山館金石文編

案詞家用韻以董送通養漾者頗少見古樂府則多有之矣宋中興碑屢見 金石審

右刻在唔臺右路旁通志亦脫書字且誤革爲華而云前人未見疏矣永志亦誤爲華并脫着字跋云自淦入桂溢赴廣西也王氏以爲荊湖南路之桂陽殆非

八瓊室金石補正卷九十二終

八瓊室金石補正卷九十三

太倉陸增祥撰 男 繼煇校錄

吳興劉承幹覆校

宋十二

浯溪題刻五十段

李曾伯題名 高三尺五寸五分廣二尺五行行十字字徑二寸六分正書

河內李曾伯自桂易荊來觀賓客臨川羅亨祖清湘趙富夫管安昌清江李攀龍弟曾仕子杓姪□偕來淳祐庚戌夏五十有四日

李曾伯題名正書五行在浯溪厓右攷宋史本傳李曾伯字長孺覃懷人後居嘉興歷官通判濠州遷軍器監主簿添差通判鄂州兼沿江制置副使主管機宜文字遷度支郎官授左司郎官淮西總領尋遷右司太府少卿兼左司郎官兼敕令所刪修官遷太府卿淮東制置使兼淮西詔軍事便宜行之疏奏答天心重地勢協人謀三事又條上諸要務加華文閣待制又加寶文閣直學士進權兵部尚書淳祐六年正月朔日食應詔上言又請修復泗州城加煥章閣學士言者相繼論罷九年以舊職知靜江府廣西經略安撫使兼廣西轉運使陳守邊之宜五事進徽猷閣

學士荆湖安撫制置使知江陵府兼湖廣總領兼京湖屯田使進龍圖閣學士本紀載其以徽猷閣學士安撫荆湖於淳熙十年三月此題名刻於是年夏五十四日葢正曾伯自廣西移任荆湖道經浯溪時也後又於寶祐中再知靜江今廣西臨桂有曾伯淳祐寶祐開慶景定諸題名可證也明通志謂曾伯於嘉熙間知岳州多善政而不及其安撫荆湖事攷史傳未云知岳州恐誤清湘趙奮夫字俞仲管安昌字順夫亦見臨桂題名據臨桂西山題名有云子杓姪棖侍則知此姪下磨滅一字當是棖字耳史稱曾伯與

賈似道同官閫帥邊事知無不言爲似道所嫉卒不竟其用云此刻前人未見 古泉山館金石文編

案今通志職官仍以李曾伯爲知岳州宜據史改爲安撫使

淩攀龍題名 淳祐十年十一月六日 萃編已載

鑰鑠字 缺鑠

右淩攀龍題名正書七行在摩厓右厓下米黻題名前三上缺一字浯溪新志作時案長沙本星名見史記天官書厥後唐張守節正義及甘石星經有長沙一星主人壽命明則人長壽之說故後人遂稱長沙爲星沙亦曰壽沙此題名云壽沙淩攀龍後長沙淩登龍一題名又云星沙淩登龍則知宋人已有是稱矣其云省兄宰浯溪當是後辛亥題名之淩登龍也 古泉山館金石文編

案鑠字省志誤作錄 永州府志

三吾上所缺縣志亦作時

淩登龍柯經等題名 高一尺八寸廣一尺七寸七分 六行行十字字徑一寸五分餘 行書

星沙淩登龍廬山柯經新安程士甯舂陵周郃虎邑事餘閒聯步縱觀維昔舂和景明江山如畫一樽相對人

境俱勝真覽古之奇趣也淳祐辛亥清明日

佳山甍圓上石 此行小字

浯溪新志載此刻於明代末題淳祐辛亥作宏治辛亥攷星沙淩登龍見淳祐辛亥張仲題名舂陵周郃虎有淳祐辛亥小憩亭題記並在浯溪宏治辛亥係明孝宗改元之四年事隔三朝又相距二百餘年之久斷無同貫同姓名如此之巧者其爲淳祐辛亥之譌無疑今改正辛亥係淳祐十一年也予遊浯溪搨工偶遺此刻不能一審原文爲憾事 古泉山館金石文編

右淩登龍題名在峿臺右志載誤勝爲清并脫上

石人名一行瞿氏宗氏皆未之見耳縣志亦作宏
治勝亦作清皆沿溪志之譌淯祐二字雖近殘泐
尚可辨識祐字尤較清晰瞿氏所改不誤矣淩登
龍通志人物有傳字顯夫善化人嘉定間再舉進
士提刑趙汝讜案當作讜延直嶽麓書院累舉授廸功
郎調藍山簿轉零陵丞授祁陽令以疾辭廣西帥
姚希得辟爲柳州推官遷永州僉判封通直郎晉
承議郎卒於景定元年年七十一而通志職官未
載其名永志僅載其爲祁陽令而於零陵丞永州
僉判亦未之及皆漏也通志又載有僉判淩登龍

墓志額題宋僉判承議淩公之墓十字墓在石塘
金牌嶺蓋世居於斯者

淩登龍題名二行行五字四字字徑寸許行書

淩登龍□遊
子炳炎侍

右刻在趙善譓詩之左省府志均未載此刻無年
月卽系於此炳炎名見於登龍傳云子斯忠鄉貢
進士炳炎朝散郎是炳炎爲登龍次子

張仲題名高二尺六寸廣二尺四寸六行行八字字徑二寸五分許正書

海陵張仲丞郡二水以憲檄攝衡陽回舟訪古頌崖下
長沙淩登龍率邑僚來會徜徉竟日塵襟灑然淯祐辛
亥夏至前一日

右張仲等題名正書六行在摩厓石壁前壽沙淩攀
龍題名云因省兄宰浯溪此云長沙淩登龍率邑僚
來會則淩登龍當卽淩攀龍之兄而其時官祁陽者
縣志職官表失載古泉山館金石文編

右刻在小峿臺東南省府志所載以誤作捧通志
職官不載張仲名

張仲詩高二尺七寸廣二尺詩四行行八字字徑二寸餘跋五行較小行字不一均正書

一年兩檄過浯溪□上唐亭□□□笑□與亡千古□
□□崖石與天齊

余今歲夏至後一日捧憲檄自衡陽攝郡回嘗會邑
僚于此冬至後二日又捧帥檄代庖桂陽挈累舟游
小憇半日因書以記歲月昔淯祐辛亥十一月初六
日張仲書

右張仲詩正書詩四行跋五行字較小在摩厓壁間
前人未見古泉山館金石文編
省府志缺兩笑二字并脫一自字後二日下志作
復審之似是又字姑註於旁古字已磨滅

周邵虎小憇亭記高二尺二寸廣二尺八寸十六行行十三字字徑寸許正書

淯祐已酉春舂陵周邵虎以□□權邑佐明年夏文昌

河內李公由桂帥制京湖道三吾駐舟崖下跨峿臺陟
笑峴徘徊半山間得地盈數尺大江帶其前奇石圭其
後脩竹古木且蔭且映公撫翫久之載色載笑曰是可
以小憩何不亭之明日祖別請名於公大書曰小憩既
名矣邵虎乃出綿力復得□僧慧圓相與樂成之又明
季冬邵虎得替東歸因援筆以紀亭之所由作□□者
觀李公之心畫會名亭之眞旨竦而敬默而識將不特
爲溪山駐且當爲李公駐是亭也蓋此峿臺笑峴相刮
目而浯溪又添一段公案云　佳山慧圓上石（此六字小正書）

右小憩亭記行書十六行在摩厓左石壁下前人未
見文中所云河內李公卽前李曾伯也曾伯自廣西
經略安撫使移任荆湖安撫使知江陵府此云由桂
帥制京湖不云荆湖而云京湖者曾伯是時又兼京
湖屯田使也京湖者京西湖北二路也（古泉山館金石文編）
右刻在峿臺右道旁省府志載此缺以征權文者
竦而刮目一段公案十三字及上石人名一行又
誤慧圓爲慧開心畫爲心盡名亭爲名山敬爲發
默爲然將不爲將來茲悉校正之周邵虎前云權
邑佐後云得替東歸是亦有職守者而官志不載

笑峴亭名熙甯間縣令蔡瓊所建在漫郎亭西南
峿臺之上卽元次山右堂之故址也小憩亭永志
宮室內失載碑書敬字不缺筆

張知復詩（高二尺二寸廣一尺五寸三分前後共六五行行字不齊字徑一寸五分許正書）

讀浯碑譔成一絕蜀人張知復
開元天子樂昇平肯向華清戒履冰縱有浯溪〻〻上石
元郎何意頌中興
湻亥嘉平六日　佳山□圓上石（六字小正書）

右張知復詩在峿臺右前人未見湻亥湻祐十一
年辛亥也張知復通判道州載永志而不詳其貫

得此乃知爲蜀人通志職官失載

宜州司錄楊□□題名（高一尺廣一尺一寸六分七行行八字字徑八分許正書）

□□楊□□先□永州□□以湻祐戊申□□□□之
役遂識浯溪眞面目迨辛亥□由宜州司錄赴班艤舟
訪舊游盤旋兩日乃去男秫祖侍

右楊□□題名其名已泐前三行半已剝蝕宜州
今廣西慶遠府也宋爲宜州龍水郡此刻前人未
搜及

楊㥄題名（高一尺四寸廣一尺一寸八分四行行六字字徑二寸許正書）

寶祐丁巳南至後三日倉山楊㥄泊舟崖下來讀唐碑

右楊惔題名正書四行在摩厓巔陑臺之左前人未見宋史有楊掞傳初爲孟珙幕僚後登第以戰功升三官得心疾曾任潭州節度推官然其名从才又云臨川人未知是否古泉山館金石文編

右刻在勝異亭後志載缺三字

王壺詩高一尺二寸二分廣一尺七寸詩存七行行七字字徑一寸二分末二行十字較小

□□□□□□□值淒涼八百秋入院伽藍先瞽首

題詩神鬼暗添愁幾章鐫石 珠璣燦一帶臨江泉石幽

讀罷中興碑去後逢人便舉伴茶甌

舂陵西山王壺漫記曾遊時寶祐丁巳仲秋上澣書

右王壺詩正書存十行在磨厓石壁首行一句爲後人磨去改刻此刻前人未見古泉山館金石文編

右刻在小陑臺下久爲土掩甲戌秋始得復顯於世省府志逢誤作山茶誤作荼并未審出值字首行刻浯溪精舍偶成六字不知何人所爲

莊密節等詩高一尺八寸廣二尺三寸十四行行字不一艸書

長沙莊密節仝丁叔巖遊浯溪各成四韻而密節併疥諸壁旹珤祐丁巳良月也

元翁作頌魯公書峭壁雲煙萬古垂三絕堂前月浸碧

兩峰亭下艸生悲英風義概有存者流水高山誰會之

便使中原歸趙璧磨崖再勒中興碑

右密節詩

相去祁陽五里餘擷山爲谷斷爲谿河南刺史老文學

石上真□健筆題風月滿堂無地着雲煙半壁與天齊

英雄說着唐朝事淚濺長安蜀道西

右叔巖詩

右莊密節丁叔巖詩艸書十四行在摩厓壁間前人未見珤古文寶古泉山館金石文編

案瞿氏元缺二字今審出金石審通志缺擷字永志補之不誤其所補真下之卿字則以意增入石已全泐矣又石本濺字已泐偏旁

三絕堂皇祐初縣令齊術所建孫適爲之記兩峰亭元次山建三絕堂記云次山去道州郎家溪上作亭二峰垂三百年碑缺亭圯郎詩所稱兩峰亭也丁巳爲寶祐五年良月爲十月

楊惔再題殘刻高廣不計存二行六字字徑二寸五分許行書

寶祐六下缺楊惔歸舟

右楊惔歸舟殘題在余靖題名右前半及下俱爲明人磨去改刻止存二行六字正書前人未見古泉山館金石文編

志載缺六字字甚明顯瞿氏所見或拓本偶模餬耳舟字未見亦爲横板所掩也又案石刻係行書瞿氏誤

趙汝讜詩殘刻 高二尺廣二尺七寸十行行存六七字不等字徑一寸三分正書

上缺趙汝讜行部至永 上缺來四明林國樵 上缺同孫陳士英
醫 上缺崇□崇龔侍行
蒼厓插浯溪清漲濕元頌費墨今屋高千年此安用餘
翻天實末雲滃朔方冞還都迎上皇嗚咽抱餘痛兩宮
重宴樂萬國盡朝貢當時記成功小雅見微諷顏公發
勁畫金玉相錯綜我於碑刻間眾羽得孤鳳艱危人物
難忠烈鬼神重摹取挂野堂英氣凜生棟

右趙汝讜殘詩刻前人未搜及上截爲後人磨去每行缺十四字詩後似尚有一行不可辨矣通志山川永志名勝均載此詩石本所闕据以補注之案汝讜以行部至永則是官湖南提刑者通志職官理宗朝趙汝讜任湖南路提點刑獄其字作讜與石刻異檢閱宋史字亦作讜宏簡錄又作儻汝讜爲汝談之弟宗室表談作淡讜又作鐺此据明板宋史未知殿板誤否以石刻證之皆誤也讜與讜同見集韻史傳故作讜然未得實宗室表別有一汝讜商王後不忌之孫善繼之子此汝讜爲不悳之孫善臨之子汝談之弟二人不得溷也表載汝讜之子崇陶崇龔此刻崇龔名具在則此題詩者爲善臨之子無疑崇龔上所缺必是陶字史傳誤右旁表誤左旁宏簡錄則沿傳之誤而又誤言旁爲人旁也非得石刻烏由折衷一是故雖殘泐不見年月而姓名具存足以攷正傳表如此汝讜字蹈中累官至江西提刑平反徐氏殺婢冤坐幸氏罪幸氏走告中宮徙湖南嘗表直臣龔夬墓懲豪民羅氏奪田遷知温州改漳州卒汝讜官湖南提刑傳不詳其

何年通志列理宗朝俞掞之前當自本舊志定之必有可据此刻年月已缺可即次於俞掞詩刻之前又通志載龔夬墓石列於政和年葢以夬之卒年定也竊意墓石之刻當是汝讜所表宜移次於理宗時又趙士圖妻曹氏誥詞湘僑聞見偶記以爲宋末人已言其誤矣以此測之汝讜卽士圖之曾孫或誥詞下截有汝讜跋語宋末之說非盡無因特宋末所刻非宋末之人耳因跋此詩并附及之

俞掞等詩 高二尺四寸五分廣二尺九寸前後共十四行行字不一正書

大唐有頌到浯溪翠蘚蒼崖古畫垂西望函關今萬里
淡煙斜日幾荒碑宋朝一統舊山川南北中分已百年
壯士不須誇此頌健提椽筆上燕然
景定壬戌仲春廣信俞掞以憲節行部過此因賦兩
絶檢法天台趙與儛偕行
與儛幸侍
軺車敬賫
韻嚴　與儛頓首百拜
男兒有志竟成事好把功名竹帛垂今日輿圖當混一
誰能重拭□□碑　細把中興唐頌看玉環遺恨記當
年自從擁馬回靈武整頓乾坤豈偶然　郎事口占
生平夢不到浯溪此日欣從使者來天放一晴舒眼界
大江橫上入樽罍
俞掞趙與儛詩共十四行正書前後大小不齊在浯
溪厓上攷與儛乃集慶軍節度觀察留後南康郡公
惟能之七世孫秦王德芳之後見宋史宗室世系表
此刻前人未見其云憲節行部前鐘有大澹山巖題
名云繡使俞計院則掞必荆南提點刑獄之官而志
皆不載趙與儛自署其官曰檢法攷宋制提刑有檢

法官一員則與儛乃掞之屬官而隨行者也故有幸
侍軺車之語古泉山館金石文編
山川二志均誤作江山韻嚴二志均作嚴韻石本
實作韻嚴也通志名宦俞琰永豐人提刑荆南湘
人爲立廉吏碑疑琰即掞之誤也
文有年詩高二尺七寸廣二尺三寸九行行十四字字徑一寸五分許年月姓名一行十五字
正書
題元子故宅
漫郎百事皆漫爾獨有溪山認作吾念無一物鎮泉石
生怕假塞羞吾徒靈武中興功掩德天地大義須人扶
甯將善頌寓譏諫百世聞之立懦夫太師勁氣形於筆
二美能兼自古無後來衮衮下注腳議者滔翁次石湖
松煤狼籍楮山赭空谷雷響工傳摹徘徊熟玩長太息
世道日與湘流俱
宋景定壬戌三月上七日眉山文有年
右文有年詩正書九行在摩厓壁上前人未見古泉山館金石文編
羞省府志作着上作十湘流永志作瀟湘均誤又
此刻共十行瞿氏誤作九行上七蓋即上旬之七
日僅見於此通志職官文有年理宗朝判永州又

案此詩別有模刻一本亦在浯溪厓上行款無二字形較大世道之世作戈殊不類也然原刻曼患賴以補之識之以告來者

吳文震詩高二尺二寸廣一尺八寸九行行十四字字徑一寸五分後五行較小正書

景定初元氛虜氛掀天功業掩前聞扶唐社稷郭中令造漢乾坤賈冠軍好激浯溪満舊案重磨崖石紀元勳傑今已辦湘山刻未遜聱翁星斗文

景定壬戌孟夏朔清湘郡丞南海吳文震訟檝長沙校文艤舟崖下讀唐宋二頌喜今日中興未幾西復瀘川東復漣水南交修貢北狄請和此一統之機也已勒頌于湘石因賦之

右吳文震詩在中興頌之上前人未見辛未冬碑估袁裕文自金陵來湘因令往祁搜剔乃拓得之吳文震有元石詩刻錄後彼刻自署權郡蓋以丞權守也清湘今之全州文有云西復瀘川東復漣水南交修貢北狄請和此一統之機也攷景定二年十月呂文德復瀘州外堡擬對江壘石爲城以作持久之計三年正月改瀘州爲江安軍獎立功參贊將士職秩犒賞有差所謂西復瀘川也二月李璮以漣海三城來歸并獻山東郡縣詔授保信甯武兩軍節度使督視京東湖北等路軍馬封齊郡王復其父全官爵改漣水爲安東州升東海縣爲軍所謂東復漣水也六月安南陳日照表乞傳國於其子威晃詔授靜海軍節度觀察處置使檢校太尉兼御史大夫上柱國安南國王賜號効忠順化功臣并金帶器幣鞍馬所謂南交修貢也史系於六月而此題在四月已敘及之者國使過永尚在三月時耳至所稱北狄請和者殆即景定元年七月忽必烈遣郝經持書申好來告即位一事也然二年七月劉整反叛北降北人愈易宋矣

蔣孝忠詩高一尺二寸廣二尺四寸詩八行行七字字徑一寸二分後七行行八字較小正書

好山好水占浯溪中直磨崖一片碑試問天齊齊幾許從他元子賸夸毗我宋中原二百州版圖漸入掌中收只今更辦河清頌勒向燕然最上頭

景定壬戌長至日東陽蔣孝忠戍蒲湘源舟行浯水領客登臨謾題二詩以識歲月許子善李公恕許浩然偕行子佛老姪孫光大伯大侍

右蔣孝忠詩在中興頌之上前人未見亦袁裕文所搜得者湘源今全州地

王鴻孫等題名高一尺三寸七分廣九寸六分六行行十字字徑七八分另上石一行行

書
景定癸亥中秋日邑令東萊王鴻孫佐官富水何端方
耒江曽應元敬循舊典延至父老酌以金罍勉之種麥
因得閑步遍觀溪山約而不至者宜春施浩也
住山宗紹上石此行小字
右刻行書七行文子璋題名即刻其上幸不損字瞿
木夫亦失採也金石審
右王鴻孫等題名在摩厓左通志失載永志載此
誤王爲黃種得二字亦未審出據石正之王鴻孫
諸人通志職官失載永志官表據此刻增補而僅

列王鴻孫一人並誤作黃餘俱不列何邪以敘次
度之何端方爲丞曽應元爲簿
趙崇□殘題名高一尺一寸五分廣五寸三行行八字字徑八分正書
前缺不知幾行□□□□崖石幕客趙崇□從行景定癸亥秋
仲望下缺
右刻前人未見亦海琴所搜拓者前缺惟趙崇□
名獨存即以題之上方亦有殘刻僅初王二字爲
明顯下方有玉坂二分書再下有正書二行題右
桂静山邱定應賓□書雲□□□家□官來游
二行中間□有小正書一行惟丙辰□月重來字

可辨
戴煜詩方一尺五寸七行前三行九字十字後四行七字字徑一寸四分正書
断崖文字是唐碑無限名賢賛頌詩莫把中興□前代
會須重見太平時
景定癸亥仲冬旦君山戴煜明夫偕何翼鳳祥父同
遊口占以紀歲月云
右戴煜詩前人未見在狄青題名之旁亦袁裕文
所搜得者
劉錫詩高一尺九寸廣一尺六寸七行行十字字徑一寸二三分行書
景定五年冬十有一月壬辰永嘉劉錫自瀟溪來偶題

子愚思侍時大雨雪偕行吳宗玉劉元禧
興廢由來只靠天三郎往事亦堪憐湘江直下浯溪上
翁窪于今五百年
右劉錫詩行書七行在磨厓石壁前人未見古泉山館金石文編
此刻在椰明明心記大押字之左肩金石審
劉元禧道州人咸湻十年進士攷景定元年褒奬
賈似道賜金器幣遣國子劉錫趣召赴闕未審即
此劉錫否
文子璋詩高三尺四寸廣一尺五寸詩五行行廿三字款二行行十四字字徑寸餘正書

漫郎直筆老文□太師□字尤卓犖天然二妙刻蒼崖
墨本傳来重和璞三年流客居瀟疑甚欲一来觀此碑
盡被前賢剛說破手磨苔刻難爲辭爲子從来止於孝
古以徹蹤西天下□□神武妖氛清南內凄涼淚血灑
一時大業中興唐萬世□□□虎狼從今罪案休拈起
祇挹□□與元郎
歲景定甲子仲冬壬寅蜀東文子璋百
濂溪来遊男起傳道傳侍

右文子璋詩正書十行在梛明明大押字之左前人未見古泉山館金石文編

案此刻在心記左脇忠孝以下七字今始審出其字行楷非正書也八行瞿氏誤作十行金石審

尤卓犖上通志全缺永志補忠孝入水部一文七字諦審再四殊不爾爾蓋漫郎直筆老文□太師□字尤卓犖也文下似是詞字字上似是結字顧未敢遽定恐蹈宗氏之覆轍耳然非宗氏補此數字則亦幾忽略過之益歎審視石刻不厭煩數也墨本前賢四字二志均缺永志蹤誤作蹤又石刻七行通志作十行固誤永志作八行仍不免於誤矣甲子爲景定五年

胡起華題名 高一尺二寸廣五寸三行行八字字徑寸許行書

岳□村民胡起華来觀元顏之詞翰咸寅清明節題□
屯□侍

右胡起華題名在江無□詞刻之左跋語之下咸寅蓋咸淳丙寅爲二年也前人未見

楊格題名 高一尺三寸八分廣七寸三行行七字字徑一寸六分許正書

咸淳戊辰元夕後二日眉山楊格□□裘□子□□
壬申十月海琴搜得拓贈

楊履順等題名 咸淳四年八月萃編巳載

姪昝孫字缺昝

右楊履順題名行書五行在摩崖左壁浯溪新志廬誤作零門誤作南脘孫字来誤作永益誤作如古泉山館金石文編

案楊履順巨源之後時守永州金石審

永志楊履順知永州在趙與詘前而通志均失載縣志沿溪志之誤

李祐孫詩 高四尺五寸廣三尺七寸十行行字不一字徑三寸許正書時涉行體後三行行書較小

明皇何以致顛危林甫國忠成禍基妃子負心猶不悞
此機惟有九齡知浯溪崖石與天齊兩刻中興大業碑

北向幾多番白叟百年不見漢官儀

廣平李祐孫乙卯冬侍叔父赴零陵郡次年元旦舟泊浯溪嘗和舘人韻後十五年咸淳巳巳復於元旦寓宿爲感慨之餘追憶前和因書于獨有堂遺主僧宗紹以誌吾曾時偕行者相臺戴希禹

浯溪瀟湘之勝舟車之會凡登臨重感慨泉石云乎哉因舊規而日葺以存古紹兄其勉之偶有餘紙併述溪聲

右李祐孫詩正書十行後又有行書三行字較小似別是一人之詩叙而詩已爲後人磨去并不知姓名

矣在摩厓左壁前人未見古泉山館金石文編

省府志缺危字幾多字補之幾多二字獨用艸體何也艮心之艮石刻似食字姑從其舊碑字末筆特長占三格希禹之希志作帯審之是希字後行書三行緊接禹字之下且云偶有餘紙則似非別一人之詩叙也而日二字志均缺并誤以爲一字云字聲字已泐則据志錄之文云乙卯冬侍叔父赴零陵郡叔父當是李芾時以安撫司幕官討盜至永或在知永州之時咸淳巳巳復來或在芾爲提刑之時芾子名裕孫見宋史本傳祐孫必其昆弟行故知爲芾之從子也

江瓊詩下截失拓高三尺廣一尺八寸十行行三十字字徑寸餘行書

元水部磨崖碑爲唐中興作也唐事已矣而碑崖□□獨存本朝諸賢相與題詠如張宛邱時有遊人打碑賣之句□古一言□□□□□不已況今打碑賣者壹豈漫郎宅畔零陵諸孫自爲之□□□□□也感天寶之駿功嗟次山之墜緒因借宛邱所□□賣□□□□□

淒涼浯水跡如掃漫郎宅荒崖畔艸雨淋日炙山骨癯磨得人間歲月老粤從天地開闢來經濟何代無奇才

若得高名爛青史底恨白骨埋黃埃孽臣逆將亂國紀郭公千載凜不死紀在中興第一功三絕甯論文與字吁嗟古往而今來揷天何處無石崖兩京未復百戰罷銅鍦荊棘誰能開世事輪雲可悲慨文學老生品何在君不見零落寒溪幾世孫自打元家古碑賣

咸湻六年立秋日天台江瓊彥藻因攝令祈陽書而鑱之崖石

右江瓊詩行書十行字多漫漶在磨厓左壁浯溪志輪雲誤作浮雲老生誤作老成古泉山館金石文編

省府志所載缺因借宛邱之因并誤未復之復爲

須縣志載此詩以江瓊爲明人殊誤又輪雲作浮雲生品作成亦祁陽志作祁陽而石本實作祈當是刊刻之譌此本每行失拓六字下截字亦多漫漶據志錄入而碑下似是蟲字姑從志作崖江瓊名宦表失載此云攝令而其本職莫可攷矣宛邱指張耒也號文潛宣和時監南嶽

穆演祖題名 一行存九字字徑寸許正書

缺上午秋九峯穆演祖來觀

右題名在楊冀詩刻之右上角前人未見案通志職官恭帝朝有穆演祖任衡陽尉名宦傳引一統

志穆演祖天彭人爲衡陽尉元將兀良哈觪自雲南大理入廣南道其先鋒破永州衡守令聞之皆走時演祖戍石灣聞難馳入城收散亾以守俄而兀良哈觪兵大至進駐青草灣欲絶湘夾攻演祖提兵江東岸楊林廟相拒七晝夜募死士沈所聚舟兀良哈觪遁去城賴以全攷德祐二年元置永道二州安撫司則元之陷永州演祖之守衡州當在其時此題名午上所缺當是庚字咸湻六年庚午也題名時或未爲衡陽尉不可知矣

嚴應卯等題名 高二尺五寸廣一尺五寸五行行九字字徑二寸許正書

咸湻庚午崔□□□定□□□□晉陽□長□語溪寄單中宮觀勝槩者數日閬中嚴應卯赴南宮偕行九月一日題

右刻在柳明明心記大押字左其前爲後人磨去政刻止存此行紀年無攷似是宋刻前人未見古泉山館金石文編

此刻在心記左肩其字剝蝕處可辨者尚有浮溪子刻數字寄單爲釋子語則必僧筆也金石審

右題名在文子璋詩刻之上通志缺前二行永志補延勝□語四字於溪上惟語字不誤其所謂浮

溪子數字者尚在此題名之右也字形小大懸殊當是别一刻耳

黄及翁詩 高二尺廣一尺五寸詩四行行八字字徑二寸餘款三行行九字字徑一寸二分正書

漫郎文體魯公書鑿斷雲根作古碑萬古李唐興替在到今人愛看語溪 借韻此二字較小

臨江後學濂泉黄及翁偕怡軒王志新入二水艤舟語溪辛未仲夏題

右刻在柳應辰押字題記之下省府志俱失載筆意仿山谷當是宋刻但有干支而無號年系於宋

代最後之辛未爲度宗咸淳七年是年元建國號
矣

文子璋題名高一尺三寸七分廣九寸六分四行行七字字徑一寸五分許正書

東蜀文子璋時望甲子冬曾遊辛未夏攝守重來眉山
劉天奇少穎偕行

右正書四行刻景定王原誤作黄鴻孫題名之上字劣金石審

右文子璋題名在中興頌左側通志失載

咸淳殘題名高一尺二寸五分廣六寸五分存三行行八字字徑寸許正書

□□□□□□□訪漫郎宅携子庭瑞庭玉庭桂咸淳
辛未八後磨泐

右咸淳辛未殘題名在文子璋詩前前後二行俱磨
滅僅存此二行可辨前人未見古泉山館金石文編

案此刻在柳明明心押之左正在叏字起筆處金石審

右刻在嚴應卯題名之右瞿氏以爲文子璋詩前
非也首行弟六字似應末行弟三字似日姑缺之
漫郎宅在浯溪東久改爲寺輿地紀勝云中宮禪
寺本元次山故居又案元初有張庭瑞爲潭州路
總管此題名者疑姓張也

唐復題名咸淳七年九月九日萃編已載

康生原作康字不可識

右唐復題名正書六行在摩厓右厓下浯溪新志蔣
棟琴軒四字誤作蔣康琴三字真正誤作真玉古泉山館金石文編

案真玉省志誤作真正永州府志

右刻在押字下左石上真下實是玉字右旁一點
極爲明晰縣志亦作玉棟誤作康并脫軒字又案
通志職官甯宗朝有唐復爲衡陽尉係零陵人非
即此題名之唐復也

趙次翁題名高一尺五寸廣一尺三寸五分行行六字字徑二寸許分書

東都趙次翁歲壬午中春中澣挈家之官融水□□師
庭師□後俱磨滅

右趙次翁題名八分書在摩厓壁間漫漶不全止存
四行似宋人手筆也前人未見古泉山館金石文編

右刻首稱東都當是宋刻融水今廣西柳州融縣
地也齊置義熙郡隋改郡爲融州縣爲義熙大業
初廢郡唐初復置融州融水郡改縣名融水此融
水之名所自昉也五代時郡廢宋大觀初復置融
州融水郡清遠軍旋復罷郡此刻當在大觀以後
非紹興廿二年之壬午即嘉定十五年之壬午也

此後壬午則宋已亡矣師庭二字志誤作而遊下
師字亦未審出四行末似是懿字
方尹等題名高一尺六寸五分廣六寸一行六字字徑三寸許分書
方尹范子位同下缺
右方尹等題名前人未見
江無□衡嶽詞高四尺廣三尺五寸四分詞八行行十三字字徑二寸餘跋小字十一行行約四十二字俱正書
使節行秋筭天也知公風力長肅 罷煙雲盡捲□□
□□重九漢峯 黃泛酒五更泰岳□觀日問揚公
去後有誰□□朝集

大華□□□今古□□陳蹟甚 牛山□□□□□□□□
□□□嫵□ 惕薄高懷□□□□□□□□黃 鶴
□□□□相識 □□江無□
衡□□□□□地自古名流□□□□勝不知其幾雲
藏露隱不得而□□□□□□□□□□□乙亥
□秋□□□□□□□中丞先生□臺下登舟越一
日抵衡山舍舟而涂□□□□□□淛下□識銓德觀
侍 □使□□竣事庚申謁 昭□祠□□
□□□□□□封□□也□□□□□□□□□宿
穹林閣夜將半天宇開□萬象森羅起而視之不覺
東方之既白□□□□□□□□□□□□□□
□□□天光□燭雲翳收□俯瞰重湖千里一色七
十二峯瞭然在目□□□□□□□□□□□□
□□□□□□□部使呼酒浮菊□茶□談□□而
還□□峯□□□□□□□□□□□□淛下輪九
日登岣嶁峯□□以紀歲月翼朝□□□□□回車
□淛下叔父先生提節湖湘澄清□道誠足以□□□
威足以□□□淛下衡嶽之詩見之猶足□□來世□
□□□□□□以□淛下先生遊親睹其感格天地□
□□□□□□□□□□□□□□淛下謹刻此以印

證其實云是歲日南至淛下
右江無□詞刻前人未見詞爲觀日出作是衡嶽事其從子刻於浯溪年月僅見乙亥庚申字未由定其何時筆意是蘇黃一派南宋刻也
張衮題名高一尺一寸廣一尺六寸六行行四字五字字徑一寸六七分行書
臨淮張衮挈家來遊擬回崖下抵暮歸縣字男延世增
趙之奇侍行
右刻行書六行極似山谷老人南宋人筆也其稱歸縣必爲令尉者而官表失徵金石審
右張衮題名通志不載永志抵誤作晚

社菴黄言□詩高二尺六寸五分廣二十尺詩十六行行十字十一字字徑二寸許款一行小字正書

蜀道于今似奕棊要令一着□安危朝廷獨選李曾伯
勲業當如郭子儀
雖扼咽喉□□間猶□□脉得艮鹽□□□□平成報
重讀磨崖□字碑
三山社菴黄言□

詩跋殘刻高一尺七寸八分廣一尺五寸存八行行九字字徑一寸三四分正書

上缺□以人而傳余□讀唐上缺崖天齊之句遐睎遠想上缺
□□□晀□□□知其得上缺公□□□重其地且傳上缺

□則其子孫補□□數上缺文端□□□□增前人上缺者
輙留二絶因以勉之上缺□□茂先下泐

右詩跋殘刻中有子孫補□云云又有文端字疑是留鎬詩後題跋之語茂先疑是人名錄以俟攷詩僅見兩行惟一邊字爲清晰字較大又案紹聖年有張茂先爲永州郡倅未識是其人否

九岩詩刻高一尺六寸廣二尺一寸十一行行字不一字徑一寸二分後六行字徑一寸五分行書

□曉九岩邊鴛鴦自在眠圓荷浮簇、翠葆静涓、謡
足三春雨清和四月天庭空無一事真樂付詩篇九
岩卽事
風送鍾聲隨晩照雨添竹色薦新涼闌干□影水波静
簾捲杯深荷度香
九岩亭同臧子雲□□郎事書贈

右刻在嘉定甲戌張某詞刻之下方向爲泥土擁蔽今甲戌始搒得之亦宋刻也無撰人名以後詩題語證之前詩當卽臧作臧子雲或卽張某所稱之臧餘庾耶詩後尚有小真書十餘行葢卽此詩跋語當有年月及作詩人名惜曼患已甚不能成讀首行有開罪字作此詩者其亦遷謫之臣歟九

岩亭無攷永志建置亦不載

盧何深題名二行行九字字徑寸許正書在陳從古詩刻之右下角

丁丑歲上元後六日盧何深偕京兆史文勝觀

姜虎題名三行行五字字徑寸餘在陳從古詩刻韻字之下方

當塗姜虎巨仲携男焱孫長文振文題

廖應瑞題名二行行九字十一字字徑七分正書在鍾興嗣詩刻之左下角

庚午暮春八日臨江廖應瑞來遊浯溪刻石爲記

廖應瑞詩高一尺七寸廣四寸三行行字不齊字徑寸許行書

蒼崖古刹夾清泉中有元郎幾百年策杖摩挲看不足
壯懷惆悵大江邊庚午暮□廖應瑞謾筆

書刻俱率甲戌秋始搜得之上二刻均題庚午疑
是咸淳六年

題字五刻

唐亭磴道高二尺四寸二分廣一尺二寸一行四字字徑六寸正書
唐亭銘高一尺四寸廣六寸一行三字字徑四寸正書在唐亭銘下石上
浯溪銘高九寸廣四寸餘一行三字字徑三寸正書在浯溪銘下小石山
㾜臺高七寸廣一尺二寸五分橫列二字字徑五寸許正書在摩崖巔亭旁
石門高一尺七寸廣九寸一行二字字徑八分許正書

於何君元錫齋見所拓磨厓大字有云唐亭磴道者
有云唐亭銘者驗其筆蹤似唐人所題潛研堂跋尾續

在東厓下其石上字大一尺五寸案元次山浯溪銘
有山開石門之句則石門二字當是唐以前刻古泉山館
金石文編
石門二字徑一尺旁有元字不能定其爲元祐元符
也金石審
右刻字均不甚大非即錢瞿兩先生所見者然筆
法穩厚決非宋以後人所爲唐亭磴道㾜臺兩刻
與熙甯年柳公臺筆意惟有石門旁元字未見尚
有鏡石二篆字局一磐三字則不古矣
萃編卷一百三十二載浯溪詩詞刻四段卷一百

三十六載浯溪題記十九段玆搜得一百四十一
段又補正十四段凡一百五十五段尚有未得者
徐彥君題記孫適三絕堂記碑蔣世基述夢記此三刻已佚
嘉祐八年詩刻此刻爲大樹壓掩職方員外郎施某
題名治平丙午劉芾題名元豐四年黃庭堅書陶靖節詩此刻久佚
何安世題名宣和年疑即山谷詩尾題字范成大詩乾道癸巳此刻已佚
牟希元題名嘉定庚午趙某題名嘉定八年疑即嘉定四年後僕趙某一刻
婁續祖詩紹定癸巳李日新題名端平年趙孟琉題名咸淳昭陽作噩
趙崇□等題名叔權殘題名佚名殘詩刻
凡十七段統計浯溪宋刻共一百八十一段而未
見記載者未必無遺佚焉

八瓊室金石補正卷九十三終

八瓊室金石補正卷九十四

太倉陸增祥撰　男　繼煇校錄
吳興劉承幹覆校

宋十三

昭慶寺夢筆橋記

去邊高五尺廣二尺一寸廿一行行四十八字字徑六分正書額高一尺一寸廣一尺二寸五分三行行三字字徑二寸許題越州蕭山縣夢筆橋記九字篆書在蕭山

越州蕭山縣昭慶寺夢筆橋記

承奉郎守太常寺奉禮郎簽署蘇州觀察判官廳公事葉清臣撰

昔者昭明緝集里巷開于東府子雲著書亭□揭于西蜀席前脩之餘事崇近古之殊稱此賢者所以飛令聲布嘉躅也若大經星著象牽牛列于關梁周官分職司險達于川澤觀天根而庀事聽輿謀而順圖此作者所以啓上功廣成務也其或流風可挹遂泯滅而無聞陳迹有基忽廢墜而不舉斯亦平津之館永歎於屈氂宛邱之道深譏於單于者已制河之東偏會稽爲右郡伯禹啓書而興夏勾踐保栖而霸越青巖交映佳山水之秀奇茂林森蔚美竹箭之滋殖地方百里者八而蕭山居其一焉縣目伽藍者五而昭慶第爲甲焉夢筆橋者

乃直寺門絕河流而建之也初齊建元中左衛江公歸依法乘脫略塵境捨所居宅爲大福田則斯橋之興與寺偕始其賦名索義亦繇此物也自會昌流禍池槖起傾平之愴大中再造土木極文繡之華唯造舟之制曠日不復物豈終否有時而傾天聖紀號之二年冬十有二月

隴西李君以廷尉評實宰是邑君明習吏事詳練理體牽絲涖牒至必連最批卻導窾居多餘地其始至也去害吏撫察民瘼揚積弊僂拔綜領越明年政以凝民用甯訟無留牘漁不改夜於是以成法覷文奏以暇刻起驟圯位署必葺邑居惟新一日周爰井疆鋪觀圖籍感釋子之能誌備二氏之竊微且懼乎褰裳厲深爲斯民病漸帷涉難貽來者羞乃諭居僧俾募信施其坐堂上之客必得邑中之豪寺僧智明利真有邦德成有章白南同與是謀式幹斯蠱三四佛之攸種咸植善根百千金之所直悉歸寶塔府帑不費里旅不煩山虞致木而叢倚郢人運斤而風集經始不日而功用有成晴虹倚空而半環浮鼉跨波而欲度雕楹蠢而端發鉤欄繚而横絕肩摩轂擊控夷路而下馳飛艎鳴艣貫清流而直逝以材之豐羨稽工之餘隙又作駐楫亭于橋之北涘

艤子兩槳足以憩行者之勤傳車一□可以勞□□之
集是知創橋以表寺先賢之遺懿益光由亭而覘橋□
人之用心兼至建一物而二美具故君子謂
李君爲能若乃度羣迷超彼岸演竺乾之筏喻從善
政均大惠易圖倘之輈濟又豈止題柱伸馬卿之志壁
履紀黃石之書臨清水以締材徒言呂毋架渭河而建
利止號崔公而已哉　李君謂予春秋之流可
謹歲月之實折簡馳問託辭傳信愧無馬遷之善敘聊
傳邱明之新作云爾時
巨宋天聖四年春三月甲申日記　東越吳

則之書并篆額　錢塘趙世明鐫
文林郎守縣尉兼主簿王式
儒林郎行縣尉兼主簿宋昌期
朝奉郎行大理評事知縣事飛騎尉李宋卿
景祐五年冬十一月既望承奉郎守大理寺丞知縣
事苗振重立

右蕭山縣昭慶寺夢筆橋記在縣城覺苑寺宋初寺名昭慶後改爲覺苑也相傳寺爲江淹故宅橋在寺門外故有夢筆之名記文爲太常寺奉禮郎簽署蘇州觀察判官廳公事葉清臣撰宋史本傳云簽書蘇州觀察判官事蓋治平以後史臣避英宗嫌名改署爲書爾京兆小學規碑亦有大理寺丞簽署觀察判官廳公事李綖名碑不稱大宋而稱巨宋與它刻異　潛研堂金石文跋尾續

右碑在蕭山縣按嘉泰會稽志蕭山縣有江淹故宅今爲覺苑寺寺前有夢筆驛亦以文通得名讀此文知北宋已有是說毛奇齡蕭山縣志刊誤歷駮文通未嘗至越累千百言以爲江總捨宅爲寺是也通志從之李君以善政之暇繕寺築橋又有駐楫亭傳車之舉可謂惠而知政體克副清臣之椽筆矣隴西李君即後題名李宋卿也　兩浙金石志

右夢筆橋記在蕭山碑形似圭周圍刻花紋頗精葉清臣撰吳則之書天聖四年上石景祐五年苗振重立重立一行字體與全碑同出一手是不特重立并重書矣潛研堂目不言景祐重立者或所見本失拓末行耳宋史葉清臣字道卿吳郡長洲人天聖二年擢高第授奉禮郎簽書蘇州觀察判官還爲光祿寺丞集賢校理通判太平知秀州觀此碑結銜知天聖四年尚未遷光祿丞也景祐五年即寶元元年是年十一月戊寅始改寶元青田

石門洞有凿振題名當即其人彼題但有辛卯紀
年而無建元據此可定爲皇祐三年弟十六行一
字下似封又似對未可肊定兩浙金石志錄此文
啓上功上誤土而聪慶第爲甲焉第誤寺一日周
爰井疆日誤月僧智明明誤朋艇子兩槳艇字闕
子誤乎徒言吕毋毋誤毋後題名脱儒林郎行縣
尉兼主簿宋昌期十二字

左千牛衛將軍衞廷諤妻徐氏墓誌

高一尺八寸廣二尺一寸廿行行廿三字字徑六分正書在孟縣

大宋左千牛衛將軍衛君夫人高平縣君墓誌銘

隴西李之才撰

夫人姓徐錢塘人父啓當錢氏王吳越以勤廉事忠懿
王爲閤門祇候王以土入朝國官並隨詣京
師君因㠯里中不願更仕就歸于家夫人既笄從河東
衛君諱廷諤有才略□□歷官至左千牛衛將軍夫人
封高平縣君子五人巽爲右班殿直升鼎觀賁皆舉進
士千牛府君歿夫人守家嚴謹□人性温順語言動止
率有儀法入門幾六十年爲婦爲母無毫釐差失諸子
有勵學之專者雖竊喜而又愍其勞每見其食則食待
其寢則寢其慈愛之厚至此景祐五年春□□□御試
不利旣黜且以兩經禮部進名則以州長史處之觀實
預之不顧出有相謂者曰子毋老何愧易褐以怡其心
觀明日反有就意夫人聞之亟支奴以慰心之□汝年
且少卒爲名進士無効庸常以冗名自□耳□遂□□
□□笑語撫之過其有得辭是觀益聞於人夫人旣□
□事□□□日有常數外則與諸孫十餘人爲戲自娛
其處内晏然甚於貴富家是年秋寢疾月餘八月十日
卒於河陽之所居年七十四以寶元二年八月十三日
祔千牛府君於孟州西北二十里號北鄙原觀才而最
孝之才其友也故爲之作銘銘曰夫材有位子藝有名
宜哉夫人以享其榮

此石於今縣城西二十里東窑郡出土其東爲虢村
即誌所謂北虢原可見宋時縣在河干矣　是文爲
李挺之先生之才撰深宜愛重　此宋衛君廷諤夫
人徐氏墓誌其陽即衛君墓誌字尤剝落馮敏昌并
識此三則刻碑文空處分書

是誌爲乾隆五十四年馮魚山先生輯孟縣志時訪
出金石萃編成於嘉慶十年凡孟志所載古碑如北
魏司馬氏墓志四種皆已採入且備錄馮跋不知何
以獨遺此誌萃編又載有衞廷諤墓志但云近年出

土而未言其得自何所魚山跋有其郎衛君墓志語亦似不知廷誨自有墓志者二誌書葬期皆以寶元二年八月十三日葢同日入土葬合而誌分也其中敘五子之名曰巽淑鼎觀賁鼎早卒七字則石文全泐据廷誨誌補入撰文之李之才青社人受陳摶种放易於穆修邵雍傳其學見宋史儒林傳古誌石華

右左千牛衛將軍衛廷譓妻徐氏墓誌訪碑錄作高氏葢以高平字而誤也是志摩泐已甚古誌石華載有此文以拓本對勘之舛譌不少而不可辨之處仍賴以補注於旁譌者攺之疑者闕之較爲

審慎矣子五人下石華率補七字謬誤尤甚弟二子名升石華作淑者非五子皆以卦命名也萃編載衛廷譓墓志亦作淑審定此志知彼志亦升字而非淑矣廷譓志即在此志之陽今嵌置壁內非毀垣不得而拓石華載廷譓志補萃編之闕九十餘字而其書不盡可信未敢据以校錄魚山跋云其陽郎衛君墓志石華未見陽字輒疑魚山不知廷譓之有志獨不思無此陽字則字尤剝落句將何所指邪甲戌六月伊臣甥爲予拓致之越三月伊臣又錄寄孟縣志所載之文知魚山亦有誤處復以拓本校勘如後而補注十字於旁　父啓啓誤作裕祗候候誤作錢里中里誤作土就歸誤作壽終勵學勵誤作勤奴以慰止誤作報以書云繇作用晏然晏誤作外於孟誤作葬於

郭氏鐵鑊款識

十二棱六棱有字字徑寸五六分正書

慶厤二年七月二十一日冶坊主人郭大父大盟郭秀

書字人郭宗會□康□□温薛題

右鐵鑊未詳所在據拓本鑊□十二棱六棱有題款廿四字陽文温上所缺似遂財二字之反書者

鑊爲郭氏所鑄即以郭氏題之

王素題名

高一尺八寸四分廣八寸四分三行行字不一字徑二寸許正書

天章閣待制王素過此慶厤乙酉五月六日題

右刻未詳所在王素史有傳字仲儀太尉旦之季子署銜天章閣待制以傳核之在淮南轉運按察使之前其在汴中歟

修九子母記

方一尺九寸五分廿三行行廿一廿二字行書在扶風

法門寺重修九子母記

儒林郎守乾州司理參軍張　奭撰

夫九子母學浮啚氏者言之在異趣矣始則憑負恠力
突戾慈忍洎大雄氏示現威德攝以正道故力殫氣沮
神弗克競而旋能服義畏威降志下體慄然歸順逮夫
能仁之教流被震旦嚴祠善利充滿天下故存其像貌
儼列左右葢錄其背邪鄉正之道亦足尊尚矣法門寺
東廊下有故像一堂以其子孫衆多耆舊傳云𡨋續乏
後者苟蠲禋精禱則身枝蕃茂而席其福然年禩寖久
堂宇傾圮雖有陳形弊質亦不克副瞻仰者之恭畏也
景祐丙子歲里人試匠傅鉅鹿魏德宣與同閈人清河

房君有鄰武威奉職安君名相與建啚再議裝緝時屬
西夏跋扈邊鄙興師供億頗勞故不果肇就其志迨今
年五月中方畢其事續塑二新其母則慈柔婉約且麗
且淑端然處中視諸子如有撫育之態其子則有祼而
攜者有襁而負者有因戲而欲啼者有被責而含怒者
有迷藏而相失者有羈午牽衣而爭恩者二人焉有髽
冠服膺而夾侍者二人焉攣戀進闌天姿駢治不可得
而談悉非施者之心專勤匠氏之功精妙亦不能允臻
其極□□君子之肇意也以家鐘餘慶業茂素封惟茲
有後未□兟兟因相爲祝寅罄迺衷功未及終咸遂其
應噫神道冥昧昭感之績信未可誣奭不佞辱見請文
其事讓不獲已因敢聊序其大略云爾時慶厤五年閏
五月一日記　院主僧廣隨進士魏戩書塑人王澤畫
人任文德

真身塔主蕪都修造主𢀠辯大師賜紫法能立石

勾管本殿僧廣嚴張遵刻字

按法門寺重修九子母記張奭筆甚雅潔魏戩書仿
右軍張遵刻石尤爲北宋能手如記所狀即王塑任
畫亦各精妙惜東廊故像無復舊觀矣記稱議修於
景祐丙子畢事於慶厤五年相距十稔仁宗景祐初

西夏元昊繼立取瓜沙肅州有地萬里僭號入寇故
云西夏跋扈邊鄙興師迨慶厤中韓范宣撫陝西元
昊上表內附秦鳳無事像教觀成即一隅修廢之端
可知世故與政治之得失焉魏戩訪碑錄誤作戬金石
續編

碑裂爲二微有虧損家鐘餘慶鐘古通未□兟
兟即詩螽斯羽詵詵字詩皇華詵詵征夫國語晉
語韓詩外傳說苑奉使均作莘莘文選七發莘莘
將將高唐賦縱縱莘莘俱用詩字高唐賦注云莘
字或作兟是兟兟即莘莘亦即詵詵其字又作㚑

見釋文詵詵征夫又作侁侁見楚辭注有莘氏呂覽
本味作侁侁注讀曰莘詵又作甡詩甡甡其鹿疏甡
郎詵字字又作莘郭輔碑莘莘昆嗣莘之變體亦
郎詵字也

羣玉山題刻十段在零陵

僧憶華題名高一尺五寸廣一尺一寸五分四行行五字字徑一寸七八分正書

大宋慶厤六年丙戌歲三月十二日開山僧憶華記

右刻前人未見湖南通志永州府志均失載

解舜卿等題名高一尺九寸廣一尺五寸五分五行行五字字徑二寸八分正書左行

解舜卿梁宏董乾粹馮立周均劉湛治平二年清明前

一日同游

潘景純張左行後缺在上題名之下

右正書兩方在中山亭側潘景純熙甯時郡守蓋續
題者留雲盦金石審
通志失載永志誤馮爲馬丞作年下四字是另一
刻而不全者即附於此

李士夔等題名高二尺一寸廣一尺六寸五分七行行九字字徑一寸五分正書

都官郎中知零陵郡事李士夔和叔下空職方員外郎通
判郡事柳應辰明明下空
熙甯八年乙卯十二月十一日臘同遊火星巖次遊

朝陽巖

右正書七行在中山亭亭舊在羣玉山之背今惟崖
石而已　案宋史禮志建隆初以戌日爲臘三年有
司議以戌日爲臘前七日辛卯行蜡和峴奏言蜡臘
也不宜異日卒從之是月蓋十一日逢戌也留雲盦金石審
通志於卷尾校補作火星巖題名

魏子師等題名高一尺七寸廣一尺九寸五分五行行五字字徑二寸四五分正書

壽春魏子師臨川王叔弼嘉泰癸亥孟冬廿有五日同
來

正書四行在羣玉山背留雲盦金石審

通志於卷尾校補作火星巖題名永州志作拱秀
亭題名跋云四行誤癸亥爲嘉泰三年

趙與泳題詩高二尺四寸廣一尺六寸十行行十四字字徑寸許前四行低四格較小正書

偶侍下空
郡侯□遊羣玉浪吟二絕聊記歲月昔淳祐
乙巳菊節前一日郡佐趙與泳題
玲瓏奇石繞林間屈曲高低未易攀非斧非斤誰運巧
偏來琢就此蓬山　右一
此景元來巳不凡高人那更脫塵寰清幽爽塏舒情思
頓賞無非吏事閒　右二

行楷書十行案宋史宗室世系表秦王九世孫有與詠此刻木旁必史文刻誤也留雲盦金石審

通志失載永志脫旹字缺菊節前一四字乙巳爲淯祐五年

文有年題詩高三尺二寸五分廣三尺一寸八分十四行行十四字後二行低四格字徑一寸五分正書

朗吟曉過瀟江曲錦色平鋪亂川綠翠屏突兀一千尋

獨立高岡展遐矚不知威鳳何處鳴但見燭龍初出浴

神仙洞府寄山阿中有寒泉鏘佩玉仰看峭拔俯漣漪

似與幽人隔塵俗漫郎好事破天荒此意吾儕當陸續

右朝陽巖下空

零陵舊有舜遺風玉帛充庭萬國同留得琮璜滿空谷

更將鼗磬貯當中欵欵躋攀緩緩歸約回徒御勿相隨

鱗皴夾道皆千尺秖聽松風亦自奇

右羣玉山下空

景定甲子勸農日郡從事眉山文有年

通志失載永志浴作谷陸作繼琮作珠均誤甲子爲景定五年

王熊等題名高二尺二寸廣一尺五寸五行行十字末行十一字字徑二寸許正書

三山王熊祥甫昌元崔天覺道夫廬陵周士模叔規京兆胡興祖隆父京兆楊益孫直翁瀘南李泰孫伯和旹

咸淳丙寅菊節前同登

右正書五行近中山亭其間殘碑沒字者甚多留雲盦金石審

通志失載丙寅爲咸淳二年

趙與訥等題名高一尺八寸廣一尺七寸五分六行行八字字徑二寸許正書

合沙趙與訥仁甫廬陵趙若訥文重長沙周起宗子高古洪趙時演德綸廬陵王國望介圭宋咸淳四年閏正月廿九日同遊

正書五行與訥秦王德芳九世孫若訥則魏王廷美三子潁川郡王德彝之九世孫也留雲盦金石審

通志校補於卷尾作火星巖題名沙誤刻作少季作年永志亦然

題字二種

群玉山三字一行字徑一尺許

石壁刻羣玉山三字大一元作二誤尺爲宋朝人書湖南通志

群玉亭三字一行字徑八寸五分

零陵縣志田山玉記

右正書直牓疑與羣玉山三字皆董居誼所書留雲盦金石審

右羣玉山題刻十段據永州府志所載尚有元祐

闕安愔等題名一刻未得拓本案湖南通志羣玉山在縣西南河西二里山石皆白故名永州府志云由零虛山後西南過小岡白石纍纍羅布岡下曰羣玉山距河以西二里石上刻詩記甚多今多沒於叢棘不可辨然則古人遺蹟當不止是也按羅未及湮沒待時耳梁宏字巨卿零陵令臨江人董乾粹字承君零陵掾廬陵人均見朝陽淡巖諸題名周均零陵尉亦見淡巖題名解舜卿列梁宏之上當是府寮馮定介董周之間當是縣簿劉湛毲亦官屬而志乘職官皆不見其名潘景純字和

叔李士燮柳應辰趙與泳文有年均屢見周士模胡興祖楊益孫亦見浯溪題名楊益孫楊履順之子也胡興祖彼署寶峰與此稱京兆不同趙時演王國望亦見火星巖題名

麓臺山聖俱寺殘碑

石斷損高存五尺餘至三尺餘不等廣存三尺九寸存廿行行存字不一字徑一寸五分正書在平遙縣東冀郭村

大宋西河郡麓臺山聖俱寺碑銘并序

朝奉郎守秘書省著作失拓

朝奉郎太常博士通判失拓

慶曆六年春二月西河郡麓臺山聖俱寺發徒千人徬大石出鄔陵之南失拓山者四十載邦人宜之遠人化之榛木滋茂虺蟲不螫王侯臣人董于晉失拓殿且叩其無名之旨荅曰大方造物揔持萬變支爲日月駕爲雲雷四失拓之爲至善皷之爲大和不識不知而天下歸心焉者至德之妙也是故□失拓爽然太息待若惇友眞游客諦日用闡益久之狠還舊廬勞不得謝上下缺夕宸遊加有所寵翌日恩詔護還故山自時厥後堂構逾熾雖物有夷下缺律意漸乎舊澤之化也始眞骨之來也邦鄉留愛龕于大室期諸不朽下缺以歸藏之先時其師曰從□

常敏　天扉得所謂藏經者五千餘軸歸下缺勞而成煌焉煥焉始繇開元之初迄于今而寺之績用其凝矣下空

我天帝之御極也四夷同歸塞門不掩邊俗宜之稽人豈功歲時晏下缺鞭寶贄布于蹕下扶服涕泣咸欲悔闘息死誓遵　王路假乎其若下缺說者多能作爲文章絢鏤金石不吳不敖以播之無窮今也豐碑未下缺覩妙之境雖春秋之徒褒之可也銘曰下空

大方流形　品物挺生　雷動風行　萬下缺達人示教　啓迪羣靈　洗心濯情　百下缺猗嗟達士　來我中都　道敷宸扆下缺麓山蒼蒼　汾水湯湯

不條有校 下缺

慶厤六年五月二十二日建 後失拓尚有半旁字蹟可見

碑既斷折拓又多遺所見止此耳山西通志載此
碑於平遥弟二行著作下有佐郎知并州太谷七
字弟三行通判下有石州軍州兼管六字

婺州題名碑記

高廣未計上截記十八行行九字下五截題名十八行行字不一正書篆額題題名記三字在金華

□□□□□□□保有更歷五代□□
國朝太平興國三季錢氏納其土□
朝廷始以閭象知節度軍云距今六十有九季來爲州

者三十有四人其人之賢不賢其政之善不善前此者
未可知也後此者可知也然則何如曰賢人善政在民
不在吏不賢人不善政在吏不在民自象而下可知也
自詠而下雖百世可知也來者得不念之哉故悉書其
官氏名于石時慶厤丙戌歲立冬日領郡事關詠記 以上

弟一截

閭象 興國三年六月以殿中丞知
張戭可 六年四月以秘書丞知
張鑑 大年十二月以左贊善大夫知加著作郎
高致周 雍熙二年四月以殿中丞知加國子博士

徐繼崇 端拱元年四月以國子博士知
薛智周 淳化元年七月以侍御史知
刁衎 二年四月以殿中丞知加國子博士
馬伉 五年十二月以太子中允知加太常丞尉
陳靖 至道二年十一月以工部員外郎口史館知
樂和 咸平二年三月以司封員外郎知
楊坦 五年二月以屯田員外郎知
趙沂 景德元年四月以太常博士知
馬驤 二年十月以都官員外郎知
張庶凝 三年八月以太常丞直史館知

劉益 祥符元年三月以侍御史知改職方
李朝 三年四月以職方員外郎知改屯田郎中
安德輿 五年八月以職方口口郎知
許載 七季四月以屯田員外郎知

右弟二截

鄭天益 九年四月以屯田員外郎知
辛若沖 天禧二年四月以虞部員外郎知
吳植 四年七月以屯田員外郎知加職方
周歸正 乾興元年四月以職方員外郎知
查拱之 天聖元年三月以屯田郎中知

舒雄三年四月以都官郎中知改職方
唐寬五年四月以屯田員外郎知
魏昭度七年九月以駕部員外郎知
皇甫泌十年四月以屯田員外郎知改職方
劉滋景祐元年四月以都官員外郎知改職方
林洙二年十月以駕部員外郎知
晁宗簡三年九月以都官員外郎知
湻于佺景祐四年八月以虞部員外郎知
賈守訥寶元元年八月國子博士知
張傚康定元年八月以太常少卿知

吳興劉氏希古樓刊

臧舜舉慶曆元年十一月以比部員外郎知改駕部
關詠四年五月以都官員外郎知改職方
花尹六年十一月以比部郎中知
右弟三截
陸廣□年三月以度支員外郎集賢校理知
趙温瑜皇祐二年四月以司農少卿知改光祿少卿
林洙四年四月以將作監知
余良禡至和元年四月以司勳郎中知改衛尉少卿
張子立至和二年四月以光祿少卿知改少府監
盧革嘉祐三年四月以職方員外郎知

孫奕嘉祐五年四月以駕部員外郎知改虞部郎中
徐仲謀嘉祐七年四月以屯田郎中知八年五月加都官郎中十二月加職方郎中移知湖州
章峴治平元年十二月以都官郎中知二年六月加職方郎中
周復治平三年二月以都官郎中知四年二月加職方郎中
馮絜已熙甯元年二月以職方郎中知
錢藻熙甯三年四月以司封外郎秘閣校理知
蘇頌熙甯五年二月以工部郎中知六年正月移知亳州
辛汝賢熙甯六年四月以比部□□郎中知
衛淇熙甯八年四月以都官郎中知
徐總熙甯十年四月五日以太常少卿知五月二十日勅移福建路提刑

吳興劉氏希古樓刊

鍾離景伯十年九月以庫部郎中知在任改司農少卿
蘇畋元豐三年四月二十二日以屯田郎中知四年十一月二十二日改朝散大夫
右弟四截
范子明六年四月二十二日以朝請大夫知
燕若拙八年四月二十三日以朝議大夫知
王彭元祐二年四月二十六日以朝議大夫知
朱服元祐三年七月以左承議郎直龍圖閣知在任改左朝奉郎
張壽元祐五年七月以右朝請郎知在任改右朝奉大夫
李皇臣元祐七年七月以左朝奉大夫知
唐瑴紹聖元年七月以朝奉大夫知

謝履紹聖三年十月以朝奉大夫知
孫載元符元年十一月三日以朝奉大夫知於二年十二月二十日移充河東運判
畢從周元符三年四月十七日以朝散大夫知
林可崇甯二年四月二十九日以朝奉大夫知十月八日就差管句杭州洞霄宮
陳知存崇甯三年四月十六日以朝散郎知於四年七月二十七日召赴三省□□□□□州路提刑
施結崇甯四年十二月二十日以朝散大夫知於大觀元年閏十月初八日授勑政知吉州
周秩大觀元年十二月初七日以朝散大夫知於二年正月初三日授勑政知河陽孟州
詹適大觀二年三月十四日以朝請大夫知政和元年五月二十七日授勑管句杭州洞霄宮
許幾政和元年五月二十七日以降授朝議大夫天章閣待制知六月十二日授□密直學士河北都運
呂宗政和元年九月一日以朝散郎知三年四月十九日知明州

朱灼政和三年閏四月二十七日以朝奉郎知
右弟五截
劉安上政和五年六月□□□□□散郎充徽猷閣□□□□
徐敵元政和六年四月□□□□□□□□□□□□□九月初八日名赴□□
黃特□和□□十月十□□□□□□□□□□元年七月□□□□□□
許德之□和元年□□□□□□朝奉郎□□□□□□□
□□□宣和三年正月二十七日□□衛大夫
楊應誠□□□□大夫□□□□□□□宣和三年□□□□□
右弟六截

婺州題名記闕詠撰正書慶厤丙戌立冬日題名自

太平興國二年閻象至闕詠凡三十五人續題者自
慶厤花尹至宣和楊應誠又四十三人在金華府潛研堂目

資州北巖題刻十三段在資州

國子博士趙立等題名高一尺五寸廣一尺八寸九行行字不一字徑寸餘正書

國子博士趙　立　奉
帝命典是郡行香　資陽知縣殿丞賈公　護戎殿直
石　全則　蓮幕判官郭友直　馬鋪奉職王　詢
駐泊大使王　暹同　時慶厤六年歲在缺　□寺
□□左街缺

殘泐處据三巴孴古志補

成都馮介等題名高一尺九寸廣三尺三寸七分十行行六字字徑二寸五分正書

成都馮介中立建安楊景脩敬道富順李文淵源甫開
封翟約遵度熙寍十年八月八日同遊爰具食于北巖晚飲
於虹霓閣迴書于巖上以著歲月云

三槐王正叔等題名高二尺一寸廣一尺七寸五行行八字字徑三寸許行楷書

三槐王正叔率普慈趙彥藩玉牒從道戎僰楊迪簡會
飯于此紹興已夘仲夏二十有八日書

劉子式等題名高二尺九寸廣一尺四寸四行行字不一字徑二寸五分餘正書

劉子式周邦基謝信道孫公權李元章齊元粹黃修已

右七人乾道三年三月中澣来

基磬古志誤作琪

開封李善持等題名高二尺六寸廣一尺二寸二行行七字字徑二寸餘正書

開封李善持拉公孫元度李元佐以乾道戊子中元日
徠游男延譽侍

戊子爲乾道四年

子中殘刻高一尺四寸五分廣一尺三寸六行行六七字字徑一寸五六分正書

前缺父挾琴相值嵓空人静琴韻瑅然徜徉終日不知此
身在塵寰中也乾道辛卯三月既望子中□

右方爲俗吏磨去

武信馮運之等題名高二尺八寸廣二尺三寸二分七行行八九字字徑二寸五分許正書

湻熙戊戌立秋後四日武信馮運之普慈趙文炳都人
何全狀趙衡父来飲北嵓之清音是日暴雨初霽飛泉
雹落羽觴蒲引人境俱清臨歸書壁尚後會之可再

張能應題名高四尺四寸五分廣七寸一行八字字徑五寸分書

張能應来湻熙戊戌

三巴耆古誌列岑公洞誤

洺國程公垕等君子泉詩二紙各高一尺四寸廣一尺一寸五分一九行字徑一寸餘一七行字徑一寸二三分左行又上石人名一行行字均不一行草書

巨靈擘起巴摩天落雹跳珠霤線穿喚得蘇黄爲湔祓
不輸雲夢澤南泉
君是何年踊茶龕老禪壁立不重参三生石上精魂在
擬向巘頭借一菴

右洺國程公垕以湻熙十四年十一月廿七日宿資
中北巖寺
長老演公汲君子泉打茗享□黄岡通守治舍有泉
東坡以君子命之頴濱記之山谷賦之故云同来者
公謹公退

右一

半壁蒼崖巧障天上方樓閣白雲穿僧言巖霤起八死
政恐難消一滴泉
淩雲弥勒昔同龕也許靈巘作小参清對老禪寒徹曉
霜鍾上遶石頭菴

公謹次韻　住山宗演命工鐫

右一石

三嵎陳咸等題名高三尺六寸廣九寸三行行十七八字字徑二寸餘正書

三嵎陳咸既更創二亭未解印前一日攜□普慈馬照
怡徠眎其成新江油史君楊熹□命同飲嵓下酧山靈
以去男寅侍歲壬戌題于此

陳咸宋史有傳字逢儒光宗時人此壬戌蓋嘉泰
二年也使作史猶存古意
法官成煥文題名高一尺七寸廣八寸三行行七八字字徑一寸七八分正書左行
普慈法官成煥文
嘉泰癸亥孟冬□□巖檄至
遂陽趙少魏等題名高九寸廣六寸六分三行行六七字字徑寸五分許正書
遂陽趙少魏同
弟少崔少郭以壬戌小春叁日来
石溪莊元契四至記高一尺四寸廣二尺九寸廿行行長短字數均不一字徑寸許正書左行
石渓庄元契四至□記
東稜故劉廣地隔小渓至
賴孤池頭爲界

南稜羅九男□地從賴蒲界
向東北渓池□面山爲界
西北稜翁另白土池隔渓爲缺
東北稜故李先地蒲內江岸缺
又東稜白土池蒲渓爲
界
南稜故張簡地蒲渓坑缺
西稜故梁忠地蒲三渓□缺
德池直至山岊右大缺
北稜故梁英子蒲缺約四字下缺
上直至卧氵□缺約五字墓缺
義分石渓庄界畔缺約三字文雅□缺
面對面亞頭多士梁
□□収佃地界一
大路向西從烏櫟□□曲邱增爲界二
四增至多瑹增去水中心至岊頭下梁□
增□去中心
□至公梁□遡從岊下從山脚
至羅瑹十字增接多瑹
豆遡山脚上從□九缺
□至半□豆脚界從半政□遡
脚□

北巖有嘉泰二年施山田記此刻蓋在其時村落有名增者它處未見字多譌俗賴即賴岊當即凸或即埡字惟接作稜爲近古

八瓊室金石補正卷九十四終

八瓊室金石補正卷九十五

太倉陸增祥撰　男　繼煇校錄

吳興劉承幹覆校

宋十四

澹山巖題刻四十二段

潘衢等題名 慶厯七年 萃編已錄

監市征等 征誤 五日題□ 缺題□二字

案廣西棲霞洞慶厯四年九月題名有潘衢自署其貫稱滎陽衢云尚書都官員外郎新知永州蓋其時已有知永州之命而未到官也市征金石萃編誤作

市等今据零陵縣宗志改 湖南通志 題下似是記字此二字省府志亦缺均未見拓本也陳規李寔洪亶李洙諸人通志職官均不載其名志有朱洙仁宗朝永州推官疑即李洙之誤洪亶建昌人慶秝二年楊寘榜進士其任永州判官永志以爲八年者非

尹瞻詩 附至和二年 萃編已錄

澹山巖詩 此行在銜名前王氏失載

通志已於卷末校補永志亦脫此四字惟諸家均作怪

盧臧三巖詩 高二尺三寸二分廣四尺一寸六分卌行行十八字字徑寸餘正書

永州三巖詩有序

潭州湘潭縣主簿攝永州推官河內盧臧撰

永之東南三巖相望穿堅貫險外峻內夷浯溪之間號爲佳絕火星巖嶄嶄亂石惟聳于傍曲滎斜通後瞰山腹往時黃冠師宅其側塑火星像爲人所福今宇壞基存緇徒搆宇而居朝陽巖後阜前江呀焉淵邃旭日始旦華粲先及小亭歸然立于石岸澹山巖依山而上緣宂而下深入虛廣踰數十畝秦始皇時周正 名御 實之居今爲佛圖山富竹樹澹竹爲多其後斜宂百步迤邐而

出捫蘿磴石復有小巖大厎永山類多嵒宂茲三者爲搖騰至者賞其外塵坌而移寒暑也予嘉祐丁酉二年被　臺符承檄中乏四月始到永未幾遍歷所謂三巖者且酷愛澹山虛廣遂礲其巖石悉刻三詩偶　漕臺俞公按部游巖遂持詩以丐賡屬　公好奇博雅既賞會于巖下又從而繼其聲焉其從游者題名于別石時六月六日也

火星巖

巖扃瞰群阜疇昔道宮隣熒惑標名舊浮屠締搆新石寒長滴乳地潤不生塵吾到期深入虬蛇勿噬人

朝陽巖

瀟湘峻岸傍巖穴號朝陽全會江雲勢先分海日光高深驚險易冬夏返温凉誰肯弃塵世探窮仙者鄉

灊山巖

誰開仙窟宅非與衆巖儔樹響晴飜雨嵐凉夏變秋禽靈啼復斷雲恠吐還收深羨群僧住嗟予莫少畱

右正書三十行序題高下不齊其避貞作正注爲御名案仁宗名偏旁从貞此蓋避嫌名金石審

通志補錄於卷末失注御名二字永志有序誤作并序並以爲小字旁注盧臧下脫撰字又石刻从

木之字變作手旁而俱改从木于皆作於恠皆作怪壁作望通志同敿作敞㟴穴之㟴作巖㕓作抵弃作棄石刻驚字上半缺一筆蓋避太祖祖諱之故而省府志均未缺筆遂持書以丙賡義當作丙石刻誤作丙而永志竟改作丐矣序云其從游者題名于別石今未之見

俞希孟和詩嘉祐二年萃編已錄

范陽同年示及零陵三題率然爲答甚愧妍唱此十八字誤係於咸湻壬申趙某東霞朱東誤詩後年月之下

案金石萃編脫首行范陽至妍唱十八字今據零陵縣宗志補正其云范陽同年者蓋即前盧臧也湖南通志

右和詩並刻灊巖字體頗近平原行書第筆過偃耳金石審

永志所載東亦誤作朱又攜石刻作攜萃編作携

蔣緯詩嘉祐六年萃編已錄

題灊山巖此行全缺

案緯郡邑無傳選舉表并佚其名金石審

省府志亦缺標題一行院並誤作縣末一行廿字

馬璟等題名嘉祐六年萃編已錄

萃編概以爲八字亦非

馬璟馬誤作馮

蕭固亦新喻人見宋史李師中傳王安石爲撰墓志固凡三知桂州今廣西臨桂有嘉祐二年七月題名乃其最後知桂州時也後值申紹泰反貶官則嘉祐五年此題辛丑爲嘉祐六年蓋固去廣西任歸經此而題者古泉山館金石文編

案馬璟王司寇作馮璟誤也金石審

通志馬亦作馮蕭固天聖五年王堯臣榜進士蕭注慶厤六年賈黯榜進士

闞洞題名高一尺七寸廣一尺五寸七分前四行行五字字徑寸餘末一行小字九字正書

都官外郎闞洞挈家遊此時嘉祐壬寅正月九日記
男常棠儆當孫陽侍行

右刻正書五行前人未見先零陵始入之補零而遺男下八字今補正金石審

通志永志脫時字通志并脫末一行壬寅爲嘉祐七年案萬姓統譜闞洞尚書郎熙甯進士此刻在嘉祐七年已稱都官外郎則所謂熙甯進士者恐有舛誤抑或別一人也

梁庚等題名治平二年萃編已錄

梁庚庚誤作庾

王司寇作梁庾先零陵審正爲梁庚今覆審實庚字金石審

通志亦誤作庾云零陵縣宗志作梁庚蓋未見拓本承萃編之譌耳

薛俅等題名治平二年萃編已錄

朝陽澹山二巖脫二字

宋至道三年分天下爲十五路天聖中析爲十八元豐又析爲二十三其時荊湖又分爲南北路置轉運使攷王存九域志南路爲潭衡道永郴邵等州及一監當即此題名所云上六州一監也古泉山館金石文編

此刻極似夢眞容記金石審

三門嵓之嵓永志作巖

樂咸詩治平三年萃編已錄

酉題澹山巖詩首行飛白書徑一寸五分至二寸不等王氏失載　矢路矢郎去字誤作
出住持傳法先□立石此行失載

通志有立石一行而缺先字餘同萃編永志與萃編同樂咸通志作推官係仁宗朝此刻自署通判殆經遷轉邪

范子明等題名治平三年萃編已錄

前八桂倅八下誤多日字

王司寇作前八日桂零陵補志無日字今審實無日祗五行年月雙書於後一行金石審

通志亦多日字沿萃編之誤而卷末校正之矣案明統志云八桂其名本出仙經後人因值八桂於堂前故又以名郡董鴻道涪溪詩云二十年前八桂回八桂蓋即桂州也

蔣之奇詩熙甯元年萃編已錄

題澹山巖首行低一格王氏失載　嵓上石嵓當作　元年九二元誤　周甫張
吉刊此在末行下失載

蔣之奇題澹巖詩正書熙甯元年正月在永州澹山

巖潛研堂目錄

此書不見姓名而金石萃編及縣志皆屬之蔣之奇史傳言穎叔於神宗時由殿中侍御史貶道州監酒稅此詩蓋其時所題也詩中云雲𣗼石屏極隈隩昔有居士嘗潛蟠避秦不出傲聘召美名遂入賢水源玫零陵記曰周貞實零陵人居淡山石室秦始皇下詔徵之三徵皆不起遂化爲石宋零陵令王淮澹巖記略與之同周貞實作周正實避宋諱嫌名故也今縣志猶作正非是志載穎叔此詩脫去靈仙飛遊亭此供以下四句餘亦多譌字當据石刻補正之古泉山館金石文編

案舊志譌脫及金石萃編所佚今悉從拓本補正金石審

萃編所載尚有筆畫微訛者可勿具述元年之元石刻並未稍泐而王瞿宗三家皆作九年甚爲怪事潛研獨不誤此書故徵信而可貴也瞿氏所得失拓首行故云不見姓名亦有譌脫均已於卷末校補惟茲洞作滋洞一株作一抹秖作祗末一刊字誤作刻尚未更正宗氏云悉從拓本補正而首行標題四字亦失載猶謂拓工所遺也其以蔣之奇字穎未六字系於過此書之上并作叔字吾不知所据何本矣且萃編已載於詩刻之前而宗氏乃云王司寇佚蔣之奇六字又何故邪餘如茲作滋秖作祗㸃作點株作抹秋作春呀作牙鑿作鑿嘗潛蟠之嘗作常聘作徵迮作窄嵒作岀均誤且以舊志一株之株爲誤直似未見石本者又何故邪

蔣之奇題記萃編已錄

使二人者見之字脫見字

省府志亦脫見字此字在行末大約爲拓工所誤

耳志并脫二人者之於山水之之字又弟二觀字石刻作兩點

楊巨卿等題名熙甯七年萃編已錄

泝稅鄉泝誤貫道道誤通

楊巨卿等題名八分書熙甯七年九月在永州淡山巖潛研堂目錄

泝即酒字酉字古文作丣故从酉之字用此其義可通古泉山館金石文編

永志脫寺字通志職官不載蘇顗

柳應辰記高二尺七寸廣四尺五分廿一行行十三字字徑二寸許正書

零陵多勝絕之境澹山巖爲甲觀東南二門而入廣袤
可容千人竇穴嵌空物象奇怪有不可得而狀者中貯
御書歲度僧一人僧徒惟利居處之便而不顧蔽映障
遏之弊連甍接楹重基疊架疣贅延蔓殆將充滿甚者
糞穢積聚煙爨燻蒸道墜陰黑非秉炬不能入
太守丁公偁處事剛嚴始至大不懌悉撤羣僧之舍俾
居巖外惟
書閣殿像得存餘一椽一木無敢留者他日
公率應辰大理寺丞楊傑河陽節度推官楊巨卿同至

游覽層構一空衆狀在目開築塞爲通豁破昏暗爲光
明實人情之共快若石田藥臼之處皆晴景所及客有
言物理顯晦固亦繫乎時耳熙甯七年甲寅九月十五
日尚書都官員外郎通判永州軍州事柳應辰記

右刻正書十行近顏書近日鑒家錢孫王三家皆未
見瞿氏似見之而不以入省志案已載校補可許也先零
陵補佚亦所佚訪澹岩昏穢之狀今之視昔艮同安
得如丁景員者廓清而培護之邪金石審
永志障誤漳徹誤撤共快上誤多所字又石刻二
十一行宗氏以爲十行大誤

王辟强詩高九寸廣二尺十二行行七字字徑寸許正書

留題淡山巖

太常博士王辟强

洞府深沈別有天兩門相貫碧孱顏鑿開混沌千年竅
坼破逢萊一朶山日玩嵌空僧不厭時探幽怪客忘還
若教元子當初到肯使朝陽播世間

熙甯九年正月上旬遊記

右王辟强詩强字不見字書諸家皆作疆豈石刻
磨泐邪通志未載全文永志舛譌甚多蓋未見石
刻之故特不知零陵宗志何以錯謬豈亦据舊志

錄入邪首行標題失載熙甯九年正月上旬八字
石刻在詩後而以系於太常之上且於辟强之下
增留題二字皆誤詩云兩門相貫碧孱顏卽柳應
辰記所謂東南二門也乃作炳然精貫尤謬忘亦
誤作愁

柳應辰再記高三尺一寸廣二尺五寸十行行十四字字徑二寸許正書

熙甯九年十月二十七日

太守李公士燮召游澹山巖巖之風物氣象眞隱者之
所居竊思次山子厚雅愛山水在永最爲多年獨於茲
巖無一言及是必當年晦塞未爲人知惟大中十四年

張顥有石室記略載其事是歲懿宗改元咸通迨今二百一十七年矣後之游瀟湘者以不到澹山爲恨幽絕奇勝實亦可觀之地通判零陵郡事栁應辰記

石刻正書十行石室記想亦刻石栁氏猶及見之張顥大中時郡守也金石審

通志載入校補眞誤直七誤一自咸通改元庚辰至熙甯九年丙辰實二百一十七年也永志作三百尤誤又晦塞上脫當年二字十四年下脫張顥二字游瀟湘之游誤作沿栁應辰下誤多題字載筆不愼校勘亦疏矣張顥爲郡守通志職官失載

石室記不見著錄或未刻石

胡奕詩 熙甯九年 萃編已錄

澹山巖 此第一行低二格王氏失載

通志永志均缺又号皆作號石本實作号

趙揚題名 熙甯十年 萃編已錄

同來 缺來字

案元豐三年趙揚尙爲轉運判官則其在官之久可約略得之題云至和乙未云云卽前題名事也古泉山館金石文編

宗氏云同來王昶作同游案並不作游宗氏誤也

前題名稱信安進士趙揚瞿氏跋云王安石廣西轉運使蘇安世墓誌云女適單州魚臺縣尉江山趙揚攷衢州唐宋皆稱信安郡西安江山則皆衢之屬縣也揚後官荆湖南路轉運判官見宋史南蠻傳

職方外郎殘題名 高二尺一寸八分廣二尺七行行存字不等字徑一寸五分正書

職方外郎趙缺下州事韓缺下士淸缺下延曼卿缺下仲逵缺下卅

熙甯缺下冬至後一日缺下

正書七行其下半爲咸淳乙丑杭一民磨去題名其上古泉山館金石文編

右刻正書七行今止半截其下被咸淳閒杭一民磨刻金石審

外郎下趙字可辨省府志均缺曼下府志云似卿字不誤曼卿郎熙甯戊申浯溪題名之曼卿王世延也府志缺日字省志日字下有□遊字審之上一字似是同下一遊字則無筆蹟可尋矣

孫碩等題名 高二尺三寸三分廣一尺二行行十字字徑一寸五六分行書

長沙孫碩景博陳勣彥成衡陽黄芤由明衡山侯天麟叔祥元豐二年四月題

孫碩等題名正書元豐二年四月在永州府淡山巖

潛研堂目錄

案石刻見零陵縣宗志攷長沙孫成象長子碩字景修咸平閒進士終太常少卿次子顒官靈川令見劉摯撰成象墓志此題名之孫碩字景博當即碩顒之族兄弟古泉山館金石文編

案右刻黃字下作甚字攷陳遂人碑篆文甚同忌籀文則从其从心與悳異其字則行書也金石審

通志甚作悳案甚字見左傳說文及西京賦小爾雅云甚教也則與明字之義相近又案石刻上半其字偏左疑或殘缺不全而絕無一筆可見矣俟

天麟元祐五年鄉舉

王子京題名高二尺二寸廣一尺九寸五分十二行行十四字字徑一寸一分正書

余謫居零陵踰年邂逅建安練亨甫潛夫亦有營道之行同遊是洞且世之所謂名山洞府者雖未嘗周游而歷覽如建之武夷混之鴈蕩台之天台勲之僊都皆天下勝絕處也余嘗爲部使者探奇索幽殆無遺矣然求是洞之聳拔峭儁寬容昭曠風雲含虛日月匿景蓋未之有也以四山之勝尚無有若是洞者則天下之洞不待遍觀而後可知矣元祐二年孟冬十九日蓬萊王子京碩甫題男梠樫隨之

右刻在巖頂前人未見同治癸酉秋始搜得之王子京史無傳永志流寓亦不載其初任何職何事遷謫均未得知練潛夫有陽華巖詩得此刻知其名亨甫也

王靚等題名萃編已載

元祐六年八月十八日王靚尽未許師嚴希道單師惠連彥緝同遊是碧江澂君錫題四明鍾成銮

元祐六年八月十八日王靚尽未許師嚴希道單師惠連彥緝同遊是碧江澂君錫題四明鍾成銮右釋文

江澈題名古文篆元祐六年八月在永州澹山巖潛研堂目

案潛研堂金石文字目錄有江澈澹山巖題名年月並與此同疑江上漫滅二字祥案石本並未漫滅瞿氏未見拓本据王氏本言之其上一字即澈也又案零陵縣宗志祐作閣靚作覲嚴希道下作唐師惠連彥率同遊是巖江瀓君錫題　元閣石刻用古文祐王靚縣志作覲誤□師惠連彥□同遊是碧江瀓君錫題石刻可辨者如此古泉山館金石文編

右江瀓書王靚題名純用古文變體如元作亓祐作

□皆古文年作秊本古老子曰作□本華嶽碑王古
文當作□而此作□則假借玉字靚偏旁作□乃冓
古文惟見字古文作□而此作□微變□爲夷古文
許字言旁作□參孫彊集記字偏旁師作□見戴明
說篆正作□本古孝經嚴古孝經作□而此作□亦
微變希作□本古老子道作□本華嶽碑□乃單字
古文非唐字也惠作□案崔希裕略古應作□裴光
遠集綴始作□此蓋兩參之連作□遊作□皆古文
連下□當是文字古老子文作□此少變其意文下
□乃緽古文非彥率二字也江古作□此變用□瀜

偏旁不从虫而从□蓋用碧落文融字而變从省書
且虫字古文本作□也錢詹事謂是江瀓者誤君下
□字舊審作錫非是細審當爲逷字偏旁辵上从人
則雜取過迄等字古文而坿益之逷郎逖字此人必
號君逖也題義雲章作□此作□變反爲正鍾古作
□而此作□亦變體也金石審
萃編載此缺單惠連文緽瀓君七字並未橅寫篆
體仍全錄之通志初刻郎據萃編錄入卷尾校補
仍缺單緽二字而江下一字作瀓與石本不合或
刊刻之譌永志補全而江下作瀜錫易作逷均非

玉華嶽碑作□此作□微變之耳宗氏以爲假
借玉字者非玉不可借爲王也許字言旁作□與
義雲章善字下半同汗簡載有□字與道下一字
中間同而忠恕缺其音此刻左右各多一筆瞿氏
宗氏均釋爲單未知所據姑從之說文吝古作□
此作□移左旁口於文下疑是吝字然汗簡□作
□云見說文雖今本所無宜必有據當郎定爲□
字□文音義皆同宗氏謂本古老子而少變其意
則迂回其說矣碞下一字右旁作□似反亙字而
省其一筆然此字當是人姓不聞有洹氏仍從諸

家定爲江徹古文作□許未重收入說文解字此
从水旁其爲瀓字無疑錢先生之言寍足徵信郎
此亦可見也宗氏乃反以爲誤則誤之甚矣其云
用碧落文而變从省書已屬紆曲至云虫古文本
作□則更不相涉□與□何可混淆邪君下一字
宗氏釋作逷非其說云辵上从人則雜取過迄等
字古文而附益之已極支離且下半亦非止字也
此字下半頗似从尼而字不可識姑從瞿氏作錫
瞿氏精於篆學或有所據焉

張詢題名　高六寸廣六寸五分五行行四字五字行書

陽翟張詢永言紹聖二年四月初二日乘興游此以雨
作遂宿於惠明院

右張詢題名在王辟強詩上

楊公實題名高五寸五分廣五寸四行行五字字徑七分許正書左行

東山楊公實紹聖乙亥仲夏十八日會遊是嵓

右楊公實題名在王辟強詩下乙亥爲紹聖二年

承天思等題名高六寸五分廣六寸六行行字大小參差不一行書左行

姑蘇承天思靜之衡陽育峯承日同閩唐豐子□時紹
聖乙亥仲夏十九旦遊此嵓可戀數各未足而返題

右承天思等題名在王辟強詩下楊公實題名之

前時上似是龍字案承氏出衞大夫承成之後漢有承宮承疊宋有承斅承之承寶育氏見姓苑以上三種皆前人所未見

曾孝雍題名高一尺三寸廣八寸四行行七字字徑一寸三四分正書

朝奉大夫曾孝雍解印江華道由寺下一遊遂行
乙亥季秋晦

右正書四行字數不齊在曹公美之前孝雍哲宗時知道州故知爲紹聖乙亥也金石審通志附於宋末今從宗氏

畢君卿禱雨題名高二尺廣一尺七寸八行行字不一字徑一寸二分正書間涉行筆

元符二年夏五月不雨二十有一日知軍州事朝奉大
夫畢公 君卿 躬禱於零陵王祠因過澹山石室行未數
里甘雨隨車司戶參軍程鄰司法參軍李師聃零陵縣
尉許師古從行鄰謹書于石

案此刻行楷書八行若字微損亦似君字許師古零陵補志誤刻作師立今改正字體極似朱巨川告身金石審畢公之名以拓本審之實係君字省府志均誤作若省志聃作明古作立皆承縣志之誤也畢君卿元祐間知郴州郡初無城君卿始築之民賴以安

見明統志大觀間有程鄰爲廣南西路安撫使係程節之子鄱陽人未審即此人否通志職官志哲宗朝有畢卿知永州蓋即畢君卿而脫其一字程鄰名失載李師聃列於徽宗朝云耒陽令當是後來遷調其爲永州司法亦所失載永志官表云畢若卿元符三年任省志湘陰流寓傳誤爲居卿且誤爲明人程鄰舊志作麟紹聖二年任李師聃元符三年任舊志作坤据此則所謂三年任者均誤君卿誤作若卿又許師古誤作師立皆當一一校正焉又萃編所載有元符二年蔡穀等題名一刻

云正書二行左行在林邵題名之左永志亦載之云近日拓本多佚去年月似與林邵同游者今從王氏余得此拓本亦無年月審之韓城以下十三字爲一行在右雎陽以下十二字爲一行在左前一行之右卽周處厚刻石銜名無餘石可以鐫字然則元符己卯十一月十五日遊十一字當在雎陽一行之左並非左行亦係三行非二行且宜標題曰韓直方等題名不應以蔡穀冠之前後倒置宗氏何以不正其誤邪附識於此

重刻蔣緯詩 建中靖國元年 萃編已錄

題澹山巖 此首行也失載

萃編缺四字據石校補詩四行行十字跋九行行九字世則二字占一格王氏但云字數不齊耳次行緯字之下有蔣祁槐三小字或當時所刻亦緯之後裔或後來俗子所爲未可遽以增入也通志永志并敘之并均作並誤此詩前刻於嘉祐六年其名尚存王世則長沙人太平興國八年擢進士弟一知永州通志有傳又此刻之左古木懸秋月一詩乃明巡撫顧璘所作嘉靖間上石萃編不收元以後刻應删附識之

李昭輔等題名 高一尺六寸廣一尺五分三行行五字字徑一寸七八分後小字二行行四字字徑寸許俱小篆左行

李昭輔魏秦黃大臨姚天常蔣存會紆

甲申仲冬游澹山巖

右刻小篆四行篆法秀勁甲申八字雙行書於末行之後不著年代案紆曾布子坐黨事流永王明淸揮麈錄所謂空青蓋指紆也大臨字元明山谷之兄甲申爲崇甯三年　案汪浮溪撰紆墓銘云文肅公免相言者指公嘗夜過韓儀公家議復瑤華事巨受父密金請付吏詔自中竄永州入元祐黨建炎時官紆知衢州又云公之謫永州也黃庭堅魯直過焉得公詩愛而讀之手書於扇其篆隸行草沈著痛快得古用筆意據此則此刻必紆所書也 金石審

通志失載甲申爲崇甯三年

蓋侗題名 大觀二年 萃編已錄

公愿 愿誤作厚

案零陵縣宗志公厚作公愿嵒作巖 湖南通志

通志亦誤作厚戊子爲大觀二年

鞏鑒再題名 高一尺七寸廣四寸二行行十字字徑四五分行書

大觀庚寅閏中秋朝奉郎通判永州事鞏辨卌之題

右行書二行在李公彥詩左字超逸得諸愛州意金石審

右鞏鑒再題名在王枂題名之左宗氏謂在李詩左者誤也

李公彥詩高一尺八寸廣三尺三寸十六行行十字字徑寸許後小字四行行十三字字徑五六分又立石一行十小字正書間雜行筆

題濳山巖 臨川李公彥

地靈欲借一握天神剜鬼劃無留堅欻然豁空而圓陽烏飛景光自穿古藤遶石翠欲牽石果垂結紛如拳中有巖竇吐細泉六月客坐寒入肩昔聞脩蟒何蜿蜒誅茅刋木不敢前誰令結此殊勝緣化作寶坊可棲禪我非貴客來塵斬訓狐挾狡聲亦先飛上巖前枯樹顛嘆起山丁夜不眠涪翁有筆大如椽七字要與山俱傳續貂愧我不著便千古一笑夔憐蚿

地人相傳巖舊爲二蟒所據故唐以前不載之文字今置羅漢閣其中矣有訓狐巢于巖之上夜或出飛鳴則旦必有貴客來游故云

住持傳法沙門善琦刻石

右刻題二行詩十四行後語五行不著年月必建炎時人也案省志高宗朝有李公懋爲湖北路提點刑獄本姓譜而佚載公彥此可以補官表之闕金石審

右李公彥詩不見年月通志失載永志列於建炎年者以刻石之善琦即建炎年跋尚用之詩後者也案通志職官徽宗朝有李公彥爲江華令志不言其里貫據此可知爲臨川人宗氏以爲志佚載誤矣又永志江華官表李公彥臨川人政和元年任湛剛中六年任然則此刻當列於政和六年以前也宗氏乃以爲建炎時人不亦疏邪顛作巔鳥誤刊作鳥

黃庭堅詩政和六年萃編已錄

題永州淡山巖在山谷七字之上王氏失載廿五作二十五回中回誤作山政和六年住持僧智鬻刻石此行失載

濳山巖在永州零陵縣南二十五里易三接零陵山水記宋黃山谷始題識之今洞中一石載山谷詩七律二首南宋王南卿阮者九江人有絕句云浯溪已借元碑顯愚谷還因柳序稱獨有濳巖人未識故煩山谷到零陵今山谷詩碑摹本雖剝蝕尚有可觀郭鍾新照錄

山谷濳山巖詩行書七行字數不齊末有政和中僧

刻石一行秦漢篆隸書二十三十俱作廿卅山谷書此詩二十五字作廿五從古也然詩體以七字爲句似當作二十爲正否則欠一字便不成句矣惜哉淡山世未顯任淵注山谷集本作夾山夾山于永州有浯溪及朝陽巖銘淡巖無有蓋是時未知名也及弟二首回中明潔坐十客注云元夾山有大回小回中詩言其水之回洑也此借用今審石刻實作淡山後人据任注磨改作夾山形迹顯然又今志載此詩回中俱誤作山中石刻本作回與集本合然此字亦有磨改痕蓋後人轉欲据誤本改山也任注淡山曰零

陵土人謂淡山以淡竹得名或云嘗有淡姓居之予攷宋王淮記云昔有澹姓者家焉遂名澹巖又唐張顥記云古有老人處其下以澹氏稱因名蓋後說爲是故山谷用之淡與澹古通用字故前人記載不一此刻末有政和住持僧名智下一字上半已漫滅似高又似嵩姑缺之蓋山谷於崇甯三年題此詩至政和六年寺僧始爲之勒石也　案石刻首行山谷姓名下又有庭堅二字蓋近人見石刻模糊處人不知故重摹此二字以標識之古泉山館金石文編

智下一字今審實作暠諸家皆缺永志龕作蛙

黃郡守題記高二尺五寸廣二尺六行行十字字徑一寸五分至二寸不等末行下小字一行又四字俱行書

豫章脩水之源楚相春申之裔伯氏之亞於菟之儔有宋宣和歲在壬寅潛山之旗勞農班春劖之崖壁零陵守臣爵里姓氏爰告後人　子淋樊楚孫扆拱從行并觀九兄山谷老人二詩爲之憮然以上廿三字雙行小注

右刻行書銘詞五行零二字小行書二行案山谷諸弟有大臨仲堪皆以八元命名此人隱寓其文殆叔豹也官表宣和時守僅有黃同而署江夏舊望又無一言及山谷當又是一人闕以俟攷金石審

右刻通志失載筆意頗似山谷案麻陽有重修同天寺碑黃叔豹撰時在熙甯間叔豹爲縣尉也見湖南通志壬寅爲宣和四年相距三十餘年矣

襄陽盛某詩高五尺六寸五分廣三尺二寸十一行行廿四字字徑二寸二三分又小字一行行廿五字正書時帶行筆

題淡山巖　襄襄陽盛□并□

黃公邱壑人閱遍山水奇晚觀淡巖作獨許天下稀我初頗未信及到迺愧之偉茲過奇特驟睹心驚疑神靈蘊幽祕無乃弗許窺捫苔漸深入歎愕不自持穹窿但一石轇轕周四維廣容千人騶高建五丈旂巨勢裂地

軸虛牕豁天扉森然萬幕張䜌若會雲垂危磴過別洞
絕壁浮煙霏幽房瞰窈窕屏榻如鑿治雲霞起坐隅翠
嵐著人衣頓覺泛来山榛莽翳土培化石事茫昧驅蛇
知是非井臼儼還鬄芝田留舊畦云昔隱僲宅此理固
亦宜元栁跡不到隱顯當有時憶我半紀前已與茲山
期了然蘭臺夢宛渡瀟江湄今来怳如昨始悟非人爲
甯嗟擯幽遯持爾足自怡無窮軒冕客有幾能游斯天
應出此境以慰遐荒悲
予自政和五年始校中祕書晝卧館下即嘗夢至此
山事具別記

右行楷書十一行後小行書一行字學北海而參米
體極爲秀整時攵不著案其後識政和五年在祕書
而詩云半紀則必宣和三四年閒至永也其題款襄
陽盛三字以上俱被人磨去襄上一字存其半似亦
襄字案襄州襄陽宣和初升爲府此云襄襄陽蓋謂
襄州襄陽也盛下一字尚存八字揣之似泰字宋史
宣和時貶永未見有盛姓者湖北通志襄陽人物類
亦不載其人書缺有閒遺佚者可勝計與金石審
右盛某詩刻通志未載永志垍誤塇江誤湘持誤
特襄陽上一字宗氏謂亦似襄字不誤再其上則
並無字蹟當非磨去者盛下亦並不見有八字之
痕也詩云憶我半紀前以六十年爲一紀計之則
當在紹興十七八年然未有攷證姑從宗氏列於
宣和四年以竢博雅栁即柳之俗字

曹中等題名 高三尺五寸廣二尺五行行十一字字徑二寸許正書

郡守曹中通判錢懷哲司錄吳良駟戸曹楊宋臣儀曹
丁煜縣令丁公顒尉何允自靈顯應惠侯廟謝雨相率
同遊時宣和六秊六月十有二日
右正書五行亦學顏書而結體甚窘金石審
右曹中等題名通志失載曹中等七人名職官志

俱無錢懷哲又有九雲巖題詩在此前一年何兌
見萃編所錄黃同詩刻內王氏跋以傳不言其官
永州疑非一人案當即其人也宏簡錄何兌紹興
中爲辰州通判由零陵尉遷擢者史又云適秦檜
自陳存趙之功謂他人莫預兌徑取所輯事狀達
尚書省檜大怒下之詔獄削官遠竄眞陽檜死始
復其官放還尋卒則兌亦矯矯不阿者

王貴仁等詩 高二尺二寸四分廣二尺詩十二行行廿一字惟弟六行多二字字徑六七分標題銜名年月五行字不等書不一體

遊淡山巖詩

朝奉郎通判郃州軍州權知永州軍州事王資仁

□山之景眞尋幽我來爲欵窮冥搜嵌嵓呀豁自呈露
天匠巧斵非人謀撑空突兀幾千仞奇偉萬狀不可侔
群仙祕護人跡絕元楔不到誰雕鎪惜無好語寫形似
歎息欲去仍遲留雖予六客信心賞一洗萬古塵中遊

宣教郎簽書道州軍事判官廳公事陳詩

我聞淡山之嵓深且幽嵒嵌邃竇堪尋搜禪龕剝落氣
尙古龍象忽徙初誰謀神山窟宅信有□功出天造非
人侔谺谽礫砢駭未見石壁字隱苔侵鎪山靈噂昔莫
教祕巨蟒豈得於中留比來珠璣重滿把我幸蠟屐欣
從遊

文林郎知永州零陵縣事主管勸農公事彭從虎

竹苞未翦山雖幽福庭勝槩難窮搜天公念此久閉塞
密告五丁詒厥謀巽維一夕啓邃竇光圓甕牖端相侔
方床翠屏廣羅列藥臼香山深抉鎪道人振錫蟒潛遁
勅土化石嵓中留訓狐昨夜又鳴報果是五馬今朝遊

建炎二年歲次戊申十二月五日淡山惠明禪寺
傳法沙門善琦磨字

右王資仁等詩各自書之王彭兩詩均行書陳詩作艸體其銜名及年月一行正書又是一人手筆

則上石時所書也通志永志失載王資仁陳詩亦不見於職官志彭從虎令零陵志列於慶元時誤陳簽判名字已剝蝕不全又案王詩云雖予六客信心賞則疑尙有三詩也

尙用之詩建炎四年萃編已錄

琦老禪師　用之謹封此行全缺倬有妙句字缺有
呈

澹山巖有尙用之和山谷韻詩案用之字仲明曾官廣西提點刑獄臨桂諸巖有其宣和閒與張洵同遊題名洵字仁仲浚儀人時官廣西廉訪使者棠亭倡和詩共五人首爲浚儀張洵次郎用之次爲晉江呂源次爲三巽李昇之次爲邵武葉宗諤也用之稱江都尙用之與此題名正合紀年爲靖康改元丙子季夏乃在此前四年事石刻見存廣西臨桂縣伏波巖其爲一人無疑詩序嘉祐紹聖云云乃溯其從前棠亭刱始事宋詩紀事從粵西詩載傳錄不全遺其唱和年月故金石萃編疑之今爲補正冷齋夜話載陳瑩中北歸過南昌言鄒志完北還至永州澹山巖有馴狐凡貴客至則鳴志完將至而狐輒鳴寺僧出迎志完怪之僧以狐鳴爲言志完作詩曰我入幽岩亦偶然初無消息與人傳馴狐戲學仙伽客一夜飛鳴

報老禪此尙用之謂長老琦公有訓狐不相報否語及我來訓狐無所聞之句蓋正用鄒道鄉濳巖故事也訓與馴古通用字零陵縣宗志載此刻末有仲春望日住巖賜紫善琦跋古泉山館金石文編

案訓狐惡鳥名與飛鳴正合瞿木夫謂馴訓通用乃致誤之由但以馴狐爲訓狐則不可借也金石審

通志所缺與萃編同已於卷末校補又味作昧問作聞比作北皆誤永志亦誤問爲聞其以訓狐爲惡鳥恐非

善琦跋高二尺廣二寸五分七行行字不一字徑四分行書

提刑學士一日同文發先輩來遊淡嵒且不預知忽爾翬鑣入寺善琦驚而復謝不獲出山遠迎台旆　學士曰訓狐不相報善琦則對　提刑道力行不動塵鬼神容有不知而　公乃笑迤邐歷觀嵒冗頗聽妙語琅琅清風習習其德可倆如周茂叔越二日詣城謝　公於行衙伏承佳篇見惠一覽使人神怡氣逸遂礱石刻之與　山谷黃公同傳其盛美建炎仲春望日住嵒賜紫善琦謹跋

右刻正書七行字數不齊在尙用之詩後零陵補志刪改數字今仍依元本善琦則對下省數語從補志

建炎下書仲春乃元本疏處神怡補志作神王則誤審拓本故也案宋徽宗時以紫衣度牒佐宮觀費紫亦濫矣此僧守御書或得自中賜文發先輩當是老僧僧亦以先後輩稱邪金石審

通志載校補內脫習習二字及於行衙之於字又誤城爲誠永志嵒皆作巖仲作中今依石本案用之詩引亦稱文發先輩宗氏謂僧亦稱先後輩殊非

錢伯言頌并跋高二尺廣一尺三寸六分上截頌六行行十字惟首行十一字前後款五行行書下截跋十三行行十二至十四字不等末立石一行正書

戲書送

濳山入院

伯□

雲本無心出岫水豈有意趍東勢或使之然者何妨巾拂談空

子好逢場作戲我方置散投閑丗味久如嚼蠟合向玆山往還

庚戌五月二日零陵太平方丈東軒

濳山零陵古招提也復占幽巖之勝地異時桑門非号宿老不可妄使捿此一師學通三昧識悟眞空飛錫廬

陵來遊衡嶽湖湘檀士皆信向而樂皈禮之零陵郡守吳公從衆之請遂入是刹密學侍郎錢公愛師有素作頌贈行其辭溫潤粹美使人翫讀無斁蓋公之文章如良金美玉無施不可發爲頌詠乃其餘事師寶重德其賜願勒諸石永爲是山之光云零陵從事劉在中跋

住持比丘　豈立石

右刻通志永志均失載侍郎錢公即潘正夫詩所稱遜叔侍郎者伯言也其稱密學者當是嘗爲樞密學士也伯言有淡岩詩刻時爲建炎四年然則此刻庚戌必是建炎四年伯下所闕必是言字也伯言又有和潘正夫詩刻亦當在是時附於此後其八分書詩云願受自耕祿和潘詩云茆茨信我無三顧此頌云我方置散投閑語意正同劉在中自稱零陵從事當是官於斯者職官志不見其名郡守吳公不知何許志載高宗朝知永州者並無吳姓莫攷其名矣太平方丈者太平寺之方丈也又頌詞茲山往還下有康文銓蘭谷紀游七字蓋後來續題者莫攷其時幷識之　又此刻首行上有一邵字行末有獄掾韓外聲七等字獄上有下半文字掾上有水旁三點外上見貞字之下半正書徑二寸許餘亦時見筆蹤蓋亦磨古刻而爲之者

錢伯言詩高一尺二寸廣二尺三寸七分十七行行七字字徑寸餘分書上石一行小字正書

老眼遍四方茲焉眞鮮儷室圖縣磬如天側偃蓋似誰移巨蟒宅孰受祖龍□祗目澹竹名佳哉亦少味造化其偶然刳山作深谷近歷□湘頭迫據九疑足千齡隔仙凡跬步變寒燠石田儻可種願受自耕祿

右零陵澹山巖二首建炎四年庚戌仲冬朔會稽錢伯言遜卉題

承奉郎權零陵縣丞楊臨上石

右分書每首六行題款四行零一字共十七行也末正書一行先零陵輯補志時拓本每石僅一紙不甚分明續辰卤莽誤讀多致魯亥如此詩祇以作祗同佳哉作佳蕺近歷作迹歷迫據作過據而錢伯言字本剝蝕誤作伯吉末行楊臨誤疑楊誠齋作臨瞿木夫不敢錄入省志職由於此今皆一一正之改過之後因追訟其已過焉案此刻用唐隸多變漢法如亢作亢哉作栽皆變體也迫說文從同而此從迫則漢碑有之攷徽宗本紀宣和七年知海州錢伯言奏招降寇蓄卽其人審金石

右錢伯言詩通志未載全文言誤作吉永志一再審之而作仍誤住儻仍誤僅甚矣審碑之匪易也又龍下作使湘上作瀟石本全蝕未可據補零陵丞楊臨通志職官失載

八瓊室金石補正卷九十五終

八瓊室金石補正卷九十六

太倉陸增祥撰　男　繼煇校錄
吳興劉承幹覆校

宋十五

澹山巖題刻五十一段

潘正夫等詩萃編已錄

地出天開缺出天二字塵世路缺塵字奕罷空歸缺奕歸二字雲深多失缺雲深二字高排石棧缺高排二字野色新缺野字如何蓮社缺蓮社二字伯言失載快游快誤杖試約缺約字土參何必與天鄰缺土參天三字

案金石萃編載此詩多缺字又脫去伯吉二字今據零陵縣宗志補入又志奉呈作奉和惠照作惠州世設作世路煙霞作煙蘿色作足何如作如何杖游作快游茆茨作茆廬無三顧作如三顧　惠照縣志照誤州煙蘿作霞誤濯色縣志作足誤如何作何如誤快游快誤杖茆茨縣志作廬誤無三顧縣志無作如誤試約作共誤土參石刻不作幽嵐湖南通志伯言二字省筆并書實似吉字以前八分款始能斷其爲伯言近人省筆連書兩字名蓋有濫觴矣金石萃審萃補缺誤補正如右通志除校補外尚有訛字如

歸作懷排作懸野作濯蓮社作導往伯言作伯吉
皆是承志歸排濯蓮社誤與通志同又快作杖約
作共土參作幽嵐均誤土參二字殊不可解然決
非幽嵐也姑從瞿氏又刻琴珉之刻似是刓字

孫仲益題名高一尺六寸廣四尺六寸十行行四字字徑三寸許行書

孫仲益北歸過零陵太守趙君宰置酒于淡山與時
辰李師武王子欽同集紹興甲寅十月廿九日

案右刻見寧陵縣宗志云大書橫巖壁極似海岳湖南通志

于淡省府志均作於澹甲寅爲紹興四年案臨桂
伏波岩有孫仲益題名在此前八日蓋去桂時所
題也未得拓本

董弅題名紹興五年萃編已載

丁卯石刻如此蓋卯之譌王氏竟改作夘

右董令升題名首云青社董令升罷官廣西還過零
陵令升名弅徽猷閣待制逌之子兩世皆有文學令
升以不肯禁程氏學被黜亦南渡人士之卓卓可稱
者而史不爲立傳不知其在廣西何職也末題紹興
乙卯歲三月戊寅依篆體卯即酉字而紹興紀號出
二年間不值乙酉歲當是紹興五年乙卯卯卯篆形
相似摹刻時容有差譌爾攷李心傳繫年要錄紹興
六年弅自起居舍人遷中書舍人兼權禮部侍郎七
年正月以集英殿修撰知衢州五月改提舉江州太
平觀閏十月轉徽猷閣待制知嚴州以殿中侍御史
周葵論劾落職與宮觀廿二年復以徽猷閣待制提
舉台州崇道觀尋落職廿六年以左中大夫知婺州
卅二年提舉洪州玉隆觀引年告老詔復敷文閣待
制復爲言者所論降集英殿修撰然則孝宗隆興乙
酉在令升告老後三年無緣遠官嶺外此題名爲紹
興五年可無疑也據繫年錄紹興五年閏二月有廣

西提點刑獄事董弅名與碑稱罷官廣西相合故定
以爲鐫刻之譌潛研堂金石文跋尾續

董令升題名有云千文真蹟余家所藏嘗刻石鄉里
攷胡仔漁隱叢話云藏真千字文真蹟舊蓄於江南
李氏紙尾有後主錯金書題云懷素僧艸聖戴叔倫
詩云詭形怪石皴合宜誠哉是言其後此真蹟又轉
蓄於董令升家紹興間歸天上矣古泉山館金石文編

又蹟萃編作跡省府志同跡乃俗字不可以作篆
體臧藏本字志作藏亦非

張昭遠等喜雨詩高二尺六寸廣一尺八寸二截俱十四行行字不等下截字較小俱

行書

試將丹懇□青霄還話田疇萬里焦不是湫龍觧興雨
元來滴〻自心苗
禱旱何妨抵死求分明在處有神湫只消一念精誠格
立使風雷布九州
幽谷從來兮外清那堪雨過月華新行將高謝浮名事
卜築巖旁効子真
零陵不雨澹嵓長老思公率寺僧禱於巖中獲應喜
甚賦頌索僕爲和之紹興戊午七月旦日茅山居士
張昭遠書

頌上澹嵓長老 □遠 謹封以上截
熇〻炎威遍野飄流金爍石土山焦精誠不作軒雷轉
孰与人間濟槁苗
救旱無方種〻求老龍誰識隱嵓湫茅山居士興慈願
一叱風雲四□州
衲子相逢競喜忻應期甘雨一番新了知潤物無窮意
秖在維摩此念真
紹興八年戊午零陵夏旱公私百種請求而陽威益
熾也 宮使徽猷一日避暑山□□物焦勞遂運慈
心飯僧持呪禱于嵓中龍王□期而應槁苗再活遂
近忻幸是知精誠感格非偶然矣了思山林野人不
量鄙陋述偈三章以勤稱 慶伏蒙召顧曲垂
光和詞華墨妙豈敢覆藏謹刊崖壁庶傳悠久而了
思之謬偈故無所取抑且鐫于右尾其猶蠅驥之附
也是年中秋日住□□□了思題

右刻通志永志俱失載青霄上似旋字子真之子
又似正字藏謹二字注於右旁當是石泐之後後
人補刊者戊午爲紹興八年張昭遠稱宮使徽猷
疑是謫居於此者

張昭遠衲襖頌 高一尺四寸廣二尺七寸廿行行字不等行書

只遮百破衲襖價直磚礫碼碯假饒天地崩壞其奈長
生不老有時聊用蒙頭萬事樸滅如火有時憑它蔽身
忘却寒暑侵惱日用縱橫莫測俗漢怎生尋討賴有多
口全公不惜眉毛傾倒雖然句句渺麃纖軒知已踏長
安道又被鹿門老作家執筆翻然爲一掃字畫酋勁逼
羲之展開爍爛同日杲知師端是箇中人故將分付君
宜寶
澹嵓思老曩在鹿門燈禪師會下燈公愛其踈財重
義故書全大道衲襖歌遺之比因遊嵓思出燈書相
示索僕爲頌謾作古風以贈焉紹興已未廣溪茅山

居士書
宮使　徽猷張公祠禖頌
住持傳法沙門　慮上石

右刻行書十八行後款二行字近聖教序鹿門燈禪師名法燈字傳照成都人見釋惠洪所撰塔銘茅山居士深於禪悅殆無盡之流其名佚攷　案道古作迺或从酉此竟作酉省書不可通金石萃通志失載永志誤謾爲謬誤了爲永並缺焉字茅山居士即宮使徽猷張公昭遠宗氏以爲無盡之流者未見喜雨一刻耳此刻字體涉山野氣宗氏謂近聖教非所敢知也

張浘詩 高四尺四寸五分廣四尺八行行八字字徑四寸許行書又小字二行正書橫額題徽猷張公留題澹巖八字字長徑四寸四五分篆書

偷閑切欲訪巖扃恍若桃源洞裏春平世自無憂國
事徘徊愁見避秦人 昔周處士避地巖中 天然一穴透融光廣潤
能容萬頃篁繅念塵寰苦炎熱人人付與一襟凉
紹興十五年十月□日門生右修職郎永州
零陵縣令主管學事勸農公事李發立石
右朝奉郎直徽猷閣權發遣永州軍州事
張浘書

右張浘詩刻省府志俱失載張浘知永州省府志列端平年趙希桝之後李發令零陵列慶元年彭從虎之後均誤李發吉水人

趙士圖妻曹氏誥詞 高四尺一寸廣二尺四寸四周花紋分三截上截橫列誥詞二字徑四寸上及左右俱花紋中截高一尺一寸五分廿行行十字字徑八九分正書下截一尺一寸六分小正書字徑五分

勑衛共伯之婦猶有取於柏舟辟司徒之妻亦或封之
石窌矧茲懿德屬在近支義既著於有家恩豈均於從
爵從義郎不悳母左監門衛大將軍士圖妻曹氏承芳
后族嬀德宗盟流離兵革之餘確守閨門之操事姑盡

其孝道賴爾安全愛子教以義方使之奮立是皆有古
女師之風□可以爲今宗婦之表儀嘉賢嗣之肖家□
□□之□□□□郡遂開湯沐之封□□□□貢
笄珈之服往承□□□淑□□特封□□郡夫人卷
勑如右□到□行
紹興二十七年四月二十四日

淡山岩中舊刻宋末宗室貞婦紀事駢文首四句云衛共姜之婦曾見美於柏舟辟司徒之妻亦獲封於石窌高懷祺介亭少時曾手搨其文介亭之弟爲余追逝惜忘其姓氏及後見介亭爲周之駿室節婦李

氏請旌首聯卽用此四語也湘僑聞見偶記

右趙士圃妻曹氏誥詞寄刻澹岩通志失採永志據湘僑聞見偶記以爲宋末人誤矣猶有取作曾見美或封之作獲封於亦誤石作碑形上圓下方分三截上截橫列誥詞二篆字中截勑下截剝蝕已甚約廿餘行行約十八字徑五分許可辨者寥寥數字竟無一句成讀不能錄矣當令工人再洗拓之或可得其大概也趙不㥃時爲永州通判故鐫於此案史不㥃字仁仲曾祖宗暉父士圃北遷遂拜集慶軍節度使史又云不㥃方七歲每思慕

泣涕既長力學母曹氏問之對曰君父讐未報非敢志富貴也登進士調金華丞治豪何汝翼編配他州邑人慴服法當超秩請回授其母故事止封令人高宗嘉其志特封郡夫人此刻誥詞卽其事也史又云除不㥃永州通判損民輸米倍收之數辨靖州冤獄數百人人德之繪像以祠是不㥃在湘亦卓有政績有賢母必有賢子信然也其後擢開州轉夔州運判改成都路已而攝制司大破吐蕃超授右監門衛大將軍惠州防禦使知大宗正事進明州觀察使招慶軍承宣使卒贈開府儀同三司封崇國公不㥃爲太宗五世孫故云近支其稱后族者葢是仁宗后曹氏之族至所謂流離兵革者靖康之難士圃北走也

呂行中題名 高一尺四寸廣二寸四行行三十字字徑四分正書

右

判府左史狀元王公題名

英遊滕跡與山谷先生相望而燕徽自有此山以來不

知有此一段奇否行中得以職從遊挂名左方以託不

腐非幸歟右從□郎零陵縣令呂行中謹書

右刻小真書四行爲陳梅所題名所掩乃惡僧彌昌

所磨賸者此後尚有小真書僅賸張錢數字餘盡磨去王宣子題名尚存紹興巳三字依稀可辨葢亦小真書也行中良吏不腐固宜獨不爲宣子留方尺地乎金石審

右呂行中題名石本有殘泐處據永志補注於旁呂行中字聖與東平人紹興廿九年任零陵令王佐爲之建種愛堂楊誠齋爲之撰記有云呂行中東平人宰零陵民有扞格而險健者諭以禍福使皤然從義租賦之非常者悉蠲除之是良吏也其後內召誠齋復以詩送之判府左史狀元王公者

即佐也時知永州軍事永志云王宣子題名尚存紹興已三字此本失拓

黃彪禱晴題名 高三尺九寸廣一尺二寸五分四行行十三字行書左行

郡守黃彪禱晴于順成侯廟祀事畢天宇廓然因至澹巖觀二父遺刻感歎久之時乾道已丑十一月二日男倓裓濰榮犖樕鎣繼來

右刻行書四行案柳昭昭畢若卿題名禱雨零陵王楊英甫題名祠零陵王益公愿題名祀靈顯曹季明題名祀靈顯應惠侯而此又作祀順成侯或云所祀乃龍神亦聞即唐刺史昌圖之祠所舉四朝封號有

異同耳未知孰是也 金石審

右刻通志失載文云觀二父遺刻者一指山谷詩一指宣和壬寅謏詩題刻也江西通志黃霦字彪甫臨川人慎於用刑子犖官至大府卿孫塄知肇慶府已丑爲乾道五年

黃概題名 高二尺廣一尺三行行七八字字徑一寸七八分正書

武夷黃概器之乾道九年四月隨侍父以計事行郡來游

右刻在劉薑題名之右文云隨侍父以計事行郡則其父當官湖南提刑者而通志職官孝宗朝姓黃者只有黃洧爲轉運判官黃衡爲提舉常平俱非提刑案朱子撰黃洧墓志有被旨按行諸郡入舂陵界云云疑即其人惟洧爲建甯人與所稱武夷不合又高宗朝有黃彥平爲湖南提點刑獄未知孰是

潘時等題名 高三尺七寸二分廣二尺三寸三分行行存八字字徑四寸七分分書

金華潘時開封王寅缺下王遵蘭溪邵夢祥同缺下湻熙乙巳春三月下缺下

右刻通志永志俱失載潘時字德鄜由提舉荆湖北路常平茶鹽改南路提點刑獄後知廣州復知

潭州安撫湖南嘗平反誣盜梁晚四宛見朱子所撰墓志王遵以湻熙九年判永州載永志官表乙巳爲湻熙十二年

滕瑱題名 高二尺廣一尺一寸二行行五字字徑三寸許行書

楚村拙逸滕瑱伯眞父

通志永志俱失載通志職官滕瑱於孝宗朝令平江光宗朝令宜章又宜章有滕瑱觀稼和仲權詩鐫於野石巖厓上係紹熙二年所作此刻不著年月姑附於光宗末

張釜詩 高二尺廣四尺四寸三分十七行行十字字徑二寸分書

丹楊張釜以使事經從零陵同郡太守徐栴主管僊
都觀□燧来逆釜借用山谷先生韻紹熙壬子中秌
廿有八日

澹巖類古隱君子一見可洗千刼塵清曠信出世間境
經行如畫圖中人幽泉涓涓不硋堅靈草苒苒非関春
題詩因循□逆子冷眼閲盡惟肩珉
真僊窟宅圶人境應有鸞鶴乘雲驅物舉瓶見訝三島
堅豚遠来從九疑有石可礪食檗齒有泉可濯凝塵衣
清逆未足鷄報午一尊會合人生希

八分書十七行詩字俱秀勁鉗愁平子當是道士名
號也攷宋史張綱傳綱潤州丹陽人紹興二十年參
知政事以資政殿學士致仕卒諡文定汪應辰論駁
之孫釜再請特諡章簡樓攻媿外制集廣西運判張
釜直祕閣知廣州制云紹興舊弼之孫以家學登世
科湖湘明欽散之宜廣右謹將輸之要蓋釜先提舉
湖南常平調廣西此云使事殆倉政也綱傳末附載
釜慶元間爲諫官力排道學諸賢累官至簽書樞密
院事則其人華而不實者矣金石審
通志失載官志亦漏徐栴名永志所載多誤經從
零陵脫從字燧誤作煫來逆誤作平子且爲之說

曰鉗愁平子當是道士名號謬矣僧誤作借經行
如畫誤作遊行如置幽誤作山硋堅誤作礙墜真
僊窟宅脫窟宅二字堅豚誤作墜豚鷄作雞壬子
爲紹熙三年

洪彥華詩 高一尺三寸廣一尺九寸五分十七行行十四五字字徑六分行書左行

淡巖紀遊　嚴陵洪彥華炳

聞說淡巖天下稀乘閑得得叩巖扉中虛上透真奇觀
□□□□□悟機　右一
朝陽巖自次山顯鈷鉧潭由子厚彰山水得人名始重
不元不柳□逢黃　右二
辟秦人去幾千年介右于今尚塊然指广載魚行播□
爭如流水亦稱賢　右三
暗巖別是洞中天石臼石棊仍石田因言巖扃知命戒
貪□□□復言旋　右四
老僧持鉢傍山門古寺蕭然一味清骨相山林非富貴
不應曾有訓狐鳴　右五
紹熙甲寅重九前二日住山祖傳立石

詩七律五首正書十七行已爲景定甲子文子璋刻
詩其上故字蹟不完不能全錄湖南通志校補
右刻五首左行字爲文子璋詩所拓讀竟不能成篇

惜哉（金石審）

右洪彥華詩書刻俱劣省府志均未載詩通志以爲七律并脫晒字永志改叔晒二字爲題字尤非甲寅爲紹熙五年洪彥華又見王俊題名署銜教官後甯宗朝知武岡軍見真西山薦及牀樓攻媿外制集

徐𡺳題名（萃編已錄）

右刻正書四行先零陵以洪叔謂曹洪叔誤列熙甯王司寇誤置嘉祐辛丑之後不知何見今始得而正之（金石審）

通志沿萃編之誤亦列嘉祐宜改正焉叔晒洪彥華字見前永志列王俊題名後從之徐𡺳宜黃人淳熙二年詹騤榜進士

俞澂詩（高五尺八寸廣三尺四寸九行行十五字字徑三寸許行書）

吳興俞澂子清以職事行郡至零陵訪澹巖解后莆田翁點沂伯金華蔣用之子先少憩觀覽因賦此詩慶元三年四月二十有一日

傳聞此地稀來爲細搜奇眩眼珠泉滴撞頭玉乳垂虛明天廣大重疊石參差坐久衣襟潤聲齲笑語隨幽深多慳巧高下復委迤歷覽徵君跡難酬太史詩自然千古意形詠愧蕪詞

右行書九行學朱巨川告身而頗放過之不入書格案樓鑰外制集俞澂知常德府誥詞有云有公廉之操得溫厚之稱則其賢可知此云行郡則此時必已遷憲副使矣（金石審）

右俞澂詩通志失載永志復委迤誤作複透迤徵君誤作仙君案俞澂知常德府在光宗朝其遷擢志不及詳蔣用之時爲永州推官志不詳里貫據此知爲金華人翁點當亦官於永者而省府志俱不載

淡岳二篆字（字長四尺三寸廣三尺二寸篆書旁款各一行行字不一字徑二寸五分許行書）

淡岳

慶元巳未重陽永州通判徐大節篆（此右款）

零陵令王淮上石（此左款）

澹山巖洞門外上鐫篆書淡岩二大字長丈許旁題慶元巳未重陽日通判永州徐大節書邑令王淮刊（古泉山館金石文編）

永志載此重陽下多日字脫永州二字節下脫篆字淮下作刊字蓋以瞿氏跋語爲碑文而又脫永

州二字也兩家均未見拓本已未爲慶元五年徐
大節通志誤作推官王淮見朝陽柳岩題刻

徐蕃題名高一尺一寸九分廣七寸二分五行行九字字徑寸許正書

歷陽徐蕃宜伯貳郡舂陵被　詔檄之長沙道由淡巖
艤舟登覽勝槩而去時嘉泰癸亥五月十有一日　□
寺僧致瑄上石此七字較小

右正書五行題刻皆劣金石審

右徐蕃題名通志失載永志鈌勝槩二字寺僧上
尙有一字亦失空一格徐蕃名省府志官表俱不
載宗氏既見此刻不據以補入官表何也

孫介宗題名高一尺八寸廣一尺四寸八行行字不等行書

晉陵孫介宗光裔來守舂陵之明年引年休官得請還
家淡巖知名尙矣艤舟縱遊一覽勝槩遂欲忘歸男君
陳孫繼曾睎曾象曾憲曾侍行嘉泰甲子正月三日
□門住山致瑄立石此行小字

行書八行極似平原鹿脯帖金石審

通志失載孫介宗常州人甯宗朝知道州見通志
永志官表云嘉泰二年任與此正合甲子爲嘉泰
四年永志載此勝槩誤作勝景并脫立石一行

佚名詩高一尺二寸廣九寸五分七行行字不等又立石款一行行書

□□比遊淡巖因成一詩敢用拜
呈右
行盡瀟湘山復山挐舟来扣淡巖關幽深雖與塵寰隔
空闊猶容俗駕攀是處名山有巖竇莫如此地最寬閑
真人仙去知何在陳迹空亟警世頑嵓有許真君石床修道處極高峻
　住山　　聱立石

右行書八行字數參差用筆山野似方外人所爲金石審

通志失載知何在永志知誤作如注內修道二字
誤作坐此刻無年月人名亦佚立石者爲致瑄與

前刻同郎系於此

臧辛伯詩殘刻廣二尺四寸高不計八行行存五字末行八字字徑二寸許正書

嘉定甲戌□□下缺六字十六字以□□下缺六字辛伯書侍行
下缺元柳撥奇□□下缺六字詩傳眼看巖□下六字明却有天
涵□下缺六字藤穿壁鏁晴下缺七字古望斷飛鴻夕照邊

此刻正書八行行十二字其下半截爲咸湻乙丑王
亞夫等磨刻題名故文不全其姓名并不可攷後五
行七律詩一首也古泉山館金石文編

右刻行書八行其文半爲王亞夫磨去可惜案省志
官表有甯宗時通判永州臧辛伯殆即此人也金石審

右刻正書永志誤作行書十六字三字誤刊在小注內巖通志誤作峯淄郎淄字省府志均誤作滔永志并作滔滔大誤此字與下句藤字爲對也晴永志誤作暗夕照二字省府志均缺通志并缺邊字甲戌爲嘉定七年

易祓詞高二尺三寸廣二尺上截十五行行十字至十八字不等字徑寸許行書下截十三行行十六字徑五分正書

祓奉陪

判府

府判諸丈爲淡巖之游回視融之仙巖全之確巖

殆相長雄使祓向不以罪斥則安知天下有此清勝謹以小詞紀其實祓皇恐再拜

自古清勝地江帶與山篸夸娥擘此石鏬不獨嶺之南初見仙巖弟一再見確巖弟二今見淡巖三邱壑皆有分品弟不須談　望前驅陪後乘破晴嵐出城一舍而近峭壁與天參不使塵埃涴脚忽覺煙雲對面鶴馭可同驂杖屨從歸去此樂湘潭上以上截

晉羊叔子嘗登峴山言詠終日慨然興自有宇宙便有此山之嘆中郎鄒湛謂公聞望必與此山俱傳是知山川顯晦有時因人而重仙確二巖以侍讀直院尚書易公發揮枍啦眺之餘遂增融全之勝零陵淡巖元柳搜奇未之見也黃太史足跡一到詩句流人間而天下稱之名始著今茲星履經從訪古歌以水調大書同遊以壯泉石太史聲名相爲輝映豈偶然耶暐董獲陪杖屨敬鑱之翠珉以爲巖洞之光云嘉定丙子夏六月下澣朝請郎權知永州軍州事沈暐跋奉議郎權通判永州軍州事呂昭亮書以上下截

右刻通志永志俱失載易祓見浯溪詩跋沈暐以嘉定九年知永州呂昭亮以嘉定八年判永州見

永志丙子爲嘉定九年也沈暐沈千之曾孫即刻元祐黨籍碑於融縣者彼刻云嘉定辛未八月既望朝奉郎權知融州軍州兼管內勸農事古霅沈暐在此前五年蓋由融州量移永州者呂昭亮呂頤浩之孫嘗刻高宗手札係嘉定十四年刻其署銜云朝散郎行司農寺丞當即由永判內擢者

留鈞詩嘉定十年萃編已錄

徉徜誤作徜徉

案右刻係行書字徑二寸餘骨氣雄强用筆似山谷金石審

永志亦作徜徉行郡省府志均誤作行部

呂昭亮跋高廣不計存廿二行行十字字徑四分正書

前闕□□□山之名□天下要自天地開闢而巖竇奇觀已出諸神剜鬼琢之巧疑非因人而□也□浯溪石崖天齊之名必俟元次山刻題而顯繼得山谷老人題詠而重是不亦因人而名耶若永州淡巖之名何以異於是□□□□深窈明潔奇偉始發輝於山谷天下稀之句至是

綸使郎中先生留公又以篇章之妙翰墨之工光賁洞究繇此知茲巖勝槩因山谷題品於前而名始彰復因

我

公題品於後而名益揚何其幸歟用是□敬以

公之詩刻之石為巖扁重云嘉定戊寅二月初吉□議郎權通判永州軍州□州事呂巽謹書

右小真書二十一行名用并書法幾不可辨景定劉錫八分書蓋其上幸未磨去猶可見也留郎中當指留筠昭遠後知武岡軍見省志官表金石審

右刻為劉錫題名所掩寰宇訪碑錄載劉錫題名云舊有嘉定戊寅呂□正書劉書即刻其上此即是也戊寅為嘉定十年萃編亦載劉錫題名則見此拓本矣而不及是刻未免疏漏至通志之失載或未見拓本耳永志載此闕譌甚多石本可見者廿二行前似尚有一行而誤作廿一行出諸神剜鬼琢脫諸字缺琢字琢字尚可辨也疑非因人而□也而□誤作之力□浯溪石崖天齊之名此峿臺銘中語崖誤作輿且以浯溪上所闕之字次於浯溪之下必俟元次山必誤作以俟字亦隱約可辨不亦因人而名耶缺亦因名耶四字何以異於是缺異字并誤是為山深窈明潔奇偉缺潔奇二字并誤窈為甯至是缺至字公題品於後脫於後

二字其幸上志作不審之似何字敬上似是昭亮二字姑從其闕嘉定上脫云字初吉誤作之吉議上所缺當是奉字軍州下志作攝而均無一筆存矣呂君之名志作昭遠審之似是昭亮以易倘書詩跋證之其為昭亮可無疑也呂昭亮刻留筠詩而并刻此跋知留筠詩作於丁丑而實刻於戊寅永志標題云呂昭遠題名亦未得實文明云以公之詩刻於石宗氏豈未全讀邪

王枅題名高一尺七寸廣四寸二行行十字字徑寸餘正書

通守王枅仲方攜家來遊嘉定己卯三月二十六日

右刻行書二行在輩辨叔題名之右金石萃編
通志失載石刻正書頗有唐人筆意宗氏誤以爲
行書
董與幾詩高一尺八寸廣一尺三寸七行行十一十二字不等字徑八九分行書
厥初誰剖混沌殼光明僅透天一握龍門鑿斷工有餘
劉劃巉巘開灑落我来沆碭千厓高涵雨萬丈聲蕭騷
巖上風煙巖下水曉尋丹竈夜漁舠
嘉定十二年重九日鄱陽董與幾書同游開封斛
述
右刻通志永志均失載永志官表董與幾知道州
嘉定十一年任通志職官并漏其名斛姓見姓氏
急就篇北齊有斛子慎又宋有斛繼善紹興間判
汀州事見萬姓統譜
住山僧某題名高一尺四寸廣一尺六行行字不等行書
乙酉季冬来尸兹山越明年秋有同道寶呂普濟上座
相過數月禪宴之餘徜徉□斯無或少厭時寶慶丙戌
冬
住山不錄下
右刻通志永志均失載
高惟月詞七行行十六字字徑二寸四五分正書萃編已錄

巖扃不鎖筭空洞深窈是誰初鑿帝遣六丁持月斧亂
把雲根鑱劇駭目奇觀恍如崩㟎洶湧從天落謫僊何
處翠珉佳句如昨　惆悵白首重遊多情還似與青
山有約且對清尊醻勝賞休想舞衣歌樂景物依然頭
顱如許何事嗟漂泊翩翩歸興故山無限林壑
是刻當是寶慶丙戌零陵縣宗志載其詞云王秵拓
本未全湖南通志
案此刻石勢微分兩截故拓本每不連接其字則學
東坡而無其魄力者金石萃編
萃編僅錄後款未載其詞據石補之永志錄詞於
款之後亦非又廿九二志均作二十九誤慶元戊
午後廿九年是寶慶二年丁亥也宗氏以爲丙戌
亦誤
盧世甯等題名并袁鎮詩高二尺五寸廣二尺三寸前題名六行行十二十三字字徑一寸四五分中小字五行字徑五分後詩四行行十四字字徑寸許俱正書
聖宋紹定四年辛卯歲九月中旬東陽盧世甯子安偕
永陵袁鎮安之周琊國賓因送住山宋公重領院事再
遊斯嵓遍覽、山谷群公題品徜徉終日塵襟頓清臨
風分袂書此以記歲月
鎮偶得二絶句併

金石補正卷九十六　吳興劉氏希古樓刊

呈
諸丈就煩匠者刻之斯嵒
同志者幸
勿我哂□　鎮呈
誰道靈仙擘石開　右一　天然瓊室與瑤臺
涪翁句裏曾相識　右二　料想煙霞許我來
石門定與玉京連　曾著方壺不老仙
猶有當年丹竈在　空岩寂寂鎖寒煙
右盧世甯題名并袁鎮詩前人未見案古文寳字
見玉篇句裏當是句裏之誤而石刻實是句字案

通志有東陽厲知常德府疑是東陽盧世甯之誤
猶王邦傑官路分而誤以傑路分爲人名也
衛樵等題名高二尺一寸廣一尺八寸七行行八字字徑二寸許正書
紹定壬辰二月既望郡守中呉衛樵山甫通守四明魏
峿居甫偕推官權零陵縣事上饒余銳子允校官王
簡夫以勸農來樵謹書
右刻正書七行似柳誠懸金石審
湖南通志職官魏峿誤作琚余銳誤作鋭
衛樵詩高三尺四寸廣二尺七寸八行行十字字徑二寸五六分正書
欹巖洞谷到曾多無柰冥搜暗索何此處雲穿風月透

短笻渾不待捫蘿　慚愧州家一事無薄游還愛小
蓬壺若憑妙筆丹青寫應勝從來八景圖　紹定癸
已五月既望郡守中呉衛樵山甫題　□門僧住山了
緣立石此行小字
正書八行金石審
通志未錄其文永志漏載立石一行
郭三聘詩紹定六年萃編已錄
未幾三先達幾誤作成
通志亦誤作成吉兆齊確許齊省府志俱誤作齋
唐可大等題名高二尺三寸廣二尺七寸二行行三字字徑六分餘正書

唐可大樂成之
右並刻正書六字大五寸許案後紹定時郭三聘偕
唐可大題名有三十年前重遊之語樂成之疑樂韶
之字此外當尚有同遊姓名計必在開禧初年也金石
審
右刻無年月在文起傳詩之上通志未載永志列
開禧初今附紹定六年郭三聘詩之後以唐可大
名見於前刻也案楚紀樂韶字成之零陵人穎悟
絶人讀書五行俱下十歲能屬文弱冠登第授桃
源尉宗氏謂成之爲樂韶之字可謂億中矣楚紀

又云唐容零陵人與唐麟樂韶共學人稱三傑舉進士爲豐城令尋知邕州疑可大即唐容之字未審能億中否

王淦題名 嘉熙二年二月十七日 萃編已錄

中書 中作中 囦衢 衢作道

案王淦字淵道臨海人秦國公之望孫也紹興五年以恩補官魏了翁薦知衡陽縣多善政見浙江通志題名稱字曰囦衢囦古文淵衢古文道姓名與字俱合似即一人惟據金石萃編以卻塵爲號則王淦當爲湖北之襄陽人並非浙江之臨海人又紹興五年至嘉熙二年相距百餘年時代亦不合豈浙江通志所載有誤或另是一人歟 古泉山館金石文編

案此卻塵囦道與習隱聖鄰皆一人上下書兩號當是祖貫襄陽南渡居浙者浙志紹興必紹熙之譌自當爲一人也淦好用古字而陽字從易則說文所非然漢韓勑碑兩用之不得謂無本矣 金石審

中書之中省府志所載亦然案兩浙金石志載有丞州通判王淦墓志在臨海南鄉白巖寺其略云公諱淦字囦道姓王氏曾祖綱通判徽州贈少傅祖之望資政殿大學士贈太師秦國公諡敏肅考鉌敏肅公第五子也繇監牧遷總餉歷官直祕閣太府卿公以紹熙五年郊霈恩補官後以舉主及格改知衡陽縣政聲既著輿誦攸歸適丞□闕倅遂以公奏辟驥足方展遽得疾而卒實嘉熙丁酉六月十日也據此知浙志紹興確係紹熙之譌瞿氏疑爲別一人者非也此題名正在判丞之時不數月而卒矣其自題襄陽者兩浙金石志跋引洪銙軒云嘉定赤城志王之望襄陽人字瞻叔紹興初寓臨海宗氏謂祖貫襄陽南渡居浙者不誤矣其自題卻塵者墓志又云質次坦蕩自號卻塵暇日飲酒舒暢吟詠聯篇有卻塵集數卷是囦道爲初字卻塵爲後來自號也省府志不載其爲衡陽縣丞州通判可補之墓志載其衡陽政蹟有平反枉獄及平高垓峒寇等事宜於名宦中立傳焉

張□之跋曾宏正詩 高一尺二寸五分廣二尺四寸廿五行行十六字字徑五分餘又監工人名一行正書

巖以淡名郡志謂古有不鹽食老人處其下稱淡氏因以名巖茫昧難信至云秦人周正實辟世之地理或有之意其欲深絕人世□塵故名淡耳山谷題詩云去城廿五里近天與隔盡俗子塵巖雖奇初無聲色臭味可

以娛悅人耳目鼻□故俗子罕到俗子安足計自秦以
來千數百年中間元次山柳子厚搜抉佳山水幾徧而
此巖獨不及其淡可知得山谷□言始顯然竟坐去哉
相追郡雖當舟車往來通道士大夫非酷耆幽趣者鮮
肯輟程訪焉今　都運□□曾公先生以湘臺易節
八桂道經□□□□轡赫奕之秋乃肯解轡淹辰訪□
□於俗子罕到之地可□與世俗異好矣古之高人勝
士聞見固有不齊然皆山林之味勝於市朝故吐爲文
詞發爲事業拔出□俗遠甚昧　公兩詩清幽閑雅淡
□不華與巖相似持是以廉一道其能激濁揚清獎靜

銷躁化□俗而古之無疑矣山川以人重　公江西八
先朝　忠節公子　忠節慶元間以學禁去嘉定
更化累詔不就天下高之　公風節是似所以重此巖
者不獨以詩也淳祐壬寅良月既望門生從事郎知永
州零陵縣主管勸農公事兼弓手寨兵軍正張□之謹
跋
住持僧仁□監工　毛倘刊
右張□之跋曾宏正詩前人未見張令名似是中
之而省府志職官均不載姑從其闕曾公不詳其
名以湘臺易節八桂及江西八先朝忠節公子一

語攷之知爲宏正也忠節者三聘之謚宏正之父
也宏正以湖南提刑調廣西運使此其入桂時經
過所題詩也詩已爲明人劉養仕全行磨去矣間
有一二筆蹤乃是篆文甚可惜也宏正又有浯溪
詩刻即是年季秋所題此刻在十月計是年當抵
桂林其曾孫天驥跋水月洞詞刻云癸卯調廣西
運使微有舛錯瞿氏浯溪詩跋因謂二年壬寅正
官湖南提刑逾年去任則誤矣又案跋內有忠節
慶元間以學禁去云則史傳所未及傳云侂胄指
爲趙汝愚腹心坐追兩官與祠與所云以學禁去

者不符傳又云尋差知郴州提點廣西湖北刑獄
皆辭不赴跋所稱累詔不就者即此
趙與泳詩高一尺三寸廣四尺四寸廿三行行七字字徑寸餘正書間步行筆
玲瓏巖竅高倚空霧靄山巔氣鬱葱征途倍喜憩美蔭
石室况乃來清風屈曲兩門最虛敞不斤不斧誰施工
眼高城郭喧囂外詩在煙雲縹渺中我來情思良不惡
盡洗朱墨塵埃胷惜哉距城稍遼邈歸鞭未着心冲冲
天開地闢此巖峒山谷品題名始穹安能廣作萬間屋
震凌風雨皆帡幪
麥秋劭農隨侍郡侯杖屨獲遂潛巖一遊浪吟古句

聊誌歲月湻祐乙已八月下澣郡佐趙與泳題　住山元秀上石（此六字徑五分）

右刻行書二十二行其文如憩上從甘蔭下從長髯中從頁忡忡作冲冲皆俗誤也（金石審）

右趙與泳詩通志失載永志不斤誤作天斤又缺上石六字并誤以廿三行為廿二行其餘筆畫微譌可勿計也趙與泳永州通判湻祐二年任宗氏跋其羣玉山詩云宋宗室表有與詠此從水旁必史文誤也乙已為湻祐五年麥秋劭農何以在八月竢再考

高不傳題名（高二尺廣二尺五寸十行行十一字字徑一寸五分許正書）

蒙城高不儔壽鄉湻八戊冬領春陵郡湻十戌春丙祠得俞季秋望後三日道經澹嵒艤舟岸下登山入洞瞭然一鏡歷覽奇觀以快瞶瞶方而豁然涪翁所謂淡巖天下稀之句昔聞而今見之亦自謂無負此行時領學生彥準館人合沙林擨羅夢協偕到乃慧明主人元秀為之領袖云

高不傳案府志表乃湻祐時通守湻八想是湻祐之八年戊乃歲字之譌十戌當是十歲（零陵縣宗志）

案前高不儔作蔡西山祠記乃湻祐九年則此湻八戊戌字當是戊字之譌蓋謂湻祐八年戊申也下云湻十戌者則謂湻祐十年庚戌也宋末人往往有此等語惟上記天干下記地支似更無謂宗志謂皆歲字之誤疏矣（湖南通志）

案湻八下果係戊字自係誤刻戊為戌也正書八行（金石審）

右高不傳題名瞿氏未見拓本湻八下戊字之中微有石泐痕與下戌春戌字迥不同宗氏謂湻八下果係戌字殆護乃翁之短也石刻十行宗氏作八行亦疏方而豁然而當讀為如省府志均缺而字高不傳知道州見職官志府志云湻祐八年任舊府志以為通守或係遷轉耳恭帝朝又知桂陽軍

趙立詩（高一尺二寸五分廣三尺七寸廿八行行十字字徑八分行書）

權府帥幹趙公題澹巖

山行

愛殺瀟湘境山行知幾重風輕烁思重雲淡曉陰濃隔水時呼艇緣崖自策笻巖扃聊問訊把酒欠從容

狐飛狐

肆毒山中誇巨蟒聞經巖下化靈狐不知昨夜飛鳴處

曾報谿翁到此無

山谷碑

長記兒童豚下時便聞山谷澹巖詩江湖老矣瀟湘過

始得摩抄石鐫碑

雷神廟

此洞當年本祀雷棟梁見我忽傾摧寺僧爲報山靈說

不用驚疑俗客來

丹爐藥臼

巖中二子已飛僊藥臼丹鑪尙儼然無柰故鄉心正切

未由此地結清緣

石井

酌泉石井喜無涯喜與貪泉隔嶺西況有中秋明夜月

輕舟同載下浯溪

寶祐甲寅秋蔗溪趙立作

住山元秀上石

行書二十八行此刻已據縣志載入今補錄石刻全文案縣志謂其名世作今趙下止一字已漫漶亦不似𡉏字其下有作字乃自署作此詩之作並非其名縣志殊誤湖南通志改補

右行書二十八行用筆洒落其署名一字獨小而帶草舊審作立零陵補志審作世而連下一字爲名細視又似在字今姑仍舊書立字而題但書帥幹以闕所疑金石審

右趙立詩趙下一字省志闕縣志作𡉏非府志作立當不誤廣西伏波岩有其題名係是年閏六月所作此詩云江湖老矣瀟湘過云故鄉心正切云下浯溪盍自桂回家道經永州而題也惜未得伏波岩拓本一證其官職爲馘史傳有趙立徐州人仕高宗朝則別一人也縣志以住山爲姪孫殊謬緣崖之緣通志作經肆毒之肆永志作舞均誤飛

狐上亦是狐字非書寫即刊刻之誤舊縣志作孤固非補志作咏府志作聞皆以意爲之而與諸詩標題殊不一律通志删此一字亦未得實曉陰之陰府志改作光輯詩詞則可錄金石則不可

文有年詩景定三年閏月萃編已錄

住山應遠上石此行失載

陳宗禮詩景定三年萃編已錄

生懌悅缺生字

通志亦缺云零陵宗志骨相下作全懌悅上作符生二字祥案生字不誤全字僅存一捺符字僅存

上半竹頭未可遽定永志又以竹頭之字爲籌云
義同等或皆通傳較符字爲長審金石而出以己
意謬誤必多也緣輕永志誤作緣徑其明驗矣陳
宗禮廣昌人湻祐四年留夢炎榜進士
張達猷并紹珏詩景定四年萃編已錄
中秋中作中簡嚴嚴誤存紹珏珏誤瑤
案王蘭泉載此刻末無山僧紹珏等字珏作瑤詩弟
二句簡嚴作簡存並誤金石審
右張達猷并紹珏詩萃編及省府志均分爲二刻
非也紹珏刻張詩因題此四語使君即指達猷耳

石刻猶字作猶此行書之變體可不具論通志誤
珏爲瑤誤嚴爲存并脫住山一行已於校補內更
正惟門下仍脫一僧字宗氏乃云王氏末無山僧
等字誤矣又埶誤作執末行僧上脫門字誌作志
亦未細審
文起傳詩高九寸廣二尺十一行行五字字徑一寸二分行書
拭目淡嚴景鷺花三月時洞堆鍾乳石林擁梵宮基泉
瑩宜烹茗崖穹好筆詩勝遊情未倦又促解舟維
果山文起傳沂流省 親來覩勝景
右刻行書十一行在唐可大題名下起傳父子璋官

道州佐不知其爲丞爲倅州志佚之矣金石審
右刻不見年月通志失採永志促誤從案萃編載
文子璋詩尾云景定甲子仲冬自道之吉挈家來
遊男起傳道傳侍此刻云沂流省親其時子璋尚
在道州故云沂流也詩有鷺花三月時句蓋在子
璋題刻之前特不審前幾年耳姑從子璋詩附景
定五年
劉錫題名景定五年十一月萃編已錄
侍漁溪友侍作侍
舊有嘉定戊寅呂□正書劉書即刻其上寰宇訪碑錄

侍省府志亦作侍分書七行萃編以爲八行者非
陳梅所詩高一尺廣一尺九寸共五行行九字十字前兩行七字字徑一寸五分又上石一行六字字徑五分正書
陳梅所應角軒伯甲子仲冬初七日
天下人知此一巖霜晴杖屨雅宜閑閬峰儘有堪登覽
猿雀多時望客還 住山彌昌上石
右刻正書五行僧款一行即刻呂行中題名之上本
不著年代因在呂後且咸湻乙丑彌昌立石者計當
爲景定甲子也金石審
右陳梅所等詩永志晴作濤登覽作怡處均誤猿

崔作猿鶴亦與石本不合甲子爲景定五年彌昌見後王亞夫題名

杭一民題名（三行行四字字徑二寸五六分正書帶行筆）

汴杭一民咸湻乙丑清和時來

正書三行其上截有曼卿殘字蓋破磨未盡者（金石審）

右杭一民題名刻職方外郎趙某題名之上其下截多半磨去

王亞夫等題名（高一尺六寸廣二尺五行行五字字徑二寸許又立石一行正書）

襄陽王亞夫資中郭應酉石泉蹇子炎咸湻乙丑夏閏六日同來　住持僧彌昌立石（此行小字）

案石刻上截爲嘉定辛伯殘題名（金石審）

永志缺住持二字并誤日爲月蓋承零陵宗志之譌未見拓本耳乙丑爲咸湻元年夏閏者是年閏五月也王亞夫理宗朝知衡州

趙與舳題名（咸湻五年萃編已錄）

與舳（誤刻作岫）住持僧□泰上石（此行失載）

上石一行省府志均失載泰上似是祁字

趙□□詩（咸湻八年萃編已錄）

淡巖偶成（首行此下失載九月無字）

案金石萃編脫首行淡巖偶成四字又以前俞希孟和盧臧詩題范陽同年示及云云十八字誤綴於此刻九月下今據零陵縣宗志改正（湖南通志）

笋省府志作筍永志於趙下註云似德綸二字今審之僅存一二筆耳

由聖元載題名（高廣各七寸二行行三字字徑二寸許年月一行四字字徑寸餘正書左行）

由聖元載同遊　壬申六月

右由聖等題名在王辟彊詩後四行之上筆意仿蘇王申疑是元祐七年姑附宋末省府志均未載

曹公美等題名（高一尺七寸七分廣七寸五分二行行六字字徑二寸餘年月三行行二字字較小在題名下左行正書）

耒江曹公美許酤老同遊　己卯仲夏望日

右刻正書二行年月書下截作三行（金石審）

右刻在曾孝雍題名之左通志附宋末永志列元符二年未知所據今從瞿氏

晉之等題名（高二尺廣一尺五寸四行行六字行書左行）

己卯仲夏五日晉之睎仲思道農師究道粹甫君宜遊此巖題

右行書四行本不著時代惟農師爲陸佃號攷佃本傳以紹聖初元祐史案斥外由海州移蔡州徽宗立

召還未知何以於元符二年嘗至永州疑史有佚文也金石審

永志列元符二年案姓名相合猶慮别是一人况僅號之偶同又别無他證而遽以列之元符并疑爲史之佚文恐涉武斷惟此刻確是宋人手筆列宋末五日通志作二日永志作一日均誤

宋正一詩高二尺三寸廣一尺三寸六行行字不等字徑一寸五分許行書

祥符朱巨一留題澹山巖

秦曾羽客駐真詮唐有禪翁嗣結緣石寶宏深開洞府天門明顯逗風煙香山聳迹停危壁榁木盤根長絶巔千古靈蹤誰可問御飈瞻想不知還

右刻行書六行漸染米體知其爲宋人筆攷宋史朱昂傳其子以正字爲派行此當爲其族人因録朱或而依類附之金石審

通志未載永志列元豐間不足爲據兹附宋末

萃編卷一百三十載澹山巖題名六十段卷一百三十五載澹山巖詩詞刻二十四段内張子諒徐大方兩刻在朝陽巖誤作淡山又卷一百三十載朱昂等送陳贈赴任詩亦在澹巖共八十三段兹復搜得六十二段加以補正廿二段凡九十四段

此外未得見者尚有李建中詩己佚太宗朝王顧奉御書頌皇祐三年鄒浩詩崇寧間己佚程芾等殘題名年月缺存初一日字王佐題名紹興年己佚覺皇臺三字己佚六段是淡巖宋刻共一百五十一段焉又案永志載楊萬里一詩當時曾否刻石别無攷證宗氏以意增入耳

八瓊室金石補正卷九十六

八瓊室金石補正卷九十七

太倉陸增祥撰　男　繼煇校錄

吳興劉承幹覆校

宋十六

峴山石幢題刻十一段

高六尺六寸四分八面面廣九寸在襄陽羊公祠

襄陽復羊公祠帖十行行六十七字字徑六分正書在弟一面

使帖襄陽縣

准慶歷七年十一月十六日中書劄子襄州奏當州城

南伍里已來有峴山壹所上有古跡碑文數座及有

晉太傅羊祜祠廟此廟□年□□□守□巳□襄

□□□□遶□地土共約伍頃已來先自當州節度

推官□□□□射上件地土充爲己業□年□納稅

錢壹伯文自後□□□□□□□□□□□入□□

□□□□□□□□□□□□斫伐樹木淨盡蕪從

刀口　是州縣顏料將此件山地只出些小稅錢□付

與人並□□闆朝庭及申轉運□指□□□

經理交給□司□□稅錢□□□□□□□□日中

書劄子奉　旨諸處神廟不得擅行毀拆內

係祀典者如有□□□□□□脩□仍令都□□

□□□□□□□皿□□行者□□□□□□□□

□□□□官及於襄陽縣舊書內除落稅錢壹伯文

所有古跡晉太傅羊祜廟係□當州□□□□□□

□□□□□□□□□□□□祀□□□□巳□上

□中□劄子奉　聖旨指揮令襄陽縣再行

□勑屋宇每年春秋依諸廟例破係省錢祭祀准□

□□施行勑□□□□□□八□□上件此山地土

斫伐樹木□□□□□□□□□□□□朝庭特降

勑命指揮今後不許諸色人請□上件地木所

伐樹木所貴遵守施行□□專□□　勑旨內載

聖旨依奏劄付□□准此

右事須帖襄陽縣限帖到如詳中書劄子內　聖

旨指揮□□擾峴山羊公祠廟速此施行勒本城分人

□書□□□切□禁今後不許諸色人等再斫伐□木

仍勑所□疾速採石大字書寫篆刻上件中書劄子壹

本於峴山上安立

□□□年　月　日帖

右襄陽縣帖湖北通志未載全文弟一行六日之

六據驛程記補襄州奏當州五字據池北偶談補

之案羊祜傳云襄陽百姓於峴山祜平生遊憩之

所建碑立廟歲時饗祭是羊公祠實始於晉也厥
後興廢未及深攷此因規復祠廟地土奏奉准行
給付使帖并勑刻石是時爲慶厤七年奏請者蓋
郎王洙觀後詩刻可知焉碑云上有古跡碑文數
座攷其時墮淚碑已三易石矣他如胡顯周訪桓
宣諸碑之在峴山者或亦猶在

王洙等峴山詩 刻幢六面面五截共二十九截截十一行行十二字字徑五分正書

峴山詩

尚書工部員外郎直龍圖閣知襄州事王洙 此十七字一行

襄陽南出大路弃小山曰峴名特尊山形卑廧不峻極
屹若巨首臨江瀆大山半宮不成霍絶水闕左非爲疊
阻巔顯扆戴危石箕踵曼衍羅芳蓀漢流長鶩滇其旦
東望瀰迤皆平原槎頭下鬭罟罶俫蔡洲近眺田園蕃
何物兹山匪秀出得使今古聞聽喧自昔羊公好登覽
山名直 右第二面第一截 爲賢者存庶門望楚鎮區境鳳林冠
蓋 延山樊丹巖翠壁互幽勝日月虧蔽煙嵐七公胡遺
彼而樂此談者未始聊詮論吾謂聖遠意超豁高覽便
欲周乾坤孔登泰山小天下阮升廣武歎豎昏會稽探
宂禹書出之眾望海雲濤翻此中風景亦虛遠極目見

盡江山源東吳未平勞機策置酒嘯詠紓勤煩歎顧潤
甫恤躬後俄將百歲游精魂對公 右第三面第一截 感德與山
永正惟湛輩如公言今茲去公僅千載凜然英氣猶軒
軒我來追古一長息舊迹廢毀成悲吞民豪占山童其
木嘉植不得容本根利取樵蘇積稛豢豨之陶旅供燒
燔羊公無廟忽不祀但縱淫鬼歆牲蘗中亭有碑郎墮
淚至今觀者懷仁恩於民何誅不足問非民忘德由官
惰下教里邑復祠宇序之祭典躋之元思仁愛樹恭所
茇禁 右第四面第一截 上樵伐修墻垣且欲王命得守固騰言
狀事馳

九關果聞
天子蒙報可金石款刻垂後昆使民永念古遺愛最爾
風化常丕敵

此行係范詩標題

此行係范仲淹銜名

休哉羊叔子輔晉功勳大化行江漢間恩被疆埸外中
國倚而安治爲天下最開府多英僚置 右第五面第一截 酒每
高會徘徊臨峴首興言何悽慨此山自古有游者千萬
輩湮滅皆無聞空悲歲月邁公乎仁澤深風采獨不昧
於今墮淚碑觀之益感戴卓有王原叔文學偉當代一

麾守襄陽高懷極恬退山姿列雲端江響拂天籟行樂
何逍遥覽古忽感槩不見叔子祠蕪没民疇內千金贖
故基廟貌重營繪襄人復其祀水旱有攸賴太守一興
善比戶皆右第六面第一截歡快源丱政可歌又留千載愛

奉同襄州龍圖學士復峴山詩

端明殿學士兼翰林侍讀學士尚書禮部侍郎充
集賢殿脩撰知河陽事李淑此三十字亦一行

峴山如闕襄廬南鉅平蹕賞留愛談官邪俗淪祭不屋
君來懷古茵弭慙孤峯嶔嶇漢之曲雲梁月阜萬螺矗
輕裘四眺風物佳賓客文章歡意促酒酣慨涕邀靈期

金碑揭然民哭遺斧薪芾翦召棠樹蕭鼓相傳欒社祠
使君籍在華光省秩縻諏新刻右第七面第一截章請篆楹爲
采神宴娭比故鑱堅詩播永我嘗學史稱君伐又感先
賢祀無歆德名信與蒼崖俱曠費紛紛煨壞滅

覽襄陽王龍閣及通判廷平峴山詩因成一絶

給事中知蔡州事吳育

羊公千載得清吟芳迹雖遙契昔心更與峴山爲故事
凜然風格照來今

□□峴山羊公新祠感□右第二面第二截

尚書屯田員外郎知光化軍事李宗易此行十五字

丱子祠荒歲已深異時賢守重登臨峴山岑寂瞻風槩
漢水靈長想德音奉
詔始聞新締葺有知那復歎湮沉又刊翠琰留南夏先
後功名照古今

奉同襄州龍圖復峴山詩

提點河東刑獄尚書祠部員外郎張去或此行十六
字

漢江千里清溶溶惟此南夏莫其中因山爲城恃險固
一國形右第三面第二截勝何高雄巋然巨首名曰峴囬疊面
勢尊且崇東扼迅流疑引翼西跱郡阜如盤龍嶔巘峻

拔不可擬絶岸高丈淩長空下闞澄潭廻無際旁睨比
屋幾可封天意造物豈虛設扶鑽鎖楚舒隆隆日昔登
憩且非一此山振動惟羊公有志平吳遂祕畧渴心衛
管推元功綴懷遠邇人所服開懇田疇時以豐慨然置
酒迴清曠中郎幕府賢而通語公右第四面第一截令望高四
海名與斯山永無窮自是綿綿歷歲久闕碑墮淚存遺
跡亭祠浸壞詎可究山歸民籍木以薪前知興衰故有
日覽者嘆憤追無從龍圖王公守茲土修舉廢墜詰初
終感物思人但長息刻章疾置開
四聰

聖宸動色可其請玆山復興氣象融耽耽大厦揭亭宇
肅肅真像嚴祠官遂使靈光享血食禁右第五面第二截樵復
祀浴恪恭大抵有功及民物盛德期與天地充今之視
古皆一致休哉千載懷清風
奉同下缺
太常博士孫抗
天下名山數南國峴首首推襄漢域前年假節使湖外
道出鋼隄一攀陟檀溪西下煙雨繁夢澤南迴雲霧織
絕壁頹巖畫障開陽林雜藹天光遍飄然不滅京臺樂
城闕菹歌野耕植借問右第六面第二截人心誰見思雲來遠

庇羊公德乃知仁愛與山俱奚用沉碑銜金刻退詢耆
舊訪祠宇遲拜丹青紀聰直佛藍神館鬱相望獨此森
褒遺盱飾欒公燕國戚藩佐朱邑桐鄉嗇夫職居民立
社中詒嘉撫舊勸來區淑慝指期還臺首章奏立使閽
宮骨血食半塗得郡旋治中迴睇鳳林空太息仙耶作
鎮未春月起廢補亡罄心力几予所欲塵下空右第七面第二截
壯聰文符一一條其極庚桑畏壘既禋薦魯國靈光亦
頌路由晉至今更幾秋牟畫千旟熊伏軾但矜忄文□
形勝誰祀賢人思物色公當左□乃□□只□徊翔預
倫□漢波半遠山巍然共仰羊王譽充□

奉同前
太子府率致仕李康伯
賢哉西晉鉅平侯刻碑立祠在荆州州民萬家見之者
揜面泣右第二面第三截獨雙淚下逮今綿歷幾百祀峴山巍
然臨漢水碑銘祠廢榛莽中蕭蕭只有悲風起內閣深
沈侍從臣赤帷皁蓋來行春盤盤拂碑復祠貌一朝舊
遊盡如新山光葱蒨水清冽天長地久無時別古人今
人空茫茫惟是功名不能滅
奉同前
著作郎范微之

南□會要地山水控雄壯峨峨右第三面第三截峙峴首農緑
壘千嶂群峯相迎邐頎□厠□□漢流紀東麓汪汪攵
□漲原隰錯綺組雲□纖纖續景物革四時眺聽增萬
狀羊公昔鎮撫平吳啓霸王經國有餘裕□□此登訪
表表□形勢歲□□□□□□□□□□□□□□□
□□□□□□□□□□□□□□□□□□□□推□
□□□□□□□□□□□□□□□□□□□□□
□右第四面第三截□□□□□□□□□□□□□□□□
□□□□□□□□□□□□□□□□□□□□□
□□□□□□□□□姓□□□□□□□王□□悲

□各□□□□□□坐□□□□所□□□□□□□□
名□所□□□□□□□□□□□□□□□
此行係韋詩之標題
大理寺丞韋不伐
羊公民愛深原叔復善政緝𠜂右第五面第三截流聲詩才德
交輝映
此行係賈詩之標題
將作監丞通判襄州事賈黯
古郡襄水陽峯山繞郛郭其間峴首者羊公最所樂登
臨見州落氣象真磅礴公乎既已沒高碑此鐫鑿廟食

有遺像當時盛丹臒到今僅千載碑廟皆頹落喬木荒
榛閒廟址存依約碑倒石麗易文字免缺錯我侯至之
初亭廟告新作爲詩道其意風右第六面第三截化思所託侯
慕羊公心仁政及物博將見襄陽治與古相侔若

奉同舅氏襄州龍圖復峴山詩
大理評事通判蔡州事劉敞
道攸寄先覺神契無近知彼美羊公意今在峴山詩陵
谷非一變榮名獨至茲當時偶然語且與來者期慷慨
歔悲歌崔嵬構叢祠懷哉千歲後慰此江漢思公亦蹈
前人方爲下空

帝王師奮筆成不朽何翅中右第七面第三截亭碑
同襄陽龍圖峴山詩
河陽節度推官裴昱
襄陽有佳山名著無如峴嘗休賢達足我獨愧未踐君
侯把麾符政暇與不淩命車極登臨旌旆隨谷轉心思
羊鉅平息樹宜勿翦于今載清風整整如冠冕高碑本
墮淚兩漬空苔蘚廟祠委榛蕪奚勸千載善馳章動
天聽盡以功烈件果聞下空右第二面第四截
帝曰俞恢宗明祭典哦詩序其事筆鋭犀可剸景無一
髮遺粲若丹青展乃知覽觀時非止在遊衍聲氣異代

同美從江漢顯
峴山祠成作詩紀事
滄州觀察推官馬雲
漢水舒舒山崇崇茗然峴首忝清雄南方強吳恃割據
選命儒將登元戎太康已來千餘載荊州遺愛思羊公
江山襟帶号形勝藉此因成輔晉功公謂高賢右第三面第四
截事迹異視之閑暇無忽忽捌知當日登臨意景物亦
與今朝同新就峯巔作亭舍面勢豁若凌煙虹蒼雲
物茔不盡浩蕩古意深何窮盤回小逕至釣石山下臨水有巨石曰釣臺
俯瞰凝碧相連通□□□□□□□□叢篁森木林蓊鬱又從其下與

祠宮□□□□□□□□□迅湍急瀨鳴溚溚濃嵐翠靄霏濛濛晦晴
氣象隨變易朝昏萬狀殊初終閱老分符二千石旗竿
刻隼車畫熊管內右弟四面弟四截民租絕逋負里社歌舞歡
年豐府門晝扃宮事退時引賓佐嬉其中崖條嶺蔓雜
丹白㵎花滿眼羅青紅磴道邐迤陟縈屈飄若巾履騰
秋空豈獨游觀樂閑燕圖樹佳政希下空
前風經由粗得究本末強顔模寫愧非工音辭鄙俚雌
一唱下詞寒苦無怡融

奉同前

守宜城縣令連庠　右弟五面弟四截

大江西來遶重城猶如叢花疋練縈左山右阜若開避
曾是峴首當頭橫江湍衝山山不動滔滔雪浪東南傾
憒然巨勢壓漢境萬楚不得專雄名四時美景千百狀
登臨可以攄襟靈近麓採藍秋水深幽巖團續春葩明
寒林蕭踈四面合夏木延袤長川青危巔碑墊龜螭蟄
陰崖檜老蛟龍形俯瞰洲島相向背風恬江面羅紋生
魚舠數百集其右弟六面弟四截下皆然來往一葉輕波底崢
嶸沉翠影樓頭鳧鴈斂霜翎天然嘉致信可尚直是丹
青寫不成叔子當年樂山水每來置酒空墟累賢達勝
士共愛此謂此風景魁南荆荆人被化思不已立祠山

椒供祭牲爾來綿亘幾千歲瓦飛棟撓誰經營守臣罕
肯著脚到遂至古廟屬兼并非惮鳩工繕完葺誠知仁
政難繼聲帝眷襄陽琛重鎮宜從內閣擇右弟七面弟四截名
卿明公之來百歲悦壺漿竹馬相歡迎政成公休屢登
覽山前車騎長晶熒僚空寓目看不足詩豪佚發輸精
誠乃教僚屬復祠宇仍從嶺上新虛亭成時遊憩備言
詠荆人愛之猶鉅平羊公之政公之化異時一致當同
評兩賢繼美何以況山之永兮江之清

奉同前

均州鄖鄉縣尉黃通　右弟二面弟五截

仙翁移守明年春□書小子中自論□嗟羊公不血食
乃表乞廟于山樊因復爲山湀風咏辭氣浩浩涵胚渾
又不束弃賤且鄙似欲瓴甋聯璵璠捧詩郍能測涯岸
但覺俗骨銷沉昏師丈之命重違辟手摩空腹強忍言
召伯聽訟棠樹下後人思伯樹不殘羊公遊處峴山首
遂人見山即沈淵或者怪之輒致詰厥□何惠施元元
荅云賢者豈徒右弟三面弟五截龠其事雖遠迹可根昔者郍
鄢鼎既□三姓竊出窺中原野鬼狂神盜社稷渴龍飢
虎搖乾坤于是生物乃何物虵豕口吻恣吐吞丁黃郍
復顧邦土荒城白晝啼幽冤□石未安晉已奔晉□將

至漢之蹟公來有意補膏血痡重黯首輕兒孫朝問疾
苦歷萬室莫復逋逃開四門衆化以衔公以道人伏以
感公以恩□□□時用□□使民□戴如右弟四面弟五截□
□不然楚山盡奇秀豈特懐□□□村山舊有亭亭有
碑碑前□見墮淚痕獨使庭堅忽不祀可□今古多朱
轓仙翁下車郡郎治旋日鞭馬城南犇踟躕山頭念往
事言不輕發心暗捫吾州祠宇數十百何功何惠牲牢
飧而令公作若敖鬼嗟我庸敢誇雄藩
玉書尋許□祀典庶令賢者終天存士民歡关□□詔
□□日右弟五面弟五截□新宮垣梁國入吴毁淫祠𥘉伯子

胥方獨尊南陽守嗟祠子陵制東薄俗漸巳敵仙翁還
作妹子廟漢南又開風教源誠令身在名滅者放目仰
視慙英魂鳳林古景絶無盡未筭水木蕭蘭蓀山前遊
騎試思否此山不直供罍樽右弟六面弟五截
羊太傅祠內石幢一枚刻宋慶厤七年十一月六日
中書劄子及尚書工部員外郎直龍圖閣知襄州事
王洙原叔重建羊侯祠廟詩和者范文正公端明殿
學士兼翰林侍讀學士尚書禮部侍郎充集賢殿修
撰知河陽軍事李淑尚書屯田員外郎知光化軍事
李宗易提點河東路刑獄尚書祠部員外郎張去惑

太常博士孫抗大理寺丞韋不伐給事中知蔡州事
吴育太子府率致仕李康伯大理評事通判蔡州事
劉敞匠作監通判襄州事賈黯河陽節度推官裴昱
滄州觀察推官馬雲均州鄖鄉縣尉黃通守宜城縣
令連庠蜀道驛程記
所刻諸詩自驛程記所錄十五人外尚有著作佐郎
范微之凡十六人池北偶談謂詩可辨者三首王洙吴育李宗易
而萬厤襄陽志僅載十首王洙范仲淹劉敞賈黯裴昱連庠張去惑李康伯馬雲韋不伐康
熙志僅載六首王洙范仲淹劉敞賈黯裴昱連庠乾

隆志亦祇載十二首王洙范仲淹吴育李宗易張去惑李康伯韋不伐賈黯劉敞裴昱馬雲連庠今攷李
淑詩字畫完好孫抗詩缺十二字黃通詩缺二十五
字亦皆可讀惟范微之詩僅存七十五字其文爲不
具耳湖北通志湖北金石存佚考
右峴山詩刻三百四十四行存二千四百五字王
洙復峴山羊祠作詩紀事李淑等和之刻於石幢
起弟二面分截橫列周轉回繞面各五截訖七面
四截而止凡廿九截不著書人名亦不見年月湖
北通志云王洙宋城人仁宗時知襄州案史附其

從子堯臣傳云應天府虞城人則志作宋城者誤也石刻結銜與傳合據傳洙坐蘇舜欽累黜知濠州徙襄州又徙亳州入除史館檢討更修撰遷知制誥攷仁宗紀皇祐元年詳定大樂知制誥王洙言舊樂宫小而商大云云是皇祐元年洙已入知制誥矣詩作於復祠之後復祠帖頒於慶麻七年十一月計此詩之刻當在八年之春或與使帖同時上石惟幢之弟八面刻皇祐五年張遵等題名刻此詩時何以空此一面豈刻於皇祐五年後邪然作詩之時實在未改皇祐之前和詩者有范文

正文正殁於皇祐四年是詩作於張遵題名之前確然無疑作詩者凡十六人王洙字原叔石刻亦或作源原源通用李淑字獻臣徐州豐人附其父若谷傳石刻結銜與史合惟史云改給事中出知鄭州徙河陽而此不系給事中爲異其系以端明殿學士等銜者于慎行揮塵錄所謂以京朝官銜出知非外吏也與前王洙系銜及後李宗易吳育劉敞等銜同例吳育待問子史附充傳字春卿建州浦城人景祐元年由大理寺丞登制科見仁宗紀慶麻五年拜右諫議大夫樞密副使轉參知政事未幾出知許與蔡州此云知蔡州事正與史合惟傳不載其爲給事中則史之漏也賈黯慶麻六年進士見仁宗紀史有傳字直儒鄧州穰人初除將作監丞通判襄州今石已剝泐通志引驛程記所載誤將爲匠并脫丞字據傳改之至黯知襄州則在此後矣劉敞字原父新喻人慶麻間兄弟同舉進士通判蔡州尋遷集賢院判考功而不載其爲大理評事亦史之漏也連庠舜賓子字元禮安州應山人史附其兄庶傳寥寥數語僅云庠亦登科敏於政事號良吏終都官郎中而已其累歷官位所勿詳

耳湖北通志載職官甚略諸人姓名多不見者其錄此詩未按款式今石多殘蝕尋繹再三依次編錄據志補詩字據驛程記補銜名范徵之詩自表□形勢以下志亦闕如仍計格綴圖并審出十一字目力既竭拓亦不精實不能再辨矣志載不無闕譌王洙詩卑隮之隮作墮从土非爲疊爲作其屓作贔屭踵踵作踸蔡洲作州詮卽詮字誤作診意超豁意作竟歎顧潤甫歎作數范仲淹詩卓有王原叔原作源忽感槩作思感慨李淑詩官邪俗倫倫作論纂樞曷采曷作寓曠貴貴作首李宗

易詩南夏作南紀孫抗詩退諭者舊退作追畤飾作粉飾戚藩作戚藩筲作榮于旟作千旗公當下缺左字預倫□缺倫字共仰羊王缺共字李康伯詩赤帷帷作惟懃作勤范微之詩峴首作漢首雲□纖纖纖缺雲字又缺歲月推姓王悲各坐所名所十一字劉敞詩曰與来者期曰作正慰此江漢思此作彼裴昱詩盡以功烈件缺盡字馬雲詩忝清雄缺忝字選命作選令森木缺木字連庠詩嘉致作佳致直是作只是眾重鎮眾作曰江之清江作永黃通詩明年作前年強忍言忍作亦邦土作

邦本用上缺時字犇作奔言不輕發缺言字士民歡关□□詔关作放并缺詔字□□日□新宮垣缺日字方獨尊方作古瀏作漸放目作收目又驛程記張去惑銜名內河東下多一路字玆悉據石正之

張遵等題名 字徑一寸七分正書刻第八面上截 萃編已錄

永興軍牒後有張遵銜名云邠州觀察使駐泊馬步軍副都部署兼管句屯駐本城就糧兵馬公事在前此十九年當即其人萃編卷一百三十四載此及下截孫頎等題名云未詳是何碑側蓋僅見此一面也癸巳爲皇祐五年

劉元瑜等題名 六行行十三四五字字徑寸正書刻第七面峴山詩之下兩截

天章閣待制知郡事劉元瑜新保州倅虞部郎中路綸郡倅比部外郎朱适都巡檢崇班王世艮長林令何异穀城令張唐英襄陽尉李旭同遊峴山置酒賦詩嘉祐六年辛丑十月四日竹山令權襄陽縣安宗奭奉命書

劉元瑜有傳云河南人除三司監鎮副使以天章閣待制知潭州又知隨州改信襄二州元瑜又有祈真巖題名云天章閣待制新知襄州劉元瑜君玉云云在此刻之前一年其字君玉史所不載路

綸見其父路振傳云錄其子綸奉禮郎蓋以門蔭初除之職而累歷遷擢俱所弗備見此題名知其曾倅保州及虞部郎中矣又重修仙鶴觀記碑末有路綸銜名云禮部員外郎知河南府緱氏縣事上輕車都尉賜緋魚袋則在此前十一年朱适名見焉京傳張唐英字次功羅郡新津人史附其弟商英傳但言擢殿中侍御史而不及其爲穀城令湖北通志載其政績云縣圃歲畦蔬貸種與民還其陳復配取息銓曹指爲富縣唐英至空其圃植千株椰作栁亭其中聞者咨羡蓋矯矯自好者錄

以風世

孫頎等題名 字徑寸正書刻張遵題名下 萃編已錄

孫頎字景脩長沙人成象之長子咸平間進士官至太常少卿自號拙翁英宗時知桂陽監嘗爲拙翁銘刻於鹿頭山脊劉摯忠肅集有和其闕鹿頭山詩苗時中宿州人史有傳載其爲廣西運副而不及湘南可據以補史之闕湖南通志職官神宗朝失載其名亦當据補唐義問江陵人史附其父唐介傳擢湖南轉運判官此但云運判而不系以何地者因上有湖南字而統之也傳云字士宣而

石刻云君益與傳不符

黃堯允等題名 六行行八字字徑七分正書刻弟二面弟六截

黃堯允元之提刑湖南石璘子文奉使襄廣胡宗回純夫別於峴山之亭元豐庚申仲冬癸巳

宗回謹令男義脩題

胡宗回字醇夫常州晉陵人史附其從父宿傳紹聖初知隨州蘄州此刻尚在前也湖南通志職官不載黃堯允當據補於神宗朝庚申爲元豐三年

賀君儀等飲餞題名 五行行八字弟三行七字字徑八分正書刻弟四面弟六截之右

右中

畢長進代歸賀君儀趙德麟李汝益馬浚植童君序魏道輔周共叔同餞紹聖丁丑二月三日

丁丑是紹聖四年

岑巖起等飲餞題名 六行行五字六字不等字徑二寸許正書左行刻弟五面弟六截後兩行刻弟四面弟六截之左

郡太守岑巖起飲餞前熈帥鍾弱翁于此吳周臣趙德麟魏道輔李方叔俱至 元符元年六月十日

岑巖起名象求梓州人終寶文閣待制入黨籍全蜀藝文志載其遊定林院詩趙德麟名令畤太祖次子燕王德昭元孫元祐中簽書潁州公事坐與

蘇軾交通罰金入黨籍紹興初襲封安定郡王同知行在大宗正事薨贈開府儀同三司皆見宋詩紀事鍾弱翁名傳樂平人以集賢殿修撰知熙州以所奏乖異褫職崇甯中復起知河中府見史傳

吳周卿等題名 六行行六字字徑一寸五分正書左行刻弟六面弟六截

吳周卿趙德麟趙君度謝公定魏道輔魏承老同來庚辰二月六日

趙德麟魏道輔屢見於此幢庚辰當是元符三年

范準夫等題名 四行行七字字徑一寸四五分年月二行字徑八九分正書雜行筆左行刻弟三面弟六截

范準夫淞樧覆撿襄陽邂逅李子昂蔡昌期同宿鹿門
別院次早再登
崇甯壬午仲春初三日
壬午爲崇甯元年
王厚之等題名四行行字不等字徑五分正書刻第六面第五截峴山詩後
淯熙乙巳臨川王厚之順伯被
命措置鄁傳至襄陽孟冬二日還轅
朐山高仲一永嘉劉義山中山閻□英餞別于峴首天
字清肅北望中原慨然久之
乙巳是淯熙十二年

題名自皇祐癸巳至淯熙乙巳凡九則相去一百三
十三年蓋先後上石者古人立碑不必盡刊於此可
見湖北通志湖北金石存佚考
羊公祠有石幢一枚凡八面高六尺每面闊九寸有
蓋有座一面直書下第一行刻使帖襄陽縣第二行
淮慶麻七年十一月六日中書劄子襄州奏當州城
南五里有峴山一所上有古祠案石刻作跡碑又案石刻作及
有晉太傅巳下俱磨滅僅存聖旨字末行上存帖到
速採石大字書刻上件其六面界作六層上作五層
刻詩下一層題名又一面大書題名　宋人餞飲題
名甚多題名者張唐英趙德麟魏道輔岑巖起李方
叔凡七則大者方員徑寸小者殺其半字畫端勁非
俗書也湖北通志引王士禎池北偶談
右題名九段萃編只載其二餘未之見也間有磨
泐據湖北通志補之其有可攷證者分載於各段
之後池北偶談以爲七則殆未細審之耳

太平宮碑陰

拓本每行上缺三字見高六尺五寸八分廣三尺二分上截文十五行行三十字字徑七分另署一行下截諸人姓名十三行參差不一另立石人名一行俱正書在盩厔

鄉貢進士□□□□上

金石補正卷九十七　三　吳興劉氏希古樓刊

□□□□□或由於達士□□下泐十五格□□□□□
□□□□淨界以棲真故下爲杜純題名所撿計十四格□□□□□
□□□□賢伯昌仲令謨□下爲杜純題名所撿計十四格□□□□碩
忠□心□□□育德奉　上峭夙公之節積中窮觀
妙之筌昔在□□□□文之□□今來　仙境惜建
石之不存乃重勒於奇蹤遂再刊於此後一行全泐□□□
□□□□□宛在復樹於終南山下五郡城道院之
中貿資下空此後一行全泐下刻陳和叔等題名□□□□宜令太平宮都
監悟真大師張公□常加照管無使毀傷期共保於□
□□□□於下爲石夷吾等題名所撿□□□□道多幽□人亦瑰

琦□稱車監市之官羽服脩真之首前資仙尉釋□□
□□□舉公□□篤士或以□纓之後或以隱士之流
皆擅美於一時宣□□□□□□□□□□具在碑陰仍
俾□□□斐文紀兹
低十五格 □厤八年七月一日謹記
上闕 史泐討七寸五分 尉□□□開國侯食邑一千三百戶趙
泐
右上截
上清太平宫書 泐下
□住□□□□簡　進士楊 泐下

進士吕　中維　鄧貢進士　巠□張□　進士張 泐下
商於隱逸吳杲　太室高士吳唐　天台山人張 泐下
前永壽尉張存　前進士傅其□　前隴州判官許□
左班殿直前永興軍監清酒務李 泐下
以上在碑右刻蘇子瞻題名之前
順天興國觀主賜紫道士姜　善信
延生觀主賜紫道士劉□□
資聖宫主凝真大師賜紫道士許 泐下
上清太平宫副宫主沖秘大師賜紫道士張 泐下
上清太平宫主專管勾真宗神御殿兼管勾太宗神御
殿凝和大師賜紫道士劉 泐下
上清太平宫都監專管勾太宗神御殿兼管勾真宗神
御殿悟真大師賜紫道士張 泐下
三班借緋監□平真□ 泐下
散人連峯張全安
橘枝楊　霧　刻　并衆仝立石
以上在碑左方末行字特大 右下截
附 題名十一段
蘇子瞻等題名 上三行行四字字徑二寸餘正書左行下四行行字不等字徑八九分行書在碑中間陳和叔題名之下

蘇軾子瞻　章惇子厚同游
章子厚自長安來終南會軾西還岐下因同遊南山軾
三年連三至此然與子厚遊其樂如始至也甲辰正月
十一日趙郡蘇軾子瞻題
陳和叔等題名 三行字不等字徑八分行書左行在碑上截中間
河南陳和叔涑川司馬伯康金城趙立之同遊　彥古
彥貞彥成預　熙甯二年十二月二十二日題
張景先詩 八行行十字字徑六分正書在碑右方之下
五郡懷古
南北與東西相逢似有期一言生義氣四海作連枝列

郡友紅錦全家茹紫芝孤懷本無閒惆悵不同時
元祐丙寅九月二十有六日太平宮主張景先題太
平宮道士寶清□刊
丙寅爲元祐元年
薛紹彭等題名四行行五字字徑八分正書左行在蘇子瞻題名之左
薛紹彭道祖弟嗣昌允宗丁卯重陽後一日侍親游
丁卯當是元祐二年
杜純等題名四行行十四字字徑八分正書
元祐五年正月廿六日轉運使杜純率盩厔令唐嘉問
前陝州從事梅愔太平宮主張景先同謁五郡

老子度關之像男開侍行
李備等題名三行行五字字徑寸餘年月二行雙行小注俱左行正書在碑右方蘇子瞻題
名前
李備馮泳張保源同謁　老君元祐辛未正月二日
辛未爲元祐六年
石夷吾等題名一行廿一字字徑寸許正書在碑上截十行十一行之間
石夷吾許端卿自樓觀至此崇甯二年十二月廿八日
蒲澈等題名一行十九字字徑寸許年月一行在右十一字字徑七分正書在碑左極邊
蒲澈洪子著王易寶潤王恕蒲慶隆王坦明同遊
政和元年十二月廿五日題

蒲庭淵等題名一行十三字字徑一寸五分正書在碑右極邊
蒲庭淵白君戉同來政和二年春
白聖美題名四字字徑一寸四分在李備等題名老君二字之上
白聖美遊
陳道朝等題名上四字字徑一寸餘下人名兩行各三字字徑七分正書在碑右蒲庭淵
等題名下
焚修弟子陳道朝梁道倉
右太平宮碑陰在盩厔疑是度關銘碑陰上截刻
文下截刻諸人姓名參差不等文多漫滅就所見
者錄之文云令来仙境惜建石之不存又有重勒

再刊及復樹於終南山下五郡城道院之中等語
是碑在宋時已重刻矣紀年上一字已泐當是慶
厤八年文後銜名一行當是宮斯土者文內有宜
令太平宮都監云云似上聞於朝之詞又有或以
□纓之後或以隱士之流等語蓋郎指下截所列
諸人而言題名有稱順天興國觀主者順天興國
觀郎樓觀唐之宗聖宮也端拱元年改名其石刻
牒文至今尙在有稱延生觀主者慶唐宮延生觀
也有建隆初敕文石刻至上清太平宮有太平興
國五年碑一通王氏已引玉海證之具詳跋語其

云真宗神御殿太宗神御殿者具見宋史禮志太平宫碑所謂二聖繼明運隆二聖也下截題名有前永壽尉張存者攷宋史有張存傳冀州人初爲安肅軍判官終於禮部尚書未嘗爲永壽尉當別是一人後來題名十一段凡廿九人案蘇文忠年譜嘉祐六年辛丑年二十六授大理評事鳳翔府簽判七年壬寅官於鳳翔詩集載壬寅二月有詔令郡吏分往屬縣減決囚禁自十三日受命出府至寶雞虢郿盩厔四縣即畢事因朝謁太平宫又書上清詞自記云嘉祐八年冬軾佐鳳翔幕以事

至上清太平宫禮謁真君據此則題名所稱之甲辰當是治平元年章楶傳載其與蘇文公遊南山一事此云同游南山蓋即是時事也其草堂寺題名云楶自長安率司馬君旦安君師孟至終南謁蘇君軾因與蘇游樓觀五郡延生大秦仙游與此均合又此題名另有一刻文無稍異惟行款不同當在樓觀陳和叔名繹開封人神宗立爲陝西轉運副使其華岳題名云熙甯二年九月守彰化十一月移本路轉運副使制置解鹽使此題名在二年十二月正初任運副之時彼題云應體用科彥

古進士彥恭彥成侍行此題有彥貞而無彥恭或未侍遊或即彥貞改名司馬伯康名旦温公之兄嘗監鳳翔太平宫薛紹彭史附見其父向傳但云有翰墨才耳字曰道祖與米元章書史合其書樓觀詩結銜稱承事郎勾當上清太平宫兼兵馬監押時在元祐元年此紀丁卯而無建元當是元祐二年不詳官位當與彼同王弇州稾稱其累官修撰知梓州當在此後嗣昌史附向傳云崇甯中歷熙河運判梓州陝西運副此在其前不書官位或尚未仕史稱薛向爲河中萬泉人而紹彭華岳題

名自署曰樂安嗣昌艸堂寺詩自署曰京兆與史不符嗣昌字亢宗史所未詳與草堂寺題名同又題名末云侍親游攷薛向以元豐元年同知樞密院事後斥知潁州改隨州卒年六十六元祐中錄其言誠恭敏則當元祐初年不應尚在秦中殆已致仕邪杜純字孝錫濮州甄城人其爲陝西轉運使見於本傳華岳石門均有其題名純之子開建炎間殉於陝州見趙叔憑傳唐嘉問疑是唐淑問唐義問之昆弟張保源字澄之見艸堂寺題名後此一年石夷吾許端卿有樓觀題名年月日與此

相同故云自樓觀至此樓觀在盩厔縣東南三十
里太平宮在縣東三十里相距甚邇也竇淵字深
甫亦見艸堂寺題名前此三年彼題名內有蒲瀅
名此刻有蒲澈當是瀅兄弟行

烏石山題刻十六段在侯官

師秉等題名高七尺七寸廣五尺三寸四行行五字字徑一尺一寸正書

師秉仲瑕藏之縚先蒙伯庚寅仲春十日遊烏石山

蔣之奇等題名高四尺九寸廣三尺四寸三行行七字字徑七寸正書

熙甯辛亥六月晦蔣之奇穎叔張徽伯常登烏石絕頂

南澗寺王勝題記高二尺六寸五分廣二尺二寸七行行九字字徑二寸五分行書

弟子王勝與室中陳六娘同發心各爲所生父母捨財
入南澗寺架廬一造蕉栽松竹永爲林藻所冀微勳願
延景福宋元豐乙丑歲季冬十四日　謹題

福州社壇銘序高七尺二寸廣存五尺八寸前三行下截及後半均失拓存九行行十一字字徑五寸正書

或問社奚銘予失拓五字敬如不祭社稷失拓五字爲民祈報而
政失拓五字茲土視其壇地汙且隘不足以行禮迺廣而新
之壇壝器宇靡不用備敢不以告于後之人於是勒銘
于壇之東南烏石山之頂前爲亭曰致養以其當州之
坤焉柯通仲容後失拓

魏稼孫錫曾云下截爲夷牆所掩不可拓銘詞別
爲一段署元祐六年三月今亦圖入夷房

參知政事孟庾等題名高五尺四寸廣三尺九寸八行行十五字字徑二寸五分正書

叅知政事孟庾宣撫閩部按視城守回遡　嗣濮王仲
湜資政殿大學士李綱龍圖閣直學士許份顯謨閣待
制王仲薿監察御史福建撫諭胡世將集英殿修撰知
福州事程邁前右正言鄧肅叅議官尚書屯部員外郎
李易機宜朝散郎胡紡幹辦公事直祕閣馬咸承議郎
鄭士彥會于烏石山之長樂臺瑞雲菴紹興壬子正月

二十一日

潘正夫題名高五尺廣三尺七寸十行行十四字字徑三寸餘正書

靖康之間金人犯闕□□□北□□建炎　中興　天
子受命　吳國長公主始至睢陽明年春淮甸蕩滌□
向南避於錢塘　車駕幸建康還復入　覲繼適江表
會胡騎犇至循□水走湘湖瀕南海而達閩川館于福
唐之神光囯登烏石山觀李陽冰篆乃得古人之遺意
越五日而赴　行在□男長卿粹卿端卿溫卿侍
紹興二年仲春十三日河南潘正夫題

昭武黃□詩高二尺七寸廣二尺八寸八行詩四行行十字餘不一字徑二寸五分正書

烏石山詩
□□□□石硉突倚山顛□□□羊伏漫漫萬馬聯何
年□□□終古□桑田□□□□□仙□允傳
紹興丁丑中秋月五日□□□昭武黃□□□□□
游題

趙子直朱子題名高四尺八寸廣四尺四行行四字字徑九寸正書
趙子直朱仲晦淳熙癸卯仲冬丙子同登

朱子石室題字高三尺廣三尺六寸二行行二字字徑尺許款二小字正書
石室清隱　晦翁
右刻在烏石山麓無年月附前題名之後

鄧漢卿等題名高二尺廣一尺五寸四行行七字字徑二寸二分正書
盱川鄧漢卿須城張孝則古鄮豐象之紹熙改元上巳
後三日来游

郡丞詹乂民題記高五尺二寸廣四尺十四行行十六字字徑二寸五分正書
嘉定甲申夏四月郡丞桐江詹乂民敬以目上瀞之暇
登平遠臺陟石樽山訪九仙遺蹟出通僊門得支逕至
禊遊堂觀南湖入甯越門上烏石山憩于道山亭于旹
積雨初霽氣象清明四山環抱如列屏障而是亭左右
大石特立巨木交蔭悠然遠覽南臺江中風帆浪舶歷
ミ可數前則田疇廣衍後則屋舍參差登臨之勝景物
之繁軒豁呈露不待披剔而盡見之已而夕陽西墜雲
煙杳靄恍覺身在蓬瀛間充然若有得也然視事已八
閱月始克到此汩沒更塵寸步千里未知再游復在何
日薄莫而歸徘徊甚久摩挲石下刻以誌之兒子容子
好敏侍行

項顒等題名高六尺廣八尺九行行七字字徑八寸正書
端平二年四月五日延津項顒邪城張蘊靜海姚琪天
台趙汝孖永嘉范昌世建安游孝嚴四明夏興邦金華
趙希衖會稽唐慶遠怡山鄭逢年同登烏石山

趙希衮題名高六尺八寸廣四尺二寸五行行十字字徑八寸分書

淳祐丁未良月望後九日止泓趙希衮偕客楊焕鄭杲
之陳杢挺趙孟仰来遊子與諫與譁侍佳山紹瀞
魏稼孫云衮疑即裕字省志山志均作衮誤

趙希瀞等題名高四尺二寸廣二尺四寸五行行十三字字徑三寸許又書人名半行較小分書
淳祐十年九月柯山趙希瀞邵莆趙時願林發桂衢徐
士廉督浚河之役凡八百三十丈旬日竣事會兩司屬
檢觀焉是日風高氣清太守宴而衆賓從回識道山亭
之石
□事□循文敬書

陳湆祖等題名 高七尺八寸廣四尺八寸十行行十七字字徑四寸許正書

咸湆三季春正月十有二日 下空 繡衣使者永嘉陳湆祖
唯道會渊東之仕于福唐者序拜道山永嘉陳懋欽竟
俞金華唐燦潛父四明趙若惠君錫永嘉黃禹錫元功
三衢徐汝乙伯東留夢發彥和金華呂守之摯善永嘉
林鏜夫聲遠方標艮材天台徐栝□之永嘉丁一鳳景
陽朱士可起予陳于崇居廣張公輔艮弼林潭㭍源括
蒼劉夢龍夔父會稽董回孫景淵永嘉蔡申顯伯 下空 連
帥九江吳公以饋至

霹靂巖題牓 高五尺廣二尺一行三字字徑尺許正書

霹靂巖

無年月亦無書人名

八瓊室金石補正卷九十七終

八瓊室金石補正卷九十八

太倉陸增祥撰　男　繼煇校錄
吳興劉承幹覆校

宋十七

嵩陽宮石柱題刻廿二段

拓本二紙一高七尺九寸上寬二尺八寸五分下寬三尺二寸一高七尺三寸上寬一尺六寸六分下寬一尺八寸俱正書在登封

侍禁上官士衡等題名 三行行字不一字徑一寸左行

侍禁上官士衡□□□郎張甫進士□□皇祐二年三月廿六日遊此

陳知損題名 三行行字未詳字徑一寸左行

皇祐辛卯七月十八日潁川陳知損陪 缺 侍禁上官士衡縣 缺 遊天封觀

蘇舜元題名 一行六字字徑三寸許左行 題款二行行六字字徑寸許

蘇舜元才翁題 皇祐癸巳孟春國之河南府也

趙士宏等題名 三行行九字字徑寸許左行

趙士宏朱壽臣舒昭□王慎微同遊皇祐六年仲春晦日公嗣題

錢袞等題名 二行行十二字字徑三寸餘左行

錢袞去私張惟次公同遊嘉祐己亥七月十九日黃通

夅夫書

陳知雄等題名二行行十一字字徑寸許左行

陳知雄宋□之抗正辟同遊嘉祐壬寅□仲冬初六日

也

陳守柔再題名二行行七八字字徑寸許另一行字較小

潁川陳守柔再遊嘉祐癸卯六月二日　成之失約

邢恕題名三行行五六字字徑二寸餘左行

熙甯己酉歲春二月六日來觀邢恕和叔題

子由等題名四行行字不一字徑寸許左行

余與子由攷試西洛進士畢同遊二室諸寺最後過天

封精思觀道子畫遂行熙甯五年九月十日也

嵩陽石刻集記謂非子瞻當是王平甫輩所題鈐濤館金石記

祖無擇等題名二行行字不一字徑一寸

□陽祖無擇上谷寇仲武遊

熙甯癸丑孟春二日

焦通寇題名二行行七八字字徑七分左行

焦通寇博雅熙甯癸丑二月廿六日題

陳知儉等題名三行行八字字徑二寸左行

癸丑歲清明後一日陳知儉率馬申王壽同遊天封觀

蘇注題

東端卿等題名二行行五字字徑一寸又紀年二行行六字字徑五分左行

攸上東端卿淮西祁闢之

元豐戊午五月廿六日同遊

李孝稱題名二行行七字字徑一寸左行

濮陽李孝稱來游崇甯癸未五月記

監臨安茶稅張克家等題名二行行字不一字徑七分左行

新監臨安茶稅張克家□妻兄樊少偓□游崇甯三年

季春十有一日

文及甫題名三行行六七字字徑二寸許左行

文及甫挈家游崇甯三年三月十□日觀退之題吳畫

此刻下方有子美二字附記於此

夏聖求等題名二行行五字字徑八分又紀年一行字徑四分左行

夏聖求李季明袁偁夫遊　大觀丁亥四月六日

唐通叟等題名三行行十字字徑一寸三分左行

政和改元仲春唐通叟拉李勉之自中頂過精思天封

唐□鎬侍

邢儔題名五行行八字字徑寸許左行

原武邢儔朝謁

神霄像能過天封得先公題字壁間不勝穚慕三川王

堯夫同遊宣和癸卯八月朔

宗傑宗韓題名二行行存六字字徑二寸餘左行

缺宗傑宗韓甲辰缺初四日過此

何㮚題名三行行字不齊字徑寸餘左行

蜀郡何㮚宣和七年三月二十三日

項城丞馬雲夫題名三行行七八字字徑寸許

後五十三年獲觀先人朝奉題柱項城縣丞馬雲夫謹書

首題云後五十三年疑是熙甯癸丑陳知儉題名內馬申之子是年爲靖康元年筠清館金石記

考邑志金石錄載宋人題名二十條刻石柱於嵩陽書院去漢柏數武道光三十年吳廉訪式芬購搨遍索不得時珽忝主講席中秋夜與諸生遊憩漢柏旁土中微露石棱因掘得之柱石已斷字亦殘缺咸豐二年海鹽朱公燮元宰是邑見而珍焉重立於講堂右特誌其緣起云項城靳栗珽記并書咸豐二年三月廿九日石尾右刻

筠清館所載尚有張起同題名熙甯癸丑仲春廿四日想是道光初柱未斷折時搨本而宗傑宗韓一條却未之載何也文及甫題記上方尚有一則存二字惟段字明顯或即張起同所刻

南海廟韓碑陰題名四段

祖無擇題名高二尺三寸廣三尺四寸七行行七字字徑三寸餘正書在碑上方

皇祐二年孟秋庚寅偕陸仲息子強丁寶臣元珎李徽之休甫王逢會之劉蕆子上謁

廣利王夕宿廟下祖無擇擇之記

彈琴道士何可從鑄字僧宗淨同行

宋史祖無擇嘗爲提點廣東刑獄廣東轉運使故嶺南多擇之題名而此刻尤爲完好丁寶臣晉陵人皇

祐初以太常博士知端州見王介甫所撰墓志王逢當塗人嘗爲南雄州軍事判官見宋史文苑傳潛研堂跋尾

向宗道題名高一尺八寸廣二尺一寸六行行五字字徑三寸許正書在前刻下

宗道從事於廣并今三拜祠下熙甯壬子三月權發遣轉運使公事向宗道題

前後有明人題名各一段

程公禱雨記高一尺二寸四分廣二尺一寸八分十六行行九字字徑寸餘正書在額陰

熙甯歲次癸丑十二月丙申距甲寅六月辛未府帥諫議程公凡四謁南海廣利昭順王盖將天子之命求雨

於神而兩禱兩謝之獲應頗異前太守有一至廟下已
二十餘年而後寐寀無傳今
公戾止何其偉歟亦足爲霊宮一時之盛事賁邦八百
年之美談也時獻官黃稹趙光弼攝奉禮黎獻臣攝太
祝富臨輒記於退之之碑陰云公之子德叟義叟陪位

彭鉉題名（高二尺廣三尺一寸八行行六字字徑二寸七八分行書在碑下方）

端平丙申三月淸江彭鉉詣
祠蔵祀事登浴日亭訪韓碑誦坡句摹本而歸刻
名碑陰時盧山胡泳與其季涊偕行　曲江王叔仁
刊

祖無擇皇祐二年閏十一月惠州羅浮山長壽澗題名稱提點諸州刑獄太常博士四年九月連州大雲洞題名稱廣南東路轉運使則此題方任提點刑獄時也丁寶臣常州晉陵人景祐元年進士見歐陽修所撰墓志銘徽之見靑箱雜記云李給事徽之丁未九月生蓋終於給事也向宗道字元伯由尚書職方郎中權發遣廣南東路轉運使見連州燕喜亭題名諫議程公者師孟也充廣南東路經略安撫使故稱府師師孟及趙光弼黎獻臣官位並見師孟奉勅祠南海廟碑黃稹亦見蘇咸南海廟謝雨記亦爲獻官而不詳何職也蓋熙甯七年甲寅正月六月十月師孟三祀（群案記云距甲寅六月凡四閱是甲寅前已兩祀矣）於南海廟也彭鉉知廣州軍州事見廣東通志（金石續編）

魏夫人祠碑陰題名四段（俱正書在河內）

張吉甫題名（一行字徑寸餘）

皇祐庚寅九月朔張吉甫來　鐫字

張子諒等題名（一行字徑三寸許又年月一行字徑二寸許左行）

張子諒何嶠姚師曾
至咊元秊五月廿四日題

潘旦等題名（二行字徑三寸年月字徑一寸五分）

潘旦南卿杜璞元質同遊　嘉祐丁酉八月廿三日題

修武令張[非/土]等題名（三行行九字字徑寸許左行）

修武令張[非/土]同王耆老張垕元祐辛未元日謁祠下沐
潤山僧普□亦至

陽春巖題刻四段（在高要城北八十里銅石巖石室前）

祖無擇題名（高一尺四寸廣一尺三寸四行行六字字徑二寸刻石人名一行字徑寸餘均正書）

予因按部稅駕此山皇祐二年仲冬月十九日范陽祖
無擇記　守郡薛利和命工刊

周子題名（高一尺餘廣一尺四寸四行行五字字徑一寸五分刻石人名二行字徑七分均正

書
轉運判官周惇頤茂叔熙甯二年正月一日遊
登仕郎行縣事粱鄰命工刊
住持監院僧瑞曇監
萃編載周子題記在七星巖後此六日

許彥先再遊題詩高七寸二分廣一尺一寸七分八行行五字字徑一寸五分後四行低一格字較小正書左行

壁倚乾甯碣龕籠大業僧七年馳使路兩躡石梯層
轉運副使許彥先熙甯丁巳孟夏再遊陽春通眞巖
訪碑錄載許彥先碧落洞詩後此四月許彥先始

興人天聖三年進士

元芳題字高一尺三寸廣九寸一行三字字徑五寸許旁款三字字徑二寸均行書

瀑布泉　元芳書
石刻無年月元芳亦不知何人書法酷似海嶽當
是南宋人手筆附錄以俟再攷

皇祐殘刻

皇祐三年四月八日□三□□□□李□□□□
□□□□□□同會□□□□
存十二字餘俱曼患此與駝山造象同得疑亦在
駝山者其爲造象與否不可知也別列之

奉天令文彥若墓誌

方一尺七寸八分十八行行十八字字徑八分許撰文人銜名一行較小正書在洛陽

宋故奉甯軍節度推官承奉郎試大理評事□乾州奉
天縣事文府君墓誌銘
承奉郎守太常博士充史館檢討張務誤
府君諱彥若字公頌汾州介休人幼聰警博學有詞章
季二十策進士內科除平定軍判官以父主客廉察河
東避親去職景祐四季九月丁主客憂禫除補奉甯軍
節度推官攺知隴州吳山縣歲滿以　兄爲秦
鳳路經略使攺知乾州奉天縣未之官以疾終于秦之

府署亯秋三十一皇祐二季　兄司冢宰率百
官從　天子祀合宮發大號　曾王父
贈太傅　王父贈太師　顯考贈太師中
書令三季十月七日乙酉奉　君之柩窆于
令公之地中其地實河南府伊闕縣敎忠鄉積慶里亂
也先配成氏燕子銘曰
有奕崇山　下兒其室　是維億萬季　燕震厥
甯
右文彥若墓誌在洛陽存古閣彥若潞國公之弟
也宋史彥博傳載其爲河北宣撫使誌云秦鳳路

經略使疑卽是也傳述父洎常爲河東轉運使此誌云廉察河東則是觀察也又攷仁宗本紀皇祐二年九月大饗天地於明堂以太祖太宗眞宗配如圜丘大赦百官進秩一等卽誌所稱祀合宮發大號也彥若卒年誌未詳述潞國公宣撫河北事在慶厤八年則彥若之卒當在皇祐元年矣誌書嘗字缺一筆避諱故也

岱岳觀李陟題名 皇祐四年五月十一日 萃編載卷百卅四

張琡屢遊 缺屢遊二字

平蠻碑

拓本連額高一丈一尺二寸廣九尺四寸三十六行行四十字銜名三行行字不一字徑二寸正書篆額橫列題大宋平蠻碑五字在臨桂鎭南峰

大宋平蠻碑并序

朝散大夫給事中知桂州軍州事兼管內勸農使充

廣南西路都鈐轄兼經略□撫□□制 下缺

廣南西路水陸諸州計度轉運使兼本路勸農使朝

奉郎尚書司封員外郎 下缺

給事郎守太常博□□□□州軍州兼管句斬撫事

□ 下缺

聖宋體天法道欽文聰武聖神孝德皇帝在宥之三十一年天宇之內海諸之外獞蠻裘卉服閭□□□□五月蠻賊儂智高寇邕州陷其郛賊虐衣冠驅虜稚艾遂沿□江東下所過郡縣素無壁壘□□□□民弃走因得焚蕩剽鈔無所畏憚乃攻圍廣州五十餘日不克大掠其民而去然所存者官□□□□百年生聚異地珍玩掃地無遺矣

國家於嶺南不宿重兵故賊起三月□後師集□偕張忠素號驍將相繼覆没由是畏懦者望風潰□賊鋒益熾逼連賀毀昭賓再宂于邕矣驛音繼聞

上甚憂之 樞密副使狄公青以爲將帥之任古難其才若再命偏裨事一不集則二廣之地禍□□不解矣亟自請行

天子韙之遂改宣徽南院使荆湖南北路□撫使都大提舉廣南東西□□□□□□□□□

命既授禁旅仍啓以舊鎭騎兵荆湖□□從行十二月至桂林督部伍□□□□□□□□□矣明年正月甲辰至賔州先是鈐轄陳曙領□人八千潰于崑崙之關

公推□□□□□□□□□三十一人然後人知賞罰矣兵將股慄咸思用命是月已未引師□□□□□□□□□□□□□□□之行師雖倉卒道途皆

有行列賊至駐先鋒以接之　公憑高□□□□□
□□焉賊徒大敗追奔十五里斬首二千二百餘級生
擒五百人尸甲如山積于道路僞署□□□□□□
人是夕智高焚營自遁復入于蠻中先是　命湖南江
西路安撫使樞密直學士孫沔入內押班石全彬過嶺
與廣西經略使余靖同共經制東西路賊盜故　命
公都大提舉然孫石□謀而軍中悉□　公之節制
賊之再據邕也農者輟耕賈者輟行遠邇惶惶不聊其
生及　公之拜　命也朝野之論中外驩然以方
邵之才兼機軸之重出翦狂蠻無噍類矣賊之巢穴曰

廣源州交趾之附庸也父爲交趾所戮遂弃其州奔南
蠻界中淵藪悖慠以僭稱號自名其居曰雲南道又曰
南天國再名其年曰景瑞曰沓麻雜名其左右之人自
侍中開府已下署之其主謀者黃師宓儂建侯儂志忠
等戰没□陣未有翦其羽翼而能飛刳其腹心而能全
者也故脅遁矣嗚呼智高之謀□餘年間招納亡叛共
圖舉事十餘月間連破十二郡所向無前□□自知破
碎奔走在於頃刻之閒乃知名將攻取眞自有體哉二
月甲戌改乘轅其月丁亥至桂州
詔徙護國軍節度復以樞密副使　召仍

出赦嶺南民得休息矣遂磨桂林之崖石以書其勳其
詞曰
有宋之大　天覆地載　四海正朔　百蠻冠帶
□茲狂寇　起平徼外　父戮于交　逃死獠界
招納亾命　浸淫邊害　邊臣罔上　習尚以懈
卒陷邕郛　乘流東邁　志圖全越　肆其蜂蠆
廣城言言　梯衝附焉　攻之五旬　掠民而□
賊鋒一至　千里無烟　還據于邕　五嶺騷□
天生狄公　輔聖推忠　情存義烈　志疾頑兇
請纓郎路　仗節臨戎　英材遴集　□□□□

賊之敢鬬　實惟天誘　來逆于郊　奄喪羣□
當我摧鋒　易如拉朽　□補僞署　赧然授□
羽翼既翦　心腹既刳　雖欲自舉　人誰與圖
焚廬而去　囘巢以□　六親不保　曰獻□□
厥惟邕邊　南國之紀　九峒襟帶　列城脣齒
險固一失　□□無□　庶民□□　鳥□獸□
我公之來　電掃雲開　叛□□□　綱領重恢
師□□□　□□□□　天聲遂振　□公之□
撰書人名氏皆剥缺不可辨考首行結銜則余靖也
第三將題名內靖以秘書監知桂州此云給事中者

案宋史余靖傳智高反起靖祕書監知潭州改桂州賊平就遷給事中御史梁蒨言賞薄又遷尚書工部侍郎是靖作此時已拜給事中尚未聞侍郎之擢也廣西通志金石略

碑無上石年月三將題名云二月丁亥班師至桂林詔換河中旌節召還樞密又云其年二月曲赦廣南東西路碑云二月甲戌改乘轅其月丁亥至桂州詔徙護國軍節度復以樞密副使召仍曲赦嶺南是刻石在皇祐五年二月也三將題名又云四月又詔以青爲樞密使東都事略云青還朝復

爲樞密副使遂拜樞密使刻此碑時青已復爲樞密副使尚未拜樞密使青以樞密副使召還非還朝之後始爲副使也刻石在四月以前亦是確證首列仁宗尊號以史證之所缺者爲道欽二字

龍隱巖石刻十六段在臨桂

平蠻三將題名高一丈一尺廣七尺四寸廿六行行廿六字字徑二寸許另一行小字字徑一寸二分正書篆額橫列題平蠻三將題名六字字徑四寸五分長八寸二分

大宋皇祐四年夏蠻賊儂智高寇廣南陷十二郡據邕州其年九月

詔以樞密副使狄公統兵南征號二十萬明年正月巳未與賊戰于邕之歸仁大破之翼日復邕州賊之餘黨遁于銅柱之外二月丁亥班師至桂林

詔換河中旌節召還樞密凡從行將佐文武官二百三十一負今記將官巳下姓名于左

宣徽南院使彰化軍節度使荊湖南北路宣撫使都大提舉廣南經制賊盜事狄青第一將下

左衞將軍荊湖北路兵馬鈐轄王遂　西京左藏庫副使孫節戰沒于陣贈忠武軍節度觀察留後　如京副使賈逵　西京左藏庫副使竹昺　文思副使時明　管勾機宜太子贊善大夫馮炳　權石州軍事推官

武緯　管勾糧草殿中丞翟建中　走馬承受公事人內內侍省內西頭供奉官張若水李若訥

樞密直學士右諫議大夫充荊湖南路江南西路安撫使廣南經制賊盜孫沔

內園使陵州團練使入內內侍省押班充荊湖南路江南西路安撫副使廣南經制賊盜石全彬

第二將下　莊宅使荊湖南路兵馬鈐轄劉几　文思副使張憲　六宅副使孫昂　供備庫副使鄧守恭夏元崇　內殿承制閤門祇候孫宗旦　管勾機宜都官員外郎鄭紓　勾當公事殿中丞

王綱　管勾糧草劾用侍其湑
秘書監知桂州充廣南西路都鈐轄兼經略安撫使廣
南東西路經制賊盜余靖第三將下
皇城使廣南西路兵馬鈐轄李定　供備庫副使
史青　內殿崇班武防　虎翼都虞候呂斌張遠
管勾糧草大理寺丞章詢　經制賊盜司走馬
承受公事入內內侍省內西頭供奉官李宗道
西頭供奉官李達　管勾機宜守將作監主簿余
仲荀　勾當公事權邕州節度推官黃汾
轉運使管勾隨軍糧草都官員外郎孫抗　轉運判官

都官員外郎宋咸
提點刑獄同計置糧草司門員外郎朱壽隆　文思副
使高惟和
其年二月曲赦廣南東西路甄勞能減租賦其死
事者給棺斂錄子孫溪峒首領不從賊者悉加恩
賞又宣　德音荊湖江南詢疾苦蠲賦役雜犯死
罪已下並從慮減四月又
詔以青爲樞密使孫沔授給事中樞密副使余靖
遷工部侍郎石全彬授宮苑使利州觀察使孫抗
授司封員外郎宋咸職方員外郎宋壽隆考功員
外郎高惟和左藏庫副使王遂而下定功爲五等
第一等轉官五資餘增秩有差
僧寶珍篆額　區華區誠鐫

平蠻三將題名正書皇祐五年二月三將者狄青孫
沔余靖也在廣西　潛研堂金石目錄

右平蠻三將題名石刻云皇祐四年儂智高寇廣南
陷十二郡據邕州即東都事略余靖傳稱智高陷邕
州乘勝連破嶺南州縣圍廣州還據邕是也云詔以
樞密副使狄公統兵南征又書銜云宣徽南院使彰
化軍節度使荊湖南北路宣撫使都大提舉廣南經

制盜賊事即宋史狄青傳稱青領彰化軍節度使擢
副樞密事儂智高反除宣徽南院使宣撫荊湖南北
路提舉廣南經制盜賊事是也云明年正月與賊戰
於邕之歸仁大破之復邕州賊遁於銅柱之外即宋
史紀事本末稱五年正月狄青夜度崑崙關大敗儂
智高於邕州智高走大理及東都事略稱狄青敗賊
於歸仁邕州平是也云班師至桂林詔換河中旌節
召還樞密末云詔青爲樞密使即宋史本傳稱捷聞
遷護國節度使河中尹及東都事略云青還朝復爲
樞密副使遂拜樞密使是也石刻所載與史傳並合

又余靖平蠻京觀志云先是命樞密直學士孫沔入内押班石全彬同本路經略使余靖經制盜賊命青以宣徽使大提舉總其節制明年正月已未青帥三將兵至邕州其詞似以沔全彬靖爲三將青爲總帥者此碑青爲第一將以全彬爲第二將靖爲第三將蓋朝命以全彬副沔故共爲一將也廣西通志金石略

右平蠻三將題名在龍隱潛真洞篆額者爲僧寶珍而無書人姓名狄青孫沔石全彬余靖史皆有傳狄青字漢臣汾州西河人傳敘其破儂寇事頗詳孫沔字元規會稽人知秦州値儂寇反沔入見

言西事不煩聖慮當以嶺南爲憂臣覩賊勢方張官軍朝夕當有敗明日果聞蔣偕死寵籍奏爲湖南江西安撫使兼廣南東西路以便宜行事會遣狄青與沔會遂敗智高留沔治後事遷給事中石全彬史附石知顒傳字長卿任湖南江西安撫副使討儂智高出桂林願獨當一隊以自效狄青使將左哨力戰於邕州南方平領綿州防禦使提舉張貴妃甯華殿閤妃薨傳會治喪過制進宮苑使利州觀察使碑以宮苑使利州觀察使爲賞功所授與傳言綿州防禦使者不符碑敘銜有云內園使陵州團練使亦傳所未詳余靖字安道韶州曲江人儂寇反起爲祕書監知桂州委以廣南西路經制値智高西走邕州靖策其必結交阯脅諸峒以自固乃約李德政會兵共擊備萬人糧以待又募儂黃諸姓酋長皆縻以職使不與合謀既而狄青孫沔被命共討賊平遷給事中御史梁蒨言其賞薄遷工部侍郎及諸將班師獨留靖廣西遣人入特磨道擒智高母子弟三人生致之闕下加集賢院學士碑刻在甫班師之時尚未加集賢學士故不及之也狄青嚴肅軍令得馭將之方沔靖皆

能料敵而有謀略全彬亦自奮勇故能不數月而破寇後之久戍無功者讀之當媿死矣其餘三十三人惟孫節賈逵張若水朱壽隆有傳孫節開封人附狄青傳少隸軍籍與青同在延州數攻破敵砦有功累遷西京左藏庫副使及青討智高隸麾下爲前鋒中創而歿特贈忠武軍節度留後傳不言觀察者略也賈逵藁城人初隸拱聖軍至殿前班換西染院副使從青征智高爲右軍先鋒戰於歸仁驛青誓衆不待令而舉者斬逵念兵法先據高者勝左將巳戰死吾兵氣沮易敗苟復待命賊

乘勝先登吾事去矣郎引軍趨山既定賊至迭麼衆馳下仗劍大呼斷賊爲二首尾不相救遂潰既戰迭詣青請罪青拊其背勞之遷院使領嘉州刺史碑稱如京副使與傳言西染院副使者互異張若水維吉養子附維吉傳字益之補小黃門給事章惠太后殿轉入內高品王師平貝州征儂賊皆以幹敏選爲走馬承受賊平以勞進官三遷碑稱內西頭供奉官與傳言內高品者亦異朱壽隆字仲山諸城人以蔭知九隴縣擢知循州轉提點廣西刑獄狄青欲殺裨將孫沔不能諫謾語曰儂賊

殺人萬計此何足惜壽隆徐曰王師之來以除民害顧可效賊爲暴耶青感其言而止傳不言司門員外郎者亦略也史亦有王遂傳乃嘉泰間進士非卽此題名之王遂馮炳武緯亦見於浯溪狄青題名內馮炳署銜多大理寺詳斷官數字贊善上亦多一右字則較此爲詳宋咸見李師中傳南蠻傳亦見華景洞蕭固等題名內其署銜稱提刑屯田員外郎中也史又有張玉傳云以六班散直隸青麾下從征儂寇抵歸仁驛賊列三銳陳以逆官軍小郤玉率右廂突騎橫貫賊壘遂大潰擢爲廣西鈐轄是歸仁之戰玉與有功何容掩沒乃類諸二百餘員之列絕不一顯其名何邪碑云其死事者錄子孫案孫節傳云封妻仁壽郡君官其子二人從子三人給諸品副使張忠傳云封其父左監門大將軍母河內郡夫人弟愿右班殿直閤門祗候官其子永壽永吉永德及壻劉錞凡四人長女亦封靖河縣君是不特錄其子孫并封其父母與妻而其弟其從子其女其壻亦被榮施矣碑又云溪峒首領不從賊者悉加恩賞卽余靖傳所稱脅諸峒以自固及儂黃諸姓酋長不與合謀者也金

石續編載此刻李逵誤作李達

李師中宋頌高七尺四寸廣五尺一寸共十七行行十九字字徑三寸許弟二行廿三字末行廿八字字徑二寸五分夾註字寸許橫額宋頌二大字字徑九寸並正書

宋頌

廣南西路轉運使兼勸農使尚書度支員外郎 臣李師中撰

神武頌 太祖也以天下授 太宗永有休功其古之聰明睿智神武而不殺者夫有天下不與子推大公永天命遂定四方其功冠萬世獨出史臣不究其極未定以昭 盛德大業故作頌焉

於赫神武不顯其功 天命在躬圖惟厥終不卜不

謀付命　太宗惟　帝之心天地之功

文明頌　太宗也煥乎其有典常始作樂告其成功焉本朝承五代之敝稽古典常之事至是備焉故頌以美之

於昭文明繼序其皇既有典常厎定四方清廟用章

德音不忘

仁功頌　眞宗也能申　上帝之祐以和戎狄以安萬民專用德化致百餘年大定自成康已來未有加此者也仁恩厚矣生息極矣繼之以禮樂則萬物其終乎王道其成乎頌之作也蓋有待焉

於穆仁功已任天覆萬民靡不壽懷爾戎狄以及鳥獸于嗟仁功草木漬茂如文王之囿

嘉祐七年六月一日勒于桂州之龍隱巖　前知廉州合浦縣事臣陳惇書

按宋史李師中傳師中字誠之楚邱人提點廣西刑獄攝帥事邊人化其德多畫像立祠以祀稱桂州李大夫不敢名諱以留題風洞詩序云師中嘉祐三年九月受命來嶺外七年十一月得請知濟州留詩以志歲月則知師中在桂五年是刻宋頌即去桂之年所撰道光四年春果亭撫部成格自桂林還　朝攜贈拓本金石續編

右李師中宋頌在龍隱巖之迴穴既有典常續編有誤作其

李師中留題詩高二尺廣一尺九寸十三行前四行行十五字後九行行十八字字徑寸小字半之字數較倍正書

師中嘉祐三年九月受　命來嶺外七年十一月得請知濟州感　恩顧已喜不自勝留詩四章以志歲月下空

尚書度支員外郎李　師中

鎭撫四夷吾道在可憐壯志日因循四年盡瘁今歸去不負斯民只負身薛許昌詩云不負嘉州只負身予冒瘴於此四年無大功略但以安民爲事耳

侵地還來開境遠貢琛　上去革音初但無俘馘充歸獻辜負　君恩死有餘侵地□收復又來入貢但未能斬馘以獻豈非留賊遺君□

□

乞得衰身出瘴煙一麾仍　許視于藩嘗爲轉運使　恩理家園在望　松楸近自問如何報上恩濟去先塋及茨陽別墅才百里

出岫白雲猶繚繞離群飛鳥尚鳴悲四年人去甯無恨況是梅花滿樹時時嶺梅盛開杜牧詩云一年人住豈無情

右李師中詩石刻在粤西龍隱下巖其序云云以史考之蓋自提點廣西刑獄攝帥事除知濟州時作也

第三章云乞得衰身出瘴煙一麾仍許覲于藩注云棠恩理作轉運使考宋制提刑資序在轉運之下知州又在提刑之下若大州輔郡則侍從以下亦得差遣以爲優賢佚老之地非尋常知州可比濟州地近京邑名爲知州恩數實視轉運使故云許覲於藩也潛研堂跋尾

劉玉麐曰宋史列傳師中提點廣西刑獄疏劾蕭注攝帥事儂智高子宗旦侚係火峒師中移檄喻以禍福因率其族帳並地來降此詩註所謂侵地頗收復又來入貢也史云還知濟兗二州此詩序所謂得請

知濟州也惟在嶺外年月及爲尚書員外郎爲轉運使皆史所不載得此可以補本傳之闕　師中在桂深惡蕭注等邀功生事故詩云但無俘馘云云意可見矣廣西通志金石略

周應期等題名 高一尺三寸五分廣一尺三寸六行行六字字徑二寸許正書

比部周應期著作陳大順判官張□□簿□□進士楊
豐□□辰熙甯七年六月初八日同遊

梅公瘴說 高六尺廣三尺四寸說五行行廿六字跋十二行行廿四字字徑一寸四分分書篆額三行六字字徑四寸六分

龍圖梅公瘴說

仕有五瘴急征暴斂剝下奉上此租賦之瘴也深文以逞良惡不白此刑獄之瘴也昏晨醉宴弛廢王事此飲食之瘴也侵牟民利以實私儲此貨財之瘴也盛揀姬妾以娛聲色此帷簿之瘴也有一於此民怨神怒安者必病病者必殞雖在轂下亦不可免何但遠方而已仕者或不自知乃歸咎於遠方土瘴不亦繆乎

嶺以南縣昔曰瘴土人畏往甚於流放蓋嵐煙氛霧蒸欝爲癘中之者死人之畏往畏其死也夫生之有死猶晝之有夜殆理之必然者惟死於其死可也夫子曰朝聞道夕死可矣夫子非欲速於死

也謂不聞道而生不若聞道而死然死生□□人豈能自爲命哉而忠義所激有視死如歸者斯可謂□□若夫情慾之肆殘生傷性而死於非命則命不係乎天係乎□也龍圖梅公摯景祐初以殿中丞出知昭州嘗著五瘴說既□之矣夫租賦刑獄飲食貨財帷簿之瘴有之則雖畿甸之內死而不免黨於斯五者咸無焉則瘴土猶中土也予將漕來南行矣二年蓋嘗深入瘴鄉矣而自始視事粵至於今未嘗一日在告非素於瘴土也亦無是五者之瘴耳然則嶺土能瘴人耶亦人自爲瘴耶

紹熙改元杪秋日新安朱晞顏跋布衣石倪書

右龍圖梅公瘴說梅摯於景祐中知昭州作此說紹熙初新安朱晞顏刻於粵西龍隱巖併跋於後晞顏宋史無傳新安志但云休甯人隆興元年進士亦無事迹惟談鑰撰行狀敘其歷官甚詳蓋淳熙中由知吉州轉朝奉大夫除廣西轉運判官改直秘閣京西轉運判官紹熙四年進直煥章閣知靜江府慶元初召赴行在除軍器監尋除太府少卿淮東總領三年升太府卿四年遷權工部侍郎五年兼知臨安府轉大中大夫六年三月辭免四月卒此碑刻於任廣西轉運時其跋云予將漕來南行矣二年然則以淳熙十五年被轉運之命也潛研堂跋尾

劉玉麐曰宋史梅摯字公儀成都新繁人登進士調大理評事知藍田上元徙知昭州通判蘇州慶麻中擢殿中侍御史是刻乃云景祐初以殿中丞出知昭州梅公之知昭州或當在景祐初年而其爲殿中丞史以爲慶麻中亘可依據朱晞顏官廣西在紹熙間去景祐已百五十餘年後生逃先輩事蹟往往有未能詳核者不得以生同昭代而又勒諸貞珉必無譌誤也宋詩紀事云朱晞顏字子囦新安人慶元中廣西漕使廣西通志金石略

右梅公瘴說在臨桂龍隱巖風洞據粵西金石略此有二刻一在平樂梅公亭今佚梅摯宋史有傳其平生宦蹟如督償食本則請緩輸期益漕米餉則奏減舊數修河伐葦則代以州兵皆惠政之及人者史稱其性淳靜不爲矯厲之行政蹟亦如之平居未嘗問生業觀此瘴說益可見其廉靜寡欲矣流傳至今宜哉

重刻石曼卿書高三尺三寸廣三尺八寸九行行八字字徑四寸款十二字字徑寸並正書潤雄行筆

長城蓀光高平希文師古穎川天經太原子融子野陳留商叟天水元甫子淵滎陽天休清河子思昌黎稚圭廣平子京河東伯垂餞　南陽道卿出守嘉興于　鉅鹿介之北軒

明道二年六月十七日曼卿書

上闕摩崖子能□是書託以不朽□□子之惠余□曼卿□墨妙一世□語□□□□人間者率寶藏過珠璧此題筆法勁古又所列皆名輩尤士大夫所願見與世爲公□是余心也因報曰諾遂刻於龍隱之石室時慶元改元正月吉日新安朱晞顏書

劉玉麐曰東都事略石延年字曼卿宋城人眞宗朝以三舉進士得奉職歷仕仁宗時遷太子中允卒於京師年四十八宋史以延年爲幽州人稱其書法遒勁體兼顏柳今觀是刻洵然朱晞顏跋語惜前大半無文字然有此數言可爲重刻之證廣西通志金石略

長城葆光等題名石曼卿書行書明道二年六月慶元元年正月刻有朱晞顏跋正書希文者范文正公也稚圭者韓忠獻公也子京者宋景文祁也天休者鄭文肅戩也子融者王曾之弟皞子思者張知白之嗣子道卿者葉清臣也曼卿者石延年也此刻當在

汴都久已不傳慶元初朱晞顏轉運廣西重刻於龍隱洞之石潛研堂金石文跋尾

右重刻石曼卿書續編所載有朱晞顏跋語此本失拓據以錄之行字大小不計也

洪邁高州石屏記高一尺六寸廣三尺七寸三十二行行廿字字徑七分行書

洪內相高州石屏記

高州茂名縣本唐潘州也縣界有黃尖嶺父老言昔有仙人姓潘居此鍊丹近十數年來工人入山鑿石乃得樹木屏於石中蓋僊所遺丹劑墮地融結者一層復一層殆可揭取但枝葉端正者百無一二民黃氏擅此山外人欲采伐則先以鹽絲與之然後入山祀土神畢徐徐施工朱子淵爲桂帥致兩屏遺予老矣扶疎上挾雲氣下臨廣漠混然天成略無斧鑿一蹟非若祁陽所產藉人力磨治故痕齾高下失其自然也又云海函萬族無所不有范石湖虞衡志嘗載石栢今方得一株自海底石塊上生根株盤錯枝葉如畫其色紫其根白其質皆石也天陰雨時必有水珠在葉上枝間亦有栢子皆石脂凝結而成子淵賦詩云海物難窮造化奇後凋惟有歲寒知誰將脩月黃金斧斵就凌霜紫玉枝直榦渠容塵點涴靈根偏與石相宜天然不假栽培力肯逐春

風盛與衰予和之云海底靈根石効奇山經地志不曾知凝酥幻出珠千顆染紫裝成玉一枝鶴骨龍姿隨質見鸞棲鳳宿與香宜元戎高唱眞難和媿我年來筆力衰又有石梅石松則未之見也

右已載於夷堅支景中慶元元年九月十五日野處老人洪邁景盧書

內相洪公於書無不讀而猶恥一物不知希顏分閫嶠外偶得高涼樹石屏遺公公遂以其書來詢其所產之地而爲之記且云祁陽石藉人力磨治此卽混然天成無斧鑿一跡公翫於泉石所閱多矣於此獨

有取焉者以其得於天眞之自然也然則公平日能
以筆端膚寸之潤爲天下無窮瓌偉之觀者其亦得
於自然之天耳此所以能遺外勢利勇退於急流中
而翛然野處以與造物者遊蓋又將求所以全其□
□□慶元改元十月既望新安朱希顏跋郡文學建
安劉褒刻于龍隱石室

右洪邁石屛記朱希顏跋而刻之痕齾之痕讀若
垠集韻痕有五斤切一音案史洪景盧於淳熙二
年再上章告老進龍圖閣學士尋以端明殿學士
致仕又案錢先生編洪文敏年譜於紹熙二年云

歸鄱陽於慶元元年引三筆十二云年過七十三
法當致仕以新天子臨御未敢遽有請故玉隆滿
秩只以本官職居里鄉衮趙子直汝愚不忍使絶
祿粟俾之因任年譜於慶元四年云再上章告老
進龍圖閣學士自註云本傳繫於淳熙改元之明
年差繆之甚今亦未審的於何年但以去年署銜
尚稱煥章則除龍圖必在四年以後三年四月序朱翌猗覺雜記題銜仍稱煥章閣學士於嘉泰二年云以端明殿學士致仕
據此則文敏撰此記時年七十有三尚提舉隆興
府玉隆萬壽宮未致仕也稱野處老人者壽皇嘗
書野處二字賜之見玉海因以自號也江西通志云
容齋所著尚有野處集孝宗爲書序又攷夷堅志
支乙序云紹熙庚戌臘從會稽西歸至甲寅之夏
季夷堅之書緒成辛壬癸三志合六十卷及支甲
十卷才八改月又成支乙一編此碑云夷堅支景
者是支乙後續成者景用爲丙也

朱希顏再題詩高一尺二寸五分廣三尺六寸十五行行六字前五行字徑一寸三分詩十行字徑二寸許

慶元之元至後二日遊壺天觀泛舟過龍隱洞小酌
月上而歸新安朱　希顏

湏道湘南是瘴鄉玉壺銀闕四時涼卧龍不逐霞灰動
愛日空驚繡縷長浮蟻且同佳節醉探梅不作少年狂
暮歸慚愧山頭月照我皤〻兩鬢霜

朱希顏泛舟過龍隱洞詩正書慶元元年至後二日
在龍隱巖潛研堂金石目錄
紹熙改元朱希顏有題詩未見拓本續編所載脫
洞字

張釜七詠高一尺一寸五分廣三尺三寸共十三行行字不一字徑七分正書

隨齋先生七詠

曾公洞

欲訪眞仙小有天路窮崖絶俯靈泉相君聊試濟川手
翳鳳驂鸞盡有緣

棲霞洞

雲封霧鎖半天寒短杖攀緣扣玉關見說碧虛風景別
黨容投老寄塵顏

龍隱洞

何年此地蟄飛龍石壁蜿蜒尚有蹤爲報龍公莫貪睡
郡人於尓卜豐凶

訾家洲

訾洲風雨柳州文開□□□□夢魂老去一尊酬望眼

淡烟衰草莽連村

水月洞

水際空明月正圓人行月裏水如天道旁聽得人爭指
半是當年折桂仙　賓僚同遊登科者數人

慈氏閣

千年佛閣與雲齊足力窮時目力移堪笑癡兒誇壯麗
那知芥子納須彌

千山觀

小立東風紫翠巔畫屏展盡一山川非關眼界因高別
自是人心逐物遷

右遊山七絶錄呈

和仲學賓賢友

丹陽張　釜

右張釜遊山七詠七詠者曾公洞棲霞洞龍隱洞訾家洲水月洞慈氏閣千山觀每題各一絶句丹陽張釜君量任廣西轉運日所作慶元初張改帥廣州其門下士雒陽滑憖和仲以其手書鑱諸龍隱巖石隨齋者釜自號也攷宋史宰輔表嘉泰元年七月甲子張釜自禮部尚書除端明殿學士簽書樞密院事八月甲申罷自政府僅兩旬無事蹟可見史但附其名

於大父綱傳而歷官本末未之詳焉甯宗紀載慶元四年右諫議大夫張釜請下詔禁僞學五年劾劉光祖附和僞學及請窮治趙汝愚事今證以石刻乃知釜以紹熙四年倅廣西漕司慶元元年知廣州未幾召入爲諫議也予視學嶺南見九曜石上亦有釜題名字蹟殊不惡然在諫垣與僞學之禁專與正人爲仇雖風流好事奚足取乎釜爲量名故以君量表字宰輔編年錄作君亮誤　潛研堂跋尾

案文載小傳滑憖字和仲臨桂人以文學爲轉運使丹陽張金所器接以上賓金嘗偕憖及諸僚幕泛舟

灕江偏眺諸勝明日獨以所賦詩視懋懋感其意刻之龍隱復爲之記卽此是也跋稱維陽滑懋蓋寓居於桂者劉玉麐曰傳卽據詩刻跋語而誤以張釜爲張金廣西通志金石略

湖南漕岊亦有張釜題詩係紹熙三年八月所作金石審謂由湖南提舉常平調往廣西此刻在四年至慶元二年正月去桂已踰年是張釜在桂不及三年也後跋失拓僅見紹熙四年秋五字據廣西通志附錄於後

紹熙四年秋丹陽張公來主餉事公家世人物文

學議論推重一世而尤精於吏道始至思有以廣上恩蘇民瘼首議朘鹽額於支郡以杜科擾減送使於總司以寬漕計次則閱版籍之負教編戶之稚律送落南之孤以出領置腰鋪增驛卒甃井植木以便道塗之往來凡剔蠹釐弊糾姦抉伏無不順民所願欲其廑懇備至疑若日不暇給而公酒從容如平常閒則與客登高訪古賦詩飲酒以極其歡懋間亦綴在席末公嘗手書是詩以見遺翰墨芒寒照映圭篳求覩者迨今其未已蓋公之詩精深婉約能寫難狀之景如在目前含不盡之意見於言外如前修所云者故一言一句人以爭先睹之爲快是用鑱諸巖石以傳示方來時公以中祕帥東廣去桂蓋踰年云慶元丙辰正月既望門下士維陽滑懋謹跋

董世儀等題名高五尺七寸廣四尺一寸十行行十五字字徑四寸許行書

江西諸公仕于廣會桂林者十有八人慶元戊午正月八日集松關之脩然亭既而挐扁舟延緣過龍隱爲水石更酌及暮登新橋以歸董世儀子羽王琚德貢熊思遜謙甫呂大信不約曾三畏無逸武居仁榮叔王琳子林饒祖堯述古楊相魏翁劉龜習季占楊汝明仲藻魏

璋廷圭劉正之子正余棣芣華高正臣治表趙善欽〻之趙師櫄聖從范行閎景寯喜而來與者趙彥緋仲止

右江西諸公題名十行行十五字其文云云字畫縱逸似黃山谷末識何人筆也諸人姓名多不甚著祖堯卽重刊元祐黨籍者三趙皆宋宗室也潛研堂跋尾

右董世儀等題名錢先生跋尾載此文世誤作山江西通志饒祖堯字述古臨川人博學有氣節以恩授靜江司理嘗曰仕宦未顯惟獄訟可以盡心漕司有廡卒刃其徒於野連逮甚衆祖堯廉得之

遂伏辜盜起龍泉土豪多執平民爲盜祖堯恐釋
之有嶠南螺川泉江橘溪等集其餘諸人俟攷

方信孺三刻詩境題字高一尺廣二尺六寸五分二字字徑八寸許正書中三字字徑六分前後四行行九字字徑一寸二分俱行書

詩境二字橫列　陸游書在二字之間
此字始刻于韶之武溪載刻于道之窊尊三刻此二行在前
于桂之龍隱巖嘉定七年正月望方信孺孚若此二行在後

按詩境二字開禧丁卯三年三月放翁年八十三退居
鏡湖時所書信孺方丞蕭山得而寶之後五年嘉定
辛未四年九月權發遣韶州軍州事樵刻於九成臺武

溪濂碑陰而識之其道州太史樓記云予以嘉定壬
申五年春曲江拜命來守玆土冬十月經連山問津而
西是信孺抵道州任爲壬申之冬次年癸酉春即已
至桂七年甲戌正月刻詩境於桂之龍隱巖惟窊尊
石刻拓本未備討其歲月在壬癸冬春之間而韶而
道而桂無不大書深刻矣信孺固自號詩境甫其題
臨桂之西山中隱山北牖洞皆但書詩境以代姓名
又嘗名其集曰好菴游戲詩境集劉克莊序之信孺
殆有詩境之癖何其憮勒不厭邪嘉定六年春至九
年冬信孺題名見於桂林石刻者其結銜或書提點
刑獄或書轉運判官確在廣南西路吳獵撰方崧卿
祠堂記言公仲子信孺從宦於桂後二十年復來官
提刑兼判漕是也宋史本傳信孺字孚若興化軍人
以父崧卿廕補番禺縣尉近臣薦可使金自蕭山丞
召赴都命以使事三往返以口舌折彊敵後觸韓侂
胄怒奪三秩臨江軍居住侂胄誅召自便尋知韶州
累遷淮東轉運判官兼提刑知眞州山東初內附信
孺言宜選重臣將精兵開募山東以主制客坐責降
三秩稍復官歸營居室巖竇自放於詩酒獨不及官
廣南西路時事史家脫略當以石墨補之金石續編

方信孺詩高三尺八寸廣二尺二寸十一行行廿二字字徑寸五分正書間雜行筆

龍隱巖詩

莆田方　信孺孚若父

春波飽漲涿斗柄函空明方舟貫巖腹鵝鸛相酬鳴仰
窺穹窿頂宛轉百怪呈僅餘鱗甲碎不見頭角猛下闞
清泠淵演迤萬頃澄但同魚鳥夢勿遣蛟龍驚抉苔撫
奇篆倚棹看題名三將標殊勛自與山不傾誰歟贅小
築政恐山靈嗔南洞更幽絕髣髴依崢嶸太虛可爲室
豈復資欒楹乳泉助茗椀中有冰雪清何須驂鸞去此
即白玉京鼎來不速客抱琴忽逢迎愛此無絃曲崖溜

同一聲爲君洗塵耳喚我詩魂醒祗愁白衣至好句亡
餘成
嘉定七年四月朔刻

方信孺三詩 高一尺三寸廣二尺四寸十五行行十一二三字不等字徑一寸二三分草書

曾榜武夷九曲何如桂嶺七星水石小吝螭舫煙雲常
帶龍腥
愛山那惜屐千兩生怕前驅後騎催石上參差鱗甲動
眼中在處畫圖開驂鸞未辦乘風去浮鷁何妨載雨來
人事百年俱變滅祗應題字不塵埃
雨腳初收魚尾霞滿溪流水半溪花尋源曾識武陵洞

泛宅如浮□水家但得嵌空元有路何妨峭絕不容車
道人辛苦經年客成塔從來是聚沙 右二首和人
韻
右三詩皆爲龍隱作也因併書刻之洞中嘉定丙子
秋方孚若

右詩刻在詩境下續編載此有誤往歲未得拓本
今始校正而錄之續編水家上作雪審之不似姑
從其闕

葉任道等題名 高一尺一寸五分廣一尺三寸六行行六字弟四行八字字徑一寸五分正書

葉任道稽仲陳次賈劉潛夫曹晉伯嘉定壬午夏五廿
一日同游龍隱諸洞至棲霞薄莫衝雨而歸

李與等題記 高三尺五寸廣二尺七寸五分六行行十字字徑五寸許正書間雜行筆

八桂巖洞爲天下奇觀同谷李與九華章時發臺梱餘
閑躡馬汎舟仰堯山之高挹諸巖之勝時和歲豐與堯
民共擊壤云咸淳甲戌上巳後十日

按度宗咸淳十年歲在甲戌是年帝㬎嗣位元師大
舉入寇鄂州黃州江州皆叛降元與等尙託之
臺梱餘閑欲共堯民擊壤眞積薪厝火而安寢之矣
又其年四月臨桂西山題名稱憲倉九華章時發師

守同谷李與 金石續編

谿園題字 高一尺九寸三分廣七寸五分一行四字字長徑四寸許篆書

谿園居士

粵西金石略未載癸酉三月楊海琴游龍隱巖拔
拓寄貽謂與浯溪谿園二字筆法相同疑爲元次
山所刻余按廣西通志云水月洞谿園居士書谿
園者宋靜江倅吳億之別號當即其人矣附宋人
題名之後

八瓊室金石補正卷九十八終

八瓊室金石補正卷九十九

太倉陸增祥撰　男　繼輝校錄
吳興劉承幹覆校

宋十八

太常博士周堯卿墓碑

高五尺六寸廣二尺九寸十八行行四十字字徑寸許正書在永明

宋故進士累官至太常博士歷連衡二州司理叅軍桂州司録知高安□化二縣事通判饒州贈金紫光祿大夫周公諱堯卿府君神道并墓誌文

嘉祐三年翰林院侍讀學士知制誥史館脩撰歐陽修□譔書　屯田員外郎弟燮立

有篤行君子曰　周君者孝於其親友於其兄弟居父母喪與兄萬弟燮居於倚廬不飲酒食肉者三年其言必戚其哭必哀除喪而癯然不能勝人事者蓋久而後復自孔子居魯而魯人不能行三年之喪其子弟疑以爲問則非魯而他國可知也孔子沒而後世又可知也今□之人知事其親者多矣或居喪而不能哀者有矣生能事死能哀或不知喪禮者有矣或知禮而以謂喪主於哀不必合於禮者有矣　周君者事生盡孝居喪盡哀而以禮者也禮之失久矣喪禮尤廢也余居喪惟仕宦婚嫁聽樂不違此法令之所禁若其衰麻之數哭泣之節居處知別飲食知變皆莫知夫有禮也在上位者不以身率其下在下者無所望於其上殆廢矣乎故吾於　周君有所取也　君諱堯卿字子俞道州永明人也天聖二年舉進士累官至太常博士歷連衡二州司理叅軍桂州司録知高安甯化二縣通判饒州未行於慶厤六年六月朔日卒於朝集之舍享年五十有三皇祐五十□年勑葬於道州永明紫微岡曾祖諱知旺祖諱德崇父諱仁遂贈都官郎中母唐氏贈仙遊仁壽縣君妻黃氏封金□縣君學長於毛鄭詩左氏春秋家貧不事生產喜聚書史官録雖薄常分俸以賙宗族□友有慢已者必厚爲禮以餽之其爲吏所居皆有能政有文集二十卷　君有子七人曰諭鼎州司理叅理軍司曰詵潮州歸安主薄曰謐曰□曰說曰諲曰誼皆未仕有女一人出適嗚呼孝非一家之行也所以移於事君而忠仁於宗族而睦交於朋友而厚施於爲政而篤始於一鄉推之四海表之金石□之後世而勸考君之所以見於是無不可以書也豈獨俾子孫之不隕也哉

歐陽修撰皇祐五年在永明紫微岡道州新志

案居士集墓碑作墓表道州新志題銜誤作金紫光祿大夫今改正堯卿丞明人見宋史儒林傳卒於慶厤五年据墓碑卒於是年六月至皇祐五年始葬耳湖南通志

古墓碑亦有全書生平所歷官者然碑題稱名諱則宋人所罕見又文內稱君而題稱公且得贈不在撰碑之日而追題於上其爲子孫重刻無疑其曰神道碑并墓誌文或當日本有兩碑後失其一耳案縣志子俞子諲官翰林誼官待制孫紳直祕閣官階恐尙多佚載金紫光祿以何人推贈事無可考攷宋史金紫光祿乃正三品階封贈二代者得贈金紫光祿必官尙書始得此贈則或周紳官也金石審

案周子俞墓在桃州所城外五里許案微岡墓碑被雷擊中斷十五行各裂損一字其文後餘石五六寸亦擊碎不知更有字否永州府志

湖南省府志載此碑而未錄其文兹据打本錄之宗氏謂其子孫重刻校文內皇祐五年祐作佑五下又多二字鼎州司理參軍作鼎州司理參理軍司皆重刻之誤

唐宋加號文宣王詔贊碑

高四尺六寸廣二尺九寸廿六行行五十四至六十一字不等字徑五分餘正書篆額橫列題唐宋加號文宣王詔贊九字在中江

唐明皇帝加號先聖文宣王詔

邑人楊遵甫書在標題下

門下洪我王化在乎儒術孰能發揮此道啓迪含靈則生人已來未有如　夫子者也所謂固天攸縱將聖多能德配乾坤身揭日月故能立天下之大本成天下之大經美政教移風俗君君臣臣父父子子人到于今受其賜不其猗歟嗚呼楚王莫封魯王不用俾夫大聖纔列陪臣棲遲旅人固可知矣年祀浸遠先靈益彰雖大有褒稱而未爲崇峻不副於實人其謂何朕以薄德祗膺天命思闡文明廣被華夏時則異於今古情每重於師資既行其教合旌厥德爰申盛禮載表徽猷　夫子既稱先聖可追謚爲　文宣王宜令三公持節冊命應緣冊及祭禮所司速擇日并撰儀注進其　文宣王陵并舊宅之廟量加灑掃用展誠矽後嗣可爲文宣公至加辨方正位著自禮經苟非得所何以示則昔緣周公南面　夫子西面今位既有殊坐豈仍舊宜補其墜典永作成式自今已後兩京國子監　夫子南面而坐十哲等東西列侍天下諸州亦宜准

此且門人三千見稱十哲包夫衆美實越等夷暢至聖
之風規發人倫之耳目並宜褒贈以寵賢明顏子淵既
云亞聖須優其秩可贈兖公閔子騫可贈費侯冉伯牛
可贈鄆侯冉仲弓可贈薛侯冉子有可贈徐侯仲子路
可贈衛侯宰子我可贈齊侯端木子貢可贈黎侯言子
游可贈吳侯卜子夏可贈魏侯又　夫子格言參也
稱魯雖居七十之數不載四科之目頃雖未參於十哲
終式宜殊於等倫允稽先旨俾循舊位可贈成侯庶乎
禮得其序人焉式瞻宗洙泗之丕烈重膠庠之雅範布
告中外咸使聞知主者施行開元二十七年八月二十

四日
先聖文宣王贊
猗歟夫子　寔有聖德　其道可尊　其儀不
忒　□□□□　百王取則　吾豈匏瓜
東西南北
顏回贊
杏壇槐市　儒術三千　回也亞聖　邱也稱
賢　四科之首　百行之先　秀而不實
得無慟焉
曾參贊

百行之□　三才以敎　聖人敘經　曾氏知
孝　全爲子□　動稱咨兒　事親事君
是則是効
皇宋加號至聖文宣王詔
王者順考古道懋建大猷崇四術以化民昭宣敎本總
百王而致理丕變人文方啓迪於素風思發揚於鴻烈
先聖文宣王道膺上聖體自生知以天縱之多能
寶人倫之先覺元功侔於簡易景鑠配乎貞明惟列辟
以尊崇爲億載之師表肆朕寡昧欽承命厤曷嘗不遵
守彝訓保乂中區屬以祇若元符告成喬嶽觀風廣魯

之地飾鑾數仞之墻躬謁遺祠緬懷遐躅仰明靈之如
在肅奠獻以惟寅是用徵簡策之文昭聰叡之德事舉
追崇之禮庶伸嚴奉之心備物典章垂之不朽誕告名
士昭示朕懷宜追諡曰　至聖文宣王祝文特進署
仍令所司擇日備禮冊命并修飾祠廟祭器其廟內制
度或未合典禮並令改正給近便五戶以奉塋域仍差
官以大牢致祭故茲詔示想宜知悉大中祥符元年十
一月　日
至聖文宣王贊并序
若夫撫玉介邱迴輿闕里緬懷於　先聖躬謁於嚴祠

以爲易俗化民旣仰師於彛訓宜益峻於徽章增薦崇
名聿陳明祀思刑容於盛德爰刻鏤於斯文贊曰
立言不朽　垂教無疆　昭然令德　偉哉素王　人
倫之表　帝道之綱　厥功實茂　其用允臧　升中
旣畢　盛典載揚　洪名有赫　懿範彌歆
缺 中丞知遂州蓬溪縣事騎都尉王　荀龍　篆
將仕郎守中江縣尉王　奉先
缺 知中江縣事兼兵馬監押張　寅　將仕
郎守中江縣主簿竇　淵
至和元年甲午歲十二月望日益州進士楊天成

立石 雙行在上銜名下方 懷安軍句可賢　刊 在標題下

宋詔贊曲阜有碑萃編載之惟至聖作元聖爲不同耳碑石泐處据三巴舂古志補注於旁譌者正之闕者補之

火星巖題刻十段 在零陵

柳拱辰尹曕聯句詩 高二尺八寸四分廣一尺一寸六分十二行行十五字字徑一寸四五分正書

尚書職方員外郎知永州柳拱辰同尚書比部員外郎
通判永州尹曕暮春遊火星巖聯句詩
千里熙酭政靈巖喜訪尋 曕 登亭雲擁座 拱辰 穿徑箭成
林 曕 欒逐天風遠 拱辰 廬隨宿霧沈 曕 綺羅紅作隊冠蓋
綠交陰 曕 下顧關河小寒知洞壑深 拱辰 松枯存僃節花
老見初心 拱辰 旋棨嵐光潤罇罍野氣侵 曕 朋遊敦雅契
吏隱共知音 拱辰 □愧翁歸拙難攀子厚吟 曕 城樓傳晚
□南陌騎駸駸 拱辰
至和三季丙申閏三月二十五日

右刻前人未見至和三年即嘉祐元年是年九月改元嘉祐詩云□愧翁歸拙難攀子厚翁歸尹曕自謂子厚謂柳拱辰也

尹曕詩 高一尺一寸廣一尺七寸五分銜名一行十四字詩八行行七字字徑一寸四分正書

尚書比部員外郎通判永州事尹曕
郡古時和諍訟銷使君乘興忽相招畫船載妓遊巖寺
紅旆搖風過野橋就石開樽偎樹脚撥雲策杖上山腰
鳴騶未許歸城去遠望寒林隔水□

右刻亦前人未見無年月即系前詩之後所謂使君者當即柳拱辰也詩有畫船載妓語詩酒風流猶有香山眉山雅致當時未有是禁耳石近剝泐拓亦不精諦審三四顛竭目力而末一字尚未敢定焉

柳應辰題記 高三尺二寸廣一尺七寸九行行十六字字徑一寸六七分正書

昭昭兄至和中以職方員外郎來守零陵宣布　條
詔百廢咸洽建州學問教化之本作土風記盡民俗之
事乘暇數爲火星巖之遊磨崖題詠於此爲多竊觀暮
春聯句尤極佳思研鍊精切傳布人口熙甯七年應辰
亦以職方通理茲郡徧覽遺跡惻然追感曕相去二十
二年矣悠悠歲時人不可見江山風物甯有異於當年
每到躊躕久不忍去武陵柳應辰明明記

右正書九行在零陵城西南一里火星巖向來頗少椎拓文內昭昭兄卽指柳拱辰也本蓋本字說文从木一在其下此乃從十則當時俗書也 留雲盦金石審

記云建州學案通志云府學在府城西南舊在府城外唐刺史韋宙建後遷愚溪宋至和中郡守柳拱辰遷建城東高山之麓與此正合記又云作土風記通志永志藝文均不載是其書之不傳於世久矣然亦當存其目也可據補之記又云磨崖題詠於此爲多知昭昭尚有它刻且不止一二段當再託友搜剔之暮春聯句亦近時始顯可見古刻之留存天壤者尚多特無人鎚求之耳

蔣僅題名 高一尺九寸七分廣一尺一寸二行行五字字徑三寸餘正書

蔣僅屢遊元豐乙丑題

萃編及通志均載澹巖一刻此在火星巖又一刻也通志云案零陵縣宗志作朝陽巖題名永州府志云三巖文並同省縣志特各舉其一耳乙丑爲元豐八年

程敏叔等題名 高一尺七寸五分廣三尺三寸五分七行行四字字徑三寸四五分正書

程敏叔劉資明邢和叔元祐七年九月二十日自朝陽
洞過此試茶

右行楷書七行在火星巖字已蝕損案巖側昔有火星觀故可品茶今則荒煙頹石游蹟罕到矣 留雲盦金石審

董居誼記并詩 高五尺二寸廣四尺四寸五分廿二行行廿八字記十六行低一格字徑一寸三四分行書

余謫寓永州常杜門不出適秋晚氣清約領衛鍾子
正偕館賓陳叔宜邵積夫□與□□同訪宅仙洞洞
之下舊有群玉山漫莫省其處山中道士云儼在山
之陰崖蘚中猶有字刻可辨荒薉爲甚人跡罕到余
亟與同來二三客隨其所之極其所止而休焉徘徊
四顧怪石林立峭拔透邃入眼成畫去東南十許步
有隙如扉疑通乎山之巔而蔽篁蔓棘雜錯相拒不
可著足未免俯僂攀援而升山回路轉巖竇畢露爭
奇獻巧應接不暇出而舉手相賀凡一山高下妙處

皆了然在吾人胷次矣繼而約副將趙聲遠循前日之所經歷命斤誅礮隨勢取蹊以達于山之趾後月餘又得翻經臺故基以㨿于山之會盡取當時造化融結之功貫而爲一自是無入而不自得或謂此山距郡城能幾豈無前輩題品而湮没經歲若無聞焉何耶余曰天下事久則廢廢則興如環無端不容終詰者不獨此山也余今日幸而與之相遭苟弃之而弗顧則此去興廢又未可量宜立游亭以昌厥後爰囑聲遠爲董其事越旬日而成因賦五□詩於其上遂爲山中復此一段奇觀然人之好惡不同物之隱

見有數更數十年後又安能保興廢何如哉煙霞痼疾不能自已度不滿識者一笑臨川董居誼仁甫

巖

寓零陵過一年每憐兩脚負山川忽從榛莽窺神祕似與仙家有宿緣石刻嘉名歲月多苔封蘚蝕欲消磨天成有景無人問不著新亭柰爾何浮世囂塵不可干漫山琮璧照人寒客來莫認爲頑石具眼還須作玉看頃年曾入道山來天上圖書不受埃今日有懷群玉府又從人世得蓬萊經臺石磴鬱深幽曲折中藏自一邱盤破藩籬都是路從今任是永人遊

嘉定十三年冬十月甲子

右刻行書二十四行首二行全蝕記文上截爲雨溜所侵削字多隱約後半尚明顯可讀也縣志僅載一詩今得五首因并錄之留雲盦金石審

通志失載永志僅錄其詩題云羣玉山詩記而石刻實在火星巖雲洞也蘚蝕永志誤作蘚剝又通志載此記於山川作宅仙洞記永志載此記於名勝以爲群玉亭記其與石刻異者備述於後余諦寓永州之前有零陵縣西二里爲羣玉山巨竹蕭森古木蟉曲怪石萬狀地勢淸勝一郡之奇觀也卌二字而石刻無之常杜門通志誤作嘗邱積夫

下石刻尚有四字惟與字可辨而志均無之山之陰崖下通志多一苔字此字雖已殘泐諦審之崖字及下蘚字均不誤也隨其所之隨永志誤作從十許步永志作十步許疑通乎山之巔疑永志作窺相拒永志誤作距山回路轉通志誤作山路四轉巖竇永志缺巖字皆了然通志無皆字以達于山之趾句志均無之翻經臺下通志多一之字以據于山之會句及下不自得之自字志亦均無之能幾志均作甚邇題品均作品題何耶均作何也不容均作不可相遭均作相遇弗顧均作不顧此

去均誤作去此越旬日上均無爰嘱聲遠爲董其事八字越永志作閱五□二字通志無永志作一小字五下似是愁字然未敢定也遂爲山中句通志無永志少遂字更數十年之後志均無之字又安能保興廢何如哉通志保下多其字永志能作得何誤刻作徑痼通志作錮滿永志作免又凡余字通志皆作予

鍾子正和詩 高二尺六寸廣二尺一寸五分十五行行二十字序七行低一格亦二十字字徑寸行書

山有奇觀地之靈也然非經大賢題品則亦不顯永之群玉山昔固嘗有鐫字以紀名者後復湮廢今歲□□□□□□寶陪侍郎先生披荒訪古山神拱聳爲獻奇恠遂建亭臺以□壓之爲詩章以黼黻之吾知山之勝蹟自此足以播佳名於不朽與浯溪淡岩相爲伯仲雖欲晦之而不可得□敬借嚴韻爲先生賀云　門生鍾□惶恐百拜上

坤維借重屢經年咳唾珠璣散四川底事杖藜瀟水上只因泉石要攀援　石涵溫潤秀峯多元費天工巧琢磨荊棘滿山煙雨瞑時人不復記云何　山靈有意巧相干遊賞前盟恐久寒多謝經營臺與館不將玉石混淆看　主人領客渡江來車馬駢塡漲霧埃秖恐考槃成趣後得賢將復詠臺萊　□□□遍尋幽作記拳拳賀小邱若使蚤知群玉□□□□紀淸遊

右鍾子正和董仁甫詩與前刻同時上石前刻有約領衙鍾子正語此刻鍾下字已漫滅蓋即子正之名浯溪有鍾興嗣詩是年孟秋所作或即其人歟至所稱侍郎先生者即董居誼也居誼嘗爲四川制置使故詩內有咳唾珠璣散四川之句第五首指郴州而言此刻前人未見

董鴻道題記 高二尺七寸廣二尺三寸五分十七行行廿四字字徑八九分行書

嘉定庚辰冬十一月日南至鴻道自臨川來省　親零陵一見語鴻道曰予近從榛莽中得群玉一山之勝結亭其中將與汝落成之越二日侍　嚴君由朝陽巖過宅僊洞至其地徘徊亭上怪石環列私自臆度此邦勝槩恐似是亦多猶未以爲異也繼而由鳳石登前山之巔凭高眺遠江山城市了然在目而心始異之後復由石門上翻經臺屹然一石與臺相對擬名之以香爐峯臺之下疊石如芝又擬名之以芝巖　嚴君皆然之飯已聽琴道庵抵暮方還越三日領衛鍾公又約遊淡巖

巖中明敞固可喜然斷石橫道其景可一目而盡又二
日再來訪是山熟檢疇昔所見觸眼愈奇此心至是始
大異矣是日於萬竹蔭中又得一峰如列屏嶂左右有
兩石蹲立中可容小亭　巖君欲榜以翠巖方此經理
而鴻道挐舟東歸因思此行留僅兼旬如愚溪三亭諸
巖前輩以殊勝名者足跡幾遍而委蛇曲折中有不盡
之意能令人嫓戀而不忍去未有若此山者也方群玉
落成而鴻道適至迨翠巖經理而鴻道將歸豈非於此
山首尾□有宿緣乎因留數語刻之崖石以紀歲月而
□耳□□□□□□□日

行書十七行案寰宇訪碑錄有董鴻道浯溪詩已載
入此刻但見其名鴻道而年月皆合然浯溪並未見
有董鴻道詩豈即此刻之誤耶古泉山館金石文編

右石在羣玉山前近青蓮臺行書十七行字法如率
更鴻道不著姓案當時臨川董居誼闢羣玉山鴻道
其子也留雲盦金石審

右刻亦在雲洞得群玉一山之勝群通志誤刋作
郡亭上之亭永志誤作口亦多之亦誤作甚嫓戀
通志誤作迷惑永志誤作係戀方群玉落成永志
脫方字迨翠巖經理志均只有翠巖二字此下通
志缺六字并缺首字永志缺十一字有宿緣乎之
上永志作之字審之似是亦字宿永志誤作獨此
下永志全缺通志缺數語之崖石五字又誤而爲
云下亦全缺鴻將歸數語五字雖已損泐形模具
在爰補錄之日下似尚有五六字而無一可辨矣
文云留僅兼旬則此刻在十二月

馬德元等題名高一尺二寸五分廣一尺四寸五分六行行六字字徑二寸許正書

錦城馬德元伯悅濤湘竇全器宗叟古洪趙時演德綸
盧陵王國望介圭咸淳丙寅仲春同游

右正書六行案竇字下從貫蓋本說文竇字而誤以

土下八連下成貫耳宗室世系表時演爲魏王廷美
次子廣平郡王德隆八世孫留雲盦金石審

案石刻竇字並非从賈特四中兩直連貫於上耳
丙寅爲咸淳二年

佚名題記高一尺六寸廣一尺二寸九行行十五字字徑寸許正書

□□□□□□□□□□□□□□□□□□□□□
□□□下躬其宇則荒涼望其林則翳□履其涂則崎
嶇□□□有□人□□□而緒廬□□洒掃以奉香
火至於創建殿閣煥然一新種植林木鬱然而茂□□
前達渡□昔之道路險阻□□□平□□□□□□□

□□□□□□□□□□□□□□□□□□
□□□□□三孫侍行

右刻前人未見在火星巖前後多漫滅年月姓名俱已無見文有奉香火創建殿閣語當是記火星觀事宋人手筆也盧臧詩序有往時黃冠師宅其側塑火星像爲人祈福今宇壞基存緇徒搆宇而居云云即火星觀也觀之興廢莫由攷其歲月附宋末

右火星巖題刻十段鄒人譚仲維振綱拓以見貽仲維喜蒐石刻能自縋幽涉險故多前人未見之品據永志所載巖尚有丙寅秋社寶宗叟題名淵

沖子題記兩刻則猶未得也一統志火星巖在縣西南方輿勝覽岩在州西江外地勝景淸爲零陵最奇絶處零陵縣志巖在羣玉山側明嘉靖中改名德星巖明統志云石壁所鑱先賢題識高下鱗次窮日之力乃能盡閱俱見通志永志引盧臧詩序云古有黃冠奉火星象後改僧廬此巖名所由昉也田山玉曰以巖形象星故名則未足爲據矣通志引一統志云群玉山有洞曰宅仙永志云羣玉山南有宅仙洞又西爲火星巖洞久荒塞明統志宋郡守彭合新學舍得異石如鳳作亭覆之記所謂鳳石者即此三亭在縣東山之麓一曰讀書林亭二曰湘秀亭三曰俯淸亭唐縣令薛存義建柳子厚有記見名勝志翻經臺不詳其興廢居誼時已云故基則由來久矣柳拱辰武陵人皇祐六年知永州尹瞻至和二年判永柳應辰拱辰之弟熙甯七年判永永志謂十年任者誤蔣僅亦永州通判元豐七年任程敏叔名博文鄱陽人見朝陽巖石鼓山題名彼刻有行部湘東之語瞿氏謂官荆南提刑轉運者劉資明名蒙臨川人時守零陵永志

謂紹聖元年任者誤邢和叔名恕原武人時監鹽酒稅以上七人題名鐫詩諸巖多有惟邢恕史有傳萃編已述之矣董居誼嘉定九年制置四川蘭州盜程彦暉求內附秦州唐進與其徒何進等引衆十萬來歸居誼俱卻之十年詔居誼便宜行事十二年春召還七月竄永州此正其謫居時也陳塏字子爽史有傳云嘉興人嘗知潭州兼湖南安撫使提舉太平興國宮奉祠卒謚淸毅著有可齋詠藁二十卷宋石礎有其題詩亦無年月則提領江淮茶鹽兼知太平時所作錢先生謂在湻祐閒

以傳證之知太平州後又改廣州權吏兵戶三部尚書然後乃至湖南是此刻尚在其後味其詩意亦非安撫時語氣殆奉祠居永之時晚年手筆約在寶祐景定之間也趙時演王國望亦見羣玉山題名餘無攷

封濟民侯牒

高五尺八寸廣二尺七寸六分奏十一行行四十九字牒共十行行三十九字首行八字與牒字大小同年月立石一行共廿六字正書隸額失拓在鄠縣清湫鎮

中書門下　牒鳳翔府

工部郎中直龍圖閣知鳳翔府李昭遘奏臣聞祭法

曰山林川谷能出雲雨見怪物皆曰神有天下者祭百神諸侯在其地則祭之亾其地則不祭又漢郊祀志湫淵陳祠天下山川隈曲往往有之臣本府管縣有九鄠縣即其一也縣有太白山山在縣南四十里謹按圖經所載辛氏三秦記云太白山在武功縣南去長安三百里不知高幾許俗云武功太白去天三百山下軍行不鳴鼓角鳴則疾風暴雨立至周地圖記云太白山上常積雪無草木半山有横雲如瀑布則澍雨常以為候故語曰南山瀑布非朝即暮乃知茲山候雨自古而然神靈尸之宜有禱應也山有祠廟不知建置之始唐世祀之正元中詔京兆尹韓皐重修據柳宗元集中有碑具載靈應今録柳碑于前後唐清泰中復加繕葺國朝祥符三季專遣使修完春秋邑令致祭列在祀典山巔有湫每遇歲旱府界及他境必取水禱雨無不即驗朝廷近季累遣內臣投真龍簡臣自到任已來詢訪前後之異其事既出傳聞不敢寫錄今止具今季春夏已來兩次得雨親驗事實所陳二事非臣獨覩道路之人不可誣也伏見朝廷恤民之意甚厚崇祀之志甚恭前件太白山本前世欽奉之地靈貺昭晰今古所信靈湫在上顯

應如此其太白湫水欲望聖慈特加封爵臣兼聞慶厤七季五月河南府王屋縣析城山聖水泉特封為淵德侯其例未遠可舉而行或蒙報可寔慰群願伏

侯

勑旨

牒奉

勑禮云五嶽視三公四瀆視諸侯非有豐功曷膺上爵太白山湫名山之下神龍所潛每遇旱暘必伸禱請能為霖雨以澤民田守臣有言蒙福甚遠宜降十行之詔用䟽五等之封以荅神休以從人欲宜特封濟民侯仍

令本府耂官祭告牒至准

勅故牒

至和二年七月十三日牒

給事中叅知政事程

戸部侍郎平章事富

兵部侍郎平章事劉

吏部尚書平章事文

張遵鐫字

嘉祐二年三月一日將仕郎守鳳翔府郿縣令賈蕃

立石（行首嘉字與前行部字齊）

按此封太白湫神爲濟民侯昭遘擧慶厤七年聖水泉封潤德侯爲例然眞宗時巳封通泉廟爲靈派侯昭遘祇就仁宗時言之爾皇祐元年五月遣官祈雨三年三月分遣朝臣詣天下名山大川祠廟祈雨至和二年四月遣官禱雨故云朝廷近年累遣内臣投眞龍簡碑列給事中叅知政事程者程戡也戸部侍郎平章事富者富弼也兵部侍郎平章事劉者劉沆也吏部尚書平章事文者文彥博也是年六月陳執中罷彥博再相弼亦同入此爲七月十三日牒正與史合通典天寶八載封太白山爲神應公故嘉祐六年簽書鳳翔府判官蘇軾禱神得雨軾代守臣宗選

請於朝有云昔公而今侯是爲自我而左降乃敕封明應公熙甯八年封福應王正元中即貞元也禎爲上名故兼避貞此牒嘉慶中吾友劉雨田用霖宰郿拓贈（金石續編）

李昭遘昉之從孫史附昉傳深州饒陽人字逢吉碑列銜與史合表稱周地圖記者隋書經籍志云周地圖記一百九卷新唐書藝文志云周地圖一百三十卷雜記十二卷皆不著撰人姓氏蓋失名也表又稱正元中詔京兆尹韓臯重修據栁宗元集中有碑具載靈應今錄栁碑于前當時碑巳無存故據集錄之歐趙兩家所由不載也然碑雖巳佚文尚具全今栁文惠集祇載序言及碑陰而碑之正文不得而見矣碑陰列邑令裴均之政裴均承韓臯之命督修祠宇乃因其設廟立神而敘述治行之美同一邑令也碑之不存誰復知裴均之修廟碑之幸存猶可知立石之賈蕃可勿護惜哉正元中者貞元十二年也仁宗名从示从貞兼避貞禎楨徵等字時亦避正字王珪上書謂正月爲端月宮中呼正月爲初月然唐貞觀作正觀吳乾貞作乾正玉海內貞元皆作正元是貞改爲正之

確證續編載此碑故語曰曰作云今錄柳碑于前
于作於臣到任巳來巳作以或蒙報可脫可字非
有豐功豐作豐稜勘疏略錄之以誌吾過馳書更
正或可補救昔非也

刻彥脩草書題記

五列列高一尺二寸許詩卅四行行字不一艸書跋七行行八字字徑寸許正書在西安府學

深閨乍冷開香篋玉筯微微濕紅頰一陣霜風殺柳條
濃烟半夜成黃葉重重白練明如雪獨下閑階轉淒切
祇知抱杵擣秋砧不覺高樓已無月時聞塞鴈聲相喚
紗此字添注窗只有燈相伴幾展齊紈又懶裁離腸恐逐金

刀斷細想儀形執牙尺回刀剪破澄江色愁捻銀針信
手縫惆悵無人試寬窄時時舉袖勻殘淚紅牋謾有千
行字書中不盡心此字改寫於旁中事一半殷勤託邊使
殘秋入洛謁
明君身事年來愧□□若說此生勤苦甚□闕□□是
何人此迴重入洛陽城又□皇恩賜一名仍此字改寫於旁向
樂□字似鄖亭院住如斯誰與得成情以上艸書
乾化中僧彥脩善草書筆力遒勁得張旭法惜其名不
振于時遂命摸刻以貽同好嘉祐戊戌歲冬十月九日
司農少卿知解梁郡李丕緒題

首十七字未見据全唐詩補注於旁潛研堂目云
乾化四年是首三行前尚有年月疑失拓一列也
而雍州金石記云碑二面每面作三層又謂肚痛
帖在此刻下方則碑無餘地尚容一列矣明如雪
全唐詩作如霜雪李丕緒史附其父士衡傳雍州
金石記誤作邳緒又誤貽爲招

義帝新碑

高七尺八寸廣三尺五寸廿一行行四十一字字徑一寸正書篆額題義帝新碑四字在郴州

義帝新碑

蜀客張俞撰

將仕郎守郴縣令陳叔獻書
文林郎權知軍事推官劉艮肱篆額
戡亂之謂武除暴之謂仁知人之謂智復讎之謂孝備
四者以成大功則千三百年惟義帝有焉昔秦□□尢
暴殄諸侯誑楚誘懷王□爲秦虜遂并其國孥戮其民
故楚人怨秦痛入骨髓故曰楚雖三戶亡□□□及凶
亥熾虐四海沸騰羣雄號呼六國踴躍天乃覆秦□楚
力拯羣生於是陳勝得以假號項梁□□□故義帝
起而制之天地震雲雷興龍虵起虎豹騰復六國蕩三
秦遂使殺亥望夷誅嬰軹道昔曰秦□□□今日楚能

滅秦天地否而泰日月晦而明亦若順乎天而應乎人
也及項氏暴強怨不已用天下之□□□死生乃尊義
帝徙郴遂没不返哀哉夫天命在已則劉項爲臣僕天
命既去則黜徙爲寇讎神龍□□□□入檻漁童獵婦
盡爲孟賁悲夫是以聖人慎名器之假人戒威權之在
下畏強臣之立側僭姦宄之□□□能據勢以臨之執
權以運之求賢以治之任智以謀之修文以勸之明刑
以威之猶懼夫守而弗□□□□亂況義帝起于擾攘
豪桀始爭大運去來逐鹿未定勢不獨立權必授人哀
哀楚心竟殞荒服□□□□□義數項爲詞雖非至誠

亦足感動天下矣夫其遺諸侯以誅暴亂可謂武矣出
秦民於湯火之間可謂□□令沛公先入關以平秦可
謂智矣滅秦以復先王之讎可謂孝矣位雖不終功亦
偉烈雖少康誅羿□□□吳齊襄還紀子胥鞭楚論德
比義我無愧焉嘉祐四年冬十一月適越至郴親廟升
家徘徊想象□不□□因感秦楚之事君臣彊弱之變
灑涕勒碑明其禍敗楚人來讀能無悲乎銘曰
天地否閉　聖賢吁嗟　龍驤虎變　必逢其時
匪賢不謀　匪時不爲　□□□□　庖釣爲師
哀哀懷王　制命強臣　項稱西楚　劉王三秦

豺狼縱野　□□□□　勝既死御　帝亦殞郴
故曰　大運去来　實天匪人　君乎權乎
□□□□　得之爲神　失之爲鱗　亥順黜首
獻非虞賓　予登郴冢　悲放弑而霑巾
通直郎守國子博士通判軍州兼管内勸農同提點
銀場公事騎都尉賜緋魚袋彭　舉正
朝奉郎守國子博士前知軍州兼管内勸農提點銀
場公事騎都尉賜緋魚袋借紫張　允
張廉在碑右下角當是刊石人姓名
右義帝新碑在郴州同治甲戌郴人陳學博善堦

按得之拓以見遺碑在元重修義帝廟碑之陰而
標題云義帝新碑是碑陽固有文字已爲元人磨
去矣王象之輿地碑目有義帝碑不詳何代于奕
正天下金石志有漢義帝碑湖南通志据以列入
豈碑陽是漢刻邪歐趙洪皆未載僅見於司直之
書司直於漢碑無紀註於宋元碑並未載及闕疑
可也案漢書地理志郴縣南有義陵祠水經注郴
縣南有義帝冢内有石虎因呼爲白虎郡元和郡
縣志義帝祠在縣南一里墓在縣西一里明統志
義帝廟有州城西舊名義陵洞義帝冢在州治西

或云在州學後一統志楚義帝陵在州西南祠在州南元重修義帝廟記云陵在郡之西祠庭改創於宋之咸淳年間是廟之由來久矣湖南通志不言廟所自建固不可攷而咸淳改創可据元碑補之志載元碑不載宋碑職官志載張兌知郴州而不及通判彭舉正推官劉頁肱縣令陳叔獻皆可据此補之

會善寺張景儉殘詩刻

高廣不計存十七行行字不等行書在登封

□□知一宿狃

觀

屋十餘間齋糧不□

深愧塵勞迹解恰臨

寺

□刹共嵳峩依巖竇砌龍

林□樂堪隨喜鍾磬聲清唄

紫雲洞

雲洞黃冠既前導絳襦亦後□

仍高不知雙烏重攝衣叩洞□

□用賞景未盡興向夕還旋蹕

此行無字

潁陽山墅

名轄頼此營山墅頻年到潁□

此行無字

五年三月十六日游□

張景儉集賢挍理

□南府登封縣

右石已殘缺後有張景儉名梭嵩陽宮文彥博題名後有張景儉名五年上所缺當是嘉祐字

嵩陽宮文彥博題名

方一尺六寸五分題名二行行三字字徑二寸許年月二行行五字字徑二寸從遊人名一行九字字徑一寸二分許俱正書左行在登封

潞國公文彥博

嘉祐庚子三月十八日遊

張景儉

王起陛經從遊

潞公有宿少林寺詩在此後月餘

太原景昇題名

高一尺四寸廣五寸七分三行行字不一字徑一寸二分正書

嘉祐伍年五月十一日因往涇原等路太原景昇至此

記

右題名當在陝西而不見於關中金石記下方尚

有師聖二字疑是碑側

八瓊室金石補正卷九十九終

八瓊室金石補正卷一百

太倉陸增祥撰　男　繼煇校錄
吳興劉承幹覆校

宋十九

九龍巖題刻四十一段在東安蘆洪砦

王汾詩高一尺四寸廣一尺二寸五分八行行八字字徑一寸三分銜名一行十四字年月一行十三字字較小正書

游龍巖精舍
光禄寺丞知潭州湘鄉縣事王汾上
暫到

靈巖頃刻間籃輿還促度前山我今吏役羞前輩
勝地逢僧不得閑
嘉祐五年庚子孟秋二十□日題

右王汾詩刻二十下永志作八字已泐矣王汾爲湘鄉令通志職官失載

余靖等題名高二尺七寸五分廣一尺五寸六行行十一字字徑二寸許正書

廣西體量安撫使副余靖賈師熊嘉祐五秊□月十九日再游喜公九龍勝槩崇班張均文興供奉官已下張守約趙璞陳和李規趙遂從游璞奉　台旨書

右正書六行其銜稱使副蓋合賈師熊而省書必靖
使而師熊副也喜公僧名潯陽陶羽有贈喜公詩當
亦在此時金石審
右余靖等題名永志誤已為以賈師熊見宋史溪
峒蠻傳張守約字希參濮州人嘗為廣南走馬承
受公事當儂寇之後詣闕陳南方利害皆見納用
歐陽修薦其智略權知融州此刻蓋在入粤之先
也

章詢詩高二尺四寸廣一尺二寸八行行字不一字徑一寸二分正書

接

宣撫偕道正訪
九龍巖主喜師率成
二十八字
大理寺監永州市征章　詢　上
閑携羽客訪
靈巖巖透山光秀潑藍
星使未來村舘近為師終日絆征驂
右刻正書八行參差不齊其舉書處如二十八字及
靈巖皆無謂蓋詩本不期入石元紙短而寺僧裁接
為長幅致高下失倫也喜僧之名見重士夫如此而

志皆不載其所著亦失傳惜夫此詩在陶羽之前而
字若出一手疑羽書也金石審
右章詢詩刻章詢見平蠻三將題名碑蓋始官於
永後隨余靖入粤者此詩當同時所作永志既錄
入金石略復載於名勝志而詩易六字殊無謂也
且指章詢為元人更謬

陶羽詩高三尺廣一尺三寸九行行廿字字徑一寸二分正書

古歌贈
巖主喜公
潯陽陶　羽　上

喜公心眼如有靈善擇此巖來搆扃崖根踏碎暮煙碧
洞門鑿破蒼苔青交加亂石虎狼隊蹤攢怪木龍蛇形
其間可以松蘿招隱雲霞放情傲復傲兮何富貴恣復
恣兮閑利名况乎神虬勇背俟風雨靈龜垂首思雷霆
嵓中有石如龜龍之狀故有是句　我今方為少年英青山未有歸去心
他時致　堯功業成與師高卧白雲深
右刻正書題三行詩六行與周子題名共一石而在
其前不著時代總當在周子未至之前也案喜公名
已見於仁宗時題名此詩度刻仁英二朝之際故附
列於此金石審

右陶羽詩刻縱橫作蹤借用字永志改作縱非利名二字永志誤倒神誤作龍注內脫故有是句四字茲悉正之勇背之勇亦借用字以上二刻皆無年月其與余靖同時所作固未敢定均有喜公名附余靖題名之後

朱壽昌題名 高一尺五寸廣一尺二寸六行 行八字字徑一寸三分正書

比部員外郎朱壽昌康叔被　命寬恤夲路民力過此因秘孰遊九龍洞時嘉祐六年辛丑夏四月二十五日也姪造□□

案宋史朱壽昌天長人富弼韓琦爲相遣使四出

寬恤民力擇壽昌使湖南或言邵州可置冶采金有詔興作壽昌言州近蠻冶若大發蠻必爭自此邊境恐多事且廢良田數百頃非敢本抑末之道詔亟罷之即此題所稱被命事也

周子題名 高一尺四寸有餘廣三寸兩行 行十二十三字字徑一寸正書

治平四年五月七日自永倅往權邵守同家屬遊春陵周惇頤記

在縣北一百里唐宋名賢遊此者衆治平四年元公自永往邵刻石以志 湖南通志 東安縣吳志

右刻在陶羽詩之左小正書二行蓋行次促迫留題不似諸巖之謹嚴也 金石 審

右周子題名在元豐年朱彧題名之右

脟忱記 高四尺五寸廣三尺三寸五分廿二行行廿 九字字徑一寸二分上石一行四十字正書

額題永州九龍巖記 六字古篆横列於上

永州九龍巖記

將仕郎試秘書省校書郎廉州軍事判　脟　忱　撰　儒林郎行零陵縣主簿張處厚書　將仕郎守零陵尉韓　家亨　篆額

予尉淸湘之二年零陵縣令梁君宏書抵予且夸大九龍嵓泉石之勝屬予爲記予爲永人尤嗜山水而足未

嘗及所謂九龍嵓者疑其書辭之過實方將走介以訊其是非未幾又繪爲圖以相寄予以事役未暇留意於翰墨而梁君已解去今年夏四月予用廣西帥辟就移廉幙東歸永欲縱觀所謂九龍嵓會湘水漲而嵓阻大江又不得遂其願焉及赴官至桂林一日之間併得零陵主簿張君處厚二書皆以嵓記為請則予之文不可靳而不發於此時也予始披圖考嵓之所在自州直北百里而近有寺曰洪陵寺傍有山曰九龍山嵓乃在其下山之上有池可以釣山之下有井可以汲翠峯欲活峭壁如削其間嵌空寛廣座可容數十人蔓有藤圍有

松竹皆見于圖予疑古有隱君子棲焉不爾造化烏乎設此而久為荒閑無所用之地者耶至於霾晴而石乾雲蒸而雨滂夏日火烈而嵓風自清冬雪滿空而嵓水不氷此又非摹寫所能至也予始知予之不遊為失而嘆茲嵓之不遇也凡零陵山水之著人耳目者尤多若浯溪朝陽洞法華寺石門最為卓然者則元次山柳子厚嘗見於文字有澹山嵓者又殊絕而二子且不到晚有李西臺詩焉此其著人耳目蓋有所謂三子文章所及而得耀於今為奇觀好事者又藉以大其說獨茲嵓之不得其傳可不重惜歟開山者浮圖曰元喜也治平

始賜寺額曰壽聖院改洪陵也噫嵓寺之興自景祐歷治平餘三十年方賜名額繼又得邑令佐渠渠於文記豈非時乎世傳昔有九道士從嵓而隱此又非予所能考信也姑迹其舊名而為之記云熙寧元年五月五日

新廣南東路轉運判官朝奉郎尚書駕部員外郎前
通判永州軍州事上騎都尉賜緋魚袋周惇頤上石
汝南周甫刊在首行標題之下角

右刻正書二十三行筆法謹嚴昔人未見前陶羽章詢所贈詩喜公者於此始知其名元喜也恍零陵人縣志載為治平四年許安世榜進士此云尉清湘之二年蓋登第後除尉其明年辟廉州樸與志正合周子本傳熙寧改元用趙抃呂公著薦為廣南東路轉運判官此刻於將去永州之時題銜亦與史合記為五月五日所作攷濂溪志又周子生日嵓之遇合亦奇矣金石審

右蔣恍記永志座作坐噫作意均誤張處厚韓蒙亨兩人省志職官俱未載記云壽聖院改洪陵也永志寺觀云洪陵寺在獅子嶺左今廢案獅子嶺在縣東南有朱陵嵓古有朱陵寺南北相懸宗氏

誤以朱陵為洪陵矣壽聖院亦失載宗氏既見此記何疎於檢點耶

陶輔相佛殿基題記方一尺六行行七字字徑寸許左行正書

郡下陶輔因
周運判駕漕請同嵓主喜公相九龍壽聖院佛殿基時
熙甯元年季夏初二日奉遷訖輔記

右陶輔題記陶輔字佐臣見浯溪題名周運判當即周子時為廣南東路轉運判官壽聖院已見前

高秉等題名高二尺三寸廣一尺九寸五分五行行七字字徑二寸五分末有書人名三字字徑寸餘正書

提點刑獄公事高秉平叔高遵治公弼因按屬部同遊九龍巖時熙甯元年十月十七日題　蔣式書

右刻正書五行前人未見提刑何以有二人且並行按屬二人宋史皆無傳湖南省志俱佚其名惟宋史外戚傳有高遵裕爲高瓊之孫其弟曰遵譓遵治或其從昴歟存以俟攷金石審

右高秉等題名蔣式所書永志遺去三字殆失拓一行耳書法酷摹平原

關杞題名高一尺八寸廣一尺五寸五行行六字字徑二寸許左行行書

新提舉廣西常平太子中允關杞蔚宗將曰訪喜師熙甯四年二月十三日題

右關杞題名列銜云新提舉廣西常平太子中允蓋以太子中允之任桂林道經題此也澹岩有其題名在此後三年署銜稱前提舉廣西常平太常寺丞則其去桂時所題關杞官桂林三年也廣西白龍洞又有其題名在元祐四年當是重至桂林時所題浯溪亦有其題名瞿氏跋云攷蔚宗於熙甯六年官廣西提舉常平見臨桂龍隱巖題名在此題名之前一年又宋史南蠻傳云元豐三年知邵州關杞請於徽誠州融嶺擇要地築城砦以絕

邊患則蔚宗又嘗官荊南而有政績者

孫頎等題名高一尺六寸廣一尺六行行六字字徑一寸三分正書四周有花紋

提點本路刑獄公事孫頎景修朱初平仲隱偕遊盧洪洞九龍巖時熙甯癸丑孟冬旦景修題

右孫頎等題名孫頎長沙人見劉摯集云孫頎字景修號拙翁成象子咸平間進士知桂陽軍遷湖北轉運使終太常少卿以才顯於世少孤受教於母爲賢母錄以致其思又桂陽州志云拙翁巖在州東鹿頭山脊宋孫頎嘗遊此以拙翁自號刻銘其上頎英宗時知桂陽監瞿氏輯湖南通志据以錄入金石今未見拓本据此刻頎又嘗提點本路刑獄通志職官僅於英宗朝載其爲桂陽監由未見此題名耳朱初平嘗爲湖南路轉運使見宋史梅山峒蠻傳

陽巨卿題名高一尺五分廣一尺一寸二分六行行六字字徑一寸二分正書

河陽鄧度推官知零陵縣事楊巨卿信甫同縣尉盧綜貫道熙甯八年五月初二日嘗遊因識

蒲宗孟題記高五尺廣二尺七寸十行行十三十四字字徑二寸六分正書

南隆蒲宗孟自零陵按部陽約京兆朱初平高郵喬執中游九龍岩二君皆以事不來而屬官陳瑄相送一舍

畏暑疾喝遲遲於後且未至迴視石間見王璩鄒庸黄轍黄寔題名又悵四人者已先去余終日徘徊獨行危坐無朋儔相與同一時之樂盛夏大熱雖嵒中瀟灑可愛然意有不足者過此賸覆殆亦不能放懷自適矣熙寧八年六月二十七日題

右蒲宗孟題記宗孟宋史有傳字傳正閬州新井人熙寧初以集賢校理奉命察訪荊湖兩路奏罷辰沅役錢及湖南丁賦遠人賴之此題正其奉使察訪時也史稱新井人此刻自署南隆與史不符朱初平已見前孫頎題名內時爲湖南轉運使喬

執中時為運判史亦有傳字希聖高郵人安石引編修熙寧條例選提舉湖南常平章惇討五溪蠻執中取大田離子二峒路既險絕期且迫走一校諭其酋即相率歸錄功當遷秩請還贈父母就徙轉運判官章惇經制蠻事在熙寧五年執中當尚未徙運判而諸蠻傳已云判官喬執中矣通志職官不載其為運判當補之陳瑄莆陽人見後省府志職官均不載不知是東安令否王璩鄒庸黄轍黄寔四人俟攷其題名未見拓本又案名勝志東湖在零陵縣東山之西熙寧間蒲宗孟奉使荊南與朱思平喬執中彭次雲李士燮暨官屬來游題名瞿氏輯湖南通志据以錄入而石刻已佚矣思平當是初平之誤

蒲宗孟詩 高九寸三分廣二尺四寸五分四周有界線十九行行九字至十一字不等字徑六分正書

虛嵒蒼壁古苔斑瀟灑清深六月寒三伏流金無處避暮天将去更盤桓

老僧捿息亂雲顛鑿石開山四十年投得嵒成身老大更無觔力到嵒前

人言道士隱深山九煉丹成去不還乳溜滴成華蓋座

猶疑眞相在嵒間

欲尋微徑到山前聞有蛟龍洞底眠歲旱容雲終不雨可能無意救荒年

九龍嵒在永州盧洪驛南十里熙寧八年六月二十八日 下空

察訪蒲公來遊作詩四篇屬官陳瑄以帋本貽知州事李侯侯命刻於嵒石

右蒲宗孟詩李知州刻諸石省府志職官神宗朝知永州者有李士燮李傑俱在熙寧以後知道州者並無李姓其人惟永志東安表熙寧時有李逸

名八年任或即此刻之李知州誤爲東安令歟詩云鑿石開山四十年則此嵓開於景祐間與蔣忱所記合

田仲方等題名高七寸七分廣五寸四行行九字字徑五分正書

軍事推官田仲方偕道守縣尉盧綜貫道熙寧八年歲次乙卯十月十二日檢旱憩此謹誌

田仲方任推官省府志均失載

栁應辰題記高一尺六寸廣一尺四寸九行行十一字字徑一寸三分正書

人之安適夷曠繫於內不繫於外故有居山林而躁者在朝市而靜者必若心源湛寂世累踈薄又得幽絕之

境以輔助之宜乎安於自得蕭然乎塵垢之外則零陵九龍巖其亦輔助之一焉熙寧九年丙辰二月十九日尚書職方員外郎通判永州栁應辰記

記云零陵九龍巖是時屬零陵也三門洞豐茝題記云舊屬零陵今隸東安九龍之隸東安當在同時

李茂宗題名高一尺四寸廣八寸四行行七字字徑一寸五分正書

廣西軍興縣令李茂宗按視驛鋪因游九龍嵓時熙寧九年六月望日題

右李茂宗題名案是年交阯入寇詔遣郭逵討之此題首云廣西軍興蓋即其事李茂宗通志不載府志列於治平朝云三年任司法參軍今此刻在後十年自稱縣令何也

陶弼詩高二尺廣一尺七寸八行前四行行八字字徑一寸七分後四行行七字字徑一寸四分行書

巖有眞龍卧未醒此龍於物本無情可能暫起爲甘雨洗我征南十萬兵

熙寧九年秋七月初五日尋陽陶弼題增巖介孫同外孫謝甫侍行

陶弼九龍嵓詩拓本漏佚今東安唐秀才從巖中錄得寄門人蔣元甲未及補拓姑附錄之弼以征蠻著

具見本傳觀其詩已可知其人矣金石審

右陶弼詩永志誤可爲有後脫十一字案史本傳陶弼字商翁永州人湖南省府志云祁陽人而此題自署尋陽與史志均不符

陳瑄題名高一尺二寸五分廣一尺四行行六字七字字徑一寸五分正書

莆陽陳瑄之安南過此覽舊題徘徊久之熙寧九年九月五日

行書四行舊題一石未見為恨金石審

右陳瑄題名陳瑄官永見蒲宗孟題記案史神宗

本紀是年正月交阯再陷邕州知州蘇緘死之二月以郭逵為安南招討使趙卨副之詔占城占臘合擊交阯然則陳瑄此行殆以兵事去邪

趙揚題名高一尺三寸廣八寸五分前四行行八字字徑一寸三分後一行十字字徑八分均正書

荊湖南路轉運判官會稽趙揚充道按全永歸遊九龍巖熙寧丁巳春三月甲子題　延安武舉進士曹渙同至

右趙揚題名丁巳為熙寧十年永志渙誤作奐澹巖有其題名與此同時萃編已載之矣

淵沖子觀磨崖說高三尺八寸廣二尺七寸九行行十一字字徑二寸五分末小字一行三字字徑五分正書

淵沖子觀磨崖有言

身非百年而以姓名歲月刻於石者必知身不如刻之永也惟高才重德有聞於時者世世愛護能使幽晦之境遂亦名出不然墨蠟倘新已為鑱毀磨而復刻刻而復磨其刻愈勤其磨愈敏重磨疊刻無有窮時噫名不可不貴也

周甫刻

右正書九行字雄厚古朴懸筆正鋒必熙寧以前所書後來佻巧之習從風而靡即有一二習顏書者皆不及其用筆之自然書雖小學其為風氣所轉移如此斯人為誰吾不能知盧臧張處厚之外不復多得故姑附諸熙寧之末以待攷證焉金石審

右淵沖子觀磨崖說左方下角有周甫刻三字永志未載殆拓工所遺耳周甫即刻蔣忱九龍巖記者永志列此於熙寧末是可從也火星巖亦有淵沖子題句云尋勝閑題意歸於默不能思之觀崖之北未得拓本附識之

曾布題名高二尺廣一尺五寸六行行八字字徑一寸六分行書

龍圖閣直學士朝奉大夫曾布自廣西移師隴右元豐三年十月十三日過此男縰緵纁紆絢壻王良肱甥王細緼侍行

右正書六行布以附王安石呂惠卿進用後復以沮新法見忤黜知饒州徙潭州攺廣州元豐初以龍圖閣待制知桂州進直學士知秦州此云自廣西移帥隴右正其調秦州時所題惟師從巾而此從市似師字攷當時並無兵事則俗書也棻布一生首鼠兩端既得罪於君子復取忌於小人名傳二惇之閒了無足取顧其在元豐以前覼然以逐臣自命自此一移而黨禍日熾宋轍遂東存此以志小人道長之時會

也金石審

劉温詩高一尺六寸廣一尺二寸六行行七字字徑一寸五分標題小字二行行八字字徑五分正書

留題九龍崑三任湖湘悵移桂林元豐庚申中□□日

通判桂林劉温

繡嶺如屏倚梵宮九龍疇昔隱崑空湖壖滕槩嬉遊遍

名宦勞生西復東

右劉温詩自註云三任湖湘而其名不見於省府

志不知何職庚申爲元豐三年

馬默題名高一尺五寸廣一尺二寸六行行七字字徑一寸五分正書

權廣南西路轉運副使朝奉大夫馬默同姪紀男婆壽

遊九龍巖元豐四年九月二十一日處厚題

右刻正書六行學顏而用側筆者也攷宋史本傳默

字處厚城武人少從石介學石謂他日必爲名臣知

須城縣張方平恒閉目不與掾屬語見默白事盡行

其言治平中爲御史裹行直言無顧神宗即位以論

歐陽修通判懷州除知登州徙曹州召爲三司鹽鐵

判官論新法出知濟兖二州遷提舉三司帳司神宗

將用之大臣不悅以提點京東刑獄改廣西轉運使

終河北都轉運使此殆其赴廣西時所題惟史云改

轉運使而此作權副使與史文異然直節凜凜其書

乃鋒穎峭厲如其爲人斯可重矣默子純仕高宗朝

距題名時七十年婆壽蓋其孫抱時小名也金石審

朱彧等題名高二尺六寸廣六寸前二行行十字後一行十四字字徑一寸五分正書

邑尉大梁朱彧仲文東安佐建安鄒向道原㕘幹因遊

此巖元豐壬戌孟夏六日丁巳記

右朱彧等題名永志誤日爲月首云邑尉下云東

安佐則朱彧或非東安尉也朱彧鄒向省府志俱

未載

齊諶題名方一尺一寸五行行七字字徑一寸三分正書

新江南東路轉運判官齊諶子期自廣西赴任過此因

遊九龍巖元豐六年三月二日題

右正書五行題刻皆劣下刻蔣若本三字或刻工名

也金石審

鄧煥題名高一尺廣一尺二寸五行行五字字徑一寸八分正書

零陵邑佐長沙鄧煥用晦㳂檄過境獨遊元豐甲子端

午日題

右鄧煥題名甲子爲元豐七年鄧煥名不見於省

府志職官通志選舉內元豐五年黃裳榜進士有

鄧煥湘鄉人其字從水疑卽此煥字之誤登第後

即除邑佐也

阮之武詩高一尺九寸廣一尺二寸五分六行前行十字字徑一寸七分後三行行十二字字徑一寸二分正書

野老相傳有九仙甞遊此地忽昇天霓旌鶴馭今何在

千古空巖鏁暮煙

靜海阮之武子文倅郡零陵行縣遊盧洪九龍巖紹

聖改元甲戌歲七月七日題□以正其名

右行書六行在九龍嵓九仙蓋子文所命也金石審

右阮之武詩之武名屢見於永郡諸巖石刻哲宗

以是年四月改元紹聖題名在七月故稱紹聖也

永志盧作盧非是盧蘆可通用而見於石刻者均

不加艸頭

黃朝散詩高一尺二寸五分廣三尺三寸共三十五行行字不一字徑五分後四行較小行書

金鱗玉角照人寒何事

清時此蟄蟠甘澤不辭膏品物奚懃濟〻舜朝官

右行縣憇九龍巖宣和三年辛丑歲孟冬二十日

臘盡春來氣應和豐年嘉瑞作民歌一盃龍洞梅花酒

□破牢愁埒太阿

右再過九龍巖

龍巖重到臘殘天欲訪丹成行滿仙因覩

魯公題刻妙氣騰忠誼拂雲煙

右覲丞相曾公為桂帥時經過留題

寸心憂旱隱如焚默念僖心閔雨勤得太守回簡報初六日迎神祈求

欲到九龍巖數里霈然甘澤副油雲

右將到巖洞油雲忽作驟雨滂霈四年七月八日

驟雨滂沱若救焚痛瘖時暫慰勞勤若教千里均霑渥

多稼看〻滕□雲

右得雨移刻即止惜乎不廣

來□形相異爲仙識性誰知共一天澤物度人均是道

瑞晗千載起祥煙

右和阮倅正名九仙

不為魚計伏藏深鳴和奚慙鶴在陰雲從龍油然而作則雨霈然而下

千里秋苗如普潤何妨信史一書霖

右和士曹曹文林省題九龍嵓

沐雨衝風夜向晨九龍巖畔報中春行庵一供山僧飯

下咽甘□不笑貧

右五年二月朔投曉到巖寺適值亡女忌日因而

飯僧

伏承

通判　朝散黃公　按部過九龍巖書詩八首文照

不敢秘藏謹刊于石昔宣和五年癸夘歲三月望日

住持僧文照□記

官志宣和年無黄姓判永者莫攷其名矣

曹省詩高一尺一寸廣一尺八寸詩四行行七字字徑寸許前六行字徑六分後二行字徑五分行字均不一行書

壬寅七月二十二日予曰過東□少休壽聖時秋陽炎亢大□可憂遂題是絶以謁靈巖如有其靈一霈膏澤以惠斯民南康曹省香曾書于寺之南軒

英靈何事卧雲深一舉曾空萬里陰阡陌相望苗就槁

蒼生應待作商霖

宣和五年癸夘三月二十日九龍□壽聖院住持僧文照上石

曹省名不見於官志黄朝散詩題內稱為士曹

錢懷哲詩方一尺四寸五分標題四字字徑二寸許行書詩四行行七字字徑一寸四五分正書署銜及上石兩行均小字

題九雲巖

朝奉大夫通判永州軍州同管句神霄玉清萬壽宮兼管內勸農事錢懷哲

瀟湘行邁遇初烁何幸因官得一遊無異醴陵三室洞九僊羽客是吾儔

宣和五年癸夘七月二十五日住持僧文照上石

右行書五行小字署款二行九雲巖即東安九龍巖也金石審

右錢懷哲詩刻澹巖亦有其題名後此一年懷哲判永州通志未載永志亦不詳其里貫云省志作機哲案錢機哲通志列於太祖朝殆別一人也三室洞在醴陵王仙山一名大山後漢書五行志醴陵縣大山大鳴如牛呴聲即此荆州記云縣東四十里有大山山有三石室又名王喬山隋書地理

志醴陵有王喬山明統志云世傳王喬鍊丹於此上有三室洞

黄仲堪題名高一尺五寸五分廣一尺三寸五分七行行七八字不一字徑一寸五分行書

雙井黄仲堪覺民自零陵行縣經此值太平進老同遊巖主照師爇香烹茶使人灑然有僊意孫適侍行靖康元年孟冬戊午日題

右黄仲堪題名仲堪山谷之弟浯溪有其題名與此同時特差數日耳照師名文照

胡寅等題名高一尺四寸廣一尺六寸六行行六字末行七字字徑一寸五分又上石一行十六字字徑四分並正書

茲夷胡寅寗宏侍家府自郤之春陵過此門人江陵吳
邪湘潭黎朤從紹興元年十二月初六日
永州東安縣九龍巖壽聖院僧　文照　上石

右胡寅等題名寅寗宏安國之子寅本安國猶子安國妻取而子之崇安人寅字明仲寗字仁仲宏字和仲題名所稱家府者蓋即安國也紹興元年安國以中書舍人兼侍講入對獻時政論十二篇會除朱勝非同都督江淮荊浙諸軍事安國奏以為不可遂改除侍讀安國復持錄黃不下呂頤浩稱勝非曾調護聖躬特命黃龜年書行安國自劾

落職提舉仙都觀五年除徽猷閣待制知永州辭不赴詔奉祠提舉太平觀又案寅宣和中登甲科靖康初除校書郎遷司門員外郎棄官歸建炎三年張浚薦爲駕部郎官上書高宗呂頤浩惡其切直除龍圖閣主管江州太平觀尋知永州紹興四年召為起居郎遷中書舍人賜三品服其後復除徽猷閣待制知邵州改集英殿修撰知嚴與永州召為禮部侍郎又案寗初蔭補官召試館職除敕令所刪定官俄遷太常丞祠部郎中官出為夔路安撫司參議官尋知澧州主管台州崇道觀又案宏以蔭補右承務郎不附秦檜引疾去此題名在紹興元年十二月安國當已落職殆寅主管太平觀之時尚未知永州故得侍父隨行其云自郤之春陵不知何事其時寗居何職亦未可臆定也永志職官紹興年知永州者首列安國次即寅未知所据果爾則此題名正安國知永州之時然與史不符据史則安國除永州在紹興五年且未赴詔寅知永州在紹興四年以前元年十二月當尚未知永州官以俟考又案是年十一月叛寇曹成執安撫使向子諲進攻道州十二月道州陷守臣向

子忞棄城走時有兵事而胡寅等正往春陵何也

艾洪詩 方二尺十六行行十四字字徑寸許正書

九龍山高百尋閒　九龍之嵒窅且寬　可容萬馬更餘地　滴凍石乳堅莫鑽　十里層崖聳擁至　貧璫疊翠仍檀欒　六丁何年鑿地鐔　驅遣造化從開端　我方揚輿出塵鞅　搜索異境凌霜寒　一朝登臨謁奇特　肅容歛衽成三歎　也知斯名本副實　嚴邃豈止羣龍蟠　洞天此合居其一　緬想深處儲僊官　龍兮龍兮聽我言　豈可潛伏而久安　直須起作商家霖　傳嵒事業斯無難　君不見空下　往時豫

章題淡山　俗子囂塵了不干　淡山之嵓固可取
九龍之嵓亦足觀
寄書九龍嵓廣福院紹定戊子孟冬中澣後七日
菊坡艾洪可大當代住持僧　妙性　上石

右艾洪詩艾洪無攷詩云我方揚輿出塵鞅又云豈可潛伏而久安似罷職者所寄託廣福院志不載戊子爲紹定元年中澣是月之二十日後七日則二十七也

張大年題名高二尺五寸廣一尺五寸五行行十字字徑二寸三分正書

東安邑令張大年奉帥檄平蔣冦就盧洪置司撫定鄉

民公事了暇同飛虎統軍陳德劉戴策馬觀九龍巖時
淳祐壬寅十月下澣

右張大年題名壬寅爲淳祐二年張大年令東安省府志均列於度宗朝得此刻足證其誤案史淳祐四年七月盜發永州東安縣飛虎軍正將吳龍統制鄭存等討捕有功詔補轉官資而此刻所謂平蔣冦者不見於史豈冦發於二年至四年而盪平史敘獎功之典故系於四年七月邪陳德劉戴無功故史不及之邪存俟再攷文云就盧洪置司攷唐時永州有雷石盧洪二戍宋初永州有福田樂山零陵東安諸砦道州有楊梅勝岡錦田諸砦是盧洪舊爲戍所而立砦置司則自淳祐二年始至今尚存其名并因舊制設司皆修志乘者所當知也飛虎軍刱於辛棄疾事在乾道四年鄉鄉之俗字

劉夢符詩高一尺四寸廣一尺一寸四周有界紋共七行詩四行行十字字徑寸許前後三行行字不一均正書

夏日游九龍嵓此行字徑七八分
迪功郎零陵縣丞衡之耒江劉夢符此行及末行字徑五分
突兀靈嵓古　紆回石磴升　地幽忘日烈　壁峭喜

雲蒸　峯頂池如月　山根水欲冰　摩崖可鐫題
大字紀中興
寶祐四年丙辰仲夏念四甲寅日謹題

右刻七行讀廿爲念代廿古人所未有也審金石

右劉夢符詩夢符無攷其爲零陵丞亦不見於方志永志載此刻脫縣丞衡四字

朱顯叔題名高廣各一尺一寸五分五行行五字字徑一寸二分正書

大理寺丞朱顯叔簽臨賀幕至此趙景臣同游壬子四
月初五□

馬玶題名高一尺三寸六分廣九寸五分四行行字不一字徑寸許正書

尚書郎合肥馬玘德之被刑廣西與進士吳復無悔同

游九龍洞

壬子六月十四日

右刻正書四行年代惟寗字略有形似以前馬璟題名案之當爲熙寗五年也金石審

右馬玘題名洞字下並無字蹟宗氏以爲熙寗五年未足徵信當附於湻祐十二年宋代最後之壬子也

高至端題名高一尺廣八寸四行行四字字徑一寸五分正書左行

江陵高至端來游丙辰十二月初三日題

案右刻正書四行不著年號其人無可攷審字尙近顏書疑非南宋人所爲姑附於此金石審

右高至端題名永志列於熙寗九年未足徵信要其爲宋刻無疑附宋代最後之丙辰寶祐四年永志至作正亦誤

李得之詩高廣各一尺三寸五分前六行行十二字字徑四分詩四行行十字字徑七分正書

癸亥之秋九月晦日同□□□東□牛兼善規田還□□□□大名田仲平訟檄留此□□□會小憩巖下裴囘不能去聊書短述

廩延李得之

霭霭雲□爛岑岑洞宂幽黃衣無□士陳迹□千秋本爲征塗憩還因爽氣留塵緣吾未斷歸路晚颼颼

右刻但書癸亥不著時代諸人姓名又不見於志無由定爲何朝要爲宋刻無疑東下似實字又似賓

衡陽陳某詩高一尺七寸廣一尺四寸八行行十字字徑寸正書

留題九龍巖

權零陵縣主簿衡陽陳□□

里俗相傳有九龍昔年棲隱此巖中煙霄一去□□隔石戶雙開舊徑通月影日光東北近泉聲山色古今同

何當便脫卑凡累來伴僧閑論苦空

右刻無年月人名已泐永志官表零陵簿無陳姓者莫可攷矣元祐間有陳寬夫是尉而非簿覆審拓本亦絕不似寬夫字

右九龍巖題刻四十一段在東安蘆洪砦攷九龍巖在縣北百里山形陡起奇石錯立巖中物象畢具出泉寒冽歲旱邑人齋沐丐其水以禱雨巖前有池巖門高敞循磴而下有隙僅可容身蛇行而入方廣闃静相傳有樵者遇黃衣九士謂曰吾九龍居此久矣言訖不見宋王觀嘗述其事以爲詩

巖中石刻木夫先生輯通志未及搜羅僅據縣志列王觀詩周子題名二刻宗滌樓輯永志採訪得廿一段而王觀詩無存爲茲就所得錄之俾於宗氏矣王觀詩度已不存

沈文罕修塔題字 石高九寸五分寬三寸五分五行行十九字正書

大宋國蘇州長洲樂安鄉清信奉三寶弟子沈文罕并男宥從合家眷屬等時嘉祐五年九月日捨金銀書金剛經一部爲當年水大募緣修換寶塔一所爲報答四恩三友法界衆生同成佛道

同勾當人周延祐陳遇衛宗爽徐宗詠等

甎塔石函題字正書嘉祐五年九月沈文罕建出蘇州府宮巷塔中 潛研堂金石文字目錄

此刻舊在元妙觀前宮巷口塔中今藏古泉山館製爲硯 瞿中溶吳郡金石目

八瓊室金石補正卷一百終

八瓊室金石補正卷一百一

太倉陸增祥撰　男　繼煇校錄

吳興劉承幹覆校

宋二十

華景洞題刻三段 在臨桂

李師中等題名 高九寸廣一尺五寸八行行字不一字徑二寸許篆書

提點刑獄李師中冑瓊守謝鴻郡丞黃照幕下孟庭堅段惟脩周佺會此巖下嘉祐辛丑正月十九日

閻紳等題名 高二尺一寸廣一尺五寸六行行十字九字字徑二寸許行書左行

兵馬都監閻紳君儀莞界巡檢劉永在延之知興安縣卞立沖道淵熙寧甲寅孟冬初六日會此明日道淵方之任興安君儀將□□遣新任延之巡邏

廣西通志所載闕一行然似尚未全也

方孚若題名 高一尺四寸廣一尺八寸五行行四字三字字徑三寸許正書

方孚若領客携兒拜游嘉定癸酉十月廿九日

通判潤州劉弈墓碣

連額高五尺六寸廣二尺八寸五分廿行行五十二三字末行五十五字字徑六分正書篆額三行題劉蒙伯墓碣文六字字徑四寸許陽文在關縣

宋故朝奉郎尚書屯田員外郎通判潤州軍州兼管內堤堰橋道勸農事上騎都尉借緋劉君墓碣文

君諱弈字蒙伯其先漢唐以來世有顯人至祖考皆仕
國朝　考諱若虛尙書屯田員外郎
贈光祿卿光祿之碑襄嘗銘之系次詳焉　君天
聖八年進士及第授惠州推官疾不果行次調南康軍
判官移知洪州武寧縣事改大理寺丞累遷尙書屯部
員外郎應知鄭之滎陽鳳翔府判官通判漳州潤州事
以皇祐三季五月二十二日終潤州季五十三明年正
月廿四日葬福州懷安縣靈山鄉越城里夫人陳氏封
寶應縣君子康夫甯夫岐夫女長適韓昌國次明州慈
溪令陳章其季進士林回君於文章要以理道爲得不

苟聲律其論性情推明孔子之法尤非浮屠所傳力教
於人開曉其路從之學者咸以吾道自勉久之貧無以
生就舉進士中乙科喜曰吾不能爲時之文章恐不復
得仕進今幸中第吾志得矣其在武寧民憙訟而易法
爲令者多嚴法以止之猶不能勝君雖細事爲之盡心
有兄弟訟者譬之親愛之理以感動之輒泣涕自咎引
去刑省而民犕慶厯中元昊叛陝西用兵韓丞相爲經
略使辟君鳳翔一道兵民芻事多倚君辦集連年兵敗
民窮乃上書　朝廷言其兵所以敗民所以
窮之狀其略曰陝西之要饟兵運糧㝡爲首務其策皆

未爲得都部署者上將軍之任也而無專制之權其偏
裨才否不敢黜□留之軍無行陳之法見利輕進畏敵
遷退所以毎戰必敗偏裨不死上將之令士卒不知什
伍之制其理豈有勝哉邊戍益多禀粟益廣轉運使職
其事也今之轉運使皆以序進不計其能未更年歲屢
遷易之文書凡目曾未能知其暇以民爲意乎一方之
患内靡度支外輟兩川之賦調及天下關陝之民流離
窮困而邊儲日窘不幸天下之患有大於此何以支乎
蓋由轉運使不擇其才不久其任無所歸責也又言被
邊宜募土人給其閑田使之自衛其境可以省費言數

十條率多此類事格不報漳州漳浦有虔州民四百人
入縣買官所賣鹽令捕之民因鬬拒遂鞫其私販而强
捍其法應死囚多繫久疫殍相屬君爲直其非私販而
出其不鬬拒者坐法數十人而已君初仕頗天下事若
無所爲而可辦應官二十年所至施爲謀議多不能如
其意然後知不可以力爲也於是補吏南歸展省墳域
緬然有退耕之志而未果也其終之歲予適過潤州君
病積以手書謂予曰吾止於此矣唯稺子是託既終歛
無新衣囊無餘資郡吏民集錢二百千以賻夫人辭焉
歸葬於閩屋無室廬産無田園勤勞其家清節不渝夫

人之力焉嗚呼十年之間康夫以學行自立又能請文
永其先烈予既悲之而又慶其有後也銘曰
文弊於詞在天聖初牽拘媿偶華譎　剽膚君於斯文卒
末扶踈世言性情淪于浮屠君爲中庸聖掘之樞經營
萬務於時有需既官于陝晝思夕圖條兵轉餉實完民
痛上書于朝事願之殊潼有冤獄十百其徒辯覈平治
脫釋不辜寂後丹楊聲問益敷齋終克踴歸宅海隅父
子兄弟次序不踰既順□安斯其已乎　嘉祐六
年歲次辛丑四月十九日樞密直學士尚書禮部郎中
莆陽蔡襄撰并書　陶翼模刻

右通判潤州劉奕墓碣文在閩縣訪碑錄有嘉祐
六年四月朝奉郎劉爽墓碣蔡襄撰書云仁和趙
氏拓本蓋即此碑也未詳所在并誤奕爲爽耳

重刊宋立唐郭忠武王碑

高八尺廣四尺七寸廿七行行七十字字徑寸許正書在華陰

唐尚父汾陽郭忠武王碑記

宋王彰撰

王諱子儀謚曰忠武華州鄭縣人刺史贈太保敬之子
體貌脩偉天將其傑以武舉補左衛長史歷諸軍使元
宗世當正觀治定之報國家無事開元末天下益以安
富上佚下愉危亡之端有言無然肆于不疑乾藴坤奥
釁鑄日露十五年安祿山反河南北兵大起王自天德
軍使朔方節度右兵馬使詔改衛尉卿靈武守朔方節
度使以本軍東討取靖邊軍斬其將周萬頃遂高秀巖
于河曲克雲中馬邑開東陘加御史大夫明年蔡希德
陷常山郡執顏杲卿賊守河北郡縣帥師下井陘拔常
山破賊於九門攻趙郡生擒賊四千皆捨之斬僞太守
郭獻璆軍還史思明以其徒躡䟦師王以驍騎五百更
挑戰至行唐賊罷將遁我師乘之敗之于沙河賊潰益
軍角逐王堅壁晝守夕襲以有餘待其弊大蹂于嘉山

斬馘四萬生擒獲甚衆思明徒跣犇博陵河北十餘郡
斬賊守以迎王師肅宗幸靈武朝廷新立王與李光弼
全師赴行在國威以振加兵部尚書同平章事天下倚
其師以爲根本討阿史那定河曲又明年破潼關走崔
乾祐入蒲津奪陝郡永豐倉潼陝以平加司空關內河
東副元帥詔帥師趣京師與賊遇灞水之西王師不利
合其衆保武功乞降軍爲左僕射從廣平王師蕃漢兵
十五萬進收長安回紇葉護領四千騎助討王與修好
大戰于香積寺北偋回紇奇兵出其後表裏以攻賊潰
斬首六萬級其守張通儒奔陝郡收京師嚴莊及通儒

保陝東抗復以大軍擊之賊分兵絕歸路回紇進殺之
虢其後發十餘矢其埃中賊驚以敗莊通儁犇安慶緒
保相州東都三河郡邑皆平加司徒封代國公食邑千
戶入朝天子勞之曰雖吾家國實卿再造乾元初北討
破賊河上擒偽將安守忠加中書令詔以九節度之師
討安慶緒自杏園渡河圍衛州賊悉衆來援選射者三
千伏壁誡曰吾小却賊進則登譟齊發將戰偽遁賊乘
及壘聞鼓譟矢注如雨因其駭整衆以覆之獲偽鄭王
安慶和收衛州又敗賊于愁思岡明年思明復陷魏州
王師遇賊于鄴南大風冥晦退保河陽詔為東都山南

道副元帥監軍魚朝恩忌功譖講召還京師王惟寇孽
未殄息忠義憤惋刑寢食幾不與賊俱生三復用三止
之相次思明再陷河洛李光弼兵敗河中太原殺其帥
迺起為河中北庭兼澤潞節度興平定國副元帥封汾
陽王鎮絳州擒河中賊誅其魁太原亦誅害帥者河東
諸鎮奉法程元振定策立代宗朝廷功高者惡之以是
罷副元帥加實封七百戶高暉導吐番入京畿詔為關
內副元帥鎮咸陽聞天子幸陝遽還從駕王獻忠叛逼
豐王已下投于賊王扈送行在有三千騎並南山得武
關防兵及散卒寇陷都邑立宗室承宏為帝署置百官

王以萬卒為前鋒營韓公堆用孫全緒謀遣王甫密入
長安結豪俠齊擊鼓朱雀街虜衆駭去大軍紹進殺自
署京兆尹王撫京師復平詔留守都邑元振勸帝都洛
避狄代宗將然之王諭奏舊都控制先帝宅之以有天
下周南地狹勢不久安上省章即至自陝郡賜鐵券圖
刑御閣僕固懷恩頓軍汾州掠并汾諸邑詔出鎮河中
懷恩走靈州加守大尉北道河西通和蕃朔方招撫觀
察使堅辭大尉不獲命見上感泣固讓乃止不拜懷恩
引吐番回紇党項數十萬南下京師震焉詔出鎮奉天
賊至欲戰衆請奮擊止之曰客深入其利速戰戰則有

勝負當斬語戰者堅壁以待竟不戰而退入朝為尚書
令又讓不拜番寇屢入蒲陝宿師復鎮河中永泰元年
懷恩將河西諸蕃三十餘萬寇京畿有詔親征分命李
忠臣等列屯畿輔團丁括馬填諸門民大恐懼召王屯
涇陽師才萬人虜騎合圍數重王以李國臣魏楚玉程
迴光朱元宗四面拒之以甲騎二千出沒左右虜問報
曰郭令公也回紇曰懷恩言天可汗棄四海令公謝世
故從其來懷恩欺我因俾諭前好曰令公誠存安得而
見之王且出衆請無往又請以鐵騎五百從王曰吾衆
十不當一適足害也至誠感神吾無疑於虜即傳呼曰

令公來虜衆持滿注矢王以數十騎徐出免胄勞之皆
捨兵以拜曰吾父也王飲之酒以羅錦贈諸長驩言如
故因戒以反乘吐蕃其羊馬長數百里天賜不可失也
衆許諾謀復吐蕃夜與回紇追之王軍躡其後大破于
靈武臺西原斬首五萬生擒萬人畜産不可勝計入朝
加封二百戸大厤初華州周智光殺監軍密詔治軍討
之且行其將吏斬智光父子傳首京師吐蕃人涇州移
屯涇陽虜退要擊於靈州斬首二萬復寇靈武改鎮奉
天其將白元光敗之於靈武兼邠寧節度虜再入涇州
諭其偏師大戮於潘原俘斬萬計還朝上封論備蕃利

害忠讜深切極箴補藥石中時之病以老避位德宗詔
攝冢宰號尚父加大尉尚書令增實封廩給踰等王東
帶治戎要以武功顯遭唐室震蕩夷狄內侮大忠英略
得以設施副肅宗收復兩都定河北禦西寇廸事　帝
前後百戰所向必尅功勞位尊赫烈之寵崇至備極天
下繫望以爲依歸每征伐入朝百官班迎天子御樓以
待事或非意朝廷不安其威震主矣古賢傑有是皆疑
逼陷禍蓋不旋踵王惟小心一節操行愈厲每進位加
等固讓三四至於涕泣終辭而止聞捍寇討亂或讒間
龍兵柄詔至命駕疾驅喜動顏色忠義寬厚夷夏姦孽

式畏且慕居而安樂髾而壽考死而廟食九德五福非
純賢不能以備王實兼焉臣道之盛切於伊呂管樂覇
者之器不足擬也唐亡歷五朝距今未二百年其績業
熏灼如此民不知王之爲華人也至和初崔君輔爲郡
守行部閱韓建祀又得其碑于驛庭念汾陽以敘曰忠
義之晦而叛逆之昭也亟毀建畫像及其碑營尙父廟
于州城之東北隅俾工自河北圖其形塑且肖之畫八
子暨巳下及其參佐將相于壁廟成列奏以待不先請
之罪且道王利澤加于民其官品於聖朝法當祀華王
之鄉邑謹立廟郡下以依神靈以勖賢傑天子嘉而許

焉又磨建碑欲著王勳德及朝廷廟祀本末于石事未
竟崔且代去歷三政碑未克立今守趙君剛署事謁廟
下賢崔君之舉曰碑未立其畀我乎明年請文于太原
升道前守嘗以書乞辭於京師居朝廷者或未皇以然
固請願須前守之報君請益篤曰文至自京師者升刻
之何害乃從其請又播王之功而得祀于今也以詩願
之其辭曰
唐在六世崇極而圮以玩易戎如火斯燬桓桓汾陽惟
國之綱提師手鉞以剪亂常定冦河北立帝靈武蒐兵
而南亦蕩郡偪會不踰時遂收二都有家不忘皇極之

扶孽臣道繇西進吐蕃首尾屢入以窺中原世屯未夷翳王驅馳有折其謀或蹂其師四皇不寍二紀征伐我忠我勤翼定大業朝恩言言元振翻翻忌位罵功以爲王惡王曾不怒掩曠其度誰訐誰尤益恭益固武以戢亂文以蕭國大師尚父官爵乃極已復而興其功至難盛滿則危其勳莫安不鮀不難唯王之完有烈于民其鬼不食孰以廟祀我朝之德有嚴斯容有覆斯宇神其休止豐我稷黍茱隆于唐而祀于今惟皇念功眞罔不欽惟始惟廟匪神伊教允詩其功來哲之告

嘉祐六年辛丑歲五月癸未朔二十八日庚戌建

右汾陽王郭公碑乃宋至和初崔君輔爲郡守特行部閱韓建祠有感而建汾陽王廟且磨韓建碑以抑叛逆而即碑以著王勳德乃所以崇忠義也比崔君且代去至後守趙君剛特始徵王公彰撰辭以成巍廟豐碑之大觀蓋宋嘉祐辛丑之夏云嘉靖乙卯冬關中地震碑折其半仆于宮牆之側越十有二載我

藩伯蜀泰溪甘翁入賀于

上道經王廟瞻謁之餘憫王勳德非常又視郡守晉上李侯涖郡請暇乃命裁割故碑表著前撰以俻懿事且碑陰復存甘翁伯父曰

几山尚書翁遺詩皆世所珍眡者李侯慨然命郡之學正游驄督同生徒吳元清張士遇校正書丹重刻之以襄

藩伯甘翁表揚忠懿之美意又啓迪萬世士君子上嘉忠義之景瞻不可以不附識之也時隆慶元年夏六月吉日後學張光孝跋六行刻碑尾

碑有譌誤貞觀作正觀則避諱改字也

靈巖寺千佛殿記

下截失拓二字高六尺九寸廣三尺五寸廿三行行四十二字字徑一寸三分正書額失拓在長淸靈巖

山

齊州靈巖寺千佛殿記

朝散大夫尙書工部郎中提舉管勾兖州仙源縣景靈宮太極觀公事護軍賜紫金魚袋王逵撰

京兆府普淨禪院賜紫沙門神俊書幷題額

釋典謂昔有金人生西方同名號者踰乎□百萬億則了然悟空以成道者非不廣矣自白馬來□土建者幾乎百千萬所則示形出相以化人者非不多矣其間烜赫中夏輝映諸藍得四絕之偉者則有荆之濶之栖霞台之國淸泉玆靈巖是也按地志後魏正光

中有僧遷定者唱首撥土以興焉
炎宋景德歲始　賜此額曠絕之影有四種
義不越乎高倚青山俯臨寒泉茂林脩竹猷應　奇
花異石羅列庭檻或景趣果如是則爲地望之絕也豈
忝矣至若黃金塗像碧瓦凌空迴廊大殿瑩然　層
樓峻塔倬彼霄際儻締構果如是則爲莊嚴之絕也不
誣矣又若千里輻湊羣類子來珍貨希寶　香煩艾
臂男女日至耐誘掖果如是則爲供施之絕也誠踰矣
設若割慈父母脫躧□拏貌漸心頓□李　表動內
寂洞徹正覺篤行願果如是則爲精進之絕也負奇矣

矧其左有泰山峋峋與天爲隣生物□洒　之雨告
瑞則吐封中之雲持陽和啓蟄之柄膺覆燾司命之神
如　先帝泥金檢玉者七□二　右則有
洪河渾渾厚地偕奔葱嶺馬頰雷驚電驟迴貫銀漢之
浪險經禹鑿之門過　夲朝□季□　有上
中下源其前則有鄒魯大國洙泗鉅防闉君臣父子之
教闕仁義禮樂之鄉循之者昌悖之者亡□　燕趙
二樂山川四馳限爾夷狄壯斯藩籬自甲冑干戈之息
俾士庶羊馬之肥歡好爰結　恩威永　其雄
重也則既如此談其封略也復如彼則千佛中興膺大

雄氏不其宜矣加之野有良田可以封萬戶　華屋
可以蔭萬夫務有義資可以穌萬民僧有方便可以化
萬心不其盛歟
神宗皇帝　章聖皇帝悉以　御書爲
錫命焉
皇帝陛下降以　御篆飛白以嗣之厥後有僧瓊
瓌者次第以輪奐焉其如土木之華繪塑之美泉
嚴草木之秀森森然碁布前後遠者咸以耳聞之近者
咸以目擊之於千佛之盲何啻乎形影之外譬喻
邈也善相萬萬躅矣故略而不述也僕被　詔

司泰寧軍宮觀下車伊邇有住持賜紫僧□淨貽
識因用直書以塞其顯也時庚子年春王三月望日記

嘉祐六年辛丑歲六月望日景德靈巖寺住持講經
賜紫沙門重淨建立　眞定府郭慶郭庠鐫字

右靈巖寺千佛殿記王逵撰沙門神俊書山左金
石志載之而未見墨本王逵署銜稱提舉管勾兗
州仙源縣景靈宮太極觀公事按阮氏太極觀題
字跋引曲阜縣志云景靈宮事惟見元人重修碑
文載曲阜縣城之東北曰壽邱者相傳爲軒轅黃

帝所生之地即寰宇記所謂窮桑者也宋既有國
推本世系遂祖軒轅大中祥符五年閏十月詔曲
阜縣更名曰仙源縣從治于壽邱祠軒轅曰聖祖
又建太極宮祠其配曰聖祖母越四年而宮成歲
時朝獻如太廟儀學老氏者侍祠而以大臣領之
云云王逵即領其事者也据阮氏碑尚有陰刻施
主姓氏及元祐靖康題名烜赫避真宗嫌名作烜
赫泉茲作泉丝艾作艾俗譌誣作誣蘇作甦異文
書法魯公而少渾厚

靈巖寺題刻五種 在長清

知成德軍張掞詩 高三尺廣二尺五寸六分共七行詩三行行十四字字徑一寸八分餘不一正書

龍圖閣直學士尚書兵部郎中充真定府路都部署
兼安撫使知成德軍府事張掞
留題靈巖寺
再見祇園樹沇二十年依然山水地況是雪霜天閣
影移寒日鍾聲□暝煙塵官苦奔走一宿亦前緣
嘉祐六年辛丑歲七月一日齊州靈巖寺主講經
賜紫沙門重淨上石
京兆府晉淨賜紫僧神俊書　真定府郭慶刻

字

首行下有膠東李學詩來六字似亦宋刻附記之

張掞送義公詳公詩 高一尺七寸廣三尺六寸十七行行字大小均不一正書

詩送
新靈巖寺主義公上人
龍圖閣直學士尚書工部侍郎中群牧使
張掞上
峩峩日觀出雲層西麓靈庵寄佛乘金地闕人安大衆
玉京選士得高僧霜刀斷腕群魔伏鋤軸存心與義增

顧我舊山泉石美㶚除諸惡賴賢能
熙寧二年巳酉歲中元日
詩送
勑差靈巖寺主大師詳公赴寺
朝散大夫宋向書戶部侍郎致仕張掞上
黃紙除書下九天岱宗西麓鎮金田
鷲峯肅肅臻多士　蘭社熙熙撫衆賢像室光華煇
曉日禪心清淨擢秋蓮山泉自此增高潔雲集十方結
勝緣

熙寧三年□□直歲九月十三日

蔡卞書經偈二刻 崇寧元年十一月 萃編卷一百四十三未錄偈語

覺海性澄圓圓澄覺元妙元明照生所所立照性亡迷
妄有虛空依空立世界想澄成國土知覺乃衆生空生
大覺中如海一漚發有漏微塵國皆依空所生漚滅空
本無況復諸三有歸元性無二方便有多門聖性無不
通順逆皆方便初心入三昧遲速不同倫色想結成塵
精了不能徹如何不明徹於是獲圓通音聲雜語言但
伊名句味一非含一切云何獲圓通香以合中知離則
元無有不恒其所覺云何獲圓通味性非本然要以味

時有其覺不恒一云何獲圓通觸以所觸明無所不明
觸合離性非空云何獲圓通法稱爲內塵憑塵如有所
能所非偏涉云何獲圓通見性雖洞然明前不明後四
維虧一半云何獲圓通鼻息出入通現前無交氣支離
匪涉入云何獲圓通舌非入無端因味生覺了味亡了
無有云何獲圓通身與所觸同如非圓覺觀涯量不冥
會云何獲圓通知根雜亂思湛了終無見想念不可說
云何獲圓通識見雜三和詰本稱非相自體先無定云
何獲圓通心聞洞十方生於大因力初心不能入云何
獲圓通鼻息本權機祇令攝心住住成心所住云何獲

圓通說法弄音文開悟先成者名句非無漏云何獲圓
通持犯但束身非身無所束元非徧一切云何獲圓通
神通二字泐本宿因何關性分別念緣非離物云何獲圓
通若以地性觀堅礙非通達有爲非聖性云何獲圓通
若以水性觀想念非眞實如如非覺觀云何獲圓通若
以火性觀厭有非眞離非初心方便云何獲圓通若以
風性觀動寂非無對對非無上覺云何獲圓通若以空
性觀昏鈍先非覺無覺異菩提云何獲圓通若以識性
觀觀識非常住存心乃虛妄云何獲圓通諸行是無常
念性元生滅因果今殊感云何獲圓通我今白世尊佛

出娑婆界此方眞教體淸淨在音聞欲取三摩提實以
聞中入離苦得解脫良哉觀世音於恒沙劫中入微塵
佛國得大自在力無畏施衆生妙音觀世音梵音海潮
音救世悉安寧出世獲常住我今啓如來如觀音所說
譬如人靜居十方俱擊鼓十處一時聞此則圓眞實目
非觀障外口鼻亦復然身以合方知心念紛無緒隔垣
聽音響遐邇俱可聞五根所不齊是則通眞實音聲性
動靜聞中爲有無無聲號無聞非實聞無性聲無既無
滅聲有亦非生生滅非圓離是則常眞實縱令在夢想
不爲不思無覺觀出思惟身心不能及今此娑婆國聲

論得宣明衆生迷本聞循聲故流轉阿難縱强記不免落邪思豈非隨所淪旋流獲無妄阿難汝諦聽我承佛威力宣說金剛王如幻不思議佛母真三昧汝聞微塵佛一切秘密門欲漏不先除畜聞成過誤將聞持佛佛何不自聞聞非自然生因聲有名字旋聞與聲脫能脫欲誰名一根既返源六根成解脫見聞如幻翳三界若空花聞復翳根除塵消覺圓淨淨極光通達寂照含虛空却來觀世間猶如夢中事塵登如在夢誰能留汝形□□乃幻□幻作諸男女雖見□根動要以一機抽息機歸寂然諸幻成無性六根亦如是元依一精明分

成六和合一處成休復六用皆不成塵垢應念消成圓明淨妙餘塵尚諸學明極即如來大衆及阿難□汝倒聞機反□□自性性成無上道圓通實如是此是微塵佛一路涅槃門過去諸如來斯門已成就現在諸菩薩今各入圓明未來修學人當依如是法我亦從中證非唯觀世音誠如佛世尊詢我諸方便以救諸末劫求出世間人成就涅槃心觀世音□□自餘諸方便皆是佛威神即事捨塵勞非是長修學淺深同說法頂禮如來藏無漏不思議願加被未來於此門無惑方便易成就堪以教阿難及末劫沈淪但以此根修圓通超餘者真實心如是題款後有嘉靖年題名二行均曼患

妙湛總持不動尊首楞嚴王世希有消我億劫顛倒想不歷僧祇獲法身願問得果成寶王還度如是恒沙衆將此深心奉塵刹是則名爲報佛恩伏請世尊爲證明五濁惡世誓先入如一衆生未成佛終不於此取泥洹大雄大力大慈悲希更審除微細惑令我蚤登無上覺於十方界坐道場舜□多性可消亡爍迦羅□無動轉此後及題款後均有後人題名

右偈前段書於元符二年十二月後段續書於建中靖國元年十一月至崇甯元年十一月鄱陽齊迅施

刻於靈岩寺空處有明人方豪題字及觀者張振采胡纘宗高奎石九奏邱坦諸人名案宋史蔡京傳弟卞字元度與京同登熙甯三年進士哲宗朝官至尚書左丞專托紹述之說中傷善類徽宗即位諫官陳瓘等陳其大罪有六以資政殿學士知江甯府連貶少府少監分司池州纔逾歲起知大名府徙揚州召爲中太乙宮使擢知樞密院此碑前段所書正官尚書左丞中傷善類之時後段續書已貶少府少監分司池州與款題池陽慧日原誤作陽院合逾年改元崇甯至十一月靈岩刻石卞已知樞密院矣山左金石志

碑書恒字缺末筆避真宗諱也

吳栻詩高一尺八寸廣三尺十六行行十六字字徑八寸正書方界格

余赴治應下謹拜謁于靈巖道場靈巖固東
州勝絕處余聞之舊矣然不知與武夷昇真
洞天相若也余既幸供　佛飯僧又經行宴
坐之地了了然如家山開住山仁欽師初不
與余接問之蓋鄉人也因作三小詩以誌其
事
丹崖翠壑一重重香火因緣古寺鐘若有金龍隨玉節
武夷溪上幔亭峰

一壓邂逅得東泰憶別家山六度春何意眼看毛竹洞
主人仍是故鄉人
大士分身石罅開輕煙微雨證明臺瀛然一覺鄉關夢
換骨巖高好在哉
崇甯五年丙戌夏四月甲戌建安吳栻頋
道題

仁欽書心經方二尺三寸經十五行行廿字字徑六分許篆書額題佛說大乘般若波羅蜜多心經分書年月人名一行正書

大觀三年正月日齊州十方靈巖寺住持慈務仁欽
篆寫此經流通受持

山左金石志載仁欽五苦頌碑未及此刻經文觀
自在在字誤書作左餘亦多繆體

岑公洞題刻四段在萬縣南

朱師道題名高一尺三寸廣二尺六寸六行行五六字字徑三寸五六分正書

清明日侍
親遊于
岑仙洞職方外郎知軍州事朱師道嘉祐六年辛丑歲
題

鮮于文明等題名高二尺三寸廣一尺五寸五行行字不一字徑二寸許正書

紹興丁丑季□□上鮮于文明□守禾門□覊舟岸下

爲步自鄭□同來者四人龜山白玉□□□閣子遷□
□□

紹之殘題名高三尺廣存四寸五分存一行半行十二字字徑一寸五分行書

□□□□□□□□□□□□
逵嘉定丁丑二月三日紹之書

曹濟之題名高四尺八寸廣三寸五分一行十九字字徑二寸五分分書

澄城曹濟之公餘數能訪古嘉熙己亥重陽日書

嘉熙熙字爲後人妄改定字諦審尚可辨也嘉定
不值己亥曹濟之石門題名在紹定年蓋由秦入
川者

二體石經周禮殘碑 六列列高一尺餘廣二尺六寸八分三十行行十字字徑六分經文篆書釋文正書在陳留學

與祭祀 至小宗伯 辨吉凶 止 與上泐四字

牲繫于牢 至 類造 止 造下泐一字

亯祼用□彝 至司几筵 加莞席紛純 止 用下泐篆書虎字釋文具

存中州金石攷云大喪存奠彝大旅亦如之石經在凡酒脩酌下今本在左右玉几下

其玉器而奉之 至典命 凡諸侯之適子 止

司隸 至世婦 有擇事於婦人 止

所其職喪 至大司樂 大合 止 職喪九字後題周禮卷弟五空兩行題周禮卷弟六春官宗伯二行

欽定佩文齋書畫譜云嘉祐六年國子監言草澤章友直篆石經畢詔補試將作監主簿以同篆石經殿中丞張次立與堂除書目云石經七十五卷楊南仲書周易十書十三詩二十春秋十二禮記二十皆具真篆二體宣和書譜云章友直工玉筯字學與楊南仲篆石經於國子監癸辛雜識汴學即昔時太學舊址九經石版堆積如山一行篆字一行真字

石在城東二里許如如園佛寺中邑令王夔龍適至此寺見門內臥石上鐫周禮詢之僧人云從前買自石工者擬刮去舊篆刻新修廟記因兩面皆字剝蝕太甚難以刮磨遂留之夔龍易以他石舁置文廟戟門之北周禮二面每面六排各三十行上下不相屬正文篆字釋文楷書石長與祥符石經等寬減三寸一天官惟王建國至宮正徒四十八人止凌人至掌舍府二人正九嬪至縫人女御八人止五曰保庸至八曰山澤之府止凡邦之小治至小宰三曰以敘作其事止六曰廉辨至不用灋者止下俱磨滅一春官大宗伯若王不與祭祀至小宗伯辨吉凶止牲繫于牢至類造止亯祼用虎彝至加莞席紛純止大喪存奠彝大旅亦如之石經在凡酒脩酌下今本在左右

玉几下共其玉器至典命凡諸侯之適子止司隸而役之至世婦有擇事於婦人止大司樂掌成均之灋至大合止 中州金石攷

右二體石經周禮殘字凡六列每行十字一行篆書一行正書大宗伯八十八字小宗伯六十字肆師一百五十字司尊彝六十六字至几筵八十字典瑞廿三字典命一百廿字典祀十八字守祧五十三字世婦七十字職喪九字大司樂一百字并標題十四字共八百五十一字其中文字曼滅者篆百有六真百廿五餘皆完好可讀以今本校之無一字不合篆文

湼為𨽻佐為左續為繪皆合正體果為課昨為酢依為屒衰為縗則依正體不依經文通用字此其去取之得當者蹕當从𣥠藏當去艸說文無藏字當從故書作濯而書碑者皆不能知也至於侯禳之禳真从示而篆从禾攷鄭注小祝云禳卻凶咎則从示不从禾灼然無疑楊南仲輩号精於小學何竟紕繆乃爾玉海引書目石經七十五卷楊南仲書周易書詩春秋禮記獨不及周禮或是章友直張次立輩所篆不出南仲手耶據標題職喪以上為卷五大司樂以下為卷六知周禮當十二卷與唐石經同也黃叔璥中

州金石攷言此碑今在陳留縣文廟凡二面予所收僅其一面耳潛研堂跋尾

右碑六列分紙椎拓據中州金石攷所載先後次之罍作櫑正字罍或字磬作韶韶正字磬借字磬韶之籀文也含玉字說文作琀予嘗謂含古于琀以其用玉而加从玉也廣韻不收琀字故此不作琀耳案石經遺字尚存四石石皆兩面鐫刻三石在開封府學易二書一一石在陳留學此得其半也伊臣甥隨侍河南寄貽此本短缺甚多復馳書索之續覓未得而伊臣入都今且奉諱去汴後恐難致乃就所見先錄之調甫年少於余患瘍遽卒從此少知心人矣益用憮然乙亥六月記

重立醉翁亭記

高六尺廣三尺三寸十六行行二十七字字長徑二寸額二行題滁州瑯邪山醉翁亭記九字並篆書在費縣

記文不錄

大宋嘉祐七年冬十月庚寅蘇唐卿立石於費之縣齋

鐫者渺

蘇唐卿歐公故人也知費時公已去滁而位相以書請公所作醉公亭記而篆之立石於費宋嘉祐七年

也予以宏治十年春來篆刻土覆微露其末啓之磨洗乃知顧謂僚吏曰歐名相也蘇名宰也佳章善篆沉二百年而金元人未知是可慨也已遂命衆扛豎於縣儀門之下庶風雨日之不剝落云伊洛楊惠識

右刻在額左

石右下方殘損缺邪也山行有亭六字記文蔚然作鬱然臨於泉上於作乎智僊上有曰字水落作水清不絕作不窮記以文記作述皆與今本小異蘇州府學有蘇唐卿書竹鶴二篆字慶元年何異跋為武功人宋詩紀事云唐卿官寺丞所篆醉翁

亭後附刻唱和詩今未之見筠清館載有滁州不
全本爲東坡所書河南新鄭又有東坡所書全本
皆未見也
重刊唐明濟移丹河記
高三尺六寸廣二尺四寸廿五行行
四十字字徑六分許正書在高平
縣令明公移丹河記
昭義軍前節度行軍司馬磁州刺史兼御史中丞沛
國武少儀撰
節度叅謀撿校刑部郎中澤州刺史兼侍御史齊畋
書并篆額

高平古泫氏邑也其沿代改名圖經詳矣初相地而居
之蓋以土厚水深爲善農鑿井而飲者則以穿壤剖石
爲艱故千家之中數井而已綆以遠引而多絕瓶以難
昇而羸則雖有端賜之機智無施其巧捷雖有管甯
之仁惠無杜其忿鬭況牛馬俟乎滿腹必遵十里之河
而瓜蔬期乎給口常望一朝之雨朝夕勞苦歲時饋乏
可勝道哉嘻凡爲前弊滋久終俟後賢乃革不然者豈
子男百輩而莫之是恤真元七年潞州屯留令平原明
濟受下空
連師相國大司空義陽王李公之命假領茲邑撫安瘝

聚其清勤簡惠不易於屯留之政政可知也下車之日
咨訪故老問人疾病僉曰公之至也俗詠其蘇矣唯水
之歎詎敢求致於公耶明侯聞之若疚於心且形於色
曰夫窮必有泰云固常理也此豈無望前或未思吾將
退而慮之由是發智周之妙躬循地□目究川谷度高
下之勢相引決之宜有丹水者始自縣之西北山源高
而泒平可議壅以導明侯載審厥事將利於人乃下謀
于鄉耋次白于郡守上言于下空
節制既獲所請爰蒇其功乘井稅之暇俟農桒之隙先
儲乎薪芻之物次具乎畚鍤之器然後量工受日□相

國與能輟公役以授使里人樂助競子來而展力故不
更于素宛其有成始瀦流而爲潭因疏渠以遶郭築防
以補其陷陳剡木以道其險阻脉分枝散貫邑周閭瀰
瀰茍草之間陰陰槐柳之下遂使家開沼沚戶殖芰荷
列虹橋□千室□白鳥於□夜濫觴所以寄傲垂釣可
以烹鮮豈直豐畦圃之沃灌忝鄽閭之飲濯路有奉槳
之義井爲□汲之泉人無荷檐之勞畜無奔走之困而
已也復於潭側特建水祠列樹敞亭别成佳境將俾水
依神而永久人賴水而無極庶功用不再且祈報有歸
爲明侯覩夫衆情之欣洽足以閑居而賞翫化爲之餘

閔王皃之雙泛臨堂之際調察琴而合響不其美尔君
子曰政無小大以勤人爲良事無工拙以利物爲貴如
明侯者寔兼而有之其由　　秖大司空
義陽王以至公克明推奬而致此者矣余偶以行役經
過于斯耳聽嘉謡目覽異績緇黄耆艾因請余以紀事
余誠忝跡□於文者姑曰述　　義王之德舉明侯之
善亦何辭焉是則勉而志之真元癸□歲□□朔二有
七日
此記舊文元倚縣西山脚貴近乎堰□蕪没歲□煙
披雨駮字缺樵牧半將磨滅然憐彼故跡□□清流

易挹偶羅攢議□於垂成　昔賢清芬鄙□□棄因
補遺拾墜重模翠炎庶幾好事撫此□□
唐武少儀移丹河記碑在丹河側唐貞元七年屯留
令平原明濟假領高平建水神祠列樹建亭武少儀
爲之記今碑石尚存山西通志
右重刊移丹河記在高平縣隸額失拓原碑貞元
九年所立癸下所缺是酉字邑舊無水明濟引丹
河注之人食其利惠政及民宜其勒石紀功也歐
趙諸家不載此記唐刻或已不存模刻年月不見
書貞作真是宋人所重鐫者山西通志古蹟載此

碑不言重刊攷未審也宋避仁宗嫌名改貞爲真
故司馬温公書貞觀爲真觀又避英宗嫌名改樹
爲木故雍錄以貞女樹爲正女木困學紀聞引水
經注以樹氏郡作以木氏郡是碑避貞不避樹蓋
在仁宗之時英宗之前宜附於嘉祐末年碑云高
平古泫氏邑攷高平漢上黨地置泫氏縣後魏永
安中置長平郡改縣名元氏別置高平縣齊廢郡
省元氏入高平新唐書地理志高平屬澤州本隋
長平郡有泫水一曰丹水貞元元年令明濟引入
城號甘泉即此碑所紀之事碑云七年史云元年

史之譌也可据碑正之明濟無攷山西通志名宦
云明濟貞元閒自屯留令調任高平富文學有清
節敏於吏事所至有聲嘗濬治丹河民免水患亦
第述其政績而不詳其里貫也丹河之移民獲水
利志云免水患亦未得實碑稱相國大司空義陽
王李公者攷其時澤潞節度乃李抱真也抱真卒
於貞元九年此記載於山西志藝文碑經重刻有
誤荷擔誤作荷檐宓琴宓作密具述具誤作日志
載不誤又年月二上補一日字二下脫一十字皆
重刊之譌也碑下截墨搨昏暈不可辨識者甚多

据志偏注於旁志載與碑微有同異並錄於此饋
乏作饑饉疾病作疾苦求致於公致作救窮必有
泰下無云字碑誤衍也躬循地□地□作郊原既
獲所請既作才爰蕆其功蕆作臧量工命日下脫
九字此志之誤也故不更子素無子字戶殖芰荷
殖作植其下少二句所以寄傲所作可鄺閣作間
閈□汲作應急不其美尔作不甚美乎雙泛泛作
飛勤人作勤民作人者唐時原本也克明作且明
聽作聆余誠忝跡於文者跡下無字義下作義陽
王亦碑之誤

衆樂亭詩刻

高四尺九寸廣二尺五寸八分五列列廿五行行十四十五字字徑五分許正書雜行筆在鄞縣

衆樂亭詩

衆樂亭居南湖之中南湖又居城之中望之真方丈瀛
洲焉以其近而易至四時勝賞得以與民共之民之游
者環觀無窮而終日不厭孟子曰獨樂與衆樂孰樂不
若與衆衆樂之名於是乎書既又爲詩以記真景之萬
一云

武進錢公輔

誰把江湖付此翁江湖更在廣城中畫成世界三千景
占得鵬天九萬風宴豆四時諠畫鼓游人兩岸跨長虹
他年若數東南勝須作蓬邱第一宮
勢壓平湖四面佳好風明月是生涯鯨鯢背上浮三島
菡萏香中報兩衙屏列已疑雲母淨簾垂不待水精奢
此心會笑元丞相終日樓臺爲一家

臨川王安石

使君幕府闢東部名高海曲人知慕艤舡談笑政卽成
洗滌山川作佳趣平泉浩浩銀注河想見明星美機杼
載沙築成天上路投虹爲橋取孤嶼掃除荆棘水中央
碧瓦朱甍隨指顧春風滿城金板舫來看置酒新亭上

百女吹笙綵鳳悲一夫伐鼓靈鼉壯安期羨門相與游
方丈蓬萊不更求酒酣忽跨鯨魚去陳迹空令此地留

涑水司馬光

橫橋通廢島華宇出荒榛風月逢知已湖山得主人使
君如獨樂衆庶必深嚬何以知家給笙歌滿水濱

安陸鄭獬

使君何所樂樂在南湖濱有亭若孤鯨覆以青玉鱗四
面擁荷花花氣搖紅雲使君來游携芳樽兩邊佳客坐
翠茵鄞江鮮魚甲如銀玉盤千里紫綵蓴金壺行酒雙
美人小屐輕裾不動塵壯年行樂須及辰高談大笑留

青春游人來看使君游芙蓉鴛機木蘭舟橫簫短笛悲
晚景畫簾繡幕飄中流貪歡尋勝意不盡相招却渡白
蘋洲日落使君扶醉歸游人散後水煙霏紫鱗跳復戲
白鳥落還飛豈獨樂斯民魚鳥亦忘機使君今作蝸頭
臣游人依舊歲時新空餘華榜照湖水更作佳篇跨北
人

丹陽邵必

海邊民物鮮歡娛太守經營與衆俱園圃新陰多杞椰
池塘生意足魚蒲長空不礙高飛鵠淺水兼容短脛鳧
此樂有誰知我趣歸來紅旆日西晡

城外千帆海舶風城中居市苦憧憧幾生佳景爲民老
一日賢侯與我同道上槐陰連翠水邊人面照花紅
寄言樂有時還盡徒見甘棠憶召公

渤海吳中復

賢侯新葺水雲鄉虛閣呼嚓綠渺茫波面長橋步明月
人家疎樹帶殘陽風中白鳥侵煙去雨後紅蕖擁袖香
從此郡圖添故事歲時遺愛似甘棠
煙波空闊岸低回草綠花紅處處堆一片湖光分島溆
四邊山色入樓臺從前未有吾民樂此地欣逢刺史來
日漸鄞江何日到京師只得畫圖開

建安吳充

使君新自四明歸邀我同爲衆樂詩山川可愛惜不見
畫想夕思心爲罷怳然神遇若有得齋身乃在天之涯
漲海連空四無岸天吳知坐鮫人觀以手揮美日月丹
能令桑田變瀰漫海邊偶到山城中山城二月多春風
牛羊閒暇夕陽晚樓閣參差朝霧濃一泓山溜佛頭綠
環似翠屏屏六曲人煙擾擾事嬉游落花啼鳥更汀洲
中爲臺榭闌十二上有藻井排文楸旁人指點此何許
云是四明行樂處此樂爲民非爲身始自集賢錢使君
使君風韻誰之比政事文公詩短李醉懸熊軾勸耕疇

狂取螺杯醆舞袂僊愛使君君勿歸詔書奪之知何爲
闕侍
玉皇香案側銀臺深阻無消息意迷却悟坐空齋忽省
君詩昨日來疊紙爲君書所見不知衆樂誠然哉

建康馬浩

嘗聞衆樂亭未見衆樂景今象既新詩君得暫觀省萬
象盈紙來孤鳳隨筆騁丹青慙近工造化與遊領回識
主人懷殆非郡侯政所寄嬉游中斯歡衆庶競無俾一
夫愁將和四時盛此而推是心況乎持大柄青山綠水
佳百草千花勝吾將因宦游異日細謳詠

□南□益柔
四明舊說南湖好歲久湮厓變涂潦建旟一日得賢侯
千里山川真再造偃月隄成車馬道湖光如截天如抱
鴛鴦瓦影亂鳧鷖綠柳環隄花映島珠宫貝闕競來還
泉客鮫人爭獻寶春風浩蕩波濤起髣髴仙人騎赤鯉
金盤下節飽鱸魚塵事茫茫隔煙水都人士女從如雲
絲竹清音兩岸聞飲酣落筆歌綠水爛漫天葩飄遠芬

□□陳汝羲
聞說湖亭又一新不徒行樂樂斯民水光臏占鷗鳧地
人意賞從桃李春試展畫圖清俗眼況聞几席傲天真

使君巳陟螭頭貴應為煙雲人夢頻
□□□□□□□屬使□水□□□□□□□
□□□□□□□島□□□□橋□□□□□□□□
□□□□□□□□將□□□□民□
□□張伯玉
句章太守錢君倚湖上新爲衆樂亭花木豈徒游子愛
笙歌長與郡人聽坐來高韻天風起飲罷餘香夕雨霏
安得凭闌縱吟筆玉觴遥對數峰青
□□□□□
四明□□□□亭觴色缺乘興缺

嘉興□□□
湖光野色着人衣衆樂缺踏青□影缺繒緻缺換缺獨
缺

□□□□□
□水□□□□城缺衆幾下缺十二行僅匪奇擧三字可辨
右衆樂亭詩在鄞縣賀秘監祠下截剝落失其刊刻
歲月詩爲錢公輔首倡而王安石司馬光鄭獬邵必
吳中復吳充焉浩和之最下有益柔二字可辨當是
王益柔也君倚作詩在知明州日其後被召同知起
居注乃邀諸公同作故鄭毅夫詩有使君今作螭頭

臣之句介甫嘗知鄞縣然不與君倚同時此亦同在
起居注局所作也吳中復與國州人而自署渤海蓋
舉其舊貫也諸作大率鋪敘燕游之盛不如温公使
君如獨樂衆庶必深嚬一聯得風人之致潛研堂跋尾
右詩刻五列下二列剝蝕無存按衆樂亭一名衆樂
堂在府治西南月湖中宋舒亶月湖記湖中有橋二
天禧中直館李侯夷庚之所建也嘉祐中錢侯君倚
始作而新之橋之東西有廊廊之中有亭曰衆樂其
深廣幾十丈其前後有廡其左右有室而又環亭以
爲島嶼植花木於是遂爲州人勝賞之地此亭之大

欒也後廢爲四明驛碑後剝落年月無攷公輔知明
州在仁宗時而鄭獬詩有使君令作螭頭臣吳充詩
有使君新自四明歸遨我同爲衆樂詩馬浩詩有嘗
聞衆樂亭未見衆樂景諸句安石令鄞復不同時是
皆追和之作而補刻不知何時也諸賢事蹟並見宋
史馬浩之下有益柔二字錢宮詹謂是王益柔舊志
只錄前三人詩鄭獬已下皆不載或未見此刻也兩浙金石志

右詩刻載兩浙金石志碑多剝落据志補之志載
譌闕据石本及宋詩紀事補之石本與紀事微有

異同當以石刻爲正惟詔書奪之知何爲之字已
泐紀事作去未知孰是陳汝羲紀事作陳汝義晉
江人皇祐五年進士義蓋羲形誤其詩只載前首
張伯玉詩磨泐已甚以賸存半字證之悉合其爲
公達詩無疑伯玉字公達建安人第進士嘗爲蘇
州郡紀事范文正公舉以應賢良方正能直言極
諫科嘉祐中爲御史出知太平府後選司封郎中
有蓬萊集鐵圍山叢談云張端公伯玉名重當時
號張百杯又曰張百篇言一飲酒百杯一掃詩百
篇故也伯玉建安人碑內字蹟郤非安字當是舊

望此後尙有四詩不知誰作紀事尙有胡宗愈周
鍔兩詩本於延祐四明志詩刻或不止一碑邪胡
詩云平湖拍岸海潮通亭在平湖杳靄中花豔含
春雲島晚波光照夜玉壺空動搖人影雙橋月洗
滌塵襟四面風野老半酣亭下笑漁樵今日與民
同周詩云雙虹垂影上簷楹碧水澄空一鏡明野
草閑花無限趣短蘩幽榜不勝情已知風月隨人
意聊爲湖山載酒行御詩錦囊賡夢草坐令詩思
繞寰瀛因錄此碑並附載之碑不見歲月從兩浙
金石志次於嘉祐末年始事之例也

慈氏殿殘碑

高廣不計存下截左方十三行行字不
一字徑一寸三分正書在落陽存古閣

口肎□□
稱慈氏殿于西廡
不惑汝希教無遺
爲本於實際暢於
吾儆其殿飾佛於
恭內修默然而性
誦其言不通其變
得者非吾爲殿勗汝

而佘之曰斯亦欲人
□遐了然而冥會甚於
□於石以儆諸比邱云
此行無字
師德政建
塑殿內功德三尊 此七字特小字徑七分
右殘碑末云師德政建蓋德政所建之碑也首行有慈氏殿字即以題之儆字缺末筆是宋刻也書法魯公當在南渡以前案法師義從幢記爲德政所書當即其人幢立於明道二年是仁宗時人也

附仁宗末

八瓊室金石補正卷一百一終

八瓊室金石補正卷一百二

太倉陸增祥撰　男　繼煇校錄
吳興劉承幹覆校

宋二十一

中嶽廟鐵人背題字

高廣未計上下共十七行行字不一字徑七分許陽文正書在登封

維鄜主呂榮忠武軍匠人董贍美記治平元年三月二
十八日泰□父泰順王晟 此在上方
登封縣押□劉琰押司張簡治平□年三月二十八日
宋文彪施主宋店董思永記□店施主王□

鐵人頂上尙有熙甯二年題字未之見也

三門洞石刻五段 在東安

余藻題名

高三尺一寸廣二尺五行行八字字徑三寸許正書左行

大宋
天子改治平之初年祠曹郎余藻奉
命提點廣西刑獄季秋下弦經由因題
文林郎守永州零陵縣令梁宏 此行小字在大宋二字下左偏此下尙有雙行小字僅一命字可辨

余藻字質夫鴈門人廣西隱山龍隱巖雉山皆有其題名均係是年冬所刻是初到粤西時也與此

正合梁宏見澹巖題名

高秉題名高二尺四寸廣一尺八寸五行行七字字徑二寸餘正書

提點刑獄公事高秉平叔高遵治公弼因按屬部同遊
三門洞時熙甯元年十月十七日題

與九龍嵓一刻同日所題高秉高遵治通志職官
失載可據補之

柳應辰題名高二尺五寸五分廣一尺五寸五分四行行八字字徑三寸許正書

刻浯溪心記之明年十一月二十二日獨遊零陵之三
門巖柳應辰記

浯溪心記刻於熙甯七年此蓋八年十一月所題
也其稱零陵之三門巖者時未割隸東安也

豐茝題名高二尺七寸廣二尺六寸題名八行行十四字字徑一寸三分跋七行行字不一字徑五分俱正書

寶祐戊午孟秋三日鄧麓豐茝以本路提點刑獄改廣
右過三門洞訪焉惟〻奇〻僊佛之居神龍之宅也摩
崖岩鑱左則廣西憲余公書于治平右則湖南憲高公
書于熙甯今幾二百年仕任游觀適相契合殆有數存
洞舊屬零陵今隸東安而東安正僕鄧麓所屋里名九
非偶然於是乎書
希鉀恭承

提刑提舉節制寶謨戶部　先生肅將
旌節移憲桂林道經東安之三門洞〻有古鐫拂之
及治平廣經使與夫熙甯湖南高□使所紀歲月今
先生以湘憲易節嶺右乃合　二公而爲一者似若
有豫□之地豈非事之開先乎刻曰
錦鄉與東安號名同則今之經從果非偶爾
先生戒爲之勒石俾與余高鼎立而三敢不敬承書
寶祐戊午七夕門生秉義郎特差權發遣荆湖南路
兵馬副都監丞□□劉燕安撫大使司僉廳經理東
安縣事趙希鉀頓首百拜謹書提督鐫石淮勇副尉
前辟融□樂善知寨權富州遂溪縣尉□胡森□

豐茝趙希鉀均不見於湖南通志職官按廣西隱
山開慶元年李曾伯題名內有憲倉四明豐茝華
景洞開慶紀功記有提刑提舉兼參謀四明豐茝
即其人也蓋以提點刑獄兼提舉常平倉者

高安劉某題名高一尺五寸廣一尺一寸四行行六字字徑一寸五分正書

高安劉泐下庚使節按部曾遊時景定癸亥八月廿有七
日

劉君名已泐永志官表理宗時有零陵簿劉應龍

籍高安或即其人歟
右三門洞石刻五段在東安自來未有道及者并三門洞之名亦不見於志荒僻可知已去盧洪司北道十里地名九山鋪有洞焉洞有三門洞內一石高數丈狀如雲頭層壘不窮健兒能攀援而上焉邱壑衆多奇異萬狀洞頂上漏天光較之澹巖爲尤勝題名五方均在洞內洞外碑盡剝蝕矣仲維所述如是夫此數刻者幸遇仲維得以顯於今日雖晚出而尚不終晦洞外諸刻不遇其人以至摩滅殆盡迄無一人知今雖知之而已不可拓視

矣可慨也

隱山題刻十二段在桂林

質夫等題名 高二尺一寸廣二尺七寸六行行字不齊字徑三寸五六分正書左行

治平元年仲冬十八日同魯國長源吳興彥聖遊鴈門
質夫因題于洞之左崖

長源孔延之也時同轉運判官彥聖姚原道也前安撫勾當公事質夫余藻也時提點刑獄俱見龍隱巖題名又雉山亦有題名姚原道署稱機宜伏波山題名則稱新知鬱林州在此後一年也孔延之有桂州座宜賊首級記在鎮南峰時在慶厤五年其署銜稱欽州軍事推官將仕郎試祕書省祕書郎權節度推官

呂愿忠北牖洞詩 高二尺三寸廣二尺一寸十行行字不一字徑一寸五分許正書

北牖洞
南牕聊寄傲北牖有凉風呂洞幽深處結茅容老翁
郡守呂愿忠叔恭紹興甲戌季春十三日自資慶来游隱山六洞乃八桂甾洞最奇絕處各留一小詩以紀所聞是日機宜劉襄子思不期而集

據題記六洞均有詩刻此特其一也廣西通志云詩惟朝陽湮滅不可識郡守至不期而集五十五

字每洞詩下皆有之呂愿忠洛陽人劉襄祥符人粵西文載云呂愿忠廣西經略安撫使紹興間在南丹諭諸蠻三十一種以其地皆爲羈縻州縣宋史秦檜傳云靜江有驛名秦城呂愿忠率賓僚共賦秦城王氣詩以媚檜而此詩頗有恬澹之致詩果可知人乎哉六洞者朝陽夕陽嘉蓮白雀南華北牖也唐李渤所命名嘗各題篆額於洞今不可見

張子題招隱字并記 拓本二紙一高一尺七寸廣二尺七寸二字字徑尺許款四字字徑一寸二分一高一尺三寸廣四尺十七行徑五字弟十二行六字字徑一寸五分俱行書

招隱橫列　張敬夫書石右一

淳熙戊戌歲六月丙戌廖重能置酒約詹體仁張敬夫登千山觀泛舟西湖荷花雖未盛開水光清淨自足銷暑視北牖洞之前有隙地體仁欲爲小亭名以招隱敬夫北歸有日不及觀斯亭之經始獨預書招隱二字以貽之

按張敬夫於廖重能酒間題招隱二字以貽詹體仁且記其事非重能手筆廣西通志以爲廖重能題名非也是年閏月上澣招隱亭成詹體仁約廖重能飲酒落之回視題扁與石間留字有懷張敬夫以所書

招隱二字鑱石時敬夫去桂尚未踰月體仁題刻亦在隱山前多殘缺通志以桂勝補之廖重能作繼能殆沿桂勝之誤金石續編

右刻在臨桂隱山招隱巖戊戌爲淳熙五年是年閏六月下澣刻石見詹體仁題名

詹體仁刻招隱字題記高一尺二寸廣存二尺四寸首行曼滅後十五行行六字字徑寸正書

前缺侯攷首行曼滅□□也水光山色隱映萬狀畢陳於尊俎之間遂登北牖洞捫崖剔蘚得唐刻史李渤寶厤間題名蓋西湖宬賸勳也回視題扁與石間留字有懷張敬夫矯首飛鴻爲之蒲引并以所書招隱二大字鑱諸石云

淳熙戊戌閏月下澣

前缺不知幾何姑就所見錄入續編云前多殘缺通志以桂勝補之按通志所載作招隱亭中詹體仁約廖繼能飲酒落之十五字下接水光山色云云重能誤繼能也作之亦不相同詹體仁名儀之桐廬人廣西通志云淳熙二年知靜江府十二年再任按隱山淳熙丁未題名云小酌招隱亭亭蓋體仁將漕時所建俯仰十年感慨賦詩是時爲漕使也紹定庚寅水月洞陳疇題名稱爲連帥是又

嘗帥桂州矣

黃德琬等題名高一尺五寸廣二尺一寸十一行行七字字徑一寸三分正書

招隱之賸冠絕桂林淳熙五年仲秋辛亥建安黃德琬廷瑞卲武龔㯹會叟延平張士佺子真邯鄲劉乘晉伯莒國宋寘卿元凱瑯琊王文若謂之長沙李撲起宗闕中馬甯祖奉先汎舟來遊

王正巳題名高五尺廣九寸二行行十二字七字字徑三寸餘行書左行

淳熙壬寅六月十四日王正巳□仁父携帑來游

宋詩紀事王正巳四明人珩之子淳熙中官大府卿按正巳提點廣西刑獄見金志職官帑經傳皆以爲

妻孥字左氏襄十四年傳文字并豁于戚釋文豁子
也廣西通志

劉愈等題名高二尺三寸廣二尺八寸十五行行八字字徑二寸五分正書

北巖劉愈晞韓以孟冬初澣約建安雷霆復之桂陽姚
宋佐輔之禾川劉伯源慶長金華徐由巳克仁號略楊
芳懷英圯上邵康年仲安長沙曾倫長卿安成彭世亨
元泰探勝湖上屬時久晴風景怡暢崇崖巨粤萬狀畢
陳泛澄升高窮所未到相羊周覽改席精廬滿興有餘
盃行無筭竟夕乃還實湻熙丁未歲也

管定夫等題名高一尺二寸廣二尺四寸十八行行九字字徑寸許正書

計使括蒼管定夫帥守巨野李誠之後先来桂且久未
嘗一識西湖巖洞壬申初伏始獲游覽自資慶腰輿上
千山觀憩西峰中峰隱山煑茗談方外移時汎舟訪招
隱巖窮幽邃奇石林列湖光瀲灧雲錦帶暎誠可賞已
而雷聲殷空雲頭俄興涼雨飄□四顧弓驚綠秧濯□
中賊駘□□□□□此絶可□缺二行又五字然問□□□中
家憔問保拘志乎□也誠之識之

方信孺題名高五尺三寸一行十四字字徑三寸四五分正書

方孚若侍親裏游嘉定癸酉荐九日

右刻在王正巳題名之左

詩境題字高一尺廣七寸二行行各二字

詩境字徑四寸許分書　隱山字徑寸許正書疑拓未全

曾原一等題名高五尺廣二尺四寸六分五行行十二字字徑三寸八分許正書

荷花繞香鼓棹鷗吟依約杭湖白蘇如在蒼崖玉立澄
潭琚焉枕漱其間又令人作蓬瀛想贑曾原一旴周子
榮汴趙希圊時鏁洪范得輿湻祐十二夏五月

宋詩紀事云原一號蒼山領鄉薦紹定中與戴石屏
結江湖吟社粤西文載云曾原一字子實甯都人博
學工詩與趙希圊同遊諸山結江湖吟社廣西通志金石略
周子榮字景仁見屏風山翁安之題名及中隱山

陳鐸題名范得輿豐城人爲范應鈴之子見端平
年中隱山題刻

北牖洞題字高一尺九寸廣八寸直榜三字字徑六寸分書

北牖洞

右刻無年月姓氏不知出於誰手廣西志謂李渤
嘗各題篆額此作分書恐非唐刻

石鼓山題刻七段在衡陽

薛俅等題名裝本高廣行字無考字徑二寸四分正書

河東薛俅肅□清河張公紀仲綱高平過昜彥博會稽
夏翫公酉瞻會□□□衡陽石鼓學宮治平乙巳中元

後一日記石

在西溪熙甯題名厓背楷書徑三寸案李師尹所撰王幼玉記有張紀夏公酉二人稱郡侯張郎中紀賢良夏公酉今郡秩官志無張紀而師尹記無年月致郡志遺事類列於唐末宋初得此可資攷證湖南通志 清泉縣志

右薛俅題名正書八行在西溪下河濱一方石上其一面即刻窪尊二字志云在厓背誤也據澹山巖題名俅時官荆南轉運使當是按部至此也夏噩池州人曾以試光祿寺丞知長洲見姑蘇志宦績傳此題

名自署會稽未知即其人否張公紀係二名清泉縣志作張紀似誤又中元誤作上元末脫石字據石刻膽會下尚有三字磨滅不可辨矣古泉山館金石文編

石鼓題刻搜剔數四僅得六段偶於長沙市肆得此舊拓本復補錄之窪尊二字仍未之見聞此石已砌在柱礎下矣

劉摯題名 高一尺廣一尺二寸五分二行行字不一字徑一寸三分右方小字四行行字不一字徑七分俱正書

劉摯莘老來遊　跂蹈侍 此二行在左方

後百八十三年六世孫震孫蒙恩來持使節拂拭舊題不任感愴寶祐二年秋　九月旦

右劉莘老題名在衡州府石鼓山之西溪云劉摯莘老來遊跂蹈侍凡九字其右方小字題云後百八十三年六世孫震孫蒙恩來持庾節拂拭舊題不任感愴寶祐二年秋九月旦凡三十三字按寶祐二年歲在甲寅上溯熙甯五年壬子實百八十三年莘老以論新法謫監衡州倉當在是時矣袁桷述其父師友淵源錄云劉震孫東平人忠肅公元孫文靖公之子魏文靖公之壻晚歲爲宗正少卿兼中書舍人丁大

全之貶新州也震孫以太常少卿權直舍人院繳奏乞移徙海島可謂剛鯁有祖風惜乎宋史不爲立傳未得詳其立朝顛末也跂蹈皆元豐元年進士跂字斯立宣德郎自號學易老人蹈癸源丞潛研堂續跋

一在唐大和題名巖外左側震孫題又在左摯題六字大徑寸餘爲一行跂蹈侍三字另一行小字稍低一格餘震孫題四行次行自恩字至拂拭止末行自舊題起至秋字止九月旦三字爲一行字小半寸俱楷書案宋史劉摯傳摯謫衡無年月以震孫題推之當屬神宗熙甯五年壬子也跂爲摯子後摯貶新州卒

跋請於朝得歸葬進秩加諡蹈未有見攷摯有孫孝
昌貧不自立清之買田以給見劉清之傳清之衡守
似摯有裔留衡或爲蹈後亦未可知然不可攷矣
莘老與跋俱見宋史震孫號朔齋淳祐中知宛陵吳
宏相潛方間居震孫日陪午橋之遊震孫後以召還
有詞留別詳見齊東野語湖南通志
湖南通志職官不載震孫名題名內任字誤作勝
案莘老有石鼓山詩并錄於後禮局仙人兩俊流
高才相敵異商周北溟風水初登罷南楚江山晚
遊游契濶歲華歸大笑留連騷雅入冥搜江邊一

醉驚離散應有功名約白頭

王定民題名高一尺六寸廣二尺一寸存十一行行九字字徑寸餘正書

元祐三季戊辰秋八月十有六日　提點刑獄朝散郎
張公緩拜　宣聖孔子于石鼓之學遂登文會閣□燕
太守大□□公仲孫宣德郎衡陽令王定民檢法判官
王詢新息主簿陳知元知元以是年自學徒登科張公
欲策勵諸生招□席末宕民時兼教職□□焉既飲與
賓客下合江亭觀韓伯醞題□□□□水環□暘暘以

右王定民題名其文云云至留題止案元祐三年禮部試
蘇子瞻實知舉是科省元章援狀元李常甯知元蓋
亦蘇公門下士矣新息主簿蓋其階官乃選人七資
之最卑者熙豐閒大興學校然諸路設教授者僅五
十三員荊湖南路僅潭州一員元祐初諸州相繼增
教授而衡猶未預故定民得以縣令兼教職也文獻
通攷載崇甯詔諸州生員不及八十人罷置教授以
在位有科民官兼莅學事則定民必有出身者潛研堂續跋

右王定民題名可見者十四行後尚有五六行已摩
滅僅存龔石二字可辨在西溪厓壁古泉山館金石文編
據古泉山館則此刻約有廿行今所見者僅十一

行耳潛研所載與湖南通志歧異數字皆在缺泐
處姑從通志補注於旁王定民亳人知衡陽縣兼
權教授修葺學宮撰勸學文以告多士一時士皆
知奮亦嘗知湘陰縣縣無學因刱學宮見一統志
又明統志云元祐閒知衡陽縣與此正合湖南通
志職官不載其知衡陽王詢名亦未見志有陳仲
孫嘗知邵州此太守之姓疑爲陳矣

栁部等題名高一尺八寸廣三尺五寸十二行行六字字徑二寸五分分書

左朝奉大夫知衡州栁詔右宣德郎權通判衡州鄭猛
右宣德郎衡陽令張鈞湖南提刑司檢法官耿良能前

永州祁陽令蔡觀同游時學正洪世範預焉元祐七年
六月初十日鈞奉命書

右柳詔等題名八分書十二行字徑二寸許在西溪大和題名下古泉山館金石文編

柳詔等六人均不見於湖南通志職官

朱陵後洞四字橫列四字字徑尺許正書

朱陵後洞

介崖二字字徑尺許正書

介崖

九曜石題刻十六段在廣東督學署

士宏等題名高一尺廣一尺三寸五行行五字字徑一寸七八分正書在藥洲池東石上

士宏子高昌衡平甫元規正叔安道子適丙午仲春十
五日題

宋史盧士宏字子高新鄭人廣東通志治平元年知廣州軍州事是丙午爲治平三年也通志昌衡有二賈昌衡治平三年任轉運使路昌衡元祐六年知廣州軍州事賈與士宏同時翁學士九曜石攷以爲路昌衡誤也職官志有陳安道嘉祐八年轉運判官熙甯二年轉運使未知即子適否元規未詳金石續編

金君卿等題名高二尺六寸四分廣一尺四行行十二字字徑一寸六七分正書在藥洲池西北大石之中

轉運使度支郎中金君卿正叔轉運判官太子中舍許
彥先覺之管勾文字殿中丞金材拙翁門人成度公適
熙甯癸丑中伏泛舟避暑

按江西通志金君卿浮梁人登慶厤進士累官知臨川權江西提刑入爲度支郎中廣東通志熙甯五年轉運判官六年轉運使洪邁夷堅志載君卿讀書浮梁山策高科歷郡守部使者積伐至度支郎中略如通志曾鞏元豐類稾有衛尉寺丞致仕金君墓志銘乃爲君卿父溫叟而作稱溫叟四子君著君佐君卿

君佑皆舉進士君卿以皇祐二年官祕書丞五年官太常博士得以襃崇其親又稱君卿以材自起於貧賤欲以其所爲爲天下慨然有志宋史藝文志載金君卿集十卷集中有與文彥博韓琦范仲淹歐陽修曾鞏張宇酬和觀所與遊其人亦可概見許彥先始興人天聖三年進士廣東通志攷彥先熙甯十年陽春通真巖英德碧落洞兩詩刻結銜俱轉運副使通真巖詩有七年馳使路之句題詩碧落洞乃當被召北歸時則彥先以熙甯五年至廣南凡七年而去金石續編

米黻詩高一尺九寸廣一尺六寸六行行七字字徑二寸許行書在仙掌石旁

九曜石
碧海出蜃閣青空起夏雲瑰奇□怪石錯落動乾文
米黻　熙甯六年七月
按米南宮刻於仙掌石見陳少錫嘉熙己亥題記石仆池中且爲榕根盤結久久湮埋翁二銘中允搜得之攷宋史本傳芾以宣仁后藩邸舊恩補浛光尉熙甯六七年正其時也八年以後蹤蹟不在嶺南矣金石續編

程師孟等題名二段一高九寸五分廣二尺二寸八行行三字字徑二寸許在池中西北大石上一高一尺廣五寸二行行六字字徑一寸三四分在池中破石上並正書

程師孟金君卿李宗儀許彥先同遊藥洲熙甯甲寅上元日題
師孟字公闢吳人治行最東南在廣六年見宋史循吏傳宗儀南康人見泐溪石室題名師孟宗儀官職並見敕祠南海神碑金石續編

程師孟金君卿李宗儀許彥先
是刻不著年月即附前題之後

許彥先再遊詩高二尺一寸廣一尺二寸詩四行行七字款一行十字下方年月二行行三字左行存池西北大石上
花藥氛氳海上洲水中雲影帶沙流直應路與銀潢接槎客時來犯斗生
彥先再遊移磁稸積穫侍　熙甯甲寅上巳
案南海百詠古蹟記名勝志皆稱劉氏集方士鍊藥於此以此詩證之乃州以花藥名也金石續編

曾布等題名高一尺一寸廣九寸五行行存十二十三字字徑一寸一分正書
缺東經略安撫使起居舍人龍圖閣上缺制曾布子宣
轉運副使都官外上缺向宗旦公美轉運副使屯田外郎
上缺通道濟前廣西轉運判官太常上缺賁聲叔元豐元年
正月晦日遊
曾子宣爲子固之弟風流儒雅輝映一時不幸附固

紹述致位宰相史家遂入姦臣之列然雖不爲公論所與而能與章惇蔡京立異亦張天覺之流也天覺既可列傳子宣獨不可列傳乎若史彌遠姦邪甚於佗胄而轉不在姦臣之數史家於此未免上下其手讀史論世者所以不可無識也宋史曾布傳元豐初以龍圖閣待制知桂州據此則知廣州日已遷待制矣題稱廣東經略安撫使不稱知廣州者以使職爲重起居舍人其寄祿官也轉運副使二員其寄祿官一爲都官外郎一爲屯田外郎稱外郎而去員字他刻所罕見潛研堂跋尾

李心傳繫年要錄載布曾孫惇進布著三朝正論眞蹟御史常同言之其略曰王安石創爲新法其政出於布之謀其成出於布之手正論之作雖以公論爲不可廢而以司馬光爲詆毀以蘇轍爲訕上雖論新法爲不可不變而以免役爲便願復宣論史官筆削之際毋惑其說以致亂眞據此則曾布首鼠兩端盜名欺世誠小人之尤者顧可爲所惑歟唐人已有稱外郎者李玉溪集韓碑詩儀曹外郎可證也萬姓統譜向宗旦河内人金石續編

李之紀等題名方一尺題名四行款二行行字不一字徑寸正書在池中破石上

李之紀仲明　吳荀翼道　張升卿公詡　蔣之奇穎
叔　元祐二季三月十六日會于藥洲觀九曜石

按通志吳荀時任轉運副使升卿任轉運使之奇知廣州軍州事碧落洞題名之奇四年罷帥李之紀無可攷金石續編

連南夫等題名方九寸七行行七字字徑六七分正書在池中破石上

紹興九年歲在己未二月初吉藥洲春水新漲小舟初
成連南夫鵬舉□正明甫周利見君遇王勳上達鼂公
邁伯告載酒同遊

以廣東通志攷之南夫嘗官廣東轉運使後知廣州利見官轉運判官公邁官提舉常平餘二人不可知矣直齋書錄解題有連寶學奏議二卷寶文閣學士安陸連南夫鵬舉撰紹興初知饒州扞禦有功及和議成南夫知泉州上表曰不信亦信其然豈然又曰雖堯舜之十二州昔皆吾有然商於六百里當念爾欺由是得罪則南夫乃鯁直之士也公邁詠之之子所著歷代紀年十卷今猶有傳本又號傳密居士見直齋書錄利見官左朝請郎贈金紫光祿大夫即益公必大之世父見渭南文集潛研堂跋尾續

通志連南夫紹興七年知廣州周利見紹興十年轉運判王勳提舉市舶鼂公邁提舉常平皆紹興八年

南夫湖北德安人繫年要錄紹興六年夏海寇鄭慶寇廣州扶胥鎮爲官近所掩遂絕洋趨南恩州六月甲午詔廣東經略使連南夫疾速措置八月庚戌南夫言經制盜賊事不可待報者乞許便宜施行七年八月寶文閣學士知廣州連南夫特進一官仍賜詔奬諭以招捕惠賊曾袞之勞也南夫言水陸別無大寇乞收還便宜指揮九年正月詔金已遣使通和割還故地官司行移文字不得輒加詆斥南夫上封事言金素行欺侮使果厭兵正當乘其懈而擊之凡千數百言十二年以寶文閣學士提舉江州太平觀落

職 金石續編

呂少衛等題名 高一尺二寸廣四寸四行行九字十字字徑六七分正書左行在池中破石上

呂少衛方夷吾南容蘇少連會飯樂洲泛舟觀九曜石

紹興壬申二月二十有二日

鄒非熊等題名 高一尺一寸廣五寸四行行十二字字徑七分分書在池中西北石右下

鄒非熊宗望菅湛定夫步自葛傳洲煮茶景濂堂采鞠葯谷𢌿舟九曜石下摩挲前賢題刻而去淳熙戊申十月丁卯

按通志宦績錄非熊宜黃人淳熙中進士官至廣東

提刑是刻爲淳熙十五年正官提刑時也職官表列非熊提點刑獄於淳祐時恐誤菅湛字定夫翁氏誤作之天通志因之乃拓本未顯耳 金石續編

案鄒非熊淳熙十一年進士令曲江通判邵州除廣東提刑未上而卒此其令曲江時所題也非熊通判邵州在嘉泰年不得於淳熙時先官提刑

張釜題記 高一尺二寸五分廣一尺五寸八分十行行八字字徑一寸二三分分書在池東石上

慶元乙卯季冬十有三日同提點刑獄趙希仁山甫轉運判官徐枏忞龢提舉常平劉倓碩翁提舉市舶唐弼公佐泛舟不盡其下偕題識之湮滅悲歲月之不留弔古感今三歎而返經略張釜君量題

按通志職官表張釜紹熙五年知廣州趙希仁嘉泰三年轉運判官徐枏慶元元年廣南東路轉運使劉倓紹熙五年提舉常平慶元元年轉運判官二年轉運使唐弼慶元二年提舉常平嘉泰三年轉運副使與是刻互異可據此補正之張釜號隨齋丹陽人見龍隱巖游山七詠詩刻宋史宰輔事蹟不著甯宗紀載慶元四年右諫議大夫張釜請禁僞學五年劾劉光祖附和僞學及請窮治趙汝愚事蓋經略廣南之

後召入諫垣嘗與正人爲仇者 金石續編

陳疇題記 高二尺八寸四分廣一尺二寸八分五行行十六字字徑一寸五六分分書在仙掌石

嘉熙三年己亥元巳九仙墅僊陳疇少錫泛舟僊湖觀儗掌石摩挲蘇刻誦米南宮詩奇哉弟𡰥同少臨孫成之可大甥林璞藏用侍臨江蕭囦則山東嘉吳偉茂遠清汴趙時瑢躬玉長樂陳子木囦茂客也

按陳疇仙掌石題記同游八人惟成之見通志職官表知長樂縣事肇慶府事而不詳年代餘俟攷叔翁誤尉汴翁作濟清上五字及時瑢下翁缺 金石續編

黃朴題記 高二尺四寸廣一尺六寸六分七行行十一字字徑二寸六七分正書在池中破石上

嘉熙庚子孟秋長樂黃朴成父約同郡唐璘伯玉莆田劉克莊潛夫泛舟仙湖湖多怪石其一峯尤壯偉乃宅厥中而作亭焉左盤右踞勢若相向而巖巖挺立又類乎守道不屈者遂磨崖以識之

按宋理宗嘉熙四年歲次庚子黃朴時任廣南東路轉運使唐璘知廣州軍州事旋任廣南東路經略安撫使劉克莊轉運判官淳祐間提點刑獄宋史唐璘傳古田人與長樂鄰屬福安府故稱同郡莆田隸興

化軍潛研堂跋云嘗讀後村集譜其歷任歲月葢嘉熙元年丁酉由侍右郎官免歸主管成都玉局觀二年除知袁州三年改主管華州雲臺觀九月除提舉江西常平十月改除廣東提舉四年庚子春到廣東任權郡事其秋遷廣東漕明年辛丑改元淳祐以言者論列改提舉建康府崇禧觀此刻題庚子孟秋葢在提舉任尚未得還運判之命是歲後村年五十有四 金石續編

顧譞脩等題名 高一尺一寸廣九寸三行行七字字徑寸正書在仙掌石上

淳祐改元孟陬壬辰胐莆田顧譞脩劉行甫明甫同游

趙祿等題名 高一尺四寸廣八寸六分五行行十字字徑寸餘正書在池中破石上

趙祿□□周□月 卿言 蕭汀王□□洪唐九齡宋□雲

仲□□日升以咸淳乙丑□仲来遊　□使□

劉度臣刻

是刻剝落殆盡咸淳乙丑度宗元年 金石續編

卿言二字據續編補劉度臣三字據筠清館補蕭升二字則余所審出也

考宋時廣南東路轉運使治在航海門內仙湖街開寶六年廣南平後置轉運使嘉祐中始定置署改僞漢南宮爲之即今九曜坊之督學署也署有藥洲洲

有九曜石相傳南漢劉龑罰罪人移自太湖靈壁航海而至因鑿仙湖以通藥洲宋熙甯中周濂溪先生提刑廣南嘗居之嘉定中經略陳峴重疏湖水葺劉氏故苑奇石置其旁築堂濬池繞植白蓮士大夫多泛舟觴詠後人爲建書院有愛蓮亭焉而當時與藥洲並傳者曰葛仙洲曰景濂堂曰筠谷曰劍池皆仙湖勝地摩抄石刻猶想見之明嘉靖閒學使魏校改建學署 國初署遷育賢坊康熙五十一年學使張明先始行脩復廣東新語九石高八九尺或丈餘一石獨大合三石爲之殆即黃朴所云宅厥中而作亭

者亭久無存石與沙水相蕩激昔人題識漸就銷泐乾隆丙戌正月池水方縮學使大興翁學士方綱命工洗拓著九曜石考二卷附粵東金石略後茲所編錄皆學士搜剔而得者後數年復爲淤泥所沒雖經錢詹事大昕阮宮保元前後訪搨十未得其四五而米詩之刻於仙掌者更無能發其覆矣越六十年道光丙戌常熟翁中允心存大興學士族孫也視學至此亦乘池涸批榕根而出之既得米家詩刻并遍搨諸石題記題名以貽同好中允之好古好事洵足踵美前賢亟著錄之以補諸家未備時魏布政元煜亦

以署東九曜之一元章時仲石墨見貽九點齊煙遂成全璧金石續編

九疑山題刻廿段

蔣之奇碧虛巖銘 高二尺三寸五分廣一尺九寸五分六行行八字字徑二寸署款六行爲鄭安祖題名所掩行字無考字徑寸餘俱正書左行

碧虛巖銘　蔣之奇

瀟水之陽九疑之□清池涵鏡亂峯揷□廟臨溪口寺

在山□誰其愛之義與穎叔

缺之□奉缺因□□登九疑下缺上缺爲□□無爲洞□

□□石室遂□□福寺憩□茲□勒銘□□治□□

午缺下

穎叔碧虛巖銘瘦筆真書六行左行在九疑山永福寺左後圃石壁上本不見字跡余與李家雋于之家麒止齋伐竹削苔刮磨而出之并得鄭安祖書於其右又得沈公儀銘遺迹之復顯實自道光戊子始也宗稷辰遊疑載筆

永志載此蔣之奇上多義與二字石本所無銘文前三行行末石已缺損永志補谷芴麓三字當是據舊志之文署款六行已爲鄭安祖磨去首行尚存之字五行有勒銘字六行有治□□午字蓋治

平三年丙午也其即之奇所題無疑通志別載有蔣之奇九疑山題名疑即此刻

沈紳無爲洞題字 拓本二紙高一尺二寸一廣二尺橫列三字字長徑一尺篆書一廣一尺五行行六字七字字徑一寸五分許正書

無爲洞

唐元結次山文嘗有此名沈紳蔣之奇同正之治平

四年冬十月十六日辛酉紳志

九疑山志治平四年沈紳蔣之奇游此取元次山無爲洞天四字正其體篆刻諸巖竇而紀於石湖南通志

右刻在斜巖內去永福寺數里石本無天字志載

均誤
沈紳無爲洞銘 高四尺廣四尺三寸六行行六字字徑五六寸款三行行九字字徑一寸六分俱分書左行
南行江華出遊九疑恭欽有虞迺登无爲莊嚴佛宮清
泠玉池茲□磐桓白雲□隨
沈紳皇宋治平四年十月十七日□□□巖壁是時
將穎□□□□
公儀銘拓本前人未見績辰與李千之伯仲搜剔於
叢篁薜荔之間僅缺銘文三字可爲至幸公儀善篆
隸此書大徑四寸用唐人分書法縱放奇恣似當日

就石上作書每行下數字皆斜向右署款大偏其文
左行銘文五行半款署其下也 金石審
銘文缺字永志載作予相志載沈紳上誤多二格
壁誤作歸并脫是字
吳太壽等題名 高三尺七寸五分廣三尺六行行九字字徑三寸正書左行
簽判祕書丞吳太壽被命同巡檢張維甫遠尉翟惟康
營道尉俞唐謁舜祠吳擇中冉涇侍行李穎繼至熙甯
戊申二月庚戌誌
右刻正書六行細挺中微有隸意在碧虛巖石壁
蘚深泥漬字畫盡隱就池汲水洗剔之乃差可讀然

翟擇庚戌等字猶難辨近僧心月往拓始見其眞前
人未闚見此者 金石審
□維申等題名 方二尺二寸八行行十字十一字字徑一寸六分正書
向□虞部員□郎□維申被命同□□泰子信陽朔尉
□□規□□□□□□□翼□□□□□至□□□
□□入無爲洞訪高士巖宿□福寺□□□□□覽勝
□□□崖壁□□侍行時熙甯二年己酉仲秋十六日
右刻不知行數字畫剝蝕殆盡惟年月具存余至其
下摩挲之尚多審數字心月拓本轉少於所見不能
得一人名頁恨其率爾從事也 金石審

永志題云碧虛巖殘題名所錄多脫誤
陳純夫題名 高二尺六寸廣一尺八寸六行行九字字徑二寸年月一行小字俱正書
陳純夫因祗祀舜祠偕陳逸有九疑之游遂遍歷巖谷
登高探幽頗亦自適蓋暫擺薄書朱墨之勞而偶得山
林泉石之趣有足樂者故書云
元□□年□月缺
右刻行楷書六行字約略可識在寺後觀音閣側即
古齊雲閣也純夫道州元祐間教授見州志故附錄
於此 金石審
右刻在碧虛巖永志載寇公樓碑記爲陳純夫所

撰時在元祐八年五月宗氏以爲元祐閒㝵是又

按陳純夫永興人元豐初監舉第一尋以易經魁

省試累官通奉大夫見明統志

何誠孺齊雲閣詩（高一尺三寸五分廣一尺五寸詩五行行七字字徑寸許款字較小三行行六字行書）

巍閣壯兮翬飛跳嶕嶢兮雲齊緩步于斯兮仰者睥睨

靑天不遠兮尺五其幾

營道何□誠孺齊雲寺題政和甲午孟夏晦日

右行書八行字數高下不齊在九疑永福寺後（金石審）

誠孺缺名疑即何卞也永志載此營道下誤多尉

字年月亦誤

歐陽元輝齊雲閣題名（高一尺二寸廣一尺八寸六行行六字字徑二寸許正書左行）

政和丙申祗祀虞帝順至永福精舍宿齊雲閣山□瓊

聳寓日窓（際）仲秋六日攸川歐陽元輝

右題名前人未見同治甲戌春譚仲維爲予搜得

之歐陽元輝不見於志乘

何卞齊雲閣詩（高二尺廣一尺六寸五分共十一行行字不等字徑寸許正書）

登九疑齊雲閣　□□何卞

齊□巍閣壓山巔下視岡陵盡（脊）然豈並奇峯當盛夏

（小注全泐）幾因呈瑞類非煙（小注全行曼滅）夜深星斗垂簷畔雨霽

虹蜺掛□邊從此靑天平步上城南尺五更誰□

又一章十二句用（臧）熏次禪老□

□（名）□事取齊雲挺特孤高似法身永鎭洞（天）□□□

直□畫棟□神□□□易見千般（態）□□□□留一點

塵衲皦□須□□□□□□□□□□□□道□□

得□□□□□□□□□□□□□□□□□□□

□政和丙申□□□□□

右行書十一行在永福寺後今觀音閣側石厓字多

剝食（金石審）

右刻極曼患永志所載多誤

邱欽若浸碧池題名（高五尺一寸廣三尺五寸七行行十一字字徑三寸五分正書）

宋紹興九年已未季秋六日汝陽周公儁仲廉伊川劉

徽之世美建安邱欽若順甫冒雨過玉琯岩翌日清霽

入紫虛洞二公先歸欽若留監修舜祠因暇磨崖于浸

碧池上長老義禋道士張師言同至

右刻正書七行在九疑無爲洞外石壁俯臨深潭即

浸碧池也（永州府志）

永志誤順甫爲仲甫

方信孺題牓（拓本每字一紙高廣不計字徑八尺許款字徑二寸五分俱正書）

九疑山
權發遣道州軍州事方信孺書
甯遠縣尉廬陵潭源監視大宋嘉定六年歲次癸酉
正月旦刻
嘉定六年知道州方信孺筆在玉琯巖右徐霞客游記
每字大方丈畫深數寸筆力遒勁九疑山志上二跋載湖南通志
此石在巖內西壁石理瑩滑春夏津潤自生而山罅
出泉飄灑而下鼉蠟不能施必冬日始可拓近日土
人多以雙鉤填墨作僞甚多永州府志游疑載筆
款字僅見道州軍州四字在疑字左方其上遺字
其下事字幾平漫矣餘據永志錄之疑字空處有
翰林院編修尹襄題名首行失拓紀年僅見一卯
字葢明刻也又有嘉靖宏治開及近時諸刻山字
中一直之左即重刻漢九疑山銘右爲元楊漢英
玉琯巖詩其餘空處亦有近人所題并有磨平一
方尚未鐫刻者
會□永等逍遥巖題名高三尺六寸廣二尺七寸七行行九字字徑二寸七八分正書
紹定辛卯三月望日勞農于逍遥巖越六旬因公餘集
宭寮同遊遂紀姓字以鑱諸石廬陵會□永世夫蔣東

趙善親德鄴武林范信誠明邑令長樂鄭安祖仁父書
右刻正書七行在甯遠縣東逍遥巖會下一字損半
以其字知爲孝字且孝雍孝序具見題名官表此必
其昆弟也金石審
永志作曾孝永審之似是傳字姑闕之寮上一字
志作僚審之其字似宭又似官宭疑即官字仁父
志作仁甫文云勞農云公餘是官斯土者而職官
志無名
鄭安祖碧虛巖題名高三尺八寸廣二尺五行行十字字徑三寸正書
紹定壬辰夏秋七旬不雨遍禱郡□無應中元□□日
□□舜祠□□□□爲□□□□夜□□□□鄭安祖
書□持下缺
右禱雨題名五行正書在永福寺東石壁其左即蔣
穎叔刻銘處此銘之內有憩永福寺殘文恐磨穎叔
題名所爲幸銘詞尚爲留出也是皆予所刮磨而表
之者金石審
鄭安祖長樂人紹定四年任甯遠令見永志石本
泐處據永志補人不敢信者闕之
樂雷發象巖銘高一尺九寸廣一尺三寸十一行行十五字字徑寸許分書
象巖銘有序

九嶷之麓爲麗山有巖明通厥石如象予遊而愛之遂命之名而銘曰

百獸之王象實孔偉有嵌斯石惟象是似贔屭其形巉巉其齒我愛斯巖原象之美鍾奇日南邈爾荒裔服于帝車維天子使相彼崑阿濟濟多士勗哉篤學踐履實地任重致遠伊國之器地以人彰敢銘巖趾銘者誰雪磯樂子

淳祐乙巳季秋邑人□雷發銘江華□□祖□麗□□□應雷立石匠人侯□鐫

樂雷發字聲遠甯遠人累舉不第寶祐元年門人姚勉登科以讓第疏上理宗召試選舉八事策嘉納之特賜及第因數議時政不用歸隱雪磯見一統志通志永志金石列此刻於咸淳間未見拓本也書人名僅見祖字葢即李挺祖所書名勝志載此文百獸之王之誤出嵌誤崩似誤侶日誤自于誤弓勗哉誤邁教踐誤峻銘者誰誤作作銘者誰

李挺祖象巖二字 高一尺四寸五分廣一尺一寸二字字長徑六寸篆書左右款各一行行六字字徑一寸五分分書

象巖

雪磯樂雷發名在右 江華李挺祖篆在左

無年月葢與前刻同時

重刻九疑山銘 高一尺六寸廣二尺餘銘九行行十一字字徑一寸二三分跋五行行十八字字徑八分俱分書在甯遠

九疑山碑 漢蔡邕

巖巖九疑峻極于天觸石膚合興播建雲時風嘉雨浸潤下民芒芒南土實賴厥勛逮于虞舜聖德光明克諧頑傲以孝烝烝師錫帝世堯而授徵受終文祖璇璣是承太階以平人以有終遂葬九疑解體而昇登此崔嵬託靈神仙

九疑名昉離騷祠廟古矣乃無漢以來碑刻閲歐陽詢藝文類聚有蔡邕碑銘然僅載銘詞而碑又不著惜也它所遺逸多矣襲之既考新宮遂屬郡人李挺祖書於玉琯巖以補千載之闕云淳祐六季秋八月郡守潼川李襲之題

右九疑山銘漢蔡邕撰宋李挺祖八分書李襲之刻在九疑山玉琯巖之左中郎此銘歐趙洪諸家書俱未著錄當時不知曾否勒石今惟見於歐陽率更藝文類聚中甯遠縣曾志載李襲之於寓賢云潼川人謁舜廟有碑記今讀其跋云襲之既考新宮遂屬郡人李挺祖書於玉琯巖則襲之似嘗修建舜廟有政

續者矣縣志名宦當爲列傳其謁舜廟碑文志亦未錄李挺祖書取法漢隸結構有體在宋人中已不可多得而縣志亦無傳其事蹟不可攷古泉山館金石文編

湖南通志職官云李襲之潼川人理宗時知道州永州府志職官表李襲之漳州人淳祐四年任道州漳州葢潼川之誤李挺祖江華人見九疑山志所載仙樓巖石刻無爲洞飛龍巖玉琯巖逍遥洞諸榜皆出其手筆亦當時之負書名者通志永州志均列此刻於漢代跋內脫歐陽詢之詢茲以刻石年月入宋並據石補一詢字　又案永州志名

勝門亦載此銘興播建雲建作連堯而授徵而作日與石刻不同明鄧雲霄九疑遊記云玉琯巖即志稱漢哀帝時零陵文學奚景得玉琯處中供何侯像相傳爲何侯石室何侯者舜時飛仙也昔有何侯記刻於石已爲尹編修鑿去獨蔡邕碑銘及方信儒所書九疑山三大字在崖間

李挺祖玉琯巖三字高三尺六寸廣二尺四寸一行三字字徑一尺一寸五分分書旁款兩行行各四字字徑二寸五分正書

玉琯巖

淳祐丙午在右旁　李挺祖書在左旁

右直牓在巖口八分書金石審

永福宮詩刻高一尺八寸廣二尺二寸前十七行行十四字字徑六分後四行字較小行字不一正書

虞帝陵

重華車駕狩崔嵬不似秦皇賜璽迴西冶鄘山營兆域東浮滄海訪蓬萊涉方年已過期頤老死勤民志不衰何事穆王心醉飽耄荒無復念前規

何侯洞

何氏因韓姓始傳無出與舜共升天洞前九井皆湮沒唯有荆榛遶廟壖

世傳舜廟乃何侯宅基後有石洞洞前有九井汲以鍊丹舜南巡過何侯同升于天

九疑山

谿山相似路人疑衆目詳觀固易知厚貌深情懷險阻離朱子羽誤揚眉

碧虛池

灌溉工興古洞荒洞門□蔽碧池傍□□□□□□□□□波□□□霜□□□□□□□□窗□月□寒光□□□□□□□□□□□代是□

前二行全泐宜□□□□□元年秋八月祗祀虞帝齋宿于永福宮□留題池上

永福宮知宮□士□□□命工刊

右刻前人未見撰人名泐紀年亦僅存元年字碧虛池詩云灌溉工興古洞荒洞門□蔽碧池傍古洞者碧虛洞即無爲洞也天聖中寺僧築隄爲塘瀦水灌田洞遂爲池此刻在天聖以後無疑永福本名無爲亦名報恩太平興國五年易今名元豐間以爲禪寺此稱永福宮不稱寺疑在元豐以前然治平熙甯間石刻已以寺稱則所謂元豐間者未確矣

題榜二種

碧虛洞 高三尺一寸廣一尺二寸五分直榜三字字徑九寸分書

右刻前人未見無署款

僊樓巖 高六尺一寸廣二尺三寸直榜三字字徑二尺正書

石樓巖上有仙樓巖刻諸石湻祐丙午郡守李襲之丞張從龍江華李挺祖題名其上九疑山志

右刻在飛龍巖內左壁崎直方正旁不署名亦無剝蝕之迹與飛龍一額筆法迥異當是湻祐以前舊刻

金石審

八瓊室金石補正卷一百二終

八瓊室金石補正卷一百三

太倉陸增祥撰　男　繼煇校錄

吳興劉承幹覆校

宋二十二

龍興寺鍾款

闌圓高大未詳款十行行字不一字徑六七分正書陽文

大宋治平四年正月內龍興寺住持山主沙門法永捨轉□利施衣鉢錢貳拾伍貫文足鑄造大洪鍾一口七伯斤上報四恩三友仂皿立通聖哀迴報出利師資法永生身父梁十三郎生身母黃二娘梁家三祖翁婆超生淨土詳記乎下小師梁□梁新梁信法意梁祐佛因佛依佛洽佛那英表白早超生界

鬱林州匠人弟子楊僧注造弟子陳道引路

右鍾未詳所在疑在粵西拓本溼暈就所辨錄之仂疑伙之誤迴疑迴之誤立通二字難解英郎英字

舍暉洞題刻六段在道州

周子題名 高一尺二寸五分廣一尺五寸六行行五字字徑一寸六分正書

周惇頤區□鄰陳賡蔣瓘歐陽麗治平四季三月六日同遊道州舍輝洞

巖在州南四里洞如屋東西兩門內有泉甚冽多唐宋時題刻唐劉禹錫有記治平乙未周元公通判永州歸展親墓□鄰人并其二子同游刻名厓石道州新志

案治平無乙未二年乙巳四年丁未此乙字當是丁字之誤今州不載此刻云周惇頤同鄰人某某治平四年三月六日同遊凡二十八字今磨滅與舊志所載微異湖南通志

右刻二十八字未見案湯璐志云治平乙未周元公通判永州歸展親墓□鄰人并其二子同游刻名厓石省志以治平無乙未當是丁未之誤今州志已刊正其謬周子以二月一日歸里三月十三廻至澹嵓此云三月六日遊是嵓爲時正合容再拓其殘字證之金石審

右刻瞿氏宗氏皆未之見近始搜搨之向來沿襲之譌可以訂正矣鄰字乃區君之名而州志以爲鄰人並加同字誤矣其所謂歸展親墓及二子同游者見於澹嵓題名殆因是而以意述之耳明錢邦芑記述此較詳惟陳賡蔣瓘二人互倒區□鄰亦作同鄰人爲不實也

王安中題名高二尺八寸五分廣一尺七寸四行行八字字徑三寸在正書左行

初寮先生自開元挐舟來遊子辟章珝趙奇門人周利建實從戊申八月二十五日

永州府姜志載有初寮維舟石刻字列於哲宗時省志因之宗滌樓脩府志謂在靖康年間據此刻題年戊申則是建炎二年也哲宗朝不值戊申宗氏辨正之是已維舟石刻今佚

趙彥愈等題名高三尺一寸廣一尺二寸四行行十字字徑二寸五分正書左行

趙彥愈文老吳熇伯成張公盛仲時吕行中舉叔王遺直師古鄭猶夢可郭份仲質紹興丁丑人日來遊

右刻在初寮題名之右丁丑爲紹興廿七年

趙本一等題名高二尺七寸廣一尺六寸五行行九字字徑二寸五分正書

趙本一宜言繼仲任嗣至林用之義沖道章茂獻鄭虞任湻熙已亥長至後二日同游含暉洞宜言幼子崇脩侍行

已亥爲湻熙六年第一弟二行行末中閒有一遊字當是別一刻而磨去者

劉飛卿等題名高三尺一寸廣二尺二寸六行行十字字徑三寸許分書

栝蒼劉飛卿丹邛蔡承鄉豫章王烒佐趙南夫永嘉鮑季實盧陵嚴舜舉臨川饒國英朱商舉九華湯夢良以紹熙甲寅秋載酒徠遊悄循吏祠舊傳夢良題

史郎萸字蓋時届重九也甲寅爲紹熙五年

錢寅翁等題記 高一尺三寸廣一尺七分六行行八字字徑一寸五分分書

景定王戌閏月三日清源錢寅翁臨川李觳伯衡陽羅
夢文來訪濂翁留題物色劉賓客舊迹將遶薛亭以識
詞牧欽賢之思

右含暉洞題刻六段皆前人所未見周子題名雖載志乘亦未目覩焉辛未九月權道州翟斗南秉樞大令爲予拓致之案蔣𤩽江華人皇祐五年鄭獬榜進士初寮先生者王安中之自號也安中字履道中山陽曲人著有初寮集七十六卷及第調瀛州司理參軍更大名縣簿歷著作郎祕書少監除中書舍人轉御史中丞嘗論蔡京欺君僭上蠹國害民數事遷翰林學士進承旨拜尚書右丞轉左丞授慶遠軍節度兩河南北燕山府路宣撫使知燕山府加檢校少保改少師因不能制郭藥師求罷以上清寶籙宮使兼侍讀召還靖康初論罷爲觀文殿大學士提舉嵩山崇福宮進謫單州團練副使象州安置高宗即位內徙道州紹興初復左中大夫此題名正其徙道州時也湖南省府志載王履道知道州以字爲名且列於元祐年誤矣

開元耆觀名也在道州西南二里許其子辟章嘗知泉州周利建元公父也官太學博士白石洞有其題名前此兩年今未得拓本呂行中東平人零陵令澹岩有其題記郭份見職官志新淦人湖南轉運司幹辦公事擢通判常德軍見朱子所撰墓志永州志官表紹興閒有郭汾新淦人任道州教授汾疑即份之誤又志春陵進士題名記碑紹興廿七年十一月立郡教授廬陵郭汾撰汾疑亦份字之誤趙彥愈吳焞張公盛王遺直鄭猶疑皆當時職官而志不一見義沖遠名太初道州人淳熙五年姚潁榜進士歷知高瓊二州周益公楊誠齋朱子趙端明皆與之游著有冰壺詩十卷易注五卷文集十卷志載鼓角樓記碑爲太初所撰今已不存薛亭名不見於志含暉洞闢於唐薛景晦劉禹錫爲文以記之是薛亭爲景晦所建劉賓客指禹錫也景晦長慶閒道州刺史禹錫終於太子賓客餘俟再攷

寒亭題刻十九段 在江華

沈紳詩 方一尺四寸詩五行行十字款三行行十字九字字徑寸俱分書左行

元子始此來大暑生凍骨名亭陽崖角高文猶仿佛我

行冰雪天噤語揖風物銀江走碧漲九疑抱雲窟宅年
名不磨至者戒无忽
沈紳公儀治平四年十月甲子作詩亏寒亭山辟
晉陵蔣穎叔同遊
右沈紳詩亦仲維所拓寄江華新志失採

黃潛記 高一尺七寸廣二尺十一行行九字字徑寸餘正書
寒亭始於唐瞿令問而元次山命之名其記刻存諸石
辟備矣舊亭棧木朽橈至者危之元豐三年僧契宗請
完之主簿趙世卿緣崖發石易穴路得逕以登于層巔
取廢材作二亭曰淸勝摩雲由是遠極物象一新舊觀
矣 上復脩合宮大禮之月令黃潛記
右黃潛記前人未見末題復脩合宮大禮之月案
神宗本紀是年九月辛巳大饗明堂禮成蓋九月
也黃潛爲江華令見通志職官永志云元豐三年
任與此正合邑簿趙世卿則志所未載淸勝亭見
永志宮室而不詳其建置之始摩雲亭失載皆可
据此補之此刻後有壁字嚻字較小亦非近代所
刻恐是爲人磨去者

程遡題名 高一尺五寸廣一尺七寸五分五行行九字字徑二寸分書跋六行行十二字字徑六分正書

蓬澤程遡以職事行江華登寒亭窺煥谷盡得山水之
勝縣令南陽安珪尉伊川程蓋同游紹興乙亥歲十月
廿六日
府判朝議程公按行下邑因暇率令尉同遊寒亭
登覽臨眺無不適意
公親筆留題以紀歲月鐫刻於石傳之不朽江華
縣令安珪謹跋并立石

淸虛老人題名 高一尺八寸廣六寸五分二行行八字字徑二寸正書左行
淸虛老人常來乾道丁亥七夕男蔣篪書
右刻在杜子是重游題記之左丁亥爲乾道三年

胡華公等題名 高一尺九寸五分廣一尺一寸四分五行行十一字字徑寸餘行書
長樂胡華公邦實行縣之暇拉陳邦慶世榮周匹休公
美顏敏修子進王輪德任郭武仲元德同遊獅子巖飯
罷如寒亭乾道戊子下元前三日
右行書五行在江華縣暖谷之北匡其右爲明楊寶
題刻寶慶府志孝宗時有知邵州胡華無公字恐郎
此人 金石審

趙師俠題名 高三寸四分廣六寸六行行四字字徑七八分正書在程遡題名跋語之上方
郡丞坦菴趙師俠同邑簿舒俊卿湻熙戊申六月十三
日來游

寒巖銘 高一尺四寸五分廣二尺銘六行行八字字徑一寸三分款二行行九字字徑一寸俱分書跋六行行十三十四字字徑七寸正書

寒巖水石怪特殊異下臨銀江上接雲際公儀顯尗志
樂巖谷詣而得之賞愛不足爲近寒亭寒岳是名何以
表之顯尗作銘

治平丁未十月陪沈紳公儀遊蔣之奇顯叔作

右銘□刊于寒亭之上年深字淺幾不可讀既新
泉亭得没字碑於岳左意昔爲斯銘設也乃徙刻
之且以彰二公愛賞之志云後治平一百二十有
四載邑尉西隆虞從龍俾邑人李挺祖 下泐

寒巖銘諸志所不及近新獲此刻欣未曾有虞令官
表失載所謂後治平百二十四年乃光宗紹熙元年
庚戌也分書當是顯尗舊迹虞令特重刊之耳 金石審

右寒巖銘在江華寒巖在縣南三里寒亭下通志
失載永志載此多脫誤款內顯叔下脫作字跋內
淺誤作泯岳左誤作亭左斯銘誤作新銘二公二
字誤作予愛下脫賞字載誤作年尉誤作令且以
補入職官表近江華新志亦仍其誤審之不細舛
錯相沿所亟宜改正者也俾誤作刊邑人一行全
缺意李挺祖重書而刊之宗氏以爲顯尗舊迹殆
非跋語正書六行亦非行書五行江華新志錄入
山川內多沿宗氏之誤右銘下闕字永志作元

李大光詩 高一尺一寸廣一尺五寸十行行九字字徑一寸一分行書

嘉泰癸亥夏陪縣尹雙湖唐仲謀飲寒亭省齋李大
光中山父

棧閣橫空杳靄間登臨酒罷怯憑欄露零万丞交光澄
月挂千峯倒影寒谷煦如春居亦易亭涼宜夏到乎難
垂簷星斗方爭席好向天門刷羽翰

右李大光詩近劉彥臣大令修輯邑志頗搜石刻
而此詩仍復失訪庚午夏仲維拓以見詒亟錄以

補志乘之缺案李大光泳壺子淳熙五年特科進
士嘗任新昌令志稱其工詩賦名山勝境咸有品
題焉癸亥爲嘉泰三年職官志唐元齡以嘉泰元
年任江華令仲謀殆即元齡之字也又志於人物
以大光爲長庚次子選舉內又以爲長子彼此不
符

莊元戌詩

亭當六月猶冰□谷到三冬似暖吹會得漫郎題品意
愛宅冷暖不隨時 嘉熙戊戌初伏湇源莊元戌題

右莊元戌詩志亦失訪元戌無考戊戌爲嘉熙二

年氷下似是淺字

杜子是題記（高一尺二寸廣一尺三寸十行行十一字字徑寸許正書）

山顛木棧自元豐間趙公世卿沿崖發石易究路得徑以通及嘉熙已亥熊公桂伐石以成梯級然功尚欠缺吾父子既新寒亭自馬石究磴以下礙者夷之隘者廣之險者安之乃以石爲柱旨竹爲闌雖八九十老翁亦得手捫而上是徑也誠唐文之三變歟淳祐癸卯秋正定杜子是書

右杜子是題記子是杜汪之子見杜汪丙午題名趙世卿見前熊桂當亦是官於江華者而省府志

不見其名寒亭棧道之捌置與夫後來之脩葺志無一言及之讀此記可得其大略矣

徐銓孫杜汪詩（高二尺五寸六分廣一尺六寸一分上截詩草書七行行六字七字後分詩一行下截分書三行九字字徑一寸二分詩共草書八行行八字七字刊石五字篆書）

山水因人勝窮搜喜得君石根矍金字亭背次山文湍激堪臨濁松陰可避曛相望餘一舍猛□杖□雲（以上草書）

渺上□徐銓孫衡石汎沅（以上刻上截）湘闕九疑寄題江華杜□杳重建寒亭淯祐癸卯良月中澣（以上刻下截以上分書）

□韵呈

徐□勘□□□杜汪

規廣前政跡相期幸有君拔奇尋佳句紀實待高文古木風長悄陰崖日易曛何時陪勝賞舉手上霄雲

桂水朱埜刊（此行篆書在詩下）

右徐銓孫杜汪詩刻前人未見卯書作夘誤政古賢字杜汪名不見官志徐銓孫亦無考癸卯爲淳祐三年良月十月也

小飛來亭楊長孺詩（高二尺一寸八分廣一尺四寸七分前九行行十五字字徑一寸二分後二行行廿一字字徑七分俱正書）

江華縣前寒亭睽谷間其絕勝棧道朽腐欲登弗果徘徊其下水石崖樹清奇可喜甚似天竺靈隱之間

有亭未名予以小飛來扁之併賦二詩

、盧陵楊長孺伯子

陰森古木石心戕清澈寒溪鏡面開斗起孤峯三百尺從今喚作小飛來

拔地齊天可上不倚嵒危棧半空浮偶然憶得垂堂戒前猛還成新牖休

東山楊先生昔爲郡丞行縣臨流賦詩越四十載顗□丞于此訪諸刻未之見因氷壺孫李焯錄示輒命工勒于先生小飛來字之左淯祐癸卯同里周顗謹書

右小飛來亭詩楊長孺作歷四十年周顒書而刻諸石栽當是栽字省府志均失訪小飛來亭亦不見於永志建置通志職官甯宗朝楊長孺吉水人零陵主簿見鶴林玉露與此言郡丞者不符豈先爲邑簿後爲郡丞而遺其後官邪永志於慶元時載其爲零陵丞不載其爲簿又於嘉泰時載其爲道州通判彼此均不相合周顒姓名省府志亦失載皆可据此補正之氷壺孫李焯見奇獸巖銘長孺楊萬里之長子也顒下所缺似复字明李邦燮遊寒亭記云歷仄徑有大石向人欲墜前人題云小飛來以擬靈隱之飛來峰此即楊長孺所題者惜未得其額拓

杜汪集杜工部句 高一尺二寸五分廣七寸八分六行行十字字徑寸許行書

集杜工部句詠寒亭

湘南清絕地長夏熱爲情六月風日冷炎天氷雪生蓬萊如可到心迹喜雙清去郭軒楹敞幽居不用名

甲辰夏杜汪題

杜子是集元刺史句 高二尺一寸廣一尺五寸七分七行行十四字字徑一寸三四分行書

集元刺史句詠寒亭　杜子是題

長山繞井邑嵺嵺天外青煙雲無近遠水石何幽清半崖盤石徑如見小蓬瀛時節方大暑忽若秋氣生高亭臨極巔登高宜新晴俗士誰能來野客熙清陰浸歌無人聽有酒共我傾時復一回望心月出四溟

此刻不見年月當是隨侍其父而同詠者瀛字中從貝俗誤書仿山谷而不逮遠甚永志名勝載此作云宋人杜子美詩誤矣登高作登陟亦異

杜子是重游題名 高二尺六寸廣八寸一分三行行十字字徑二寸正書

金華杜子是自寳祐癸丑至乙巳之秋方了寒亭公案於是九日拉譚森重游

杜汪東歸題記 高二尺一寸廣一尺三寸六行行十三字字徑一寸三分正書

元公以寳應癸卯刺道州永泰丙午巡江華爲寒 石泐空二字 亭作記杜汪以寳祐癸卯復舊亭 石泐空一字 而益新景丙午春杪畢工時與事相符如此考滿東歸泊舟于太平橋下登亭酌別援笔以書子是予恭仝侍

右刻正書六行杜汪姓名官表失載不知其爲守爲令闕以俟攷 金石畬

右杜汪題記永志笔作筆太平橋即道州雲龍橋在泮宮左跨濂營二水之上宋建石梁列屋以覆之

趙必漹題名一行上四小字雙行下九字字徑一寸正書刻程邈題名之前

咸淳壬申龍潭趙必漹灊伯會游

余槐題名橫列十四字字徑寸許正書刻程邈題名之上

咸酉詔月番易若溪余槐隨侍曾游

更寒二字高一尺二寸廣三尺字徑尺許正書

更寒

右更寒二字無年月亦不知何人所書左旁隱約有字不可辨識

右寒亭題刻十九段在江華均湖南通志所失載永志亦僅錄胡華公十一刻耳胡華公有萬石山題

名云丞郡瀟陽此刻云行縣之暇蓋道州司馬也省府志均失載陳邦慶時爲江華令以乾道四年任周匹休等四人疑皆邑僚而志均不見其名趙必漹當是宋之宗室咸酉當是咸淳九年癸酉詔月未詳餘見陽華巖諸跋

暖谷題刻五段在江華

蔣祺詩高二寸九寸廣三尺共廿四行行字大小不一均正書

暖谷詩并序　延陵林詠書此五字較大

太常博士知周事蔣祺

夫古之人不偶於時則肆意於山水間以至放言遣□往〻皆見其志元次山有之矣及其忘也幾百年所存者惟寒亭云來者以其有磨崖之誌可驗餘莫能知之丁未治平之孟春邑尉成紀李君到官始踰月登亭西相上石得嵒穴命斸之前得地方丈又斸之後得周環數尺至於跂行燕坐者不知可幾人規維相通皆可愛者雖戶外峭寒其中莫能知燠如也嵒成　李君請余名余命之曰暖谷遂作詩云爾

縣南山水秀且清天地坯冶陶精英有唐刺史昔行縣訪尋洞穴爲寒亭屈指于今幾百祀磨崖字字何縱橫相隨棧道倚空險來者無不毛骨驚我此三載迷簿領

有時一到□餘情娛賓烹茗遶回首孰知亭側藏嵒扃成紀同僚到官始居然心匠多經營乃知物理會有數緊天通塞因人成嫣工春築忽累日曠然疎達開光明初疑二帝鑿混沌虛空之□原空二格羅日星又若巨靈擘華嶽溪谷之響轟雷霆大嵒既闢小嵒出壺中之景眞其□洞門春風刮人面其中安若溫如蒸纍垂石乳似刻削周環峭壁無欹傾舊梯既去小人險新徑之易君子平臨流又廣□方丈疊石締宇爲軒楹于嗟士石□□□無情一旦逢時榮　方今出震□大器鼎新基搆清寰瀛我願天下無凍餒有如此穴安生靈不煩吹

律而後暖千古宜以此爲名　又成五言律詩三
首
陵谷有時變茲嵒不可湮神仙三島景天地一爐春鼓
動龍蛇蟄跳通草木新寒亭幾百載今始得良鄰
地勝難堙没規爲假手通鑿開千古意傾出一壺空煦
比鮫人室寒消朔吹風從今縣圃上此景浩無窮
客有林泉趣尋幽剪薜蘿半山無石礙此境得春多隅
岸桃花塢臨溪竹箭波茲應是仙隱鶴馭幾時過
琪治平開邑令詩見江華縣鄭志案蔣琪疑即前蔣
之奇暖谷序所謂縣宰吾族叔祖其人也 湖南通志

右蔣祺暖谷詩省府志祺誤作琪職官内亦然此
刻無年月蓋與後暖谷銘同上石者序云丁未治
平之孟春詩云我此三載迷簿領是蔣祺以治平
二年爲江華令也序又云邑尉成紀李君到官李
君即伯英也與道州新志所述相符而省府志職
官均以爲邑令不言其爲尉恐誤豈後來遷轉因
遺其前之曾爲尉邪通志山川永志名勝載此詩
不及序文并遺五律前二首餘亦多異縣南之縣
作邑精英作精靈訪尋作訪得爲寒亭之爲通志
作名永志作有百祀作百載毛骨作毛髮我此作
我來簿領作簿牘一到下志作瀉審之其字左旁
從女決非瀉字著作茶通塞誤作通寒永志改作
天温柔谷殊謬巨靈誤作希夷溪谷誤作暖谷小
嵒誤作子巖壺中誤作巖中眞其作奇且其下一
字下半從心亦非冥字洞門作門外安若通志作
安處似刻削作如刻削之易作知易又廣□方丈
作地廣又方丈壘石絲宇作壘石經宇于嗟作嗟
吁土石下作仙山古審之弟一字似來字餘不可
辨而確非仙山古三字出震下作成字審之亦不
似也此究作此谷生靈作生民不煩作不須後暖
通志作律暖此境作此景茲應作茲因仙隱作山
隱要皆以石刻爲正及其忘也借忘爲亡古字通
用棧道上一字不甚似隨姑從志偏注於旁

蔣之奇銘 高二尺五寸五分廣一尺七寸五分十三行行廿字弟四行多一字字徑一寸另年月一行正書

暖谷銘并序　郴州進士李宏書 此七字較大

蔣之奇潁叔

永泰中元次山爲道州刺史嘗巡行至江華登縣南之
亭愛其水石之勝當暑而寒遂命之曰寒亭而爲之作
記刻石在焉治平四季十月余陪　沈公儀至其上見

其傍有暖谷者方盛寒入之而其氣温然雖挾纊熾炭
不若也予甚愛之問其所以得之者本邑尉李伯英也
問其所以名之者縣宰吾族叔祺也噫是可銘也已乃
爲名曰
維時有寒〻不在夏〻而寒者茲亭之下維氣有暖〻
不在冬〻而暖者茲谷之中物理之常人不以異維其
反之是以爲貴茲亭茲谷寒暑相配寥〻千季始遇其
對名自天得待人而彰我勒此銘萬古不忘
治平丁未十月十七日刻 此行字較小
暖谷在江華縣南五里寒亭之側宋邑尉成紀李伯

英始得其處治平中蔣之奇沈公儀有銘有詩雖盛
寒入谷其氣温然 道州新志
案蔣之奇宋史有傳據傳英宗擢監察御史神宗立
轉殿中侍御史貶監道州酒稅後元祐初以天章閣
待制知潭州此治平四年正其官御史時不知何以
至永州也 湖南通志
右蔣之奇暖谷銘瞿氏宗氏皆未之見而通志山
川永志名勝皆載此文江華上無至字記上無作
字公儀上無沈字傍作旁上無其字其氣温然作
氣温如三字挾上無雖字愛之下少二句祺誤作

祖下無也噫二字乃上無已字人不以異作不以
爲異茲谷一作竝谷一作并谷寥〻千季始遇其
對作寒暑千秋陰陽反異此銘之銘永志作名恐
皆沿舊志之訛要當以石刻爲正書人李宏自署
郴州進士而通志選舉失載 以上二種疑後人
重刻或與寒巖銘同時未可知也
游何空翠亭題牓 高一尺九寸廣二尺九寸三字橫列字長徑一尺五分篆書前後款各一行各五字字徑一寸二分分書
空翠亭 京兆游何書 曹南董堣立
迺西有洞呀然爲宋尉成紀李伯英所闢暖谷復由

石磴微逕而上地可十笏匪旁篆文曰空翠亭乃紹
興中邑令曹南董嵎所建 李邦燮游寒亭記
右空翠亭三篆字在江華南五里蔣家山董嵎時
爲江華令通志職官作董炳永志作董煬云紹興
十一年任縣志作堣得此刻知縣志爲得實省府
志均誤也李邦燮作山旁嵎亦誤亭爲董嵎所建
永志見於名勝而宮室內失載皆當校補石刻無
年月永志於董堣之後列劉思永云十五年任則
董堣於十五年去任此刻當列於去任之前篆爲
游何所書游何陽華岩詩作於紹興乙丑秋仲此

三字亦必其時所書系紹興十五年八月之末游
何浯溪陽華岩題名里貫稱濰川濰上此刻稱京
兆蓋居京兆濰水之間也

李長庚空翠亭詩 高一尺一寸五分廣九寸五分六行行七字字徑一寸八分正書

亭倚晴空翠作堆峯巒奇絕畫屏開凭欄眼力不知遠
歷歷木穿幽樹來 登空翠亭 冰壺李長庚

右李長庚詩庚午夏仲維拓寄江華新志失採案
李長庚字子西甯遠人徙居江華紹興廿四年張
孝祥榜進士初官通判乾道間知賀州富川縣事
與楊誠齋謝艮齋爲友蓄書數千卷名其齋曰冰

壺時稱冰壺先生所著有冰壺文集此詩志所不
載長庚和江朝議詩在陽華岩時值乾道六年此
詩或亦當時所題

杜汪集工部句 高一尺四寸四分廣七寸五分四行行八字字徑一寸二三分正書

集工部句題暖谷
作尉窮谷僻官高何足論溫溫有風味憶昔李公存
杜汪

右杜汪詩刻無年月以其寒亭詩證之蓋同時所
作時爲淳祐四年甲辰也杜汪又有寒亭題名宗
氏跋云官表失載不知其爲守爲令讀此詩知其
爲邑尉矣可補入官志此刻前人未見

拙翁巖題榜 高二尺六寸五分廣八寸直榜三字字徑六寸許正書在桂陽州

拙翁嵓

拙翁嵓在州東鹿頭山脊宋孫頎嘗遊此以拙翁自
號刻銘其上頎英宗時知桂陽監 桂陽州志
案頎字景脩長沙人劉摯忠肅集有和其鬬鹿頭山
詩 湖南通志

右刻在桂陽州東三里鹿峰山州人僻陋絕不知
所謂石墨者甲戌夏函致州牧乞爲訪搨越三月

餘以此寄貽謂銘詞漫滅僅存拙翁嵓三字仍各
拓一紙并据志錄寄銘詞五十六字伸紙視之乃
施墨於石以紙印之字皆反文是甑蠟法且不知
安望其括苔剔蘚使八百餘年之古蹟復顯於今
茲乎審讀之銘四行行十四字徑寸許辨得人皆
營則人方滾滾且平壘時暇此扃用刻此十八字
前有序六行行十三字辨得開得石鹿乃爲此銘
八字年月姓氏不可得見恐銘後尚有一行也因
先錄題榜而詳識之以俟續補志載銘詞云人皆
營營我心則甯人方擾擾石刻作滾滾我靜則石刻作且平

疏拙之性自知甚明假符偏壘耦時晏清屆疑當作屆
多暇日愛此深扃登臨眺望感會襟靈蒼巖磨礲
用刻此銘

祠部郎中趙宗道妻崔氏墓誌

方二尺八寸五分廿五行行廿六字字徑五六分正書在洛陽存古閣

宋故安平縣君崔氏夫人□□銘并序
朝奉郎尚書都官員外郎通判濠州軍州兼管內勸
農事騎都尉賜緋魚袋張吉甫撰
將仕郎試秘書省校書郎新授權陝州觀察推官張
曜書并篆蓋

崔姓甲出山東始分清河博陵之族清河之崔有休仕
元魏爲七兵尚書又與其弟寅別爲大房大房之崔最
盛傳其世譜繼承衣冠間有顯人迄今不絕休下十三
世至左拾遺周度□晉末從事兗州慕容彥超幕彥超
反以忠言抗死周贈秘書少監少監生左班殿直贈兵
部侍郎汝礪兵部生工部侍郎致仕贈禮部尚書立尚
書娶職方員外郎冉宗閔女曰仁壽郡君是生夫人尚
書於時有清德重名　夫人稟厚承慶聰敏靜嚴之
性見於幼成于長持終身而不遷始與諸女戲已有常
節逮能志于女事皆不待教而工間則習筆札喜讀書
史數過成誦不復遺忘事親孝而有禮雖室處必整衣
斂容不妄語笑年二十歸于今　集賢校理祠部郎
中趙君宗道　夫人即移事父之孝禮事其　舅
司空公先是　皇姑即世累年　司空常患內事
無主一日召　夫人於庭告之故條家事付主之
夫人謝且避諸姒辭不獲命退而劬心執勤一承授
託之意奉上以恭睦下以順惠撫幼稚均逮賤微梱內
二百口咸得其歡心　司空喜以　夫人賢行談
于人姻黨傳慕爲法則及從夫官于外治家政益謹事
大小皆手自記疏畫爲規程又以身率之外有林亭遊
觀之勝或彌歲不一駕往　祠部更爲藩守所至治

號第一亦自謂中助之多其於子若婦與孫無過憐無
偏愛言必戒其爲善有過勵責不少假借是以顧之喜
不敢有驕色立語終日不敢惰容御婢使輩外嚴內恕
未嘗過行笞呵吉甫先夫人嘗言我省姊留其家逾月
訖不聞有一大聲何上下之肅也歲時祭祀皆親臨滌
除品物務致豐絜不厭手不以薦內外甥姪孤無依者
悉收育教誨畢其婚嫁在　京師第時遇冰雪冱寒
郎遣視近居老疾幼獨之人賙濟全生者甚衆平居好
佛書後得圓覺經觀之歎曰使我早研悟此理當終老

於家孰能有行重結縁案自是思略世事減徹饌具戒
殺生却文繡不御蓋　夫人常謂妾索不若約已平
生不耴一毫於人茲其素有志尚已　祠部始通籍
外庭用　郊祀恩封　夫人安平縣君後繇
季妹安國夫人之貴得　賜命笄朝服治平三年冬
十月十有三日終于保平之府居當病且革家人在傍
無一語及後事凝神順化目瞑不亂人以是知　夫
人於圓覺之旨得之心者多矣春秋六十有九子男四
人隨將作監主簿早卒鼎太子中舍咸大理寺丞濟著
作佐郎女三人長適屯田員外郎張仲松次適比部員

外郎呂昌暉次適贊善大夫張德源諸孫二十四人熙
甯二年冬十一月癸酉葬于伊闕　皇舅姑兆次前
期　祠部洎咸皆録
夫人之懿行授吉甫曰子於諸甥知姨之事詳宜銘其
葬謹爲銘曰
孰謂女德　體陰法坤　惟從是專　不考詩史
稱淑於家　婦助乃賢　爲母能教　義各有宜
故詠而傳　猗嗟夫人　總華在躬　美既具焉
夫顯受封　子仕孫令　壽亦有年　生無不如
葬有備禮　又福之全　勒文垂休　豈止斯石

閟永藏堅　臣如漢向　帝如唐文　或屏或編
請持銘章　往告執事　聲光誰先
右趙宗道妻崔氏誌在洛陽存古閣攷宋史趙賀
傳云子宗道終集賢校理與誌所述者合誌所稱
司空公者卽賀也史敘賀官秩云補臨朐縣簿改
大理評事旋以太子中舍安撫京東改殿中丞歷
明宿二州通判徙知漢州召權三司戶部度支判
官出爲京東西兩路運副益州路轉運使尋糾察
在京刑獄遷工部郎中提舉諸司庫務爲江淮制
置發運使遷給事中判宗正寺知壽州而不言其

爲司空蓋歿後所贈之官史所未詳見於宗道誌
中又誌云繇季妹安國夫人之貴得賜命笄朝服
案韓魏公撰宗道誌有以友壻之分一語是安國
夫人疑卽魏公之夫人也至夫人之子有曰鼎太
子中舍者則非高宗時爲相之趙鼎也誌敘夫人
先世有云清河之崔有休仕元魏爲七兵尚書又
與其弟寅判爲大房攷新唐書宰相世系表崔氏
清河大房後魏贈清河太守宗伯生休寅休號大
房休字惠盛後魏殿中尚書文貞侯子陵字長孺
北齊七兵尚書清河小房寅字敬禮後魏太子舍

人樂安郡守據表則爲七兵尚書者乃陵而非休
乃齊而非魏也與誌不符其爲表之誤與張吉甫
所據崔氏世譜之誤俱未可知夫人之父爲崔立
亦見宗道誌中立字本之開封鄢陵人誌云工部
侍郎致仕與史傳合其贈禮部尚書則傳所漏載
也傳云祖周度仕周爲泰甯軍節度判官慕容彥
超叛責以大義見殺與誌所云以忠言抗死者亦
合惟誌不言其爲判官傳不言其贈少監耳

潘尊師碑側題名五段 在登封

兩側高二尺八寸廣八寸八分行字詳各條下均正書

魯鄭右獻可題名 三行行六七字字徑寸五分左行

熙甯辛亥孟夏初十日魯鄭右獻可同遊

樓試可等題名 四行字徑一寸五分又紀年一行字徑六行左行

樓試 缺 范邦 缺 宗仲 缺 同遊 元符 缺

此係元符庚辰九月十九日所題下方失拓

資政殿學士等題名 五行行字不一字徑一寸二分

資政殿學士□□府□□ 缺 薛㯕徐鉉唐□言□□□
□□李□丁昪□馮□□ 政和元年二月廿七日□□
男雍侍行

滎陽張□周等題名 二行行字不一字徑一寸二分左行

滎陽張□周羽人趙守素游政和癸巳六月十三日子
楝侍行

殘題名 四行行四字字徑一寸五分左行

缺 □□□□□□□繼□□夫游

是碑碑陰尚有題名十餘段續得再補

同州聖教碑陰題名 萃編載卷一百三十七

張景脩等題名 崇甯元年二月廿三日

僕 僕作脩修作

張智周等題名 政和元年十月十五日

汝陽 汝誤

曁尹卿等題名 宣和三年清明後二日

石卿 石誤右

尚書祠部郎中趙宗道墓誌

高二尺七寸五分廣二尺九寸四十七行行四十六字字徑五分正書在洛陽存古閣

宋故朝奉郎守尚書祠部郎中充集賢校理致仕柱國
賜緋魚袋趙君墓誌銘 并序
淮南節度使開府儀同三司守司徒檢校太師兼侍
中判大名府兼北京留守司事大名府路安撫使上
柱國開國公韓琦撰
翰林學士朝散大夫尚書工部侍郎知　制誥兼侍

讀權知開封府兼畿內勸農使柱國賜紫金魚袋
元絳篆蓋
龍圖閣直學士朝散大夫給事中知河南府兼西京
留守司事畿內監收勸農使上護軍賜紫金魚袋李
中師書
熙甯四年夏六月　趙君子淵自管勾西京留司御
史臺引年得謝退處于脩善坊之私第未幾病且踰月
度必不起遽取筆自書命其子威以誌文屬余七月二
十九日果卒威亟遣人持其所書號訴來請余泣而視
之知子淵所以屬余者以友壻之分又悉其生平操守

施設使書其實足信于後世此其可辭子淵諱宗道開
封封邱人　給事中贈司空賀之子　贈左衞上
將軍正德之孫　贈左屯衞將軍瑨之曾孫司空在
仁宗朝更任顯要爲時名臣子淵幼警拔自立力
學能文屢舉進士不利始從父任補將作監主簿監舒
州塩酒稅□□稻田務執政薦其才　召試學士院
得館閣校勘改集賢校理累遷大理寺丞主宗正寺簿
通判河陽以太子中允同判登聞鼓院丁司空憂服除
同知太常禮院出知宣州改太常丞子淵爲政知所先
後下車首興學校招廣生員起市楀屋取貲以充其用

又選良醫以諭勸之人人樂於爲善宣民素尙巫覡病
者不毉以事祈禳子淵爲擇方書之驗者刻石示之復
出公帑緡爲藥劑以時拯救民脫横夭因變其俗涇邑
豪劉氏毆人死厚用賂冀以死者緣乇疾獲免子淵察
其姦卒寘于法吏受賂者悉黜竄之二郡肅然歲滿得
郭輔之者來代始輔之以所逐兵冊不如意及至郡會
子淵居式假不能出遂大忿恚子淵去捜剔疵累窮極
纖悉無所得因摭疑似之事緣飾以　聞子淵不堪
其誣即奏辨之　朝廷爲置司推究事畫白猶以奏
牘中一二語差在律以身事訴止坐杖法官深文以詐

不實論棄一官落職旣而御史中丞魚公周詢極陳其
寃得復中允監亳州酒稅物論猶不平繼得今太子少
師趙公槩曁兩禁臺憲官十數人交章薦雪始還官與
職知宗正丞事兼判登聞鼓院知濱州會河決六塔郡
界有遥隄監司欲決以釃其流子淵執不可雖脅之愈
急愈不棄民賴以全又立保法檢制姦盜比戶以安代
歸爲群牧判官還太常博士權開封府推官嘉祐四年
京西大饑轉運使請擇列郡守以濟災饉子淵被選知
潁州子淵於救荒之術素以經慮賑給存勞無所不至
寇盜屏息流庸以復俄權三司戶部判官出知晉州時

營奉　永昭方中諸郡皆嚴期賦民物價翔而費益
倍子淵獨取給中物官自營致使民徐償之境內寂然
無所擾民既飽其德惠相率走　闕下請留　朝
廷知其能就徙陝州晉人號呼遮道子淵不得前爲駐
留彌日得間道馳去陝素以土厚水脉深不爲井唯引
橐山泉貫城中以貸衆用歲雨數壞隄渠絕流則民汲
于永定澗既遠且勞子淵曰今邊州巖堡往往皆井此
平地反不可邪亟選匠者相廬巷便民之所浚三十井
皆未數仞得美泉民歡喜之謂足與甘棠同永其思也
子淵自博士四遷尙書祠部郎中知蔡州郡城北巨門

東西有二橋跨汝水上岸高峻非得巨材不能立立數
歲輒壞每一易費民貲幾萬緡俚諺目爲害民橋子淵
卹其久弊思力去之募工取確山石先易其東者衆論
讙然難之子淵一不聽至聞于　朝者　詔問狀
子淵別白利害保于必成　朝廷從之已而橋成患
絕爲利無窮子淵自年及縱心日思退去會秩滿懇求
西臺既得請須期歲餘新第完美日談笑其間無復以
軒冕爲意未踰時卽還　君事方且放懷林泉以造
羲皇之域而天嗇遐福遽奪之年悲夫子淵性方重不
妄進止外嶷嶷若不可犯而內極樂易卽之盈溫與人

交篤于風誼澹薄寡欲至老無聲色之惑爲政詳敏得
其綱要當事劇訟挐乞人雖勞精竭慮不能判者子淵
視若間暇處之無不中理善筆札長于詩弈公退必引
賓屬以此爲樂其它不好也慶秝中杜正獻公范文正
公與諸賢以忠義並進　天子方虛心仰成諸公亦
欽子爲報而俱知子淵之才未及薦擢爲僥倖者所沮
相繼罷去子淵義之所激時上書開陳得失當塗者聞
而惡之故輔之因得希合奇中事雖獲辨而淹回者十
年不得乘時奮其所長子淵亦明於義命居常泰然未
嘗少動其心也事二親孝執喪過毀幾不能生同宗五

世族大愛周內外疎屬孤無依者必□鞠成人爲畢婚
嫁先塋在封邱地頗卑下會隣有葬者穿地未及尋而
泉已出子淵視之大驚曰近歲京師雨水多沮洳使然
吾親葬此豈得安邪於是專意改卜卒得地於伊闕之
府下村遂遷祖攷二世之喪以安厝之決謀居洛以便
子孫之奉前後奏疏論說時事多見採納如與　皇
族結親必取三代告身按驗以絕富民妄冒之弊經科
增對大義弛茶禁通商流外官不爲縣令編論政體書
貲訓鑒之益皆自子淵發之子淵年七十三娶崔氏尙
書工部侍郎立之女封安平縣君事舅姑盡孝睦宗族

盡勤柔懿之行親黨稱之先子淵而亡五男長隨將作監主簿次未名俱早世次鼎太子中舍知江陰軍江陰縣次咸大理寺丞次濟太子中允權發遣淮南同提點刑獄公事皆謹蹈門法以材自奮而咸向任三司編脩令咸懇請宰邑河南以便親養子淵疾得朝夕省視奉遺語幹後事罔不如素三女長適尚書屯田員外郎張仲松次適尚書比部員外郎呂昌暉次適太子右贊善大夫張德源以其年十一月四日諸子舉子淵之喪葬于司空之兆次銘曰

夫惟有才　始可言命　吾蘊有餘　用焉弗罄

繫偶不偶　命也誰競　已或無有　奚取命證
噫嘻子淵　其才孰肩　畜不大發　匪命胡然
小施郡治　功疇與先　進乎退勇　始終茂焉
伊洛之間　地環勝勢　既安祖考　遂我素志
今茲卜宅　又從而竁　敵植雖藏　令名不閟

刊者李稹

右趙宗道誌在洛陽存古閣宗道名史僅列於賀傳之末云終集賢校理而已韓魏公爲之撰銘必其平生操守施設實有可傳於世者史亦太略矣宗道娶崔立女崔氏別有誌銘崔立字本之開封鄢陵人以右諫議大夫知耀州改知濠州遷給事中進工部侍郎致仕卒其贈司空史所未詳傳云立天性淳謹兼有識見能知人韓琦尙爲布衣以女妻之誌故有友壻之分之語誌云歲滿得郭輔之者來代攷輔之見宋史溪峒諸蠻傳又云御史中丞魚公周詢極陳其宛攷魚周詢雍邱人以右諫議大夫權御史中丞終知成德軍贈工部侍郎誌又有太子少師趙公槩云云攷趙槩字叔平南京虞城人熙甯初以老求去拜觀文殿學士知徐州久之加太子少師致仕贈太子太師謚康靖誌

敘宗道有五男崔氏誌云子男四人者未列早世之弟二子耳鼎銜云知江陰軍江陰縣濟銜云權發遣淮南同提點刑獄公事皆彼誌所無蓋後來遷轉之官非有異也撰文者魏公其結銜有淮南節度使檢校太師之稱史所漏載篆蓋者元絳絳字厚之錢塘人其先臨川危氏易姓曰元其結銜所稱知制誥兼侍讀者史皆失載史稱工部郎中與誌言侍郎者亦不符書者李中師中師字君錫開封人其結銜所稱給事中者史亦失載

八瓊室金石補正卷一百三終

八瓊室金石補正卷一百四

太倉陸增祥撰　男　繼煇校錄

吳興劉承幹覆校

宋二十三

脾山悼園監護等題記

方二尺一寸十一行行十六字字徑一寸正書在汝州

熙甯五年壬子歲春正月

詔舉秦王宮諸喪祔于臨汝脾山悼園之次以入內供

奉王脩已爲監護又以入內供奉曹貽孫專治脾山之

役自三月辛卯始事迄四月丁巳成功至五月壬寅遂

克襄事時祗役與執事者凡九人都巡檢供備使王懷

誼提轄從人管勾孀居內侍供奉張繼緒藍克甯墳園

供奉嚴雍梁魯巡檢侍禁高德誠按頓遞殿直石繼瑄

夏大卞梁縣尉校書郎吳道簽書汝州判官殿中丞孫

紀

住持淨因院主賜紫沙門淨宣立

中書省玉冊官王仲宣刻

提轄從人管勾孀居按頓遞殿直皆宋史職官志

所略

祔葬陳國公監護等題記

方二尺十三行行十七十八字字徑七分正書在汝州

宋宗室陳國公以熙甯六年正月甲寅薨有

詔葬于汝州梁縣秦悼王墳之次及舉諸喪祔焉以

龍圖閣直學士諫議大夫孫固西作坊使入內副都知

王昭明爲監護以入內供奉梁佐衛尉寺丞簽書汝州

判官劉唐憲專董塋兆之役自三月庚午經始迄六月

壬午遂克葬時與執事者凡十三人提舉諸司入內供

奉李憲專管勾諸司入內殿頭蔣艮臣都巡內殿崇班

劉允和管轄墳園供奉嚴雍梁魯縣巡檢供奉王翊按

頓供奉曹軫侍禁王士章冬官正楊茂先梁縣尉校書

郎吳道

翰林書藝馬士明書　玉冊官陳永宣刻

住持賜紫沙門淨宣立石

陳國公者秦悼王之孫潁川郡王德彝之子承錫

也宋史廷美傳但稱供奉官不言公封據宗室世

系表承錫有謚曰榮僖碑亦不言之翰林書藝宋

史官志所不備其秩甚卑也大約如唐楷書書令

史之類

沕泆李宗儀題名

高二尺廣一尺三寸五行行十字字徑寸許正書四周飾以雲紋在樂昌

熙甯六年冬臘后二日提點刑獄南康李宗儀按部來
遊時招邑東李勃李嚴兄弟同觀祖師石牀及陸羽題
名邑簿邢道卿從行

程師孟奉敕祠南海廟碑

高八尺廣四尺十七行行卅五字字徑一寸六分銜名三行正書篆額三行題敕祠南海神記六字在南海南海廟大門東偏治平碑陰

勑祠南海廟記

清海軍節度推官承事郎試大理評事知英州洽兗
縣事權清遠縣事陳之方撰

熙寍 皇帝以天久不雨天地百神暨名山大川罔不祇
恪惟南海神陰相一方爵號惟賚乃命守臣躬厎致祠
時 右諫議大夫程公分寘南服使人至止設案具禮
北面拜至再然後敢取勑與祠神之文伏讀三四又再
拜退而竊歎曰
皇帝有志憂民辭情懇惻顧惟斐薄敢不虔奉
上意以致祠于神乃命卜人端策揆辰前事之四日沐
浴齊戒前事之三日乘舟以往牲豐酒醇豆籩潔嚴
公冠屨劒珮威儀甚偉僚吏濟濟屏息就次禮備登階
祝者宣辭
皇帝至誠洞達幽陰磬鼓遞作旄旛颯爽像塑堂堂若

醉若飽嗚呼惟天作辟以相民惟辟保民以應天
皇帝卽位于今七季應天相民宵旰側席燠暘風雨宜
協休應 公有德于民神實佑之
皇帝有禱將誠者 公神實歆之海隅之人以
皇帝愛憫元元之心欣懽鼓舞頌歌之聲萬口一響之
方備數下邑職聞盛事 公命紀歲月敢撫其實爲之
文又次之以詩其詩曰
湯湯南溟百州所豬有赫其靈有嚴其居神宅于幽誠
格者應其應維何
皇帝仁聖幢旄鼓鐃嶠往祇祠揭揭 程公神之聽之
祀事之既神閟歆喜飆馳龍翔一息萬里衍洄潏焦旣
盈既優廟社億季血食均休

甲寅正月二十三日立石

終獻官供備庫副使廣南東路兵馬都監趙光
弼攝太祝南恩州軍事推官登仕郎試祕書省
挍書郎管勾經略安撫使司文字蘇咸攝奉禮
登仕郎守太理寺丞簽書節度判官廳公事富
臨宣德郎守大理寺丞知番禺縣兼管勾南海
廟事黎獻臣
亞獻官提點廣南東路刑獄公事兼本路勸農提

舉河渠常平倉及管勾農田水利差役事朝奉郎
守尚書司封郎中上騎都尉賜緋魚袋借紫李宗
儀
朝散大夫右諫議大夫知廣州軍州事兼管內勸農
市舶使提舉銀銅場公事充廣南東路兵馬都鈐轄
兼本路經略安撫使護軍永安縣開國伯食邑九百
戶賜紫金魚袋程師孟

記撰於熙寧七年正月則神宗憂旱分命守臣精禱不獨八月矣本紀闕載陳之方元豐八年點校試卷官見宋史五行志廣東通志金石略

師孟以守臣主祭碑未敘銜不言初獻若亞獻終獻官姓名記文既未敘入故特書於結銜之上亦一例也潛研堂續跋

非薄作斐

伏波巖題刻十段在臨桂

潘景純米黻題名高一尺八寸廣一尺五寸題名二行字徑三寸款二行字徑二寸行書

潘景純　米黻
熙寧七年五月晦同遊

宋史芾傳芾以宣仁后藩邸舊恩補浛光尉方信孺畫象記言在桂得元章所作僧紹言詩序乃知嘗尉臨桂此刻爲作尉時所題又志林載元章有陽朔山圖以拜石人居岩壑至奇之地作宦佳處宜無過於此蔡肇志墓甚詳獨不及臨桂尉何耶廣西通志

劉鎡等題名宣和元年六月十六日萃編載卷一百四十七

建炎二年屏風山周與道題名內有開封侯晉卿子宣子誤于署銜廉訪使者宣和六年蔡懌屏風山題名署銜經略安撫又岩內七年題名同

公遠等題名高一尺六寸廣一尺二寸五分四行行六字字徑二寸三四分分書

公遠公玉子真子斐脩卿仁卿少魏戊子六月二日泛
舟來遊

桜公玉姓宋子真子斐姓張見巖內他刻脩卿姓江少魏姓謝見龍隱岩孫師聖題名戊子爲乾道四年廣西通志失載

劉舜舉等題名高二尺一寸廣九寸三行行字不一字徑二寸行書左行

劉舜舉張子容子直子安胡宗周同來庚寅三月中澣

桜庚寅爲乾道六年子直子安胡宗周字刻完好廣西金石略誤作子真子斐胡宗回豈搨本未顯耶金石續編

胡宗回至桂在紹聖初距乾道七十餘年矣
桂林鹿鳴燕詩高三尺八寸廣二尺七寸前二行行十六字字徑二寸五分後四行行十八九字不等並行書上石一行十三字字徑七分正書
淳熙元年秋九月桂林鹿鳴燕太守范成大賦詩
以勸駕云
維南吾國最多儒鑿觀拙〻赴鹿書竹實秋風辟穴鳳
桃花春漲脫淵魚月宮移種新栽桂江水朝宗舊鑿渠
況有龍頭坊井在明年應表第三閭
郡人曹鄴桂詩云我向月中收得種爲君移向故
園栽今年用故事種桂𠀤夏進德二堂又復朝宗

渠水以符文章應舉之記趙觀文王世則兩人皆
魁天下今狀元坊存焉故拙句中悉及之
門生鄉貢進士周□□劉□上石
右范成大鹿鳴燕詩在臨桂伏波巖續編載此南
宮作吾南鄴作業種桂之種作移均誤成大事蹟
見史史載其知靜江時政蹟云廣西專藉鹽利因
漕臣盡取屬邑始有增價折配之弊成大入境奏
言利害莫大於此若裁抑漕司強取之數以寬郡
縣則科抑可禁上從之茶馬司舊法高以四尺四
寸爲限一旦詔加四寸成大言自來互市四十年

不宜驟改是石湖非僅風雅好事以詩雄於世也
即此一詩亦具見培植人材之意矣曹鄴唐人官
祠部嘗讀書於龍頭山下王世則以太平興國八
年魁天下湖南通志載爲長沙人與此不符
米芾象贊并記高四尺廣一尺三寸下方記文廿行行廿九三十字字徑五分許正書
襄陽米芾　得名能書　六朝翰墨　漁獵無餘　骨
與氣勁　妙逐神俱　風姿亦然　縱覽起予四行在像上方行書字徑寸許右方有乾卦圖璽左方有紹興御書二璽
先南宮戲自作此小像真跡今歸于　御府友仁書此行在象右字徑寸許行書

寶晉米公畫像記
寶晉米公世居太原後徙襄陽自公始定居潤州以
宣仁后恩補秘書省校書郎浛光尉□□入淮南幕改
宣德郎知雍邱縣□監中嶽廟授漣水軍使發運司勾
當公事□□撥發入爲奉常博士知常州不赴管勾洞
霄宮知無爲軍復名爲書畫院博士擢禮部員外郎□
知淮陽軍卒生于首謝事不許卒於官□□□年□月
葬丹徒長山下信孺頃過浛光訪公遺跡得北山養疾
篇及□□□石刻□□洎來桂林復得僧紹言詩序及
伏波巖與潘景純同游石刻□□公嘗尉臨桂秩滿寓

居西山資慶寺頗與紹言遊故有此作其他蹤跡則缺
如也至於序中云書于桂林□堂令亦失所在豈舊尉
治耶公作畫史□□始□官桂林而是時文章翰墨已
足高跨千古然蔡天啓誌公墓書洽光不及臨桂豈所
謂名□者臨桂□□中耶抑先臨桂後洽光天啓所書
偶略之耶公之孫□□□公遺文如北山養疾篇及紹言
詩序等作皆逸焉豈□時□次偶未見□□□耶公□
碑皆書熙甯七季今去此且一百二十餘載□其聲名
與天壤相終始□於□□先□游桂林者或未必知其
詳信孺將漕于桂公之曾孫國秀實爲靜江府□□支

使藏公自作小像有小米題子意其游山時衣冠□□
□□此□刻之伏波巖公題名之左且以
高宗御製碑本像贊冠焉併□公卒□□□於下方□
□□公舊游使來者尙可以想像其凌雲御風之高致
云嘉定八年八月旦朝奉郎廣南西路轉運判官莆田
方信孺記

按海岳遺事云米公自寫真世有數本一本服古衣
冠曾入紹興內府有其子友仁審定贊跋即此本也
下層爲方信孺記芾尉臨桂僅見此記惜日就泯滅
幾不可讀粵西文載本缺字尙少因附於後以便觀
覽廣西通志
漶漫多缺字据粵西文載補之高宗贊風姿亦然言
風姿如其翰墨也粵西金石略改作奕失其義矣金石
續編

方孚若詩 廣五尺六寸第一行高五尺二寸十字餘高二尺七寸九行行字不一字徑四寸許

草書

歸舟多載小江春重訪東巖舊屐痕插水峭崖猶有路
垂天怪石本無根金華仙伯真知己薏苡將軍足斷魂
安得北山公可作倩渠移取向家園 字若

右刻無年月當附米像記後廣西通志缺前十字

拓未全也甲戌九月海琴寄贈云詩刻岩底仰天
爲沙淤者久矣首云歸舟疑在九年十二月去桂
之時云小江春則尤非冬令所作

曾宏正詩 高四尺廣七尺四寸十六行前詩七行行八字後詩六行行七字字徑四寸許行書

還珠洞

僊指重來二十春繫船猶記舊篙痕飛鴻踏雪空留跡
隨水浮萍那有根摸索交游半爲鬼尋思往事黯消魂
天涯老泪空橫睫只欲歸歟事灌園

次孚若韻

危亭倚巖隈嘉名叶地識時浮桂薌香永絕戈甲祲敗

柳裊煙絲枯荷立霜枋呼僮理吳榜月夕欲乘輿

題癸水亭曾宏正

右刻無年月曾宏正以淳祐三年自湖南提刑調
廣西運使題詩當在其時廣西金石略失採

蕭桂林詩 在前刻空處正書

盧陵蕭桂林次前後二韻 此行在次字若韻四字之下字徑二寸餘
標柱征南不計春未應追感淚流痕岩虛生白□心地
波狀澄清蕭耳根壯士於斯留顯跡大夫非此賦招魂
江山今古人何在戰馬嘶風憶故園 四行在還珠洞三字之下左行字徑寸許

□□□古碑神奇永符讖履邑俯馮夷坐石存精祲拂
劍逼珠光乘槎掉柯枋風清明月懷雲隱高山輿 四行在乘輿之下字徑寸許

右刻無年月亦未刻也即附曾詩之後

朱景行題名 高尺三寸廣尺四寸四行字不一字徑二寸餘正書

眉山朱景行以咸淳戊辰十二月三日登舟于此

碧落洞題刻廿二段 在英德

廣帥程師孟等題名 高三尺廣一尺八寸五分五行行十字字徑三寸許正書

熙甯乙卯五月十日廣帥諫議大夫程公代還同郡守
王僧彥遊公之子德叟義叟純叟侍行韶州司理叅軍
吳純叟謹題

廣帥程公者師孟也

轉運副使向宗旦詩 高一尺九寸廣二尺七寸十二行行九字字徑一寸五分許正書

權轉運副使向宗旦被詔還 闕過碧落洞觀元伯兄
留題悵然久之兼成拙詩以紀勝槩 洞府穹隆罩碧
津雲扃岫幌謝塵囂泉聲激激撞群玉乳溜垂垂挂萬
巾絕景多藏窮僻處勝遊少有放閑人剝苔洗壁尋遺
刻惆悵 雖兄筆尚新 元豐已未歲二
月二日

已未為元豐二年元伯兄者當是向宗道也宗旦
河內人宣奉郎守太常博士知縣事兵馬都監及
管河塘溝洫公事治平二年建順民倉

轉運判官徐九思等題名 高二尺二寸廣一尺六寸四行行八字末行九字字徑二寸三分正書

廣東轉運判官朝請大夫徐九思知英州朝散大夫梁
立則元豐四年七月十二日游

徐九思字公謹崇安人登進士調蘄水尉知雙流
宣州南陵三縣入判三司坐忤時相通判廣州神
宗召對面賜褒諭有老成練事之稱王安石以其

譏議新法坐廢十餘年元祐初名爲江淮等路發
運副使致仕箸有新豐集梁立則熙甯中知新州
興脩水利

王中等餞介夫題記高一尺二寸五分廣一尺五寸八行行八字字徑一寸五分正書

介夫東歸王中時道馮晦處道朱揭公表張乂才翁朱
撝子充區適之道陳章公質李璟公特王晁儀仲李恬
和仲馮齊參祖孝飲餞于此元祐丙寅五月中沐鄭俠
題

寶文閣待制蔣之奇題名高二尺六寸五分廣一尺六寸五分四行行十二字字徑一寸五分許正書

寶文閣侍　制蔣之奇罷帥廣州移領六路制置發運
使携家來遊真陽碧落洞遂宿奉先寺元祐四年五月
廿二日

知循州廖君玉詩高一尺六寸廣三尺詩七行行八字字徑一寸七分前後七行行字大小不一均正書

留題
碧落洞
朝請郎新知循州廖君玉上
一洞清虛鎖茂林我來尋訪嘆何深遊人刻石有興廢

流水穿嵓無古今嶺上煙雲常帶雨路傍松桂自成陰
到難未得言歸去且對金罇蒲蒲斟
時元祐己巳孟冬二十五日挈家遊此偶書男天倪
天況侍行

內侍張景賢題名高一尺三寸廣一尺四行行五字字徑一寸六分正書

內侍張景賢部兵廻來遊元祐壬申上元前五日題

轉運判官時孝孫詩高二尺九寸廣三尺四寸詩四行行九字字徑二寸五分前後五行行七字唯末行多一字正書

安陸時孝孫自廣東轉運判官□代北歸挈家□
碧落洞因留一絕
昔經龍洞看飛泉在二泉縣疋練穿巖落半天今日挈家來
碧落蕭然秋色滿晴川

男詵侍行時元祐八年八月初六日也

真陽太守方希覺等題名高一尺三寸廣三尺九寸廿六行行九字字徑寸許正書

真陽太守方公民先政成暇日行野觀稼與廬陵董粹
承君臨慶學迴光遠臨川洪敏脩時中清溪李脩季長
所碧落洞以飲清初暑也放吟嘯歌幽響如荅仰挹乳
溜披鮮讀故篆窺清淺之潛泳聽蔭翳之飛鳴溪聲玲
瓏湍激座隅時叩石鼓環山皆蓬蓬乃知人境外樂山

樂岳非絃匏也已而薄晩醉相与還而賔有悵然者曰屈指日十數公將北轅盍識茲會少慰吾黨別後思也粹於是著觀游之勝而脩書之于崖陰而刻焉紹聖三年四月十三日也異時公廉部專師拄節南下定艤舟近尋觀前題而解顏歲月未幾恍若前日事而舊與遊者尚能如今日復有從公游者否公世家莆田希覺名也

岳字添注於旁

知軍州譚粹詩高二尺廣三尺十四行行十字字徑一寸五分弟四行較小正書

建中靖國辛巳八月十日獨遊碧落洞遂成拙句

朝散大夫知軍州事譚粹

碧落巉峨石室幽到難□我未嘗遊兩崖卷東雲華蒲一水通流秋色浮宛矣壺天延日馭凝然乳竇滴泉旒徘徊注目孱顏久疑有真仙在上頭

望山亭成再書一絶

一亭新搆聳崔嵬水墨屏圖四面開洞口白雲無鏁鑰□人尋勝任頻來

朱矩等餞馮齊參題記高一尺六寸四分廣二尺五寸七行行六字字徑二寸三分正書

眞陽馮齊參祖仁被　命赴柳城教官朱矩方壯李斅宣道利仲平君倚餞送于此崇甯二年五月二十五日題

馮齊參前題字祖孝此題祖仁爲異利姓出楚公子食采于利因以爲氏又叱利氏改爲利氏萬姓統譜載宋利申字仲通大庾人有廣陵集利澤星子人政和進士利鑄韶州人嘉熙進士利綮英州人登科知利姓於粵東爲多

吳可等題名高二尺廣一尺四寸四行行七字字徑二寸四分正書

大觀己丑仲夏臨川吳可邀鄉人王綱筠陽李報上報

君來遊希茀侍行

方會等題名高一尺三寸三分廣一尺九寸六行行四字字徑二寸許正書

方會自南海移稽山郡守李丹同遊碧落洞大觀己丑仲秋朔

鄧柔克題牓高六尺八寸廣二尺一行三字字徑二尺許左右題款各一行字徑二寸許均正書

碧落洞

建炎二年戊申七月十二日始興鄧柔克書

朝奉大夫權知英州軍州事陳東□開

輿地碑目載潘侍碧落洞三字八分書今未之見

侍疑時之誤此刻未見著錄

轉運判官范正國題記高二尺三寸廣三尺一寸六行行八字字徑二寸五分正書

轉運判官范正國巡按北氵□直方赴　召度嶺□五
□聯舟經碧落洞歷覽勝槩紹興甲寅仲春廿三日也

袁復一題名高一尺四寸五分廣一尺一寸五分五行行七字字徑一寸五分正書

毗陵袁復一解官艤舟來遊紹興乙丑四月七日
男嘉猷嘉瑞嘉績姪嘉德孫珪侍

郭正仲題名高一尺六分廣一尺四寸六行行六字字徑寸許正書

臨江郭正仲假守是邦因假日出遊鄉人董良佐偕来

男綸績紳經侍行紹興庚午立冬日題

趙德夫題名高二尺一寸廣九寸七分下斜缺上方存四行行存二字字長徑二寸五分篆書下方存二行行七字字徑一寸五分正書

缺運使缺中大缺趙公缺遊碧缺
趙德夫行部經由縱觀久之紹興□缺

篆書遊字中作才旁大謬不知何人所題按金石錄後序趙德甫於建炎戊申知建康府己酉三月罷五月至池陽被旨知湖州六月就道冒大暑感疾至行在病痁八月不起是德甫之歿在紹興未改以前亦且未嘗爲廣東運使此題之趙德夫蓋別一人而非明誠也紹興下所缺似是甲字

李華詩高二尺二寸五分廣一尺七寸五分詩四行行七字字徑二寸三四分款二行行九字六字字徑一寸六分正書

乳床竒詭鑑清漣碧落眞人古洞天十載南遊纔一到
不妨重補到難篇建安李華以戊寅入嶺丁亥上元
來遊

廣東金石略云李華嘉定間人然則此丁亥爲寶慶三年也桉連州楞伽峽石壁字亦李華所題時爲嘉泰二年在戊寅前十六年則與戊寅入嶺語不相符合

夏子昂等勸農題記高二尺二寸四分廣三尺三寸六分九行行五字末行多一字字徑三寸餘正書四周有花紋

東萊夏子昂禹之同建安章一得伯愚玉牒趙時迓衡
甫三山林震龍驤鄉勸農于碧落洞時紹定庚寅二月
十五日也

此石行間隱隱有字蹟蓋磨舊刻而爲之者曼威殆盡不能成讀第一行存先碁酌三字先上似奉次行存翫不世三字世字不缺筆非唐刻也三行存也千二字四行存一林字五行存此人何清四字清下似談六行存畢者洞天四字七行存一之

字之下似間八行無存九行存興時重到之五字
十行存事明二字十一行存者劉二字劉下似朴
十二行存昌李明鄱陽造六字餘不可辨
到難二字高四尺廣二尺字徑一尺四寸許艸書

到難

真境二字高四尺廣二尺字徑一尺五寸許艸書

真境

此二刻似出一人手筆或一種分拓兩紙也無年
月亦無書人姓名附錄之

靈泉院順德夫人勑

高一尺廣二尺九寸勑十四行行十二至十四字字徑五分餘廿六行行字大小均不一並正書在博山

勑淄州孝婦顏文姜朕躬執珪幣郊見
上帝顒爲萬民蒙嘉氣獲美祥既又詔天下凡山林川
谷之神能出雲雨殖財用有功烈於民而爵號未稱者
皆以名聞將偏加禮命以褒顯之如此非特以爲報也
蓋聖王制祀所當然也惟神聰明正直庇于一方供民
之求如應影響守臣列上朕甚嘉焉疏錫寵名以昭靈
應且俾民奉事不懈益□□特封□□夫人仍賜靈泉
□爲額

熙寧八年六月 日

中書令 闕
中書侍郎 闕
右書知 制誥臣鄧 潤甫 宣奉行

奉
勑如右牒到奉行

熙寧八年六月 日

侍中使
門下侍郎 闕
給事中使

六月二十五日未時都事丁 昭嗣
左司郎中 付吏部
左僕□ 闕
右僕射 闕
吏部尚書 在中書
起居舍人直集賢院判吏館兼權判 衡
尚書工部郎中充祕閣□□直舍人院燾□
□
起居注權同判 藻
吏部侍郎 闕

吏部侍郎　在中書
左丞　闕
告淄州靈泉廟顯
德夫人奉
勑如右符到奉行
主事　闕
令史梁　中立
書令史唐師孟
光祿寺丞充館閣校勘判　宗古 此行在令史上方
熙寧八年六月　日下

右碑三十九行文後所列諸銜多闕姓名惟末署令史梁中立書令史唐師孟二人名尙存 山左金石志

崇勝寺浴鍋款

圖廣未攷題款廿九字字徑寸餘正書反文在巴陵君山

熙寧八年乙夘歲君山浴鍋壹口叁百斤住持傳法沙
門顯昇誌匠人丁贊

右崇勝寺浴鍋款在巴陵君山鍋在寺內廚下半殁於土中張松坪太守過而見之拓以遺余

蘇軾雪夜書北臺壁詩

高一尺廣一尺九寸十四行行九字左十一字不等字徑五分僞行書

雪夜書北臺壁二首
黃昏猶作雨纖〻夜靜無風勢轉嚴但覺衾裯如潑水
不知庭院已堆鹽五更曉色來書幌半夜寒聲落畫簷
試掃北臺看馬耳未隨埋沒有雙尖
城頭初日始翻鴉陌上晴泥已沒車凍合玉樓寒起粟
光搖銀海眩生花遺蝗入地應千尺宿麦連雲有幾家
老病自嗟詩力退□吟冰柱憶劉乂
熙寧九年二月二十一日眉山蘇軾

石角山題刻四段 在零陵

和柳應辰詩 高二尺四寸廣二尺詩五行行十五字前後五行行字不等字徑一寸二三分

正書

上缺中奉和
通判明明下缺
此行全泐
□□□□山幾重與下空
□□望意無窮當時共指白□外今日□行青嶂中案
牘覽休郊自適籃輿乘興若爲同九疑秋約心先到巖
□□班桂子紅 □途同望之山正明日□徑之□也
尙書職方外郎通判軍州事柳應辰上石
時皇宋熙寧丙辰仲秋下澣日也

右詩刻殘泐不知何人所作首行中上所缺以意審之似是零陵道三字弟三行所缺當是和詩人姓名石既磨泐拓亦不精惜哉

柳應辰等題名高二尺五寸廣九寸存三行行十字字徑二寸許正書

前缺□□□□□通判柳明明判官沈子贍同遊石角亭又東遊至此愛其清曠之景下缺

右刻殘缺通上似是歸字神宗朝與柳應辰同時而任判官者志不載一人沈子贍不知何名

項衛等題名高二尺四寸廣一尺八寸九行行十字字徑一寸五分正書

石角亭在零陵郡城之東五里唐柳子厚之所命名也

元豐戊午中春戊辰尚書郎知州事廬陵項衛□甫率尚書外郎通判州事保定王承渥繼先尚書外郎松陵丁餗伯才郡從事湘東黃鎮公望相與游其上適意終日遂書于石

右項衛等題名通志職官神宗朝有項魏知道州疑即此項衛之誤王承渥省府志俱以爲推官得此足正其譌并以補其里貫黃鎮衡陽人通志以爲推官永志據熙甯十年澹岩趙揚題名改作判官而此刻又題郡從事殆其時兼攝參軍歟抑前以參軍權代判官歟丁餗名不見於志當亦是永郡官屬故介於通判從事之閒其爲判官與推官則不得而知矣戊午爲元豐元年

邢恕小隱洞記高二尺四寸廣一尺四寸五分十行行十七字字徑寸許正書時帶行筆

予責官零陵歲餘不知有所謂石角者一日臨川劉蒙資明方守郡約倅靜海阮之武子文與予偕遊既至未甚奇之問其所以得名蓋自唐柳子厚始竊怪何以得此於子厚也已而搜索歷覽洞穴陰邃石立叢攢曾未咫尺忽與塵隔爽然清泠醒入毛骨相與睠焉有不忍去之意然後知前所以怪者爲非是而昔人所以有取焉者爲不誣也洞昔未名因名之曰小隱云時宋元祐

八年癸酉十月十七日辛酉原武邢恕和叔題

右邢恕題記完好無一字剝蝕蓋從未經椎搨者永志名勝云山有洞曰小隱極深邃讀此記知小隱之名始於邢恕亦志乘所宜增纂也

石角山在縣東北五里許石上多宋人題識湖南通志零陵縣武志

縣東北十里有石角山山有洞曰小隱極深邃柳宗元有遊石角過小嶺至長烏邨詩今邨名尚未改也舊多宋人題識皆失傳永州府志名勝

右石角山題刻前人未見已巳夏余始屬譚仲維

搜得之宗滌樓在永日久其輯永志時廣搜石刻而於距城不遠之區卒未過訪可訝也余乃得未曾有爲之色喜然恐尚有遺者顯晦固有時邪綮湖南通志石角山在零陵東北十里山有小洞極深邃一統志連屬十餘小石峰奇峭如畫明統志邪恕記所謂洞穴陰邃石立叢攢者此也石角亭志所失載宜補之餘詳各段後

种放會真詩題後廿二則二石並高一尺七寸五分廣二尺四寸五分書體行字不一均詳各段在泰安岱廟環詠亭壁間

曼卿秘演觀　寶元三年正月廿五日題名二行字徑二寸五分許年

月二行在下方字徑六分內正書高廣不計下向又上方兩行中間有海岳黄有觀五字頗似宋刻

慶厤二年正月四日武功蘇子美觀二行字徑寸許年月一行較小正書在秘演觀下

斯書冠世入妙千古亡對所謂盡善盡美邪慶厤六年四月廿七日越題四行字徑寸許艸書在第二石首列上方

皇祐元年夏王洙觀二行字徑一寸四分許飛白書在前刻下

筆力勁健彩華無匹皇祐甲午季春□□三行字徑八分艸書末二字爲名印所掩印文是□高之□四字在前刻之左其下有古杭李□閣五字乃近人所題

嘉祐五年三月四日莆田蔡襄閱二行字徑八分正書在才翁題刻之左

襄復觀字徑三寸七分許飛白書在前刻下

胡宗回觀子義修□字徑七分正書在第一石首行上列

翰林學士李宗諤曾看字徑六分書在前刻下列

予向游西洛訪號崇真張太師　白　於崇陽山齋愛其幽宗款留數日因語及予有泰山之遊遂出种明逸題會真詩筆一軸授予曰隱君昔書此詩留吾山齋子其因往可爲模石于泰山乎眘然其請後到絳數載慵於登涉未能副深託之意且會真在　皇上未封祀前有太平之號至回蹕始旣今額而隱君之詩周旋氣槩分明物象盖嘗陪于此得其詳矣觀其筆勢壯重辭意脫灑寔一代無擬倫耳紙尾復數君題名又可尚也它日模

刻琹珉當藏真館爲天下之觀邪稷山逸民韓退題後十一行行十六至廿字不等字徑八分許行書

李孝昌伯衍觀字徑八分行書在前刻末行之下

集賢校理宋綬覽字徑一寸三分許行書在前刻左曼卿題字之右

郃餗屢觀字徑一寸三分分書

唐異兩字徑一寸五分許行書此刻在曼卿題字之下

權監東嶽廟濟人程正觀字徑八分艸書在秘演觀三字左

覽　大諫詩筆因題絕句　魏閑

文如吐鳳筆如龍珍重華林墨尚濃清氣已銷名迹在世間誰復繼仙翁　草堂東牖題四行字徑寸許艸書在前刻左

高平范仲淹題字徑七分正書在前刻左上列
闕詠清風樓覽字徑七分行書在前刻下列
筆勢精麗真墨寶也殊可愛〻〻才翁書三行字徑一寸三四分艸書在
蔡襄題字右上方
永豐歐陽脩字徑六分正書在前刻下方之左
程戡識字徑七分正書
沈遘文通觀字徑六分正書
萊人藍田玉父字徑八分分書上三刻在蔡襄題字之左上方沈遘前有平度李學詩五字亦
似未刻
宛陵梅堯臣覽字徑八分分書

韓琦觀字徑九分正書在前刻下
吳郡張伯玉恭覽字徑寸許行書上三刻在蔡襄題字之左下方
廣潤嘗看字徑二寸七分正書在前刻左
不疑觀書字長徑三寸六分篆在前刻左上方
無爲楊傑觀字徑寸許分書在前刻下
明逸先生詩筆□進士譚逑家藏出示予作詩題其後
大梁皇甫遵
先生清氣已朝元流落精英萬古尊習〻仙風人不覺
瑤華瓊草本無根字徑寸許行書前二行較小在譚逑敘右
熙甯辛亥春璞游長安謁李先生不值回與璞論書遂

出大諫种先生紀泰山會真詩墨蹟一軸俾蒙閱之卷
後有鉅卿顯人親題之蹟復爲晉詩甚衆愛其筆勢真
□遒麗懇借歸模藏□□□□欲鑿金石流置四方忽
〻莫能如吾意丙辰季侍家君官邑之權道□過宫竊
覽梁辟間獨無此詩曰語主宮王君希顛且先生
盛德與大名猶□星之煥太清而爛然國史纍聞於天
下者久矣固不復言也其詞翰雄逸世未多有人或罕
見廑其□本歲久湮滅茲可惜哉曰願刻石以信永□
傳於不磨也□其爲模勒毋辭因書其請未浹月而工
告畢即龕於齋廳之西壁益見先生樂推君美而難乎

主宮之勤顯其賢也如是讀其詩則其人之所存可知
耳十年歲丁巳月丙午日壬戌廉延譚逑敘　龐綬之
刊九行行廿八至卅二字不等字徑六分許正書在第二石之末
徐端□孫觽王仲京佚覽元符庚辰重陽日一行字徑六分在前刻之右此立石後所續刻
右會真宮詩題跋詩爲种明逸所作題於後者二十
餘人或真或行或篆或隸或飛白胡宗回李宗諤宋
綬韓退李孝昌邵餗唐巽蘇子美魏閑范仲淹王洙
歐陽修蔡襄程戡梅堯臣韓琦沈遘張伯玉楊傑皇
甫遵皆當時鉅公其云越者周越也曼卿者石延年

也祕演則曼卿之友而僧者也才翁者蘇舜元也不
疑者邵必也廣淵者王廣淵也熙甯丁巳譚逑敘而
刊諸石今种書已亡惟題跋二石尚存李南澗云石
舊在泰安之會真宮今移東嶽廟環詠亭壁間潛研堂金石文跋尾

八瓊室金石補正卷一百四終

八瓊室金石補正卷一百五

太倉陸增祥撰　男　繼輝校錄
吳興劉承幹覆校

宋二十四

幽巖畢孟陽等題名

高二尺九寸廣二尺五行行字不一字徑二寸六分正書左行

宋元豐元年四月廿二日邑令畢孟陽尉王岳巡檢□
李宗況前江山丞劉誼遊

宋高山題刻在東安縣北一里余理幽巖記云有元
豐嘉定及元大德年號湖南通志

右幽巖畢孟陽等題名在東安高山之幽巖弟五
洞永志職官畢孟陽於元豐元年任東安令與此
正合王岳等名不見於志劉誼字宜父長興人說
詳眞仙岩詩跋案幽巖在五峯嵓西北一統志云
幽巖自外達內凡九門門隔一洞極深邃明余理
有幽巖記其略云初入門爲弟一洞邃可十餘丈
廣二丈高丈有咫有石倒懸叩之作鐘聲復有乳
溜若楹每壁開或平或凹迴旋之狀若流蘇低垂
若樽櫨高架莫可悉記弟二洞深廣減於前再折
而西爲弟三洞尙有初洞餘光無燭可履中有二

小石門互錯而通弟四洞門甚低數步閒必鞠躬行四洞至五洞微有門廣僅五六尺深約五六丈儼然一委巷也傍記歲月遊人姓名殆徧有小竅如錢上通天光可辨五色又從一小石門匍匐入弟六洞豁然開朗有石鳳首尾畢具類雕刻作舒翼將飛之狀下有怒濤若被搏擊者上有石榻高陡未易登自三洞至此非燭不可其七洞至九洞緣滀溼門窄而返按壁閒所志歲月曰元豐曰嘉定曰大德或書九洞雖博望乘槎渡漢趣莫過是是知九洞最佳惜未一至也辛未八月譚仲維以

此拓本寄貽并述巖洞之奇妙與余玾所言略同此刻葢在弟五洞也其嘉定開所題未之見矣竊意七洞以內未必絕無古刻造物或留以有待邪入躋攀至如仲維之探幽縋險者何可多得

慈恩寺塔題名八段 在咸甯

張瑹李諷等題名 存三行殘缺字徑三寸正書左行

張炎炑文李諷士規趙□

經臣趙 下缺

午夏 下缺

九成宮碑側有張瑹題名元豐閒所題此刻張下所鈌存右旁炎字葢即其人午夏當是元豐元年戊午也行閒有條山普祠四字李諷有興慶池禊宴詩其署銜云殿中丞知司錄參軍事

俞希及等題名 當在元豐閒萃編已錄

刑此係喻房結銜內字在前行舉字之右七曰此二字較小其上已缺在郎喻二字之右

萃編鈌此三字補之此刻係左行萃編亦未細審

吳時等題名 七行存四行可辨行四字字徑四分正書

□玨□□吳時信道章綜子上祟甯丙戌□□□□□

□□□□□□

右刻在俞希及題名下右方此上有葉文夆到四

字近人所刻吳時史有傳邛州人中第知華州鄭縣陞師閔幹秦蜀茶馬辟爲屬章粢欲薦爲御史力辭之除睦親宅教授提舉永興路學事徽宗時召爲工部員外郎改禮部兼辟雍司業此題正其提舉永興學時尚未內召也傳云字伸道此云信道知信譌作伸

李遷等題名 存兩行半行六字字徑六分許正書左行

李遷聖徒李思誨孝初趙再工□□□政和壬 後缺

右刻在吳時題名下

都勉等題名 五行行十字字徑四分行書

□□都勉舜舉錦川劉□□□茂陵馮林徵□樊川□
□□□□孫□□□□□□□□□□□□□□
□□徐□□□
右刻在吳時李遷兩題名之左曼漶已甚僅辨十
六字耳
殘字三種附
君魯此二字在張琬題名之左
上缺州薛
缺上新管存二行四字正書字徑寸許左行
□□来登此存二行三字字徑七分許正書此二刻在俞希及題名之右
右慈恩塔題名八段萃編未載者四而殘字不與

焉筠清館所載尚有元祐閒晉卿大觀丁亥王詠
宣和五年宋光泰及吳立禮克禮同游四題名未
得拓本俟續補之又萃編所載張智周等一刻宜
次於政和年閒張智周有草堂寺題名係政和元
年十月所題並附識之
涪翁巖題刻四段
□晞顏題名高一尺七寸五分廣一尺一寸三行行五字字徑三寸許正書
□□□晞顏□□呂元豐初紀元伯□
鮮于端夫題名高一尺五寸廣六寸三行行六七字字徑一寸五分許正書左行
□陵守鮮于端夫挈家遊此元豐巳未八月二十日

盧武子題名高二尺六寸廣二尺三寸六行行八字字徑二寸許正書
後五日盧武子旣別親庭同陳逢孺范巨山西□□□
□楊□秀□□□□辶□□□□□□興竟□□□甫
□筆書石
張子野題記高一尺四寸廣二尺二寸八行行字不一字徑寸六七分正書
九峯張子野侍親來□紫岩□仰聖偕行山空木□梅
竹競秀□□之□迹□□□幽深不□□暮□□□□
□二日
延慶觀鐘款
圜圓高大未詳題款兩截各五行行字不一字徑五分正書在南海

弟子林英捨錢一十五貫文足買銅一百斤　林仲和
捨四十斤　陳蓮捨五十斤陳富捨三十斤劉昇張敘
捨二十斤李琨二十斤　關惟灿陳亮郭二娘劉榮
高保龔湘鄭立新文惟亮各捨十斤譚提劉昇鄭政
張榮李叅唐世安元六娘各捨五斤　會首陳文遇捨
錫二十五斤此在後行之下截
廣州延慶觀東嶽行宮住持賜紫道士胡日新鑄造永
充
聖帝殿內供養元豐二年巳未歲二月初六日謹題
匠人張周

龍洞韓鐸禱雨題名

高一尺七寸廣二尺五寸八行行八字字徑二寸許正書在歷城

元豐二年二月八日知齊州事韓鐸再奉

禱雨　靈祠前穎州團練推官李毅歷城尉李昊隆陪

謁鐸題

男文炳文蔚文通文仲侍行

院主智全上石

劉守新刻此碑在右

筠清館載龍洞題名九段此其一也

雉山曾布題名

高四尺六寸廣二尺九寸五分四行行六字字長徑六寸篆書在臨桂

南豊曾布巳未上巳盡室泛舟歷覽東觀岳亢之勝遂

游雉山

右刻粵西金石略未載但紀干支而不書建元以

龍隱伏波疊綵水月諸岩洞題名證之知巳未爲

元豐二年

劉誼殘題名

高二尺二寸廣存一尺四寸二行行六字字徑四寸許正書左行又前存半行見三半字在臨桂

興劉誼　宣父元豐二年□月初三日遊

右刻在臨桂未詳是何岩洞廣西通志載是年六月十三日曾布等疊采山題名與此相似惟志載初三日下爲同遊二字且云字徑寸許亦不言左行當是別一題也別録之

玉華宮題刻二段在宜君

蔣之奇詩高三尺六寸六分廣一尺八寸八分正書十二行行廿六字銜一行卅三字

留題坊州玉華宮

權發遣轉運副使公事兼勸農使朝奉郎尚書司勲

員外郎上輕車都尉借紫蔣之奇

跨谷建殿閣擘山成闕門金碧舊帝宮香火今僧園文

皇肇經構避暑每北轅赫然大龍入屹尔丹鳳騫當時

從行在千官藹雲屯華胥夢一斷光景空崩奔豈獨粉

黛假尚無石馬存浮休可痛歎豈不思旋元奘師釋門

秀逸典於兹飜重燃大法炬朗照衆生昏龕巖塑像在

神骨粹且溫揆余抱元風渴仰祛冥煩安得七覺花一

開遅鈍根

庚申正月十七日

潁叔題沙門道巖善

講心經　院主僧斈　上石

承務郎行縣尉侯　焱

承務郎守縣令仝　載　書

中部陳玉刊（此在年月下方）

唐書地理志玉華宮在坊州宜君縣北四里鳳凰谷貞觀二十年置永徽二年廢爲寺杜工部有詩宋中部縣主簿李元瑜刻於宮西之玉華寺此詩云豈獨粉黛假用杜詩況乃粉黛假也尚無石馬存用杜詩故物獨石馬也石馬無存李元瑜跋亦言之矣蔣之奇宏簡錄附蔣堂傳嘗爲淮東運副擢江淮荆浙發運副使此詩殆行部經過所題庚申爲元豐三年也其結銜云兼勸農使尚書司勳

員外郎上輕車都尉史皆略之

胡宗回題記（五行行十一字字徑寸許正書徵帶行筆）

朝旨遍察所部盜賊自方渠
慶陽定安徑入中部間關
万狀且將桉鄜畤宜川膚施保
安矣元豐癸亥仲春望
晉陵胡宿夫題（觀潁叔佳什慨然奉思）

右刻在蔣之奇詩碑左方上角攷胡宿夫名宗回常州晉陵人史有傳云用蔭登第歷編修敕令官司農寺幹當公事京西轉運判官提點刑獄京東陝西轉運使吏部郎中紹聖初以直龍圖閣知桂州進寶文閣待制坐㮚平民降集賢殿修撰知隨州改秦慶二州代孫路爲帥加直學士任伯雨疏劾奪職知蘄州其後又嘗知慶渭陝延澶秦等州徙永興鄭州成德軍是宗回屢官於陝此題在元豐六年云遍察所部盜賊益爲提刑時也

醴泉銘碑側題名四段

王璞等題名（四行行六字字徑寸許正書左行在中截）

王璞弟琢同來
觀九成遺址元
豐庚申初夏旦
日題

吳鼂等題名（四行行字不齊字徑一寸五分許正書左行在上截）

府幕吳鼂令張覲尉鄭琳
按視民田同觀此時元豐
五
年歲次壬戌季秋月
二十九日張覲題（巡檢史玠後至）

張珍等題名（四行行八字字徑寸許正書在下截）

府從事張珍邑佐鄭
琳因撿視落河田土
同覽九成遺
跡元豐
癸亥仲冬八日琳誌

曾逢原題名（二行行字不齊字徑一寸三分跋三行行十字字徑五分均正書左行）

曾逢原携讀遊
紹聖二年十二月十九日

提舉常平曾公按部過麟
遊留題於九成宮醴泉銘
石之右縣令李辟非命刊

纂輯金石續編據筠清館所載補綴全文茲檢拓本知脫巡檢史玠後至六字益信苑軒金石非得墨本未可輕於載筆並誌吳氏之書舛誤良多也

曾逢原一刻在右側其下有明嘉靖壬寅康天爵
正德辛未師皐等二題附識之

釋迦成道記

高七尺五寸廣二尺八寸三十四行行六十四字字徑七分正書隸額横題釋迦成道記五字字徑三寸 在歸安

釋迦如來成道記

太原王勃撰　勸緣知浴賜紫沙門　師尹　智聰 在前行下

觀夫釋迦如來之垂化也淨法界身本無出沒大悲願
力示現受生洎乎兜率天宮爲護明菩薩降迦毗羅國

號一切義成金團天子選其家淨飯聖王爲其父玉象
乘日示來扵大術胎中金輪作王降誕扵無憂樹下現
八十種隨形之妙好蕊若芬花示三十二大士之相儀
皎如圓月十方而各行七步九水而共沐一身現優曇
花作師子吼言胎分之已盡早證常身爲度生以還來
垂垂化跡扵是還羅䙰裓示類嬰孩爲占相也悲暢於
阿私陀仙往郊祠也驚起於大自在廟或爲童子或學
聲明爲講武也箭塔箭井猶存爲捔力也象沒象坑仍
在受慾樂於十歲現遊觀扵四門樂沙門身猒老病死
扵是澡鉼天子以警覺彰伎女之醜容淨居天子以捧

持躍車匿而嚴駕踰春城扵八夜捿雪嶺扵六年人辭
愴戀主之心馬舐落蓮珠之淚揮寶刀而落紺髮塔起
天宮將袞服以貿皮衣形參麋鹿扣林仙之所得了世
定之非眞食麥食麻降苦降樂且夫瑤琴奏曲必自中
而曲成佛果圓因亦假因而果滿由是擇其處也過龍
窟沐其身也入連河示其食也受難陁之乳糜示其座
也受吉祥之茆草以最後之聖體詣菩提之道場圓解
脫之深因登金剛之瓌座一百四十之功德不共二乘
八萬四千之法門高超十地由是魔軍威懾扵慈力愁
怖旋歸媚女敗毒扵定心嫵贏變質扵是堅牢地神踊

躍以作證虛空天子展轉而報知類蓮華而出水赫煥
無方若桂月以懸空光明洞澈經七日受提衛之麨蜜
謦以少小之身弄一音受賈客之戒歸賜與人天之福
既成佛已觀所化緣悲二仙而不遇雷音喜五人而堪
從佛化然以塵根昧劣聖智淵深順其壚則法不應根
順其根則根無違法莫不爲愛河之所溺緣癡樂之所
盲苟不利扵當聞仍假言而入滅扵是忉利帝釋雲駈
扵三十三天堪忍界王霧擁扵一十八梵頭面作禮致
敬精專請轉法輪勸隨宜說如來尋念善逝通規順古
佛之佳謨應群機之鄙欲扵是十方佛現同興讚羡之

詞一法乘分共創塵勞之域由是趣道樹詣鹿園三月調根五人得度憍陳如悟慈尊之首唱創解標名舍利弗逢馬勝以傳言於途見諦採菽氏繼踵以師事率門屬以同歸迦葉氏曇跡以降心領火徒而迴席莫不以甘露洪注未足普熏天界人界鷲林鹿林或鷲池或鷲嶺或海甸或菴園或獼猴江或火龍窟或住波羅奈或居摩竭提或依堅守林或止音樂樹或海濱楞伽頂或山際補陁巖或迦蘭陀竹林或舍衛國金地或應念而空現或沒山而出宮或說法假於六方或變身而爲三尺或掌覆指變或光流佛來或一身普集於多身或此

界便明於他界其間所說阿含四有般若八空密嚴華嚴佛藏地藏思益天之請問楞伽頂之悟心萬行首楞嚴一乘無量義大悲芬陀利饗炬陀羅尼無垢稱之說經頂達挐之瑞應本事本生之別諷誦重誦之殊象馬兔之三獸渡河羊鹿牛之三車出宅或謂之有守邊中也或謂之無轉照持也或謂之頓也漸也或謂之半也滿也無小而不大無邊而不中三乘同入一佛乘三性同歸一佛性眞可謂父母孩孺導師嶮巇懸朗月於幽霄布慈航於幻海爲雲爲雨使枯槁以還滋爲救爲歸指窮途於壽域於是所作巳辦功成不居將返本以還

源類薪盡而火滅繇是指力地詣金河光流面門相驚塵刹山搖地動俱興苦痛之聲異類變容同現奢華之血受純陀之妙供納毗夜之眞言唱四德以顯三伊指萬有而歸一性酬多羅迦葉四十二請問巳周度須䟦陁羅八十一化緣咸畢破十仙之擴計使獲朝聞建四塔之崇規遐分末葉將欲明有爲之有滅表無相之無生上昇金剛身往復虛空界日月猶其墜落螢光如何久留誠有常身使無放逸於是還登玉座首卧鶴林偏遊三昧之門將復一身之性逆入順入全趍半趍依四禪之等持堪三點之圓寂是時也天人叫躃鳥獸哀號

飄風驟雲山吼波逆按輪王之古式方倹葬儀命力士以捧持竟無能動由是金棺自舉繞拘尸之大城寶炬不然駐闍維之盛禮莫不未生怨在於王舍創結夢於十號慈尊大迦葉遠下鷄峯將盛禮於千輻輪足必以兜羅緻氎聖自火焚爇王衆旃檀之薪澍帝釋澡缾之水彼願力猶在悲心尚薰碎金剛之勝身爲舍利之遺骨於是八國嚴衛四兵肅容各自捧於金墁競爭輿於寶塔於是若牙若髮迦葉波禮於忉利天宮或炭或灰無憂王建於贍部洲界若乃金言道在塵劫法存象王去而象子隨一燈滅而一燈續莫不大迦葉雲迎千衆

阿難陋雷吼三輪商那表定於未来麴多化籌而滿室始自壞粱之感終乎流乳之祥瓶器異而水必同燈點殊而光終一是以大乘之眞空妙有文殊彌勒異其宗小乘而分氈析金上座大衆元其部或十支橫闢或千部鬱興或馬鳴龍樹繼其芳或無著天親播其美或提婆蘲眸而作器或陳那吼石以飛聲或百侶齊袪於外宗或十師翊贊於遺頌或聞經而夜昇兜率或待佛而窟寄脩羅或劒誓首以邀期或象駝金而請譯或賞能而食邑或得勝以建幢或論般若之理也名燈或究俱舍之非也名雹莫不殊途異轍終會一源自有及空皆

成萬德自商周見虹貫炎漢夢金人教及神州聲流華夏見聞盡爾宗致昭然盖委遺文不復備而言也乃爲銘曰

化迦從本源功成應賢劫萬行顯眞宗三祇積鴻業爲法出於世降靈示分脅眉攢天帝弓目帶靑蓮葉仙師相垂淚地神驚捧接灌頂當在宮飛輪化弥帖宗乘天日貴象權師子頻善教誰與傳抨彈獨豪俠遊觀驚老死踰城弃臣妾落髮親寶刀貿衣遇群獵寄跡狎麋鹿苦身示羸怯食麋人盡知坐草魔方懾潔若蓮出水明逾鏡開匣山海類高深雲雷等詞捷三時教彌闡萬類根自惬四句聊欲酬十仙度相躡補慰記慈氏遺交囑迦葉卧樹徒載春香薪已焚氈悲心及綿遠舍利光瑋煜獨感生後時餘波幸沾涉

沙門元㩦書并題額

大宋元豐五年七月立石於湖州飛英寺浴院　管內都僧監賜紫永淇寺主賜紫淸巳副寺主賜紫道紘　沙門曇潤用慈希顔情道子贇省中則端住報本傳法沙門惠元　攝長史王賓弟子沈沃王宗簡朱紹宗莫仲雍徐舉莊椿曾詢杭梵忠欽鄧吳眞傅諒欽珙徐覺傅選居震妻周六娘各施財開石

東海徐稷鐫字（在首行下）

右碑在歸安縣飛英寺梭王子安釋迦成道記沙門奉爲圭璧當時所刻惟此僅存今則董文敏書爲續焰矣又武林紀事錢塘慧悟大師道誠居月輪山注王勃釋迦成道記丞相王隨守杭有詩贈之惜未有傳者智聰自題勸緣知浴者碑立于浴院也（兩浙金石志）

兩浙金石志載此圓月之圓誤團二乘之二誤三緣凝樂之緣誤緡波羅柰之柰誤李嶮巇之巇誤巘酬作酧三昧之昧誤味贍部洲之贍誤蟾商那陳那之那誤那百侶之侶誤唱慈氏之慈誤爲悲心之心誤人

郭巨石室題名二段在肥城

楊景略等題名高不計四行行寬二寸七分字不等徑二寸許正書

左諫議大夫河南楊景略康功禮賓使太原王舜封長民奉使高麗恭謁　祠下元豐六年十二月廿七日

宋瓌等題名一行高二尺五寸三分寬同前正書

宋瓌李之儀王彥播利仁

右郭巨石室題名二段此外尚有崇甯五年郭華一刻未得拓本案楊景略洛陽人見東坡詩元豐間以起居郎使高麗稱旨賜金紫擢中書舍人待制龍圖閣知揚州續通鑑長編云元豐六年承議郎左司郎中楊景略爲高麗祭奠司此刻稱左諫議大夫知諸書所載不實也又徐兢高麗圖經云元豐七年左諫議大夫楊景略爲祭奠使王舜封副之與此正合此刻封上所缺知爲王舜二字据以補住于旁其稱七年者到高麗之日也

少林寺王彥輔詩圖

高三尺二寸廣一尺上方題字八行行字不一字徑八分行書在登封少林寺鐘樓

郎谿王彥輔過少林輒書四韻兼詒長老慶禾上

天入千嵓碧林收曼古春靜中深有境嶮外絕無鄰室牒嬰忏色禪關脫世塵安心无覓處斷臂爲何人

承議郎廵舉牧馬旹元豐七年夏仲十有四日至老

圖一馬一樹　韓生笔　秦志刊

韓魏公祠堂記元豐七年六月丙戌萃編載卷一百卅八

太牟大太作安撫使廵安誤奔奔作嘆歎作抜哉作書　立石均失載

莫允熙重裝像龕題記

高一尺一寸廣一尺九寸八行行字不等字徑八分末行字特大正書

當州城南廂化度寺前街南居住第子莫允熙同眷室周氏三娘闔家等捨錢重裝塑三教洎龕室巳伸完備開光齋僧慶讃訖元豐七年甲子歲八月十五日住持□□□□□□□甲謹記

聖禪□□此四字較大

右刻未詳所在疑在蜀中當州宋屬廉州屬成都府路茂州也

孔聖手植檜贊

高四尺一寸五分廣一尺九寸六行行七字字徑二寸餘行書在曲阜孔廟同文門下

孔聖手植檜贊

宋太常博士米□

煒東皇養白日御元氣昭道一動化機此檜植矯龍恠挺雄質二千年敵金石糺治亂如一□百代下□圭璧

右刻舊在手植檜樹旁歲月旣久再罹火災殘缺更

甚乾隆辛未孔中翰繼涑得襄陽墨蹟於華亭張文
敏家結體較小而風神骨格無異因重摹一石移舊
刻於同文門下山左金石志

齊山題刻十四段在池州

傅雱等題名高一尺七寸廣一尺八寸五行行字不一字徑二寸五分行書左行

傅雱志康蔣之奇穎叔元祐元年十月十三日同遊齊
山之上清巖

吳儀等題名高一尺三寸廣二尺九行行五字字長徑二寸篆書

吳儀鴻漸趙不元德孚王彥純孝原吳㦤君裕張諭君
俞楊公孟仲勉大觀四年閏八月廿日同至齊山趙霆

公發書

閭邱彥和題名高一尺三寸上一行六字字徑一寸三分下年月雙行小注字徑五分正書

閭邱彥和至此　宣和壬寅歲清明後一日雙行小注

蔡撣等題名高八寸廣三寸兩行行字不一字徑寸半年月雙行小注正書左行

蔡撣何逢原范寅賓　紹興丁卯三月十一日此二行字徑六分在賓字之下

右刻在巖字之左丁卯為紹興十七年

向仲堪等題名高一尺廣三寸兩行行字不一字徑八分正書

向仲堪徐梓沈詠徐槩紹興戊辰閏八月二十九日同

游

右刻在寄字之右

鍾峯等題名高一尺三寸五分廣二尺六分題字一行半字徑寸許正書

□□□稱鍾峯祖美龜阜無斁同游紹興戊辰

右刻在前題名之下

睢陽徐某題名高七寸廣二寸八分三行行字不一字徑七分正書

睢陽徐□来游紹興戊寅二月庚戌□□□□旦婿熊
□侍行

營邱子題名高一尺一寸五分廣三寸兩行行字不一字徑寸許正書

囦訪　隱靖故□而至此淯熙甲辰四月幾望營邱子

右刻在傅雱題名之右

陳聖咨等題名高二尺一寸一行廿一字字徑八分正書

陳聖咨奚公才范元義弟賁丁酉十一月十五日仝遊

年月有干支而無紀元刻閭邱彥和蔡撣題名之
左即附於此以俟再考丁酉疑是淯熙四年

寄隱巖題牓高三尺二寸一行三字字長徑一尺許篆書

寄隱巖

無書人姓名左右多紹興閒題刻當在紹興以前
惟不見年月仍列於後

朱子詩高一尺八寸五分廣二尺一寸八行行八字字徑二寸餘正書

去歲蕭湘重九時滿城寒雨客思歸故山此日還佳節
黃菊清尊更晚暉短髮無多休落帽長風不斷且吹衣
相看下視人寰小秪合從今老翠微　朱晦庵

汪珊詩高一尺八寸廣一尺七寸九行行十字字徑一寸五分正書

望望孤岑際參差歷翠微拂塵摩古刻衝蘚振華衣霜
冷水雲佪山晴嵐霧蹄從容陪勝賞竟日擬停驂使節
臨郊野榮光照草堂幡搖雲樹影袍拂洞天香小澗縈
欹□殘鴉□夕陽頻言宣雅調寒谷發幽芳
御史貴池汪珊

華岳詩高二尺三寸廣一尺四寸五行行十字字徑一寸五分正書

寺覺重遊好僧期後會賒青蟲凋病葉白鳥篆平沙水
瘦石生齒山寒梅未花功名今不待且謁惠公茶
宋狀元華岳

包拯題字高五尺四寸廣三尺二寸兩字字徑三尺許旁款六字字徑二寸許正書

齊山　宋刺史包拯書

右兩種皆後代所刻

惠因院教藏記

高五尺二寸廣三尺十六行行四十字立石書篆銜名三行行字不一字徑九分正書篆額四行存因賢教記四字在紹興府學

大宋杭州惠因院賢首教藏記

資政殿學士太中大夫蒲公鎮錢唐之明年政成民樂
春正月請晉水淨源闍梨住持南山惠因道場文施金
立賢首華梵七祖之像設帳座而祠焉轉運使許懋孫
昌齡同繪善財童子參善知識五十四軸弁供具三十
事通判軍州事朝散郎李孝先姚舜諧共置經函六百
餘枚高麗國祐世僧統義天聆芳咀潤禮足承教印造
經論疏鈔七千三百餘帙莊嚴壯麗金碧相輝其弟
子希仲等欲光昭偉蹟以文見屬因語之曰昔者無上
法王出現於世以空化執以福利化欲以緣業化妄以
地獄化愚故五蘊九識十八界膠固循環回復於生老

病死之中者咸歸度門至於妙用無迹眞空無體本源
清淨覺照圓明卽華嚴海會稱性極談無大無小同證
菩提恢恢焉炳炳焉不可得而思議也洎乎能仁滅而
法綱散宗途異而諍辯興馬鳴菩薩乃造起信論發明
大乘以摧邪說龍勝得之開章釋義又入龍宮誦華嚴
以傳于世帝心尊者應跡終南挾論集觀以授雲華于
時機感尚微法雷未振於是賢首菩薩統一心宏五教
大明旣升爝火斯息大雨普注群物咸潤清涼定慧二
大士又從而演之通之如貫意珠圓融無盡噫去聖益
遠精義漸隱源公以超悟浩博之才力扶祖訓集注大

經著述疏記無慮數十萬言始建教藏于蘇之報恩法華秀之客印寶閣普照善住今惠因虗席又偶當世明公相與協力而興之闡揚尤盛學者如歸隨根器破疑惑能脫纏縛者入正解悟本覺離我人相者比比有之宜乎名流天下化行東表俾世之言佛法者知賢首之為匠宗刻之金石無愧辭矣元祐元年十二月十八日朝散大夫提舉杭州洞霄宮護軍吳興縣開國男食邑三百戶賜紫金魚袋章衡記

承事郎監杭州都酒務兼權市舶司唐之問書

奉議郎簽書昭慶軍節度判官廳公事賜緋魚袋文勛篆額

資政殿學士太中大夫知杭州軍州事兼管內勸農使充兩浙西路兵馬鈐轄兼提舉本路兵馬巡檢公事輕車都尉河東郡開國侯食邑一千六百戶食實封壹百戶蒲宗孟立石

右碑在紹興府學二門北向是碑舊在杭州西湖慧因院即今之高麗寺也石工移其石移至越中今碑陰刻順治十年修紹興府學記又西湖集慶寺前亦有一碑半埋土中錢辛楣詹事語何夢華為掘出之文與此同惟字體甚劣碑額又作正書不知當日何以刻此兩碑也兩碑皆有缺字今參校補全撰文者章衡字子平浦城人嘉祐二年進士第一本傳載元祐中歷秀襄河陽曹蘇州加集賢院學士復以待制知揚廬宣潁州此碑系銜朝散大夫提舉洞霄宮護軍開國男皆史所略也唐之問文勛皆無攷勛篆書昭慶軍節度判官廳公事此避英宗諱改簽署為簽書爾蒲宗孟閬州人元豐八年七月以大中大夫資政殿學士知杭州嘗集錢唐詩自宋齊以來至元豐間凡三千餘篇為三十卷行於世元祐二年十一月徙知鄆州見咸淳臨安志兩浙金石志

按惠因院在錢唐之赤山吳越錢氏所建乾隆廿二年 南巡改法雲寺者也西湖高僧事略載淨源字伯長姓楊氏泉之晉江人蒲宗孟守杭尊其道奏以惠因易禪為教命源居之臨安志元豐八年高麗國王子僧統義天入貢因請從淨源法師學賢首教詔許之遂竟其學以歸元祐二年以金書晉譯華嚴四十卷唐則天時譯八十卷德宗朝譯四十卷共三部附海舟捨入院則已在作記後矣賢首宗教以唐僧杜順為始祖智儼為二祖法藏為三祖澄觀為

四祖宗密爲五祖合以西土馬鳴龍樹一作龍勝二尊者是爲華嚴七祖杜順卽記所謂帝心智儼卽雲華法藏卽賢首澄觀卽清涼宗密卽定慧也章衡字子平後於紹聖元年知越州蒲宗孟字傳正閬州新井人宋史俱有傳文勛字安國廬江人精於篆書蘇東坡爲作篆銘頗推重之越中金石記

碑有二一在西湖集慶寺正額潛研堂金石目錄所載者是也此碑在紹興篆額訪碑錄記載互易矣阮氏太中作大中馬鳴作焉鳴誤壹百戶作一亦非

唐懷素聖母帖

高二尺一寸廣四尺五分二截共五十三行艸書上石年月一行篆書又題名五行正書左行行字均不一在西安府學

唐釋懷素書

聖母閟□祥案似俞字至舊釋作主字□似言□疾□祥案似亢字釋遂奉上清之教旋登列聖之位仙階崇者靈感遠豐功邁者神應速乃有眞人劉君擁節乘麟降于庭內劉君名綱貴眞也以聖母道應寶籙才合上仙授之秘府餌以珍藥遂神儀爽變膚骼纖妍脫異俗流鄙遠塵愛杜氏初怒責我婦禮聖母翛然不經聽慮久之生訟至于幽圄拘同美里倏□霓裳仙鶴降空卿□似雲字臨戶顧名二女踐虛同升旭日初照聳身直上旌幢彩煥輝耀莫倫異樂殊香□似沒字空方□似亦字祥案疑是品康帝以爲中興之瑞詔於其所置仙宮觀慶殊祥也因号曰東陵聖母家於廣陵仙于東土曰東陵焉二女俱舊釋作從升曰聖母焉遂宇既崇眞儀麗設舊釋云似復字遠近歸赴傾市江淮水旱札瘥無不禱請神貺昭荅人用大康姦盜之徒或未引似是引字咎則有青舊釋作鳥禽翔其廬上靈徵既降罪必斯獲閭井之閒無隱慝焉自晉舊釋作昔曁隨年將三百都鄙精奉車徒奔屬及煬帝東遷運終多忌苛禁道侶元元

九聖丕承慕揚至道眞宮秘府罔不□似旌字建況靈縱可□道化在人雖蕪翳荒頹字畫有訛缺而奠禱雲集棟宇未復者艾銜悲誰其興之粵因碩德從叔父淮南節度觀察使禮部尚書監軍使太原郭公道冠方隅勳崇南服淮沂既□□作而不朽存乎頌聲

貞元九年歲□癸酉巳月缺

元祐戊辰仲春模勒上石此行篆書

左拾遺裴休　試大理評事柳秉　鄉貢進士柳槃

大和四年十月十二日同登

藏眞此書殊合作授裳像爽等字雜章草法彌足愛

也（東觀餘論）

此帖輕逸圓轉幾貫王氏之壘而拔其赤幟矣亦元祐年刻刻手極佳與藏真律公俱不失素師筆意（石墨鐫華）

唐懷素聖母帖貞元九年書元祐戊辰上石所記述者亦謝自然之流而稱聖母殊爲可笑素書輕逸圓轉直似張伯英黃長睿所謂授裳像爽等字雜章草法者即是書也（金石續錄）

聖母者晉康帝時人其得建號東陵聖母者以其主食江淮故也禹貢導江過九江至于東陵漢書地理志廬江郡金蘭西北有東陵鄉是也王松年仙苑編珠曰聖母杜氏妻也學劉綱妻坐在立亡杜氏不信誣以姦淫告官付獄聖母入獄即從窗中飛出入雲中而去與帖所云正合聖母自晉迄隋無不崇奉至唐尤甚此帖書于德宗時文稱皇從叔父淮南節度觀察使禮部尚書太原郡公而不署名益指建立祠宇之人察其文義當在廣陵郡地帖蓋宋時以墨本摹刻者後有柳乘柳槃裴休同登題名（關中金石記）

右聖母帖不著撰人姓名相傳以爲僧懷素書攷宣和書譜云懷素長沙人俗姓錢故自敘帖稱司勳員外郎吳興錢起爲叔父此帖有從叔父淮南節度觀察使禮部尚書雖不書名以史證之則是杜祁公佑也錢與杜不同宗疑非藏眞所書如果出於藏眞則撰文必別是一人矣或以爲皇從叔父驗石刻無皇字（潛研堂跋尾）

此帖弟一行下數字及十六行霓字上空一格十七行雲字十八行虛字上半字俱有殘缺其餘筆畫亦有傳模失真之處頗難審讀前輩未有釋文予細加辨識尚有十餘字未敢遽信姑從闕疑文中敘東陵聖母四字之義謂聖母家於廣陵仙於東土曰東陵焉二女從升曰聖母爲畢尚書引禹貢漢志以證東陵二字似非其義又謂文稱皇從叔父今審從上並無皇字錢少詹已正之矣至郡公之郡與素師書千文中郡字不同以艸法攷之疑是郭字郭氏望出太原則讀爲太原郭公義亦可通要之此刻艸書出自素師其文必非素師所作也文有元元九聖云云乃指開元中立元元皇帝廟事又自太宗至德宗貞元時共九世故云九聖也帖後但有勤石年月而無姓名疑亦出於游景叔輩所爲其後又有大和四年裴休等題名而云同登則必是登臨游覽題記而非此

金石補正卷一百五　吳興劉氏希古樓刊

帖之題跋矣葢好事者從他處轉摹入石也文中神
儀之儀黃伯思作像非是又明宏治二年晉世子所
刻寶賢堂帖弟十卷懷素書有此帖其鈌處悉同似
出一本閒者軒帖攷謂寶賢堂帖以閣絳大觀寶晉
爲主而益以所藏宋元明人墨蹟則此帖或宋帖中
亦曾刻之今不可攷矣古泉山館金石文編

永州綠天菴亦有此帖近今以此本鉤橅者又有
自敘帖千字文論書帖杜工部秋興詩李太白贈
歌皆近人所爲悉置勿錄

安武軍節度郝質妻朱氏墓誌

方二尺九寸卅九行行四十字字
徑四分餘行書在洛陽存古閣

宋故殿前都指揮使安武軍節度使贈太師追封永國
公謚武莊郝公夫人京兆郡夫人進封太夫人朱氏墓
誌銘并序

前鄂州武昌縣令李嬰譔并書

夫人姓朱氏世籍京師父以材勇隸于軍年十五歸郝
氏郝氏尙微　夫人侃然有立動必敬順如御大家蘋
蘩甘旨以身自任識者以　夫人之賢卜知郝氏必大
興起　夫人之夫爲誰　故殿前指揮使安武軍節度
使贈太師追封永國公謚武莊諱質字景純者也　武
莊自行伍中峻擢橫飛控扼邊要戰守皆有功大臣爭
薦　天子注意督衛　輦輿晝夜匪懈　朝廷常倚
以爲重天下常望以爲安身先率下人樂爲用使士大
夫亦想其風采者實　夫人內助之力焉不然何詩於
召南首推鵲巢夫人起家之道哉　武莊亦知　夫人
之於已非小補也每自恃以甯及貴遂以恩例奏　夫
人之弟曰逵者補三班奉職示有報也　武莊公有弟
亦寒素始爲小官即出俸餘資給之至甍如一日　夫
人待之尤厚於　武莊嗚呼　夫人與　武莊皆孟子
所謂善推其所爲者歟　夫人天資純儉雖貴衣不華

藻食不豐羡及夫撫養諸孤周人之急則視財貨如草
芥捨欲從義厚於人而薄於已可謂仁歟事母尤篤躬
省起居□幾三十□□故不離其側有疾手操藥訊護
疾革且卒猶以口接其氣時餘一藥末進終身念之爲
恨可謂孝歟　武莊公位益崇祿益厚侍妾益多歌舞
滿前　夫人晝夜相與燕笑於其閒惟恐失　武莊之
歡既不妬忌又能順適可謂惠歟自　武莊初受爵命
至爲公侯與夫身之官封邑數衍地隆子孫之被寵光
月遷歲拔未嘗有喜色或忤其意雖怒不遷可謂賢歟
凡教子孫男則以義方女則以正順上下肅雝中外爲

慮可謂智歟若夫敬修梵行深心回嚮持誦經律手不釋卷屏葷惡殺得大情淨慈悲解脫之果超然不以世故爲累此又凡情之所不能窺測者也雖然當　武莊之盛時收濟親屬費甚繁　夫人又從而敬愛之不知者猶以　夫人爲不得已而僞作之也及　武莊公薨

夫人既專家政倍自黽勉於所敬者益勤於所愛者益厚十年之間無小渝變然後知　夫人之德發於情而成於性也故遠近之族三百餘口無有失所其稱頌歌羨如出一心元祐三年九月初六日以疾薨于京師之第其邑命自　武莊公陞朝始有一縣　公日顯大累

至京兆郡夫人　公薨諸子陞朝進封太夫人享年七十有五平居未嘗輒病瘖　夫人富貴壽康亦至矣復多男子天之於　夫人較其德而錫之福使人可無憾焉子男五人惟立西京左藏庫副使兼閤門通事舍人勾當軍頭引見司惟京東頭供奉官早亡贈率府率惟序內殿承制專一勾當天源河調節入內水勢惟幾崇儀使涇原路第六將惟賢東頭供奉官女四人長適職方員外郎張翻次適奉議郎董遵次適西頭供奉官孟固次適東頭供奉官賈祺孫男一十二人珣西頭供奉官延州兵馬監押璋宣義郎知吉州永豐縣事賜緋魚袋珪內殿承制涇原路第五副將琉右侍禁東八作司監修勾當琪右侍禁早亡瑨左侍禁東八作司監修勾當琚西頭供奉官監華州鑄錢監琳右侍禁新差監鄭州鹽稅瑜左侍禁新差監北京東壁城璩璘瑋璠皆幼未仕女一十六人長適內殿承制石舜賓次適內殿承制吳仲迭次適河中府司理參軍柏翔次適　皇叔右千牛衛將軍仲麗次適勅賜同進士出身陳當可餘並幼曾孫男一十六人女一十八人是年十一月初七日葬于河南府河清縣賢相鄉陶牙村祔　武莊公禮也將葬其諸子以予有舊熟聞　夫人之平生哀號請銘

義不獲辭乃銘曰

驕奢非性　富貴使然　士而免此　古稱其賢
美哉夫人　德操自全　蘋蘩甘旨　必時必虔
賑孤給窮　恩不少偏　爾妾爾媵　涵容若淵
修飭梵行　震驚龍天　屏葷惡殺　覺性妙圓
烈烈武莊　霍衛比肩　禦侮西北　忠力是宣
實我內助　俾其慮專　教子以義　如出陶埏
咸處要職　曾無怠愆　孫及曾孫　詵詵滿前
家有常訓　惟其克傳　高門餘慶　奕奕綿綿
夫人令譽　國有簡編　斯文之設　聊告九泉

右郝貫妻朱氏誌在洛陽存古閣攷郝質史有傳介休人傳云英宗進武昌軍節度觀察留後安德軍節度使入授殿前副指揮使神宗易節度慶武軍爲都指揮使卒贈侍中謚武莊誌云安武軍節度使贈太師追封永國公與史不符當是史之闕謁傳云少從軍挽彊第一充殿前行門換供奉官爲府州駐泊都監主管麟府軍馬即誌所稱自行伍中峻擢橫飛也傳云道逢夏騎數千寇鈔質先驅力戰獲人馬數百又出行邊至柏谷遇敵禦之於寒嶺下轉鬬逐北遂修復甯遠諸柵以扼賊衝

即誌所稱控扼邊要戰守皆有功也傳云宣撫杜衍安撫明鎬條上其狀超遷內殿承制并代路都監賈昌朝又薦爲路鈐轄使即誌所稱大臣爭薦也傳云龍神衛捧日天武都指揮使馬軍殿前都虞候及殿前副指揮使都指揮使即誌所稱督衛輦輿也傳未述其軼事云在并州與朝士董熙善約爲婚姻熙死家貧無依竟以女歸董氏誌敘夫人之女云次適董遵遵當即熙之子也誌書隸作隸俗誤屢用敬字不避何邪

度人經變相題字

裝本高廣無攷跋五行
行字大小不一正書

經文不錄

予家舊藏唐閻立本畫靈寶度人經變褚遂良題字惜其歲久湮滅將失永傳獨字畫僅可刻以貽好事云元祐戊辰仲冬韓城范正思記

度人經變相題字殘缺以褚登善書故爲宋人寶惜而刻之余所見舊本飜本多矣無如此刻精好者真元祐初本也標題是文休承筆休承書家善鑒收藏家重之裝置册尾以爲信云萬厤戊子春正月世懋識

右度人經變相題字相傳爲褚河南書玉石本也宋元祐閒范正思刻石正思文正之孫純仁之次子史附見其兄正平傳字子默澹巖有其題名戊辰爲元祐三年後有王麟洲跋語一則又有崇禎壬午夏四月馮硯祥藏魏學濂觀一行及方亨咸程邑兩題語石刻殘缺存六百四十八字字徑二三分不等筆意酷肖小麻姑仙壇記梓鄉故物欣遇他邦亟以二萬錢易之跋語內變下當有相字疑脫誤

八瓊室金石補正卷一百五終

八瓊室金石補正卷一百六

太倉陸增祥撰　男　繼輝校錄

吳興劉承幹覆校

宋二十五

奣巖題刻二段在武岡

張綬詩高一尺四寸廣八寸八行行十四字字徑六分正書

權提點荆湖南路刑獄公事張綬被旨督捕邵永蠻寇
師次小奣虛嘗至巖下愛其幽深而未爲好事者所稱
賞迺命名奣烏猛切巖而作是詩
巖口呀然向日開小橋飛入勢縈回幽深自可逃煩暑
況有寒泉石下來
通判邵州劉蒙鄱陽進士周邁同遊元祐四年三月
十二日

前書一絕末題元祐四年三月十二日權提點荆湖
南路刑獄公事張綬被命征寇偕通判邵州劉蒙鄱
陽進士周邁同遊小巖墟下愛其幽僻乃命名奣巖
紀之以詩文見武岡州許志湖南通志

攷此奣字已見廣韻上聲三十八梗云天氣淸朗烏
猛切江蘇崑山縣地名有奣子元末方國珍趨奣子
橋與張士誠戰即其地今猶書此字寶慶府鄭志雜

識作奣巖誤古泉山館金石文編

右張綬詩瞿氏鄧氏皆未之見也小奣虛許志作
小巖墟誤虛墟本字巖口呀然向日開鄧志作崖
口呀然何日開非

何揚祖詩高二尺五寸廣一尺七寸詩三行行十字字徑二寸許行書後跋八行行廿字字徑寸許正書

石室何嘗霹靂開曾聽綉斧凱歌迴誰知二百餘年後
復有旌旗笳鼓來
咸淳戊辰夏五邵永武三境之民蠢於左道弄兵潢池
六月舂陵何揚祖同棘陽茍大椿侯城麗南翔奉郡將
牟侯洎　閫臺命提師招捕殲厥渠魁脅從罔治賣刀
買犢化賊爲民人皆感　侯德九月師次白倉游奣巖
摩挲蘚刻有　元祐張綉使留題盡被　旨討邵永蠻
寇慷慨今昔　王事實同因用其韻鑱之視　咸淳猶
今之視　元祐也九日何揚祖題住山僧如崙□

末書咸淳戊辰夏五月猺叛六月舂陵何揚祖偕棘
陽茍大元誤作夾椿侯城麗南翔奉郡將牟侯招捕九月
師次白倉游奣巖次前韻作詩詩見武岡州許志湖南
通志

在武岡奣巖張綬詩刻後道州何揚祖撰咸淳四年

刻石詩云云末題云云寶慶府郡志

右何揚祖詩筆意酷肖山谷通志寶志均未見拓本故所載未題云云得其大略而已案咸淳民叛及元祐蠻寇史志均無所徵其云郡將者寶志兵書云元豐四年團結東南路諸軍如西北法共爲十三將全邵永州禁兵以應援廣西爲東南弟九將置將副各一人又視兵多寡置部將隊將押隊使臣別立訓練官是邵之有將始於元豐也何揚祖等三人或武岡軍之官或即郡將所屬之官均未可知何揚祖道州人咸淳元年阮登炳榜進士

通志寶志均載之而不言其後官階寶志即據此刻列何揚祖芮大椿龐南翔於巡歷各官表云不知何職益無可攷矣白倉在武岡州東元至正間所置屯田者即其地

五峯巖題刻十一段在東安

張綬題名 高一尺廣一尺二寸六行行七字字徑寸許正書

德興張綬被
旨督捕邵永蠻寇還次東安登五峯嵒周遭同遊攜侍
行元祐四年己巳四月十八日題

右小正書六行在東安縣五峯嵒五峯石刻傳志渾列之古蹟不箸其何碑今始搜求得之不過數石其書時代者以此爲最先焉 金石審

張綬名屢見於諸嵒石刻邵永蠻寇於史無聞志亦不詳其事

黃器之等題名 高一尺七分廣一尺一寸八分五行行五字字徑一寸五分正書

莆陽黃器之顯昌夔聖俞元祐辛未重陽日嘗同遊
思純侍行 此行字較小

右正書五行在東安縣五峯嵒 金石審

黃器之名槪見乾道九年淡嵒題名

方棠題名 高一尺廣八寸五行行七字末行八字字徑八分正書

桐廬方棠被
旨之廣西過此縣令徐處仁新靈川令劉覺同至元祐
癸酉孟夏廿六日題

右正書五行題刻皆劣宋史處仁本傳爲東安縣令蠻人叛入峒開示恩信蠻感泣誓不復反宋史溪峒諸蠻傳弟於南宋時全州上言東安可直入溪峒而慶厤以後叛服皆略本紀亦不書据此刻所命使杜道之東安又檄廣西縣令同至必有公政當即會撫蠻人時也 金石審

永志職官列徐處仁於元符年据此知元祐末已

令東安矣明年紹聖改元潛岊亦有其題名永志
殊誤
張茂先詩高一尺四寸廣二尺十一行行八九字不等字徑寸許正書
五峯巖實倚層巒偷暇登臨到此山泉石靜中無俗客
寺在絕頂有泉不涸樓臺深霧鎖禪關憑高林野依稀盡望闊雲
天綠繞還回首夕陽歸去路紅塵隨馬轉溪灣
紹聖丙子秋季按東安遊五峯巖寺郡倅張茂先世
京題男湜侍行
宋張茂五峯巖詩永州郡倅詩見東安縣吳志湖南通志
行書十一行巖寺郎東安高山寺也金石審

通志張茂先脫先字山川內附載此詩偷暇作乘
興還作環歸去作歸處
衡陽楊某等題名高廣各七寸五行行五字字徑八分正書
衡陽楊□□□淛□漢臣鄱陽□□□元符元年季冬
望日同遊
郡嶼蔣某等題名高一尺二寸廣一尺六行行字不一字徑九分正書
郡嶼蔣□□□東安侍其□□丹□□□□□來
□□□□□漢臣遊元符年十月十七日書
此二刻前人未見剝蝕殆甚就可辨者錄之
鞏鑒等題名高一尺四寸五分廣一尺四寸七行行八字字徑寸餘正書

郡倅鞏鑒辨叔巡警高揔持正縣令周授傳師縣尉李
執中公權同遊五峯巖登觀音閣時天澤應祈田苗茂
盛可喜可慶大觀己丑孟夏九月題
右行楷書七行字多蝕剝前人未見金石審
永志職官列周授李執中於元豐得此足證其誤
任傳道等題名高一尺三寸廣七寸四行行七字字徑一寸正書左行
任傳道弟傳師拉唐□□同遊覺師繼至周元黼元黻
侍行紹興己巳春
此刻前人未見繼字半蝕
蔣行忠題名高九寸五分廣八寸二分六行行七字字徑九分正書

紹□初中兩侍嚴君假□東安仲春□□□□□同嘗
□□□□□紹□己卯□月晦日甯鄉蔣行忠仲思題
正書六行剝蝕難辨金石審
初中之中永志誤作忠己卯上一字永志作定次
於嘉定十二年今諦審之殊不可辨略存一二筆
蹤與首行弟二字無異其再上一字乃是紹字然
則此己卯爲紹興廿九年紹聖紹熙紹定皆不直
己卯也月上永志作菊亦不可辨假字永志未審
出
魏繼先題名高一尺八寸五分廣一尺五寸五分十二行行十三字字徑寸許正書

懷玉舒嵓智叔自永明來省其　親靖菴于東安縣丞
歷陽魏繼先進叔以　家君之命載酒拉渠父子與柴
珙伯恭同遊資福寺就觀華嚴閣新創規模徐益五峯
閣循崖而下剥苔剔蘚摩挱石壁得見元祐大觀間舊
令徐太宰十數公留題屈指歲月感愴久之使人忘去
因援笔以識庶後之視今亦猶今之視昔也旹嘉定庚
辰臘月十有一日弟繼得正㑹子明祖榮祖侍行靖菴
名木字東卿云

右刻十二行似眞似隸唐初人有此種體省志官表甯宗時有東安令魏雲繼先益雲子也金石審

文云元祐大觀間舊令徐太宰十數公留題今所存者無幾矣徐太宰當即處仁也永志永明作永州誤益作登笔作筆亦與石本不同資福寺華嚴閣五峯閣志亦不載

許尗玢等題名 高廣各二尺七行行五字字長徑三寸篆書

賓溪許尗玢韓城宋景允洛陽陳玨□延津李昪□嵩
陽蔡弓□癸亥冬孟□日小集于此

右篆書七行年代人名無可攷職官表紹興間有許尹疑郎其人姑附於此金石審

玢永志誤作玖次紹興十三年未知所據今附景定四年宋代最後之癸亥

宋五峯巖詩刻在縣西高山左多宋時詩刻湖南通志

右五峯嵓石刻十一段在東安案一統志云高山在東安西北一里五峯突出有宋刻尚存湖南通志云五峯嵓在縣西北高山之左巖石布列如河圖卽此題刻之處也嵓壁矗立數仞別無洞穴諸題名皆摩崖爲之間爲風雨剝蝕可拓者惟此十一段耳是嵓石刻宗滌樓輯永志時始搜得之今於宗氏所載外復得三段幸哉宗氏復載賈構所題炅山二篆字云南宋必無以構命名者其爲哲

徽時人可知案賈構洛川人　國朝乾隆間邑令宗氏采錄其記於名勝志矣何又以爲宋人邪宋太宗名炅宋人不應以此名山宗氏殆未之思耳附識之

渾公祠石刻二段在乾州

刊李義山詩跋高二尺廣二尺三寸五行行十字字徑一寸四分跋十二行行十五字字徑六分均正書

李義山題

咸甯郡王渾公祠堂

九廟無塵八馬迴奉天城壘長春晉咸陽原上英雄骨

半向君家養馬來
唐朱泚之難德宗蒼皇西幸奉天賊兵晝夜攻圍而
侍中渾瑊百計禦敵帝與之日夜對泣流離艱苦之
狀可知也竟挫賊鋒終賊之遁保完鑾輿天子得以
幸山南賊平還都唐室再造繄公之力公精誠貫日
臨危蹈難死生一節可謂不愧前代忠臣義士矣以
公有大恩於斯民宜乎百世血食然而廟貌闕如嘗
与邑宰錢君語及而嘆息君因圖亭葺爲祠堂旣圖
公之像并刊李商隐詩以附焉元祐四年重陽日武
功游師雄景升記

宣德郎知奉天縣錢景逢立石

仇伯玉等題名 在前刻之左高廣不計一行廿四字字徑四分正書

明年仲夏望日馮翊仇伯玉建安黃寔南幽張舜民謁
拜祠下

蘇軾懷弟子由詩

高一尺九寸四分廣二尺四寸十行行字不一字徑一寸五六分行書上石人名二行小字正書在扶風

壬負重九以不與府會故獨遊至此有懷舍弟子
由
花開酒美曷不醉來看南山冷翠微憶弟淚如雲不散
望鄉心與鴈南飛明年縱健人應老昨日追歡意已違
不向秋光強吹帽秦人不笑楚人譏
趙郡蘇軾子瞻
元祐庚午秋天王院僧缺鳳翔府天興縣尉林缺

陽華巖題刻二十七段 在江華

練潛夫詩 高二尺四寸五分廣二尺八寸十八行行十六字字徑寸許正書

賦得同
江華令貫之黃兄遊陽華岩一篇
建安練□□潛夫
萬里蒼山麓陽華古洞天晨光迎海日晝暝入溪煙宂
竅蛟龍蟄峯巉鬼魅鐫初筵堂半闢末勢霤孤穿玉乳

垂虛竇金沙引漫泉欄危浮絕壁度迥跨遥川隱約燒
丹竈橫斜種玉田劇桐魚燭燭擊石鼓鼘鼘 祠中有石鼓貫之製
桐魚揭之響震岩谷 翠羽岩蕉靜元幢石桂圓捫穹藤黝糾襯步
草茵綿暫止蘸門嘯来因 下空
葉縣仙鳧舉收弱展桂檝邉輕艇勝賞平生興尋幽最
可怜奇遊陵宇宙班坐馥蘭荃谷鳥酣新釀松風韻古
絃祇應銷永晝何用囂塵編蔣賦初無得元銘久更妍
□□防有詩元結有銘 留連資曠士吟詠屬高賢塵土鬧中厭山
林老更便臨分凉月白回首正依然
石練潛夫詩潛夫其字而名已剝泐矣永明層岩

有其詩刻瞿氏跋引輿地紀勝載練潛夫熙甯間作笑峴亭記是神宗哲宗時人也江華令黃貫之亦是字而非名神哲時邑令姓黃者三一爲黃潛元豐三年到官一爲黃安中元祐元年到官一爲黃炎元祐八年到官炎字晦之不字貫之貫之疑安中之字字與名義相協安中於元祐五年去任姑列於元祐五年以竢再攷詩云蔣賦初無得注云□□防有詩防上是蔣字蔣防有合江亭詩是唐大和年間人其陽華岩詩從未有人言及者據此知湮沒之多審視拓本行間隱隱有字蹟是磨

古刻而爲之者騰郎藤鞏郎鞏字之俗

唐叟等題名 高二尺八寸廣三尺三寸五分八行行七字字徑二寸六分正書

零陵唐叟亘耜錦田唐開必先弟喆保之姪紹先慶長
鄧赫民贍永明義將爲當時邑西李珣德均來游拂塵
閲古緬懷漫叟宣和庚子後元銘五日

右唐叟等題名庚午夏譚仲維拓寄案唐開江華人建炎二年進士通判廉州嘗詣京訟其叔父貢寃幾蹈不測邑人義之唐紹先開禧元年特科官洛溶令李珣亦江華人紹興二年進士清遠縣主簿此題名時均尚未第其稱錦田者所居之里也至今猶存其名餘人竢考庚子爲宣和二年後元銘五日者五月十六日也次山銘刻於永泰二年五月十一日

王肇題名 高二尺二寸廣一尺八寸五行行六字字徑二寸八分正書

河南王肇因按部至江華挈家遊陽華巖時建炎己酉
季冬壬寅日

右王肇題名王肇自言按部是官湖南提刑者而志不見其名己酉爲建炎三年四年正月甲辰朔則壬寅非十二月廿八即廿九也

蘭仲恭等題名 高一尺五寸五分廣二尺一寸五分五行行四字字徑三寸又小字一行五字字徑一寸許正書左行

蘭仲恭張叔曼弟元播建炎庚戌正月廿八日同遊
華嚴寶老預

右蘭仲恭等題名諸人無攷庚戌是建炎四年

杜季楊題名 高一尺五寸四分廣一尺一寸三行行七字字徑二寸分書左右各一行行九字十六字字徑寸許正書左行

會稽杜季楊紹興己未九月庚子行縣暇日率令丞巡
尉來遊
通判學士留題陽華巖 此行在左
右文林郎道州江華縣令李直清命工刻 此行在右

右杜季楊題名杜季楊判道州志所不載志載李
直清以紹興九年令江華與此正合

游何詩高二尺廣一尺九寸三分十四行行十七字字徑寸許行書橫額題運屬游公題陽華岩詩九字字徑一寸四分上石一行字徑五分俱正書

西風卷凝雲欲壓不墮地化作碧孱顏融結在空際是名陽華岩造物一何異東山雨腳斷明月招我至傍窺嵌竇深窈恐鬼神閟細度沆寥風奮無畢溼氣虛閣架其中榜以浮嵐美下有潺湲谿飜雪轟雷比閣背兩橋分岩脇雙龍起石如纓絡垂鏊〻翠緌委又如鼉鼓形撾擊敲頗厲溪水相與喧鏜鞈亂宮徵岩窮天忽開木

杪風自靡坐久髮毛寒興逸詩語綺無人共一尊有客自千里山僧頗慇勤相伴亦忘寐拂石要題詩揮毫留漢隸

紹興乙丑秋仲冒雨獨游陽華巖勝絕未讓淡山岩恨古今詩人未有奇句涵上游何臨清流以賦之且椶鞵桐帽悵不一陪　浮溪先生金華居士以徜徉

丙寅紹興十六年十月十五日住山僧□□立
石

右游何詩橫額題云運屬游公當是轉運判官而通志職官失載澹岩浯溪均有其題名浯溪題名舊作濇州游何瞿氏謂是淄州之譌余以拓本審之定爲淄川今得此刻稱淄上知曩所校勘爲不謬矣浮溪先生謂汪藻金華居士謂何麒也麒自稱云金華隱居碑書徵字缺末筆避仁宗嫌名故稱唐魏徵作魏證書納徵作納成亦作納幣宮徵之徵又或作祉也江華新志山川內相伴作求伴誤

何麒詩高二尺七寸廣一尺八寸十二行行十五字字徑寸許正書額題陽華巖詩四字橫列字長徑四寸篆書

名山固多岩茲岩擅天下屋大享千人谷深量萬馬谸

谺通一水旁午飛橋跨石礫巧彫鎪松篁森繪畫古人棲遁處文字猶憑藉語妙元次山名高陶別駕瞿君三體篆殆可斯翁亞卻後累百年吾人來歎吒伊予卭壑姿嗜好若天假終焉卜眞隱學道冀陶冶丹成生羽翼召節青童把揮手挹霞芒竦身朝
帝者採日華法存霞九芒

金華隱居何麒以紹興戊辰十二月三日同襄邑許顗廣川劉思永盱江劉蟄淮海張擴來遊埍汪
㸌下失拓

右何麒詩前人未見詩後題語與獅子岩同攷見

獅子嵓詩跋江華新志山川内載此斯翁誤作欽
翁并缺法存二小字汪䲣下作子洪偕從四字

劉愼修等題名 高一尺六寸五分廣一尺五寸三分五行行五字六字字徑二寸餘正書左行

劉愼修羅國華劉彥珏陳澤民己巳五月二十二日仝
來爲盡日之歡

右劉愼修等題名羅國華見後蔡周輔題名内則
此已巳是紹興十九年也

蔡周輔等名 高三尺六寸廣三尺二寸十三行行七字字徑二寸正書

縣尹蔡周輔下車伊始遵 令勸農於奉國寺親勉鄉

老服田力穡爲務勞之舉皆感悅晩過陽華俯空洞跨
浮絮聽鳴玉薦芳醑既醉而歸同僚李仲保唐元經邑
士何時澤蔣澤萬李穎士鄧致道寓客羅國華紹興庚
午春七十有一日

右蔡周輔等題名蔡周輔及其同僚李仲保唐元
經省府志職官俱失載通志載高宗朝江華令有
蔡藹永志云紹興二十年任此題名正是紹興二
十年疑蔡藹即蔡周輔之誤抑周輔爲藹之字邪
書法魯公而結體殊散江華新志皆感悅上多一
民字

向源老等題名 高一尺九寸廣二尺八寸八行行七字字徑二寸五分許正書

邑令向源老因暇日拉玉牒文老丞孫議臣巡檢朱晦
叔尉李起然知寨呂子明同遊紹興壬申七月廿二日
姪甯遠宰士鵬姪孫公晳公啓侍行

右向源老等題名甯遠令向士鵬不見於官志通
志高宗朝有向鼎爲江華令永志作鼒云紹興二
十二年任此題名正値其時疑源老即其字也

程遨詩并跋 高一尺五分廣四尺九寸四周有界線詩廿六行行十字字徑寸許分書後跋十七行行八字字徑七分正書

平生喜偉觀泉石成膏肓流落天南陬頽覺宿念償陽

華甲千巖豈特魁一方横開造化奥不假蒸燭光洄淵
泛瀲流闊步維飛梁草木被餘潤神龍或陰藏千歲石
乳垂形似分微芒客來試擊拊聲如浮磬長緬懷永泰
間四海何披攘元子把麾符擇勝曾彷徉聱齖發健筆
漫浪忘故鄉別駕何如人欲挽居其旁不知果從遠高
詠猶鏗鏘我今兒中興隨牒瀟水陽官曹既清簡年穀
頻豐穰不憂西原蠻免奏租庸章公餘且遲留解衣據
胡床憶昔黄太史淡巖藉揄揚地有遇不遇實在名何
傷賴得金華仙英辭灑琳琅

紹興乙亥歲十月二十七日郡丞蓬澤程遨以職事

至江華回游陽華巖盤礴賦詩而歸縣令南陽安珪
尉伊川程蓋同來以上分書
府判朝議程公按行下邑公務之暇率令尉同
遊陽華周覽水石之樂遲遲終日眷戀忘歸
公乃賦詩而還其英辭妙句鏗然有擲地之聲
覺前後名公大儒留題篇章皆不足以望其藩
籬也於是命工鐫刻於石俾永其傳使斯巖之
名自此增重方來之士有睹其玉畫誦其嘉什
者亦可以知其人也江華縣令安珪謹跋并立
石

右程遴詩隸法健鋭頗有漢人風格程遴亦見淡山獅子巖題名其爲府判省府志職官俱失載安珪程蓋均見獅子巖程遴題名內安珪爲江華令官志有之而不詳其爲南陽人程蓋爲江華尉通志亦未載永志據獅子岩題名補之亦不言其爲伊川人皆可据以補之乙亥爲紹興廿五年又永志名勝載此詩微沇作微流乳垂作垂乳微芒作毫茫懐作想披攘作擾攘把作抱彷徉作徜徉忘作志類作頗憂作見麗作流皆當以石刻爲正通志山川門所載欲挽作欲往餘與永志同江華新志載此作朝議下誤多郎字同遊上脱率令尉三字

安珪圖序高二尺九寸廣四尺五寸四周有界綫上截圖上列横額題道州江華縣陽華巖圖九字字徑二寸四五分篆書下截高一尺二寸八分四十行行十五字字徑五分正書

仙田　浮嵐閣　嵓門　思來亭　陽華寺　朝徽亭
以上圖內題字六榜

予自遊宦以來所過徧歷惟春陵古多奇跡江山秀麗
渾然天成如九疑萬峰乃積代聖境然皆氣象荒遠卒
無清秀絶特之稱若江華之東南有陽華之巖可謂甲
衆觀也乃唐元刺史名之嘗於此招陶別駕爲次山自

爲之銘瞿令問爲之書壯其文辭嘉其字畫亦足以寇
絶後世加之宗工鉅儒繼以詩章由是聲價益高遍在
湘楚不其題歟上有迴山而面南下有大巖而當陽巖
高且明洞深氣爽其中石巉然可怪多不能入畫泉流
之清瑩然秀澈玉漱泠泠之聲與地籟唱和不待笙磬
而五音迭作前有浮嵐閣後有朝徽亭次有仙田高下
數頃長虹架水縈繞如帶由外而入宛若壺中飄飄然
忘軒冕之累浩浩然有遠擢之志信乎人間別有天也
後之人有爲山水題評者當不落天下之第二也予頃
丞邑飽諳佳致每哦松之暇輒來往其間似得所樂及

瓜而去迄今十餘年朝夕怳然若有所失今豈意復來
作邑造物者有以從人欲也予嘗公餘之暇訪於邑之
耆耋乃得思來亭之故基于巖門之外云巳久曠矣嗚
呼廢興成敗不可得而知也彼興而成之者若何人廢
而敗之者又若何人耶於是憮然悼之乃創工建亭以
成前賢之志推廢興成敗之理於無窮者斯亭異日又
未可知也故併以列之昔唐四明道士葉沉囊蓄古畫
桃源圖而舒元輿尙爲之録記剗斯巖夐出東南之美
其可不繪而圖之以傳諸好事者哉乃命丹青之士摹
寫形容勒之堅珉以示無極雖未能盡臻妙亦可以見

髣髴也庶往來之人不特觀覽且携其本於外使傳者
不虛矣碑成須得數語以續之言不成文聊以紀其萬
一爾紹興丙子三月中澣日右從政郎江華縣令主管
學事勸農營田公事安珪序并立石

豫章羅煜書

右安珪圖序據文安珪嘗爲江華丞省府志職官
均失載浮嵐閣朝徹亭永志宮室亦失載思來亭
僅列其名亦不詳其建置序云故基云久曠云興
而成之者若何人廢而敗之者若何人葢由來巳
久當時巳莫攷其物始矣次山陽華岩銘云將去

思來亭之命名葢取諸此浮嵐閣圖內題云浮嵐
閣据圖閣卽在閣之下也碑書境字缺末筆避太
祖祖諱嫌名凡竟境鏡等字均所兼避故石鏡縣
改爲石照崇文總目載韻海鏡源改作鑑丙子爲
紹興廿六年　近見江華新志於無窮之於誤作
欲併以列之之併誤作並

釋䍃重遊題名 高二尺二寸五分廣九寸五分二行行存九字字徑三寸五分正書左行

焚修住持章貢釋䍃建
紹□□□□月廿日重

右釋䍃題名在呂敦仁題記之右下截巳闕以意

度之建炎年曾遊於此紹興年重來因題數字與
字尙可約略得之附紹興末䍃字不見於字書或
卽銜字之變體

胡邦實題名 高二尺二寸廣一尺六寸六行行十字字徑寸許正書

戊子孟冬十有二日郡丞胡邦實以職事來江華公餘
遊寒亭暖谷獅子巖乘興至陽華爲終日之款同至者
周公美顏子進王德任郭元德邑令陳世榮書

右胡邦實題名首題戊子而不詳紀元以寒亭一
刻證之知戊子爲乾道四年邦實爲華公之字周
公美諸人名俱見彼刻陳邦慶以乾道四年令江

華與志正合

江朝議并陳邦慶詩高二尺二寸五分廣一尺一寸六分橫額題府判江公留題六字字長徑一寸六分篆書三截上截九行行十字中截前後各七行下截十四行字數大小行正均不一

呂蚤離永明晚抵江華道中成兩絕句

飛沙羃〻路曼〻萬籟風聲重曉寒步澗躋危任勞役

服勤空下

王事敢辭難

捨車跨馬喜新晴倍見旌旗照眼明顧我未能流美化

邦人何事喜相迎以上弟一截

呂遊陽華口占五言八句呈

諸僚友

十里雲深處陽華小洞天千巖虛夜月萬壑溜寒泉石

磬生何世仙田種幾年神靈自幽顯時序任流遷

乾道庚寅冬十月

府判朝議江公行縣公餘遊陽華留詩併以道中二

絕示僚屬句新語妙泉石有光謹摹刻以永其傳左

從政郎道州江華縣令主管學事勸農營田公事陳

邦慶跋

右迪功郎江華縣丞主管學事林豐篆以上弟二截

謹次

府判朝議江公之韻

邑令陳　邦慶

未分中原長夜曼果聞胡虜膽先寒乾坤正賴

英豪整肯賦詩人行路難

別駕來臨值晚晴

眼中黑白甚分明

飛黃此去騰夷路

應念區區負弩迎

右道中

斷崖藏勝境別是一壺天怪石垂雲乳飛虹跨玉泉再

青難下筆造化不知年文字工題品漫郎優史遷

右遊陽華以上弟三截

右江朝議詩并陳邦慶和作題首所闕二字是江

公之名而不能辨識省郡縣官表府判無江姓其

人莫可引證邑丞林豐亦不見官表省郡志載此

刻作江朝儀誤議爲儀因以官階爲人名山川名

勝內所載亦同並僅錄陽華一詩陳邦慶詩亦未

載劉令既見此刻而江華新志亦未更正補入疏

矣此刻弟一截弟四字起至弟二截弟八字止是

沿崖渡水六七里劃見幽巖畫屏倚𨚫躡長虹信步行
下瞰淺清皆脚底漫郎泉石之董狐妙語品題良不誣
千巖萬壑果何似吾家九疑真不如
丁卯清明約鄧致道遊陽華
我來挐〻倦塵沙下馬無心更憶家不怨客中逢熟食
只知醉裏是生涯花邊頓覺春光老柳外還驚日脚斜
甚欲與君尋勝去何妨着脚到陽華
與致道約遊陽華尋以雨阻追和山谷集中岑公
洞二絶句韻
垂〻雨脚幾時晴便擬扁舟乘興行想得斜川今更好
勝遊恨不繼淵明
陽華妙處吾能說泉響風搖環珮聲定是山靈嫌俗駕
電光掣過雨如傾以上弟一截
己巳七月遊陽華
遥指斷崖如削瓜碧雲一朶是陽華莫言空洞中無物
須信嶄巖下可家已聽泉聲響環珮更看山色媚煙霞
一丘一壑平生事不覺歸鞍帶暝鴉
長庚紹興十九年七月十九日嘗遊陽華後十有
二年復以是月是日從鄉曲諸公再到嵒下感今
追昔因成十韻

金石補正卷一百六　　吳興劉氏希古樓刊

沿崖渡水六七里劃見幽巖畫屏倚𨚫躡長虹信步行
下瞰淺清皆脚底漫郎泉石之董狐妙語品題良不誣
千巖萬壑果何似吾家九疑真不如
丁卯清明約鄧致道遊陽華
我來挐〻倦塵沙下馬無心更憶家不怨客中逢熟食
只知醉裏是生涯花邊頓覺春光老柳外還驚日脚斜
甚欲與君尋勝去何妨着脚到陽華
與致道約遊陽華尋以雨阻追和山谷集中岑公
洞二絶句韻
垂〻雨脚幾時晴便擬扁舟乘興行想得斜川今更好
勝遊恨不繼淵明
陽華妙處吾能說泉響風搖環珮聲定是山靈嫌俗駕
電光掣過雨如傾以上弟一截
己巳七月遊陽華
遥指斷崖如削瓜碧雲一朶是陽華莫言空洞中無物
須信嶄巖下可家已聽泉聲響環珮更看山色媚煙霞
一丘一壑平生事不覺歸鞍帶暝鴉
長庚紹興十九年七月十九日嘗遊陽華後十有
二年復以是月是日從鄉曲諸公再到嵒下感今
追昔因成十韻

金石補正卷一百六　　吳興劉氏希古樓刊

陽華近七里不到餘十年乃知聲名賴能障山水緣今日與鄰曲勝遊追斜川瘦藤穿犖确一葉弄潺湲嵓扃隱翠竹梵宇淨青蓮一笑躡飛虹毛骨清欲仙婆娑寶瓔珞放溷玉壺天曲肱卧盤石濯耳聽泝泉片雲飛雨來更覺秋凜然酒盡與歸去千林昏暝煙 以上第二截

次韻江府判遊陽華江丈□春間携家再來

塵外非無境壺中自有天從來招別駕於此歗寒泉 見元次山招陶別駕詩 銘已得元結記須煩子年重遊知更好出谷趂鶯遷

陳士宿主簿舉似與巖慶會主簿鄧伯允仙尉同

到陽華佳句且有巖下弄琴舟中吹笛之樂 長庚

雖不奉勝遊輒續高韻

說着幽巖意已清那堪地近一牛鳴塵縈俗累不容到若見山靈煩寄聲

陽華山水自雙清況弄朱絃金石鳴 宗少文有金石弄 我是行人那敢聽恐翻別調作離聲 時將赴上都

雲水光中語更清從他山寺晚鍾鳴滿舡載月歸來好一笛穿雲裂石聲 以上第三截

右李長庚詩在何麒詩刻之左前六首皆紹興間所作次江府判韻一首當與江詩同時時在乾道六年後三絕自註云時將赴上都案長庚於乾道間遷知賀州軍事和詩郎在其時也附乾道末又有紹熙年諸作別刻一石另錄於後長庚爲府判志所失載簿尉諸人名亦不見於志通志山川府志名勝縣志方域均附錄長庚諸詩而和山谷韻二絕再到嵓下一首未經採入次江府判韻一首府縣志均脫後半非無二字誤倒通志亦未錄縣志并未錄丁卯清明一首所錄諸詩亦多譌字幽巖作幽居長虹作長江淺清作清流真不如作誠不如熟食作熱冷花邊作花間日腳作月卻尋勝作尋照斷崖作澹山空洞作古洞伯允作伯元巖慶會作儼慶二字塵縈作塵縈若見作君見晚鐘作曉鐘歸來歸作空茲恐据石本錄之又案詩有云從來招別駕於此歗寒泉自註云見元次山招陶別駕詩而通志以招陶別駕詩爲長庚作誤矣

孟坦中詩 高二尺三寸八分廣二尺一寸八行行十字字徑一寸八分後二行較小行書

路入瀟南地一隅天開洞府若爲模石扃高透雲常出澗水中通崖不枯 來訪恍然驚澤國醉眠清甚在氷壺淡巖誰道真稀有須信陽華天下無

蓬山孟坦中履道父以淳熙乙未春來遊謹題

右孟坦中詩在唐叟題名之左乙未淳熙二年

趙師俠詩高一尺四寸廣一尺八寸二分十行行十字惟第三行十一字字徑一寸二三分正書

郡丞趙師俠介之同邑令戴翊世漢宗簿舒俊卿國英游陽華留二絶句子巖中淳熙戊申歲六月十三日

出郭曾無十里賒偃嵒迎日號陽華雲藏奥突嵐光潤信美元郎詠可家

石罅空明石色鮮霞舒乳滴巧雕鐫縈迴棧道泉湍響疑是偃家小有天

右趙師俠詩江華新志突作窔案通志載其層巖詩刻跋云趙師俠見拙賦碑跋宋史宗室世系表師俠係燕王德昭之後今層巖詩未見拓本郡丞趙師俠江華簿舒俊卿省郡志職官均失載戴翊世令江華永志云淳熙十五年任與此正合

戴翊世跋高一尺二寸廣五寸五行行十七字字徑六分正書

九嶷萬峯不如陽華一境此道之里諺也□□趙公按部之餘游覽斯嵒□□□□□勝槩併以墨妙紀之蓋自元次山以來不可多見□□繼元公題後用諗不朽云從政郎道州江華縣令主管勸農公事戴翊世謹書

右戴翊世跋在孟坦中詩刻之下不見年月翊世安福人淳熙元年解試二年詹騤榜進士以其令江華時攷之所稱趙公者即前題詩之趙師俠也

李長庚後詩高二尺三寸廣二尺一寸上列橫額題呂使李大夫詩六字字徑寸餘詩二截上截十九行下截十二行行字不一字徑六分刻石一行字較大均正書

紹熙癸丑二月二十六日蔣助教言正招遊陽華婆娑巖下薄暮乃歸得詩五絶以紀其事冰壺老人李長庚子西

春風今日扇微和觸目江山發興多如畫幽巖無十里

輕衫短帽得婆娑

偶尋三逕到陽華碧玉珍瓏真可家追想舊游如夢寐摩挲石刻但咨嗟

巖下留連且盡歡不知紅日半銜山歸時林壑風煙暝賴有昏鴉相伴還

我老思爲漫浪翁暫來却恨去匆匆山頭日色赤如血是晚所見如此照映川原草木紅

我識陽華六十年當時面目故依然清泉白石都無恙華髮蒼顏只自憐長庚紹興甲寅從親上九叔初游陽華以上上截

紹熙甲寅五月十七日從令尹張濟之早飯獅子巖

晚飲陽華巖夜闌乘月泛舟而歸
朝游獅子晚陽華翫水看山樂可涯野鶴沙鷗慣看客
一雙對立渡頭沙
到此令人憶漫郎筆端妙語發天藏泉聲漱玉生秋思
不減湖中五月凉
雨餘山色媚晴暉無事孤雲自在飛坐到黃昏尤不惡
載將明月滿舡歸以上下截後空六行無字
門生蔣大雍刻石孫光亨書額此行在兩截之間後空無字
右李長庚後詩書刻俱劣珍瓏珍字乃玲之誤也
志載光宗朝江華令雖張康一人濟之蓋康之字

省志山川郡志名勝邑志方域皆錄此數詩惟扇
微和作煽陽和三逕作山徑此疑石本之誤真作正追作
近寐作寤邑志不誤举作擊省志不誤石刻作石壁六十作
十六華作皓看山作尋山樂可涯省志作樂何涯
郡邑志作豈有涯尤作猶
李景莊等題名高三尺五寸廣二尺六寸七分八行行十二字字徑二寸五分正書
武陽李景莊侍外舅歷陽徐宜伯費治舂陵以嘉泰癸
亥因游九疑来訪陽華令君臨川唐仲謀拉丞金華宗
周卿簿盱江熊𠇍尉武夷張剛伯會飲于巖之亭葢
十月七日也景莊書之仲謀欲刻之崖石合詞請剛伯
董其事丞簿正棋亦爲之欣然
右李景莊題名志官表唐元齡以嘉泰元年令江
華仲謀蓋元齡之字也志不詳里貫得此知爲臨
川人徐宜伯名蓁見澹岩題名嘉泰三年所刻宗
周卿名強見開禧題名熊介叔張明伯等無攷
楊長孺等題名高三尺二寸廣三尺三寸五行行八字字徑三寸正書
開禧元年歲在乙丑夏六月九日廬陵楊長孺伯子嚴
陵洪璞叔玉金華宗強周卿南豐符敘舜工同來
右楊長孺等題名長孺時判道州洪璞時令江華
均見官表宗強時爲邑丞見前刻符敘非簿卽尉

志俱不載
毛方平詩高四尺五寸廣三尺九寸十四行行十九字字徑二寸三分正書
僕遊九疑道中得淡嵓陽華之勝陽華窈而奇水經嵓
腹其來涓涓而出門之勢雄甚佗狀瑰詭咫尺千變泉
石之妙廼如是暇日復陪郡掾攝邑事三山王默聲父
簿臨川陳希望民詹尉會稽董汝文卿知寨河間劉顯
祖德昭尋幽追凉彷徉盡日而猶未满於中者環閣薇
流莫遂飛羽觴踏氷筏似孤眞趣尔嘉定壬申夏至文
安毛方平希元書併勒所賦于左
蜂房涓〻流石乳綫竇涓〻細蛩語門前乃作三峽聲

似與幽人商出處何季結閣涸天具危柱下侵蛟蜃怒坐令空洞驚勃谿仙鬼不無號帝所要須濯足跨玉淵枕石漱流滌塵務手持白蓮騎赤鯶萬壑千嵒自風雨窮荒秘穴天所靳希有中州人訪古山谷不來次山來未可歎然懷不遇

右毛方平詩王獸陳希望董汝劉顯祖無一人見於官志者毛方平無攷壬申爲嘉定五年江華新志載此刻誤河間爲河朔赤鯶爲赤鱓

俞昌言等題名 高二尺廣二尺六分八行行十字字徑一寸五六分行書

嘉定癸未從化氏弄兵郡判官俞昌言師禹奉檄與令

佐平之理曹掾陳轂子長亦被諸使命從師禹後二月丙申迄事還邑令陳治平次書丞唐有仲實勞二客子斯巖師禹之子伯同侍次書命子長書之石

右俞昌言等題名癸未爲嘉定十六年通志陳治平爲江華令承志云嘉定十五年任與此合俞昌言陳轂唐有皆不見於官志志有余昌言爲興甯令亦在甯宗朝疑余爲俞之誤由興甯令遷判官而志不及詳也書當即唐字

林契題名 高三尺廣二尺一寸五行行七字字徑三寸許正書

淳祐庚戌中秋朔長樂林契奉檄拯溺訖事偕邑同寅唐巖秀歐陽元衡虞從龍子武來游

右林契題名庚戌爲淳祐十年文云奉檄拯溺而是年被水不見於志豈不爲災邪林契唐巖秀歐陽元衡皆不見於志郡邑志載虞從龍爲江華令列於孝宗淳熙年殊誤

黃顯祖題名 高一尺六寸廣一尺二寸四行行六字字徑一寸五分正書

邑令黃顯祖以戊寅正月四日公餘來遊增程圭子民表侍行

右黃顯祖題名但紀干支而不詳紀元黃顯祖爲江華令志所不載莫由定爲何時要其爲宋刻無疑也

右陽華巖石刻廿七段金石家從未箸錄省郡志亦均失採己巳冬始屬江華大令劉采邦搜剔得之其所遺者譚仲維復往訪焉

八瓊室金石補正卷一百六終

八瓊室金石補正卷一百七

太倉陸增祥撰　男　繼煇校錄

吳興劉承幹覆校

重刻宸奎閣碑銘

高七尺八寸廣四尺二寸十七行行四十二字字徑一寸五分正書横額題宸奎閣碑銘五篆字在鄞縣

皇祐中有詔廬山僧懷璉住京師十方淨因禪院召對化成殿問佛法大意奏對稱旨賜號大覺禪師是時北方之爲佛者皆留於名相囿於因果以故士之聰明超逸者皆鄙其言詆爲蠻夷下俚之説璉獨指其妙與孔老合者其言文而真其行峻而通故一時

士大夫喜從之游遇休沐日璉未盥漱而戶外之屨滿矣

仁宗以天縱之能不由師傳自然得道與璉問答親書頌詩以賜之凡十有七篇至和中上書乞歸老山中

上曰山即如　體也將安歸乎不許治平中再乞堅甚

英宗留之不可賜詔許自便璉既渡江少留於金山西湖遂歸老於四明之阿育王山廣利寺四明之人相與出力建大閣藏所賜頌詩榜之曰宸奎時京師始建寶文閣詔取其副本藏焉且命歲度僧一人璉歸山二十有三年　八十有三臣出守杭州其徒使來告曰宸奎閣未有銘君逮事昭陵而與吾師遊最舊其可以辭臣謹案古之人君號知佛者必曰漢明梁武其徒蓋常以藉口而繪其像於壁者漢明以察爲明而梁武以弱爲仁皆緣名失實去佛遠甚恭惟

仁宗在位四十二年未嘗廣度尼僧崇侈寺廟干戈斧質未嘗有所私貸而升遐之日天下歸仁焉此所謂得佛心法者古今一人而已璉雖以出世法度人而持律嚴甚上嘗賜以龍腦鉢盂璉對使者焚之曰吾法以壞色衣以瓦鐵食此鉢非法器使者歸奏上嘉

歎久之銘曰巍

仁皇體合自然神耀得道非有師傳維道人璉逍遥自在禪律並行不相留礙於穆頌詩我既其文惟佛與佛乃識其真咨爾東南山君海王時節來朝以謹其藏

元祐六年正月癸亥龍圖閣學士左朝奉郎知杭州軍州事兼管内勸農使充兩浙西路兵馬鈐轄兼提舉本路兵馬巡檢公事武功縣開國子食邑六百戶輕車都尉賜紫金魚袋臣蘇軾撰并書

四明阿育王寺故有宸奎閣不知燬自何年寺西

折數十武卽妙喜泉相傳沈碑在焉余抵四明命僧索之水中乃得唐范的書常住田碑一通其陰則有宋張無垢撰妙喜泉銘數百年舊迹一旦軒露亘亦有數哉後從范東明司馬譚及蘇長公閣記司馬家藏有長公舊刻余爲欣然命林生芝雙鉤入石以補阿育闕典長公書流播甚多獨此筆法遒勁有歐顏風故願與海內操觚者共寶焉萬厤乙酉冬孟郡守温陵蔡貴易識

右碑篆額五字文正書十七行行四十二字後有明人行書跋語三行在鄞縣閣在縣五十里文忠書當

時已爲拱壁大書深刻不致湮沒此必黨禁時滅跡或沈埋別所而東明司馬所藏其或宋拓歟 兩浙金石志

焦山題刻五段在丹徒

米芾題名 高一尺七寸四分廣二尺四行行四字字徑三寸許正書左行

仲宣法芝米芾元祐辛未孟夏觀山樵書

陸務觀等題名 高三尺七分廣六尺三寸三分十二行行六字後二行行八字七字正書

陸務觀何德器張玉仲韓無咎隆興甲申閏月廿九日踏雪觀瘞鶴銘置酒上方烽火未息望風檣戰艦在煙靄間慨然盡醉薄晚泛舟自甘露寺以歸

明年二月壬午圜禪師刻之石務觀書

吳琚詩 高三尺六寸五分廣三尺五寸三分十行行十一字至十四字不等字徑二寸行書

□愛山□□今踏山堆路江□□事動□聊皆可賦辭确石徑微白浪灑衣履臨淵魚龍驚捫崖猿鳥懼古刻難細讀斷缺蒼蘚護歲月豈易考書法但增慕摩挲復三歎欲去還小住習氣未掃除齒髮恨遲暮華亭鶴自歸長江只東注寂寥千古音□日起烟霧淳熙甲辰上元前三日遊焦山觀瘞鶴銘有作延陵吳琚

張孝思重泐下

右吳琚詩甲辰爲淳熙十一年案吳琚吳益之子憲聖后姪也乾道九年通判臨安府歷尙書郎鎭

安軍節度使復以才選除知明州兼沿海制置使甯宗初乞祠尋知鄂州再知慶元府位至少師判建康府兼留守又嘗使金金言南使中惟吳琚言可信此詩殆道經所題莫定其時何職也琚之父益與其弟蓋皆有書名琚蓋習其家學者後有張孝思重四小字疑此詩爲後來重刻者而上下均已泐矣

吳琚書心經殘字 拓本高處存四尺廣二尺三行共十六字字徑四五寸行書

聲香味觸

界無無明亦無無明

無苦集滅

宋人吳琚書心經焦山志略琚書心經石刻一片僧明湛移置松寥閣只存此殘字下截八行存江中石上可識者只十三字又琚敬書共十六字同治己巳游焦山拓此江中存字不及拓矣字與張郎之相近筆勢遒拔可寶楊峴記

右殘字及詩皆海琴所贈

王濬等題名二行行八字七字正書

嘉熙二年十一月晦王濬季夢得韓□

右刻在陸務觀題名石上此拓疑未全

唐顏文忠公新廟記

高六尺六寸廣三尺三寸三十行行五十三字字徑六分正書篆額五行題唐魯郡顏文忠公新廟記十字在費縣

唐魯郡顏文忠公新廟記

左承議郎尚書職方員外郎雲騎尉賜緋魚袋曹輔撰

明州定海縣主簿秘書省校對黃本書籍秦觀書

左宣德郎知開封府雍邱同簽書兵馬司公事鄧礿篆額

唐魯郡顏文忠公有廟在瑯邪之費距縣治東北五十里曰諸滿村室宇庳陋歲月將圮祀典弗著神不顧享元祐六年洪農楊君元永爲邑之二年也建言于州曰按祭法能禦大菑能捍大患則祀之以勞定國以死勤事則祀之方魯公守平原時祿山逆狀未萌公能賾其端及反河朔盡陷獨平原城守具備與其從兄常山太守杲卿首倡大順河北諸郡倚之以爲金城可謂能捍大患矣其後爲姦臣所擠臨大節挺然不屈竟殞賊手可謂以死勤事矣今廟宇不能芘風雨頹闒諸

朝少加崇葺俾有司得歲時奉祠知軍州事安定梁侯彥深下車未久趣廢更弊州既以治睹是舉也而樂之

即具以聞太常議典禮以上春官氏曰宜如請公之遠祖靑徐二州刺史盛始自魯居於瑯邪之臨沂孝悌里故今子孫之在瑯邪者衆其十一世孫安上者言縣謂廟地僻左荒棘跨嶺谷絕河澗者六七而後至祈自出緡錢買地祊河之東以徙置之庶幾子子孫孫與其邦人奔走承祀弗懈是年十二月二十四日廟成楊君以書抵京師曰史氏稱顏公英烈言言如嚴霜烈日可畏而仰其信然今廟碑將立無文以刻之懼不足以表忠義勸來世夫子其毋辭爲余考顏氏蓋出於邾武公之後武公字顏其子友別封郳爲小邾子遂以顏爲氏孔

子之門人達者七十有二而顏氏有其八回以殆庶幾得復之初九不遠復無祇悔之義以爲門人之冠其後衣冠不絕間出聞人然則公之知義明信道篤其淵源有自來矣夫人之於死生之變亦大矣而君子處之裕然得其所者蓋有以權其義之輕重而已若夫義有重於生則不必幸其生生有重於義則不必致其死故曰非死之難處死之難若魯公者學行內外充衍閎肆以發見於事業非獨一時奮不顧死以取名故前抗祿山之師後拒希烈之命不惑於死生之際而以明君臣之大義可謂眞知輕重大丈夫者歟百世之下聞其風者

雖亂臣逆夫將消縮摧沮不復牙孽於其心矣楊君欲發明公之義烈以詔後世不誘於文學之士而猥以見屬豈以余爲知言哉乃爲志其事而系之以銘銘曰

屹屹魯公　剛實積中　學與問博　涵演擴充　孝友施家　發爲公忠　直道以行　孰顧我躬　讒口猰貐　往齧其鋒　祿山一呼　逆焰熾天　炎于崑岡　沸于百川　杯水輿薪　勢且莫抗　屹屹魯公　忠誠是仗　大義凜然　奮秪首倡　一清土門　敷斬僞將　十有七州　同風順嚮　力窮功隳　英風獨暢　屹屹魯公　不戒于剛　娩變媢嫉　假手虎狼　公在跪跪　得囚之義　有嚴分守　卒遂吾志　屹屹魯公　風于百世　太山之祊　魯廟翼翼　孰作新之　守令其職　禋祀苾芬　子孫是食　惟廟暨孫　有圮有息　屹屹魯公　與山無極

九世孫温

右通直郎知沂州費縣事楊　元永立石

右承議郎通判沂州軍州兼管內勸農事雲騎尉賜緋魚袋常　士温

右朝散郎知沂州軍州兼內勸農事上輕車都尉賜緋魚袋借紫梁　彥深

元祐七年四月二十七日建

撰文者爲曹輔案輔字子方華州人登嘉祐八年乙科歷官至朝奉郎守司勳郎中常與蘇黃游見厲樊榭宋詩紀事書碑者秦觀史稱其始登第調定海主簿蔡州教授元祐初除太學博士校正祕書省書籍此碑系銜不列蔡州教授太學博士略之也淮海書世所罕見今玩其筆意瘦勁深得二王遺法碑陰刻米襄陽記山左金石志

山左金石志載此文庳作卑葤作災閎作宏非春官氏氏作民尤誤萃編載碑陰仙蹟記未載此碑

而跋語中見之當是編次時遺漏
草堂寺題刻八段在鄠縣
李周等聯雙檜詩高二尺三寸廣二尺前十行行廿二字後八行行十六字字徑寸許
正書
李周 李邵 楊致祥 种古 弟診 聯雙檜
古字列雙檜森鬱歊蒼角古 高幹若偃蓋佐枝羅翠幄
周 葉硬攢蝟毛子圓如雀㲉診 盤根雖輪囷呈才終卓
犖邵 枯冬傲霜霰炎夏冝雨雹致祥 蒼皮遶龍虵危巔巢
鸞鷟古 歲寒知後凋春風到先覺周 月涵煙影孤雨溜
苔蘚駮診 願逢繁輅用勿使為榱桷致祥 春姿筆工偷風

韻溪虎學古 松筠比節操玉鳥敢𪃂啄周 黛色晚山分
清香朝露濯診 桃李耻妖饒椅梧羞齷齪致祥 犧尊雖備
儀真性惡剪斲古 俗名强雖雄奇勝重古樸周 氣勢已
千尋栽培從一握邵 五松慙忝位秦封受殊渥致祥
慶秝中
家君蒲尹集賢尉長安日嘗與种太質昆仲洎一二
僚友遊草堂寺有聯雙檜之句厥後五年而處訥始
生又四十年處訥以左宣德郎來知鄠縣事被府
檄奉祠高觀神更衣是寺歷覽壁間留題而墨蹟具
存焉因命刊諸石以示其傳云時元祐壬申秋八月

甲戌也 住持賜紫紹利立
王濟叔等題名紹聖元年仲夏廿八日萃編載卷一百四十下同
游歨歨作此疑是步字
章停題記紹聖二年十二月八日
樓觀缺樓字
梅澤詩并題記崇甯元年三月十四日萃編載卷一百四十三
二項二誤一
張壽翁題名崇甯五年七月十二日
雲際際誤隆 重雲雲誤作□ 觀高觀缺高觀二字 七月缺七字
雲際院重雲山均見李騊詩刻

呂湘題名宣和二年六月四日
兩遊兩誤西
王賾題名靖康二年四月十日
彦肅肅誤甫
王賾關中金石記誤作王賀靖康丁未即建炎元
年五月高宗即位改元四月題名故稱靖康
甘吳二字在定慧禪師碑陰紫陽二字之上

右草堂寺題刻七段惟李周等聯句詩為金石家
所未見詩內妖嬈書作妖饒誤篆文二字則諸家

所見而未錄者然亦古刻也特未知是人名否耳寺尙有王正臣張堯僑詩刻俟續得拓本再補李周史有傳云字純之馮翊人登進士調長安尉其尉長安在初登第時史不詳其何年登第讀此題知在慶秝中也史於哲宗時云以集賢院學士知邠州徙鳳翔河中府與此稱蒲尹集賢者正合李周亦見元祐黨籍碑种古种診世衡子世衡傳云子古諤診皆有將材號曰三种古亦附有傳云字大質慕從祖放爲人不事舉業當任官辭與其弟時稱小隱父卒錄爲天興尉轉西京左藏庫副使

涇原路都監知原州神宗召對遷通事舍人尋與其弟診破環州折藁會斬首二千級遷西上閤門副使世衡之歿史所未詳此聯句在慶秝中或未有官時也以元祐壬申逆推四十五年詩作於慶秝七年种古萬姓統譜作种詁與史碑均異葢涉諤診誼而誤加言旁

重脩宋立曹娥碑元祐八年正月萃編載卷一百四十

篆額四行題後漢會稽孝女之碑八字陽文

曹娥塲大使河南孟津縣李恭命工刊補字畫覆囗亭屋宣德九年六月七日刻

按曹娥碑右軍小楷書唐李北海曾以行體書之世無傳本此蔡卞於元祐時重書應從北海原刻而出宋時猶及見真本蔡卞書米元章嘗稱之此刻桀驁自喜而時露波磔王元美所謂有書筆無書意多參己意者要之不可以人廢也碑經明季重刻故末行有李恭題字兩浙金石志

碑尾李恭題字云命工刊補字畫是蔡卞所書原石而李恭脩刻之也萃編不錄此行殆未之見兩浙金石志失錄補字畫以下十六字則以爲明人重刻矣銘詞顯昭天人碑作夫人當是修刻之譌

刻懷素帖并題跋贈歌記

高四尺二寸五分廣二尺四寸六分五截上二截帖下三截題後贈詩跋行數字數大小眞草均不一在西安府學

唐懷素法帖

藏眞帖

懷素字藏真生於零陵囗遊中州所恨不與張顛長史相識近於洛下偶逢顏尙書真卿自云頗傳長史筆法聞斯八法二字添注若有所得也草書

律公帖

律公好事者前後數度遂囗於素小輿也可深藏之篋

筍也後缺 草書

律公帖

貧道頻患□氣異常憂悶也常服三黃湯諸風疾兼心
中常如刀刺乃可變方數々耶不然容舍非常之□耳
律公能□步求貧道顛草斯乃好事也率復不盡垂憂
沙門懷素白 草書

越觀懷素之書有飛動之勢若懸巖墜石驚電遺光
也珎重々々 草書

景祐三年五月十六日

其年七月十九日馬宗誨承之題

元祐四年季秋十二日寬夫題

懷素遺帖多矣此書結字小異微仲

懷素草聖識之者少如周越亦號能書其珍愛如此
固

劉摯莘老觀 元祐四年九月十二日

趙瞻大觀同日覽此

韓忠彥師朴是日同觀

已卯歲九月十三日宿齋中書觀懷素書沖元記

余既連得見魯公真蹟三帖其筆法遒勁溫潤竊甚
愛之及讀懷素書乃云所恨不得與張顛長史相識
近於洛中偶逢顏尚書真卿自云頗傳張長史筆法
然後知魯公之書蓋得張顛之梗槩云穎叔書 行書

李白贈懷素草書歌

少年上人號懷素草書天下稱獨步墨池飛出北溟
魚筆鋒殺盡山中兔八月九月天氣涼酒徒詞客滿
高堂牋麻素絹排數箱宣州石硯墨色光吾師醉後
倚繩牀須臾掃盡數千張飄風驟雨驚颯颯落花飛
雪何茫茫起來向壁不停手一行數字大如斗怳怳
如聞神鬼驚時時只見龍蛇走左盤右蹙如驚電狀
如楚漢相攻戰湖南七郡凡幾家家家屏幛書題遍

王逸少張百英古來幾許浪得名張顛老死不足數
我師此義不師古古來萬事貴天生何必要公孫大
娘渾脫舞 正書

後序

唐僧懷素書藏真律公二帖最號精妙自五代已
來爲予亡友安師孟家藏後爲王思同子孫所有
近歲復歸於安氏噫豈斯文之顯晦亦有數耶因
模刻于長安漕臺之南廳及以諸公題跋李白所
贈草書歌同附於卷尾傳諸好事云元祐八年九
月初一日武功游師雄景叔題長安安宜之模 正書

鐫匠安敬□

唐懷素帖暨諸公題跋游景升摹於石舊在使宇南齋簷砌□元符三年七月孫彰龕於便廳之東壁

藏真律公共三帖宋游師雄刻之於石者所謂師游絲筆法也有驚蛇飛電之悅滲有挽强拔山之氣力最奇筆也后刻諸跋大半皆宜刪去李白歌贋作可笑尤爲此帖之玷石墨鐫華

贈懷素草書歌亦見漁隱叢話九日作九月屏幛作屏障此義作此藝似較游刻爲勝然繆氏翻刻宋本

李翰林集只月幛二字與之合藝字亦作義昔東坡翁謂太白集中有歸來乎笑矣乎及僧懷素草書數詩決非太白作蓋唐末五代間學齊已輩詩也予攷素生於開元二十五年代宗廣德初太白流夜郎還潯陽往來湖湘間約計素時止二十餘歲詩云少年上人號懷素是也然自敘帖作於大厤十二年素年已四十有一如太白果有贈詩何以自敘帖歷數當時名家贈句獨無一語及之又詩中有湖南七郡凡幾家之句攷新唐書唐初分天下爲十道開元中又分置十五道采訪使其時今湖南諸郡隸江南道分有十餘郡豈止七郡而已哉且湖南之稱始於唐末安得太白詩中用此東坡謂此詩唐末五代間人僞作確然無疑古泉山館金石文編

黃庭堅黔州題名

高一尺六寸廣一尺四寸四行行五字字徑三寸許行書在彭水

楊晧明升任棐子修自城西來會于石間涪翁題

右題名四行近出彭水土中彭水有山谷祠石卽於祠側掘得之在宋爲黔州地蓋安置黔州時所題也楊晧任棐史俱無傳題名不記年月當在元祐間

石塘寺自然屏詩

高一尺八寸三分廣一尺五寸五分詩四行行十字字徑一寸三分跋六行行十九字字徑八分俱正書在東安

洗開無用木放出自然屏一簇岡巒勢多般人物形金
堅性難壞玉潤色常青得地生禪刹休嗟在大坰

紹聖二季乙亥歲上巳日靜海阮之武子文倅郡零陵沿檄促戮蠻寇駐兵石塘僧舍顧視立石爲草木陰翳命工滌除之迺一石屏朝挹聳翠狀若圖畫巖竇溪壑天性自然噫久被湮沉一旦出覩天日亦猶隱德君子各有時也因榜之曰自然屏書四十字

非敢云詩姑紀歲月而已

案石碑訪得而不及拓茲補載之阮之武名已前見

石曇寺縣志誤作石塘寺音譌也永州府志

右石塘寺自然屏詩在東安沙子舖石塘寺後壁

石塘寺今作石曇寺宗氏云石曇縣志誤作石塘

今審石本正作石塘巡檄作公奉檄均誤跋云促

戮寇蠻與張縠所言邵永蠻寇者殆是一事

白龍洞題刻四段在臨桂

盧潛禮等題名高一尺九寸廣二尺八寸七行行五字字徑三寸許正書

上饒盧潛禮濟北段徵之毗陵胡茂方同郡樓元弼武

戎棨振卿紹聖乙亥秋九月中澣遊

潛禮名約時經略安撫使茂方名義修時瀛州防

禦推官元弼名禹鄰時和州防禦推官振卿名世

隆時澧州錄事參軍

公輔公密題名方一尺五寸五行行四字字徑二寸正書

公輔公密侍　親遊春來此政和辛卯季春旬休日

公輔姓韓見回穴題名

唐進德題名高一尺六寸廣一尺八寸六行行五字字徑二寸五分許正書

南郡唐進德携家同遊男鋼銖銓錫侍行政和二年三

月二十五日題白龍洞

叢載謂在雉山誤廣西通志

李景亨等題名高四尺廣二尺八寸三行行六字字徑六寸許分書

李景亨王子舉謂之以淳熙丙申立夏日同游

謂之王文若也見隱山題名廣西通志

担掌村脩堯廟碑

高四尺廣二尺四寸廿六行行四十七字字徑七分正書在河內

大宋國懷州河內縣利仁鄉担掌村重脩　堯聖

廟記

鄉貢進士李勃吳愿□撰

太行山人張洞書

竊夫聖德神枀當時仁道澤乎後世恩霑民庶利益

邦家名聞而四海无窮蹟存而萬代莫廢不惟道

而皇德而帝仁智聖禮義賢皆可以建廟與祠民祈省

賽而已凡我　帝堯遺蹤蹟者德而帝之然也按

覃懷圖經云郡城乾隅三十餘里古有　堯聖廟

境迺　國家省賽之祠及庶民鄉祈之廟也且夫昔

在　帝堯稽古□明親睦九族翊善俊德協雍萬

邦仁如天而望如雲智如神而就如日故仲尼刪書定

禮首唐序虞爲百王立法之師作萬世常行之道昔廟

于斯雖群經不載諸子無文況詢諸耆艾傳乎古老昔

帝因廵狩帥師至此隋誌云三皇巡職五帝廵狩者是也因息思
槳求无獲濟忽覩斯境猶掌潤澤帝迺聖意陰符龍指
授担尋感醴泉應手源湧无涯滔滔而莫測淺深混混
而不舍晝夜夏則冷而太淸冬則温而益暖魚遊而躍
同靈沼釣樂而坐狀磻溪止渴療飢聚朝散暮迄今竹
木森聳蒲稻蕃滋水渌萍藻池香菡萏解亢希灌漑之
濟后稷田豐去垢賴澣濯之能蔡倫繙富浩流十五餘
里濟民百萬餘家故因而村名担掌鄉號利仁莫不聖
德之殊仁道之大哉尋有賢明好事者選方擇地建廟
興祠放勛而御駕飛龍　帝堯當殿重華而台階

輔相虞舜奉承所以古往今來民祈而匪闕前朝後代
嘗賽以困鄉憂水旱信祈者濟物无涯人病災危誠
禱者救民可驗領財納馬顯靈祐於碧潭饗酒歆香受
恩福於茲殿而後歲時代謝寒暑往來直得神像傾隳
殿基墳壞今有清河公張奫者祖世山陽家住廟側識
兆幾先行脩人表忽因暇日遊息是祠喟然歎曰噫哉
　堯聖生而富有四海沒而靈庇一方仁厚民財
則前儲水利義供民用則後育山林又西廂下覩琬琰
之書蓋古殿并暖帳寔祖父張霸之脩念迺祖迺父之
虔切懇堂懇構之志然而自謂曰不繼祖宗是不仁也
不新故舊是不智也是以探啓洪願剏造頭題□發善
言衆皆響應家家有罄財之懇人人有盡力之誠尋迺
命匠邀工選材埏埴經營作矣不日成之廟殿既畢廊
屋皆完聳疊堦墀巍安獸吻徘徊殿□迺鴈翼以宏空
塑繪聖儀真仙姿而降世顯若垂裳而治儼然傳聖之
尊然則竭衆之力人不以爲勞乏衆之財人不以□困
蓋澤寬恩久潤民濟物之感也今者功畢告成宜形文
記故以遠命良工精選奇石顯曾崇祖之德非敢訴己
之勞因而告諭里人及我子孫百嗣必有賢明好事者
紹我祖宗緒我功力經久勿令隳廢者必獲　聖祐

所以礪石刊文依功序事欲賛无爲之德須形不朽之
銘況勃等雖末識管見寡學陋聞勉伸應命之辭聊成斐
然之序庶幾髦彥規琢幸焉　賛曰
昔在帝堯　文思昭昭　神化治國　仁德臨朝
身繼天命　位禪舜韶　巡狩掌息　担地泉潮
濟民澤普　利國功饒　温冬清夏　散暮聚朝
綿贍倫濯　田助稷澆　林林竹木　森聳枝條
年年蒲稻　蕃庶根苗　池香菡萏　沼緑萍藻
建廟豈忝　立記甯慚　門臨紫陌　殿揷青霄
像塑真繪　棁藻櫨彫　聖位堯帝　台陛舜僚

禱而請福　悞而降祆　鄉依肅肅　州鎮天天
猜河公子　特作英□　重脩古蹟　再紹宗繇
建茲碣謁　告諭相招　里人我嗣　必有賢超
續世完葺　勿令隳凋　記久明遠　萬古謠謠
時紹聖二年歲次乙亥十二月癸亥朔初二日甲子
辰建　都維那張允濟　副維那王秘　鐫字高昌

事涉附會文近庸俗而書學化度銳勁遒潔肯堂肯構碑誤作懇以不杇爲不朽六朝以來沿襲用之萬古謠謠以謠爲遙

唐少卿遇仙記

高一尺八寸廣一尺七寸四分十七行行廿字弟二行六行多一字字徑七分許橫額題唐少卿遇仙記六字並正書在臨桂劉仙巖

唐著作孟桂臨人幼慕至道嘗寓元山觀讀書□□一日有雲遊道人不通名氏相過清談數日并傳方書數曲乃去治平初唐赴京調舉至全州中途一僕夫偶病不能行忽復遇是道人來詢問其故遂代病僕荷重擔前邁勁若健羽雖鞭馬疾追常先百步外同輩恐其遁去遂遣之道人既別即日自全州二千七百餘里已到唐州湖陽驛留書與驛吏曰俟桂州唐秀才至即付之後月餘方抵驛驛吏出示書面題云呈桂州唐秀才歸眞子謹封唐啓封唯一詩曰　元山相見又之全

不遇先生道未緣大抵有心求富貴到頭無分學神仙
篋中靈藥宜頻施鼎內丹砂莫妄傳待得角龍爲燕會
好來黃壁卧林泉

唐大驚駭詰其狀貌即全州所荷擔道人也留書之日即全州所遣日也始悟爲神仙熙甯間倅邕管歲在丙辰交賊陷城力戰遇害於州治中橫壁亭詩所謂角龍黃壁也贈司農少卿紹聖三年正月甲午靈川歐陽闢記　孫世則謹勒於南溪山劉公巖石以永其傳

文載歐陽闢字晦夫靈川人從學於梅聖俞元祐六

年舉進士任雷州石康令宋史熙甯九年交趾陷邕剌史蘇緘死事甚烈事具緘傳得此記又有唐子正一人交趾屠郡民五萬餘人史固不勝其載然忠藎湮沒者多矣廣西通志

遇仙記跋二段

在記文下方高八寸廣一尺七寸四分前段十一行行十十一字字徑七分後段七行行字不一字徑四分又上不入名一行均正書

□郎□□趙公跋

伏覩唐公遇仙事異矣古人謂不期而會曰遇斯乃不期而會者也角龍黃壁之句後來有應此與神仙尸解

何殊昔□□□□以刑死然後人□之□□□□□□號
爲黙化□知唐公今□□於人間耶孰得而見之予乃
作十詩以付其家紹興壬申七月十日漳川趙夔書

府判狀元汪公跋

道□□謂生而（下泐約八九字）□□然其與日月爭光□□□
□□□（上泐約四五字）大（泐約六字）彼古□□一時邂逅仙不相知
□□□□方□其（泐一行）□者□□□□耶玉山汪□□
書

曾孫咨諷咨詢咨度謹勒石

後跋無年月即據前跋次之二跋同時入石也

譙國簡夫題名（一行三十二字字徑六分行書在隴州）

譙國簡夫敬覽尊勝古迹男溉澥孫男緘并穎□道原
同至紹聖丙子孟春念五日

右題名在楊淡幢經文末句之下萃編錄幢（即開元寺經幢也）而遺此題名玆另錄之又萃編跋云敬造之敬字作敬不知何義今審拓本不特敬造字並不作敬即此宋人題名內敬覽字亦不作敬也關中金石記亦失載題名書譙國簡夫不箸其姓未識即雷簡夫否雷簡夫同州郃陽人康定中以校書郎簽書秦州觀察判官公事自康定至紹聖丙子相距五十八年史敘雷簡夫平辰州蠻後擢三司鹽鐵判官知虢同二州遷職方員外郎卒孜彭仕義入寇辰州事在嘉祐己亥相距亦三十八年矣史載其子爵臣郊祉齋郎亦無溉澥二人之名第清館以爲雷簡夫未知是否

光祿卿龍圖張旨碑

（高七尺一寸廣四尺三十四行行六十三字字徑七分正書額失拓在河內）

宋朝奉郎守光祿卿直□圖□□□□留司□□□
公事上□□□尉南陽縣開國子食邑六百戶賜紫金
魚袋贈正議大夫清河張公神道碑

朝散大夫充集賢殿□□知梓州軍州事兼管內勸
農使兼提舉梓□渠州懷安廣安軍兵甲巡檢賊盜
公事上護國賜紫金魚袋呂陶篹文
朝散郎致仕護□□□□魚袋□□書丹
朝奉大夫知懷州□□□管內勸農事上護軍賜緋
魚袋借紫賈□篆□

皇朝之□□□□□□□□□□□　□□
□□恩□□□□其□□行□□可以風勸四方矜
式後廿乃因而旌異之上則　朝廷忠厚之治周
及□□□□□□下則子孫□□之心得以□□□□

□□□□□□□□烈□□國家著見於時者安可不
書此　清河張公之碑所以傳信而不泯也
□□□□□□□□□□□□□□□諱□□□□□
□隱□□□□□宗□□□□孝諱延嘉□經術履趣
純絜不願仕州部以聞賜嵩山清逸處士號累贈刑部
□□□□□□□□□□□□□□□□□□□□□
□今□□□□□□□年□□八而孤慨然有大志欲
圖功名卽南渡江遊衡廬諸山從有道講磨其學險囏
□□□□□□□□一切□□念九□□□□□□□
□舉□□□□□□□第調保定軍□□慊無以施其

□□建白公府彫治劉轉運使壯其請上之得深州安
□尉縣有巨□□□□□□□□□□□□□□二百
□□□□□□□□□流矢貫髀不少□卒能勝□斬
十餘人遷知廣信軍遂城用薦格改著作佐郎當任福
建官是時東南□□□流□□□□□□□□□不可
禦□□□□□事□□□□捍寇之筴□□□□□
　　朝廷信其言許治淮南多盜縣得壽州之安豐至
□□□□□□□□□□□□□□□□□□□□□
□□□□□□□□□□三十里□壯無□□□□□
及一境復波壤數萬頃逋冗歸集歲乃大稔民歌之曰

□□□□□□□□□□□□□□□□□□□□□
□□□□□□□□□□□□□□氏縣會忻州地震
出火郛郭屋□焚蕩幾盡郡人晝夜哭不已
朝廷□□□□□□□□□□□□□□□□□□□
□□□□□□□□□□□　　　詔嘉之明年西戎
叛又還　　公爲屯田員外郎通判府州州因山峻峙
三面皆寇境初無外郛　公□□□□□□□□□
□□□□□□□□□城之徒耗民力衆以爲然獨
　公謂不可遂城之踰年功將就惟西隅數堵未完賊
□□□號三十萬圍□□□□其□□□□□□□□

□□□□□□□□其□賊兵躡其後願求以生
公具短兵當其衝啓扉而納又植巨木窒西隅親率強
□□□賊果併力急攻□□□□□不□□□□□□
□□□□□飲旦夕出南門汲於河賊知之以精銳斷
其路　　公擐執卒勁兵五百夜半開關突擊賊稍却
□□□□禦兩旁候州人□之而入復扃□□□□□
□□□□□□□□□掠水道　　公遣□□伏巖竇
間伺而擊殺故兵民無嗚死者賊圍城既久衆益至攻
□□□□□闕志有懼色　　公知之卽□□□買馬
綵數千□　　　詔□賜守城將卒城上皆東向呼萬

嵗以□□□□又遣人抉溝中涅淖塗草積若將備火
□□□見□謂城中水有餘□外援將至□□公以功
卽都官員外郎□五□□擢知萊州　詔許歲滿□
□□□□□對　便殿極陳治邊禦敵之大略　□
宗改□□□三遣內侍諭以□□□錄用□□改知邢
州□□□□□□□□□□□□□外郎時范文正公
歐陽文忠公旹使河東議邊防薦　公可將帥　□
歸將□□□□□□□□□□□□□□□□□□□
□□□□□□□□□□□□□□□□□□賜三品
服而遣既而遷工刑兵三曹郎中歷太常少卿光祿□

進直史□□□□□□□□□□□□□□□□□□
□□□□□□□□□□部□□□□□□□年七十
八□祐六年閏八月己丑終于官嘉祐八年七月辛□
葬於懷州□內□□鄉□□□□□□□□□□□□
□□□□□□□□□□□□□□□□□太君皆先
卒子八人庠早世次平一　慶州軍事判官次君卿宣德
郞知京地府□□□□□□□□□□□□□□□□
□□□□□□□□□□□□□□官次平易宣德郎
監同州酒稅務次平幷試將作監主簿女六人長適晉
州同□□□□言次適中□縣□□□□□□山縣□

□紳次適坊州軍事推官掌文紀□□□□孫□等二
十人十人皆□□□□餘幼孫女十五人九人並適士
人餘幼　公□□忠□□□□□□□□□□□事
必爲□雖不苟免眞豪傑士也寶元慶□間天下承平
□邊□廢去□□寇犯順以數十萬衆長驅入吾境
守臣戰將相顧失色漠然□□以禦　公解儒衣衣
戎服提□敢□□□□□□而用力挫賊鋒遂完孤城
河外生齒囯之脫萬死二邊形勢復強成功豈不難哉
爲德豈不博哉及夫逆羌款塞闔外□嚴則　公已
老□徘徊□□遷史職踐內閤爲　天子守土

四方終日恂恂然舉條教漢惠澤至則稱寂去則見思
不失爲良二千石□□之際可謂賢矣嗚呼士大夫立
已致用於斯□安得盡如其志耶逢有□□享有豐
雖毫釐不可加損疑有尸之者焉方　公壯時以求
□自奮常收奇功矣隆爵貴位宜爲我有已而老從九
卿後士論爲　朝廷惜之古之人或□一奇挾半
筴而蹶取公相者蓋亦幸矣銘曰
志以發身　才以濟時　滄海莫測　我□欲馳
太山將覆　予力能支　北野之寇　南方之飢
定襄之□　府谷之危　公皆有爲　十不一□

顯顯厥功　奠安方糸　何以書□　可常而旃
何以刻之　宜鼎與彝　祀典不詒　雲臺未期
仰懷前烈　勒此高碑
紹聖三年歲在丙子八月丁酉朔二十七日甲申
男平秩立　韓緒魏寔鐫字

碑上截曼患張公名泐以史考之知爲張旨也旨字仲微懷州河内人碑敘事實與本傳悉合惟忻州政蹟本傳略之攷諸帝紀五行志忻州屢地震景祐四年十二月寶元元年正月慶厤三年四年五月凡四見但言地震不言出火景祐之災壞廬

舍覆壓吏民死者萬九千七百四十二人傷者五千六百五十五人畜擾死者五萬餘帝遣使撫存其民賜死傷之家錢有差碑所述者當卽其事碑文闕字可據傳知之者保安軍司法安平尉尉氏縣及浚滹河三十里也史言進工部郎中碑言工刑兵三曹郎中較史爲備史言知鳳翔府知梓州知荊南知潞晉二州碑已曼滅或闕或略不可知矣碑尾月日干支有誤案帝紀是年八月有辛酉有壬戌是朔値丁酉不誤二十七日是癸亥碑書甲申何舛錯乃爾邪撰文者呂陶史亦有傳字元鈞成都人嘗兩知梓州此其在先者史敘其爲集賢院學士在知陳州時其爲集賢殿脩撰在徽宗朝知梓州時据碑則哲宗朝已充是職矣

淨土寺惠深碑銘

高六尺二寸廣二尺八寸五分三十三行行六十一字字徑八分正書篆額題有宋法師深公碑銘八字陽文在鞏縣

宋西京鞏縣大力山十方淨土寺住持寶月大師碑銘并序
丹川退叟賛皇李洵遠游篹并書
雲寮居士高陽許興德制篆額在前行下

噫佛滅浸久法住浸微有能輔輿妙德勤任大事承雙林之善囑致　萬乘之外護畀此土含識聆音覩相蔑希有心入不退地自幼至老利樂群品缺二字順廿人仰遺化吾見於寶月大師焉　師法諱惠深廿姓楊氏趙州柏鄉人夙植德本生不童戲七歲禮邢州龍華院僧宗順出家　俱宗天禧缺二字詔度係藉童行例豢剃染明年具戒甫九齡爾志尙超邈誓斷諸漏聞譚法師講百法論往依止焉專精問辨未幾悟入頓絕倫類無通四分律上生盂蘭缺二字諸經既敏且勤殆忘寢食而處衆謙抑外貌如愚同學歆慕多就咨决

又從隱法師探惟識之奥隱許以入室遂代居法席時
年十七尤精菩薩戒經異時（缺二字）盂蘭悒然歎曰孝至
德也一切如来此其本行菩提薩埵依以爲戒吾豈徒
言耶於是罄其衣資於堯山縣遵善寺羅漢院爲父祖
而上設無导齋請律師（缺二字）施四衆大乗淨戒七晝夜
建陁羅尼石幢會七廿之喪於下時龍興廟和尚戒德
稱首師志深般若業在毗尼乃具燈燭果餜妙供三千
奉十方佛飭道俗（缺二字）禮願求戒自是律範精累諸方
宗仰行住坐卧無非佛事造慈氏聖像施財者三百萬
課慈氏尊名攝心者二億衆善縁熏滋勝驗殊特嘉祐

初入洛禮金（缺二字）爲僧雲寶等與聳之官屬邑衆請住
淨土兹寺之興肇自元魏規模甚壯舊容千僧經亂堕
廢基址石洞存焉厥後有高行僧三人分修以居至皇
祐四年　勑賜十方之額初有廣和尚者住持未久
遷謝師繼之慨然有志興葺檀信之士聞風嚮臻始營
前後僧堂并廚共二十八間續建法堂及步廊揔二百
間（缺二字）法藏中央寘金裝旃檀瑞像一軀妙相月滿慈
視三界函袟周遶緜褰相鮮印經律論下逍傳記以充
之修羅漢洞四十二間五百應真分處巖岫剞劂綵（缺二
字）極精巧費金無慮二千八百五十餘萬名德之盛上

動　宸極　慈聖光獻皇后體佛深心佑我
上治素加崇禮入內懺悔廷賜紫方袍又御封佛□寶
匣用嚴資戒道場仍錫寶月師號焉熈甯二年同天節
師飭僧二萬人〻施袈裟一條以祝　聖壽每山
門法會香燭茶果錢帛等恩賜相屬五年大具供施注
泗上禮普照塔　慈聖降香及金鉢以助縁還自
唐鄧所過欣仰迎迓延請緇素之衆朝夕盈前金繒之
施犇走恐後六年自京師鑄鐘重六千斤慈聖臨幸興
國寺廣嚴殿畀師迎歸以薦福　昭厚諸陵八年
開寶寺捌崇因閣復召師赴　闕下修佛事以慶其成

恩旨特留懇辭還山乃就慶壽宮塑師真儀送閤上
以旵羅漢之數　慈聖皇后卒哭　神宗皇
帝遣二中使與內典賔樊夫人齎　御前劄子許
乗兜轎及祠部度牒五道錢五百貫綵六十疋召師赴
內道場先是　慈聖嘗令本寺歲度僧一名上僊
乃止　上聞之即令依舊遂爲永式眷禮之重夐
無前比元豐七年冬示疾十二月二十二日晨鍾時囑
累訖右脇告寂壽七十有五僧臘六十六師氣貌温厚
舉止祥順遇人無高下和容卑詞發於至誠雖甚剛梗
見輒調伏寺初營繕僧寮廈易有飭行狂悖者忿其遷

動大訢以来師方宴坐室中遽摶其肎負之以出且曰吾與若俱沉於洛爾師神色不動方止衆譟及河衆憤曩奪取將訴諸官師怡然辟解曰吾與之戲爾聞者無不嗟服山門無田業日贍幾五百口化導殆半天下有以僞借名其間者衆謂此不隱辯恐毀信心師遽遏其端退而告之曰利養均所趍也利我以害彼如佛意何且辨僞則眞亦疑矣頃之歲荒民流諸方徒衆多亦散居師延納有加於常知事以爲言師笑曰與子共此者甯力致耶不思議事未易以一期歟足較也解裝者倍多又日飴飢民於途然饋送之家不遠千里蓋未嘗闕

供也施雖奉已一付諸庫口不與會計目不領劵要是以愈久益信至今人以爲法焉師奉戒精苦汔無纖缺日諷菩薩戒經七返俱胝眞言五百過月與其徒誦戒懺悔講經論一百二十次復延名師竝開法席歲不下五六學者歸之戶屨嘗滿贍護病疾必加勤渠營捄生命不可筭數住持者三十年弟子淨悳等五十三人稟大戒宗裕等四十八人多爲名僧受經論菩薩等三十二人各專法會爲四輩圓授菩薩浰五八戒三十餘萬人皆有籍記其法緣如此明年二月十五日塔於寺西北隅啓棺輿香彌覆顏貌如生衣衾開得舍利光白無

數有祈請者或掇諸土中或落自空際　宣仁聖烈皇后賜香合椽燭賻絹五十疋將窆道俗齋送空邑落而遍原野四遠奔赴不啻萬人風景淒變烏鳥翔集悲戀贊歎聲動山谷其感應又如此紹聖三年春其徒淨頁持稟戒門人有誠等所録事狀來請文願余拔迹甚邇聆風且舊即爲叢而次之猶恨闕略知師者謂師之頭陁行可及也其方便智不可及也豈菩薩應廿示現說法者歟抑證無生忍大善知識也已銘曰

忍無上業萬德之筌師踐履之同符往傳行寓諸戒智適乃禪於像法季有大因緣彼叵律藏率繄宣傳所至

歸德其聚成廛慈柔漸平移□□□　二后欽聖愿禮後先　神皇欽明眷接加虔誠動幽顯供浹人天視若不足乃終沛然山門增輝聿廿其年報盡理顯示人有遷散設利缺七字半百法施大千頁則是圖不惟其賢寺之乾維松柏森焉來者瞻慕潤生敬田

紹聖三年十二月二十二日小師淨頁　寺主賜紫法輪　住持傳戒廣惠　　永定陵都監供備庫使李宗立立石

右淨土寺惠深碑銘李洞撰書許顒篆額訪碑錄

載之而趙攜叔補孫氏之書誤紹聖爲天聖復以列入亦疏矣案淨土寺卽魏之石窟寺皇祐年加賜十方爲額文敘慈聖光獻皇后賜袍錫號及宣仁聖烈皇后賜賻事慈聖爲仁宗后曹氏宣仁爲英宗后高氏也碑有熙甯二年同天節云云案神宗本紀帝以慶厤八年四月戊寅生於濮王宮熙甯元年以生辰爲同天節玉海云神宗以四月十日爲同天節碑又有薦福昭厚諸陵碑尾立石人爲永定陵官永昭爲仁宗陵永厚爲英宗陵永定爲眞宗陵也諸陵俱在鞏縣西南碑又有御前劄子許乘兜轎語劄付石刻至今尙在蓋以惠深年高每赴同天齋會許乘兜轎也

羅適巢父亭詩

高一尺七寸五分廣一尺四寸五行行十字字徑寸許款二行較小行書在汝州

題巢父亭

泊然巢一枝常靜不待息天地存遺井聊以見清德窺者見爾心飲者飬爾力何爲病夏畦俯仰無歇急

紹聖四年二月初六日赤城羅適

趙尙題名

高一尺五寸廣四寸七分兩行行八字九字字徑一寸三分正書

趙尙至此男洵淳侍黃總偕行紹聖戊寅歲

右題名未詳所在戊寅爲紹聖五年是年六月改元元符

八瓊室金石補正卷一百七終

八瓊室金石補正卷一百八

太倉陸增祥撰　男　繼輝校錄

吳興劉承幹覆校

宋二十七

象耳山題刻十四種在彭山

李時題字高八尺七寸廣三尺四寸三大字字徑二尺許左右各一行並正書

象耳□

□火約缺五字陵李時缺此行在前

元符已卯仲夏住持傳法缺此行在後

潞國文序世等題名高四尺三寸廣二尺一寸五分四行行十字字徑四寸餘正書

潞國文序世□□□辶酉缺同姪雄晞韓嵘崇道男嶜

仲興自福化來遊時紹興天元甲子仲冬□紀

閻孝周殘刻高二尺廣二尺八寸六行行三字字徑三寸餘分書

缺閻孝周缺深避地缺相元輔缺老覺公缺宗杲方缺

乙丑也

內有覺公宗杲名知乙丑爲紹興十五年也三巴耆古志所載四行行首有一屢字五行首有首㘴事三字末行首有與故二字每行約九字此本失拓

任居實五人題名高二尺六寸廣四尺四寸五分十二行行九字字徑二寸五分正書

象耳寔吾州邑之勝處自斥律居爲禪坊及今五十年任持得道人表覺與其典座宗杲始能徹甲陋正面勢次弟修建無遺力高明巨麗與山俱傑聞之欣愜乃同來游爲留兩日凡五人任居實文孺史杭行遠楊仁剛仲程敎厚子山

唐秬和甫時紹興巳巳季春云

石鄰等題名高四尺八寸廣三尺一寸五行行七字字徑五寸餘正書

紹興壬午石鄰弟申光程椿馮厚之將試于春官夏五月束書偕來秋九月乃去

唐秬等題記高六尺廣三尺七寸八行行十三字弟七行十五字字徑四寸許正書

邑人唐秬和甫以法念和尙初領院事率呂勳伯元球

叔瑾宋知柔立夫任庭彥元賓庭實少光興仁子安楊掞庭國華偕弟稷碩父鼎公承甥孫倚錢煥然男伯闓適鄉老楊持顯叔話及山中故事永豐師顯宣孺以是日來會隆興改元六月十九日命男伯礜書之石

唐秬等再題高二尺六寸廣七尺四寸存十四行行五字字徑五寸許分書

前缺月既望唐秬和父楊掞庭國華史揚庭勝非白平蓋舟行至臨邛宿石倉明日爲乜山之游時苦旱魃山靈乢雨以相勞爲留弍日至於覽勝槩而書奇蹟惜虖吾人有不得與焉者已

年月已泐附前刻之後

石申光五人題名高二尺九寸廣三尺九寸八行行六字字徑四寸許分書

乾道丁亥相兵講磨山中者五人稆人石申光德遠鶴山劉豁甫遠父陵陽貟公亮寅夫石之猶子鼎彥承貟之弟公明誠夫

馮允之題記高二尺六寸廣二尺五寸九行行十三字字徑一寸八分正書

先兄之二三友挾百倍之氣砥礪于此是歲石德輔以經學擢甲科後三年先兄亦中上第程廷老石德遠源委日深當決明年之勝朋友彫琢江山助思信有益哉不幸先兄釋褐未幾齎恨以遊九原重覽舊遊泫然流涕且感世事榮枯恍然一夢也乾道丁亥馮允之題季

弟挺之文仲應偕來

二江粱仲元等題名高一尺八寸廣一尺六寸五行行存六字字徑二寸餘正書左行

二江粱仲元叔缺季庸湻熙乙缺二字二月初八日奉空一格缺字二來游蒲墳宋缺二字偕來

乙下所缺似巳字湻熙十二年也

袁倚等題名并詩高六尺廣二尺八寸七行行十七字字徑二寸餘行書

昔聞神龍蟠九淵今睹大象扶諸天何年幻此一佛國兩耳不動山蒼焚上乘菩薩踞其上妙千手眼化大千衆生顛倒夢始覺勢病滌汗諸魔跧兩客游山飲崖泉拍手喚醒書臺仙一邱一壑儻如願同竟大悲香火緣

湻熙己酉冬環谷袁倚廣漢王昌辰同游象耳山中書遺縣令宋悳囦簿正李樞

吳人范若叔等題名高三尺廣二尺二寸五行行存五字字徑四寸許正書

吳人范若叔缺莘孟孫漢嘉缺之榮子容湻缺四年六月三缺來游

紀元缺下一字不知爲熙爲祐

五律詩刻高三尺廣一尺四寸四行行十字字徑三寸許行書

水似青羅帶山如碧玉環池蛙鳴聒〻林鳥語闌〻松

檜磐高蓋藤蘿引翠虆倚闌無一語何以慰幽閑

無年月姓名無從考證慰書作尉尚用古字三巴耆古志所載尚有丙辰年古風一篇是慶元二年宋悳囦所作又有七絕一首首句云藍輿來自石倉路是高孝間唐秬等所作也余未得之

唐知郡告示高一尺八寸廣二尺八寸五行行七字字徑三寸餘正書

唐知郡告示當山□□□處耆鄰不缺□此巖下停留缺三字宿泊寅緣缺二字如違申官究治

真武經碑元符二年正月廿八日萃編載卷一百四十二

北方真武靈應真君像二行分刻左右各四字中刻真武像旁列四侍坐下作龜蛇二形此

第一截也失載

游嗣立爛柯巖題名

高三尺六寸廣三尺九行行十二字字徑二寸五分許行書

朝散大夫提點刑獄公事游嗣立茂先歲巡浙東諸郡
縣早離江山薄暮抵寶巖遂遊石橋觀爛柯巖登絕頂
四宿是寺翌旦由靈山之遂昌將窮温處台越遍及四
境不唯得以究民瘼決獄訟又因以攬溪山之勝亦緣
幸矣元符二年九月二十日題之於碑陰男抃侍行

兩浙金石志載游茂先定山題名而不及此刻未之見也得此題名知茂先爲字而非名并知其官

提點刑獄矣文云題之於碑陰不知何碑之陰阮氏定山題名跋云游茂先又有天台觀碑陰題名紹興四年九月題而其刻未經入錄訪碑錄亦無疑是据他書記載之文以資考證者不審有誤否書法酷似東坡而翌作翌究作究並俗矣石尾有淮西胡棐四字二三行之閒又有龍邱徐德稱徐德寶昔庚子仲冬弍旬有五日過此二十字皆不似宋人手筆附識之

后土祠殘碑

存上截十九行字數不計徑六分許正書額以行筆在登封

□　□
邇奉迎道院齋居
□復卬首引吭飛啄于□
真仙之降忽廷西數栢有最巨
佳氣葱鬱皆揚眉拭背以爲希
奉安之禮方佛老子之徒秉威□
晄足語若神降自稱廷中有天下
如堵矣而　萬歲之名薮祥於
知休德所□付託　天瑞之意□
后土祠越壬戌十月辛亥

真人乃降始知天瑞之意厥有
者三是也而栢祥生齋廷之西
揖臣恭聞　仁宗皇帝以雲龍
以應年多而施澤久民氣洽
今上躬秉盛德起自　龍潛
之內罔不承休是知　萬
賡歌於小雅賛美於文王
休祥若合符契固□
□元符二年歲次

右碑斷缺在會善寺僅存上截後半十九行百八

十一字如式錄之碑云越壬戌十月辛亥當是熙甯五年

三洲巖東坡題名

高一尺三寸廣八寸三行行九字十字不等字徑二寸許正書左行在東安德慶界上

東坡居士自海南還來游武陵弓允明夫東坡幼子過叔黨同至元符三年九月廿四日

甲戌九月海琴前輩自粵左旋湘以是拓見贈云覃翁以爲無存乃在崖腹搜得筆法有鶴銘意蘇刻之佳者祥細審筆蹤恐是重橅之本亦非近日新拓者巖有祖無擇諸人題名五段迄未一得海老不喜宋刻無怪搜羅之難也

資福寺羅漢閣記殘碑

存高二尺八寸廣一尺五分六行行十字字徑一寸三分額存三行題寺五百大阿羅六字均正書在東莞

之也愧是故其人以愧故
呼神人佛菩薩僧以脫須
懼故捨愧懼二法助發善
老比邱祖堂其名未省
損銖黍了然覺知堂
阿羅漢嚴淨寶閣涌

附錄重刻本

衆生以愛故入生死由於愛境有逆有順而生喜怒造種種業輾轉六趣至千萬劫本所從來惟有一愛更無餘病佛大醫王對病爲藥惟有一捨更無餘藥嘗以此藥而治此病如水救火應手當滅云何衆生不滅此病是導師過非衆生咎其何以故衆生所愛無過身體父母有疾割肉刺血初無難色若復鄰人從其求乞一爪一髮終不可得其二導師其一清淨不入諸相能知衆生生死之本能使衆生了然見知不生不滅出輪迴處是處安樂堪永依怙無異父母肢體可捨而況財物其

一導師以有爲心行有爲法縱不求利即自求名譬如鄰人求乞爪髮終不可得而況肌肉以此觀之愛吝不捨是導師過設若有人無故取米投坑穽中見者皆恨若以此米施諸鳥雀見者皆喜鳥雀無知受我此施何異坑穽而人自然有喜有慍如使導師有心有爲則此施者與棄無異以此觀之愛吝不捨非衆生咎四方之民皆以勤苦而得衣食所得豪末其苦無量獨此南越嶺海之民貿遷衆寶坐獲富樂得之也易享之也愧是故其人以愧故捨海道幽險死生之間曾不容髮而況漂墮羅刹鬼國號呼神天佛菩薩僧以脫須臾當此之

時身非己有而況財物實同糞土是故其人以懼故捨
愧懼二法助發善心是故越人輕施樂捨甲于四方東
莞古邑資福禪寺有老比邱祖堂其名未嘗戒也而律
自嚴未嘗求也而人自施人之施堂如物在衡損益銖
黍了然覺知堂之受施如水涵影雖千萬過無一留者
堂以是故創作五百大阿羅漢嚴淨寶閣湧地千柱浮
空三成壯麗之極實冠南越東坡居士見聞隨喜而說
偈言五百大士棲此城南金大貝皆東傾衆心同春柏
拜榮鐵林東來閣乃成寶骨未到先通靈赤蛇白璧珠
夜明三卜襲吉誰敢爭層簷飛空俯日星海波不搖颶

無聲天風徐來韻流鈴一洗瘴霧冰雪清人無南北壽
且甯宋元符三年十月望蘇軾記

右羅漢閣記殘碑在東莞存後幅六行下截亦復
斷缺康熙四十六年縣令李思沆嘗重刻此記因
據錄全文於後記末有年月案東坡靈峰山詩刻
署元符三年十月此記與之同時當不誤李思沆
跋不言有此殘石想其時尚未出土也以全文計
之碑每行三十二字此石之前當有十一行加以
標題一行此後當有四行共廿二行此其弟十三
行至十八行也然前幅字數計多一字神人重刊
本作神天損銖黍作益銖黍不盡符合當檢蘇集
訂之

蘇子瞻歸去來辭集詩並赤壁賦

高九寸五分廣二尺五寸六分八十九行行二十五字正書雜行筆在太倉黃氏宗祠

元豐甲子余居黃五稔矣蓋將終老焉近有移汝之
命作詩留別雪堂鄰里二三君子獨潘邠老与
弟大觀復求書赤壁二賦余欲爲書歸去來辭大觀
礱石欲并得焉余性不奈小楷强應其意然遲余行
數日矣　蘇軾

歸去來兮辭　軾

文不錄

子書淵明歸去來辭因集字爲十詩
命駕欲何向欣〻春木榮世人無往復鄉老有將迎雲
內流泉遠風前飛鳥輕相攜就衡宇酌酒話交情
涉世恨形役告休成老夫良欣就歸路不復向迷途去
〻徑猶菊行〻田欲蕪情親有還往清酒引樽壺
與世不相入膝琴聊盡歡風光歸笑傲雲物寄游觀言
語審無倦心懷良獨安東皐清有趣植杖日盤桓
雲岫不知遠巾車行復前僕夫尋老木童子引清泉嬌
首獨傲世委心懷樂天農夫告春事扶老向良田

世事非吾事駕言鄉路尋向時迷有命今日悟無心亭
內菊歸酒窻前風入琴寓形知已老猶未倦登臨
富貴良非願鄉關歸去休携琴已尋壑孤棹入清流乘
化亦安命息交還絕遊琴書樂三逕老矣亦何求
歸去復歸去帝鄉安可期烏還知已倦雲去欲何之入
室常携幼臨流亦賦詩春風吹獨立不是傲親知
役〻倦人事來歸車載奔征夫問前路稚子候衡門入
室亦詩策出遊常酒樽交親書已絕雲壑自相存
寄傲知今是求勞定昨非聊欣樽有酒不恨室無衣邱
壑世情遠田園生事微庭柯還獨眄時有鳥歸飛

予治東坡築雪堂於上乃取歸去來辭稍隱櫽括
以就聲律釋耒之暇扣筑而歌不亦樂乎 子
瞻
為米折腰回酒棄家口體交相累歸去來誰不遣君歸
從前皆非今是露未晞征夫指予歸路門前笑語喧童
稚嗟舊菊都荒新松暗老吾年今已如此但小窗容膝
閉柴扉策杖看孤雲暮鴻飛雲出無心鳥倦知還本非
有意 噫歸去來兮我今忘我兼忘世親戚無浪語琴
書中有真味步翠麓崎嶇泛溪窈窕涓〻暗谷流春水
觀艸木欣榮幽人自感吾生行且休矣念寓形宇內復

幾時不自覺皇〻欲何之委吾心去留誰計神仙知在
何處富貴非吾願但知臨水登山嘯詠自引壺觴自醉
此生天命更何疑且乘流遇坎還止
右調哨遍 東坡居士
赤壁賦 子瞻
文不錄
蘇子瞻詩賦帖石刻
二石石高二尺六寸廣一尺各五
截行字大小均不一行書在巴縣
久不作小楷今日忽書此一番元豐七年十月六日宜
興舟中 熙甯九年三月四日東武西齋

東坡蘇公帖 此五字正書
寄題
与可學士洋州園池三十首
從表弟蘇軾上
朱欄畫柱照湖明白葛烏紗曳履行橋下龜魚晚無數
識
君拄杖過橋聲
橫湖
貪看翠蓋擁紅粧不覺湖邊一夜霜卷却天機雲錦段
從教匹練寫秋光

書軒
雨昏石硯寒雲色風動牙籤亂葉聲庭下已生書帶草
使君疑是鄭康成　以上弟一列
冰池
不嫌冰雪繞池看誰似詩人巧耐寒記取羲之洗硯處
碧琉璃下黑蛟蟠
吏隱亭
縱橫憂患滿人間頗怪先生日日閑昨夜清風眠北牖
朝來爽氣在西山
霜筠亭

解籜新篁不自持嬋娟已有歲寒姿要看凜凜霜前意
須待秋深搖落時
二樂榭
此間眞趣豈容淡集作談二樂并
君已是三仁智更煩訶妄見坐令魯叟作瞿曇
灙泉亭
闇道池亭勝兩川應須爛醉荅雲煙勸君多揀長腰米
消破亭中萬斛泉　以上弟二列
竹塢
晚節

先生道轉孤歲寒惟有竹相娛麤才杜牧眞堪笑喚作
軍中十万夫
荻蒲
雨折霜乾不耐秋白花黃葉使人愁月明小艇湖邊宿
便是江南鸚鵡洲
無言亭
殷勤致問集作稽首維摩詰不□集作敢問如何是法門彈指未
終千偈了向人還道本無言
露香亭
亭下佳人錦繡衣滿身瓔珞綴明璣晚香消歇無尋處

花已飄零露已晞
涵虛亭
水軒花榭兩爭妍秋月春風各自偏惟有此亭無一物
坐觀萬景得天全　以上弟三列
溪光亭
決去湖波尚有情却隨初日動簷楹溪光自古無人畫
憑仗新詩与寫成
過溪亭
身輕步穩去忘歸四柱亭前野彴微忽悟過溪還一笑
水禽驚落翠毛衣

披錦亭

煙紅露緑曉風香燕舞鶯啼春日長誰道使君貧且老

繡屏錦帳咽笙簧

禊亭

曲池流水細鱗〻高會傳觴似洛濱紅粉尋娥應不要

畫船來往不須集作勝於人

菡萏亭集作軒

日〻移床趂下風清香不盡思何窮若爲化作龜千歲

巢向田〻亂葉中 以上弟四列

蓼嶼

秋歸南浦蟪蛄鳴霜落横湖沙水清卧雨幽花無限思

抱叢寒蝶不勝情

望雲樓

陰晴朝莫幾回新已向虚空寄集作付此身出本無心歸

亦好白雲還似望雲人

天漢臺

漾水東流舊見經銀河集作潢左界上通靈此臺試向天

文覓閣道中間弟幾星

待月臺

月与高人本有期挂簷低戸映蛾眉只從昨夜十分滿

漸覺冰輪出海遲

荼蘼洞

長憶故山寒食夜野荼蘼發暗香來分無素手簪羅髻

且折霜甤浸玉醅 以上弟五列

篔簹谷 以上弟一石

漢川修竹賤如蓬斤斧何曾赦籜龍料得清貧饞

太守渭濱集作川千畝在胷中

寒蘆港

溶〻晴港漾春初書作晴旁改爲春暉蘆笋生時柳絮飛還有江

南風物否桃花流水鱖魚肥

野人廬

少年辛苦事犂鋤剛猒青山遶故居老覺華堂無意味

却須時到野人廬

此君庵

寄語庵前抱節君与君到處合相親寫眞雖是文夫子

我亦眞堂作記人

金橙徑集作香

金橙縱復里人知不得鱸魚價自低須是松江烟雨裏

小船燒薤擣香齏 以上弟六列

南園

不種桃天與緑楊使君應與佚農柔春畦雨過羅紈膩
夏壠風來餅餌香

北園

漢水巴山樂有餘一麾從此首歸途北園草木憑君問
許我他年作主無

中山松醪賦　軾

始予宵濟於衡漳軍徒涉而夜號燧松明以記淺散星
宿於亭皐鬱風中之香霧若訴予以不遭豈千歲之妙
質而死斤斧於鴻毛效區區之寸明曾何異於東蒿爛
文章之糾纆驚節解而流膏嘻構廈其初書作之已遠旁改爲其

尚藥石之可售收薄用於以上第七列桑榆製中山之松醪
救爾灰燼之中免爾焚爛之勞取通明於盤錯出肪澤
於烹熬与黍麥而皆變沸春聲之嘈嘈味甘餘之小苦
歎幽姿之獨高知甘酸之易壞笑凉州之蒲萄似玉池
之生肥非內府之烝羔酌以癭藤之紋樽薦以石盤之
霜鰲曾日飲之幾何覺天刑之可逃投拄杖而起行罷
兒童之抑搔望西山之咫尺欲褰裳以游遨跨超峰之
奔鹿接挂壁之飛猱遂從此而入海渺翻天之雲濤使
夫嵇阮之倫与八仙之羣以上第八列豪或騎麟翳鳳爭榼
挈而瓢操顛倒白綸巾淋漓宫錦袍追東坡而不可及

歸餔歠其醨糟漱松風於齒牙猶足以賦遠游而續離
騷也

元祐九年二月廿三日中山雪浪齋書

党文寶摸刻

賦彙載此石缺處据以補之惟軍徒作車徒構廈
作作廈之小苦作而小苦爲不同

軾雖已買田陽羨然而未足伏臘禪師前所言下備鄰
庄果如何託得之面議試爲經度之及景純家田亦爲
議過已面白得之此不詳之也冗事時瀆
高懷想

不深罪也　軾再拜　以上第九列

吾來陽羨船入荊溪意思豁然如愜平生之欲逝將歸
老殆是前緣王逸少云我卒當以樂死殆非虛言吾性
好種植能手自接果木尤好栽橘陽羨在洞庭上柑橘
栽至易得當買一小園種柑橘三百本屈原作橘頌吾
園若成當作一亭名之曰楚頌　以上第十列

元豐七年十月二日書　以上第二石

蘇書如來讀

高二尺三寸五分廣一尺六寸畫象上方題字九行行十六字字徑七分正書後題浮石古蹟四字分書在
鄞縣

釋迦如來

夫子讚

西方有大聖人不言而自信不治而不亂巍巍乎獨出
三界之外名之爲佛

蘇軾書　吳道子筆

碑無年月此疑後人所僞托

魯池題刻二段在萬縣

黃庭堅西山題記高三尺廣七尺六寸廿一行行八九字不等行書在四川萬縣南隔江一里

庭堅蒙　恩東歸道出南浦太守高仲本置酒西山賓
與其從事譚處道俱來西山者益郡西渡大壑稍陟山
半竹柏蒼翳之門水泉瀦爲大湖亭榭環之有僧舍五
區其都名名曰勑封院樓觀重複出沒煙霏之閒而光
影在水此邦之人歲修禊事於此凡夔州一道東望巫
峽西盡鄗鄂林泉之勝莫與南浦爭長者也寺僧文照
喜事作東西二堂於茂林脩竹之閒石泐空□□爲不奢
不陋石泐空而夏涼宜於游觀也建中靖國元年二月辛
酉江西黃魯直題

右黃庭堅題刻在萬縣岑公洞攷宋史本傳山谷
貶涪州別駕安置黔州移戎州徽宗起監鄂州稅

年譜元符三年五月復宣議郎監鄂州在城鹽稅
以江漲未能下峽十二月發戎州過江安爲石信
道挽留建中靖國元年正月解舟江安三月至峽
此題正自江安東下時也三巴耆古志缺九十十
一三行末一字脩竹之閒下作仲□以爲不奢不
陋冬火而夏涼

閻才元題名高一尺一寸五分廣二尺七寸五分九行行六字字徑二寸行書

閻才元得請西歸子伯敏捧檄遠迎遂爲魯池岑洞之
游太守鮮于沂伯新作飛雲樓擬江山勝會皆襲中偉
觀也淳熙九年四月五日書

黃庭堅詩刻三石石高九寸六分廣三尺四寸七分九行行字不一行書在襄陽

千峰暎碧湘真叟此中藏飰不着石叫倉應侶髮長楓
椲檣酒甕鶴風落琴床强效忘機者斯人尚未忘
萬里莓苔地不見驅馳蹤唯聞文字魄時寫日月容竹
韻漫蕭屑草花徒纖茸披霜入衆木獨自識青松
建中靖國元年三月望日書　庭堅

右刻在襄陽米祠後有姚公綬跋雍正間米澍上
石

青社纂立等題名

高二尺四寸廣一尺八寸五行行七字字徑二寸五分正書

青社綦立與權□陰賀鑄方回南陽張德洵□美廣陵
左□和叟建中靖國元年九日遊

右題名未詳所在案賀鑄史有傳云字方回衛州人孝惠后族孫隸籍右選監太原工作元祐中通判泗州移太平不得志食祠祿退居吳下此題名在建中靖國元年或尚在太平邪

湘南樓記

高七尺廣四尺廿八行行四十六字字徑寸正書篆額橫列湘南樓記四字在桂林府城上

上登位之明年以直龍圖閣　詔寵桂州經略安撫

程公所以　彝忠勤厲勳閥也　公初以　新
天子郎大號未及　陛見仰窺　清光而遠守
藩城廼嬰　嘉命德　上之賜頊首感榮惟是庶
幾夙夜恪共厥職而　公於府事無間巨細咸與區處邊
陲晏休鈴齋多暇顧無足以攄胸懷者而　公默恢遠
慮謂桂西南都府所以爲襟山帶海用兵遣將之樞然
自皇祐中儂賊噬邊　朝廷始大城桂故其隍池樓
櫓之列有瓌鴻侈麗之勢閡歲滋久城東之門拄沉綴
頹棟桷腐橈甲阤禍迫甚非所以爲邊庭壯觀也　公
廼因舊奏而鼎之運修城之金哀羨戍之卒披山度材
以其心匠授內殿承　制兵馬都監和議俾董厥功惟
議精覈經營贊明巧思初無擾紛土木告辦興於建中
靖國之秋成於崇甯初元之夏下拔峻墉上聳顯譙霍
若雲裁而山峙驤檐牙以掛斗傍縈欄楯以躍林杪頳
糊丹綺與朝日爭輝高牖疏櫺與游氛襲氣觀者忡愕
謂是功不訾矣　公既落成文武賓士咸列在席飲酣
公舉觴屬廬陵李彥弼曰茲樓揭蘖輪幽壓百雉之
紆餘爽豁空濛睇千里之迢忽平開七星之秀峯旁搴
八桂之遠韻前橫漓江之風漪後湧□府之雲屋環以
群山疊衆皺而昂孤騫若神騰而鬼趡若波駭而龍驚

茲亦勝槩之絕倫者矣昔之賦客詩人咸指桂林爲湘
水之南嘗試以湘南命焉子其爲我摛藻而碑之惠茲
樓爲不朽可乎彥弼敬復　公曰昔李太白人中僊才
而以不識韓荊州爲羞韓退之天下文伯而以不到滕
王閣爲恨蓋珍夫心賞之難遭也今僕之來棲碧幢之
餘陰颯珠履之後塵時爲高明之遊寫快襟而寓遙矚
開飛動而接混茫攬毫振英與山川淑靈相爲友朋斯
豈尋常之遇哉夫氣象之優嘉此亦造物之所深惜也
然其有所謂神龍之洞淵真僊之窟宅名山巨川往往
出於遐州眇邑之陋幽林哀壑之荒軌跡不得而經者

此亦氣象之不幸者也今湘南之景駿嶨雄張環轃城郊而雲煙之變化風月之朝昏千態萬狀惟 公以一樓臨之倚檻轉瞬之頃盡得於眉睫之間則雖使造物欲韜究匿奇秘藏而惜之烏可得哉 公議量虛明禮賢揚善髦俊之士翔集府下號爲冠蓋之盛則 公之眘眘於茲樓豈造物者特所以露怪變之豪而侑觴詠之樂哉因復系之以辭云 偉桂林之通都兮邈三湘之嶺南控蠻陬而韓海疆兮儼帥居之潭潭鬱昌黎之高篇兮江山羅帶而玉簪緊銜命而來遊兮若僊登而鸞驂遣 聖朝之天覆兮鳥奔湶讋而亂戢戢戈

甲而獨氛埃兮曾弗勞於韜鈐嘉龍閣之程公兮擁藩旄而笑談疊清威而抗棱兮洗蠻饕而律貪浹五春於蕃宣兮承 皇流而澤涵眘樓觀以壯厲武兮屹飛樓之眈眈壓城椒而四瞰兮籠景象而錯參摶翠壁而攬秀色兮駭造化之劖鑱騁蒼螭而觜青蚪兮歘層穹而仰巉穴來風而巖隱龍兮悚靈窟之空嵌羌連拳而歊歔兮憑七星而掎神擠墉峻腳以挿紫洲兮匣清漪於玉匳捫太虛而梯天兮超惚恍於蹈凡雅風餐而雲卧兮灑蛾蠓於棋簾羅兵尊而虹吞兮飄鬱裾而醉酣仰 我公之輿復不淺兮躡風御而薄冰蟾媲無倚馬之僊標兮爲 公翻墨海而搜潛排閶闔而掀滯謡兮剖鬱紓於前瞻雖越吟楚奏而忘異鄉兮仲宣依劉而知恬寄窮通於塵垢之外兮探虛无曠莫於周眄嗟景物之戀 賢牧兮遑卹 主人之留淹望堯雲於慶霄兮撥何時而畫三與我 公之橫翔兮拱 凝旒於邃巖風流千載於茲樓兮桂人志 德以無厭

崇甯元年壬午四月辛丑日廬陵李彥弼記華原周冕書鄱陽程鄰篆額渚宮張灌立石

朝請大夫直龍圖閣權知桂州充廣南西路兵馬都鈐轄兼經略安撫上護軍鄱陽程節

桂州龍抃 龍湜刻

按程節修桂州城東門樓名曰湘南李彥弼記之語涉夸張文殊宏整周冕楷法在君謨元章之間廣南石墨之佳者攷節前後題名紹聖乙亥二年秋游龍隱巖游冷水巖三年十月游伏波巖並題朝請大夫轉運副使程節信叔元符三年五月游潛珍洞元風洞但題鄱陽程節信叔其擢經略安撫在徽宗登位之後登位之明年即改元建中靖國之年彥弼字端臣冕字公儀灌字通甫見米老詩简及諸巖題名彥弼冕灌皆節幕僚歷鄰節子大觀中廣南西路經略安

撫使侯彭老程公嚴記云後數年公之子維來帥桂其忠義文武爲國家扞邊而庇民一如公卽謂鄰也節鄰父子皆以邊功自喜賓客多夸大之詞淯熙間括蒼梁安世嘗於屏風山題詩譏之金石續編

右湘南樓記在桂林東江門城上刻逍遥樓碑陰續編所載是功不昝矣下脫十四字今得拓本而補之此本每行失拓數字則據續編偏注於旁案江西通志程節字信叔浮梁人嘉祐進士熙甯間朝廷有事南方單騎銜命撫馭諸蠻上語苗時中曰程節真奇才選廣西運使帥桂府甚得蠻情官至寶文閣待制箸有竹溪集子鄰字欽之亦負將才節卒諸蠻反側廷議以鄰代蠻帖服如初程節事蹟可攷者如此而已碑署鄱陽與志稱浮梁者異浮梁鄱陽宋俱屬饒州當是志之譌廣西通志遺將誤作遺將幽林哀鑿之荒缺荒字淸漪缺漪字

五百大阿羅漢洞記

下截闕高存一尺八寸廣二尺三十三行行存字不一字徑五分額題存寺感應羅漢洞記均正書在登封

上缺五百大阿羅漢洞記

上缺熊耳山空相寺住持傳法下缺

上缺耶知永安下缺

上缺山得其寂高勝妙者唯□□萬下缺上缺□古澄澈谷風松韻時呼萬歲之聲瑞□下缺上缺□□何知之乎古傳記云唐初蜀僧名法藏來下缺上缺與竹林寺堂中上座曰我久聞彼刹是聖寺羅漢所居□下缺上缺迦葉傳芳流布授記付囑大國聖主賢臣興崇外護無令□下缺上缺赴供爲大福田今諸尊者□諸眷屬近住其中是寺隨機緣或□下缺上缺是否曰但去到萬嶽寺入石三門登逍遥臺望之山腹是也來至□下缺上缺曾得見但觀山腹三洞深邃無窮每有信士泝崖登險至彼香花齋下缺上缺寺下書老人曰隨吾手看乃見祥雲遶遶瑞氣蟠空竹林聳翠梵刹崢下缺上缺童子來迎入寺叅禮堂中上座投書問次忽見雲墜堦前天使持書帝釋下缺上缺禪堂宴息須臾聞金鍾動玉磬鳴覩諸尊者各運神通擲錫擲盂騎獰庇虎下缺□□□□□□齋嚫三銖縮每位一疋手拈天香洒而袖藏光滑柔軟法藏心生愛下缺□□□覩□寺尋□到寺禮叅僧衆問曰我曾寄衣鉢此院可乞示還曰頃年有下缺□□□□□□□聖境可得聞乎曰我幸而不幸雖得入聖寺瞻敬又隨諸尊者赴下缺入間天上□□富貴

真竒異物積之山嶽若非是大□菩薩具正見曉達明
了應緣缺下清浄□□□生死心行佛行示現逆順境
界心無取證深悟禪理妙道或□不如然缺下廻光自□
宛乎真實妙道大患爲障莫過此也汝今爲出家上人
同聖寺諸尊者授缺下重亦乃自昧真心妙道玷吾門何
□乎□此□□□非汝用之物當獻至尊頗爲佳缺下光
明至今求者應現□多院主崇政誘掖檀信施財□
□□□□□□建造一缺下羅漢洞汝家當鑄鐵像五
百身暢氏參覺令人至寺果見興工造洞還□暢□樂
然缺下至□完像到奉安之次陳蔡二善友挈袈裟五百

餘□至披掛像身應量齊等於缺下□□感應燈未點之
火先自燃齋食異香聖像光現是洞今有三經藏花塔
狀三缺下□目可觀有昧獨途莫見名山太室佛刹隱現
其中聖凡交衆晝夕往來無間缺下□□無疆金枝玉葉
永茂帝道佛道同興金輪法輪竝轉親皇仙族同固盤
□缺下□隆知洞□□丐記傳於金石永久無墜有捷因
普爲缺正見佛行執有□缺下俾令一切悟明曉達根本
清淨具足正見佛行修進證大菩提緣斯會住缺下敢簡
略一二以塞其命頌曰
天下名山孰後先　嵩高神著混元前　聖凡共□

缺下　寶光玉柱擎雲漢　春色峯巒戴曉天　幾□
□缺下
聖宋崇寗元年壬午歲十月初十日中天嵩嶽寺常住
院□前缺下

修聖竹林寺碑宋釋有挺撰金大定二十九年會善
寺閒居嗣祖沙門淨法重上石甯陵普照比邱廣真
書中州金石攷
中岳寺修五百大阿羅漢洞記僧有挺撰王適書崇
甯元年十月金大定廿九日重立訪碑錄
碑斷闕據訪碑錄云王適書據中州金石攷則大

定間廣真所重書今未見大定字不審是重立重
書仍從始專之例列宋訪碑錄又載有嵩山竹林
寺羅漢洞記釋有□撰王道書崇甯元年十月疑
卽此碑之重見者永安縣宋屬京西北路河南府
今鞏縣地知永安者當卽書碑之人

遂州廣利寺善濟塔記
高五尺七寸廣二尺九寸廿行行五十字字徑一寸正書在渠縣
敕賜遂州廣利禪寺善濟塔記
瀛州防禦推官知胡州武康縣事充轉運司管勾帳
司張康時書篆

諸佛世尊以大事因緣故出現於世開示悟入直指心
源卽心是道心了則道光明卽道是心□□□心徧現
周流無間□□□□成立一毛端具大千界此克幽禪
師善濟之塔非滯名着相之所能了也幽本唐大痳時
人得法於□□無相禪師來川剃度□□公仰其道業
懇請演法于此正元初入寂建塔寺涯之西澧會昌毀
滅塔圯成池白蓮化生人駭其異山谷之間光相還遶
紅雲亘天地布銀色觀音聖相髣髴在中相國瑯琊公
掘葬靈蹟得鉤鎖骨如紫金聚時皆云觀音大士之化
身復爲建塔立殿其□□縣僚屬僧道士女無貴賤老

少傾心崇敬水旱祈禱隨感而應靈異變現世實希有
前後在政沐浴慈惠未聞奏請　旌表神既□宵改
元　州牧尹公申稟　漕臺　轉運判官謝公
親睹殊相大現山谷又□□□□□□等妙特爲□
□之于　朝事下太常　勅賜今額越明年孟
春上休前一日本寺傳法沙門逢原普會僧□□□
□□□□金如積山□□時綿州□轉運判官許公嗟
嘆聖境法會殊勝捐資供燭置諸塔前共成其義三人
者非復記曩刼安□□□同時崇建大緣昔□阿育王
多建寶塔高廣無量或居天上或散人間或藏巨海其

數八萬四千九一十有三級自餘或□□□□或下
聚沙累石等級不一□魏堂堂功德難盡唯祖師塔實
無限量雖然塔爲其相善濟乃名以名求相相末卽眞
以相立石□因相實如是則相□□□名乃本空名既
屬空相從何立着相者無繩自縛滯名者說食與人上
下諦觀俱非了義衆生歷刼□言不能了達息間作□
□便去名徹名去相捨妄求眞不知名相一如眞妄同
體徹之與去是猶適越而北轅非唯行之不□□□□
遠而不可近焉於□□□□莫窺涯涘眞精獨立迥
脫纖塵宇宙爲之高卑日月爲之流轉四時爲之代謝

萬象爲之□□名相不壞□體混全□□□□□泯
然豈非無上至眞至妙之本歟後之人睹是相也見精
匪他聞是名也圓通無礙然後知克幽禪師本不寂滅
觀音大士□□□前妙智力中取多方便謹叙其所以
而誌諸石云　榮州軍事推官馮世雄撰
奉議郎充梓州路轉運司勾管文字賜緋魚袋
孫詒
朝奉郎通判遂州軍州兼管內勸農事權管勾軍
州事武騎尉賜緋魚袋何修輔
朝奉郎充梓州路轉運判官飛騎尉賜緋魚袋許安

石

大宋崇甯二年歲在癸未二月五日朝請郎充梓州路
轉運判官兼提舉學事飛騎尉賜緋魚袋謝□

張康時書篆是碑尙有額此本失拓矣碑書唐貞
元作正元眞書作貞作真避仁宗嫌名也而敬不
缺筆殆禁令不甚嚴歟据龍圖碑寺名廣利賜自
真宗崇甯二年賜謚慧應大師而文未叙入亦疏

虎頭巖吉老等題名

高三尺二寸廣二尺八寸五行行七字字徑三寸五分正書在攄縣雲峯山

崇甯癸未淸明日吉老希正居仁景莊君實敏中同游

酌酒巖下不覺露醉因以虎頭名巖

据筠清館所載巖尙有魏舒等題名題崇甯癸未
二月廿三清明日蓋同日所題也吉老疑是章吉
老

武功縣學碑崇甯二年四月初吉萃編載卷一百四十三、
并序失載姻作婣誧作講諄養作講懼然作瞿徹作徹舊作舊總作總私作私

懼於瞿之俗誤字書不載萃編錄作瞿義是字非
矣

八瓊室金石補正卷一百八終

八瓊室金石補正卷一百九

太倉陸增祥撰　男　繼煇校錄
吳興劉承幹覆校

宋二十八

劍南東川靈護廟記

高七尺廣四尺八寸四十九行行存六十四至七十四字不等字徑八分許正書篆額橫列題劍南東川靈護廟記八字在三臺

劍南東川靈護廟記

崇寍二年十一月八日劍南東川被
旨以唐東川節度使撿校太保同中書門下平章事

顧公彥亮□□□從其
弟撿校司空東川節度使彥暉祠載在祀典粵十一月
二十一日奉
勑宜賜靈護廟爲額從所請也　命下之日郡
人歡呼鼓舞相率詣守□王吉甫求文以□其事吉甫
辭不能文而郡人勤請不已乃採□輿議□□故實以
爲之記曰缺□□形勢□□□□□□地居要害唐室
之衰朝綱弛紊號令不及於王畿禮樂征伐自方鎮出
大者連州數十小者憑城負固以衆併寡以弱臣強天
下日尋於干戈而東西缺以安民立□□□□者□矣

是時王建凶暴擁二十萬之衆橫行於成都□闕之間
甲兵犀利所向無前磨牙礪吻有吞噬并包之心
顧公伯仲豪邁英傑□□節旄爲東缺太保□□□之
以貲□申之以婚□卑辭厚禮求得其歡心者無所不
至蓋欲□□緩師與民休息以紓患爾爲此者所以詭
與之合也既而□之以財幣則不得免焉結之以姻□
則缺□□□□□□之□□擊輜運以沮其獷悍
□□之氣爲此者所以顯與之絕也昔古公居邠狄人
侵之去之邑于岐山之下居焉從之者如歸市子思居
於衛有齊寇缺守□古公有可遷之地以康保斯民而

子思則盡臣道以致其身而已方建之圍東川也
公豈不知棄城□□以自全邪乃獨抗節固守城在與
在民亡與亡以至力竭缺然雷□雲紛紜□□□所在
皆是也吾何行如之是則古公□□山□水滸以□難
之迹不可還期也明矣況土地者吾所受於君而有之
者也人民者所與保此者也缺於□□生而取義者吾
之節也　公雍容詳緩有儒者風豈慕子思之居守
乎真可謂仁者之勇也嗟乎　太保　司空之志
節如此而史傳不深□其本末得缺東川士人□壽朋
等狀列　公之行事□□前後連名叙述上聞於

朝廷下訴于本州者多至千人少猶數百章累
上而每爲執事者所却壽朋等□□於缺之間未始一
日而怠于陳請也秦漢以還下暨唐季守茲土者莫知
其幾何人寥寥千載廟祀血食者惟　公伯仲豈非
功德之被於人者深□□之表于世者著而然歟不缺
□□之若是也□按都□　顧公祠宇郡人呼爲
二相公廟乃疇昔□□□□之故基當建攻城垂破
之日　司空率將佐親從會飲于□堂□□□□以
寄□□缺□於賊也　太保有□□□民之功
司空□□□□之□心□□□東川忠藎謇於王室

既沒而東川之人思之爲之立廟於死事之所歲時奉
祀以迄于今□□缺九重□□降香爲民祈禱□漢高
祖之追甄□□□□□□□□□□□□□□以加
也然而廟額未崇祀典不載將何以旌偉績於既往揚
芳烈於無窮又且何以缺□□□吉甫到官視事之始
觀風謠問耆考□□□化民無疾苦□□□□之□□
則曰畏吾　顧公之英嚴不敢犯也設有爭者不訟
於官府而質於廟廷往往缺顧公之□□不敢爲也苟
有盜者不報於司寇而祈於祠下往往應祈而必得也
倉廩完實而無耗暴之患則曰　顧公之禁止雀鼠

使不得啄食也邊境安靜而無缺掠也以至里無□□
則曰　顧公之保祐吾民俾□疫不□也野無餓殍
則曰　顧公之惠澤吾民俾風雨以時也闔境之內
□□　神休八□賢□交□缺而郡人丙所以崇□
□□至或連□屢請而不報豈□□不得其要將言之
不深切著明邪抑□□賁賜固自有時而發揚德□亦
有□□邪則王之設廟額也缺□故□西伯有清明之
德緝熙之典而其所祀之廟亦□徽□以爲之表清廟
之詩是也然則廟必有名所以崇之也先王之□祭也
必有功於民則祀之以死□缺令出於天子而載之典

冊故謂之祀典非其所載而祭之名曰淫祀淫祀無福
然則紀載冊書而以時祀之其爲禮命顧不重歟比□
□□一以空四格缺與夫祈禱有應而不載祀典
者各以名聞于　朝廷□加□□以助生民之
福吉甫詢考　二相公廟神靈顯著之迹□□□
□□□以繼惠之義不敢缺蔡判官廳公事崔琯□□
郎□□節度判官廳公事何宗韓節度推官宇文□□
祈請□庇民之□□祈禱有應靈迹以上之
□曰不□□定于太常曰祀□缺□是乎　□□僉
曰然乃具以聞空

制曰可於是郡人相與□飾廟宇而題之向祈靈
德□□覆照俾雨暘時若年穀順成災害不生□無夭
惡以荅　□□□□崇禮命之意恭惟　太保
缺節以死事沒而廟食於此上捍患於一方□□□
永隆無□固非寡聞鄙陋之人所能□次其髣髴也吉
甫後　司空二百餘年假守東蜀敬覽壽朋等□□
保□□□□缺司空盡節之後親屬寮吏從　公死
義皆無在者史筆但憑怨家仇人所記之事□書之簡
試略舉其行事之大者一二以明之則其餘可以類推
矣且如本傳稱□□□□□缺之師以撥亂反正乎此

其勳烈之尤著者庶幾乎桓文之□□固當□□□
以示□□而其所紀述止如此則於勸善揚功之義缺
矣又如　太保被命節度東川□□□□缺敬瑄之
罪固不容誅而嫌隙之端亦啓於此矣他日王建□成
都□敬瑄以　太保與建并力告難於朝前嘗奪節
見誣今其告難之辭詎可信乎至若王建率兵二十萬
□□□缺不解又遣李洵諭止而建復拒命則不臣之
罪在建而不在　司空也灼然矣又書梓州圍急
司空顧王宗□曰可自求生指頽垣令逸然則將佐
之欲遯逃者豈無可□之缺一人苟免者可謂能得士

心生死共之矣今乃書其誓約曰□□□□□□□賢□
□□□□□也乃與請欲死難之事相矛盾矣善乎王
肅之評桓公殺公子糾召忽死之而其辭有缺詳不欺
美其言之是者而三復之以爲篤論之君子也士之以
身許□□忠□命斯□□矣而好事者乃以無根之語
疵之異夫君子成人之美其亦近於薄矣又書城破之
日窮缺能摧堅陷敵而謂司空之無能爲爾且禽
囷覆車古人嘗有是喻豈□握七□□□□□出□□
□一旦之勝負顧乃安坐圍城之中以自盡者乎此雖
愚庸無復計□之□缺□□□□□□之兵恭行天

討師之所至如摧枯拉朽未有不因□□□□兵□□
□而□□□□□其□□同心與夫士卒之衆死□□
事矣至於守禦拒敵窮□危困然後缺謂□傳所□□
□□□□□之辭若非憑怨家仇人之所記必不如是
之甚也□□□人而□□□□□□□□□其□□
□則詢考之際一憑於仇人之辭而已苟欲加誣何所
不可聽□者缺□□□得其□也□□□□□□□夫
由是益知書傳之不可盡信孟軻亦嘗曰吾於武成取
二三策而已是誠有痛於斯言其或御名顧義視死如
歸者此固天下烈丈夫之□□若壓之不得缺□□□

□□□□□是□□生之□□□□□之最難者也世
□□□□□之士□□顧身□□□□□□□天下
之爲人臣者□□□□要□濡忍貪懦之夫方且竊笑
而心非之甚者□缺□□□□□□□□□□而□□
也昔杜牧園□□使君□沒恨不□□□□□□□□□
□□□□□□□□忠義所□古今同□□□□□意於
斯文以道感槩之□心而已仰惟忠貫白缺□□□□
□□□□□□□□于兔之毫不足以既其實揭南山
之竹不足以□其□□揚□而□□□伯夷特立獨行
餓死于首陽之下柳下惠直道事人三黜而不去父母

之邦孔子稱其仁缺稱其□□□□□於三□□孔孟
□西山□□夫東□□紬臣□張巡□□□宣□□□
□□□睢陽之卒□□□□□之軍保障江淮使不得
□軼而南糧盡失□外救不至城陷被擒不屈而缺□
□未□□□□□□□□□作俾以明之□□紛紜之
論乃忌公之□□□□□□□□□□□司
空□□□方沈淪於下□子茲有年矣□□□□□□□
□□□□□世發□□缺□□□□□□□□爲□有休
光□□而□以明□然則昔日之沮抑乃所以啓今日
之□□□獨爲今日之光榮□□以□□百代而不爲

也至若巡遠□□於睢陽□□之□□□□□乎缺□引
張□□□□□之功存識慮之所□必有能辯之者是
以不□□□□□□□又稱□□死□而言之曰□□
□自□於□□□豈□軍□客開之慕義而□死者五
百餘人太史公高其缺□□睢陽□□□吏三十六人
□□□降同日□害□中□□其功□□□□□
□□門　公在危城之中將佐門生信以死而無異
心及圍且急咸同日以徇□□□之感人也如是由缺
□賢也而其寮屬亦皆天下之節士也夫夫也豈斯人
之徒可以無愧於田氏之客及睢陽之將吏矣於是又

知　公之能得士也崇寧三年正月二十三日朝請
大夫攝知梓州軍州兼管缺□州□□□軍兵□巡
撿賊盜公事騎都尉借紫王吉甫□

碑拓未全三巴孴古志載有此記五十行行存八
十三字十七行下有八字廿四行有未字廿八行
有司巳以字卅四行有安於滔厚每字卅五行有
王建之後字卅六行有謂司空一字卅七行有言
以及之何字卅八行有或不能恐其字卅九行有
其當死字四十一行有日志被秋霜字四十二行
有而名字四十三行有死功在字四十五行有司
空仗節於字四十六行有事士之死字四十七行
有是觀之非獨字四十八行有內勸農事字五十
行有知州事字俱未見也記之拓本多泐據以偏
注者三百十字補十字正五字闕疑八字

脩東岳廟行廊記

高二尺五寸廣一尺六寸記十五行行卅三字末二行行字不一字徑五分行書在昝山三鵶街

缺行廊記

睢陽王志道撰題在標下

里人李安者素不干□□而□□善人也嘗不幸爲塵
娘許媪以□言成訟逮繫月餘不決李□娃奸中□□

此　帝神曰李安誠無辜若早獲靈護開釋□於祠左
竭力捌建東廊以□□□是□白官吏□□得姦李既
蒙蠲放輒逡巡恐懼而不敢□其願且□方□將以□
□□□市□□□効□廊□僅成六間通架椽百
七有六其受指脊端百丈□始□終□董者弗□□敢
專□恃孝敬以同德其助者弗知費也竟勤愉而夙成
俄然翼布青白矢分緣□垤創基引級刻楚磨砌粗完
一序之襟□□而式先壯□矣□□□□□心者猶
能感憤□於廣庭大廈之間□補萬分之一也□何設
□哉又□□□好德之士可不動心乎噫夫　廟貟久廢

修治必自二一李而□□□□□□有日矣□是李安□
□刊記也李安慨然謂僕曰□□人□功徵子亦可爲
安□□乎僕應之曰事無巨細以□□□□□目擊其
事之端□甚□□□其　□神錫福降殃之靈暨八乃
作善爲惡之報□□紀之宜矣今□安□門益休□産
益盛彼所謂麈娘許媼者不旋踵而流離餓殍迨斃而
終不遭埋齒鳴□惟　神果能禍福善惡也豈其驗歟
僕忝忠良之後惟不意聞見虛妄又安能於筆舌之間
而可自妄乎此則非故神其事也固當神其所以事云
爾謹記

崇甯三年二月廿七日立

工部侍郎孫彭城劉休書　梁進　張通立刻字

重刊漢車騎將軍馮緄碑

高七尺廣八尺八寸八分碑文十四行行廿六字分書後序十三行行六十六字正書篆額高一尺八寸二行行五字題漢故車騎將軍馮公之碑十字在四川渠縣龍驤山濟遠廟

君諱緄字皇卿幽州君之元子也少耽學
問習父業治春秋嚴韓詩倉氏兼律大杜
弱冠詔除郎還□仕郡歷諸曹史督郵主
薄五官掾功曹舉孝廉除右郎中蜀郡廣
都長遷宣㫖亂以德綏撫□化　浹行到官
西戴功稱顯著郡察廉吏州舉尤異遷楗
爲武陽令誅疾彊豪以公去官部廣漢別
儁治中從事辟司空府侍御史御史中丞
習使徐楊二州討賊范容朱生徐鳳馬勉
張嬰等　坐迫州郡進兵正法擾辟司徒府
廷尉左監正治書侍御史廣漢屬國都尉
隴西太守坐間吏　辜自不分去官以菟駁
動爲西府所表復家拜隴西太守上病辟
同産弟徽議郎復治書侍御史尚書遼東
太守廷尉太常車騎將軍率征五溪蠻夷

黃加少高相法氏趙伯潘鴻等斬首萬級
沒溺以千數降者十萬人收逋賨布卅萬
疋不費官財振旅還師臨當受封以讒言
奏河內太　守中常侍左悺弟坐遜位拜將
作大匠河南尹復拜廷尉奏荊州刺史李
隗南陽太守成晉太原太守劉瑣不宜以
重論坐正法任左校詔書特貰拜屯騎
校尉復廷尉奏中臣子弟不宜典牧州郡
獲過左右遜位永康元年十二月薨一要
金紫十二鉅艾七墨綬

將軍體清守約旣來遷埜遺令墳塋取臧
刑而已不造祠堂可謂履真者矣恐後人
不能紀知官所吏歷故刊石表績以眔來
世
孝桓皇帝以命將軍討叱彊寇有桓桓烈
烈之姿曰謚爲桓

濟遠　馮將軍舊碑後序

馮公靈跡異効渠人受其賜爲日久矣獨墓銘不知所在稟自崇甯改元來守宕渠下車之始躬率僚佐敬謁　神祠凡有禱祈無不立應稟嘗感其錫祐顯著

於渠□者多每與流江知縣奉議蒲希尹更訪其事實旌其　功德一日郡進士李權趙甫或得其碑於史君鄉南陽村字書點畫雖漫滅殘缺然猶髣髴可辨而李權來告□曰　馮公墓銘埋漫于□土者幾千餘年今方得之豈非　神之靈異待公而顯乎稟甚嘉其言而李權當年預鄉薦趙甫登進士第　神之靈効茲爲明□自得其銘之後一郡之內年穀□豐歲無荒歉人少疾疫　神之降福巳昭昭然夙夕於此懼無以報　神之所賜一日而渠之鄉官民吏董祭宣義等列狀具　神之豐功美績曰應民□即東漢之名臣生有功於國歿有惠於民固宜襃優顯加爵命稟乃應其誠而爲之申請家朝廷將加王爵先賜廟額曰濟遠茲可以見　神之顯効豈小補哉稟竊恐其歲月深遠碑銘漫滅不足以彰　神之休功遂與縣宰蒲希尹命工增葺□□□□勒舊銘于石以爲後人之榮觀噫□明正直依人而行者神也　馮公之靈信亦有所待矣崇甯三年三月初五日歷下張稟謹序

進士張鈞鄉貢進士杜常進士丁權同模字
進士任忠亮□丹

將仕郎州學教授安忱篆額
從事郎軍事推官蒙汲監修
奉議郎知流江縣事賜緋魚袋蒲希尹立石
朝奉郎知渠州軍州兼管內勸農事飛騎尉賜緋魚袋借紫張稟

右漢車騎將軍馮緄碑以范氏後漢書考之史云字鴻卿而碑云皇卿史云初舉孝廉七遷至廣漢屬國都尉拜御史中丞順帝末持節揚州諸軍事與中郎將滕撫擊破羣賊今據碑自舉孝廉至爲廣漢屬國都尉凡十一遷而爲中丞與督使徐揚二州討賊皆

在爲都尉前碑云討賊時坐追州縣（祥案碑作郡）正法而史不載又云爲隴西太守坐問吏辜旬不分去官以羌駭動爲四府所表復家拜隴西太守而史但言遷隴西太守爾史云爲遼東太守徵拜京兆尹轉司隸校尉遷廷尉太常拜車騎將軍以碑考之緄爲遼東太守以前嘗爲治書侍御史遷尚書遂爲廷尉未嘗拜京兆尹及司隸也史云振旅還京師監軍使者張敞承宦者（宦原作官）旨奏緄請下吏案理（補五字）會長沙賊復起攻桂陽武陵緄以軍還盜賊復發策免而碑云臨當受封以謠言奏河內太守中常侍左悺弟坐遜

位史云復拜廷尉時山陽太守單遷以罪繫獄緄考致其死遷故車騎將軍超之弟中官相黨遂共誹章誣緄坐輸左校而碑云表荊州刺史李隗南陽太守成晉太原太守劉瓆（瓆原作璜）不宜以重論坐正法作左校亦皆不合史又云爲河南尹時上言舊典中官子弟不得爲牧人職帝不納後拜屯騎校尉復爲廷尉卒于官而碑云復廷尉奏中官子弟不宜典牧州郡獲過左右遜位永康元年薨亦當以碑爲正碑又云緄謚曰桓而史亦不載予嘗謂石刻當時所書其名字官爵不應差誤可信無疑至於善惡大節則當以

史氏爲據今此傳首尾顛倒錯謬如此然則史之所載是非褒貶失其實者多矣果可盡信耶（金石錄）

右漢故車騎將軍馮公之碑篆額今在渠州馮公名緄巴郡宕渠人碑云字皇卿而本傳作鴻卿傳云舉廉七遷爲都尉中丞持節督討揚賊守隴西遼東爲京兆司隸廷尉大常韋騎以長沙賊復作策免起爲將作匠河南尹廷尉坐考殺單遷謫左校再爲屯騎廷尉卒官其遷黜及物故先后與碑甚矛盾威宗以命將武功定謚緄亦虎臣之一云亾適當其時故作文者以帝謚書左方趙氏以爲緄有此謚而史不載

誤也碑云一要金紫十二銀艾緄終於廷尉而以將軍題碑者尊金紫也帝紀揚徐賊范容周生冦城邑遣中丞馮赦督州郡兵討之以緄爲赦紀之誤也許曼傳云隴西守馮緄始拜郡開綬笥有兩赤蛇分南北走曼筮之曰三歲後爲邊將官有東名當東北行三千里后五年爲將軍南征延熹元年緄守遼東討鮮卑至五年拜東騎擊武陵蠻却與碑合水經宕渠不曹水下注潛水縣有馮緄及桂陽守李温冢二子之靈常以三月還鄉水暴長郡縣民莫不祭於水上謂之馮李比異聞也碑以彊爲彊刑爲形衷瑩謳郎

表塋謚字漢史成晉劉瓆作成瑨劉質隸釋
馮緄碑篆額二行十字有穿在第五字之中文十四
行行三十四字將軍體清守約平闕後空三行書威
宗得謚之因隸續
隸釋云在渠州字原云墨寶作達州此碑與馮煥神
道馮煥殘碑告馮煥詔皆在渠州流江縣達州永睦
縣之間鄭鑴先在夔路得之故墨寶作達州實渠州
境按渠州達州今皆爲縣一屬順慶府一屬夔州府
流江永睦二縣今廢其地一併入渠縣一併入達縣
隸辨

碑經重刻謬誤甚多倉氏倉誤食遭直遭誤逼劉
瓆瓆誤頊作左校作誤任歸葬歸誤遷更歷更誤
吏丞作疋諱作譁悲作罢其餘點畫舛錯者不悉
舉仕郡上所缺是更字化流行上是政字馮緄後
漢書有傳父煥安帝時爲幽州刺史碑所謂幽州
君者煥也碑云討賊范容朱生徐鳳馬勉張嬰等
按范容等名俱見滕撫傳惟史作周生碑作朱生
爲異碑又云南征五溪蠻夷黃加少高相法氏趙
伯潘鴻等斬首萬級云云案桓帝紀延熹三年武
陵蠻寇江陵車騎將軍馮緄討皆降散五年十月

武陵蠻叛江陵以太常馮緄爲車騎將軍討之十
一月馮緄大破叛蠻於武陵南蠻傳延熹三年遣
車騎將軍馮緄討武陵蠻並皆降散與碑同而碑
所述爲詳至蠻酋之名惟潘鴻一人見度尚傳耳
碑又云奏荊州刺史李隗南陽太守成晉太原太
守劉瓆云云桉紀延熹九年南陽太守成瑨太原
太守劉質並以譖弃市事見陳蕃岑晊王允蔡衍
等傳成瑨字幼平陝人劉瓆字文理高唐人瑨以
收捕張汎瓆以考殺趙津皆致死李隗事未審其
詳紀傳作瑨與碑異傳作瓆與碑同紀作質與傳

碑俱異碑又云以諱言奏河內太守中常侍左悺
弟坐遜位桉紀云六年八月車騎將軍馮緄免碑
言遜位葢六年八月也紀不言何事而傳與碑異
又桉李膺傳膺輸作左校尉時緄祐得罪輸作司
隸校尉應奉上疏云前廷尉馮緄大司農劉祐河
南尹李膺執法不撓誅舉邪臣肆之以法衆庶稱
宜攻祐以科役蘇康管霸田業膺以奏理羊元羣
貪穢然則緄之得罪當因考殺單遷與本傳相合
碑何以獨異并不及單遷一事金石錄謂史之錯
謬或不盡然碑又云爲四府所表攻玉海漢制太

傳三公大將軍謂之五府東京樊準當永初初元
上疏曰五府調省中都官吏章懷注云太傅太尉
司徒司空大將軍也五府辟張楷辟黄瓊所注皆
同或缺其一則謂之四府如永初中虞詡曰宜令
四府九卿合辟涼州數人更集四府皆從詡議永
和三年令大將軍三公各舉故刺史二千石及四
府掾屬建和初四府薦趙典是時皆缺太傅故章
懷注典傳云太尉司徒司空大將軍府也然詡傳
注又謂太傅太尉司徒司空者或未深究邪又永
建年四府舉應奉順帝末种暠奏請敕四府云云

桓帝時有上書言鑄大錢事下四府熹平四年四
府選盧植才兼文武後四府又舉中平年鄭靖言
烏桓事下四府凡此皆稱四府葢缺其一也彊作
疆彊彊或通用尔疋彊圉釋文云本或作彊左氏
傳遺啟彊楚語作疆史記越王無彊越絶書作疆
漢書文帝紀楚元王傳司馬相如傳集注皆云彊
讀曰疆釋名彊畺也亦即以爲疆字形作刑李翊
碑樵刑李翊夫人碑收刑靈臺碑隱刑孫叔敖碑
掩其荆無荆皆與此同急就章猶膾炙胾各有荆
王氏音釋云荆師古本作形易其刑渥集解云今
本刑作形荀子刑范正注云刑與形同亦有以形
爲刑者荀子形是詰注云形當爲刑高彪碑形不
妄濫形與刑古葢通用謚作謚與衡方碑以謚旌
德同毖同祕字詩毖彼泉水釋文韓詩作祕衡方
碑祕將來與此同義

大悲成道傳贊

高六尺八寸五分廣六尺傳廿七行行六十二三字贊七行行六十字年月一行字徑七分横額存悲之傳三字並正書在紹興府學

前缺臣既至妙善聽命即謂尼衆汝等速避吾當受誅妙
善乃出就死將嬰刃次龍山山神知妙善大權菩薩將

證道果救度衆生無道父王誤將斬首以神通力缺冥
雖風雷電攝取妙善置於山下使臣既失妙善所在馳
奔奏王王復驚怒驅五百軍盡斬尼衆悉焚舍宇夫人
王族莫不慟哭謂女已死欲救無及王謂夫人曰□勿
哀哭此少女者非我眷屬當是魔怪来生我家朕得除
去妖魔甚可爲喜妙善既以神力攝至龍山之下環視
無人即徐步登山忽聞腥穢又念山林幽寂安有□氣
山神化爲老人見妙善曰仁者欲往何所妙善曰我欲
入此山脩道老人曰此山之中乃鱗介羽毛所居非仁
者脩行之地妙善曰此名何山曰龍山也龍居此山故

以名之此去西嶺若何曰亦龍所居是故謂之小龍山
惟二山之中有一小嶺號曰香山此處清淨乃仁者脩
行之地妙善曰汝是何人指吾居處老人曰弟子□人
也乃此山神仁者將證道果弟子誓當守護言訖不見
妙善乃入香山登頂四望闃無人蹤卽自念言此處是
吾化緣之地故就山頂葺宇脩行草衣木食人莫□知
已三年矣爾時父王以是罪業故感迦摩羅疾徧於膚
體寢息無安竭國妙醫不能救療夫人王族夙夜憂念
一日有異僧立於內前曰吾有神方可療王病左□聞
語急以奏王王聞召僧入內僧奏貧道有藥救王疾病

王曰汝有何藥可治吾病僧曰貧道有方應用兩種大
藥王曰如何僧曰用無嗔人手眼可成此藥王曰□毋
戲論耶人手眼豈不嗔乎僧曰王國有之王曰今在何
處僧曰王國西南有山號曰香山山頂有仙人脩行功
著人無知者此人無嗔王曰如何可得其手眼僧□宅
人莫求惟王可得此仙人者過去與王有大因緣得其
手眼王之此疾立愈無疑王聞之乃焚香禱告曰朕之
大病果獲痊平願此仙人施我手眼無所吝惜禱□卽
令使臣持香入山使臣至巳見茅庵中有一仙人身相
端嚴趺坐而坐卽焚妙香宣王勑命曰國王爲患迦摩

羅疾及今三年竭國神醫妙藥莫能治者有僧進方用
無嗔人手眼乃可成藥今者竊聞仙人脩行功著諒必
無嗔敢告仙人求乞手眼救王之病使臣再拜妙善思
念我之父王不敬三寶毀滅佛法焚燒刹宇誅斬尼衆
招此疾報吾將手眼以救王厄既發念已謂使臣曰汝
之國王膺此惡疾當是不信三寶所致吾將手眼以充
王藥惟願藥病相應除王惡疾王當發心歸向三寶乃
得痊愈言訖以刀自抉兩眼復令使臣斷其兩手爾時
徧山震動虛空有聲贊曰希有希有能救衆生行此世
間難行之事使臣大怖仙人曰勿怖勿怖持我手眼還

報於王記吾所言使臣受之還以奏王王得手眼深生
慙愧令僧合藥王乃服之未及旬日王病悉愈王及夫
人戚里臣庶下逮國人皆生歡喜王乃召僧供養謝曰
朕之大病非師莫救僧曰非貧道之力王無仙人手眼
安得愈乎王當入山供謝仙人言訖不見王大驚台掌
曰朕之薄緣乃感聖僧來救遂勑左右朕以翼日往詣
香山供謝仙人明日王與夫人二女宮族嚴駕出城來
入香山至仙人庵所廣陳妙供王焚香致謝曰朕嬰此
惡疾非仙人手眼難以痊愈故朕今日親携骨肉來詣
山中供謝仙人王與夫人宮嬪皆前瞻覩仙人無有手

眼恣生哀念以仙人身不完具由　王　所致夫人審問瞻
相謂王曰觀仙人形相頗類我女言訖不覺哽噎游淚
悲泣仙人忽言曰阿母夫人勿憶妙善我身是也父王
惡疾兒奉手眼上報王恩王與夫人聞是語已抱持大
哭哀動天地曰朕之無道乃令我女手眼不全受茲痛
楚朕將以舌舐兒兩眼續兒兩手願天地神靈令兒枯
眼重生斷臂復完王發願已口未至眼忽失妙善所在
爾時天地震動光明晃耀祥雲周覆天樂發響乃見千
手千眼大悲觀音身相端嚴光明晃耀巍巍堂堂如星
中月王與夫人宮嬪覩菩薩形相舉身自撲撫膺號慟

揚聲懺悔弟子肉眼不識聖人惡業障心願垂救護以
免前愆弟子從今以往迴向三寶重興佛剎願菩薩慈
悲還復本體令我供養須臾仙人復還本身手眼完具
跌坐合掌儼然而化如入禪定王與夫人焚香發願弟
子供辦香薪闍維聖體還宮造塔永永供養王發願已
乃以種種淨香圍繞靈軀投火燃之香薪已盡靈軀屹
然舉之不動王又發願必是菩薩不肯離於此地欲令
一切衆生見聞供養如是言已與夫人舁之卽時輕舉
王乃恭置寶龕內菩薩真身外營寶塔莊嚴葬于山頂
庵基之下與宮眷在山守護晝夜不寢久乃歸國重建

梵宇增度僧尼敬奉三寶出內庫財於香山建塔十三
層以覆菩薩真身弟子蒙師問及菩薩靈蹤略述大指
若夫菩薩微密應化非弟子所知律師□問香山寶塔
今復如何天神曰塔久已廢今但止浮屠而已人罕知
者聖人示跡興廢有時後三百年當重興耳律師聞已
合掌贊曰觀音大士神力如是非菩薩□願廣大莫能
顯其跡非彼土衆生緣熟不能感其應巍巍乎功德無
量不可得而思議哉命弟子義常誌之實聖厤二年仲
夏十五日也

贊曰香山千手千眼大悲菩薩乃觀音化身異哉

元苻二年仲冬晦日余出守汝州而香山實在境
內住持沙門懷晝訪予語及菩薩因緣已而持一
編書□且言此月之吉有比邱入山風皃甚古三
衣藍縷謁之曰居於長安終南山聞香山有大悲
菩薩故來瞻禮乃延館之是夕僧遶塔行道遠旦
已乃造方丈□書曰貧道昔在南山靈感寺古屋
經堆中得一卷書題曰香山大悲成道傳乃終南
宣律師所聞天神之語敘菩薩應化之跡藏之積
年晚聞京西汝州香□卽菩薩成道之地故跋涉
而來冀獲瞻禮果有靈蹤在爲遂出傳示晝晝自

念住持於此久矣欲求其傳而未之得是僧實携以來豈非緣契遂録傳之□日既暮僧輒告去固留不止遂行晝曰日巳夕矣彼僧何詣命追之莫知所止晝亦不知其凡耶聖耶因以其傳爲示予讀之本末甚詳但其語或俚俗豈□常者少文而失天神本語耶然至菩薩之言皆卓然竒特入理之極談予以菩薩之顯化香山若此而未有傳比余至汝其書適出豈大悲付囑欲予譔著□遂爲論次刊滅俚辭采菩薩實語著于篇噫天神所謂後三百年重興者豈在是哉豈在是哉

元符二年歲次庚辰九月朔書

祟甯三年五月二日杭州天竺寺僧道育重立

朱炳男□同□

詳繹文義及碑額題字其前皆有闕文疑當時刻石不止一碑或此碑兩面拓者遺其前耳碑爲崇甯三年僧道育重立贊内有元符二年仲冬晦日余出守汝州之語未列姓氏不知何人所書兩浙金石志是碑宋僧道育重刻在武林天竺者不知何時移至紹興祥案天竺僧立末必定在天竺右邊截去數行故傳文不全額題亦闕一大字祥按或是重立大三字阮氏疑刻石不止一碑庶幾近之傳爲唐釋道宣弟子義常所撰其作贊書石者不著名氏疑列銜右方併遭截去偶檢朱弁曲洧舊聞乃知爲蔣之奇守汝時作之奇宋史有傳越中金石記

訪碑録云韋義撰未知所据疑義常誤倒而又誤常爲韋也當云唐僧義常撰傳乃爲得之阮氏載此碑化爲老人脫爲字使臣受之臣誤作人遂敕左右脫勅字與夫人𢍏之𢍏者𢍏之俗誤作舁敬奉三寶奉誤作恭思議哉哉誤作者常者少文文誤作久遂爲論次論誤作倫其餘闕字皆在下截當是拓本不完之故贊内三衣藍縷三疑衫之誤

渠州濟遠廟封惠應王牒

高一尺二寸廣一尺九寸廿四行行字大小均不一正書在渠縣

勅渠州漢車騎將軍

又加封惠應王告牒

渠州濟遠廟應民公

右可特封惠應王

勅朕每務推仁政以育群生而所不能必者水旱之來故誠信以交神神保是格則雨暘以時應求而至民不敢薄神之賜顧無以報則告于有邦君子朕惟

有土之守與民同休歲則敬聽其言錫神之號肸封
列爵冠服之儀秩以命數所以荅揚神休而丏神之
終惠也惟神其亦不閟其靈以對寵命以助予仁民
愛物之政可依前件
崇甯三年九月二十六日
中　書　令　闕
中書侍郎臣吳　居厚宣奉
中書舍人臣劉　正夫行
奉
勑如右牒到奉行

崇甯三年九月二十七日
侍　中　闕
司空兼門下侍郎　京
門　下　侍　郎　挺之

漢車騎將軍者馮緄也先封應民公至是晉爵爲王號曰惠應廼有是敕而刻石以紀之與民同休歲歲蓋戚之誤

徽宗賜辟廱詔

高二尺五寸廣三尺一寸十五行行廿一字字徑八分額高一尺七寸兩行題皇帝賜辟廱詔六字並正書在陵縣學

朕嘉在昔善天下之俗勸功樂事尊君親上莫不受成
於學命鄉論秀比其德行而興其賢能崇德黜惡人有
成材逮至後世士失所養家殊俗異未之有革惟我
神考若稽先王建置校學罷黜詩賦訓釋六藝首善於
京師矣朕追述
先志夙興夜寐罔敢墜失思與有德有造之士共承之
遂詔所司推原
熙豐三舍之令播告之修誕彌率土即國之郊作辟廱
廢科舉以復里選之制非聖賢之書與元祐術學悉禁
毋習乃涓日之良臨廱視學延見多士廉以好爵朕心
庶幾焉傳不云乎以善養人者服天下朕之迪士至矣
其丕應徯志以從上之欲則將一道德同風俗追成周
之隆以敷惠我
神考豈不韙歟付辟廱
四日

碑無立石年月朱朗齋云據序稱三年告成車駕幸焉詔國子司業臣綱臣靜云云攷宋史徽宗本紀崇甯三年十一月甲戌幸太學遂幸辟廱賜國子司業吳絪蔣靜四品服學官推恩有差則此碑系之崇甯三年十一月也宋史無賜詔明文得此可補其闕詔

內建置校學廳是學校之誤播告之條條誤作修山左金石志
碑下方有後序試大司成薛昂撰書司空蔡京奉
敕題額知德州軍賀宗賢奉聖旨立石此其上截
也播告之修見書盤庚篇山左志疑修爲條字之
誤非
元祐黨籍碑 嘉定四年八月既望 萃編載卷一百四十四列崇甯三年
元祐姦黨 無此四字 張夙 在鮮于綽下 張裕 在陸表民上 陳祐 祐作祜
右元祐黨籍蔡氏當國實爲之
徽廟遄悟迺
詔黨人出籍

高宗中興復加褒贈及錄其子若孫公道愈明節義
凜凜所謂詘於一時而信於萬世矣其行實大槩則
有 國史在有公議在餘官第六十三人迺暐之曾
大父也後復官終提點杭州集真觀贈正奉大夫暐
幸託名節後敬以家藏碑本鑱諸王融之真併巖以
爲臣子之勸云嘉定辛未八月既望朝奉郎權知融
州軍州兼管內勸農事古雪沈暐謹識 右刻在碑下方
萃編於標題下載是碑而未錄下方跋語兩碑互
異亦未盡舉並補之碑刻於真仙岩時在嘉定四
年八月依原次別列於此不類入岩刻
黃庭堅蒙泉二字
拓本高四尺四寸廣二尺二分一行字徑一尺五寸旁款一行字徑二寸俱正書在湖南石門
蒙泉　申陵黃魯直書
蒙泉在花山有二泉宋紹興初黃魯直爲章惇蔡卞
所忌貶涪州安置戎州黔州又改宜州經此題蒙泉
二字於石壁 澧州志林
石門縣方頂山有蒙泉二字正書大徑一尺五寸許
其右有小正書申陵黃魯直書六字陽文凸起 古泉山館金石文編

右山谷書蒙泉二字士人云懸之堂宇可以辟火
信然邪案湖南通志花山在石門縣西十五里山
下有蒙泉方頂山在縣西一里今此題字不在花
山石門新志謂明人摹刻

八瓊室金石補正卷一百九終

八瓊室金石補正卷一百十

太倉陸增祥撰　　男　繼煇校錄

吳興劉承幹覆校

宋二十九

王氏雙松堂記

高三尺二寸五分廣二尺八分廿行行廿八字字徑五分行書篆額斷缺存氏松記三字可辨在洛陽存古閣

王氏雙松堂記

昔夏后初都陽城南踰洛陽百里而遠成湯遷亳殷東踰洛陽五十里而近皆舍洛陽而不都周興武王□宅

鼎郟鄏厥後召公宅洛邑周公營成周其意盛矣而成王卒不果遷逮夫宣王中興自鎬之洛狩于圃田及于敖山因以朝諸侯車攻之詩作焉豈不歆成周名之志歟且宣王嘗狩于岐而石鼓之詩亦偉矣夫子乃舍而不錄得非岐之狩為常而東都之狩非常乎惜夫宣王卒亦不果遷也至平王是遷而周衰矣尚復何言□是三代之盛所遺而不□者氣象轇轕輪囷鬱然發而不施山含煇而餘秀川澄淵而軼潤草木得之異態日新其在風俗逸豫安舒特宜夫搢紳先生潛養之適也蓋自李耳為周柱下史而來風流高矣而遠不勝道姑以近世三人者識之唐盧仝之隱不資嵩高少室之雄而近在城闕之中草屋數間閉門不出者以歲紀論微韓愈殆莫知其賢哀帝時宰相楊涉之子凝式於學無不通嘗諫其父立唐而復已相梁不得志曰陽狂一時終五代賢者誅戮□□□之際逸樂白首其中蓋有大過人者視其丹青遺像知其為偉丈夫而筆墨之妙凜然生氣猶在也自慶秝来康節先生邵堯夫貧居天津之南獨明先聖之道不老不釋卓然振千古之絕□頗苦志著書而精深難窺矣　天子嘗命之官不得辭而身不出公卿大夫樂從之遊而莫能名其器既死而名

益高夫此三人者唯洛陽之宜也所謂逸豫安舒之風蓋可觀已嗚呼名有帝王山川之勝而□□□高人豪士之奉坐通四海九州之湊何其盛哉以故公卿大夫功成得謝危樓傑觀水竹花卉之麗甲天下而不以為侈繩樞甕牖之生終日欣然亦自以為得孰非所宜者王君聖徒庭鯉世為洛人躬築別墅建春門裏植雙松以自見其志曰以雙松名其堂日與平生故人徜徉圖書壺觴之樂四方之賓客如歸為靡不適可且自歎曰吾老矣恐不得如吾松之壽也而吾之志則不可不著之異日於是懇予文以記于石予曰道古今之所以然

者書之使後之遊者得以賞焉崇甯四年四月十六日

嵩山晁說之記詠之書雲□許與篆額

□□刊□

右雙松堂記在洛陽存古閣晁說之撰晁詠之行書許與篆額案記爲王氏作文云王君聖徒庭鯉庭鯉當即其名聖徒當即其字晁詠之字之道鉅野人史附其兄補之傳初爲揚州司法參軍擢進士宏詞二科爲河中教授元符末以論事罷官久之爲京兆司錄秩滿提點崇福宮計書此記時當在赴京兆以前也晁說之端彥之子字以道登進

士蘇子瞻以文章典麗可備著述科又薦於朝以爲自得之學不踐陳迹元符中以黨籍放斥不許入國門後終於徽猷閣待制計作此記時正在放斥之後故惓惓於高人處士也又記敘楊涉之子凝式云云攷新唐書楊收傳後云涉昭宗時仕至吏部侍郎哀帝時進同中書門下平章事爲人端重有禮法方賊臣陵慢王室殘蕩賢人多罹患涉受命與家人泣語其子凝式曰世道方極吾嬰網羅不能去將重不幸禍且累汝然以謙靖終免于禍此記所稱諫父及陽狂事史皆未及致詳案無舊唐書檢閱宏簡錄敘涉事有唐亡事梁改門下侍郎在位三年數語意凝式嘗諫其父史臣略之耳宏簡錄又云凝式有文辭善筆札歷事五代官至太子太保亦不言其陽狂避世又記敘康節先生事云天子嘗命之官者攷史傳云嘉祐中王拱辰以遺逸應詔授將作監潁州團練推官皆固辭不至即記所稱不得辭而身不出也

石門題刻廿七段在襄城

王士沖等題名高一尺六寸廣八寸四行行字不一正書

王士沖晉明段□□□□□楊逵王□□同遊崇甯乙

酉閏□月九日

萃編載有楊逵一刻年月日與此俱同而所記高廣尺寸倍於此刻豈別一題名而我未見之邪此刻月日下即李埜等分書題名當列於慶元年間萃編即係於楊逵之後未見其慶元二年一刻耳

沖筠清館作升

閻邱資深等題名慶元二年二月萃編載卷一百四十三

王盆分書二字徑八寸四分在題名之上萃編失載

玉字作王點在中畫之上後人分玉王爲二音非古也

趙公茂題名 慶元二年三月 萃編載卷一百四十一

宋咏道遊 缺道遊二字 三酌于此 缺三酌二字

章邵等題名 高一尺八寸廣四尺三寸九行行四字五字字徑三四寸不等正書

章邵李鑒魏拱之張應卯章升之趙昘章復之以慶元
二年立夏前一日來邑令張寅尉李師章載酒相從

郭嗣卿等題名 慶元四年十二月六日 萃編載卷一百四十三

戊午嘉平月初六日□來男□□釋侍 午字已下四行全缺

章邵再題 一行三字字徑三寸許正書

章邵來

右刻在縣尉王某題名之左

趙昘再題 一行五字字徑三四寸許正書

資中趙昘來

章升之再題 一行五字字徑二寸五分正書

章升之重來

右二段在一石上以上三人名俱見前刻附慶元
末

宋之源等再題 高二尺二寸廣一尺三寸三行行六字字徑三寸五分正書

宋之源胡端愨李師章胡中正來游

萃編載有宋之源等修禊一刻故以再題別之訪
碑錄載宋之源別有一題名在淳熙十四年二月
未見拓本李師章名已前見附慶元末并知修禊
一刻亦在慶元時

劉中□等題名 高一尺六寸六分廣二尺五寸九行行五字正書

東平劉中□□嗣□□□□□泛舟龍江□□□□□□
石門□□□之□□□□永書□□乃還嘉定戊辰清明
□三日

安丙題名 高一尺一寸廣四寸五分三行行八字字徑寸許正書

嘉定閏月既望太守安丙同李侯貴來孫明孫慶侯之
二子侍

萃編載安丙玉盆題名係嘉定己巳閏月所題此

題但書閏月不詳何年以彼刻證之知爲嘉定二
年己巳也是年閏二月此云閏月者閏二月也其
年八月安丙爲制置大使此在閏月尚是知興州
時故稱太守侯即侯字疑是邑令故末云侯之二
子侍據此又知玉盆題名貴上所缺亦卽侯字

安丙詩 高二尺廣一尺三寸詩四行行七字款半行字徑二寸餘行書

凌晨走馬過花後先玩玉盆次石門細想張良燒斷處
嵓間屹立欲銷魂 嵓然山叟

嵓然安丙自號也其所著詩名嵓然集此詩蓋安
丙所作附其題名之後案郡國志云中間谷道褒

水所流昔張良說高祖燒絶棧道曹操出斜谷臨漢中諸葛亮由斜谷取郿皆此道也此詩云張良燒斷處者蓋即指褒谷也元和志云褒谷在褒城縣北五里

高迅題名高二尺七寸廣五寸二行行十九字字徑二寸許正書

歲次辛未閏二月制置大使司提樞修造官高迅□□
軍匠修葺山河三堰共用□役玖仟餘工記

陝西通志引府志云堰界石在縣東三里龍江中上一石橫刻使府打量到下鐫古界從此石至南大宋乾道元年十一月初五日眉山史可觀記下

一石鐫制置大使司提修造張儀准相命檄自嘉定三年至七年督責軍人董工治堰嘉定七年二月記此刻但紀干支而不見年號蓋即志所稱治堰之役也辛未是嘉定四年是年閏二月與此亦合其時爲制置大使者即安丙也山河三堰者褒水一名山河水故名山河堰引黑龍江水分三堰水入縣界南流至雞頭關下築堰截水爲弟一堰名鐵樁堰相傳以柏木爲樁又南流三里許至縣東門外爲弟二堰乃山河堰之正身其下植柳築坎名柳邊堰弟三堰在城南五里龍江下流砌石爲堰流二里至三橋洞分兩派爲東溝西溝其間支分小堰不下十餘要以三堰爲統宗焉此刻前有杜珪巳酉四字後有一楊字

劉參題名嘉定四年閏二月萃編載卷一百四十一

孫記同缺孫字侍行侍誤待

施□□等題名高一尺廣六寸五分四行行五字字徑一寸五分正書

□城施□□□川白巨濟寶慶丙戌□同來

川上是潼字以後刻知之

趙彥吶題名寶慶二年萃編載卷一百四十一

趙彥吶敏若缺吶敏二字陳隆之缺陳字西狀狀誤村古繁缺古字

晉狀同徠缺晉字同字抵竹潭缺抵字亥雪缺亥字石刻缺刻字亥雪缺亥字

趙彥吶史有傳嘉定十二年關外西和州新被兵制使安丙檄使經理在州五年得軍民心轉提點刑獄尋遷沔師寶慶元年移帥興元會鄭損棄四川退保三關彥吶力爭之不勝罷歸此題正其帥興元時也其後爲四川制置副使加直龍圖閣端平元年陞正使兼知興元府以兵敗貶衡州又吳執中傳有劉炳云劉炳與弟煥以通律呂爲大司樂遷給事中惟係蔡京同時人被劾後史又不詳

非卽此劉炳也然別一刻有弟煥云云又似卽劉
炳之弟或卽其人姑識之
曹濟之等題名 紹定二年 萃編載卷一百四十一
玉盆 分書字徑四寸餘在題名之上萃編失載
此與閭邱賁深郭嗣卿兩種皆玉盆題名也今併
列於石門諸刻之內
趙□辟題名 萃編載卷一百四十一
兖國趙□辟 缺兖國辟三字 紹定庚寅 缺紹定二字 令□煥叔來 缺煥叔二字并少空一格
右刻在文玉恩題名右萃編未審出年號卽附於

文玉恩後今補之
段从龍題名 高一尺四寸廣六寸三行行字不一字徑寸餘正書左行
戊申春漢中段从龍至
邑人李宗賢
偕行
段从龍疑是段雄飛之字戊申疑是湻熙十五年
康衢等題名 高一尺五寸五分廣一尺三寸三分四行行五字末行四字字徑二寸五六分正書
康衢□桂孫 程仲革弟宋 震攝令同徠 戊午烁季
程仲震等題名 高一尺七寸廣一尺八寸五分五行行三字字徑三寸許正書
程仲震 張奉先 吳貴馬 嗣安載 酒同徠
弟煥等題名 高一尺四寸廣一尺一寸三分四行行八字字徑二寸二三分分書
弟煥後一日約客□ 宋甲姚祁李□之 張承祖王其暘
妷癸宋 同来子艮宋侍
范季和等題名 高一尺七寸廣一尺三寸三行行五字字徑三寸許正書
范季和李壽 之黃仲可呂 □父來游
縣尉玉□等殘題 高一尺五寸廣一尺三寸可見者五行行字不一正書
縣尉王□□□□ □父叔弟□□□□ □□石門奉尊
命□生叔□□ □□□□九□□後不可辨
王下似是龍字筠淸館作忠殊非字多殘泐四行

以後尤爲章邵來三字所掩
賈哲題名
賈拓字三德
在曹濟之熟食日題名之後一行當是別一刻此
下尚有一題僅見行首李字日字
題字兩種
石門 分書二字徑一尺二寸許
衮雪 橫列二字分書大徑二尺許
右石門題刻廿七段萃編未載者有廿爲補錄之
筠淸館所載尙有湻熙戊申宋之源等紹熙甲寅

李師旦等及宋之源等庚申正月三刻未得拓本而余所見者吳氏僅得其半蒐集固難全耳此拓本多半剝泐風侵雨蝕日卽銷亡亦可見嵓壁嶔崎鐫刻本自難精椎拓亦良不易也

米芾眞君題字 高四尺三寸廣三尺二行行三字字徑一尺一寸許款一行十三字在平武

眞武靈應眞君

崇甯乙酉九月書學博士 芾書

後人摹刻

刻建安黃公詩跋

高二尺二寸廣二尺二寸四分廿三行行廿二字字徑八分許行書在咸陽

建安黃公詩

留題淸渭樓

黃翁愛山不知休每日不下淸渭樓爲官落得官下隱愛山不得山中遊朝看暮看山更好古人今人空自老天生定分不可移白雲悠悠寄懷抱

孤鴈一絕幷序

渭之中洲有孤鴈常所栖止及渭漲沙移無復來矣抑去就自決耶被害亦未可知故作詩以思之

沙平水淺鴈長栖水漲沙移鴈不歸江海一身多少事淸風秋月我沾衣

長孺嘗攷宋次道春明退朝錄公名孝先字子思登天聖二年第終太常博士與其從弟子温名孝恭者皆雅善詩爲宋元憲嘉賞而所錄子思句獨有詠懷云日者未知裴令貴世人爭笑禰生狂重午云風簷燕引五六子露井榴開三四花及來關中始見華淸詩于臨潼壁間其警秀不可及者有如行人問宮殿耕者得珠璣使人益恨未覩公平生全編以快心目也崇甯丙戌春咸陽主簿吳脩復誦其出宰是邑日二詩格高趣深飄若來從天外覩前所見又出其上且云元豐五年邑宰劉君倩固嘗刻之石矣而字細易缺湮在縣廨往來士大

夫鮮得口詠而心惟者請爲我大書入石將寘縣驛之壁吳君其好奇喜事者耶三月晦宣德郎管句學事司文字蘭陵東長孺書

權尉崔奕 主簿吳脩復 縣令仲亢 李壽永

刊

米元章書太白江油尉廳詩

高四尺四寸廣二尺七寸六行行九字字徑四寸許草書在江油

太白題江油尉廳

嵐光深院裏傍砌水泠泠野燕巢官舍溪雲入古廳日斜孤吏過簾捲亂峯青五色神仙尉焚香讀道經 米

元章書

黃庭堅書達摩頌

高三尺廣一尺九寸頌三行行五字六字字徑四寸許左右題款二行小字並正書橫額四字分書在登封初祖菴

祖源諦李 字徑三寸餘

文思副使提點尤廂諸監段綽題額

少林九年垂一則語直至如今多方賺學

實錄檢討官著作佐郎黃庭堅書頌 存碑右下方

朝奉郎知河南府陵臺令兼知永安軍同簽書兵馬司公事輕車都尉賜緋魚袋張宗著立石

湖石林虡題記

高一尺二寸七分廣九寸七分十一行行廿字字徑五分正書在湖州府署

度支郎中鮑公嘉祐七年壬寅歲來守吳興留題名字刻于□圃之山石及朮□之幹大觀元年丁亥歲公□太□□□□□□□□守下車之初首訪舊題得石刻于墨妙堂之南得木刻于逍遥堂之北於是會客圖中發□□題且與虡步至石下拂塵滌字後得我先文節公題字於其側文節公守湖當元祐二年丁卯歲距嘉祐壬寅凡二十六年二公所題固有後先而並刻一石若同時者逮今四十六年而僕卿與虡兩家子人一日偶至石下同覽遺刻相顧恍然念棠陰之未改愴手澤之猶新感今悲昔乃書其事于石云大觀元年十二月望日通判州事林虡題

右題名正書刻於太湖石上乃六客堂舊物也按文鮑僕卿與林虡兩家先世皆任湖州守玆因手澤感事續題考舊志鮑氏仁宗時有湖守鮑當鮑軻必有一于斯林氏任湖守者湖州牧守題名碑有林希注云朝請郎充集賢殿修撰元祐二年八月云云與碑文頗合當卽其人虡字季野有元祐七年烟霞洞題名見集中 兩浙金石志

第三行太字浙志作大非葢卽太僕之太也餘亦多審出七字碑泐處仍据志補之嘉祐元祐鮑林二刻今不復存殆別刻一石歟

學校八行八刑碑

連額高五尺廣二尺四寸廿七行行六十一字又御名二行字徑七分額題御製學校八行八刑之碑十字並正書在臨潁

御製學校八行八刑條

准大觀元年三月十九日奉

勑中書省據學制局狀准本局承受送到 內降奉

御筆批學以善風俗明人倫 至 仍關合屬去處

登仕郎行潁昌府臨潁縣尉管勾學事臣邵世卿
登仕郎行潁昌府臨潁縣主簿管勾學事臣劉文仲
從事郎行潁昌府臨潁縣丞管勾學事杜欽益
通仕郎潁昌府縣令管勾學事臣聶份建

郎蔡京所題大觀聖作碑也萃編載興平涫化高陵臨潼四種此碑無刻石年月仍依原次列之是碑當時多有今存者山東九種觀城臨朐菏澤城武諸城泰安新泰章邱臨邑陝西六種除已載外藍田武功均有之河南三種除此碑外偃師滎陽均有之江蘇惟句容有之共十九碑也

又萃編載卷一百四十六在高陵

酒稅字缺酒　張瓛字缺瓛　史敔字缺敔

夾山寺鍾款

篆書四字字徑三寸七分款二行行十四字字徑寸正書

皇帝萬歲篆書

澧州夾山靈泉禪院衆緣鑄造永充
常住宋大觀三年巳丑歲五月初四

夾山寺鐘宋大觀三年五月鑄重萬斤石門縣志

右夾山寺鍾款在石門湖南通志失載四篆書環列四周款在歲字皇字之間案石門志云夾山寺即普慈寺唐時建又云夾山在縣東南三十里古靈泉寺地又云夾山本僧善會道場世傳善會未入山時荒谷無人有周野人者廬其中貌極兇惡人至輒食之師入求宿適野人外出其妹令速去吾兄食人善會云不妨有頃周野人歸欲加害師以水噀之遂黏壁不得脫野人告哀求免師命囘心野人飯命乃釋之今爲夾山伽藍有塑象在又師住夾山僧問如何是夾山境師曰猿抱子歸青嶂嶺鳥銜花落碧巖泉楚寶云善會廣州人姓廖氏中和元年示寂謚曰傳明據此知夾山之緣起

當在唐末志於慈靈泉亦不詳其建置廢復之由殆不可攷歟

葆眞觀記碑

高五尺一寸廣二尺九寸二十五行行三十九字字徑八分正書橫額題勅賜葆眞觀記六字古篆書在岳州平江縣

平江

勅賜葆眞觀記

右朝議大夫知岳州軍州管勾學事兼管內勸農事
輕車都尉借紫輦捧奏請觀額并立石
朝請大夫直秘閣新差知江州軍州兼管勾學事兼

管內勸農事兼江南東路兵馬都監上柱國黄誥撰

大觀元年秋九月

天子祀

神宗於明堂

澤及四海乃降

勑書以岳州平江縣道巖爲葆眞觀此千歲一遇也去幕阜山四十里有巖石焉蟠地而大揷天而高其中空虛了無一物東西透徹車馬往來其廣可以架屋百楹巖之上下流水灌注源源不絶此天池也遶巖四柱森然相望若有所獻此香鑪峯也南一峯仰視霄漢有軒

昂不可屈之勢此席帽峯也北一峯深入煙霞與星斗爲鄰此雲蓋峯也有試劒石此許眞君駈邪斬蛟之故事也有燒丹爐此葛艾先生修鍊飛升之遺迹也有井深不可測故神物蟄藏於其中每歲闕雨鄉人祈禱頃刻而應至於名花茂草珍禽竒獸開落飛鳴千狀萬態非筆墨所能盡唯覽者自得之風俗相傳謂之道巖或謂之祟仙觀其興廢本末不可得知而其巖石蓋自天地開闢之初巳融結剖判如此埋没於當年顯焕於今日謂之千歲一遇非過論也先是洪州西山逍遥觀道士胡元周經歷巖下徘徊不忍去乃披荆棘具香火作章醮爲人祈福信善之士翕然歸嚮爭出財力與之修建凡十五年自門庭至於殿宇自殿宇至於堂奥莫不完備守令監司論奏

朝廷以葆眞觀爲額可謂幸矣昔者東郭順子人皃而天緣虛而葆眞物無道正容以悟之使人之意也消人以言其僞天以言其眞也凡人之情莫不緣物而動目緣色耳緣聲鼻緣香舌緣味心緣嗜欲五者交戰則人僞長而天眞滅矣此緣虛所以能葆眞也德行不足語言有餘物無道正容以悟之不待語言而自化也無意則眞有意則僞使人之意也消莫不眞也古之道術有

在於是者多矣而南華老仙獨稱東郭順子豈非葆眞之士不易得哉使郡邑之中山林之下有如東郭順子則人人舍僞而從眞不煩號令之督責刑罰之驅除而內外治矣然則

朝廷美意可謂深切著明而冠褐之徒安得不勉□以報萬分之一乎大觀三年五月二十□□□記

右葆眞觀記碑在平江同治甲戌平江令麻竹師維緒搜拓見貽湖南通志失採通志引一統志云道巖山一名香鑪山引岳陽風土記云在縣東下有老子祠上有仙壇丹竈有池歲旱祈禱有感有

許旌陽試劍石又引輿地紀勝云山在梅仙山之東四十里有兩峯南曰席帽北曰雲蓋又有巨石中斷而遂東西可輿馬往返容屋百楹上下流泉不竭又引明統志云山上有天池又有香爐峯又引縣志云山在縣東九十里有七星石有龍湫龍影洞巖之後有艾仙壇又引明史地理志云縣東北有幕阜山一統志云幕阜山在縣東北接江西界梅仙山在縣北三十里高二百餘丈岳陽風土記云山在幕阜之麓又寺觀門引舊志云葆眞觀在縣九十里舊名道巖宋崇甯閒賜今名有葛艾

二仙壇及燒丹鑪試劍石九老題名諸勝蹟記所述悉與志合惟賜額在大觀元年志以爲崇甯閒者尙係約略之詞道巖一名崇仙觀爲胡元周所營建則志皆未及知也捧疑郎捧字犖捧知岳州志亦不載黃誥字君謨平江人通志引南畿志云熙甯三年進士爲長沙簿章惇開梅山增畝稅誥力請罷之徙知益陽尋居喪廬墓芝生六十餘本紹聖三年以朝散郎知歙州剏學舍後遷湖南提刑仕至太府卿至直秘閣知江州軍則未之及也其在知歙州之後邪

黃誥道巖詩碑

高五尺一寸廣二尺九寸詩十行行廿八字前後四行行字不一字徑寸許行書橫額題黃左司題道巖六字古篆書在平江

題道巖二十韻

道士元周其姓胡朝來邀我仙峯圖一堆磐石東西向鑿破混沌中心虛欲知地面深且廣架屋百楹端有餘天池高下相灌溉四柱卓立擎香鑪席帽近南猶仰視雲蓋一峯蟠北隅前峯後峯爲表裏直過可以肩籃輿與許遺留試劍石葛艾棄置燒丹鑪當時俗眼固不識一旦脫屣朝淸都至今丹井泉源湧下接三江連五湖

春來桃李開錦繡宛在武陵溪上居人間酷熱不能到淸風白水搖芙蕖霜飛雪落萬木死玉葉青青長不枯三淸殿前拜章夜香遶眞儀七十軀月光射入嵌空內皎皎寒冰在玉壺老龍耽睡忽驚覺一霎萬頃霑膏腴物無疵癘年穀熟有感則通如合符本朝圖經自該說厥後荒廢成邱墟元周抵掌來必葺十四年間復古初崇甯 天子降明詔廢者使興傳聖謨郡邑何時能剡奏華封之祝相驩呼

崇甯五年八月十八日江夏黃誥作 開巖建觀住持焚脩元都三洞道士胡元周立石

左司學士崇甯五年八月十八日作此詩未幾守令
監司又行論奏　朝廷遂得葆眞觀額豈非是詩兆
斅神仙巖穴顯煥於今日與天地齊久詩亦不泯也
門人羅衛謹□
右黃誥道巖詩刻在平江葆眞觀碑之陰麻竹師
以此爲碑陽以余度之此當是碑陰也詩作於崇
甯五年刻石在賜觀額之後記與詩蓋同時上石
也黃誥爲平江人自署江夏者舉其郡望也通志
山川門附載此詩葛艾誤葛丈固不識之固作故
脫屣作脫履嵌作隙皎皎作晧晧耽作隱來作謂

間作來要當以碑爲正
崇福宮石刻二段在登封
張杲題名 高一尺三寸七分廣二尺七行行六字字徑一寸五分行書後三行字徑四分正書
權發遣京西轉運使張杲被　旨詣嵩山　崇福宮安
挂　御賜二門牌大觀庚寅十一月二十九日至此
大觀四年十二月一日崇福宮主道主道士王□名
立石
將仕郎縣尉兼主簿丁　晏
宣德郎知登封縣事唐　懿
盧國練題名 高二尺廣一尺九寸四行行五字字徑二寸許又前後小字各一行俱正書在登封
鈌
盧國練留題
□川仙裔值雪留兩日宣和庚子歲冬至後三日題
元素大夫靜正法師知西京嵩山崇福宮事張若柔
摸勒上石　聶□刊
南嶽觀音贊
高二尺八寸廣一尺六寸十七行行廿八字字徑七分正書在登封
南嶽觀世音菩薩贊
覺印禪師子英少爲比邱事善知識於諸佛法未得悟
入嘗居南嶽寺一夕夢觀世音菩薩坐其室中英稽首

求哀觀世音不答徐舉淨缾稍稍振之缾中有聲如百
千妙樂合奏成文曲終召英灌以香水蒳掬英頂覺心
耳娛悅神情開達後數日豁然契悟遂圖觀世音菩薩
像如夢中所見者凡六坐道場必以自隨大觀四年春
罷普照禪席將遊嵩少忽謂法照童子曰汝法器也宜
奉此像乃以授之童子歡憙歸示其父霅川張大亨父
即頂禮觀世音菩薩足已爲叙其事且欲重宣此義而
說頌言
廣大智慧無與比　普觀一切皆圓音　根塵旋復
自聞聞　是故得斯清淨耳　衆生垢重不自覺

隨聲轉故迷本聞　大士慈力爲冥資　示以普門
如幻法　我觀瓶相如虛空　以大悲故流香水
恒出種種解脫音　聞者悉成無上果　願此童子
及我等　一切皆得從中證　還於莊嚴衆具中
演說如是普門法
政和元年五月初五日覽廣信軍通判朝奉嘉甫觀
音菩薩贊深契妙理寄普照覺印老師智通等特刊
石於少林祖師道場傳布四方使見聞者悉證普門
三昧前住持嗣法智通住持嗣法孫惠初同立
陳忠顯刊　在首行下

西河普濟寺記

高三尺三寸廣一尺九寸廿三行行四十四字字徑五分正書在澄城

西河新修普濟寺記
距馮翊郡之北九十里其屬邑曰澄城縣縣西三里澗
行而南百餘步谷曰金沙有泉出于山谷之間世傳曰
洗腸泉卽東晉高僧佛圖澄開腸浴腸之地也師之靈
異晉記言之詳矣邈邈曠古聖跡具存高山蒼蒼流水
湯湯孤雲裴回仰清風而不忘觀其圓明一鑑涵畜萬
象升之可以致雲雨酌之可以愈疾病故民間水旱疢
疫必禱焉應驗如響人加畏信相與勸飭葺寺宇於泉
上以爲大衆祈禳歸依福地大觀丁亥冬馮翊久不雪
麥苗未滋且慮來歲之歉郡侯郭公長卿遣使具蒲塞
之饌嚴潔致祀迎酌泉水而供事之越翌日而瑞雪應
祈闔境霑之歲迺大熟郭侯表其事于朝　天
子嘉賞至大觀戊子四月錫師以眞顯法師之號大觀
己丑有
詔毀天下寺之無名額者太守李公愼
由從邑人之請具以靈泉寺屋滿三十楹之數上之
詔遂不毀仍
勅普濟之名以爲寺額李侯親書其榜揭示無窮亦使
後世知寺獲普濟名者自李侯始也舊泉之東上皆土

山其高數百尺岩巇斬絕雖樵夫牧孺不能留足其地
邑之大姓曹師仁之所有也曹念法師神異綿歷七百
餘祀今旣廢　天子寵命蓋宜崇飾梵宇奉安神
像使之輪煥壯麗以爲邑人美觀不亦可乎於是盡施
泉上之地以爲寺址有比邱尼法遠苦形勵志力願成
就命工鑿斲削土山而平之劉撥榛穢始□始基法遠
布衣一襲糲飯一盂卑辭下色謹募檀越往來城中日
十數返冽寒酷暑志不少替邑人覩遠之勤嘉遠之志
揮金爭施樂助緣事梓棟瓴甋遐邇輦至鳩工聚材卜
日而就三門峻峙而廡翼立堂屋廚庫皆有法度粥魚

齋磬罔不嚴肅東儆高閣層倚巖腹眞顯之像處其下西構淸軒俯臨溪流以爲士庶行樂宴賞之勝然寺臨河上高倍十丈每歲夏秋之交雨水暴漲泉之東岸旋葺旋壞大觀庚寅汶陽王公浹授　天子命作宰是邑或爲民祈請或行春布令楃車駐旆屢至寺下一日攜軒愕視曰水所以爲東偏患者以河西巨石磯礴隱伏地中障囬水勢而不得西此所以東岸受其患也因自給俸廩募石工琥鑿以殺水東之勢乃諭遂以丐化石如柱礎大者三千有竒積起爲岸以護河水泛溢之患以爲永遠堅固之利遠如大夫指闕歲而功告成

自是躭躭沈沈莊嚴靜深爲香花之芬馥鬧鐘磬之淸音梗楠杉檜翠陰蕭森溪聲漱玉𪖙溜鳴琴禪侶燕坐如鷲峯之與雙林又有桃李以茂陽春之華亦有松竹以固歲寒之節夏風如焚則就濯匱谷金沙之泉秋霄氣淸則坐延堯山金粟之月顧寺之與豈特法師蓮鉢一勺之水可以爲雲雨而澤萬物至於四時敷榮之景凡可以供耳目之娛者又且使人樂之而不猒卽以利物又以便人孰不曰瞿曇氏之教政和壬辰孟冬初吉

邑人曹景儉記　　少陵王忠書

陳仲文刊

越州新學碑

高五尺廣二尺五寸五分廿三行行四十七字字徑六分餘額三行題越州新學之碑六字並正書在紹興府學二門西側

越州新學碑

朝奉郎守尚書度支郎中知越州軍州事兼管內隄堰橋道勸農提點銀場兩浙東路屯駐駐兵馬鈐轄護軍借紫張伯玉撰

治平元年夏四月丁卯越州新學成先時學舍近市隘囂靡宏厥居嘉祐中始於州之東南隅得爽塏地平衍高古儆然一方喬木渟水有泮林之象焉始作大殿直

金石補正卷一百十　　吳興劉氏希古樓刊

庠門翛然從　夫子舊像南面顔兖公西嚮配坐東西兩廡圖畫七十二子洎二十有二先儒孟荀揚文中四子之像其東廡之後別爲祠堂齋宮一區藏籩祭器益嚴繇殿後越儆庭夏屋言言環坐重席者可三四揖之曰公堂旦夕講勸歲時鄉射之宅也繇堂東西翼于庠門列爲齋舍甲乙以次各有名版學者居多益宏堂東學鼓之南書大榜條其篇目皆學中規爲之法也諸生服膺無譁望之肅如也庚辰守將伯玉率僚佐洎師儒宿于齋宮辛巳質明用牢醴將幣奉成于　先聖先師旣徹遂升于公堂與祭者咸坐大約以鄉飲之節發成

之于時州人故老堵立而歎曰偉哉學也我髫壯所未
睹逮黃髮見之矣成是美俗世爲善良者其在茲乎於
是序賔充然而進曰維東南越爲大州今茲學又爲東
南最始州將渤海刁侯擇地卜築基之矣會解去繼以
紫微吳興沈侯勇爲之僅完矣又易地于杭故遲之凡
三年君侯至而成之夫能以近而致遠俾後而知今者
莫如言昔者魯僖公叔世之諸侯也能興脩學宮國人
頌之仲尼與之洋洋之聲到今不絶者言也君侯立唐
虞之朝策名涖官所至以職學爲任宜乎爲我屬爲文
詞刻于金石俾聲于無窮可也伯玉固辭曰惟是寡學

不敏不敢賦且逾月不得免因覃思摭實作新學之詩
凡四章一章十有六句言經始而成之也二章十有六
句言來學之盛也三章十有七句敘學化之流行也四
章十有二句志其悠久抑又禆之也其詞曰
芒芒禹跡越爲大區重山複川丕冒海隅浸被
王澤惇古服儒服儒伊何新學鼎成邃殿高閣
廣廡脩庭有翬其檐有覺其楹貎聖圖賢炳爗
丹靑歲時 國祠丕錸 王靈夏屋長廊分厥
攸居咸有區處式安其徒其徒來學嚮若雲合
執經而趨震鼓發篋躋于公堂師友攸攝禮樂

是將詩書是業涵泳道眞剔剪紛雜俾我善教
與時偕洽昔也學之未成惟君子是營今也告
厥成惟庶民是聽父詔于子弟服于兄曰民之
生佷佷其好惡靡則惟學是明昔我鬨嚚今
也和平昔我辯訟今也靡爭納于善良協于太
寍繁學校是興稽山崔崔越水漣漪新學有奕
君子所作惟大中是師惟大化是禆不黨不偷
不蔽不欺俾民弗迷揭爲聲詩告于後人俾長
世無斁思
政和元年十月望日將仕郎充州學教授陸

友諒 重立石
奉議郎監在城稅務張 勸 書
刊者董彥

文云始州將渤海刁侯擇地卜築繼以紫微吳興沈
侯勇爲之又易地於杭凡三年君侯至成之今以職
官題名攷之刁約以嘉祐五年任沈遘以嘉祐六年
任伯玉踵文通之後以嘉祐八年任經理修學之事
至治平元年落成文中稱君侯者述州人頌已之辭
據前文守將伯玉率僚佐云云可證乃萬厤志竟以
屬之後任章伯鎭並言伯玉以治平元年徙郡去未

及觀新學落成撰文不自書其功者示謙也不知伯鎮莅任在治平三年此記作於前一年文中無一語及後任又何讓功之有此蓋因碑後政和元年十月重立石一條致誤耳近時新修府志猶仍其謬故特正之宋詩紀事載伯玉字公遠建安人第進士嘗爲蘇州郡從事范文正舉以應賢良方正能直言極諫科嘉祐中爲御史出知太平府後遷司封郎中有蓬萊集據此知其嘗守越州府志稱作張侍郎亦誤兩浙金石志

伯玉字公達建安人刁俟名約字景純潤州人沈俟

名遘字文通錢塘人按越學本吳監簿孜捨宅所爲今碑無一語及之何也或者監簿不欲有其名而伯玉遂不書以成其高歟嘉泰志以爲闕文非是此不當闕者也碑爲陸友諒重立則治平初似已勒石書者張勸字闕道元祐八元符三年登第距伯玉撰文時已三十七年蓋亦重立時所書非從元碑摹刻者友諒海鹽人大觀三年進士越中金石記

標題越州新學碑阮氏碑作記屯駐駐泊脫一駐字式安其徒安作安闕作門昔我辯訟昔作告惟大化是裨裨作日均誤至燮作燥俣作俟則碑用俗字以正字改之耳

讀書巖宋刻六段在臨桂

楊書思題名 高八寸五分廣五寸三行行字不一字徑寸許正書左行

朝奉郎通判桂州軍州事楊書思　政和二季九月晦來

右刻在唐孟簡題名之右書思淮海人見疊綵山龍隱岩謝勳題名內

孫覿題名 高二尺四寸廣二尺八寸九行行九字字徑二寸餘行書

孫覿北歸提點刑獄董弅招經略安撫劉彥適轉運副使陳兗轉運判官趙子巖餞于棠亭飯後登鐵牛寺塔

徒步入藏院觀無盡老人畫像初寮道人書榜讀書巖所刻五詠晚集于靜寄紹興四年十月十七日

孫覿題名行書紹興四年十月在桂林府獨秀山潛研堂金石目錄

案孫覿字仲益晉陵人大觀三年進士政和四年中詞科高宗朝仕至戶部尚書提舉鴻慶宮有鴻慶集見宋詩紀事紹興元年十月龍圖閣待制知臨安府孫覿提舉江州太平觀覿不爲呂頤浩秦檜所喜故引疾而有是命二年閏四月孫覿除名象州羈管二相免覿上書訴枉四年八月詔象州羈管人孫覿特放令

遂便見繫年要錄詔下於八月以十月奉詔北歸許時正
合粤西文載孫覿謫象州寓桂林喜其山水作十詠
蓋覿兩年謫寓元風洞冷水巖伏波巖諸勝皆有題
名此其刻石之一無盡老人張商英號初寮道人王
安中號商英仁宗時監荊南稅安中徽宗時知燕山
府遼降將郭藥師同知府事安中不能制藥師叛安
中累貶安置象州並見宋史本傳金石續編
右讀書巖孫覿題名在臨桂獨秀山廣西通志山
在城東北宋太守顏延之讀書嵒下有詩曰未若
獨秀者峩峩郛邑間宋元祐間郡守孫覽鐫曰顏

公讀書巖刻五君詠於石此云初寮道人書榜蓋
藏院之榜也嵒石尚有唐孟簡及宋呂愿忠任續
范至能題名題詩諸刻未得拓本冷水岩題名覿
稱富陽故侯董弅字令升劉彥適字立道陳充字
景淵趙子巖字少隱蒙亭在伏波岩之左嘉祐中
經略吳及所建漕使李師中記之亭久頹廢紹聖
改元胡宗回帥桂林斥基而新之遂爲偉觀見粤
西詩載靖康元年張洵尙用之呂源李昪之葉宗
諤有唱和詩

蔣時題名 高一尺一寸五行行五字字徑一寸六分分書

有宋乾道八年秋興安蔣時日新領其徒十數輩肄業
于此敬識

蔣時題額 高一尺一寸廣二尺九寸題篆三字橫列字長徑八寸款四行行五字字徑寸許分書

雙清室
唐杜子美詩心跡喜雙清乾道九年烁蔣時囙新刊

廣西通志失載雙清室三字殆未見也

常恭題名 高九寸廣四寸二行行字不齊字徑一寸三分許正書

湻熙改元冬常恭會遊

王維則等題名 高一尺二寸廣九寸五行行字不一字徑一寸一分正書

開封王維則拉張信之啜茶巖下山主華公預焉湻熙
十年歲次癸卯七月十九日

八瓊室金石補正卷一百十終

八瓊室金石補正卷一百十一

太倉陸增祥撰　男　繼煇校錄
吳興劉承幹覆校

宋三十

贈魏王告詞勅

高一尺九寸廣二尺八寸廿行行十八字
字徑六分行書又小字三行正書在汝州

贈太師中書令兼尙書令魏王告詞
勅昔我
宣祖逮事有周元德陰功升聞
上帝篤生　聖子肇啓宋邦

藝祖　太宗撥亂反正　章聖　仁廟持
盈守成　英皇嗣之以宏遠規摹　神考成之以高
明法度商后之六七作中間闕如周家之十八王聚世
若此朕以眇末未堪多難上蒙　列聖之休猥託
地民之上代天制命其敢自私稽玉牒之相承念皇枝
之靡逮推原慶本敷錫褒章
宣祖皇帝子贈太師中書令兼尙書令秦王諡悼廷美
託體安陵分茅秦地生知忠孝躬服詩書嗟景躅之莫
追想徽猷之未泯進跪王土大啓魏邦尙其幽窀服此
休命可特追封魏王餘如故

告贈太師中書令兼尙書令追封魏王諡悼廷
美奉
勅如右符到奉行
元符三年三月十四日下
魏王告令　本宮奉國公掌之政咊三
年五月初十日管轄添修墳圍吳位趙
令□立石
開封李昌邦書　刊者党
文寶

宋史魏王廷美傳字文化本名光美太平興國初

改今名開寶六年加中書令封秦王後降爲涪陵
縣公雍熙元年卒追封涪王諡曰悼眞宗卽位追
復西京留守檢校太師兼中書令河南尹秦王咸
平二年詔擇汝鄧地改葬汝州梁縣之新豐鄉仁
宗卽位贈太師尙書令徽宗卽位改封魏王据碑
則改封在哲宗元符三年史誤矣後云魏王告令
本宮秦國公掌之按熙甯二年以承亮爲秦國公
奉秦王祀卒贈樂平郡王子克愉嗣克愉卒子叔
牙嗣元符三年改今封
陽升觀碑

高九尺四寸廣五尺三十六行行七十
二字字徑一寸正書額失拓在攸縣

陽升觀記

□奉大夫權荆湖南路計度轉運副使兼勸農使南
陽縣開國男食邑三百戶借紫金魚袋臣程元佐撰
奉議郎充江淮荆浙福建廣南路提點坑冶鑄錢司
句當公事臣程暐書
朝請郎權發遣提點荆湖南路刑獄兼提舉河渠公
事借紫金魚袋臣王澤題額
臣元佐伏奉 御前劄分事一管句修完司空山
朱陽觀繼蒙 聖恩寵錫名額賜經加號禮盛文縟

實一時之熈事非刻之金石權無以揚
德意之美而示萬世之傳官吏父老冠褐之衆謂臣親
奉 睿旨董治眞祠宜有敘述以紀本末臣不敢
辭謹按長沙屬邑攸縣之東五十里連山峻極澗谷通
流自谷口涉澗而東十數里山青水碧重巒疊嶂盤薄
回環崒然拔翠者十有二峯青煙白雲蚤暮舒卷信靈
異之境也按舊記所載自周漢以來如蘇隱者九人皆
得道於此其後南齊張 昭 相□帝官爲司空棄官遯世
舉室遊瀟湘至蘇隱舊山欣然卜居司空有道之士也
旣山居遂性淸心恬澹日誦大洞眞經三十九章得其
妙旨養神育氣凡三十有七年而道成梁天監二年秋
八月旣望之夕遂有仙衣王冊之授至陳天嘉初其徒
章馬二士繼隱其舊居閱四年而亦有跨鶴輕舉之異
唐天寶七年雖卽其居肇建祠宇而地勢窊缺規制猥
陋緜歲旣久棟宇摧爛□□□谷粗存基構之餘政和
二年
聖上覽圖籍異其事閔其風之皆廢而晦匿於無聞乃
詔漕臣程元佐相視弊陋革而新之於是鶩度
僧之符以儲金因採山之民以市材斸蕪鑿荒補薄增
卑踞巨阜而臨淸流飛觀列峙脩廡環翼有名者皆有

籍有籍者皆有祠不費於公不擾於民不誘於有司而
宏敞奐麗凡一百有十楹經始於春三月至秋九月而
落成 詔易名陽升以賁其寵加號沖升以崇其
道賜大洞眞經以顯其迹於是境內冠褐小大官吏與
夫都邑之民扶老攜少爭先奔走塡噎山谷歡呼踴躍
瞻歎欣賀遂相與消擦壇場設慶成之醮稽首再拜祝
天子之壽而亦懽喜感激知
聖主所以爲民祈福之地也夫自梁天監三年司空得
道至唐天寶七年凡二百四十有六年而始建祠以興

其靈迹自唐建祠逮今又三百六十有六年而
聖主一更而新之以闡其眞風夫大道之不行也久矣
豈天將以陰賛 聖意振揚幽側昭明大道以爲
至治之夲歟臣嘗謂至道之精自夲自根不將不迎而
眞意妙理相會於窈冥之境及其動而接物感而遂通
則不可以理詰不可以數推要其歸則眞與氣而已二
氣之會坳於元精鍵以閉之眞之全也六精之澤滋漑
五華抱一歸根氣之全也氣固眞存至道之根犇然不
動神之全也道至於神則至矣故靜而神凝動而神游
出入變化妙用無窮至有蹈火不熱入水不溺御風而

行此一氣之眞至精至變以達於至道之妙也而世之
所謂神仙者歟
聖上恭已南面以道涖天下以孝通神明考禮文正祀
典雖山川神祇罔不登秩簠簋珪幣罔不時飭故萬靈
受記百神儲休而諸福之物莫不畢至此皆精誠之感
所以昭格乎上下者備矣而況乎會眞之都集靈之庭
受上清之符存靈應之迹而緜敝湮廢是宜
上心憫惻歎 德音下 明詔飾眞館
錫嘉號以昭褒異之意而非以其神僊爲可慕也蓋
以謂澹樸之行足以厚俗淸靜之風足以化民□無爲
之事行不言之教則道化行俗習美而其治遂至於無
欲而民自樸好靜而民自正端拱而視天民之阜矣此
上之所以尊道崇眞之意其於治道不曰小補方海內
乂安蠻夷懷服休符緇至嘉瑞荐臻犴獄久虛年穀屢
稔
上於斯時又豈特尊道崇眞而已哉固將稽大典講盛
儀封泰山勒嵩岳詩大澤之博遠闡休烈之□□臣甲
遠之迹尙能皷舞田廬倚巴歈之藃而鼓擊壤之歌以
詠盛德□□□況今親被 上旨宣布

異恩頌述一時之盛而貽之無窮臣之職也謹拜手
稽首而獻頌曰
二氣合德 百眞大混 氣固眞全 至道之夲
窈兮冥兮 其中有精 抱一不搖 妙於至神
沖淸司空 棄榮離俗 恬澹虛心 溫泄之曲
妙旨所得 三十九章 含德之厚 與道翱翔
朝斗霜壇 風淸月白 雲步逍遙 霞衣玉珊
章馬道嗣 羽馭騰驤 猿驚鶴怨 爐冷丹皷
妙道寖闇 眞祠肇建 禱祀響答 靈休式顯
寥寥奕世 幾六百年 摧敗堙廢 高風莫傳

睿主在有　道貴清靜　耀燿希夷　振揚幽隱
肆命儒臣　革故鼎新　琳宮華啓　碧瓦朱楹
寵賁徽名　褒隆美號　奎畫雲章　崇真顯道
金牓燦榜　玉檢函經　物情改觀　幽谷生春
羣真来歸　上帝歆祉　風馬雲車　徘徊福地
椒漿桂酒　列陳瑶席　上真欣娛　百神怳懌
儲禧薦祥　保佑　我皇　天子萬年　受福無疆
既受帝祉　施于孫子　璿圖玉牒　天地終始
九月二十八日奉
御寶批依此刊石

政和三年歲癸巳十月戊申朔二十五日壬申朝請大夫直祕閣權發遣潭州軍州管句學事兼管內勸農事兼荊湖南路安撫充本路兵馬鈐轄借紫金魚袋臣張筠立石

右陽升觀碑在攸縣司空真人祠從未椎拓屬攸縣廣文張季農部曹募工打本至今甲戌七月始搨此見貽真人頗著靈異邑有旱潦輒舁以入城官吏建壇祈禱迭驗是亦有功德於民者而如此豐碑通志僅據邑乘列目云政和二年九月不知碑之立於三年十月也亦失於搜剔矣然幸志有之因得尋蹤訪獲修志尤不宜屏棄耳寺觀附載此文舛譌不少而石有剝泐据以補注於旁通志据全唐文載蘇師道司空山碑系於天寶十四年十月此碑稱舊祠頹廢粗存基構之餘絕不言及古碑知蘇碑在爾時已亡無怪今茲之徧搜不得也桉明一統志司空山在攸縣東四十五里南接雲陽連山峻拔左右有三十六峰舊名麒麟山亦名温泉山南齊司空張岊棄官隱此因改今名而明史地理志云縣南有司空山南疑東字之譌陽升觀通志升作昇一統志亦作昇云在縣東四

十五里舊名朱陽觀祀南齊司空張岊刱自唐天寶間宋政和間重建易今名與碑所述悉合蘇碑敘述甚詳其略曰桉梁任彥昇述異記云司空姓張名岊字伯玉清河郡人也齊明帝時仕至司空及東昏侯嗣位攜家去闕欲希長生以避世歷壽山入朱陵洞淨居舍宇環壘左右乃歎曰身心清淨安能與世營營乎遠聞洞南有麒麟山者漢代蘇隱隱此得道駕麟車而沖天以是得名於是領家居焉旦夕誦大洞真經三十九章梁天監二年八月全家八十餘口白日沖天陳天嘉初有丹陽

章馬二先生來曰我二人乃司空弟子也同入此
山精修道行至四年二月亦跨鶴登仙矣今本逃
異記無張昂事此碑所述大約本於蘇碑蘇碑又
云司空山去縣四十五里東西廣一百二十里南
北一百八十里高二千六百丈下有溫水源故名
溫泉山亦名紫麟山及司空隱此得道遂名司空
山爲中有大觀一所天寶七載建造標額爲朱陽
觀蓋取南嶽朱陵洞當此山之南故也文云非以
其神仙爲可慕可謂立言有則惜無以格君心之
非也是時崇尚道教詔天下訪求道教仙經至繆

言玉帝憫中華被金狄之教令帝主天下悉歸正
道道籙院上章冊帝爲教主道君皇帝不久而金
人內犯二帝蒙塵良可哀已碑文呈進敕刊故程
元佐諸人皆書臣字碑尾題奉御寶批依此刊石
宅碑未見此式程元佐諸人不見於通志職官可
据此補之程晫字明𢀩通義人見麓山寺碑陰詩
大澤之博遠用司馬相如封禪文語

孫漸遊驪山詩政和四年十月萃編載卷一百四十六

遊驪山作標題失載零口口誤刊口明作明褁作褭冥冥作冥冥緑誤刊作緣

絳溪題刻七種在簡州

□劉□題名高一尺四寸廣一尺一寸四行行存三四字字徑二寸五分末行較小左行正
書

□劉□□宋下缺和甲午上缺日泛舟缺
符篇篇缺

此政和四年也弟一字疑是地名符篇篇當是其
子侍行者

丁巳殘刻高二尺廣二尺六寸十行行八字字徑二寸正書

紹興丁巳夏孟□□霽天開郊原清□□山色如染陽
光□□公餘無事招□□□□趙□□□甫□□宛裕
□□□□□□侯□臣□□□□□挐舟西□至此小

□日暮趣還興未盡也後行全缺

鄭城詩高三尺八寸廣一尺八寸四行行字不一字徑二寸餘左行題款二行較小正書

一帶波光遶翠屏森森万木擁幽清小臣已作□□想
頌賦中興頌
聖明
□興辛未季後四月十日侍親泛舟來游因賦□詩
鄭城□□□觧

興字半泐然無疑也

薛公肅題名高三尺廣一尺六寸六行行十四五字字徑一寸五分正書

薛公肅約嚴一飛載叔許子家子初劉元朝趙全叔勾

龍誠□□讌之弟同飯溪堂泝舟觀藏眞□□□□幽
間奇古有隱人巖洞谿壑之意是□風日淸美草木秀
潤酌泉相羊久之□□以事自溪堂先歸淳熙三□□
月十九日

趙希濬題名 高四尺二寸廣二尺八寸九行行十六字字徑二寸許正書

浚儀趙希濬公發吏此邦□□□耳熟藏眞奇觀若隔
僊凡可望不可□□□故□鄉大夫士彭正午仁父袁
子煕□□李掄午牀進楊行儉德廣藺有成□□□伯
標興文徐天與乏翁賈培之子重□□□□明劉坰思
子正相與欵留□掉舟載酒□訪焉蒼崖嵓天古蔓覆

地缺甘飲洌塵□谿如倘羊久之因援筆識歲月紀溪
山之勝云嘉定癸未下元前□日

三巴孴古志謂在資州北岩据文是記藏眞之游
者繆筱山謂在簡州當不誤

殘題名 高一尺廣八寸三行行五字字徑一寸七八分左行正書在鄭城詩刻下右方

春初三日同□難□一□游

藏眞泉題字 高三尺一寸廣二尺三寸一行字徑七寸餘行書左右兩行字徑三寸許正書

藏□泉 郡從事缺并書 宰陽安缺□刊

右刻在簡州西厓下中泐相傳爲許弈書弈字子成
簡州人開禧廷試第一授東川節度使判官累官至
寶謨閣學士宋史有傳三巴孴古志

王舜臣題名 高九寸廣七寸六行行九十字字徑六分行書

被旨赴 闕囬謁
神祠投宿奉聖精舍時政和乙未正月念八日龍神衞
四廂都指揮使恩州刺史太原府路馬步軍副都總管
王舜臣才元題

唐李元禮戒殺生文 高二尺一寸廣一尺五寸九行行十九字字徑六分行書後上石年月二行行廿五字字徑五分正書在登封

唐李元禮戒殺生文
鱗甲羽毛諸□類秉性與我元無二只爲前生作用愚
致使今生頭角異或水中游或林裏戲爭忍傷殘供品
味磨刀着火欲烹時口不能言眼還覷我聞天地之大
德曰生莫把羣生當容易殘雙賊命傷太和□子勸妻
誇便利只知合眼恣無明不悟幽冥毫髮記命將終寃
對至面覿陰官爭許諱人□爲獄〻爲人物裏輪廻深
可畏不殺名爲大放生免落阿毗無間地

政和五年歲次乙未二月十五日 東都史牧出
已緡置石記者中嶽嵩山崇福宮知宮崇教大師

賜紫張若柔摹工刻石

嵩陽聶古撰刻

募工書作摹工

肖巖題刻二段在東安

周裕詩高二尺三寸五分廣二尺七寸五分前四行行十字字徑一寸五分詩八行行七字字徑寸許題款及立石共三行行字不計正書

通判軍事周裕按視坑冶政和五年乙未孟冬二十有五日同靖位防守龍端來遊歷覽勝槩易名肖巖

題肖巖

宣教郎權通判軍事周裕

萬屋藏雲造化劒仙源路在小江干三冬洞府幽栖暖九夏星查穩泛寒飛鶩忽驚天柱過蟄龍猶向石田蟠揭名爲報紅塵客莫把茲巖取次看

門生下班祗應權靖位鋪兵甲防守龍端立石

右題記四行行書詩連題十行又立石者一行皆正書案肖巖宋時在武岡軍新甯界今亦在東安新甯接壤處非裕曾判永也又案裕祁陽人元符三年李釜榜進士武岡志蕭巖新化志蕭巖皆云有其題記或卽東安題刻之傳異也金石審

一統志嘯巖在縣西北三十五里內閟下坦卽此肖巖也通志山川附錄此詩屋作窟劒作寬莫作儘此題書刻俱拙疑經後人重鐫幽栖栖字尚有改鑿痕也永志三冬誤作三人下班誤作丁班

周裕題字高二尺二寸五分廣一尺三寸五分中一行篆書二字字長九寸五分左右各一行行字不計正書

肖巖

政和五年乙未十一月二十五日此行在右

宣教郎權通判武岡軍管句學事兼管內勸農事借緋魚袋周□立此行在左

右篆書巖名二字旁年月官名二行正書在東安縣周下當卽裕字金石審

永志句誤作司并脫立字

董賓卿仙蹟跋二段

高五尺廣二尺中列仙筆右方題字五行行四十一字左方題字四行行三十四字字徑五分正書在新鄉

□州□□□□□□□事□□□□□□□□□□□

□□謁於□□禮竟□□□爲求化□揖之坐竟□□

□□□□□□□□□□與未及房巳聞弄筆聲慮

其汚□使□他□囘視壁間已有題字□重□方駭□

□□□□□□□已失道人所在其□士人李充以謂頗
類仙人謝小娥筆□云□刑臺仙書碑題證之乃秦人
劉海蟾來過也字幹如煙雲徘徊勢欲飛動似非凡筆
所能爲然神仙之事杳黙難知因紀梗槩以俟識者辯
之□□□覩道人時即政和五年乙未十一月十有四
日也鄱陽董寘卿□汲郡呂無逸書
政和六年四月十八日寘卿因行縣再到此詳視前日
所跋壁間題字益信其不凡使或人得鶴轉頸法恐不
能翥騰飛舉離絕筆墨□逕若此也今 天子明日人
青□□□□□□神與天爲一且嘗面奉 帝訓尊崇

道教故異人奇士繼踵而出不識此將□□□□□
而方且自 天子之居來耶寘卿謹題 郡倅董公朝
請留字文林郎□□刊

中州金石攷劉海蟾留仙碑政和五年邑令燕琨
立石在東門外白鶴觀觀內有上黨郭世元畫象
并贊刻石今燕琨名已泐矣碑右疑尚失拓一行
文有今天子明日入青□□云云以史證之是年
四月乙丑會道士於上清寶籙宮

李昌孺示初公頌

高二尺七寸廣一尺二寸七分六行行字不一字徑
一寸三分行書上石人名小字二行正書在登封

拙頌示 少林長老初公
河南李昌孺德初
昔日曾聞師子音淸風匝地蒲叢林不須更問西來意
曉月亭亭叵露金 又
一見師來契此心更於何處問知音要尋達磨當年事
只是如今舊少林
政和六年孟夏旦日通仕郎新鄭州司兵曹事劉卞
上石 □□□□□

李昌孺少林寺詩

高二尺七寸廣一尺二寸七分八行行字不一字徑
一寸三分許行書年月一行殘泐小字正書在登封

留題少林寺
河南李昌孺德初運使
少林來處豈無因知有當年面壁人五葉一花元會得
莫將消息問殘春 又
五乳峯前達磨居徘徊山畹竹疎疎自從隻履西歸後
卓錫泉今問已無 又
曾已香山作隱居雙泉風月自蕭疎不知小鄧庵相近
餘地還能待我無
政和□年□□□□缺下

年月平漫即附前刻之後訪碑錄併作一種其實

兩石各有年月也筠淸館失載紀年達磨磨字作去聲讀兩刻同李昌孺無傳不知何處運使

夏鰭孔廟題名

高一尺五寸五分廣一尺三寸三行行六字字徑一寸七分許正書左行

會稽夏鰭恭拜先聖祠下政和丙申歲中秋日

右刻在曲阜孔子顏子讀殘碑之陰山左金石志未載

中殤陳寂之墓誌

方一尺一寸二分十一行行十二字字徑五分許後空一行正書在洛陽

陳氏之殤墓誌

陳氏中殤曰寂之字通夫其先眉州青神人後徙居葉故爲汝州葉人曾祖希世贈職方員外郎祖論職方員外郎父綱隱德不仕通夫生而聰悟九歲能通論語孟子毛詩不幸年十三而死寶元符元年六月十三日以政和七年四月十二日其兄甯之等乃舉其喪葬於河南府壽安縣龍潤里先人之墓左謹誌

右陳寂之墓志在洛陽存古閣寂之先世名不見於史其兄甯之亦無攷

宣德郎穆鞏墓表

高四尺四寸六分廣二尺五寸十七行行廿五字字長徑一寸六分篆書方界格在章邱

政龢壬辰六月先府君捐館葬章邱女郎山其始塋也河間劉定斯立爲誌其壙後五季不肖子渙復已行事大略泣而表於墓曰府君諱鞏字彥翔元祐末登通禮科歷衢州司灋參軍監鄆州酒畱州長山通利軍黎陽二縣丞懷州防禦判官未赴致仕授宣德郎亯季五十九在黎陽釃渠導潴水復廢田四千頃皆膏腴洪壞民賴其賜因号其渠曰長豐渠時給事中王覿提舉常平亟以狀聞命且下爲不劾者所沮府君處之裕如也鄆中滯國信使奏牘朝廷怒既已按巡轄官又欲咎所經州縣宰移疾臥內府君攝事敘書至即具服且剛宰弗

干豫狀語人曰宰貧養親忍與之辠厺邪郎被劾會有旨赦之宰部役循河上忽夜聞譁甚遽窺屬則衆苦其虐將持臿爲兵入劫庾舍宰大惶駭脫身詣府君爲馳往召禍福諭之衆遂安堵居官淸慎尋常絕口弗語人過所在圭田遇歉歲悉蠲除之初娶夏氏再娶趙氏宣惪郎京之女男渙滋濂沿女嫁唐誦趙羲幼在室烏呼惟府君積善而夭嗇報殊未究所蘊與皆从宦四方諸孤皆稺孺實不能知其所以施設晚官黎陽獨渙季始長故紀之最甚若夫攷穆氏世出之詳則備載亐志及曾大父之碣存焉曾大父諱賓大父諱端云洛陽王

壽卿書 任升摹刻

山左金石志載穆氏先塋二表一爲穆賓一爲穆端卽暈之祖若父而獨不及此刻當是後來出土者碑云元祐末登通禮科案宋史開寶中改鄉貢開元禮爲通禮熙甯嘗罷元祐六年始復兌古文企見說文協作劦劦同力也備作葡葡具也猶見古義

碑陰穆氏塋舍記

高廣同前十八行行卅四字字徑八分許正書方界格

昔政龢初先公宣德罷黎陽丞歸章邱里第暇日與術者晉祐之相其支壠別卜地於先□□□凡占田縱二十七步廣三十二步有畸附塋之田俾樂樵牧以食其利者弗與焉因手植柏六十四株爲限構舍於旁營甎壙爲壽藏喪具及諸下里物悉前期爲備時先公已微恙矣卽預戒淚曰蠡吾奉先考妣之喪屬家貧甚一遵遺令務從損約吾它日啓手足於舍下汝曹奉終制毋徇俗毋僭禮毋拘陰陽毋尙侈溢反此皆戾吾志迨屬纊諸孤創鉅祭奠之外唯知遵守治命卜日以堋而已竊自念罪逆不孝於襄事有弗獲盡力以當大事每怛然泚顙於是大治冢舍琢文金石爲曾祖以下三世墓碣以傳不朽又使祐之推五姓淸濁以穆音配羽放垗域爲圖因劵臺之石而刻于其上舉或中之穴凡四十有九其可葬者曰甲庚辛壬癸合內外穴共十皆貤之以弌具載於圖其穴之已用者則紀其官諱餘但以支干別之以待後人刊記庶不紊佋穆之敘昔呂才謂古之葬不以五姓選地並在國都之北攷於經雖曰卜其宅垗特虞非常若掘壞之類故其筮辭曰度茲幽宅無有後艱蓋非以卟驗禍福也而又貴賤等差舉喪有期固□若後世違禮越時以惑葬巫之妄淚雖冥顙何敢不遵禮以承先志弢□□□□□□□近在章邱北郭外歲時展墓免迢遞之勞復先公疇昔杖屨往来經營之地歿而有知豈不眷戀於此哉噫是域也其審擇形勢法雖亦出于陰陽家然其說自曾郭輩箸書遂爲世所師用相承莫革聊復因仍亦行禮不求變俗之義孰曰不可若乃專吉凶禁忌信地里之徵規二然欲徼福於壚墓間是直野人巫史之謬爾苟非通達之士安能不滯乎此斯實先公平日之論故今碑陰一述弗敢略也重和元年十二月朔日□謹記王壽卿書

據碑尙有兆域圖題字一刻然未見箸錄也書人王壽卿能知說文之學者如或中之穴域書作或

昭穆作佋近鮮知之矣

蔡卞面壁庵題字

高四尺一寸廣二尺三寸二行六字字徑尺許署款小字一行在登封少林寺

達磨面壁之庵　莆陽蔡卞書

碑無年月蔡卞知河南府在政和初附政和末

隴西朋甫題名

高一尺二寸廣七寸四行行字不一字徑寸許行書左行

隴西朋甫按兵長安□由慶壽得覘　聖像嘗重和已
亥孟春念六日題

已亥卽宣和元年

眞相院釋迦舍利塔銘

高一尺六寸廣二尺共廿三行行廿五字字徑四分正書在長清

齊州長清縣眞相院釋迦舍利塔銘并引

翰林學士朝奉郎知　制誥上騎都尉武功縣開國
男食邑三百戸賜紫金魚袋蘇　軾　詞并書
洞庭之南有阿育王塔分葬釋迦如來舍利嘗有作大
施會出而浴之者緇素傳捧涕泣作禮有比邱竊取其
三色如含桃大如薏苡將賓之他方爲衆生福田久而
不能以授白衣方子明元豐三年軾之弟轍　官高安
子明以畀之七年軾自齊安　恩徙臨汝過而見之八
年移守文登召爲尙書禮部郎過濟南長淸眞相院僧
法泰方爲塼塔十有三成峻峙蟠固人天鬼神所共瞻
仰而未有以葬軾默念曰予弟所寶釋迦舍利意將止
於此耶昔予先君文安主簿贈中大夫諱洵先夫人武
昌太君程氏皆性仁行廉崇信三寶捐館之日追□慈
意捨所愛作佛事雖力有所止而志則無盡自傾覆患
厯而不舉將二十年矣復廣前事庶幾在此泰聞踊躍
明年來請於京師探篋中得金一兩銀六兩使歸求之
衆人以具棺槨銘曰
如來法身無有邊化爲丈六示人天偉哉有形斯有年

紫金光□飛爲煙惟有堅固百億千輪王阿育願力堅
役使空界鬼與仙分置衆刹奠山川棺槨十襲閟精圜
神光晝夜發層巓誰其取此智且權佛身普現衆目前
昬者坐受遠近遷冥行黑月墮坎泉分身來化會有緣
流傳至此誰使然并包齊魯窮海壖獷悍柔□冥愚賢
願持此福逮我先生〻世〻離垢纏

元祐二年八月甲辰

宣和三年十月　日住持眞教大師　文海　立

石

案東坡年譜及紀年錄元豐八年五月復朝奉郎知

登州八月十七日得旨十月十五日到登州二十日
召爲禮部員外郎其過濟南長淸眞相寺年譜不載
但係作塔銘於元祐元年今案碑文則非元年矣據
海市詩刻公自登州入都已近十月之晦過眞相院
事當即在觀海市之後據銘序云泰聞踊躍明年來
請於京師自當是元祐元年事或者施金在元年書
碑在二年也碑書於元祐二年至宣和三年始爲刻
石相距已三十四年矣山左金石志

山左金石志脫一矣字

準高僧塔題字

高一尺二寸廣四寸五分三行行字不一字徑寸許正書在海鹽

準高僧舍利寶塔
聖宋宣和四年正月十五日重移

訪碑錄云佛像旁皆鐫助緣姓氏然則未拓尚多
也

資州東巖題刻五段

推淸和尚塔記高一尺三寸廣一尺七寸五分六行行字不一字徑寸許正書

故和尚推淸諱胥氏姓癸巳享壽七十歲於壬寅宣和
四年六月十五日申時辭世以當月二十日歸葬此西
南之下立塔小師四人長充押寺希□次長講金剛經
百法論惟志次希宝次希□師孫二人長法沂次法滔
永爲瞻祀

弟子徐正造象方三寸七分四行行五字字徑六分正書

弟子徐正發心鐫造祈像長小康宝以慶缺約四字三月缺

祈像二字當是誤倒頗似唐刻紀年已泐類列於
此

岳陽□□文題名高一尺廣五寸二行行五字六字字徑寸正書

岳陽□□文
男仲宝仲洌侍

殘詩刻高一尺九寸五分廣一尺七寸十二行行約十三字字徑寸許正書

東□□□

郡從事□□□□缺
上
江山□□人人□□□□缺
壁危峯竹□□□□□□缺
由缺
小小巢缺
雪□缺下
上缺方缺
缺山缺
缺尤缺

上缺息缺

又高存二寸至九寸不等廣二尺十四行行存一字至六字字徑寸許又上石一行小字並正書

□

條□

□□

竹侵

□□門

□山僧出

野色□□

□□聽□□

□□天□□

□起讀罷詞

火□□非□

□□空□□沉

何坐忘□□深

朗一刹剃

上缺上石

面壁塔題字

高二尺九寸廣三尺一寸七分二行行二字字徑一尺二寸行書前款一行行書徑一寸五六分後款一行正者徑寸許在登封

面壁之塔

太師魯國公京書

宣和王寅八月資政殿學士河南尹范致虛立石

蒲□□光裔題名

高九寸廣六寸四行行八字字徑寸許正書左行

閬中蒲□□光裔緣職事經此瞻禮　石像宣和王

寅初冬旦日題

此刻與朧西朋甫題名同在一處未詳所在仍分

系之

天慶院顯達塔銘

高二尺五分廣二尺一寸六分廿七行行廿六字弟十六行多一字字徑五分正書在洛陽

宋故西京左街天慶禪院住持達大師塔記銘

師諱顯達字彥濟姓劉氏其先洛陽人也母始保妊時

毋地熊羆誕毓六歲一日遽語母曰兒願求出世要寄

浮生於夢幻矣母愕然異其語遂與父亟議從之出家

禮住持妙慧大師道聰爲親教師師雖幼稚一入梵剎

不繩而自循規範凡誦諸妙典殊無凝滯豈非夙習近

胞安能通慧如是耶天聖五禩五月內遇　乾元節特

恩披剃明年授具足戒師十七歲遂趁　天庭簾前

賜紫方袍熙甯元年掌院帑至元祐元年知院莊以師

幹辦風力絕人遠甚德行高潔衆所推重逮元祐四年
陞領住持院事崇奉益懃自是日加營葺內外增修雅
飾一新帷以□誦法華梵網雖祁寒畏暑時無輟焉以
智慧導有衆方便誘檀那一切世間無取無捨無憎無
愛無彼無此無可無不可周旋委曲深得眞空般若之
趣統領院務二十餘載晨昏精進略無少懈於大觀三
年十二月始三日儼然示化正寢享年九十二夫富貴
壽夭天也賢者必貴仁者必壽師兼得之嗚呼其生兮
若浮萍其死兮若流水臨終不昧獲悟眞如逝化昭明
定趨覺地粤大觀四年閏八月十五日奉師柩葬于河

南府洛陽縣杜澤村原先塋之次禮也是時建塔紀銘
不具誠爲闕典今宰院知庫遵昇二大師率諸小師妙
端等協黽笲以宣和五年二月十五日起塔紀銘刻諸
琹珉以永其傳度小師一十一人曰妙端妙遇妙方妙
威妙開妙倫妙太賜紫妙褒賜紫妙亨賜紫妙章妙演
一日遽㨗遵昇二大師惠然見臨囑予爲銘不得辭者
義也勉爲之銘曰

師先洛汭　童稚通慧　夢幻知非　樂歸釋第
梵綱法華　殊無凝滯　智慧導衆　方便誘厲
院務豐資　莊糧盈計　宰院承流　無敢違戾
寬猛得中　群膺伏制　年高益懃　五福俱契
欝茂松楸　窀穸永閟　卜地斯年　慶傳後裔

小師妙端等知庫賜紫妙昇知事賜紫妙賢住持賜
紫妙遵立石

右顯達塔銘在洛陽存古閣攷宋史仁宗以祥符
三年四月十四日生及卽位以生日爲乾元節誌
云五月內遇乾元節者殆就披剃日言之耳顯達
卒於大觀四年後十三年始起塔而作此銘無撰
書人姓名

壽聖院泛海觀音記讚

高二尺七寸廣二尺五寸廿一行行廿六廿五字字
徑寸許行書銜名二行行字不一字徑六分正書在
江陰

菩薩於天聖元年五月中泛大海至於江陰有客舟邏
逅菩薩於中流隨船放光而行舟師以篙杖退如是者
三放光不已相次至江岸小石灣住彼不去是夜現白
衣人託夢於邑人吳信云緣化右臂信曰臂實難捨餘
可奉從白衣人曰此邑雖賣李氏家有香檀可以作臂
信候天明驚異尋訪有市人相傳江岸有觀音泛海而
來其長及丈信往視之果見菩薩仍無右臂於是信宣
言於衆曰菩薩託夢以求此臂我今發心圓滿功德後

果得檀木於李氏家長五尺許乃能成就自是邑人迎
請歸壽聖奉安廣興供養祈禱屢獲感應宣和甲辰二
月二十二日孝竭被　旨按兵同常倅王松抵是邑暫
憩壽聖遂獲瞻禮時長老祕源持菩薩示跡請記本末
庶幾見聞發心歸嚮夫大士應願蒲心令諸有情獲安
樂地隨緣赴感現六神通以妙智力使彼衆生觀其音
聲而得解脫應得度者卽現其身此亦瀕江近海大士
度人應世悲願之一也王孝竭稽首爲記以書事實

讚曰

大士願力　如彼慈雲　隨聲救苦　普濟羣倫　泛

波滄海　來斯江津　楊枝淨水　洗三業根　示現
脫臂　于彼邑人　與士與庶　作果作因　三塗八
難　平等寃親　於一念際　合覺背塵　頓能穎脫
了達見聞　信彼大士　百億分身　在微塵刹
轉妙法輪　巍巍堂堂　人天所尊

通直郎知常州江陰縣管句勸農公事兼管勾兵
馬司公事佘　恂立石
宣教郎權通判常州軍州同管句　神霄玉淸萬壽
宮借緋魚袋王　松　　郎詳并男擇模□

訪碑錄載此碑云王孝竭撰并行書按碑不言書
也鷟字缺一筆避諱也

天甯寺蘇過題名

高三尺五寸廣二尺九寸六行行九字字徑三寸立石人名二行小字正書在定州天甯寺大殿壁間

大帥延康陳公邀廉訪梁公飯素　天宙仍率其屬游
企盛俞蘇過王執中趙奇韓楫同来孫仲舉王昭明劉
用之皆與癸卯九月七日過題
住持傳法賜紫沙門　□□　立石　監寺僧□□
□□

宋時定州守臣例帶本路安撫使兼馬步軍都總管
故有大帥之稱陳公葢以延康殿學士知定州者其

名則不可攷矣癸卯葢徽宗宣和五年也叔黨書勁
挺有家法而流傳絕少乾隆庚戌秋親往訪得之潛研堂跋尾

宋全等施石獻床記

高七寸七分廣一尺八寸十七行行八九字字徑六分正書在河內

維大宋国懷州河內縣淸期鄉第二管西金城村稅戶
宋全衞晟宋進共三人同發願心自被施石獻床壹座
與本村□□□殿裏面前所献合村永爲供養
伏願人人家眷平安戶戶老幼康寍子孫昌盛永无災
鄣

皆宣和六年歲甲辰六月朔丙午初三日戊申日安
置石献床万古不朽石匠人董崇刻　進士張先儒
筆
大佛寺湯公詩
高一尺八寸廣一尺七寸前後十一行行字不等後三行小字俱正書在隴州
提舉顯謨湯公留題
清明日過此壁間得　胡仲文小詩因次其韻
亂山橫翠柳垂堤嫋嫋風來水面齊還似年時惡滋味
清明騎馬過關西
歸州助教權汧源縣尉高慥

迪功郎汧源縣主簿張正功
上缺約五字　汧源縣管句學事　泐約五字　立石
右詩刻在隴州大佛寺立石人名已泐弟一行是
立石人所書關中金石記列徽宗末
劍南東川鄉賢堂記
高存五尺九寸廣四尺二寸廿行行存卅四字字徑寸餘正書篆額失拓在三臺
劒南東川鄉賢堂記
朝散大夫知梓州軍州兼管內勸農事兼提舉梓果
渠州懷安軍兵□巡缺上護軍借紫陳鵬譔
前漢州綿竹縣李時雍書

承議郎通判梓州軍州兼管內勸農事武騎尉賜緋
魚袋龐適篆額
西蜀世多知名之士然其爲人與其功業及其文章經
術行義之實其見於舊史而世數缺□散漫而難考其
接於耳目而近者亦恐其旣久而寖失其眞使所聞如
所見而□見信缺然在人而前此寂寥無有爲可怪也
運使大夫張公留意講求於此爲久矣去□秋以缺
州事嘗於州學治新堂旣成命宣德郎權教授范弃奉
議郎簽書節度判官廳□□名□缺風俗通譜所載若
其所未及載者聞人悉繪其像於辟榜之曰鄉賢而以

其爵□名氏□缺□漢至于　國朝幾千年之間凡
六十二人雖其所爲流品不同然皆以類□□□□□
缺□同出於一時若相望於千古凢是中之人其過於
堂下惟非其所自出也□其子□缺□而構若墜而緒
若是者益勸若是者知懼於是衆皆曰　張公於吾州
之人非特教養缺□□翼□納之其澤可謂深矣鵬前
公来使後公来守雖隸所部實爲交承其与賓客飲缺
公治在遂而鵬□□觴之席曰得備本末而爲之記又
得以述梓人之詠歌而爲之詞曰
潼山高兮潼水淸厥鍾秀氣兮鄉之英之人已去兮逖

聽風聲我懷孔切兮詛儀刑有□缺明庭作新宮兮州
之讚著其爲人兮如丹青兒唯肖兮如生或桐挺而孤
高或芝蓉□□缺春華載菊秀兮秋馨或鳳躍而蛟翔
或鳬將而鶴迎使人咨嗟歎息而追惟兮□□子□缺
□□□□□兮□□之音內懷勸懼兮若從使令亦
瞻像兮昭昭而起福兮冥冥□□缺□□□□□□
□銘
朝奉大夫梓州路轉運副使兼勸農使護軍賜紫金
缺

据三巴香古志偏注世字補一字正一字碑無年
月廲適有藏眞崖銘刻於政和三年附北宋末

八瓊室金石補正卷一百十一終

八瓊室金石補正卷一百十二

太倉陸增祥撰 男 繼輝校錄
吳興劉承幹覆校

宋三十一

金城村功德院記

高一尺廣一尺二寸廿一行行十二字字徑五分正書在河內

懷州河內縣西金□村□修 功德院記
本村六班奉職張漸 西班小底尙友直 稅
戶□聶張盛各發虔懇爲維那首於庚戌歲三月念二
日建此 功德院一所越有本村稅戶張□慈見社婆
神左是碑 聖像日陽暴露風雨摧剝因覩此院西南
隅隙地一方特舉願心自備瓦木修斯碑亭功畢遂遷
于茲以爲 功德未圓更與衞聶弟彥各捨淨財同募
石工補完舊像工曰 尊容殘缺難施工巧於是囘裹
作表別刊是像一切 聖賢燦然俱新相好端嚴 慈
容若動可謂良工者哉伏願脩此 功德之後遐邇老
幼永保康甯一切時中 諸佛恊贊龍華□□□願相
逢是年六月辛□□□□庚寅日了畢

右刻在孫文才造像碑陰文云是碑聖像卽孫文
才所造也又云囘裹作表別刊是像知記文上方

亦有佛像打碑者恒不拓之衞聶名見宋全施行床記知庚戌爲建炎四年高宗本紀是年六月辛未朔知庚寅爲二十日

獅子巖題刻六段在江華

宋舜元題名 高二尺廣一尺五寸五分五行行七字字徑二寸五分正書

歷山宋舜元被　郡檄來權邑事暇日率三衞唐作求

同遊時建炎庚戌中秋後二日

右宋舜元題名筆意學蘇省府志皆不載近邑令劉華邦修邑志僅於山川內附載詩文不登題名諸刻世無有知之者庚午夏屬友搜拓而錄之宋

舜元權邑宰志所不載並不見其名不知其本職何官也唐作求亦無攷當是邑僚庚戌爲建炎四年

游何題名 高一尺三寸五分廣一尺九寸四分九行行八字字徑二寸分書左行

僕嘗讀唐元次山集而獨不載獅子嵒然士大夫稱之此來往跡其處攷其刱開歲月乃主僧慧日之先師合上人熙甯中作也惜乎湮淵不容借搨一覽有此餘恨

紹興乙丑夏游何蕭卿

右游何題名省府志均失載乙丑爲紹興十五年志載獅子巖不詳其刱開之人名歲月得此刻知自熙甯間合上人始故輯志乘者貴搜金石爲搨

當是榻之借字

何麒詩 高三尺五寸廣二尺詩七行行十八字款三行行十五字字徑寸許行書額題師子嵒詩四字字長徑三寸六分篆書

師子嵒詩

旦爲陽華遊軒豁諧素志那知此嵌嵒近在回翔地石如役猊狀蹲伏呀可畏雖無嘯呻威尚使百獸避漫郎嗜泉石足跡靡不至是巖端見遺定自求其偏潛嵒冠湘中瑰瑋傳萬耳此郎斬一言亦以山無水骨多欠櫱血草木咸枯悴其誰喜冥搜韻語發天祕石門何晃蕩

坐八三歎喟徑欲挽銀漢淙淙滿人意

金華隱居何麒以紹興戊辰十二月三日同襄邑許顗廣川劉思永盱江劉轂淮海張擴來遊

堉汪儋子洪偕從

右篆額四字詩款行書十行磨刻極工前人罕有搜及者金石審

右何麒詩刻湖南通志失載何麒嘗撰道州學記紹興廿五年立石蓋即其人惜碑已佚無從攷證疑亦謫宦於永者許顗係永州判官見太平寺鍾銘得此刻又知其爲襄邑人劉思永係江華令見

職官志而不詳其爲廣川人皆可據補劉豰張擴

疑是邑僚而其名不見於官志

程遜題名高一尺一寸四分廣一尺九寸五分六行行六字字徑二寸許分書跋六行行十字字徑七分許正書

蓬澤程遜季行畢事游獅子巖縣令南陽安珪尉伊川

程蓋同來紹興乙亥歲十月二十六日

府判朝議程公按行下邑因暇率令尉同遊獅子巖

觀覽移時

公乃親筆留題以紀歲月鐫刻於石傳之不朽江華

縣令安珪謹跋并立石

右刻八分書六行正書跋六行前人未見金石審

右程遜題名通志失載攷證見陽華巖跋

重刻蔣之奇銘高三尺五寸五分廣二尺上截六行行十三字字徑一寸六分分書下截十一行行六字字徑寸許行書橫額四字長徑四寸古文篆書

奇獸巖銘

奇獸巖俗曰獅子在江華邑南二里蔣之奇潁叔過而愛之

爲之作銘曰

奇獸之巘瓌恠詭異元公亥山昝所未至我陪公儀游

息於此斯礹之著自埜而始勒銘石壁將告徠世

治平丁未同沈公儀遊以上上截分書

惟蔣潁叔文高節奇正名茲嚴作爲銘詩彼何人斯

大字夒之來遊來嗟其孰與稽端平丙申邑令張鏧思

永厥傳刻此崖際俾冰壺孫李焯古隸几百君子愛而

勿替

右刻怪偉完好額用籀文銘用古隸鏧後銘亦雅稱

與蔣李可名三絕李冰壺名長庚本甯遠人而居江

華者長庚三子皆有名焯事無可攷　案奇作奇

本古老子而偏旁作亼微不同獸亦古老子獸

字而此加犬說文嚴字古文作嚴此額文小異假

借作巖銘古文銘此作銘亦小變獸古文下从

㕚此銘作獻正合其偏旁作嘼者本無極山碑異作

畏本楊著碑礹說文收石部所作所本孔羡碑

至作至本周公禮殿記始字省筆應作台後變台

爲㠯本戚伯著碑許氏謂或說我古垂字此我从土

殊得古意惟見之督郵斑碑洪氏識爲我字公上八

作八本說文亦有變四筆者非公字所从也金石審

右蔣之奇銘作於治平四年公儀者沈紳也端平

三年張鏧刻之通志未見拓本分爲兩種并誤鏧

爲鏧山川內載此文潁叔誤作永叔銘曰上撫作

字節誤作絕令作幸鏧亦誤作鑿焯誤作悼永志

旣錄全文於前而仍列奇獸巖續銘於後殊非其所錄額字巉誤作巖下脫分書奇獸巖三字并誤銘詞內奇字爲錡丙申爲丙戌又省府志職官載張謐爲江華令皆誤作叙宜一一校正之又永志名勝內載此額作永愛之上無過而二字銘曰上無作字之巖作名巖瓌恠詭異作巖懷怪異亥山作遊此昔所作潛而之著作幽著石作在彼作往來遊來嗟作後來遊者令作宰謐作叙焯作悼要當以石刻爲正

黃嘉父等題名 高[redacted]廣[redacted]二行行七字字徑[redacted]正書

九疑黃嘉父贊皇李景魏巳亥登高

右黃嘉父等題名書巳亥不書建元玩其筆意決非宋以後物附宋末黃嘉父李景魏無攷

案通志引一統志云獅子巖在縣南五里舊名奇獸巖永志云縣南二里暖谷之東有巖舊名奇獸以巖口有伏石狀如狻猊故名今一統志曰獅子巖

顯甯廟賜額牒碑

高五尺二寸廣二尺八寸共十三行行字大小字數均不一篆額三行題越州顯甯廟碑六字在山陰臥龍山城隍廟

尙書省牒　越州顯甯廟 正書字徑三寸

太常寺狀准尙書省劄子三省同奉

聖旨駐蹕會稽今已逾歲妖氛不作行殿載甯越州城隍廟崇福侯可特賜額封公並令太常寺擬定申尙書省本寺依准今擬

聖旨指揮擬定廟額今欲擬賜顯甯廟爲額伏乞

朝廷詳酌指揮施行申聞 正書三行字徑五分

牒奉

勑宜賜顯甯廟爲額牒至准

勑故牒 勑牒字大草書餘正書字徑四五寸 紹興元年五月 尙書省印 日牒 正書

字徑二寸

參知政事張 押 尙書右僕射同中書門下平章事 押 正書字徑四分

二行全泐惟第一行有王字可辨

攝本府助教兼贊福主管廟事胡承宗

承信郎□□衢州指使馮紳捨石

會稽陳師堂刻

文後參知政事張者張守也尙書右僕射同中書門下平章事者范宗尹也錢辛楣少詹云自元豐官制行而平章參知之名久廢南渡初詔尙書左右僕射

改帶同中書門下平章事改門下中書侍郎爲參知政事而宰輔之名又一變矣兩浙金石志

按僕射范宗尹不書姓周益公二老堂雜誌謂祖宗朝官至僕射勅後乃不書姓也陸放翁老學菴筆記云自唐至本朝中書門下出勅勅字皆平正渾厚元豐後勅出尚書省亦然蔡京臨平寺額作險勁體來長而力短省吏始效之謂司空勅亦曰蔡京勅今按此與武佑昭祐三牒正其體也越中金石志

靈泉寺新殿記

高六尺九寸廣六尺六寸廿四行行廿五字字徑二寸五分正書在馬平

新殿記

北嶽王安中撰并書題在標下

元祐三年始以柳州靈泉寺爲十方崇甯中改曰天甯萬壽禪寺柳治水北幾五百年靈泉在水南□立負山趾寺蔽於僊奕之腋唐刺史柳侯記二山水石洞穴魚鳥草木最詳寺獨不錄又不得例大雲見於宅文問之父老昔蓋陋甚自變律爲禪乃始大作門堂樓殿欲以冠冕南方未訖者十一建　炎初住持僧覺昕見初寮道人王安中於象郡且求記郎應之曰昕嘗從眞如慕結游京師居法雲慧林智海諸禪能髣髴乎□吾將觀焉後六年梟至楹而殿適成先是丞相儀眞吳公登後山面立負而笑有得於華亭離鈞三寸之意昕爲作釣軒山上安中從公與丞相新安汪公憑軒俯見殿宇而壯之以爲廣右第一嗚呼佛法出西域而盛於東□禪學出嶺南而盛於中州今西域浮圖氏至中國者無復騰蘭達磨之流□而嶺南禪者益少塔廟荒蕪柳距京師六千里獨能於空山野　水之間興此偉傑勝麗之觀移人心目忘其去國之遠撞鐘出迎四方來橫之士指以千計是則希有夫道法廢興雖若有數而願力之至爲無不成道豈遠人乎哉因大書其榜曰能仁之殿

而說偈言

南山古佛家靈泉紺殿飛出玻瓈天雙龍戲珠扶屋椽上有碧井垂靑蓮王城梵宮墮目前祥光夜燭牂柯川樓鐘橫撞震大千僊者輟奕鶴鸞翩石負立舞雷鼓闐我來時從兩貂蟬父老驚嘆相後先號佛稽首願力堅泰一下趣羲和鞭往迎兩宮日馭旋百神呵護敢不虔盡嶺南北際海壖天河洗兵人晏眠摧伏颶母掃瘴煙普雨萬國常豐年

紹興二年四月十七日住持淨悟大師覺昕立石

案宋史王安中字履道中山陽曲人知燕山府遼降

將郭藥師同知府事藥師跋扈府事皆專行安中不
能制第曲意奉之藥師叛命罷爲觀文殿大學士累
貶單州團練副使象州安置高宗卽位內徙道州紹
興初復左中大夫是記言建炎初覺昕見安中於象
郡又云後六年至柳是紹興二年安中尚未去粵史
所載未信廣西通志金石略
碑云靈泉在水南□立魚山趾寺蔽於僊奕之腋
又云僊者輟奕鶴駕翩石魚山立雷鼓闐桉明統
志僊奕山在府城南山上有穴穴有屏有室有宇
始登者得石枰於上黑肌而赤脈十有八道可奕

因名石魚山在府城西南山小而高形如立魚駕
鶴山在府城東南旁臨大江聳立如鶴形古州治
負此所謂水北水南者當卽柳江一名潯水碑於
建炎建下野水野下俱空一格鐫刻時石巳剝泐
也廣西通志所載有闕譌書法逼肖坡翁近之言
宋碑者輒曰蘇黃米蔡如此碑者亦復棄置皆耳
食之言也

岳武穆忠義碑

高七尺一寸廣三尺十五行行十五字字徑寸許額
題宋武穆岳公忠義碑俱正書下截唐跋在祁陽

題祁陽大營驛

權湖南帥岳飛被旨討賊曹成自桂嶺平蕩巢穴二廣
湖湘悉皆安妥痛念二聖遠涉沙漠天下靡甯誓竭忠
孝賴社稷威靈君相賢聖他日掃淸胡虜復歸故國迎
兩宮還朝寬天子宵旰之憂此所志也顧蜂蟻之羣豈
足爲功過此因留于壁□興二年七月初七日

附題廣德金沙寺壁

余駐大兵宜興沿途幹王事過此陪僧僚謁金仙徘徊
暫憩遂擁鐵騎千餘長驅而往俟立奇功殄醜虜復三
關迎二聖使宋朝再振中國安强他日過此得勒金石
不勝快哉建炎四年四月十二日河朔岳飛題

書岳將□題大營驛後

莊子以子之於父爲命之不可解以臣之於君爲義
之無所逃意若以君臣爲强合子嘗疑其不然觀岳
侯所題大營驛壁其處心積慮未嘗壹日不在於復
中原迎二帝眷眷然若赤子於慈母然此豈無所逃
而爲之其亦有不可解者乎侯之言曰君臣大倫根
於天性此侯之所以自狀而吾之所謂異乎莊生邪
彼高宗者乃忍於忘父臣虜其獨何心且巳旣已忍
於忘父矣有臣焉爲之急於其父如侯者而亦竟殺
之亦獨何心嗚呼綱常萬古事也其磨滅與不磨滅

只在此心之死與不死而已高宗之心之死□久矣宜侯之竟以□身而中原卒不可復二帝卒不可還□大營驛故在永州侯所題字久而湮沒余父爲是州乃勒之石而并侯所題廣德金沙寺者勒之蓋侯之心尙炯乎在宇宙間未死也固不繫乎石之勒與不勒雖然使忠臣孝子英雄之士過而讀焉其將有慷慨泣下沾襟而繼之以怒髮衝冠者乎武進唐順之書

大明嘉靖癸卯夏六月吉□□州武進唐瑤同知魯承恩通判周子恭唐士忠推官彭澄祁陽知縣鄭聰立 □工典史朱魁

祁陽縣北五十里有大營寺郎古大營驛爲宋岳鄂王駐軍題壁處吾鄉明唐荊川先生之父守永州日曾以王所題記及廣德金沙寺記共勒一碑後荊川先生爲之記歲久文字殘缺近人重刻一碑於左今兩碑並存寺中案其文題建炎二年七月建炎誤作紹興古泉山館金石文編

案宋史高宗本紀紹興元年十一月曹成執安撫使向子諲進攻道州十二年陷道州向子忞棄城走二年正月曹成釋向子諲又犯郴州永興縣二月命岳飛率馬友李宏韓京吳錫等共討曹成諸盜三月曹成寇賀州清水砦四月陷賀州閏月丙申岳飛擊破曹成於賀州丙午岳飛敗曹成於桂嶺縣成走連州遣統制張憲追擊破之又走郴州入邵州六月詔岳飛屯駐江州此大營寺題壁正奏捷班師時作也岳飛本傳二年賊曹成擁衆十餘萬由江西歷湖湘據道賀二州命飛權知潭州兼權荊湖東路安撫都總管付金字牌黃旗招成成聞飛將至驚遁飛招之不從飛入賀州境得成諜者示糧盡欲反茶陵謀歸成來追飛潛趨繞嶺至太平場破其砦成走據北藏嶺

上梧關飛奪二隘據之成又自桂嶺置砦連控隘道以衆十餘萬守蓬頭嶺飛部才八千登嶺破其衆成奔連州令張憲自賀連徐慶自邵道王貴自郴桂招降二萬會連州進兵追成成走宣撫司降嶺表平授武安軍承宣使屯江州此書權湖南帥則係承舊銜以新命未到也金陀編岳忠武年譜紹興二年壬子三十歲權荊湖東路安撫都總管討曹成嶺表悉平又攷文集收捕奏捷諸狀知其先由衡郴桂陽永興取道前往道州追入賀州桂嶺則歸程始過祁陽進兵並未徑由此地今土俗稱屯兵於此遣將往平俱

齊東野語不足信矣今永州所在建有忠武廟當日威德所被一郡同受其澤而嘗遠永明道州江華零陵祁陽無不爲公足迹所至故備書其事蹟俾後之人有所攷焉荊川爻子誤以紹興爲建炎瞿木夫誤信之遂反以縣志爲誤是亟宜改正另刻者也永州府志

瞿氏云文題建炎二年七月縣志誤作紹興宗氏云建炎當改紹興係明永州守唐琉誤刻以拓本審之紀年上一字磨滅淨盡下一字雖半泐確是興而非炎兩家均誤何邪乾隆間重刻作紹聖更誤

戒石銘

高五尺七寸廣二尺九寸四截上截額大銘六行行四字字徑二寸餘大御跋十二行行八九字字徑一寸五分又押記一行均行書下截記廿七行行十九字字徑四分正書篆額題太宗皇帝御製六字在道州又梧州亦有此碑

御製戒石銘

爾俸爾祿民膏民脂下民易虐上天難欺

近淂黃庭堅所書

太宗皇帝御製戒石銘恭味

旨意是使民于今不厭宋德也因思朕異時所歷郡縣其戒石多置欄檻植以草花爲守爲令者鮮有知戒石之所謂也可令摹勒庭堅所書頒降天下非惟刻諸庭石且令置之座右爲晨夕之念豈曰小補之哉 伍

臣等竊惟

太祖皇帝武定天下而

太宗皇帝文以撫之是時五代之餘遺民赤子新去湯火哀矜撫綏寄在守令乃發

大訓垂諸庭石如

雲漢在天爲光昭回其施在下則爲露爲雨民涵斯澤豈其有極而吏更歲久或不知誦斯文矣

皇帝撥亂發民規橅

祖宗乃六月癸巳

詔以黃庭堅所書刻之石將以□本

賜天下使日見而知戒焉嗚呼此

盛德大業之本豈特讀正觀政要而太息哉臣等材駑不足以佐

萬分而知賛且勵蓋不獨郡邑之吏洗然於

茲賜也謹昧死書于左方紹興二年七月癸酉端明殿學士左朝議大夫簽書樞密院事權參知政事臣權邦彥左通議大夫參知政事福建江南西路荊湖南北路宣撫使臣孟庾左通奉大夫守尚書右僕射同中書門

下平章事兼知樞密院事臣秦檜特進尚書左僕射同中書門下平章事兼知樞密院事都督江淮荆浙諸軍事臣呂頤浩謹題

爾俸爾祿民膏民脂下民易虐上天難欺太宗皇帝書此以賜郡國立於廳事之南謂之戒石銘案成都人景焕有野人閒話一書乾德三年所作其首篇頒令箴載蜀王孟昶爲文頒諸邑云朕念赤子旰食宵衣言之令長撫養惠綏政存三異道在七絲驅雞爲理留犢爲規寛猛得所風俗可移無令侵削無使瘡

痍下民易虐上天難欺賦輿是切軍國是資朕之賞罰固不踰時爾俸爾祿民膏民脂爲民父母莫不仁慈勉爾爲戒體朕深思凡二十四句昶區區愛民之心在五季諸僭僞之君爲可稱也但語言皆不工唯經表出者辭簡理盡遂成王言蓋詩家所謂脫胎換骨法也容齋隨筆

右碑在梧州府廨分四層一層篆額二層銘詞三層高宗諭四層權邦彥等跋叢載云戒石銘在橫州甬道黃庭堅書金志云舊覆以亭明嘉靖癸巳知州曹儲撤亭移置座右今橫無此碑而梧有之字畫完好疑爲翻刻然筆勢猶髣髴未失眞也廣西通志金石略

右宋太宗戒石銘黃山谷書紹興二年七月勒石巳巳四月于役道州於州治堂側羈候所壁間訪得之函命工拓其文攷洪容齋續筆據野人閒話謂蜀王孟昶爲令箴頒諸邑共二十四句宋太宗摘其四句書賜郡國謂之戒石銘亦見孫奕示兒編又元吳郡徐元瑞吏學指南中亦載此銘云漢唐以來未嘗有之五代時蜀主孟昶始頒令箴於諸邑其文云云凡二十四句宋太宗刪繁取簡摘其二聯頒行天下至高宗紹興間復以黃庭堅所書命州縣長吏刻石座右至今官府存焉以兩書證之正與此合惟山谷書

既稱御製高宗跋亦稱御製絕不言四語之所本蓋不欲取法於蜀昶故諱言之耳竊歎此銘既徧令郡國立石高宗又以山谷書頒降天下刻石訖今道州之外僅粤西梧州府廨尚存此刻可見金石留傳之難今世州縣堂前牌坊上往往書此十六字罕有知其出處者矣碑之下截有紹興二年七月權邦彥等記中云皇帝撥亂愛民規橅祖宗乃六月癸巳詔以黃庭堅所書刻之石云云蓋紹興元年六月下詔至二年七月始勒石然宋史本紀皆失載此事以紀傳宰輔表攷之秦檜於紹興元年八月自參知政事授

通奉大夫守右僕射同中書門下平章事兼知樞密院事九月呂頤浩再相拜少保尚書左僕射同中書門下平章事兼知樞密院事與秦檜同秉政檜謀奪其柄建言二相宜分治內外乃於二年四月除頤浩都督江淮荆浙諸軍事開府鎮江與石刻題銜正合惟表及頤浩傳稱少保而此云特進自當以碑爲正孟庾以紹興元年十月除參知政事十一月爲福建江西荆湖宣撫司權邦彥以紹興二年五月自左朝議大夫兵部尚書遷端明殿學士除簽書樞密院事六月兼權參知政事史言兼權碑但稱權亦當以碑爲正又攷建炎四年合江東西爲江南路紹興初復分東西碑所云江南西路者乃江洪筠袁虔吉州興國南康南安軍也又紹興元年正月荆湖分東西二路東路於鄂州置安撫使西路於鼎州置安撫使二年二月復荆湖東西路爲荆湖南北路安撫使於南路治潭州北路治鄂州至宣撫使一官不常置以二府大臣充故孟庾以參知政事出爲此官是時建安范汝爲反又賊曹成劉忠等作亂荆湖間朝廷以韓世忠副孟庾於潭州皆降斬之湖南乃平正此立碑時也其題銜朝議通議通奉上皆有左字紹興元年十二月詔舉行元祐之法官階繫銜復分左右至淳熙始去之碑刻正在下詔之後故皆加左字文中貞觀作正觀避仁宗諱也古泉山館金石文編

碑無立石年月桉鄭忠肅公集紹興壬子夏六月頒諸郡縣鐫之石本守令僚屬觸目警心求爲良吏則碑以紹興二年刻也當時州縣各有一石道州此碑乃嘉慶初沈令道寬訪出立於吏目署筠清館金石記

桉凡書官職自卑而尊此公牒之式石刻多有之是題銜名乃呂頤浩爲首秦檜次之孟庾權邦彥又次之通志稱權邦彥等未審其例金石續編

湖南通志誤三字梧州本碑尾有上石題字二行曼患已極僅辨管內勸農事借紫壽摹勒上石十二字葢爾時之官於梧者而姓名僅存一壽字矣粵西金石略作紹興三年誤史高宗本紀紹興二年六月甲寅召頤浩入朝以孟庾同都督江湖荆浙諸軍事此題記在七月而孟庾署銜尚稱福建江南西路荆湖宣撫司與史不合又攷山谷年譜文節書此時爲元豐五年在吉州太和注云郡縣戒石自唐以來有之但只有石無文公任太和摘孟昶文內爾俸爾祿四語鐫以自警後高宗中興

卷一百十二

恨不同時宸奎天縱摹其筆法勒石垂戒頒佈天下世遂欽爲山谷戒石銘云見宋史及周益國公記據碑則御製據示兒編則摘句者太宗也山谷特書以自警耳太和石刻惜久不存不審有御製字樣否

張桓侯廟碑

高五尺一寸廣二尺五寸前後共廿三行行字不齊字徑四分正書在武岡

勑賜桓侯雄威廟記八字橫列字徑一寸八分

安國忠顯英烈廣惠助順大王十二字亦橫列字徑寸許在上刻之下

史傳文不錄

金石補正卷一百十二　吳興劉氏希古樓刊

古者瑰奇之士雄偉之才其剛方正直勇猛忠毅所以心庇民者生死以之古今一也昔先主擁坤維之勝抗吳拒魏于蜀中所以左右翼從者時有三傑諸葛孔明關雲長與今　忠顯王張益德也王行事□□□□□惟是英靈千載至今不泯蜀人欽戴尤盛閬涪陵之樂温廟宇屹然邑之水旱祈禱者無不應兵之往來欽崇者無不佑故蜀人瞻仰愈久而愈不斁其大者至於出靈鬯耀威神國家凡掃除寇盜征討蠻夷莫不借風雲以爲力変草木以爲人所向無敵立鬪旋凱故自蜀桓侯追封肅濟侯武烈公終享王爵死而不朽久而益彰何其盛哉　成竊意

王昔披堅執鋭躍馬大呼遇事輒發之時是必忠貫日月氣□虹霓許國以義視敵無人誠姦雄輿社稷而後已故其彊國之心庇民之心不知昔之爲生今之爲死不因形而存不因死而亡亘古今窮天地其精爽則一況當時雄畧大志所展未尽天不佑漢哲人遽萎宜其蘊蓄奮發有俟於後也叔世道衰肉食者衆矣生猶有

金石補正卷一百十二　吳興劉氏希古樓刊

負国者況死而彊国生猶有害民者況死而庇民聞生之風烈得不凜凜然羞縮愧　成□侍家府龍圖避難涪□寄館梁山之劉親維舟岸下俾　成掌之屢造廟庭獲瞻威像風濤之久紛擾之際遂發誠心命工刊石且序其後嗚呼　王之忠勤克傳万古臨終之事當備書琰琬紹興三年歳在癸丑仲秋月　旦日右承事郎張成序

嘗聞盛德必百世祀又云人本乎祖信知本乎祖而祀百世者其所由來者遠矣舒氏乃　唐時舒

一八四五

元興相裔其後八世孫舒巖夫歷任澧州軍事説
服五溪遂家于沅芷安江又天聖八年分派請祉
湖南遂家于武攸油陂之地子孫蕃衍盛大所祀
祖曰張侯廟者自蜀傳來香火也侯生於蜀爲漢
大將軍西鄉侯謚曰桓侯亘古至今祀也今重樹
石碑標題古記成遂作序讚於碑後以誌將祭惟
尊祖敬□□念誦神祇祖考安業□□在宮在廟
其先□□蒐魄□不忘於是問也空十二格 頌空五格 讚
下空
惟神姓張名飛者字其益德爲忠爲蜀主之臣勇捍魏

王之士揚威沙漠中孚百戰之功爲世蕃宣大有万人
之敵名彰三国説服五溪生則侯封死居廣享白晝望
之如在馬馵階前凊晨依之若存人瞻□□□□者雄
威莫測投之者猛烈維揚夏消不雨之灾秋示反風之
應休畨後裔忠顯□福佑　皇家决勝千里榮膺終享
王爵寵錫振大將軍昭當年元有□□□□□□□□
復□□標題古記重刊石立碑新祖□□一門則知神
有韶畧流芳百世使知神有英靈□居□代子孫□後
奉千万□香今崇寫就碑文賦成序讚
旹大德四年庚子歲閏餘秋仲月旦日鄉教祭拜孫舒
宝成讚　舒光預書　舒□□敬立

在武岡洞口園油陂宋紹興三年右丞事郎張成撰
元大德四年舒寶成重刻碑凡二十三行前載桓侯
傳次載張成撰桓侯廟碑末載寶成自作讚序成記
頗明寶成序讚俚拙不錄碑額書雄威廟又稱桓侯
爲安國忠顯英烈廣惠助順大王當是宋時所賜記
文又稱蜀時追封桓侯爲肅濟侯武烈公葢五季時
也寶慶府志

右張桓侯廟碑在武岡碑爲蠻人舒氏所立文字
均無足取惟所載張成一序倘屬南宋初刻於涪

陵者涪碑不可復見錄之以存其蹟序云臨終之
事當備書炎琬而此碑無之葢重刊時去之矣桓
作栢猶存宋舊舒巖夫任澧州軍事不見於湖南
通志惜莫攷其時代難以據補大約在宋初也武
岡本都梁隋省入邵陵後復置曰武攸唐貞觀年
敀武岡自後未嘗復稱武攸此稱武攸殆沿用古
名耶油陂名今時猶存舒氏世祀桓侯蠻人慴服
之心雖千載猶極敬畏其威望有如此者乃近來
屠沽之輩率奉桓侯爲神亦甚誣妄矣

疊采山題刻二段在臨桂

似㬌等題名高二尺八寸廣一尺三寸四行行六字五字字長徑四寸餘篆書左行
侶㬌景㴱令升少隱公弢同來　紹興五年閏二月初
十日
案文載小傳云李彌大紹興六年知靜江府易棲霞
洞名曰仙李其客尹穡爲之銘是穡之來桂圭於彌
大而彌大知靜江在五年也廣西通志
李彌大字似矩宋史有傳試戶部尚書忤旨奪職
歸起知靜江府奏廣西邊防利害入爲工部尚書
陳兗字景淵時爲轉運副使董弅字令升時爲提
點刑獄廣西通志誤作令叔趙子㠑字少隱時爲

轉運判官閆廣西通志誤作濶
詹儀之題名高二尺廣二尺四寸六行行六字字徑二寸五分正書
湻熙戊戌春分日桐廬詹儀之禮仁與僚屬來遊王稌
登叟王俊仲琟周邦弼直卿鄭郥夢授
詹儀之金石志職官湻熙二年知靜江府十二年再
任案儀之隱山題名湻熙五年曾爲漕司又陳疇水
月洞題名儀之後嘗爲桂帥也宋史有詹體仁字元
善浦城人亦官於桂鄭郥乾道閒靜江府司法參軍
見職官志宋詩紀事鄭郥夢建安人陝西通志載張
演䟦其詩云建安先生得句於石湖早以文章名世

當郎此人誤以夢字連名稱耳又嶺外代答載湻熙
乙未冏兩見於融州鄭郥夢爲融教官曰見而言之
郥作隕或傳寫之誤而亦連夢字稱去非同時人不
應誤祥案疑此拓未全或已爲人磨去　備錄俟考廣西通志
涪州北崖石刻七種在涪州
伊川祠記高三尺廣一尺九寸廿行行卅字字徑七分正書篆額題伊川先生祠堂記九字橫
列
伊川先生祠堂記
昔韓文公謫潮陽其後潮人祠之俎豆之事歲時不絕
葢重其道則尊其人也伊川先生程公頤蚤以道鳴傳

孔孟之業於百世之下毅然特立於一時在熙甯元豐
閒隱於伊洛杜門不求仕雖退而處窮確守所學不徇
時以變元祐初溫申二公立朝思得一代之眞儒如甘
盤之斆傳說之誨以啓迪　聖學乃從天下之望交
章薦　先生于　朝　上累　詔趨召辭不獲
命起自布衣入侍　講筵　先生以堯舜事
其　君惓惓敷納忠言正論日以警悟　天聰
天子禮之是崇是信紹聖中指爲元祐黨乃謫于涪
因寓北巖之梵宇　先生身雖窮而道益通矣廼以
平日自得於易者著爲傳豫章黃公庭堅榜其堂曰鉤深

迨今凡四十年矣巴峽地連西蜀文物風化豈潮陽荒
陋之比然四十年間寂无追奉　先生而祠之者峽
之俗尚鬼而多淫祀獨於事前賢往哲之禮闕而不講
官於此者亦未嘗過而問焉烏虖異哉紹興五年果山
李公瞻来守茲土尊道貴德以崇名教勵風俗爲先因
訪　先生遺跡憫古風之淪替悼後學之茫昧迺審厥
象以置祠于鈎深堂之上儉而不侈質而不華俾學者
瞻仰德容洋〻乎如在其上誦其遺書佩其遺訓知前
言往行所以扶翼先聖萬世之教者寔在於　先生不
猶愈於以有若似聖人而事之乎工既畢乃擇季冬

日以禮寅奉而安之庶無愧於潮人之事韓公也命彦
時記其略以載歲月其何敢辭紹興五年十二月十五
日滎陽曹彦時記

河汾王冠朝書

右承直郎涪州軍事判官雒陽張振孫立石

右宣教郎　奏差知涪陵縣事主管勸農公事閻

中　陳　莘　篆蓋

按明統志鈎深堂在涪州郎伊川註易之所正堂
二室中以奉伊川左祠待制尹焞右祠直閣譙定
劉光祖作記蓋在此記之後也讀此記知鈎深之
額爲涪翁所題矣

王庶詩高四尺二寸廣二尺四寸八行行十字字徑三寸餘正書

游北嵒

慶陽王庶

衰病飄零心久灰扁舟艤棹北巖隈江連白帝浮空下
山背青城出劒来三戸亡秦期可必八公助順勢將囘
老臣類獻空
中興頌漢武周宣何遠□

王庶史有傳字子尚慶陽人紹興五年知興元府
利夔路制置使歴徽猷閣直學士有譏之者徙知

成都故嘉州此後未再入蜀因次紹興五年

程遇孫詩高一尺二寸廣一尺八寸十七行行十四字字徑五分許正書

□□庚午春之七日前成都通川陵陽程遇孫
艤東去之舟於涪陵岸下
太守謝朱卿以踏磧故事招飲北巖謁
伊川先生像于鈎深堂敬賦古詩一章刻諸巖
石

春風吹客舟沙際初倚柁懷人愛其屋木杪危若墮欣
從太守遊江色清照坐當年紹述議洛黨亦奔播時人
欲殺翁甘此采薇餓流離終愛君怨語無騷些寥〻十

翼後学易孰無過諸儒踐陳迹如蟻困旋磨巖棲獨鈎
深混沌与鑿破書成置篋中山鬼嚴夜邏向来新說行
六籍乃生禍氛埃滿神州久被犬羊涴何如北巖石樵
牧不敢唾詩寒不成章聊爲茲石賀

紀元存末筆一捺葢嘉定三年也

智公龕題字 高二尺六寸廣一尺一行九字字徑三寸左右各一行行六字字徑寸餘並正書

前住持智公山主之龕

癚祐癸邜中秋　住山師誼謹立

朱子與周卿書 高一尺二寸廣二尺六寸十八行行字不一字徑六七分又三行較小均

草書

十月十六日熹頓首去歲□河幸辱遠訪得遂少欵爲
慰〻次客舍□別忽〻期年又兩三閱月矣不審何日
得遂舊隱官期尚幾何時比來爲況何如讀書探道亦
頗有新功否邪歲月易得家理難明但於日用之間隨
時隨處提撕此心勿令放逸而於其中隨事視理講求
思索沈潛反復庶於聖賢之教漸有默相契處則自然
易得天道性命眞不外乎此身而吾之所謂學者舍是
無有別用力處矣相望數千里奚由再會一日□書□
筆不覺縷〻切勿爲外人道也此書附建昌包生去渠

云自曾相識且欲求一致公書不知果有□否刻舟求
劒似亦可笑然亦可試爲物色也所欲言者非書可盡
燈下目昏萬〻不宣　熹再拜
周卿教授學士賢友
□溪大字後事處曾訪同得否　去歲回建陽後方
得□此　所惠書并書槀策問所需□□又何敢復
告邪　熹

碑無紀年提撕此心二語寄性善帖書中述及之
因即次於其前

黃應□寄性善帖書 高一尺三寸廣一尺七寸半廿行行十六字至十九字字徑五

分正書

首行缺 猥蒙性善教迪嘗惠以墨本俾爲步趨□模狄難
以來幸得寶藏亡恙盖嘗合二老之書而竊窺
考亭所以爲訓之旨矣在蓮蕩一則曰別後進學如何
二則曰家居爲學所進復如何三則曰比來所進如何
三書拳〻不過問進學一語最是第一書持敬二字實
爲聖門傳心之要而性善一書尤爲委折詳盡大率謂
天道性命不外於吾身而心者又身之主其曰提撕此
心勿令放逸即蓮蕩書中所謂持敬工夫者也
考亭所以貽書二考者辭雖異而旨則同至哉斯言非

後學進道入德之標準而所當以前脩之汲汲於講麼
進學者加勉邪悵二老之云亡仰一
考亭之逾邈每一撫遺墨益以內自警省因
使君以蓮蕩之帖寄之謹復摹性善之帖以告蓋蓮蕩
三書空下
考亭之辭及性善者二性善既以同刊之家□則性善
一書亦可同刊之北巖書院庶可示學者以前脩師友
淵源之所自云淯祐章茂歲元月重陽日後學合陽黃
應□

太歲在庚曰上章在戌曰閹茂此題章茂是淯祐

十年庚戌也

殘詩刻高一尺三寸廣三尺五寸十七行行十字十一字字徑寸許行書

諸公計未決朝忘其事夕失功詎可因循守常法人心
感處是天心至誠解使金石裂形勢不宜久冷落鼓作
須及人情熱每憂姦雄乘風塵它日未易傾巢穴人才
政事所急者世間伊呂何常乏況如耿賈郭李輩馬後
車前誰識別黃茅搖寒鳩不飛鬼洞蠻虛新過雪行矣
強飯莫飲酒偷閑讀書備施設一官皆可行其義勿學
庸人苟歲月跡涔之水無鯤鯨鸞鳳甯肯爭雞榻
吾皇駐蹕浙江西努力朝宗致忠烈星馳電走見相

詩刻未全當是南渡初作茲附宋末

大用菴銘

高四尺八寸五分廣二尺三寸十五行行三十三字字徑七分行書隸額題大用菴銘四字在鄞縣

廓然之宗空而不空智游方外妙入環中環中湛存用
之不痕揔造化柄見離微根窮極離微元樞括機河横
潑蕩斗轉依稀依稀成用用與體共象未中形功初內
動動而彭彭靜而智藏光容天地兆變陰陽陰陽變兆
用得之要春在百花風號万竅竅竅中虛雖有而無聲
不礙器色不染珠珠兮走盤不見其端壁立千仞赤肉
一團一團赤肉應緣具足像兮臨鑑神兮居谷谷神是

誰靈靈自知說用如鼻眺用如眉用之立換寄世而玩
彈指開門相招隔岸相招拈卻木橋等閑一喚適
用全超超用較些相逢作家雨雲翻覆雪刃交加交加
不傷用純愈光拍拍是令人人當行當行往還用亡險
艱如石含玉似地擎山山畜海藏規圓矩方頭頭得用
恰恰相當相當函蓋混成三昧宛轉機圓縱橫用大大
用現前不存軌則推倒藩籬東西南北南北東西歸去
來兮混之不得類之不齊隨類而游閑閑自由天上天
下雲行水流四明天童山苾芻正覺述

普覺圓照大師曇讚戒行淸苦築庵於義烏之

偲山子爲名曰大用久欲作銘而未果紹興九年予守四明與天童老款偶縱談及此以銘屬之覺欣然不辭其筆力痛快殆與信心銘相爲後先明年秋九月巳未始授讃俾鐫之石左朝散郎充徽猷閣待制提舉亳州明道宫潘良貴書

門人慧暉立石　　鐫者陳璋男曦

按正覺姓李氏隰州人主泗州普照建炎間主天童寺僧不滿二百覺納衆千二百人所著語録行於世其文麗則如洞下宗旨詔謚宏智禪師潘良貴字義

榮又字子賤金華人以上舍釋褐爲博士遷祕書郎欽宗時以言事黜監信州召爲左司諫改除工部以不得其言求去主管明道宫越數年除考功郎知嚴州未幾請祠起爲中書舍人以修撰提舉太平觀起知明州除待制提舉明道宫有雜著十五卷朱子爲序極推重之兩浙金石志

偕子宜塔記

高九十廣一尺一寸九行行六字字徑五分餘正書在桑至

宗教下□第□代住持偕子宜塔僧臘三十二歲化年五十七於紹興十年二月九日圓寂辛酉年十月十九甲申日歸塔小師僧惠□□□

翠微亭韓世忠題名

高一尺六寸廣一尺二寸八行行六字字徑二寸餘正書在錢塘

紹興十二年清涼居士韓世忠因過靈隱登覽形勝得舊基建新亭榜名翠微以爲游息之所待好事者三月五日男彥直書

趙夔遂縣題詩

高一尺五寸廣一尺六寸九行行字不一字徑寸餘行書在遂甯

道過遂縣泊舟瞻　大像有作

前榮南守趙夔

成佛經千祀鐫崖已一章僧云十九年矣漢厤十九年爲一章爲憐塵世病故作大醫王黄面無苔蘚青螺耐雪霜灘聲門外轉万古闘舟航

紹興甲子八月八日

余先得趙夔穿雲巖詩此刻尚在前十年

八瓊室金石補正卷一百十二終

八瓊室金石補正卷一百十三

太倉陸增祥撰　男　繼輝校錄
吳興劉承幹覆校

宋三十二

六侯事蹟記

高四尺七寸廣二尺三寸六分三截上二截均廿一行下截四行左方跋語三行行字不等字徑五分餘橫額題六侯之記四字字徑四寸俱正書在南海南海廟康定牒碑之陰

達奚司空慶秝中阮遵有記云普通菩提達磨由南天竺國與二弟航海而至達奚乃季弟也經過廟款謁王王留共治達奚立化廟門之東元豐秋苦雨太守曾布祈晴於祠下黙有禱於神一夕感夢告以所復逾月被命了然不差因而命工修飾祠像以答靈貺今封

助利侯

杜公司空不知其名父老相傳乃北人也形皃清秀有才幹明道年中重修廟宇差公監役不日而成既畢工公遂禱於王曰王威鎮一方利資百粵助國濟民其功莫測願助王爲陰兵部轄之首言訖而化從茲廟内忽生飛鼠不知其數皇祐中儂賊犯廣猛風飄滞獠船不進廣人遂得爲備又元祐間岑探賊發自新州領衆數千來泊城下民庶驚擾官吏茫然旣蒼卒之際州城守禦器械皆無備枝梧郡官登城遂禱之於神是日晴霽忽起大風暴雨結爲寒冱三晝夜賊徒寒凓不能攻擊及城人忽見飛鼠遶之樓櫓而賊衆觀其城上甲兵無數恐懼顛越鳥竄鼠伏當時感謂　杜公陰兵助王威德以護官民至今飛鼠集而不散今封

助威侯以上上截

巡海曹將軍不知何時人有海客船過大洋至於無涯之所風浪滂浡驚懼之際船人隱隱見有金甲神人平波伏浪人皆頂仰曰巡海將軍也至癸亥歲四月内前監市易務梅菁得替赴惠州博羅縣任十六日船至扶胥海風雨忽作波濤競起船將傾危菁叩南海王未已隱隱見一金甲神人指呼船獲平濟菁到廟謁謝行至巡海將軍堂前頂仰將軍有如早所見之神菁再拜謝不知將軍姓氏欲求傳於後至晚下船就寢復夢將軍云吾姓曹助王威久矣人無由知亦不欲顯世間旣聞命故當見子菁忽然而覺次日置牌以顯於後今封

濟應侯

巡海提點使元祐五年五月十三日夜三更時廣帥蔡公下忽夢神人身長丈餘紫袍金帶容皃堂堂趍走而

前似有贄見之禮蔡公云吾授
天子命來守此土公何人而輙至此神人曰余姓蒲本
廣州人也家有三男余昨辭人世以平生所積陰功稍
著
上帝命充廣利王部下巡海提點但未立祠位言訖而
沒夢覺但增歸仰次日具述夢由於郡官之前聞者莫
不嘆服遂命工委官詣廟致祭綵繪神像并寫立南海
廟牌其神今封
順應侯以上中截
王子一郎封輔靈侯王子二郎封贊甯侯以上下截

漸綌興辛酉季夏赴倅曲江經途扶胥鎮奠謁 祠下
詢訪 六侯故事無有識者適於壁角得板六揩拭辯
認字差可讀 六侯豐功偉績烜赫照人耳目如此歲
久無記幾絕其傳若板一失必至埋沒矣惜哉漸乙丑
中夏回守程鄉迺以 六侯事跡移刻之石亟不易一
字謹存其舊以信來者二十四日莆陽方漸跋
六侯封號他書所未載宋史禮志凡廟祠賜額封號
多在熙甯元祐崇甯宣和之閒碑所載皆元豐元祐
閒事然則六侯之封其在元祐以後邪又碑稱元祐
閒岑探賊發自新州領衆數千來泊城下宋史蔣之
奇傳廣州妖人岑深善幻聚黨二千人謀取新興略
番禺包據嶺表羣不逞借之爲虐其勢張甚之奇遣
鈐轄楊從先致討生擒之是其事也深碑作探與東
都事略合宋史作深益轉刻之譌爾方漸跋紀年乙
丑爲紹興十五年孫星衍訪碑錄別載一碑爲五年
誤也漸莆陽人所至以書自隨爲閣藏之榜曰富文
見萬姓統譜金石續編
碑云元豐秋苦雨太守曾布祈晴於祠下言秋不
言何年元豐二年四月曾布已至桂州龍隱巖有
其題名元豐秋元豐元年之秋也下又云告以所

復逾月祓命了然不差案史曾布傳復集賢學士
知廣州元豐初以龍圖閣待制知桂州進直學士
碑言所復當即集賢學士然元豐元年正月曾布
九曜石題名已署龍圖閣待制尚在未知桂州之
前署銜又稱起居舍人不言集賢學士則元年正
月知廣州時尙未復也史文殆有參錯矣訪碑錄
兩載此碑一題六侯碑紹興五年一題南海廟六
侯事蹟碑紹興十五年五月孫書重出甚多此其
一也碑無撰人名方漸跋而刻之孫氏以爲方漸
撰亦非

張浚列秀亭題名

高三尺二寸五分廣二尺共九行行十四字字徑一寸七分正書隸額橫列魏公遺墨四字在連州

□□□河郡張浚紹興丙寅秋□　命諭居陽山姪杓
男栻侍行重□□日抵郡境授館濯纓堂因晴夕□□
秀亭周覽風物少釋懷　親之思眉叟堯弼自星沙偕
來表弟臨卭計差以　秦國意繼至省問丁夘寒食日
從居者八人僧慧廣使臣楊安宴黃資何遵寄院知
客王端　賈似頭陀光衡

大粱張顏叔等題名

高一尺二寸五分廣六寸三行行字不一字徑一寸五分分書

大粱張顏妹河南邵次□洛陽朴子壽紹興十七年秋
八月十四日來

右刻未詳所在疑在蜀中

坦山巖勸農記

高七尺九寸廣五尺三寸前十九行行廿四字字徑二寸後題名四行行字大小不一均正書篆額橫列題坦山巖勸農記六字字徑三寸五分在郴州

坦山巖勸農記

建炎天子即位之十九年　眷懷南畝無以慰其勤乃
詔郡國司牧臣每歲之春奉將　德意躬行阡陌敦勸
農桑以昭示務農重穀天下之本之義行郴郡太守王
牒趙侯暨別乘盧侯欽承　制旨夙夜惟寅民事之宜
宰古是振當視政之明年春南至于會縣今年春考卜
西疇得此坦山焉于時原人畢趾嘉種薦陳厖眉鶴髮
之叟接武來會者數十輩於是儐相揖進于庭對揚
王之休命言喻詳複使人人咸知　君上無二念不在
斯民蓋所以謹敵勸之方申歸美之志禮也勞酒既加
撫存既備以手加額者不約而齊曰孰謂二三太平遺
老復覩中興聖政之行天或假以須臾尚冀拭目以見
東都之會雖然今日之事仲叔季弟幼子童孫敢不

竭力耕田以供王民之職已而賓既醉止事協禮成秣
馬巾車還轅趣戒幕中諸公相與升階而請曰昔人或
爲山林之遊或爲園囿之賞且得託文瑰玫以歆艷來
世今　史君此行　王命也禮文之舉政典也抗跡前
聞實懼有闕況巖石甚良可磨可鐫僚僚多賢其文可
述敢告執事　侯曰諾遂命門人綴緝其語書以代記
旹□元紹興龍集戊辰月應夾鐘蓂餘三莢也同官會
者九人寄居得八人

進士曹宗度門人安世隆華亭柳大成新巡轄
李景趍新辰沅巡轄曹漢新平陽令安世忠前

判官萬億此行低六格
新桂陽監押趙不□郴縣尉張瑜權郴縣丞梁浚
郴縣令孔浩然推官彭瀾判官李湙教授鄧深監
押趙□□較前行高一字　以上二行字特小字徑寸許
右承議郎通判郴州軍州主管學事兼管內勸農事
主管坑冶事務賜緋魚袋盧□
左朝奉郎權知郴州軍州主管學事兼管內勸農事
提點坑冶事務借紫金魚袋趙不□此二行低五格字亦較小徑一寸五分

獨步至巖口讀宋人勸農文石未經斧鑿宛然天成相傳巖頂有張南軒書萬華巖三大字今爲薛封明胡學夔遊萬華巖記

萬花巖內有宋太守趙不退勸農碑郴州總志

案志云趙不退於紹興十六年由朝奉郎任知州攺宋史宗室世系表名不退者共六人四人皆不注官階其一人乃商王元份五世孫階爲成忠郎係武職惟贈正奉大夫士清子名不退者亦商王元份之後其階爲左朝請郎恐卽其人湖南通志

右坦山巖勸農記在郴州卽志所稱萬花巖勸農文也坦山在州西南三十里見一統志萬花巖在坦山下見州志瞿氏輯通志時未見此刻已巳冬余始屬高大令捷達搜剔得之字學誠懇結構有法文首云建炎天子卽位之十九年下有詔郡國司牧云云案高宗卽位之十九年爲紹興十五年高宗本紀是年正月初置藉田十六年正月親饗先農於東郊行藉田禮玉海云紹興十五年十一月十七日詔以來歲之春祇祓青壇親載耒耜躬三推之禮以風示於四方閏十一月甲申司農簿宋樸請令守令以歲仲春出郊勞農遂爲故事卽此記所敍務農之詔也又云行郴郡太守玉牒趙侯暨別乘盧侯趙侯盧侯卽記末所列之通判郴州盧□權知郴州趙不□也郴郡卽彬州桂陽郡也記後題名辰沅巡轄曹漢新平陽令安世忠前判官萬億郴縣尉張瑜丞梁浚令孔浩然推官彭瀾判官李湙教授鄧深無一見於官志者惟鄧深見選舉亦見人物傳深字資道一字紳伯湘陰人紹興十二年陳誠之榜進士試中教官入爲太府丞提舉廣西市舶求便郡知衡州擢潼川路轉運使後以朝散大夫終於家新桂陽監押趙不之下似是桯字官志有趙不懋知桂陽軍無趙不桯爲

桂陽監押仍闕之石根爲泉流所汨不得盡拓盧
趙二人名皆不見官志通判郴州者有盧棫當即
其人知郴州者有趙不退郴州總志以此記爲趙
不退勸農碑當不誤耳十六行僚字下又一僚字
其上半數筆孱雜於上僚字之間想係匠工之誤
或後人所妄鑿十七行元上一字右旁是亥左旁
似糸而未得其解不敢率定十八行戊字作戍非
石泐即刊刻之譌龍集戊辰月應夾鐘蓂餘三莢
者紹興十八年二月廿七日也

富順中巖題刻十二段在富順

蔡正叔納涼題名高一尺七寸五分廣二尺七寸七行行五字字徑三寸許正書左行

伊川蔡正叔紹興戊辰歲季夏念八日率弟叔未處卿
男遲逢侍親携家納涼于此

張雝老等避暑題名高一尺二寸廣五尺四寸十六行行四字字徑三寸許又刻石一行小字並正書

張雝老蹇時行趙君寶婁子春何堅仲崔順之張仕道
劉巨川韓道直龍介卿梁聖擇王濟之蘇景山梁林求
以紹興壬午仲夏晦日避暑飲于此曲子治以職事不
至
缺紛約十二字師□□刻石

默之等殘題名高一尺七寸廣二尺三寸八行行六字字徑二寸分書

默之缺正缺□□缺并缺一行□缺避暑□□□□終日隆
興改元貳月□缺

呂元錫納涼題名高一尺一寸廣一尺四行行五六字字徑一寸二分正書

呂元錫挈家納涼巖下乾道丙戌六月十七日

李深甫喜雨題記高一尺三寸廣四尺十七行行八九字字徑二寸五分分書

河陽李深甫來牧此監夏不雨既禱乃雨人欣欣有喜
色因載酒領客飲嵓下金風扇涼區野腴潤客舉觴酹
侯曰民有哺而侯寔哺之矣請目爲侯壽侯曰斯民之
福吾何力有焉盍舉觴爲賓客賀客曰唯矣其□侯之

德叺如民□不□侯曰唯酒半客洛陽呂元錫耴其語
遂書之石昭德晁子愈眉丛孫德進資中何含醇元羨
漢江李顯孺明孺□焉乾道二年七月初九日　住嵓
僧志超監刻

取書作耴俗謬

楊光避暑詩高一尺七寸廣三寸詩十二行行十字後三行行八字字徑二寸許分書刻石一行正書

伽陀坐斷碧巖陰手眼無非利物心借我初庚滌袢暑
泠風美蔭木千尋
山下芙蕖雲錦裳琺餅淨供塑生涼南薰真是社中友

清潤時飄衣袂香
禪榻陰森五月秋井泉甘冽近林幽助翁燕坐清涼境
茶具隨行試一甌
淳熙丁未初伏林磎楊光奉親避暑中巖男廌之
英侍行
知院僧惠光監刻

王萬里等題名 高二尺五寸廣二尺七行八字字徑二寸餘正書

臨邛王萬里過金川眉山楊仲禹拉弟嗣卿季禹叟孟容蘇仲程偕泛西湖舍舟來游巖前新結小亭置酒其上日莫廼歸嘉定九年五月甲子日

楊仲禹等觀蓮題記 高一尺八寸五分廣三尺五寸八行行七字字徑二寸餘行楷書

嘉定丙子七月乙卯楊仲禹拉牟君錫陳立道史伯尹楊炑通弟季禹姝子助觀寺門池蓮盛開君錫怡得呂氏瑞蓮共賞久之分韻各賦詩而退

晁革父等題名 高一尺七寸廣三尺七寸十行行五字字徑二寸五六分行書刻石一行正書

晁革父常修父通父孫子厚李義昭韓隱之甲申中秋日携碁載酒聚憇亭上劇談終日見月而歸常亨父丁子儀炑之約而不至

嘉定十七年□□□日刻

趙虞臣等月岩題記并詩 高一尺三寸廣五尺三寸題記十六行行五六字字徑一寸四五分詩十行行七字字徑寸許並行書立石一行正書

金華趙虞臣果山楊信甫三□勾龍晞□□浦章王□高平涖仲章天水尹子卿書大士記回而山行携盆蘭寘月巖下鬪碁小酌閑適竟日積雨初霽巖溜如霰茲游清絕是可書也寶慶丙戌仲秋前三日虞臣書
再書二絕句以紀其清
蘭着秋花分外奇月巖清坐聽枰碁笑譚相與同心處更近新涼八月時
茲游閑適實清奇恍對柯山一局碁興盡相呼下山去歸途猶趁日西時
山主妙□立石

馬欶張三人題名 高一尺二寸廣二尺六行行三四五字字徑二寸五分正書左行

馬欶張
李伯高
衛仲容
右三人以丙寅春載酒爲中巖之游

右方尚有字蹟不可辨識

虞英等楊園題名 高一尺八寸廣二尺二寸六行行六字字徑二寸五分正書左行

寘英邀欶張季才伯高同游楊園遍歷三巖之勝泛舟自西湖歸丙寅歲清明日門人衛閎書

菖蒲澗吳大年等題名

高一尺四寸六分廣三尺四分十五行行七字字徑一寸六分許正書在南江

廣都蔣城吳大年古郫李椿秦亭權師雄大梁趙恂閬中满時同谷米居約以紹興十八年九月十有四日訪古菖蒲澗觀唐人武功子石刻置酒碧巖溪効柳子序飲損其籌爲一題名以挨之或洄或止或沉者皆賞惟直前無坵滯則免坐客率三四飲笑歌諸婧終日乃罷

三巴碧古志載菖蒲澗題名七種此其一也

靈峰院鍾樓記

高七尺一寸廣二尺五寸十四行行存四十五字字徑寸許正書下截未全篆額失拓在三臺北卅里華巖山

左朝奉郎通判蜀州軍州主管學事兼管內勸農事賜緋魚袋王咸乂撰

左迪功郎新果州司戶叅軍鄧頁能書

左迪功郎潼川府洛城縣主簿主管學事李如晦篆額

紹興丁已靈峰院僧寶勝剏建鍾樓於院之山頂越明年樓成其高七仞縱廣半之壯巖輪奐動人心目其冬寶勝自缺久因告之曰夫妙眞如性與生俱生而不能自知大圓覺心有化不化而不能自見是故珠必待於人說月亦求於指缺開方便門敕羅睺羅撞鍾一聲以示阿難及諸大衆反觀內照得入理門達磨西來大法頓教門庭雖別指趣無殊有缺有聞堰溪水聲而悟者有聞石擊竹聲而悟者及其成功一也今吾子囊無一錢作大緣事鑄此巨鍾閣以層樓㩳以缺夜撞之用警沉昏固有一歷耳根頓會宗旨離文字之傳絕語言之妙者吾子亦何用記爲寶勝曰不然寶勝竊有說缺公授之宰是邑也相視墟井託宿茲院爹一道人爲針其腹十年之病一昔而差詰朝問寶勝此院興建之由寶勝以左缺龕爲對偶合公心自此每以興修督勵寶勝

顧吾院之貧力之微也何以稱公驅使之意至建炎丁未今制幹王公宏缺爲其疏文又與其兄作大檀越自其始而王公成就於其後今缺福祿□□豈非能仁護此度材鳩工迄用有成然則修造之意乃李公倡導於念鈔智扶持顚刺堅珉以侈大茲山之靈不亦美乎咸久曰然請爲書之以傳諸信士

紹興二十年正月上元日開建靈峰寺長講沙門寶勝立石

重修白塔院聖像記

高三尺四寸廣一尺四寸十六行行卅六七字末行四十一字字徑五分橫額題重修嵩崧山白塔院聖

像記十一字並正書直界格在樂至

嵒松山□□□□□□
東普□邑鄉曰□□□□□□峯号曰嵒松院名曰白塔
興自李唐□覩□□□貞元拾伍年先賢趙法界之所
建也□□□□□巳遂　碑詠嚬頹尊像磨滅五百有餘年
□□□□□之□□□皇宋□□者謂□□□□□
□□李宗㫐者留意釋道發大善心常曰□□□憫斯
跡之荒墮欲此像之更新□□□□□天年吾令不
成其志繼其事豈謂孝乎發□□□□之後覩相于竟
悟之間遂費□□□□□□剗除舊壁開鑿洞門鐫貳

拾伍像□□□□□□□□□□□聖賢□夫婦于
座□□□□□周銑事畢功成脩葺之功尤多於父子
□□之□亦頗於鄉人委予作記以紀□□□□不敏
敢不秉筆以俟命言不盡意□文爲□□□□
浮圖　盛　爰□□□　□于貞觀　廢于會昌
多歷年所　尊像隳□　□脩□□　事屬宗㫐
賴□□□　□像更張　成予孝道　用荅先亡
俾茲聖跡　□□弥光　功成□滿　極樂□方
□□盛大　萬世無疆　又讚曰　有唐盛好
□□誕敷　僻陋遐荒　爰□□□　□□塔寺

十二寰區　我普樂邑　東西之□　□□嵒松
白塔規摹　□山□□　□□非都　貞元之末
院名是呼　會昌五年　□□□蕪　迄至于今
□謂□呼　□有李公　能遊父志　聖像更新
廡廊益□　□功已成　令予作記　□斯□□
□所底止　興之于李　廢之于李　□□重脩
惟曰□李
皇宋庚午紹興貳拾年叄月拾叄日信仕弟子隴西李
宗㫐字祖善建此佛龕□□記□□者烏邑母士隆
同發善心男李大□　在標題下

太平寺鐘款

拓本上層高二尺下層高一尺四寸五分餘詳各方下

□□□□□各捨五百足□□□□福田捨尒擅信
□□□一貫省□士慶唐子迺□□張道膳張道勝
各捨一貫□儀□□□思昱□選謝光旼詹仲政
□□□氏九娘□寶□□有謝士楚謝子敵
上缺□□□□各一貫□李氏四娘二貫省
上缺□□□□□元錫唐子□唐世甯□
上缺□□□胡士宣朱僳劉□
□□□□唐氏四娘郭氏□王氏二娘卞氏一娘陶氏

缺上□唐氏一娘郭氏一娘趙氏六娘
缺上□□□唐思悋思玠各人五百足蔣氏五郎
缺上鈔□貫省張孝思
缺上□□福黃氏二娘各人五百足
缺上□貫□李逵□西□陳元鳳□
缺上□□裁□舍糸三貫省
缺上□□寶□□□貫杪鈔五貫

右方上廣二尺五寸下廣二尺八寸十五行行字不齊字徑寸許凡言上缺者莫辨字數以第一字與後行某字齊平定其高下

缺上□□□□□□搭□□□

廣　缺上蔣士□□□鑒□氏四娘□□□文
足　缺上臣謝文　各　貫省

此行不可辨識

缺上楊缺下
□零陵□安□□□□□子□□蔣巡□□□貫
□
□□□各捨糸五貫足□□□舍□五貫省蔣翼□□謝
知罪

□□寶各糸五貫足唐珎蔣意將中遵蔣松年陳遵蔣
宗□　缺上氏六娘鄧氏五娘僧道詵永宣祖倫志
闍知圓　缺上□□□氏一娘各一貫省
□□□□
缺上娘缺下
□楊□□　缺上□□□各□貫

此下四行均無一字可辨

右方上廣二尺三寸下廣二尺五寸五分十六行行字不齊字徑六七分許

足將仕郎　缺上貫省前衢州通判王□一貫
山比邱　缺上仕淡
各糸貳　缺上□□□□各捨一貫足周□鄭嬰
缺上禧僧□時各捨一貫省□氏
七娘唐子　缺上□□緗捨糸檀信人名□□□

張□□□
上缺各人五貫□瑋呂□先□□□
上缺張□□丁齊卿各人一
貫□
上缺李日□李日康各人□貫□張
忠□□
上缺□吳□□貫周文岳唐氏一娘
李氏三娘
上缺繼欽義□本莊惠慶各糸□貫董
輔李

上缺諒□□蔣諳周恪唐中立周意馮□
呂非
上缺唐子息蔣文選何□海黃震唐全周文雅周
與
□□氏晚娘龍氏一娘僧普光普安覺因永佺子□觀
妙義□
□□善金善敵惠明宗譽各人一貫足呂師緣師經共
糸五貫
□□□一貫足張寘李昇共六貫僧義圓徒衆一貫
僧印詮一貫謝詮□□□□裕唐□寳香□□□

□□端蔣之才陳供周□□吳貴張友穩□□□永年
□士雲唐思和唐思穩徐氏妙善蔣氏十娘唐紹遷唐
子□
□悟軾悟轍元□永賢永紹子忱子愴寶璋祖光□趙
右方上廣二尺二寸五分下廣二尺六寸五分十九行行字不齊字徑五六分
弟一行全蝕
上缺□□善感□□
上缺惠覺惠行了謙
□□□行者□□各一貫省□□□盧文□姜貴□
智□唐□唐文昌周樞□仲□文□甫騫時川熊□陸

才
上缺氏□娘唐氏二娘胡氏四
娘
上缺僧□□正光
□
上缺祖高□
上似無字□□□□□□□□□明各糸五百
□
上似無字□□□□□□百□□□□妙鈔
□

上似無字□□□杪鈔十貫下缺

上似無字□□□□□□貫下缺

上似無字□□□□□□□唐上旺

上似無字□□仲福李氏一娘唐氏六

娘

上似無字□□□氏晚娘張氏□娘□氏□娘

右方上廣二尺四寸下廣二尺六寸五分十五行行字不齊字徑六分許

佛日增輝　法輪常轉　皇風永扇　帝道遐昌

右四行介於各方之間每行四字字徑二寸許　以上上截

僧下缺

弟二至弟五行全蝕

蔣思□□□□□□□□張順下缺

僧元善下缺

弟八至弟十行全蝕

行者元下缺

弟十二行亦全蝕

□全□妻□□□捨□□□□□□五百

上缺思下缺

□昌明同妻□氏捨□貫□□□□□□貫足

上缺林□一娘□□□□貫足

上缺助緣下缺

右方廣二尺六寸十七行行字不齊字徑六七分前尚有空行據拓本無字

巳上檀信各捨　財鑄造鴻鍾□巳周

□所奐下缺約

此行蝕約六字

此行蝕約八九字

此行蝕較前行約多二三字

此行全蝕長與後行同

上缺陳虎

上缺仲□捨永十貫足

□□化鑄鐘□紹元□元□□□元遂集□

上缺元□　元宗　元懷

上缺緣住持傳法賜紫嗣祖妙空大師崇紹

右方廣二尺六寸十行行字不等字徑八分許前後均有空行無字

右迪功郎永州軍事推官趙　溱

右儒林郎永州軍事判官許　頖

右朝散郎權通判永州軍州主管學事劉　襄

左朝奉大夫權知永州軍州主管事梁　仲敏

秅空宋車牒間斵者

非靁非霆壹剎那間

徧滿大千非殼非形

吕悉檀成吕慈悲檀
吕歡喜德粤靡留來
如瞑而寤如醉而醒
九芺之卤瀟湘之會
梵釋之庭紹興庚午
瞢再浹辰棫吏是銘

右方銜名四行字徑七分銘九行行八字字徑一寸長徑一寸二三分篆書以上下截

右宋顯謨閣學士謫居永州汪藻譔書凡九行每行八字係小篆尚完整惟靈字作靁當是鑄脫其鐘分三方末方之下層書前銜名及銘辭上層及餘二方均鑄檀施士女錢數字似篆似眞其募緣賜紫僧妙空數字尚可辨識庚午歲乃高宗紹興二十年也金石萃

右太平寺鐘款據志載題寺舊在太平門唐之龍興寺也柳子厚所善僧日悟及名巽者居之宋元豐四年更名太平有僧名安者居之明嘉靖閒廢爲宗藩別邸鐘今在永州城內譙樓不知何時所移樓尚有一鐘則明萬厤廿九年所鑄也此本分兩截拓之凡七方銘辭篆文餘俱正書陽識瞿氏輯通志未見此刻宗氏輯永志似見之而未及細審銘辭末句云瞢吏是銘並不明署姓名志載以爲汪藻所撰浮谿工篆隸銘文當亦出其手筆志載銜名四行前後倒置并誤趙滦爲趙正許顗爲許岳文吕慈悲檀原刻作檀从木而宗氏作撞从手吕歡喜德原刻作德而宗氏作聽粤無留來粤古由字宗氏誤作從留宗氏以爲始字九芺之卤芺葢芺之小變用爲疑字宗氏直作疑均非粱仲敏四人通志職官失載永志補之而未知正爲滦之誤岳爲顗之誤斯亦疏矣檀信姓氏內有官階者惟見衡州通判及將仕郎而人名已泐王通判亦僅見其姓耳劉襄判永州亦見太學上舍題名碑碑亦汪浮谿撰書亦是年所鑄許顗見何麒師子嵒詩後其署里貫爲襄邑云

重刊留別南溪詩

高一尺八寸廣三尺詩五行行六字前後款五行行字不一字徑二寸餘上石年月二行行字不一字徑五分俱正書在臨桂南溪白龍洞

留別南溪

桂州刺史兼御史中丞成紀李渤

常歎春泉去不回我今此去更難來欲知別後留情處手種岩花次第開

太和二年十一月十三日
大宋紹興二十年季夏張仲宇鄧宏重命工刊整住
巖僧如漢慧本

劉玉麐云通志載李渤留別南溪詩兩章其二章云如雲不厭蒼梧遠似雁逢春又北歸惟有隱山溪上月年年相望兩依依渤在桂州浚治灕水善政在人朝廷不聞恩命乃以風恙求代罷歸洛陽渤詩中絕無怨尤惟惓惓於巖花溪月而已此種胸次猶是初年不仕高隱匡廬少室之襟懷耳刊此詩者爲張仲宇葢卽潛洞刊張公勸諭所稱郡人張仲宇也范公

於張爲並世若李賓客則已遠矣讀此不獨令人思賓客而亦並思仲宇也又案舊史云渤在桂管二年新史云渤出爲桂管觀察使踰年以病歸洛又李涉元岩銘序稱渤在桂一之年治鄉野之病二之載搜郛郭之遺是渤在桂僅二載與史傳合今此刻乃題云太和二年豈在桂當寶麻二年因風恙求代直至大和二年始得代歸洛有此留題耶姑識之以俟考証　詩只一章刻石時斷無遺失之理如雲不厭一絕當是涉作舊通志所載殊誤今渤涉兩人集中又皆收此二詩也廣西通志金石洛

唐文宗建號大和史冊均作太和其見於石刻者均不作太此刻作太者重刻而非原本也亦以知大之誤太南宋時已然矣渤官桂不久新書云踰年以病歸舊書云在桂管二年風恙求代罷歸洛陽渤以寶麻元年正月出爲桂州刺史此留別詩題大和二年十一月則不止二年矣疑史有誤劉玉麐云寶麻二年求代大和二年始得代歸恐未必然至元岩銘序所稱殆只就南溪言之渤在桂幾年必舉歷年之事一一述之則非銘岩之文矣張仲宇有桂林盛事記刻於中隱岩粵西文載仲

宇字德儀臨桂人紹興間以文藻稱與同郡石安民相爲引重桂帥張栻張孝祥范成大先後至府禮以上客

羅浮洞題刻六種在富順

甲戌造像殘題高一尺三寸廣六寸四行行字不詳字徑寸許正書

前行全渤　石渤下造陊　大宋□興□□□□甲戌四月十三
日修□□□

建元惟興字隱約可辨葢紹興廿四年也

佚名造像記高一尺二寸五分廣五寸九行長短字數均不一字徑四分正書左行

敬鑴□□缺

伏以如來□缺□心出世因緣脩修行之路逕乃圓極
樂國內大聖弥缺約七八字自在觀音菩薩□運□勢至□
□□
□弟子□□□□缺約七字二十五年□□□□□弟子
缺約三字女弟子□□

此亦宋刻也宋代惟紹興有二十五年

同證大師等造像記高三尺九寸廣九寸七行行四十餘字字徑六七分正書左行

時大宋紹興二十七年歲在丁丑缺約五字資□缺約十二三字託
化門缺約三字各爲存亡有□□□蓮華□所淂□利□助
□□人□□□□一缺約十一字如來大像一龕□□□□

助緣□色重粧侍立觀音勢至十龕聖□等說缺約五字看
轉□大藏□教四大部經各一□□□大乘妙□□□
□□□□住行□□□用□施□真□□□□廣大無
上證等菩提上報缺約七字下□三友缺約五字與一切有情同
生淨土齊成正覺□紹興三十一年歲在辛巳□月壬
辰初五日成□南四□□院法眷師衆□□管□□照
知院□□前□正院監同證大師缺約十一字□□□□
仁逵行者□王仁皎手下行者缺約七字□行者張□□□
□張自□刻

右刻曼患難辨繆筱山分爲二種以余審之蓋一
刻也造始於廿七年成功於世一年耳

太上斷除伏連碑銘高三尺一寸廣一尺七寸共三十行行四十四字字徑四分橫額題太上斷除伏連碑銘八字中題解冤釋結天尊六字左右刻題日月二字並正書并符篆各一道

謹桉　太上老君三屍經云夫人之生也皆寄於父
母胞胎五穀精華具人身臟腑盡有三尸爲人大害每
□□庚申日夜錄人罪過上奏　天帝絕人生籍令人
夭壽鬼入黃泉獨在地上遊走名之曰鬼或四時八節
□□稍缺爲人禍害伐人性命夫天下有生之衆紛紛
擾擾抱天地沖和之炁居日月照臨之中邪鬼乘便以

肆欺尸座因之而□遍亦非自來傳染止是因隙乘釁
賴我　太上有禳解之科　天尊垂拯拔之格許令超
度□□蕩除病者□安鬼不爲禍幸　至真上聖不以
一槩剪除廣開解脫之門宏闢祈禳之路□陳醮謝庶
使冋□　不改於□□□當行於誅戮於是以洪濛混
台之氣裁成龍章鳳篆之文溟溟空洞滛　之章□□
玉篠寶符之字其妙也□□□測神變無方拯斯民於
塗炭之中接□命於水火之際有續壽返魂之應回骸
起死之功廣濟生成咸登壽域□□大宋國劍南東蜀
潼川府路富順監□賢鄉支江里鄧井居奉　道法籙

臣范祥伸誠意先於遠年内乃爲□□□李氏災障侵凌姬邪欺侮後裔難阻尊少無安醫療不痊無解遂投正法救治據昭報係是夭亡近逝三世□□冤愆不下纏綿與生伏連遂啓誠心伏道士楊智武就家□建太上斷除伏連解釋冤愆保存拔亡清醮一壇飛奏宸庭闕聞三府豎立碑盟以伸戒誓于癸未嘉定十六年五月二十八日不幸偶遭回祿□毀碑盟□存□自初秋以來再被少死夭亡三生冤類觀望碑盟焚毀不遵前戒黨扇姬異侵擾家人至今尊卑俱遭其害□□安□心負赦□非仗　道恩難以逃免謹啓愚衷一

家嚴潔備陳供儀以甲子令辰仗道士王混成就家修設

太上斷除伏連解釋冤愆保存拔亡清醮一壇仍前豎立碑盟痛行戒誓於壇下特爲宗親上祖近逝夭亡奠□　金籙簡戒普伸薦度上願冤家解釋伏連斷除過往生　天早離幽暗道場自當日啓壇敷□□範至功課云終設醮投詞貢財滿散上嚴　道極昭事　帝眞更祈在堂重親晚景康健年齡有永災障不侵次願臣祥夫婦齊眉女男安吉兄弟均慶門閥興隆命脉亨通常臻　福祐伏聞邪不干正僞不當眞凡有災殃宗□懺謝賴我

天師特垂方便拯護生靈立此誓文以爲盟約如有一鬼不伏去金刀罡劍斬無休吾今爲汝立誓盟從玆各自冤仇釋謹按　天尊演說斷絶伏連姬邪逆師方鬼神呪

五運順天道　六氣衝仙都　霞頸戴眞文　遍誅下士誤　一切無道鬼　一見之思奔駈　法網大羅天　豈容漏邪諸　楊水噀象法　俱若微妙除

天尊說是呪已一切邪鬼並皆清蕩生人安泰伏連斷

除世世生生永無冤累今再爲汝等重立十誓盟約

土牛能產犢　木馬歘生駒　乱絲應作繭　生鐵爛成金　瓠卵生鷄日　葫蘆滿水無　江水朝天□　燋麻菜又敷　石符還判合　繩斷續成纏　十誓能隳壞　幽冥任復誣　若然存此戒　回顧受天誅

道言天師傳示不可犯違汝等從今已往改過自新永除伏連之殃求注生　天之果壽解脫門世世生生絶無冤對如不能悛改依前作過侵擾生人自受　天譴永沉惡趣□劫原更自思惟免貽後悔汝宜諦聽遵稟

奉行
太歲乙酉寶慶元年九月
巳未朔初六日甲子立石
高上紫虛陽光洞淵法師南極天樞領院右
大判官同管院事尹　大先
上清大洞三景弟子元化法師同知神霄玉
府天樞袪邪院事王　混成
太上三天扶教輔元大法師正一靜應眞君判元都御
省事張
額有大清道光十三年四月二十八日重立字

羅二娘等重粧象題記高一尺七寸廣七寸五分五行存字不一字徑七八分正書左行
女弟子羅氏二娘□□□缺壽發心重粧□□□□□
缺一缺身祈□自身安泰男女康甯缺運爲遂心□禾
□□以□□公缺十月四日因本命齋僧□金缺
馮氏造像題名高八寸五分廣不計一行十字字徑七分正書在前刻左方
女弟子馮氏爲□□重□
此二段當亦紹興年所造茲附宋末造象人似是
馬氏姑從筱山作馮
穿雲嵓趙夔詩

高二尺二寸廣三尺廿八行行廿字字徑七分額題桂林二十四嵓洞詩八字橫列字徑二寸餘並正書在桂林
伏波嵓讀書嵓疊綵嵓龍隱嵓劉公嵓穿雲嵓
仙跡嵓白雉嵓中隱嵓呂公嵓曾公嵓程公嵓
秦皇開郡爲桂林古號名邦五嶺陰山琢玉篆攢萬疊
江分羅帶繞千尋青青四顧列群山生自天工巧若鑄
玲瓏拔地聳層秀崢嶸嵯峨星斗間其中有嵓十二所
伏波靈顯存祠宇顏公讀書窟室中疊綵北山如列布
何乖龍隱沖霄去鱗鬣形模鑱石路仙人劉公飛升時
嵓壁宛然遺舊題穿雲仙跡次左右□虛道氣多南溪

白雉聽經生人類蕭寺豐碑有元記信知一性無不通
石竇陰陰苔蘚蒙西南中隱尤勝絕穿處得名因呂公
曾公程公皆舊跡三公皆桂帥也遺愛在民傳古昔沉沉嵓谷
有餘光炎方勝槩神難藏迥迴不遠郛郭下輪蹄追賞
何忙忙
棲霞洞白龍洞水月洞元風洞華景洞虛秀洞
朝陽洞南華洞夕陽洞北牖洞白雀洞嘉蓮洞
宜人之地少陵詩闕玩前賢詞意奇爛然五詠非虛語
位壓坤方占一維青青四顧列群山生自天工巧若鑄
玲瓏拔地聳層秀崢嶸嵯峨星斗間其中有洞十二所

七星山下栖霞府日月華君顯跡靈遇者當時鄭冠卿
歸到人間已三載仙洞光陰殊未改至今舊記傳無窮
元嵓蟠蟄闢白龍一泓澄碧寒潭瑩水月圓明下翠峯
枕城樓觀環俯視綠鎖喬林春日媚秦碑柳記已難觀
滴水南流泛渺漫慶林巽穴元風出華景高明隱丹室
西方虛秀貫山腰南華朝陽風景饒夕陽北牖通仙徑
白雀嘉蓮池深淨許多佳致卒難題留與詞人賡雅詠

漳川先生徧遊諸景故作是謌以總之紹興甲戌中
秋南溪郭顯勒石穿雲嵓　將仕郎劉振書
張昉刻　此三字在前

粵西文載趙夔紹興間南遷北歸常寓正悟寺徧游
桂林有二十四嵓洞歌漳川爲趙夔號見贈佘老人
詩　廣西通志金石略

右穿雲嵓趙夔詩穿雲嵓石刻不多此其一也劉
仙嵓亦有趙夔詩刻前此兩年伏波嵓上有蒙亭
遺址讀書嵓在獨秀山下顏延之讀書處宋孫覽
嘗刻五君詠於石疊綵嵓在桂山之東唐元晦有
記云石文層疊如錯綵故名龍隱嵓在城東二里
元祐黨籍碑及崇甯獎諭敕書均在其閒其餘鐫
題最多壁無完石劉公嵓在南溪山之南邑人劉
仲遠居此羽化嵓門刻升真古洞四字仙跡白雉
均與劉嵓聯屬中隱在城西三里曾公嵓舊名冷
水巖在七星山下栖霞洞去曾公嵓二里許唐鄭
冠卿遇日華月華君於此宋范成大嘗紀其事於
石白龍洞在南溪山下五代末南漢謀并靜江湖
南遣兵屯龍洞以拒之卽其地也水月洞在灕山
之北元風洞在冷水嵓之左宋柳開有銘朝陽夕
陽南華北牖白雀嘉蓮隱山六洞也唐李渤來游
始摉剔嵓石而名之洞口各有篆書標其名勒石

者郭顯沁源人嘗作棲霞子銘刻於劉仙嵓粵西
文載云郭顯居南溪之劉仙嵓一稱住山道民一
稱南溪郭顯然卒不可蹤迹之者獨有南溪卜居
銘首言士大夫以金人之故多南遷似避地中言
志在神仙似方士末言榜揭歸雲又似棄官入山
者

新學門銘

高四尺九寸二分寬二尺七寸四分十三行行二十字字徑寸餘末行三十一字正書篆額題新學門銘四字陽款在永州

宋紹興甲戌冬十二月永州學南門成太守廬陵彭侯

所建也太守覩民以身以
王事爲家事政治既舉又思有以教化之得蜀文翁禮
殿繪像本使工次第摹爲堂上勵士子以儀刑之學復
建斯門闢壅塞導勝氣氣象偉甚學舍廚廡從而易新
示勸之意厚矣宜銘之詞曰
人不知學莫適禔身學而不行不學爲均行之伊何惟
一惟誠孝弟忠信本之於心存之於性守之以仁日積
月化粹然其醕可以格天可以感神可以正物可以化
人發爲辭章德人之文施於政事君子之名其道甚大
與天地并凡爾爲士勿替于勤欽之勉之無媿此門

特進提舉江州太平興國宮和國公張浚撰并書
門生右朝請大夫知永州軍州主管學事兼
管內勸農營田事彭合立石并篆額

右銘正書十二行末上石銜一行字體似北海而有
縱逸之勢與城南書院扁牓頗相類真魏公書也公
以紹興十二年封和國公十六年以特進提舉江州
太平興國宮與此正合此刻久沒土中道光元年零
陵令丁煦復建府學始掘得之完好無缺神物信不
可掩與永州府志留雲盦金石審
永州府宗志載此文於學校門以拓本校之不無
錯誤彭侯下多一合字宜銘之下少詞曰二字純
碑作醇並碑作并於勤之於碑作于皆宜據碑訂
正碑泐一信字據志補之通志重脩於嘉慶末年
此碑尚未出土後來者可以補前之闕矣

碑陰一字長三尺九寸三分廣二尺九寸五分

忠

右刻在新學銘背乃磨前原本作剕乃今之翦字殊誤人碑所爲
內隱隱見黜刑等字必宋人之不足取者故當時即
被踣毀也攷浚本傳紹興七年以祕書少監分司西
京居永州九年復官十六年貶居連州二十年徙永

州高宗本紀二十年八月量移張浚永州連永比鄰
則庚午冬初必已至永此刻雖不著年月然與學門
銘同刻自當列於移永之始也留雲盦金石審
府志題曰宋張浚書忠字跋而系諸紹興二十年
案跋既云與學門銘同刻則當列於紹興二十四
年乃以意度之謂庚午冬初必已至永當列於移
永之始殊非信實碑無署款亦不知何由定爲魏
公手筆竊意新學門銘原刻於碑陰後人磨去前
碑摹勒紫陽所書之一字歷時既久遂附會爲魏
公書耳磨削古碑傖父所爲魏公不若是之滅裂

乃以前碑爲宋人之不足取者當時卽被踣毀亦似唐突矣余所得拓本並無點刑等字隱隱可見諦審紙背約有廿餘字拓工用墨塗抹以滅字蹟爲完璧嗚呼此非玷也古碑之易湮如斯

八瓊室金石補正卷一百十三終

八瓊室金石補正卷一百十四

太倉陸增祥撰　男　繼煇校錄
吳興劉承幹覆校

宋三十三

萬石山題名七段在零陵

彭合等題名 高一尺五寸廣一尺六寸八行行十一字字徑八九分正書

□□事盧陵彭合子從同監郡長樂張登明陟新甯遊室開封李仁剛得之教授劍津廖拱欽辰東安令玉牒不僭彥□前郴陽決曹零陵鄧同初□脩新湘潭尉祁陽汪宏中□□□□飮于環翠紹興乙亥二月十有二日

□

右刻正書八行在郡治後梅孝女祠內石崖上其地本唐萬石山故址彭合更爲環翠山也厓間石刻舊以在郡後圃人不得見故箸錄家皆不稱自王蓬心宸爲守闢門通道游觀者亦但知謁孝女未有問及古刻者先零陵輯補志時以苔蘚初剔拓本漫漶命續辰寗字多所謬誤今躬率僧洗石揭墨多見二十餘字刊誤八字加以張登爲張浚當時本不甚信第求魏公遺蹟結想過殷致成疑似今果於祠外別得魏公題名以慰先人之思小子之慕而此刻又已審

正豈非大幸也邪　案宋宗室世系表同名甚多如
高密郡公士奇之子有忠訓郎不偕武翼大夫士宀
之子文林郎不僣馮翊侯仲璀之孫秉義郎不僣修
武郎士傯之子保義郎不僣祁州觀察士簪之子從
義郎不僣皆太宗子漢王元佐之來孫此爲邑令或
即文林郎其人與（留雲盦金石審）

一永志作環翠山題名甯遠下多一縣字石刻實無
之也又廖誤作袁于誤作賞玉誤刻作王汪宏下
鈇中字宗滌樓於此刻已再審之矣尚有訛誤知
諦視石刻未可以意定之也乙亥爲紹興廿五年

彭合再題名（高一尺四寸五分廣一尺六寸五分六行行字不等字徑一寸七八分正書）

□翁□紹興癸酉夏（守零陵）郡乙亥春開□□□（曰環）
翠男商□□老孫堯輔（堯臣堯咨堯俞）□侍野翁廬陵
人

右刻正書六行野翁益彭合號也（留雲盦金石審）

一永志脫夏字并誤老爲少此拓本上截未全仍據
志注於旁

張浚等題名（高廣各一尺七寸七分七行行九字字徑一寸三分正書）

紫巖張浚同郡倅（長樂）張登謁太守廬陵（彭公）合于環
翠酌泉巖□□觀景物之勝俟月（而返）浚子姪栻（杙枃）
姪孫（炎）默炳從行紹興乙亥端午後六日浚題

右刻正書七行魏公筆也十二年前先零陵求魏公
遺蹟了無一得近辛巳新學門銘出土丁亥秋日績
辰偶過萬石磐娑其下始獲明人九巖之刻得證其
譌又於孝女祠右厠溷之側惝怳見紫巖字急去穢
器洗滌其舊染深喜僅欵兩字此事大慰素心因爲
詩紀之（留雲盦金石審）

一永志于作於又誤巖爲小巖下似是下字石本曼
患處據志補入以上兩段志均作環翠亭題名

胡華公等題名（高一尺二寸廣九寸五行行八字字徑寸許正書）

長樂胡華公丞郡瀟陽攝事是邦以乾道己丑六月中
休日偕西洛石長璃來遊男梓孫浚侍行

正書五行在今郡治後梅孝女祠石厓上字爲風雨
所漂半已漫滅前人罕有摸剔者（留雲盦金石審）

拓本無難辨字宗氏謂半已漫滅者時未經人椎
搨落蘚尙封耳己丑爲乾道五年中休是二十日
也瞿氏跋瀋巖劉董題名詳言之

黃彪題名（高一尺九寸廣一尺四寸五分行行八字字徑二寸許分書）

南昌黃彪彪甫乾道己丑仲秋下八日眡郡事越二年
春人日題此以紀歲時子俠裧湌桀舉樹鎣侍

右刻八分書五行在梅孝女祠內李拔詩刻之左隸法瘦勁年久石漸平滑就讀約略得半拓之僅見數字耳留雲盦金石審

永志下八二字作十有二三字眡作假人日作八日此拓本字極明顯與宗跋所言不合滌樓即未細審不應懸殊若此此必近來好事者爲之非重刊即剜鑿也

徐樞題名高一尺四寸廣一尺二寸七行行十三字字徑七分正書

西安徐樞被

命假守以湻熙乙未之秋抵郡公退無事頗成闤林之

趣每至此地愛其幽夐無塵俗氣燕坐常終日丁酉秋九月因命蒔荷于池增雨中打葉之勝且記歲月於石間男徽敞敔敷壻睢陽戚信厚侍

右刻正書六行郡治後梅孝女祠前舊時瀦水成池非山泉有源之水其地本岡阜開濬難而塡淤極易近則已成平陸矣丁懋儒之疑九巖在此亦非無因但不得即以此池爲東湖耳留雲盦金石審

丁酉爲湻熙四年永志予作於

婁續祖題名高九寸七分廣六寸六分五行行十字字徑五分許正書

通判永州嘉興婁續祖以紹定五年十二月二十八日到任越明年六月二十五日被　命權州事□中元日侍親來

右正書五行題刻皆劣留雲盦金石審

永志缺以字又誤祈爲遊據石正之末有祈吉羊宅題名罕見疑是近來庸俗所爲朝陽浯溪厓石間每有鐫刻長命等字及嬰孩小名者風俗然也

右萬石山題名七段湖南通志僅載彭合前一刻作梅姑祠石厓題名系於紹興丙子謬誤不可勝計葢據零陵補志錄入未見拓本也惟開首事上所闕作知郡二字尚不誤顧亦出於肊度石已殘

泐矣永志所載尚有紹定癸巳喬樵咸湻乙丑謝奕信兩刻未見拓本容俟補錄通志引九域志云零陵有萬石山明統志云山在府治北多怪石下瞰碧沼永志云域西北隅府署所倚曰萬石山多怪石其名肇於唐刺史崔能作記使山有聞實惟司馬柳宗元越二百年宋真宗天禧初王羽作守重剔治之其時柳碑尚存屬歐陽修爲詩勒山石此萬石山之原委也彭合名見新學門銘其結銜稱右朝請大夫知永州軍州主管學事兼管內勸農營田事即其人也銘爲張魏公撰書其結銜稱

特進提舉江州太平興國宮和國公宗氏彼跋云公以紹興十二年封和國公十六年以特進提舉江州太平興國宮與此正合此題名亦正其時胡華公號邦實見寒亭題名宗氏彼跋云寶慶府志孝宗時有知邵州胡華無公字恐卽其人案此云丞郡瀟陽則非邵州矣黃彪山谷從子朝陽澹山均有其題名婁續祖亦見於澹巖語溪題名均在此刻之前魏公次子构字定叟煥章徽猷龍圖三閣并端明殿學士史稱南渡以來論尹京者以构爲首亦人傑也李仁剛廖拱趙不借通志職官均

失載徐樞知永州通志列於光宗朝亦誤鄧同初紹興八年黃公度榜進士汪宏中紹興廿四年張孝祥榜進士見選舉志而職官內亦失載又藝文志載有李仁剛浯溪古今石刻集錄一卷蓋亦耆古之流也而書久不傳矣

東谷無盡燈碑并陰

高二尺七寸廣一尺九寸七分兩列共三十五行又年月人名三行行字不一字徑五六分橫額題東谷無盡燈碑六字正書在鄞縣

大宋國紹興府上虞縣上管鄉市郭　尙德坊第三保居
住淸信奉
三寶女弟子陳氏五娘施淨財三十六貫文入明州天
童山東谷庵燭長明無盡燈一椀供養
先和尙覺禪師塔前功德親獻自身行年本命元辰照
臨星象懺滌罪愆莊嚴種智者
弟子莊宇妻吳氏百六娘共施淨財三十六貫文就東
谷庵燭長明無盡燈一椀供養　觀音菩薩功德親獻
自身行年本命元辰乞求花男子早遂心願
女弟子莊四四娘施淨財三十六貫文就東谷庵燭長
明無盡燈一椀供養
本師釋迦如來功德荅還先許願心圓滿仍懺罪愆莊

嚴種智者　右伏惟
三寶證明　天龍炳鑒謹疏 以上列
泰州海陵縣居住淸信奉
佛弟子樊賓并妻范氏妙眞男陳樊遵遷媳婦許氏小
三娘張氏十二娘共施淨財三十六貫文足入明州天
童山東谷庵共點晝夜長明無盡燈一椀供養
先和尙覺禪師塔前功德各薦門中先亡八遠超昇寶
界者
泰州興化縣招遠坊今寄居姜堰奉
佛弟子琴彥遷并妻鍾氏三娘謹施淨財三十六貫文

足開田三畝點盧舍郍佛閣善知識前無盡燈乙椀功
德作來世之津梁獲宅生之善報
泰州海陵縣姜堰居住奉
佛弟子周榮并妻李氏與暗謹施淨財三十六貫文足
開田三畝點盧舍郍佛閣善知識前無盡燈乙椀功德
薦亡父周助二郎亡丈母陸氏四娘子懺悔罪愆莊嚴
福報以上下列
紹興二十八年正月　日募緣直歲僧　智宣
立石　山門監寺沙門　惠璋
住持傳法沙門　法爲

碑陰
畫象上方贊十一行行字不一字徑寸許正書
天童宏智老人像
育王妙喜宗杲贊
烹佛烹祖大爐鞴煆凡煆聖惡鉗鎚起曹洞於已墜之
際鍼膏肓於必死之時善說法要冈涉離微不起于座
而變荊棘林爲梵釋龍天之宮而無作無爲神澄定靈
雪頂厖眉良工寫出兮不許僧繇知盧堂掛張兮粟寶
公猶迷箇是天童老古錐妙喜知音更有誰

此里巷小民邀福之疏無盡燈卽長明燈自晉始也
本命元辰照臨星象師巫枕祕迄今勿替花男子者
親愛之也樊賓男爲陳樊遵者爲人後也並媳婦而
遷之也三十六貫文足者當時陌不同有省錢也碑
陰刻宏智老人像　右碑在鄞縣天童寺天童自大
覺禪師璉公居之名振天下紹興時大慧禪師宗杲
得旨持住衲子輻湊聚衆一千二百法席爲天人師
規模宏遠諸刻應卽在斯時也兩浙金石志
先和尚覺禪師者卽宏智老人正覺也圓寂於紹
興十五年葬於東谷花疑化之誤或卽花戶花名
之類陳樊遵遷者遷亦樊賓之男也許氏爲遵妻
張氏爲遷妻兩浙金石志以花男子爲親愛之以
遷爲并媳婦而遷之恐未必然

宏智禪師妙光塔碑
高六尺九寸廣三尺八寸五分三十一行行六十九字字徑寸許正書篆額失拓在鄞縣
宋故宏智禪師妙光塔銘有敘
左朝請郎直龍圖閣知太平州軍州事提舉學事兼
管內勸農營田使陽羨周葵撰
左宣教郎試起居舍人兼玉牒所檢討官兼權中書
舍人歷陽張孝祥書

左太中大夫權吏部尚書同脩　國史兼侍讀會稽
賀允中題葢
紹興戊寅春二月　詔謚故明州天童山景德寺僧正
覺宏智禪師塔曰妙光其徒相與侈
上德意刻之琬琰傳示永久且使來告求銘師塔余聞
中國自東漢始有經像學焉者率以有爲爲功德逮梁
益甚達磨自竺乾西來傳佛心印佛道由是大明至唐
襃崇諸祖有易名名塔之號其去圓寂或已百年或二
百年今師亾未幾而蒙
上四字之襃所以寵光之至矣非能荷佛法棟梁得祖

師命脉攝化緇素爲人天師出入生死如游戲事何以
得此哉迺摭其示世之實序而銘之師姓李正覺名也
隰州隰州人祖寂父宗道世學般若母趙氏嘗夢五臺
山一僧解右臂環予之已而有娠遂屏葷茹及師之生
右臂隆起如環狀年甫七歲警悟絕人日誦數千言十
一出家十五落髮十八游方三十四出世得度於淨名
寺本宗大師得戒於晉州慈雲寺智瓊禪師得讀於鄧
州丹霞山德淳禪師初住泗州普照禪寺繼住舒州太
平江州圓通能仁眞州長蘆晚乃住今天童初師過舒
蘄徧禮祖塔夢至一　山寺長松夾道有句紀之曰松徑

森森窈窕門到時微月正黃昏及至天童宛如昔夢故
有終焉之志歲在戊午被　旨住臨安府靈隱寺未
閱月丐歸故於天童最久唯祖道自達磨五傳而離爲
南能北秀其後益離而爲五家宗派今潙仰瀼眼二宗
中絕而臨際雲門曹洞三家鼎盛顧其徒未必深究其
師之道而各襲其跡更相詆訶未有能一之者師嘗曰
佛祖之燈以悟爲則惟證乃知若執其區區之跡則初
祖見神州有大乘氣象崎嶇數萬里而來使有方便豈
不顯以示人而少林九年似專修壁觀者六祖云道由
心悟豈在坐也大慧亦云坐禪豈能成佛學者可便以

是爲初祖之過耶葢師初以宴坐入道滑以空劫自己
示之廓然大悟其後誨人專明空劫前事惟師徹證佛
祖根源機鋒峻激非中下之流所能湊泊而晝夜不眠
與衆危坐三輪俱寂六用不痕宗通盡善盡美故其持
身也嚴其倡道也文其莊嚴佛事接引迷塗亦唯恐不
至自初得戒坐必跏趺食不過午所至施者相踵悉歸
之常住閒以與餓疾者而一缾一缽丈室蕭然然諸行
方厲而一性常如非出于矯拂也滑作頌古今師敘其
首芙蓉楷禪師見之曰僧中復有此耶吾宗不隊矣其
退能仁受長蘆之請適游雲居圓悟勤禪師見其提倡

以偈送之有一千五百老禪將之語然猶未三昧自然
成文非出於思惟也其在天童前後幾三十年寺爲一
新即三門爲大閣廣三十楹安奉千佛又建盧舍那閣
傍設五十三善知識燈鑑相臨光景云入觀者如游華
藏界海所以暉耀塵世使生厭離以發起善根而僧堂
衆寮卧具飲食器所以處其徒者亦皆精緻華好如寶
坊化城又即濱海之隙築堤障其鹹鹵而耕之以給僧
供末年至不發化人而齋廚豐衍甲於他方學者無一
不滿得以專意於道然師所規畫人競趍之不動聲色
坐以告辦疑有鬼神陰爲之助而師無作相也然則師

之在願一見威儀聞謦欬效供養示歸依者越□百千
里襁負而至戶外之屨常踰千數其辦道之勤得道之
多獨冠一時而識曹谿之路者必能牧溈山之牛非因
衆力推出不肯輕以爲人當時賢士大夫亦樂與之游
者內外進也乙丑秋九月壬申師入四明又命舟至越
上偏見常所往來者若與之別冬十月巳亥始還山飯
客笑語無異平日翌旦作遺書與佛日杲禪師且爲其
徒書四句偈投筆而逝自佛日□育王與師相得驩甚
嘗戲曰脫我先去公當主後事及佛日得遺書夜至天
童凡送終之禮悉主之因舉師弟子灋爲繼席識者方

知二尊宿各傳一宗而以道相予初無彼此之間也僧
留七日顏色如生初議荼毗以收舍利或曰師嘗薙髮
有墮火中者輒成舍利自是遺髮人所爭取豈嫌無舍
利也耶丙午乃奉全身葬山之東谷自師之化風雨晦
冥至葬開霽迄事復雨送者踰萬人彌亘山谷無不涕
慕歎仰者壽六十七僧臘五十三度弟子二百八十人
嗣法者嗣宗法智世釗道琳法潤信悟法爲慧暉了默
師秀行從宗榮法聽清萃正光集成道圓法濟明慧中
翼法恭子靈師儼師全覺照法海皆於諸方坐大道場
若其分化幽遠晦迹林泉則又未易悉紀也銘曰

師昔侍佛靈鷲山　受佛屬累來人間　慧刀慈力
鎸世頑　出入生死非其難　一性常如萬行圓
筆端三峽爲波瀾　化城仍作寶所先　華藏界海
生塵寰　攝化四海犇入天　學者爭趍曹洞關
示以自己空刼前　得無所得非言傳　弟子所至
闡法筵　無盡之燈耀大千　海山秀處東谷原
我作銘詩詒永年

紹興二十九年七月望日住持嗣祖灋姪比邱宗
珏立石

四明陳奇陳曦模刊

右碑篆額十字文三十一行正書在鄞縣按師姓李名正覺隰州人母夢五臺僧解環而生以宿夢主天童幾三十年辛丑十月書偈而逝文中歷序行業神異兼有瘞髮輒成舍利之異自是法門龍象其爲四方奔湊宜矣周葵字立義宜興人紹興中侍御史見宋史本傳此其知太平時作也兩浙金石志

周艮弼題名

高一尺六寸廣八寸三行行字不一字徑寸許正書

梅園弟子周艮弼捨錢壹百貳拾貫文荅四恩三有紹興三十年三月初五日謹題

眞艸孝經殘碑

高四尺廣四尺四寸五層層五十二行行十字眞草相閒字徑六分在廣州府學

一層前缺九行弟十行存行末草書二字開宗明義章定以二字起至天子章兆民二字止至十一至十六行每行缺七字至一字不等後缺十四行

二層首行缺弟二字存行末草書二字諸侯章孝也二字起至庶人章庶人之止弟三行缺七字四行缺五行缺三字六行缺二字四十四至末行缺一字至七字不等

三層庶人章孝也二字起至孝治章故得人之止

四層孝治章歡心二字起至聖治章以順則逆民止

五層前缺六行自七行至廿七行行首存二字至七字不等其餘行末各泐一字自聖治章行思二字起至廣要道章止

右刻在廣州府學分五層層凡五十二行行十字惟紀孝章行九字按亦十字多曼患耳眞艸各爲一行上下有闕泐廣要道章以下經文及書刻年月別爲一石今亡矣曾君釗審爲宋高宗書案經中敬讓並避寫作欽恭且眞艸相閒與董史書錄張鉉金陵新志稱高宗御書孝經之說合其爲高宗書無疑朱氏經義攷載諸府御書孝經皆云未見惜其至廣州時未得此石也舊在大成殿後廢爲幷牀嘉慶二十五年平陽儀克中搜得之今與鶴山吳應逵嘉應黎應期南海曾釗移置明倫堂東序道光元年六月三十日也嘉應吳蘭修記安定張岳崧書右刻在碑右下角

歸求軒刻石八種在簡州

薛公肅偈高一尺二寸廣二尺四寸偈四行行七字字徑一寸二三分款五行行字不一並行書立行人姓氏一行後附得石題記

休話元談有十未論前後俱三試舉歸求公案諸方幾个能參

公肅拉伯恭秉國君則季和正之作終日留璟珪侍行乾道丙戌九月旦日和秉國壁間韻

歸求軒僧道圓立石

道光六年丙戌歲四月二十六日見修於古書昌

梵址共得石刻五幅嵌於勝因塔之墻壁以留壘寶共相珍重焉　一住靜所僧見修 右刻石尾諸石並有題字不錄

王亢化造三寶閣疏 高一尺二寸五分廣二尺七寸五分十四行行九至十二字不等字徑寸餘行書

化造三寶閣疏

興事在時成事在人時不可求而人可自勉當仁道圓欲作三寶閣而普山主贊從基之謀發琉璃舊址而古佛爲之出現人□□賛此時也若夫議工徒之多寡較金穀之盈虧商材□之有無特人事尓夫不可求者既

得之矣在人者其不能自勉耶富者勉財貧者勉力求者不避寒暑施者隨所厚薄不難矣昔朱公山藪作楼於江山曰後文物當富矣自是吾鄉登科者不絕或者曰未也南山有浮屠楼觀可以蔽一州之氣象則當有袁天綱鎗屏之歎一鄉之士相成之道圓之心不獨爲佛氏設也乾道戊子秋八月王亢子虛書

僧道圓上石

勾壽朋刻

薛公化建三寶閣疏并跋 高一尺三寸五分廣二尺八寸五分疏十三行行六七八字不一字徑一寸二分跋十行行廿字字徑五分並行書

化建三寶閣疏

伏以欽崇三寶當極熏修廣度羣生自臻善利豈有箇池之名郡猶闕梵宇之勝緣爰卽古道場共興奇特事闢舊軒於瀟洒建新閣以皈依貧老衲□奮空拳大長者當出隻手層〻華屋盡佛法僧之粧嚴箇〻福田獲身□意之淸淨謹疏

右府判都承薛公之文也沙門道圓謀建此閣規摹宏傑初度地於瀟洒軒　公爲作此文後以舊地稍隘則改卜於古佛大殿之後枕崇岡冠壁一□□象尤偉寔往者瑠璃殿遺址也一日圓來請曰□□道

場興奇特事　公此語得毋爲今日改卜之兆歟以吾法論之此其理似不偶然也盍爲書之余於浮屠氏因緣變幻之說素所未習特書遷徙大槩於此文之後　公平時爲文得句敏捷若不暇紬繹而言約意盡終日杼思者所不及試觀此作猶想見其對客笑談欣然落筆時也乾道四年十月旦秦川趙介書

劉光祖三寶閣疏 高一尺二寸五分廣二尺九寸疏十九行行七八九字字徑寸餘年月一行跋二行並行書

洪舉師作三寶大閣其費巳數千萬譬猶人之四體雖具而冠冕裳服之□未加焉思厥經始之難懼乎前功

之廢日月易邁而老期迫之其欲使飛欄徘徊複道下
上甍棟切雲而金碧耀日者又非得千余萬錢功莫或
竟郡人賈光祖乃欲以空言鼓衆為說偈言
一切世間法皆以堅固成彈指樓閣開應念亦如是
淳熙四年寒食書
吾弟德修未歸宗時所為疏今則復劉姓矣伯熊
書

王亢疏并劉寔啓高同前前廣一尺疏前後十行行字不一字徑六分許中空後廣一尺五寸啟十四行行字不一並行書簽正書

古人同力修行同處證果如鎮州塔是也吾人生
幸同鄉今同此社豈偶然乎雖薄有所費勝於觀
俳優作神社也欲
君喜捨□惜苦言
此身元是太虛空貪冒名殊實本同只有善回留得在
不如隨力與脩崇
後五月 日疏
勸請王 亢

寔頓首啓開闊滋久傾向無以為喻秋暑漸衰伏惟
道力清勝 法眷均休寔就養都下三見西風老而粗
健但懷家山之切也蔭師屢相見淡然可愛春末下徑

山過浙山未有歸興蜀僧在此亦多矣
吾師愛護叢林為力甚至近方取得
部符一紙就令莊佃魏童賫
呈可
親至兒子適在館中不及奉書再三致意未卽
良晤万〻
珍重不宣七月十三日 寔頓首啓
洪舉上座老師法坐
書上壽昌洪舉大師 承事郎致仕劉寔謹封
宣命并省符壹件同納此行在承事郎致仕五字左旁

子功贈詩并趙善敏啟高一尺四寸前廣一尺六寸詩八行行字不一草書字徑寸餘簽正書後廣一尺二寸五分啟十一行行字不一行書簽正書

我今拄笏看西山 山光撲人衣袖寒君今棨軒面秀色
蒲團錫杖聚欲滴山乎人乎初不隔心耶跡耶兩胡越
青衫袈裟一揲看中有清泠不動之江潭子功贈支願
道人

咨目拜上簡州洪舉大師 移 奉議郎□□資州資陽縣令□□□□□□□□□□□□□趙善敏謹封

善敏頓首啓上
洪舉禪伯行者來承
示翰疊幅愧□從重卽辰清和

尊□蒙福近遣人再上狀亦聞
象馭未歸煩作數字於
令師□一面應對去人取頓敬事甚幸冗極裁報老
草餘幾
珍重不宣善敏頓首啓上
洪舉禪師侍者
右歸求軒刻石八種此必同時入石而未見年月
姑從始事之例据最先者系於此薛公肅父子及
趙介王亢劉光祖兄弟趙善敏諸人史皆無傳

監嶽趙伯濤行狀

高一尺四寸廣二尺二寸卅七行
行廿字字徑三分餘正書在會稽

宋故監嶽□公行狀
公諱伯濤字仲廉其先燕懿王蓋
藝祖之季子　公王之六世孫少傅奉國軍節度使開
府儀同三司追封華國公諱世鴻謚恭宜之曾孫累贈
右中散大夫諱令睹之孫左從政郎諱子祠之仲子
靖康之難從政公避地江左　公時方垂髫卽不爲奮
粲之習日率其貴介種學績文凜然已有成人志　紹
興癸丑
國家設取應科以待宗室之未命者　公首膺是選棣
萼聯芳榮耀一時明年類南宮試　公獨不利退處斯
學如初後五年復預薦書將覆校于有司會有宅故不
果行
今上登極覃霈海寓　公以再舉例補承信郎監潭州
南嶽廟初從政公官四明日道繇是邑樂其俗有虞氏
遺風命　公卜居焉　公善治生以奇勝致千金若古
陶白然從政公早捐館　公竭力以終大事卒服之後
以所贏餘豆分瓜剖槩與諸弟無一毫留君子謂其得
孝友之道焉已而治第積產未幾復以饒益閈高堂沃
壤日享素封蓋可爲子孫百世計非諳練世故者能尓

邪　公爲人介直敏事善謀闘人之非若將浼焉必詆
排而後止其或困於患難畢力拯之不啻若已有平居
好客而又樂施客至未嘗不治具年饑爲食於道以待
餓者每歲勞繫囚者亡慮数四深得仁人君子之用心
夫介而義富而仁約而中禮盛德也德盛者宜壽而
公獨不永堂有垂白之母弗克終養嗚呼天乎乾道二
年正月十四日以疾卒于正寢享年五十有四娵姜氏
左朝奉郎丹邱倅邦光之女男七人師惠師尹師文師
直師益師孟皆能勉承先志師愈早亡女一人適保義
郎新差監潮州招收盐場魏璧孫男女各一人尚幼

公有治命俾葬于始宼鄉應嶼之原日月未叚先以其年冬十月二十七日殯於其左將葬而殯禮也　公之長孤大韶之婿也預期來告曰先人不幸早世將掩諸幽度不可亡述敢有請焉大韶辱在姻舊稔聞　盛德義非苟辭謹掇其章章者云爾蓋將有託於立言君子以圖不朽十月十五日上虞進士胡大韶謹錄

於乾道三年十月十二日葬于此　會稽陳師中鐫

右碑在會稽出土碑估云仍埋原所矣葬日一行後來補入非出一人手也娵娶雖皆從女取聲而形異義別古字有娶無娵碑乃以娵爲娶小學之不講久矣

脩康濟廟路記

高三尺四寸廣二尺八寸十八行行廿三字字徑一寸二分分書篆額失拓在寶慶府城外雙清亭下

脩康濟廟路記

幽明之理神民之心一也

天子置吏以治于明天地命鬼神以司于幽吏爲民而禱神必陰相之神爲民而應民必昭荅之神民之心詎有幽明之閒耶邵在楚之尾旱潦不常民無宅業歲小歉則藉食河內李侯牧邵之明年夏旱侯齋茲禱孚澤侯之祠隨禱而雨歲以不饑郡民喜賢太守禱之之誠而神應之迅速謀荅神休神之廟去城六里其路嶔崎磽确過甚雖稍平曠遇雨則泥淖不能容足往來病之市民軍長石諴等即舊路而修治之於是鳩工徧石曾不數月坦然一新自廟達通衢長三百丈廣三尺費金百萬既告成市民軍長等請阜記之阜竊謂侯以無私而禱于神神以無私而應于侯侯之禱神之應咸在斯民今民以是報于神神將以是福于侯也必矣矧今事簡吏清政平訟理和氣薰蒸德化浹洽此雖動天地可也況於鬼神乎神之聽之介爾景福豈庸釋於賢侯乎於是乎書　乾道三年正月初五日左廸功郎充邵州州學教授陳阜記

右宣議郎新知臨江新淦縣事王延年立石上低五格

右修康濟廟路記陳阜撰八分書十八行行廿三字篆額六字在寶慶府城外雙清亭下古泉山館金石文編

湖南通志錄此文磽作嶢府志同德化誤作和氣宣議誤作宣教府志同寶慶府志舊路誤作舊治河內李侯者元老也其紹興戊寅浯溪題名云假守清湘前此八年蓋由清湘改知邵州府志云乾道三年任文云牧邵之明年夏旱則是二年之任志誤矣明蔡朔重修康濟廟記云有元勅賜廟額爲康

濟此碑已稱康濟則非元所賜額也府志云康濟廟宋祀五顯之神宣和間賜康濟額五顯者顯聰顯明顯正顯直顯德宋封五王見開禧勅書嘉熙庚子韓伯修康濟廟記云五顯五星之精也惟今澤侯之稱不知所始當亦宣和時所封陳阜爲邵州教授通志失載

重建諸葛祠記

高四尺四寸廣三尺二寸廿三行行廿六字字徑一寸正書在衡陽

諸葛武侯祠堂記

自五霸功利之說與謀國者不知先王仁義之爲貴而

競於末塗秦遂以勢力得天下然亦□以亡漢高帝起布衣一時豪傑翕然從之而其所以建立基本卒滅項氏者乃三老董公仁不以勇義不以力之說也相傳四百餘年而曹氏簒漢諸葛忠武侯當此時間關百爲左右照烈父子立國於蜀明討賊之義不以强弱利害貳其心蓋凛凛乎三代之佐也侯之言曰漢賊不兩立王業不偏安又曰臣鞠躬盡力死而後已至於成敗利鈍非臣之明所能逆覩誦味斯言則侯之心可見矣雖不幸功業未竟中道而隕然其扶皇極正人心挽回先王仁義之風聲之萬世與日月同其光明可也夫有天地則有三綱中國之所以異於夷狄人類之所以異於庶物者以是故耳若奮於利害之中而忘夫天理之正則雖有天下不能一朝居此侯之所以不敢斯須而忘討賊之義盡其心力至死不悔者也方天下雲擾之初侯獨高卧昭烈以帝室之冑三顧其廬而後起從之則夫出處之際固已有過人者其治國立綱陳紀而不爲近圖其用兵正義明律而不以詭計凡其所爲悉本大公曾無纖毫姑息之意顧皆非後世所可及至讀其將上表之辭則知天下之物欲舉不足以動之所養者深斯所發者大理固然也曾子曰士不可以不宏毅若侯者

所謂宏且毅者歟孟子曰富貴不能淫貧賤不能移威武不能屈此之謂大丈夫若侯者所謂大丈夫者耶侯旣沒蜀人追思時節祭於道後主用廷臣之議立廟沔陽使得申其敬去今千有餘歲蜀漢間往往有祠奉祀不替侯之澤在人者深矣衡州石鼓山舊亦有祠按蜀志昭烈牧荆州時使以軍師中郎將駐兵臨烝以督零陵桂陽長沙三郡調賦以充軍實今衡陽是也烝水出縣境經石鼓山之左會于湘江則其廟食此固宜考昌黎韓愈及刺史蔣防詩碑祠之立有來矣宋乾道戊子之歲湖南路提舉常平范君成象始以圖志搜訪舊蹟

得廢宇於榛莽中乃率提點刑獄鄭君思恭知衡州趙君從于高明而一新之移書俾栻爲記栻惟侯之名不待祠而顯而侯之心亦不待記而明然而仁賢昔時經履之地山川草木光采猶在表而出之以詔来世使見聞者竦然知所敬仰思慕當道術衰微之際其爲有益蓋非淺也惟栻不敏不足以推本侯胷中所存萬一是則愧且懼焉乾道五年春二月左丞務郎直秘閣新權發遣撫州軍州主管學事賜紫金魚袋廣漢張栻記

重修諸葛亮廟記張栻撰在衡州府天下金石志

成化九年大守徐孚重勒一面重刻朱子石鼓書院

記衡陽縣陶志

右碑在衡州石鼓山據志謂明代重刻而碑末並無年月姓名碑書宏敬字皆不避蓋徐孚所重書耳范成象提舉常平見通志職官提點刑獄鄭思恭則志所失載知衡州趙君文內獨不書其名而通志職官高孝光三朝知衡州者均無趙姓其人亦見志之漏載不乏也張子初蔭直祕閣以劉珙薦除知撫州見宋史本傳

史祁刻眞聖像題記

高六尺廣三尺三寸立像高五尺四寸五分下方左右題字十二行行十二字字徑八分分書又有正書二行行七字在平武

聖像在撫州　符觀殿壁　言　國初時畫然不知人筆也再拜已瞻英烈言言而筆勢有若神運想非竝工所可到經二百年壁無少損則知有物護持之矣今得模本立於龍州玉虛觀右刻在像右下方

有宋乾道六年歲次庚寅三月朔旦壬子二十五日丙子右朝散郎知龍州軍州主管學事兼管內勸農事兼管界沿邊巡檢使借紫眉山史祁立石右刻在像左下方

眞聖像不許打碑　人要打必要殃禍右在像左右疑後人所刻

楊夫人權厝誌

高二尺五寸二分廣一尺七寸十九行行存字不等字徑六七分橫額題楊夫人權厝誌六字字徑二寸俱正書在樂至

夫人楊氏□□□□□□□□□□□□□□闕下于高
□□□□□□□□□□□□□□□□乃闕下于□□
□□□□□□□□□□□□□□山□□助闕下謂□
□□□□□□□□□□□□□□□之精□□□闕下
□□□□□□□□□□□□□□□□□□□□□
□闕下初□□□□□□□□□□□□□□□耶通□
□州□□闕下路尙□□□之孫故□□□□□□□□
□之次□□曾與□闕下故婚姻之始能以一語而□□

□□□□□幾而□□□□□于官闕下姑曰令婦之事我
一如吾之 □□□□□家事乎不□乎夫人幼闕下天性
凡女工之百巧夫人類能爲 □□以一藝名工者□夫
人□□闕下之德而復嗇其壽故年十九而行□□□二
而天生一女一男男既闕下生不居母之膝行不及父之
命沒無□□以慰其心雖云□□□視□闕下□次俯伏
如禮人皆哀之及其徹奠□□于茲石其他則□□于
改壟闕下

夫人以乾道五年冬權厝令始□祔于　祖姑中
□之上南距闕下君之坎亦在焉惟夫人歸王氏□

日未久婦德與功已足儀範闕下傷之若以死生幽
明之理一則□謂承先祖□祭祀雖不克盡闕下可
以行於地下其與眉山相前後而致其敬養於元
宫之中宜闕下則壽朋於夫婦始終之際亦可謂無
憾矣祖望其敢不嗣而書之闕下七年六月庚申也

右楊夫人權厝誌下截殘闕存者亦多磨泐据三
巴香古志補注十餘字夫人爲王氏婦未久而歿
以乾道五年權厝踰數載而始得祔葬其夫之名
無攷時亦已歿故云夫婦始終之際亦可無憾矣
其大略可見者如此而已撰書者祖望不詳其姓
氏末但有七年字而紀號已闕姑列於乾道七年
六月

水月洞石刻二段在臨桂

范成大復水月洞銘高四尺廣五尺七寸十五行行十二字字徑二寸餘正書

復水月洞銘并序

水月洞剜灘山之麓架空踞江春水時至湍流貫之石
門正圓如滿月湧光昇穿矆望之皎然名實其實舊矣
近歲或以一時燕私更其號朝陽邦人弗從且隱山東
洞既曰朝陽矣不應相重乾道九年秋九月初吉吴人

范成大莆田人林光朝攷古撰宜俾復其舊成大又爲
之銘百世之後尚無改也銘曰
有嶡孱顏中淙漲湍水淸石寒圓魄在上終古弗爽如
月斯望灘山之英灕江之靈嫭其嘉名范子作頌勸于
龍從水月之洞

復水月洞銘范成大撰正書乾道九年九月在桂林
府潛研堂金石目錄
案范成大林光朝偕游水月洞成大復洞舊名而銘
之時乾道九年九月宋史本傳成大字致能吳郡人
中書舍人掌內制留張說簽樞詞頭不下出知靜江

府光朝字謙之莆田人國子司業因不往賀樞密張說出爲廣西提點刑獄張說傳說娶壽聖皇后女弟乾道三年七月除簽書樞密院事命下朝論不平中書舍人范成大不草詞罷爲安遠軍節度使（宋湖北路德安府爲安遠軍節度治）說傳又云九年拜同知樞密事（七年張栻諫罷九年復拜）光朝不賀說是光朝之按刑廣西爲乾道九年成大或始奉安遠之命旋改靜江据驂鸞錄成大以乾道八年十二月發吳郡入廣西九年三月入城交府是成大於乾道七年後自行在還與光朝並以乾道九年至桂並以牴牾外戚遠宦同方水月盟心宜其莫逆迨淳熙乙未歲首赴成都計成大在桂林二載棲霞洞屏風山七星山壺天觀中隱山伏波巖碧虛亭諸勝並有題名或書經略安撫使范成大或書太守范成大或書吳人范成大至能或書范成大范至能至能之至史作致當從石刻作至其自書也銘序水月洞名舊矣近歲以一時燕私更號朝陽謂張孝祥張維也（金石續編）

張子題記（高三尺九寸廣二尺六寸六行行十字字徑三寸餘行書）

淳熙乙未歲中秋日廣漢張敬夫約長樂鄭少融玉牒
趙養民同游水東諸巖薄莫自松關放舟泊水月洞天
字淸曠月色佳甚因書崖壁以紀勝槩

劉玉麐曰范石湖有與鄭少融趙養民訪古營州歸憩松關詩（廣西通志金石略）

案南軒以淳熙二年乙未帥桂故有中秋水月之游宋史本傳淳熙二年栻知靜江府經略安撫廣南西路朱子靜江府虞帝廟碑亦稱淳熙二年春二月今直祕閣張侯栻始行府事南軒冷水巖題名則云淳熙五年廣漢張栻將以閏六月朔旦北歸湖湘南軒乙未二月帥桂戊戌閏夏去桂以石刻證史適相符也鄭少融者廣南西路提點刑獄鄭丙趙養民者轉運判官趙善政屢見於范成大桂林壺天觀碧虛亭中隱山諸題名劉玉麐曰范石湖有與鄭少融趙養民訪古營家洲歸松關詩南軒承石湖之後復與鄭趙同游皆極一時之盛鄭長樂人趙籍玉囯石刻正作囯字音義未詳乾道巳丑二月富川碧雲巖有古沐趙政養民題名（金石續編）

右張子題記玉牒續編作玉囯云石刻正作囯字往歲校勘是書心頗疑之今細審拓本此字方□乃妄人所鑿全無筆意且偏於右蓋非原刻也方□之左偏傍具在其上并有一點乃書柴作柰耳

其爲牒字無疑

右水月洞石刻二段洞在灕山之北張孝祥改曰朝陽范成大復其名洞中石刻以元豐二年曾布題名爲最先次則乾道二年張孝祥題名及朝陽亭詩皆在范張兩刻之前其後則湻熙十五年詹儀之紹熙元年吳宗旦等五年張釜諸題名朱晞顏題詞慶元三年杜思恭刻放翁手札四年張埏詩嘉定七年張自明兩詩紹定三年陳曠題名四年卓樗題名張茂良趙公德政碑湻祐三年曾宏正詞十二年曾原一等題名具錄之以備續補

張子書合江亭詩

高五尺九寸廣三尺九寸十一行行廿三字字徑三寸許正書下截斷缺五字在衡州石鼓書院

題合江亭寄刺史鄒君

江亭枕湘江蒸水會其左瞰臨渺空闊緑淨不可唾維昔經營初邦君實王佐翦林遷神祠買地費家貨梁棟宏可愛結創麗匪過伊人去軒騰兹宇遂頹挫老郎來何暮高唱久乃和樹蘭盈九畹栽竹逾萬箇長綆汲滄浪幽蹊下坎坷波濤夜俯聽雲樹朝對卧初如遣宦情終乃最郡課人生誠無幾事往悲豈那蕭條綿歲時契闊繼庸懦勝事誰復論醜聲日已播中丞黜凶邪天子閔窮餓君侯至之初閭里自相賀滯樂閑曠勤苦勸慵惰爲予掃塵堦命樂醉衆坐窮秋感平分新月憐半破頭書巖上石勿使塵泥涴

右唐昌黎韓公詩張栻書

昌黎合江亭詩碑在合江亭壁間係宋張南軒正書十一行每行二十三字碑已斷缺止存上截十六字以元板朱文公校昌黎先生文集校之集本渺空闊之渺誤脫水旁結創麗匠過誤作結搆麗匪過其江亭作紅亭萬箇作萬个那作奈塵泥作泥塵俱當時傳本有不同也據韓文類譜昌黎此詩乃永貞元年

自陽山移江陵法曹由郴至衡時作也南軒書此碑不紀年月以其時攷之當在孝宗乾道間古泉山館金石文編

案湖南通志合江亭在石鼓山蒸湘二水合流處唐刺史齊映建攷齊映南陽人貞元三年貶夔州刺史徙衡州詩云維昔經營初邦君實王佐郎謂映也標題云寄刺史鄒君當是衡州刺史而通志職官順宦兩朝均無鄒姓其人名字籍貫不可攷矣全唐詩載此作與集本同惟予作余爲小異麗匪過之匪碑刻稍泐模餬而中非字石旁三畫可見其爲匪字無疑匪與上句可字作對瞿氏乃反

以爲誤邪右唐之右通志誤刊作有亦宜校正

八瓊室金石補正卷一百十四終

八瓊室金石補正卷一百十五

太倉陸增祥撰　男　繼煇校錄
吳興劉承幹覆校

宋三十四

廣利寺龍圖碑

高五尺三寸廣三尺十五行行廿一字字徑一寸七分正書在遂甯

大唐　代宗皇帝　大厤十三年歲在戊午六月
勑賜禪林寺賜紫衣謚克幽禪師
昭宗皇帝　天復三年歲在癸亥四月
勑賜再興禪林寺

大宋　真宗皇帝　咸平元年歲在戊戌十月降到
大宗皇帝御書聖文神筆頌
真宗皇帝　大中祥符四年歲在辛亥正月
勑賜廣利禪寺　降到芝草兩函
仁宗皇帝　皇祐三年歲在辛卯六月降到
御書明堂之門二軸
徽宗皇帝　崇甯二年歲在癸未二月
勑謚號慧應大師塔名善濟
南宋　孝宗皇帝　乾道九年歲在癸巳十一月
勑宜賜圓覺慧應慈感大師

淳熙改元歲在甲午尚書省叅知政事鄭聞右丞相書

右碑刻善濟塔記之陰記歷代敕書御筆自是廣利故事志乘家所宜知也碑有額題龍圖二篆書此本失拓碑末紀年不紀月攷宋史宰輔表是年三月丙申鄭聞以資政殿大學士四川宣撫使罷七月丁亥自資政殿學士大中大夫四川宣撫使除參知政事則此碑之刻當在七月後矣碑末磨泐三字三巴耆古志作丞相書據表則鄭聞未除右丞相其執政亦得稱丞相歟碑云南宋孝宗皇帝知當時已稱南宋非後世分別之名

般若會善知識祠記

高四尺五寸廣二尺二寸十九行行四十四五字字徑七分許横額題般若會善知識祠記八字俱正書在鄞縣

紹興丙子大慧禪師宗杲得旨住育王廣利師還自嶺南既主叢林湖海衲子輻湊聚衆一千二百法席爲天人師廣利素號望刹至是食口弗給有大慧高弟擇微者衆推苦行號微高僧慨然而起曰吾事大慧責居遐荒遠茲去此十有七年萬死一生備嘗艱棘今龍天歡喜祖道中興請爲緣化之倡乃師同志二十輩化八万四千信士名捐已資名般若會裒爲求田供衆之資時郡將貳卿方公滋首爲之勸遠近樂施財帛雲委未幾大慧有旨移住徑山□□其嗣大圓璞公繼之乃命其徒彥平就奉化東村請官地海塗圩而爲田工傭浩博以般若會所儲用之不足又請大慧衣鉢助之合金十萬緡施及三年而大圓順寂衆又以其嗣今住持普門廓公繼之時丞相岐國湯公思退□□大慧爲方外友捨金協濟又得無相大師靖公抵財建造莊院名般若莊自紹興戊寅至乾道丁亥始克有終侍御□公伯庠作記以美之而後大慧遷化門人弟子傳法生持遍九天下獨微公卷而懷之退處廣利上塔堅坐一紀

不出門限一飯之外不接俗務看閱藏經已七遍矣達官貴人招之不去其高致追媲古尊宿豈今日學道者所能彷彿乾道二年予以先公大監大祥至廣利作佛事因訪微公公與大慧皆先世道舊相見慰藉久之論及塗田首尾實□微公權輿又欲令小師祖印募緣甃砌寺旁之上塔磚路逾千丈且曰他日路成又將塑像大慧大圓普門三善知識塔院後舍配以造塔眞戒大師振公以八萬四千信士名銜函貯其上誓將朝夕奮奉以爲善知識祠堂香火惟子爲我記之予與謝未遑既畢事微公三令祖印持書扣門其請愈堅且曰子不

我記非獨嫚我是嫚大慧予不敢辭乃爲之説曰釋迦如來以提婆達多爲善知識故蓮經云由提婆達多善知識故令我具足六波羅蜜又妙莊嚴王本事品云若善男子善女人種善根故世世得善知識其善知識能作佛事示教利喜令入阿耨多羅三藐三菩提予仲二子以訂徵公諸方衲子多見善知識者必有其人能辯緇素則一生叅學事畢脱或未喻其可以卜度耶謹記

淳熙二年六月　日修職郎前兩浙東路安撫司準備差遣李泳記

御筆賜冲虚先生賜名葉知微書額

寶林蘭若苾蒭行久書　幹縁知塔苾蒭祖印立石

案宗杲與宏智皆僧中龍象而各傳一宗周葵所謂以道相予無彼此之間也故嗣天童者宗杲主之斯時輻湊者千二百人高弟擇徵因率同志化八萬四千信士爲般若會作求田供衆之資徵公又將塑像大慧大圓普門三善知識于塔院以八萬四千信士名銜函置其上朝夕奉以爲善知識祠堂香火屬李泳記之愚子作三寸像便欲題名奢望徵公此舉烏在其不大書深刻耶兩浙金石志

行末失拓一二三字据兩浙金石志補注於旁志載舛錯十餘字校正之

馮運之題名

高三尺九寸廣五尺八寸十一行行九字字徑二寸餘行書在中江

家弟丙之尉銅山余罷官凌雲道過歸武□□飲玉江主人袁國老□長鄉人王用抃在坐是日風日晴美步訪谿側大石俯臨清流下激迺命石後泛抔探籌叙飲數多者輙一笑醻之□聞見童璟覩目爲狂□男璿侍筆墨淳熙巳酉冬望前二日馮運之題

廣漢楊安常殘題名

高三尺廣一尺二行行存九字字徑二寸許正書在中江

缺上公書廣漢楊安常□崖缺下□宋淳熙四年夏五月

廣濟王像題記

高二尺四寸廣一尺六寸上方題字廿七行行廿字字徑四分下方刻象右旁年月刻石姓氏二行小字並正書横額題英顯武烈忠佑廣濟王像十字分書在杭州吳山文昌廟

淳熙丁酉六月會稽陳師中錢塘刻

吾本吳會人閒生於周初後七十三代爲士大夫未嘗酷民虐吏性烈而行察同秋霜白日不可犯後西晉末降生於越之西嶠之南兩郡之間是時丁未禩甲子辛亥二月三日誕辟光羃戶黃雲迷野居處地俯近海里人爲清河叟曰君今六十而獲貴嗣童稚時不喜嬉戲

毋慕山澤往往語言若有隱顯晝誦墓書夜避衆子自
咲且樂身體光射居民祈禱則余嗤而詘長嘯曰土木
而能衣人之衣飡人之食享之而有應謗之而有禍我
爲人而焉無靈乎自後夜之怪夢或爲龍或爲王者天
符爲水府漕自怪而不甚信爲吉也後三農愆旱脊澤
無馘舞雩祝神恬然無驗余思曰夜寐乘夢治水府今
夕當驗夜往水際以夢中官牒河伯而驚魂尨恐恇怯
不能忽爾之間雲四合風雷震一吏稽首余前進判徙
居余曰非我也我廼張戶老之子名亞後緣水府得吏達故字霧夫
曰奉命促子余曰家人如何吏曰先到治所余皇皇未

決吏揖上一白□□去俛首里閈風雨聲中頓失鄉地
一山連劍嶺□□參宮星也若鳳凰之偃下有古湫引吾
人一巨穴門有數石觜吏曰民之祈禱祝此石而有應
曰雷柱吾方褰衣入穴吏曰君記周室爲人七十三代
陰德傳家而迄今否余方大悟若夢覺也吏曰君在天
譜得神之品於人世少有知之者晉不日有中興之兆
□可尋方而顯化余曰謝天使嚮報也入穴則若隍宇
仞之壑□□而足不沾若騰身虛空有王者宫有禁衛
余□□□□若都其間改日作儒士而往咸京講姚□
之故事河內傅焚獻者切記

右廣濟王像碑乘白騾二童子一武士隨行創今所
祀文昌也頂現一光中有一像乘蛇而行不知何說
刻文似賓壇語有未可句讀處以宋刻存之兩浙金石志
上方記文疑有譌脫恐非宋刻以阮氏備載故錄
之碑較阮氏所見損泐十七字而可尋方三字阮
氏未見何也世傳陰騭文云一十三代爲士大夫
身此云七十三代懸殊亦甚矣西晉丁未爲太康
八年是年二月三日非庚辰即己卯此云甲子辛
亥非月非日何謂也

重修宜州學記

拓本未全高二尺一寸三分廣三尺四寸十九行行十三字字徑寸許行書在慶遠府學

位廣右帥事以經略司主管機
宜弟願假守府俾牧遠民　詔使
所控制非一前此爲州者日夜究
他議韓侯至官既舉其職則慨然
積累而後成廟宮既嚴講肄有堂
人士歎息誦詠伻來請記方韓侯
邊州乃不急之務且曰宜固寡士
益俎豆之修則軍旅之事斯循序
坐銷於冥冥之中詩曰既作泮宫

建學于此使爲士者知名□□重
細民亦將風動□□尊 君親上
近而吾民既已和輯則夫境外聚
伏其心志柔其飢膚其孰有不順
出何間達近遠方固曰□□□
公〻輔出於日南皆表然著見於
異日不有繼二公而出者乎又安
則其可以寡士而忽諸故於其學
庚子承事郎充秘閣修撰權發遣
同公事馬步軍都總管張栻記

右重修宜州學記上下不全或石已斷缺或以璺患未拓姑就所見者如式錄之明統志慶遠府學在府治東宋建湻熙中知宜州韓璧重修廣帥張栻爲記即此碑也碑缺年月張敬夫經略廣西以湻熙二年之任五年閏六月去桂當即系於去桂之前韓璧史無傳

月巖題刻三段在道州

趙汝誼等禱雨題記高二尺八寸廣二尺七寸五行行八字字徑二寸五分行書

漢國趙汝誼天水趙廣南郡章穎禱雨道過穿巖方暑如坐廣厦徧覽洞石賞其瓌異湻熙己亥秋戊子

在州西四十里舊名穿巖湻熙中太守直閣趙公禱雨過其下有題名湯昭道州志

案道州官表湻熙初有兩趙守其一汝誼四年任其一善言七年任證之趙廣月巖禱雨題名在壬寅歲是爲湻熙九年則必善言無疑也黃如穀改纂州志作直閣趙抃甚誤金石萃

右刻在月巖洞口之巔從未有椎拓之者故記載多不實也永志官表趙汝誼平江人乾道八年任殊誤趙廣名失載不知其爲丞爲倅章穎臨川人道州教授嘗撰濂溪故里祠記見濂溪志

趙廣題記高廣各二尺六寸七行行十字字徑二寸五分行書

淩儀趙廣承流茲邑于二百有四日矣歲遇夏或以旱
告廣侍
郡侯九三謁于
靈濟祠下其善應金僊可不勒諸巖石以紀神之賜湻
熙壬寅六月中澣書

右刻行書七行在道州月巖前人未經搜及金石萃永志誤下爲卜僊上似是至字姑從永志作金靈濟祠志所失載案月巖之西有龍母山上有龍母祠歲旱禱之多應或即宋之靈濟祠也

劉錫詩高二尺廣七尺六寸十五行行五字字徑四寸分書

不比戈陽名浪傳蟲空三日透山巔岩分前後兩弦鈌天到中央一月圓屋擬蟾宫新學士臺存石磴舊遊仙玲瓏望處人間近影照奇峯千□連景定三年九月永嘉劉錫作明年江華李挺祖書

右刻在洞內宗氏亦未搜得辛未冬翟斗南大令始爲予搜拓之劉錫見潛巖浯溪題名

案明統志云月岩形如圓廩中可容數萬斛王會月岩圖記云月岩在故里西八里許先生讀書其間其山巍聳中爲崖洞東西兩門如城闕可通往

來洞之中虛其頂自東仰之如月上弦自西仰之如月下弦至中仰之如月之望隨行進退一盈一虧其形肖月好事者奇之以爲太極呈象中有濂溪書堂

南龕題刻二段在巴州老君洞

趙善期題記高一尺七寸廣二尺六寸十二行行十字字徑寸餘正書

巴南山川氣象蕭條獨以古楠爲奇觀唐應麻閒侍御嚴武稱詠見于岳壁　宋淳熙八年七月四日未刻古楠根壞而仆是日天亘氣清絕無風雨之變磊落巨榦一旦淪於邱壑邦人惜之豈非固形字內者固自有不易□□耶幸傍出一支尚可爲南龕顏色山祇有靈呵禁不祥而守護之望日郡丞趙善期書

趙公碩詩高三尺八寸廣五尺二寸十一行行字不一字徑三寸許行書

積雨初霽乘興邀王和叟趙久成二監郡遊南山飲於雲間閣回成一詩醉書於石壁巴南守趙公碩

雲間飛閣倚崢嶸煙外寒江壁鏡清絕巘高頭惟古木斷崖直下只孤城二年謾結巴南恨万里空縣楚客情皷吹不須催我去夕陽猶傍遠山明

白鹿洞趙昌言等禱雨題名高四尺廣二尺四行行八字字徑四寸正書在郴州

浚儀趙昌言永嘉宋仲溫吳郡鄭勉厚并門張仲勉禱雨憩此淳熙壬寅季夏四日

湖南通志失載壬寅爲淳熙九年趙昌言以禱雨憩此當是官於郴者攷宋史趙昌言字仲謨汾州孝義人太宗時爲荆湖運副真宗時終戸部侍郎贈吏部尚書謚景肅下距淳熙壬寅一百六十餘年葢別一人也通志職官孝宗朝知郴州者有趙彥操趙介趙汝亦趙不俄四人昌言疑是汝亦字

彈子巖題刻三段在臨桂

熊飛題名高四尺二寸廣三尺一寸十一行行十四字字徑二寸五分篆書

淳熙九季歲在壬寅莫秋初吉七閩熊飛景瞻㠯憲事行部至桂林與鄉人宦游者李謩東暉李榾伯廣王棨欽之陳閎周卿上官駿子聲鄧夏卿仲藝吳三錫龍卿吳榮漢老楊延季洪卿陳辟廷珪鄭霆希聲潘元震子春陳光祖晧遠吳季友次張趙盅虛中莊漢輔季艮蔣夢震震卿朱木仁叔陳膺定夫會于諸洞以賡庚子之盟與者濮陽馬演季長青社鍸艮弼傅朋臨川蔡詵子羽

張子書問政章 拓本高七尺九寸廣一丈一尺四寸十五行行十三字字徑七寸許行書 跋二行行四十字字徑二寸正書

論語文不錄

右論語問政一章廣漢張公栻嘗大書于桂林郡之治事聽桐廬詹公儀之欲其傳之廣也命鑱諸巖石俾凡臨民者皆得目擊心存力行無倦庶不負聖人之訓淳熙甲辰冬長至日郡文學長沙陳邕謹題

按張宣公南軒先生大書論語一百九十字詹儀之鑱石後陳邕題記二行凡七十八字淳熙十一年歲在甲辰南軒以淳熙二年知靜江府經略安撫廣南西路見宋史及朱子虞帝廟碑五年閏六月去桂見冷水岩題名此去桂後六年所刻吾友趙湖州學轍得拓本裝四軸以贈

金石續編

續編所載跋語內脫一凡字今得拓本始知之不及校正矣聽即今之廳字

李滋篆聯 拓本二紙高三尺九寸廣各九寸聯字二行行五字字長徑五寸許篆書左右款二行行十一字字徑寸分書

安分身无辱　知幾心自閑

淳熙乙巳晉安李滋長卿爲之 在身字之右

鄉人林可宗元之書亏復叁之左 在心字之左

明統志云彈丸山在府城東二里下有泉奔流迅激東注于灕江山之西北及溪中有石如彈丸故名彈子岩當即其地廣西通志載彈子岩石刻凡八段余所見惟斯三者耳

準提菴井闌殘字 石半闕高不計廣七寸存五字字徑二寸許次行較小正書在揚州

熙十

三公石□

嘉慶丙寅予過揚州新城準提庵僧舍經二郎廟蔬圃見有破古石井闌似有字痕洗拓之乃□熙十□三公石數字熙字之上字不完似是淳字蓋以熙爲年號踰十年者在揚惟淳熙耳十字下似是年字癸

移置準提庵東廂內并記之丁卯秋日揅經室三集

右拓本二紙一紙無字熙字之上今無字蹟三字

上一畫亦已損缺十字之下略存筆蹤

廣州贍學田記并陰

高七尺廣三尺十四行行三十字字徑寸餘行書隸額四行題廣州增置贍學田記八字在廣州府學

田之入于學者有籍籍之司其入者有人人與籍之吏先後歲率不常故吏□以其情出入凡庋于籍者名數多寡率常詭遺爲是者皆自其官新舊之交棄其參稽之不遠也□以淯熙九年冬至官詰其故籍則曰六年七年者亡也非吏之責歟則曰某年某人之爲也罪有所受歟則曰某籍某人之受也數其舊而新是存則有田而無籍可也有籍而無田可也有田而無籍者遺其名有籍而無田者詭其名餘今际前田之失于籍者十四蘇後际今租之入于學者□功也吁是獨毋以爲歟迺請于府

經略龍圖大監鞏公愀然曰有是哉今尙可爲後將何以示遠他日嚀時舉而□之曰予前以學稟不繼則言有沒入之田若干盡歸于學以補今之闕今更爲學遠謀則子盍以今與□之田總其名數盡琹于石以待後之□時舉應之□□退而告于學之諸生曰 公之仁遠狀有田以爲今有石以爲後命□□□□不告沒公之仁遠狀於是□租□□□人□□□新舊□□□□□□□一年正月□□迪功郎□□□□□□□□□□□□□□□□□□□□陳德銘謹書

學正簡□直

碑陰

廿三行行字不一字徑七分正書

府學

今具增置田段畝步下項

經略大監撥下陳紹祖沒官田壹拾捌號

第壹等計壹頃伍拾肆畝零肆拾玖步

第貳等壹頃伍拾捌畝貳角伍拾柒步

第叄等貳拾陸畝叄角伍拾貳步

都共叄頃叄拾玖畝叄角叄拾捌步是李諤請佃從拾壹年內給據當年納錢叄拾貫文省至拾貳年起頭每年納錢貳伯貳拾貫文省

經略大監續撥下羅餘首出陳宋英不入砧基簿沒官田肆號計陸拾伍畝叄角叄拾貳步羅餘請佃每年納錢貳拾貳貫文省自

淳熙拾貳年正月壹日爲頭
張寘首出李貳拾伍戶絕田捌號
第壹等計叁拾玖畝叁角
第貳等計叁拾畝伍拾叁步
第叁等伍拾玖畝叁角伍拾柒步
都共壹頃貳拾玖畝叁角伍拾步張寘請佃
每年納錢貳拾伍貫文足自淳熙拾貳年正
月壹日爲頭送納
王觀光首出南海縣歸仁里祿步村芋子湖田計
壹拾叁頃

東至路抵謝万頃及何袤田計貳伯肆拾捌丈
西至何宗朝田計壹伯貳拾陸丈
南至路并丁十三何文集賀丹三田計肆伯肆
拾丈
北至何宗昱灑田計叁伯陸拾丈
右具在前
淳熙十一年正月　日記
碑在廣州府學泮池北之西後半多泐不見撰人及
立石年月然有云嗥時舉而告之則記爲時舉撰但

不知其姓爾記前有淳熙九年後又有一年正月一
年上益泐十字與碑陰年月同記末學正字尚可辨
宋史選舉志內外學官元豐九年始立試法上等爲
博士下等爲正錄正益即正錄而職官志無其文闕
也碑陰記經略大使即前記所稱鞏公益鞏湘也淳
熙七年任廣東通志金石略
學官有正錄非即學正也觀鞏嶠修學廡記有正錄
黃應龍黃況可見又李心傳繫年要錄載紹興二十
九年八月詔臨安府學正錄三人並免解一次金石續編

蒙巖題刻五段在宜章

管鑑題名高二尺七寸廣三尺七寸七行行五字字徑四寸許正書
括蒼管鑑將使命自湘陰領以淳熙丙午登高于蒙巖
臨川吳鎰三山陳英同來湛淇洪侍
案領通志作嶺非吳鎰見通志職官孝宗朝爲宜
章令光宗朝知郴州甯宗朝湖南路提舉茶鹽一
統志云吳鎰臨川人淳熙中知宜章縣解除煩苛
同民好惡爲條教以諭民嘗建學修城陸丸淵爲
之記通志又載有蒙巖記碑即其所撰蒙巖之名
實吳鎰所題也浯溪有管湛題名得此刻知爲鑑
之子并知爲括蒼人矣

雷瀫題名高一尺八寸廣三尺二寸七行行四字末行五字字徑三寸五分正書

廬山雷瀫自武陵郡待次蒙恩易憲東廣取道舊治淯
熙丁未九月廿九日

廿通志作二十非通志職官孝宗朝雷瀫宜章令傳見人物傳据姓譜云雷瀫長沙人淯熙九年知宜章縣建學宮給廩課士士多賴其成就歷官吏部郎中今此刻自署廬山則非長沙人矣志沿姓譜之誤宜改正

姚逸仲題名高二尺二寸廣一尺八寸四行行六字字徑二寸五分許左行正書

寶慶丁亥九月念乙日盱江姚逸仲偕壻饒穎末男定叔來遊

通志乙作一盱誤作旴穎末之末作叔遊作游

趙希逾平猺題記高二尺五寸廣四尺三寸九行行十字字徑四寸許正書

紹定六年春正月湖南帥寶學侍郎余公嶸聞宜章寇欝擻知郴縣兼幹辦公事趙希逾以十日乙卯領兵招捕癸酉追戮鄧李二酋斬首六百有奇俘五十釋戈請降之人三千大犒師徒哎艤而東勒石僊館以志歲月

在縣蒙巖九行字徑四寸許通志蒙巖露布在縣一里宋紹定六年猺嵩猖獗余嶸勦平之刊露布於蒙巖石上今尚存郴州志及縣舊志所載同攷封演聞見錄露布捷書之別名也諸軍破賊則以布書建諸竿上謂之露布蓋自漢以來已有其名所以名露布者謂不封檢露而宣布欲四方速知亦謂之露版魏武奏事云有警急輒露版插羽是也今觀壁文乃平寇紀績之詞非露布體也且希逾奉檄而往斬俘之功當歸希逾而以勦平屬之余嶸非是嶸字諸志皆作嶸亦誤通志秩官不載嶸名宋陳振孫直齋書錄解題載史燕錄一卷爲尚書戸部郎龍游余嶸景瞻撰紹定辛未嶸使金賀生辰會有寇行至涿州定興縣而回或即其人又趙希逾端平中曾任宜章遷建學宮入祀名宦舊志有傳茲刻稱郴縣郴州志不載宜章縣縣志

案余嶸後於端平二年十二月同簽書樞密院事見宋史本紀又攷宗室世系表希逾乃燕王德昭之後師克長子湖南通志

右刻春字已泐据志補之通志職官理宗朝余嶸湖南路安撫使趙希逾宜章令今此刻稱郴縣時未爲宜章令志不載焉文云勒石僊館當即景星觀在蒙岩之側道人所居見吳鎰所撰記再末句下有小正書三行椎拓不清僅丁卯秋字而不辨

紀元未識是近人續刻否識之以備再訪

蒙泉

蒙泉二字字徑二尺二寸餘橫列分書

宋吳鎰記云首得之巖命之以蒙上巖下泉蒙之象也泉以蒙名蓋自鎰始惟石無書人名未審是鎰所書否附於蒙岩諸刻之末志載有宋題蒙岩艮岩友泉亭泉槃澗介石魚淵等字而獨不及蒙泉豈志所失載邪抑近人所書邪余所得艮岩二字乃明時滕謐所書石上又有艮巖二字用雙鉤法鐫勒滕書即刻其上原刻已爲所掩當是宋人所題又得有介石二分書乃道光間受恬補書受恬者曾興仁字也疑此蒙泉二字亦即興仁所書姑錄而識之

右蒙岩題刻五段瞿氏輯通志据宜章志錄入未見拓本也一統志云蒙岩在縣東一里石白如玉下有友泉味甘洌宋吳鎰有碑記未得拓本雷溦尚有慶元丁巳一刻道光初猶及見之今亦未得

野石巖題刻三種在宜章

仲權詩高一尺三寸五分廣三尺八寸十行行三字字徑二寸五分許記年一行小字行書

夏夜渾如秋氣清夢回風露濕桃笙漸析月色兮山色所恨蛙聲亂水聲仲權

上缺未五月丙寅

在宜章縣野石巖野石鋪三字側仲權姓名不見玩滕瑱和作是仲權亦曾官斯土者案紹熙二年辛亥上溯淳熙二年爲乙未十四年爲丁未舊志作吳鎰詩攷鎰宰宜章時正在淳熙丙午丁未間石刻未上闕一字疑是丁字仲權豈即鎰之字邪湖南通志引宜章陳志

右仲權詩通志回作迴

滕瑱和詩高一尺三寸廣三尺九寸詩十行行六字字徑一寸五六分後六行行八字九字字徑寸許行書

稻香藹藹暑風清下馬傳觴聽水笙父老指詩懷舊尹爲鐫巖石寄心聲

身傍蓬萊近紫清巧言一出忽如笙祇今家食應無恙書倩衡陽雁寄聲

紹熙辛亥六月中伏日出郭觀稼小休野石讀仲權正字壁間所題詩因次韻併刻巖石以慰邑人去思不忘

南都滕瑱伯眞父

右滕瑱和詩通志併作並非通志職官滕瑱孝宗朝平江令光宗朝宜章令與此合惟不詳其爲南都人可以補之又嘗爲桂帥屬僚見觽儀之伏波

岩隱山兩題名內

野石鋪三大字拓本一紙字徑二尺三寸許正書

野石鋪

野石巖上鐫野石鋪三字無年月姓名舊志作湖南帥潘疇書野石巖三字今巖字作鋪無姓氏可攷未知即潘書否旁有宋人仲權滕瑱次韻詩湖南通志引宜章縣陳志

右野石鋪三字當即舊志所載之野石巖也通志以潘疇爲潘時之誤次於淳熙年間今不見姓名因即附此此決非宋以後人手筆若近人作此必將書舍旁之鋪字矣

右野石巖題刻三種瞿氏輯通志時未之見也一統志云野石巖在宜章縣北五十里官道旁

上虞縣修學記

高五尺廣二尺九寸廿一行行五十五字額名六行行字不一字徑六分餘正書額失拓在上虞

紹興府上虞縣重修學記

奉直大夫新改差知饒州軍州兼管內勸農營田使賜紫魚袋豐誼撰

從事郎新特差充福建路提點刑獄司幹辦公事潘友端書

上虞自漢圖輿地著爲名邑兩都相望宗工鉅儒騷人墨客與夫循吏孝女史不絕書夫豈山川英秀鍾聚於人有時而發越是抑重熙累洽□相承教育薰陶之有自上之人所以用其力者非一日積爾

宋興列聖崇儒右文以化成天下自慶歷詔書行學官始偏于州邑縣之黌舍蓋鼎盛矣中經變故僅存綿蕝垝垣汙泥可爲太息紹興甲戌莆田葉公屈臨宰字悼士氣之不振兼政力之優餘因改相面勢斥而大之洙泗之風浸以彬彬葉公去而遭逢休明當主上攬權有爲引以自輔遂相天下後之來者徒爲簿書期會供輸督責所困青衿城闕恝然相忘□木雖日戰蝕椽桷雖日弛陊過之而不問也淳熙十一年今令吳興劉公下車奠謁退揖諸生顧瞻慨然遂有志於興葺室吏姦以搜財訪□師而擇木期年規橅中定方發其謀於是寮佐叶同生徒奔走令龜考卜斤斧交興明年九月辛亥首徹宣聖殿盡去腐材斬然一新飛甍浮□蔭覆耽耽尋丈以度其崇庳縱廣以步其圍繞視舊有加而雄壯愈勝行覽四周次第營繕凡爲學之屋三十間斷壞者盡剔傾仆者舉扶蓋瓦鱗差級甎櫛比赤白煥鮮人用改觀尋增壄東偏薙地芟雜草莽闢爲

射圃張侯拽鵠其中以爲諸生暇日相與揖遜習威儀
而觀德行之地是又向來之關典講求之遺失今而繄
然備矣工既訖事爰肅章甫釋菜廟庭以告成功門序
宏深戟衛森植俎豆在列旒冕端臨民吏堵墻立鼓舞
胥勳交口贊說令君材足以剸煩濟劇而其政術卒於
化民成俗類非規近効苟名譽者之比重喜葉公之政
爲有繼也自家塾不立庠序廢闕士之講學不至而趍
嚮易流人有急名之累吏無近古之風一世之毀譽眩
且惑矣律令之在有司天下恃之以爲公平憑藉以立
威人有吞聲飲恨而政號神明之譽已馳章服而坐南

面天子命之以決爭訟惰偷以爲簡民且望望去之而
囹圄空虛之 課亟 上聽倡隨影挾强幹則擅休稱髗虛
美則利速化姑循是以施于有政人誰曰不然顧欲興
教化以移風資漸磨以變俗求如古武成單父者似甚
迂闊矣然天下未嘗無公議庶人亦各有良心是是非
非當有辨之者要不在斯文也惟鄭之僑爲政而不毀
鄉校鄭人愛之載于頌歌慇懃吟詠憂其死而莫之或
繼也果終鄭世無復聞焉賢者信不常有爲政而能知
本源之務者其鮮蓋亦久矣邑人誦葉公之政未忘今
得劉侯克承其懿是可以慰其父兄子弟之思也惟我

國家紹開中興人材不乏雖一邑之小闔三十年令之
可稱者猶再見而皆可述如此彼區區之鄭國何足進
焉士方嚮於學民且感於化作成效見華門圭竇將有
穎脫而出者庶自今無愧於古昔諸生求紀其事誼居
是邦也能道其實故樂爲之書淳熙十四年六月
日記
脩職郎縣尉薛　冠
修職郎主簿孟　致中
承直郎縣丞王　濤

奉議郎知縣主管勸農公事賜緋魚袋劉　筥
前學長李晉明學長黃士表學諭李孟揚直
學劉溫舒教諭劉昌朝
司計貝　良臣　立石　會稽陳師
古刻

錢玫上虞金石志略金石萃編載紹定二年句容縣
五瑞圖碑末題免解進士充縣學學長江千里謹書
以爲學之有長始見於此閱是碑知孝宗時已有學
長之名矣　按葉公名禹字子昇僊遊人相孝宗卒

謚正簡宋史本傳載其知上虞平役徵租賨有惠政修學其餘事也豐誼潘友端俱上虞人誼字叔賈清敏公稷曾孫以父治死難補官官至吏部郎中友端直顯謨閣時子湻熙十一年特奏名進士官至太學博士時本婺人以李莊簡公壻從家上虞碑載學職諸人題名攷高似孫剡錄引政和學制云學長諭直學各一人齋長諭各一人小學教諭一人小長一人今此碑有司計紹興十二年嵊縣舊學記有講書可攷見宋代縣學職事諸名焉 越中金石記

贈光祿黃中美碑銘

高六尺廣三尺三寸卅五行行六十四字字徑六分行書額失拓在邵武鈞青山下

宋故朝議大夫致仕贈光祿大夫黃公神道碑銘

宣和之末

國家承平百有餘年中外無事乃有二三美臣竊

國大柄建取燕雲以名非常之變有識之士□私憂之□□□之覺也捷書日聞官吏相慶獨信德府司錄事邵武黃公有憂色人問其故公蹙然曰太平日久軍旅還興廩無兼歲之儲不取於民將何以濟頃今歲荐饑民死□□況河北天下根本又可重困之耶聞者莫不笑之俄而河北盜賊果蠭起信德城守㝈危金寇乘之遂不能支官吏相與匍匐拜降惟恐居後而公獨奮然誓死不屈寇既入城放兵四出有挺刃脅公以降者公顧左右揞之而逸變姓名匿里巷中寇退乃出則先降者皆已抵罪而宣撫使獨奇公節俾行府事公亦摩撫瘡痍期復按堵未幾以

內禪恩轉朝議大夫則以資高不當復屈佐郡而省罷以歸矣靖康元年還次京師遭圍城之變而明年

欽宗出幸寇營寇遂以兵威脅城中擁張邦昌而立之一時公卿録千百數相顧俛首唯唯聽命公獨感憤義不辱身卽日投檄致其事以去蓋當是時不約而出此者亦四十人然不數日而公竟以病卒矣二年二月丙子也嗚呼

祖宗百年禮義廉恥之化其所以涵養斯人者可謂至深遠矣夫以熙甯以來群小相師滅理窮欲以逮于茲適已六十年矣士大夫酣豢之餘心志潰爛不可收拾宜其禍變危迫而皆不知以爲憂敗衂迎降而皆不知以爲恥棄君叛父奉賊稱臣而皆不知以爲辱也而猶復有如公等者出於其間是雖人之秉彛不容泯沒然而

祖宗所以涵養斯人至深且遠□亦豈不於此而少見

其遺餘哉公卒時年始六十有三夫人林氏携挈諸孤
奉公之柩崎嶇兵火亂離之中川陸五年乃能達于故
里紹興乙丑之歲然後始克葬焉而公之子永存浸以
才能有聞于世
上聞其名名以爲尚書郎軍器監出爲淮南轉運副使
俾修農戰之業以爲北向之漸前後贈公至光祿大夫
而夫人自公時已封宜人又以子貴婁逢慶恩得賜冠
帔累封至始興郡太夫人淳熙乙未八月五日年九十
七而薨又以郊恩贈蘄春郡夫人而副使歸自淮南則
使人以同郡徐君復之狀來謂新安朱熹曰吾先君之

德如是而葬久未銘且先夫人率履持家克享上壽世
鮮及之亦當得附先君遺事以垂後世子其圖之熹受
書考之具得光祿大夫蘄春夫人行事本末歎息久之
因論其大者如此而并記其州里世次閥閱梗槩及子
孫次第請具刻于螭首之石如左方蓋公諱中美字文
路其先光州固始人從王潮入閩居建之浦城後徙邵
武國初邵武始別於建遂爲郡人焉曾大父夢臣大父
扃皆有隱行至公父蒙始舉進士後贈中奉大夫中奉
娶施氏生公七年而卒後贈令人中奉沒時公年甫冠
勵志爲學而貧不能得書常假於人以讀率一再過而

歸之則已成誦不忘矣中元祐九年進士第調真定府
左司理參軍知邢州平鄉縣皆善其職以守正不阿忤
上官罷退久之貧甚不以爲意親友強起之乃更調鎮
西軍節度推官麟極邊守武將視法令僚屬無如也公
不爲撓事有不可必庭辯之守愧屈焉改宣德郎知濬
州衛縣縣民有被誣殺人者公察其寃縱之同列有害
公者謂公故出死罪守疑之公不恤也會河決敗數郡
詔諸令長各護丁夫䟽鑿隄障縣獨不擾而集
以功轉奉議郎除河北都轉運司屬官北京留守辟以
爲真定府司録事是時河北連歲不登民多相聚爲盜

而郡守歡燕敖逸如平時公獨憂之每當集輒詞不興
守問其故公對以實守默然不悅於是乃移信德而遂
去以卒焉其爲人坦易不事邊幅而與人交必以誠當
官不爲赫赫之名而於事細微無不謹旁郡有疑獄部
刺史多奏以屬公往往得其情槩施予不問識否人雖
負之不悔有求輒復用之在鎮時府丞陳紹夫死公以
俸錢遣其喪女兄寡居迎養三十年始終如一日故人
有通貴者招致之謝不往都轉運使呂公頤浩及宅使
者多知其才欲薦之未果而没論者惜之公初娶宛句
劉氏贈和義郡夫人蘄春其繼室也延平人贈少師積

之女夫人渾厚静專歸黄公時甚貧裂之百若晚雖豐
泰亦未甞改其度也事公之女兄如姑公没而歸其孩
教其子務以忠言直節立其志使卒爲聞人以大其家
嚴幾滿百而神明不耗起居不衰又近似有道者家人
百口撫之一以慈愛而教告勉飭隨之未甞見其嚴厲
之色而中外整整莫敢越軌範鄉黨傳以爲法公葬郤
武縣仁澤鄉寳隆山之原夫人葬永城鄉黄溪保銅青
山下相距蓋十里子男五人曰端愿端平皆有俊才冉
角巳與薦送而皆早卒次端方亦卒次永存今爲朝請
大夫主管武夷山沖祐觀次永年右儒林郎知静江府

理定縣亦先卒女五人其壻宣教郎朱康年保義郎周
郁修職郎趙舜臣通直郎杜鐸進士李先之也孫男十
人龜朋儒林郎格鈇南鄉範燾勛夏欽鈞皆未仕而格
鈇欽亡矣孫女六人其壻周敦書李厖李徽將仕郎吳
時萬上官珪上官楊曾孫男十七人大正大時大椿大
全大猷大學大昌大淵大聲大節大受大嚴大任大用
餘未名女十四人其壻任斗南林杞李份餘尚幼元孫
男六人公振公升公顯公囬公煥公章嗚呼是亦盛矣
黄氏之昌阜於世也其可量哉銘曰

暨暨黄公　逢時之危　跡隨衆兆
思屬眇微　之死弗污　以全其歸
温温夫人　克相其夫　又詔其子
以成厥家　壽考尊榮　百歲而徂
寳隆之阿　黄溪之里　東西相望
兩闕對起　子孫盈前　曾元滿後
尚有龍靈　不遠來乂

宣教郎直徽猷閣新權發遣江南西路提點刑
獄公事朱熹撰并書
進士方士繇題蓋淳熙戊申正月甲子立
建安翁鎮并男進文博文刊

右贈光禄黄中美碑銘朱子撰書署銜稱直徽猷
閣新權發遣江南西路提點刑獄公事按朱子年
譜淳熙九年除直徽猷閣再辭改除江南西路提
點刑獄公事辭十四年三月差主管南京鴻慶宫
七月除江南西路提點刑獄公事待次辭不允十
五年正月有旨趣奏事之任復以疾辭不允三月
十八日啓行据此碑則直徽猷閣辭而未允也尚
未之任故稱新不署奉祠者略之三月啓行碑立
於正月時尚在閩也黄公殁於靖康二年夫人殁
於淳熙二年追銘墓立碑相距已六十餘年距夫

人之殁亦已十餘年向非其子克賢而又得文公之文不幾湮沒不傳乎

八瓊室金石補正卷一百十五終

八瓊室金石補正卷一百十六

大倉陸增祥撰　男　繼煇校錄
吳興劉承幹覆校

宋三十五

周子拙賦

（高四尺廣二尺五寸五分凡兩石石各四行行十一字字徑四寸六分分書跋五行行十五字字徑七分正書在道州）

濂溪先生拙賦　浚儀向子廓書（此六字亦分書徑寸餘）

或謂予曰人謂子拙予曰巧竊所恥也且患在多巧也

喜而賦之（下空以上一石）

巧者言拙者默巧者勞拙者逸巧者賊拙者德巧者凶拙者吉烏乎天下拙刑政徹上安下順風清弊絕

舂陵郡西十八里曰濂溪保郎□□□□也

郡丞聽事之後有堂未名□□□□拙揭之且刊此賦于石豈唯見□□□□亦前賢里中故事示不忘爾

淳熙戊申歲重午日坦庵趙師俠敬書（此在末行下方）

拙賦周子作浚儀向子廓隸書宋淳熙戊申趙師俠刻於郡丞廳後有跋碑在道州用拙堂（格古要論）

宋拙賦碑周惇頤撰向子廓隸末有跋在岳州府（天下金石志）

濂溪先生拙賦八分書淳熙戊申重午刻有趙師俠跋正書潛研堂目

用拙堂有濂溪拙賦碑道州新志

道州有濂溪先生拙賦碑八分書分刻二碑各四行以格古要論攷之當是向子廓書而無姓名亦無趙師俠跋語及刻碑年月豈搨工遺之邪天下金石志云在岳州恐誤攷大全集朱子淳熙已亥守南康有書濂溪先生拙賦後云右濂溪先生所爲賦篇聞之其曾孫直卿云近歲耕者得之溪上之田間已斷裂然尚可讀也熹惟此邦雖陋然往歲先生嘗辱臨之

乃闢江東道院之東榜以拙齋而刻置焉既以自警且以告後之君子俾無蹈先生之所恥者以病其民云是拙賦在宋時江西已有兩刻矣已亥乃淳熙之六年戊申則十五年也是趙師俠本最後古泉山館金石文編

甯遠大谷巖有縮本拙賦石刻亦後人所爲士人以大陽洞爲周氏祖居遂稱大谷爲周子讀書處則不足信矣湘僑聞見偶記

趙師俠燕王德昭之後陽華巖有其題名通志載修永福寺碑亦向子廓所書其署銜云朝奉耶權知梧州軍州事蓋官於廣西者其碑立於淳熙七年郎其人也通志据寰宇訪碑錄又載有朱子書拙賦云行書無年月在衡陽縣今未見

周子像贊

高四尺一寸廣二尺一寸贊在上方六行行八字字徑八分許正書在道州

濂溪先生像贊

道喪千載聖遠言湮不有先覺孰開我人書不盡言圖不盡意風月無邊庭草交翠　晦菴題

周子遺像在濂溪書院乃南宋時通判方疇自九江府從先生諸孫得之前郡守魏紹芳重刻奉祀零陵武志

道州周元公祠有濂溪先生象碑象高三尺餘上題朱文公象贊正書六行碑無刊刻姓名年月文公書字亦非真面攷大全集愛蓮說記朱子於淳熙已亥守南康郡立濂溪祠於學刻濂溪象於石零陵縣志謂方疇於九江得之先生諸孫今審此刻並無年月姓名可攷不似舊刻必是近代人重摹者古泉山館金石文編

案道州石刻周子像右有後學秀水卜大同刊八字左有知州錢兌同知張鉉通判吳湯輔上石等字永州石刻像則又　國初魏紹芳所摹刻皆非方耕道元本也金石審

案錢兌常熟人張鉉代州人皆明嘉靖間人又案通志職官高宗朝有吳湯輔爲永州教授此刻吳湯輔一行在前錢兌一行在後吳字下已泐殆宗氏誤審邪抑湯輔刻之至明代重上石邪志云教授此云通判別一人邪瞿氏云並無姓名搨者遺之邪

周子太極圖說

高五尺八寸廣三尺橫額太極圖三篆字上截圖下截說廿行行十四字字徑八分正書又刻石一行在道州

圖　陰靜　坤道成女此二題在圖右　陽動　乾道成男此二

題在圖左　水　火　土　金　木在圖下土字居中水火金木四字列四隅連以直綫　萬物化生四字橫列在圖之下

太極圖說

周子曰無極而太極太極動而生陽動極而靜靜而生陰靜極復動一動一靜互爲其根分陰分陽兩儀立焉陽變陰合而生水火木金土五氣順布四時行焉五行一陰陽也陰陽一太極也太極本無極也五行之生也各一其性無極之眞二五之精妙合而凝乾道成男坤道成女二氣交感化生萬物萬物生生而變化無窮焉惟人也得其秀而最靈形既生矣神發知矣五性感動而善惡分萬事出矣聖人定之以中正仁義而主靜立人極焉故聖人與天地合其德與日月合其明與四時合其序與鬼神合其吉凶君子修之吉小人悖之凶故曰立天之道曰陰與陽立地之道曰柔與剛立人之道曰仁與義又曰原始反終故知死生之說大哉易也斯其至矣

周子太極圖說在道州格古要論

味道亭有太極圖碑一通在濂溪書院左道州新志

道州有太極圖碑上爲四圖下刻朱文公太極圖說無年月攷大全集愛蓮說記此圖亦文公刻於南康

者道州本盖近人以南康本翻刻也古泉山館金石文編

案此刻今已佚晦庵五字其末一行署大明隆慶庚午後學金谿劉子汾刻金石審

湖南省府志載此刻題云朱文公書太極圖說末有晦菴朱熹書五字今拓本無此五字疑卽劉子汾所重書者瞿氏云無年月何邪案福建邵武府學亦有太極圖碑未審是文公所書否以上二碑皆明人所刻例不登錄惟元本久佚南康邵武本亦未卜存亡姑從省府志列於湻熙已亥以存先儒遺蹟亦始事之例也

周子愛蓮說

高七尺一寸廣四尺一寸七行行廿一字字徑三寸許分書在道州

水陸草木之花可愛者甚蕃晉陶淵明獨愛菊自李唐來世人甚愛牡丹予獨愛蓮之出淤泥而不染濯淸漣而不妖中通外直不蔓不枝香遠益淸亭亭爭植可遠觀而不可褻玩焉予謂菊花之隱逸者也牡丹花之富貴者也蓮花之君子者也噫菊之愛陶之後鮮有聾蓮之愛同予者何人牡丹之愛宜乎衆矣

道州有愛蓮說碑八分書七行無書人姓名及刊刻時代攷朱子愛蓮說記云先生嘗以愛蓮名其居之

堂而爲是說以刻焉又云會先生曾孫直卿來自九江以此說之墨本爲贈乃復寓其名於後圃臨池之館而刻其說置壁間是濂溪此文宋時一刻於九江再刻於南康道州此碑蓋近人所摹未知出於何本古泉山館金石文編

案此刻與拙賦字體不同信非一人所書也金石審

此亦明刻也後有大明嘉靖辛亥中秋北畿任邑後學蓮洲居士謝沐書廿一字瞿氏宗氏皆未之見也志列於治平年間今類附於此

酒官碑

高七尺廣三尺三寸十五行行四十字字徑一寸六分分書在夾江

□□官不知其輿□□□□□□□□□之盧如僦
而俄攄爲□□□□□□□□□□□□□□漏懼
腑壓顛坐及席氣勃戾惡犨頞嘁嘔若過腐肆滂瀆亟
掩鼻引去惟恐後夫如是□□□□□□之絜淸崇
飲之酣適吁其誕邪盍盡徹而謀新命酒人鳩工龜日
以請越明年冬吉□□□□□□人夫其氏所何祥
而吾士當爲涸糟粕之聚是終三星矣科輙不利抑山
川有靈或閟□□□□□□泉丞君建議有司相令
治右陳湖上遷爲宜蓋始經之而卒不合今玆殆時也

敢以告□□□□□□□衣冔表夷息壤民人癘地固
有祥矧士之志大弗可違從之而丞君之子炎寔嗣其
事□□□□□□□端正爲公堂合其黨以次授工曰
徠万俟亖孫東爲稟藏西爲醞室北爲燕息之軒□□
□□□□□爲曰魏冢孫南由市入爲闠北抵湖出
糸爲闠中之館惟爾私其葺之官毋譁曰程□□□
□□□跨湖爲梁炳丹雘而屋之帷郤伋中父其爾
相曰材𣏟𣏟余弟其輿汝東爲胥史之曹□□□□
□人於湖文糸爲闠往共各儆乃事以稱令意凡六旬
歲在析木告厥成功余爲合士飲酒□□□□□倍

他日又明年貢天府之士六人而其二寔左右取諸故
墟之鄰僉曰盛未有也可嘿弗紀□□□□□余嘻有
是䖍惟榷酤滋貽吾蜀害及今剷害必小謂兵之養不
可剷非畏則誣請循其本櫨幾□□□□兵不加多又
不用其有所蠹也夫余三載儆精蓋益習是歲幸免矣
邑之士苟利於科踵而升□□□□平民幸徵吾說而
劉決焉若夫用櫝椽土石與匠氏之力有不足書者存
其大槩可也丞君諱□□□□爲任氏淳熙十六年八
月已亥從政郎縣令臨邛楊仲修記保義郎監酒稅洛
交李昇立陸海令□下泐

右酒官碑在夾江楊仲修撰不見書人姓名碑尾
見陸海令三字或即書人也碑泐一百餘字其大
略尚可尋繹蓋因酒泉治不得其地燕欜傾壓任
丞君建議上遷其子炎踵成厥事適利於科因作
此記以美之也四川通志以此爲王君平鄉道碑
謂即隸釋所載涇口摩厓復齋碑目所謂平鄉明
亭閣道碑者非也

盧坦對杜黃裳語并銘

高一尺五寸廣三尺二寸十九行行十一字字徑一寸五分許分書

盧坦爲河南尉時杜黃裳爲尹然以受餉見疵也名坦
立堂下曰某家子與惡人游破產盡察之坦曰凡居官
廉雖大臣無厚蓄其能積財者必剝下以致之如子孫
善守是天富不道之家如不善守必恣其不道以歸於
人黃裳驚其言自是遇加厚臺史感而銘曰有爍者物
有倈者欲投之而迷才也罔束維後之艱維身之戮垢
業迺盈宴數迺蕭嗟彼蟣人朋焉如浴讖與天諧動與
義屬利奚以乘害奚冒局斷帶齊瑩作獅比毒藏絲並
暉受魚擬辱玉壺澄姿冰輪逸躅子孫爾昌福祿爾足
聞則撣心見則駭目我䤬行之燗誠是矚
吳臯

潛研錄目載張安國書裴坦對杜黃裳語正書在
蘇州府學訪碑錄謂在衡陽此刻是盧坦是分書
碑末僅有吳臯二字均不脗合存俟再考訪碑錄
又有張安國書盧坦傳在吳縣是在蘇不在湘矣
疑潛研誤盧爲裴也而此碑所在未可妄斷隸多
繆體

石鼓書院記

高五尺八寸廣三尺五寸記十九行行卅六字字徑一寸二分正書篆額題石鼓書院之記六字在衡陽

石鼓書院記

石鼓據烝湘之會江流環帶最爲一郡佳處故有書院

起唐元和閒州人李寬之所爲至國初嘗賜敕額其後仍復稍徙而東以爲州所則院之迹於此遂廢而不復修矣淳熙十三年部使者潘侯畤德夫始因舊址列屋數閒榜以故額將以俟四方之士有志於學而不屑於課試之業者居之未竟而去今使者成都宋侯若水子淵又因其故益廣之別建重屋以奉先聖先師之像且摹國子監及本道諸州印書若干卷而俾郡縣擇遺秀士以充入之蓋連帥林侯栗諸使者蘇侯詡管侯鑑衡守薛侯伯宣皆奉金齋割公田以佐其後逾年而後落其成焉於是宋侯以書来曰願記其實以詔後人且有

以幸教其學者則所望也予惟前代庠序之教不脩士病無所學往往擇勝地立精舍以爲羣居講習之所而爲政者乃或就而褒表之若此山若嶽麓若白鹿洞之類是也逮至本朝慶厤熙甯之盛學校之官遂徧天下而前日處士之廬無所用則其舊迹之蕪廢亦其勢然也不有好古圖舊之賢孰能謹而存之哉抑今郡縣之學宮置博士弟子員皆未嘗考德行道藝之素其所授受又皆世俗之書進取之業使人見利而不見義士之有志爲己者蓋羞言之是以嘗欲別求燕閒淸曠之地以共講其所聞而不可得此二公所以慨然發憤於斯

役而不敢憚其煩蓋非獨不忍其舊迹之蕪廢而已也故特爲之記其本末以告来者使知二公之志所以然者而無以今日學校科舉之意亂焉又以風曉在位使知今日學校科舉之害將有不可勝言者不可以是爲適然而莫之救也若諸生之所以學而非若今之人所謂則昔吾友張子敬夫所以記夫嶽麓者語之詳矣顧於下學之功有所未究是以講其言者不知所以從事之方而無以蹈其實然今亦何以他求爲哉易曰養其全於未發之前察其幾於將發之際善則擴而充之惡則克而去之其亦如此而已又何俟於予言哉

寰區之內奇山勝水固多矣而得名播天下者必有大賢君子登眺留文字爲之標表焉石則直天壤閒一培塿爾衡州城北石鼓山據烝湘之會奇秀甲湖南然晉隋以前無聞也至唐元和閒郡人李寬中者結廬讀書其上繼而韓文公登覽賦詩留詠宋景祐中賜書院額名與四大書院相埒矣後南軒張先生過之親寫韓詩刻之合江亭而文公朱子爲書院記去書院南僅百武有漢諸葛武侯祠侯以中郎將督賦駐此者久之時人立祠祀焉南軒爲之記夫以此山無嶔嶤□天之高□□大地之廣若衡嶽而其名

直與之齊者得非有二三不世出豪傑登覽著文字
標表爲之□重也與今□□無□刻韓詩巍然獨存
而朱張二夫子之記□□毀矣孚深思立德立言之
文使之磨滅無以教後人且二先生志同道同□□
□□□□□□□□書院之左不惟使此山益□增
重而使游觀之士庶或有所觀感而益加進脩云成
化九年歲在□□三月清明日後學黃巖徐孚□書
衡州府同知海韓　通判羅□□□□□□
同立石
石鼓書院記成化九年太守徐孚重勒一面重刻張

子武侯祠堂記在石鼓書院湖南通志衡陽縣陶志
右石鼓書院記在衡陽湖南通志金石門未錄其
文未見墨拓也學校門附載之而字句微異當以
碑爲正碑所缺泐仍据以補注之按玉海衡州石
鼓山有書院唐元和中州人李寬所爲云云即此
碑之文也惟原石已毀明代重刋耳碑云故有書
院起唐元和間州人李寬之所爲一統志云石鼓
書院舊爲尋眞觀李寬讀書其中刺史呂温嘗訪
之有過尋眞觀訪李秀才書院詩按呂集詩題作
李寬中碑後徐孚跋亦作李寬中或謂李景儉字

寬中登進士第元和間與呂温同貶湖南刺衡州
温所贈詩者非即衡陽之李寬然呂集明稱秀才
詩云願君此地攻文字如鍊仙家九轉丹則未第
進士非爲刺史可知呂集又有道州春日感興與
李景儉聯句詩稱景儉不稱寬中然則呂集作寬
中者後人以温與景儉交好誤以爲景儉因增中
字而徐孚遂沿其誤耳碑又云至國初嘗賜敕額
衡嶽志云石鼓書院宋景祐二年集賢校理劉沆
請額賜名元黃淸老石鼓學田記云宋景祐丙子
始賜額丙子爲景祐三年與衡嶽志不合碑述潘

時興復書院宋若水踵成其事林栗蘇詡管鑑薛
伯宣皆佐其役湻熙十下磨泐一字通志引此文
作十二年据玉海乃十三年也又玉海嶽麓書院
條下云湻熙十五年帥臣潘時廣二齋益額十八
是湻熙十五年潘時尚未去湘迨宋若水替代之
又逾年而落成乃以書乞朱子爲之記計當在紹
熙初矣姑列於湻熙之末通志次於五年之前似
未深考潘時金華人提舉荆湖北路常平茶鹽事
改南路提點刑獄以除知廣州而去見朱子所撰
墓志通志引此記文云東陽潘侯時誤矣宋若水

成都人其墓志亦朱子所撰言其爲湖南提點刑獄時石鼓書院廢久前使者潘畤營之若水成其終爲增置弟子員以戴溪爲之師割田置書教養如法較此記爲詳林栗字黃中福清人宋史有傳載其知江州湖州夔州泉州明州及廣南西路轉運判官而不及知潭州漏也栗與朱子論西銘不合遂極力排擠之至謂亂人之首得罪名教甚矣雖助脩書院不足掩瑕焉蘇詡管鑑不見於通志職官管鑑括蒼人見前蒙岩題名又萬姓統譜云管鑑字明仲以父澤補官再調江西常平提幹官

至廣東提刑權知廣州兼經略安撫使又江西通志管鑑字明仲臨川人以父澤補官佐湖南帥劉珙平劇盜以功累遷至廣東提刑經略安撫使在湖南勸民濬陂池溉田萬六千頃蠲郴州和糴新石鼓書院在廣東減潮惠七郡丁租置廣安宅買田以給士大夫南遷不能還者所載較詳括蒼臨川不同疑江西志有誤至書院舊爲尋眞觀及至道三年邑人李士眞即合江亭故址重建見一統志碑記所未詳也

朱子書上蔡先生語錄

高六尺五寸廣三尺七分五行行十字字徑五寸許行書在衡州

脫去凡近以遊高明勿爲嬰兒之態而有大人之志勿爲終身之謀而有天下之慮勿求人知而求天知勿求同俗而求同理　晦翁二小字

此朱子手書也語既警醒可供鍼砭字復遒古如覩鼎彝紫陽曾講學石鼓固宜有之明嘉靖四明六峯李循義重刻學宮兵燹埋沒乾隆辛巳脩學掘地得之雖剝落數字而精彩瑩然羹牆如見予恐其久而湮也因覓舊本摹刻書院留贈後人置諸座右觸目驚心即以此爲入道之權輿也可峨峯拔識此在碑上方分書

此乾隆間郡守李拔重刊之本在衡州石鼓書院明刊當在府學宮未得拓本湖南通志列湻熙初年

朱子書牧愛堂三字

石高二尺五分廣四尺七寸四分三字字徑一尺七寸許正書款三字字徑二寸許行書在西安

牧愛堂　晦翁書

大明天順庚子予備員守西安因得文公朱先生大書牧愛堂三字今特模刻於石將以徧示有司揭扁於治事之堂同一軀勉以牧愛爲職且冀永先生之

筆法於不朽云蜀之青神余子俊書此刻在題款下方

案福建續志載明邵武守馮孜牧愛堂記云適江西憲副陳公惠予以文公所書牧愛堂三字予一見之如獲拱璧遂更名曰牧愛堂云云是江西亦有此刻也抑馮孜所見亦文公墨蹟耶

朱子書仙苑二字

高廣各四尺二字字徑一尺七寸許正書款三字字徑二寸許行書在晉江

仙苑　晦翁書

右在考亭書院石高四尺許字大如斗初漁人得之於薛板渡潭中康熙間葺置今所福建續志

閩志謂在龍溪此本或係轉摹

聖傳頌詩

高九尺六寸廣一丈五尺廿八行行十八字後四行十七字字徑三寸餘正書在連州

皇宋　聖傳頌詩并序

父有天下而以傳之子蓋古今之至情志在斯民而不私其身實帝王之盛德相承一道惠顧萬邦恭惟今我

至尊壽皇聖帝與向我

光堯壽聖太上皇帝宅至尊之尊爲泉父之父燕父子君臣之歡如天地陰陽之行卷舒以時進退皆正以是

傳孫傳子使之宜君宜王雖居萬乘崇高之中常有

一人覆存其上如臨父母而作君師況

聖明天縱蚤已夙成道德日新克勤無逸是則天下豈有失事臣民孰不盡情一豪無差萬世永賴行之永永惠我元元傳家國以無窮與乾坤而永久生民未有億兆均懽敬拜頌詩仰昭

天德

聖明世世開皇極

父祖時時詔子孫雖處君師心益小如臨父母敬長

存無輕人事知民重常體天心見道尊共仰照臨如日月永無息壞侶乾坤有生悉在光明地何物能酬覆載

恩敬願

兩宮千萬壽

流傳億代福黎元庚戌紹熙元季春王正月十有五日庚午迪功郎連州陽山縣令主管勸農公事臣張本中

敬賦并書

其崖在縣之北相去三里大峰之巔東麓之趾絕高且大如屏如砥惟石旁擁翠巒環峙內則平阪石泉流水路僻雲深天藏地閟

聖德著臨光垂萬祀臣本中重識

右聖傳頌詩在陽山縣北賢令山背石厓棱明統志云石崖山在陽山縣東北三里上有石壁如板宋紹興初縣令張本忠刻祝頌文於其上蓋即此碑而誤紹熙爲紹興誤本中爲本忠并以詩爲文也詩云永無息壞侶乾坤息壞猶言隙壞消壞也或疑爲息壤之誤路史云息生之土長而不窮於詩意未協

吳下同年會詩

高四尺二寸廣二尺五寸五截第一截序下四截詩廿九行行十四字後跋三行行十七字俱正書在蘇州府學

進士科始於隋盛於唐　本朝因之借外者謂之同年衣冠之好由來尚矣唐人尤意期集燕設之名亡慮十數而曲江大會長安坊市爲半空天子至御樓以覩當此時通榜之士意氣相予甚厚否則有紫陌青雲之譏本朝略去浮侈但存聞喜一燕而爲之同年之制則加詳焉既朝謝揆日集貢院奉賜第鍱黃於香案列拜庭下禮畢更以齒班立四十以上東序西鄉未四十西序東鄉推年最長若最少者各一人升堂長者中立南鄉少者北鄉春官吏贊拜少者拜又贊荅拜長者洎兩序皆再拜謂之拜黃門敘同年所以明章風期惠篤事契委曲之意過唐遠矣士大夫甯得輕負此意邪然雲散異日相視如塗之人乎紹熙改元建安袁起巖張元善俱使浙西始以歲五日會同年之在吳下者於姑蘇之臺登臨勝絕傾倒情素獻酬樂甚賦詩相屬州里傳寫一夕殆徧好事者雜然高贊以爲伐木之詩也起巖謂僕嘗洿春闈使爲序引僕時位下渠足數獨以親見諸公貫名之起又嘉二使君能脩舊好略記圖司故實以代揚觶之詞庶凡號稱同年者聞風動懷增重名義或於雅道小有補焉非直爲一觴一詠設也二月望石湖范成大書

說友繆司□䉺□適遇

提舉郎中元善年兄持節倉事相與思念

同年之在吳門者凡數人解后相遇不有尊酒論文之集殆歟文也迺以紹熙改元之五日會于姑蘇臺春風初回晴日散媚山光水色入遊杯斝飲亡雜色而語有餘樂賓主勸詶晡迺徹席說友遂賦唐律一章稍紀其事抑以爲異日佳話云同集成仲鄭唐致遠胡國敏趙景安趙中玉趙從簡期不至者章仲濟周晞稷王文卿陳光宗

建安袁説友

同年幾合幾分違三十年間見日稀尊酒相逢今也幸

詩書論舊政爲依慈恩故事嗟回首吳地清談對落暉

平世功名在公等尙期努力佐

龍飛

體仁無似與

提刑郎中起巖年兄同州里弱冠同場屋已而塵

末第又幸同年仕路參辰蓋不相見者二十有七

年體仁濫司庾事而

起巖持節涖憲臺暇日從容語舊故慨然念人生

會合之難歷數

同年之在吳中者僅十數人因相與持杯酒叙平

生道契闊禮雖簡淡而意實有餘旣畢

起巖復以詩紀本末淸切婉麗嘆味不足輒次韻

拜呈伏乞

喬矚

浦城張體仁

秋鴻社燕巧相違從古交游會合稀海內弟兄今有幾

吳中賢士得相依已消桃李爭春意且向桑榆共夕暉

回首慈恩舊題處年華心事逐雲飛

欽亮謹次

嚴韻

胥臺成欽亮

鴈塔從游歎久違盍簪話舊一何稀鵷程暫駐皇華重

魚隊欣逢澡水依詩倡珠璣醉月峽酒行杯斝淥春暉

吳門盛事彰施了兩兩台星挾

詔飛

澥謹次

嚴韻

浦城章澥

咫尺

天顏秪暫違兩臺聯桂世誠稀共觀鵰鶚垂雲舉還幸

魚寒密藻依賦政將明仲山甫登樓吟詠謝元暉要津

自足丼英俊六鷁毋令恨退飛

子壽謹次

嚴韻

胥臺唐子壽

人生會少足睽違尊酒相從又復稀我歎散材誰見數

公持華節幸相依題名鴈塔思當日曳履龍門借夕暉

會見十行來日下禁塗高處看橫飛

藝謹次
嚴韻
胥臺王藝
瓊林春暖記分違叙好如公在昔稀魚腹一書勞遠寄
鵲枝三匝幸相依初避雖負兵厨約餘愛終分趙日暉
從此吳門書盛事即看
丹詔鳳銜飛
德明謹次
嚴韻
三山陳德明

舊交牢落寸心違門掩蒼苔省見稀幸遇星郎分剌舉
忝聯桂籍得歸依公方闊步鳴先路我獨冥行怨落暉
遥想登臺高會處應憐烏鵲正南飛
承勛謹次
嚴韻
桐川周承勛
青雲蹤陌不相違四海如公省見稀身在外臺嚴剌舉
詩來屬邑慰瞻依珠園授筆驅春雨澤國揚帆送夕暉
留落而今待公道敢言一斥羨羣飛
元功謹次

嚴韻
胥臺胡元功
佳辰勝集不相違慨念同年會遇稀獨有二天均覆蔭
歸來三徑幸棲依詩篇酒醆論時事山色湖光映夕暉
自愧衰遲與榮觀擬將委翅附高飛
彥衛謹次
嚴韻
浚儀趙彥衛
鴈塔尋盟信不違二星聯辟世間稀高情念舊何其厚
□客親仁得所依節操剛方范孟博□□醖藉謝元暉

沙堤已築催歸騎帷底朝來喜鵲飛
彥瓊謹次
嚴韻
浚儀趙彥瓊
引睇龍門念久違自題鴈塔會何稀奔馳蓮幙秪甘分
只赤星臺喜有依拱侍尊罍陪盛事仰瞻刑政煥清暉
我公自有回天力入佐
明君看一飛
彥真謹次
嚴韻

凌儀趙彥眞偶名彥詵
杏園名勝與春違落落晨星入望稀百里我方欣際遇
二天公正許馮依繡衣俱近雲霄路綺席聊分山水暉
已幸光華參末至鳳池行且看雙飛
兩使星會同年醻唱之盛士林歆艷而迺屬晉諸
石圭璋辟琮藉用廡幣本末弗稱愧濫於榮云歷
陽龔頤正謹題

右同年醻唱詩紹熙改元正月五日提點浙西刑獄建安袁說友起嚴提舉浙西常平茶鹽浦城張體仁元善會同年之在吳下者於姑蘇臺與集者胥臺成

欽亮仲鄰胥臺唐子壽致遠胥臺胡元功國敏浚儀趙彥衛景安浚儀趙彥瓔中玉浚儀趙彥眞從簡期而不至者浦城章㴩仲濟胥臺王藝文卿三山陳德明光宗桐川周承勛晞稷凡十二人各賦七言律詩一篇皆隆興元年不待問進士也於是石湖范成大爲之序郡人龔頤正書而刻之石范公以資政殿學士奉祠家居集中多與起巖唱和之作起巖以湻熙十六年七月到任是年三月除直祕閣知平江府故范公集中始稱提刑後稱知府也宋史詹體仁字元善建甯浦城人登隆興元年進士第光宗卽位提舉

浙西常平除戶部員外郎湖廣總領卽此碑之張體仁也史作詹而吳郡志及此碑俱作張未知其審據吳郡志章㴩爲吳人而此碑稱浦城蓋浦城之章居于吳者本有南北二族楶稱北章愔稱南章但未知㴩出何房耳碑載宋時進士登第既朝謝至敘同年云云宋史雖有拜黃甲之名而語焉不詳故表而出之潛研堂金石文跋尾續

右吳下同年會詩并序跋在蘇州府學錢先生題爲同年醻唱詩者據龔頤正跋語名之也邂逅作解后它處閒一見之咫尺作只赤頗標新異可供

詞賦家藻采之資謝元暉兩見避始祖諱故以元代也

紹興府脩學記

高七尺二寸廣三尺四寸廿行行卅九字字徑寸許正書隸額二行題紹興府脩學記六字在紹興

八卦有畫三墳有書經之原也典教有官養老有庠學之始也歷世雖遠未之或異不幸自周季以來世衰道微俗流而不返士散而無統亂於楊墨賊於申韓大壞於釋老爛漫橫流不可收拾始有重編絫簡樓邑昆侖象龍寓人飾黃金珂辟惟珍之物誘駭愚稚而六經藏微穹閣傑屋上摩霄漢斲璧縷丹窮極工技其費以億

万計而學校弗治自周衰至五代幾二千歲而後我
宋誕受天命崇經立學以爲治本
十二聖一心罔或怠忽然竊嘗考之方周盛時天子所
都既並建四代之學而又黨有庠遂有序畿內六鄉鄉
有黨百五十六遂遂有鄙如黨之數遂序黨庠蓋互見
之則是千里之內爲序十有二爲庠三百何其盛也今
畿內之郡皆僅有一學較於周不及百之二而又不治
則爲之牧守者得毋任是責耶會稽拱
行在所爲東諸侯之冠宜有以宣
聖化倡郡國而學亦未稱　　給事中栝蒼

王公信來爲是邦政成令行民物和樂臺榭弗崇陂池
弗廣而惟學校是先燕遊弗親廚傳弗飾而惟養士是
急下車未久奧殿完闕遂宇脩廊講說之堂絃誦之舍
已葺已增不日訖事以其饔飧未足也則爲之售常平
之田以其見聞未廣也則爲之求四方之書食有餘積
書罕未見然公猶以爲慊曰上丁之禮服器未復古也
又爲之新冕弁衣裳帶紳佩舄之屬自邦侯至諸生各
以其所宜服鼎俎尊彝豆籩簠簋之屬自始奠至受胙
各以其所宜用無一不如禮式公迺齋心脩容來宿亐
次質明陟降揖遜進退跪起俯首屏氣如懼弗克禮成

士僉曰公以躬行先我我雾于鄉弗篤於孝悌忠信出
而仕弗勉於廉清正直不獨不可見公仰天俯地其何
心見父兄長老其何辭教授陳君自強與諸生以其言
來告曰願有紀游老病不獲奉俎以從公後臺士之能
承公化也於是乎書紹熙二年九月癸酉中奉大夫提
舉建寧府武夷山冲佑觀陸游記朝請大夫主管建寧
府武夷山冲佑觀詹騤書并隸額
　　縉雲劉尹刊
按文放翁自敘有老病不獲奉俎以從公後語則其
時已家居本傳僅載紹熙元年遷禮部郎兼實錄檢

討官下云嘉泰二年以孝宗光宗兩朝實錄及三朝
史未就詔游權同修國史實錄院同修撰蓋自奉祠
致仕閱十二載而後應修史之召也傳於禮部郎以
後不書致仕及奉祠事是其闕畧杜春生案放翁初次致仕在慶元五
年是時雖奉祠實未嘗致仕也詹騤淳熙二年狀元林中子見府學
題名碑此系銜主管冲佑觀蓋避思陵諱嫌名改管
勾爲主管也職官志有建州武夷觀據此則又稱冲
佑矣兩浙金石志
教授陳自強即韓侂胄之師也史載自強慶元二年
入都不四年登政府其爲紹興教授不書詹騤字晉

鄕會稽人淳熙二年進士第一官至龍圖閣學士是碑撰書人皆鄕先生而字畫秀勁與放翁記足稱二美且無一殘蝕處可寶也越中金石記

阮氏錄此碑稚誤作椎原作源棲巳巨輪巳葺巳增三巳字並作以亦非建字初刻作是葢知其誤而改正者

張提刑德山詩碑

高八尺廣四尺四寸六分額五行行二字字長徑五寸八分篆書詩十行行十三字字徑五寸許正書在常德府

提刑判院張公惪山留題

閑來楚望看江山水闊分流又一灣古刹經行脩徑裏孤峯環遶翠筠間昔人舊塔今雖在道價高風不可攀因念叢林宛如舊當年有願幾時還周金剛會有願云塔高三寸再爲此來今果一寸餘矣若非願力安能及此

四望村深面面山臨流田舍滿江灣僧居樓閣翠微外人在煙波欵乃閒露重天寒何太早橙黃橘綠已堪攀風光無限吟難盡他日重來且暫還　紹熙壬子重陽日

家吾山廣文拓贈武陵德山紹興壬子詩碑額題提刑判院張公德山留題篆書五行下刻詩正書十行行十三字末書紹興壬子重陽日壬子乃紹興二年張公名碑不書攷元祐中有張綬提點刑湖南路刑獄見武岡州之爾巖詩豈此題紹興壬子爲立碑之歲月歟常德府廳志誤以此詩爲周必大作案葢公通判鼎州在孝宗朝時代亦不合古泉山館金石文編

紹熙湖南通志誤作紹興詩註內塔高三寸寸亦誤作尺通志光宗朝任提刑者有王謙姚恪馬大同三人無姓張者張演爲湖南路轉運使張抑爲湖北路轉運副使皆非提刑此提刑張公不知何人也詩首句云閑來楚望看江山楚望者亭名也

紹定間袁申儒記云郡有德山瞰江近城山陬有亭舊匾楚望載在圖志中更新名移楚望於舊亭之旁非矣未幾易名雲深而楚望之名遂泯非之甚矣据此詩知光宗年尙未移易楚望也詩註內有周金剛者案祖燈云宣鑑禪師周氏子常講金剛般若時號周金剛唐咸通中武陵太守再崇德山號古德禪院請鑑居之德山志云師示寂時有我七百年後鐘自鳴鼓自響塔長三寸我當再來之語卽詩註內所言也周金剛墓在德山覆以鐵塔德山卽善德山在府東十五里原名枉山唐書

地理志武陵有枉山水經注曰枉人山楚詞曰朝發枉渚在枉山之西也元和志隋開皇中樊子蓋以善卷嘗居此改名善德山又名柱山劉禹錫有謁柱山會禪師詩疑柱即枉字之譌又名善卷山又名德山均見常德府志周益公有梁山詩常德志武陵舊事均以此詩屬之益公殆因梁山而譌邪壬子爲紹熙三年

王楠龍門題字

高二尺四寸廣一尺四寸五分題榜三字字徑四五寸左右題款各一行字徑三寸許在巴縣龍門浩水中

古龍門

紹熙癸丑四月丁未巴□主□□王楠國材題

按四川通志塗山禹廟前江岸石上楷書龍門二字右石上行書龍門二字俱宋紹興中鐫是龍門先有兩題字而此刻不載搜未及耳繆筱山太史搜括西蜀石刻多三巴孴古志所未備此其一也

山河堰賦

高一尺三寸廣三尺八寸廿六行行十二字字徑八分分書在褒城

山河堰賦

山河堰蓋漢相國懿侯□□□所肇創皆高皇帝分上□□□愛百姓勵志兵食公用□乏乃續禹之績隨山濬川爲萬世利卒致儲偫豐牣軍須大備以能輔佐大業克成厥勳遷固作傳文實闕如而耆舊相傳圖經具載碑記可考斑斑不誣自漢迄今民賴其賜是堰也圍之以木聚之以石每歲孟陬鳩工取材以繕修之雖出於人爲補造化之闕然盛衰興廢物理之常以逸待勞有備無患紹熙四禩工役不虔夏潦暴漲六堰盡決田疇幾荒民用艱粟

常平使者□史右司□郡范公顧瞻吁嗟克廣德心捐錢千萬助民輸本

勸農使者運帥閤學侍郎廣漢章公實主盟之集材於

癸丑之冬明年春大役工徒日以萬計畚鍤運斤如列行陣進退作止枹鼓相應皆有準繩桁樑栿楅數千萬軍作於仲春之乙未告成於三月之甲子南鄭令臨淄晏袤實司是職竊以

二公心乎愛民先事備具此所謂先天下而憂其憂後天下而樂其樂者也其用大矣請紀成績而爲之賦云

閱漢中之形勝兮實古梁之奧區控斜谷之衝要兮□褒中而與俱山連大散兮勢若奔萬馬江從太白兮濫

觴而紆徐不捨晝夜兮盈科而後進鏜鞳澎湃後缺

右山河堰賦在褒城碑不知幾石僅得其一就所見錄之關中金石志未載文云范公者中蓺也廣漢章公者森也見山河堰落成記而陝西通志職官內俱不載其名落成記作於紹熙五年此刻蓋在同時文云晏袤實司是職此賦當即出袤手袤工八分當亦袤所書也案蜀都賦注云褒中縣南口斜谷水源在北南流經褒中故北口曰斜南口曰褒長四百七十里賦故云控斜谷之衝要兮□褒中而與俱也輿地紀勝云山河水卽褒水出太白山水經注云武功縣太一山亦曰太白山隋書地理志云郿縣有太白山三才圖會載有大白池二太白池三太白池史記河渠書云斜水通渭岐山縣志云斜谷河一名桃川自褒城界流入又東北至郿縣入渭又云桃川出大山中流爲斜谷水逕太白峽斜谷關北流入渭賦故云江從太白兮濫觴而紆徐也惟大莪山之名不見於陝西通志竢再考

八瓊室金石補正卷一百十六終

八瓊室金石補正卷一百十七

太倉陸增祥撰　男　繼煇校錄

吳興劉承幹覆校

宋三十六

鶴鶴峯題名記

高二尺二寸廣三尺一寸記八行行十三字題名七行十八人字徑一寸五分正書在道州

□□□□□□□□道壬辰省簽幕始置今曹□□□

□□□□□□□□□□□□□□□□□□□□□□□□

□□□□□□□□□□廣□□弗翳翳且磨亭側鶴

鶴峯之麓以紀歷官者名氏後來繼今以書雖閱千百

石崖其有旣哉慶元乙卯九月丁亥濟南王域題

趙不柔　林可行　晁公億

秦欽敗　張　球　王　杞

趙彥瑄紹熙二年五月到　王　域紹熙五年十一月到

趙希聲　林冠英　劉　澤此行三人皆無年月接刻前行之左如式錄之

王　默嘉定三年四月到　王正大此刻在林冠英之左低二格

應夢武嘉定□年四月到任此刻在趙不柔之右

張洙嘉定四□此刻在林可行之右低一格四字以下爲張凱題名所掩

張凱寶慶二年十二月初十日到任此刻在晁公億之右低一格

莊元戌 端平二年六月到 此刻在王正大之左

陳白孫 景定四年二月二十二日到 此刻在林可行張球兩人之中間

右駕鶴峯題名記在道州斌山斌山在州治北駕鶴峯在山之巔其下有池曰龍泖有井曰丹井相傳江夏馮京隨父任道州武職讀書其中人呼爲馮家斌山云記文前四行漫滅僅辨數字餘尚可讀王域以上八人爲當時所題趙希聲以下十人雖不盡記年月要皆後來續題者按其款式可知也湖南通志失載府志載此分列爲九種一云道州駕鶴峯殘題名一云王域駕鶴峯題名校首一行字蹟與王域所題無二大小格式亦無參差其爲一刻無疑宗氏分系之殊非道上當是乾字至道明道均不值壬辰也一云趙彥瑄等題名列趙彥瑄王域二人係紹熙三年一云姜楷題名列姜□晁公億二人係嘉定三年一云王杞題名係嘉定四年一云應夢武等題名列應夢武張洙二人係嘉定十年一云張凱題名係嘉定末一云王默題名列王默趙希聲二人係紹定二年一云駕鶴峯殘題名列趙不柔秦欽敷林可行張球陳白孫林冠英王正大莊元成劉□九人讀碑未得其法遂致錯亂無章所載□及公億下之□定三□王杞下之□□四年□□□趙希聲下之□定□□皆石本所無以意增入其餘譌誤闕漏亦復不一而足至以趙彥瑄疑宋史趙彥宣誤少偏旁以姜□謂即守道州之姜楷以王杞疑州志徐杞誤王爲徐更屬妄斷修志乘者當引以爲前車爲其於張凱題名下未審出寶慶二年等字或係拓本不顯誤審作嘉乃以州志嘉祐年之張凱爲一人因疑嘉祐爲嘉定之誤其足信邪且前既以爲丞佐幙寮之類而一指爲姜楷一指爲嘉祐年之張凱俱係知道州者不又自相矛盾乎審若是則劉澤下隱隱似有開字亦將以州志開寶年知道州之劉澤爲一人并謂開寶爲開禧之誤乎王默見陽華岩毛方平詩序三山人字聲父嘉定五年以郡掾攝江華令莊元戌有寒亭題詩自署淸源刻於嘉熙二年即此人也餘再攷

元巖題刻二段 在臨桂

陳正仲等題名 高一尺六寸廣一尺一寸三行行六字字徑二寸許行書

陳正仲銓訖之官王景醇林亨仲飲餞于此 乙卯中冬

陳正仲名讜王景醇名宗孟林亨仲名子家俱見

金石補正卷一百十七 三 吳興劉氏希古樓刊

彈子岩題名乙卯爲慶元元年彼題云自三城辟守裹澤此云詮訖之官即是也廣西通志引宋詩紀事云藻字仲甫莆田人隆興元年進士累官兵部侍郎乞祠外以集英殿修撰知常國府再乞致仕封清源郡侯又引四朝聞見錄莆陽陳讜文人也刻金字於靈壁石以壽侂胄至稱曰我王韓敗爲言者所彈又謂石刻正仲書史會要亦作正仲宋詩紀事云仲甫誤會要又謂與張即之同時並以書名

王岳等題名 高二尺廣一尺三寸五分五行行十字九字字徑一寸五分行書

慶元丁巳立秋後三日同幕集觴于此豫章王岳次山溫陵趙庚叔初長沙陳堯仁壽卿長樂陳舜申宋謨臨川楊汝明仲藻

彈子岩題名趙庚署稱泉山與此不同

渠渡廟賜靈濟額牒

兩石各高一尺五寸廣二尺六寸餘牒十二行行字不一字徑四分正書前後共十行字徑一寸四分至三寸不等行書篆額高八寸廣一尺七分三行行二字徑二寸五分題敕賜靈濟廟額六字在武岡渠渡廟

尙書省牒 行書

禮部狀據太常寺申准尙書省劄子勘會諸路州軍保奏到靈應神祠加封有司拘以小節未圓行下取會遷延歲月有失褒崇之意五月九日三省同奉

聖旨令禮部太常寺日下檢照已保奏到去處疾速擬申施行今檢准建炎三年正月六日勑節文神祠遇有靈應即先賜額次封侯每加二字至八字止次封公每加二字至八字止次封王每加二字至八字止神仙即初封眞人每加二字至八字止婦人之神即初封夫人二字至八字止并本寺條節文道釋有靈應合加號者並加大師先二字每加二字本寺人續檢照下項神祠欲從前項已降指揮擬封施行伏

乞省部備申朝廷指揮施行申部數內武岡軍保奏到武岡軍渠渡廟乞賜廟額依上件

指揮合先擬賜廟額合行降勑本部所據太常寺擬申到在前伏乞

朝廷指揮施行伏候

指揮

牒奉

勑宜賜靈濟廟爲額牒 以上弟一石 至準

勑 故牒

慶元二年六月 下泐

叅知政事何押

叅知政事謝押

右丞相以上弟二石

在武岡西二十里玉屏山宋慶元二年賜靈濟廟額

見淯祐十一年葉夢鼎渠渡廟記寶慶府郡志

右渠渡廟賜靈濟額牒湖南通志失載寶慶志亦未錄全文翟斗南大令拓得見眎錄之案府志禮書載葉夢鼎詩文云渠渡廟在都梁北二十里土神也舊在天尊嶺祠祭者憚登陟父老有默禱願徙平地者旣而風雨夜作詰朝神移於嶺址嗣是旱潦禱卽應宋慶元二年六月賜靈濟廟額卽此碑也記又云嘉泰二年六月封廣惠侯淯祐十一年二月封崇福公鄉之父老曰寶祐甲寅黃山庵員入自南嶽來詣祠曰此漢第三代天師也徵易六十四籤以闡神靈景定癸亥歲旱郡守趙希遇遣武岡縣令林昂孫舁神至郡城雨乃隨至景定甲子四月郡守姚巖下車初夢有渠秀才者來謁次日吏告謁神祠姚曰疇昔夢渠秀才者此也据此則葉夢鼎碑記立於景定五年通志据寶慶郡志錄入云景定甲子四月鄧氏記其立碑年月亦

同而此處跋云淯祐十一年前後兩歧所宜改正者也鄧氏又云渠渡廟有宋敕書碑凡三道一爲淯祐十一年二月廟神由廣惠顯應宣靈孚祐封崇福公敕一爲景定四年四月增封爲崇福昭貺益靈公敕今余所得拓本一卽此碑一爲淯祐十一年封崇福公敕一爲咸淯五年封益靈公敕而景祐一道僅見年月一行卽在咸淯敕之前當是拓者遺之抑石已斷缺鄧氏或未細審邪鄧氏又別載有嘉泰牒碑今亦未見淯祐咸淯兩牒仍按年月分系而統識於此

程九萬詩并記

高二尺二寸廣一尺七寸十二行行十五十六字字徑寸正書在襄陽

□□山舊有陽廣洞壼天閟戎帥新加葺修復搜抉兩旁之秀爲棲霞爲嘯月爲琴几棊臺盡發兹山之秘旣成約漕及余来觀相與歎賞久之獨恨未能引泉耳戎帥欲余着語因成五十六字附行記□題崖壁帥守沚陽程九萬鵬飛書漕楫鄉朱致知仲格戎帥河陽趙淯清老云時慶元丁巳端午日其詩曰蒼巖絕頂俯晴川佳處潛開小洞天琴几棊臺誰是伴霞棲月嘯恍如仙□山□□□多石□□□□引泉獨取懸崖□□□

□□巳自□燕然

此即湖北通志所載峴石寺摩厓也

南海英護廟額牒

高四尺六寸廣二尺七寸狀十二行行八十五字至九十不等字徑五分正書前後六行大小行字不一在南海

尚書省牒　　刻字劉信道

禮部狀准都省批送下中奉大夫充祕閣修撰知廣州主管廣南東路經略安撫司公事錢之望狀奏竊見

南海洪聖廣利昭順威顯王廟食廣州大庇茲土有

禱必應如響斯答臣領事之始大奚小醜阻兵陸梁既迫逐延祥官兵怙衆索戰復焚蕩本山室廬出海行劫臣即爲文以告于神願借檣風助順討逆獻俘祠下明正典刑毋使竄逸以稽天誅然後分遣摧鋒水軍前去會合神誘其衷既出佛堂門外洋復回舟送死直欲趨州城拾月貳拾叁日至東南道扶胥口東廟前海中肆拾餘艘銜尾而進與官兵遇軍士爭先奮擊呼王之號以乞靈戰鬬數合因風縱火遂焚其舟潮汛陡落徐紹夔所乘大船膠于沙磧之上首被擒獲餘悉奔潰暨諸軍深入大洋招捕餘黨如東

薑段門諸山素號險惡或遇颶風威發不容艤舟人皆危之既至其處波伏不興及巳羅致首惡則長風送颿巨浪如屋武夫奮棹且喜且愕益仰王之威靈凡臣所禱無一不酬將士聞爲臣言此非人之力也凱旋之日闔境士民以手加額歸功于王乞申加廟號合辭以請臣參訂輿言具有其實除巳先出犒錢千緡崇飾廟貌外用敢冒昧

上聞臣考之圖經惟王有功於民者自古昔載在祀典神次最貴唐天寶十載始封爲廣利王

國朝康定貳年增號洪聖皇祐伍年以陰擊儂賊詔

錫昭順紹興柒年復加威顯所以致崇極于神者其來尚矣旌應表異正在今日欲望

睿慈特降指揮申命攸司討論典禮優加命數昭示褒寵以答神休以從民欲伏候

勑旨後批送部勘當申尚書省尋行下太常寺勘當去後據申照得上件神祠係是五嶽四海四瀆之神兼上件靈應並是助國護民蕩除兇寇比尋常神祠靈應不同所有陳乞廟額本部尋再行下太常寺擬封去後據申今將南海洪聖廣利昭順威靈王廟合擬賜廟額降勑伏乞省部備申朝廷取

旨施行伏候

指揮

牒奉

勑宜賜英護廟爲額牒至準

勑故牒

慶元四年五月　日牒

叅知政事何　押　叅知政事謝　押　右丞相

押

宋史甯宗紀慶元三年夏廣東提舉茶鹽徐安國遣人捕私鹽於大奚山島民遂作亂秋八月辛卯知廣州錢之望遣兵入大奚山盡殺島民與碑稱拾月貳拾叄日不同蓋碑記戰勝之時史據遣兵之日但遣兵與戰勝自是兩時史臣敘事欲簡而無法遂致紀載失實爾碑稱紹興七年復加威顯慶元四年始賜英護廟額皆史禮志所未詳並當据補之碑末署銜參知政事何者名澹參知政事謝者名深甫右丞相者京鏜具見甯宗紀右丞相不著姓者宋舊制丞相署敕著姓僕射去姓元豐新制以僕射爲相故皆不著姓見老學菴筆記廣東通志金石畧興官兵過興蓋與之誤

銅山令王某題款

高四尺二寸廣一尺二行行十四字字徑二寸許正書篆文及前款失拓在中江

慶元五年正月八日從政郎潼川府銅山縣令主管勸農公事王□□建

右刻在中江縣南一百二十里銅山廢縣按元和郡縣志銅山東北至梓州一百二十里本漢郪縣地有銅山貞觀二十三年置監上元三年廢調露元年置縣舊唐書地理志分郪飛烏二縣地置元至元二十年省入中江三巴𦾔古志此刻前有書人章某結銜二行并銅山縣三大篆拓者遺之

趙滀野祭題名

高二尺一寸廣一尺一寸五分六行行九字字徑一寸五分許行書在襄陽

慶元己未寒食日率兵將官以下徧祭戰歿將士于巖亭之野酹酒焚幣成禮而去清明日復携家來此遥睇松楸用修時祀河陽趙滀題

右趙滀野祭題名在襄陽縣南三里山麓滀字清老望楚山洪山均有其題名又嘗撰隍城義冢記碑今所得止此

袭大雅義井題記

高一尺二寸五分八面面廣九寸三分四面各一字字徑六寸弟五面一行十字字徑一寸五分弟六面記八行行十六十七字字徑六分夫行九字字徑寸許弟七面九行弟八面十行行字不等字徑五六分均正書在嘉定南翔鎮

義井溥施

南無五千四十八卷大藏

大雅伏念邱墓摧頹長途□邇觀往來之甚泉思渴乏以何多不拘士庶工商誰辨賢愚貴賤或逢炎暑或遇晨昏非穿鑿於高原渴至□於□困未効韋馱之行肰豈圖雍□之報儀聊□誠心甃爲義井報祖宗之艱業俾後裔之榮昌飲此泉人俱沾利澤

太歲庚申季冬丙申日龔□□書平江府吳縣

元山石匠朱守甯開

南無大方廣佛華嚴經

上泐不能定其幾字弟弌瀝上泐弟□母□□氏二娘□婦何□三□□孫男七人等□□□□□義井一所石衣万□就先祖墳所□□□□□西南□仁坊□□□北止大塘中有□□□□□□□□□以濟往來一□□□□□□□□□□□□者具列于左□□□□承事泐約六字氏夫人□□□□承事泐約四字祖母□氏夫人太□翁六八承事太叔婆曹氏亡□泐約四字叔婆馬氏伯翁三二承事伯

婆段氏亡翁三□承事婆陸氏十四娘子□翁□□承事叔婆陳氏亡叔翁四六郎叔翁四七郎叔翁五十郎叔翁□郎亡叔婆徐氏□叔婆滕氏弟五行全泐外翁□□承事亡外婆□氏□□□□□亡丈母馬氏弟七行全泐□□亡叔亡□等上及高高□祖下及□嗣宗□合□□同生淨界者

庚申慶元六年十二月　日弟子龔大雅謹題

右龔大雅義井題記吾邑南翔寺九品觀後廢圃中有八角井周遭皆刻字大小不等驗其文乃宋慶元庚申歲沙堽里人龔大雅甃井題記此井在龔氏祖

墳之旁具列高曾祖翁婆及伯翁叔翁伯婆叔婆亡男亡弟媳婦外翁外婆丈人丈母諸名氏以資冥福其墳今不知所在潛研堂金石文跋尾續

龔大雅義井題記正書井凡八面半刻義井溥施四大字字徑六七寸一面居中刻南無五千四十八卷大藏十字字徑寸餘一面記文六行行十八九字不等徑五六分文云大雅伏念諱聖墓闕二字長途闕邈觀往來之甚泉闕渴乏以何堪不拘士庶工商誰識賢愚貴賤或逢炎暑或遇晨昏非穿鑿於高原曷闕二字於闕困未効韋闕之闕肰字闕二雍闕之報義聊闕

誠心甃爲義井報祖宗之艱業碑後裔之榮昌飲此泉人俱沾利澤又二行低三字題太歲庚申季冬丙申日龔字闕二書平江府吳縣元山石匠朱守（宣宗廟諱）閒末行題南無大方廣佛華嚴經九字較大七八兩面一九行一十行大小與記同惟漫漶不盡識祗存就先祖墳所字北至大塘中字具列于左字及母（闕）氏夫人承事太叔婆曹氏叔婆馬氏承事婆陸氏十四娘子承事叔婆陳氏亡叔翁四六郎叔翁四七叔翁五十郎叔婆徐氏滕氏母馬氏同生淨界者等字末題宋慶元六年十二月日弟子龔大雅一行尚

可辨蓋甃井祖墳之旁以資冥福墳今不知所在井在嘉定南翔寺九品觀後廢圃中錢氏跋尾載之（吳郡金石錄）辛未九月從張東墅前輩（脩府）索得此本詳加審核知程稚蘅吳郡金石錄所載不無訛謬且未審出者尚多恨不得起稚蘅於九原而互相訂正也至錢先生所謂沙堽里人及高曾祖亡男亡弟媳婦丈人諸字均已曼滅無存矣文有云石衣万□者即馬行□井闌記所稱井衣也北至作止與歸田興學記碑陰四止字同稚蘅錄作至審未細也

承事者八品文官階也

桃花洞題刻三段（在邵陽縣南七里）

郡守趙善恭等劭農題名（高四尺五寸廣三尺一寸七行行十五字字徑三寸）

分書

嘉泰元年春二月望日郡守趙善恭季温別駕鄒非熊宗望帥邑令陳敏學爻之同出郊劭農禮成游□弁巖洞戸深杳秉燭行數十步或促聞兩崖間泉響琴筑聲忽巖端豁如半月石（楞）薇其旁日光下澈眞神僊窟宅也裴回酌泉廋神寒骨不可以留遂識石壁而還　李□刋（三小字亦分書）

案舊志趙善恭字貫均侁與鄒非熊同列於孝宗朝胡華公前今以是刻考之嘉泰元年爲辛酉甯宗再改元之歲上距乾道九年相去二十八年之久方志紀載顚倒錯亂往往如此陳敏學亦不見表安得此等左證爲補正之邪此金石文字之可貴者也（寶慶府鄧顯鶴志）

府志錄此文季温作季德同作閒劭作勸游□弁巖作游□□重巖以作久均誤而石有缺泐則賴志載補注之趙善恭字作肅邵武人乾道八年黃定榜進士歷知潯邵二州入爲大理司直遷寺丞

倉部郎中右司郎中徐直煥章閣知靜江府經畧
廣西改知潭州安撫湖南移江陵府拜司農少卿
總領湖南錢糧兼知鄂州權宣撫司事加司農卿
通志於孝宗朝載其爲安撫而不及知邵州鄒非
熊宜黃人淳熙十一年衞涇榜進士令曲江平反
死四十有二人邑人刻石頌之通判邵州陳三事
歘奏詳明後除廣東提刑未上而卒所箸有竹巖
集通志於高宗朝載其令宜章而不及邵州通判
皆宜更正焉又文云游□弇巖巖名不見於志惜
已泐一字矣

古雲根三字 拓本每字一紙高廣不計字徑一尺二寸旁款字徑一寸七分均正書

古雲根

景定甲子上巳日郡下泐在雲根二字之右左旁曼威

石在桃花洞後巍然一石中題古雲根三大字旁攜
寶峯亭 一統志
桃花洞頂上有石孤植大數圍就之其根瘦削僅盈
握宋景定間郡守篆古雲根三字左鐫景定甲子上
巳石鐫郡守中吳等字其名磨滅不可讀 寶慶府舊志
此古雲根三字旁題景定甲子上巳郡守中吳等字
而鈌其名据志謂桃花洞又有桃洞流香洞陽仙境
等字俱郡守廉凳題而云嘉定中子既据姑蘇志辨
正廉凳爲廉犇之譌并疑嘉定當是景定苦無確證
今此刻云景定又云中吳必是犇同時所題而前之
誤廉犇爲廉凳景定爲嘉定更無可疑矣甲子乃景
定五年姑蘇志廉犇傳末但云改安慶府景定初疏
上法堯舜十二事及在官四年境有嘉穀之瑞民爲
立生祠而不及守寶慶事漏也据此可以補之 古泉山館金石文編
古雲根正書三字府志以爲篆文者誤至所謂郡
守中吳者惟郡字尚可尋蹤無論廉犇字矣

桃洞流香四字 高一尺四寸廣三尺八寸七分橫列四字字徑八寸許款字徑一寸五分俱行書

桃洞流香　禮菴

桃花洞有景定中郡守廉凳洞陽仙境並古篆桃洞
流香四字 寶慶府鄭志
凳字俗書以爲木器桌凳字於字書無攷此近代市
井間所用不經之字也予謂廉凳恐是廉犇之誤廉
犇係我吳人王鏊姑蘇志有傳云廉氏在宋時爲吳
中大姓其先本朐山人建炎中始徙吳犇祖名師旦
紹興中進士歷官顯謨閣學士父溧亦登慶元元年

進士仕至祕閣修撰𤼲字伯升以師旦郊恩補將仕郎端平初出監無爲軍襄安鎭嘉熙二年射策登進士第差行在豐儲西倉譏察官淳祐初北兵至通州𤼲條陳五事知長興縣改來安縣充淮西安撫機宜轉朝奉大夫差知廉州未行改安慶府又改無爲軍開慶初除將作監丞沿江宣撫司參議官差知處州改安慶府景定初疏法堯舜十二事詔奬納之在官四年境有嘉穀之瑞民爲立生祠轉朝議大夫封吳縣開國男卒年七十七据此知𤼲於端平初始出仕安得先於嘉定中守邵州嘉定當是景定之誤今改

正寶慶府志既於桃花洞下云嘉定中郡守糜𤼲又於職官列糜𤼲於靖康間姓氏已彼此繆異時代又復前後矛盾且不攷其籍貫歷官皆作志者之疏也𤼲即登字說文作𤼷云籒文登玉篇云𤼲古文登古泉山館金石文編

右桃洞流香四行書款題禮菴二字無年月姓氏書體與府志所述絕不相符豈禮菴即𤼲之自號志誤以爲古篆邪疑此爲後人重書而宋時原刻已不復存矣姑錄之

一統志云桃花洞在縣南七里官道左洞扉高丈餘石室宏敞頂有一竇通明洞前多桃樹花落水中從山後小谿中流出明謝省桃花洞記云洞距城南七里許石門谽岈路險且幽窈須火以行入可數十丈倍門之廣而高加廣三之二上有一穴俗呼天窗明見須眉崖間有昔人篆刻細辨其點畫皆可成誦此題云洞戶深杳秉燭行數十步武又云忽巖端豁如半月石楞礙其旁日光下澈其情狀正相脗合至所謂昔人篆刻者今不復見矣壬申十月諸碧泉柏攝邵陽令拓得寄贈

柳巖題刻三段在零陵

王淮記高九寸五分廣二尺九寸五分標題三字字徑九分篆書記卅四行行十字字徑六分許行書

柳巖記篆書

零陵人世傳有巖在愚溪之右柳司馬嘗游焉既而失厥所在三四百年間守令屢偏索不獲郡人常以爲恨予來爲邑乃得此巖谷中荆榛篠簜楚茨葛□綢繆錯雜蒙蘢其上郎□翦伐芟夷烈火而焚之谷崖始奕然而出崢嶸觚拔委曲延袤如張屏鄣巖扃豁然於中巖之內爽塏寬潔可游可宴其奧窈窕巖之外竅穴如皇如口如牖如戶透邃貫通不可悉數觀者無不駭愕歎

息皆曰此巖寥迯愚溪寥〻數百年莫有知者今一旦
軒豁呈露豈非地靈固祕有所待而後出邪予以爲柳
司馬紀永之山水最詳遠至於黃溪近至於石渠皆爲
之記茲巖近且顯儻嘗游焉甯無一語及之若以爲傳
之者妄今乃果有是巖此殆不可曉也然既嘗傳其名
固當藉柳以爲重柳在零陵鬱堙久矣巖昔似之茲乃
得披蒙昧而覩□日予誠有力焉柳游西山然後知向
之未始游〻於是乎始予於此亦云助予訪古尋勝者
邑士潘立國立基嘉泰元年四月朔夷門王淮伯清記

右行書三十四行用筆絕似蘭亭序巖石皆黑而此

石獨白質細潤惜爲乞人熏爍非復本色矣丁亥伏
日余始游斯巖爲廓清其地掃除亂石洗滌塵涴伯
清之迹於是始彰永州府志 留雲盦金石審

右王淮柳巖記在零陵縣湖南通志所未載永州
府志載此刻闕助予二字及夷門夷字並誤如牖
之牖爲窗據石補正之石所闕泐仍據永志補入
永志所載末有黃才雲刻四字則未之見也後刻
王國道等題名此四字不知處所攷通志引一統
志云柳巖在縣西南又引方輿勝覽云巖在瀟水
西五里永州志云縣西南愚溪之右有柳巖距今
柳祠西里許方輿勝覽謂在瀟西五里誤也巖在
黃茅白葦之間突出怪怒中可容數十人宋史有
王淮傳字季海金華人孝宗時相卒於淳熙十六
年此刻在其歿後十三年籍貫官位均不符合蓋
別一人宋史又有王河之弟亦名淮濟州人任殿
中丞讁定遠主簿亦非此題記之王淮也記文云
予來爲邑是零陵縣令也與朝陽巖題名合文又
有遠至於黃溪云云案柳柳州黃溪記云北至於
浯溪西至於湘之源南至於瀧泉東至於黃溪東
屯其間名山水而村者以百數黃溪最善黃溪距

州治七十里又有黃溪聞猿詩

王楮題字橫列二字字徑五寸八分後款二行行三字字徑八分俱篆書

柳巖

伯清令男楮書

右刻在柳文惠祠後里許平地石巖上巖石久爲石
工所侵削已失眞面巖口惟存王伯清一記伯清以
前題刻久失之矣永州府志 留雲盦金石審

永州府志楮誤作稭此刻無年月王淮題其子楮
篆書當與記文同時上石即附於後

王國道等題名三行行七字字徑八分正書左行

郤壓王囙道同□隱盧鄰来游戊戌三月廿六日

右刻正書三行在王伯清記後前濟山嵒作聖鄰而此用一字作盧鄰豈又一人邪抑可畢舉一字邪永州府志　留雲龕金石審

右題名刻王淮記後

楊輔等□楚巖題記

高一尺四寸廣一尺一寸七行行十一二字不等字徑寸許行書在襄陽

嘉泰二年重陽日郡太守楊輔嗣勳轉運使蒲叔獻勉
道都統制毛致通亮之曉登漢皋□楚巖晚飲洞前東
望鹿門西俯紫蓋諸峯漢水繞出其左右撫昔人之遺
跡知茲游之爲勝絶也

右楊輔等題記在襄陽南三里山之王蟒洞未見著錄楊輔史有傳字嗣勳遂甯人乾道二年進士甲科官至建康府兼江淮制置使謚莊惠史言以顯謨閣待制知江陵府移襄陽而不詳何年嗣勳嘉泰元年上泉寺題名云余守江陵之四年徙襄陽是其知江陵在慶元四年徙襄陽在嘉泰元年也蒲叔獻南部人舉進士爲成都漕百姓歌曰運使姓蒲民力可蘇召爲宗正卿韓侂胄用事遂請去時論偉之見萬姓統譜侂胄用事在開禧間其

爲湖北轉運使當在成都之前

崇德廟財帛庫記

高二尺七寸七分廣四尺八分廿五行行廿二字正書雜行筆在綿州

崇德廟財帛庫 此刻在庫門外高六寸廣一尺四分三行行二字字徑二寸六七分

神君收錢財庫 此亦在庫門外高六寸三分廣一尺一寸三分三行行二字字徑二寸八九分

皇宋綿南東川潼川府路合州石照縣水南祝壽鄉安
仁里人事寄居利州城西河下住
奉神弟子謝忠信同室秦氏同　□□謝延堅同新婦
龐氏一家等謹發誠心命工於
神君　殿前用石鐫造化錢樓一所□□□□奉下空
神明仰荅恩佑以祈保護人眷平安所求如意者嘉泰
二年季冬二十日奉神弟子謝　書記
嘗謂天下之事惡夫物之所歸也久矣物之無歸則寘
漠而失其所從飄泊而昧其所止是猶魚之失水犬之
喪家良可嘆也是故物貴其有所歸耳今夫所爲海者
百川之所歸也庫者金玉之所歸百川沸騰非海則失
其容金玉滿堂非庫則失其藏凡所謂百川與金玉者
是必待乎海之與庫而後容之藏之也知乎此則知所
爲爐之義矣
合陽謝公嘗宛然其眞湛然其性待人有禮行事有法

其於物之所歸盖深有以知之也先於曩時毅然發心
□□
崇德廟鐫造化錢樓一所今告成於紹熙年間發心□
□成載內酬願嗚呼海者百川之所歸也庫者金玉之
□□也樓者錢湊之所歸也且百川之歸海金玉之歸
□□□免乎有大数存焉又人皆可得而知之乎然曷
若□□□歸爐與神黙於杳冥之中而納之無禁用之
不□□□然師溥叢林晚生因觀謝公之行事可以紀
□□□□□□識之庶傳於悠久云　時嘉泰壬戌月建

潼川府武江浄住庵傳教師溥謹跋
創議修造掌廟王光宗　同管幹掌廟張汝□　弟張汝
霖　闕下
遂甯府蘇紹原刻石　李言之書

右碑左下方鈌一角謝忠信建造財帛庫而作是記師溥跋後李言之書崇德廟所祀何神可無深考其人其事其文均無足取書倘可觀錄之記文惡夫物之所歸也久矣句有脫誤非脫一無字卽所爲無之誤

妙濟眞人敕

高二尺六寸廣二尺八寸十一行行六字至十字不等字徑八分許行書額題開禧制誥四字正書在中江西棲妙山

勑潼川府中江縣棲妙山集虛觀道士田太神勝地靈
湫神物所宅活枯起槁陰有相之疇其及物之功錫以
仙眞之號益思惠利對我寵光可特封妙濟眞人
奉
勑如右牒到奉行
嘉泰四年八月二十二日

潼川府脩廟學碑

高六尺廣三尺十六行行卅五字字徑寸餘正書篆額失拓在三臺

潼川文物冠冕東蜀遠者弗及論自慶厤間釐徙今學
歷年引久育材輩與其上德成行尊光明碩大爲一世
儀表其次種學藝文發爲華藻追配古作又其次取巍
科登顯仕以自見於當世前後相望未易悉數夷考其
人其有不由學校而出者乎其有不由升堂講習以至
於有成者乎建堂而榜以立教誠學校之本而人材所
由以成其規摹建置雄傑壯麗以崇風化宜也而舊址
湫隘榱題蠹腐居其下有壓之憂在事者或欲修建
而力不暇或已規畫而旋復解組嘉泰甲子春　太
守吳公謂

先聖先師廾堂慨然實議更新之因故基增築尺有半工徒雲集材葦川至經始於季夏落成於季秋而民不知學廪不與焉輪奐飛揚崇大嚴肅於節鎮實爲宜稱載甫猥領教事始至適見興作私竊有感也夫善各有似善與似相去不能以寸充而行之有胡越之遠孔子之六言天下之大善也流而爲蔽則爲大不善六言六蔽惟其似而已矣有志於善得其似而固執之自以爲是而其術乃至於誤天下後世夫豈無學不講故也聖人之門必以講習爲急蓋本於此　公之設堂以待學者其用意豈淺淺哉　公　信王子也忠義

名節世其家臨政率以教化爲本既成此堂倘念齋宇隳圮廊廡頹毀復斥錢刀廩粟併舉而剏建之工役方興皆所當書載甫敬紀斯堂重建之歲月其如全功尚當繼書嘉泰四年十一月旦日迪功郎宜差充潼川府府學教授馬載甫撰并書迪功郎前潼川府郪縣尉袁柏篆蓋學正閻懿文學錄楊焯甫直學唐時胥正已立石

寶方山金剛經偈

八行行五字字徑一尺一寸題款兩行行十九字字徑三寸有餘俱分書在武岡摩厓

開禧三年丁卯歲長至日都梁郡幕盱江吳中書

若㠯色見我㠯音聲求我是人行邪道不能見如來一切有爲法如夢幻泡影如露亦如電應作如是觀

郡守吳越錢端恕命工鐫于寶方山之平西洞口

右石刻在武岡摩厓金石家皆未之見湖南通志據武岡州許志載入云宋寶方山金剛經以拓本校之祗有偈語並無經文應標題曰寶方山金剛經偈庶爲核實所載字多舛錯開禧下志少三年二字卯志作丣若下多人字音上少㠯字應志作皆越志作城鐫下多石字西下少洞口二字武岡志不少且據載開禧丁丣云云只十七字而云十九字

郡守吳城云云只十八字而云二十字得此可以校志之譌平西洞志所未載亦可補志之闕一統志云寶方山在州東南五里一名寶勝山亦名資勝山又名法相巖明一統志云山有巖洞八所曰棲眞上屏太保朝陽迎陽芙蓉隱仙花乳此平西洞者當即八洞之一無從攷定武岡漢爲都梁侯國屬零陵郡晉爲都梁縣屬昭陵郡水經注云都梁縣西有小山上有渟水既清且淺其中悉生蘭草俗謂蘭爲都梁山因以號縣受名焉錢端恕名通志職官失載吳中名亦失載隸法恣肆宋刻中

之佳者　寶慶府鄧志所載應字亦作皆越亦作
城三年二字亦脱

法相巖題刻三段附在武岡

姜桐題記拓本高二尺五寸廣一尺七寸七分十行行十五字字徑寸正書

城南五里有寺曰法相巖洞深窈爲此邦奇觀故下空
御書藏焉因暇日領客來游心甚愛之意所觀不止是
也逌命於山之巔斬茅芟翳得奇石益富千態萬狀軒
豁呈露夫一氣凝結而爲石不知其凡幾季前後來游
者不知其凡幾人至是始得盡觀覽之勝豈昌黎公所
謂天作而地藏之以遺其人耶其寺亦圯因從而新之

嘉定辛未長至日假守四明姜桐書

右姜桐題刻在武岡法相巖頂湖南通志寶慶府志金石內俱失載近日翟斗南大令秉樞始搜得之碑有御書藏焉之語案㵎山岩有王顧奉安御書頌石刻係眞宗篆書明堂二字飛白書明堂之門四字藏於經藏院意當時名山寺院多有賜書而不可攷矣至趙伯言所刊御書惇敍九族四字則在武岡州治不在法相寺也通志職官不載姜桐名寶慶府志載之不詳其里貫得此乃知爲四明人也可以補志之闕又通志山川內附載此記昌黎下少一公字盡豈黎三字磨滅較甚則賴志所載可据以補石刻之闕辛未歲乃嘉定四年是也

碧玉簪

樓鑰碧玉簪三字拓本高二尺八寸四分廣一尺五寸一行行三字字徑六七寸前後各一行行各五字字徑二寸許俱正書在武岡法相巖

碧玉簪
四明樓鑰書　郡守姜桐立

右碧玉簪三字樓鑰書姜桐刻石樓鑰鄞人史有傳自號攻媿山人此刻無年月寶慶府志云姜桐嘉定中知武岡軍附嘉定末　嗣得姜桐題刻於

是岩係嘉定四年所刻此刻當在同時即附於此

鄭域詩高二尺五寸六分廣二尺詩五行行八字款二行行六字字徑二寸正書

法相具諸相寶方無定方突兀虎豹立嵌空蛟龍藏入
地轉輪遠透天圓竇光何人鑿混沌擲棄官路傍
嘉定癸酉至日松窗鄭域中卿

右鄭域詩通志府志俱失載癸酉爲嘉定六年府志載有武岡軍判官鄭域桂莊詩一條詩亦未載殆未之見也此鄭域蓋卽其人通志職官失載

八瓊室金石補正卷一百十七終

八瓊室金石補正卷一百十八

太倉陸增祥撰　男　繼煇校錄
吳興劉承幹覆校

宋三十七

秀巖石刻九段 在臨武

米芾秀巖二字 高二尺三寸廣四尺九寸橫列二字字徑一尺五寸許款一行字徑二寸立石人名一行字徑一寸均正書

秀巖　襄陽米芾書

嘉定五年六月望日通直郎知桂陽軍臨武縣事夷門王淮立　李昌榮刊

臨武縣南十有五里有巖焉在官道之右石崖嶄然峻拔巖居其高之半予家有米南宮所書秀巖二大字墨書乃摹而鑱諸石以爲之名 王淮秀巖易名記

米芾書秀巖二字宋縣令王淮鐫于鳳岩石壁 湖南通志臨武縣志

零陵縣武志載朝陽巖西亭宋令王淮鐫米元章秀巖二字於上今未之見疑即此刻之傳訛然湖南通志兩收之也秀字之左有明洪武年桂陽府判題記其名已泐

趙汝郛無盡藏三字 拓本四紙高三尺四寸廣不計橫列三字字徑三尺許款一行字徑三寸跋廿八行行十七字字徑一寸五分均正書

無盡藏　潛庵趙汝郛大防書

昔東坡先生泛舟赤壁之上喜江山之勝覩風物之美壯懷英發慷慨思古凡兩遊而□賦焉一歸於造物之無盡藏是雖達人大□無有限量亦其地之奇勝有感而然苟不極其辭之宏大有不足以稱述之也臨武縣南十有五里之外有巖焉溪山美麗竇穴明徹誠一邑山水之巨擘也舊名奔頭邑宰 王公以其名不雅馴易爲秀岩其視舊名盖逕庭矣寶慶丁亥中春武夷趙公率僚屬勞農于郊因過是岩盤旋數刻幾不忍去

指點勝槩拂拭舊題顧謂衆曰是岩也嵯峨屼嵂直倚天際亦浯溪之石崖天齊也□□□□淸入毛骨亦廬山之石矼飛雲也高敞虛呀噏雲茹日四明之玲瓏何以異此草木森翁鬱塵不至盤谷之幽阻何以異此彼得其一猶足以名世況此兼數者而有之至於景象奇惟隱見萬狀朝暮雲煙變態百出又有不可枚舉而縷數者以秀命名美則美矣恐未足以盡其實欲以無盡藏目之可乎衆曰噫佳哉公於是大書深刻以傳不朽雖然是岩之名凡三易矣始則鄙俚而不經中則品題之未尽至是始極其瑰偉之稱以寓其形容不尽之意

豈非天造地設必有所待而地靈人傑適遭其時耶抑嘗爲之說曰地必因名而顯名必因人而重微東坡之賦不能表赤壁之勝微　趙公之名豈能成斯岩之美哉予故喜而書之寶慶三年良月衡陽羅當世用之謹跋

宋趙汝愃過秀巖題曰無盡藏書石扁標額之 湖南通志引臨武縣張志

案趙汝愃商王元份之後見宋史宗室世系表桂陽州志以無盡藏三字爲蔡中郎書謬甚趙汝愃作趙汝恆亦誤今改正志云每字横豎約寬五尺　無盡

藏石扁記文見臨武縣張志末題寶慶缺年良月謹跋蓋此記作於寶慶三年十月訪碑錄据文中述趙公書刻無盡藏三字時作二月未得其實 湖南通志

無盡藏岩跋刻爲衡陽羅當世用之所撰書宋史地理志桂陽軍南渡後增縣一臨武中有石晉廢紹興十年復此跋所記是也有字下當有脱文 授堂金石跋

湖南通志分題字跋語爲二種茲併列之郭志作愃非得拓本無由知其誤也翁卽翁字形容作荆容

徐經孫詩 高二尺二寸廣四尺七寸共廿行行字不一字徑一寸款字較小正書

風露增凉曉氣清崎嶇取路遶溝塍旱田得雨秋耕遍晚稻如雲歲事登古澗蛇行泉曲折崇岡虎踞石稜層撩人野興皆詩料自媿塵埃謝不能

右一

四山環抱似圍城石屋中間地砥平天隔俗塵飛不到神開寶藏畫難成岩分上下光皆透水有往來蹤不明可惜韓張期界上當時過此未知名

右二

淳祐丙午九月上澣邑令豫章徐經孫題

稜層當卽崚嶒字

周梅叟題名 高四尺七寸廣二尺四寸五行行十一十二字字徑四寸許正書

舂陵周梅叟持節廣東道經臨武因登茲岩從遊二子燴炳同郡徐夢龍莆田鄭澥岩寶祐丑癸除節前五日長孺端丐續筆

癸丑誤倒作丑癸寶祐元年也丐疑是日字

朱琠詩 高一尺四寸五分廣二尺九寸十三行行字不一字徑一寸四五分艸書

題秀岩用蔡鏌窻韻

約山朱琠

一溪隔斷人來去崑路荆榛到者希見石乳懸驚欲墮聽泉聲冷坐忘歸地寬飲可百人共谷靜塵無半點飛

所恨世无挾山手爲予移耿□柴扉
寶祐乙卯五月三日

賈明道題名高二尺八寸五分廣六尺二寸十五行行七字字徑三寸餘正書

山君鍾秀屼凳天開巍巍峩峩奇奇恠恠眞造物之無
盡藏天台賈明道假守桂陽因視師武溪率百里金川
趙汝愃郡幕河□徐盛葛溪陳宗恢友人東嘉曹國猷
鄭景炎來遊時萬象寂闐煙霞□化人與景谿如也淋
漓醉墨於是乎書寶五丁巳仲冬既望

寶五丁巳寶祐五年也屼卽岩字

胡純詩高二尺二寸廣四尺四寸九行行七字字徑二寸許正書

陽山鳥道峯前過一谷呀然隔世埃泉落陰渠蒼海近
□穿嵌室濕雲開回中百客麟堪供僊者千年鶴自來
往矣張韓闕鐫賞竪扶寒筆意生哀南昌全眞胡純

湖南通志職官胡純令臨武在理宗朝因列於此

涂櫄詩高一尺六寸廣三尺詩八行行七字字徑一寸五分款二行行五字字較小行書

何代神仙碧玉宮攀緣直上與天通拓開四壁層梯峻
幻出千形五色融後擁前遮山作衞左噓右吸水成弓
容諏我欲呼猿鶴一笑今誰此與同
咸七邵農日洪涂櫄周士

末題咸七邵農日當是咸湻七年劭農日也惟劭
書作邵耳以邵農記日當是官茲土者涂姓出南
昌洪州是洪爲邑貫姓涂名櫄而不見於通志職
官無從取證行間隱隱有字蹟蓋磨古刻而爲之
者惜不可辨

曾晞顏詩高三尺一寸廣八尺廿一行行七字字徑三寸許行書

瓊樓玉宇落荒村雞犬無聲到洞門釆鳳久藏丹穴羽
靑蓮倒續華峰根笅談疑有宮商應剜刺渾無斧鑿痕
莫訝空中能卓立亭亭一柱拄乾坤十番春事付風埃
屐齒參經識翠苔野鳥避人猶巧語山花向日儘遲開
奇峰自是平地起活水不知何處來天若便教羈靮脫

寧須海上覓蓬萊廬陵曾晞顏初筮經從没十年偕□
陽何淶重遊律老□□晞岳甞咸湻癸酉上巳前一日

右秀巖石刻九段在臨武惟羅當世跋語見於孫
氏訪碑錄武氏授堂金石續跋而趙汝邨所書三
字均未之見孫氏則併跋語亦未見故誤以爲二
月瞿氏輯湖南通志金石雖列米趙羅三刻要亦
未見墨本墨本之流傳自余今日始也案湖南通
志引一統志云秀巖在縣南十五里巖石天成門
奧俱備中平曠可坐數百人四壁璀璨如五彩又
引明統志云巖東北有穴通明石乳結聚下有兩

穴水出其左為大溪流二百餘步復入石穴此秀巖之形勝也徐經孫等諸詩悉與之合可謂盡得其妙矣徐經孫詩云可惜韓張期界上當時過此未知名胡純詩亦云往矣張韓闕鐫賞案一統志韓張山在臨武治北一名官山明統志山在縣學後唐韓愈張署同時遷謫韓令陽山署令臨武及北還會宿於此故名詩中所指即此賈明道題云覗師武溪案水經注武溪水出臨武縣西北桐柏山王淮徐經孫胡純見職官志而載王淮爲零陵令徐經孫爲劉陽主簿均不及其令臨武可據石

刻補之王淮字伯清見朝陽岩題名徐經孫宋史有傳字中立初名子柔登寶慶進士授瀏陽主簿辟永興令知臨武縣通判潭州通志失載又不獨臨武令也史不詳其里貫通志以爲邵陽人此刻自署豫章則志又誤矣通志職官趙汝愃愃誤作恒趙汝郛賈明道徐監（當即監字）陳宗椒徐穎均不見於官志趙汝郛見萬姓統譜字大防開禧元年進士廣州法曹嘉定間遷淮西檢法改知臨武縣創倉以拯飢民脩學以化獷俗尋授金陵酒所司書之職秩滿倅贛州除知韶州之官遇寇卒于道贈朝議大夫是汝郛在臨武具有政績而志佚其事并佚其名賴有此刻尚可考證而知之修志者可不搜剔金石耶周叟梅道州人元公之族嘉熙二年周坦榜進士見通志選舉賈明道自署天台疑是賈似道之昆弟曾晞顏淳祐九年解試景定三年方山京榜進士

知肇慶府陸侃墓誌

高一尺八寸二分廣一尺三寸四分十四行行廿五字字徑五分橫額題宋知肇慶府陸公墓八字正書

在侯官

宋知府朝請陸公墓

公諱侃字和之其先自光州固始入閩今爲侯官人曾祖衎任朝請郎累贈金紫光祿大夫祖□任尚書郎累贈大中大夫父禋任太府寺丞累贈正奉大夫妣黃氏宣奉大夫稹之孫女公以父生前致仕恩澤補將仕郎銓中調政和尉丁父憂不及赴服闋調建寧尉獲強盜賞改承務郎知臨川縣爲政豈弟吏民安之諸司以最聞次調江南西路憲司幹官本司以審訟公平薦之次監鄂州戶部糧料院次通判漳州及滿丐祠爲三遷計當路知公長於撫字勉其赴　闕除知肇慶府開禧丙寅之官以疾卒於五羊享年七十有七積官至朝請郎

先娶潘氏知府朝英之女次娶林氏秘書丞之奇之女
次娶莆田李氏知府之孫皆封安人並先公卒男二人
長坡後公一年亡次域以公致仕恩澤補將仕郎嘉定
壬申六月甲申葬公于懷安縣太平山之原与安人同
穴爲姪從事郎□□州安福縣主簿勸農營田公事垣
謹誌

上官振刻

右知肇慶府陸侃墓誌在侯官未見箸錄當是出
土未久者甲戌夏偶於長沙市肆購得之文云銓
中調政和尉攷宋制選人試判三道考爲三等二

道全通一道稍次爲上一道全通二道稍次爲中
三道全次爲下判上者加一階判中依資判下降
一資誌所謂銓中者判中依資也幹官幹辦官也
肇慶府屬廣南東道侯官懷安屬福州政和屬建
寧府莆田屬興化軍俱隸福建路建寧縣有二一
屬湖北路江陵州一屬福建邵武軍此或是邵武
之建寧歟臨川屬江南西路撫州安福屬江南西
路吉州州上所缺當是知吉二字林之奇宋史有
傳字少穎侯官人召爲祕書正字轉祕書郎後由
大宗正丞提舉閩舶奉祠家居自號拙齋作誌之

時當在祕書省也史云正字云郎誌云丞疑史之
誤或由郎轉丞而史失載之

岣嶁碑題字　高廣不計正書在長沙嶽麓山

右帝禹刻□□二字似向在碧霞湖南通志以爲雲密峰峭壁閒水繞
石壇之上何致子一以論□志作爲非□□國□幽得之衆
謂志作譯誤象虞志脫此字夏之書刊之□□□志作於此二字詳記在
山下三行在篆文末何下字徑二寸許
嘉定壬申秋用七十二工長沙匠何㒷李曾□似壽字西
川監王與勒字青詔三行在碑側字徑二寸許

碑末題字僅見於王伯綏禹碑攷而所錄多誤且
謂象譯云者南方曰象北方曰譯以意傚象其形
似而通之且以彼此言語相通釋之謂亦强解矣
碑側題字出匠工之手從未經人道及向疑岣嶁
爲明人所爲今見嘉定題字則南宋已有之矣然
猶可疑者碑面石色迥不逮碑側之舊碑面原刻
其爲岣嶁與否無從取證禹碑攷謂何刻旋毀順
治末彭而述復鐫之殆非臆說何致長沙人嘉定
中賢良子一其字亦見禹碑攷碑後有明嘉靖十
九年分書題刻十四行

中隱山題刻三段 在臨桂

方信孺題名 高二尺三寸廣二尺九寸三行行三字字徑七寸許正書

詩境癸酉三月三日游

右刻在臨桂中隱山陸放翁書詩境二字方信孺屢刻之自號詩境甫信孺有好菴游戲詩境集劉克莊爲之序案宋史方信孺字孚若興化軍人以父崧卿蔭補番禺縣尉近臣薦信孺可使金自蕭山丞召赴都命以使事三往返以口舌折彊敵後觸韓侂胄怒奪三秩臨江軍居住侂胄誅乃召信孺自便尋知韶州累遷淮東轉運判官兼提刑知眞州山東初內附

信孺言宜選威望重臣將精兵數萬開募山東以主制客坐責降三秩再奉祠稍復官歸營居室嚴實自放於詩酒無一言及其官廣西時事考吳獵方公祠堂記言信孺爲崧卿仲子幼從父宦於桂後二十年復來官提刑兼判漕信孺詩境跋云此字始刻於韶再刻於道三刻於桂是信孺由韶而道而桂也粵東金石略載信孺刻韶州詩境字在嘉定辛未蓋嘉定四年也其道州太史樓記云予以嘉定壬申春曲江拜命來守茲上冬十月經連山問律而西是信孺於五年冬抵道州任而次年癸酉三月至桂嘉定九年十二月信孺尙爲本路運判見義寧華嚴洞一刻是信孺韶州後歷官蹤跡如此皆史所未載山東內附在十二年信孺以言事去官隨自放卒文載小傳言其由廣西轉運罷歸復以提刑至宋詩紀事謂知眞州後至廣西皆誤也廣西通志金石略

管定夫等題名 高四尺四寸廣三尺八寸五行行六字字徑五寸許行書

括蒼管定夫莆陽方孚若長樂陳膚仲嘉定癸酉先重陽一日來游

陳膚仲名孔碩時爲轉運判官見劉仙岩題名

蕭子敬等題名 高二尺八寸廣八寸五分三行行十二字字徑二寸正書

蕭子敬向伯大王德強呂焞舉鍾德元張聖泳鍾長卿王必大端平丙申下元前二日來游

詩境題字 高一尺六寸廣三尺六寸五行行二字字徑五寸許分書在臨桂

詩境來觀嘉定癸酉九日

右刻不見於廣西金石略未識巖洞何名方信孺以詩境爲號屢見厓石

劉甲重修潼川孔廟碑 高六尺廣三尺廿二行行四十四字字徑七分許正書篆額失拓在三臺

□□志梓州舊學在羅城西北隅□□□中太守皇甫

丬徙瑞慶驛于他所卽驛址建學盖以其地在東南文
明方□□□□□之□故也□□□□□□□見
于記載甚詳然自　嘉祐迄　嘉泰凡百五十餘年巳
七經增修□□□□□□□□□□□□莫不稱是
立教堂其崇倍昔尤爲尊嚴而郡之老成士及見舊規
者□□其古意□□□□獨大成殿□□□□□不侈不
陋士論最愛重之且不見後來增修月日豈皇甫公所
建其存惟此耶歲嘉□□□炎佐□□學官以秋祀纔
陳設于殿適扣柱聞空空有聲盖疑其中之蠹矣事畢
覆視則如是者七八而南榮□□亦□□□外視其隅

雖巍然如故而稍綴不支則壓覆是懼顧事大體重未
易輕動也自　閤學侍郎劉公□□□□約己以裕民
崇學以厲俗每月朔旦率寮屬奠謁于　先聖先師躋
公堂講說經義按視生員課程閱五載不以暑寒廢置
經史子集合百餘秩補舊所藏書之闕又捐錢四千緡
置田以助公養所以作成學校者靡遺餘力而　廟廢不
修豈公志哉炎佐用是白發其端公曰嘻是不可後也
召匠計之竹章木筒之數朝以上而緡錢粮米之須夕
以給且屬鄞縣令宋君孝弼董其事宋亦以風化所自
欣然受命度木于山得巨材十數不兩閱月以迄事告

棟題不改舊觀復還而堅壯過之又以從祀之所堂廡
雖異而無門無旁過者不肅復委于縣罄所餘緡置隔
門三十有二以致其別學宮自此無復闕典可議矣炎
佐嘗病世之人類以儒者守苟完苟美之說而因陋就
寡反不若浮圖老子克壯厥居豈知彼所謂布以黃金
湧以玉局者特幻化設教以起世俗奔趨歸嚮之心而
吾道之大昭若日月人皆仰之削迹伐木不爲之加損
宮牆數仞不爲之加多今通天下郡國皆有學學皆有
廟以宏神棲以示□□□□□□□矣過則非也故春
秋於新作南門則譏之世室屋壞亦譏之盖作其所不

當作與不修其所當修皆春秋之所不取彼傳者立例
則曰修舊不書而此書者以凶年不修而譏之是豈春
秋意哉況公於民事雨暘不□則禱禱則應既藏將代
未嘗以荒歉聞亦未嘗因年穀之登而崇飾臺榭以事
遊賞惟汲汲乎孔廟是修公盖知所先後矣學記曰三
王之祭川也皆先河而後海或源也或委也此謂務本
公之所得其在是歟若夫費若干錢役若干人某日興
作某曰斷手則有司存茲不復書公名甲字師文元祐
丞相忠肅公五世孫也今再命以顯謨閣直學士因任
云嘉定六年十二月旦門生從政郎充潼川府府學教

授眉山任炎佐記免解進士充府學糾察文彪書丹儒
林郎知潼川府郪縣事宋孝弼篆盖府學正楊焯甫府
學錄免解進士文禮一直學馬轙免解進士文思謙掌
□賈輈馬巘等立石
据三巴舂古志補注四十三字正一字

西山張成子方孚若題記

高二尺二寸廣五尺七寸十行行五字字徑三寸五分正書左行在臨桂

張成子方孚若相攸西峰規目爲碧桂山林已遂汎湖
式究幽討同來丁子濟許介之劉晉翁成子弟敬子嘉
定甲戌八月廿四日

廣西通志載西山石刻五種而遺此不錄知搜剔
難遍也張成子名自明盱江人他刻亦書作誠餘
詳宜山詩跋敬子疑自本之字方孚若嘗題碧桂
山林四字於巖石通志跋云方信孺碧桂山林記
略曰桂府稍四五里呑蒙溪吐陽江是爲西湖魚
峰隱山相拱揖大凡游觀之勝俱斂避下風右魚
峰一里有古精藍最勝處偕丹霞子小築其上有
堂有奥叟居叟處在唐貞觀間文石薦瑞曰聖主
大吉子孫五千歲太宗詔李靖有碧桂之林蒼梧
之野觀此瑞文如符所兆之語即以碧桂山林名
之紫帽山人信孺別號丹霞子張自明也此題所
述盖即其事

龍隱洞題刻四段在慶遠府

張自明詩高三尺七寸廣二尺八寸五分十一行行字不一字徑二寸許草書

南山山北北山南一洞中分路口三孤鶴叫雲聲自遠
懶龍慳雨睡方酣襄公淡墨留蒼壁太史高風拂翠嵐
百尺嵓前清絕地道人先我著茅菴嘉定七年冬十有
二月初六自盱江張自明來游弟自立侍宜士周忠信
韋安雅唐摠龜張日守馮良臣周忠恕韋文虎梁傳才
莫惟醇秦芝才度作山谷祠堂於洞口使道士梁師堅

奉祠事名之曰龍隱菴云
張自明建昌人嘉定中以宜州教授攝州事見粵
西文載嘗建御書閣于城西禱雨于靈潛廟見明
統志字誠子見清秀山水月洞棲霞洞題名襄公
者余靖也太史者黄山谷也嘗知宜州岩有山谷
祠堂明統志不載但言有神祠而已且以此詩屬
之方信孺誤矣孤作飛地作處亦小異廣西通志
金石略引西事珥云自明知宜州一日集士民謂
曰吾將入關矣士民隨之詣九龍山入一洞有石
碑題云宋刺史丹霞張公之墓公飄然而入洞口

漸合今僅容一人側身可進其事近怪岳和聲後驂鸞錄言嘗親至其地見其蛻骨云通志待訪錄有張自明題丹霞遺蛻四字在丹霞岩今未見之此詩云道人先我著茅菴蓋有隱志焉西事珥所言恐涉傅會

張自本題名（高廣不計一行十一字字徑七分正書）

明季仲春中澣弟自本來觀

自本蓋即自明之弟刻自明題記末行下方

白雲崌張自明詩（高一尺四寸廣二尺三寸八行行六字後三行行四字字徑一寸七分許正書）

玉玲瓏外玉崔嵬曾與三賢識面來自有此山才有此游人於此合裴回

嘉定乙亥七月既望張自明題

在白雲崌崌即龍隱之支峰明統志載慶遠有宋建四賢堂祠馮京黃庭堅趙抃呂璹此稱三賢不知所指當有余襄公黃山谷也

方信孺題名（高四尺三寸五分廣六寸六分一行七字字徑五寸許年月雙行小注正書）

方信孺行部來游（嘉定九二一）

九二一者九年二月一日也是年十二月華景洞題名信孺署銜本路運判其六年九月劉仙巖題名署銜提點刑獄八年八月米芾畫象跋署轉運判官此云行部來游當是運判時事信孺由提刑左遷運判粵西文載言其由廣西轉運罷歸後復以提刑至者誤也此刻在張自明龍隱洞詩之右

右題刻三段在宜山龍隱洞明統志云南山在府城南六里山有洞曰龍隱洞門有神祠相傳盧僧坐化於此今有塑像在焉即其地也廣西通志金石待訪錄是洞有王鉅游山記王埏余靖方信孺諸詩刻信孺詩疑即此題名之誤此四刻均所失探甲戌秋張敏吾（端洽）大令攝宰宜山爲予拓致之其王鉅諸刻半已無存存者亦以曼患未拓宜山僻在邊陲羅致甚艱得此差自喜焉

潼川府修學記（存三段一高六尺三寸一高五尺七寸一高六尺四寸各八行行十九字字徑二寸餘正書在三臺）

潼川府修學記

學不可一日而不葺猶士之不可一日而（缺三字）學而不葺久必壞士而不修久必荒積壞（缺三字）爲力也艱憤荒而後之爲悔也莫及潼之（缺三字）眉山任奐佐之爲教官也一柱蠹必易之（缺）必新之一瓦漏必補之一不備必使之備由（缺二字）夫子之牆而入其門升夫子之堂而造

其室洞洞翼翼慢易之心無自而入也豈獨官庭壇宇
則然
士之身修也亦如是嘉定八年九月朔太守□□于先
聖先師退則登公堂揖諸生教授與諸□□進曰學既
穎郡侯畢葺侯盍記之後十有五□□泮飲酒因魯僖
公能修泮宮之頌相與言□□公遠矣魯之君臣其辭
夸而魯之禮樂猶可□□曷見又況古者聽訟于是理
兵于是則夫學□□匪惟教也而政出焉雖然立政必
自修身始□□可一日不修猶學不可一日而不葺學
之不□□

下方行間有釋菜生羣日在日周以昜也者士不
葺吏十六字每行二字蓋即行末殘缺之文也此
段與後石連屬
□倢者能葺之雖日月就可也士之不修掌教化者之
恥也而非日月之所能就何以言之大觀四年學始有
記潼川先生楊公之作也公紀學之落成而及夫昔之
教者必以漸熙寧中佩觿入學太常公職教事責之以
學不躐等必五十而後可以言讀易聞之慢然終身佩
之今公之記大書深刻於東廡學者之所宜誦而思也
近世之學或傳習口耳或高談性命傳習口耳則無一

高談性命則
大觀碑今佚
羅池廟迎送神辭嘉定十年九月九日萃編載卷一百五十一
圜：齒：世：碑刻重文俱作兩點不另占格萃編誤世作世亦與碑小異
坡仙仙誤公從之今拓本作從叟僉判判誤剌闕庚缺闕字庚作艮艮赴柳
幕　艮甫到官　艮謹跋三艮字均曼患今据永州本跋作庚可正二誤
永州亦有此碑明人據馬平本摹刻　本朝重鐫
之碑末跋云右柳州柳侯廟享神詩昌黎韓公作
之東坡蘇公書之與柳河東之德政世稱三絕先
宋時柳州僉判闕公庚等刻于羅池廟明時永州

司李劉公克勤刻于愚溪廟中兵燹之後復經焚
燬字已湮□令芳謹將元本重泐上石以復舊觀
順治己亥歲孟秋月永州府知府文安後學魏紹
芳重刻據此知馬平刻石者闕庚也萃編缺闕字
諸艮字曼患王氏以意定之豈出門人之手邪潛
研堂金石錄目注云開□立石廖□書丹萃編於
廖下空兩格以拓本審之當缺一字錢氏所載較
王氏為得實矣又王氏跋云重陽門生所未詳也
案重陽蓋立石之時前云丁丑春嗣云攝邑柳城
繼易僉賓州回則中歷數月春得之秋刻之可意

度也屬吏稱門生在宋已有之劉克勤號澹銘新繁進士萬歷廿四年任推官嗣攝府事擢主事去永永人祀之載永州府志闕夷名見廣西通志嘗建雲錦亭於柳州朝京門外

安靈廟詩碣

高四尺廣二尺三寸十七行行廿六字字徑一寸橫額列題安靈廟四字俱正書在融縣

安靈龍潭去郡治十里而遥蓋靈迹之所也余來假守每旱必委縣令迎請龍潭聖水禱祈雨澤霈然而下靈響異常連年屢豐民得温飽吏逃罪戾皆神之賜也茲以官滿親詣祠下謁謝且爲融民

致永作豐年之請炷香既畢小立廟前忽見雙鯉跳躍于淸潭水面之上神龍欣然領略微誠眞異事也又聞野老之語乃郡志所未載遂亂道紀述其詳嘉定十二年歲次已卯端午前一日廬陵楊幼輿書

戴星躡屐謁靈祠廟瞰龍宮俯緑漪鏡㯃淸潭三百尺巫云深三十丈峰巒環遶聳蒼碧道傍野老忽長噓昔也元爲安氏居嫂笑小姑借梳掠揷梳黃耳走送俶姑嗔大嫂方作喧迅雷陷宅變深淵是時水底猶存屋入夜人聞尙舂粟歷年旣久已無形神龍守護稱安靈呼吸風雷作雲雨愛與人間茂禾黍大觀邦人因禱祈霈然甘澍滿郊圻人皆懷惠頌靈迹侯爵初封助驩懌近時響應逹　朝廷再頒顯號莫與京我來假守三逢夏每遇乾枯叩祠下靈湫一滴漲塞天衝倒天河頻有年終始恩波如一日躬趍端拜感何極肅容親炷一瓣香稽首歸依謝休祥潭心水面跳雙鯉已覺威靈示人喜南遊行矣歸故鄉更願神兮長久與民作豐穰

安靈潭在眞仙巖後縣志云中多靈異時聞杵聲後因禱雨有驗封爵建祠宋守楊幼輿有詩立碣廣西通志

金石待訪錄

右安靈廟詩碣在融縣金石家所未見甲戌秋吳慶臣大令拓寄野老之語出自無稽而祈雨應驗故有功德於民者錫封廟食誰曰不宜楊幼輿於秩滿之時尙致永作豐年之請拳拳民隱亦復不可多見也因表而出之

中江縣重修學宮記

高六尺八寸廣三尺五寸廿四行行卅九字字徑寸許正書篆額題中江縣重修學宮記八字在中江

中江縣重修學記

先王之所以教皆因人心之所有而順導之非有所强之於外也故其爲敎也易而成材也衆孩提之童無不

知愛其親先王因之㠯成其孝及其長也無不知敬其兄先王因之以成其悌此弟子之職所以爲小學之教蓋立身行已之本𡧋而學之者也夫人莫不有惻隱之心充之可㠯爲仁莫不有羞惡之心充之可以爲義莫不有辭遜之心充之可以爲禮莫不有是非之心充之可以爲智此大人之事所以爲大學之教蓋齊家治國之本壯而行之者也後世設爲學校庠序以養之詩書禮樂㠯教之其於古之道也可謂近矣然試之以科舉考之以經義詩賦論策則皆先王之所未有者然其所以爲此者亦惟曰使之推其心之所有載之於言㠯見

其所蘊之淺深疏密云耳夫尚能推其心之所有則其於先王之教豈不尙庶幾哉　國朝自　藝祖皇帝㠯揖遜得天下兩幸太學列聖因之開設學校尊崇師儒內自　京師外薄四海州縣莫不有學至於講明先王之遺言紹續洙泗不傳之緒風化之美尤愧三代視秦漢而下蓋過之矣然自　仁宗之世取湖州安定先生之法以爲大學法然後太學之所㠯爲教者㝎自　二程先生侍太中公爲漢州起止〻先生中允宇文公爲敎官然後人知列郡之學不可以無師自司馬文正公之孫爲玉山令邀　晦菴先生於道請爲諸生講說然後人知縣之學亦以㝵師爲美蓋學校之不脩則士無所於學而師儒之不立則學者亦將何以質疑請問必二者交舉然後可以明教化美風俗淋人才可不念哉成都宇文峒爲中江酒官始至適科調𢿙與眉山李侯𡌛以爲材使兼縣事朔望造學宮歲久不葺囙就頹圮則嘆曰俎豆之事文教所繫豈㠯軍旅數起大夫久役而遂廢耶於是以其餘力銖積寸累而一新之內而　夫子之宮堂宇齋廬庖廚門觀以至外之墻圍無不畢備傍者易之堊者飾之起于嘉定十三季七月庚戌至八月癸

未落成〻　翼〻多士懽喜又創爲一堂㠯祠　濂溪而下諸老先生以示學者趨向抑亦可謂知所夲矣書來請正文以爲記正𡚁邑之士蓋嘗有遊東南講聞師友之微言而歸者來者或能致之使發其大端㠯私淑諸人異時必有卓然而興起者此又所以脩建者之夲意學者不可不知也尙其勉之峒郎止〻先生四世之從孫也嘉定十四季二月五日朝奉郎權知重慶軍府兼管內勸農事借紫巴川度正謹記廸功郎就注彭州濛陽縣主簿成都范良孫書從政郎潼川府中江縣丞華陽杜廣心篆額宣教郎知潼川府中江縣主管勸農

掌蕃兵馬監押唐安胡光弼立石

南海浴日亭詩

高四尺下截失拓廣二尺五寸詩五行行存十二字字徑三寸詩正書後幅四行行卅五字字徑五分行書在南海

南海浴日亭

劒氣崢嶸夜插天瑞光明滅到黃灣坐看暘谷浮金暈

遥想錢塘涌雪山已覺滄涼蘇病骨更煩沆瀣洗衰顏

忽驚烏動行人起飛上千峰紫翠間

右紹聖初元　東坡先生謫惠州過浴日亭所近也

壁間今存小刻乃後人所書□微有舛異鈞稽得此

輿蹟於湘中嘉定辛巳立夏祇夆

皇帝鑾來謁　祠下因出以壽諸石□補斯亭之闕

蓋斯亭觀覽之偉固自足以雄視海天而此詩詞翰

之神尤足以彈壓千古□可私約缺三字之無傳也哉清

源留鈞端父書

廣東舊志職官提點刑獄留鈞正之次子端平年任

宋史留正傳但云子恭丙端皆尙書郎不知舊志何

據也金石續編

下方失拓據集本補之

黃觀孫造像題名

高九寸廣一尺六寸六行行三字字徑一寸五分正書在衆至

嘉定十六年仲夏黃觀孫剗岩刻像以昌斯文

文曰以昌斯文則非佛像可知

諭屬詩

高三尺一寸廣四尺三寸詩八行行九字字徑二寸許正書後明人跋十三行行書在長沙

西山眞先生諭屬詩

從來官吏與斯民本是同胞一體親既以膏脂供爾祿

須知痛痒切吾身此邦素號唐風古我輩當如漢吏循

今日湘亭一盃酒敢煩散作十分春

右眞先生缺一字十國恤民之缺字二手缺字三之念缺字三雖

千載猶缺字十存故刻諸堅珉缺字十歲且俾先生之作

下缺不知字數　大明成化庚寅三月□日

賜□□□身中憲大夫下缺□事□□□錢尙謹□

京中□馬指揮淮陽陳瑛書

長沙府□□石致通□李□□□

嘉靖甲子□□□□日

賜進士第中憲大夫下缺

賜進士第長□府下缺

右眞西山諭屬詩在長沙嵌置南城根又有近時

重刻之本瞿氏輯通志不登明刻故未入錄是編

例亦不收以其爲名儒之作姑從始事之例錄而識之眞西山爲湖南安撫使在嘉定十三年理宗立召爲中書舍人列嘉定末

重脩臥龍寺記

高三尺八寸五分廣三尺三十行行四十字字徑七分正書篆額橫列題臥龍寺重修記六字字徑三寸六分在沅江諸葛廟

君臣大義與天地並自昔帝王所以維持世教爲千世不窮之計者皆是物也容可以一日廢乎卯金失馭孟德烏仲謀輩方耽耽虎視於中原謀臣策士皆靡然歸嚮之不暇而諸葛孔明方且高臥隆中抱膝長嘯視之若將浼焉及劉公元德以帝室遺胄三枉駕而訪之則幡然而起披心腹露肝膽確然以身許之豈孔明憒於去取捨富强之國而甘心於困躓無聊之地哉特以夫漢賊不兩立王業不偏安君臣之義在此而不在彼焉耳故自漢迄今千有餘歲雖愚夫愚婦一聞孔明之名之德皆悚然起敬起愛此其義槩英風直可以摩日月而齊嵩華豈一旦所能泯滅哉沅江之西有山曰雲從有寺曰臥龍乃孔明舊游之地後之人思其德而託以是名者也厥寺之陰有水一泓復以洗墨名焉且以爲孔明滌墨之地噫夫裴公遠矣而綠野以裴公而傳少

陵往矣而草堂以少陵而著則臥龍古剎凡所謂雲從所謂洗墨亦在乎人不在乎山水之間也寺之初基止茅舍數椽有僧宗性居焉未幾厄於回祿甲申間宗習復繼之亦惟刈草建廬而已得非存昔者草廬之意乎至乾道二禩始以衣傳子温既而子温以是存之行遵慨然語諸徒曰吾寺乃孔明之舊昔人所以著其大義而傳之万世者也苟惟因陋就簡輪奐不新龍象不設非所以崇吾法教繼吾先志也於是吹大法螺擊大法鼓以大願力現大神通又得大檀越張仁英共創三門佛殿法堂鐘閣兩廊屋宇楊巖捨塑　釋迦大佛率先而爲之唱故凡流水長者如曾隆金琢金遜夏友聞徐安仁梅氏李邦直皆翕然捨力捨財裝塑文殊普賢九尊部落後殿觀音十八羅漢尊者善法堂上無量壽佛觀音勢至諸殿堂內各安泗州溫神地藏十王護教伽藍大聖二聖已上共柒十餘尊各有龕帳供臺以一洗前人之故陋易草菅而爲杞梓飾粉墨而爲丹青万玉森立於四圍一碧周遭於萬頃像設巍然金碧煥然遂爲沅江一邑之冠冕厥後又以餘力置買第四都地名三姑托孟世興孟友勛徐卿等田十畝洎易家山柴山田地等以贍山門以傳不朽凡昔人所欲爲而未至者

皆一切假爲之若子温行遵者亦可謂（空）善繼人之志
善述人之事傑出於衆流者歟光發先人微與子温爲
方外友不啻若伯仲然一旦行遵偕（空）住持子温𢳆所
建寺本末以示予曰本寺係甲乙住持綿歷累代不啻
百有餘年其締創艱難有如（空二格）此者且欲筆此爲記
余喟然語之曰子温於今則有先人之友義孔明於古
則有君臣之大義因今（空二格）之義以紀其實考古之義
以存其迹其得已於言乎於是乎書若夫建置節目物
產界隔則列于碑陰焉　聖天子龍飛之歲寶慶改
元季夏既望免省進士楊光發撰并書

卧龍寺創建本末兹畫一述于后　一寺基一所東
抵張仁英水淯心南抵湖心内有放生池西抵張瓘
田水淯心向北尋寺僧塔土墻曲轉向東抵寺山脚
市爲界　一㘰地名和尚畬地一段（田三坵東抵嶺心南西抵李仕維地𢾺北抵喻選地）
一前住持本師　宗習度到小師　子温　子淸
一住持僧　子温度到小師　行遵　行昌　行周
一住持僧　行遵度到小師僧　道賢　道侁　道
瑄　道琮　道瑞　道璨　道琇
一　行昌度小師　道瑛　一　行周度到僧　道
圓　一僧　道侁　度到小師僧　德畯
歲次乙酉主意造碑住持僧行遵同本師子温
立
儒林郎知常德府沅江縣主管勸農營田公事兼義
勇民兵軍正事余　百簡　龍牙石匠譚如
震
寶慶改元免省進士楊光發撰并列建置節目物產
於碑之陰（沅江縣志）
案縣志云縣西南三十里地名郎保舊有諸葛武侯
洗研池名卧龍墨池乾隆乙丑池水竭里人於土中

掘得此碑（湖南通志）

右重脩卧龍寺記在沅江諸葛廟案湖南通志云
卧龍墨池在縣南三里（舊志）又云池在縣西烏龍寺
内蜀漢諸葛亮嘗滌硯於此（明統志）一洗墨池而舊
志謂在縣南三里明統志謂在縣西縣志謂在縣
西南三十里記載之不同如此烏龍寺蓋卽卧龍
寺或音近而訛或後來更名均不可知楊光發沅
江人寶慶二年王會龍榜進士撰此碑時尚未登
第也雲從山可補志山川之闕沅江令余百簡可
補志職官之闕碑立於寶慶元年常德府應志誤

以爲九年碑陰無字建置節目物產界隔卽綴於
碑尾以文內列于碑陰之語故志載均謂有陰焉
碑書劉先主字作元避宋始祖諱是碑出土一百
廿七年矣從未有錄其文者錄之自今始

轉運司修南海廟碑

高六尺六寸廣三尺四寸十九行行卅三字字徑一寸三分額四行題轉運司修南海廟記八字並正書 在南海

南海神祠位號之尊貴祀典之嚴重廟貌之規摹景響
之昭答唐昌黎公㠯深意健筆發揮鋪張詞華而事覈
不可加矣至我

皇朝上之禮神益謹於唐神之報上有加於昔皇祐五
年儂寇環攻州城若有所覩震慄引去州以無恙慶元
四年大奚嘯衆遣將勦捕遇于廟前賊舟則膠坐受俘
諴禦菑捍患之功俊偉章灼既聞于上今爵爲
洪聖廣利昭順威顯王表其廟曰英護前據大海吐納
潮汐來往祠下者微若一萍大踰萬斛必祗謁忱禱乃
敢揚帆鼓棹涉重溟而不懼人之所以恃神者亦重矣
廟之舊規宏大歲久頹塌卬漏頹窊雖牲醴之奠不闕
恐亦未必顧歆也曩㠯嘉定十六年承乏將漕乃謀之
幕屬撤而新之委主管帳司李宏宗董其事重門俠廡
前殿後堂巨而楹棟細而榱桷壞者易之缺者補之上
瓦下甓環堵列檻既葺既治中外一新丹堊之飾繪畫
之事程功競巧精至纖縟前列呵衞旁羅騎導凡海霧
之有職位者後庭之供嬪侍者彪炳森列非復昔日摧
剝垢漫之比鳩工於甲申之仲冬告備於乙酉之季夏
糜金錢六百萬有奇皆出於漕計供餽之贏一毫不㠯
及州縣賓體
朝廷嚴恭禮神之意庸副兆人依恃爲命之心非曰爲
美觀也詩云神之格思不可度思矧可射思南海㝡大
外通蠻夷何啻百十國神之威靈亦遠矣今廟食于扶

胥之口其格其否固不可度其可射耶繼自今遇壞必
葺有隆無替毋但㠯歲時牲幣工祝致告爲敬必思有
㠯妥神之居神依人而行將與兆人相爲終始寶慶元
年七月十五日朝議大夫廣南東路轉運判官義溪曾
噩記奉議郎充廣南東路經略安撫司主管機宜文字
清源留元崇書　劉漢臣刻

曾噩系衘轉運判官而舊志職官載入轉運使誤也
留元崇端之子見萬姓統譜 廣東通志金石略

它山遺德廟封善政侯牒

高四尺八寸廣二尺四寸牒八行行廿六字銜名三列列三行字徑寸餘正書在鄞縣

勑慶元府鄞縣小溪鎮它山遺德廟神治水化民感思
歌之奉嘗百世近民之吏其愛利流於無窮而人之
報之亦思爲無窮不惟義所當然蓋理之所必至也
爾神在唐太和令于鄞鄮夙有惠政史册書焉築堰
迴流灌田萬頃歷載四百遺迹如新師言具孚開以
侯爵爽綸表號永綏廟饗用慰一方甘棠之思且爲
當代循吏之勸可特封善政侯
勑如右牒到奉行
寶慶三年正月十七日
少師右丞相魯國公　彌遠

左叅知政事　諝
右叅知政事　極以上上列
給事中　淸之
中書舍人　塈
都　事王吉甫以上中列
太府卿趙化夫
吏部尚書　淸
侍郎　塈以上下列

按四明諸水盡瀉之江唐太和中縣令王元暐相地
勢謂大江夾諸山直上接平水而溪所從來者高至
它山始兩歧之水稍散漫而江北唯茲山四無所麗
故謂之它山兩浙金石志

按新唐書地理志鄮南二里有小江湖溉田八百
頃開元中令王元緯置民立祠祀之西南四十里
有仲夏堰溉田數千頃大和六年刺史于季友築
碑云爾神在唐太和令于鄞鄮又云築堰迴流則
神即季友也惟以刺史爲令稍有不符兩浙金石
志以王元緯當之并書緯作暐恐非唐文宗建號
大和碑書作太知誤始於宋當時石刻無作太者
牒後銜名彌遠者史彌遠也是年三月兼樞密使
尙在牒下之後諝者宣諝也宋史寶慶元年十一

月宣諝自參知政事除同知樞密院事三年正月
乙亥參知政事兼同知樞密院事碑則但署參知
政事也極者薛極也

八瓊室金石補正卷一百十八終

八瓊室金石補正卷一百十九

太倉陸增祥撰　男　繼輝校錄
吳興劉承幹覆校

宋三十八

重修黔陽縣治記

高四尺六寸五分廣二尺三寸八分廿二行行卅九字字徑六分正書篆額五行行二字題云沅州黔陽縣重修縣治記字長徑三寸在沅州府學

縣吏之長曰令令長之治曰寺所以宣德意字吾民初無小大悠邇之閒也黔陽秦黔中郡唐天寶初更名黔江五季叛亂不入版圖　國朝熙寧閒五溪蠻平復置隸沅州官寺草創規模隘陋爲令者視爲荒僻之邦類不屑意然山川之傑特土壤之沃美物植之滋茂率頡頏湖左諸邑况風俗樸靜人士秀發陶染王化垂百五十餘年是亦中州淸淑之氣所旁薄者詎可以蠻荆舊習鄙夷之哉寶慶元年春昭武饒侯敏學來以學而爲政因俗以行化民既安之瓌睨治所聽宇隤落榱楹腐敗左支右撑達于門廡乃喟然曰地雖褊百里號令之所從出誠若是過者生惕於勢詘矣其何以見吏民邪前乎此者項背相望豈憚於改作而不屑於爲與抑拘於用嗇而不足於爲與何朝斯夕斯而邈未之顧也或謂

禆諶謀野而獲宓氏彈琴而治令長之政有在此而不在彼者吁民社重寄苟借是以自解則怠忽之念萌吾所恃以振起紀綱者皆弛懈弗立矣尚孰從而論政哉居數月歲豐人和公家事簡究見利病嘎工庀材成謀自我或仍其舊或撤而新鼓樓峻整門闥深嚴修廊繩直易茨以瓦有庫有廩吏舍獄戸各有其所高明爽塏一旦改觀闢東西爲兩燕室榜以雙絶絃歌侯復念惟社有壇壝學有宮室風化所關邑之先務社委郊闢之外無尺椽庇風雨卽邑治東置壇設主仍作齋聽以奉祀事學雖屹立祠廟僅存自講堂齋廡至櫺星悉力經營以厲士氣蓋侯平易近民是役之興用其餘力毫髮無擾竹木材石無不樂與官爲市者乃鳩餘材捌賓山道院爲士夫往來惕息之所復立盍簪澄練兩亭爲迎送之地至於境內郵傳祠宇悉更新之街衢亦甃以石縣圃榛翳已久鉏薙而疏理之芟製有亭通村有徑松莊有廬卉木之嘉泉石之勝肖中邱壑隨所高下而區以別松莊之後又建社倉列規畫備先晟大抵不專爲遊觀設也閱明年冬潰成暇日與賓寮登覽其上顧而謂之費不侈力不勞而功緒汔濟者固非邇人以所不欲而遂我之所必欲向若疑沮於或者之說不過補苴

蝕漏譌渴歲月委之而去他奚暇恤焉雖然天下之事
不患於難成而患於志之不立志立矣又病於學之不
充學貴於有用仕以行其學古之人所以能大其官者
學優而仕侯學承于家仕方再調有志立事事立而人
不知一轉移之無廢不舉不待家撫戶曉俾民知所趍
嚮是豈膠轕簿書期會者可與同日而語也邑人謁記
不復辭因以發侯之志云耳紹定改元夏五迪功郎沅
州州學教授東嘉翁永年記鄉貢進士單銓書

右黔陽縣重脩縣治記碑翁永年撰單銓書正書廿
二行行三十九字篆額五行行二字在沅州府學明

倫堂庭東壁間古泉山館金石文編

案一統志饒敏學昭武人朱子弟子寶慶元年知
黔陽縣嘗脩縣治廣學宮建寶山書院士子始知
向學据碑文則是寶山道院非書院也文敘饒侯
百廢具舉而篆額獨以縣治爲主統於所先耳單
銓黔陽人寶慶二年王會龍榜進士嘗爲本邑教
諭見湖南通志選舉

嘉定縣學記

高四尺八寸廣二尺七寸廿二行行三十七字字徑
七分額三行題嘉定縣學之記六字字徑三寸七分
均正書
在嘉定

士生斯世抱負豪偉絶特之資固有不待文王而興者
至於中人之性蕩潏易流雖曰秉彝好德亦必因物有
遷苟無詩書以爲砭劑無禮義以爲繩墨則頑愚鄙野
老死奥渫沒沒與草木俱腐自古及今何可勝數使遇
眞儒碩德以爲師友則漸摩誘掖開導激昂誦説乎六
經百氏之書究明乎三綱五常之道涵茹今古嚅嚌道
眞學足以充其資才足以伸乎世一旦舒翹揚英展采
錯事建大勳業立大名節澤流四海事光千載不亦偉
歟今焉身爲幸民地鄰京國耳接鐘鼓笙鏞之音目見
黼黻文章之盛名師益友講道授業者代不乏人然則

爾士非學而奚務
朝家
列聖相承右文尊儒度越前古車書萬里聲教四達至
於要荒蠶蠻之域悉置學官以資教養□歟盛哉吳會
今股肱郡嘉定爲邑實崑山之東境地連江海炊煙孤
迥往年蒲蕭間故多盜田□爲之繹騷豪大家或怙貲
憑彊輕犯法寠弱益困豈教之未至歟嘉定十一年邑
始創實令尹高侯衎孫基之其明年春三月營學宮乃
度地於邑之南面勢軒豁規摹顯煥士民翕然越二載
當十四年申冬落成殿堂門廡高壯華好廟貌祭器齋

舍庖湢罔不具備於是父兄詔其子弟負笈抱經相驩
以趨迺立弟子員有廩以充其食有課試以較其藝
彬彬乎鄒魯之風矣學成迨今十有一載而未有記邑
士以爲請璞淺陋不學不知爲文然惜前人經始之勤
久而未彰不敢固辭夫吳會之地非延州來季子之故
國邪禮樂之遺風猶在茲邑析于崑山崑山衣冠之富
爲吳最其間佐鈞衡秉節鉞者項背相望是邑同一封
畛同一風氣爾士其毋自棄暴務修潔□習以求合於
儒有司勿鄙夷其民務尊吾道使沉浸涵泳期用於世
異時來學之士將有躡魁躔躋顯仕以光耀其里閈者

豈若鄭鄉校徒議其執政而□哉嗚呼高侯奉
天子命以作新于茲邑固職也然畢力單慮事不可以
泯没相其役者三士曰陳一鳴何夢龍□力問學厲操
行方以身爲邑士倡凡程工度材實尸其勞故併書之
使刻于石紹定二年中秋□宣教郎知平江府嘉定縣
主管勸農公事兼鹽場兵馬監押弓手寨兵軍正沈璞
謹記并書□事郎平江府嘉定縣尉廵捉私茶鹽礬兼
催綱史宋題額建學直學潘剛中立石
吳門張允□□　院子張□

右嘉定縣學記宣教郎知平江府嘉定縣主管勸農
公事兼鹽場兵馬監押弓手寨兵軍正沈璞記并書
先是嘉定十二年知縣高衎孫掤立學宮落成十餘
年璞始爲文記之其文有云異時來學之士將有躡
魁躔躋顯仕以光耀其里閈者豈若鄭鄉校徒議其
執政而已哉予嘗誦其言而疑之夫縣之有學將使
人士通經學古致力于聖賢之道以淑其身也立德
立功立言皆吾儒分內之事舍此而以巍科膴仕誇
耀里閈有志者羞稱之先正黃蘊生先生成進士與
其弟書謂傳臚弟一人觀者莫不稱羨士不爲千百
年中一人而爲三年中一人識趣卑陋已甚蘊生之

識勝於璞遠矣禮居是邑不非其大夫士君子忠厚
之道固然身爲長吏正當采輿論以鑑已得失若之
何惡之政而無失何恤乎人言若其有失安能禁人
之議堯設謗木而聖周任衛巫而亡人主不可監謗
區區令長而惡人之多言可乎一言以爲不知此之
謂夫　潛研堂跋尾

嘉定縣學記紹定二年中秋沈璞記并正書首尾廿
二行行廿七字字徑寸許在縣學爲嘉定建縣第一
碑文載縣志多竄改處錢氏跋尾載之　吳郡金石目

壬申春錢叔魯元湉來湘以嘉定諸刻見貽凡七

種此其最前者

無上宮主訪蔣暉詩

廣二尺三寸五分兩截上截高二尺七寸五行行字不一字徑三寸五六分草書下截高八寸廿四行行九字字徑五分許正書在祁陽

讌罷高歌海上山月瓢承露浴金丹夜涼鶴透秋雲碧萬里西風一劍寒　無上宮主訪蔣暉以上截

永州之祁西北六十里烏符山者暉先世別業于其下比歲捐家帑建玉虛上眞之宮三年有成紹定己丑中秋後十日庚申有稱宮先生者青巾黃服神彩飄爽過門謂暉曰佳山水也遂相携登殿復云可取針石當爲鑒之乃歸呼茶取石登山恍然莫知其所往但見壁間翰墨光潤鮮悅照人深以爲訝識者乃云　純陽妙通眞人呂公自言回先生亦云無心昌老昌字無其心即呂字也今謂無上宮主宮字無其上亦呂字也所到有仙跡多矣非　眞人其誰耶暉默而思之千一之遇敬臨仙筆刊之翠珉敢不自勉也哉清逸子蔣暉頓首稽首謹書

無上宮主訪蔣暉詩并記作兩截上刻詩草書四行下刻記正書廿四行在祁陽縣北六十里官道之左乃紹定中蔣暉記遇呂仙贈詩事暉記云稱宮先生又曰呂公自言回先生亦云無心昌老昌老無其心即呂字今謂無上宮主宮字無其上亦呂字也攷宋人東軒筆錄載滕宗諒守巴陵有華州呂道士上謁風骨聳秀滕知其異人口占以贈之曰華州回道士來到岳陽城別我遊何處秋空一劍橫回聞之憮然大笑而別則華州回道士云云一詩乃宗諒賦贈呂仙者今全唐詩采入呂詩中反其題曰贈滕宗諒誤矣此訪蔣暉詩全唐詩題作題全州道士蔣暉壁讌罷作醉舞月瓢作天瓢浴誤作結雲誤作空皆當以碑爲正　古泉山館金石文編

通志永志夜涼作夜深青巾作貝巾均誤又西北之西石刻似而字姑從志載錄之家字及黃服字均有改刻之痕

紫霞觀鎭蛟符石刻

高五尺四寸廣三尺六寸題款前二行行字不等字徑寸許正書末行字徑二寸許行書

玉虛師相元天上帝受天明命剪伐魔精鎭天寶符萬物聽令安鎭國祚保世康民錫爾鴻禧其永寶之清逸子蔣暉題此二行在符篆之前

符

雷部判吏白玉蟾書永州祁陽縣烏符山刻石此行在符篆之

後下十字較小

在祁陽烏符宋逸士蔣暉以無上宮主詩與白玉蟾書鎮蛟符同勒石至今存焉 湖南通志祁陽縣李志

右石刻瞿氏宗氏皆未之見碑無年月据天篆山鈐碑當是紹定二年五月同時所書據縣志知是年八月同時所刻符篆奇詭亦道流所爲也

天篆山鈐碑

高三尺七寸五分廣二尺三寸六分上截古篆五行行八字字長徑二寸許每字旁各以正書釋之下截十六行行十字字徑七分許正書隸額天篆山鈐四字在祁陽

古篆文不錄

江名瀟溪名浯北去自有 真仙居昔人莫明達此授

烏陽符水光山色暉暉平千古萬古奉 玉虛 以上篆旁

釋文

淸逸居士蔣君吉甫余六年之先訪之矣此復過款因以古篆一紙見示怪不可識徐驗細翫參以示怪道經天書龍章鳳篆之文始可讀之夫江名瀟者此言自瀟江而下也溪名浯者祁邑也仙居云者邑之北也山水暉暉者吉甫名暉也烏陽符者山名烏符也玆正所以奉

玉虛也吉甫戊寅秋肖野客惠之此文今且十有二年人莫能辨及玆宮成余乃告之己丑仲夏白玉蟾書

嘉慶辛未知縣萬在衡博采金石入志同前長抄令甘慶增經烏符蒐奇觀中得古碑鐫天篆山鈐字體怪譎狀如鳥蹟旁有正書譯文下附解說亦奇詭也其文云云解云云碑立庭階下與鎮蛟符碑並舊志未之及者喜而搨之有詩載藝文 湖南通志祁陽縣志

右天篆山鈐碑在祁陽烏符山攷一統志云烏符山在縣北六十里縣之望山也元成宗時劉國傑討平永盜相要地爲三屯衙曰淸化永曰烏符武岡曰白倉選衆耕屯使賊不得復爲巢穴烏符即

此湖南通志云白玉蟾瓊山人號海瓊子博洽羣書作文未嘗起草善篆隸學道得仙術寶慶中游華容石門山寓寶慈觀與道士孫雪窗游撰寶慈觀記蔣暉烏符觀道士此文云吉甫名暉者蔣暉也戊寅是嘉定十一年己丑是紹定二年碑刻於是年八月至嘉慶十六年始搜得之其事其文皆怪誕不經黃冠者所爲耳姑錄之以廣異聞

夫子岩大壽字

字縱橫各四尺六寸正書陽文畫內有各體書九十九壽字每字列一題榜正書字徑三分許左下方題款二行行十字字徑五分又刊石人名一行字較小均陰文在永寧百壽岩

壽

小壽字及題
榜俱不摹

知縣史渭刻于静江古縣夫子岩紹定已丑歲吉日

桂林王囗刊

右夫子岩大壽字在永寧州廣西通志山川門云百壽岩在州東百步許舊名夫子岩宋紹定己丑知縣史渭刻百壽於後壁今尚存俗呼壽字岩又古蹟門云百壽岩石刻相傳廖扶家有丹砂井飲此水者皆百歲宋紹定間知縣史渭因鐫百壽字於石崖又金石略失載題款引名勝志云宋紹定己丑知縣呂渭鐫百壽字於石崖即此

褚公祠堂記

高七尺四寸二分廣一尺九寸
十四行行五十字行書在湘鄉

褚公祠堂記

唐永徽六年褚公以尚書左僕射諫立武宸妃幾爲所殺賴長孫太尉一言以免猶坐貶潭州都督一日行縣至湘鄉距縣治之北數百步有僧寺曰感應寺側有池公嘗滌筆若有浮雲滃然人異之即其地祠公歲久弗治蕭拔碑仆紹定二年邵君自信爲宰即故堤遺址封略而潛治焉更爲祠堂其上斷碑所勒有遺山峭崪翠凝煙之詩又爲亭榜曰凝煙爲大門榜曰唐都督褚公洗筆池更爲堤以環之灌木脩蔓蒙茸薉翳漣水衡陳鳳山對峙實爲是邦勝處書來命記成事予惟咸以無心爲感艮以不獲其身爲見蓋感於所不係感以虛也止於所不見見以理也此人心之良感而實見也方公之待罪長沙也梟婦之勢如燎方揚而輾跡所繇豪端所沾民之愛也與屈潭賈井儷芳齊榮況筆非有靈也水非有雲也即思而成致愛而存世之相後六百餘載尚懔乎如在也是又奚感奚見而然哉許敬宗李義府擠善逢惡固無足言李勣何爲者亦遷延獨對故陳喪

邦之言自一忤一合升沉立判升者信乎其得志歲月滔邁時與事逝浮雲急景何啻朝菌暮舜而是心之昭晣可以建諸天地質諸鬼神者億萬人而一本千百載而一日著在史冊寓諸陳迹是非邪正瞭如目睫所謂得者初無毫髮加益徒起穢以自臭而忠臣良士流風所漸則雖殘碑斷碣過其下者屏營彷徨周視太息莫敢前拜甚則尸祝而社祠之嗚呼是所謂良感而實見者非可幸而致也敬宗既陷忠良復專史筆變亂白黑類非敬播之舊如謂劉洎之死褚公有力且洎子訟冤之事義府助之而敬宗書之公之大節如此人將公之

信乎抑許李之信乎然則士大夫以萬物皆備之身而不以古人自任不以千載自期亦自遏其躬耳矣郤君金華名閥也習聞詩書之訓故爲政知所先後其必謂子言然也紹定三年庚寅三月辛丑臨卭魏了翁記并書篆至治元年辛酉九月甲戌錄之鑱於新祠

魏鶴山褚公祠堂記在湘鄉縣東門外褚公祠文十三行行五十字末題紹定三年庚寅三月辛丑臨卭魏了翁記并書篆至治元年辛酉九月甲戌錄之鑱於新祠蓋元人重刻也攷宋史魏鶴山本傳理宗卽位遷起居郎俄權尚書工部侍郎以疾辭乃以集英

殿修撰知常德府越二日爲朱端常所劾詔降三官靖州居住紹定四年復職主管建寧府武夷山沖佑觀則作此記時正謫居靖州日也文中云斷碑所勒有達山巉崒翠凝煙之詩卽天下金石志所載洗筆池斷碑乃褚公湘潭偶題詩宋淳熙中邑宰趙必槐得之池中者也長沙府志載此文縣治之北脫之字而濬治焉焉作之又脫斷碑所勒一句漣水衡陳之衡作橫感於所不係止於所不見二句於下俱有其字轍跡所餘之餘作由豪端所沾之沾誤治升者之升作合朝菌之菌誤藺前拜之前誤翦而社祠之脫

之字亦自遏其躬耳矣無矣字詩書誤作詩禮庚寅上多歲字惟劉泊之泊據唐書當作洎蓋翻刻之誤也戊辰夏五予遊此祠親至碑下碑係四方其一面刻此記其三面則刻元至治初元九月張圖南重修褚公祠記讀其文知祠與碑俱毀壞判官彭致堯復興修之圖南爲之記并重刻此文於前也古泉山館金石文編

據碑祠在縣治之北湖南通志亦云洗筆池在縣北今祠在東門外則已非舊址矣碑云漣水衡陳鳳山對峙攷一統志漣水在縣西百八十里源出寶慶府邵陽縣龍山東流徑縣南入湘潭縣西南

注於湘一名湘鄉河又云東臺山在縣東十里一名鳳凰山一名望嶽峯南連華蓋下瞰漣水宋王份東臺山詩有未必龍山勝鳳山之句知鳳山卽鳳凰山東臺之別名也碑末云錄之鑱於新祠不詳何人所錄據重脩褚公祠堂記知此記爲元人張圖南所重刻或卽張圖南所書耳碑中朝菌作朝菌當是刊刻之譌通志載此碑據義作菌與碑異矣郤自信爲湘鄉令職官志云時次失考當據碑改列於理宗朝感應寺之名通志寺觀內失載亦當据碑補之

迎福寺鐘款

圍徑高廣無考四區記八行題名廿行行字不一字徑寸許又棱間大字四行正書陽文在瀏陽

潭州瀏陽聚郭迎福寺廼　國忌行香之所自戊申歲
鑄造洪鍾刱建鍾閣已經四十餘年辛卯春其鍾偶因
扣擊失尔自損其楼亦且頹弊夫物有無常定数然也
住持僧　祖震募緣命匠重新鑄造鴻鍾靈蓋鍾閣厥
功告成用紀其實旹紹定辛卯十三月　既望　謹誌
緣化行者師旦　師顯　祖剛
勸緣鄒光祖 以上一區
東堂師伯宗言

住騰霞山開福禪寺本師宗益
都勸緣進士柴從龍
當代住持焚修沙門祖震謹題 以上弟二區
張伯時　李世俊　柴應時　柴琮　柴球　柴
夢發　柴夢登　張一雷　謝大權　王宗明
李伯修　劉華　董彥達　黃貝佐　謝伯嚴
張如英　高惟正　羅嗣孫　韓氏一姊　彭氏
二姊　翟宗榮　各施凈金共成勝事功歸有作
福报無窮
幹緣甲長王晉勝

武節郎新權發遣象州軍州兼管內勸農事劉秘□ 以上弟三區
福建寓瀏邑嚴躍龍常攻冶業童德英生括同弟
德成　男如權　姪如林　八夫朱大明　、、
信女柳氏施□ 以上弟四區
皇帝萬歲　重臣千秋　法輪常轉　佛日長輝

右鍾在瀏陽柴家巷本寺光緒乙亥夏陳丹皆學博爲予搜拓之寺今名迎佛音近而譌都勸緣者進士柴從龍題名有柴姓數人今巷名柴家葢柴氏所居至今尚沿其稱也潭作潭匠人所爲餘亦

多俗字文云迎福寺乃國忌行香之所案宋史禮志忌日唐初始著罷樂廢務及行香修齋之文其後又令天下上州皆準式行香天祐初始令百官詣閤奉慰宋循其制又云留守自於寺院行香仍不得在拜表之所天下州府軍監亦如之又云中興之制忌日百僚行香在外州軍亦詣寺院行香如在以日易月服制之內並依禮例權停是國忌行香始於唐而宋因之然見於金石者惟此而已

龍壽寺復田記

紹定六年七月　萃編載卷一百五十二

篆額三行題雲蓋龍壽禪寺復田記在南昌

法髓髓誤隨華作華法門缺門字擅行藹闍禪祸雲集缺擅行祸雲四
字知教之可丞也缺教之二字丁歲缺丁字食無以給缺無以二字
典歎缺典字樵江缺江字亦曰其理然耳缺日字饕作餐
萃編缺十三字碑石未泐拓本不顯或破損耳

顧逕市井闌題字

高一尺凡八面面廣七寸上狹下寬一面二字字徑三寸一面七行行字不一字徑五分均正書在嘉定

義井
顧逕市龍王廟面居住奉
佛弟子張□謹發誠心施財收買磚灰命工砌造義井
壹口所將

功德專用追薦亡妻陶氏三四娘子洗滌缺塵早超
淨土成就
往生者
端平二年三月　日孝夫張□謹題

嘉慶丙寅正月偕陳君詩庭秦君鑑訪得此宋井闌於南門外石塔衖恐其日久損傷遂移置學宮前舊井上十二月十日瞿中溶記此刻在義井二字之右

井凡八面一面刻義井二字字徑四寸許一面刻記七行字徑七八分記云云井舊在嘉定南門外瞿先生中溶題識於後移置學宮吳郡金石目

石有泐處据程稱薪所錄補注於旁

肇嶠增修學廩記

碑左右下方皆殘損存高五尺四寸廣三尺十三行行廿五廿六字字徑一寸二三分行書篆額四行題執公增修學廩之記在廣州府學

車□亻□□□□亇而宮冨而粟賦詩缺十字下斷缺伯暨
子若孫領遺愛者飯必祝人欲天從善積家慶　嘉熙
丁酉　缺帝率彝訓命朝郎公嶠特常平茶鹽節斗建
丑旂鸞戾泮三城老稚缺余敢不以先公舊治爲念龜
滌嚢剔舉剌核條教孚未幾熱帥漕兵孑缺拂碑陰龍
圖公所撥頃數咸在有牟利而朘轉以聞乃根其逋歸

學未缺言涓熙逮嘉熙甲子將周如公父子司南其勤
其般得未曾有心箓□缺扵士以廣
朝廷育材之仁朝郎公加惠于今亦非求德於士以充
家庭繼志之□缺不匱永錫爾類朝郎公得之仁孝同
源詩禮種学好事如髮記胡能□缺顧民物之理扵胷
中異時發身較魁襲相履赊貢闈堅刻當有光缺生從
事郎廣州州學教授合沙劉漢英撰文林郎前特差潭
州監嶽缺蓋學生貢士正錄黃應龍黃況貢士直學陳
容龜曾壽鄉等立石貢缺□□□文煥教諭陳惠孫司
膳林顯祖鄭時中監刊學諭李子鯉掌□缺

書石篆蓋人姓名斷缺僅上存結銜之半下存篆蓋二字祥案僅存蓋字餘不可悉矣鞏公名嶠鞏湘之子記所云父子司南是也金石續編

立碑年月已缺文云嘉熙丁酉爲鞏嶠提舉常平之年宜即据以編之

法基井闌題字

高六寸五分廣五寸三分三行行五字末行六字字徑一寸二分正書在揚州

皇宋嘉熙肆年庚子至節壽昌沙門法基

右井闌題字在揚州

趙孟謙雲龍風虎四字

高四尺六寸廣二尺五寸題字二行行二字字徑尺許下方款五行行四字字徑一寸五分正書

雲龍風虎

淳祐甲龍季春圓日立石陽羨吏隱青田趙孟謙書

右趙孟謙雲龍風虎四字未詳所在下題年月云甲龍者淳祐四年甲辰也圓日當是十五月圓之日

周君錫妻鄭氏壙志

高一尺九寸廣一尺四寸五分十二行行十六字字徑八分正書在嘉定

孺人鄭氏諱妙靜吳縣武山之裔將仕郎名贊之長女兩家同來梓與余生同年天作之合奉事舅姑執禮不懈平居敬謹無戲容無燕色賦性慈惠中外翕稱余丁先君訓武鈐轄之戚在哀疚中孺人協力繐幃憂泣過度甫遂終喪未及從吉忽癸卯五月二十三日夜半氣血暴脫而亡吁結髮七祀燄變迅倏定數莫逃痛割心膂子一人慶孫孺人享年三十有一以淳祐四年十一月庚申祔葬于嘉定縣守信鄉積慶庵翁姑墳塋之後旁夫承信郎周君錫潸涕竟廼事併記歲月而納諸壙

此宋人墓志向在城西門外地藏殿後田河側嘉慶丙寅十二月十日瞿中溶移置學宮以永其傳因題記之右方此刻在石

鄭孺人壙志其夫周君錫撰文十二行行十六字字徑七八分淳祐四年十一月正書出嘉定縣西門外今移嵌明倫堂東壁志稱其父官訓武鈐轄宋制武階正八品君錫自署官爲承信郎乃從八品此武階之最小者文云祔葬嘉定縣守信鄉積慶庵翁姑墳塋之旁舊志分縣劄言守信鄉舊名春申据此宋時已有此名矣姑蘇志言積慶庵歸并月浦興勝教寺在烏涇宋端平間里人楊九捨宅建今庵寺及涇名皆不見於縣志吳郡金石目

君山鐵梢款 拓本高八寸廣一尺二寸六行行四字五字字徑一寸二分正書在巴陵

湻祐伍年拾貳月吉日孟府十位鑄到鐵梢壹樣貳隻
各重壹阡斤

在君山崇聖寺凡二高三尺□寬三尺彊三足旁有獅環識云云攷湻祐時孟珙適爲荊湖安撫制使應是珙宅所遺 湖南通志巴陵縣陳志

右鐵梢款在君山案孟珙宋史有傳是時爲湖北安撫使兼知岳鄂州弘簡錄以爲京湖安撫制置使是年移鎮江陵縣志以爲荊湖安撫制使 梢即桶也今中州人猶呼桶爲梢廣雅筲箾也梢之

爲桶正與此同

重炎霞等題名

高二尺二寸四分廣三尺四寸七行行六字正書

三壓重炎霞白道安支南榮武信王庯變賓中馬東卯
以同年之契同仕此邦拉郡士楊乙来湻祐丙午上已

嘉定重修縣學碑銘

高五尺七寸廣二尺三寸十八行行五十七字字徑五分許正書篆額題嘉定縣重修縣學碑并銘十字在嘉定

嘉定重修縣碑并銘

華文閣直學士中人夫提舉江州太平興國宮德安縣開國伯食邑九百戶賜紫金魚袋王遂撰并書

朝請郎國子司業兼起居舍人兼侍講黃自然題額

乾道戊子先君吉州筮仕崑山尉奉大父敷文以行時敷文南定湖蔻北守淮楚虜爲奪氣退居金壇買書數千卷聚子弟以學有詩□□廡勤不可纖毫累歸来使我家中錢可謂仕教之忠矣後縣裂爲二以練溪之東爲嘉定縣踰七十六年弟選被命典邑曰祖父舊游何可不力載□米具糧糗自隨朝坐琴堂不夕不休訟于公者手自裁决負枀私者寬期以償月輸歲送毫髮不私吏無所搖手行道頌之惟是縣之學自令高□□始

而養士之費纔百石鄭提舉霖繼之增百石有差士始来學有與薦名者其後廢壞而選繼至首以縣橋厥路不直乃命改作榜曰登龍得池元□開講周夢虎主之陳必大申之皆給之食凡有志者會食而宿于學四經之集来與而課試高下不輟增其小學三十人迎師以教之縣給之帖糧□繼請尊勝廢田于提舉得畝僅及二百米亦稱是徐知府鹿卿以田四十七畝繼之時講堂更剏昇新寓公周君次皐首助其費□邱君斌龍震廷瑞薛君塤王君子昭孫君繼周吳君炎其祖其成如其家事自殿及門廊屋三十三間以朱文公舊刊金壇

縣學者刻于門講堂則以袁蒙齋所書明倫堂扁示其
齋取建寧學宮所以命諸齋者名之規約咸具修葺未
備者一切略治計三萬四千餘緡米七十五碩未嘗有
取於吏胥牙儈而從學者欣然是歲復有與薦者以遊
學而與名旁郡者以上書賜第者其試入太學者二人
有以詞賦與魁選咸曰登龍之效也會選弟受代與諸
公言曰諸公之進德也如是此非選護守祖父之力也
亦諸公共成之耳繼治者湯公仕龍吾鄉里敏肅諸孫
其不待勉而趨也無疑矣其可無以告諸遂曰兄退居
邱園於世事非所及獨於邑之大務胡可無言乃即其
事而銘之銘曰

明德自始兮制起虞庠　逮我聖朝兮化行縣鄉
伊吳有邑兮在海之旁　始置文字兮士風頊昌
帝命立學兮歌誦未皇　昔才半頒兮謀不暇詳
今弟製錫兮于先有光　翼翼濟濟兮明倫設堂
有赫斯橋兮渡水之陽　俎豆莘莘兮頌詠琅琅
朝講四經兮夕以爲常　登名天府兮辟雍翱翔
諸公合力兮講習日長　令雖去此兮士胡忍忘
俾我後人兮愈大以章　益修厥修兮汞□馨香

華亭繆棻刊

嘉定縣重修縣學碑并銘淳祐中王遂撰并書黃自
然篆額在縣學吳郡金石目

右碑不見年月首云乾道戊子先君吉州簽仕崑
山尉下云踰七十六年弟選被命典邑自乾道四
年後七十六年是淳祐三年也撰書者王遂華亭
縣學記亦其手筆立於淳祐六年此刻亦當在其
時也嘉定諸刻潛研堂金石目均載之獨不見有
此刻殆編輯之漏或爾時拓本已佚至顧逕市井
闌題字及鄭孺人壙志先生固不及見也

遺德廟加封靈德牒

高五尺一寸廣二尺四寸牒六行行廿九字
銜名六行字徑寸餘正書在鄞縣它山廟

勅慶元府鄞縣遺德廟善政侯神有功於民祭法所尊
也爾在唐太和閒立石堰以障洪流澤物甚廣鄞邑家
賴之至今遺迹宛然是宜廟食不朽
國家褒表亦既封侯錫號矣端平初祈畤猶閼詞以請
因仍弗舉寧非闕歟特命有司俾衍休稱以示朕
拳拳懷柔之意可特封善政靈德侯奉
勅如右牒到奉行

淳祐九年二月一日

太傅左丞相越國公　濤之

同知樞密院事兼權參知政事　　銜
簽書樞密院事兼參知政事　方叔
兼權給事中　鹿卿
都事　受以上上列
樞密使兼參知政事　方叔此在清之下方
兼權中書舍人　山此在鹿卿下方
兵部郎中兼右司　饒以上下列
吏部尚書　刑部尚書　吏部侍郎　起居舍人
在鄞縣宅山廟詳見寶慶三年加封碑此則又加靈
德二字也舊志云嘉熙間屢旱禱之輒應狀聞賜額

天興此敕未見兩浙金石志
宋史宰輔錄是年閏二月甲辰鄭清之自太傅右
丞相兼樞密使越國公特授太師左丞相兼樞密
使進封魏國公據碑則閏月甲辰以前已授左丞
相史文誤刊也應繇謝方叔於八年十月兼參知
政事碑與史合史不言方叔爲樞密使耳

育齋銘履齋說
高四尺八寸廣二尺五寸三分五層第二層十四行第五層十六行餘俱十八行行書字徑寸許在武岡
育齋銘
僉判折允升舊居倅廳刪定鄭公汝諧名其室曰育齋
今室非而名存刪定詩刻尚可摩挲嚚因竪碑扁其名
於所處之室探索育之旨意爲之銘焉唯人之生心均
赤子養而充之廣大純粹其養維何譬彼桐梓方其芽
蘖勿踐勿履培壅既深其蘖韡韡譬彼泉流涓涓自始
滙而蓄之莫測涯涘載稽易經育德在蒙養得其正聖
而有功中庸一書戒謹乎獨推其功用萬物以育遡知
天理具于一身操則君子捨則小人毫釐之差繆以千
里宜謹其趍毋入于詖道德之腴詩書之味採華食實
存我夜氣虛室曠然白斯生矣予作茲銘自省于己有
能默識樂只樂只

履齋說
余居武攸倅廳既銘育齋矣而日周旋乎履齋之內不
能自已於言因探易而得其說履之爲卦乾上兌下乾
者履之始事兌者履之終事人之進修力行於其始非
難安行於其終爲難力者人安者天乾以健爲主兌以
說爲義方其步趍宮庭循蹈規矩用心剛持念恪一善
可行必勉於行一德可進必企而進朝夕亹亹曾不少
怠非健不能也至於詣道德之閫入理義之奥造次於
是動容皆中取之左右逢其原此心能無說乎惟健而
後說故三以跛履言上九則視履考祥矣是以鑽堅仰

高瞻前忽後顏子之乾也心齋坐忘三月不違仁則是顏子之兌也象曰君子以辨上下定民志履之功用莫先於禮觀請聖門請問其目視聽言動無往非禮卒能克己而天下歸仁者惟顏子有是中庸曰或安而行之或利而行之或勉強而行之及其成功一也學者踐履之間苟能審所趍嚮將之以不倦則睎顏亦顏之徒矣願與同志者事斯語

右育齋銘履齋說湻祐己酉六月朔書于讀易堂

右育齋銘履齋說同治庚午五月廿日自武岡之上梅公舍掘得之撰書人名嘉不見其姓攷理宗

朝有胡嘉者爲湘陰令或即其人文云余居武攸倅廳疑時判武岡軍而志不載也僉判折允升志亦不載鄭汝諧知武岡軍在湻熙中折僉判亦在其時鄭汝諧有寶方山詩刻於石搜之未得讀是碑知尚有育齋詩刻焉並當補入志

噴雷二大字

高二尺五寸廣四尺九寸二字字徑一尺八寸六七分旁款前後各一行字徑二寸許均正書

噴雷

建炎己酉丞相河內李公名後百二十年□□孫曾伯帥桂書刻諸石僧妙全識

右刻當在粵西而不見於粵西金石略漏也建炎己酉後百二十年乃湻祐九年己酉也臨桂龍隱巖隱山伏波巖等處均有其題名自湻祐庚戌迄景定庚申凡五刻攷宋史本傳李曾伯以湻祐九年知靜江府廣西經略安撫使兼廣西轉運使此題正其初至之時也　又桉明統志乳洞在興安縣南十里洞有三上曰飛霞中曰駐雲下曰噴雷然則此刻蓋在興安不審飛霞駐雲亦有題字否興安有李邦彥三洞記未得拓本此所稱丞相河內李公者即邦彥也三洞記云其下者巉巖軒豁

嵌竇如磨鑴源泉渾深繇石磴而下依山循流之石噴激礚然雷震響溢羣谷意者蒼鱗頭角蟄縮淵潛欲奮而不得騁因命之曰噴雷見廣西通志金石略

集祥里井闌題字

拓本高一尺四寸六分寬八寸九分七行行廿七廿八字字徑六分在吳縣財帛司廟前大街

義泉　一面一字字徑八寸餘

□□平江府吳縣鳳凰鄉集祥里黃土塔橋南縻都浜□街南居住奉三寶弟子□□□□妻父解端甫與家眷等□□□□□氏百九娘子享年□十二歲□月初

九日卯時受生於今年四月初八日□辰因産後卧病□□□□□□月十五日正寢身亡□伸資悼□□□□□□設諸功德外□□□□□□□□殊財命工鮑□朱家園□□□□□□□□地穿全義□□□□□以便遠近將汲甘泉集此殊勳□助亡妻□□□□娘子蕩滌□□超濟淨域者　旹湣祐庚戌年玖月□□□□□□　謹題

集祥里人義泉題記湣祐庚戌正書在布政司大街兩面分刻吳郡金石目

渠渡廟封崇福公告

高一尺八寸廣二尺八寸兩截敕廿五行行九字字徑八分行書列銜十二行字徑四分正書末二行行書字徑一寸三分在武岡

武岡軍武岡縣管渠渡靈濟廟廣惠顯應宣靈孚祐侯

右可特封崇福公

敕武岡軍武岡縣管龍神孚濟昭澤普潤侯等神神萬物者莫靈乎龍潤萬物者莫利乎水而有馮之以周普變化則又超然不可測矣爾廟食湘南發響綿久或以昭澤著或以靈濟稱若者舊前聞深山大澤之所鍾英奇木異石之所約像雖事近惝恍怪力然水旱有禱厥應如響穮烜潤之功登豐稔之年者屢矣神之爲神不信而有證歟按迹稽功邦有彝報一肇公封以上載之社一崇侯秩之褒尚祇明倫恊心幽贊益以衍庶民之福可依前件奉

敕如右牒到奉行

湣祐十一年二月九日以上行書

太傅左丞相魏國公　清之

參　知　政　事　方叔

同知樞密院事兼參知政事　潛

兼　給　事　中　磻

兼權直　舍人院　勑

三月十日午時都事趙　受

司農少卿兼都司饒　付吏部

太傅左丞相魏國公

參　知　政　事

同知樞密院事兼參知政事

吏　部　尚　書

吏　部　侍　郎　以上小正書字徑四分

告崇福公奉此後缺佚

宋渠渡廟敕封神牒碑在武岡渠渡團即靈濟廟慶元時賜額嘉泰時封廣惠侯者也湣祐十一年封崇

福公景定四年封崇福昭貺公咸淳五年封崇福昭貺益靈公寶慶府鄧志

右渠渡廟封崇福公敕在武岡州西廿里玉屏山据鄧氏跋語似一碑而刻敕文三道者今得拓本此敕未全景定敕僅存年月疑碑已橫斷中缺兩截然益靈公告別有一額又似非滙刻矣敕內所稱龍神孚濟昭澤普潤侯者武岡之龍神廟也府志云在城南五里古山之麓號曰昭潭天旱祈雨立應宋賜嘉興廟額封昭潭普潤侯進封孚濟侯此敕蓋在進封之時一封公一加封二字統於一敕以類舉也昭澤鄧氏作昭潭誤餘詳靈濟廟額牒跋尾

嘉定縣修學記

高四尺七寸廣二尺四寸三分廿一行行三十三字字徑六分正書篆額三行題嘉定縣修學記六字字長徑三寸在嘉定

學宮以崇先聖屬後覺他公宇甯儉校庠序古有制雖斗邑無敢不備嘉定邑學剏三紀齋可肆堂可匯殿翼以廡可拜可趍來游者向陋之然廩斛歲裁三百半蠹於湮領職負議斧藻匪易釁戊申秋始至士翕然告願邑計窮空靡克佐費於是挾貲挾故以職負請者謝弗與令月有學給辤弗願得推實擿浮銖積鍾絫明年夏作中門壯以釘鐶森以戟旆又明年夏作直廬楹二十有八塑容漫久秋彰施之又明年春外作重門形其墻以衛表所入坊扁曰興賢橫既清泚植槐于旁聲設鼓講設席籩爲設服席事視舊粗飭力所未逮猶多合數役衆費斛五十餘緡費二萬六千餘皆國學生龔天定以直學董其事典計則水邱煥發張惟一先後焉方一閧市末邑騖於好競甚俠駔於操羸甚譎也樸之犧尊山罍華之逢掖章甫日邁月征耳濡目染稍稍賣刀折劵而衡泌有弦誦聲捷貢販鳴圜橋邇歲屢見何文也天賦地產知不於此乎祕俠者剛之惡譎者巧之僞銷其惡使善剗其僞使眞是機括安在令爲多士先士爲四民首惟簡御煩尊士之秀選俊以勸導衆異不難壹也惟賢詔愚迪民之農工商以信禍兼善不啻獨也學宮其令問政士議政一大統會之地歟然而昔闕略士謂令奚以教令繕葺令謂士奚其業佔畢迹也雕篆技也科級外物也士於學宮猶家然身家是孰若心家是心無他法自主敬始常惺惺其持養活潑潑其形著是心苟存則學宮今之沂泗楹夢非奠廟貌非像宜見乎端冕而面南夫子坐如尸時振佩而環侍諸子立如齊

時吾身即賜於墻由於門於堂不遠伊邇乎淵之寖道豈茫茫無下手處哉如其朔而謁旬而課二丁而祀身退心隨之邑人將曰青衿挑方是豈墨綬者所望湻祐辛亥夏五奉議郎知平江府嘉定縣主管勸農公事兼主管鹽場兼主管運河隄岸搜捉銅錢下海出界兼兵馬都監弓手寨兵軍正林應炎記

雲間陳晟黃晉刊

嘉定縣修學記湻祐辛亥夏五林應炎撰正書辛亥爲湻祐十一年林侯在嘉定任第四年　吳郡金石目

八瓊室金石補正卷一百十九終

八瓊室金石補正卷一百二十

太倉陸增祥撰　男　繼煇校錄

吳興劉承幹覆校

宋三十九

復襄樊紀功銘

拓本高九尺二寸廣一丈一尺十行行九字字徑九寸正書在襄陽

大宋湻祐十一年四月二十有七日京湖制置使李曾伯奉天子命調都統高達幕府王登提兵復襄樊兩城越三年正月元日銘于峴其銘曰

壯哉峴　脊南北　繄墉壑　幾廢谷　乾能夬　剝

斯復　千萬年　屏五□

右李曾伯復襄樊紀功銘在襄陽城西四里九宮山亦名龜山娘娘廟道室旁摩厓同治甲戌夏屬徐星甫大令搜拓得之後缺兩行光緒庚辰復以全本見貽爲之暢然案宋史理宗本紀湻祐十一年十一月丙申京湖奏聞復襄樊功都統高達以下將士三萬二千七百八人各官一轉犒緡錢三百五十萬收復在四月奏聞賞功在十一月史据奏聞書之也李曾伯王登史俱有傳曾伯字長孺覃懷人後居嘉興湻祐初歷兩淮制置使權兵部尚書六

年放歸田里九年起知靜江府廣西經略安撫使兼轉運使進徽猷閣學士京湖安撫制置使知江陵府兼湖廣總領兼京湖屯田使進龍圖閣學士疏言襄陽新復之地城池雖修浚田野未加闢室廬雖草創市井未阜請蠲租三年詔從之此銘刻於寶祐二年自稱京湖制置使是其知江陵府尚在寶祐二年後也登字景宋德安人出制置使孟珙幕府淳祐四年舉進士調興山主簿制置使李曾伯經理襄陽登在行以積功升後至軍器少監京西提點刑獄開慶元年提兵援蜀卒弘簡錄云

登在行以功陞將作監丞較宋史爲詳高達屢見於本紀淳祐十一年四月高達帶行遥郡刺史權知襄陽府管內安撫節制軍馬寶祐元年三月錄襄城功高達帶行環衛官遥郡團練使此銘刻於寶祐二年稱都統不言權知襄陽府殆以遥授之職故也首云淳祐十一年後云越三年是寶祐二年也

黔陽縣登科題名碑

高四尺四寸廣二尺二寸上截廿四行行十七字字徑七分下截一行三字篆額沅州黔陽縣登科題名九字在黔陽

沅楚地也自春秋歷漢隋唐更置不常迨我朝熙豐閒復定州立邑而黔陽屬龍標舊境山明水秀代產奇英賓興之歲其預計偕者視鄰邑尤盛至擢進士第盧則開先焉學宮在縣治西南隅昔以敷教扁講堂額文篆而刻畫不楷歲久而丹青已蠹淳祐壬子予以墨綬來與諸友講貫其閒思以明倫堂更之籌諸衆衆曰三山林君元晉龔誕生兹邑篤敘雅好守辰陽日遠遺三大字久欲揭而未能更之亦衆志也迺於是年冬命工鐫刻壯改舊觀時捧鄉書赴南宮者二人而舒夢桂果奏凱捷遂爲龍標破荒豈非學校者賢士之所關氣數既

回盛事鼎至實肇端發祥於斯額更新之後乎或曰士之達有時得有命於扁額之更不更無繫也然古今人才較之何優江山旺氣發之何奇不自先不自後恰際其逢若合符券繫云乎哉不繫云乎哉予喜而就爲立石以題名于堂之側繼自今掇拾巍第拖青曳紫者袓聯袂續又當大書不一書若夫鋪揚
聖朝得人之盛歸美賢侯勸篤之功刻勒三邑登科姓字則自有郡□□□□□甲寅郡庠雁塔在旹寶祐甲寅登高前一日邑令東嘉薛舉巖記

舒夢桂

右薛舉巖黔陽縣登科題名篆額三行行三字在黔陽縣學明倫堂庭東壁間上截刻記文正書廿四行下截止題舒夢桂三字姓名以後空石爲元至正間人續刻詩於上玩記文語氣似以則自有郡庠雁塔在爲一句末行以郡庠臺頭前行自有下似當空今石刻前行有下有郡字行末又有甲寅二字中間似有數字已磨去不或係當時磨改或後人所爲俱未可知 古泉山館金石文編

湖南通志所載迺於是年下脫一冬字東嘉誤作永嘉通志選舉舒夢桂登進士第列於寶祐四年文天祥榜据此碑則當是寶祐元年姚勉榜進士也林元晉知辰州通志作林元諛脫晉字盧則開熙寧間進士通志不詳其年舒夢桂後終宋之世黔陽第進士者惟向寵孫一人廿二行郡甲寅三字是改刻時未經磨去者瞿氏謂則有郡庠雁塔在爲句是也下截朱守諒七言六絕係至正八年七月所題

劉用父等題名

高四尺一寸廣五尺九寸八行行八字字徑五寸正書在餘姚

寶祐乙卯暮秋之□上虞劉用父山父龍父曾德霄白雲山人鄭仲休由錫雲回舟此憩飛瀑之下分石列坐浮觴清流禊永和暮春觴詠其致一也主此□施若訥

訪碑錄載寶祐三年白泉山施若題名蓋即此刻而脫一訥字或拓未顯也

宜州鐵城記

裝本高廣行字不計字徑二寸許正書篆額失拓在宜山

嶺右自湻祐以來傳雲南有韃患　朝廷重我南鄙移師戍之今大帥寶文胡公時自郎官轉對上前獨謂遣戍非經久之策當如唐李德裕籌邊故事按山川道里擇險築城以扼其阻　上雖下其議未果行也寶祐甲寅秋前事復棘　上思公言乃命經略一道公至閱麗封以宜當西南夷間道必能干城者可畀虎符得武經大夫雲侯拱守之侯詣帥府受約束公曰惟事事有備無患耳昔佛貍未寇元嘉時盱眙守沈璞以郡居要衝繕城浚隍上下皆謂過計及魏兵南向所至赤地而大將臧質獨藉璞城以挫虜往事明驗可見已今置于其鄰獨不當爲徹桑計耶侯奉命惟謹至宜顧城陋不足恃則經營距郡弍里而近有山環遶皆峭壁懸厓内可容萬竈飛泉石井取汲不竭侯熟視嘆曰壁險無踰此

矣亟聞于公：以聞　廟堂得　旨以幣百萬下之郡鳩工計材伐石畚土因山之勢聯絡而城之周遭一千八百餘丈爲墻櫛如爲門翼如恐與山相繆山之前下瞰龍江後倚天河四面形勝屹然完成□鉤衝肉薄無所施也凡州縣治寨舍糗糧器械峙積之所咸備而侯未以民遷姑徙附邑宜山治隸爲然宜民知保生聚者亦莫不適有居用永地于茲新城又以見侯之是役非獨地利人和從可知矣役始於乙卯季春之望訖於仲冬之朔指授規畫侯必躬必親其董而相之者䟦從事鍾嶅文學掾林均清遠節度推官顏得遇也城成以其

砌疊皆石乃名鐵城圖上帥府寶文公命應德記之夫王公設險以守其國地不能自爲險也而設險則人力存焉重門擊柝以待暴客爲暴者不必有也而特吾有以待之易前民用豈我厚誣今宜得侯爲保障重門設險豈特無脣齒憂彼竊伏草莽竢時覦釁者將不復作噫亦意造物設是久而有待於侯之來也亦意南方當無狄患而侯之遂築斯城也侯關表老將熟更戰守自領郡後閱丁壯治戈甲明斥堠結蕃鄰爲宜備無不周城其大可書者伐柯匪斧所以成侯之役者誰與胡公名穎字叔獻長沙人文武伯也今又被　命入奏是歲

日長至奉議郎通判靜江軍府兼管內勸農事借緋黃應德記岳麓何應文書奉議郎　特差充廣南西路經略安撫司叅議官張埏篆蓋

宜州鐵城頌

高一丈廣六尺廿行行三十八字字徑二寸許横額題宜州鐵城頌五字俱正書在宜山

恭惟我

宋聖作明述上同堯舜代天子民無間遠邇肆我

皇上家視天下比以　朝紳之議論制閫之申明皆謂韃暨雲南而西廣首當其衝旣　命寶文胡公爲帥復以宜當西南夷間道　特命總管雲公出守斯土爲保

障計公至自帥府寶文公授以籌邊方略設險守國以爲經久之規公奉　命惟謹始入郡觀郡城之東龍江之北四面石壁環遶且襟山帶河有關中百二形勝遂聞于寶文公轉聞于　朝得　旨以幣百萬建爲鐵城其成也不資屋宇之覆蓋不勞後人之葺理其堅如鐵之不可擊而破其高如天之不可階而升新舊之異殆霄壤焉外夷聞風且將褫其魄而奪之氣矣何幹腹之慮哉其保衛宜民實與天地相爲久長故四民同爲之頌刋諸鐵城石崖以紀其無窮之績云頌曰

惟天惠民惟辟奉天惟臣承辟于蕃于宜　明明天子

不我遐弃　新命帥臣經略西事永惟宜陽外控西夷
居廣之衝實爲藩籬蠢爾狂韃謀幹吾腹　天子曰吁
保障誰屬迺眷　西顧疇咨虎臣帥臣迺言雲公其人
天子曰俞俾鎮斯土安邊立功外禦其侮公拜稽首
曰往欽哉徒御嘽嘽惠然肯來自公來宜奉　命悉
力熟觀地形設險守國迺經迺營因山爲城石壁回環
屹然天成雙流淼淼如帶斯遶惟石巖巖角立崖表諸
關宏修高無與儔內容萬竈外扼咽喉四面如鐵形勝
卓絕車不得馳騎不得列牢不可破險不可夷雖有賁
育勇無所施迺立府庫儲財積粟細柳分屯兵食俱足

復用石工鑿井于中山下出泉源源不窮重城外維下
瞰淵水東西對峙摩空玉壘郡邑既遷廨宇森嚴民居
雲集接棟連簷道更坦履其直如矢懋遷有無日中爲
市猗歟我公盡心竭忠指授規畫必親必躬賢哉長幕
暨郡文學同我倅車贊籌帷幄以衛宜民民咸賴之安
堵樂業春臺熙熙虜人聞風心寒股慄屏迹而遁邊境
寧謐宜山峩峩龍水湯湯鐵城之功山高水長四民交
歡磨崖刊頌億萬斯年永戴我
宋寶祐四年三月吉日刊

右宜州鐵城頌在宜山縣案明統志鐵城在慶遠
府城北三里宋寶祐間築黃應德作記頌即此碑
也龍江在府城北石岸峭險東流經柳象潯藤梧
等州至廣州入南海相傳江道如龍故名碑所謂
龍江者即其地碑云郡城之東明統志謂在府北
恐未得實記文云後倚天河案唐置宜州領縣有
龍水天河蓋皆以水命名也宋史理宗紀寶祐四
年五月羅民鬼國遣報思播言大元兵屯大理國
取道西南將大入邊詔以銀萬兩使思播結約羅
鬼爲援碑所謂韃警雲南者即其事紀書於四年
五月城築於三年秋者元兵窺伺桂管宜州首當

其衝預爲設險未有攻掠之事史可不書至四年
五月以羅鬼遣報乃書之非有異也記云湻祐以
來傳雲南有韃患朝廷重我南鄙移師戍之案湻
祐六年桂林撤戍記云湻祐乙巳聖天子以□侵
大理豫戒不虞詔京湖大制閫調兵戍廣諸軍以
十月二十六日抵桂林邊境肅清警報不至至次
年春得旨撤戍湻祐九年犒賞庫記云皇帝嗣統
二十有四年疆吏來告□將蔡雲南以剟我南鄙
□馳驛召豫梁董公鎮桂州即碑所云移師戍之
也胡穎宋史有傳云湘潭人此云長沙者舉其郡

也碑云時目郎官轉對上前不言何職傳亦但云
授京秩而已其爲寶文閣學士傳亦不載碑云得
武經大夫雲拱守之武經大夫元豐以後之制郎
西京左藏庫使也清遠軍節度在融水張埏字叔
信鄱陽人見慶元四年水月洞詩刻其龍隱岩詩
後又署稱番陽銀峯張埏叔信詎郡弍里而近詎
乃距之誤悉與山相繆句疑有脫文或誤于鵲禠
時耶甲戌九月海琴自桂旋湘以頌文見詒不見
撰書人名疑其失拓越月張敏吾又寄裝本記頌
各一册乃知頌後不列書撰人者已見於記也記

作于三年長至頌文當亦同時所作頌刊于四年
三月記文當亦同時所刻

錄用勳裔御札碑

高三尺七寸廣三尺九行行十字字徑七分行書篆額二行題皇帝御札四字在湖州府署

虞廷之賞延于世漢氏之官長子孫春秋謂成季之勳
宣孟之忠而無後爲善者懼矣朕慨思
開國以來勳臣之裔有能世濟其美而不能世其祿者
仰所在州軍體訪得 明具以實聞以備錄用
付三省 押 封

按咸淳臨安志此詔在寶祐四年十二月錄用勳裔

戒飭贓吏二詔下有丞相臣程元鳳等跋所謂勳臣
無後則示以錄用之寵貪風之㱡則申以戒飭之嚴
又曰紹興則有佐命元勳訪用子孫之詔隆興則有
貪饕無厭抵法不赦之詔皆并二詔以立言又云特
降睿旨許令立石是二詔當時皆有刻石而今獨傳
此者必有惡其害已而去之者矣兩浙金石志

再來石題字

高四尺二寸五分廣二尺九寸三大字字徑尺許年月六字字徑二寸五六分正書

再來石

開慶已未夏題

右題字見年月而不見人名年月上紙不全整疑
失拓也

重建逸老堂碑并陰

高四尺六寸廣三尺一寸十八行行四十字字徑七分正書閒雜行筆篆額題重建佚老堂記在鄞縣

逸老堂者紹興十四年郡守莫侯將所創并爲文以記
之者也其義蓋摘李太白所云四明逸老賀知章之語
按賀公字季真唐開元十三年爲禮部侍郎集賢院學
士肅宗升儲副授秘書監太子賓客天寶初移疾請爲
道士還鄉里詔賜剡川居焉剡隸越鄞故越封部公亦
自號四明狂客故侯締堂爰蠱於是邦之月湖且合太

白而紀之謂二公皆抱氣識之全者也然以予觀之太
白初見明皇倨傲鮮腆待高力士輩若奴僕其氣眞可
以揮斥八極驅役羣動而其末也乃陷於永王璘之黨
毋亦氣有餘而識未足耶季眞遭時遇主彈指可都顯
位忽飄然引去人知其爲高而不知其所以高也於是
肅宗之八品已瞭然於季眞胸中矣使與相終始則靈
武之事犯父子之大倫季眞亦將不能逃萬世之責易
曰知幾其神乎季眞有焉又豈止於蠛蠓富貴涕唾卿
相而已哉此之謂眞識而非徒氣之所能爲也是堂之
建迨今一百十五年矣屋老圮壞屢葺屢頹片瓦尺椽

幾無存者予領郡之二年始克鼎新之規模宏敞視昔
稍異因求季眞之像于越繪而龕之且誄以詞述以贊
用詔永久俾邦之人士景淸風而企芳躅或少裨於風
教云爾嗚呼自有天地以來上下數千百年其間據權
位擅勢利呼吸禍福顧盼榮辱以狂走盲趨一世之人
者不知其幾矣未幾聲消迹滅影響無聞甚者流腥遺
臭有孝子慈孫百世莫之能改迺若孤標勁節之士身
沒而名愈彰千載之下雖漁人樵子亦爲之興起不以
時遷世換而二其心也爲士者宜知所擇矣堂既成面
對涵虛館表裏及東西兩橋并繕治之輪奐丹雘皆粲

然華美要不可無以敘歲月於是乎書開慶元年秋七
月癸卯朔觀文殿大學士銀靑光祿大夫沿海制置大
使判慶元軍府事兼管內勸農使金陵郡開國公食邑
五千九百戶食實封一千七百戶吳潛記
中散大夫直秘閣致仕歷陽縣開國男食邑三百戶
賜紫金魚袋張卽之書
降朝散大夫直寶章閣祥符縣開國男食邑三百戶
賜紫金魚袋趙汝楳題□

陳□刊

碑陰

畫象上方題贊十四行行十字字徑七分正書雜行體

山林之士去不可挽市朝之士出不知返矯矯
先生高明遠視可仕則仕可止則止粵惟二疏輔導漢
元作其郎位旋以飄然粵惟
先生師傅唐肅太陽未升去之已速前疎後賀夫豈不
情知幾識微以全令名狂非眞狂醉非眞醉詩侶酒徒
亦復爾爾四明之陽月白山空平湖萬頃今古淸風
金陵吳潛贊

椶堂在府治西南又有涵虛觀舊志皆不載紹興閻
守莫將建以祀季眞太白開慶守吳潛更新之文意

頗有軒輊亦不可易也張郎之字温夫慶元六年以父孝伯蔭授承務郎中散大夫直祕閣學士善翰墨師歐陽率更晚年益超悟　右晝象上刻贊語在逸老堂記之陰潛既作前記復爲此贊不及太白猶是前文意也兩浙金石志

兩浙金石志載此碑釋紀爲祀因謂莫將建堂以祀季眞太白誤矣碑文剝泐據志補之吳潛字毅夫柔勝子宋史有傳

吳文震元石詩

高二尺廣三尺詩八行行七字字徑二寸款一行十一字字徑一寸五分分書跋九行行廿四字字徑五分行書在道州

卷石之中有道存巖巖氣象峻于天巍乎近取舜爲法
卓爾如羣孔在莓跨六鼇頭觀戴極出羣龍首要承乾
聖門所重非科第向上工夫合勉旃

景酉㳂權郡南海吳文震題

泮宮頂羣石中有嶄然特立者舊以狀元山□之夷泉吳先生以湘倅攝郡□學因□□怡然自得□詩□首□唱占鼇頭世□以是爲□今　先生詩旨以廣大高□□□問孔爲□睎顏爲□爾是□賢而聖由□而天□□□□□□□平萬物之表出類拔

萃□無愧元□之元彼謂□□□生□□歸矣昔元刺史遊右溪遊濂泉□□詩以勸學者□□□□狀元山而詩以刻之詔承學於不朽眞無愧古人□□□郡博□徐權□□外郡營道尉攝教晉溢□□謹跋學正□淸朝直學義允之蔣寅發掌儀何元淸司部鄧□□敬登□□

右詩九行八分書用唐法跋行草書九行似坐位稿在道州元山吳文震州志佚其名金石審

右吳文震元石詩在道州元山山在州治西半里儒學後形家謂主州中人文亦名狀元山相近爲虞山元次山嘗立舜廟於其地此刻湖南通志失採永志載此多闕譌玆據石本錄之直學掌儀司部諸名目他處罕見景酉景定二年辛酉也石上尙有楊某五律詩一刻恐是宋以後人

封天曹猛將敕

高一尺四寸五分廣二尺二寸十四行行十六字字徑六分行書在蘇州府

皇帝勑曰國以民爲本民實比於干城民以食爲天食猶重於金玉是以后稷教之稼嗇周人畫之井田民命之所由生也自我
皇祖神宗列聖相承迨茲數葉朕嗣鴻基夙夜惕若遹

年以來飛蝗犯境漸食嘉禾宵旰懷憂無以為也
黎元恣怨末如之何民不能袪吏不能捕賴爾神
力掃蕩無餘上感其恩下懷其惠爾故提舉江州
太平興國宮淮南江東西浙四制置使劉錡今特
勑封為揚威侯天曹猛將之神尔其佃□郡庶血
食一方故勑
景定四年三月八日

劉錡宋史有傳字信叔德順軍人五行志淯祐二年五月兩淮蝗景定三年八月兩浙蝗文所謂邇年以來飛蝗犯境也

濂溪書院額并表記碑

高九尺六寸廣五尺六寸弟一截兩行行三字字徑一尺五寸中一行四字尾一行十六字次截四十六行行十九字字徑五分末截四十二行行十八字字徑五分均正書篆額題皇帝御書四字在道州

道州濂溪書院　緝熙殿書 上蓋篆璽其上有壬戌二字小印

濂溪書院掌　御書臣李挺祖恭摹並篆額 上截

臣允恭言正月貳拾陸日準尙書省劄拾貳月叁日恭奉
宣諭指揮降下
御書道州濂溪書院額壹軸給賜本州臣即已躬率闔
郡官僚恭詣道左迎接望
闕謝

恩祇受訖者伏以
星奎啓運洪儒傑出於濂原
雲漢為章
綠字煥新於黌宇
鸞廻
鳳翥魚躍鳶飛臣允恭惶懼惶懼頓首頓首臣恭惟
我宋之右文乃有臣頤之倡道接孔孟之墜緒闡圖書
之正宗睠是舂陵實其鄉國田園數畝
元豐之書昇尙存林壑一邱
治平之題墨猶在况道郡得名之非偶而濂溪為保以

至今　臣曩職采芹茲叨分竹念書塾之興凡歷幾載何
御扁之賜獨一九江願惟父母之邦未沐
帝王之寵闕然鉅典鬱若輿情不量遠地之微臣妄覬
上天之妙筆　奏函朝上
宸翰夕頒
昭回六字之晶炗
鼓舞一方之衿佩茲蓋伏遇
皇帝陛下緝熙聖學
表章儒先襲
前朝之美謚曰元昔

舉易名之典屈
天子之尊
臨于學輦
加通祀之儀
煥乎
麗藻之文
賁此維桑之里臣祇承
懱畫如對
龍顏
結霧

霏煙永作九疑之
輝映光風霽月喜同多士以詠歸臣無任瞻
天望
聖激切屏營之至謹奉表稱
謝以
聞臣允恭惶懼惶懼頓首頓首謹言景定肆年貳月日朝
奉郎差權知道州軍州兼管內勸農營田事充管界沿
邊溪峒都巡檢使借緋臣楊允恭上表以上中截
臣伏讀
國史

建隆三年壬戌
車駕再幸國子監
詔增葺祠宇塑先聖先儒像
上自贊孔顏又
詔立十六戟於文宣王廟門猗歟休哉此千萬世立國
之本原也
開寶以後嵩嶽睢廬四書院相繼刱立黌被
寵綏而文風日益盛矣至于
天禧間元氣胥會時則九疑之下舂陵之墟有臣頤者
出不繇師傅默契道體建圖著書上以繼孔孟之絕學

下以啟伊洛之正傳然後數千百年俗儒之習異端之
教功利權謀之說始不足以惑世而誣民
我朝治體之粹所以參帝王陋漢唐者實在乎此中間
雖歷艱難變故之會而人心之正理固存中國之正統
固常尊安也恭惟
皇帝陛下同符
藝祖
臨御以來
崇儒重道之典視
前朝為大備用能

再立人極重開庚申循環之運歲壬戌冬
御緝熙殿
親灑道州濂溪書院六大字以旌道學之源
奎畫渙頒溪山改觀蓋百年所望而不可得者臣不佞
思以承
天休而侈
君賜爰建傑閣以珍藏闢臺門而摹揭勒諸琬琰貽諸
億萬與天地日月同垂無極載念舊塾規制狹陋非稱
乃拓地鳩工凡祠宇講堂齋舍咸新之既成則集郡士
相與勉之曰

國家之建書院
宸筆之表道州豈徒為觀美乎豈使之專習文詞為決
科利祿計乎蓋欲成就人才將以傳斯道而濟斯民也
士之由是路出入是門者盍亦果確用工希賢希聖庶
不負
聖天子立道作人之意景定四年七月朔朝奉郎差權
知道州軍州兼管內勸農營田事充管界沿邊溪峒都
巡檢使借緋臣楊允恭謹拜手稽首恭書

景定御書道州濂溪書院額碑在道州濂溪書院前
碑亭中篆額皇帝御書四字作二行下刻道州濂溪
書院六大字字徑尺餘正書作二行行中書緝熙殿
書四字亦正書字徑寸許字上鈐一印文曰御書之
寶其上又有壬戌二字兩圓章方寸餘六大字之後
小正書一行云濂溪書院掌御書臣李珽祖恭摹并
篆額其下一截刻知道州楊允恭謝表四十四行又
下一截刻允恭建御書閣及新祠宇記四十二行皆
小正書周元公晚以疾求知南康軍因家廬山蓮華
峯下前有溪合於湓江取營道所居濂溪以名之後
人剏書院於其地遂名濂溪書院道州書院之名亦
曰濂溪故允恭表文云念書院之興凡歷幾載何御

扁之賜獨一九江又記文云用能再立人極重開庚
申循環之運者理宗以開慶二年庚申改元景定與
宋太祖建隆元年太歲干支同也宋初朝臣出守列
郡號權知軍州事遂後止稱知某州事無權字矣此
允恭題銜又云差權知道州軍州蓋又南宋末年之
制也沿邊溪峒都巡檢本武職宋制沿邊州郡帥兼
此官故允恭銜稱充管界沿邊溪峒都巡檢使又云
借緋者宋制連率職司節鎮支郡倅貳服色未至而
應假借者服紫止曰借紫服緋止曰借緋又云兼管
內勸農營田事者乃南宋紹興以後之制也唐設度

支營田使宋之營田時因兵火後民多失業官爲募人耕之量收租利初以鎭撫宣撫等使兼管營田官紹興七年更令以監司兼領見繫年要錄監司者節度以下觀察團練等使也宋以其事歸於知軍州故以知軍州兼其事又眞宗天禧中詔諸路提點刑獄加勸農使南宋以後葢亦以知州兼其事故提刑無勸農使之銜矣李挺祖江華人即前書九疑山銘者自稱濂溪書院掌御書臣此官不經見恐即知州所辟未必出自朝命也道州新志謂允恭長沙人景定二年以太學博士兼國子博士出知道州治狀有聞

後擢廣東提刑宋史有楊允恭傳係宋初人官武職卒於眞宗咸平二年此又一人也古泉山館金石文編

右濂溪書院額并表記碑在道州楊允恭嘗立小學於元公故居教養周氏子弟趙櫛夫爲之記見濂溪志祀名宦此碑載湖南省府志闕圖書闕誤作開艱難變故下脫之會二字傳斯道斯誤作師濂溪志亦載此文微有錯誤

楊允恭壽祠記

高五尺九寸廣二尺六寸記二十三行行五十六字字徑六分後四行字數不一正書篆額題判府提刑高峯先生壽祠之記十二字在道州

古者黨有庠術有序國有學皆以教國人至於內睦九族崇一姓則有家塾之教焉三代之盛王宮國都以及閭巷莫不有學人生八歲自王公以下至庶人子弟皆入小學教之以洒掃應對進退之節禮樂射御書數之文十有五歲始入大學教之以窮理正心脩己治人之道或小或大猶階而升不可踰也自利祿之塗開本末之莫究大學之教蹊轍既差至於小學忽而不講古道之不可復其本葢已先失之矣扶世立教之君子安得不重有感於斯

判府提刑高峯先生淳祐丙午以舍選高第典教道州

越十二年又以國子博士剖符竹於茲郡踰年政成化洽謂道爲元公闕里既請

御扁于朝因徹城西書院而鼎新之凡可教國人者規制畢備重念元公百世之師禮當有後一日謁濂溪舊宅頹垣壞壁歲久弗葺且元公之父諫議祠堂列寘他所即語同列曰父子異席恐非所以明有敬命邑宰錢寅翁徹而新之合諫議元公俾祠于正堂就立儒學齋於其右求周氏之族齠齔以上者得二十餘人選族之長主祠提其綱專教諭之責創掌膳之員月給錢糧日足供膳俾可□子佩於此焉□養於此焉就師教

養分而職任專課程嚴而工効速曾未朞月習句讀□
辨偶者皆嶄然見頭角小學之有功於作人蓋如此凡
異姓之子弟願附齋就學者亦瑞焉因奏請濂溪書院

宸奎皆已闢之子　朝斯盛舉也昔我
朝　元祐盛際諸君子聚朝尊崇孔氏之後賜田百頃
置教官一員仍令本州舉有行義人充教諭孔氏子弟
入學者優與供給夫
元公倡道上接洙泗周氏之有後猶孔氏之有後顧曩
之尊崇出於朝廷其規畫也易今之舉行出於州□其

建置也難顧
高峯先生所以惓惓、周氏者不忘　元公也爲　元公
之後者其能忘
高峯乎於是闔周之族議立祠肖像於小學昕夕敬仰
以無忘　高峯之德將與　元公祠宇相爲無窮祠成
□然而謁予求其顛末巽真□爲一日之長實有董教
之責誼不得辭於是諗于衆曰故居之建小學非私周
氏也小學之建壽祠非相容悅也志
元公之志學
元公之學由小學門戶而造大學之閫奧庸非

高峯先生之所望乎昔
元公年十二三志趣高遠釣游溪上吟弄風月灑落光
霽之胸次已備見于此時年二十則行義名稱之有聞
三十則爲二程師矣又觀二程之受學於南安也時明
道年十五伊川年十四師友授受實千古理學之源妙
齡志尚超卓如此今來游小學者必以是立志則□望

元公之睟容目想二程之穎悟日拜
高峯之壽像斯可無愧不然匪惟二三子之憂亦龍山
豸嶺之羞

先生姓楊大名允恭字謙仲長沙人道號高峯先生云
昔景定癸亥良月望日門生迪功郎道州濂溪書院山
長滕巽真記下空
門生迪功郎道州州學教授蕭□□書丹門生宣教郎
知道州營道縣錢寅翁篆蓋學生前衡州學諭充教諭
費□廣居士充郴州□縣缺約四字前□州學諭元鼎孫胡
世昌夢龍宗周從龍附齋前州學直學□之孫歐陽應
圓應成學生周利萬日清天然天祺天錫天澤復春元
春天感天應天福天益天祥天□才□龍□□□□
元隆元迪缺約八字應月應宗應喜□□□訓□□□□

閩安餘富安發應餘伯秀文慶書院齋長周正雷書院
主祠前宗學講書周不比百拜同立石

右楊允恭壽祠記在道州濂溪故里東百餘步田畔辛未冬翟斗南大令始爲予搜得之案志載有濂溪小學碑碑記楊允恭刱立小學以教周氏子弟而不及此碑此碑乃周氏之族感允恭之德建立生祠而滕巽眞爲之記也濂溪志載有此文大同小異要以石本爲正志本於大學之閫奥下節去一句文義未足矣至王宮作王公或小或大或俱作成明有敬敬作教昕夕昕作晰志尙尙作向

則傳寫刋刻之譌也餘不悉述明有敬有字介於明敬之中蓋脫去補入者人名皆擠寫永志官表不載營道縣失採不獨錢寅翁也

存志觀鐘款

拓本高一尺五寸圍六尺七寸記十五行行十三四五字不等字徑一寸題字四行行四字字徑一寸五分俱陽文正書在湖南石門

皇宋澧州石門縣臨澧鄉小瓊村善溪保王家谷土地
分居奉
眞秘籙嗣法弟子功德主 王帷慶同妻向氏七娘男
子俊子卿新婦張氏度氏孫安國安泰安智安喜安尙
等謹施家財壹伯貫鑄造洪鐘一所捨入本觀燒香祝
延
聖壽上祈祖禰孤魂同齊利樂鄉閭肅靜物阜時康
太歲甲子景定伍年正月上元吉日本觀開山住持道
士李夢庚 謹題
勸緣存志觀住持道士兼管內道正羅 德明 施錢
叁貫足下空
王 子卿 施錢三貫足
鑄匠蕭與同母彭氏九娘施錢伍貫足
皇帝萬歲

重臣千秋
文武官僚
常居祿位

本存志觀鐘不知何時飛來道光五年知縣何正機飭砌磚圍環護題曰飛來鐘其上鑄文係宋理宗景定五年正月上元臨澧鄉小瓊村王惟慶施鑄住持李夢庚羅德明鑄匠蕭與一一可攷製造工緻字跡古雅閱六百餘年卧於露地不鏽苔蘚亦不侵眞奇異也舊志作眉山寺款式點畫殘缺者誤石門縣續志

右存志觀鐘款在石門縣清泉寺志云存志觀在

對河東南十餘里清泉寺在縣城隍廟東唐時刱建案鐘於何時移置殆不可攷何正機以為飛來當是里巷傳聞故神其說耳臨澧鄉今猶仍舊名在縣南小𤱶村善溪保王家谷無可指證保即今之堡字捨入本觀入字反刻似人

杜甫墓門題額

高七寸廣二尺九寸四行行二字字徑三寸許前後各一行行六字字徑一寸五分俱正書在耒陽

有唐工部杜公之墓

景定癸亥夏孟　縣令王禾立石

右杜甫墓門題額在耒陽湖南通志題作杜工部

墓碑禾誤作和選舉志有王禾宜章人淳熙十四年王容榜進士疑即其人通籍後巳七十餘年矣案舊唐書杜甫傳云甫游衡山寓居耒陽啗牛肉白酒一夕而卒於耒陽元和志云宋武子嗣業自耒陽還甫柩歸葬於偃師縣元微之撰墓志亦云子美歸葬偃師是杜墓不在耒陽也然韓昌黎題杜墳詩云今春偶客耒陽路悽慘去尋江上墓則耒陽自有杜墓矣杜工部祠堂記云子美出瞿塘下江陵登岳陽樓覽衡嶽抵耒陽適江水暴漲為熊濤所漂僅得遺韡因壘土築虛冢瘞之一統志云唐工部員外郎杜拾遺襄陽杜甫墓在縣北韡洲上耒陽志云杜甫墓在縣治北二里解縉有詩云蔡倫池上霧如紙杜老祠前秋日黃為問韡洲江上水流傳三日到衡陽若溪漁隱云大抵賢者所在人各引以為重不妨耒陽自葬子美之遺韡而嗣業所葬元稹所志乃在鞏縣首陽可不必聚辨也斯言近之矣湖南通志謂柩雖遷而冢未嘗毀理或然耳

唐興殿記并陰

斷缺高存一尺七寸廣存一尺八寸三分十九行行存字不一字徑六分餘正書篆額橫列唐興殿記四字在嘉定安亭鎮菩提寺

佛者西方之聖人也譚性空缺下漢明帝時始流及中國而天缺下而為道場作衆生福地廣居大缺下物有新故時有廢興雖曰由數缺下梁天監末始給寺額因孫軍毀缺下朝至道初朱仁幹復募緣造殿缺下構殆將廢矣□彼佛相裝嚴者缺下通所謂衆生福地者從何而至缺下無緣之慈行不捨之惠振頽綱缺下丹刻畫飛輪奐離立金姿寶相缺下智者目之而心悟愚者覩之而缺下東方斯時也有如是人缺下歸棲真息心成彼功德如缺下生切利天其在此歟然缺下攝如是之速哉其經營缺下□於落成恐年月

之□（下缺此後二行漫滅）縣丞蕭河□（下缺）

碑陰

十三行行約三十字字徑四分許前後大字各一行俱行書

行在尚書禮部

㩗平江府嘉□縣菩提寺□□僧懷楚狀右懷楚等本
寺自梁朝（下缺）□□□額菩提□後因□大士道場一
方雨賜祈禱□雾尃施□延□□（下缺）（上缺約十三字）素輕怕□
□□活□□不前豈謂近□（下缺）被□尉（約缺六字）動輒數
百（約缺三字）時生下□久佔僧房需索百出甚□□毀堂殿
□□便於烹炮見者□□□心□□阻攔遝行吊縛狠

狽萬狀殆不勝言昨於宝祐年□破（缺九字）越經使府□
訴得蒙趙觀文鈞判巡尉□□□傳□人□取□□□
巡尉具□追解三名□□□等決剌案牘未乾豈□配
吏（約缺十六字）將佛殿觀音堂字□□（上缺約十二三字）朝廷立法
官舍僧居（約缺九字）姦庸□滋（缺七字）造化無私□□育物（約缺
四字）愬立見□□□□僧□星□□□利害謹列狀□□
伏□台□符兩浙轉運司嚴□永免□占□泊□事候
台旨夲部除已符運司給牓禁戢外今告示僧懷楚仰
知悉准至指揮

右告示僧懷楚仰知悉

右碑斷折不見撰書人名首行已缺僅存半字幸篆額完具得知爲唐興殿記也碑見於潛研堂目未載碑陰訪碑錄有行在尚書禮部公據疑即是矣碑無年月文有昨於寶祐年語又言案牘未乾當是景定間事宜附理宗末字多缺泐据可見者繹之寺爲土惡所占毀壞需索僧徒不堪其擾訴諸使府懲治剌配三人後復肆行寺僧懷楚再愬諸部符令運司禁戢并以此示付給寺僧因以勒石告示勒石僅見於此寺舊有治平建炎年柱礎題字淳祐年石橋題字今皆不存

八瓊室金石補正卷一百二十終

八瓊室金石補正卷一百二十一

太倉陸增祥撰　男　繼煇校錄
吳興劉承幹覆校

宋四十

崇勝寺雲版款

高廣未詳上方題四字爲一行左右列日月二字字徑二寸許下方題字八行行字不一字徑一寸二分俱正書在巴陵君山

日

岳州洞庭君山崇勝
禪寺本寺今鼎

新命工
皇帝萬歲　建造雲版一面永鎮
山門晨昏香火者
旹歲乙丑咸湻元年
上元吉日住持祖□□

月

鑄士游文彬造

右崇勝寺雲版款在巴陵君山亦張松坪所拔得鑄士之稱它處未見疑是工字

米芾書踏莎行詞刻

分兩截上截高尺許廣一尺六寸十一行行七字八字字徑八九分行書下截高七寸廣一尺七分十三行行十字字徑五分正書在郴州蘇仙嶺

霧失樓臺月迷津渡桃源望斷知何處可堪孤館閉春
寒杜鵑聲裏殘陽樹
驛寄梅花魚傳尺素砌成此恨無重數郴江本自繞郴
山爲誰流下瀟湘去
秦少游辭東坡居士酷愛之云少游已矣雖万人何贖
芾書以上上截

淮海詞東坡語元章筆素號三絕碑騷人詞客得之
寳惜余來守是邦首訪舊刻把玩不置因謁　蘇僊

山少憩白鹿洞口偶披蓁而上有泉出乎兩山之間
於是草創小亭環植桃栽退思唐孫會何異武陵之
境之句慨悟少游桃源望斷知何處之所詠迺命工
以其詞鑱之石壁俏與此景同傳不朽云咸湻丙寅
春辛夘月邵武鄒恭跋以上下截

右秦少游詞米元章行書十一行行八字在郴州下截爲咸湻二年二月郴州守鄒恭跋十三行行十字正書乃記刻此詞之本末也攷黃山谷有跋秦少游踏莎行即此詞也云右少游發郴州回橫州多顧有所屬而作語意極妙似劉夢得楚蜀間詩也又冷齋

夜話云少游到郴州作長短句云云東坡絕愛其尾兩句自書於扇曰少游已矣雖萬人何贖今以石刻校兩家所引詞句有不同處如知何處作無尋處殘陽樹作殘陽暮又郴江本自繞郴山之本作幸似皆當以石刻爲正然據漁隱叢話引詩眼謂淮海小詞云杜鵑聲裏斜陽暮山谷曰此詞高絕但既云斜陽又云暮則重出也欲改斜陽作簾櫳余曰既言孤館閉春寒似無簾櫳公曰亭傳雖未必有簾櫳有亦無害余曰此詞本模寫牢落之狀若曰簾櫳恐損初意先生曰極難得好字當徐思之云云則此句似經後

人改定者豈卽出於元章之手邪又考周益公有跋米元章書秦少游詞云借眼前之景而含萬里不盡之情因古人之法而得三昧自在之力此詞此字所以傳世似亦卽指此刻而言也郴州總志云鄒恭咸淳元年由奉直大夫知郴州而不著其籍貫据此刻知爲邵武人　案斜陽樹明浙板淮海集作斜陽暮徐渭評云王直方詩話載黃山谷惜此詞斜陽暮意欲重易之未得其字今郴志遂作斜陽度此亦何害而病其重也李太白詩睠彼落日暮卽斜陽暮也云云渭所見郴志乃萬歷胡漢本今楊衆阿志已從淮海集改正而不知石刻作殘陽樹也郴州總志載少游此詞題作白鹿洞又載其阮郎歸一闋又云桃花流水溪自蘇仙山中觀之前下其水清瀉經白鹿洞前流入郴江古岸秦觀三詞刊石上云三詞則二詞之外豈尙有一詞俱刻於此邪古泉山館金石文編

湖南通志載此刻脫於是草創小亭環植桃栽十字又誤白鹿洞之鹿爲蓮茲据石正之石有剝蝕仍据志補其闕案鄒恭跋云素號三絕碑則此詞此字本有石刻鄒郴州殆以墨本重模於石壁耳丙頁爲咸淳二年又環植桃栽之栽或以爲李字

於義自順然諦審拓本實是栽也

嘉定學重修大成殿記

高五尺四寸廣二尺六寸十七行行三十一字字徑寸行書篆額題嘉定縣學重修大成殿記十字在嘉定

國家自　慶歷詔州縣立學而學必祀　宣聖明尊師也兵始黃帝農始后稷社始勾龍莫不庭爲壇爲祀之縣雖一雷地無　夫子宫墻可乎有之矣苟其日月徂邁風雨漂搖今茲邑適與壞會弗勤弗治是吾□反不若異端者流其龕廬像設金碧稍漫漶卽十百爲羣奔走謁資求所以還其舊今天下固無富哉縣如曰吾方

治賦聽訟姑舍是則朔告丁奠仰梁而摧俯柱而腐於心何如哉嘉定縣創學未五十年大成殿寖圮今桐川守常君楙爲宰請于府得没官租市鏹具木瓦甓將召匠以鐵幕行史君俊卿踵其後至則鳩工度材斧鋸交作始乙丑春仲閲五旬殿宇顯敞廟貌崇嚴有門櫺星有橋跨水主學唐君夢翔佐其決學正王子昭相其勞爲工千一百五十餘楮二千九百餘米石三十餘既告成邑士相與言曰物之成與壞者數也能俾壞復成者人也今茲常君規之史君成之一新是殿矣繼今以後安得復如二君捐已俸倡諸寓公使是殿久而常新者

哉且尊師有殿而養士無廩柰何史君遂撥其功德寺田七十六畝有奇曰是爲後之繕脩備給縣之廢庵田六十二畝有奇曰是爲士之供億用於是邑士嘉常君之始謀感史君之終惠以余嘗繳粃是邦也合辭請志歲月余惟唐陸衡山爲縣人立　宣聖廟學堂少陵過而詩其事余老矣弗克賡少陵作爲邑士賀辱徵文其敢以蕪陋辭咸淳二年夏四月朝散大夫新除祕書省著作郎兼國子司業兼　景獻府教授林䕫記通直郎知平江府嘉定縣主管勸農公事兼軍正趙　纂書并立石

邑人徐僎鐫

嘉定縣學重修大成殿記咸淳二年夏四月林應炎記趙崇嶔書并立石行書在縣學篆額五行字徑三寸許記十七行行卌一字字徑寸許吳郡金石目

潛研堂金石目載有常楙憩宮偶成詩刻在嘉定縣集仙宮地經兵燹片瓦不存錢叔魯爲予按訪之無可蹤迹矣此記內有常楙爲宰語附識於此

濂溪大富橋記

高七尺廣三尺二寸十八行行三十九字字徑一寸正書篆額題濂溪故居大富橋記八字在道州

道州營道縣西出郭二十里有村曰濂溪樓田保

元公故居實在焉未至故居二百餘步有水縈紆隱隱如青羅帶者濂源溪流也溪之上有小石梁橫跨乎青羅帶者大富橋也吾傳以爲　元公秊十三時釣遊之所其然豈其然邪余牧舂陵春秋行舍菜禮每謁故居兒童□□□□□□□則□信乎其然也於是周覽山川徘徊左右顧瞻遺像生色凜然爲之嘆曰盛矣元公父子祖孫道義之尊鄉　夫子之宮墻闕里也然窻櫺几格龕帷服用色色弊陋殊非所以尊崇之意□前有□□□創小學以爲教育周氏子孫之地而於故居似未加詳爲余誤□□比來希藏請益甚欲一新□

□□□□□□□□□其一二而又不能并其橋與亭而
新之是余一大欠事也一日周之子孫主祠者天□□
□□起而□余曰先生既嘉賁故居之儀式矣橋則天
祺將□月倖而新之矣亭□未創不可□□以□□出
□垂後來天祺竊有請焉余應之曰龍山豸嶺之崟峩
濂溪營水之□□鍾而生　元公焉上以□□□於往
聖下以開後覺於將來其功蓋不在孔子下少年釣遊
於此意豈專在魚邪□亦與予釣而不綱者同一意余
何言哉既而思之曰　元公之道無得而名然橋不名
釣遊而名大富其義安在□讀易通而得之有曰天地

閒有至貴至富可愛可求非富乎又曰見□大則心泰
非富之大乎夫富□也富貴之富小也道義之富大也
見其大則忘其小志於道義則富貴不足道大哉富乎
其道義之富乎此橋之所以名也登斯橋者毋以釣遊
藉口蓋有得於言外之□云咸淳丙寅七月既望中奉
大夫知道州軍州事兼管內勸農營田使充管界沿邊
溪洞都巡檢使高安縣開國男食邑三百戶借緋趙□
夫記迪功郎道州州學教授權通判事彭□□書迪功
郎道州永明縣主學權濂溪書院山長王景□立石□
□書院掌　御書李挺祖篆□

主祠周正雷濂溪裔周利萬周□□□□□□
□□周雷中□□論下缺

右濂溪大富橋記在道州濂溪故里祠大門之右
辛未冬翟斗南大令始爲予搜得之惜椎拓草率
不盡明顯嘗託友人再拓精本以補遺闕案濂溪
八景其一曰石橋晚釣即此橋也濂溪志載此記
文於每謂故居兒童下卽綴記末登斯橋者二語
殊不了了宜据碑補足之又撰文人名志作檄夫
而審視拓本似是棉夫姑從其闕

嘉定縣學田租記

高二尺五寸五分廣一尺六寸十二行行廿四字字徑六分正書在嘉定

吕誤蒙
朝旨易命主教始見士廩不繼尋訪田籍漫無可攷遂
委前廡躬行阡陌逐一挨究淂田壹千叁伯陸拾貳畝
貳步租叁伯玖拾壹石肆斗捌升捌合內叁伯貳拾叁
畝貳角貳拾步租肆拾壹□肆斗捌合□　捌縣高令
尹請于　府淺崑山縣庠分到內壹伯肆畝壹角玖步
租伍拾陸石伍斗乃　郡太守編修鄒公發俸資置到
餘皆本學陸續添置此邑瀕江枕海田多租薄又淂
學正東祁王君首撥已産添助而四明漁川史宰撥田

繼之共計柒伯柒拾叁畝肆拾伍步租貳伯肆拾肆石貳斗柒升自此教養粗給宮墻重新是皆諸公力也爰行將替去敬述大畧而鑱之石庶來者之有稽焉咸淳丙寅七月既望開山冷官合沙唐　夔書

嘉定縣學田租記咸淳丙寅七月既望合沙唐夢翔正書十二行字徑六七分在縣學 吳郡金石目

濂溪陳夫人墓表

高三尺五寸廣二尺七寸中一行九字字徑五寸餘左右各一行行八字字徑四寸餘正書在道州

嗚呼濂溪陳夫人之墓

諫議其子元公其孫

咸淳戊辰清明立表

右陳夫人墓表在道州城西十五里樓田案永志周智强墓在道州營樂鄉安心砦碑佚此即智强之夫人元公之祖母也墓在樓田不識即安心砦否周輔成大中祥符八年進士賀州桂嶺令以子元公貴贈諫議大夫碑故云諫議其子也

渠渡廟封益靈公告

高一尺七寸五分兩截前三行另一敕尾此敕十六行行七字八字徑八分行書銜名共十六行字徑四分正書敕尾共四行行書篆額高一尺廣一尺七寸四分四行行二字題崇福昭貺益靈公告八字字徑二寸五分在武岡

主管院　斗祥 書正

書令史周　景炎 書正

景定四年四月二十九日 押 行書此封昭貺公敕尾也前已缺佚

勅武岡軍靈濟廟崇福昭貺公朕務民之義先成民而後致力於神有能福吾民者雖在遐壤不敢忘爾神以公爵廟食都梁尚矣都梁之民謂比歲雨暘嚮荅除其疵癘誦神之功不置其何愛美號而不以慰都梁之民哉可特封崇福昭貺益靈公　奉

勅如右牒到奉行

咸淳五年六月十一日 以上行書

太傅平章軍國重事魏國公　似道 以上上截

左　丞　相 缺下

右　丞　相 缺下

兼　權　給　事　中　□缺

兼　權　直　舍　人　院

七月九日午時都事沈　大能

司農少卿右司郎中時暫書擬禮房孝陳　缺

太傅平章軍國重事魏國公　似缺

左　丞　相　缺

右　丞　相　缺

吏　部　尚　書　缺

吏　部　侍　郎　缺　以上正書

告崇福昭貺益靈公奉

勑如右符到奉行　此三行行書

主事劉　舉源

令史葉　起宗

書令史吳　若水

主管院　酋大　以上正書

咸淳五年七　下缺　此行行書

右渠渡廟封益靈公告在武岡前三行係封昭貺

公敕尾餘當在上截而未之見也餘詳前靈濟廟牒跋尾

大鑒禪師殿記

高四尺五寸廣二尺六寸十九行行廿五字字徑一寸一分上題六祖大鑒禪師殿記並正書在廣東廣州府

廣州光孝寺大鑒禪師殿記

大鑒禪師顯跡於唐至　我宋益昌今光孝寺菩提樹是師落髮瘞風幡堂是師說法履遺趾如在故粹子因為祖師殿以安厥靈歲久蠹生重以鬱攸為變遂成荒址歲在己巳住持僧祖中重新起造既成而請記于余余曰謂禪師以四句偈傳衣正以菩提無樹明鏡非臺今為之殿宇而加像設焉淂無惹塵埃乎師又謂心不著法道即通流心若著法乃成自縛晨香夕燈之奉為著法乎為不著法乎請者未有以對余語之曰道無古今佛無去来謂師為存而不沒乎自唐迄今幾七百年世界如寒暑遷人生如花葉擾逝水何可挽也謂師為沒而不存乎庭前之木榦擾根存堂中之僧貌殊性一群瞻列跪何見而恭敬口誦心惟何慕而歸依飲水知源自覺自悟師豈遠乎哉惟番禺大都會也禪師大道場也地大則衆雜而俗厖道大則教行而類應師初出

遠遊而終返于是豈無說邪以燦照法解炎氛毒然則僧家為殿以崇之吾握筆為汝記之皆善緣也咸淳五年十一月初七日華文閣直學士通奉大夫廣南東路經略安撫使馬步軍都總管兼知廣州軍州事無管內勸農使陳宗禮記朝散大夫提舉廣南東路常平義倉茶鹽公事兼權運判冷應澂題蓋宣教郎知廣州南海縣主管勸農公事兼弓手寨兵軍正王應麟書

建安陳士可刻

右廣州光孝寺大鑒禪師殿記陳宗禮記冷應澂題蓋王應麟書書頗有法嶺南人以爲王伯厚筆也伯

厚以淯祐元年登進士寶祐四年中博學宏辭科至
度宗時名位已高無緣出爲縣令宋史本傳亦不云
知南海縣疑别是一人與伯厚同姓名者耳後讀宋
潛溪集有封承事耶給事中王公穀墓版文其祖應
麟知南海縣事碑郎此人所書乃泉州晉江人非浚
儀王氏也宗禮字立之應澂字公定宋史皆有傳潛研
堂金石文跋尾

度宗字民銘并謝表

高六尺四寸廣三尺五寸上層銘六行行七字字徑寸餘行書中層表四十六行行十八字下層跋卅六行行廿二字字徑五分俱正書篆額題御製宸翰四字在零陵

字民銘

涖事必公拊民必惠邇者有訓命既切至咨爾令長守

以勿墜宣朕實意斯爲愷悌以上上截行書

第一行銜名已鈋 言恭準

頒賜

御製

字民銘 □ 已望

闕祗受鋟石訖者伏以

天頒

一札父毋斯民地重八慿子男之國

咨尒承宣之令

懋哉撫字之心 □□ 惶懼惶懼頓首頓首若稽

我朝洪惟

理考

予告汝

訓

必廉忠而公勤爾聽

朕言

以恭寬而體恕

霆驚百里

膏沐萬芳

垂

寔言於

後人

式克□□

今日恭惟

皇帝陛下

堯仁

舜德

周誥

商盤
念
先王之
惠困窮
首嚴飭吏
謂縣正之掌政令無易□□
誕渙□於
德音
重巽申於
明命□假爲邑長祇在宅生治石磨刊□與銘於肺腑

□城保障敢不竭於懇忱臣無任贍
天望
聖激切屏營之至所有錄石
宸翰墨本壹軸謹隨
表上
進以
聞□□惶懼惶懼頓首頓首謹言
咸滈柒年肆月日　燕臣上表　以上中截
嘗觀
先朝名臣作邑以視民如子四字置諸座右朝省夕觀

至矣哉字人者之龜鑑乎洪惟
本朝
以仁立國
以□□□
以禮義廉耻淑士大夫曁我
理皇揭
字民一訓
儆于有位于以
陶四十一年之盛治而
開百千萬世之太平

皇上嗣無疆大歷服
念念在民
一日行天下一兩遭
舉廉
戢貪
幾詔小大之臣各欽乃職猶懼弗蕆
咸滈庚午
親製字民訓越數日
洊製字民銘
天筆肆頒

雲漢昭回萬姓咸曰
大哉
王言又曰
一哉
王心□代賢男邦昭受
明詔厥有感於先臣龍學肅昔在
天禧出宰臨邛縣削木爲櫝施信於民而民信之□不
肖懼不克牽乃祖攸行謹拜手稽首對揚
王休陽城有言撫字心勞催科政拙此近民者所當加
之意苟違此

銘
天厭之
天厭之
咸淳柒年肆月日　燕堅龍百拜恭跋
咸淳七年四月迪功郎權永州零陵縣事燕堅龍撰
表見零陵縣武志銘見宗志湖南通志

右篆額四字銘行書五行下二層表正書四十五行豐碑螭首環以雲龍立零陵縣儀門燕堅龍燕肅之孫肅知臨邛削木爲櫝事見宋史本傳肅子度孫瑛皆有傳瑛死靖康之難其家累世以忠節循良著聞觀其後跋可謂不隕家聲者矣金石

右度宗字民銘并謝表在零陵縣官署前案史咸淳六年正月丁卯御製字民牧民二訓以戒百官而於製銘則略之表云親製字民訓越數日滸製字民銘可以補史之闕表有洪惟理考云云跋亦有暨我理皇揭字民一訓之語事在寶祐四年三月燕肅曹州人字穆之以著作佐郎知臨邛縣最後進龍圖閣直學士知潁州終禮部侍郎故表稱龍學也永州志載此刻銘內溢誤作臨表內謂作讀渙作敷申作稟隨作奉均誤並鈌石與銘三字

跋內覩誤慨至誤大其下并脫矣字蓖誤能滸誤復加下脫之字柒作七肆作四餘不計又湖廣通志云燕堅龍知零陵縣民苦吏追攝乃刻木爲櫝凡訟有連逮者書其姓名使自召之作字民銘刻石縣治則誤以此銘爲堅龍所作矣湖南通志因之未能改正至刻木爲櫝一節疑卽燕肅之事而誤屬於堅龍也抑嘗仿行之邪

長沙趙滑璵等題名
高四尺八寸廣四尺七寸八行行九字至十一字字徑五寸許正書
咸淳壬申□月廿有□□長沙趙滑璵洛□□□夫潼

川袁□□□□□永嘉□□□□□建業楊德俊金
華宋辟□眘朱玉國目金□□□□□孫璠侍損
之□□□借

右題名未知所在壬申爲咸淳八年所拓似未全
非缺下截即失拓末行也

咸淳甎文

長六寸一分廣二寸三分二行又下方一大字字徑□分正書反文左行在陽湖吕氏

敕前制使待制□□□任内咸淳玖年伍月造　使押

崇勝寺鐘銘記

高圓未計四十九行行字不一字徑寸許又大字四行行四字字徑三寸許俱正書在巴陵君山

江河往來船居笄請鈔商蔡廷玉祖貫淮西路黄州黄
陂縣木蘭山之東天淨港人也考君念九評事妣親柳
氏太孺人家傳宦裔歷世此邦昔日紹定壬辰歲後□
□□境□踐鄉閭遂絜累偕室田氏三娘寓居江上懋
遷鹾石爲資生計幾四十春荆楚江浙之間多所涉歷
歲亦勞止汔可小康雖不復家山之舊幸粗置田園於
天岳之邦非曰能之要皆洪造之陰覆也癸酉夏月既
望艤舟自常武而下泊於君山之濵崇勝無禪袥老一
棹來訪談邊首以化緣洪鐘爲請因思鐘之爲物廼香
火緣中之大器能力成之抑亦美事故不敢辭不虞是
夕風濤暴作四舟之梱載者蕩然東西翌日以次尋獲
略無毁失中有一舟自漂去後越三日忽得之君山西
之中湖意其所載必成烏有徐啟其扃視其物歸然具
存想是時也大澤之側豈無睥睨者在而終不敢發若
有神物之呵護其旁危而安失而得造物之垂佑愈昭
昭矣後命梟氏亟鑄以酬許心青銅六百緡之貲又奚
敢吝今來陰相一鼓而成揭鎮佛寺碩大聲宏穹示明
鑒□及幽明上超考妣下延後人永嗣其響大叩大鳴
銘勲自此祿倍其榮兹述其槩以爲歲月之識云

岳州洞庭君山崇勝禪寺新鑄鐘銘

洞庭君山之勝聞天下飛昇秋月第一湖山拱揖於
寺之左右水雲繚繞夐隔塵世開慶巳未火于兵頑
石老一新之無禪相厥成補其勳又五年乃克大備
而洪鐘尚咽微撞命予疏其語以求諸檀閭見欣施
而蔡叟者願一力而成之遂遣僧慧寧往鸚洲就善
工鑄之謂不可無紀楞伽雲溪知祖爲之銘曰

天岳形　枕洞庭　屹君山　萬古青
殿突兀　樓峥嶸　頑石創　無禪成
冶洪鐘　震禪扃　透幽宫　徹太清
擾蛟龍　御雲英　以眼聞　在心聽

大夢覺　羣迷惺　是功德　難可名
福檀施　壽帝齡　誰表之　我作銘
太歲甲戌咸淳拾年四月八日圓成謹題
勸緣前住當山無禪　如祐
當代住持傳法沙門平軒　法坦
法靜　法安　廣祐　廣興　法寶　法雲　宗珎
宗忠　宗詮　德材　宗福　宗惠　宗定　宗
德　宗隆　惠坦　紹鎡　師榮　廣洪　繼□
智空　智深　崇禮　惠空　善德　師濟　德惠
善裕　崇覺　法源

頭首寮元師吉　知殿　廣淨　藏主妙□　首座
□□
知事典座宗成　維那　竟本　副事德　監寺普
明　都寺祖鑒
前住當山東堂　慈渶
前住持勸緣沙門　如祐　當代住持沙門　法坦
江河往來舟居周諒同室　戴氏
岳州巴陵縣晉捨財徐安國　項友諒
鄂州江夏縣孟城居大制府帳前葉智造
新鐘煩待輕手撞

皇帝萬歲　文武千秋　風調雨順　國泰民安　以上四行列於四棱之閒

右崇勝寺鐘銘記在巴陵蔡廷玉泊舟洞庭爲風浪所漂散旋獲無恙乃鑄鐘酬願以紀其事而知祖爲之銘其大略如此一統志君山寺在縣西南君山上卽崇勝寺也舊名楚興湖南通志但稱寺爲晉建厥後無聞讀此紀知宋理宗時幾廢而復興也文云開慶已未火于兵宋史本紀不言及岳而列女傳言開慶元年元兵至岳州韓氏女希孟被掠赴水死是寺燬于火正在其時也鐘在寺門

外平地湘人無知之者岳州太守張松坪始披得之蔡叟事在癸酉鐘成於甲戌今松坪於癸酉冬披拓甲戌春持以餉余亦巧合矣

鈷鉧潭三字并詩

題字高二尺八寸五分廣一尺三字字徑八寸許正書詩刻高一尺三寸廣一尺四寸前四行行五字字徑寸許後三行行七字字徑五分俱行書

鈷鉧潭

常聞南郭智　未識北山愚　試問溪中水　潺〻只自如
癸酉中冬既望日□□□□□過永州□□

愚溪在永城河西問鈷鉧潭所在僧指曰上行二百

步即是石上勒字可據余竊疑焉土人引至溪邊有危石斜立果勒鈷鉧潭三大字讀柳子厚記西山西北道二百步得鈷鉧潭西山去此尚二里之遥况山川形勢與柳文俱不合意鈷鉧潭當別有所在或因陵谷變遷失其舊處俗流不學妄爲傳會遂指此當之邪零陵縣志錢邦芑遊記

巨石色如黧鑿鈷鉧潭三字斗大柳河東先生所製也厓旁有詩剝落隱存癸酉二字里老劉國樑前白能記此詩常聞南郭智未識北山愚試問溪中水潺潺只原作郎誤自如河東信手拈句不拘韻脚邪勒於唐

時之癸酉無疑因和之而更其末韻許蚓游記

案詩果爲河東作未可知但五言絶句乃古體不應繩以近體詩韻竹隱豈未深究邪江昱瀟湘聽雨錄

案河東集不見此詩又宋汪藻柳先生祠堂記云先生以永貞元年自尚書郎貶永州司馬至元和九年詔追赴都復出爲柳州刺史葢先生居零陵者十年攷永貞元年乙酉至元和九年甲午其中並無癸酉則此詩殆後人所題也湖南通志

右鈷鉧潭題字并詩通志次於唐元和年閒葢以柳蚓之言指爲河東所製也攷柳文惠年譜貞元九年癸酉先生登進士第無由至永決非河東所製縣志謂俗流傅會殆非無見余以筆意審之當是宋人所爲題字與詩亦非一人手筆詩句頗疑是元祐癸酉邢恕所題然無可證姑系諸宋末以俟再攷

大陽堠石刻

拓本高三尺五寸廣二尺存二行行各三字字徑八寸正書在長沙

儀制令　大陽堠

霧陽鄉石碑即古大陽市舊官道田閒有一碑上題儀制令大陽堠正書六大字作二行字徑七八寸下

刻小正書約五行字徑寸七八分前二行云賤避貴少避長輕避重去避來每行六字後有一行磨滅不可辨又後一行存縣尉二字又後一行存縣尉吳三字餘皆漫漶未見年月攷宋史孔承恭傳云嘗疏請令州縣長吏詢訪耆老求知民間疾苦吏治得失及舉令文賤避貴少避長輕避重去避來請詔京邑并諸州於要害處設木牌刻其字違者論如律上皆爲行之則賤避貴云云本係宋初令文碑所題儀制令是也惟傳言設木牌刻其字而據事物紀原則云刻石其說互異今石碑現存豈史傳有誤與古泉山館金石文編

右大陽堠石刻距嘉慶末未及周甲而賤避貴數行絶無一字可見石固剝蝕殆拓工率劣故邪姑就所見錄之案陝西略陽有此刻系濇熙辛丑立石武授堂有跋云東都事略太宗紀太平興國八年正月甲申詔曰傳云能以禮讓爲國乎何有宜令開封府及諸州於衝要處設榜刻儀制令論如律宋史孔承恭傳嘗上疏舉令賤避貴少避長輕避重去避來請詔京兆並諸州於要害處設木牌刻其字違者論如律然則此令爲宋律舊文起於上旨榜之要衢固當宋初已有此制然當時未刻

於石也癸辛雜誌載律云去避來之文太宗嘗問孔承恭曰令文宗貴賤長輕各有相避何必又云去避來此義安在承恭曰此必戒於去來者互相避耳蓋承恭又申上問爲申律意如此但如宗貴賤長輕於義不相屬皆傳刻脫誤之過非周氏故書也祥案余所見本長輕之下有重字而承恭均作恭承是別一本也亦非周氏原書金石續編有跋云此令爲宋律舊文榜請要害通衢始設木牌後因刻石詳見武授堂金石文字跋然則此制始於宋初太宗之詔因承恭疏請也予見唐六典禮部載凡行路之間賤避貴少避老輕避重去避來宋制實仿於此武氏未之攷耳祥案癸辛雜識又云余嘗扣之棘市老吏云所謂去避來蓋避自我後來者以其人自後奔走而來此必有急事故耳故當避之也此語亦甚有理余謂此語亦未盡協太宗以承恭之言爲不然曰恐律者別有他意老吏之言亦猶是耳

蒼公墓記

高四尺一寸廣一尺六寸兩截上段記十二行行十八字下方詩九行行七字字徑寸正書間雜行體橫額題蒼公碑三字字徑二寸許行書在白水

蒼公墓記

夫公者黃帝時諸侯也姓蒼名頡觀鳥跡以始制文字鬼遂夜哭黃帝時白日龍見帝亦乘龍遊行及蒼頡造書龍皆潛藏白日上天而去以有文字恐人書畫之而鬼哭龍藏也蒼公者黃帝時史官也蒼公即古文篆書是蒼頡傳云兗州西南八十里有蒼公修學之臺即古今存焉倉公墓者葬在雍州東北上同州界白水縣東北彭衙城是也下空

黃帝墓者坊州內即古今喬陵是也

蒼公墓志譯古今文

黃絹幼婦外孫虀曰　以上上段

詩曰

鳳凰□勢蔭文□
軒轅□□□金□
東望□山□□谷
西臨洛□□文宣
巫山□□南遷□
北□□龍□水連
每到季春□明節
後代儒□各□先

右蒼公墓記記文首云夫公者黃帝時諸侯也下

又云蒼公者黃帝時史官也後又云黃帝墓者坊州内郎古今喬陵是也殊不可解最後又有蒼公墓志譯古今文黃絹幼婦外孫齏臼十六字下方有題詩一首碑式甚奇碑無撰書人姓名亦無年月文云上同州界白水縣攷魏書地形志白水屬白水郡西魏改置同州無上同州之稱殆屬上句讀也雍州東北上言東北境上耳其下有坊州内之文坊州係唐武德二年所置宋因之筠清館附宋末從之漢書藝文志有蒼頡傳一卷

季文題名

高一尺八寸廣五寸二行行字不一字徑一寸二分正書左行

弟季文偕至此時戊辰歲八月初四日

右題名未知所在季文爲何人之弟戊辰爲何代亦無由攷疑拓本未全也

有鄰等題名

高一尺廣二尺二寸九行前五行行二字字長徑四寸後四行行三字字長徑二寸篆書在臨桂

有鄰中規專弌朙中子浩
戊寅歲晉弌月三趦同迋

右題名未詳何所篆法圓渾當出北宋人手而不見於廣西通志有鄰五人亦不見於他刻戊寅何

代無從懸擬錄附宋末再考莚古文日字見汗簡

開府儀同三司殘碑

存高一尺二寸二分廣一尺八寸八分十三行行存字不一字徑寸許行書在洛陽

□□悌根缺下
□非鬼責□缺下
□□朝家倫缺下
開府儀同三司太□缺下
之配何氏號菖□夫缺下
□寔生望郎空下
宜公之室□國太夫缺下

婦聽與郵典俱茂恭下缺

□虔飭　□下缺

□固巳熹旦爽閎散下缺

□□昭宣使恩州□下缺

□武以沉謀懿勲制下缺

□煩干城之秀裕父下缺

□□□□□□□□下缺

右殘碑在洛陽存古閣僅存十三行上下均已斷缺不見姓名年月中有開府儀同三司字卽以題之昭宣使或郎宣撫宣諭之類筆意頗近北海碑

書旦字不作𣅜或是宋刻

西銘殘石

存四行行字不一字徑五分許分書在道州

秀也凡天

生無告者也于時保

悖德害仁曰賊

事親

右西銘殘石近在道州出土隸法健勁頗得漢人筆意檢閱湖南通志並無西銘之刻不知何人手筆然決非宋以後物也如式錄之以竢再考據性

理精義所載無告上是而字與此不同案四川舊志云張子西銘宋學士介冑手書刻之東岩今失是宋時固有入石者矣

毗陵殘碑

存三塊高廣不計七行字徑寸許正書在洛陽

□地□

吳謝理　岳均

外祖宰　毗陵

□天女□之□以上二石上截存九字下截存五字

得斯淨域□

□其從宅務善於

□可依故選勝於自得至於三行爲一石以上弟三石

右殘碑存卅字又弟四行女下存水旁半字弟六行其上存下半田字文云得斯淨域云徙宅云選勝蓋釋氏所爲者無可標題中有毗陵字卽以名之

十九年殘碑

高廣不計存五行行字不一字徑七八分許正書在洛陽

□狎也如此其性靈也如彼

月十四日生以十九年十月四日卒

于茲日居月諸力微疾漸臨命
□目而顧思旋瞑心而終矣尊
上缺□朝遠思樊盖

右殘碑亦誌石之類繹其語意似爲埋犬作者無可標識以其卒於十九年也卽以十九年題之以上二刻均在洛陽存古閣筆意非宋以後物附宋末

洪公碣額

拓本高一尺二寸廣一尺六寸存橫額十二字字徑二寸許正書在嘉定

宋故閤門寄班祗候洪公之墓

右洪公墓碣在嘉定縣西北鄉朱魏土地廟文已摩滅不可識唯額題十二字尚完好攷宋史職官志東西上閤門篇有祗候十有二人又增置重班祗候六人無所謂寄班者而入內內侍省篇有云嘉定初詔內侍省陳乞恩例親屬充寄班祗候以十年爲限似南渡後乃有寄班之名後讀續通鑑長編天禧四年四月丁酉詔寄班祗候自今準三班使臣所定年限考課又檢宋史石普傳十歲給事邸中以謹信見親補寄班祗候劉文質傳以左班殿直遷西頭供奉官寄班祗候張昭遠傳擢左班殿直寄班祗候乃知眞仁兩朝已有寄班祗候職官志漏而不書耳潛研堂跋尾

朱魏廟神座下嵌此石廣不及二尺上方橫題十二字下有文十行不可辨末有哀子某泣血撰數字於父稱哀頗與古合洪公名不可攷土人云墓去廟約里許吳郡金石目

石巳中裂文盡曼滅所謂哀子某泣血撰者無一字可見卽行數亦不能定矣

焦公誌葢

高一尺五分廣一尺二行行三字字長徑三寸篆書在洛陽存古閣

宋焦公墓誌銘

長安縣君志葢

方二尺六寸四行行三字字長徑五寸篆書在平江

宋故長安縣君□陽氏□誌銘

右石葢存誌佚左角亦已損缺乙亥十月從麻竹師索得之竹師云墓在平江縣西七十里井安寺古驛道旁山名鯉魚背甲戌冬土人掘得墓磚有長安君字相駴以秦墓亟遣人物色之得此石葢宋歐陽夫人墓也

黃帝鍼經殘刻

高廣莫考存三截上截存十一行行存字不等中截存十三行行十六字下截存十二行行二三字不等

正書
□
足太陽脉
□喎鼻多清
生白膜鍼入
此行無字
□分足太陽脉
鼻塞悶偏風□
鍼入三分留七
此行無字

□在通天後
治青風內以上截
月血□今土引□不畏風十女□
□髎二穴在耳前兊髮下横動脉□□陽
脉氣所發治□□引急頭重痛耳中嘈
嘈頷頰腫鍼入七分可灸三壯
聽會二穴在耳前陷中上關下一寸動脉
宛宛中□口得之手少陽脉氣所發治
耳聾耳中狀如蟬聲通耳食牙車脱臼
相離一二寸□□側卧張口取之鍼入

七分留三寸得氣卽寫不須補灸亦良
日可灸五壯至二七壯止十日後依前
報灸之卽愈忌食動風生冷猪魚物等
耳門二穴在耳前起肉當耳缺者治耳有
膿汁出生瘡瞳□□耳耳鳴如蟬聲□以上中截
月□
痛婦人□
膀胱腧
一寸
脊痛

少氣
脚□
中膂□
下□
腸
得
灸
右碑不知所在上下殘損復多坼裂刻鍼灸諸法
三截間以花紋案耀州有石刻大小三種相傳爲
孫思邈千金方此非其類

八瓊室金石補正卷一百二十一終

吳興劉氏希古樓刊

八瓊室金石補正卷一百二十二

太倉陸增祥撰　男　繼煇校錄
吳興劉承幹覆校

遼

經幢三種俱正書

薦福大師尊勝幢記

拓本高三尺一寸八面面廣四寸五分各四行行廿九三十一字不等字徑七分正書在京師憫忠寺

上曼患約十一字盛□陁羅尼　前攝遼興軍觀察巡官王進

思書額并刻字

上曼患約十二字大□敬造尊勝陀羅尼幢記

吳興劉氏希古樓刊

上曼患不知幾字□州司馬劉贊述

上曼患約廿一字後来以文武才能燕國

上曼患約廿一字曰若生女不可於塵

上曼患約三字生即大□也□□□□□□□□□□□□□□□□共十三

樂出家值太原蓮花

上曼患約五字住持□□□□□□□□□□□□□□□下空

大師□□□□□□□□□□□□□□□□□三年□受學□將隣

二載乃具尸羅念戒

□時□□□□□□□□枍時燕□□瞢□□□名

閭近大臣官長執持禁

上曼患約十二字故司徒令公衣錦晝行閭名敬喜齋僧署副
曼患約十六字下空
上曼患約十五字重價誠難遏於高名天祿中下空
上曼患約十五字闍梨□□□貴主染衣礼爲和尚忍□
更□於法苑惡風轉扇於佛宮寺衆以□□□□悲傷
瞻敬請爲殿主實仗其
大師乃特力添粧迫謂精粹聿修厥德咸與□新及下空
我□駕幸幽都躬選名行敬加師号薦福淵□自是漸
捨衣盂設僧尼大會
請僧轉大藏經一遍供養洞中羅漢一筵□□□□北

雪南金又何以比大師
快利也又造七寶瓔珞及銀如意上施奉福寺文殊真
容蓋與同伴尼瓊深
□□□尼先　大師之七年歸淨土矣同心同德有
始有終且非智力超於□
□□□□如是之行願乎更塑□□寺□下功德一龕
甚爲希有暇日忽語□
者□□□佛殿雖親自添補修飾砌□尚慮未足爲周
倫矣言訖置之欄楯□
上曼患約六字大師□□□□□□□□□莊嚴者也於戲內持

八法外護七支
上曼患約五字三界即學無學□未離捨此生□因緣矣即以
應麻七年六月二
上曼患約五字疾奄化于本院□□堂春□□十□□臘五十
四門人副貞大德承進
上曼患約八字次曰承□□□□□□□□□□並秀金石齊
堅稟法無雙
上曼患約廿二字地洟日依印度法□□
上曼患約廿二字葬之勝地金鈴響亮□
上曼患約廿二字託刊斯文行業繁多直

上曼患約二十字日壬午丁時□下空

遼薦福大師造尊勝經幢記劉贇撰王進思正書應麻七年六月立在閔忠寺京畿金石考

右幢上截曼患每行末約亦缺一二字分行錄之幢爲薦福而造薦福十三出家天祿中爲殿主莊嚴佛象遼主加號爲薦福殁於應麻七年六月其門人承進等爲之營葬因敘述行業而立斯幢造幢者承進諸人京畿金石攷以爲薦福所造殆非末行年月僅存日壬午丁時五字莫由定爲何時係諸應麻七年六月可也應麻七年當後周顯德

四年世宗即位之三年

雲州刺史李翊等尊勝幢記 高三尺七寸五分八面四面廣七寸二分四面廣四寸三分行字不一前四面經後四面記每面行四十一至四十六字字徑七八分弟一面經文上方題額奉爲先亡父母特建尊勝陁羅尼幢十四字字徑一寸三分均正書在京師阜成門外大路北衍法寺

佛說佛頂尊勝陁羅尼

唐開元三朝灌頂國師和尚特進鴻臚卿開府儀同三司肅國公食邑二千戸實封三百戸贈司空謚大辯正大廣智大興善寺三藏沙門不空奉　詔譯

特建尊勝陁羅尼幢記

伏聞護明下降爰欲度於四生　調御出興遂震搖於六種恒施慈念廣運悲心示方便於三乘發弘誓於四願教之惠施作苦海之津梁化以歸依指迷途之徑路比爲常弘釋梵永濟人天遷神忽現於緣周示跡故留於遺法遂有封祑於堂殿或乃刊勒於碑幢諷之者福不唐捐誦之者功超逺刼若乃輕埃霑處微影覆時非惟獲果於未來兼亦除殃於過去者莫若佛頂尊勝陁羅尼矣翊爰從稚齒幸忝趨庭才逾辯李之年旋稟學詩之訓遂乃自強不息温故知新礪鈆刃而不愧雕虫望金科而將期中鵠豈爲禍從天降運與願違立身才始於弱冠倏尓俄鍾於何怙迯後董幃孫閤悉捐子夏之書日往月來但泣高柴之血其奈世同石火時若電光傷嗟未復於劬骸荏苒旋逾於終制遂乃捫心靜筭滌慮沉思深慙於聖代甘閑又耻於明時虛度是以編聪陋唱採綴蕪詞　相庭始叙於行藏侯府驟昇於蓮幕粉幃蘭省數年而幸忝優遊典郡倅戎兩鎮而課經履歷至若貳留三使仗鉞擁旌蓋嚴訓之所致也今於墳所建斯幢者奉爲厲　考妣之亡靈也亡考長官世襲簪裾性惟清慎守謙恭則無菸五常蘊敏惠則洞閑三教爰因筮仕著功勤而早遂利名不顧字人歎

徒勞而歸終里社亡妣夫人浮陽茂族鄗曾名家稟親教而洞曉婦儀承閨訓而妙熟女史加以現姿態逸從夫之淋慎遐彰儀靜體閑守德之功容備著豈謂因緾微恙莫駐盛顏畏日煦而花露俄零悲風扇而香䰟忽散翊念兹永訣痛切追思早年雖備於送終繼日徒嗟於不追是以特抽靜俸用搆良緣市翠珓於靈巖命竒工於□

帝里發之巧思運彼殊材次皓鶴以翔空列狻猊而繞座匪啚壯麗悉去繁花惟仗□

聖言以資冥魄雲盤雨泛如聞甘露之香寶鐸風搖似

聽苦空之韻多多盛事一一難宣靡託高才貴形實録
伏願鷲禽駿獸依聖影以獲安孝子順孫厲幽靈而勿
替時統和十八年歲次庚子四月戊申朔七日甲寅丙
時建

大同軍節度管內觀察處置使金紫崇祿大夫檢校
太保使持節雲州諸軍事雲州刺史兼御史大夫上
柱國隴西縣開國男食邑三百戶李翊
弟將仕郎守秘書省校書郎　懿

幢爲李翊所建京畿金石攷以爲李懿非李翊史
無傳經咒爲不空所譯不空有碑萃編載其文謚

曰大辯正廣智三藏和尚此又多一大字

慈智大德尊勝幢記 壽昌五年四月十三日 萃編載卷百五十三

因造　鮭聽 造誤作遣 眂不退輪 缺眂字

遼慈智大德師經幢記壽昌五年四月立在慈悲院
陶然亭 京畿金石考

萃編載此題云慈悲菴大德幢記玆據幢首題字
名之壽昌五年當宋哲宗元符二年

丁玉造象題字

高連座三寸二分字在座下環列十九字字徑二分正書在太倉錢氏

開泰二年四月八日丁玉为亡父母敬造象一區

此銅像也題字猶有隋唐遺意

藏掩感應舍利記

高二尺三寸廣一尺三寸五分廿四行行四十八至五十六字不一字徑四分正書

伏聞晞光未顯螢燭爭暉佛日孤明魔弦險羽故我
如來遠布八相弥陰四生接上秀於十重猶下垂於六
道〻成則褒揚 於 聲教諦信蒙資寂滅則碎瀝於遺形
謦首獲益致使佛四分之骸王典八方之塔椌正像央
於覺林遺始末思於暮日乃以呈 祥 月氏騰瑞神州智
光觸於三千碎骨散於沙界彰八彩於異域應現吳宮
放五色於殊方直流漢室致有千花妙塔百鏡靈龕鏡

涉梵□之中影落霄漢之外復知隨文皇帝者降聖軀
於潛龍呈異僧於舍利暨登成握之位每搆生辰之福
寄明每照於龍址孰及稱談祥光時弊於蹄宮誰能盡
訴遂請金餅之內復止水晶瑠璃宮乃封檀塗之中再
煎牛頭沉香水異聖祇謂名僧帰崇紫光燭於乾坤白
毫照於天地以此三十顆而賜三十郡建高勝以遺脩
五十三粒而付五十三州興靈塔而激進又聞弘業寺
塔者五十三中之一爲仁壽二年四月八日之所建也
青山六震紫雲四飛舍利吐異色之光名峯枰殊聲之
響祥花香拂於天宮瑞玉紋現於真像雷電晦暝怖魔

軍以死能風雨蹤横去娭邪而不便故以先援聖以同
居石泉地涌預記賢而共隱天降金刀異澗名花不讓
補錦之地殊野蔾桂未省旃檀之林随林起碎身之塔
印度涌霊文之碑名境交布拎殊方遺形徵覆拎異国
枕罒騂拎金河現百霊拎弘業有緣感應募化殊常可
爲一瞻一礼消塵刼之灾殃一念一稱長無涯之福德
所以行柔等拎大康六年二月十五拎城東井亭院欲
酬法乳之恩遺致生天之路依法建圓寂道場三晝夜
命尉州延慶寺花嚴善與寫卧如像一軀廣列香花燈
燭備修菓木茶湯蹀鈌献讃激拎天宫音樂流聲震拎

地獄幢幡異盖不殊俱尸那邊皓樹奇松何乖娑羅林
内白衣献供若雲闘噎拎霊空緇侶謌音頗海焉浮拎
宇宙神鬼咸楊哀嘆之念烏鵲並舉傷切之心龍牖惡
玉筐之膏馬目落連珠之泪至十八日罷散圓終法肩
真寂異境殊絶非常特現白氣亘天黑雲弥地降絲霖
拎四野之内飛玉雪拎三清之中發行儀拎數里之間
啓焚燒拎五臺之上皓煙吐六銖之香朱焰交五彩之
色燕以暴風忽起若走石吹砂翳韃暫兮擬撥雲見日
故請崇教寺涅盤座主消荼毗兮經使千千八盡含酸
泪放菩提心戒致万万者咸發正覺真心復至二十日

欲收遺灰擬申供養乃見舍利尤多計獲二千餘顆有
若圓珠者或同胡荳犧大小不等諸色各殊蓋是悲願
廓落應現死方利物重降拎遺形随緣再赴拎灰襯又
曾聞聖教傳集名僧異録說諸佛遺形並興塔以供養
衆賢碎骨乃建高勝而虔誠引補修者得道甚多勸慇
鈍而長福援供養者獲果不少榁慠慢以發心由是行
柔雲迥爲照等周罄衣資竭梲淨信命請良匠精辦青
凫計勉日時選定年月用邛山之移力展巨惠之深懷
拎四月四日辛時啓土乃當月二十八日庚時掩蔵是
以砕玉堂水晶宫碧瑕瑠璃外透金質白玉像珊瑚床

黼羅衾内覆真常弥地鬼神永鎮封滿空龍天常守掌
計万口之清塼崛三層之淨塔花鏡以飾頂之妙毬根
乃嚴尖之霊致應浮雲變五色之顔舍利闘三光之艷
草昜黄椁之菜入更金縷之衣盖是我佛感應有露利
物死方值緣斯呈非因且隱幸讐首與供之者盡種五
智之因贍視稱讚之流當獲三身之果余識智淺微學
見彫踈奈以請誠署述云尔
慧化寺故教大師曾孫講經律論沙門　普璣
述　建圓寂辦塔主崇教寺講經律沙門　行柔
門人同辦塔事誦法花經比邱　爲照同建圓寂

辦塔主燕京大延壽寺誦法華經沙門　雲迴雲
居寺講經比邱思迪助緣書同辦塔將仕郎試太子正字王肱男鄉貢進士君儒刻字匠人吳世民　維大康六年歲次庚申四月甲午
朔二十八日庚時藏掩感應舍利記

東作使造象記

象高一尺二寸題字一行六十一字字徑二分正書在南海光孝寺

大康六年八月十六日東作使張楊剌生得小男爽師
留此上鑄藥師佛願亡過父母見在眷屬法界有情生
生見佛世世聞法道心堅固乃至菩提不墮惡趣

右東作使造象在南海光孝寺癸酉七月楊海琴

遊粵搜剔拓寄東作使當是官名不見於胥書職
官志蓋遼物也南海非遼所有殆後人攜往耳楊
下當即利字或剌字

易州淨覺寺碑銘

高七尺六寸廣三尺八寸二十五行行五十七字字徑寸許正書篆額失拓

易州太寍山淨覺寺碑銘
太中大夫充昭文館直學士知諸宮制置使護軍開
國侯邢　希古　撰
當寺前校勘法師沙門　志延　書并篆額在前行下
高陽踞西北四十里有山聳峙雄壯亘疊相傾嵐翠突
然而秀出者太寍峯也下枕重麓爽塏疏朗棟宇爲
而宏麗者淨覺寺也本諸經始乃沙門制止俗高其悳
稱曰呂上人暨門弟子等協力而成矣初上人跋履雲
山處基定舍一造兹境有嘉遯息塵之意因周覽舊跡
則□相之書□□□遺址在焉因顧謂其徒曰地不終
否興其有時此山豁嶂且深而郡城復邇奔馳勢利者
罕至成集勝緣者易至實化俗之福庭忘情之道苑締
構之志繇此興焉師與門人等勗衆勵徒披榛闢莽順
凶度其形勢占景揆其晦朔申畫經圖率有規制然誠
修則物應利久則計從事既順宜人皆傾附故能財悅

其施藝獻其功智者慮謀能者幹事役者盡其力作者
忘其勞以至匠無輟勤材不乏用崇正殿爲瞻仰之所
營西堂作演道之場敞其門闥備遊禮也高其亭宇延
賓侶也次有重龕峻室疎牖清軒石竇雲庵松扃薜榻
雖寒暑昏曉更變迭至而禪誦安居人無不適又引北
隅之溜泉歷曲砌虛亭滌垢揚清響透林壑寺之背迴
嶠層巒隱映形狀峭拔直起而高者曰積翠屏其下特
構小殿即遇道吟臺之故地西北深而復高者乃柏梯
上方也煙蘿蔭窈隥陌回盤古有亻壇叢柏尚茂巖壁
四向卓立萬仞青聳接天空翠分色風雷之所吐納日

月之所蔽虧脱落竢塵此非常境西有乳水洞洞豁而
深石藥垂生四時凝滴盛暑或入涼氣射人冉隙金坡
口即蔚蘿去來之會路非帶奇峯嶺亦山民樵採之危
棧東顧平陸原野曠焱易水漿圻蒼莽在目槩舉而談
其遠致殊覽幽邃勝絕若斯之極餘則不待言而可詳
矣況地秉藂𠥘林秉豺虎冬則陽岫匿暄易凝沍之慘
夏則玄巖增凜袪歊暑之躁而又積霖不淖大隧秉塵
東石潔而清草木香而異騰猿馴獸人狎不驚太寧之
英其實有爲且謂古之僧居本惟蘭若寂靜乘雜遠離
俗鄙近世興修多名都大邑併肆兼閭但以丹雘相陵

奇巧務勝貪冒之徒皆奔走之曾不知雕修傷□□□
害政茲寺之建土不金碧省費也木不文鏤全朴也陛
不增高因地也栱不重架循制也壯麗而亾奢質素而
匪陋可以歸依可以長久是故君子美之邇來清心高
志暨名行著聞祈出離者罔不結廬爲棲身之宅今繼
邑上人綱紀其事者有弟子講經與慈大德賜紫諦航
冉奬京左街僧録判官文勝大師賜紫義銖冉奬京三
學律選師崇範大德郎聞法信弘福諦永等皆象賢蘊
素嗣惠含和拯濟利生爲人表式寺之造始重 十八
年也告成之時清寧二年也粤明年特以成績録之聞

天詔賜淨覺爲額夫物盛則
廢來事久則弊起此有爲旋相必至之勢保乃終吉存
乎其人後之劇者毋易故以求其新毋增華以變其本
楹棟毋廣廣則重補葺之憂彩繪毋繁繁爲速渝變之
弊僧 在和勿限其衆寡事貴興利勿辨於自他尊者
主而勿專賢者來而勿拒事屏紛諍心唯宴閑若是而
居乃物外之大方人間之出世者也易郡友人太常少
卿中京副留守梁君瑜常盛言太寧登臨之勝且狀成
寺本末願文於石信諸來者乃爲銘曰
古建招提 連峯構溪 塵跡不到 高人所棲 今

創精舍 侵鄙接樹 俗利相鄰 貪者自暇 覺敞
嚴扃 且幽且靈 雲林蔚尔 山示太寧 材匪雕
斲 既堅既樸 詹楹廓然 寺曰淨覺 地絶囂埃
祥氛曉開 祺祐玄感 諸天密求 僧戶石磴
蕭條靜勝 清梵傳聲 虛谷交應 事備功殫 成
定既難 美而不述 識者何觀 乃樹貞石 銘奇
紀偉 谷岸有遷 芬輝不息
大安二年丙寅八月二十三日建 太原王可
久刻

右碑當在易州京畿金石攷未載

西夏

感通塔碑銘

連額高七尺七寸廣二尺八寸二十五行行七十字字徑八分正書篆額三行□□重修□□寺感□□碑銘十二字字徑二寸三分在甘肅武威

上缺二十六字□智慧因糹□□□揄□□□□□大抵與五常
之教多有相似其實人人深厚令智愚心服歸向信重
狂洋廣博□上缺二十四字起八万四千寶塔奉安舍利報
佛恩重今武威郡塔即其數也自周至晉千有餘載中
間興廢經典莫記張軌稱制□涼治監缺十四字錫宮中數
□靈瑞天錫異其事時有人謂天錫曰昔阿育王奉

佛舍利起塔遍世界中今之宮乃塔之故基之一也天
錫遂捨其宮爲□□其地建塔廻合□□□技類班輸
者來治其事心計神妙準繩特異材用質簡斤蹤斧迹
極其疎略視之如容易可及然歷代工巧營心役思終
不能度其規矩茲塔之建迄今八二十餘年矣　大夏
開國奄有西土涼爲輔郡亦已百載塔之感應不可殫
紀然聽聞詳熟覩之不謬者云嘗有欹仄每欲薦整至
夕皆風雨大作四鄰但聞斧鑿聲質明塔已正矣□是
者再　先后之朝西羌梗邊寇乎涼土是夕亦大雷電
於冥晦中上現瑞燈羌人覩之駭異而退項爲南國失

和乘輿再駕躬行薄伐申命王人稽首潛禱故天兵累
捷蓋冥祐之□矣前年冬涼州地大震因又欹仄守臣
露章具列厥事　詔命營治鳩工未集還復自正今
二聖臨御述繼先烈文昭武肅內外大治天地禋祀必
莊必敬宗廟祭享以時以□□□釋教尤所崇奉近自
畿甸遠及荒要山林磎谷村落坊聚佛宇遺趾隻椽片
瓦但髣髴有存者無不必葺況名迹顯敞古今不泯者
乎故將是塔旌乎前後靈應遂命增飾於是□□率職
百工效技朽者繢者是墁是飾丹雘具設金碧相間輝
耀日月煥然如新麗矣壯矣莫能名狀況武威當四衝

地車徹馬迹輻湊交會日有千數故憧憧之人無不瞻
禮隨喜□□信也茲我　二聖發菩提心大作　佛事
興無邊勝利接引聾瞽日有饒益巍巍室堂真所謂慈
航巨照者矣異哉　佛之去世歲月寖遠其教散漫宗
尚各異然奉之者無不尊重□□嘆雖兇很庸愚亦大
敬信況宿習智慧者哉所以七寶糚嚴爲塔爲廟者有
矣本石瓴甓爲塔爲廟者有矣鎔塑彩繢泥工沙礫無
不爲之故浮圖梵刹遍滿天下然靈應昭然如□□特
異者未之聞也豈　佛之威力獨厚於此耶豈神靈擁
祐有所偏耶不然則我大夏植福深厚　二聖誠德誠

感之所致也營飾之事起癸酉歲六月至甲戌歲正月
厥功告畢其口十五日　詔命慶讃於是用鳴法鼓廣
集有緣兼啓法筵普利群品仍飾僧一大會度僧三十
八人曲赦殊死罪五十四人以旌能事特賜黄金一十
五兩白金五十兩衣著羅帛十口段羅錦雜幡七十對
錢一千緡用爲　佛常住又賜錢千緡穀千斛官作四
戶充番漢僧常住俾晨昏香火者有所資焉二時齋宿
者有所取焉至如殿宇廊廡僧坊禪窟支頽補口口一
物之用者無不仰給焉故所須不匱而福亦無量也乃
詔辞臣俾述梗槩臣等奉　詔辞不獲讓抽毫抒思

謹爲之銘其詞曰
巍巍寶塔　肇基阿育　以因緣故　興無量福
奉安舍利　粧嚴具足　歷載逾千　廢置莫
錄　西涼稱制　王曰張軌　營治宮室　適當
遺址　天錫嗣世　靈瑞數起　應感既彰　塔
復宮毀　大夏開國　奄有涼土　塔之祥異
不可悉數　嘗聞欻仄　神助風雨　每自正焉
得未曾覩　先后臨朝　羌犯涼境　亦有雷
電　暴作昏瞑　燈現煌煌　炳靈彰聖　寇戎
駭異　收迹潜屏　南服不庭　乘輿再討　前
命星使　恭有祈禱　我武既揚　果聞捷報
蓋資冥祐　助乎有道　況屬前冬　壬申歲直
武威地震　塔又震仄　淩雲勢撓　欲治工
億　龍天護持　何假人力　二聖欽崇　再詔
營治　杇者繢者　罔有不備　五彩復煥　金
碧增麗　舊物惟新　所謂勝利　我后我皇
累葉重光　虔奉竺典　必恭必疰　誠因內積
勝果外彰　覺皇妙廕　万壽無疆
天祐民安五年歲次甲戌正月甲戌朔
十五日戊子　建　書番碑旌詑典集

冷批渾嵬名遇　供寫南北章表張政
思書并篆額石匠人員韋移移崖任遇
子康猶
慶寺都大勾當銘賽正褱挨黎臣梁行者乜慶寺都大勾
當卧則囉正兼頂直囉外母囉正律晶賜緋僧卧屈皆
慶寺監修都大勾當三司正右廂孽祖乩介且埋馬皆
慶寺監修都大口當行宮三司正兼聖容寺感通塔兩
衆提擧律晶賜緋僧藥乜永詮修寺准口吳口行宮三
司正湊錄旦吳没兠修塔寺小監行宮三司正栗銘臣
劉周衆崖　修塔寺小監崇聖寺僧口口緋僧令介成庬

護國寺感通塔番漢四衆提舉賜緋僧王那𨓜　修寺
諸匠人監感通塔漢衆僧正賜緋僧酒智清修塔寺監
石碑感通塔漢衆僧副賜緋僧□智宣修塔寺結瓦
上缺劉狗兒石匠左支□□三□　缺　都左□移□伴兄孫
惹子般開奴下缺

西夏自李繼遷之孫元昊建國三傳而至乾順乾順立於宋元祐二年丁卯改元天儀治平又三年庚午改元天祐民安此碑建於天祐民安五年甲戌之正月實爲宋之元祐九年即乾順立之八年也其年四月宋始改元紹聖　筠清館金石記

感通塔番字碑

連額高八尺餘廣二尺九寸二十八行行六十字字徑八分額二行八字字徑二寸五分

原闕

八瓊室金石補正卷一百二十二終

八瓊室金石補正卷一百二十三

太倉陸增祥撰　男　繼輝校錄
吳興劉承幹覆校

金一

南懷州修湯王廟記

高九寸五分廣二尺一寸五分三十七行行十六字字徑四分正書在河內許良鎭

南懷州河內縣□□□□□□□□北村翔修湯王廟記

王者修德以當陽省刑而恤衆是以不特一代之民翕然內嚮其休風偉績亘萬世而無弊矣稽之於古成湯

之有天下也秉籙自天膺圖開國式九圍之命揚一德之光遂良而顯忠綏人而急已日躋乃聖四海之內困而窮者莫不如子而惠之歲旣旱暵命彼編民所以焦心黙慮敕躬齊宿昭告于　上帝甲未及燃而密雲四合甘澤大澍經曰惟德動天無遠弗届渠不信夫宜乎民之戴商今猶古也得不井井懷仁方方慕義卜地建祠四時致祭而未嘗以怠焉河內之北有村名曰許良巷地盡膏腴人頗富庶築居於水竹之間遠眺遥岑增明滴翠眞勝遊之所也粤自宋朝宣和七年本村有稅戶張鄉做維那頭於本村創修其廟不意廟基方就

而遭甲馬至天會四年十一月十二日大軍到此攻圍
懷郡至當月二十四日城破人民投拜之後蝗蝻熾生
盜賊蜂起老幼蕩析率皆驚竄田野之□盡成荊棘迄
天會七年官中召人歸業勒許艮巷上省莊狄家林齊
家莊西吴村併爲一寨衆舉上省莊賈進充爲捉殺因
此荒田復耕頹垣再築不期年而居民安堵遂併力修
完本廟告成命僕作紀僕雖不才然喜導聖人之德意
不獲已輒直書其本末觀者幸 無誚焉天會十四年
十月二十八日進士王定國撰
一捌修暖帳維那頭上省庄稅戶張緒男張迪并立

石■進士張齊古書
一部衆修廟殿人楊昇張在丁元
一管獻殿大木人張權賈準齊壽丁元
一修獻殿椽木結瓦人張寶張义賈謹崔志
一管㙞獻殿地面人邵槳賈全甄立
一施地修□行廊人狄家休程度

經幢九種

□壽造眞言幢記高一尺七寸八面面廣三寸眞言六面字徑寸許題記兩面字徑五六分弟七面三行餘並二行行字不一並正書在涿州

智炬如來心地獄眞言
文殊師利寶藏陁羅尼
生天眞言
普賢菩薩滅罪眞言
往生淨土眞言
大金國燕京涿州司候司□內□□人□□壽
奉 爲 □□ 父 九陁羅尼鎭幢一坐
母魏氏 阿姊成郎婦 男□妻王氏 女王郎婦
小女尼祐哥 長孫和尙 次孫□□ 次孫三和尙
小孫四和尙 天眷二年四月二十一日庚午乙時
建

壽上所缺似是李字

靈巖院尊勝幢并淨琛塔銘高五尺八寸八面面廣五寸八分上截經第一面題尊勝陁羅尼幢六大字七面經第二面五行餘俱四行行廿字字徑寸許下截塔銘第一面題琛公和尙塔銘六大字七面銘序面七行行四十字字徑六分並正書在獲鹿

佛頂尊勝陁羅尼經
玉馬李如珪書 牛應刊
眞定府獲鹿縣靈巖院琛公長老塔銘并序
鄉貢進士馬 泐
承信校尉行沃州高邑縣主簿兼尉雲騎尉賜緋
泐

玉馬淸泐

夫岸實不移因舟行而似動鏡奚能照本垢尽而自明蓋萬□□□一心□□□□□□□□□序圓覺了義經云嗚呼生靈之所以往來者六道也鬼神沉幽□□□戦□□□□□□羅□□□□□□□樂可以整心慮趣菩提者唯人道爲能耳且人之心皆是佛心如其□□□進□□□智□□□□塵淸淨六塵淸淨故而四大亦復如是其證菩提也明矣唯我琛公長老頓覺而□□竟乏□□□

師俗姓王氏定州招賢坊人也幼而失怙然稟性純雅

不好嬉戲加之母教素□鄉□尢爲過人長習班輸運斤之業事母孝聞于州閭一日□□□□□□□□□□長老開演法門發明□果知□□于心不可遠求也乃頓悟曰洗盡無始以來煩惱業障撥開今日已後智慧了心遂頓□俗縁禮□□□□爲師落髮授戒訓法諱曰淨琛自是而後誦經持戒如素習焉惡衣服而卒歲以其□□織之勞捨鞍輿而徒行以其忍鞭驅之苦用於己也儉給於人也足私不積財公能立事言無妄行無僞戒珠圓而瑩徹惠炬明而輝耀超凡越聖前後入空門者罕能及之師見彼院緇徒□衆□□□

□□□□□□□毅然行化於是梵音一唱四衆應之如響蓋以善信厭服於人捨要□損缺十三字仰師之化□与此院先居士珪公有宿習之契時大定

龍飛思福田之滋廣

勑天下禪庵道院特許給名□□聞之以爲太平勝事千載一遇不亦難哉損缺七字居之地海螺山連珠洞及□□□□□乃吾□□□辯之所也然名号未正幸遇

鴻恩唯吾友琛公道業素著吾欲□□□□若何徒□不□□合悉然其議珪公□□□□□□請而後允於大定三年八月廿日公全村衆香花幡鈸迎師至院

□□翌日聞官請二院名額不日獲

勑牒特賜連珠洞爲靈巖院□□□□□□尋各勒石以示永久而不朽焉師既住持崇洞光榮精藍秀潔使法輪常轉宗範顯揚勸化□縁妙應無方來參者以手□額言莫圓遶皆大歡喜師無槃無著如孤雲之來往靜而依山動而濟物或伸或屈一無滯导而自在圓通可行則行可止則止無非□佛之事建立道場者三雲臻海會彌布筵席見者信施聞者傳達以其□宏圓頓之教遍滿諸□而□方□請透曲至於槐陽師迺邇欲返故山衆稽首勉留旦夕請益□淂暫暇時大定十

三年歲次癸巳十二月十二日辛丑在括壁村普淨院
示疾至夕白衆曰吾將逝矣然來則本來有去則本來
無離 諸名相蹈眞涅盤這一段雜劇又做到頭也大衆
伏惟珎重了無作難之色奄然坐蛻諸方聞之無不嗟
異荼毗之日天色晴朗風條不□鳴祖送者千有餘人
環遶而作法事閑維之處靈骨鮮靜光華奪日師享俗
壽七十僧夏三十三法嗣一十人孫一十人本院徒衆
緇□ 杳轙迂靈還院時諸方信士競設香花或 迎或 送
氛豨□□道路之人亦爲之色慘以是月廿四日置靈
於講堂奠饗無輟自師住持十餘年間興 廢補 弊 □□

□□立一事也曾不自矜演一法也未嘗少懈傳施濟
衆而有廣大慈悲之心破邪摧魔而有沈 量 威神之力
教之普照也猶惠日而破諸暗仁而不外也同法雨而
潤群生湛其心兮若柳絮而□□□□□□□蓮花
而不著□□□□□□无□□□□德而不可思依
時兩院大衆同議葬事□□□□□□□曰願分靈
燼各院葬之永爲供祀之所依衆議許之卽建二塔本
院葬院西北山之麓與珪公塔相比□甲午乙卯□□
□□□□□□ 師宗肖 持 師 行狀囑僕爲銘僕辭以
不能愈辭而 愈 □ 僕以先父 皇統年間來宰是邑

与珪公居士有道社之舊義不得固辭姑應來命誌其
實而序之乃□□□銘□
與物破惑　乃佛之德　摧魔定勝　乃佛之力
教自西來　流傳此國　千有餘 年　□□□□
惟公之生　惠性圓明　一悟眞理　頓弃俗情
爰自落髮　誦持無□　前後學□　□得而□
經明行修　星霜幾周　緣化於外　瓶錫而遊
孰与交契　珪公居士　備 □□□　□□至□
請立院名　名定功成　無繫無礙　自在而行
道場雲會　忽厭塵垢　慷慨辭衆　奄然 而逝

分葬何之　□□□□　□□□□　以永歸依
烏飛兎走　天長地久　丹青可□　□□可 朽
大定□四年十月十三日建　□□一十人
□□　□□
門人宗□　宗□　□□　宗□　□□　宗□
□□　監庫僧宗□　管勾僧宗□　住持沙
門宗肖　同立石　石匠何浩　張旺　蘇全
牛政　牛應　河源□牛明刊　□□　助緣
二字在温敦 輔臣之下
武義將軍行眞定府獲鹿縣尉飛騎尉温敦　輔臣

承德郎行真定府獲鹿縣主簿飛騎尉賜緋魚袋王
邦基
安遠大將軍行真定府獲鹿縣令輕車都尉武威郡開
國伯食邑七伯戶石　琛

右碑上截經幢李如珪書下截塔銘字多殘泐寰宇訪碑錄作染公誤又訪碑錄謂景其撰李如珪正書今撰書人姓名已缺標題後一行猶存鄉貢進士馬五字如撰文者係馬姓景其或即其名第三行止存玉馬二字如珪稱貫玉馬則此下泐者當是如珪名

其亦爲如珪所書無疑玉馬地志無攷疑是村鎮之名百官志中縣而下置丞以主簿與尉通領巡捕事下縣不置尉以主簿兼之第二行列銜稱行沃州高邑縣主簿兼尉知高邑在金時爲下縣珪公當即淨珪括壁村普淨院方志不載銘後題名三行可辨者惟宗肩肩有塔銘尚存金史百官志云郡伯舊曰縣伯承安二年更案塔造於大定十四年下距承安二十餘年石琛列銜已稱武威郡開國伯知史志謂更於承安二年者非（常山貞石志）

標題後三行玉馬下有清字可辨清下尚存右旁爭字非淨即靜當爲寺觀之名要即李如珪所署稱如珪其道士之流與常山貞石志載此文唯入道爲能耳脫一道字溫敦上脫飛騎尉三字若何何誤作可□請而後允允誤釋作元其餘未審出者及不甚的者勿述矣

勝果院尊勝幢并惠澄銘（高三尺六寸四面四棱面廣七寸七分各十行棱廣二寸一分各三行弟一面每行廿五字上方題尊勝經幢四大字餘俱三十餘字行書在河內）

加句靈驗尊勝陀羅尼經

沐澗山勝果禪院前住持澄公大師銘

詳夫菩提道場爲三世之果海僧伽蘭若乃九有之福

田亘夷夏以增暉詠古今而綿□諒以三幸吐輝□海彌綸玉毫高蹈於大千梵網耕羅於沙界□若僧稠播運勝果□□三昧遊戲於旃檀萬德調伏於龍象方其珠岸川明寶坊挺秀蓋以激揚道業繼□生□百福莊嚴千佛護念者也何其松籟寒生賢聖並出者也稽夫沐澗山勝果禪院本地□稠禪之所建也嫓維碧嶂村□□陰羣仙隱化□方古佛修行之地殿閣浮空不可□□狀僧徒滿寺非足□數推日升師德之尊歲獲緇童之度時後代革近至顯公良□禪清聽明辨利文武藝學以兼備內外典籍以俱通威稜遠近攝化諸方開

國成□日臻富盛來麻接境水竹連天晚鍾夕皷齋坐
千人夏講冬禪剃度□千其澄公□第七子也師諱惠
澄俗姓孔氏風貞清秀性行端默常居幽僻不樂喧華
父母奇之拊其背曰此兒毛骨異常舉止閑雅誓捨其
子定應出家保綏存亡以資冥福也自幼捨送其院礼
事顯公受業爲師紺髮禪服惟　訓是聽巾箒瓶鉢
之外飲食礼念之餘誦習法華受持无數逮及二十蒙
皇恩普度梵壇卒訓受具戒□僧由是清淨三行業嚴
肅四威儀省定温淸精進□銳復乃自虀衣盂化緣多
衆染碧粧金梵相極於猊座剞珉劖玉石橋壓以鮮波

□然後衆生得以皈依行旅便津涉奉養老送終哀毀
過礼試經法嗣得名而永□□人次有小僧永迁永定
見行考試年臘垂幾七千住持凡經三仕清音嘫〻□
□鏘〻齋戒誦經正念無失臨事堂中果斷大衆畏服
其能一日持書踵門謂□□曰山僧頗有奉託敢以襲
晉行事輙具筆硯載述大綱深爲寄託鄉詎敢□□於
已能直欲警策僧俗激勵後昆而已矣僕諾深嘉義不
當辭况澄公行藏事□耳目所聞見鄉黨所器重復能
於禪誦之外修合湯丸極拔危困遠近病苦皆□安穩
其爲因果可勝言哉雖大師隱默不言藏用功德光澤

鄉里吁忽掩乎禍□大海酌而難名齋沐抽毫勉爲序
銘
尼邱嶽秀兮曉彰天風華栽餘波兮卓稱世碓伏膺淨
典兮冥遣雙空棲遲梵律夫□崇隆孝終師去燈光同
鵬卵聲侔天帝弓三仕住持退自公優曇重開疇繼蹤
德拨□壞揭□□功弥洹沙鑿鼎鍾慈□含靈九有中
淨及草木并昆虫明明千秋月在水慶流□祚垂无窮

明昌元年七月望日　立石　沇水李坦
撰

鄧杲書　李□刊

唯識院文慧普同幢記 高二尺四寸五分八面面廣四寸五分弟一面題佛頂尊勝陁羅尼經幢九字二至五面經各四行至六面前二行止行廿一字字徑七分記題名五行行卅四至卅六字不等字徑五分年月一行字徑六分並正書在元氏開化寺

加句靈驗佛頂尊勝陀羅尼眞言曰
佛頂尊陀羅尼經
開化寺唯識院慧唯識普同經幢記
師本祖欒平縣甘泉鄉重興村俗姓崔師生之百村
皇統二年父崔德 母高氏至沃州贊皇縣南馬村居
住葬立墳營以農桒爲業師至大定三年父母捨送

到元氏縣開化院唯識院出家祇淨和尚爲師具戒
訓到法名文慧遂當院修完南殿內千葉盧舍那佛
一堂後聽習經教并唯識論至明昌二年建壽堂并
普同經幢一坐
□□□習□□　師□□□□　師唯淨
□□□□　唯善　唯仙
大金明昌二年歲次辛亥六月　日　文慧　立石
唯識論見釋藏大乘論中凡二十二卷又有成唯識
論十卷成唯識寶生論五卷大乘唯識論二卷唯識
三十論一卷唯識二十論一卷院名蓋取此常山貞石志

東馮村王順等眞言幢題名高一尺八寸五分八面面廣三寸各二行後四面姓名年月行字大小均不一正書在涿州
生天眞言
破地獄眞言
十俱胝佛母心尼眞言
大金國中都涿州范陽縣孝義鄉東馮村住人王順
妻張氏　長男二子四人
王文貴妻韓氏　男四人　故長男王資　妻句氏
長孫鑄松　妻高氏　六兒　小孫奴兒　故男
善孫　次男王金　妻張氏　女子一名　田郎
婦　玫哥　男王楨　妻張氏　次孫閤兒　妻
張氏　孫女四人　句郎婦　李郎婦　何
郎婦　董郎婦
明昌二年九月十五日建
馬遂舒佶等殘幢記高存一尺三寸至六寸不等八面面廣三寸行字均不一字徑六分正書
缺□爲□□□國□民□□缺山□立爲□□授□
□奉□公訁□直缺□□□□□福□□如雲□龍
□□缺北□□□□□今則缺同□戶□□軍缺□□
□村□庄保功見□□□□□□□缺心□□□獻

香□新□自備石缺□□違致有□□久矣徵□後空一行
缺歲次辛酉夏六月丙辰朔壬申日建缺□馬馬遂
右□舒佶缺□許□六□施主周□缺□
□陳辛訁家□□缺□羊□男□立缺□□□□
□陳五缺□家□缺□景眞□□□□□此後小字五行
漫滅殆盡惟末行有承安二字可辨
石旣斷折字又多泐姑就可辨者錄之首行弟一
字似鳳又似惪未可遽定年月後一行云□馬馬
遂右□舒佶馬上所缺似是司字馬遂舒佶當是
造幢姓氏据以標題可也造幢年月存歲次辛酉

夏六月丙辰朔壬申日建十四字拓本籤題云唐
開元石幢案開元九年七月丙午朔則六月朔日
非丙子卽丁丑不直丙辰蓋未深考矣文內不避
民字恐非唐石末行有承安二字當是金刻惟辛
酉改元泰和未甚胳合家無遼史朔考一書未能
攷覈姑先錄而誌之

陽石村尊勝幢記高三尺六寸五分四面面廣五寸四分九行行七十餘字字徑四分末一面題記四行行字不一字徑寸許正書在魯山

佛頂尊勝陁羅尼經

大金國汝州魯山縣琴臺鄉陽石村西堽上劉□緣

爲重修潤國院立碑□見石幢上古舊人造下　佛
像經文年深倒壞了發心糺集村衆等尋覓般去本
院內用匠人再重修安立　見住持院主僧□□
首座僧悟□　典座僧惠□　□□□□□
僧□□趙道人劉道人劉道□馬□　泰和五年八
月十五日重□安立石幢人劉淨明寺□王進郭□
妙爲記

右幢僅見四面据文刻有佛像未之見也訪碑錄
有泰和五年重修潤國院碑此文遂及之

李彥柔真言幢并墓記高一尺七寸五分六面面廣四寸各四行第一面直言餘俱墓記行十六字字徑七分餘正書在涿州

大准提眞言曰
□□眞言曰
□□司候司北旅坊李彥柔墓記
故進義校尉李彥柔妻何氏　男三名　長男瑋妻張
氏　次男蕅哥　次男鳳郎　女子四名　長女張郎
婦名潤哥　次女岳郎婦名引兒　次女比邱尼廣淵
次女魏郎婦名應嬌　親孫女小昐兒　長女甥甥
三名　女子眞眞　甥甥鹿兒　甥甥駒兒　次女甥
甥鳳雲　親兄彥昌妻孟氏　親姪名瑰進義副尉姪

婦張氏　姪女魏郎婦名應哥　姪女劉郎婦引璋
孫子一名四女　孫女三名　長高郎婦名晉娥　次
名春娥　次名昐兒　親妹比邱尼智興　親叔伯弟
□□□妻劉氏　叔伯妹三名　長妹孫郎婦蓮容
次妹趙郎婦福容　次妹王郎婦賽容　□和七年四
月二十二日身故爲祖墳內□無葬穴於己身分到□
稅地內另建墳壹座別不是元墳至實地內安葬擇到
當年五月二十一日丙時藏葬畢

書丹人寶元畢

紀年和上所缺當是泰字

楊彦均十天尊幢題名（高一尺七寸四分四面四棱二分各二行共六天尊名號十一行字徑七分記銘十三行字徑三分末面題名四行字徑五分並正書在涿州）

太上元始天尊拔亡度魂救苦十天尊（餘不錄）

之言十天尊□□□□□光明□乾坤□□三塗苦拔

度九幽魂仗此□□□□六道□□□□□苦死　得

之生尔時　□三元□□

祖（缺不辨幾字）一切冥府罪□□於六道□（弟六行全缺）（上缺）而（缺）

天尊□□　□□□□　□□□□　言聖□

行　□□□□　拔□□□　□入□□　大化六生

□□□□　□□□□　□□□□　□□□□

□□□□（下損缺）　□上□元

大安叁□□月　日□記

金國中都路大興府涿州司候司豐財坊住人楊彦均

特立

祖父楊温妻阿李　男楊孝義妻阿馮　長孫楊彦

均妻阿姚　次孫楊顥妻阿辛　重孫楊□妻阿□

次孫楊完妻阿梁　次孫楊實妻阿張　累孫楊

昌孫　次孫楊吉孫　次孫楊興孫

靈巖寺祖師聖跡碑

濟南府靈巖寺祖師觀音菩薩託相聖跡序（高六寸廣一尺五寸廿七行行十四字字徑四分正書圖像未拓在長清）

雲公禪師住持靈巖寺未越三歲宗風大振嚮風而遠近歸之一日謂濟濱老人陳壽愷曰夫靈巖大刹昔自祖師觀音菩薩託相梵僧曰法定禪師於後魏正光元年始建道場興梵宮居天下四絕境中稱冣而世鮮知其由我祖師其始西來欲興道場於茲也前有二虎負經青蛇引路捫蘿策杖窮絕壁而不可登乃徘徊於南山之巔面石之久感日射巔峯成穴透紅光於數里師乃躅光而下美其山林秀蔚可居千衆道過樵人亦異人也願師而言曰師豈有意於茲患其無水耶回指東嚮不數里間可得之矣師既徐行則有黃猨願步白兎前躍俄驚雙鶴飛鳴其下涓涓果得二泉又擊山泐隨錫杖飛瀑迸涌遂興寺宇逮今八百餘載凡祈求應感而福生民莫可勝紀然爲我祖師發揚顯聖跡之狀蔑聞其人旦可太息乃命工敬圖其像而刊諸石庶廣其傳普觀遐邇永同供養皇統七年孟秋旦日濟濱老人陳壽愷序并書

住持傳法沙門法雲募工立石

洛陽雍簡書　督人胡寧鐫

畫字渤據濟南金石志筠清館金石記補之鐫志
誤作刊

重刻朗然子詩

高三尺三寸廣二尺二分五截弟一截廿二行行七字字徑六分下四截各四十行行十二字字徑四分末跋行十三字俱正書

朗然子詩并序

羽衣劉希岳字秀峯述

余乃生居漳水業本豪家幼習儒風曾功鄉貢嗟浮世速如激箭傷時光忽若瀑流未免退跡玄門棲心冠褐外丹達恍惚杳冥之旨內氣明泝流胎息之源功勤未

及於旬年人驚不老壽筭已踰於五紀自覺如新有此靈通故難緘默謹吟三十首號曰朗然子詩呈同道望廻心聖意非遥人自疑惑時大宋端拱戊子歲季冬住□京通玄觀內偶然述之 以上弟一截

落魄洪盃數十年朝朝恣性日高眠尾閭適得泥丸穴丹竈能分造化權只此雲霄應有路筭來人命豈由天莫言大道人難會自是頑夫不學仙

南北經遊□廿春潛行玄理暗修眞不求世上無窮物只向寰中覓箇人外藥已知消息火內丹常運泝流津假饒千載重相見也似如今貝轉新

京洛幽閑寄寰中佳居古觀古壕東俗情亦染心無染塵事雖同道不同鍊藥豈辭千日苦運精常遣四肢通世間最貴眞堪重除却人身惣是空

求仙之士乱紛紛涉歷山川走似雲擲學長生尋外物筭來至道未嘗聞身中自有昇天路□上誰無出世紋堪嘆凡夫全不悟盡甘荒野作邱墳

豈貴榮華豈重財堪怜身向此中□丹田自種留年藥紫府常燃不死灰髓實已無寒暑近道成豈怕曉昏催傷哉世俗孜孜過逐利爭名性轉瞪

兀兀陶陶是事休花開花謝任春秋金章紫綬從他貴

布素冠裳幸自由壽命須同天地永身心閑共水雲儔堪疑太上玄元祖何故人間早白頭

一居京洛十餘春未肯閑趨富貴門攝養不教元氣散修行常遣谷神存飢飡舌下津還飽寒爇丹田火便温耶性自怡兼自樂且無慙色慼人恩

今生不悟望來生擬筭來生甚□明爭似便修天上路何須更入地中坑陽魂若壯非干壽陰魄如強必致薨百草經霜皆盡死□□蓋□□長榮 以上弟二截

本親儒墨擬求官忽悟幽元道不難陰氣若消終未死陽精如在自然安身中每運無窮藥鼎內常燒續命丹

堪嘆慕財貪色輩煎熬終日有多般
世間万事不堪論惟有身形與氣存金鼎會燒延命藥
丹田觧種駐顏根每承大道垂麻陰肯受常人取次恩
已絕榮枯無玷累却愁白日出乾坤
小隱居嵓大隱□立身偏愛鬧中閑心澄瑩若天邊月
意穩安如海上山常還眼前無慾色自然臉上有童顏
更能通得泥丸穴何必駈駈煉九還
自說玄元言趣深何曾觧問自家心三田氣若相通貫
二竅循流□不禁泛海經年搜命藥求仙觸處走山林
爭如向已身中覓便見希夷道易尋

僻居古觀勝山居門掩荒苔鳥跡疎靜室忙吞千口液
幽窓閑却一牀書是非少爲交知少貪愛無時榮辱無
兀兀逐時隨分過任他人喚作愚夫
鑄煉元精却返淯万般爲了始歸眞若教愚者皆成道
□辨神仙是異人報効全由功滿日希夷不離自家身
但能勤運冲和氣便覺容顏轉轉新
少年苦節近文儒荏苒光陰六十餘得遇志人教學道
便將性命託虛無髮因運氣蒼還黑臉爲存精皺復舒
大要欲陪卿相位分中無了謾駈駈
泝流直上至泥丸關節纔通便駐顏悟處如同觀返掌
迷時似隔數重山□明神識千般攧達了心田万事閑
□要長生熱出世□□□在自□間以上弟三截
學道何須學執迷無爲之理揔須爲氣吞根柢非呼氣
飢却心腸不忍飢存得元精無老耄去除情慾似嬰兒
更能曉得衝天穴定有逍遥出世期
求仙皆學採陰丹甚處交精去復還未及年餘多卧疾
正當少壯改容顏陽魂漸滅終無悟性命將來似等閑
若要延齡身住世存精保氣寂寥間
紫衣師号苦貪求貪氣燒丹揔不休未及中年身已老
正當強壯鬢先秋惺惺知有長生路兀兀甘隨逝水流

本挂冠裳緣□事爭名竟利等閒休
自住凡塵數十秋縱然觀色恰如雠常行元氣滋容質
每論丹砂問道流一種利名心不羨万般榮辱眼前休
有錢多買盃中酒無慮無憂有底愁
螢窓十載望求名兩上春闈事不成有志無緣千寸祿
到頭有分學長生選官豈及選仙士慕色爭如慕道情
但得容顏常悅澤昇騰必定在前程
聲名何在振寰瀛爭似潛修出世程强强燒丹終九轉
勤勤運氣徹三清藥成自有飛騰路功滿須歸物外行
莫愛榮華兼富貴自身堅固最爲精

世人慕色及貪財亡命亡軀自此來驟虱咂身還怕痛
陽魂去躰不疑猜一朝染疾醫無効万種求神道自灾
若會運精兼保氣長生豈敢掩泉臺
浮榮休羨學三茅周易通來盡意抄因悟道情親至理
便踈人事絕知交陽精每運無窮數玉液常飡不暫抛
只候一朝功滿足會同玄鶴離凡巢以上弟四截
盡求點化要肥家忘却形枯敗歲華慕色將身爲弃物
貪財輕命比泥沙口中解說修仙道意內元來似夜叉
此輩頑愚終不悟達人休要爲傷嗟
礼拜焚香求塑畫爭如努力自修行勤吞津液過千口

長記存神聽五更莫失常規頻道引更須子細運元精
雖然未得昇天去應有神仙錄姓名
休讀九經三史詩與身到了不相扵爭如保息元和惡
未似躬親大藥炉存得陽精終濟老燒成金質定冲虛
分明有箇長生路其奈凡夫性轉愚
求貴貪財無盡期高官富極又何爲爭如心靜忘機慮
未勝身閑絕□疑欲枕任從春日永運精不遣鬢毛衰
他年物外相逢熟元是神仙別有期
眞鉛眞汞不難尋自是凡夫錯用心月魄日魂明甚易
木精火候理還深苦辛運藥須三載變化通靈點五金

出世只消飡一粒蓬瀛崑島盡知音
夾脊雙關至頂門修行徑路此爲根華池玉液頻須嚥
紫府元君遣上奔常使氣衝關節透自然精滿谷神存
一朝得到長生地須感當初指教人
朗然子者昔唐通玄觀主也事跡靈異修煉非凡隱世
百載至宋端拱年於桃花坊白日昇天矣勑改名集眞
觀有遺詩三十首於世至政和元年觀主道士張道言
小師周抱眞立石後改名萬靈朝元宮値兵火損壞碑
跡於天德二年正月初五日本宮道士趙德微尋獲元
帋碑一本道士張道冲重刻石　葆光道人王燦書

□□□刋

朗然子劉希岳悟眞記政和元年立石後燬於兵金
天德二年道士張道冲重刻葆光道人王燦書中州金石
攷

朗然子者卽劉希岳字望嵩章水舉人棄儒入道後
跋云云今觀其序及詩甚劣而所說甚奇異將道士
造作其事衒世者邪予覽金石之例凡爲道家作志
銘於其卒也必曰白日昇天或曰蛻去猶爲釋氏立
詞曰圓寂曰涅槃之類卽儒家稱卒與終耳後世不
解讀其碑則以爲仙也晉書稱葛稚川與時學道得

仙或亦誤會碑碣之文歟中州金石記

劉希岳朗然子詩王燦書金天德二年正月重刊潛研堂目

右重刻朗然子詩在洛陽存古閣曩校金石續編正譌補闕者不少兹覆檢拓本審之知尚有未盡舉者悉依石刻錄之書人名据黄氏錢氏補之畢氏作王琳恐非爭名竟利竟當是競字之誤而石刻實作竟字金天德二年卽宋紹興十九年

定林院通法塔銘

高五尺三寸廣二尺四寸八分廿六行行五十字字徑六分横額四行題定林通法禪師塔銘八字字徑二寸八分並正書在正定府治西北後寺

眞定府十方定林禪院第四代傳法住持賜紫通法大師塔銘

朝請大夫前行磁州滏陽縣令騎都尉太原縣開國男食邑三百戶賜紫金魚袋王　瑄　撰并書

中憲大夫前河東南路轉運副使上騎都尉上谷縣開國子食邑五百戶賜紫金魚袋成　　家亨　　題額

□□□□姓米氏本府獲鹿縣人世以務本爲業生有異相分善惡於襁褓間逮總角諸童稚戲於壠上見師至則息喧力作□□□□特立之操見於幼年父母異之十五歲捨從釋子游二十二歲受具禮天寧昭禪師爲師一日謂　師曰汝相貌行藏非常□□諸方叢集止濼棲蘆之誚不可不知也乃之汴見淨因覺禪師法雲杲道者丹霞淳禪師皆以法器許之後參隨州大洪恩禪師針芥相投得失俱亡了無餘事請充侍者凡五年其立規定矩更數住持竟不能少易者　師與有力焉大洪天下名山也有二聖者化□給衆威靈可畏瀆之則禍隨至山門欲改塑其像衆猶豫不決　師毅然曰成毀有數何懼之有尋擊碎之衆議乃定後　師有徧游意遂辭大洪以偈送行而印可之意

甚明　師迤邐復還里閈掛錫金牛時眞禪師方主法席請作座元儀刑雲衆九十餘年終始如一內外準繩不約而行四方參學咸聞道譽而訪之

本朝天會四年撫定鎭陽　元帥一見而奇其人奏賜號曰究理至七年定林虛席諸禪列薦於府堅請乃從而果承嗣大洪焉定林舊無儲積魚鼓寂然堂舍頹弊　師住不數年齋粮盈屋方丈廊廡煥然一新雲水之士繼踵而來淸規大振如負薪汲水皆身先之眞禪師僧錄秩滿當選代者府僚暨諸僧尼皆曰非　師不可衆集舉請累日勉從奏　賜紫衣

易師號曰通法七年之間無纖芥煩擾衆畏公淸不敢犯毫髮護持教門一路賴之　師範行峻整器宇寬宏心剛志堅性直明敏自爲僧至出世未嘗妄許可人丈室中惟以紙帳蔽風將衾禦寒三事之外布衣而已歷堂入室每舉古人公案勘問學徒其殼四達琅琅如也天眷三年四月二十日示疾居士秘孝廉者執侍師疾夙夜不怠因謁問曰四大本空五蘊非有病從何來　師曰你病我不病秘亦領悟二十四日師令設無礙大齋院門簿書事無巨細悉決之嘗匱雜役四人始許之日我若不住汝等從良是日果釋之日

晚沐浴更衣端坐天明索杖拂而化二十八日荼毗士庶送者萬計靈骨五色舍利得於焚所素無信心者悉歸嚮焉建塔於城西昭禪師塔之側俗壽五十九僧臘三十七度弟子二人曰悟徹悟超嗚呼雙林坐化隻履言歸從來諸聖報緣□盡示生滅法人知其然而不知其所以然雖千佛出興于世而結舌有分此又非語默所可及者　師圓寂之後十有餘年碑□未立悟超欲廣　師之德以晉□朽持僧正觀所作行狀見索紀述義不獲辭而系之以銘曰

梵相堂堂　晴峯聳嶨　梵音琅琅　秋濤觸石　一葦渡江　徧遊叢席　三篋束腰　忘軀探賾　悟旨洪山　神珠烜赫　旣露囊錐　獅子返擲　騰聲江左　闡道鎭陽　蘊奧莫測　得喪俱亡　橫身爲衆撥骨剗腸　性天烏兎　法宅棟梁　無何天厄奄尓舟藏　薝蔔花飛　栴檀枝折　緇侶吞聲　波旬起悅　妄情執著　徒自分別　不生不死　無古無今　淸風拂塔　明月穿林　巍巍常山　瀰漫滹水　刻文斯碑　億刼同此

貞元元年四月二十五日　中都仰山棲隱禪寺傳法住持比邱師孫法寶立石

常山段槃男段順段顒婿張顥同刊此行小字

右塔銘王琯撰并書成蒙亨書額蒙亨無攷王琯與天會十五年書奇山石磨崖記者當是一人王成二人一封太原縣男一封上谷縣子金史地理志無上谷大原二縣蓋皆以其郡望封之耳十方定林禪院府縣志無其名案此碑今在正定府治西北後寺大殿後後寺與前寺本一寺殿宇頹廢遂有前後寺之稱即志所云舍利寺是也唐開元中葬金牛禪師舍利於此其塔見在後寺殿西數武志云明太祖成祖相繼命江夏侯取舍利二萬餘粒成祖仍命新其殿

塔寺名舍利疑即起於明矣寺在元名大萬歲禪寺
有元憲宗二年尊勝經幢及至順元年虞集書萬歲
禪寺莊產碑可證此碑有師還里開挂錫金牛之語
知宋金之際寺名金牛蓋取寺中金牛禪師塔爲名
定林當是寺中之別院天寧昭禪師無攷碑云師葬
於城西昭禪師之側據此則所云天寧者當是今府
治東之天寧寺今寺宇傾圮殆盡木塔猶存志云寺
建於唐咸通初者是也王圻續文獻通攷方外攷釋
家法嗣載青原下十一世投子青獻師法嗣有隨州
大洪山報恩禪師黎陽劉氏子無盡居士張商英嘗

叩三教師謂三教一心同途異轍又青原下十二世
芙蓉楷禪師法嗣鄧州丹霞子淳禪師劔州賈氏子
宣和己亥春寂塔全身於洪山南又東京淨因自覺
禪師青州王氏子始住大乘崇寧間詔居淨因又南
嶽下十三世寶峯文禪師法嗣有東京法雲佛智果
禪師蓋即碑所云淨因覺禪師法雲杲道者丹霞淳
禪師大洪恩禪師也果疑即杲字之訛又續通攷載
大洪恩禪師法嗣二人曰大洪守遂禪師曰大洪智
禪師無通法名銘後題中都仰山棲隱禪寺傳法住
持比邱師孫法寶立石金史地理志中都路遼會同

元年爲南京開泰元年號燕京海陵貞元元年定都
以燕乃列國之名不當爲京師號遂改中都畿輔通
志云仰山在宛平縣西北七十里又棲霞寺在宛平
縣仰山金大定十二年建又續通攷大定十二年正
月敕建仰山棲隱禪寺命元冥顗公開山賜田設會
度僧萬人據碑知仰山本有棲隱寺但不知建於何
時續通攷諸書謂寺建於金大定間者謬也蓋至大
定間其寺始大其名遂著爾　常山貞石志

義井寺崇遠塔銘

方一尺五寸六分廿九行前廿六行行卅一字字徑五分後三行行字不一正書關雜行筆在長安

故義井寺住持遠公和尚塔銘 并序
太白山釋普明撰
法孫僧了性書丹
信佛言而解佛理者實難其人解佛理而行佛事者尤
爲難矣若乃深信其言善解其理能行其事果有所證
者其唯遠公和尚矣　師諱崇遠姓荊氏京兆萬年人
也曾高之下家世業農積善傳芳代爲著姓師居家廉
正閭里稱賢不喜諠譁未嘗戲笑其性淳厚其言簡直
居一日喟然歎曰塵勞愛網無有出期生死大事如何
爲備遂乃頓捐俗累決志出家建中靖國之初依牛頭

山瀹昌寺傳大乘戒律德沙門惟省爲師禀教落髮進
具之後三業無瑕梵行既嚴仁風外著崇寧乙酉歲有
大檀越故贈武義大夫韋公寔 率衆具禮請住神禾原
義井寺仍施田三百畝以助供僧之用師應緣而往隨
力經營三二年間安衆所須無不嚴備韋公又施大藏
經五百函師每焚香披覽目照心印三復其文雖酷暑
祁寒而手不釋卷寺務之外閱周三遍得非信佛言而
解佛理者乎師安衆住持二十餘年興修殿宇九十餘
間供佛延僧年無虛日鑄大鍾一頂起重閣以安之至
於名花甘木森然行列每有高道之士多居師席四事

供承無不周足度門人子秀子潤子澤子璋子昱子才
子昌子嚴等八人師孫宗覺宗正宗寶宗定宗義等五
人師功德兼濟利及自他清淨之風聞于遐迩得非解
佛理而行佛事者乎以靖康丙午歲六月示疾二十三
日昧旦召門人子璋令集衆念誦師即跏趺端坐合掌
正念於佛聲磬韻之中寂然入滅停經四日顏貌如初
仍有異香騰于庭宇嗚呼唯師末後一著奇特過人得
非果有所證乎師享壽七十三僧臘二十六即於其月
二十六日門人奉全身葬于寺西起塼塔以表之具日
也有雲如蓋蔽日清涼葬事既闕雲銷日出其感應又

如此焉嗚呼師以正信出家以正見行道以正智而興
論以正念而歸寂於吾佛之門豈爲小補哉今講經律
論臨壇戒師璋公即師門白眉者也持師行狀來乞其
銘普明素欽高行義不可辭但媿非文直書其實銘曰
至哉佛子性蘊仁賢頓裂愛網俄登法筵戒珠內瑩德
譽遐宣副彼檀越與子論緣闢斯曠土刱此金田頗力
攸濟殊功自圓三披大藏久造深淵照了心地光輝義
天一生事畢端坐歸全白業隆矣清香藹然雲飛大頂
水瀉樊川雲水無盡真風永傳　自紹癸亥求得其文
至貞元乙亥歲有長安縣信士邵宣就寺薦親筵僧供

講遂施刊石下空
傳法師孫永淵普遵德瑱祖涫廣淵普來祖月崇教
文璨師姪監寺僧子皋師孫住持僧宗寶　孫前
璧
小師前京兆府管內僧正講經律論臨壇傳戒沙門
子璋貞元三年六月十日建　孫文爽刊
案僧崇遠塔銘貞元三年六月建道光初始見拓本
神禾原在西安府城南三十五里子午谷之北義井
寺當與香積寺相近今并鐘閣軼塔皆無攷矣牛頭
山在城南二十里福昌寺即牛頭寺也宋太平興國

中改爲福昌寺徽宗崇寧四年乙酉欽宗靖康元年丙午時陝西州郡皆陷於金金主亶皇統三年癸亥爲宋高宗紹興十三年金主亮貞元三年乙亥爲紹興二十五年銘後記自統癸亥乃皇統之誤金石續編

貞元三年金海陵王卽位之八年其明年二月改正隆矣時禁用王字碑書皇統作自統殆以是故非誤也筠清館作皇統并誤求爲永淵二字均非

義井寺陝西通志不載莫攷其建置之初

八瓊室金石補正卷一百二十三終

八瓊室金石補正卷一百二十四

太倉陸增祥撰　男　繼煇校錄
吳興劉承幹覆校

金二

修紫虛元君殿記

高三尺五寸廣二尺二寸廿一行行卅五字字徑七分正書在河內

重修紫虛元君殿記

祭法所載能御大災者祀之能捍大患者祀之懷之西北隅四十里村曰紫陵有紫虛元君祠古老相傳旱乾水溢凡民有疾病者禱無不應昨於宋之崇甯年間旱之太甚州縣官寮偏走望內未見應間有河內宰陳公崇慶求再拜於祠下公曰崇忝民官也覩此大旱罪在令長若嘗甘澤願移咎於身懇禱既畢隨軒雲布一夕霶霈而告足州牧具奏於朝勅賜靜應廟爲額又於政和七年自冬徂春雨師不用於事旱魃爲虐舞雩投巫皆不効上下告病霑渥之澤尚閟而弗降有此邪守李公徽猷罕曰安得自怡於此乎遂詢訪耆老問其旱事有耆老白李公曰先有陳崇宰河內日大旱誠似今日卒官躬詣於元君廟祈求得雨之由李公知忻然率僚屬齋戒再拜誠告于神曰今既大旱苗盡槁矣人將無

以爲食神將無以爲依不敢不告守土有畀乞受其殃于身百姓何辜頒賜恤焉朝禱於祠甘霖暮浹何其影響之報神速若是耶公有謝詩三篇并勑賜廟額刋于碑陰於政和年間其殿隳廢有□□父□□瓢瓦後至于今逮四十稔矣其殿踈漏將損煖帳其帳自昔大中祥符年崔榮重脩至嘉祐年□□天德皇朝天德壬申□與兄□脩皆□□之父祖也今則□□見處神于漏屋之下意欲重脩繼先公之志又恐能始事不能終事朝夕念此未甞忘于心也或一日與本村敬神者□一趙誠馬志郭京牛存議其修殿事諸公忻然而從之衆推□□董其事自正隆丙子春二月經畫命匠計工衆役爰作郡情樂隨昔之墝者今復隆矣昔之剥者今復飾矣峻宇崇牆森布顯敞咸合其度至當年秋八月告成□□一日叩迪簡門曰語及修殿諸人之意欲求文得紀成績將刋諸石用傳永久迪簡自愧不才文不及古如嫫母之漏求媒之美揚不以難乎逃功非迪簡所長焉足以道斯事之美耶其請愈堅義不果辭輙敢爲諸人具經始重脩告成之年月以爲之記云時正隆二年六月二十五日河內布衣韓迪簡撰昌黎韓翊書傳陵□□等立石刋人李遠

皇朝上天德二字是後人所添鑿者嫫母之漏漏爲陋之誤字文敘崇寧年靜應額牒其文尚存刋於承安四年宋史陳葴傳附見陳崇不審即河內宰其人否政和年李卒謝詩并救額未見箸錄未知在何碑之陰訪碑錄載此謂在山東泰安誤

少林寺西堂法和塔銘

高一尺六寸廣三尺一寸四十七行行廿六字字徑五分又僧名年月四行正書在登封

少林禪寺西堂老師和倘塔銘 并序

切以乹維未立實際居常一段光明騰輝無礙出乎其類示于聖之梯航拔乎其萃現衆生之本覺圓融妙體瑩徹無邊幽靈絕待之綱應用堂堂之絕如此眞機誰能採賾唯少林和公顯法於當時一人而已師姓李氏諱法和道号無跡菴主善應道人乃許州潁順軍韓城人也俗壽七十九僧臘五十七生而有異長冠宗倫母曰陳氏因夢中覩朱幢絳節宝蓋華幡竺土範儀從門而入喜不自勝贍禮之間忽然寐覺氤氳之香連日不息感此潯娠後師降誕岐嶷孕有姿貌偉門館緣此昌榮咸乃師之德蔭垂髫自悟覔世路之虛飄丱歲頓勇省客塵之幻化悲思欲海隨浪浮沉重念愛河逐波出没師知妄本悟徹法源勉告二親願從所好初而拒

抑久愈堅求父母知志難違然乃從其本願遂於善財
寺大悲院祇院主僧海潮爲師自嚴具戒逈異同流探
竺文心地該通參禪理性珠瑩徹曹洞之機立契芙蓉
枯木頓彰後乃策杖諸方密符所得機輪玄煥神鬼難
窺縱奪施爲聖凡罔測後禪流競湊衲子相依於俗尽
孝三禮俱周卜劚卧龍之境結茅爲菴而自樂左峙自
然右臨崆峒屹峆峯巒湍流若練雜光宴息遠華塵寰
適值四方宂穰在處聯兵戎馬生郊戈鋋滿地幸頼寰
瀛稍定烽火方停洛京留守闕帥知師隱跡懇慕宗風
屢遣專使書疏敦請師憐誠篤遂别林泉因感未悟之

徒發自利利佗之行少林祖刹大建禪宗自後提綱法
要舉唱宗乘示獅子嚬呻顯輪王三昧規儀建立祖令
當行毳客盈席衲僧竟至遍施法乳之恩廣布慈悲之
惠機関酬對句裏无私不露鋒鋩正眼頻現住持三載
天下知聞權侯請疏交馳貴晃璣文竟至敦命再三迎
歸京府住持普照貴肩親依巨豪仰侍九載之間金田
祟飾澍法雨大小衆滋霑法雷遠近咸聽誼譁師心有
厭煙霞之志頓與退任天清宴處空谷權侯上位再有
折邀雖像法付囑大臣祖令還由衲子瀟然拂袖返就
巖溪燕處少林孫棲鶴宿性同孤月深天意若白雲自

在紛身難久色躰殊堅忽示微疾因緣已盡於丁丑歲
仲春二日師忽沐浴更衣安然就坐整儀定息之間遂
乃揮毫作頌擲筆在地儼然而逝其頌曰　不動本覺
　豈須名邈　時人眼睛　古今一着
　珎重諸人　莫交失錯
師遷化之後容儀若故衆視如生愁雲覆日無光慘霧
凝空晦昧草木皓然禽獸叫噪師徒悲泣四衆欷歔遐
迩俱聞悉皆惆悵若非佛祖後裔難有如斯之兆倣西
天之火葬禀聖制以茶毗煙火爐然緇素共覩光輝射
目瑩彩凝睟靈骨舍利爭鮮特表師之道異度師四十

余人五人法嗣宗旨師爲人天眼目大播眞風評論先
代是非批判未了公案兵戈動地轉法輪於亂中邪惡
奔馳施慈悲於擾攘故知大道無力法流同味提奬諸
子離火宅之中拯救困窮贈如意之宝方圓千里扶膜
宗人潛通密契之徒悟道如麻似粟撒手長行特出聖
凡坟路今因衆懇推以銘題再三辝之叵勤見祝拙於
文翰㝵歷事實不得已而輒爲書之明眼禪流勿爲哂
耳　銘曰
　名相俱絶　三輪淨故　万法泯然　聖凡罔措
師闡宗風　巍然獨露　一月千江　光輝處

向上機關　末後一句　三界廓然　歷刧
永固　来如着衫　去如脫袴　一段光明　千
聖迴玄　具眼禪流　頓與大悟　直下承當
永絕驚怖　師示臨行　不生孳頁　以此銘言
播留千古　眞堂智政　前監寺□顯　磨
主□純　監眞堂智政　直庫頭法雲　知知客
惠深　維直歲惠酯　典座□□座　維那□□
副寺德超　副監寺宗顯　首首座法賢　首
首座善忠
住持少林禪寺法嗣沙門　祖端　立石

正隆二年十月一日盟津守一道人牛　本寂
書并譔　河南薛仲
刊

字有謬誤競變爲競再變爲覺此乃作竟凡三見
隔作革其尤甚者餘不悉述知知客首首座佗處
未見

龍巖書杜甫古柏行

兩石石高三尺八寸廣二尺共十二行行十四至十八字字徑二寸許艸書

古栢行
孔明廟前有古栢柯如青銅根如石霜皮溜雨四十圍
黛色參天二千尺君臣已與時際會樹木猶爲人愛惜
雲來氣接巫峽長月出寒通雪山白憶昨路繞錦亭東
先主武侯同閟宮崔嵬枝幹郊原古窈窕丹青戶牖空
落〻盤踞惟得地冥〻孤高多烈風扶持自是神明力
正直元因造化功大厦如傾要梁棟萬牛迴首邱山重
不露文章世已驚未辭揃伐誰能送苦心豈免容螻蟻
香葉曾經宿鸞鳳志士幽人莫怨嗟古來才大難爲用
右庚辰歲九月三日書杜老詩龍巖古圉開碑南圭立石漆水碑房
南□□

右刻無紀號末題龍巖二字吳荷屋云任詢自號

龍巖庚辰爲正隆五年

壽禪師造象記

高四寸五分廣一尺九寸十九行行四字字徑六分正書在河內

維大金正隆三年歲次戊寅九月二十九日游山至此
修庵三間至大定二年歲在壬午三月初七興功鑄佛
至是歲五月十一日功畢石匠董辛助緣人泉徒弟壽
化緣僧明月山淸風庵壽禪師記

龍泉院額牒

高二尺廣二尺一寸十三行行字大小正行均不一篆額題勅賜龍泉院額六字在汝州

尙書禮部牒

據汝州郟城縣申□僧智隆狀告缺約三字州梁縣弟
二都龍泉□□脩建到院壹所舍屋缺約九字八名額
今缺約五字勑缺約五字施行者
牒奉
勑賜龍泉院名額牒至准
勑故牒
大定叁年正月　日令史向昇押　主事安押
朝請大夫行太常丞權員外郎劉押
中憲大夫行員外郎李
郎　中

侍　郎
正奉大夫禮部尚書兼翰林學士承旨知制誥修國
史王

龍泉院使帖

高一尺六寸廣二尺一寸共廿行行字大小不一正書在汝州

使州
據都綱司狀申據梁縣第二都龍泉院主僧智
隆狀告爲本院係安下往來十方僧衆本院居
於村外有老弱殘疾僧人不測病患故疾雖請
醫人看治緣本院離州三十餘里申覆艱難謁
寶豐縣香山院離縣三十餘里亦係十方禪院
遇有僧人病患亦係本院請醫人看治如或死
亡一面對衆看驗殯埋將度牒繳申乞依香山
例申乞指揮須至行下
右帖都綱司仰照驗更切契勘所申委是詣實別無違
礙今後遇有病患僧人差人請醫取責口詞在意醫治
須管痊可設或死亡卽仰對衆子細看驗如委是因疾
身死別無他故取責鄰伴及同行并主僧執結保明文
狀一面如法殯埋訖仍將死僧拋下衣鉢斟量分數唱
唱追薦外將餘上衣物金銀等開具名件委無隱漏同

度牒從本司依例批鑿准上執結保明羌信實相當僧
申解前來赴本州以憑照□繳□施行不得違錯大定
三年六月初八日帖
使　押
都綱司
准　使帖在前者
右具如前今□帖連付龍泉院主僧智隆收執永遠照
使施行
大定三年六月　日給付
管內都綱　押

廣濟寺額牒

前缺高一尺五寸五分廣存二尺
十一行字體大小多寡均不一

缺□□來缺

缺□□□□廣濟寺名額勘會□缺

牒奉

敕可特賜廣濟寺牒至准

敕故牒

大定三年十二月　日令史□員外□主事安

押

奉議大夫行太常博士權員外郎劉　押

中散大夫行員外郎李

宣威將軍郎中耶律

侍　　郎

中奉大夫禮部尚書兼翰林學士承旨知制誥修國

史王

補訪碑錄載此云吳江王氏拓本桉陝西通志醴泉有廣濟寺在縣東北廿里金大定三年重脩有唐刻石鼓經咒此牒疑在其寺十二月補訪碑錄作十一月

聖教序碑陰金刻二段

鄭彥文等題名四行行十二字字徑八分正書左行在張景脩題名之左

河朔鄭彥文貳左馮翊河南喬逢辰被檄而來暇日邀陝右徐孝悳同觀褚河南所書聖教序大定甲申夏六月既望題

權綱題名五行行九字字徑寸餘正書在游師雄題名之左

閬山權綱并弟維繹隨父奉直貳政于此有褚公所書之碑朝夕得以觀焉旹泰和丁夘重九日

萃編載宋人題記而遺此金刻何也碑上方又有明刻一段云宋政和中□觀國任通判日惜其寺僧荒涼慮久堙廢乃移置之公署絳人孫鑄作倅

而來日得觀覽焉泰和四祺冬十月上休日題僧正善喜見字損壞移來金塔寺大明正統五年上元日謹記孫鑄所題今不復存殆爲善喜磨去矣潛研目錄關中金石記訪碑錄俱載此條所不解也訪碑錄又有龍興寺孫鑄題名碑陰一條亦卽此耳聖教序碑本在龍興寺也

蓮峰眞逸題名

高四尺一寸廣八寸四分二行行十二字字徑三寸許正書在西安多寶塔碑側

蓮峰眞逸甲申五月十九日來長安七月二十三日東歸平陽

邃峰眞逸喬扆自號薊州有其詩刻正隆間丞於
蒲是甲申爲大定四年也中州集稱其詩樂府俱
有名觀此刻書亦瘦勁有法

吉祥院額牒

高三尺六寸廣二尺兩截上截十三行行數大小均不一下截泐隸額二行題勑賜吉祥之院六字正書在武功

尚書禮部牒
乾州武功縣住□社佛院僧子昌狀□本院自□□
無名額已納訖合□錢壹伯貫文省乞立□額勘會
□□須□給賜者三行字徑四分

牒奉
勑可特賜吉祥院牒至准
勑故牒
大定四年　月　日□吏向□□主□□
□□□
奉直大夫行大常博士權員外郎劉
中憲大夫行員外郎李
宣威將軍郎中耶律
侍　郎
中奉大夫禮部尚書兼翰林院學士承旨知制誥修國
史王　擱右上截
尚書禮部　牒後全泐

華藏世界海圖碑

高六尺二寸廣二尺四寸三截上截佛象廿層凡二百十區左右各有題字又各一方方七行行廿四字次海波蓮座次風輪六道亦各題字中截序共三十八行行廿一至廿五字下截姓氏三十四行行字不一字徑三分正書橫額題依大華嚴經錄華藏世介海圖十二字篆書在泰安縣大雲寺

妙□□世界狀如寶莊嚴具二十佛刹泐行一佛号泐光
□如來　清浄光普照世界狀如寶花旋布十九佛刹
塵世界圍繞佛号普□□□虛□□如來　離塵世界
狀如珠瓔十八佛刹塵世界圍繞佛号無量方便最勝

幢如來　寶莊嚴藏世界其形八隅十七佛刹塵世界
圍繞佛号無礙智光明遍照十方如來　清浄光遍照
世界狀如龜甲十六佛刹塵世界圍繞佛号清浄功德
眼如來　衆妙光明燈世界狀如卍字十五佛刹塵世
界圍繞佛号不可摧伏力普照幢如來　寂靜離塵光
世界狀如執金剛十四佛刹塵世界圍繞佛号遍法界
勝音如來　娑婆世界四字橫列在佛像中間形如虛空以圓
滿天宮殿莊嚴虛空而覆其上十三佛刹塵世界圍繞
佛号毗盧遮那如來　光明照曜世界狀如華旋十二
佛刹塵世界圍繞佛号超釋梵如來　常出現帝青寶

光明世界狀如半月十一佛刹塵世界圍繞佛号無量
功德法如來　金剛幢世界其狀周圍十佛刹塵世界
圍繞佛号一切法海最勝王如來　出妙音聲世界狀
如梵天身九佛刹塵世界圍繞佛号清淨月光明相無
能摧伏如來　出生威力地世界狀如因陀羅網八佛
刹塵世界圍繞佛号廣大名稱智海幢如來　衆華焰
莊嚴世界狀如樓閣七佛刹塵世界圍繞佛号歡喜海
功德名稱自在光如來　淨妙光明世界其形四方六
佛刹塵世界圍繞佛号普光自在幢如來　普放妙華
光世界其形普方多有隅角五佛刹塵世界圍繞佛号

香光喜力海如來　種種光明華莊嚴世界狀如摩尼
蓮華四佛刹塵世界圍繞佛号金剛光明無量精進力
善出現如來　寶莊嚴普照光世界其形八隅三佛刹
塵世界圍繞佛号淨光智勝幢如來　種種妙莊嚴世
界狀如師子之座二佛刹塵世界圍繞佛号師子光勝
照如來　最勝光遍照世界狀如摩尼寶形一佛刹塵
世界圍繞佛号淨眼離垢燈如來　此遍照十方熾然
寶光明世界有如是等不可說佛刹微塵數廣大世界
謂十不可說佛刹微塵數迴轉形世界江河形世界等
此一一世界各有十佛刹微塵數廣大世界周匝圍繞

一一復有十佛刹微塵數廣大世界而爲眷屬如上所
說一切世界皆在此無邊妙華光香水海及圍繞此海
香水河中此之世界得成就者略有十緣謂如來神力
故法應如是故一切衆生行業故乃至普賢菩薩自在
力故若廣說者有世界海微塵數等（以上右方）然世界海略
有十事所謂世界海起具因緣所依住形狀躰性莊嚴
清淨佛出興劫住劫轉變差別無差別門若廣說者與
世界微塵數等下所列海者但由世界竪深橫廣故也
經中列不可說佛刹微塵數香水海今取十者十十以
表無盡上書佛像者是一佛刹即三千大千世界也俱

舍頌云四大洲日月蘇迷盧欲天梵世各一千名一小
千界此小千千倍得名一中千此千倍中十名爲一大
千碑此世界爲微塵一塵爲一佛世界也（此在左方）
皇帝萬歲　重臣千秋（二行分列左右方題字之上字徑七分）
層上一佛像是一佛刹勸祇一拜　願諸有情若見若
聞同入華藏界（二行分列左右方題字之下字徑四分）
出大蓮華名一切香摩尼王莊嚴有世界種名普照十
方熾然寶光明（在海波中弟一層）
此中央香水海名無邊妙華光（四行分列左右中間有一海字較大周圍有十
海字圍外又有百海字分列左右　在海波中弟二層）

普光摩尼莊嚴香水海三行在海波中弟三層
有大蓮華名種種光明蘂香幢三行在蓮座中間
風輪最在上者名殊勝威光藏能持普光摩尼香水海
在風輪弟一道中間自右而左 弟九 次上風輪名速疾普持能持
其上一切香摩尼須弥雲 弟十次上風輪名種種宮
殿遊行能持其上一切寶色香臺雲二行在弟二道奇者自右而左偶者
自左而右下四道同 弟七 次上風輪名聲遍十方能持其上
一切珠玉幢 弟八 次上風輪名一切寶光明能持
其上一切摩尼玉樹華在弟三道 弟五 次上風輪名種
種普莊嚴能持其上光明輪華 弟六 次上風輪名

普清淨能持其上一切華焰師子座在弟四道 弟三 次
上風輪名寶威德能持其上一切寶鈴 弟四 次上
風輪名平等焰能持其上日光明相摩摩尼幢王在弟五道
弟一 最下風輪名平等住能持其上一切寶焰熾
然藏 弟二 次上風輪名出生種種寶莊嚴能持其
上淨光照耀摩尼王幢在弟六道

華藏世界海圖

姑蘇賜紫沙門 法圓 序

詳夫如來果德雖多統惟依正正報則十身圓融依報
乃衆刹相在今此華藏世界者乃遮那如來往昔多劫
修行大願之所嚴淨如來初成正覺普觀一切衆生雖
具斯依正妙用迷而不證乆處輪迴由是首唱華嚴談
斯果德意令衆生起圓信行成圓德用諒不虚哉其刹
最下有須弥山微塵數風輪其最下風輪名平等住最
在上者名殊勝威光藏持普光摩尼香水海此香水海
有大蓮華名種種光明蘂香幢華藏莊嚴世界海住在
其中四方均平清淨堅固金剛輪山周匝圍繞地海衆
樹各有區別衆妙莊嚴不可思議於此蘂香幢蓮華上
有不可說佛刹微塵數香水海如天帝網分布而住此
最中央香水海名無邊妙華光以現一切菩薩形摩尼

王幢爲底出大蓮華名一切香摩尼王莊嚴有世界種
而住其上名普照十方熾然寶光明以一切莊嚴具爲
體有不可說佛刹於中布列最下一刹一佛刹微塵數
世界周匝圍繞此上過一佛刹微塵數世界至弟二層
二佛刹微塵數世界圍繞乃至弟二十層二十佛刹微
塵數世界圍繞如倒竪浮圖其弟十三層乃此娑婆世
界以金剛莊嚴爲際依種種色風輪所持蓮華網住狀
如虚空以普圓滿天宮殿莊嚴虚空而覆其上十三佛
刹微塵數世界周匝圍繞其佛卽是教主毗盧遮那如
來世尊此華藏世界有十佛刹微塵數迴轉形世界等

一一各有刹塵世界圍繞一一各有刹塵世界眷屬皆
在此無邊妙華光香水海及圍繞此海香水河中如是
世界遍相連接成世界網周遍建立然此世界先風輪
次香海𦍑者有二因一由衆生所具如來藏識即是香
海依無住本是謂風輪於此海中有因果相常住性德
即是正因之華世出世間未來果法皆悉含攝故名為
藏一切衆生法如是故行業引故二由諸佛以大願風
輪持大悲海生無邊行華令藏自他二利染淨果法重
疊無礙所感世界相狀如此今依大華嚴經世界成就
華藏世界二品刊石普願見聞心住愛樂發大行願莊

嚴世界該攝一切念念常緣如是境界當應成就時元
祐八年元正一日東京覺嚴禪院華嚴堂記平海軍節
度使檢校太師駙馬都尉上柱國李瑋篆額并立石
書字僧普完　篆額僧師廣　化緣僧淨遍
大定五年九月　　日當寺住持僧慧宗摸上石
修武校尉靜封鎮商酒都監趙子都施俸貲伍阡同
立石
石匠邢立　賈誠
首行失拓僅露半字不可辨識商平各人錢一貫　東胡村　姚弁
姚汶　姚宣　姚友　姚林　李□　趙及　王□李

政吳秀　孫炎　王氏各人錢一貫　南石汶村
劉方　趙明衛　李成　□順　陳立夏全　曹𥙿
張靖　王友　扈宝　李氏　王淨思　彭淨心
李存趙宅李氏闕下石碑村　張宅龔氏　羅鐩　張
贇　李慶　李贇　許祐　吕眞　孟秀　童闕下劉
進　梅成　陳琮　常遇　彭鎬　王乂　喬清　薛
清　黃宅張氏　各人錢一貫靜封鎮　武榮　張
济　朱革　孟通　陰宅劉氏　任宅周氏　各人一
貫　留宋村王德　張友　楊則　各一貫　墕村
武安　劉立　丁安　王進　欒氏　杜政　各一

貫　□東村董旦　董肅　許德　許槩　崔香
陳在　賈清　楊宅郭氏　張德　尚德　時忠　王
成　劉宅任氏各一貫　鹿家莊　李友一貫　西蘇
村　趙大哥　劉㥶　郭通　各一貫　北善村　欒
眞　侯温谷寬　姜順　孟通　各一貫　南高白
村　吕淵　趙平　郭成　王存　葛立　史仝　各
一貫北高白村　郭道奇　貳貫　李元信　一貫
與德村　尹㝎　張宅逯氏　李復　李宅張氏
汶里　薛璉　薛惠常　各一貫　祝陽　張七官人
一貫　李三郎山口村　宋理　宋㳊　李氏　衛

氏　宋氏　各一貫　許宅朱氏一貫五百　周宅晏
氏　王氏　董宅王氏　傅時　禹俊　國閏　劉氏
徐璟　李正　韓全　董安　何坦　王助教　各
一貫　西屈溝村　孫友二貫　李璋　王澤　丁立
盧全　牛元照　徐淨道　冷氏　南石汶村　李
宅高氏　宋宅王氏　李宅王氏　邢立　各一貫
司淨意　興德村劉宅房氏一貫　山口村　陳德
石堅　孫宅韓氏張通李宅曹氏董宅劉氏各一貫
劉笋　祝陽　李琮　朱進　麦方　張成　朱彥
呂逕　劉冲各一貫　呂云　張留村　孫宅劉氏

徐法恩　吳友　程法全　劉宅彭氏法新法号　王
宅孫氏　吳小姑　司祐　各一貫文　西屈溝村
張暘成氏　藕其　郝直　賈宅張氏　成霖　各一
貫　北石汶村　李全　王誠　李元　荆秀　孫宅
童氏各一貫　東故縣　孫宅田氏　趙安　靜封鎮
朱宅薛氏　南高白趙俊　壚村　王宅崔氏　朱
宅邊氏　留宋楊宅法會　孫宅劉氏各一貫　當寺
僧名　法浩　拾貫　普滿　淨照　各貳貫　法師
福凝　淨遍　各十貫　淨豁　師廣　智念　各五
貫　普演　淨眞　各三貫　淨極　仲政　法善

普完　普泰　淨惠　淨海　各二貫　宗常　惠聰
祖燈　淨修　淨貴　淨智　淨果　普因　各一
貫　當寺童行名　張祖明　貳貫　龐雲寬　乙雲
海　初淨懃　禹雲容　丁雲深　各一貫五百　吳
雲廣　解雲端　齊雲正　各一貫　福昌院主　法
瓊　法悟　共五貫　法光　惠圓　各一貫　善友
趙能證　二貫　鄭惠立　楊法秀　各一貫　尼法
廣　范小善友一貫　靜封鎮　段祐　北善　鮑冲
各一貫
右華藏世界海圖碑篆額書界作介古界字詩思

文無此疆爾界釋文作介是其左證据法圓序則
宋元祐年嘗以刻石金大定五年重刻之想舊碑
不存矣碑尙有陰額題大雲禪寺勑黄碑記首刻
大定四年閏十一月勑牒次公據次度僧名數見
山左金石志俟續得再補訪碑錄載此失注書僧
普完

幽棲寺廣初塔銘

高六尺五寸廣二尺七寸廿行行四十七字字徑六分正書篆額題故律師初公山主塔銘九字在平陰

大金東平府平陰縣陶山幽棲寺故律師初公山主塔
銘

朝奉大夫騎都尉開國男食邑三百戸賜紫金魚袋
致仕郭好問撰并書丹篆額
昔東坡居士嘗謂為佛者齋戒持律講誦其書崇飾塔
廟此佛之所以日夜教人者也而其徒或者以為齋戒
持律不如無心講誦其書不如無言崇飾塔院不如無
為此則禪律相攻如矛楯者曾不知竺乾古先生出法
法要有三曰戒定慧戒生定定生慧慧生八萬四千法
門故佛以一切種智攝三界必先用戒菩薩以六波羅
蜜化四生不能捨律如來弟子中稱優波離善持律律
之用大矣哉如來滅度後距今二千五十餘年其間自
漢明已來像教熾于天下大都小邑暨名山勝境鮮不
建梵刹而聚緇流有以見大法之光揚末俗所歸仰也
東平府平陰縣之東有山曰陶山陶朱公所隱之地有
寺曰幽棲唐懿宗重建之刹歷古迄今主持持律者世
不乏人大師諱廣初姓張氏濮州范縣人也體識深靜
風度端敏十三歲出家至寺遂依諒公宋政和中剃度
尋受具戒天資辯慧講誦上生經瑞應疏發揮幽賾使
疑者信憧者勤增上慢者退僧風驟變佛事物與人皆
闕風而悅服前住持彥公付以山門事破屋壞垣無以
庇風雨師既位處當仁傳授宗主依山大木大廈崇成

僧至如歸受學之衆恆不破百數皆大士也師之於律
義未嘗少懈後以年邁退□向能遠念五臺崇敬文殊
謂不可不行觀道焉於是不遠千里飄然而往日讀華
嚴經累千餘部每遇檀越設供所獲襯施未嘗破用常
積於　佛前偶值闕齋迺散于衆卓錫之餘囊無十金
正隆四年十月十日寢疾於牀有大弟子叩以留誡迺
舉首宣揚曰汝等應思世間萬物無常有存必亡慎護
佛戒進善為衆方讚歎奄然示滅莫不悲啼感念我
大師終始持戒以此律身以此告人孰敢忘其規範遂
具涅槃威儀歸全于寺之北崗報年八十僧臘四十三
弟子二十八人曰惠漸惠濤惠能惠端惠演惠深惠寬
惠潤惠溫惠源惠洪惠浴惠霈惠海惠林惠滿惠溽惠
淵惠沂惠沐惠涓惠連惠政惠淨惠澤惠濱惠澄惠泙
好問先塋實在山下嘗依寺衆薦拔幽冥忽有比邱惠
沂剃豚衡門請至再三願勒貞珉好問遊山之多識師
之久不敢以辭迺為銘曰
高山巍峩　深林蓊蔚　人天歸依　果異人
出　宣揚妙法　大明之律　烈炬破昏
膏澤潤物　法字方開　魔軍皆屈　欻然示
滅　悲辛徹骨　刻銘瑰玫　來者善述

大定六年歲次丙戌九月初六日本縣都管勾當寺
住持小師沙門惠沂等立石
從仕郎東平府平陰縣主簿權縣事王端卿施石
本縣訾深并弟訾潤刊

駝山都總官題字

廣二尺廣一尺二寸四分大字一行一字徑三寸許餘五行字徑寸餘行書在盂都

大定七年三月二十二日緣
本府都揔官在緣字下方　倉官　楊□武　馬都監此三行在都揔官下方
差到面前人戴右衙方偏左在緣字下

上方疑有失拓

新鄉修文宣王廟碑

連額高八尺五寸廣二尺二十行行三十二字字徑六分正書篆額題重修至聖文宣王廟記九字在新鄉

新鄉縣重修　至聖文宣王廟記
郡縣有學□□尚矣唐韓文公所謂通祀
孔子與社稷者也而祀典亦載釋奠以春秋學固守令
之事而世之士大夫率以獄訟爲先簿書爲急或者治
竿牘羨郵傳以重往來之夸異葺衙署增什具以必交
予之捷速至教化之宮禮義之所則漫不加省反爲迂
闊不急之務間有儒家者流粗識道理則又多拘忌重
興作嗚呼欲望吾
夫子之庭宇不隳風雨以弊者其可得乎自非精于吏
治百事修舉以身任□責□浮議不能移者疇克以世
之所謂迂闊不急之務而爲其所甚急者哉新鄉實□
□之劇邑居大道之衝供需百出復師旅之後連歲蝗
旱繼之興滯補弊之事□□□暇故學之傾圮比它邑
爲最而縣令叚君希顏主簿析君元老適丁其時□公
爲□俱以健敏聞每過其門未嘗不咨嗟欷歎若有所
歉然者居二歲屬歲有登遂首□是役議於縣尉次君

倫洎相丞王君仲巽各能允從共相協力經營而人樂
爲用得施錢二十餘萬因以募善工購良材且取舊廢
刹出公潤一閱歲而戒成大惣□□之數爲楹二十有
八嚴邃而崇象巖以尊樓觀屹如廊廡翼如重門洞其
前講肆□□右不朴不灑有倫有次實邑中之第一奇
勝也夫作事惟其難尤爲可□□廟□成而叚君□憂
去議者惜之獨賴折君在而又迫於代者在路旦暮□
汲□救飢然乃能訖其事可不謂之始於難終於難乎
惟是邑人相與休之恨不見於文字而折君且有請詠
歷觀古之循吏惟蜀郡守文翁無它事業獨能立學校

以變風俗居□最豈非菸民者以教化爲先而教化之
大者無過於學乎由是觀之則二公之舉此豈直爲崇
飾而已哉大定八年夏四月十九日承直郎行衛州獲
嘉縣主簿李詠記

洪福院牒并助緣題名

方二尺五寸七分上截牒十三行行字大小均不一下截題名廿二行字徑三分餘正書在涇陽

尚書禮部　牒洪福院
尚書禮部　牒
尚書戶部差委京兆府發賣所據京兆府涇陽縣瑞
字鄉鮑坊村院主僧洪白狀告本院自來別無名額

已納訖合著錢壹伯貫文乞立洪福院名額勘會是
實須合給賜者
牒奉
敕可特賜洪福院牒至准
敕故牒
大定四年六月初三日令史向昇　押　主
事安　假　權郭　押
中憲大夫行員外郎李
宣威將軍郎中耶律　押
侍　郎

正奉大夫禮部尚書兼翰林學士承　旨知制誥修國
史王

右上截

本村助緣善友等
蘭澤　蘭贍　蘭志　張濟　弟五德　程興　郭
直　南松　宋方　王□□　宋均　宋亨　紀立
李圯　朱仲明　宋仙　馬進　馬永　盧興
魯再成　王廣　楊琢　蔣永　溫勝　小楊成
□晟　馬德　楊棟　馬堅　馬再興　程祐
郭武校尉任　琦　修武校尉張　再成
高牢村助緣善友等

孫彥　張臯　孟弁　張珪　孫勝　寶順　孫立
劉臯　孫欒　齊訓
白撲村　王昇　本村捨地基施主　楊成　西王馬
村　党務施石　楊劉村龍泉院助緣僧永□　福
超　道仙　洪白　講唯識論傳戒沙門雲光
缺　大定十二年壬辰歲次九月庚戌十八日住持沙門洪
牒下於大定四年六月至十二年九月乃勒諸石
因併助緣施石諸姓氏而記之訪碑錄列諸四年

非實也

八瓊室金石補正卷一百二十四終

八瓊室金石補正卷一百二十五

太倉陸增祥撰　男　繼煇校錄
吳興劉承幹覆校

金三

清涼院碑

高五尺廣二尺五寸兩截上截敕牒十五行下截公據并記廿六行行字大小均不一正書篆額題勅賜清涼之院六字在平陰

尚書禮部牒　清涼院

尚書禮部牒

東平府平陰縣幽棲寺受業僧惠潤狀告伏爲見住

本縣第十都北郭下有草佛堂叁間未有名額今納錢壹伯貫文省承買作清涼院爲額今來若勘會得稍有不實情願甘罪及貼納余上錢數無詞今照得本僧納訖錢數乞立清涼院爲額住特須合給賜者

牒奉

勑可特賜清涼院爲額牒至准勑故牒

奉直大夫行太常博士權員外郎劉

中憲大夫行員外郎李

宣威將軍郎中耶律　押

侍　郎

中奉大夫禮部尚書兼翰林院承旨知制誥修國史王
下空 右上截
發賣所
東平府平陰縣幽棲寺受業僧惠潤狀告伏為見
住本縣第十都北郭下有草佛堂叁間未有名額
今納錢壹伯貫文省承買作清涼院為額如勘會
得稍有不實情願甘罪仍貼納余上錢數無詞今
照得本僧納訖錢數乞立清涼院為額住特須至
給據者
右當所除已書填外今出給公據付僧惠潤收執照會

大定拾年拾壹月初陸日給
儒林郎泰州膠水縣主簿發賣鹽引等呂
承議郎□州豐縣發賣鹽引等吳

平陰縣城西清涼院記

大定歲次壬午天下治平四民安居平陰城西十數里閒人各就已業為□盧到處成聚落依山瀕河無慮數百家而去寺院稍遠其中欲歸依三寶以植福田者雖有精進之心不能無少憚也於是戒師和尚因衆心所欲增修是院及遵依先降
聖旨指揮書填名額復承耆老王大進義等再三之請遂住持焉由是開闢舊址別創新規具畚挿而興土功召良匠而慮材用填窪下為爽塏之地恢狹陋為壯麗之居其所創屋宇講堂僧舍與夫廚庫等室甚衆兼所成聖像除古佛堂鐵像釋迦羅漢二堂外又添塑聖僧土地觀音共三十餘尊并鑄鍾磬等事費用不貲四時起講席齋僧衆每日食口常不下數十人成就如是勝緣雖戒師福慧所致亦諸善知識□助之力也戒師俗姓宗氏法名惠潤世為本縣鸞萬村人自十三歲出家投陶山幽棲寺禮僧廣初為師年二十祝髮為僧徧歷法會聽學既成至二十五歲傳持大戒及講說經論啟

迪群迷剃度弟子六人曰定雲曰定寶曰定成曰定悟曰定瓊曰定欽俱肯勤修梵行共扶教門悔塵勞於昔時樂清淨於今日蓋欲拔有漏之身超無量之劫也彼受檀越供養不脩福慧飽食而嬉晝夜以無為者豈可與此同年而語哉余嘉其師資相得協心戮力共成佛事故樂為之記云大定十四年五月十五日前進士王去非撰

講經律論傳戒沙門僧 惠潤 立石
住持僧定悟 前住持僧定成 監寺僧定欽

助緣承奉郎前開州酒稅副使飛騎尉賜緋魚袋甲
崇之　助緣宣威將軍前鎰都府鎰都令騎都尉河南
縣開國男食邑三百戶致仕甲申之
北子順馬家庄馬宅施石　里人張彥摹刻并篆
額
右碑上層刻敕牒一道下層刻發賣所公據一道及
記文十九行前進士王去非撰里人張彥摹刻并篆
額去非卽醇德先生党懷英撰墓表稱其試有司不
合卽屏去後又用年得官九品此碑署前進士葢金
制凡試有司者皆得謂之進士積年亦可得九品官

也山左金石志

大明禪院頌記

高五尺四寸廣二尺九寸八分上方牒十三行行字大小均不一下方記三十三行行四十五六字字徑六分正書額失拓在河內

尚書禮部牒　大明禪院
尚書禮部牒
懷州河內縣北道宮村住庵僧廣壽狀告本庵自來
別無名額已納訖合着錢數乞立院名勘會是實須
合給賜者
牒奉
勅可特賜大明禪院牒至准
勅故牒
大定二年九月十四日令史向昇押　主事安押
中憲大夫行員外郎李押
郎　中
鎮國上將軍行侍郎阿典
正奉大夫禮部尚書蕭翰林學士承旨王以上截
懷州明月山大明禪院
空相禪師自覺述
小師妙先書二行在標題下

靈山初始揷草爲標植建梵宮久而爲矣我爲佛子依
先聖之跡也乃說行由
山僧自正隆三年九月十一日離南京東明縣報恩禪
院渡水穿雲到潭懷之郡海衆雲集禮請山僧住同義
之寺於彼脩方丈一座立碑一通後遊此山至此觀看
遠遠望之朗然無滯清淨明白号爲明月之山　四下
方景　前看銀江二道正對祖師名越之山少室嵩峯
靑龍亦帶至西洛龍門又以名川地平如掌冬夏有長
靑之竹花林似錦浩浩人煙園內往來便是神仙之隊
仗又有羅紋之水遍地交流響響潺潺似歌音之樂要

知明月在沁南軍內兩鎮其間後崇太行碧水靑蓮東
有靈巖古寺西有丹水喧喧中有明月一座龍盤鳳繞
虎勢巍巍峻嶺前橫靑松後顯峯巒秀異東嶺猿啼西
溪洞府向當陽峯下翠雲峯前逍遥林內湧出甘露之
泉徹骨淸涼又顯觀音聖水奇異奇希白玉崑中天然
丈室紅輪正曜不落於二邊心懷喜悅此乃歎言堪爲
聖地　大定二年幸遇　皇王賜額始乃晋心開山
揃業方能建立種栢千株遶在碧溪崑畔於淸風谷內
脩一所精藍大小屋舍一百餘間一十四年功將了畢
永爲聖跡將作選佛之場　前文之景乃是眼前之浮

□別有宗乘頋悟無生法忍從上諸佛惟傳頓教直指
人心了然見性離相超凡同悟涅槃成無上道證菩菩
提釋迦廣宣晋布令人見性悟心成佛歸於不二法門
我聞燃燈授記實無一法与人各有明珠本来只是靈
山親付迦葉方聞始悟一乘到波羅之岸維摩無語深
至涅槃文殊讚歎各悟心珠曹溪菓子特賜是人自從
六代傳衣至今花生滿地紅炉片雪無相明珠悟取這
般道息若是識得金燈步步登長安之道見不生不滅
之眞若不錯用身心隨處證解脫三昧處處達菩提道
場向無相光中不妨輕快幾人會意好湌雲門餬餅渴

飮趙州之茶解悶消愁向無憂國裏明月輝輝掃蕩煙
塵到於淨土無根樹子永刼長存瑞草花開長年不謝
騎着陝府鐵牛架著新羅鷂子向孤峯頂上橫管鐵笛
一任歌謠道泰所言得處山僧續嗣少林和公禪師印
證頓契一乘了悟眞空實無有法師乃知之以手摩挲
撫掐分付信衣師又付言汝名空相授得空王寶印今
於此處却舉光揚向明月峯前分花布彩鐵笛橫吹虎
笑龍吟謌唱無爲妙曲說淸淨解脫之門一顆明珠不
落偏圓之鏡紅炉瑞雪鎭海明珠不謝的蓮華拈出誰
人趣向山童擲筆和者全稀願聽雷音光揚四海一片

瑞光与虛空不二阿僧秖外刼壞非災達磨单傳憑君
看取金光晃耀瑞氣輝輝滿目光生如似淸霄之月這
片光明是誰人之境界風光瑞彩幾箇知音轉大法輪
超於聖位人人有分悟取菩提性等虛空明彰大事月
印寒潭波光自現如大日輪無一點相貌耀古通今普
明法界人之不識可惜一片金光璟耀底紅輪便是長
生之月願都會意識取金剛寶山片玉無瑕深悟菩提
之性明顯此理達本還源淸淨法身不拘文字人能若
識見性成佛是最上一乘稀有之法不拘內外亦非中
間朗耀光輝如似團圓之月逍遥自在獨處無爲體若

霊空一輪孤照叅羅萬像悉現其中如似太虛不需煙
色真空佛性蕩蕩然貫普越超登願一切解悟神通妙
用顯出無相真如清淨明珠在千輪之外凡聖之餘朗
耀輝輝那尋蹤跡羚羊掛角氣息不聞無相無為此是
毗耶妙理空王寶印深悟涅槃人海泥牛那晉影相如
是悟者是名清淨霊光獨耀孤月輝輝悉得成佛名為
得道十方海衆共唱太平之歌三世同宣從上諸佛西
天二十八祖六代普傳遍於天下人之不識今復重言
明顯此理令人悟入見性成佛悉願有情同登彼岸

後頌

朗耀輝輝不帶塵　一輪孤照太虛真　紅輪翠耀金
光現　月照長空靄靄明　這朵瑞蓮人不識　今將
玉瑞賜君呈　達磨來開花五葉　至今天下紫枝生
又一片閑雲露骨寒　或居天上應人間　從來不落
情塵位　獨顯明珠照大千　朗耀一輪清霄月　如
似虛空體一般　不拘內外憑君看　悉願人人伴月
闌

大金　大定丙申歲九月　日　開山刱莱
住持傳法沙門空相禪師　立石　記　本州栢山
村石匠馮立　懷州清化鎮刊石人張鏞

大智禪師碑陰題刻二段

京兆府錄事馬烜題名（四行行字不一字徑八分行書在崔承業題名之後）

朝列大夫京兆府錄事馬烜於大定十八年八月十一
日奉都督劄付委差監看贍錄舉人文卷同運幕隴西
邕起勾當自十二日入院至九月八日結局馬烜書丹

府判刁璧等題名（十三行行六字七字字徑八分行書在前刻之左）

府判益都刁璧錄事燕山石松錄判益津張天綱長安
令京兆□公二以貞祐五年春上丁日
釋奠到此公二承乏教職率學正安濟而下成礼之後
飲　福於真及其醉也如在舞雩之下皆詠而歸

此二刻之下史惟則題記之上有竹菊畫幅橫亘
於中其右即崔承業題名之下截疑亦金人所刻
當在大定之前畫有題詩一首云嗟爾精神不異
常敢於霜圃鬭寒芳叢披未許十分色蘂摘也沾
一種香後云古幽張太和刻石於固原均分書此
二刻之上又有篆書一鳳字其左又有正書呂忠
二字王雲題名之後又有明人題記一段并附識
之

華岳廟題刻二段

李成誠和余題記（高存六寸五分廣一尺六行行存四五字不等字徑一寸正書）

李成說嵓起淞
□□本路和糴事
□□□邑令李津
□□黃子雄景揚
□□伯通恭謁
大定十九年己亥
每行失拓二字据關中金石記補李成二字說畢
氏誤作訛
左□題名高四寸廣一尺二寸三分七行行四字字徑一寸二分正書左行
麟野左□還自西秦敬謁
祠下承安庚申秋三日

男侃侍行
慈恩塔題刻二段在咸甯
許洛題名二行行三字四字字徑五分正書
許洛登大定庚子
右刻在趙抃題名之左庚子爲大定廿年當宋淳
熙七年
虞用康等題名七行行二字年月一行八字字徑寸餘正書
虞用康史公奕張好禮李□亨同登
泰和五年春四十日
右刻在趙抃題名之上年月則在其左泰和五年
爲宋開禧元年
慈恩塔金人題名萃編失載許洛題名之下有元
大德九年一刻又王詳題名之右有元至正十七
年何太古一刻孫永題名之右有靖海侯吳忠子
厚中國公鄧鎮子山兩行其下則明正德隆慶間
三題也又吳中復題名之左有明嘉靖年曹懷等
一刻趙耘老題名之下有嘉靖年李河等一刻盧
盛題名年月之下有正德年都穆等一刻並附識
之
幽棲寺重修大殿記并陰

高六尺四寸廣三尺一寸廿六行行四十七字字徑六分許正書篆額題幽棲寺重修大殿之記九字在
平陰
陶山幽棲寺重修大殿記
將仕郎新授涿州軍事判官趙渢譔
保義校尉前守徐州酷務同監郭大輿書并篆額
自佛法入中國天下名山大川梵刹所居者十八九至
於千百載相傳不絕嘗觀自古貴爲王侯富可埒國第
宅過制者往往氣燄自取顛仆或一傳或再傳蕩析無
餘其理安在蓋因爲梵宇者以道得之富貴者以力取
之固不可同日語也昔世尊捨淨飯國王之貴逃於空

山無人之境備諸苦行累年而後道成唯以慈悲爲本
於衆生若有利益雖頭目髓腦亦皆捨棄視其身爲何
物安肎自奉耶及其道著故天下之人惟恐奉之不至
此乃心悅誠服匪由力取非以其道得之者安能如是
哉吾鄉陶山幽棲寺其來遠矣因陶朱公昔嘗隱其中
由是得名其寺廢興載於前記其山号爲洞天一福地
奇蹤異跡徧滿巖谷是宜靈仙神龍之所居故臺洞池
泉皆有仙聖之號歲時水旱鄉人祈禱輒應而文殊大
士似經過去刦於此山有大因緣時現種種光相驚人
耳目由是人益信向奔走靈承之不暇而寺宇制度甚

古往往土木朽腐前人久欲更新而未果也大定四年
惠沂上人嗣住持事覩其室宇卑陋輒欲更刱而復念
工費浩博未易輕議姑累小成大補弊增新爰自三門
廊廡夾室講位祖師真堂洎大法屋積歲累月無不完
緝唯大殿尙仍舊貫迺集其侶別議更始上下聞之翕
然樂從四方檀越亦皆願施方議擇木於原隰采石於
澗壑涓剛辰庀工徒斤築雷動響振崖谷不日告成舊
基才三尺今則增而培之向來卑陋今則崇大矣向來
黝暗今則顯敞矣向來鄙樸今則無遺巧矣迴視舊製
如椎輪之於五輅也於是中設聖像金碧煥耀恍若天

成所費無慮巨萬人皆樂施自非沂上人行業信於鄉
閭智略妙於經畫未易辦此寺之始終洎更刱之故雖
已敘述復有一轉語敢告淸衆如來遠離世間一切諸
有而於無所住生心豈以一室美惡易其道哉雖然弗
藉於此無以開一切信向之門爲其徒者宜觀田夫田
婦攻苦食堅茅屋不庇風雨而我以佛力故居則崇基
峻宇食則香積妙饌夏覷淸涼冬居溫密受人天妙供
何以報佛恩德荅檀越信施哉然彼以財施而我以法
施財施者既盡心則法施者若非戒律堅持通悟法眼
未易副彼所希利益之□耳敢以此告仍繫以銘辭曰

下空
煒煒煌煌　法中之王　興慈運悲　廕覆
十方　深愍有情　苦海茫茫　誰爲拯濟
賴我法航　炎炎□宅　群子凝狂　方便
誘掖　俾就淸涼　三車取喻　牛鹿洎羊
爲其徒者　心宜自量　蒙祓慈廕　得大
吉祥　願報佛恩　烏可□望　戒律精持
勇猛堅剛　因戒生定　發智慧光　財施
法施　利益交相　刻辭貞石　千載流芳

大定二十二年歲次壬寅十月戊戌朔十五日壬子

東平府管內僧録判官知教門事崇業大德　定德
立石
勸緣住持沙門　惠沂　講律沙門　祖嚴　同
修殿權寺　定道　定先　監寺　定賢　法慶
定太　知庫　道悟　典座　定鑒　知莊
定存　法顯　尊宿　惠清　惠洪　宣秘大德
惠潤　刊字張彥

碑陰

高廣不計十七行行四十五字字徑八分許正書

重修大□并聖像碑陰記

監□聚沙爲塔童之戲也猶作入聖之因捧沙奉佛物
之微也尚感輪王之報況乎興建大殿崇飾
聖容廣起勝心大興檀施其□□果未易數究茲者本
寺釋迦佛殿年深積弊僅至隳壞惠沂遂與法眷等議
重爲建新各先以衣盂之資爲施外化到本縣坊自但
歡□到州鸞寧鄉安寧等鎮永寧安樂翔鸞肥河居賢
榆城等鄉及長清齊河等縣遠近檀那或有施大樑重
椽扎樑樴樟枋榑椽柱枓栱飛木牌額堦砌□獸塼瓦
等又於殿內刱砌粧塑佛菩薩等像共四十余尊其於
工費金箔彩色等物壹係檀那所施本寺欽畫一開具
姓名勒石以紀然恐中間或有脫漏以此遂已而況吾
門無相布施最爲第一今但標記某甋及所化某物以
紀碑陰總此功德伏冀結緣檀信身嚴福惠業散冰霜
長幼存亡俱霑勝利未來揔遇
龍華人人俱蒙授記者大定二十四年歲次甲辰夏五
月二十有五日謹記
陶山幽棲寺住持沙門　惠沂
法□僧
定愍　法浩　法善　法悅　法全　定
和　定悟　定欽　定安　定興　定晉

惠津
尊宿僧　惠源　惠端
故臨檀崇業大德　惠務
故臨檀演秘大德　惠能
莘縣𧷤中議宅八官人

重修中岳廟碑大定廿二年萃編載卷百五十六

禁林禁誤翰退而書之脫退字玄聖未注廟諱戶口口誤和
會和誤知主上崇敬之心出於至誠如□古不□乎禮罔
不替興時修貢効珎致祥贖祉復生賢人爲國藩翰輔
成萬世無疆之□俾下空吾君吾君上一行全脫群司群作羣

碑中重文字俱作〻頌詞句空三格萃編未如碑式併記之

石淙棲雲題名

高廣未計三行行四字字徑九分分書

大定癸卯棲雲挈家再游

右棲雲題名在石淙詩沈佺期銜名之下溫泉有棲雲老人題名系大定廿二年所題蓋即其人

檀特山善寂寺塑像記

高七尺六寸廣三尺四寸十八行行四十四字字徑一寸六分正書篆額失拓當在莒州

檀特山善寂寺新塑三世化佛大像記

從仕郎□州軍事判官□復撰在標題下

御前書寫牌額官內供奉班祗候敦武校尉柏文酒政邊陽馬尚謙書丹并篆額

西方有大聖人是名如來於一切衆生矜憐拊愛爲大□父開示教戒爲大導師調護拯救爲大醫王見其積集罪垢備嬰劇報故入地獄代受衆苦見其貪著愛欲□□死故卧鶴牀示般涅槃以至於蓮花藏世界海無量刹中隨方示現攝受誘化與其覺悟空法成就善緣□□□趣受□妙□經歷千刦萬刦恒沙刦故誓願□□無有退轉不以去来異□生差别想□悲念力不

可思議如□□□遺教□□然人值末法生不見佛以不見故□□增慢愚者生疑無所依向業緣轉深云何能使捨除慢心□□□□如佛住世咸生敬信故金銅珠玉無量寶□由是而興焉莒有名山曰檀特距州治南凡六十里而□□道場□山之右脇□永熙中□□刺史所建也□□之現與創之由詳載圖録茫不復記迄今凡幾百季□□□□□□□灾□□□□□悉爲煨燼遺址□□悉成燋墟大定四年春沙門善惠始來住持□然有□□之志□□□□□善知識便種福因故富者輸財□□□□力破慳貪惰助作大緣自堂殿廊廡齋厨庫廐各立區□□土□□□一□□□□□□□坊矣惟是□□尚闕如也既而惠以年老謝事付其嗣宗顯者使畢其志憔悴性□□□心□□□自□□□□無不通誦初□□業投試有司遂中巳亥秋選既祝髮具戒受囑嗣事□□願□走城邑乃至衆□無空過者以所得信財□□良工創塑化佛大像凡三龕法從儼侍天神翼衛金珠綵色備極莊嚴閟四寒暑而功具睟容瑞相觀者胥動歡□踊躍作禮圍繞如升兜率遊內宮親奉慈顏瞻仰歸依不勝大願恍疑其身之超出塵界也既成迺以記文爲請□□

嘗怪昔之學佛者往往假如來衣竊信施食至或法宇
頹敝風雨□剎如視逆旅不爲完葺像設㩜㡉塵坌□
□如塑土偶不爲嚴奉非特釋子然也闍惠顯之盛亦
庶幾少知媿色予既深喜惠之知尊其教如是而顯又
能繼成其師之素志故樂爲之書而不敢讓大定乙巳
四月六日記　功德主住持僧宗顯　立石維首韓
□

檀特山建釋迦殿記

高七尺廣三尺一寸十八行行卅五字字徑一寸五分正書篆額四行題檀特山建釋迦殿記八字當在莒州

檀特山□寂寺建釋迦殿記

承事郎城陽軍軍事判官党懷英撰并篆額在標題下
□前書寫牌額官內供奉斑祗候敦武校尉栢文酒
政遼陽高尙謙書丹

先師有□□誠明謂之性自明誠謂之教誠則明矣明
則誠矣從容中道自誠而明□□擇善固執□□而誠
者也教而達乎性學而達乎聖一也譬諸水焉出於嵒
竇而放□□谷盈科而進□□晝夜及其通於海一也
昔吾夫子天縱其聖性與天道自子貢之□□□聞而
子貢□□仲尼日月也又曰猶天之不可階而升也有
若亦云自生民以來□有聖於孔子則吾夫子可謂不
學而能矣然曰我學不厭而教不倦也又曰我非生而
知之好古敏以求之者也故嘗學樂於萇弘問禮於老
聃夫豈自居其聖哉凡所以示人以學故也嗚呼豈惟
夫子然哉而佛之立教也亦然佛之生於王宮至成等
正覺其功德性海未易名言而三昧四禪六度十方四
無量八解脫與夫十八不共法三十七道品是皆生而
知之然且逾王城入檀特見鬱頭藍則學不用處之於
阿藍伽則學非非想定然猶二年不去者亦所以示人
以□故也是故鹿□妙文首勤精進雙林遺教專示修

攝而昧□乃謂佛之爲佛可以頓悟而□可以漸□者
惑也夫圓覺頓教也而裴休序之亦嘗勉人以整心慮
趍菩提蓋契佛之遺意耳末學□塵所宜勉哉若夫渥
洼之馬一出而絕塵丹山之鳳一舉而冲天則吾未可
量□或曰今之所□檀特者果昔之檀特歟曰不然佛
以千百億化身應物現前無有方所身□與土無有二
□如月在天而天下之水見之豈有兩月哉檀特之山
其孰曰非□殿之役經始於大定壬辰之夏落成於乙
未之秋云主緣者寺僧善惠作記者竹溪党懷英也大
定二十七年十二月望日僧善惠建　維首馬泉唐榮

小師僧宗德宗顯立石匠人
党懷英金史有傳大定十年進士調莒州軍事判
官地理志莒州屬山東東路本城陽軍大定二十
二年升城陽州二十四年更名莒州是碑立於大
定二十七年改名莒州久矣而懷英撰記在大定
十五年其時城陽尚未升州故列銜書城陽軍軍
事判官也史稱莒州者書巳改之名耳

龍門山楊言題名
大定楊言獨至

崇教禪院鍾款 明昌三年七月 萃編載卷一百五十七

敕可□賜□□□院牒 准敕賜院牒三字 安□ 權郭 郭誤郎權亦未
的首行之次下方有小字一行全泐以上一棱 祁忠男 祁再興 姪祁
憲 祁意 王福 党淑 周遮 南無僧伽吒沙門
破地獄眞言 以上五行未錄在鄜州一行之後經文二行不錄以上爲一棱 湝□□
□ □獄眞言 寶樓閣眞言 大明六字神咒 經文不錄
以上爲一棱此以下全未錄 自 南無西方淨土極樂世界 □十八
万億一十一万九千五百□名□大□大悲阿弥陀佛
此三行字較小在前行下方以上爲一棱 本村施主 趙助教名眞妻楊
氏男趙永安次男勝 男海 男惠遷 陳順男陳戻
陳喜陳端孫陳先生羊任 趙義妻□氏男趙□趙吳

趙通趙先□ 条示 条珪 条□ □□ 北□□
李安 高眞母楊氏 高□泐下 趙□母親□氏 弟
趙□ 趙延 刘世興□呂氏男刘忠泐下 李保妻馬
氏男李成李忠□ 王珎妻張氏 仇仵妻任氏男仇昉
仇□ □□妻王氏以上爲一棱 本村 馬永年 李端
李立 □万 李儀 李顯 趙順 馬忠 任小一
郎 張珪 蕭威 胡平 王興 李怗兒 田成
李臻 馬端 趙昌 仇昌 趙吉 趙端 李宗
趙信 孫老宿 馬份男善住轉住 趙斌 張弁母親李
氏 王伴哥姪帖兒 李林 馬椿 趙德 化□食

人張顯 李小一以上爲一棱 本村 李□亡父母 □氏
亡父母 顯□親呂氏 李五□ □□ □豊 趙
佺 趙義 梁馬 任千 周全以上爲一棱 五郎社
白彥璞男白義 閆老宿宅孫氏 白小一郎宅王氏
馬先生 □□ 南□ □二郎 閆大郎 房□
郎 鐵匠崔□女夫趙亨 白四郎，常五郎 閆法
華 李七 張珪男公□ 中村□□宅趙氏 陽化
□□ 天成北□□三郎 任田以上爲一棱 仲且□
姚□ 姚淸 趙佺 □奐□ 侯端 李佺田氏任
俊 田荣 □□ 焦俊 李眞 趙存 李平 任

延男老宿　王廣　張和男大郎　任松□全　田□
任平　李安　趙知明　□氏　趙堅　崔□主趙
進　□□　馬社李二郎　陝西社馬豫趙氏楊氏男
馬□　俱□顏氏　□□　王氏　雲氏　田氏　俱
氏　馬氏　田氏　成□□張史　南柴村苻氏　□
董礼　董二郎　戚村　王五　李五郎　□氏　□
□□　□□村高□□亡父高到刺楊氏亡父忽□□
蔣氏□□哥一以上爲棱　延平縣□□　□□鎮高清
長安閆三郎　陽鋪張玢　道□村刘三郎何氏　任
村趙三郎楊大郎　□村曹□工亡父　永豐社　趙

小大郎母親馬氏　趙勝　杀德　趙汝　侯□　趙
三郎　趙善友　叵宏　刘大郎　王大户　趙四郎
北趙一郎　張詵　趙倌　杀辛　長□□□男任
二郎　趙四郎　□□馬氏　王氏　渭□□□□
盛□男盛宗　東□豊□□大郎　□大伯　郭大伯
李三郎　王□父　八李村王□　明杀社　趙□
□　楊老宿　閆助教　攢德社蕭氏　本縣　吴□
左氏　巨川母親李氏　馬□　李□社　□善
王老京　□倉顏　□□男小二郎　周老□　高村
刘助教　大□社　郭善友　□小善　趙□　王

善友　李小□□　李大郎　薛鎮　會同　李聡
張小一哥　王義社　張助教　趙廣　李氏　輔氏
李□　李潤　李千　王住社張通　焦村寨□薩
寘　終南縣田保男田滋一以上爲棱　□龍村　蘇老宿
宋老宿　蘇老宿　□村　王忠母親李氏　梁祐
趙清　南欽　吏勝　俱□　俱弁　趙進　趙義
□□　王□　王十郎　王大郎母趙氏　□□
王二哥　佛土社　□□　□□伯　大成北村魏□
辛　□□　趙□完　趙四郎　李□老宿　□□寨
張謀　王老宿　馮□　□□□□　程□　□□

□□　趙□　刘專　苏欲村王專　□村　王□
史□□□□四郎　□□村王三郎　王□王法師父王
寘一以上爲棱　上缺牛宅魚氏　王小女　李氏　上缺劉老
宿　上缺□上簡　□□　趙思正　王三郎　上缺□息□
□□氏缺　此行全缺　□□□四郎缺　上缺□□　康珣
□□　缺三行　□□　李□主一以上爲棱　大荘村
王□□陳氏　東村□賈□　長□坊牛□□一以上爲棱
部院外圍徑四寸五分兩字直下字徑二寸
天下太平錢形圓徑七寸四方各列一字字徑一寸六分錢幕無文
庵折谿主谿准提莎訶一字一規圓徑四寸四分字徑三寸許

右崇教禪院鍾款萃編題爲武亭鍾款者以金代縣名名之也兹從關中金石記題爲崇教禪院鍾款鍾本在武功陝西通志云寺鍾出自武功河畔砧婦作石擣衣忽聲自石出響聞數里土人發之乃巨鍾也遂移爲寺鍾鍾款凡十六棱王氏僅見其六所見者亦未全錄兹悉補之拓本分十六紙先後次第不能定焉鍾在咸寧薦福寺萃編以爲乾州据鍾款言之未得其實

樊倫龍山頌并陰

高六尺二寸廣二尺九寸篆額四行題縣宰昭勳南陽樊公題龍山頌十二字字長徑六寸頌四行行七

字字徑六七寸不等行書在元氏開化寺羅漢殿

太山之陽龍山首疊〻峯巒衝牛斗試劍巨石尙然存
霹靂神鋒出無有

碑陰

高廣同上三十行行六十五字字徑七分餘正書篆額橫列遊龍山記四字

遊封龍山記

金馬玉堂賢人君子得志者之所履也洞天福地列僊高士得道者之所居□夫洞天之高者泰華嵩衡恒是也自恒之□巋然崛起於太行之東者封龍之山也諒彼恒岳回環望之四面如一迺聶時飛龍山也至唐明皇天寶六載遂易爲今名背滹沱之巨浸右井陘之絕嶮實鎮陽之壯觀非若羣山之迤邐也龍首興雲而致雨獅子吉毛而赤背白羊牧兮玉石亂華蓋擎兮青松高鍾磬互鳴於梵宇金碧交□於琳宮醮石突兀吟臺崢嶸蟠桃植兮郤老黃精產兮延齡至如奇峯怪石清泉茂林可使畫者勞想游者忘歸青城雁蕩不獨美於西方巫峽廬山莫專名於南土復□徐童僊觀郭元振劍石徐童觀者觀在獅子峯下□谿之上中央平坦地多桐木花其花清香襲人其子色碧可染衣作青碧色若移植他處則不活也觀中有泉數本□宜栽柳種荷

曹仙姑忍云北嶽徐眞君登僊之山也又山記云駱元素因入山遇一老人得藥十粒告元素曰服此則不飢吾本姓徐字元英新受長桑君牒召爲北嶽□史言訖化爲童子乘雲而去因得名焉郭元振者唐時魏人也少游學於此山獅子峯前有石屹然高聳一日聞霹靂聲其石中裂俄有五色雲氣自石中出元振觀之得寶劍石礔中年十八舉進士仕唐睿宗朝出入將相又有東西中三書院其遺址存焉當時皆名儒碩士專門傳授聚集學徒恒幾百人置山長山錄以領之又多僊游勝跡琳宇道宮靡可縷述自漢唐而下棲眞之士蜚出

其間神龍蟠虵湍雲鎖洞三晉之間不遠千里來請禱
者莫不遂請以致農田鮮有旱乾之慮傳云山川出雲
雨久□前所謂洞天者信不誣矣今者縣宰昭勇公於
皇統四年六月蒙空下皇故兄左丞相鄭王判吏部尚書
日特補充　誥院令史貞元二秊間□職　累經歷任至
明昌元年十一月來臨是邦公諱倫字正大中山定武
人也祖正以吏事策名
本朝撫定以來同列者六十餘家比比無後惟公家與
故右丞相石特□嗣胤益彰所謂積善之家必有餘慶
也公之故父諱祈字可祥是時

國家方分置六部故右司郎中趙通奉故吏部侍郎田
中奉首舉公父□□部令史尒後
朝廷設討論所公父撿討唐朝文籍故事撮其精要立
其規式同列者□□公之父取則也未及出職忽得病
病間言曰　上眞有旨尒當速來□竟而逝嗚呼
不幸早世今昭勇公即其長子也公故父累贈武略故
母盖氏追封南陽郡□君公自幼慕老子之道皇統間
於　上京會寧府遇一方外士授以虛寂玄言
深得其趣遠明昌辛亥歲七月上旬日游封龍登獅子
峯詣修眞觀禮　三□瞰龍潭遊禪堂遍覽山中
勝槩及前一遺跡徘徊久之復至觀前登一巨石名曰
霹靂石遂揮毫而作此頌夫公之慕道見於蚤歲其功
名得一紊判於胷中矣肆情亳迺不以窮達爲累飄飄
然有方外之游時繼至者天長觀道士李公諱德淸字
子澄道業淸高符水有靈時輩許之有德之流也從行
者公之四裔德暐德暉德璘德曎□修眞觀前監觀道
士殷公諱德眞字元道試經中□明達高士也性慕玄
言淸虛篤道不樂紛華鬪昭勇公游封龍有所題之頌
殷公以其山中之觀與今邑中之觀迺□觀也由是召
匠選石以刻厥頌命僕志之僕本邑人也義不敢辭謹

錄其實而贊曰
龍山聳翠兮上揷碧霄　峻極於天兮羣峯來朝　峭
拔千□兮亞恒之高　洞天僊府兮謝絕塵勞　秀氣
攸鍾兮多產時髦　徐僊琳宇兮搆山之腰　高人逸
客兮於焉逍遙　吟臺書院兮遺址昭昭　名儒碩士
兮卜此來巢　將相旹生兮德比夔皐　神僊輩出兮
地□北條　白雲洞隱兮張果丹燒　崔武遇神兮嘉
氣偏饒　金母池平兮不起波濤　性能延壽兮黃精
之膏　實能卻老兮曼倩之桃　靳翁採藥兮聞風怒
號　殺彼毒蛇兮淸我西郊　淸泉數本兮滌爾貪饕

靈潭興雨兮時濟嘉苗　温潤其□兮有玉之韜
棟梁其材兮維松之喬　畫者勞想兮匪易揮毫　游
者忘歸兮俗冗可逃　我公來遊兮陟彼山岺　道襟
豁然兮志意飄飄　回頭俯□兮塵世煎遨　頓有所
悟兮咄尔萍漂　羽衣相陪兮人迓三茅　題詩於石
兮詞源滔滔　銀鉤麗句兮有古風騷　山神發靈兮
威公所褒　百里獲□兮疫癘潛消　年穀豐登兮風
雨和調　功成名遂兮下空聖世忻遭　神清骨秀兮名
在僊曹　刻諸琬□兮姑志游遨　傳之於世兮永作
僊謡　但紀其實兮非譽是要

進士趙　時中　撰　東垣進士魯　秉禮
篆額　里人王　瓘　書丹
維大金明昌三年歲次壬子十月辛亥十五日甲
寅監觀道士董知善前監觀道士王　知古本觀
□□□前監觀講經道士殷德□立石
匠人胡昌　弟胡□□

右記趙時中撰魯秉禮篆額王瓘書瓘秉禮無攷時中見縣志修眞觀府志云在縣治北唐開元中建即記所稱邑中之觀是也但此碑本立於修眞觀內今在開化寺中不知何時所徙記謂封龍山曩時飛龍山唐明皇天寶六載易今名案史記趙武靈王伐中山取封龍水經注洨水東逕飛龍山北即井陘口今又名土門元和郡縣圖志趙州元氏縣飛龍山縣西北三十里前趙錄曰河瑞元年王浚使將祈宏率鮮卑務塵部十餘萬東討石勒戰於飛龍山勒師大敗括地志云封龍山在鹿泉縣西南四十五里唐十道志封龍河北之名山也本名飛龍山山勢如伏龍欲舉狀新唐書地理志元氏有封龍山太平寰宇記云鎭州元氏縣飛龍山在縣西北五十里又獲鹿縣下亦云飛龍山在縣西南四十五里一名封龍山封與

飛一聲之轉故諸書或言封龍或言飛龍記謂天寶六載改飛龍爲封龍其言不根殊甚龍首獅子白羊玉石華蓋皆山峯名唐十道志云封龍山岩泉回環錯列稱爲奇勝其最著者爲龍首熊耳華蓋諸峯元氏縣志云龍首峯在封龍山絕頂玉石獅子在封龍山上華蓋峯在封龍山上望之如傘故名又白羊山在縣西北四十五里接連封龍記稱山有徐童僊觀郭元振劍石徐童觀即修眞觀因徐眞君元英得名縣志云白雲洞在封龍山龍首熊耳兩峯間相傳徐眞君修道於此又名仙人洞洞前有修眞觀元安熙

默菴集封龍十詠有修眞道館詩自注在獅峯下中央平坦泉石甚盛宋政和中賜敕額迄今殿宇猶爲山中之冠是也徐元英見明嘉靖眞定府志謂北宋時元氏人郭元振兩庴書有傳府縣志試劍石在元氏封龍山唐郭元振得寶劍於石中元左丞史彬書試劍石三字筆法極遒勁又記稱山有東西中三書院遺址當時皆名儒碩士專門傳授聚集學徒恆幾百人置山長山錄以領之府縣志云封龍書院在縣西北封龍山下相傳漢李躬授業之所唐郭震宋李昉張皤叟元李冶安熙皆講學於此又西谿書院在龍首峯西唐隱士姚敬棲遁之所宋九經張著爲山長復增葺之又中谿書院在龍首峯下宋昉張皤叟元李冶等相繼授徒學者甚衆亦見王圻續文獻通攷攷山長之名起於宋初其見於史者則自眞宗大中祥符八年召見潭州嶽麓書院山長周式爲始又記稱神龍蟠池油雲鎖洞三晉之間來禱者莫不遂請油雲鎖洞當指白雲洞府縣志云龍泉在封龍山陡澗中遇旱祈雨輒應又名老龍池又封龍山西谷有泉名南北二天井俗呼龍池其水南出螺峯之下記稱神龍蟠池當是陡澗中之老龍池今其旁有龍

王廟歲旱常詣此祈禱記稱樊倫爲昭勇公又云於皇統四年六月蒙皇故兄左丞相鄭王判吏部尚書日特補充誥院令史貞元二年出職累經歷任明昌元年十一月來臨是邦云云倫見府縣志名宦傳攷金宗室封鄭王者有完顏斡魯皇統五年追封完顏斡賽太祖弟完顏宗懿太宗子大定二年追封完顏充海陵兄皇統九年改封越忠簡王完顏承功世宗子大定四年改封隋王剌王完顏永蹈世宗子初封衛王明昌二年改封凡六人曾拜丞相者止完顏充一人充傳皇統間封溜國公爲吏部尚書正與記合皇兄之稱蓋指海陵之兄而言碑云故丞相石特□攷金史章宗前定州人拜右丞相者有石琚相世宗特下當是進字係琚所加之散官猶後稱右司郎中趙通奉刑部侍郎田中奉之例金制文散官從一品中次曰特進琚傳無加特進事當是史之漏略碑云母蓋氏追封南陽郡□君君上一字泐當是太字金史百官志郡侯母妻封郡君承安二年更爲郡侯夫人四品文散少中大夫武散懷遠大將軍以上母妻封縣君承安二年改爲郡君五品文散朝列大夫武散宣武將軍以上母妻封鄉君承安二年爲縣君倫母蓋因其子官追封故稱太君然倫仕明昌間官止正四品昭勇大將軍於例止封縣君此

云郡太君可見志載承安二年始改四品以上母妻爲郡君之説不足爲據趙右司田侍郎皆不書名攷金史皇統初任吏部侍郎姓田者有田瑴附孟浩傳當即其人（常山貞石志）

右碑以縣宰樊倫游封龍山作頌道士殷德眞爲之刊石邑人趙時中因而作此記也常山貞石志以記爲正碑頌爲陰以記所述證之宜以頌爲正碑記爲陰也碑經中裂缺泐處据常山貞石志補之鍾磬亙鳴於梵宇亙郎亙之俗沇釋作元又山記文作文性能延壽性作恒皆誤

八瓊室金石補正卷一百二十五終

八瓊室金石補正卷一百二十六

太倉陸增祥撰　男　繼輝校錄

吳興劉承幹覆校

金四

京兆府提學所帖碑

高六尺六寸廣三尺一寸六列列六十六至七十行行廿八至五十字不等字徑三分正書在西安府學內

京兆府學（此四字字徑六分）

先來蒙　教授厯爲　廟學四至并隨司縣贍學房舍地土數目各有青冊除已於明昌四年四月間將廟學四至於碑院西廊下　廟貲碑陰上石訖於今年四月間蒙降到房舍地土青冊今驗數上石所有提學所帖開具如後（空下）

提學所

准　京兆府牒准來牒牒將司縣拘籍贍學地舍青冊或貴府元籍文簿牒發前來當府隨牒前去請照驗須至旨揮

右具如前所准來牒事因使所已將上件發到拘籍贍學地舍隨此發去今下京兆府教授王登仕照驗收管仍後照用了日一面申解京兆府收管准行文狀申上

明昌五年四月初一日李芾等行
使此字特大徑寸餘　押
樓店巡
一舍壹伯捌拾陸間柒分五厘每間貳椽計叁伯柒
拾叁椽半計叁伯柒拾叁步柒分伍厘
一地基貳伯叁拾間陸尺伍寸每壹丈爲壹間計肆
伯陸拾壹步壹尺伍寸
左第一廂銀行街
史用佃東壁地基南北闊貳丈壹尺東西長叁伯伍
尺內除騎渠伍尺外實長叁伯尺并已東弩南堀

子南北闊柒尺東西長壹伯貳拾尺又次東嵎子
弩南闊壹丈陸尺東西長叁丈貳尺
田士安於吳彥處兌到本街東壁地基貳間位南北
闊貳丈東西長叁伯伍尺除騎渠伍尺外計長叁
伯尺
秦順佃本街舍貳間計壹拾椽并地基東西長壹拾
柒步南北闊貳丈并於王鎮處兌佃到東壁舍壹
間計伍椽并地基南北闊壹丈東西長捌拾伍尺
𨙻榮於王富姪男王永處兌佃到本街西壁地基壹
間位東西長壹伯貳拾尺南北闊玖尺伍寸東街

西楊運使南王永北楊三郎
魏和佃本街西壁地基壹間半東西長陸拾尺南北
闊壹丈伍尺又佃後面接連地南□北闊貳丈東
西長陸拾尺東街西楊都監南李北王永
劉安佃東壁舍後地基南北闊貳丈東西長叁丈叁
尺東街西劉南自北王實
王靖於郝□仇李謹處兌佃到地基各壹間東西各
長伍拾尺南北各闊壹丈又於劉儀處兌佃到壹
間東西長伍拾尺南北闊壹丈東街西劉南舊市
曹官巷北劉

王永佃地南北闊玖尺伍寸東西長壹伯貳拾尺并
堀曲地南北闊叁丈伍尺東西長壹伯貳拾捌尺
東缺
王富佃地壹間南北闊壹丈伍尺東西長壹伯貳拾
尺東缺
東柴市馮元仲於開士通處兌到馬千元佃本街東壁
地基東西長壹伯陸拾肆尺南北闊貳丈伍尺東
寺墻西官街南鍾府推北金
張全於周建弓處兌到東壁地基闊貳丈伍尺長壹
伯陸拾肆尺

東行街解守全佃地壹間半東西闊壹丈伍尺南北長
壹伯柒拾叁尺
傅家婆佃地基貳間東西闊貳丈南北長壹伯伍拾
尺
傅安傅眞佃地貳間東西闊貳丈南北長壹伯伍拾
尺
□院街張信佃本街南壁上舍貳間位計陸椽南北長
壹伯尺東西闊貳丈玖尺伍寸東許西劉南營墻
北官街
張遇佃地東西長捌拾伍尺南北闊貳丈玖尺東官

街西營南白雲寺墻北韓
劉直佃南壁地伍間南北長玖拾尺東西闊肆丈捌
尺東官西庫南營墻北官街
南晞於張淸佃南壁地東西闊貳丈南北長貳丈東
趙西自南自北街
趙昭信宅於王俣䞇兌到地貳間長貳丈闊貳丈并
舍貳椽
鄭彥禮佃舍壹拾陸椽并地基東西闊貳丈長壹伯
伍拾伍尺并續佃地前闊貳尺後闊柒尺
安上街駱彥先佃西壁地基壹間闊壹丈長陸拾尺

馬康佃舍叁間并地基闊肆拾尺長貳伯壹拾尺計
舍壹舍壹拾伍椽
草場廠僧廣均佃本街北壁上地基南北長柒拾伍尺
東西闊叁丈伍尺東本院墻西張南官街北本院
墻
毛順佃本街南壁上地闊壹丈柒尺伍寸長肆拾伍
步并接連堀子闊壹丈貳尺伍寸長壹拾柒步
竇實於毛順處分兌到南壁上地壹丈貳尺伍寸長
肆拾伍步并接連堀子闊壹丈貳尺伍寸長壹拾
柒步

張立佃南壁上取土坑地壹間半南北長貳伯伍拾
尺東西闊壹丈伍尺東府學道西竇南府學墻北
官街
竇實又佃地東西闊壹丈伍尺南北長貳伯伍拾尺
東張西自南府學墻北官街
張儀同宅勾當人張顯佃南壁上地叁間位南北長
貳伯伍拾尺東西闊叁丈東自西府學道南府學
墻北官街
□酒務街馬定於任禧處兌佃到舍貳間計四椽地基
南北長壹伯貳拾伍尺東西闊貳丈東王西□南

官街北官地

張□佃北壁地基東西闊叁丈貳尺南北長肆拾尺

又佃地東西闊捌尺南北長叁丈貳尺

東南城巷吳祐於李順處兑佃到地基叁間南北長壹伯伍拾尺東西闊叁丈上有舍玖椽東□□自房地西巷南城巷北李□　以上第一列

□進佃地東西闊肆丈南北長壹伯伍拾尺及次後接連堀地闊玖拾伍尺長壹伯柒拾尺又後面闊叁丈長玖拾尺又於王安處兑佃到東西闊貳丈長壹伯伍拾尺

劉及於王立處兑到本巷北壁上地基叁間位南北長壹伯捌拾伍尺東西闊叁丈叁尺柒寸半及於張昌處兑佃到北壁地基貳間位南北長壹伯玖拾伍尺東西闊貳丈貳尺伍寸東劉西趙南城巷北府學地

韋俊於田俊處兑佃到東壁上地基壹間東西長玖拾尺南北闊壹丈東牆西街南自北□

李詵佃地東西闊壹丈南北長陸拾尺又於雷安處兑佃到地基壹間南北闊壹丈東西長捌拾尺又於李一娘處佃到地東西□闊壹丈南北長壹伯貳拾尺

趙琪於雷仲弓兑到本巷地基貳間東西闊貳丈南北長壹伯捌拾伍尺　米

仝於張厚處兑佃到地東西闊伍間內壹間闊玖尺叁寸南北□□丈捌尺又貳間闊貳丈長壹伯貳拾伍尺又貳間東西闊貳丈南北長壹伯伍拾尺

張儀同宅勾當人張顯佃地東西闊壹伯肆拾捌尺南北中長叁伯伍拾尺東府學道西宋南城巷北官

朱安於雷永處兑到地壹間南北長壹伯捌拾伍尺東西闊壹丈叁尺柒寸半上有竹竿一仰瓦舍壹間計貳椽東趙琪西自佃省房地南城巷北府學

魏守淸於劉及處兑到地東西闊叁丈長壹伯陸拾尺并續佃地長伍拾尺

李禎佃地東西闊貳丈長壹伯柒拾尺東魏守淸西官道南城巷官道北府學

城南鎮趙進兑東壁地基貳間位東西長貳伯捌拾尺南北闊貳丈貳尺於羅進處兑到地貳間東西長貳伯伍拾尺南北闊壹丈捌尺東鎮牆西官街南趙北羅

張立佃東壁地基貳間半東西長陸拾叁尺南北闊貳丈伍尺又佃東西長陸拾叁步南北闊陸尺東鎮牆西官街南朱北自

左第二廂章臺街張迪佃本街地基南北闊貳丈玖尺
東西長壹伯陸拾貳尺并接連堀曲南北闊叁丈叁
尺東西長陸拾尺東官西自南劉北楊
負起於王公正處兌到東壁地基南北闊貳丈肆尺
東西長壹伯肆拾尺東統西官街南賈開北自
賈開佃東壁地叁間半東西長壹伯尺南北
前闊壹丈玖尺并後面堀子闊伍尺東西長伍拾尺
東自西官街南朱北任　　楊華佃本街地
基伍間位東西長伍拾伍尺南北闊伍拾柒尺東賈
西官街南張北朱　　朱再立於田仲處兌

到東壁地基貳間東西長陸拾壹尺南北闊貳丈壹
尺東賈開西步南楊北賈開又於賈開處分佃到次
南堀子南北闊壹丈壹尺東西長伍拾尺東賈西自
南自北賈　　九耀街王存佃舍壹間計柒
椽南北長捌拾壹尺東西闊壹丈四寸
郭暉於段屐處佃到本街北壁舍貳間位計壹拾壹
椽并地基南北長陸拾伍尺東西闊貳丈東渠河街
西杜南官街北王　　申世昌佃地四間位東
西闊肆丈南北長肆伯尺　　小王立於李
文政處兌到本街北壁地基貳間位南北長伍拾尺

東西闊貳丈伍尺東段西自南官街北自
景風街劉清佃北壁地東西闊壹丈南北長捌拾
陸尺　　張珪於劉清處兌佃地壹間位闊
壹丈南北長捌拾陸尺并中腰堀曲一間東西闊壹
丈南北長貳丈捌尺以北又堀子間闊伍尺南北長
壹丈伍尺　　任清佃北壁地貳間位東西
闊貳丈南北長捌拾陸尺其地被西畔佃戶劉清中
腰堀東西闊壹間南北長貳丈捌尺又有劉清堀在
任清所佃地內小堀子東西闊伍尺南北長壹丈伍
尺東冦西劉南下街北田　　麗大鈴轄宅於王

道成處兌到本街北壁上地基貳間位東西闊貳丈
貳尺南北長捌拾叁尺又接連往西堀曲壹間闊壹
丈壹尺南北長伍拾玖尺東劉十八西張五南官街
北元三郎　　安順佃本街南壁地基東西
闊壹丈南北長壹伯叁拾貳尺東張西張南張北下
街　　張安於蘇立處兌到本街南壁地壹
間南北長壹伯叁拾貳尺東西闊壹丈東西至張南
自北官街　　王再興佃舍叁椽并地基闊
玖尺伍寸長壹伯叁拾尺　　劉琮佃舍叁
椽地基闊玖尺伍寸長壹伯叁拾尺并獨扇門壹具

張立於蘇立處兒佃到地壹間南北長
壹伯叁拾貳尺東西闊壹丈并續佃地闊壹尺東安
西張南資聖寺墻北官街　太倉巷李植
佃西壁舍陸椽并地基兩間闊貳丈長肆拾伍尺東
官西道南鄒北王　鄒師文佃舍貳間計貳椽地
基壹間闊壹丈長貳丈伍尺東　西　南
北　牛羊巷王清佃本街西壁地基貳間東西
長壹伯尺南北闊貳丈東街西官南自北　竇
文政佃西壁地南北闊貳丈東西長壹伯尺東　西
南　北　李士安於孫秀處兒到本巷

西壁地壹間　東西長壹伯尺南北闊壹丈東官街
西朱南鄭北竇又佃西壁上地基貳間位東西長壹
伯尺南北闊貳丈東官街西朱南鄭北竇
北城巷楊順於廉安處兒到本巷東壁舍壹間
計柒椽半并地基東西長陸拾尺南北闊壹丈東城
墻西官街南劉北官街　東南城巷秦文保
於焦立處兒本巷東壁地基貳間位東西長玖拾尺
南北闊貳丈東城墻西官街南官北孫　孫
千於喬重處兒到地叁間東西長玖拾尺南北闊叁
丈東城墻西官街南秦北張　田成佃本街

東壁地南北闊叁丈東西長玖拾尺東城巷西街南
劉北李　范安佃吳政元佃本本巷東壁地
從南半間闊伍尺東西長玖拾尺　東楊與西街南
李順北王忠　楊士成兒吳政元佃東壁地
南北闊壹丈東西長玖拾尺又佃李永元佃地貳丈
長玖拾尺東官西街南騎渠北自　李□佃地貳間
闊壹丈肆尺長玖拾尺　李越佃地壹間闊
壹丈長玖拾尺又佃退水渠地壹間南北闊壹丈叁
尺東西長玖拾尺東城墻火巷西大街南元佃人北
張　張全兒佃李阿成元佃本街東壁北貳

間東西長玖拾尺南北闊貳丈東城巷西街南孫北
李　李安佃地東西長玖拾尺南北闊貳
丈
右第一廂南巷莫晞佃南壁舍叁間計壹拾伍椽并地
基東西闊叁丈南北長叁丈中間長肆拾柒尺闊壹
丈　孫成佃南壁舍壹間計□椽地基東西
闊壹丈南北長肆拾柒尺南壹間闊壹丈南北長叁
丈伍尺　北坡子街張信兒阿茹元佃本
街舍壹間前座伍椽并□間板踏後座叁椽有大窻
壹座地基壹間東西闊壹丈南北長壹伯伍拾伍尺

王興祖兌佃任彥宗元佃舍壹間計貳
拾壹椽地基東西闊壹丈南北長壹伯伍拾尺
魏順佃北壁舍後地南北長貳拾尺東西闊
伍拾尺　楊清佃舍壹間計壹拾貳椽地基
闊寬南北長柒拾伍尺已來堀子南北長壹伯叁拾
伍尺東西闊壹丈次東堀子南北長陸拾伍尺闊壹
丈并雙扇門壹合　王一娘佃舍貳間計
貳拾壹椽□有窻子大小肆座雙扇板門壹合雀□
□片窻□一片坐板壹條地基東西闊壹丈長壹伯
伍拾伍尺東壹間從向街至後座以上第二列

舍泐南□貳尺　王義佃地舍泐計舍壹□
肆椽地基東西　壹丈泐捌□尺長壹丈舍下有獨
□泐壹間并泐伍尺及泐闊伍尺　南坡子
街阿□佃北壁舍壹泐地基東西闊貳丈叁尺南北
長伍拾尺　阿二佃北壁舍壹拾壹椽半地
基東西泐丈伍尺捌寸南北長貳丈□尺并後□□
南北長□丈□尺東西闊壹丈玖尺肆寸駑西堀子
東西闊陸尺肆寸南北長陸尺　毛五娘
佃舍肆椽并後堀子地基南北長□拾肆尺□□東
西闊壹丈玖尺　□之□佃舍陸椽地基東

西闊壹丈柒尺南北長叁丈叁尺　阿郭佃舍
伍椽半并地基東西闊貳丈壹尺南北長□□伍寸
阿王又佃□定地方闊壹丈壹尺
□□佃地南北長壹丈陸尺闊伍尺　錄
務街張師皐兌□□元佃西壁舍壹間計陸椽半并
地□南北闊玖泐東西長□拾尺東街西□南□北
段　李秀佃地基南北闊壹丈東西長泐南
官北自　□□□劉義兌楊稀元佃舍壹間
半地基闊壹丈長貳丈肆尺　泐於吳□處
兌到地基壹間闊貳步中長陸步伍分　吳鎮兌張

謹元佃舍壹間計肆椽地基東西闊壹丈南北長肆
拾貳尺又佃吳中元佃地基壹間東西闊壹丈南北
長叁丈玖尺　劉源兌曹順元佃舍壹間計
肆椽地基東西闊壹丈南北長肆拾貳尺又兌吳中
元佃地壹間東西闊壹丈南北長叁丈玖尺
□子院街王立兌劉再成元佃本街南壁舍貳椽并
地基東西闊壹丈南北長伍拾尺及本後地□西□
□□丈南北長叁丈伍尺并口西堀子南北長貳丈
東西闊壹丈　蘇立佃□鎮菜園地捌□捌分
舍光街党千佃地壹間位南北闊壹□東西

長壹伯伍拾伍尺　張士平佃地壹間闊壹丈
長壹伯伍拾伍尺　張勝佃西壁地壹間南
北闊壹尺東西長壹伯伍拾伍尺　水池街鍾
府推宅佃地貳間東西闊貳丈南北長壹伯伍拾尺
侯官人佃地肆間東西闊肆丈南北長壹伯
肆拾尺　楊安民佃南壁地陸間東西闊陸拾
尺南北長貳伯貳拾尺東陳西朱南水坑北街　西
城巷李進兌張士平元佃地東西闊肆丈伍尺南北
長壹伯伍拾尺　滌器市陳可裕兌阿曲元佃
西壁地壹間東西長捌拾尺南北闊壹丈又於賀政

處兌到地壹間東西長捌拾尺南北闊壹丈東　西
街南張北李　臺院街淡忠一男於番譯孔
目官范伯望處兌佃到地基東西闊叁丈肆尺南北
長壹伯玖拾伍尺并向街舍肆小間長短不等計舍
捌椽并接簷短低壹小椽舍下方眼開閉窻一座計
貳扇雙扇門壹台并東偏次壹厦大小椽不等計貳
小椽并中座舍叁間位計舍壹拾貳椽長短椽不等
舍下雙扇門壹合立子窻大小二座次後東偏次一
厦計舍大小椽不等叁椽後座舍叁間位計舍壹拾
貳椽長短不等舍下立子窻壹座獨扇門壹具東閃

西王南墻北街　市北街王謹佃南壁舍貳
間計壹拾肆椽并地基東西闊壹丈玖尺陸寸南北
長柒拾玖尺伍寸東楊西衛守忠南北街
王林佃南壁地基東西闊壹丈伍尺南北長捌拾陸
尺東梁西　南北街　楊興佃南壁舍壹間
計柒椽并地基東西闊玖尺南北長柒拾玖尺東楊
西王南北街　周文政佃地基闊貳尺玖寸長
壹丈柒尺　鐵炉巷麗修武兌曹立元佃西壁
地基南北闊叁丈東西長伍拾尺　掖庭街王
昱佃東壁地基闊伍拾伍尺東西長貳伯陸拾尺

張遵佃地南北闊貳丈貳尺伍寸長貳伯陸拾
尺并續佃地闊肆尺伍寸　指揮街楊昇兌
祝振元佃舍半間伍大椽計壹拾小椽并地基東西
闊伍尺南北長壹伯柒拾伍尺　子城廂正街
沈邦彥兌郭阿武元佃舍貳間計壹拾椽并舍下地
基東西闊貳丈南北長伍拾肆尺又東北空閑地東
北角下地東西闊壹丈貳尺伍寸南北長貳丈伍尺
又舍後西空閑院子東西闊貳丈南北長伍拾尺又
接連彎東堀曲空閑院子地東西闊壹丈貳尺伍寸
南北長捌拾伍尺東預春廳西安南街北衙墻

安安倉佃北壁舍壹間計伍椽并地基東西闊壹
丈伍寸南北長壹伯壹拾尺東沈西衛南見佃官舍
北府衙墻　張子明兑蕭提點生前兑到仵成
元佃北壁地叁間東西闊叁丈貳尺南北長壹伯叁
拾尺東王西娘西曹彥南下街北曹彥　通政防阿
劉兑呂厚元佃西壁地貳間半東西長肆拾尺南北
闊貳丈伍尺東街西王南蔣北蕭　莫從佃東
壁地叁間東西長陸拾尺南北闊叁丈伍尺東李西
街南曹北劉　李士明兑貟郎悅地東西長壹伯
壹拾陸尺南北闊貳丈東張西街南張北李

劉義兑到楊士謹元佃本街東壁地基壹間東西長
壹伯壹拾陸尺南北壹丈東李西街南莫北李
呂賁佃本街東壁地貳間東西長陸拾尺南北闊
貳丈貳尺東李□西街南栢北莫　栢用佃東
壁地基貳間東西長陸拾尺南北闊貳丈貳尺東曹
西街南楊北曹　齊福兑蔣立舍貳間計玖椽
貳分半壹間計舍伍椽柒分半地基東西長伍拾貳
尺南北闊壹丈南壹間計舍叁椽半地基東西長叁
丈南北闊壹丈舍下有板踏門貳間獨扇門壹具窓
壹座石頂壹塊東街西王玠南齊北阿劉　張

立兑蕭立元佃舍壹間計舍五椽柒分半地東西長
伍拾貳尺南北闊壹丈舍下有板踏門壹間雙扇門
壹合窓壹座礎壹扇東街西王玠南齊北阿劉
周建威兑楊總管宅元佃馬千東襃角地南北長
柒拾伍尺東西闊伍拾柒尺中間陸拾貳尺北闊陸
拾貳尺　蕭澤民佃地南北闊叁丈長肆拾
尺又續佃地闊叁丈捌尺　光華門李遇佃舍
壹間計柒椽地基南北闊玖尺伍寸東西長壹伯肆
拾尺東街西蘇順南北亦蘇順　王永康佃西
壁地基壹間位東西長壹伯肆拾尺南北闊壹丈東

街西李南朱清北李遇　李澤兑蘇順元佃舍
壹間計柒椽舍下有獨扇門貳具并地基東西長壹
伯肆拾尺南北闊玖尺伍寸東街西官藥局南李北
元　強承事於張保阿南處兑到西壁舍各壹
間計五椽壹間計壹拾椽地基東西長壹伯肆拾伍
尺南北闊壹丈捌尺東街西觀南李北徐　李遇
又佃地壹間南北闊壹丈東西長壹伯肆拾尺
朱清佃地南北闊貳丈長壹伯尺并續佃地長叁
丈伍尺
咸甯縣洪固鄉孫村澄衿院僧有信佃地壹拾肆畝

貳段壹段東西畛捌畝東道西官有官道北寺壹段
南北畛陸畝東李西道南官北寺　苑東鄉白
花屯王琢地土東西畛壹段叁拾畝東道西道南道
北劉　東陵鄉嚴來村李彥地南北畛壹段壹
頃貳拾畝東武西荒南道北何　韋立佃地貳
段壹頃壹段東西畛接連地計伍拾畝東張西官南
韋北阡壹段南北畛伍拾畝東石西李南党北道續
佃地叁段壹段南北畛壹拾貳畝東道西何南北丁
壹段南北畛壹拾肆畝東道西王南阡北道壹段南
北畛柒畝東西並道南道北官　段進地肆段

柒拾伍畝壹段南北畛壹拾叁畝東呂西道南何北
道壹段東西畛捌畝東姚西道南北常壹段南北畛
肆拾畝東常西張南北道壹段南北畛壹拾肆畝東
姚西常南道北常以上弟三列
段護地壹段貳拾□泐□北何　韋進地貳段
壹段東西畛壹拾伍畝東西道南呂北丁壹□泐□
北□道　張善地肆段壹段東西畛壹拾畝東孫
西郭南泐□□道南墳北道　壹段南北畛壹
拾畝東姚西宗南道北泐□□□□北成　火
燒村楊義地叁段壹段東西畛肆拾畝東泐東西丁

南楊北張壹段東西畛貳拾畝東道西南北並丁李
万地壹段泐亳伍系東李西楊南道北丁壹段佃嚴
來村東西畛壹拾畝東垓西泐地壹段南北畛貳拾
畝東西丁南楊北道　孫安地貳段壹頃貳畝
壹泐西丁南北道壹段東西畛叁拾伍畝東道西南
北並丁　白安地貳段壹段泐道西何南北丁
壹段東西畛叁拾伍畝東道西何南時北嚴韋進地
泐拾叁畝東李西劉南北道壹段南北畛壹拾捌畝
東董西李南北道　泐頃壹拾畝內佃訖肆拾畝
丁顯地叁段壹段壹頃壹拾畝東丁西張南泐

壹段南北畛伍畝東張西丁南北道壹段南北畛柒
畝東西丁南荒北道　丁泐□畛叁拾伍畝東何
西墳南北道內佃貳拾畝　李格地貳段壹段丁
貴所□泐□壹拾伍畝壹段南北畛壹拾畝東西丁
南道北呂　成鎮地壹段南北畛□泐□南北並
道　薄陵鄉東西李趙村成鎬地壹段七畝南北
畛東武西張南泐長安縣　一竹薗壹頃壹拾畝伍
分　熟白地貳拾肆頃伍拾貳畝伍分陸亳泐元村
李逕庄東場前東西畛白地壹段計肆分東王西南
自北王　小元泐地肆段計玖畝內有糞壹拾伍

根桑柒根壹段村心內南北晽壹畝棗柒 渤 壹段次
東南北晽壹畝伍分內有棗柒根桑貳根東曹西李
南道北 渤 棗壹根東馮西道南孔北馮壹段村南南
晽伍畝桑伍根東趙西荒 渤 兌佃張順元佃白地陸
段計地貳拾壹畝壹分壹段□南東西晽壹拾 渤 □
村南南北晽肆畝東道西官南河北渠壹段村西南
北晽壹畝伍分東 渤 村南南北晽叄畝東官西渠南
道北辛 孫珪兌佃姚順元佃竹薗地 渤 壹段村
西南北晽捌畝伍分東渠西堎南北張□段村西南
北晽貳畝東西南辛北 渤 佃李子明竹薗地壹段南

北晽計地貳拾捌畝東西荒南堎北官 江村齊
喜佃村□ 渤 壹段竹薗捌畝東齊西南北胡 李立
佃村心白地壹段南北晽伍畝東趙西北官南道
□ 渤 口壹段南北晽貳拾畝東西道南北郭
龎松佃白地叄段肆拾叄畝捌分壹段東□ 渤 □東
趙西道南北官壹段村西南北晽貳拾貳畝東符西
牛南墳北道壹段村西 渤 □陸畝東龎西郭南墳北
道 牛立佃白地叄段陸拾肆畝壹段東西晽伍
畝 渤 北□壹段南北晽伍拾柒畝東官西李南官北
寺壹段南北晽貳畝東張西南官□ 渤 白地壹段南

北晽貳拾伍畝東河西官南河北堎 劉琮佃白
地壹段村東南北 渤 官西南道北齊 牛清佃白
地壹段南北晽貳拾畝東阡西秦南道北官 渤
□地伍段計貳拾玖畝壹分王用兌佃內有桑壹拾
根壹段村東南北晽叄畝壹分東 渤 □北道內有桑
陸根壹段村後南牛晽東牛西秦南紀北河內有桑
壹根壹段官□ 渤 畝東孫西杜南道北官壹段長條
墳南北晽壹拾肆畝東龎西墳南阡北道有桑叄 渤
□南北晽叄畝東田西牛南北道 王順佃白地
壹段東西晽捌分東西南道北 渤 有佃白地貳段內

有桑壹拾伍根壹□村心南北晽捌畝東王西彭南
道北張壹段 渤 □西晽東彭西宮南元王北官
渤 彭成承佃壹段南北晽捌畝 渤 南王北官壹段
南北晽壹拾壹畝東羅西□南道北阡壹段南北晽
伍畝東道西羅南王北□ 渤 □成佃地叄段壹段南
北晽柒畝東道西南北呂壹段南北晽□畝東南北
西呂壹段東西晽壹拾 渤 北羅南官 辛村張順
佃白地壹段村東北上東西晽柒拾貳畝內有桑壹
拾根東 渤 南墳北道 王千佃白地壹段村西南
北晽壹拾貳畝東郭西李南墳北張 安豐 渤 □

地叄段計捌拾畝伍分內有桑肆根大小林木貳拾
根一段竹園西東西畛肆拾叄畝內有泐西阡南北
官壹段次西南北畛貳拾壹畝內有桑壹根壹段竹
園南壹拾陸畝內有□泐拾根　南小楊村范立
佃白地貳段壹段村東南北畛叄拾畝東西呂南道
北河壹泐□北畛壹拾貳畝東官西南北河　郭
清佃白地貳貳段壹段村東南北畛壹拾泐□西郭
北道壹段村東南北畛壹拾畝東郭西南官北道
趙院保牛輿佃白地叄段壹段泐畛壹拾肆畝
東牛西北墳南道桑壹拾根壹段村東南北畛壹拾

肆畝玖分東西官南道□泐段村東南北畛叄拾壹
畝壹分東西南北官　楊沂佃白地肆段壹段村
南東西畛捌拾畝泐劉南道北阡壹段村東南北畛
捌拾壹畝東穆西墳南官北道壹段村南麗家墳南
口泐畝東麗西寺南阡北道壹段村南東西畛陸畝
東道西阡南北穆　成村陶得眞泐段南北畛計
肆拾貳畝東西南北宮　陶志佃白地壹段南北
畛貳拾捌畝東西泐北道　楊榮佃白地壹段南
北畛計壹拾捌畝東王西党南阡北渠　杜海佃
泐南北畛叄拾貳畝東杜西北官南道　馮立佃白

段南北畛叄拾壹畝東西泐阡　趙琮佃白地貳
段一段村北南北畛叄拾叄畝東張西北官南阡一
段村北南泐北官南道　王通佃白地壹段南北
畛計肆拾畝內有桑壹根東官西張南北泐佃白地
貳段一段村北東西畛柒畝伍分桑叄根東官西邵
南崖北河一段村北次東泐伍分東邵西史南崖北
河　楊志佃地壹段南北畛陸拾伍畝係孟福處
泐北阡　郭定佃村北白地壹段南北畛壹拾伍
畝東西官南張北韓　大泐□佃白地叄段一段
南北畛貳拾畝東自西王南北道一段南北畛壹拾

畝東宮西高南北泐南北畛叄畝肆分東習西北道
南官　張信佃白地壹段東西畛計壹拾畝東泐
官北道　大杜村王用佃白地壹段計壹拾捌畝
東西北道西河　張泐段一段壹畝陸分東道西
自南阡北自貳畝玖分東道西北河南阡　義陽
鄉□泐□白地肆段一段莊南南北畛叄畝陸分東
河西阡南王北自一段莊東南北畛捌□泐南阡北
張一段南北畛貳畝壹分東陰西河南北陰一段南
北畛壹畝叄分東陰泐北自　王承宣佃白地貳
段郎目劉信忠承佃一段南北畛柒畝東河西道南

莊北□　泐北畍陸畝東河西道南王北陰　王
淸佃桑壹拾貳根劉信忠見佃　義陽鄉祝　泐　希
佃白地壹段南北畍壹拾壹畝東田西南道北阡
耿立佃白地壹段南北畍壹拾肆畝東泐□南道北
官　耿淵佃白地貳段一段南北畍壹拾捌畝以上
第四列
東姚西道南祝北道一段次西南北畍壹拾貳畝東
王西劉南北道　祝念佃白地壹段村心西南北
畍計貳拾伍畝伍分東趙西李南阡北道　李道
佃白地貳段一段莊西南北畍陸畝捌分東王西王

南道北官一段莊東東西畍陸分東西李南李北官
趙安佃地一段南北畍壹畝東西南道北阡
大郭村吳保佃白地壹段莊南南北畍柒畝柒分
東趙西北道南趙　鄧店李永等佃白地壹段東
西畍柒畝柒分東曹西辛南道北曹　开王村王
僮佃白地壹拾段一段村西浛河東西畍壹畝貳分
東楊西河南河北郯一段次東南北畍壹畝東東西
王南道北官一段次東東西畍伍分伍厘東官西王
南道北王一段村北東西畍伍畝東道西藺南北白
一段村南南北畍叄拾畝捌分東竇西官南河北道

一段次東南北畍貳畝肆分東趙西竇南道北竇一
段一段村東東西畍陸畝東竇西自南河北竇一段
南北畍貳拾壹畝柒分伍厘東竇西自南北道一段
南北畍肆畝陸分四厘壹毫東張西荒南河北道一
段東西畍捌畝叄分陸厘伍毫東竇西自南北竇
禮泉坊馬淸佃莊南白地壹段東西畍壹拾壹畝
東墺西毋南官北裴　華林鄉任村張安佃白地
四段內有桑壹拾根一段南北畍壹拾捌畝東西北
官南道一段南北畍叄畝伍分東西南北官一段南
北畍玖畝東趙西南北官一段南北畍壹拾　缺　北阡

郭定佃白地叄段一段南北畍叄拾貳畝肆分東
西官南北道一段南北畍壹拾壹畝東西官南北道
一段南北畍壹拾畝東李西趙南北道　常海佃白
地壹段東西畍壹拾畝東張西道南北官　白忠
佃白地壹段南北畍壹拾畝東劉西道南官北道
薛興佃白地柒段內柿果桑木柒拾壹根桑叄拾叄
根一段南北畍壹頃伍拾畝東官西趙南　缺　西畍肆
拾畝　缺　南北畍陸拾畝東西官南道北官一段南北
畛壹拾伍畝東西官南北道一段南北畍肆拾畝東
□西官南北道一段南北畍叄拾伍畝東官西駱南

北道一段東西畛伍拾壹畝陸分東張南范西北官
范進佃地捌段一段南北畛壹拾伍畝東西官
南道北張一段南北畛捌畝伍分東趙西官南自北
道一道南北畛叁畝伍分東南北道西官一段東西
畛肆畝伍分東西南道北官一段東西畛貳畝東西
道南官北道一段南北畛壹拾捌畝東自西官南道
北官一段東西畛陸畝伍分東官西自南北官一段
南北畛肆畝東道西自北河南道　張海佃白地貳
段一段南北畛叁拾伍畝東西官南道北官一段南
北畛壹拾伍畝東官西張南北官　高惟住佃白

地伍段內桑壹拾叁根一段東西畛壹拾貳畝東西
南北官一段南北畛壹拾柒畝東自西官南道北官
一段南北畛壹拾壹畝東西官南北道一段南北畛
壹拾貳畝東西官南北道一段南北畛壹拾畝東西
官南北道　趙員佃白地貳段一段南北畛壹拾
伍畝東西官南道北阡一段南北畛貳拾肆畝東邵
西官南阡北道　趙海佃白地壹段南北畛計貳拾
伍畝東西官南道北阡　張進佃白地叁段內桑貳
拾根一段南北畛柒畝伍分東西南北張一段南北
畛捌畝東道西薛南官北道一段南北畛肆畝東道

西自南官北道　騎俊佃白地叁段內桑壹拾伍
根一段南北畛壹拾叁畝東官西范南北官一段南
北畛貳畝東西自南北官一段東西畛貳畝四至官
張立佃東西畛壹拾伍畝東西南北道係白地
王立佃白地壹段南北畛叁拾壹畝東西官南北道
焦用佃白地壹段東西畛壹拾畝東邵西自南
北道李永佃白地肆段一段南北畛壹拾柒畝東西
官南北道一段南北畛壹拾畝東西范南北道一段
南北畛貳拾肆畝東西官南北道一段堀子南北畛
貳畝伍分東范西駱南官北道　胡貴佃白地壹段

計叁拾肆畝玖分東范西南墳北道桑貳拾柒根
居安坊馬進佃江村張進元佃衆村竹園地壹段
南北畛陸拾伍畝東西荒南北道　北梁村薛祐
佃李佃白地壹段南北畛叁拾伍畝東西阡南杜北
荒　程整佃白地貳段一段莊西壹拾貳畝東程
西道南李北程一段次西伍畝東西道南李北官
小杜村杜安佃白地貳段一段南北畛壹拾陸畝伍
分東杜西官南北道一段南北畛柒畝伍分東西杜
南道北官　辛明佃王興白地壹段南北畛叁拾
伍畝東西北官南道　善政鄉錫軍莊艮彥一段南

北畛壹拾貳畝東官西李南河北道　□馮坊村馮
阿韓一段東西畛貳畝東西道南許北自　西田村
楊海棄壹拾根　隔潼縣一□□城學田壹
頃伍畝戚榮佃一段南北畛叁拾畝東魏西戚南道
北塽　張榮佃一段南北畛柒拾伍畝東道西魏南
道北塽　一郭下地基壹拾貳間田榮佃地基叁間
東馬阿樊西李明南官道北城墻　戚全佃地基陸
間東寇西學廟南官道北城墻　李明佃地基壹間
東田榮西田南官道北城墻　馬阿樊佃地基壹間
東李蔴西田榮南官街北學廟　李蔴佃地壹間東

學廟西馬阿樊南官街北廟　興平縣一八戶請佃
地叁拾玖段計陸頃玖拾陸畝壹分貳厘　更祠鄉
□村蔣珣佃温陽坊地肆段一段村北東西畛叁拾
柒畝陸分叁厘東西道南于北魯一段村西北東西
畛叁拾伍畝叁分東西道南北張一段村西北東西
畛貳拾畝陸分壹厘東西道南北張一段村北東西
畛叁拾玖畝肆分肆厘東西道南北趙　趙信地肆
段一段村東北東西畛貳拾捌畝叁分東西道南劉
北石一段村北東西畛堀伍畝捌分壹厘東道西楊
南道北尹一段村北東西畛壹拾伍畝陸分東西道

南馬北劉一段村東北東西畛伍畝貳分貳厘東道
西墓南李北官　南向村甯廣佃温陽坊地叁段一
段村西東西畛陸畝叁分東西道南李北王一段村
西北東西畛貳拾叁畝東道西墓南楊北張一段村
西北東西畛貳畝東道西墓南北王　張均地一段
村西東西畛壹拾叁畝陸分東西道南王北樊　西
張村劉涓佃温陽坊地玖段一段村北東西畛壹拾
柒畝肆分貳厘東陳西道南陳北楊一段村東西畛
伍畝捌分伍厘東西道南江北王一段村東北南北
畛堀壹拾叁畝貳分叁厘東道西尹南道北薛一段

村西東西畛壹拾肆畝肆分東西道南北張一段村
西東西畛壹拾肆畝肆分東西道南陳北劉一段村
西北東西畛堀柒畝壹分東道西陳南北王一段村
西東西畛伍畝肆分東西道南劉北王一段村西東
西畛壹拾壹畝東西道南官北陳一段村西東西畛
陸畝捌分陸厘東西道南馬北王大趙保馬海伍段
一段村南東西畛叁拾捌畝東西道南北趙一段村
東西畛壹拾畝東西道南趙北張一段村東東西畛
捌畝東西道南趙北輔一段村北東西畛壹拾捌畝
東西道南李北馬一段村北東西畛伍畝肆分東西

道南馬北向　勝化鄉王馬村劉辛佃零保鄉耤蓋
西地貳段一段村西東西畛伍拾壹畝陸分東西阡
道南阡北元一段村西東西畛叁拾叁畝柒分東西
阡南元北陳　吳李村吳保貳段一段村北南北畛
肆拾陸畝東西董南道北墳一段村次北東西畛肆
畝東西道南曹北史　大王順肆段一段村北南北
畛貳拾肆畝柒分東西吳南北阡一段村西南北畛
陸畝東張西李南北阡一段村□南北畛伍畝伍分
東西吳南北阡一段村南南北畛伍畝伍分東史西
王南于北阡　陳義貳段一段村南東西畛捌畝東

西道南張北陳一段村北南北畛肆畝伍分東盧西
符南道北李　趙卞地一段村北南北畛柒畝貳分
伍厘東楊西盧南阡北墳　趙淵地一段村北南北
畛玖畝柒分東于西吳南北道　郭下王滋佃零
保鄉耤大南地壹段計捌拾壹畝捌分南北畛東張
西鄭南張北程　一無八佃地玖段計壹頃貳畝陸
分柒厘並係零保鄉田監村巷內一段村東北南北
畛壹拾壹畝陸分東張西劉南北阡一段村北南北
畛叁畝柒分伍厘東南西段南阡北祁一段村北南
北畛叁畝陸分東西陳南阡北祁一段村北南北畛

壹拾肆畝貳分東祁西楊南北阡一段村北南北畛
壹拾伍畝東楊西祁南北阡一段以上第五列
村北南北畛貳拾畝貳分東李西任南北阡一段村
西南北畛壹拾畝貳分東趙西張南北阡□段本渤
畛肆畝肆分貳厘東呂西道南祁北李一段村西南
北畛壹拾玖畝柒分東劉西張南墳北□
鄜縣黃陽鄉龐光村程扆一段南北畛肆分東官西
北自南王　王義方一段南北畛渤官南道北李
西陽村曹立肆段一段村東東西畛壹拾伍畝壹分
東道西劉南趙北自一段村西東西畛叁畝玖分東

道西南北高一段村南東西畛貳拾捌畝東道西趙
南劉北高一段村東東西畛壹畝東□□西姚南北
高　孝義坊呂雄貳段一段東西畛壹拾畝叁分肆
厘東西道南張北王一段東西畛壹拾畝玖分東西
監南邢北阡　百社元村張琮玖段一段村東東西
畛伍畝叁分柒厘伍毫東趙西陳南張北□一段村
南南北畛貳畝捌分伍厘玖毫東楊西道南鮑北道
一段村東南北畛壹畝捌分陸厘東王西楊南□北
道一段次東南北畛貳畝叁分伍厘東彭西張南道
北千一段村南北畛陸畝伍分貳厘陸毫東員西韓

南北道一段村北南北畛壹畝柒分貳厘東高西梁
南道北千一段村南東西畛貳畝肆分八厘東張西
道南□北千一段村西南北畛貳畝貳分伍厘東元
西王南元北荒墳一段庄東南北丅壹畝柒分伍厘
東陳西道南王北荒　孔村鄭莊陸段一段南北畛
陸畝東鄭西南李北王一段南北畛肆畝東北李西
王南寺一段東西畛貳拾壹畝東李西南鄭北王一
段東西畛壹拾畝東李西南鄭北王一段東西畛四
拾畝東道西南道北王一段東西畛柒畝東西鄭南
北王南　崔立叁段一段東西畛壹拾捌畝東西南鄭

北魏一段東西畛壹畝貳分伍厘東道西□南趙北
王一段南北畛壹拾捌畝東張西元南李北王　鄭
寅一段南北畛捌畝東鄭西趙南樊北閫一段南北
畛壹畝伍分東鄭西趙南道北魏　趙宗貳段一段
南北畛肆畝東鄭西王南趙北閫一段東西畛壹畝
□分伍厘東道西鄭南趙北王　樊成一段南北畛
壹畝伍分東鄭西趙南道北魏　太子鄉秀林村田
友一段東西畛捌畝東駱西張南王北徐　元再興
叁段一段庄東南北畛壹畝伍分貳厘肆毫東道西
自南徐北□一段庄西南北畛□堀地伍分壹厘東

北元南徐北寺一段村東北東西畛陸畝貳分伍厘
東南官西　渤卞叁段一段南北畛壹畝東西南李北
安一段南北畛叁畝貳分貳厘肆毫東南道西李北
□□□東西畛□分四厘七毫東道西李南道北徐
小李興貳段一段東西畛壹畝陸分貳厘伍毫東
駱□□□王北□□段南北畛肆畝肆分七厘伍毫
東北西李南寺　王興一段南北畛捌畝東北西王
南李　大渤貳段一段南北畛貳拾畝捌分東孟西
道南墳北史一段東西畛壹拾伍畝東鄭西郭南獨
孤北史　渤劉□叁段一段南北畛叁拾畝東西程

金石補正卷一百二十六　圭　吳興劉氏希古樓刊

南北道一段南北畛壹拾叁畝東楊西宋南北道一
段次北南北畛　渤東楊西程南道北傳　王殊村張
弓叁段一段南北畛叁畝捌分七厘東楊西張南道
北孟一段□趙　渤南北畛捌畝陸分東石西南北道
一段大趙村巷內南北畛貳畝東西畛東西趙南道
北荒　梁□一段南北畛貳拾畝東道西梁南楊北
道　孟琢一段南北畛壹拾畝東□學地西官南孟
北荒　孟海一段南北畛肆拾畝東西學地南千北
道李信貳段一段南北畛壹拾畝東西南學地北孟
一段南北畛伍拾畝東王　渤道　巨千一段南北畛

貳畝東李西楊南李北楊　楊忠一段南北畛貳拾
畝東西南楊北道　泐北畛柒畝東西學地南楊北
道　楊宝一段南北畛貳拾畝東西學地南楊北道
楊海叁段一段南北畛貳□畝東楊西　泐學地北
道一段東西畛捌拾貳畝東藥西魏南北道一段南
北畛四十畝東西官南□北□　泐二段一段村北
南北畛四十四畝二分東西楊南孟北米一段村北
畛五畝東楊西官南千北米　泐畝東學北西王南
道北官　孟宗一段南北畛四十太畝二分五厘東
楊西李南鄭北米　孟清一段南北□貳拾畝東楊

西李南鄭北米　王大宥一段村西南北畛貳拾畝
東西王南北千　李信孟海一段村北東西畛　泐畝
口分東孟西南千北墳　楊昇一段村東東西畛六
畝六分七厘東西北楊南□道　大趙村田遠叁段
並南北畛一段肆畝□分東道西田南關北道一段
七畝七分東田西趙南北田一段壹拾肆畝玖分東
西田南千北石　李興四段一段南北畛壹拾壹畝
壹分東官西南李北道一段南北畛壹拾玖畝玖分
東祁西北道南趙一段南北畛四畝五分東李西□
南道北□一段東西畛壹拾畝貳分壹厘東官西關

南李北祁　趙全陸段一段南北畛壹拾壹畝壹分
東北道西□南趙北道一段南北畛貳拾貳畝伍分
東石西趙南馬北千一段東西畛伍畝二分東西趙
南鄭北道一段東西畛六畝一分一厘東官西南北
道一段南北畛貳拾壹畝七分五厘東西趙南北千
一段南北畛七畝東軍人西牛南關北□　趙安肆
段一段南北畛七畝八分東南祁西北趙一段東西
畛壹拾伍畝六分東石西千南北趙一段東西畛伍
畝柒□東　泐北趙一段東西畛壹拾畝四分東石西
千南北道　孟興伍段並南北畛一段八畝壹分壹

厘東西祁□□□一段六畝伍分壹厘東尹西趙南
道北劉一段壹拾壹畝玖分壹厘東西趙南道北劉
一段五畝東田西□南道北祁一段肆畝壹分東趙
西南北道　邢海四段一段南北畛玖畝貳分東石
西趙南千北道一段南北畛壹拾□畝貳厘東席西
南北千一段東西畛柒畝伍分東千西鄒南趙北楊
一段南北畛壹拾貳畝貳厘東祁西趙南千北道
田有貳段一段南北畛陸畝東田西北趙南祁一段
南北畛壹畝柒分壹厘東田西趙南北千　許村許
□貳段一段南北畛壹拾柒畝貳分東官西王南張

北道一段東西畛壹拾柒畝叁分柒厘東道西千南
王北渠　員受村並王殊村巷內安選一段南北畛
伍拾柒畝東官西劉北渠　李彥一段南北畛貳拾
捌畝東西學地南千北道　王琮一段南北畛柒拾
貳畝東王西劉南千北官　巨勝一段南北畛貳拾
畝東學地西王南□北斜道　巨立一段南北畛貳
拾畝東學地西王南斜道北道　李顯一段南北畛
肆拾肆畝叁分陸厘東王西學地南斜北千　與仁
坊宋永佃王殊村一段南北畛壹頃東楊西官南千
北渠　雲陽縣金龜鄉甘澤村王□□段叁畝叁分

王孟村高立貳畝壹分　河下村李晧貳拾貳畝
伍分　車厚地玖畝陸厘九毫　馮金叁分八厘
車□貳畝六分三厘二段　劉彥国壹畝壹分　趙
懷二段三畝七厘　張宗美壹十二畝三分三厘二
段　樊順一畝七分七厘　馬□□畝九分四厘
趙顯壹畝陸分柒厘　仇安四畝七分　王義四段
五畝六分三厘　李順三段二畝九分三厘　韓遇
二畝三分　趙進貳畝叁分　侯泰叁畝叁分肆厘
楊彥壹拾畝柒分陸厘　僧嘉惠陸畝伍段　趙
村李永貳畝　徐安壹畝□分　周家庄李琪壹畝

貳分　李進貳畝陸分　仇村同再興叁畝捌分
温豊鄉西門村僧普聰二段壹拾壹畝捌分　李家
庄党勝叁畝玖分　李志壹拾畝　崇陵村吳呈壹
畝四分　魏村張成貳畝柒分　宋里村沈宣陸畝
貳段　南里村盧堆嵩四畝　西朱村郭立貳畝
丁梁村僧道源叁畝　朱北坊劉堅伍畝　朱馮村
朱元捌分　坊南村劉信貳畝伍分　甘延鄉大里
村僧智存壹拾貳畝玖分　海青村僧德基貳拾畝
二段　劉皐陸分叁厘　仙里村僧洪脩玖畝　賈
村馮遵壹拾捌畝二段　小里村輔務貳畝伍分

輔浦壹畝貳分　張保村王俊捌分　馮王村張蓋
伍畝壹分　辛官磑村張有貳畝　都天村向立壹
畝柒分　曹師志貳畝伍分　劉午村僧澄清陸畝
叁分　同仁村杜林貳畝　三王村王安叁畝叁分
清流鄉夜留村高万叁畝捌分　西中村僧智圓
貳畝　高顯村鄒安貳畝叁分　同□村周勝叁畝
王村石俊壹拾貳畝叁分　邵醜奇陸畝　丈八
村尼惠泉四畝壹分　居知村僧智遣柒畝伍分
涇陽縣宜善鄉陳王村錡堅伍畝伍分　廣吉上鄉
西王村白成伍畝貳分　北劉村郭勝伍畝伍分

廣吉下鄉南吳村紀淵壹拾肆畝柒分　獨張村程
勝叁拾伍畝叁分　雷㞯貳拾肆畝　大里村劉万
捌畝　劉興伍畝　□張村魏奴見四畝伍分　田
村成順貳畝　党順貳畝　王再立叁畝　榮再立
叁畝伍分　白樣村李宗貳畝　李□貳畝　李進
四畝七分　瑞甯鄉大宋村賈立五段柒畝叁分捌
厘叁毫　賈再立五段柒畝叁分捌厘叁毫　賈志
五段柒畝叁分捌厘叁毫　鄧超一段壹拾畝　夏
興一段肆畝　李再一段貳畝　辛用三段伍畝
大馬村劉臯一段柒畝貳分　華陽莊雷保一段陸

畝　郭下强規一段肆畝伍分　已上貳拾
陸戶通計地壹頃捌拾柒畝柒分玖厘玖毫以上弟六列
右京兆府提學所帖碑在西安府學金石續編謂
刻於宋大中祥符元年文宣王贊碑陰而帖內云
已於明昌四年四月間將廟學四至於碑院西廊
下廟贊碑陰上石則是尙有一碑亦在廟贊碑陰
何以金石家所載僅有此碑而四年一碑從未著
錄碑凡六列首帖次房舍次地基次田畝帖內云
房舍地土靑冊靑冊字今作淸取淸晰之意前人
或不爾也陳有雲陽縣名雲陽置於北魏元時省

入涇陽鄜卽鄠字之俗咸甯宋初名萬年後改樊
川金大定廿一年復天寶時故名又有街名十八
曰銀行曰東行曰安上曰草場曰酒務曰章臺曰
九耀曰景風曰錄務曰□子院曰含光曰水池曰
臺院曰市北曰掖庭曰指揮曰安南曰子城廂正
街長安城八街三輔黃圖未詳其二此十八街中
當有故名在內不止一章臺也有市名二曰東柴
曰染器有鎭名一曰城南有坊名七曰通政曰咸
甯之禮泉居安興平之温陽鄠之孝義興仁雲陽
之朱北醴疑卽醴之通用有巷名十一曰太倉曰

牛羊曰鐵爐曰南坡子北坡子曰南曰西城北城
東南城在興平曰田監村在鄠曰大趙村有鄉名
廿在咸甯曰洪固曰苑東曰東陵曰薄陵曰安豊
曰義陽曰華林曰善政在興平曰更嗣曰畯化在
鄠曰蕢陽曰太子在雲陽曰金龜曰温豊曰甘延
曰清流在涇陽曰善宜曰瑞甯曰廣吉上廣吉下
有村名六十九在咸甯曰孫曰嚴來曰火燒曰西
李趙曰□元曰江曰辛曰南小楊曰成曰大杜曰
大郭曰开王曰任曰北梁曰小杜在興平曰南向
曰西張曰王馬曰吳李曰零保在鄠曰龐光曰西

楊曰百祉元曰孔曰秀林曰王殊曰許曰眞受在雲陽曰甘澤曰河下曰王孟曰趙曰仇曰西門曰崇陵曰宋里曰南里曰西朱曰丁衆曰朱馮曰坊南曰大里曰小里曰海青曰仙里曰賈曰馮王曰辛官礎曰都天曰劉午曰同仁曰三王曰夜留曰酉中曰高顯曰同□曰王曰丈八曰居知在涇陽曰陳王曰西王曰北劉曰吳曰獨張曰□張曰田曰白樣曰大宋曰大馬有莊名五在咸甯曰李涇在郭曰鄭在雲陽曰周家曰李家在涇陽曰華陽有保二在咸甯曰趙院在興平曰大趙保郎今之

堡字又有白花屯鄭店名目大率皆唐宋舊稱足備修志乘者所採錄其稱房舍曰椓蓋本椓之登登之椓一椓猶言一版或曰是椽字之省文其稱地土或曰堀或曰埉或曰干堀者突也孔穴也字書無埉字當郎棱字農人指田遠近多少曰幾稜也干郎阡字又有稱闘者闘郎闕字之俗疑是人姓人名內有巨姓數人錡姓一人巨氏出南昌見姓苑錡氏出殷民七族見左氏傳郭清佃白地貳貳段多一貳字東東西王多一東字書丹之誤

重書旌忠廟宋牒并記

高一尺六寸廣七尺六寸五分四十八行行字大小均不一在澤州

尙書省牒澤州旌忠廟

禮部狀承勑吏部尙書王孝迪劄子奏臣聞天下之大閑忠義是也忠則秉心常不欺義則臨難無苟免□所以維持國家賴此而已比者盜發東南震驚刺子武林重鎭望風奔潰無復古人伏節捐軀之氣臣以謂褒崇忠義以勸方來正當今之急務謹按五代史裴約以裨將爲莊宗守澤州方李繼韜據上黨叛約嬰城固守誓不從賊力屈勢窮卒被屠戮歐陽脩嘗謂吾於五代得全節之士三人約其一也後唐迄

今二百年幸逢　明聖咸秩無文之世而名未編於祀典澤之士民相与築室而祠之規橅庳陋識者興歎臣愚欲望

聖慈特降

睿旨委自漕臺量支繫省錢增廣祠宇明詔太常揭美名以寵之仍畢侯爵加爲載之祀典俾歲時省祭有司奉牢醴以從事豈獨慰英靈於九泉庶幾厲風節於百辟天下幸甚取

進止

牒奉

勑朕惟牽世厲俗之制為政所先伏節死義之臣於時罕見昔有其士今而進封庶幾恩榮鼓舞幽顯惟爾生於五季仕專一心崛然擾攘之間奮以精忠之節覩彥章而克壯配仁贍而用光有司遺文久稽典祀錫之侯爵賁以嘉名豈惟慰一郡之心實以垂千古之訓尚其不昧歆此殊休宜特封忠烈侯牒至准

勑故牒

宣和四年五月　日牒

太中大夫守右丞李　押

太中大夫守左丞王　押

少傅大宰　押

宣和間進士浩天澤得前件黃牒以主其祠天澤傳其子進義温温傳其子張滀蓋大定初也至二十八年滀傳其道士郭景昭應衆人之請也景昭病其巳久湮滅後人不知始封之由求余書斯文于石或曰書勑牒筆吏之事也應之曰使裴君尚在雖執鞭亦願為之矧能少發其輝光奈何辭焉　禮部近奉　條理典故許引用宋事夫褒崇忠義

本朝之急務也士大夫以僞命換官者不可勝計豈知它日不因此使侯之增封者耶明昌五年秋七月十有二日朝列大夫澤州刺史許安仁書

冲素大德前管內威儀道士郭景昭立石

宋德樂兒刊

碧落寺溪堂山堂記碑

高五尺五寸廣二尺九寸五分廿二行行四十六至五十一字不等字徑寸又小字三行均行書立石刻人姓名正書在鳳臺

澤以巖邑冠太行之巔地勢窪而平自外而望其中則蒼煙灌木隱蔽於崖谷之下不知其有郭郭也由中而望其□□□岡疊阜環合於埤堄之上不知其有阡陌也州西有□門通諸縣達晉絳自北弟一門碧落寺也

距城十餘里洵西且缺澗平路轉曲阿絕澗緣北崖而西步益高地益狹幽深閟邃人意稍變殿閣北依山而起廊廡南邊澗而立傑然而雲湧翼然而翬飛闌檻之外有地數尺僅能通輿馬下瞰深谷全石為底清泉激烈自西山來南則崇崖橫起如屏氣勢與北山相高南北上下杉松栝柏雜衆木為一深青淺碧與夫雕簷畫棟相錯於煙光日影之間微風時至瑟縮澎湃與泉聲不相辨使人蕭然有塵外之想眞入佛界不知其在人境□□晉景帝輔魏封長平侯嘗登此山至今以司馬名為唐高宗永淳二年韓王諸子訓誼譔諶為妣妃祈

廟因石壁刻弥勒像摩崖碑其事于側作屋宇佛龕之上乃寺之經始也至後周廣順閒有僧普龍者自臺山來愛其泉石作終焉之計自爾象設日脩徒衆日廣迄宋治平閒以年紀賜院額歲月滋久土木漸腐敗丹青益故暗山之僧慧深者修二梵之福以增葺自任直弥勒殿捌猤堂又稍西築山堂制度如一取溪山之實東西相灑焉僧一日踵門相告曰山堂成敢謁文爲記因訪澤之儒生故老檢閱書傳得磨崖碑之說謂文體亦當時宏麗者辯陳惟玉之僞必黃公自書不著其名以在疾耳此唐李漢之語也譔□以文章見知其文有偷

存視息之詞必公自作無疑自古鐘鼎器物等銘皆不自名澤碑亦不自名豈在疾耶又云詞翰出公手雙美孰可當此宋胡俛記與詩也絳州龍興宮有碧落尊像篆文刻其背故世傳爲碧落碑據李璿之以爲陳惟玉書李漢以爲黃公譔書未知孰是此歐陽文忠公集古之語也譔爲妣妃作天尊於絳弥勒於澤各文之於碑詞與篆同其書雜大小篆鐘鼎之款鑄石室之所藏與夫石鼓詛楚嶧山等刻囊括殆盡寫以玉筯法精深與隱夢得記之爲嘉話李監瞎之而心醉絳有開元中石誌謂荊人陳惟玉書考其年紀與黃尙近李漢爲州長

史不實此說謂必黃公自書胡俛謂漢之言然無所按據安知非惟玉也澤碑在荒山深谷好事者以爲詭特之觀亦莫辨其爲何等語郡儒劉義叟仲更有名當世愛重其碑恨未通識會歐陽公奏爲編脩唐書官乃携楮本之局因景文宋公子京始能盡通郎簡所謂貽澤守宋選選命其從姪敏求隸書刻石府解世人由是判然此澤之名儒程重之語也李漢信其書而不信其文程重信其文而不信其書歐公無所主名蓋未見澤州碑時語也嘗試論之二碑相□十三年人生存歿離合豈黃公自作文須前書碑人書之意以胡俛之說爲近

當求陳惟玉石誌爲證絳州碑當爲碧落澤州碑爲弥勒各隨其像爲得其實韓王唐高祖子元嘉□妃房氏文昭公玄齡之女也來者有能繼深之功斯道場與此山相終深誠實人也余故喜爲之書明昌五年閏十月三十日□朝□□夫澤州刺史許安仁記并書

山堂壁右□□成山水圖人以謂出畫工畦畛之外

故附于此在文後上方

書碑之日同遊者李煥牛忱陳子範段坦之李師尹姚擬吳芝是日風色寒甚然薪炙手與伏轉側於爐煙之間諸公環繞起坐行酒爲樂使人無□倦意書

生之事眞可笑也増申端友孫虎兒從行（二行在文後下方）

沙門慧深立石　宋德刻

金石錄有司馬山彌勒石像碑篆書無書撰人姓名永湻二年十月立卽此碑所稱韓王諸子爲妣妃祈福因石壁刻彌勒像碑其事于側岀司馬山在鳳臺北十里五總志云文雖不同俱名碧落在絳州者刻于天尊之背在澤州者立于佛龕之西碑云絳州碑當爲碧落澤州碑爲彌勒各隨其像爲得其實與金石錄標題隱合絳州碑有鄭承規釋文据碑則澤州碑亦有釋文宋祁所讀宋敏求所書刻惜德甫無跋次道所書碑又已久佚不能得其梗概矣碑云歐公無所主名蓋未見澤州碑時語檢集古錄不特跋尾所無卽錄目亦不載文忠固未見澤州碑也許安仁肊說耳書歐作毆亦非宋子京名祁宋敏求字次道劉羲叟字仲更澤州晉城人宋史均有傳許安仁字子靜獻州交河人金史有傳東西相灑灑當是麗之誤拓本破損有佚字

靈巖寺田園記

高六尺廣二尺六寸五分廿六行行五十一字字徑六分正書篆額三行題靈巖寺田園記六字在長淸

十方靈巖禪寺田園記

鄉貢進士周馳撰

承務郎守祕書丞兼尙書禮部□外郎驍騎都尉賜緋魚袋趙　渢　書

翰林學士朝散大夫知制誥兼同修　國史護軍馮翊郡開國侯食邑一千戶食實封壹伯戶賜紫金魚袋党懷英篆額

濟南靈巖自法定禪師肇建道場于今幾千載矣峯巒奇秀祠宇雄麗號天下四絕之一比邱恒二百餘衆雖四方布施者源源而來然其衣食之用出於寺之田園者蓋三之二其地實□宋□德間所賜也逮天聖初稍爲人侵冒主寺者不克申理但刻石以紀其當時所得頃畝界畔而已其後紹聖間掌事者稍怠左右□□遂伺隙而□之時長老妙空者雖訟於有□其地未之能歸也至廢齊時始徵天聖石記悉歸所侵地然石記字書已皆駁缺寺僧□其□久愈不可考因請於所司之令主首故老與夫近鄰共正界至迄今阜昌碑石存焉聖朝天德間復有指寺之山欄爲東岳火路地者旣而省部委官驗視考之阜昌碑文不得遂其詐因符移府司府司迺印署文帖給付爲大定六年

朝廷推恩施天下山澤以賜貧民由是諸山林舊所固
護者莫敢爲□樵者薪之匠者材焉凡森鬱叢茂之處
皆濯濯如也惟靈巖山林以其有得地之本末故獨保
完明昌三年提刑司援他山例許民採伐由是長老廣
琛訴於　部於省才得地之十一二也五年琛復走
京師詣　登聞院陳詞蒙　省符
奏斷用阜昌天德所給文字爲準盡付舊地
既下於是□事僧悟寶陳於府再給公帖矣將復刻石
以爲後人之信遂□文於歷下周馳乃爲序其終始之
實而書之或曰□人所以不能脫世網而逃死生者以

其貪愛爲病也如來有藥爲之□拾止於一捨而已故
深於道者視□命猶視外物況外物乎□生飢餓雖封
割支體了無靳惜今琛公以土地之故至取必□
朝廷而後已斯無乃□於其教歟愚應之曰不然夫封
割支體以啗衆生則可矣若封割衆生支體以啗衆生
豈理□哉抑嘗聞客有捐萬□□□以遺累者蓋初無
難色及有人託守斗粟則不敢縱鳥雀耗□一龠何則
自爲爲他之理異也且夫寺之常住所以贍養十方□
□□也渠蓋不得已而□衆主持□爾非所私有□如
俟其湮没而弗與保護因而絶人衆日用之資乃曰吾
能以捨爲心然則所捨之□□誰物耶知是理則知琛
公之□□違佛教矣或者釋然因併書其言以告來者
使謹守焉
　明昌六年十月二十有三日記
首座僧悟倫　書記僧普遷　經藏僧廣藏
知客僧祖濤　知閣僧藴奥　殿主僧宗堅
監寺僧宗徹　副寺僧廣仲　維那僧悟寶
典座僧正演　直歲僧志□　庫頭僧覺肩
　當山住持傳法嗣祖沙門　廣琛　立石
撰文者周馳見中州集云字仲才濟南人大定中任

太學屢以策論魁天下私試亦頻中監元貞祐之兵
濟南路陷不肯降擕二孫赴石死山左金石志

五祖堂記
連額高三尺六寸廣二尺廿一行行三十三四字字徑七分正書篆額題新建五祖堂記六字在河內七方村

新建五祖堂記
莊靖先生李俊民撰
進士史秉直校正　進士王一飛書丹篆額
全眞之教近世起於大宗師重陽子師姓王氏本三輔
之豪族落魄不羈以杯酒玩世正隆四年巳卯遇毳衣

二道流來終南之甘河師一見知其爲異人遂敬事之二人以爲可接引授以祕訣一日令汲水飲師師飲之迺佳醞也自是愈放縱無檢束人莫測其涯涘忽於縣東南自開一家高數尺深丈餘以活死人自稱又號曰行菴獨處其中題牓王公靈座後遷劉蔣結庵爲庵成卽自焚之遂東適甯海軍得高弟崑嵛馬丹陽劉長生邱長春譚長眞世以邱劉譚馬稱之其教流行聞風嚮應徒衆徧天下至於朝市山林簪冠之屬爭爲營建華麗相尙以崇奉之河內中道村郭忠等乙卯二月十一日戊寅五月初七日壬寅八月十八日壬午三謁淸源

王祠默禱有應蒙龍宮潮賜酒果等物於是事神益謹酷慕全眞之道改號道全於所居之北構堂殿三楹柔淸之繩墨也塑師任佺□五祖像本土杜唐臣莊嚴之助緣韓元淸田德秀創始於孟冬之三日丙寅落成於十二月辛未前後六旬一舉而能事畢何其神速也意者陰有以相之者歟其地背山面水竹木叢邃故白公君錫隱居之遺地也有党竹溪之篆許林淵之文其墨本好事者傳之四方皆祕惜焉噫古之達者有云神仙可以學得不死可以力致故

上帝詔旌□曰學仙童子許遜若五祖者具近之矣夫道之眞以治身當謹修其身愼守其眞謂之全者全此而已彼苦心勞形以爲其眞而違於道昧其全者也烏可同日而語哉時歲次乙卯十二月十二日記

副維那張沖安　李曠道在前行下

副維那徐德眞　李德元

都維那功德主郭道全立石　石匠李進

乙卯爲明昌六年其明年改元承安矣崑嵛當是崑嵛之誤

許州重遷宣聖廟記

連額高五尺八寸廣二尺八寸廿四行行五十字字徑七分立石人名小字二行均正書篆額題許州重

遷宣聖廟記八字在許州

許州重遷　宣聖廟記

登仕郎可許州教授白淸臣撰

鄉貢進士呂綏書

將仕郎可長社縣主簿郭大中篆額

上卽位之初歲在庚戌改元日明昌薄海內外悉臣悉王地廣民衆軍國事繁　慮汙吏之貪殘寃獄之沉滯欲激濁揚淸勉勵學校庶遠近之民同歸于治迺㠯天下分爲九路擬設提刑司㠯廉察之皆遴選人材能幹濟者俾充是任今開封府者與其路之一也至五季

前官解秩别議升除郎吕絳陽李公愈特預其選公尤被
綸命登車攬轡慨然有澄清之志而署事之後閱月之餘審事之簡繁度地之遐邇迺出己見自書申達
朝廷曰許之置司地雖得中而事非要會如移之南京上則統軍之兵署次有留連之二司軍件夥繁民訟塡委加之宋國之進貢使客之往來事之繁劇實在於彼公吕是而申請之而 朝省目所言之當特許可焉既而得遂所請郎率州學生而語之曰提刑司今聽遷南府顧愈之廨舍俱無所用適居郡庭之街左實文明之

地也其 宣聖廟可遷於此汝等速宜詣州投牒而告指之翌日具事目陳其詞則州倅折公彥襄欣然從之至次年正月會提刑判官高公中立巡按至郡尋令遷舊廟
宣聖顏孟塑像而置于廳事其東旁使宅吕為州學又次季春丁釋奠權州節副張公吉達謂諸公曰此提刑衙然已改為廟學終未得 省庭行下明文恐非經久之便而提學節判裴蒲公彸烈協贊其事而共申之至是季六月承 省部准申符文令從宜計置吕為廟學未幾又蒙官為支降省錢俾增塑十哲繪畫七十二賢

方計議揆度之間會節使白公章來典是郡下車之日首詢庠序之教亟命增修之迺委長祉簿郭大中暨清臣監修塑繪之事各敬從所命故向之或闕者皆補而完之越明季五月功畢一日係籍儒生摳衣升階而請之曰今廟貌奕奕然 聖容穆穆然黌館綽綽然實許吕之壯觀學者之深幸也玆皆出於提刑使李公倡始而郡僚克終故能成此一段奇事豈可泯而不傳蓋廟之所居從昔至今凡四遷矣初則置于兌隅次則遷于震位靖康之亂焚滅無餘逮
本朝復其疆土又遷于鄧洵仁之故宅而僻居郭外連

郊牧之地其殿宇卑微齋舍湫隘甚不副
國家右文養士之意猶有唐代故碑乃劉彥得所製之文也余徐應之曰舊廟之碑亦嘗見矣雖時代遼邈兵火屢遭龜趺不存而碑文獨在考其季禩計今之相距凡六丙辰矣噫事之興廢物之消長亦時之待焉豈白樂天謂劉禹錫之文所在有神物護持之誠哉是言也今若督余繼作眞所謂刻畫無鹽唐突西施生曰時異事異豈吕此而固辭况先生名列學官申稟之事皆親見之安可反求他人乎由是不敢拒衆人所請亦樂道人之善因論硯奮筆直書其歲月云

明昌七年歲次丙辰五月庚辰朔十有三日壬辰建
學正鞏格學錄呂綬和旦喬滋張忠輔李棠張容
徐敏范時亨尚鼎臣張淑白椿范用康播復
立石　皇甫顯刊
李愈字景韓絳之正平人金史有傳文云猶有唐代故碑乃劉夢得所製之文案劉碑見於趙錄盧經書開成二年所立與碑所言六丙辰者合今不存矣

八瓊室金石補正卷一百二十六終

八瓊室金石補正卷一百二十七

太倉陸增祥撰　男　繼煇校錄
吳興劉承幹覆校

金五

重修蜀先主廟碑

高八尺八寸廣三尺八寸廿一行行五十字字徑一寸二分行書篆額題重修蜀先主廟之記八字在涿州樓桑村

重修蜀先主廟碑
儒林郎前鄭州防禦判官提舉學校常平倉事武騎尉賜緋魚袋王庭筠書篆

仁者未必成功成功者未必仁仁者之心以仁、天下不仁者之心以仁濟其私故善論人者論其心之何如而成敗不與以仁濟其□者發于其言見于其事亦仁也蓋竊仁以欺天下夫竊仁者是有大不仁根著于心然竊者易窮也而根著于心者卒不可掩天下之人莫不腹詈臆唾雖一時成功旋與草木共腐矣仁者之心不以其身其家而以天下故天下之人亦相與謳歌戴仰頌以爲吾君雖生無成功天下之人莫不歎惜至後世猶喜稱道精爽在天能推其仁心用之不已施之不竭呼吸而雨雲咄嗟而風霆只尺萬里朝夕千載此理

之自然無足恠者先主仁人也當陽之役不以身而以
民永安之命不以家而以賢雖不能如其言要之其心
如是而已有厚愛天下之心必饗天下之報至今天下
之人猶嘆惜其無成而喜稱道之涿之人又祠而奉之
宜哉涿先主之故家也廟距州西南十里而遠庭有石
乃刺史婁居迺重修記唐乾寧四年也則血食于此舊
矣歲久屋老纔庇風雨承安二年夏四月里民始議增
葺于是富者以貲巧者以藝少者走以服其勞老者坐
以董其功稍完治中堂新作門屏又作兩廡配祀元臣
諸葛孔明關雲長法孝直在東龐士元張益德簡憲和

在西既成具興廢歲月乞文于庭筠將以刻諸石庭筠
曰五季兵火之餘室廬焚蕩殆盡而廟皃巋然獨存悍
夫暴客過堂下歛兵肅跽不敢犯則其仁之入民也深
矣大哉仁乎蘊之于心充于天地被于万物蓋有□與
死而俱亡者幽而爲神其遺澤殘烈句及天下後世以
逹其生平未厭之心必矣豈獨私于一鄉哉祠而奉之
者特其鄉人之情耳庭筠既書其事復作歌遺之使迎
送神佐其鼓舞以樂之云先主建安廿六年卽皇帝位
後謚曰昭烈若夫虛名末飾非其心也唐石題曰蜀主
廟今仍之其辭曰舜禹不可作兮古猷日潰盜耴盜守

兮栖不爲恠仁人起兮力砭其廢志天下兮豈獨爲漢
計大統未一兮時巳逝奄爲神明兮陟配上帝何紓我
憂兮仁及異世彼操丕兮死爲妖尌握長鋏兮載芟載
劇燕山之陽兮范水之裔平疇如砥兮惟神之豐沛欝
童〻兮羽葆蓋悵籬樹兮今安在記皃時之舊事兮想
亦爲之一儵神之去來兮蒼虬翠駃桀華裾兮鏘鳴玉
佩絙瑟而吹籥兮紛群音之繁會牲肥酒香兮神其飫
醉來雲度齋兮回風滿旆將而送兮百拜民不忘兮遺
愛駈螟蝗兮癘疫時雨暘兮屢歲俾富康兮耆艾民德
神兮事之無替

承安四年四月望
登仕郎范陽縣主簿兼管句常平倉事劉大有
忠武校尉范陽縣令兼管句常平倉事武騎尉張
繹
昭武大將軍行涿州刺史兼知軍事提點　山陵提
舉常平倉事上輕車都尉彭城郡開國伯食邑七伯
戶蕭察克溫立石
京畿金石考載唐乾甯四年蜀先主廟碑云見金
石文字記撰人姓郭無名訪碑錄載乾符四年蜀
主廟記鄭筠撰書筠淸館載婁居延重修蜀主廟

記郭筠撰書文云歲次丁酉則是乾符四年非乾甯也然此碑所敘明云乾甯四年疑孫氏吳氏所載有誤矣據此碑則重修者爲婁居迺金石文字記作婁居道筠清館作婁居延又復歧異未得拓本附記於此

懷州靜應廟額牒

高二尺廣四尺共十六行字數字體大小均不一在河內

尚書省牒懷州靜應廟

禮部狀承都省付下懷州奏知河內縣事陳崇狀有

上清紫虛元君南嶽魏夫人廟祈雨應驗乞賜顏額

尋下太常寺看詳據本寺狀本寺令飾文諸神祠應

旌封者先賜額合取自朝廷指揮

牒奉

勅宜賜靜應廟爲額牒至准

勅故牒

崇寧三年五月十五日牒

左光祿大夫守右丞吳押

司空兼左僕射押

李□刊

本廟功德主郭□□

大金承安四年巳未歲五月晦紫陵故醫生王師□

男澂澤濟上石

右懷州靜應廟額牒在河內牒賜于宋石刻于金承安四年當宋慶元五年距賜牒時九十五年矣左光祿大夫守右丞吳者吳居厚也司空兼左僕射者當是蔡京也

重立鄧太尉祠碑

高四尺八寸二分廣二尺四寸六分共廿四行行五十餘字不一字徑七分正書篆額題魏太尉鄧公碑六字在蒲城

夫自古立功立言之臣非徒有益於當時抑其遺芬餘烈足以播於無窮傳於万世而爲不朽之計代有人焉尚慮功立而主不知事成而上不察吞聲飲恨爲天下之所惜□勝歎哉□命將之辞曰自閫以外將軍制之言得專其事也及其伐叛取國務在鎭安百姓以收其心而反拘以常憲事須當報不宜輒行則遂抵淪敗吾於太尉鄧侯見其人矣太尉諱艾字士載義陽棘陽人也始以見知於司□□王辟之爲椽稍遷尚書郎□參征西將軍事遷南安太守賜爵關內侯加討寇將軍後遷城陽太守再遷汝南太守兗州刺史加振威將軍高

貴鄉公即尊位進位□城亭侯行□□將軍甘露元年
詔以爲鎮西將軍都督隴右諸軍事進封鄧侯分□□
戶封其子忠爲亭侯二年遷征西將軍前後增邑凡六
千六百戶其詔曰曜威奮武深入虜庭謂禽劉禪也斬
將搴旗梟其鯨鯢爲破文欽也使僭號之主係頸謂禪
率太子諸王及羣臣面縛詣軍門也歷年逋誅一朝而
平謂巴蜀四十餘年限於一方也兵不踰時戰不終日
雲徹席卷蕩定巴蜀謂旬日之間□平定也其勳業之
美功德之隆可謂冠一時矣無何姦臣鍾會搆成禍基
使太尉羅其凶害子孫遷徙天下痛心晉室爰興泰始

三年議郎段灼知太尉死非其罪乃上疏理之曰公心
懷至忠而荷反逆之名平定巴蜀而受夷滅之誅臣竊
悼之賴朝廷清明遂從其請得從吳人傷子胥故事收
葬立祠以旌節義距蒲城東北五十餘里洛水西涘廟
貌斯在有碑銳上而竅文多漫滅首云魏故太尉鄧公
祠碑□其陽云大秦建元三年鄭能邈謂太尉祠張馮
翊所造歲久頹折因舊增飾則知祠宇所建其來久矣
環祠數十家皆鄧氏豈其子孫遷徙於西城者耶抑立
祠□後使其家護守洒埽者耶或因其墟聚故地苗裔
尚多而爲之耶世代綿遠弗可詳考唯魏碑屹立斯爲

可據信不誣矣僕往來祠下屢矣近歲宦學長安入不
來此故人韓沖走書抵僕曰鄧氏諸公欲再立祠碑貞
石已具而其文尚闕子如惠顧前好能杖策一來乎僕
承命欣然因而言曰昔太尉以忠死而議郎段灼理之
遂得收葬立祠□千載之下碑石欲朽而復命僕使新
其文則是段氏終始有功於太尉矣豈可緘默而不言
乎乃作迎神送神之詞使其子弟歲時歌舞之使行路
之人見之知鄧侯之勳業歷千百世而不忘其子孫雖
永永而不替也其詞曰
侯之來兮風颸颸　載靈輿兮□羽旗　彷彿如

亭兮堂宇上　不聞聲兮簫鼓悲　侯之去兮去
何處　風爲柂兮雨爲□　秋之深兮春之暮
不可見兮水東注
大金承安四年十月重建　鄉貢進士段繼昌
記　昌黎韓沖書丹　權
周刊石
裔孫進義校尉鄧永　鄧涓　鄧祐　鄧珪　鄧弁
鄧□　鄧景　鄧暠　鄧□　鄧□　進義校尉
鄧□　鄧直　鄧廣　鄧昌　鄧安　鄧□　鄧□
鄧俊　□威　□簡　鄧昶

右重立鄧太尉祠碑在蒲城未見箸錄甲戌夏自長沙購得之記敘鄧艾歷官本於三國志魏書司下王上是馬宣參上是出城上是方將軍上是安西戸上是五百碑所缺字皆可據傳補之詔辭亦載艾傳段灼晉書有傳字休然敦煌人世爲西土著姓嘗爲鄧艾鎮西司馬破蜀封關內侯累遷議郎武帝卽位上疏追理艾冤疏文具載傳中魏書亦載之其稱鄭能邈所立爲魏碑殊誤抑用爲巍字耶

重刊鄭司農碑陰記

高四尺四寸五分廣三尺上截記廿一行行廿五字後銜名三行字不等中截十行下截六列行數字數皆不一俱正書在高密

密州高密縣古城西北一十五里礪阜山之原後漢大司農鄭公之墓存焉前立其廟廟貌尊嚴儼然如生廟右人所居止不啻千餘家因名之曰鄭公店也我公血食一方自古迄今人所欽重□之如在昔晉戴安道作碑以紀其實自時厥後歷宋至唐年歲久遠碑已不存至萬歲通天元年邢州刺史史承節復爲文密州刺史鄭杳乃以開元十三年刻其文於石覆以樓屋復至本朝甫近千載然其樓屋近廟之人隨時修葺或新或弊至於不一乃以承安三年六月天作霖雨以致樓屋倒塌其碑因之而亦仆焉碎爲數段文多湮沒若使夫其碑之仆而復起其文之晦而復明亦必有時焉迨四年冬柴家疃柴淵與弟柴□及□義居以農爲業亦好古君子也見而傷之因訪附店郭□而告之曰鄭公廟碑今巳破碎其文然多湮沒余欲將碎碑□□□其大小摭拾前文訪諸□□用加校正復刻諸石其可矣乎郭□□而喜曰眞與我同志者也乃命其長子世英次子世昌世忠畢力□督□之於是訪諸博物君子校正前文將刻□石未閒乃以五年二月世英子壽哥以

神童登弟若是童者然天資神異□誦千言□□高弟固所當耳蓋亦出於　神之黙祐之力也郭氏之子以□之報應若此之速柴氏之子亦將其有後乎由是急命工匠□當年三月一日鐫前文於翠珉立於舊基之上而復新之以樓屋庶幾傳之於不朽噫若前所謂其碑之仆而復起其文之晦而復明亦必有時者信不誣矣余列其終始廢興之序而記之於碑陰云

徵事郎前行密州高密縣主簿兼管勾常平倉事綦

英商□

登仕郎密州州學教授解天祐同提舉立石

文林郎安化軍節度判官兼提舉學校常平倉事武騎
尉賜緋魚袋許彥文提舉立石以上截
首行磨泐
明威將軍行密州高密縣主簿兼管常平倉事完顏
保義校尉守高密縣拒城河□都監孫
□□校尉鄭公店□□務都監蒲察
武□□軍行密州高密縣尉□尉兼管勾常平倉事怙
合
宣武將□行密州□□縣尉兼管勾常平倉事完顏
安遠大將軍行密州安邱縣令兼管勾常平□倉事完顏

武義將軍行密州高密縣令飛騎尉兼管勾常平倉事
李
宣武將軍行□州□山縣令騎都尉□□縣開國男食
邑三百戶烏古論
武節將□□□□皇城猛安移屯河世襲謀克騎都尉
□□縣開國□食邑三百戶烏古論以上中截
本店施力題名　張□　□貴　宏農忠　高□沈
王成　武榮　王昌　路奇　□□　徐通　隋皐
孫成　時青　張榮　宋遇　馬善　王級　張琳
楊忠政　王□　□□　□俊　劉□　趙椿　□忠

□□　李□　□□　□□　□□以上第一列
□□　張榮　韓鐸　周貴　譚□　移剌明　樂仲
□讓　吳仁　李德　張□　劉□　李鼎　□受
張珪　□實　□□　石抹□察奴　□城　□□
張□　李俊　□□　□□　張成　□□　□□
□□　□□　□□　□□以上第二列
下廟村　呂珪　董□　□□　董榮　王□尹　□
□　進義副尉□仙　南張客村　郭仙　張□　□
水　于泉　馬成　北張客村　□□　岳□　尹顯
岳□　張貲　高覩　曹□　進義□尉□□　西

諸村　董□　□□　高順　王田之　進義副尉□
□　□□副尉王□　□□副尉劉信　進義□□□
□□以上第三列
柴家疃　柴□　柴□　柴皐　柴清　柴友　柴□
柴□哥　柴青□　王遠　□□　北諸房　范穩
范□　進□副尉范□　進義副尉范泉　進義副
尉范□　張秋村　解全　進義副尉孟京　李家莊
崔祐　徐□　□全　崔旅　□□　□□　田□
場　□□　□□　□言　□□□尉呂□　進義副
尉堂□　進□□尉史□以上第四列

井□村　孟通　趙寶　璩□□　侯仙□　侯進□
□□　王成　□□　□□　韓友　□季□　進義副尉
□□　進義副尉□□　進義副尉郭□　進義副尉
萬□山　進義副尉王齊　吳家莊　楊□　張炤
孫懷□　□□　進義副尉姜□　進義副尉孫福
進義副尉郭□　□貴　侯立　陳珪　陳福　陳玉
陳憲　□迪　孫家莊　□□□　□□　房□
□清　□家村　□□□　□□□　□□　進□□尉
□□　□□以上第五列
□□□　□□　□□　□□　□□　□□　□□

□□　□家莊　□□　□□　□□　荆家□
□□　□□　□□　□□　呂通　孫□□　姜家
莊　林□　□□　□□　進義副尉趙□　進義副
尉□□　進義副尉□□　戴家莊　徐□　徐文
□浩　□□　李□　進義副尉王□　王家莊　姜
□□俊　姜□莊　□□　□□　都家泊　隋通
城陰□　王□　進義副尉□□　中王仁□　孫□
□　柳家□　□□以上第六列

右重刊鄭司農碑陰在高密縣萃編僅錄碑陽碑分三截上截記中截列高密官吏十人皆書氏不書名下截刻施力人姓名凡六列有下廟村南張客村北張客村西諸村柴家疃北諸房張秋村李家莊田□場井□似是渫字村吳家莊孫家莊□家村□家莊荆家□姜家莊戴家莊王家莊姜□莊都家泊城陰□中王仁□柳家□諸名其稱本店者鄭公店也末列首行漫滅無存凡諸村名皆高出一格其稱進義副尉者廿餘人進義副尉武官階之最卑者攷山東通志鄭康成墓在高密縣西北五十里礪阜山初葬於劇東因墓壞歸葬礪阜今益都縣東五十里鄭墓店卽劇東故城今碑云西

北一十五里蓋就古城言之志不言古城所在殆無可攷邪礪阜山以石可爲礪而得稱一名劉宗山又名碑產山據記文墓舊有戴安道撰碑通志失載其載史承節撰碑不言金代重刻并誤邢州刺史爲荆州皆疏舛也記後綦英裔下缺一字非撰卽書卽碑陽篆額之人萃編缺英字可據補之安遠大將軍明威宣武武節武義諸將軍保義校尉皆武官階拒城河在高密西三十五里卽秀水河俗名秀女河猛女謀克皆軍名郡曰猛安縣曰謀克金制也下截有都家泊者當卽都泊在高密

東北廿五里古奚養澤也水經謂之奚安潭秦地圖謂之劇清池完顏蒲察怙合烏古論移剌石抹皆金之氏族

梁襄修中岳廟圖碑

高三尺六寸廣二尺一寸前後題款二行行字不一字徑七分橫額題大金承安重修中嶽廟圖十字俱行書在登封

圖　正陽門　東偏門　西偏門　中三門　東□門　西□門，火池　鐘樓　府□殿　土□殿　南岳殿．西岳殿　山靈公　二郎殿　井亭　東華門　西華門　上三門　東□門　西□門　□□房　□□位　亭子　亭子　□食門　道□　九子夫人之殿　玉□聖后之殿　玉仙殿　金□夫人之殿　王母殿　角樓　角樓餘漫滅

尚書省委差監修太中大夫同知河南尹事梁襄

修廟接手官忠勇校尉河南府錄事宋元立石　承安五年三月中旬休日

本師釋迦如來三身銘

高二尺廣二尺二寸廿四行行廿字字徑八分正書在元氏開化寺羅漢殿中東首佛座下

本師釋迦如來三身之銘

沙門雲湛讚

□□王璀書丹

蓋聞三千界主德備乾坤百億能仁行超塵剎是以天開方便廣設濟門現紫磨丈六之軀王金色大千之界尊貴兮誕跡王宮寂靜兮權居峯頂因圓兮與果無邊果滿兮酬因未足於是空有雙剋性相俱圓證一味眞如離二種生死号三覺圓明具四般知見救九有羣生出苦誘十方天人入樂現万類神通縱任坐千葉蓮花自在三千威儀破我慢之七九八万細行摧邪見之六二奇哉空中有有了万法而且立多端有內復空悟千種而並同歸一似万水出自於根源若千江奔流於大海可謂无生无滅无相无形難測於波瀾莫知於涯際者其唯　性海歟是以沙門雲湛寔為愚輩碌碌無知何幸宿緣預斯緇室於百万法門中而得毫毛之少許似盲龜值浮木喻病蛤吐明珠豈匪忻然而已矣加以全遇聖祐方成五十三軀稍慕賢財可就冥慈二部今因完備故伸少讚上祝

皇帝萬歲臣宰千秋僧俗父母員緣同證无爲理性更冀常爲釋子崇法雨而資善芽遠紹

佛幾獲戒寶而除貧窘

大金承安五年七月十五日門人僧惠明　惠

澤　惠淨　惠淸　□□　□□　立石
真定府元氏縣開化寺十王院轉教功德主賜
紫沙門雲湛謹讚
書人王讙郎大定廿六年書游封龍山記者常山貞石志
常山貞石志載此碑据補樂字今泐矣縱任之縱
志誤作絶游封龍山記立石於明昌三年而云大
定廿六年何也王讙自署里人此所缺者當同之

請琮公住持淨因寺疏
高一尺六寸五分廣二尺一寸疏十行行十八字字徑七分前後十一行行字不一行書在魯山城北
汝州

敦請
琮公長老禪師住持魯山縣淨因禪寺爲
國開堂祝延
聖壽者

伏以無始以來只笑他人異處有古而下不知大事因
緣紛紜末世邪宗汩沒衆生正見十万幻化莫辨實華
三界虛空誰分影響伏惟
琮公　長老　禪師具正法眼起大悲心再揚曹洞之
宗風復繼淨因之祖業況昔年靑社備嘗爲衆求仁今
日魯陽何必藏頭露影既副傳衣之囑居當報
國之恩好將本分鉗鎚拈出希奇手段無□謙德佇聽
潮音謹疏
泰和二年九月　日
徵事郎汝州司候權軍判田庭芳
忠勇校尉汝州軍事判官權州事孟得□
鎮國上將軍同知汝州軍州事總押軍馬蒲察捕□
刺　　　　史闕
魯陽馬信刊

重建卜式廟記
高六尺八寸廣二尺九寸廿一行行五十二字字徑寸許行書在鉅野縣

□□□□□□卜公廟記
將仕郎充會州軍事判官兼提舉常平倉事張濬撰
鄉貢進士孫世京書丹篆額
若夫崇讓道振時俗正天下之風者斯謂仁人奮忠節
勤王事行衆人所難者是惟君子誰其有之則卜公其
人也公諱式字子怜河南人也漢興承秦之弊風俗薄
惡民人頑嚚在下者詐僞德劬成不遜之風在位者遠
害全身乏忠義之節惟公初以牧畜爲事有弟既壯迺
脫身□田宅財物盡与弟獨取畜羊百餘入山牧十餘
載羊至數千頭乃買田宅而弟盡破其產公復分与者

數矣時國家方事邊公上書願輸家財之半以助用度上使使問公欲爲官乎公曰自小牧羊不習仕宦不願也使者曰家豈有寃事欲言乎公曰臣生与人無所爭邑人貧者貸之不善者教之所居人皆□從何寃之有竊念今邊事方動愚以爲賢者宜死節有財者宜輸之如此則虜可滅而邊乃安也使者以聞爲丞相宏所抑上不報數歲乃罷復歸田牧歲餘渾邪等降縣官費衆倉府空竭貧民大徙皆仰給縣官無以盡贍公復持錢二十萬与河南□守以給徙民河南上富人助貧民者上識公姓名曰是前欲輸其家半財助邊者乃賜外繇

四百人公又盡復与官是時豪富皆爭匿財惟公尤欲助費上於是以公終長者乃召拜爲中郎賜爵左庶長田十頃布告天下尊顯以風百姓初公不願爲郎上曰朕有羊在上林中欲令子牧之公既爲郎布衣草蹻而牧羊歲餘羊肥息上見而善之公曰非獨羊也治民亦猶是矣以時起居惡者輒去毋令敗羣上奇其言欲試以治民拜緱氏令其民便之遷成皐令將漕最上以爲朴忠拜齊王大傅轉爲相會呂嘉反公上書曰臣聞主媿臣死羣臣宜盡死節其駑下者出財以佐軍如是則彊國不犯之道也臣願与子男及臨菑習弩博昌習船

者請行死之以盡臣節上賢之下詔褒美賜爵關內侯黃金四十斤田十頃布告天下使明知之元鼎中代石慶爲御史大夫既在職言郡國不便鹽鐵而船卒之筭可罷上不聽因年老告歸田里二子□□□爲蒲□太守□爲水衡都尉公爲齊相時子孫多在齊既致政將游于齊而終□此鄉人思慕因助其葬仍爲之立祠而歲時祀焉曩經兵革其祠蹇壞碑銘無存大定之初四十五代孫并吉任單州司候判官將復營其祠未成其志而遽然告殂哀哉其後并吉二姪一曰海二曰義迺率衆族同爲經營載新其廟貌俾精魄有所依歸迨乎

落成將立石以紀之屬余爲記愚以謂公在家則讓其田宅以与其弟居則奮其節義以報于君忠孝兩全可不謂仁人君子者乎是宜子孫興隆迄今千餘人有歷世家譜別刻于碑陰聊敘其行事之大略云爾

□□將軍金山掃巡河完顏　泰和五年歲次乙丑季春十九日立石人海　義　永立　重立

春　壬　等

□武　匠人杜成　董淵　邵端　孫瑋

郭興　□下石缺

右重建卜式廟記在鉅野縣額失拓碑有陰刻卜

氏子孫名未得拓本碑敘式事蹟用漢書本傳文
傳云貶秩爲太子太傅碑云年老告歸田里殆諱
言之傳云黃金四百斤碑云四十斤恐是今本漢
書之譌式字子怜史所未詳惟怜乃後來俗字漢
時所無當是矜字之誤式二子名俱從虎而右旁
絕不可辨矣案山東通志卜式墓在鉅野縣卜恰
堌式字子恰本河南人道卒葬此因以名堌有碑
僅云有碑不言何代所立碑碣內并失載疏矣記
文後銜名一行書氏不書名將軍上石缺無存左
旁有□武二字武上似是信字蓋後人所補刻者

金山河自鉅野縣章縫集滙水東流逕谷家莊閻
家橋又東南徑邢家漥金山窪遶金鄉山至唐家
漥入嘉祥縣界爲蔡河又東流徑滿家峒北徑明
水漥又東至翟家橋入金鄉縣界又東徑齊家橋
至談家橋入濟甯州界爲顧兒河又南徑亢父城
會苜蓿河至王家口與牛頭河會金泰和五年宋
之開禧元年也

華嚴堂記

高三尺六寸廣二尺十六行行三十七八字
字徑七分年月題款小字三行正書在汝州

夫乃冥塗路遠生死海深若不作舟之因難到菩提之
彼岸嗟呼人世偌石人以難停出沒俄然如風中之短
焰消有如斯迅速豈不愴然三塗路上累累時逢聖處
天宮無猶得到蓋爲我等起貪嗔癡慢之心造殺盜染
妄之業所以沉淪三界沒溺四生如蟻巡環如車碾道
無有休期者也馮竟全楊竟資任竟清等朝夕思念欣
然共議糺集衆善人向去覿善有歸各倫巳財遂贖華
嚴經一部計八十卷合論一部計一百二十卷以爲經
邑近五十余年矣請本州僧正宝雲教授僧智隆主其
經邑每至十月起至三月罷不妨農務本邑常住尒彩
畫七處九會功德一堂或人云何故偏宏其苍嚴智隆

云苍嚴性海法界義文包括十方含容万有處處毗盧
藏囊頭頭寶月全彰去來常在妙竟場動靜不離眞實
際直得象王迴顧五衆咸臻樓閣門開全身普現人人
頓明此理玄㗖交參義海重宣法輪常轉壹百壹十由
旬之內頓悟此心五十三人同證眞常更無別法處處
圓明海頭頭華藏中全兄宅安置經象全兄壹日告衆
竟全則老□□像在於□蘆之丙全日夜思之惶怖恐
有不虞灯火失墜　聖教過咎弥天乞別置壹所安經
像衆皆諾□□尒□孤獨園頃達長者同祁陁太子買
園與建佛塔轉妙法輪又世尊一日領衆遊行見壹所

地□□□□□□□刹帝釋拈壹莖草劄在地上云建梵刹已竟全兄等衆人同行踏蹋　湯聖廟之西南有□□地乃屬昝家東連郟敖西枕陸海南觀汝水北靠嵩少堪建立經堂安置聖教不勝□喜各人共捨己物買地壹所□□□□□建經堂功五氽芭瓦木植等各□非動艮財目成經堂三□陛椽門牕俱備慢說夜摩忉利不若菩提之場豈羨普光之殿以至連綿不朽衆請爲記號曰華嚴堂

昔泰和八年戊辰歲仲春一十有五日乙卯朔立碑了畢殿試先生唐□華撰

馮手讚書

宋順刊石

唐□華自署殿試先生俚俗之稱可資談劇文字亦陋書朔於紀日之後不可爲法

少林寺興崇塔銘

高一尺七寸廣二尺九寸四十四行行廿四字弟廿四行多一字後十四行行字不一字徑五分末行特大正書 在登封

大金嵩山少林寺故崇公禪師塔銘并序

本寺悅衆比邱僧□昭撰

侍者比邱僧□柔書

夫佛祖妙道在人宏持苟非其人則道不彰著語云人能宏道非道宏人崇公禪師宏道之士矣師諱興崇俗姓侯氏汾陽西河人也幼失其父篤養於母在童稚間屢因母疾自劇身肉合母服之數獲痊愈因是孝養名動里閭冠歲白母願求出家初不見聽志亦不移後感母心遂捨送本州太平法興院礼主僧忠上人爲師大定二十七年誦法華經中選受具之後粗歷講肆究其義理未愜所懷首詣嵩山少林寺參照禪師機緣相契有所悟入果熟香飄因緣時節自然至矣會山陰羅漢禪剎虛位　光祿大夫駙馬都尉蒲察知河南府洎同

知許中順命師主之開法住持未久照公退席少林駙馬洎治中驃騎紇石烈以師道風淸苦而又得法於照公由是請師移蓮其跡師之住持也棟宇頹弊完補於內檀越財施誘化於外或數月不歸或經歲忘返冒涉寒暑戮力忘倦十有餘年山門內外稍稍就序泰和四年五月日　南京統軍鎭國徒單榮祿大夫六駙馬都尉國子司業劉奉直同知孫中順治中武奉直具疏請師開堂復以衆鍾未備鳩信士命工匠卜吉日一舉而成朝擊暮撞警諸迷昧利益非細每遇天旱所祈甘澤無不應之皆師道力所致也豈料有爲四大不任其勞

遂縈微疾乃退閑庵居以便藥餌奈何其疾弗瘳泰和
八年九月二十七日作偈辭衆曰四十三年一夢中如
今撒手任西東䆗䆗不行凡聖路綿綿獨步太虛空偈
畢良久坐逝俗壽四十三僧臘二十七嗣法一人曰道
遺度門弟曰瑞淸瑞仁瑞雲瑞璨瑞祥瑞泰瑞朋瑞珏
瑞海瑞安瑞廣瑞雲等依法荼毗收奉遺骨并得舍利
數百粒起塔於少林祖墳嗚呼師之養母至孝事師至
勤臨衆以法薄世味外形骸宏道度生志念深矣小師
瑞雲等以予與師同鄉閭故持師平昔事跡請記之予
荒唐弼餘一常僧文章伎藝素非所長義不得辭姑摭

其實以塞勤厚銘曰
道本無象　宏之在人　苟非作者　其道弗神
崇公禪師　幼而奇偉　剔身餌母　孝動閭里
始年弱冠　悟世虛空　誦經中選　躍出凡籠
游歷講肆　識量莫厄　一見照公　傳付正脈
開法住持　檀越鄭重　整弊扶危　魔外震恐
衆生迷昧　久處昏蒙　思有利益　復興巨鍾
緇素門資　日見烜赫　度僧十餘　誘俗千百
嵩前嵩後　兩坐道場　結茅退隱　匿耀收光
小師瑞雲　收奉遺骨　葬之西原　不變如玉
要識師眞　處處不隔　天濟雲閑　風淸月白
昔大安元年三月二十八日小師瑞雲等建
直歲僧智深　知客僧元江　典座僧瑞璨　維
那僧□照　副寺僧瑞雲　首座僧善富　監寺
僧□□　都監□僧□粲
都勸緣住持傳法嗣祖沙門我亨
洛汭郭淵刊在首行下

案金史世戚傳賛金之徒單拏懶唐括蒲察裴滿紇
石烈僕散皆貴族也天子娶后必于是公主下嫁必
于是此銘稱駙馬都尉蒲察徒單六駙馬都尉是以

貴族尚公主而世戚不附其名劉奉直者劉昂也中
州集昂爲當塗者所忌連蹇十年卜居洛陽有終焉
之志有薦其才於道陵者泰和初自國子司業擢左
司郞中此疏稱國子司業合又崇公崇字凡四見崇
下示俱作未按孫卽康傳上問卽康參知政事賈鉉
曰睿宗廟諱改作崇字其下却有本字全體若將示
字依蘭亭帖寫作未字云云卽康奏乃擬睿宗廟諱
上字從未下字從世今碑崇下示正作未是也與字
缺、今碑稱大安爲衞紹王之建元衞紹王諱允濟
小字興勝其缺、亦當爲此而史不及悉載矣授堂績跋

右興崇塔銘在登封少林寺黃氏畢氏搜集中州金石均未之及碑書興崇興字少一點武氏謂避衛紹王小名按衛紹王名永濟改永興縣爲德興是固未嘗避興字也殆石偶磨泐耳銘詞內復興巨鍾之興末筆雖不甚顯尚有形跡可尋檀越檀字缺末筆按熙宗名亶改上從面下從旦此書作亶則亦不拘拘於從面從旦矣紇石列史傳列作烈同音字就緒作就序序緒可通齋作条俗旱作汙誤遺郎蹟見正字通荼古作荼此書荼毗字作茶非平昔平作乎當是刊刻之誤中順五品階奉直六品階

邵公高眞容疏

高八寸五分廣二尺一寸五分疏十四行行字不一字徑八分許行書後款共八行正書在登封

上缺□容疏

上缺道□□泒作九流之缺萬□會歸三教之尊缺想以

模傳猶切信心缺原比邱少林悅缺感□者非一特審

象缺□□爰咨異三者之缺□斯遇輕千里以來缺福

地之花笠重仁天缺造上人之故里親模缺□□□丹

青不久則缺□□琥珍重磨而缺□□□然建德以若

缺□仁□不讓

缺縣□簿沛邑邵公高烈夫疏

缺□□士

缺□文□河陽張鑑世顯燕山張廓致遠缺輔艮臣

郭紹儀朝英王悅朝士嵩陰缺□□耀德新祝彥昌

德榮李守節繼明嵩陽缺□楊傑世英緱山趙淵亞

之嵩右樂韶子美缺□珏全玉武鎰永堅高謙益之

嵩右善人王順

大安己巳三月八日疏七月十日監寺□□明道

泉知事立石

重刊三教象贊

三教聖象

高二尺八寸廣一尺九寸上方題字共十行行字不一分書碑末小字一行正書在登封

唐肅宗皇帝贊

吾儒之師曰魯仲尼仲尼之師聃龍吾不知聃師竺乾

善入無爲稽首正覺吾師師師

此文依長安國子監太平興國二年石本重刊

太原孫儒林世顯周臣甥孫僧少林祖昭繪像書贊

儒林郎芝田縣主簿沛邑邵公高烈夫等助緣施財

大金大安改元秋七月中元日嵩山少林祖師道

場住持傳法虛門老比邱教亨建

糠山□□摸□洛陽□□鐫

彌勒像贊

高二尺二寸廣一尺一寸上方題字六行行字不一字徑五分象左紀年小字一行均正書在登封

彌勒大士應化像

皮袋縱開大笑露出髑髏諸寶不須說妙談玄千日齊
昇蓬島

大慶壽教亨稽首贊

大安改元中秋日濟州崇覺寺講院僧古井祖昭重
繪爲師長父母四恩三有崧山少林立石昇高女弟
子李守性施財

草堂寺題刻二段

雪嵒老人等詩 高一尺一寸五分廣三尺共廿五行行字不一字徑六分行書

遊圭峯草堂

雪嵒老人

竹外谿山摠是泉馬蹄無處避蒼煙圭峯面目眞如在
何必林間去學禪

再過草堂陰霾殊不見山因題詩於壁 洹山史奕

一春風土暗蒼顏隨牒東西我自頑今日圭峯塵障黑
山靈應恠未歸山

大安改元春六十日

因陪
子晉先生消
諸友過草堂而宿于山堂偶成二絕 東原田曦

縈紆一逕繞山根野草閑花種〻新要識我來林下意
不教塵負草堂春

飛花狠藉送春忙乘興來遊古道場擬把塵心頓祛釋
會須今夜宿山堂

大安元年十二月初七日草堂寺主僧了珎上石

孤雲野釋普定書 樊世忠刊

趙閑閑詩 高一尺二寸廣二尺八寸前十七行行字不一字徑八分後十二行行十九字字徑三分均行書

金石補正卷一百二十七 吳興劉氏希古樓刊

遊草堂

幾家籬落掩柴關盡在浮嵐湧翠間稻壠明邊通白水
竹梢缺處補青山

下馬來看題壁字拂塵先讀草堂碑平生寂愛圭峯老
惟有裴公無愧辭

逍遙園後婆羅木曾見春秋幾變更落葉蕭〻風雨夜
却疑當日譯經聲

南山深鎖翠微空寺在南山十里東秖恠朝來衣袖濕
不知身在翠微中

南山常讀退之詩未說煙雲潤色之要看山光如潑黛
更須留待雨晴時　閑閑
趙禮部　先生辭翰爭輝曜騰天下孰不仰之以
爲極盡美矣然而此特窺一班則未覩其全也先生
以道學發其本源涵泳既久妙入聖人之心法及乎
溽志思与天下共之遂取前賢箋注有力於聖教者
以淸俸刊行之俾雕章繪句之流知所歸宿庶乎士
風爲變薄俗復淳此　先生之望也正大乙酉季
冬奉使夏臺廻游草堂題詩七章咸陽懷古二章寺
主義金刻諸貞石擬傳不朽姑此惡語以紀其實使

觀詩者因一溽三叉知　先生深造於道兼善於
人也丙戌仲夏中伏鑑山方亭謹跋
正大三年立秋日住持沙門義金上石

閑閑居士趙秉文自號也秉文字周臣滏陽人登大
定二十五年進士官至禮部尚書金史有傳劉祁歸
潛志云秉文詩與書皆法子端後更學太白東坡筠淸館金石記
据跋謂題詩七章今所見只五首也又有懷古二
詩今亦未見殆更有一石而巳佚矣

八瓊室金石補正卷一百二十七終

八瓊室金石補正卷一百二十八

太倉陸增祥撰　男　繼煇校錄
吳興劉承幹覆校

金六

僧師偉贊眞身塔詩

高一尺六寸五分廣一尺二寸五分十三行行十七字前後五行不一字徑八分行書在扶風

謹賦律詩九韻奉贊法門寺
眞身寶塔
德順僧　師偉　稽首
寺名曾富布金田塔字來從梵夾傳可笑異宗閑鬧背
比乎吾道不同肩世人朽骨埋黃壤唯佛浮圖倚碧天
谷窠山炉煆勿壞鐵鎚霜斧擊尤堅三千界內眞無等

十九名中宂有緣百代王孫爭供養六朝
天子遞修鮮儻能倒膝罪隨缺或小低頭果漸圓三級
風蒼歷魯地九盤輪相壯秦川經書談我釋迦外今古
煩君說聖賢
大安二年中元日門人　法誥　上石
京兆晚進朱景祐書　長春樊春刊

鈞州重脩至聖廟碑

高七尺九寸廣四尺三寸三十二行行四十字字徑七分正書篆額失拓在禹州

鈞州重修至聖文宣王廟碑

儒林郎前濬州司候賜□銀魚袋趙銖撰文
宣威將軍前亳州永成□令致仕馬瑞篆額
進士屈師古書丹

甚矣天道之于聖人其所以待之之至不可俄然測也聖人生爲將大有爲而生無其位以非福也乃所以爲福顧亡窮于萬代雖唐虞之隆不與易者自生民以來未有如夫子者也天將何以處之天意若曰必曰待之之至則位之于其生□而位之于其生則將有盡于一時也有盡于一時則生與世泯生與世泯則□之素□

□□□□□亡非所謂待之之□也於是乎陰贊孔子使其天下當世莫能容之道載而之後世有以□□厚利洋洋乎□□天下□其功也□□□于天下則天下沒與世存沒與世□則世□□□視夫子之道□巡海也酌焉而不竭猶日月也用之而益著至于子嚴父教婦順夫指君仁臣忠兄友弟□朋友有信疏戚有分□于是□□□□天下人□之□□□□□□□□□從□適中出則□天下万代之人出入飲食動靜之間吾夫子常若參乎其前矣雖日逾遠而可謾乎所謂位之前無者□然□□有嗚呼夫子之生無其位果非福耶吾夫子之栖栖□□削跡代□絕糧愈窮而愈樂者頁知夫天意之必不負聖人而天意必有所□□□所以待我者將非異時而止也夫子旣沒其道□□尊自周涉秦抵兩漢跌三國□超晉宋齊□□數代迄于唐唐遂王夫子仍自京師徧于荒辶僻陋蕞爾之小拜盡爲之廟以□□事歲時享之而到于今□千有餘歲噫吾聞□□□□稱夫子曰夫子賢于唐舜遠矣吾□□□□夫天之所以待吾夫子者亦有以過于唐舜者遠矣夫天意如是矣而天下後世其樂夫子之道生生焉有以□賴而不絕又如是□□□□世其□奉夫子之

皃宜□何□□廟皃□廟之不莊是皃之敢瀆也夫子之皃而可瀆乎而鈞之學舊居城隅之西北夫子廟庭□焉□□□□間色□□□□□□□盡而荆棘□長其後邑□□□□□聖像與顏孟香火有時而已□□中始別立今廟而隘淺禮行無地我　太子大中完顏公早休聖□濯羽天□由戶部員外郎來牧□□□四月□□□日□□爲□□□□廟而官吏□駢肘踵塡溢□□楣下有肄習者集楷竹以居公喟然歎曰國家作新人材化成天下□有□地而廟皃幾毀□者無□國家□□□□□□□□□□□□□□□□□

□□□□相□以逮□□公將擇人共之主簿王徵
事司候孫武略舞□請役其事于是凡厥士庶揭負致
資□□□後至于□□□之□□勞□□之□莫不
車□輿獻□委□赴□與我□者欣然送欵或貿或售
不必相當公亦爲稱聽其所請闢地爲倍□□□礎□
□□櫨欂□面殿却址增□五架□□□基逾□□□
□□□之如拱如翼又西爲偏門□□□□□殿之陰
圖起講堂齋室庖舍間率四十餘以待學者更爲大扉
以通西衢便其出入殆經營旣基
國家薄伐□服公被召以赴將行公以廟事自應門以

降以規摹屬上佐上佐君爲諸其成□行□有□□
□者曰自我公之輯陋邦伍軍□者不以□□□□權
豪□□□□□公吏畏其□而民樂其業政不踰月而
翕用□成至於聲色騁馳未始游意□以□夷澹泊坐
□□俗□□□有□于□不□先聖之神祇有所安
而攀□之徒□勇增□□□□本朝 丕天之構柱
石于其間者實自公出旣而故宋庠之裔踵門以告曰
我前人開府元□君之□有大□龔之巳具□□□以
表焉廢于不暇今□□□□之間□□□□□□日
設以獻請爰□諸廟以昭夫子之德而列我公之功亦

先大夫之榮也公悅曰物固有□作于彼而用于此者
□獲嘉石徵□□□以著其事銘曰
禹都□墟 陽翟惟舊 具茨生輝 鈞臺孕秀
棟宇之壯 鋒爐攸蕩 王宮匪窄 王不顧□
惟公堂堂 敷文擅場 緑髮金章 來爲是邦
篤言于登 □□王所 載顧載贍 歸靡寧處
迺闢□區 迺新斯宮 輪焉不侈 仰之愈崇
築□其陰 育我子衿 堂□□□ 可披可吟
□以□告 王格以樂 □□□觴 載笑載□
昂昂時英 迺勵迺精 民亦似之 □罔不生

公歌□民 洋洋□聞 公錫于神 □□日□
綿綿我圉 明明我主 有臣如公 孰敢予亻
刋之玆石 傳之罔極 詔我後來 俾勿斯壞
大安三年十二月十一日立石 徵事郎陽翟縣
主簿王庸 武略將軍司候孫遇 文林郎鈞州
軍事判官提舉常平倉事賜緋銀魚袋嚴處仁
明威將軍同知鈞州軍州事提舉常平倉事上騎
都尉金□縣開國子食邑五□□完顏德瑜 太
中大夫行鈞州刺史兼知軍事提舉常平倉事輕
車都□金源郡開國伯食邑七百戶賜紫金魚袋

總□軍馬完顏守信　從仕下缺　缺薄予□　儒
林郎司候缺　缺温敦　庭來　缺監此行小字
·汝陽缺

右鈞州重脩至聖廟碑趙鍒撰屈師古書馬瑞篆額在禹州禹州金置潁順州後改鈞州州舊有廟創建之年石泐無攷完顏守信牧鈞州以舊廟狹隘擴地而重葺之乃立碑以紀其事守信諸人史皆無傳文有云國家薄伐□服公被召以赴蓋指元人搆兵而言

韓王請琮公疏

高一尺五寸五分廣二尺一寸疏十二行行十七字字徑五分前後六行不一行書在魯山荷福寺

皇弟韓王府
今請
淨因堂頭禪師琮公爲
國拈香開堂演法上祝
聖歷無疆者
伏以古線含春不犯機梭之事瑯壼空外寧遮造化之功欲明此段因緣須假英特之士琮公　長老操志孤標已具淩雲之氣遊方叅扣蓋存立雪之心既然得處分明行履不妨穩密烏鷄半夜啼開月窟之門白馬奔嘶相暎蘆花之色閑弄金針玉線綴成無縫之衣更看木女石人唱起朝□之曲好箇天然格調堪酬
佛祖之恩宜招一辦之香仰祝
聖人之壽請示現前三昧正當演法開堂無煩再四遲疑願作
神通游戲　謹疏
大安三年　月　日
皇弟開府儀同三司　太子太師韓王

石刻前題皇弟韓王府後題皇弟開府儀同三司太子太師韓王案金史世宗諸子傳元妃李氏生鄭王允蹈衛紹王允濟潞王允德允德傳云大定二十五年與章宗及諸兄俱加開府儀同三司衛紹王時累遷太子太師此疏結銜皇弟開府儀同三司太子太師正値大安三年與傳稱衛紹王時累遷官合是所題卽允德也傳稱允德封薛王進封瀋王豳王潞王不言進封韓王案衛紹王紀大安元年既進封兄永功爲譙王則允德以懿親之重亦當並封是韓爲所進府號當時缺錄也史贊云衛紹王身弑國蹙記注亡失南遷後不復紀載故宜有此宜取以補史遺衛紹王明昌二年進封韓王今允德亦得此號紹王與

之同母遂以自所封號示寵異與（損堂續跋）

書遊游作遊斿謬之甚者

雞澤縣文宣王廟碑陰

高八尺四寸廣三尺五分廿二行列次不齊字徑五分餘行書在雞澤

剏建　廟學維那頭姓名如後

郭慶　焦祺　王眞　王瑋（兼掌收支）

進士魏大鈞　進士張瓌　進士姚德璋

興建　廟學舍宇人姓名如後

衆維那頭（同建正殿）　（在坊）魏大成　（武義將軍）魏大亨

（同建前三門）張璧　（長路西）焦禮　（西文寺）鄭玘（同建東賢堂）

（焦佺）進義校尉焦瑀　焦珂（同建西賢堂五間）　進

士張瓌（獨底正殿獨建後三門）

（西馮）劉洧（獨建講堂）　劉資瀚（獨建東齋房）　劉浩（獨建義橋）

焦榮（同建西齋房）　（西文寺）鄭亨（建東挾房）　（口下）柴忠（建西挾房）

施財助緣人姓名如後

（在坊）宋林　王璧　霍信　甄宥　甄銳　王

瑀　李植　張椿　高俊　張遇　焦銓

王均　苗榮　李植（施槐檜樹）　李桐　張儀

劉春　焦鐸　（長路西）焦政　（三陵店）郝成　（黃溝）李贇

（南馮）馮平　（西馮）耿明　（秦家寨）軍撥端　（万家口）田近

（坊外）王玫　（西臨泉）郭齊　（西馮）劉瑰　（南郭店）司會

（賈家庄）王炫　（退吏）陳忠　（坊外）宋顯　（段村）張顯　（在坊）

楊停　（在坊）柏辛　（孫家堡）孫繼昌　（在坊）姜均

（在坊西瓦匠）岳進　王才　牛典　王順

武福　孫泉　林馮春

粧鑾塑像人姓名如後

（粧鑾匠）李源　（交川）曹謙

（南臺頭）張信　秦興　焦祐　趙平古　（北長路西）焦

仲　田植　（坊外堡）霍友　（在家庄）尚達　（東關）李祥

（坊外）李德安　（酒匠）鄭榮　（坊外）姚遇　趙仔　許

文用　要溫　薛仔

（大口店）潘佺　焦祐　（西關）趙斌

進義校尉西馮務商酒同監大景才　進義校尉

在城前界商酒同監趙惠迪　承奉班祗候在城

務商酒同監兀林荅蒲轄奴

忠翊校尉西馮務商酒都監大澤　修武校尉在

城前界商酒都監劉伯源　修武校尉在城務商

酒都監耿侁

縣令高公與學之後弟男相繼登進士第今附於

此

弟冲（承安五年登詞賦進士第）　男可久（大安元年登詞賦進士第）

濶池保 焦坦承安五年登詞賦進士第 此附在前行下方
御下營 宣武將軍紇石烈黑狗
鄉貢進士程鵬飛　李彪　李安上　張居簡
趙雄飛　焦世傑　陳復用　□處謙　劉玘
倪□　□時亨　宋天□　程愁　孔安仁　張
去華　劉璉　王晞顏　郭天麟　宋謙　郭邦
傑
里人文林郎新　擬充□州軍事判官兼
提舉常平倉事武騎尉賜緋魚袋焦復亨
同建立石

載碑人沙陽保郭□□　□和
監造碑□□以上二行在碑右首行下方
修廟勾當人張宝　班俊
雞澤縣文宣王廟碑立於崇慶二年五月初十日
董師中撰書党懷英篆額此其碑陰也碑陽未得
拓本先錄之以竢補輯

玉虛觀記

高一丈七尺廣三尺九寸廿五行行七十四字字徑一寸三四分正書在甯海州

聖水巖玉虛觀記
特進山東淮南行省李忠道助緣此在標題下方

東牟之崑嵛昔麻姑洞天也諸山綿亘相屬秀異峭拔
爲東方冠山之足蹈於海者三相距皆不滿百里蓬萊
瀛洲□□朝夕相望於晻靄間蓋天地英靈自然之氣
獨鍾於此故世多神仙異人焉東南秀色可滄林壑尤
美者聖水巖也水不見發源但嵌嶔之下裂石而出激
激如綫味甘冷且清春秋不變水旱不知黿鼉之屬未
嘗產焉此亦異也初
神師玉陽公大定丁未
世宗遣使乘傳迎致輦下召於內殿延問修眞之道就
御果園建道院給三品俸勑充生辰醮高功主賜冠簡

紫衣悉表而辭之未幾懇求還山詔不違其志仍賜錢
二十萬爲道路費師之鄉里道俗聞其來也千百相率
前十餘舍遮道權迎不令他適遂結茅於玆巖巳酉冬
世宗不豫復遣使迎師師曰來之晚矣顧不及得見
聖顏使者愕然至涿郡哀詔果下自爾東歸更不復出
追承安丁巳
章宗遣近侍徵以安車宣見於內閣賜坐問養身之道
師以無爲清淨少私寡欲爲對復問教法規儀治國之
道師以雅對妙沃　帝心嘉嘆誠實者久之曰眞修行
人也留連抵暮方出翌日特旨賜紫衣號體玄大師蓋

不問師承非常之渥也道俗榮之拜命間俄一內侍傳
旨謂使者曰先生處山林無積貯從來禮儀物我爲代
出攺城東崇福院爲永壽觀令師處之閱月特旨住持
修眞觀仍賜綾羅絹各二十疋緡千兩月給齋廚錢二
百鏹戊午秋辭以親老之歸山
帝許之仍給裝錢不貲比師之東還門人于道淵相與
謀於衆曰師今雖處京師固非本心恐不肯留復欲追
寂於空山我輩居此莫若以菴易觀庸遲其來遂入貲
於　朝□賜玉虛觀焉及是師到薄讓之曰至道之
人旁日月而挾宇宙官天地而府萬物尙何以居處累
耶況乎易菴爲觀不幾於昔以我爲牛而今以我爲馬
也且我之素風乞予耳　兩朝恩賜名觀退託尙不欲
受直以山林雲霞而爲樂地若之何爲其無謂也衆以
邦有常禁不可聚衆爲辭而退其業已然固無可奈繼
而善衆門人遠近坌集有山者獻木有田者獻穀富者
施財巧者出技人皆自勸又非智辯牢籠曲誘之也巖
之下盤折隈隩舊無隙地剪荆芟草夷峻堙谷僅得數
畝其運石甓輦木之工十倍其他閱數載屋崇成焉凡
所以尊奉經像頤養高眞安方來館賓客無不審處其
當或架木度飛泉以充日用或闢地蓺嘉蔬以修淨供

前導之以青龍之門旁瀉之以白虎之澗按雲之臺招
福之嶺列諸東南金鳳之山正陽之峯峙於西北回繚
者天元之崗開闔者東陽之洞松檜竹柏雨露一新山
川巖壑晦明愈麗然耳風爲聲而聲之無聲目空成色
而色之無色使遊禮之人瞻像以生敬學道之士因寂
以悟玄巖側舊有大石飛出數丈俯瞰其下登覽者頗
以跪虒爲懼一日師謂衆曰盍爲去之鎚鑿競舉數日
才及毫末師笑曰若等何能辦此遂登其巔運鎚三擊
轟然有聲如雷霆響震巖谷其石已墮紫氣盤鬱移晷
方散搆殿之日執役者毋慮數百人食畢坐廡下師以
巨瓢酌酒徧觴其衆四周衆皆醉而酒仍半師慮惑衆
遽覆於地師之神異如此其逆知未來召致風雨愈疾
起死皆精誠自然而致不能殫悉自別有傳按仙經云
玉虛者乃三氣中一氣也玉者不染不雜璞散自然虛
者精光明明而無形質譬若日月及大精明然而無有
形質故爲虛今師之處道也惟寂惟默無形無象契自
然之妙歛之於已則虛室生白施之於人則虛舟不怒
浩浩蕩蕩不可得而擬議直與此名相並雖變化無常
固不能終始也適因師之門人解道樞朱景逸相拉來
此得覽勝槪望履舄於幕下因請記之辭以不敏而莫

能姑摭其實紀以蕪言如有作者請礱此石以待　師
姓王諱處一道號玉陽子少遇
東華帝君授以道要
重陽眞人卽其師也　丹陽長眞長生長春太古皆同
業伯仲也門人居天下者三之二且山谷跋歐陽文忠
公廬山高詩暨廬山之美畫備于中當時士大夫讀之
慨然欲脫塵駕少揖淸曠而無由今而來此豈非有□
□□者也貞祐二年五月望日朝散大夫前中都左警
巡使賜紫金魚袋國偁記
文山進士王㫒臣書丹　州學進士范景純

篆額
淸虛大師副知觀門事賜紫韓道温　冲和大
師知觀門事賜紫劉道淵　葆眞大師寧海州
管內威儀賜紫門弟子王道元　立石　萊州□□□□
□□□□刊

右玉虛觀記在甯海州攷東牟漢東萊郡地高后
封齊悼惠王子興居爲東牟侯東牟之稱始此崑
嵛山卽姑餘山相傳有麻姑仙蹟唐太宗征高麗
嘗顯靈異運餽助軍山在甯海州東南四十里齊
乘云嵎夷海岸名山秀拔爲羣山之冠仙經云麻
姑於此修道餘址猶存因名姑餘後乃訛爲崑嵛
也王重陽修眞亦卽在其地聖水巖在州東南一
百廿里王玉陽修眞於崑嵛山之煙霞洞嘗臨危
崖翹足駐立人目爲跌脚仙姑餘山有唐仙姑者
修鍊道成玉陽師事之姑曰我非汝師也已而重
陽子至姑卽羽化承安中召對問何以能前知對
曰鏡明自能鑑物在已之靈明耳此碑所未及載
者也重陽盩厔人天眷中東游海上往來東牟嘗
棲息於修眞觀王玉陽等七眞皆師之是爲道家
北宗之祖丹陽者馬鈺也初名從義弱冠能師舉

進士大定間重陽授以仙術修鍊於芝陽山後蛻
化於萊陽游仙宮長眞者譚處端也初名玉少感
風痺疾往師王重陽以盥手水沃之宿疾頓瘳嘗
書龜蛇二字於酒肆是夕四鄰火燼無孑遺而酒
肆獨完人咸神之長生者劉處元也字通妙嘗註
黃庭道德清淨諸經玄旨祕奧人莫能喻長春者
邱處機也兒時有相者謂當神仙宗伯年十九師
事重陽得其道要爲七眞之冢太古者郝廣寧也
初名大通隱於卜筮後從重陽子學道著有太古
集太易圖示教眞言此五人並與王玉陽爲北宗

七眞其一人則馬丹陽之婦孫不二也坐化於洛陽風仙姑洞玉陽卒於興定末年貞祐二年爲宋嘉定七年

洪法寺額牒

高一尺五寸廣二尺一寸十二行行字多寡大小不一牒行書餘正書在魯山三鵶街

尚書禮部

汝州魯山縣琴臺鄉三鵶店應惠院受業僧崇光納鈔買院作寺額　依奉

恩例選作興國洪法寺

牒奉

勑可賜興國洪法寺牒至准

勑故牒

貞□□年九月　日令史衛□□主□□□□□字

員外郎

郎中

嘉議大夫翰林院學士知制誥兼提點國□□□侍

郎趙　押

鈌兼翰林學士承旨知制誥修國史張

紀元殘泐据訪碑錄云貞祐二年

重刻付惠深劄

方一尺六寸六分共十一行行字多寡大小均不一正書在鞏縣

劄子付僧寶月大師惠深封

西京十方淨土寺山主僧寶月大師惠深爲年高今後每遇赴京師　同天節齋會特許乘座兜轎往來付惠深準此

元豐七年二月　日

寺主僧海量準奏奉

聖旨差官刻石四月八日張衍刻

大金興定辛巳七月初八日持□遇出斯石劄子二本令執事僧明宥照勘□□□此行在前

石刻相同世給執照重立施行付本寺收執照使長老祖昭此行在後

惠深碑銘云神宗皇帝遣二中使與內典賓樊夫人齎御前劄子許乘兜轎卽此劄也同天節神宗生辰

淨土寺方丈遺軌

高一尺二寸二分廣一尺七寸八分十二行行字多寡大小不一正書在鞏縣

十方淨土禪寺　方丈遺軌

永福子院　量材立職　表敬上刹　鍾皷玉帛　秋粟雙斛　夏麥弍碩　安僧請寺　三旬題歷　應辦

之外　相時與葺　尒言道斷　了無順逆　囑累當
人　願遵其式　餘者下院□□
興定五年七月□□日
住持傳法長老嗣祖沙門祖昭□
奉國上將軍鞏縣□導權縣事紇歹烈古失押
庫司祖林德裕立石　方丈侍者至玧刊

訪碑錄載淨土寺長老偈興定五年立疑即此刻

祖昭釋迦牙像四字

高一尺廣三尺二寸橫列四字字徑六寸餘篆書前後三行行字不一正書在鞏縣

釋迦牙像

長老太原祖昭奉爲　万歲刱塔并篆額　二行在後
辛巳張天祐刻刘謹施石

紀年但題辛巳蓋興定五年也訪碑錄有刱建釋迦牙像塔記興定五年郭仁撰文未得拓本

重修面壁庵記

高一尺四寸五分廣三尺二寸四十五行行廿二字字徑五分餘又施銀姓氏三行字較小均正書在登封

重修面壁庵記
屏山居士李純甫撰
洒掃寶應禪寺性英書
屏山居士儒家子也始知讀書學賦以嗣家門學大義以業科舉又學詩以道意學議論以見志學古文以得虛名頗喜史學求經濟之術深愛經學窮理性之說偶於玄學似有所得遂於佛學亦有所入學至於佛則無可學者乃知佛即聖人聖人非佛西方有中國之書中國無西方之書也吾佛大慈皆如實語發精微之義於明白處索玄妙之理於委曲中學士大夫猶畏其高而疑其深誣爲怪誕訶爲邪淫惜哉龍宮海藏琅函貝葉無慮數千万言頂之而不觀目之而不解且數百年老師宿德又各執其所見裂於宗乘汨於義疏吾佛之意

掃地矣悲夫梁普通中有菩提達摩大士自西方來孤唱教外別傳之旨豈吾佛教外復有所傳乎特不泥於名相耳眞傳教者非別傳也如有雅樂非本色則不成宮商如有甲第非主人則不知庭戶自師之至其子孫遍天下多魁閎磊落之士碩大光明表表可紀劇談高論徑造佛心漸於義學沙門波及學士大夫潛符密契不可勝數其著而成書者清涼得之以疏華嚴圭峯得之以鈔圓覺無盡得之以解法華潁濱得之以釋老子吉甫得之以注莊子李翺得之以遡中庸荆公父子得之以論周易伊川兄弟得之以訓詩書東萊得之以議

左氏無垢得之以說語孟使聖人之道不墮於寂滅不死於虛无不縛於形器相爲表裏如符劵然雖狂夫愚婦可以立悟於便旋顧盼之頃如分餘燈以燭冥室顧不快哉道冠儒履皆有大解脫門翰墨文章亦爲遊戲三昧此師之力也新學晚生愧無以報今因少林主人隆公命其侍者海淨問訊屏山曰照了居士王知非暨劉菩薩并其徒儲道人重修面壁庵既已落成請記其歲月時

大金興定四年中元之前一日也隨喜之餘又洗手焚香而爲之贊曰

玄關未啓　玉鎖生苔　靈臺未洗　金鏡塵埋
鐵牛穿鼻　石女懷胎　孰爲具眼　鼻祖西來
舟行万里　禪心如灰　壁觀九年　梵音如雷
不惑而惑　不齋而齋　一衣一鉢　五葉花開
或杖或拜　或嗔或舞　謦欬揚眉　羣呻舉□
或咄或咦　或吽或普　柏樹藥欄　燈籠露柱
彈指張弓　吹毛擊皷　跌宕形容　逕庭言□
太漫汗中　剔渾侖處　有者箇在　又恁麼去
津然可口　如甘露漿　薰然入骨　如薝蔔香
如發管鑰　類施印章　金僊海藏　同時放光
竊吾糟粕　貸吾粃糠　粉澤□□　刻畫老莊
八萬四千　清涼道場　屏山說破　誰敢承當

興定六年二月　日監寺僧清□立

都勸緣少林禪寺住持傳法嗣祖沙門志隆□□□

石

住持少林志隆施銀五十兩　住持法王智顯施銀廿五兩　前□持寶應定遷施銀一十兩　伊闕信士王彥康施銀廿五兩　前鄜州同知焦日隆施銀五兩　曲陽居士安從道施銀一兩

碑文謬誕猶以儒家子自稱亦有靦面目矣

雪庭西舍記

高一尺三寸廣二尺二寸四分卅二行行十九字字徑六分正書在登封

新修雪庭西舍記

屏山居士李純甫撰

盤山僧德月書

昔達摩大士面壁九年神光宿業儒術且尚玄學遂見祖師於此地立雪斷臂方得西來意盡發孔老言外不傳之妙大顯於世士大夫有疑之者僕作面壁庵記已辨之矣此記既出諸儒有譁而攻僕者曰觀吾二師固學佛者李翶王介甫呂惠卿蘇子由張天覺亦佞佛之

徒耳如伊川東萊無垢諸先生其視佛老如仇讎然子以爲得佛之道不亦誕乎僕笑應之曰諸先生之書尚在所謂陽擠而陰助者多矣眞得祖師掃蕩之意學者疑其云云是對癡兒不得說夢也如致堂先生胡寅在伊川門下排佛之尤者著崇正辨七十餘篇訴罵斬笑無所不至雖然止爲像季以來破戒僧耳近得其所著讀史管見其言歷詆諸儒謂荀況正而失之駁董仲舒粹而失之泥楊雄潛而失之懊王通懿而失之陋韓愈達而失之淺由秦漢至五代千三百年無知道者至於斲輪操舟之工雕刻刺繡之功累丸弄竿之習及其精

也疑於不可思度況人之所以爲有大於此者乎老氏知之故有眞以治身土苴爲人之說佛氏知之故有不立文字指心見性之傳又曰老莊之言奧窈宏達非荀楊諸子所能及又曰深讀佛書其庭戶未易知其奧窔未易窮其辨未易折其精極之地未易到豈老莊所得擬哉其說如此學者當熟思而詳考之吁陳無已謂儒者不得其傳固得罪於儒者僕謂儒者亦得其傳又得罪於儒者然則儒者果得其傳乎果不得其傳乎得與不得相去幾何嗚呼噫嘻孔老復生不廢吾言矣遂書此言以爲雪庭西舍記

興定六年二月　日化緣居士王知非

勸緣住持傳法嗣祖沙門　志隆　立石

達磨西歸相贊

高二尺一寸廣一尺一寸上方題字十五行象左刊石一行行字大小字體均不一在登封

太白山普明頌

達磨入滅太和年熊耳山中塔廟全不是宋雲葱嶺見

誰知隻履去西天

太原比邱祖昭繼明謹書

大安巳已嵩高少林重刊

達磨當年住少林武牢人去覓安心安心不見安心法

正脉通流直至今

慶壽教亨稽首贊法王祖昭頓首謹書

興定壬午端月二十一日

達磨祖師隻履西歸相

西洛永安軍牛兒鎭劉漸等施□□張道筆□古

刊　住少下失拓

興定壬午値宋嘉定十五年是年金改元光此刻尙稱興定知改元在端月後矣

重刻吳道子畫先聖小影

高二尺二寸五分廣一尺五寸上方題記十六行行八字字徑五分下方象左右款各一行正書在魯山

學

唐吳道子畫

先聖爲魯司寇時像二本其乘車而羣弟子從者號曰
圖立而先師侍者號曰小影世人求合孫卿所謂如蒙
倛轉失其眞乃摹小影于石而鑱之壁夫聖人蓋有不
可以見見而聞聞又況以像求耶然學者緣貌觀其道
緣形觀其人亦或有所得云大觀元年閏十月二十五
日宣德郎充耀州州學教授尙佐均記
箕山野叟汝陽皇甫頎模刊
興定壬午孟秋望日魯山縣學進士山陽朱芾立石

荀子非相篇仲尼之狀面如蒙倛楊倞注曰方相
也其首蒙茸故曰蒙倛案倛說文作䫏列子作欺
集韻或作魌

達摩象贊殘石

高存一尺三寸廣一尺上方題字九行行字不
十字徑六分許行書又小字二行正書在登封

佛曰西沈大地如漆達摩西來夜半出日少室峰前九
年面壁不說一字是默非默神光三拜依位而立汝得
吾髓是得非得得不得却返西乾無處覓而今寫出掛
虛堂拋向面前人不識識不識一二三四五六七咄
元光二年二月八日閑閑居士趙秉文題

嵩山大法王寺長老祖昭年將耳順奉溫敦相公命
繪
皇太后衛尉兼提點尙藥局懷遠大將軍溫敦祐勸
緣

布袋羅漢象贊

高一尺九寸廣一尺一寸上方題字十一行行字不
一字徑八分許象左右題字各一行較小均草書在
登封

皮袋皮袋包含法界優游地獄天堂任運屠沽媚膊杖
挑普請承當可惜時人自昧兜率陁天未肯歸且向鄽
中混闤闠唊

元光癸未法王寺長老昭公繪賛
衆童行助緣　監寺文琢僧德琇刊

老子象贊殘刻

高存一尺四寸廣一尺二分上方題字
七行行八字字徑六分分書在登封

大唐明皇御製
大哉至道無爲自然不終不始先地先天含光默默永
劫綿綿東訓尼父西化金僊百王取則累聖流傳萬教
之祖玄之又玄
武洞清畫

以隸法審之似是宋刻訪碑錄列金從之武洞淸

孫氏誤作刎濤并以爲書人亦非

蒲察大使詩刻

高三尺五寸廣二尺二寸三截截九行行五六七字不等字徑一寸五分許草書

蒲察大使索海市詩

應天以實不以文人間世事徒紛紛一自元豐感靈應
百年異代殊無間山東安撫心好道一過蓬萊□□□
深期恍惚通仙靈不見嘉祥□懷抱是時巨海風濤息
萬里涵空襯天碧天邊□氣生紫煙海上羣山削□壁
層層異木當頭現甲馬神兵隨後變雲幢煙蓋出山□
寶閣瓊樓浮水面參差有若蓬萊宮乍移三山出海東
鶴駕飄飄近西岸來向濤時振道風　邱立

蒲察金部落名詩爲邱立所書立上鐫一印繆篆二字特大

有宗師字

僞齊

知河南軍府事孟邦雄墓誌阜昌四年七月二十日萃編載卷一百五十九

母賈氏缺字賈兒時時誤詩遞相遞作遜于紀于誤干使安窀穸缺使字

孟邦雄誌石前已跋尾在偃師金石遺文記內後覽熊克中興小紀云紹興二年夏四月時劉豫欲遷居東京而忠護軍翟興屯伊陽山以阻其路豫每遣人往陝西則假道于金由懷衛太行取蒲津濟河以達誌所指西京北路安撫總管翟興阻兵負險隔絶道路卽其事也誌又載正月西賊叛逆順商虢三州相繼變亂虜掠百姓攻圍城邑大兵未集遽入西洛按中興小紀知虢州董震初嘗從僞至是復歸正乃將所部與琮并力襲取西京大金國志天會十一年春西京留守孟邦雄爲宋翟琮所敗琮卽翟興子時爲河南鎮撫憤大金發掘陵寢琮及董震以小寨餘衆入潼關邦雄醉方卧俘其族以去潼關字疑誤然則西賊謂董震也震知虢州在洛陽之西故也又翟琮引衆擒孟邦雄營邦雄方醉卧遂將其族以歸與誌載被執相符而誌既云邦雄被害又父恩被傷致殞男安世同日被禍則俱戮死于西京故邦雄得葬永安軍蘇村之原也而熊氏謂詔琮押邦雄赴行在當日蓋未成行矣陳振孫書錄解題以熊克爲是書往往疏略多抵牾其有指于此也與授堂續跋

阜昌四年在宋爲紹興三年

八瓊室金石補正卷一百二十八終

八瓊室金石補正卷一百二十九

太倉陸增祥撰
男　繼輝校錄
吳興劉承幹覆校

南詔

南詔德化碑并陰贊普鍾十四年春萃編載卷一百六十

忠續績誤績詭蹤蹤誤縱尋被貶流被誤彼楊子芬脫芬字劫至江口劫誤勁皆被詆呵被誤詆牛韈韈誤韤贊普鍾元年脫年字禮義作義禮繫頸作頸繫兼弱侮亡缺弱字江口口誤作□可長可久缺可長二字

南詔蠻頌德碑由青浦王少司寇官雲南布政使日搨得之攜以贈余余按是碑殘滅過甚其句有可屬者云春命長男鳳伽異舊唐書傳鳳伽異閣羅鳳子也閣羅鳳北臣吐蕃吐蕃令閣羅鳳爲贊普鍾號曰東帝給以金印蠻謂弟爲鍾時天寶十一載今碑稱聖神天帝贊普當以吐蕃所號而更加之徽稱蠻酋誕妄至此傳失載其事案新唐書南詔傳載酋龍死僞謚景莊皇帝子法嗣法死僞謚聖明文武皇帝不知其先已稱聖神天帝矣後銘詞兼瓊秉節云云先王謂皮邏閣也文獻通考南詔居永昌姚州之間鐵橋之南東距爨東卽此東爨也本傳稱劍南節度使

章仇兼瓊遣使至雲南與歸義言語不相得歸義常銜之銘言貪榮構亂盜指其事銘又稱仲通制節云云仲通卽鮮于仲通也舊唐書仲通率兵出戎嶲州閣羅鳳遣使謝罪仲通不許囚其使進軍逼太和城爲南詔所敗是也銘又稱李宓愬戎云云本傳天寶十二年劍南節度使楊國忠執國政仍奏徵天下兵俾留後侍御史李宓將兵十餘萬輦餉者在外涉海癘死者相屬于道天下始騷然苦之宓復敗于太和城北死者十八九會安祿山反閣羅鳳乘釁攻陷嶲州及會同軍西復降尋傳蠻卽銘稱邛盧一掃軍郡雙滅觀兵尋傳舉國來賓者也其事與碑符合足爲徵信不誣碑年月脫損据有閣羅鳳攻陷嶲州在安祿山時是碑之立亦當于天寶十五載後矣碑與摩厓題名皆一人書惜殘缺不得其名氏而書法之秀整唐刻工書者無以過也授堂續跋

萃編据雲南通志補碑之闕偶假得雲南通志取以校之不無譌缺最甚者贊普鍾元年脫一年字目錄內題記年月遂以贊普鍾元爲段氏年號一誤再誤矣其以牂歡爲牂牁蕩穢爲蕩濊則志之誤也撰者鄭回新唐書南蠻傳故西瀘令鄭回者

唐官也往嶲州破爲所虜閤羅鳳重其信儒號蠻
利俾教子弟得籤榜故國中無不憚後以爲清平
官說異牟尋謀內附然未敢發亦會節度使韋皋
撫諸蠻有威惠諸蠻頗得異牟尋語白于皐時貞
元四年也是鄭回本唐人天寶年陷于南詔後爲
清平官與碑稱清平官鄭回者相符異牟尋嗣位
在大歷十四年此碑在大歷元年卽稱清平官鄭
回亦甚久而得君矣阮太傅南詔殘碑詩注云碑
多剝落仆地已久土人呼爲磨刀石乾隆五十三
年王蘭泉先生宦滇時訪得于太和縣南二十里

大道之側碑字猶是北周北齊遺法王圭二字三
晝皆齊日月二字寬而不窄以較北朝碑眞相合
矣

碑陰

袍金帶段忠國缺袍金二字兼缺官缺清平官缺亟皮衣楊
傍佺缺兼官清平官五字金帶王□□缺王字清平官大軍缺段昌
□脫軍段昌三字下有金告二字未見金帶缺帶字皮衣缺皮字大軍將缺頗
彌告身賞缺袍缺將頗彌告身賞六字大大亟皮衣大大誤大夫大軍
將缺告身賞二色綾袍缺大軍將告身袍六字楊缺賞二色綾□
缺賞二色綾四字大軍將缺大字楊尨棟缺二色缺棟附缺二色棟附四
字告身缺告字趙瑳羅望缺瑳羅望三字兵曹缺金帶缺金帶二字賞
紫袍缺賞字二色缺二字二色綾袍缺楊利盛缺二色楊利盛五字賞
缺金帶缺金帶二字小銅告身缺綾袍缺告身二字唐酋統缺統字
喻酋苴缺苴字大軍將賞二色綾袍缺二色綾袍四字張盛顛缺張
字金帶楊□□缺楊字前法曹缺前字小錫告身缺楊缺銅
缺和缺楊銅二字阿忍大軍將賞紫袍金帶□□本缺大軍將賞紫
袍金帶本八字黑犛羅□缺羅字大司編缺司字孫白伽缺孫子鍮石
告身賞紫袍鍮誤瑜缺袍字劉望喻□缺喻字金帶缺衣缺衣字判
官缺字判杦顛伽缺袍金帶兼缺大軍將賞缺袍金帶兼大軍將賞八
字金帶缺軍將缺賞缺軍將賞三字金帶缺瑳龍缺瑳龍二字袍金

帶缺金帶張羅缺軍將缺伽瑳缺袍金帶金帶張羅軍將九字楊潯波
羅缺身賞缺波羅身賞四字軍將賞紫袍缺賞袍二字□金缺楊缺
賞紫缺將賞缺金楊賞紫四字金帶缺小銅告身缺皴缺小銅告身四
字小金告身缺小字

南詔摩厓題名殘剝不完其文字可見者云云按南
詔諸官結銜多與唐制符攷舊唐書南詔蠻傳載其
官制甚略惟云蠻謂相爲清平官凡六人新唐書官
曰坦綽曰布燮曰久贊謂之淸平官所以決國事輕
重猶唐宰相也此記題淸平官凡四見最列在前蓋
卽舊史所云置六人也又稱大軍將者至二十餘人

本傳所載有此官其餘以大軍將兼開南城大軍將拓東大軍將白厓城大軍將者凡三人又單稱軍將及忙湊軍將大總管羣牧大使兼知表詔兼押衙大司編傔人佐新舊史文獻通攷四裔攷皆未之及傳言有六曹長此題稱士曹長戶曹長法曹長兵曹長客曹長倉曹長與數相符而每曹之屬有副有判官見于此題者尚有兵曹判官一人兵曹副士曹副各一人則亦不能具錄矣傳載自曹長以降繫金佉苴尚絳紫有功加錦文獻通攷載含龍生細奴邏唐高宗遣使者入朝賜錦袍開元末皮邏閣亦賜錦袍金

細帶七事正與此同又有功加金波羅金波羅虎皮也此題稱賞錦袍金帶賞二色綾袍金帶賞二色綾袍金帶玉琮賞大大虫皮衣賞紫袍金帶兼大大虫皮衣與史符合史稱邏盛至京師賜錦袍金帶歸國亦因其俗所尚而寵之惟虎皮稱大虫與史言金波羅者微異題名以告身入銜亦南詔舊制其告身等差有大金告身小金告身大須弥告身小須弥告身小銀告身小銅告身小鍮石告身大鍮石告身亦宜取以資異聞也題刻稱地名柘東傳載六節度曰弄棟永昌銀生劍川柘東麗水此其一也廣德初鳳迦

異築柘東城此時猶未有城故開南白厓皆名城而此唯名柘東蓋書其實如此又白厓城傳稱白厓瞼夷語瞼若州又載異牟尋破施蠻順蠻并虜其王置白厓城即是地也此題名有尹附酋傳載德宗遣袁滋冊封異牟尋及滋還復遣淸平官尹輔酋等七人謝天子即其人而石刻以輔作附尹求寬傳云遣尹仇寬廿七人入獻地圖請復號南詔帝賜賚有加拜仇寬左散騎常侍封高溪郡王者是也而以求作仇譯音無定字題名時二人官位未顯至此遂用爲淸平官矣碑載洪羅棟傳以洪作奏或別爲一人忙湊

傳作蒙湊史記秦本紀擊芒卯華陽索隱引譙周云孟卯也芒與孟通亦與蒙通音近則相轉也文獻通攷或謂夢湊自稱驃信夷語君也最後題詔親者二人蠻謂王爲詔當是王之親屬因以結銜別于疏遠若此授堂續跋

巳酉夏聞張某自滇來攜有石刻一冊莫知爲何碑因介友人展轉假得此裝本讀之知爲南詔德化碑陰也較萃編多識一百十二字惜闕泐處大都割棄不能按格以計以武授堂所載校之頗有參差想翦裱時前後錯亂仍依武氏爲是武氏以

爲磨崖題名未知其爲碑陰也南詔大理金石爲
司寇所獨得宅家獲一二爲幸世間絕少拓本今
則擾攘十餘年更無從問訊矣告身以鍮石爲最
下案玉篇云鍮石似金一統志云苔兒密古之丹
眉流國產鍮石格古要論云鍮石自然銅之精也
生波斯國者如黃金燒之赤色不黑据碑鍮石次
於銅之下則物非寶貴不若格古要論所言也玉
篇但云似金庶幾近之金者五金之總名也　甲
戌九月宋小墅方伯延春過湘索得整本一紙覆
加校勘知張某所藏尚是舊拓精本近拓則曼患

更甚然武氏所錄尚遺二字誤二字猶可据以更
正益歎審核之難也

崇聖寺鐘款　建極十二年三月廿四日　萃編載卷一百六十

慧業缺慧字

右大禮國鐘題字云建極十二年歲次辛卯三月丁
未朔廿四日庚午鑄建攷唐書南詔傳宣宗崩使者
告哀是時豐祐亦死坦綽酋龍立恚朝廷不弔恤遂
僭稱皇帝建元建極自號大禮國唐宣宗以大中十
三年已卯崩明年庚辰懿宗改元咸通而酋龍之僭
號亦在是年其稱建極十二年卽咸通十二年也據
溫公長歷是年三月恰是丁未朔通鑑以酋龍僭號
繫之大中十三年葢失其實矣鐘之四周刻六天王
五波羅蜜像曰天主帝釋曰大梵天王曰增長天王
曰廣目天王曰多聞天王曰持國天王曰大輪波羅
蜜曰勝業波羅蜜曰慧響波羅蜜曰金剛波羅蜜曰
智寶波羅蜜詳案尚有妙法波羅蜜想拓本遺之耳刻畫古朴非後人
所及今在大理府感通寺汾陽曹編修受之視學雲
南拓以寄予潛研堂跋尾

石城碑　明政三年四月九日當宋開寶四年　萃編載卷一百六十

三邑統置缺統字石城省石誤省羽号号作芳斫羅沙斫誤研都統

長缺長字段子珎珎作环駙馬駙作附彥賁賁誤貰此下所缺似是段字理
摸陀道脫理字

碑舊在北城外武侯祠道光末移置奎閣壁間新
唐書地理志石城縣屬莊州隸黔州都督府莊州
本南壽州貞觀三年以南謝蠻首領謝彊地置四
年更名故隋牂柯郡地初爲下州開元中降爲羈
縻

文安鏡款　圓徑四寸二分背鑄龍鳳形有柄長四寸四字在柄字徑三分餘篆書

文安開國

桉大理段氏中絕高昇太自立復求段氏後段正淳奉之國號後大理改元文安此云文安開國其爲段氏所鑄無疑正淳復國在宋元符年間

朝鮮一

高句驪故城題刻兩段

一高六寸寬一尺一寸七行字不等徑八分正書一高七寸四分寬一尺四分六行字不等徑寸一分分書在平壤

已丑年□月廿一日自此下自南□十二里物□小兄
能濟百頭能節矣
已丑年三月廿一日自此下□□下此□□□□□百

頭上□疾能□能節矣

右題字二段高麗副使吳慶錫所貽紙既惡陋椎拓亦㤘悖頗似水搨疑在水島厓石者模餬難辨就可識者錄之補訪碑錄題爲高句驪故城刻字

在朝鮮平壤

新羅眞興王巡境記

高不計廣一尺四寸四分十二行字數不等徑九分許正書在咸興中嶺鎮解

上缺 八月廿六日癸未眞興太王□
上缺 世道乖眞㐭化不敷則耶爲交競□
上缺 紹太祖之基纂承王位兢身自植恕□
上缺 四方託境廣獲民土隣國誓信和使交通□□
上缺 未有於是歲次戊子秋八月巡狩管境訪採民心以
欲□□
上缺 □□盡篤有功之位可加賞爵物以章勳效 迴駕
領行□
上缺 □者矣 于時隨駕沙門道人法藏慧忍 大篤□
□□□夫
上缺 □知迊干喙部服冬知大阿干比知夫知及干未知
□奈末
上缺 □兮大舍沙喙部另知大舍裒內促人喙部□兮次

上缺 □喙部与難大舍藥師沙喙部篤兄小□奈夫
上缺 典喙部分知吉之裒公欣平小舍□末買
上缺 喙部非知沙干男人沙喙部尹知奈末

碑紀眞興王巡境行賞之事眞興戊子爲陳光大二年記後列隨從諸人銜名有迊干大阿干及干大舍吉之沙干等名目其名多取知字□知服冬知比知夫知未知另知兮知非知皆以知爲名蓋其國俗尙然也攷隋書新羅傳云其官有十七等其一曰伊罰干貴如相國次伊尺干次迎干次破彌干次大阿尺干次阿尺干次乙吉干次沙咄干

次及伏干次大奈摩干次奈摩次大舍次小舍次吉土次大烏次小烏次造位碑云迎干大阿干大舍皆與史合沙干當即沙咄干及干當即及伏干吉之疑即吉土或史誤或碑誤均不可定又案新唐書新羅傳云謂城爲侵牟羅邑內在內曰喙評在外曰邑勒是碑所稱喙部沙喙部者皆喙評所部皆內邑也此本亦高麗副使吳慶錫所贈碑已斷右下半左上半又皆闕佚依行錄之并詳其高下於後弟二行乘字弟三行之字弟四行境字弟五行歲字弟六行盡字皆與首行八字齊平弟七

行門字弟八行服冬知之知字弟九行沙喙之喙字弟十行与字十一行喙字十二行上喙字皆與弟六行章字齊平比年海波不靖如高麗者貢獻無闕兼能以金石文字互相投贈文教之邦迥非貿遷者可比彼奇伎淫巧曷垂久遠千金之品不若一紙貴也烏足與抗衡哉

光緒庚寅得是碑搨本校之弟七行末夫字八行末祭末字九行末芇亥字十行末奈夫字十一行末末買字十二行末知祭末字皆　府君所未見蓋斷石復連綴者曩時搨本猶無之也謹補於下惟此本行末截然似限於紙而未竟石趾者恐其下尙有未搨字也別一石刻觀察使尹定鉉跋云此新羅眞興王碑東北定界者也舊在黃艸嶺石上下剝落文殘存一百八十五字按此本存一百九十六字知尹君跋此碑亦未見行末十二字而斷石爲近年搜得合於一也今移置中嶺以庇風雨仍嵌之壁與黃艸不遠無疆界沿訛之慮矣以舊拓考之弟一行王字下有巡狩管境刊石銘記也九字并志闕眞興戊子後一千二百八十五年壬子秋八月觀察使尹定鉉書茲附錄之男繼煇謹識

神行禪師碑

海東故神行禪師之碑并序

高五尺六寸廣二尺五寸二十九行行六十三字字徑八分行書自海東金石錄抄出

皇唐衛尉卿國相兵部令兼修城府令伊干金獻貞撰

東溪沙門靈業書

夫法之體也非名非相則盲聾智者莫能觀其趣心之性也若存若亡則童蒙理者焉可測其源故有學無學纔嘗香鉢之飯二乘三乘寧得藥樹之菓□禪郁者即末還本之妙門因心階道之玄路歸之者銷沙刼之罪念之者攜塵剎之德況乎經年累代積行成功深之又

深其極致歟𦀩若位登五七聲亘三千紹佛種傳法燈郎我神行禪師受其記焉禪師俗姓金氏東京御里人也級干常勤之子先師安宏之兄曾孫積善薰心囊因感性年方壯室趣於非家奉事運精律師五綴一衲苦練二年更聞法朗禪師在踋踞山傳習慧燈則詣其所頓受奧旨未經七日試問之曲直微言冥應以即心無心和上歎曰善哉心燈之法盡在於汝矣勤求三歲禪伯登眞慟哭粉身戀慕郲極遂以知生風燭解滅水泡遠涉大陽專求佛□乘危碧浪不動安心之念對險滄洲逾策護戒之情誓願堅固承佛神威孤帆直指得到

彼岸時屬凶荒盜賊亂邊　勑諸州府切令捉搦吏人遇而詰之禪師怡然而對曰貧道生緣海中因求法而至耳吏不得自放檢繫其身廿有四旬矣於是同侶候其無人時說桎梏而息焉僉語之曰汝盍如此耶答言吁我於往昔造罪業故今見罹苦甘心受之竟不脫休斯則忍辱納汙之迹和光匿曜之事也事解遂就於志空和上和上即大照禪師之入室朝夕鑽仰已過三年始開靈府授以玄珠不壞微塵便撮六千經卷非舒方寸遍遊百億佛刹常游泳於性海之深源□翺翔乎眞空之幽際洎乎和上欲滅度時灌頂授記曰往欽才汝

今歸本曉悟迷津激揚覺海言已歸寂應時豁爾得未曾有挑慧燈於虛室凝定水於禪河故遠近見聞尊重瞻仰不可殫載矣然後還到雞林倡導羣蒙爲道根者誨以看心一言爲熟器者示以方便多門通一代之秘典傳三昧之明燈實可謂佛日再杲自暘谷法雲更起卒扶桑設欲括三達罩十方書其迹寫其功庸詎能記一分之德耳所冀道身地久慧命天長於戲能感已盡所應方移此則道師隱顯理必然故生平七十有六大歷十四年十月廿一日終於南岳斷俗之寺是日也圓穹黯黲三光爲之晦冥方祇振動萬物因茲零落甘泉

忽竭魚龍驚躍其中直木先摧猿鳥悲鳴其下於是素緇飲化遐邇同聲或聞異香飛錫空而電奔或觀瑞雲乘杯流而雨驟泣血焚身蠢心葬骨殆三紀矣其處則懸崖萬丈流水千尋迯名洗耳之隱居拋世遁跡之幽栖定沼泓澄深藏慧日之光空林蕭索長引禪風之響北倚獨立之高崗西鄰三藏之迴谷挂煙月於山頭捐金玉於淵底豈惟地理之崔崒復乃靈神之洞窟也記云雞足石室摩訶伽葉守法衣待慈氏豈非是歟世世稱巖今見在茲成從自爾其狀如門關之期未知幾許如是聖跡其數孔多難可詳悉耳今我三輪禪師者

宿殖衆妙本有三身心無自性悟不由他同修道業互作師資于時安禪餘暇熟慮寰中謂言無形之理不建像而莫覩離言之法非著文以靡傳悲夫慈父懷玉而歸家子得寶幾日是以招名匠畫神影造浮圖存舍利燒茲香酒定水致懇惻於先聖將龜鏡於季葉焉有若大隱明朝之賢栖心道境之士荣念韋提之賢亞迹圓寂之徒相顧誓言我等數人共承□佛齊念□僧由是稟紫氣於桂苑挺玉葉於金枝分鑾鑣驅鳳駕休沐淸河之士泛舟檝於巨川蹈舞黃屋之下作棟梁乎大厦世上可觀於斯爲盛盛必有衰古人所傳哀哉人世生

也獨自以來死亦共誰而去歎爾未知過隙俛仰無有是非若欲出火宅而登露地截三有以歸一如者教網多端不如三覺助道非一隨喜爲最故命忠直之吏勸絜淨之僧將茲有限之財造彼無窮之福於是取石名山伐木幽谷刋琴玫搆紺宇庶幾標萬古之景跡歷千秋而不彫所謂人能弘道豈虛言哉□逝遺法付囑國家良有以也僕以狂簡無材忸怩有愧欲贊玄化輒錄短懷未淨一心之地詎升三學之堂冀將螢火之爝竊助明景之暉前識早計焉可以□指求月剖卵責晨也哉唯欲天池有涸願海無涯水旱燋浸碑銘固存然後泛泛有識蠢蠢含靈灌法水於神器長道牙於心田永出愛欲之泥齊登涅槃之岸云爾其詞曰

深哉覺海量等虛空無名無相寂寂融融就中最勝三學爲宗心心傳祖言語難通初因佛起來詣溟東誰能神解則我禪公辭親捨室超出煩籠入山求道踰海尋蹤韜光被苦荣念成功師資每遇目擊相逢凝神壁觀獨步唐中還歸日域引導羣蒙逗機應物授藥無窮茲緣已畢化彼天宮遺形容谷脫影雲峯同聲輻湊擗踊摧胷茲光已滅追戀何終有一眞僧親承法要神會一如心藏衆妙非言非默卽寂卽照出定暫憶偏哀淺識

彩畫神影容儀不忒更造浮圖再修功德萬古千年傳燈軌則金城鼎族紫府親皇一心若海百谷爲王前修激發結願丕章齊沾法雨同遇佛光淸河舟檝黃屋棟梁寰中所望以此爲昌儻來若夢榮落無常涅槃迢遞何不貯糧勸僧潔行選士忠良刻銘彫石卜地成堂山崩巢竭此願無央日居月諸茲文久彰上從有□下至金剛四生蠢蠢三界泛泛湌禪悅食飲解脫槃咸臻覺道速詣眞場

元和八年歲次癸巳九月庚戌朔九日戊午建

白月栖雲塔銘

高六尺六寸廣三尺三寸三十三行行八十二字字徑八分行書

新羅國故　兩朝國師　教謚朗空大師白月栖雲之塔碑銘并序

門人翰林學士守兵部侍郎知瑞書院事賜紫金魚袋臣崔仁滾奉教撰　金生書　釋端目集

聞夫眞境希夷玄津杳渺澄如滄海邈若太虛智舟何以達其涯慧駕莫能尋其際況復去聖逾遠滯凡既深靡制心猿難調意馬由是徇虛弃實者俱懷逐塊之情執有迷空者盡起趁炎之想若非哲人出世開士乘時高演眞宗廣宣善誘何以爰析重玄之理得歸衆妙之

門潛認髻珠密傳心印達斯道者豈異人乎大師是也

大師法諱行寂俗姓崔氏其先周朝之尙父遐苗齊國之丁公遠裔其後使乎冤郡留寓雞林今爲京萬河南人也祖諱全避世辭榮幽居養志父諱佩常年登九歲學冠三冬長辜投筆之心仍效止戈之藝所以繫名軍旅充職戎行母薛氏夢見僧謂曰宿因所追願爲阿孃之子覺後感其靈瑞備啓所天自屏膻腴勤爲胎教以太和六年十二月三十日誕生大師生標奇骨有異凡流游戲之時須爲佛事每聚沙而造塔常摘葉以爲香爰自靑襟尋師絳帳請業則都忘寢食臨文則總括宗源嘗以淸信金言志遺塵俗謂父曰所願出家修道以報罔極之恩其父知有宿根合符前梦不阻其志愛而許之遂乃削染披緇苦求游學欲尋學海歷選名山至於伽耶海印寺便謁宗師精探經論統襍花之妙義該貝葉之眞文師謂學徒曰釋子多聞顏生好學昔聞其語今見其人豈與靑眼赤髭同年而語哉大中九年於福泉寺官壇受其具戒既而浮囊志切繫草情深像教之宗已勞力學玄機之旨盡以心求所以杖策挈瓶下山尋路徑詣崛山謁通曉大師自投五體虔啓衷懷大師便許昇堂遂令入室從此服膺數載勤苦多方雖

至道原空二字目擊醫成山之志而常齊淡薄神疲增煮海之勞則知歷試諸難多能鄙事每於坐卧只念游方遂於咸通十一年投入備朝使金公緊榮西笑之心備陳所志金公情深傾蓋許以同舟無何利涉大川達於西岸此際不遠千里至於上都尋蒙有司特具事由奏聞

天聽降勅宜令左街寶堂寺孔雀王院安置大師所喜神居駐足勝境栖心未幾降誕之辰　勅徵入內懿宗皇帝遣弘至化虔仰玄風問大師曰遠涉滄溟有何求事大師對勅曰貧道幸獲觀風　上國聞道　中華今日叨沐　鴻恩得窺盛事所求遍游靈跡追尋赤

水之珠還耀吾鄉更作青邱之印天子厚加寵賚甚善
其言猶如法秀之逢晉文曇鸞之對梁武古今雖異名
德尤同以後至五臺山投花巖寺求感於文殊大聖先
上中臺忽遇神人鬚眉皓尒叩頭作禮膜拜祈恩謂大
師曰不易遠來善哉佛子莫淹此地速向南方認其五
色之霜必沐曇摩之雨大師含悲頂別漸次南行乾符
二年至成都府巡謁到靜衆精舍禮無相大師影堂大
師新羅人也因謁寫眞具聞遺美爲唐帝導師　玄宗
之師同鄉唯恨異其時後代所求追其迹企聞石霜慶
諸和尙啓如來之室演迦葉之宗道樹之陰禪流所聚

大師殷勤禮足曲盡虔誠仍栖方便之門果得摩尼之
寶俄而追游衡嶽參知識之禪居遠至漕溪禮祖師之
寶塔傍東山之遐秀採六藥之遺芳迴遠參尋無方不
到雖觀空色豈忘邊陲以中和五年來歸故國時也至
於崛嶺重謁大師大師云且喜早歸豈期相見後學各
得其賜念茲在茲所以再託扉蓮不離左右中間忽攜
瓶鉢重訪水雲或錫飛於五岳之初暫栖天柱或盃渡
於山河之後方住水精至文德二年四月中崛山大師
寢疾便往故山精勤侍疾至於歸化付囑傳心者唯在
大師一人而已初憇息於朔州之建子谷纔修茅舍始

啓山門來者如雲朝三暮四頃歲時當厄運世屬屯蒙
災星長照於三韓毒霧常鋪於四郡況於巖谷無計潛
藏乾寧初至止王城薰薝蔔於梵香之寺光化末旋歸
野郡植旃檀於薙草之墟所恨正値魔軍將宣佛道
孝恭大王驟登寶位欽重禪宗以大師獨步海東孤標
天下特遣僧正法賢等聊飛　鳳筆徵赴皇居大師謂
門人曰自欲安禪終須助化吾道之流於末世外護之
恩也乃以天祐三年秋九月初忽出溟郊方歸京邑至
十六日引登　秘殿孤坐禪床主上預淨宸襟整其冕
服待以國師之禮虔申鑽仰之情大師辭邑從容神儀

自若尊道說義軒之術治邦談堯舜之風□鏡忘疲洪
鐘待扣有親從上　殿者四人曰行謙邃安信宗讓規
讓景行超十哲名蓋三禪探玄鄉之秘宗論絶境之幽
技　聖人見□頻迴麈尾甚悅龍顏忽於明年夏末乍
別京畿略游海嶠至今海府　蘇公忠子知府及第律
淵領軍莫不斂衽欽風開襟慕道請居名寺冥福蒼生
大師可以栖遲暗垂慈化埽妖煙於塞外灑甘露於山
中　神德大王光統丕圖寵徵赴　闕至貞明元年春
大師遽携禪衆來至帝鄉依前命南山實際寺安之此
寺則先是　聖上以黃閣潛龍禪局附鳳尋付大師永

爲禪宇此時奉迎　行所重謁慈顔爰開有待之心再聽無爲之說辭還之際特結良因爰有女弟子瑶明夫人鼇島宗枝鳩林冠族仰止高山尊崇佛理以石南山寺請爲收領永以住持秋七月大師以甚愜雅懷始謀栖止此寺也遶連四岳高壓南溟溪澗爭流酷似金輿之谷巖巒鬬峻疑如紫蓋之峯誠招隱之幽堀亦栖禪之佳境者也大師遍探雲巘未有定居初至此山以爲終焉之所至明年春二月初大師覺其不悆稱染微痾至十二日詰旦告衆曰生也有涯吾將行矣守而勿失汝等勉旃趺坐繩床儼然就滅報齡八十五僧臘六十

一于時雲霧晦冥山巒震動有山下人望山頂者五色光氣衝於空中有一物上天宛然金柱豈止智順則天垂花蓋法成則空歛靈棺而已哉於是門人等傷割五情若亡天屬至十七日敬奉色身假隸于西峯之麓

聖考大王忽聆遷化良惻仙襟特使遣中使監護葬儀仍令吊祭至三年十一月中改葬於東巒之頂去寺三百來步全身不散神色如常門下等重睹慈顔不勝感慕仍施石戶封閉大師資靈河岳禀氣星辰居縷褐之英應黃裳之吉由是早栖禪境久拂客塵裨二主於兩朝濟羣生於三界邦家安泰魔賊歸降則知大覺眞身觀音後體啓玄關而敷揚至理開慈室而汲引玄流生命示亡效鶴樹歸眞之跡化身如在追雞峯住寂之心存歿化人始終弘道可謂定慧無方神通自在者焉弟子信宗禪師周解禪師林偘禪師等五百來人共保一心皆居上足常勤守護永切追攀每念巨海塵飛高風雹絕累趍　魏闕請樹豐碑今上克續洪基恭承寶籙欽宗禪化不異前朝贈謚曰朗空大師塔名白月栖雲之塔爰命微臣宜修壟曰仁渷固辭不獲唯命是從輙課菲詞式揚餘烈譬如提蠡酌海莫知溟渤之深孰管窺天難測穹蒼之濶然而早蒙慈晦眷以宗盟唯以

援筆有情著文無愧强名玄道將報法恩其詞曰

至道無爲　猶如大地　萬法同歸　千門一致　粵惟正覺　誘彼羣類　聖凡有殊　開悟無異　懿歟禪伯　生我海東　明同日月　量等虛空　名由德顯　智與慈融　去傳法要　來化童蒙　水月澄心　煙霞匿曜　忽飛美譽　頻降佳召　扶贊兩朝　闡揚玄教　瓶破燈明　雲開月照　哲人去世　緇素傷心　門徒願切　國主恩深　塔封巒頂　碑倚溪潯　芥城雖盡　永曜禪林

忠湛大師碑銘

石斷爲二上石存高二尺下石二尺八寸廣上石五尺二寸下石五尺六寸三十行行存字不等字徑一寸行書在原州靈鳳山自海東金石錄抄出

高麗國原州泐下

臣崔光胤奉　教集　太宗文泐下

蓋聞微言立教始開泐嗣位至於馬鳴繼美垂妙法於三乘龍樹揚芳見眞泐相離相非身是身降及泐聞圓覺東入梁朝始見大弘北遊魏室於是師資所契泐祖法相承心燈不絕所以泐者焉　大師法諱□湛俗姓金氏其先雞林冠族兎郡宗枝泐茵以分榮託桒律而別派遠祖多泐陶潛而不事王侯希賈誼而寧求祿位

所以考槃樂道早攻泐之書招隱攀吟常避市朝之譽毋泐之子豈無修聖善之心感此靈奇求生法胤以咸通十年泐一日誕生　大師生有殊相弱無戲言泐性靈超衆神悟絕倫槐市橫經杏園命筆二親嘗邀相者相泐云若至甘羅之歲鳳舉難量終臻賈誼泐至失於怙恃唯恨棲遑爰有長純禪師是導師修度世之緣泐亡父結空門之友　大師隨其長老得泐俗塵方登僧位尋令昇堂覩奧入室鈎深迅足騣騣後發先泐覺枝脉脉前開後成所以偃仰禪林優游泐認印度重光終至相傳窺楞伽再闘迺於龍紀元年受具戒泐於武州

靈神寺既而習其相部精究毗尼臻泐尋論道謂學人曰淺溜穿石同心斷金鑽燧之勤烏瓶之易皆由積微不已跬步遐征俄成學海之功永就泐子泰曰禪僧此間覩曝骨之墟見殭屍之處他山靜境豈無避地之方此地危邦終絕居山之計所泐者同載而征達於彼岸此時徑登雲蓋禪師處禮淨圓□師是棲雲整之居佩石霜之泐大師泐離泐圖南迴奮垂雲之翼豫章向上高揮拂日之枝大師謂曰汝還認其到此階梯預呈其遷喬泐所以不離寶所泐河東參禪門於紫嶽故能初窺聖典久棲禹穴之旁始覽靈蹤方到燕臺之畔迺於

天佑十□年六月中得達于泐□俱於問訏慶扑交深數月論禪周年問法惟彌天發口離日揺脣量語路之端酌言泐此日揣於兩地心泐光愁見甲兵之色所以便辭金海遥指玉京行道遲遲泐焉入境不唯摩勒重敷兼亦泐一現奉迎內殿尋以泐遥屢吐象王之說重重避席恭披弟子之儀一一書紳德以王師之禮翌日請移泐於光泐之水淨精廬永玄泐大師遠從丹慊再到京畿所以別飾玉堂令昇繩榻問大師曰寡人少尚泐未精學泐不曉先王之典寧泐存亡之志所喜不勞漢夢仍覩秦皇世宗之遇摩騰梁武之逢寶誌無以加

也生生世世以修香火之泐子子孫孫泐吉祥之地尚論往美更知近福之庭志有終焉心無悔矣然則遂於此地高敞禪扃泐者如雲學人似霧依舊琉璃泐聞輿法之談不受大師之誨者處處精舍其徒擯之終日了無與言一宵堅不留宿豈期大師素無疾疢富有泐五年七月十八日詰旦告門人曰萬濾皆空吾將去矣一心爲本汝等勉旃顏貞如常寂然坐滅俗年七十有二僧泐悲盈四部天人增絕學之哀寡惟慟徹諸方士庶泣亡師之痛寡人忽聆遷化尤慟于懷泐洹不能已已特泐萬壽之遐長乖群情之敬仰今則果雖核矣室可

修焉然則先忻於水積魚歸後恨於林傾鳥散所異卑儀明禮正當泐之塔惟大師雲山成道煙洞證心傳十八代之祖宗統三千年之禪教則知浹洽浮世舉其泐黃輿周泐忘機仍引狎鷗之興幾多肪響無限昭彰可謂闡揚身毒之風敷衍竺乾之法者矣門徒弟子五泐成田陳情而特請龜文瀝懇而頻干鳳德所冀顯無爲之化留在水雲期不朽之緣烈於泐之心歸美柏臺莛國士追攀之志乃爲銘曰　泐認已藏寶知印慈航没浪慧炬沉光銀燈石泐

右高麗國原州忠湛大師碑　余癸酉在都從翁覃谿閣學假得裝本錄之末有歲戊午三韓洪良浩墨蹟題跋稱原州靈鳳山半折碑即高麗太祖製詞崔光胤集唐文皇書者也萬歷壬辰之亂倭奴車載以東到竹嶺碑斷爲二乃挈其半而去亂定關東守臣曳還于原州遂稱半折碑今碑前尚有高麗國原州及臣崔光胤奉教集太宗文皇字可辨鄭麟趾高麗史太祖世家二十三年秋七月王師忠湛死建塔于原州靈鳳山興法寺親製碑文所言與良浩跋合碑稱大師法諱忠湛俗姓金氏以咸通十年正月廿一日誕生又云五年七月十八日詰旦顏皃如常寂然離

俗年七十有二以長歷攷之是晉天福五年當高麗太祖之二十三年高麗史崔彥撝傳子光胤嘗以賓貢進士游學入晉爲契丹所虜以才見用新舊五代史皆無傳　平津讀碑續記

奉先弘慶寺碣記

海豐吳氏拓本連額高七尺八寸廣四尺二十五行行四十六字正書篆額題奉先弘慶寺碣記七字横列在稷山縣素沙

奉先弘慶寺碣記

翰林學士宣議郎內史舍人知

制誥兼史館修撰官賜紫金魚袋臣崔沖奉□

□□
奉議郎國子丞 日玄禮奉　□□□
臣謹按內典云招提者謂招引提攜十方英俊弘闡
佛法居止之所焉又莊子說蘧廬而視仁義晉書論逆
旅以濟公私今之於稷山縣成欽驛北路一牛鳴地新
置寺舍者卽其類也初是地無長短之亭人煙隔絕有
萑蒲之澤刼賊頗多雖歧路之要衝實往來之艱梗不
可終否屬於　盛時惟　我聖上守位以仁
秉文之德干戈戢揚皆偃之矣禮樂刑政畢修之矣若
乃喜捨之緣邇追之業求諸往代無得而踰嘗

詔左右兩街都僧統通眞光教圓濟弘道大師臣迴兢
而曰昔者　皇考安宗屬景孝懿英文大王初九
潛身大千　歸命海覽法華之妙說深嘉中道之
化城方欲　功行未能　勳集朕卽善繼其
志永覩厥成一則救濟征人莫憂於險地一則招攜
緇侶栽豁於法輪師宜力視贊襄躬親胥宇副我書貞
之命主其慮事之權兢繩受　綸言便圖經始
縱九迴而無倦須百足以不偃所貴同心用將顯俊叜
有大師賜紫沙門臣得聰靜慮修眞悟理大德賜紫沙
門臣藏琳等競扶願轂枚卜要途蒸然來斯實與我役

上續差推誠致理翊戴功臣金紫興祿大夫兵部尙
書知中樞院事兼　太子太傅上柱國天水縣開國男
食邑二百戶臣姜民瞻中樞副使中大夫秘書監兼
太子賓客柱國宜春縣開國男食邑三百戶賜紫金魚
袋臣金猛等爲副監使於是事諸共理謗絕宣驕庇徒
勿奪於農時程物免煩於公帑陶人施瓦木客供材雪
鋸風斤蜂聚蕩心之匠雲鍬電鍾駿奔游手之羣起自
丙辰秋迄于辛酉歲凡造得堂殿門廊等共二百餘間
所置塑畫諸功德像及鍾磬幡葢具如見在其數寔繁
乃勑賜額爲奉先弘慶寺莫不功由鳩僝勢若飛來像

殿經樓麗異而宛疑兜率晃鍾鴈塔莊嚴而遙認爛陁
旣當三寶勃興實可千燈相續又於寺西對立客館一
區計八十間號曰廣緣通化院斯亦溫廬冬密涼屋夏
寬積以糇糧貯之芻秣施賙窮急設雍伯之義漿防備
盜姧列陳留之樓皷夫如是則不獨方袍之衆處往實
歸亦令累足之徒宵盤畫憩終見證眞之境蔑聞焚次
之虞向若非酌古沿今賚　先皇之弘願隨機設
教崇　彼佛之妙門則兼濟之　仁幾乎而
息於戲權輿有旨　祖述無虧　肯構之功旣
存矣　奉行之道亦廣矣盡善盡美念茲在茲今

則申命儒生俾書盛事臣思遲燥吻學淺嚼筋雖長卿形似之文無能爲也而小子斐然之作敂敢効焉略述端倪聊俾實錄時

聖上□圓之十八載太平紀歷之第六年夏四月　日謹記

奉　宣權知寺主圓慧智廣普觀善辯通濟得理三重大師賜紫沙門臣彦崇都監辨行無垢大師賜紫沙門臣朗崇副都監副寺主沙門臣成普沙門臣慧延僧殷沙暹遣義玄奉謙等奉　□

□□

右白玄禮書骨瑩神清頗似醴泉銘翁覃溪詩曰璞完中有和璧潤月滿始悟金波圓是碑之謂也羅麗琳瑯考

法泉寺玄妙塔銘

高八尺四寸廣四尺三寸四十三行行八十字字徑六分正書篆額題贈謚智光國師玄妙之塔碑銘十二字在原州

高麗國原州法泉寺講眞弘道明了頓悟戒正高妙應覺探玄道源通濟淵奥法棟具行了性眞首融炤朗徹贈謚智光國師玄妙之塔碑銘并叙

中大夫門下侍郎同中書門下平章事判尚書禮刑部事監修　國史兼　太子太傅上柱　國臣鄭惟産奉　宣撰

承奉郎尚書都官郎中賜緋魚袋臣安民厚奉

宣書并篆額

臣聞　瞿曇彌敷演妙音亘三摩地蘇槃度製成高論窮八識源聿開相應之眞宗竊廣顯揚之正教斯所以誡我人於筏喻旋□宰輿軌持雖至理本乎虛玄等無差別而諸根由乎利鈍悟有淺深然汲引於愚迷則指陳其權實闡乎去　佛滋遠遺文漸繁有如玄奘之傳念念相續探彼修羅之窟拳拳服膺崇信實乘覓鷹鋒

□義習翻而覩奥並振頽一淤隋譯以鉤深俱維絕紐東流之法法非異內向者心心自通茲故間出魁雄疃爲警屑播威名於賢劫研戒定於梵題效　慈氏之分身降毗粱帝軼　文殊之現跡來應穆王普化仁□丕弘象正□祈　聖祚助致鴻均者唯　國師而已哉

師諱海麟字巨龍俗姓元氏務名水夢原州人也惟高惟曾積善積慶䝉犧易安貞之繇用晦而明遵彥升儉約之風不剷其朴祖諱吉肩心卜□首事□陽□象何虞觀變而仰膺軋顧鑽□得坻抉疑而無俾世迷父諱休職遵衙官譽先掾吏思得倈喤之嗣愛聞椒衍之

詩母李氏利契提壺恭踰舉按無邊善願宛然光目婦
人宸勝姝容知是妙顏聖□□夢河海澄瀲井泉涌沵
国以有娠甚於吞氣履拇之跡郰羑於姜嫄託胎之期
冥符於王邵既彌厥月爰發其祥以雍熙元年歲在閼
逢涒灘涂月晦日誕　師於私第幼故童年號爲水夢
也昔　王卽位二十三年江河泉池忽然沉漲是　佛
生之瑞比於　吾師資始之徵一無異焉　師曰蔗分
精淤蓮稟性銳意於斷除貪愛非心乎資益色身甫及
髫年勤恁务學謁李守謙請業謙見異之曰余則不知
碩量尒宜務擇明師矣或有一老嫗善相者見文在手

謂　師曰你若爲僧必貴於世　師洎聞達箅秖事道
籌不覩孔孟之方尙鄙老莊之槩錙銖軒冕糠秕膏粱
遽就法阜大師寬惟處敎學之次雄公適指京華俄辭
水石彼則浮杯以渡纔出五雲　我則負笈而追匪遥
千里同歸輦下卽占山西旋接于海安寺俊光方丈剃
髮毀容出家修道暫展縟儀於函杖款窮縹帙於貫花
魏蒼舒秤象之年解傳眞諦迦衛國駈烏之類僉讓金
□其於撿括機緣迺□激揚□要一聞千悟功倍於嚴
師兩智三明道存於紹　佛雄公悅而名之海濟以統
和十七年首夏之月稟具於龍興寺之官壇洗心離染

如手畫空矣時年二一九例被崇教寺開捌之息初職爲
得名也仍赴慈雲寺唱薩之塲焚修向畢雄公於□衆
寺安寢之頃間夢見一鷹飛到則伸左拳以奉之又兩
山君來入於役圍乎相踊躍徹明□夫雄公異而誌之
翊日　師碣來本寺此其應乜　師夢到海濵手提小
魚吞之覺而解之曰魚則鱗也因以鱗爲名臣龍爲字
矣眘秋二十一赴王輪寺大選談經而言近意深命侶
而問同荅異彼觖望者如盲之執燭或醜爭者止語於
銜枚心息諸緣敢歎波濤之依水法離羣動應嗟槖籥
之假風解議圍而愓梵壘降我忍鎧兮㞑軋轍亂捉麈

而一超試可折床之衆許卽明揚仍署大德于時　師
以謂曰紛吾甏後於義龍瑞　聖異先於仁獸故易以
麟改麟爲名乜統和年中受法号曰講眞弘道二十□
□□□將還法阜寺路値□講眞肇偕行次聞肇公會
歷箅之法　師請傳之取則而易於反掌移謀而明若
發蹤賈餘勇於恒流究多能於鄙事者矣屬統歷末
我聖考顯宗御宇第五年也特蒙　睿奬加□□□太
中祥符年□□□号爲明了頓悟天禧五年於鎬京重
興寺爲夏講說師談傾法澤倅火宅以晨涼炤徹慈燈
底昏衢之夜曉竺□西意　師每一稱貨子右都衆皆

三讃其後見耆宿先公往會詞疏文□不使改而製之
□□□道蒴截浮辭出語成章惠璩以之魄褫分文足
曇憑于以顔恨其道姸敏捷之能侯誰的對乎太平
季中加重大師或正高妙應覺爲号住持水多寺十季
有　勑移住□安寺迄于　㥼宗臨朝轉甚重□□授
三重大所并賜磨衲法服一領加法稱曰探玄道源未
幾加　授首座乘　賜磨衲田衣一筍者□□□滋深
寧許井蛙之測緇流翩賀却輕虔燕之投疑出世之
覺王幸同時於　仁主蓋海之聲無央數□□之□不
盡言重熙季中加号曰通濟淵奧法棟忽一旦　旨許

入內傳演蓮經　師𧊒陛躡雲猊□講雨標眞顯正牛
車之奧盲貧張翦惑裁疑龜木之妙詮玉振暨諧　鼪
聽奚愜　珎頒別　賜細□幢相服二領十三年擢
授僧統迨于　今聖上育夏臨民　甄嘏布政洪業巳
臻於懿鑠淪誠深切於郁摩迺　召師於琳宮講唯心
妙義仍　賜磨衲僧伽梨一領　漢闕九重　負扆者
親迎象步慧徒十百升堂者謂透龍門邃公慙在北之
精通僧徹讓流中之寵錫具年中荐加具行了性眞首
爲号且或祇園釋眉寔惟教所由輿戚里神童疇不禮
眘來學是以故守太師門下侍中追贈中書令章和公

李諱子淵遂許第五男遣令落髮於望摳衣爲神足以
服勤謁　法身而鑽仰何者今金山寺住持三重大師
韶顯是廿大師辭親甲第節食卯齋想椒掖之后妃忠
云同氣矧萼樓之兄弟皆謂此甥乃如之人以致其道
併通儒釋頓絕等倫德行文章覺掩曾堂十哲慈悲智
惠全超魏寺千僧資峻玄班力扶荼世其壯麗　師門
之盛莫之與京平重熙二十三年南呂月有　聖勑移
住玄化寺　師固辭不得迺捨騮馬一疋先納于寺俄
有一比邱來申賀謝須臾不知所去此則聖僧之靈驗
也入院後夜分魂栩之際與一僧同遊則傍有神人告

曰而　國師也彼　左師廿寤則言猶在耳嘉地首稱
於瑞□吉音漏溢於環區矣況　國師也何偏局乎內
宗亦兼贏乎外典生知衆妙夙齡欺朱勃才童强識𡐓
書時譽冠惠超學士至若詞峯倚日筆塜擎天□警句
之愈工被鉅璃之寡和湯開士碧雲雅作豈是瓌奇李
謫仙白雪清吟誠爲瑣劣較於緇素之侶亦不可同年
而語矣其或期憑梵福益盛　宸圖傾檀施之財蔵工
依之價爰徵愷筆繪出　睟容或鑄鼂鐘兼成浩具新
□　寶刹移覩史之𡧪宮敬造　金言悉阿耨之海蔵
斯所謂始擅乎發弘誓願終圓乎締大因緣其諸善奉

行之釆豈可殫籌平淸寧二年十月日　上謂之曰鵬
者則非法無以救迷　鶯聖則非師無以請益苟能悟
法者可以爲師乎特降　國書諮請遂差遣工部侍郎
張仲英尙書左丞柳紳祀部侍郎金頁贊等備行三反
之禮續遣知中樞院事異惟忠押　賜錦罽法服銀黃
器用香莽等　師膠讓不獲　命卽以十一月四日
大駕行幸于內帝釋院備禮　拜爲　王師彼其周之
同載吳之同輦者共在下風矣三季　進法稱曰融炤
四年五月初一日　上欲崇爲　國師致書三請以是
月十九日備　金駕親幸奉恩寺封　我所爲　國師

封靈通寺主僧統瀾圓爲　王旱者滑辰並　授於
不稱兩相合矣同日秖承於　摯寵二美顯焉觀其所
由歎未曾有嚮所夢神人之吉語必讖此矣同遊之僧
靈通寺主是也五季陽月八日　師赴內殿爲百座會
第一說主才宣半偈荐集□休累　進法稱曰朗徹威
雍三年二月日　師欲歸安于法泉寺幾與暮齒之嗟
縷陳身退三上需頭之奏確執懇辭　上優詔從之以
九月二十二日　駕幸玄化寺特設闔院僧齋兼置寅
餞之筵訖□□□班拜辭後則遣左承宣中書舍人鄭
惟逵押上茶藥珍貨等名數夥多刪煩不載　旱取是

月二十七日發行指本山　上命太子率諸王百僚於
南郊餞別特差道俗員僚等慰送于本寺乜　師下山
後□□仲夏之月　聖上以延德宮第六王子許令剃
髮棲息于玄化寺舊住奉天院特授首座者斯緣類肖
國師之邊幅也是歲十月二十三日晏陰右臥而寢
此夜零雨其濛　帥寤而趺坐謂弟子曰□□□□啓
曰雨也聞言則示化矣昔鶯子入滅無色諸天所泣之
淚如春細雨今之夜雨豈非諸天之淚乎嗚呼哀哉報
年八十七僧臘七十二卽世前夜有二星見其大如燈
又有大虹二□□赤□之雙卧此□□□示滅之地乜

門□首座法靈三重大師韶顯等擗踊訃聞於　彤陛
上則震悼尋遣左街僧錄崇演保章正全悉蘭等監
護葬事續差遣專介往彼殯堂致其卓祭　贈謚曰
智光併　賜茶香油燭及□□倉穀以充拔薦之費十
一月九日選勝于法皐寺之山東茶毗禮乜是時人祇
惜慟天裂晦冥鳥獸悲鳴峯巒慘列有情無情皆感
德之終乎　上追嘉軌範敢弗標題欲使刊黃絹之辭
樹貞珉而不朽煥□赤髭之躅流歷代以長存爰　命
鯫儒俾甄鴻烈臣牛滐拔暈兔海寡能謬奉　綸宣冈
由綦讓抱其　風而紀其　德雖堅匪石之心膚於學

而拙於才自愧無錢之手輙將狂斐但罄捧培爰爲銘

曰

妙法奚自　能仁所宣西軌首出東震臚傳諦分眞俗
理應機緣漠迷歸正憑實假權（其一）大教旣周群生胥悅
慧日流光岸谷皆徹慈雲灑潤蒿蘭不別去　聖逾遥
遺風□絕（其二）其誰紹者唯　我尸之誕鍾粹氣端選
明時辭親剖愛捨素從緇釋林彗鳳譽囿蓍龜（其三）懇發
菩提口倏般若波究空宇外工儒雅品匪地前譽魁天
下福智相嚴比倫蓋寡（其四）戒賢再出無著重生德瓶恒
滿心鑑轉明衆門傳行　□闘馳聲　瑤皇請益寶世

□榮（其五）爲　万乘師合諸天道普祐邦家永堅懷抱峥
歲阽危圜封告老廬阜于歸　高年是禱（其六）身雖不漏
命也云亡醍醐輟味薝蔔歇香　筌宰茹歎暗斷肺腸
與夷軫慟如喪爺孃（其七）吁哲弟之蜂屯感遺言而瑪慕
甄北没之先芬勒南刊而後論儻海塞以河堙或人新
而代故庶　淑德與雄名亘將來而有裕（其八）

□書省陪戎挍尉臣李英輔大匠臣張子春等奉

宣刻字

碑陰門徒開座職名記

高四尺六寸廣二尺四寸五分十四行行三十字字徑寸正書間雜行草

故法泉寺主智光　圀師碑銘□記如左
立化寺主僧統韶顯俗離寺主　王子僧統釋竀首座
慶玄三重大師釋□□大師灌雲弘諦占穎融保嵩幹
繼相僧鑑眞□尚賢承覺同壽祐翔雙炤秀穎釋稱定
神覺明冠僧元謈右賢謙如□□覺支尙之釋雲邦蘭
甫釋琳證祥釋因稟宗祐承眞領眞鑑世梁等一百三
人□師賢蓋忠謈等一十七人大德定支眞保等二十
二人受教經業□□□□□□僧錄先亮重大師玄占慧
宗梁濟廣碩慶忠念忠心月應諝敏成慶調元崇元釋
等二十八人大師義雲釋升爲顥等二十三人大德崇

器暹乃弘學均善等二十五人隨職加階者廿重職惠
燈弘範等一千一百餘人慕德歸化者廿首座釋虬法
雲三重大師占先爲現宋光重大師昇炤成現繼言安
銳道生講雲利眞大師暹現周現神暢貫成大德周蘭
秀岊單職眞謈等五十二人先後　師而沒世者也

右件門徒開座職名彫鏤施行

承奉郎尙書都官郎中　賜緋魚袋臣安民厚

下缺

大安元年歲在乙丑仲秋月　日樹　臣李英輔臣

張子下缺

右法泉寺玄妙塔銘在高麗原州咸雍四年立咸雍四年當宋熙寧元年碑陰列門徒開座職名刻于大安元年大安元年當宋元豐八年補訪碑録載此碑作咸雍三年案碑文云咸雍三年二月日師欲歸安于法泉寺下云以九月二十二日駕幸玄化寺特設闔院僧齋兼置寅餞之莚下又云師下山後□□仲夏之月聖上以延德宫第六王子許令剃髮下乃云是歲十月二十三日晏陰右卧而寢下又云十一月九日遷勝于法皐寺之山東茶毗禮乜是此十一月乃四年之十一月也趙氏

以爲三年誤矣碑敘釋氏名目有王師國師首座乘三重大師重大師大師大德案徐競高麗圖經云國師之稱葢如中國之有僧職綱維也其上一等謂之王師王見則拜之皆服出水衲袈裟長袖偏衫金跋遮下有紫裳烏革鞈履三重和尚長老律師之類服紫黄貼相福田袈裟長袖偏衫下亦紫裳位在國師之下阿闍黎大德位降三重和尚一等分隸教門職事其服短袖偏衫壞色挂衣五條下有黄裳三重大師葢即三重和尚而首座乘重大師大師之名圖經所未詳也碑述所歷有法

泉海安□衆崇教慈雲重興水多金山王輪元化奉恩靈通奉天諸寺院名惟王輪寺見於圖經云由太和北門入則有龜山王輪二寺碑書作王者葢用古字三畫均匀也碑云賜磨衲一領又云賜磨衲田衣一筍又云賜細□幢相服二領又云賜磨衲僧伽棃一領圖經云高麗僧衣以磨衲爲最重故屢賜之相服即圖經所謂貼相也碑書法作金閩作沓四作三甘作目封作㞷也作㞢皆用古字以均爲鈞亦合古人通假之恉師作㠯帀帀致作致國作囯天作𠀘宎靈作䨓用古文䨓而變

之皆好奇之過也至書後作𢓜淚作淚法作㳒埊等字變土爲去則俗矣亘恒作亘恒尙用唐代避寫之字亦非此碑未得拓本從海琴前輩借録之海琴得於韓韻海韻海嘗輯海東金石存攷所收高麗墨本不少其持贈海琴者惟此二刻及三日浦埋香碑普濟舍利石鍾記耳余皆借以録入流傳內地者固無多也補訪碑録載遼碑十種高麗居其七此二刻外爲太平二年元化寺碑陰記太平五年圓空國師勝妙塔碑太平六年奉先宏慶寺碣大安元年通度寺長生石標記乾統十年

慧德王師眞應塔碑惟奉先宏慶寺碣嘗据鈎㴱
館所載録之餘皆未見

八瓊室金石補正卷一百二十九終

八瓊室金石補正卷一百三十

太倉陸增祥撰　男　繼煇校録

吳興劉承幹覆校

朝鮮二

妙香山普賢寺記

碑連額高八尺八寸廣四尺七寸二十二行行四十四字額題妙香山普賢寺之記旁注皇統二年壬戌十一月日內
降御筆均行書

高麗國延州妙香山普賢寺記

開府儀同三司檢校太尉門下侍中集賢殿大學士判尚書吏禮部事兼太子太師監修國史上柱國臣金富軾奉宣撰

文林郎試尚書兵部侍郎兼東宮侍講學士賜紫金魚袋臣文公裕奉宣書

妙香山普賢寺探密宏廓二師之所始作也探密本姓金氏黃州龍興郡人年二十五出家刻意苦行一衲一鉢非大寒則不履日一食確乎戒勤乎學就名師傳華嚴教觀於契丹太平八年戊辰歲入延州山营蘭若以居□宏廓探密之猶子以重熙七年戊寅歲來而爲弟子志一而氣合德充而聲宏學者聞風輻湊地不足容以□□□年壬午歲於東南隅一百許步擇地創精舍

凡二百四十三間名其山曰妙香其寺曰普賢自後名
□□□□□□□□佛繙經日夜無休時二師後弟子
相續住持其爲佛事無不承權輿至咸雍三年丁□
□□□□□□□聞而嘉之命有司錫土田又教若主
者闕焉則門人於衆中簡經明行修能紹祖師之道□
□□□□□□□□告三剛行之勿替至是道人暢先
覺隣勝聰惠雙性覺苛慮歲月移易文墨湮滅祖師□
□□□□□□□□□而不明欲刻之石以爲來者之
觀遂聯名奏請令臣書其事敎可之臣不敢辭乃曰孔
□□□□□□□□□□□柳下惠孟子叙三聖人亦

以伯夷居伊尹柳下惠之前司馬遷作七十列傳特以
伯夷爲□□□□□□□□□□□□顕下祿隱而孔
子曰我則異於是無可無不可夫聖人之行如珠之走
盤横斜□□□□□□□□□□□□子曰縱心所
欲不踰矩莊周亦曰猖狂妄行蹈乎大方則餓顕也祿
隱也其高下不可必也然則□□□□□□□三聖人
其次序同而楊子高下之又如此者將以進高士退貪
夫以爲天下萬世之教者也況聞□□□□□□如來
歷三刼修萬行以至於成道福慧具足依正莊嚴而其
化於世也則跣足持鉢乞食以自□□□□□□□

其辱者耶則爲其徒也可不思乎今之人種種庶惡無
不爲巳其善於此者或貪吝□□□□□貧□與世□
無□其侈靡則過之然猶以不足舉物以取利於寡民
剝肉刻骨死而後已者往往有□□□□□□□□必
不能容□則如探客宏廓者豈不尊而進之歟則聖祖
褒嘉之甚遲明□□□□□□□□□□師□□□多
靈□□□佛得舍利放神光感山精具於李角所述行
狀故令略之但□□□□□□□□□□□□□人□
□□
大金皇統元年歲次辛酉秋七月十一日記　住持比

卯臣釋覺隣苛立石

重修龍門寺記

碑連額高八尺廣三尺五寸二十五行行六十一字行書額三行題重修龍門寺記正書

重修龍門寺記

朝散大夫在散騎常侍寶文閣學士翰林學士知制
誥賜紫金魚袋臣李知命奉宣述
海東山川多奇秀唯龍門爲尤物峯巒邐迤盤迴起伏
三百餘里洞壑幽深泉甘而土肥實高人逸士棲眞異
境也昔新羅禪師杜雲與梵日國師乘桴入唐傳法而
還乃卜茲地芟夷荆榛始締草庵精勤且久我太祖舉

義旗有并吞三國志興兵弔伐至山下聞師名入洞尋
之駐車菴前頂禮以伸嵜約及定天下降勑鳩材陶瓦
架屋三十間并給州縣稅租每歲一百五十石以爲供
養資其後傳法孫繼之相住至於大師英縺住三十餘
年告老而辭傳於禪師祖膺膺曰山門□蔭招提頹廢
既入難以容膝況吾年老所住延鳳寺相去一千餘里
□迢艱阻未便營作擇門弟子幹事者大師資嚴主之
給稻租三百石嚴師自乙酉歲承命來住以膺師所施
私財以爲資粮搆道塲堂三間僧房厨庫九十三所乃
至佛盤幡幢机按香爐燈釭及一切受用釜鑊鼉海足

灌盆盟莫不脩具越乙酉年降勑旨勤勞修葺宜以門
徒法孫相繼住之勿令廢絶歲在辛卯陰陽官卜定今
皇太子胎藏地於寺門外左臂峯頭於寺設祝聖壽法
會約福田五員各弟子每日粥飯二味晝讀金光明經
夜念觀音爲恒規據朝旨□近州縣亡寺田三十頃并
安東府甫州十小寺藏□各二□及近州□稅租七百
石分貸村民歲取息以爲道塲衆料而禪師竊恐歲久
民瘼奏請除焉已亥年創寺工畢會九山門學徒五百
人設五十日談禪會請斷俗寺禪師孝惇教習傳燈錄
楞嚴經仁岳集雪竇拈頌以落成癸巳年國朝多難大

禪師發願設三萬僧齋又刂置輪大藏二座及堂三間
作七日法會聚學者三百餘人請開泰寺僧統穎□講
演以落之救國難焉始自庚子年正月至壬寅年八月
披覽乃畢此寺有異事三焉初聖祖尋杜雲師將入山
而洞口巖上眞龍出迎因號龍門一也始築基時忽得
古珏木上銀瓶一□重十六兩賣取穀米以充工匠日
料二也歲在癸未道塲堂南庭中立□石塔九層藏舍
利時第四層有五色雲盤繞移時而散三也大禪師謂
靈異頗多想有前緣抑亦儲皇胎藏所乃奏請奉制改
號昌期寺先是南州在□東管內因胎藏改爲基陽縣

令官大禪師祖膺本海州人皇考戶長甫尹惟□三車
壁□功臣司徒三重大主崔貞獻十代孫也年十四校
慧照國師門弟禪師英甫　釆乙巳年曹溪選中朩歷
住七寺皆名藍也癸酉年□□□□加三重至乙丑
年輔禪師翌年爲大禪師仍□官誥一通亻鳴鳳寺乙
亥年□訁普濟國訁禪齊向長安行至陰竹縣地見黑
石院焚蕩乃捨行裝衤□銀器計銀九斤□兩又租一
百石銀瓶一□苛皆付縣吏重修館院後丁亥年冬設
□豆羹粥以施行人及辛巳年住亭此山大興寺乃捨
財修營而作藂林會依慧照國師入广傳來坐禪儀軌

排鉢苛事落成癸巳年被制命鳴鳳寺蕤林法主洎乙酉年金州安國寺五十日談禪亦作法主焉甫州頭院川院廼東西地行人往返要途屋宇頹廢鞠爲茂草於巳亥年與龍門大師資嚴脩材瓦重修每於冬夏設施作又癸未甲午年間南方盜賊大起設一萬僧齋以救賊難焉師自齠齔有瀟灑出塵想學識該博□辶卓彳爲蕤林模範人仰如山斗隨所住處學者如林而循循善誘晷無倦色年至耄期猶不懈怠其傳法度人福利邦家可勝道哉資嚴善士也師所親手□如誨螟蛉至於成名志猷名纏利鎖□□汩没於風塵乃脫屣紅塵遍遊名山抵此爽塏樂於適性不憚辛艱修營作□勤且久矣夫杜雲聖僧也祖膺賢德也若無聖人卜居則龍門乃狼虎狐兎林藪耳孰能以天眼識王氣密護聖主於草昧定急難而名流千載乎若非祖膺修舊起廢則頹垣破礎埋没於草莽爾焉能使九山衲子口腰杖錫海會鱗萃晨香夕炷祝延國祚於無疆耶且年祀綿邈切恐開創修營異跡泯滅無聞併紀始末以示於後

大定二十五年乙巳四月日普濟寺住持性印禪師臣淵懿奉宣書　門人茶井寺住持重大師申點　住持重大師思秀苛立　入選解錫刻字

三日浦埋香碑

高一尺九寸五分廣九寸四分七行行字不一字徑寸許正書在高城

高麗國江陵□存撫使□□皓知江陵府事朴洪秀判官金光寶襄州副使朴璵□州副使鄭椽通州副使金用卿歙谷縣令□□臣杆城縣令　裕三陟縣尉趙臣桂蔚珎縣令□□□監務朴□等與諸衆善尊卑同發信願謹以香木一千五百條埋□各浦聞數于後以待龍華會主弥勒下生□□同生會下供養三寶者

旹□元至大二年己酉八月日□

造

碑側

厚七寸七分六行行字大小均不一正書

皇帝稔□國王宮主福□遐長

弥勒前長灯寶□銀壱斤收貸高城頭目

旹己酉八月日

弥勒□□□□寶

襄州□副□□璵施納

北□員畓二結陳東北州軍陳畓　南口西弥□□畓

通州副使金用卿施納

壤原代下坪員畓二結陳東北陳畓大冬音　南道西白子于達起畓

同員田二結陳　東南吐　西陳地　北鍾伊川此三行在
前三行之下方

碑陰

開䥨六行行字不一字徑八分許正書

平海郡地海岸寺洞口埋一□□　三陟縣地孟方村汀埋一百五十條　蔚珍縣地豆□埋二百條　襄州地德山望埋一百條　江陵地正東村汀埋三百一十□　洞山縣地文泗汀埋二百條　杆城縣地公□□埋一百一十□　歙谷縣地短末乜埋二百一十條

枏戎縣鶴浦□□一百二十條

右三日浦埋香碑据補訪碑錄題之元碑例不收入而羅致極艱流傳極尠爰附編末補訪碑錄所載元代朝鮮石刻尚有大德二年龍華寺宏眞國尊碑泰定四年文殊院藏經碑元統三年伊彥埋香碑至正二年法住寺慈淨國尊碑至正十八年普光禪師碑至正廿五年魯國大長公主正陵碑又有無年月一種普德窟佛經殘字不得而見之矣

普濟舍利石鍾記幷眞堂詩

高三尺七寸五分廣一尺九寸五分
廿二行行四十七字字徑六分正書

驪興郡神勒寺普濟舍利石鍾記

禪覺王師普濟尊者之示寂于驪興神勒寺也靈異菾然疑者釋信者益奮謀所以起敬於千載之下則堂而垂其像鍾而厝舍利蓋無所不至矣曰覺信者實幹石鍾而曰覺珠者求燕石將載其事而徵記於穡曰廉政堂在州穿往來吾寺珠告其故公欣然曰吾如京當爲上人請一言於韓山子韓山子必不讓矣願先生賜之言予曰江月軒普濟之所居也普濟之身旣火之矣而江與月猶夫前日也今神勒臨長江石鍾峙焉月出則

影倒于江□□水色燈影彖香交襍乎其中所謂江月軒雖歷墨刼如普濟之生存也今夫普濟舍利散而之四方或在崔嵬雲霧之中或在□□烟塵之內或頂而馳或辟而宿其所以奉持之者比之普濟生存之日不啻百倍加矣況神勒爲入寂之地宜珠師之盡心於舍利也神勒寺由普濟大闢道場將永世不墜石鍾之固非獨與神勒爲終始又將與此江此月爲無窮矣嗚呼空華非瞥曇勒非闊理也而世界則有成壞焉世界雖有成壞而人性自若也普濟之舍利將與世界有成壞歟將與人性爲自若歟雖愚夫愚婦亦知所擇矣後之

禮舍利者歆普濟之高風歸而求之其心庶可以報普濟之恩矣不然普濟之道自道也於我何哉是爲記

普濟尊者眞堂詩并序

釋志先予未之相識也國盬里之老嫗引之來其言曰吾師禪覺之塔先生辱賜之銘先等固已受先生罔極之惠矣茲又將謁先生一言以記吾師眞堂先生幸無靡焉吾師於五濁惡世現相應機辟則佛出也是以檜巖也猶祇樹焉神勒也猶雙林焉先等攀呼悶絕竟何益哉冏視化迹月墮虛空餘光已盡幸有舍利存□所以奉之者至矣道猶存焉所以傳之者廣矣今神勒石

鍾寶所以厝頂骨舍利也先等以謂後之禮舍利者無以知吾師之道猶也歆其風而未知其容儀之如何也則於歸仰之心必有所慊然者矣進瞻道猶退觀舍利以欣以慕夫豈無感悟於介然之頃者哉此眞堂之所由作也先生非知吾道者也執筆記纂先生之事也先生其終惠焉予曰先生言也是矣今大像設多矣街童巷婦豈盡知哉必從而語之曰是佛也其名曰某也是佛之弟子也其名曰某也然後始得展其歸仰之禮而心寘於其像矣不然則禪覺之眞亦一丹靑故物爾誰從而知之先等區區之心無以白於將來宜其請之塵也故不辭而系以詩後之讀者幸無譏爲土木□程常事也故不書其詩曰　道之示妙　匪無匪有　於戲畫像　與衆孰愈　凜然其生　秀色天成　有來拜者　□聞其聲　推忠保節同德贊化功臣三重大臣韓山君領藝文春秋館事兼成均大司成李　穡撰

輸忠贊化功臣大匡上黨君進賢館大提學臣韓

脩奉　教書

蒼龍巳未五月十五日門人覺珠覺惺覺宏等立

石　刻手李仁□

右碑在高麗李穡撰韓脩正書桀魯國大長公主

正陵碑文亦李穡所撰至正廿五年二月立然則

此碑所稱蒼龍巳未者當是明洪武之十二年也

神勒寺大藏閣記并陰

高三尺九寸廣二尺四寸廿六行行四十五字字徑六分正書有界格

高麗國驪興郡神勒寺大藏閣記

三重大匡判三司事韓山牧隱先生命崇仁曰在昔至大庚戌□月初三日吾祖并邑府君病歿先君稼亭文孝公年十三喪塟無憾至正庚寅十月二十日祖母病歿先君襄事悉以禮閒請浮屠轉經于鄉之僧舍先君每嘆吾今而後何怙何恃座元南山聰公曰公今苟欲

以吾法資考妣冥福者盡成一部藏教乎吾法蓋在是
矣先君卽向金仙肖象而立頋爲明年辛卯春正月朔
先君不幸殁於衰絰之中予自燕奔喪仍請聰公轉經
語及先君之願予方讀禮未暇及也既免喪徵倖世科
名載仕版惟不克供職之是懼又未暇及也聰公屢以
書來曰令先之願其可違乎則未嘗不對書自傷而已
洪武辛亥秋九月廿六日先妣金氏又病歿憂制甫終
吾疾作莫能興甲寅秋九月廿三日
玄陵奄弃群臣予竊伏念先君爲
玄陵潛邸舊臣積有年紀予又首擢

玄陵□科縣陞宰府吾父子蒙　恩至渥曾未有絲毫
之報而　弓劍忽遺可勝痛哉歲已未聰公適自山來
曰吾年七十□□而幸不死得與公相見豈偶然哉吾
前所報令先之願公能記否予益自傷焉曰上以資福
於
先王□以繼志於□考不在斯歟不在斯歟時予病新
起奉　教銘懶翁塔未久也因自討吾力則不足矣可
賴以辦此者惟懶翁從□□□嘗告之有號無及琇峯
二浮屠者率其徒縱史始自庚申二月募緣覺昆於順
興覺洪於寧海道惠於清州海珠於□州覺雲於平壤

梵雄於鳳州志寶於牙州化楮爲紙釋幻造墨至辛酉
四月印出經律論九月粧褙十月覺珠題目覺□造複
十一月性空造函朝暮匃升斗以飯諸化士終始不怠
者國贐里之老嫗妙安也壬戌正月於華嚴靈通寺轉
□四月舟載至于驪興之神勒寺懶翁示寂之地□花
山君權公僖爲考妣□室韓夫□考妣旣施金盃主盟
題目復與諸檀施財同菴順公董役遂於寺之南起閣
二層覺修丹雘旣畢庋而藏之五月又轉九月又轉今
癸亥正月又轉約歲三次爲恒規中置花山毗盧遮那
一軀唐城君洪公義龍爲考妣所□□賢一軀順誠翁

主王氏與姜夫人所造文殊一軀以□四衆瞻禮之敬
焉嗚呼三十餘年之久而先君之願始成□□□□□
□□□極功壽
君福國利生濟物於無窮也□□□□者謀立石垂示
將來予其代予筆崇仁不敢辭乃言曰佛氏□□□□
□□□一塵超出萬物賢知者固已□□□□□□又
有所謂福田利益者於是忠臣孝子所以報君親之□
□□□□□者不得不歸焉其書之盛□□□□□□
□□□先生旣作之牧隱先生又述之卒能成此法寶
奉福□□□□□□君親斯乃忠臣孝子之無□□

□□□□□□□孰非臣子哉自今至于千萬世其
有所感發於□□□□□□之也無疑矣崇仁敢不
樂□□□□□□□□□□□力以相助者其名氏
具列于碑之陰云洪□□□□□□翊大夫版圖判
書藝□□□□□□□□□□□□□□奉翊大夫
判典校寺事進賢館提學權鑄缺下

碑陰

高三尺八寸廣二尺七寸四十二行行存六十九字字徑四分正書有界格

高麗國驪興郡神勒寺大藏檀越四部□□□□
比邱　國師　王師　內願堂覺雲判□□
□□□□□□□□□□□□□□統惠澄□僧統
宗林奉福君神照大禪師紹元大禪師尙目大禪師
□□清溪寺相昭缺下　禪師宏如浮石寺敬南圓興
寺禧藏禪師戒能達誠善□□□□□戒連覺
然□□明海一行覺雷天行惠澄德紹海峰
比邱尼　妙海妙樞妙悟妙祺妙卿妙峯妙智妙根妙
清□□□□□智幻妙安妙□妙經妙□妙珍妙
成妙云妙善妙環妙信妙盈戒完妙璟妙行妙寧
優婆塞　□昌府院君瑜定昌君瑤漆原府院君尹植
領□□□□領門下崔□南陽府院君洪永通門

下侍中曺敏脩守侍中李子松守侍中林堅味鐵城
府院君李琳判三司缺下　□□□□□事李成林
禮安君禹磾贊成事禹仁烈□□□□左使廉興
邦贊成事權仲□贊成事禹玄寶贊成事商議金寶
評理都吉敷評理韓蔵評理□林□評理文建缺下
□□□□□□□□德府韓脩興寧君安宗源
雜□□寶林清原君鄭公權判德昌府鄭熙□漢
陽君張夏知門下崔茂宣臨河君廉之範唐城君洪
義龍判密直□筵晉缺下　□洛君金厚鷄山君□□
□□□□□□□□□□□□密直柳珣同知
密直李種德密直安輯同知密直權季容密直金天
理密直吳六和提學□□□□□德伊缺下
□富原州牧使偰延壽知中事廉□□□□□□
□□□司堇□直檢校評理姜□□判書林東生判書
金敬判事李思義判事李子修牧使金仲光牧使金
珩牧□□□牧使□缺下　渭奉翊判事柳瑚上護軍李茂
判事任獻判事吳世□□□□判事□餘慶開
誠□□翊判事韓安海判事閔仁德諫議權近大護
軍李彬宗簿令盧琠宗簿令李廷韓□客令全缺下
閔中理繕工令□夏左尹禹洪壽右尹鄭天祐揔□

□□□□□□□□□亮副令李大□副令李種學副令
李德時副正楊元直副正韓乙宗護軍任彥忠佐郎
禹洪□副使禹洪唐缺下　崇敬尹安翊獻納嚴進獻
納鄭揔中郎將金法□□□□□□□□郎
將□□善郎將鄭□壽揔郎姜自和別將徐免注簿
禹洪命生員權達生員司空敏□□李孟□別缺下
將崔元奇散員金仁原散員金琚陁乃神□□□□
□□□□慈池仁藏陳□作□加勿李莊五龍李
元金貴和石朴和尙小斤吾末李逢卜只郎將康信
郎□金元李玄李缺下

優婆夷　王惠妃　王愼妃　王□妃　□□□□□
□□□□人廉氏妙哲　辰韓國大夫人洪氏
辰韓國大夫人朴氏　順城翁主王氏　淑寧翁
主妙善　□寧翁主廉氏缺下　宅主張氏　貞惠宅
主李氏□□　貞□主□□　貞□□□□□　安
淑宅主柳氏　慶淑宅主權氏　貞信宅主權氏
保寧宅主康氏　信寧宅主崔氏　貞順宅主黃缺下
主蔡氏　貞安宅主金氏　安順宅主□氏　康
信宅主金氏　慶□□主妙圓　錦城郡夫人鄭氏
永嘉郡夫人權氏王氏藥生豐安郡夫人申氏光山

郡夫人金氏雞林郡夫缺下　郡夫人鄭氏延安郡夫
人車氏鈴□郡夫人尹氏延安郡夫人李氏□城郡
夫人崔氏驪興郡夫人李氏持國郡夫人安氏綾城
郡夫人具氏錦城郡夫人金氏□淚郡夫人金氏缺下
趙氏上洛郡夫人金氏遂安郡夫人□氏牙州郡
夫人康氏□義郡夫人□氏延昌郡夫人□孚南陽
郡夫人洪氏江陵郡夫人崔氏延昌郡夫人朴氏安
山郡夫人□氏晉陽郡缺下　河郡夫人盧氏晉州郡
夫人柳氏□□黨郡夫人韓氏□山郡夫人崔氏迦
利郡夫人李氏朱溪郡夫人尹氏夫人朴氏夫人朴

氏夫人金氏夫人金氏藥婢氏開通氏無其氏藥缺下
□氏閔氏薔薇內隱德四加伊□□□□□柳
氏
□化士等　無及　琇□　□□　□□堂□
□□　性空　□□　釋幻　□珠　覺昆　志分
志玄　梵雄　道惠　道明　一正　天一　志
宝　志玉　志宗缺下　消灾　海眼　海徹　海
印　□□　□□　員□□□□□
遇年轉藏辦會題名石盡刖立石□□□時不可盡顧
不可盡

壬戌正月諸化士等　五月化叔□放　九月華山君
權信
乙丑正月　五月　九月
□□□□　□□　九月
辛未正月　□□　□月
甲戌正月　□□　九月
丁丑正月　五月　九月
庚辰正月　五月　九月
癸未正月　五月　九月
丙戌正月　五月　九月

己丑正月　五月　九月
壬辰正月　五月　九月
乙未正月　五月　九月
戊戌正月　五月　九月
辛丑正月　五月　九月
甲辰正月　五月　九月
丁未正月　五月　九月
庚戌正月　五月　九月
□丑正月　五月　九月
丙辰正月　五月　九月

己未正月　五月　九月
右上截三列
癸亥正日　前巡正景□五月叔覺冏　九月叔覺然
志□
丙寅正月　五月　九月
己巳正月　五月　九月
壬申正月　五月　九月
乙亥正月　五月　九月
戊寅正月　五月　九月
辛巳正月　五月　九月

甲申正月　五月　九月
丁亥正月　五月　九月
庚寅正月　五月　九月
癸巳正月　五月　九月
丙申正月　五月　九月
己亥正月　五月　九月
壬寅正月　五月　九月
乙巳正月　五月　九月
戊申正月　五月　九月
辛亥正月　五月　九月

甲寅正月　五月　九月
丁巳正月　五月　九月
庚申正月　五月　九月
右中截三列
甲子正月叔覺普　五月叔海雲恵蘭　九月叔□□
丁卯正月　五月　九月
庚午正月　五月　九月
癸酉正月　五月　九月
丙子正月　五月　九月
己卯正月　五月　九月

壬午正月　五月　九月
乙酉正月　五月　九月
戊子正月　五月　九月
辛卯正月　五月　九月
甲午正月　五月　九月
丁酉正月　五月　九月
庚子正月　五月　九月
癸卯正月　五月　九月
丙午正月　五月　九月
己酉正月　五月　九月

壬子正月　五月　九月
乙卯正月　五月　九月
戊午正月　五月　九月
辛酉正月　五月　九月
右下截三列

右神勒寺大藏閣記并陰從海琴借錄之撰者名崇仁不見其姓碑末見權鑄二字鑄下殘缺當是書人文有云甲寅秋九月廿三日玄陵奄弃群臣歿是年高麗國王顓爲權相李仁人所弒顓無子以寵臣辛旽之子禑爲子於是仁人立禑洪武十

八年封禑爲高麗國王賜謚顓曰恭愍是碑所稱玄陵者指恭愍也立碑時尚未予謚碑不言弒逆之事者爲國諱也碑陰列檀越姓名首比邱亦比邱尼亦優婆塞亦優婆夷敘亦井井不拘於貴賤之分所謂佛法平等也總部尚書成惟得言東海波臣惟知崇信釋氏卽此可想見矣高麗圖經云國師亞王師一等而此列於王師之前□昌府院君瑜定昌君瑤皆國之宗親洪武廿一年禑遜位於子昌廿二年成桂廢昌而立瑤卽此定昌君瑤也其後成桂自立出瑤於原州而王氏遂絕矣有

領門下門下侍中守侍中贊成事評理判府知門下判密直密直提學牧使知申事檢校評理判書判事諫議上護軍大護軍護軍宗簿令□客令繕工令左尹右尹副令副正佐郎副使獻納中郎將郎將總郎別將注簿諸名目領門下以下當郎中國之京職牧使以下當是外秩諫議上護軍大護軍護軍當是勳階宗簿令以下當亦京職中郎將以下當是武職略可辨其大小等級也翁主宅上當是帝宗親國戚之妃嬪爲其國王所封者其郡名有順興寧海清州平壤鳳州錦城永嘉豐安光山雞林延安鈴□延安驪興持國綾城□浪上洛遂安牙州□義延昌南陽江陵安山晉陽□河晉州□黨迦利朱溪等三十一郡可備以攷其版圖藥婢氏開通氏無其氏均不見於姓氏諸書可以補諸方複姓之希者

陟州東海碑

除額高三尺九寸六分廣二尺三寸十一行行十八字碑側厚六寸餘三行行字不一字徑一寸三分額高三尺八寸七分題陟州東海碑五字均篆書

陟州東海碑

州古悉直氏之墟在濊墟南

去京都七百里東臨大海

都護府使孔巖許穆書

瀛海漭瀁百川朝宗其大無窮

東北沙海無潮無汐號爲大澤

積水稽天渤潏汪濊海動有曀

明明暘谷太陽之門羲伯司賓

析木之次牝牛之宮日本無東

鮫人之珍漲海多產汗汗漫漫

奇物譎詭宛宛之祥興德而章

蚌之胎珠與月盛衰旁氣昇霏

天吳九首怪夔一股颷回且雨

出日朝暾轇軋炳煌紫赤滉滉

三五月盈天水淸明列宿韜光

扶桑沙華黑齒麻羅撮髻莆家

蜑蠻之蠻爪蛙之猴佛齊之牛

海外雜種絶黨殊俗同囿咸育

古聖遠德百蠻重譯無遠不服

皇哉大治廣被遐哉遐哉

錢氏釋文

陟祥案字作涉同陟州祥案右从丁以碑額州證之州字當不誤東海碑

州□（祥案疑剮）□（曾作悉）置□（祥案似氏又似民）之□□（曾作尤祥案疑是凿）尤□□（曾作[illegible]虛）南□（曾作去）□（祥案疑呼）□□（祥案即彬字古文洋）百□（疑字）里東臨

都護嚴事孔昇鄉（與許同）穆如

瀛海洪瀁百川朝宗□（疑至字曾作其）大無（祥案以舞為無下無汐同）□（曾作竆）東北沙海無潮（祥案漳潮省字）無汐噂為大澤積水諧（與楷同）天沛滈汪瀸海□（曾云疑迈迈語助也祥案汗簡動字如此作）有曨明明參谷□（疑大字曾作太祥案古太大無別）陽□（曾云疑龍）□（曾作門）羲伯嗣賓（祥案賓古賓字）□□（疑二字）析木之次□（曾作牝）牛之宮□（疑日字與第五行七行月字篆體同義特不知其偏旁所本耳）本（祥案[illegible]古本字）無東□□（疑殷人二字）□□（曾作龍參）

涵海百產汗汗漫漫□（曾作奇）物□（疑懋字祥案忞古懋字）詹（祥案疑詭）宛宛之祥□□（曾作興德祥案上一字是弁下一字疑隱）□□（疑二字）而章蚌之珆（與胎同）珠（祥案以絑為珠）与月盛衰旁（曾作雩祥案旁古文雩籀文古實一字耳）氣（祥案疑魄）昪霚天吳九首□□（曾作怪夔）長股□□（曾作颶云同飄）回戲（曾云同且祥案疑即徂字）□（曾作雨）出日朝暾軫軋炫□□（曾作熚紫）赤□□（曾作滄滄）式五月盈水□（曾作覓祥案古鏡字）員□（祥案以義求之或即靈字）列徧韜光樽栾□（曾云似砂祥案疑未的）□（曾作華）黑齒麻□（曾云疑總祥案恐是綴字）撮紛（古髻字）蒲穹蟺□（祥案疑蚤）之蠔□（曾作爪）霝之□（疑族字曾作猴）佛齊□牛海外□（曾作雜祥案疑是變字惟中从蒦又不似變）種繇（祥案古絕字）黨殊仕□（疑同字）□（疑國字曾作方祥案困見汗簡云國亦方字出義雲章）成

□□□（曾作育及聖祥案聖字疑未的）遠□百蠻□□（曾作重譯）無遠不[illegible]（古服字）皇哉熙哉大嗣廣（祥案㢊古廣字）博遺風迒（曾云同邈）哉

右親紙拓本陟州東海一紙大書篆額五字一紙三行首行標題與額同後有都護嚴事等題名一紙碑文十一行行十八字叔未先生得諸長安碑賈審為高麗國碑篆類古籀文頗難尋誦余借觀兩日釋其文確有可識者得一百七十五字疑似者十三字案碑文皆四言無韻繹其文義殊不甚了了大旨前半形容瀛海廣大具沐日浴月之象次言海中生物不測末則推本國家暨訖之遠而以頌揚作結也其前

一紙第二行紀陟州東臨大海據形勝而言嚴事等三人當是立碑人姓名然碑無年月無從攷其時代細玩字蹟當出宋元人之手必非近時所刻也高麗石刻流行中國者予所見有顯慶五年平百濟國碑惟青浦王少司寇及先世父詹事公家有藏本此碑亦遠在海東文字完好為罽來金石家所未見足與唐碑並寶矣（錢侗跋）

嘉慶十四年三月得於京師翁宜泉審為唐刻錢同人謂是宋元時物　得此碑至今二十三年宜泉同人去世已久閱之愴然此種墨本唯京師時能訪購

今余年老自分不能再入春明得不珍重護惜張廷濟跋

右文皆三句一段每段首句無韻二句與三句爲韻唯海外雜種以下二段育與服遙相爲韻末段仍係博邈爲韻錢氏以爲無韻者非也錢氏所釋尚無誤字唯退作逡非是又疑字誤者四處至大大陽之族同國確係其大太陽之猴同方其未釋而確識有據者廿四字不可識者十三字俟攷曾紀澤跋

余蓄此碑幾三十年矣初以爲近今之物置弗取也壬申冬從曾劼剛處見張叔未藏本並外從祖同人先生手書跋語乃編錄之古籀之學嚮未深

究就所見有參疑者十三字可識者一字更正者二字審其字蹟恐非宋刻用筆之法今東人猶能習之

越南附

昭光寺鐘銘

在越南國

利仁路外星罡戶鄉天屬童社昭光寺鐘銘并序

是歲二月有人自葆和持書一紙來京師謁余於東關余受而閱之乃寧衛將軍管領南柵聖翊軍賜金圓符陳遣乞鐘碑銘之書也其言曰□於曩歲與諸將奉命西伐軍次單咍海口與士卒漁於海畔偶得茲鐘視之無窕摦之形叩之有瀏亮之聲頗若新出於鑪革者遍示諸將皆以爲吉兆乃載歸童鄉爲于先人所作之寺今歲新寺成將以其年三月設開光慶讚法會茲以鐘碑並未有銘敢丐公一言刻之以詔于將來俾後之觀者有以知得鐘爲寺之因由斯遣之所願也子謂物於天地間無有逃乎數者況鐘乎夫不得於他人而得於寧衛之手而淪沒於波濤洶湧之間而舒揚於殿宇森嚴之上豈非數歟然不知寧衛得鐘耶鐘得寧衛耶以爲寧衛得鐘則不過擅利銅之用而已以爲鐘得寧衛

則鐘之所以期於寧衛者遠且大矣鐘云云 音聲云乎哉銘曰

嗚呼斯鐘八音之一沉於海波殆成棄物數不可逃理有可必舉網得之一朝浮出濯爾泥污發爾精明穹窿其質瀏亮其聲乃載之歸童鄉之寺懸之飛樓用爲法器寧衛得鐘衆人所云鐘得寧衛惟予所聞尙揚乃武以樹乃勳與鐘俱鳴永永無垠 皇越昌符九年歲次乙丑春二月下澣日光祿大夫 中書令兼翰林學士奉旨賜金魚袋上護軍胡宗鷟撰 中消大夫內寢學生書史正掌下品奉御阮廷玠書

御前造□□局阮迂鐫

鐘文凡四段每段有字處高七寸二分上廣八寸六分下廣九寸八分文三段各十一行行十三字款一段八行字數不等正書陰文鐘係銅質鑄成字甚清勁筠清館金石記

日本 附

佛足石碑墨象

高四寸四分廣一寸一分面文分兩截上截十一行下截十行皆三四十餘字正書背文五行行二十字或二十餘字亦正書背文上刻佛足石碑四隸字作二行

美阿止都久留伊志乃比鼻伎波阿米尓伊多利都知

佐閇由須礼知〻波〻賀多米尓 乇呂比止乃多米尓

弥𥡴知阿麻利多都乃加多知夜𥡴久佐等曾太礼留

比止乃布美志阿止〻已呂 麻礼尓母阿留可花与伎

比止乃麻佐米尓美祁牟与阿止須良乎和礼伎木處

須足伊波思利都久 多麻尓惠利都久 已乃美阿止夜

与呂豆比賀利乎波奈知伊太志毛呂毛呂須久比和

多麻波奈 須久比多麻波奈 伊可奈留夜比止尓伊麻

士可伊波乃宇閇乎都足止布美奈志阿止乃利留良

牟 多布𠄌久毛阿留可 麻須良乎乃須美佐伎多知布

賣留阿止乎美都〻志乃波牟多太尓阿布麻弖尓麻

佐尓阿布麻佐弖尓麻須良乎乃布失於利留阿止彼

伊伎乃宇閇尓伊麻毛乃已礼利美都〻志乃霸止 奈賀久志乃霸止 已乃美阿止乎多豆你毛止米弖与伎

比止乃伊麻須久尓〻波和礼毛麻胄弖牟 毛呂毛呂乎多弖 舍加乃失阿止伊波尓宇都志於伎宇夜麻比

弖乃知乃保止氣尓由豆利麻都良牟 佐義麻字 佐牟

己礼乃与收山都利佐留止毛止巳止婆尓佐乃巳利

伊麻世乃知乃与乃多米 麻多乃与乃 麻須良乎能失

佐伎彼比乃阿都伎止毛賀比麻爲多利豆麻佐米尓

阿下鈌 以上面文上截

弥祁牟比止乃止毛志佐米 守礼志久毛阿留可 乎遲

奈伎夜和礼尓於止礼留比止乎保失和多佐牟多

米止字都志麻都礼利 都如閇麻礼利 舍加乃美阿止

伊波尓宇都志於伎由伎米具利宇夜麻比麻都知

我与波乎閇牟 已乃与波乎閇牟 久須理師波都你乃

母阿礼等麻良比止乃伊麻乃久須理師多布止可理

家利 木太志可利鷄利 己乃美阿止乎麻波利麻都礼

婆阿止奴志乃多麻乃与胄保比於母保四留可母 美留期止毛阿留可 於保美阿止乎美尓久留比止乃伊

尓志加多和与乃都美佐閇保呂久止曾伊布 乃留久

止叙伎久此止乃山彼波久賀多久阿祇婆乃利乃多
能与須加止奈祇利都止米屯呂屯呂 須須賀屯呂母
呂与都乃閇美伊都〻乃屯乃〻阿都麻祇流伎多奈
伎嵗乎婆伊止比須都閇志 波奈祇須都倍志伊加豆
知乃比加利乃期止岐已祇乃嵗波志尔乃於保岐美
都禁多具霧利 於豆閇可良受夜□都 闕下比多留□□
乃多尔久須理師屯止牟与伎比止毛止无 佐麻佐牟
打多來尔 以上面文下截

佛跡 二字在面文上截弟二行行首 一十七首 四字在面文上截弟九行行首
呵嘖生 三字在面文下截第七行行首 死 此字在面文下截弟九行行首

佛足石碑 四字題於背文之上

和州藥師寺有仏跡及石碑仏跡天平勝宝四年文室眞人所作碑光明皇后所書碑面歌二十一首十七首讚仏跡四首詠呵嘖生死其第二章載拾遺集曰光明皇后所作也余愛其奇古明和戊子冬摹碑於罌粟以供好古諸君子賞玩云 古梅園元英 以上背文

案天平勝寶建元考謂日本孝謙皇以唐玄宗天寶六年丁亥立改元之一也明和改元廣漢書亦無之當詢之游東國者 筠清館金石記

此刻未得拓本據筠清館所載錄入碑係日本之物不知從何處得來文不可讀奇僻艱致大約經咒之類吴氏書尙未梓後將無人知者錄之以廣異聞並見同文之治爲極盛焉甲子紀元集成附載明和日本仙洞御所以七十五甲子之壬午歳立据此是乾隆廿七年也戊子爲明和七年當乾隆卅三年

八瓊室金石補正卷一百三十終

翰怡京卿校刊陸星農先生所著八瓊室金石補正始事於庚申之秋迄今五載剞劂甫竟以烈參與校勘之役使繫一言於卷尾烈維著錄金石之書始自蕭梁元帝有碑英一百二十卷惜已久佚宋歐陽氏集古錄趙氏金石錄洪氏隸釋隸續諸書於今爲最古元明兩代斯學少衰明趙子函石墨鐫華自序謂所收過於都穆楊慎而視歐陽才三之一視明誠才十之一且跋語詳於筆法略於攷證是近於論述法帖非金石之學也迨

我　朝而斯學大盛作者如林其總括前人諸作且記錄全文者首推王氏之金石萃編其自序云欲論金石

者取足於是不煩他求意甚善也特是古來金石雖日就毀佚而其淪棄空山沈埋地下經搜求而得者亦歲有增加又舊拓石墨固少缺泐亦有原石未經洗剔而後來精拓轉勝於前者況萃編一書成自衆手記載漏略迻寫舛誤在所不免拾遺補闕責在後人於是瞿木夫有古泉山館金石文編吳荷屋有筠清館金石記嚴鐵橋有平津館金石萃編陸劭聞有金石續編大都沿王氏之例補其闕遺然瞿吳嚴三家之書均未刊行陸氏續編刊行矣而係未竟之書缺略甚多獨先生是書積畢生之精力一再增改於王氏萃編缺者補之誤者正之於瞿吳二氏及其他萃編未錄之金石著作皆廣爲搜採詳加著錄惟嚴氏之書未寓目耳然則先生是書非特有功於王氏及後之治金石者其於書成未刊之瞿吳二家尤有功也不朽盛業洵堪與王氏後先媲美矣顧先生成是書當光緒之初歷卅餘年始克殺青苟非先生後裔善存手澤與翰怡流播古籍之功其不等於瞿吳嚴氏之著作者幾希烈因念先樞部公素耽此學官京曹時搜集石墨至數千種於隋之石柱頌唐之劉仁願碑以及和林遼金諸刻凡數十種皆曾手錄全文冀成一書而小子不學未能賡續先緒僅錄諸題

跋刊成寫禮廎讀碑記一卷楹書束閣負疚良深今讀是書益增不肖之慙恧者矣乙丑六月二日長洲王季烈跋

八瓊室金石札記

八瓊室金石札記四卷

長洲章鈺題耑

章鈺

吳興劉氏希古樓刊

八瓊室金石札記卷一

太倉陸增祥撰　　男　繼煇校錄
吳興劉承幹覆校

陸紹聞金石續編序

金石續編一書余既三四讀之而一再跋之矣今八月哲嗣子受舉以相屬曰先人手澤幸獲守存慮傳之不遠且久也行付剞劂氏矣子有夙好子其校之予所藏弆予其坿益之噫余於金石之學略窺涯涘烏克任此顧以耆痂之癖得厠名卷尾不可謂非幸也不揣譾陋宗王氏之例輯爲目錄一卷碑錄廿卷外國一卷闕者

補之譌者正之差者次之僞者削之旁采諸家題跋間一坿以鄙見冀有佽於先生之書也生平所蓄所見不敢羼入恐淆先生之眞而貽先生之書之玷也輯既竣乃喟然曰古人事蹟史不悉載賴金石以傳之金有時燬石有時泐賴墨本以傳之墨本聚散何常存亡何定賴箸錄以傳之箸錄之家　本朝極盛薈萃成書奚啻百數有限以時代者有限以一省者有限以一省并限以時代者有限以一郡者有限以一邑者有限以域外者有限以名山者有限以一人者有限以一種者有別以體者有敘以表者有圖繪者有雙鉤者其上泝三代

下逮遐金近自里閭遠訖海外綜掐而攷證之以自成其書者亦不下數十家或宗歐趙之例著目錄加跋尾或宗洪文惠之例具載全文或宗王儀父之例羅列碑目或勘前人之譌或補前人之不是而者古博物之家探奇搜秘未必盡加甄錄甄錄矣未必成書書成矣未必盡刊則雖希有之品終焉湮沒不傳而已顧書不必盡傳於世傳於世不必盡足徵信富於摭拾故物久亡索記者懵焉域於聞見遠訪無資愛博者悕焉疏於攷據稽古者病焉失於審擇別僞者嗤焉是故王氏萃編一書實爲宇宙之鉅觀古今之傑構自序云欲論金石

取足於此不煩他索不可遽謂之誇炫焉後之踵而起者冀以彌縫其闕則有如吳氏之筠清館金石記瞿氏之古泉山館金石文編以及先生之是書也吳氏蒐羅最富於萃編外多至二千六百餘通後人不能守其書道州何氏得之矣瞿氏攷覈最詳多者至于數百餘言原書已付刼灰傳鈔之本纔一見之近不知所在矣而先生是書雖未竟獨以後人之保守而刊行之先生之幸也亦王氏之幸也即古人之幸也抑更有奢望者本朝金石之學遠軼前代倘得聚百數十家已刊未刊之書統千數百年之遺文軼事芟其繁複剔其譌謬覈其異同判其眞贋彙勒一書永傳千古則書之傳者益傳不傳者亦傳其書傳其人傳即偶得一二希有之品者亦且附之以傳而史册所不傳之古人亦罔弗賴是以傳將王氏所謂欲論金石取足於此不煩他索者在此而不在彼也不誠爲天下後世之大幸也哉顧非大有學而大有力者其能與於斯也哉

書陸紹聞金石續編後

咸豐乙卯丙辰間在京師搜集金石文字凡萃編所未載者輒以一得自喜嗣聞海內有續編一書卒未審誰氏所輯憾不得一見以證所蓄也今得見之而讀之幸

矣又憾其書之未竟厥功并憾向所得之石墨尚存京師不獲取以參互攷訂也生平所見金石家書十餘種類多萃編未錄之文其最富者莫如筠清館金石錄又係未刻之書世所罕覯憾不得有力者集其大成彙爲一編以補王氏之不足也顧尚有諸書所未著錄者孟廟壁間有石牆邨刻石漫漶莫定其名元氏有封龍山神碑其後人重模上石者有樊敏馮緄二碑皆漢刻也三國有曹眞殘碑并陰出土未久唐則開元七年海州鬱林觀東巖壁紀大歷九年趙州刺史何公碑至德二載空寂寺大福和上碑大中二年贈司徒劉沔神道碑

又有房山石室所刻釋氏各經統計二十餘種完整無刓缺筆意在虞褚間足號巨觀內惟垂拱元年四月麗德男造金剛經頌天寶十一載六月樂安孫氏感恩文有年月可攷其妙法蓮華經第卅八之末有元和四年題名兩段則爲唐刻無疑此外造象題記不乏隋以前物山川名勝之區題字鐫名尤復何可勝數異時當就所得者刪繁除複蒐輯成帙以附茲編之末並將有目無文者就所有補之以彌茲編之闕申耆先生云日月不處尙冀斯編之速成於此有深慨焉能無奮起哉甲子八月書

筠淸館金石記目序

筠淸館者南海吳荷屋先生自名之室也先生撫湘不拎廉察不事紛擾吏民樂之湘人至今稱之時際 國家無事得以從容歲月肆意金石裒輯成書其書專補萃編之不足名曰筠淸館金石記自漢以逮遼金益以西夏僞齊高麗越南日本諸碑不下二千餘通較諸原書爲富至淮陽太守梁鑒碑高陽王寔墓志啓法寺碑華陽觀王軌碑薛稷書涅槃經潞州白鶴觀碑并陰及原書已載而據以校補者又有陳茂化度寺虞恭公李秀諸碑皆天壤間絕無僅有之宋本歐陽公謂物聚於所好而常得於有力之彊者他人不得而有之也蕭敷敬太妃張元馬懷素裴索諸誌他人亦不得而盡見之也然則先生此書雖題跋寥寥不逮王氏而其有功於王氏者匪淺尠矣先生同時如吳子苾劉燕庭兩先生所著亦甲於一時吳氏輯攈古錄有目無文劉氏輯金石苑八種（三巴孴古志長安獲古錄洛陽存古錄龍門造像錄六朝唐以來墓志烏石山鼓山題名昭陵碑考海東金石志惟三巴孴古志已梓）非復萃編之體例而先生此書獨散出於京都廠肆子貞前輩得以收弆之祥因得以借讀之豈非幸哉豈非幸哉惟傳寫多舛序次問亦紊亂爰宗潛研堂之例輯爲錄目一通存諸篋笥以供攷證之資卽以爲異日梓行之地是則祥之耿耿於懷而不能自已者爾

書趙撝叔補訪碑錄後

撝叔先生輯寰宇訪碑錄與蘭泉先生金石萃編並峙一著碑目一錄碑文津逮後學者備矣孫多於王五之四王氏之複重者會善寺戒壇牒碑也紹熙五年石門道題記附開通褒斜道石刻後未刪其目耳孫錄自元魏後層疊百出錄文非盡本不可著目或取諸八標題涉異審脉易疏性卽善讀而彊識尠能歷久不忘偶不點檢有一見兩見而不自知者余故謂著錄金石非目

覩而手鈔之必多乖舛也海內耆古家補王書者不乏通人補孫錄者獨一攜叔其志尙矣顧喜其博不可不知其失永平五年比邱法行造象原書列三年誤三爲五萃編作法衍審諸石本是行神龜二年張□安造象原書作杜匡安錢潛研作杜永安正光四年于氏造象即法昤也法似是陰建義元年李興造象即沙門惠詅也詅當作詮即詮字大統十七年始平縣伯造象即法顯也法顯乃亡息之名非造象者比邱僧力僧恭造象原書失審恭字武平六年鞏舍合邑廿二人造象即僧慶也天保八年闞名造象即寶演也失拓前一行耳開皇三年王伏女造象即邑主六十八造四面象

銘也開皇十五年維那孟清等造象即張洪亮也十六年澧水石橋纍文碑陰即宋文彪等造橋碑也顯慶四年豫州參軍造象即漁陽郡君李氏亦即郴原誤彬州司兵參軍王友方原書已兩見也總章元年朱景徽造象即信女王元□也朱景徽乃其夫姓名非造象者景雲二年僧九定造浮圖記原書列先天二年誤先天爲景雲孫氏攜石置江甯家祠不在滋陽矣今已佚開元廿四年裴光庭碑原書作贈太師忠獻□公碑誤列開元廿一年元和十四年薛平題名殘碑即竇鞏殘碑也智運爲天皇天后太子造象原書列武后末龍門山別有永隆元年運禪師造象一萬五千尊即此智運雍州□法智造象即段法智也大中祥符六年高□裕神道碑即吏部尙書高元裕碑原列大中六年誤唐大中爲宋大中祥符天聖三年僧惠深碑即淨土寺寶月大師碑原列紹聖三年誤紹聖爲天聖建中靖國元年岑公洞黃庭堅題名即南浦題名也華岳廟仲儒殘字原列北宋末戒石銘原附崇甯年類列山谷諸書惟只一刻且未詳所在華嚴岩洪亶題名原列宋末惟誤作朝陽岩至正廿一年僧通慧塔記原列至元卅一年至正卅五年渾忠武王祠記原列廿五年至正只廿八年此不必補而補之失也匪惟不能正誤且以滋誤矣孝昌三年張神龍等

百餘人造象即黃石崖法義百餘人造象道安法造象即張貴興及都維那尼道等造石龕記永徽二年樊慶造象再見於失編景龍三年李爲仁書殘墓志即楊氏合葬殘碑漏載撰書人名失編又列殘墓碑漏載撰人名天寶六載成□墓志即宜祿府折衝都尉□君墓志前注五載是其卒年大歷十一年盧濤墓志即太原司錄盧奕碑作奕者誤以盧杞爲即德宗時相遂以杞父名題之并誤十年爲十一貞元八年扶風郡夫人馮氏墓志即王庭湊妻馮氏墓志并誤瓌爲湊元和十三年尼義契墓志即龍華寺韋和尙墓志并誤契義爲義契

甯音洞石經前附北齊後次唐末未見分曉此二補而再補之失且多誤也庚辰比邱仁義等造象洛州陳癸㓘等造象一疑景明元年一附東魏末此二段合刻一石內有胡處貞名別有調露二年造象是即調露之庚辰也義字半泐丁丑是丁亥之譌非魏刻矣陽信縣令元□造象陽信魏屬滄州此稱棣州任右藏丞造象署魏州莘縣入魏無魏州亦無莘縣普光師造象用武后製字三者皆唐石亦非魏刻矣聖歷二年比邱二娘造象是證聖之誤內西頭供奉佘祺造象宋之內侍非唐刻矣尼法恩爲阿闍利攀公和上造象孝昌三年五月

造釋迦彌勒象殘記長安四年造均在洛陽王進思碑武授堂攷爲開元年趙宗道妻崔氏墓志熙甯二年十一月均未載年月戒石銘刻於紹興二年原書失攷此仍未詳李文珍孝行碑誤至大爲至正此時代之失也太甯二年雲門寺法勤禪師塔銘在安陽非益都顯慶四年善興寺造塔藏舍利函記在臨桂非安陽今佚元和三年盧承題名在曲陽非陝西侍郎窾楊於陵題名在永興非祁陽開元十一年突厥賢力毗迦公主阿郍氏墓志長安出土長沙所無元和六年零陵寺石闕贊祁陽所無未審何據此輿地之失也朱顯愚造象脫愚

字李伏及造象脫及字開皇廿年龍山公墓志吳龔梅以爲臧熹之子攷之不合此沿其訛開元十一年折府君妻曹氏墓志誤折爲析襄州刺史靳恒碑高恒慈書脫恒字是幢亦非碑元和十三年宮闈令威遂軍監軍西門珍墓志從姪元佐撰誤多王字十四年冀王府原誤事右親事典軍邵才志墓志從姪飛騎尉仲方撰誤脫志字并誤作尉仲方咸通八年李夫人宇文氏墓志李郴撰誤李爲王誤郴爲彬乾化四年樂氏冢婦徐氏墓志題作樂□安未知所謂後晉吳逢奉造象奉字當屬下讀湻祐九年林革浯溪詞誤革爲華開元二年鄭元

杲墓志誤杲爲果咸通十四年檢校太子賓客□史中丞閻好問墓志婞周彥恭敘恭屬下讀誤作周彥恭嘉定十七年馬石山詹乂民題名誤作唐民此姓名之失也爨寶子碑書上旬作上恂許洛仁妻宋氏墓志書志作誌馬慶安造象淸信士誤書淸淸士此文字異之宜箸者武德二年蘇玉華墓志顯慶二年心經天寶十五載蘇靈芝書劉智墓志原石是張遵撰無書人名元和二年裴復墓志九年李術墓志此僞作之宜舉者吹角壩摩崖之刻安得攜歸遵義盧豐當是別一碑王君意造象有兩種一有年月一無年月以原書爲失攷者非唐文宗大和

金石文字金石中無作太者原書作太仍其誤者亦非永平二年□慶造象疑是比邱尼法慶在洛陽隆緒二年姜□達丁大孃造象疑即姜須達石大孃天授二年五月劉僧濟造象疑即長孫僧濟失搨年月董方造象疑即董方進失審一字玉奴女造象疑即隋之王伏女開皇□□年闕名殘造象疑即原書之裴悲慈誤之明十五年所造資大元年朱行光造象疑是朱行先政和元年唐裔等清輝閣題名疑是宣和三年暨唐裔題名在韓城不在長淸誤辛丑爲辛卯因誤宣和爲政和也暨唐裔政和八年題名在乾州乾陵無字碑至年月之微

差撰書之漏載以及寫刊致誤不復悉舉而余所未見而未知之者或尙不止於是邪此書出後爲是學者幸多取證余故不憚覼縷一一表而出之非敢輕訾薿詒來者吾知攟叔聞之必將考覈釐正俾足徵信於後世焉已

二銘草堂金石聚跋

自來金石之書未有鉤勒全文一如碑者隸韻字原隸辨諸書模其字然而分韻散系莫覩全碑牛氏搬爲金石圖狀其式矣而裴岑紀功碑據贋本錄入不自知其謬誤且自天發神讖碑以下六十圖但於一碑之中鉤摹數十字或數字耳馮氏金石索踵爲之而據汝帖模之罘殘石據澑化帖模李斯書據古刻叢鈔模郙縣石刻石之不存展轉沿襲非復本來面目如此類者甚多劉氏三巴漢石紀存文字一如碑矣而樊敏高頤二碑未及鉤摹蓋以石多殘蝕易致乖舛而於例爲不一矣至黃氏小蓬萊閣金石文字徐氏隨軒金石文字均祇數種徐氏非能攷古者尤無與於金石之學也張君松坪博洽耆古收弆至數千種纂輯成書名曰二銘草堂金石聚自周秦至南朝爲一編皆一一鉤摹之文字之大小多寡悉據所見爲準不使稍有增損北魏至隋爲

一編唐至五代爲一編南詔大理西夏朝鮮別爲一編則皆錄其全文紀其行款而加以引證較諸金石圖諸書體例尤精當矣憶咸豐初禩在京師搜求金石遺文與松坪同時竊聞其好之篤學之邃松坪亦知余有此癖而各秘所藏未舉一紙以相商訂松坪時未有金石聚之作余亦未有金石補正之作也今松坪以守岳來湘引余爲同志出首帙以見示石鼓則謂字皆古籀并謂許祭酒所錄皆與古籀相合之文嶧山刻石則辨沈氏以爲石趙之非獨標一幟能發前人未發之恉非浸淫於經史小學精深廣博者烏足語此此豈以金石爲

娛翫者哉慨自干戈擾攘古蹟淪胥同好寂寥見聞狹隘欲捜括而裒集之較前數十年爲倍艱祥於此雖日事蒐輯恐不足步乾嘉諸先輩之後而松坪乃能特成一格媲美前人欽佩烏能已已顧履任有日旣不獲快讀全書又不獲旰夕過從互相印證洞庭渺阻惟冀時通尺素出其緒餘以匡予不逮是則祥之翹跂也夫壬申二月識

松坪名德容衢州人善隸書壬子進士由詞曹改部入樞庭擢守荆州丁憂服闋簡守岳州劉燕庭所藏金石散歸松坪者極多

硯搨自序

古无磚塼甎甓等字說文專六寸簿也一曰專紡專毛詩載弄之瓦傳瓦紡塼也釋文云本作專是古祗用專也塼見詩傳荀子磚見韓勑後碑甎見爾雅郭注不得謂俗要以專爲尤古專之最初者莫若長城祟墉圪圪至今具存而卒無取之者以無文字也專文入錄始自趙洪今不一存而猶及知之者以有著錄之文字也昔有今無賴著錄以傳之昔無今有尤賴著錄以廣之乾嘉已來捜剔日滋攷證益博或不事修治完其太璞或琢爲研使物歸有用不致與瓦礫同棄顧余所知者以張芑堂呂堯仙兩家爲最富呂氏所蓄兵後幸存無幾皆向之不甚愛惜者張氏所蓄保守無恙然則論其常則體成器備雖臧獲婦孺猶知重之値其變則質樸者較易瓦全理如是數亦如是存不存者幸不幸耳即著錄之文字其不存於今者亦正不知凡幾焉余幼過舅氏齋中几案間羅列專研心竊慕之而研田自食索米長安卒未遑一計及此逮出爲外吏又復時値艱虞無從訪覓兼以習俗尙鬼目爲厲物而沈諸深潭幾如景星慶雲不可得覩近數年偶一拾得拱璧珍之至癸酉春夏之交層見沓出取之不竭先後收弆不下四五百枚向

根吾生之已晚今且快此生之幸際矣燕豫齊秦吳越間久經名人捜括湘中獨未肇端故雖近不越數十里而以湮鬱極久之後發洩於一旦薈萃於一時嫩富遂得所未有自此以往恐又將可遇而不可求也於是日事拔沙加工礱琢以制研之先後爲編列之次第鐫字以記其數搨墨以圖其形手自詮釋間加攷核凡百數十種斷折不具必存之以保其殘模範不同必存之以備其全續有所獲亦將存之以補其闕古物幸存於今猶冀傳諸異日俾千餘年之遺蹟永久存之所以存文字而不可以言著錄也篆隸諸體晉人猶兼用之劉宋

以降槲矣麻布紋最古次則席紋粟紋六朝以後無之矣西北土燥而凝東南土柔而韌色多青黑淘汰而出之質理堅致其文字較小而工長沙土濕而疏色多黃赭其式較厚以巨其文字較大以滿制作不精者十有三四土黏而酥陊者字畫率肥置諸燕豫齊秦吳越之區類不一致雖未必盡然而大率不離乎是至筆勢之或整或斜或醇或肆或銳或圓華飾之或樸或文或工或拙或純或雜則又混會時代之殊與夫文人匠人之各異也世有目爲野制而屏之者何所見之不廣哉乙亥春裝治成幀爰題而書諸冊首

嘉蔭簃龍門造象錄目序

造象莫多於伊闕始魏太和迄宋元豐自千數百言以至數字豐碑片石無慮千百非親涉其境歷數月之久窮高探幽次第捜剔不克盡所有而甄錄之也顧稽核不易造像尤難鐫勒不盡精美曼患陊剝巨難辨識而椎搨又每率劣遺前失後上闕下殘紙有精粗字有隱顯往往同一種也而彼此各殊金石家據本標題亦復隨之紛異維那孟淸造象卽張洪亮也王子説齊洪超等造象卽韓叔子也如此者何可悉數第就龍門言之一比邱法行造象也孫氏訪碑錄載之王氏金石萃編誤行爲衍遂以法衍題之而趙氏補訪碑錄誤三年爲五年復補法行一條是一刻而三矣一杜永安造象也錢氏潛研堂金石目錄載之孫氏誤永爲匡遂以杜匡安題之而趙氏誤杜爲張并失審永字復補張□安一條是又一刻而三矣一闞口趙阿歡造象也錢氏王氏皆載之孫氏以下截首列邑師名遂以邑師惠感題之是一刻而二矣孫念堂造象亦首列邑師惠感（孫氏又誤感爲咸并失載年月）造象者實非惠感也一法陰造象也孫氏錄之趙氏以內有安樂郡君于氏字復補入于氏一條一沙門惠詒弟李興造象也孫氏以沙門惠詒題之（詒卽詮字此誤爲詒）

趙氏復補入李興一條一鞏舍合邑廿二人造象也孫氏以記文後首列比邱僧慶名遂以僧慶題之趙氏復據記文補鞏舍合邑一條一張貴興等造象也趙氏以張貴興及都維那尼道等題之張貴興字往往失搨中截有道安法一行趙氏復補入趙安法一條是皆一刻而二矣張貴興上殘泐尚多孫氏所見或未全缺又不知其所題何名也一思順坊老幼造象也孫氏既列之下截有劉君解等姓氏廿五行後復列劉君解等題名一條一王元藏爲夫朱景崴造象也孫氏以信女王元□題之趙氏復補入朱景崴一條一比邱僧仁合門

徒道俗等造象也趙氏既以比邱仁義等題之後復列洛州陳泰初一條是亦一刻而二矣此庚辰爲調露二年趙氏前疑爲景明元年後列諸無年月中亦復兩歧一豫州司功參軍王有等造象也內有姚漁陽郡君李氏孫氏既據以題之記文後有弟二息前郴州司兵參軍友方修文一行孫氏又據以題之（誤郴爲彬）而趙氏復據首行補入豫州參軍一條是亦一刻而三矣然非目覩手摩烏能辨其參錯而折衷一是哉至姓之誤者以宋爲朱（宋景妃孫氏作朱）以裴爲張（裴羅漢孫氏作張）以翟爲崔（翟二娘孫氏作崔）翟以韓爲轉（韓寄生孫氏作轉）名之誤者以秋爲狄（孫秋生黃氏中州金石攷作狄）以藏爲莊（魏靈藏孫氏作莊）以法爲汪（法琮孫氏作汪）以馘爲靜（魏懷馘孫氏作靜）姓名兩誤者有同夫蓋（周氏蓋孫氏作同夫蓋）有□泉寺（姚泉趙氏作□泉寺寺乃爲字之誤）有李貞普（胡貞孫氏誤胡爲李以下文普字誤作人名）有韓敬□（清信女韓孫氏誤以下文敬造字爲人名又失審造字）各舉數端不煩殫述年月可證尙堪揣測以知而未讀全文者又何從盡加窟易也東武劉燕庭先生纂輯金石苑內有龍門造象錄一種書成未梓槀本存張松坪太守處壬申夏借讀之六朝爲一冊唐至宋爲一冊年月泐及無年月者又二冊錄全文圖行款所以存往蹟者用心良苦所以惠來學者厥功尤多雖傳鈔譌誤未可遽付手民而

竭數十年之精力始克集此鉅觀可任其不傳於世耶或者曰造象之刻佞佛者所爲其人其事均無足取雖古刻也不傳亦何傷是則有大不然者錢潛研跋父母恩重經云唐人好刻尊勝經名山古刹所在多有不若此經足動人慈孝之心吾於此亦云然焉統觀諸刻上而爲國爲帝下而爲父母兄弟妻子皆不失爲倫常中人愚夫鄙婦焉得盡以大聖賢繩之大聖賢代有幾人愚夫婦所爲足以風世厲俗者有功於聖教甚多何獨於造象而鄙之彼鄙棄造象者其行事亦豈合於聖賢乎抑更有說者金石之學匪以供愛翫也將以訂史傳之譌闕徵文字之異同習焉弗察造象誠不足爲有無好學者潛心研求一名一字皆足以資攷證而廣見聞試撮其大端而略陳之邱穆陵亮署衛司空公長樂王在太和十九年知史傳所敘歷官前後不無參錯楊大眼封安戎縣子知兩史安成之誤盧徵再貶信州長史知新唐書秀州之誤魏書安定王傳不言假節督華州諸軍事齊郡王傳不言征虜將軍廣川王賀蘭汗之名不見於史楊大眼傳不言梁州大中正新唐書張九齡傳不言禮部侍郎盧徵傳不言右司郎中魏書官氏志有掖庭監而無令有嬖子學官令而無國學官令有殿

中監而無宮內作太監有奉乘郎而無步轝郎有立義將軍而無立義都督有都督中外諸軍事有州都督有京畿大都督而無南面大都督以至太官令丞鉤楯令丞志皆不載知史之漏略者甚多通典云魏太官屬光祿卿亦不言令丞又云晉大鴻臚屬官有鉤盾令自後無聞北齊如晉制然則後魏太官鉤盾之制闕軼無攷者亦已久矣曰游徼校尉司馬曰邏隊主可攷元魏警巡之遺法曰轘轅曰豐閏曰宏濟可補李唐兵府之逸名灆川即藍川之異文楷義即招義之異文下桂即下邽之異文逕陽即涇陽之異文明堂作唐可證詩之中

唐有甓醴泉作禮可證禮之宰醴負子郃陽作合可證史記之合陽絳州作降可證世本之魏降鉅鹿作鉅鏕可證北史之鉅鏕即知顧亭林謂不當從金之非大州作太可證郡縣志之太州即知新唐書謂改為大州之非邱穆陵不作目目穆通借知趙德甫疑為史誤之非眷屬作卷亦作婘眷卷古通知漢書婘屬為卷加從女之證㓞作刅可為儀禮疏九刅七刅五刅三刅之證無極山碑浚谷千刅亦以刅為㓞也礙作㝵可為南史引浮屠書之證石門頌遰㝵弗前亦以㝵為礙也臍作齊可為左傳後將噬齊莊子與齊俱入之證亡作忘可為

詩曷云其亡禮以爲極亡之證痾作利可爲淮南子輕土多利之證穩作隱可爲方言隱定之證即徐鼎臣謂古通安隱之證都尉作慰亦朱岱林誌銘廷慰之證酢作酢亦二字互譌之一證杏仁作人亦本艸古本之一證古本作人明刻始改爲仁地穴中出爲堪堪爲本字或通作勘或省作坩後乃以龕字爲之而堪之本義遂晦品在匚中爲區與堪同意故小室可名區或變作塸或借用嶇後乃以軀字爲之而區之本義亦晦硭硝作芒消說文無硭硝機欄作葼閬說文無欄薝蔔作瞻蔔說文無薝是皆學古文者所宜訂也打作朾說文無打攷新附者所

宜審也彌陁作駞說文無陁亦無駞只宜用佗釋迦作加說文無迦亦無伽只宜用加是又書篆文者所宜參也至寺觀之古名又記伽藍者所宜攷也鄉里之舊稱又脩方志者所宜知也吾故曰一名一字皆足以資攷證而廣見聞也然則造象之刻亦何不可傳於後哉爰輯錄目一通閒附參攷將以謀付諸梓也而書其梗概如此余所藏不及其半而先生所未備者有八十餘種并綴於尾或亦先生所不棄也倘異時搜括無遺得盡以目覩手摹者勘其譌補其闕而并梓其全書是又余之所深願而未卜何日也巳壬申六月題

十二硯齋金石過眼錄序

汪君硯山余金石神交也前輩楊海琴爲余言之族弟允三爲余介之於是尺素往還各以所得金石相餉遺吾友於桐軒又極言其耆古之篤幾忘寢食纂輯已成書矣而猶未知其藏蓄之眞箸錄之愼也乙亥春以所述金石過眼錄序例并秦漢以逮六朝碑目見賉謂書付手民盍爲弁一言乎余惟今之言金石者大都矜尚紙墨爭事新奇而已夫舊搨誠貴也異品誠罕也而於斷損不完曼患難辨之文字讀不終篇輒卽棄置又或以文法之不盡高古書勢之不盡超妙屏而弗取則凡

古人之事蹟以及姓氏爵里名物足以攷證經史小學者習焉弗察而古人所未傳者終不獲一廣其傳如保殘守闕之謂何硯山序例云搨本有精粗紙幅有廣狹遞後失前各本不同命名過眼謂所見祇此也噫何其藏蓄之眞箸錄之愼乎豈世之言金石者所可相提並論乎抑更有進者嘉道以來瞿木夫吳荷屋吳子苾陸紹聞諸先生皆以金石之學著名其書皆專補萃編之不足而書未刊行陸氏刊之而其書又爲未竟之書近有魏稼生嶢尹披羅極富萃編外不下二三千通余亦有志於此方輯八瓊室金石補正所獲亦幾相埒而稼生與余所述之書尙不卜成於何日硯山乃先成而梓行之何神勇若是哉李申耆先生跋金石續編云尙冀此編之速成硯山其速成哉光緒元年三月十日識於長沙寓齋

硯山名鑒其先歙人今籍揚州能畫尤喜金石

復汪硯山書

山城荒宗僻陋寡聞睽隔良朋郵筒罕達爆竹聲中片雲下賁與春偕至耳目爲之一清承惠石墨書冊感謝无量陽嘉殘碑去年九月得之傶未審其所出讀閣下題語知在曲阜談金石貴相質證信然信然大箸金石

過眼錄藏蓄之眞箸錄之愼余已前言之矣虛枕下詢謰謏尠勘尤欽度量之汪洋不以淺陋見棄敢弗就所見陳之自秦迄元遼金絕不一載當未有得李序內遼字可易宋也耆古未可戾今錄中避寫字多疏點檢亟宜改刊以免時訾韓曳雲等造象係龍門摩厓刻姓氏卅八人不在象下必在左右決非碑陰凡額字注於次行寧贙碑房仁裕母李夫人碑以額爲題殊不一例萃編恒有此病不必從之海禪師方墳記有兩刻文尾有年月者歲次下脫書干支碑賈所爲也李元賓李術兩墓誌亦與蘇玉華黃葉和尙同一贋鼎耳鹿世德諸人

乃僧洪昇等造象後題名非造象之人是刻在豆盧通
造象碑陰見常山貞石志是鹿世傳亦非德字梁夫人
成氏墓志失載碑題一行張黯墓志誤作典此其大較
也邪上手民號稱精善是錄何率劣乃爾踳誤不一而
足誠如來書所言益歎箸述之難而刊校之尤不易矣
至全碑文字與拙箸所錄多有歧異非檢墨本覆加審
眡逐一對勘不敢遽定是非容遲報命先就跋尾所言
言之以質博雅曹眞殘碑從俗以枉灋非祉之譌東堪
石室銘峻極霞亭郎霞字大基山仙壇詩陵月開靖埸
靖乃淨靜之通假據廣雅訓爲思恐非其誼孫旿造象

題三教之差差卽差字之殘泐非音培亦非以差爲著
李君晉造象遠離三塗乃卽塗之殘泐非湰也趙輝造
象昂卽昂字特變印爲仰耳楊夫人韋氏墓志隋尚衣
跋內誤作書奉御舒國公名匡伯見宰相世系表新唐書韋
巨源傳作貞伯未審孰是王夫人長孫氏墓志以安神
下其字半泐未可強定釋爲梳於義未協宜從蓋闕李
氏墓志爲其夫苻載所譔故首題亡妻稱孤子者時丁
母喪也敘故有上天降禍荐丁疊罰之語知母喪者敘
言扶護靈櫬歸葬鳳翔因得啓發祔于皇先姑之側也
古人於孤哀字不甚區別爲妻銘墓自稱鄙人非謂父

曰鄙人亦非子述父行也不幸天落天卽天字釋爲發
則費解矣李崧殘字如今半蝕弦之直今蝕如稱之平見四
川通志所引辦香錄非呼典切之呀字移作邢也黔陽
重修縣治記備先員卽員字宜州鐵城記可昇虎符非
是字也約舉十二條或有一當李氏志跋不可不刪削
爾九眞太守谷朗碑彷彿曾以持贈錄內未載余殆誤
記奉寄一本以備續補蒙詢拙箸成否極承注意僕腹
儉寡書下筆輒誤攷釋時時塗乙何敢遽出問世卷帙
較多剞劂亦匪易易大約二三年後歸隱里居閉門屏
跡乃克專心精力從事於斯輯集二千餘通而於過眼

錄二百餘種之未寓目者幾盈四十縱無庸貪多炫博
亦當廣事蒐求得尺得寸維日孳孳至老不倦庶足步
司寇後塵焉吹角壩石刻南詔鐵柱題款極難羅致方
子聽之王氏女造象江都薛氏之高思温墓志焦山之
東海廟殘碑道德經殘幢丹徒李氏之銅鼓款識及朱
氏之宜祿堂金石跋之數者誠求或尚易得能爲我各
覓之否阮氏之曇貴造象尚存否餘如關勝誦德碑法
如行狀及孫義普王慶畢遊江萬夫人四誌皆所欲得
不敢多請矣僕索居岑寂所冀同耆諸君子不棄惠之
以慰飢渴是則所昕夕頂祝而念釋在茲者自來五寨

寸度蠕圓俗陋而習武斷不識金石爲何事無可剔刮亦復無可與談虎錞魚洗銅鼓扁鍾自川黔攜來間一敢弃大氐皆無文字差幸異方同志遣道相詒計去年三百日所獲漢有朱博殘碑陽嘉殘碑上庸長碑瓦㮚題字皆新出土者元魏高齊各六種隋七唐十三宋卅二金廿三惟黃山谷黔州題名新出蜀中封天曹猛將勅新出吾蘇碑搨則吳三晉十四惜均一紙無副墨以供凊祕心殊欲然何得聚處一方各罄所蓄以相示過從促談簡札商榷當必有古味可歆飫也水遥山阻徒令人增惆悵耳臨穎不盡惓惓

復海琴前輩書

人日頒到手畢并大箸粵西得碑記時正俗塵坌沓翻醋冗繁得有道一紙書頓祛鄙悋兼滌離懷真快事也敘事之文最易徑遂亦易瑣屑此獨委蛇曲折無微不至古雅修潔神味淵涵不待言矣慨今感昔俯仰深情正不獨圖寫情狀山川生色也人世可傳之事大都從艱苦中來非堅忍不能得讀風洞南谿隱山諸記可以了悟又不獨攀厓躡磴恍見息柯於陰苔垂溜間未得時之歎息已得時之愉快目注心馳全神躍然紙上也謙謏校讐別紙錄奉李渤摩崖搜搨自有道始題名奪扁一行後世或病其跡不可不補附列於書尾何如谿園居士朱靜江倅吳億之自號嘗書水月洞三字刻於石廣西通志載之龍隱題字當卽其人或較有依據邪硯山金石過眼錄度亦寄呈審覈鐫刻卒劣其小焉者耳趙撝叔輯補訪碑錄急於成書舛錯百出而硯山倍之較諸得碑記霄壤判矣惠安西表四字搨工恒遺之雖萃編已載亦所欲得蜀中上庸長碑僅存三字已出都下寄來可無分惠又得利後子孫瓦㮚題字伯寅所藏亦新出土之奇異者山左所出晉人石柱題字及延煦堂之六朝諸石陳壽卿之六朝造象均尚未獲搨本

何時得手未卜也繕葺廨宇改舊建新未嘗剏置一椽賦荀齋爲横雲山館故址擬卽以舊額題之背山築室或題枕山居何如豫堂之南新構三楹擬名寄舫舊爲品石山房亦無不可近得永建元年朱提洗擬名恒居之室爲永軒許書齋額乘興作一二可已惟得八分爲妙耳菱舫書至謂有道仍將息影浯谿自更饒幽閒之趣而相距尤遠音問易疏益我懷人悵悒烏能已已惟祝萱暉日永節杖風高并乞時惠數行慰我積愫交親雲由権局寄辰轉達不致浮沉有日放棹潭州先期示我尤爲盼跂丁丑歲仍鉤摹刋板苦無可用之紙朗江

購到方能刷寄約在暮春時節可達左右

貴初殘碑

碑藏郃陽許氏凡三石僅得其二其石有少昊國爲四字石尾鐫乾隆元年夏五既望得于洽陽臨漢圖藏搨本有嘉定錢氏收藏印章

郃陽十三字殘碑

碑爲康强所藏弟二行尙有一休字此本已缺

泰山刻石殘字

石舊在岱頂東嶽廟之寶斯亭道光壬辰移置山下道院壁間同治已巳復移之環詠亭於是日事搥打不可

復久矣廿九字本殘燬不得再見此眞刻之僅存者翁閣學云斯臣去四字在南向弟二段之弟一行昧死臣請矣臣六字是後三行之首二字庚午秋復得此本較諸前廿年所蓄又沕數筆

三闕

三闕世鈔完本舊搨尤爲罕覯此卷紙墨迥非恒見所比儗三闕著錄自顧亭林金石文字記始此搨或在斯時後有阮文達題語可寶貴也余亦收獲一本精采不逮遠甚而太室闕有篆額少室亦多數行可以互證洪適軒州判謂少室上層有以山寶靈亲名疇數字隱隱可辨此卷及余所得本皆失搨安得一見爲快鈎軒從淵如先生游京師得見三通館所集搨本故獨爲全備

奉先寺像龕碑

碑爲世所習見此冊鋒穎呈露較今本相去倍蓰大龕功德之大字爲近搨所無古刻多一字卽足珍貴不必在宋本也萃編載此標題龍門山山字并失載尉負字及鐫人一行

隱山李渤題名

寶歷元年吳武陵書內有嗣郢王佑者可補唐書傳表之闕漏吳武陵署銜都防禦判官侍御史內供奉傳亦

失載如此巨幅粵西金石略失採何也李渤又有隱山六洞詩賦石刻當與此題名同時惜未拨及

又南谿詩

南谿李渤詩并李涉元岩銘渤署成紀縣子兩唐書皆不載一統志云白龍洞在府城南七里唐李渤嘗名以元岩此題名云西南曰白龍洞西北曰元岩則謂白龍洞卽元岩所改名者未確以元岩爲渤所命名亦未得實支撐字作支樣案古作樘此作樣者棠堂古通故可證

變从棠也車堂釋名作車棠說文金部作車樘亦一旁

聖傳頌詩碑

碑在陽山縣北賢令山背石厓明統志云石厓山在縣東北二里宋紹興初縣令張本忠刻祝頌文於其上以碑證之知紹興爲紹熙之誤本忠爲本中之誤以詩爲文亦未得實讀書刋誤惟金石最爲可據剔蘚斬藤烏可已也勿以宋刻忽諸

宣州鐵城記并頌

鐵城記粤西金石略所未載明統志云鐵城在慶遠府北三里宋寶祐間築黃應德作記頌即此碑也雲拱築城扞禦元寇宋史所未載或無兵事之故胡頴爲寶文

閣學士傳亦漏略金石信有裨於史哉頌不列書撰人名而記有之記作於三年長至頌文當在同時頌刋於四年三月記文當亦同時古人文字不相複沓宋季猶然海琴得記文於會笙巢余并得頌文於張敏吾笙巢嘗守慶遠敏吾嘗令宜山而所搨有全有不全全本之艱致如斯余昔簡守是郡未之任惜不獲親至碑下一摩挲之

朱君長題序

搨本有可廬先生名印及小廬先生收藏方章紙尾爲覃谿先生題記云此尚是初得石時所搨未經題跋者故所搨不多俟秋間往濟甯再多搨也蓋蘇齋寄貽潛研者此石於乾隆五十七年出土是歲潛研主講紫陽年六十五卒前二年尚一至濟甯

孔林墳壇石刻

石刻二種新莽居攝二年所造上谷郡莽曰朔調祝其縣莽曰猶亭居攝時尚未更改上谷府卿府丞也祝其卿縣丞也洪景伯已據武榮碑緜竹江堰碑證之矣祝其隸東海郡非即左氏傳杜注之祝其壬申夏五

宋補高頤闕

闕字辛未十二月楊海琴爲予題云漢高頤闕四十七

字在蜀雅安縣末闕一字宋人補刻光字王象之輿地碑目以爲高君兄弟皆孝廉一名頤字貫方一名賓字貫光案正碑雖剝而頤字貫方犂然可證並無名賓字貫光者蓋以爲一人兩闕又以貫爲賓復以爲字貫光宋人沿其誤乃補刻一光字於旁爾王穉子亦一人而有兩闕其顯然者偶見星老存此一字憶及燕庭丈曾有此說因爲記之

經刻殘石

石存一角三行八字首行見或與相近五字次行諸佛之三字三行存牛帝字書法在歐褚之間唐刻也

又二出一存爲淨故無□不壞□六字一存故乃至□若波羅五字海琴所藏海琴又嘗得殘經刻一片約數十字出都時寄存宅處後遂遺佚搨本亦無存者不得一覩矣殘經刻中唯佛遺教經最著名於時舊在吳荷屋中丞處

射陽聚畫象

畫象二石一高五尺五寸廣二尺二寸楊州汪容甫始搜得於射陽聚之雙敦此本有孟慈印章孟慈卽其嗣也舊藏容甫家今不知所在有言在寶應學宮者余亦得一墨本無此精美通體無缺損疑好事者鉤撫重勒

耳石分三層上層畫孔子問禮圖題榜三曰孔子曰老子曰弟子弟子當卽南宮敬叔兩漢金石記詳述之下二層饋禮器樂器與夫炊爨烹飪之事中層建鼓筍簴右立二人蓋司樂者左瀏洪筠軒平津讀碑記謂如今之佛座誤矣所謂一人赤身居其上者乃筍耳下層右列筐筥左列乾豆有雞有鴨筥下又有一鼎已涉模餬有竈有鑊竈突有薪鑊左一人作烹調狀蓋司膳者豆下有尊有罍右立一人以手揖之蓋司酒者又有一人坐而治魚持刀作剖腹狀精妙惟肖仍古質有致非後世工巧者可比漢物無疑或曰其地爲劉纏墓此墓門之石也劉纏卽項伯見於顏師古注卒於惠帝三年未知其審其一石高五尺一寸廣一尺八寸亦三層上層大鳥張翼右飛中層獸首銜環下垂下層一人執刀盾向右而行翁閣學攷爲武舞

甘泉山殘字

石三出一直二横一曰中殿弟廿一曰弟百廿一不可識阮文達在雷塘搜得之舁置揚州府學江鄭堂攷爲漢厲王胥塚中石土人俗呼琉璃王墳琉璃者劉厲之訛也案馬永卿嬾眞子云揚州天長道中地名甘泉有古塚大如山土人呼爲瑠璃王塚廣陵王胥武帝子都

於廣陵後至宣帝時坐謀不軌賜死謚曰厲後人誤以劉厲爲瑠璃爾旁有居民數十家地名甘泉或恐胥僭擬云據此知劉厲之爲瑠璃自宋已然其地爲厲王胥墓亦有明證江說蓋本諸此近時趙撝叔輯補訪碑錄載此云翁閣學攷爲昭宣之間又云從大興劉氏所藏精搨本審定横石上元鳳二字案此刻不載兩漢金石記翁說未見至所謂元鳳二字者審之均不甚似未知所指元鳳爲昭帝年號胥封於元狩六年歷六十四年而誅是胥之賜死在五鳳甘露之間時代不合趙說未敢從也道光辛丑游廣陵邵伯揚廣文以搨本持贈裝

爲屏𥂕嗣後又獲數本竇未見所謂元鳳者目有同覩相去當不甚遠何獨爲叔獨得之耶同治癸酉重裝書此

武都太守題名殘碑

碑即萃編所謂華嶽廟殘碑陰也申氏涵眞閣據隸辨蓮字注以爲劉寬碑陰關中金石記題爲武都太守等題名當從之申氏云近日錢唐趙晉齋親至二華搜求古刻所搨此種僅存上列四十字并旻節郭旺等名不可得見然則此搨爲世所希有矣案潛研堂目錄云凡七行每行五六字或七字則錢所見本亦只半截也石斷爲二或工人失搨其半或下段石佚均未可定此本與萃編無二要亦不多覯焉

八瓊室金石札記卷一終

八瓊室金石札記卷二

太倉陸增祥撰　男　繼煇校錄
吳興劉承幹覆校

邵鍾銘銘在兩鼓間右四行左五行字小只分許剝泐難辨就可識者錄之得七十七字文云佳王正月初吉丁亥邵□曰余畏公之孫邵白之子余頡□事君余□□武乍爲余鍾元鏐鏞鋁大鍾八肆其寶□𪔵□其龍既壽□虡大鍾既龢工□鼉鼓余不敢爲高我以享孝樂我先且以蘄眉壽世世子孫永㠯爲寶案邵𨛕縣亭名見玉篇廣韻亦云亭名蓋卿大夫食采之地後因爲氏也畏古威字又案𨛕縣屬牂柯郡古非中夏所有此邵當即呂字或郘莒字从艸从邑形異實同

楚良臣余義鍾孫氏平津館故物也孫淵如吳侃叔均有釋文阮文達折衷一是纂入積古齋欵識孫氏題爲楚義鍾余又嘗得其搨貽馮魚山一本有手題分書三行係乾隆六十年所搨者別裝一幀藏之

虢叔大林鍾在揚州阮氏汪硯山寄貽搨本有阮氏家廟藏器及恩高所搨金石印章案積古齋欵識載之釋其文曰虢叔旅曰不顯皇考惠叔穆秉元明德御于乃辟㝵屯乍攸旅敢啓帥井皇考威義爲御于天子卣天

子多錫旅休旅對天子魯休揚用作朕皇考惠叔大苓龢鍾皇考嚴在上異在下豈豈能能降旅多福旅其萬秊子子孫孫永寶用享凡九十字傅相攷證詳備謂此虢叔乃滅後續封之國卣即說文卣字爲由之古文卣讀若調調由一聲之轉古音相通故調飢之調讀如周倏革之倏古作攸昜屯乍攸當爲得純祚攸攸遠也威義即威儀豈豈能能宗周鍾銘豈字从支此似从金可知古文偏旁有變通矣阮氏金石書盡置諸文選樓者盡付回祿此刼後之僅存者

鄭邢叔鍾銘云奠井尗旅曰不顯皇考重尗穆秉允明

德御于乃辟㝵屯止休旅敢啓帥井皇考威義爲御于天子對天子魯休揚用乍朕皇考重尗大苓龢鍾用蘄萬秊無彊子子孫永寶用享凡六十八字鍾不知所在打本得自粵東人案奠鄭之渻井邢之渻邢爲鄭邑旅其名也阮氏積古齋載有井尗[illegible]鍾奠井尗安賓鍾康鼎內亦有奠井字皆可取以爲證不顯即丕顯字屯純之渻止用爲至或釋作乍以爲祚之渻者誤義古儀字魯嘏之借見於古器者甚多苓林古通鍾所應律寶苓大苓其証一也

商象形鼎銘一字曰[illegible]案申鼎作[illegible]父鼎作[illegible]言肇鼎作㠯皆象形此與父鼎相似而小變之說文鼎三足兩耳

利鼎銘在腹內前牆及底其文云唯王九月 缺 于牧宮□□ 缺 立中廷 缺 令內史冊□□□錫女亞□環市縈□□事利拜□首對揚□子□□顯似□□用乍朕□ 缺 利其萬秊 缺 用案亞當即黻字所謂兩巳相背也亦言兩弓相背然下文又有市爲古芾字與黻字同疑亞爲玄之剝蝕字環作[illegible]象形縈者鑾之渻利即利之異文作器者名 此鼎及鄀子戈尊父銅器大泉五十笵銅魚宜牛羊鐸咸陽土器鄭義匜父乙觚孫魚爵大布黃

千笵皆漢陽葉氏故物伊臣甥得之東老藏器最富一散於粵左再散於漢陽其存置京寓者甲戌四月復燬於火刼燼所餘盡鬻諸市蕩然一空矣

無專鼎在焦山阮文達定爲周器積古齋款識金石萃編皆載之具有釋文阮跋云無當讀爲鄦爤舊釋作丞非番古文作[illegible]此字从火从[illegible]微有闕泐耳焉是鴻之古文舊釋作佐攸勒即毛詩鞗革字必讀爲縛與鄭康成圭中必註相合魯休猶言嘉休舊釋作敷割句之借割蓋聲近故可借作匃舊釋作周祥案鄦即今之許字內門內古通入故阮氏以入門釋之史記周本紀魯天

子之命魯世家作嘉天子命故可以嘉訓之畢與必古通故可用爲縪珌亦作琿是畢必相通之證金石文字中往往互假也

宋御亥鼎鼎存蓋佚舊藏劉燕庭處木座有丙申年題字今爲夏芝岑所得通高漢尺六寸二分飾以蟠螭鱗紋口徑九寸二分腹深四寸二分三足似鬲而不空高三寸四分兩耳在表爾雅附耳外謂之鈛此即是也耳高於口一寸六分長三寸六分中空上寬九分旁寬七分色似澤桼青綠鏽蝕斕然可觀銘五行在内牆文云宋壯公之孫𢓜亥自乍會鼎子子孫孫永蕎用之凡十

九字壯莊古通宋莊公名馮說文御从彳从卸皆所以御之古作馭以手御馬此作𢓜从彳从走馬所以御之極合六書之恉蓋馭之古文亦即御之古文無疑莊公子桓公名御說見史記御作禦御禦古通莊公之曾孫名禦此爲莊公之孫命名御亥古人名字不嫌同文也會字上會下口似是噲字而義不可曉或以爲禬之借字說文禬會福祭也周禮注除災害曰禬此禬祭所用之鼎也或以爲膾之借字膾曰膾鼎餗曰餗鼎其意相同余謂即會之異文儀禮公食禮坐啓簋會士虞禮命佐食啓會注云蓋也此云會鼎合蓋與器言之耳或又

以爲會同之會御亥非諸侯不得有朝會之事矣鼎字象形上加从一者象扛鼎之木也與鈛制相合此鼎雖小猶存其誼

漢太宗廟鼎文曰大宗廟金鼎容一斗重九斤三兩元年十月丁亥宜成□□越庫嬰工九造凡廿九字蝕其二文稱元年而不書紀號景帝時尚未建元也十月二字合文或釋爲直非景帝元年乙酉中元辛卯後元戊戌皆不直亥宜成漢侯國隸濟南郡

商父戊卣銘在其腹文云楊隺乍父戊寶尊四字反文彝楊字篆法與南宮中鼎同右旁微異器爲裕甞卿所得借

搨之

商子孫卣孫字奇古息柯題爲龍虎子卣未審其詳

咎父癸卣見積古齋款識上作爵集木形彝器多作析木此不析銘云咎作父癸寶尊彝七字

漢千馬卣右作馬形左一千字舊藏阮氏文選樓今燬於火矣庚閒府刀銘曰名高千馬蓋亦富厚之義

商父辛爵文在扳内曰父辛辛字微有剝蝕息柯釋爲子字誤矣古人以干爲名不以支也

乙爵銘二字曰乙寶柱上似尙有一申字

父癸爵父癸二字在柱

父甲爵矢形不有弓字再下題父甲二字弓右又有一
字似斝
孫魚爵銘在鋬左題一孫字下作魚形
周嘉仲甗銘云唯元年正月初吉丁亥嘉仲父擇其吉
金自作寶尊彝其眉壽萬季無疆子〻孫〻永保用
父乙觚文云具丁巳父乙彝案與古遵字此加从占疑
即遵之異文或釋爲尊尊其氏也
曾侯角銘云曾侯作晉舉曾庚丁用尊□盟凡十二字
案積古齋款識載曾侯簋銘文字相同而彼簋此角迴
然絕異晉下舉字彼器缺蝕庚字亦有剝泐庚丁二字

彼釋作庚尊下作簋殆因器定字也以篆法審之恐未
必然闕疑可耳此本有稗松印章
父戊彝銘云叀作父戊寶旅車彝旅車二字合文
息父彝口圓徑六寸五分款在口上文曰宋□息父作
彝□子□□彝搨本有翰林博士孟廣均識方印識即
識字
事父彝銘五字文云事父作尊彝
利彝銘云唯廿又二年八月既望王在周康穆宮旦王
格大室即位宰頵□〔似身又似屯〕伯入門立中廷北鄉王呼
作命內史冊冊命利曰沪女元衣環市黃旂攸勒利拜

䭫首對揚王休用作吉君尊彝利其萬季永寶用此器
完好亦葉氏故物刼後所僅有者利字與前鼎同即其
人歟
燮彝通高漢尺六寸六分弱口徑七寸三分腹深四寸
六分兩鋬作牛首下垂有舌舌長一寸八分兩面亦均
作牛首口際四圍有六柱亦作牛首內向通身直線紋
餘皆以蟠虯爲飾銘在腹內文云唯五月既生霸庚二字
〔半蝕〕申王在周新牧缺室即立宰顒右燮缺呼內史冊命
缺□王德政官缺□□弗敢不脊缺束帶瑚戟□缺緣
旂燮拜缺揚天子休令用作缺其眉壽萬季子孫永寶

用紟燮籀文燮字見說文顒即顒之異文政从古文正
作政器亦葉氏所藏火後檢視破損三十餘字色澤亦
復黝闇而古氣自在也伊臣甥得之乙亥春與銅鼓同
運來湘奉余爲壽
伯莪敦銘云白作寶敦亦阮氏藏器案博古圖所錄伯鬲
與此相同
頌敦二種文字無二一完好一多剝蝕銘云唯三季五
月既死霸甲戌王在周康昭宮旦王格太室即位宰宏
右頌入門立中廷尹氏受王命書王呼史虢生冊命頌
王曰頌命女官司成用貯監治新造貯用宮御沪女元

衣帶束赤市朱黃䜌旂攸勒用事頌拜䭬首受命冊佩以出反入堇章頌敢對揚天子不顯魯休用作朕皇考龔叔皇母龔姒寶尊敦用追孝蘄匃康虔屯右通彔永命頌其萬秊眉壽無疆畯臣天子霝終子孫〻永寶用

凡一百五十一字案積古齋款識載有頌鼎頌壺頌敦各一事以此對校之鼎銘監治上多廿家二字受命冊無命字敦作鼎子孫〻作子〻孫寶上無永字壺銘亦多廿家二字敦作壺子孫〻永寶用作子〻孫寶四字敦銘文字悉同而篆法多異蓋又一敦也宰下字以篆體審之當是引字然博古圖載樂司徒卣有此字釋作

宏阮氏從之宜從舊說畯臣字見於彝器者甚多諸家皆讀爲畯臣以篆體審之明是畯字畯卽允之古文受命冊佩以出反入覲龍阮氏舉以證易之晝日三接確當不磨古器有資於經學如此堇覲之省竜卽龍字亦卽龍字與易何天之龍詩爲龍爲光皆同朱黃卽朱衡

襄敦敦已破損僅存腹底及半廓耳銘文十行行首亦有缺左偏銅汁歷落融積成小山黏著古泉十餘枚似皆壓勝物銘云缺九月既望丙寅王在周缺容大室王命若曰唯昔先王伐反北方之秊嬰白□□□乘干包生乃令女乇□□十邑□田乃邑□嬰□□子孫王呼內史冊令曰□女乘朱芾元衣帶束□缺沪戈琱䤯彤矢用□乃缺考□嬰拜䭬首對揚缺令用乇尊敦永寶用此器蓋嬰所作以祀其先人也嬰古襄字

虘伯霚敦朱攊笏從張春陔侍御乞得搨本轉貽葉東卿故物也銘云隹王九月初吉虘白霚悊聖元逑子業克□淮卩抑夑綏邑湯金尊鏐行具既畢方余擇其吉金用乇姜涅寶敦彝霚其萬秊子孫永寶用享東卿跋云虘伯霚敦銘五十三字與阮氏鍾鼎款識載曾伯霚簠同爲一人所作九月初吉庚午幹支同霚名同惟銘辭互有詳略簠爲祀皇祖文考之器敦爲祀姜涅之器自不

同也所異者簠作曾伯敦作虘伯曾卽鄫虘伯合文簠元字下有重文敦無之簠作孔敦作子皆未可強解悊聖元逑似紀先德克邠淮節似紀建績之地湯金尊鏐當是賜金以備行具之餘者造器耳方字體與簠異或左或右余餘湝文爾雅黃金謂之盪其美者謂之鏐湯盪湝文尊訓治也簠文亦是道鏐釋者誤爲賜金二字合文又以畢爲俾非是附以證之阮氏又載有遲作姜涅簋姓稱相同與此無涉竊意涅亦婦氏之俗稱如妻稱鄉里之類未敢肊斷也祥案曾伯虘伯迥異無庸強合爲一人

不嬰敦銘松坪伯寅先後以搨本見詒題爲孟姬敦余釋而繹之作器者名不嬰爲其皇祖公伯孟姬作也器不專屬孟姬因以不嬰敦易之銘云唯九月初吉戊申白氏曰不嬰馭旁厥允廣伐西艅王令戌羑追于西余來歸獻禽余命女御追于署女以我車宕伐𡨄允于高陽女多折首埶俘戎大同𢓊追女ミ彶我大辜戟女休弗以我車𠂤于𩐁女多禽折首埶俘白氏曰不嬰女小子肇誨于戎工沪女弓一矢束臣五家田十田用𢓊乃事不嬰拜頶手休用作朕皇且公白孟姬尊敦用匄多𠦪眉壽無疆永屯霝終子ミ孫ミ其永寶用享案嬰疑

嬰之異文或即期娸字作器者名也馭同禦古只作御御馭古通馭旁言捍禦于邊竟也厥允即玁狁號季子伯盤作𤔲嚴與厥同厥險也允阬之渻有高誼命名玁狁當以地勢險峻之故後人以其爲北狄因字从犬夷遂作犬旁之玁狁耳廣博也廣伐猶博伐毛詩以薄伐爲之艅即涂字下又渻作余戌字反文羑當即美字地名署不可識當亦地名或即咢字宕同蕩𡨄即厥字變厂从山同誼埶古執字見汗簡王庶子碑亦見博古圖齊侯鎛鍾侯字篆法與敔敦號季子盤同俘繫也即係字執俘猶言執俘說見前又案埶至也以本字釋之誼亦可通𢓊字不可識或即永之繁文永象水巠理之長於行誼爲近何以从止不能憭矣𩐁字篆法亦見齊侯鎛鍾誨即敏字或釋作誨謂即敏之通借餘皆恒見

𧻚敦瞟城周戩卿所得庚辰二月以宅鼎易之黝而澤連足高五寸九分弱口圓徑八寸一分深四寸二分强足高一尺六分耳長如之腹底銘十二言文云𧻚乍寶敦其萬年子孫永寶用案𧻚者踖之異文作器者名也詩不敢不踖說文兩引之一作踖一作𧻚是其明證此彝也而銘曰敦古器中多有焉今仍以敦名之

召朿山父簠銘文七行云鄭伯大司工召朿山父作旅

簠用享用孝用匄眉壽子ミ孫ミ用爲永寶阮氏冘彝銘跋云司工司空之屬𧙗疑工即空字渻文

冘簠藏阮氏銘云唯三月既生霸乙卯王在𤔲命冘作司土司奠還𢿚眾吳眾牧沪戎衣𥾝對揚王休用作旅齍彝二字半泐其萬年永寶用阮云還通寰古縣字吳古虞字虞人也牧牧人也以搨本審之左旁从干非从牛明是玟字玟者𢾊之渻文然於義不甚協矣當仍舊說爲是

尗䀑簠亦阮氏所藏器款識六行積古齋釋之云唯十月初吉庚午叔䀑擇其吉金自作此字已泐薦簠牛泐以孔稻

亦渺粱萬秊無彊叔朕眉渺牛壽子〻孫〻永寶用案稻粱
上字疑卽字之異文叀之借字易需有孚光釋文本作
叀可爲左證叀有陳誼與盛相近也阮氏釋爲乳恐未
甚的訓乳爲養謂五穀所以養人誼亦迂曲

周劉公簠息柯云周靈王時有劉定公景王時有劉獻
公不言諱蓋劉公自作以追享杜嬬也其文曰劉公作
杜嬬尊鋪永寶用銘又名杜嬬鋪藏李伯時家余案博
古圖載有劉公鋪銘十字其說曰豐似豆而卑是器形
全若豐然銘曰鋪者意其銘鋪薦之義鋪雖無所經見
要之不過豆類蓋銘之有或異者是宜列之於豆左也

今此器銘十一字是別一種息柯以爲簠想因器形定
之抑以鋪爲簠之通假耶末一字釋爲銘未確

陳逆簠阮文達謂逆字子行見左哀十四年傳此器作
于哀公廿年正月丁亥朔與杜氏長歷合攷駁詳備纂
入積古齋款識文云唯王正月初吉丁亥少子陳逆曰
余陳狟子之裔孫余寅事齊侯懽卹宗家擇乃吉金以
作乃元配季姜之祥器鑄茲寶笶以享以孝于大宗封
梎封犬封于封毋作尨永命沔壽萬年子〻孫〻羕保
用案簠古文从匚作匛此从竹其卽簠之古字無疑羕
保用博古圖釋羕爲永詩江之永矣說文引作羕于大
宗于封兩于字未甚確永命沔壽永沔二字恐亦未的

二都公簠銘四行文云二都公作犀中媰義男尊匡子
〻孫〻永寶用之凡十八字簠作匡古文恒見之積古
齋款識有都公敦作敦者爲二都公敄人阮氏攷都爲
蔡楚界上小國於二字未言之此簠亦二都公所造其
卽敄人與否不可知而稱二都公則同也竊意二爲古
文上字上都猶言上蔡之類

立盤錢十蘭藏器見積古齋款識銘云立爲旅盤子〻
孫〻永寶用

盂未匜漢尺長一尺九分强腹寬六寸深三寸八分有

半底有銘二行蝕其一文云盂未作寶匜其萬□子〻
孫〻永寶用凡十五字其鋬在右長二寸六分深一寸
六分口寬二寸高七寸二分左高三寸七分有半鋬在
其上作獸首銜之鋬長七寸七分圓折下灣內微窅手
所持處也四足高二寸三分弱後二差低案春秋左氏
僖二十一年經秋宋公楚子陳侯蔡侯鄭伯許男曹伯
會于盂杜注盂宋地今河南歸德府睢州有盂亭又前
漢地理志後漢郡國志盂縣隸太原郡云晉大夫盂丙
邑後書作𨛬毛本前書作盂是有兩盂邑也在宋之盂公羊作霍穀
粱作郚互相歧異廣韻盂又姓左傳晉有盂丙姓氏急

就篇注云盂衞晉邑左傳衞有盂黶晉盂丙爲盂大夫廣韻作盂丙通志氏族略云盂氏食采盂邑因氏焉其地今爲太原盂縣晉有盂丙衞有盂黶此作器之盂未其即晉大夫之族歟魯伯服匜弫伯匜末筆向右此作左曳似異而實同博古圖載盂皇父匜亦如此作朱豐芑駿聲說文通訓定聲以說文也字爲匜之本字象形後人加匚以器證之諸匜銘文無加匚之字其說似可信從然篆體似它而中多一筆與也字不類則亦未爲確當矣春秋時宋晉衞皆有盂邑左氏僖二十一年會于盂此宋地也昭二十八年傳盂丙爲盂大夫哀四年

傳盂壺口此晉地也哀十四年傳太子蒯聵獻盂于齊此衞地也又鄭亦有盂邑後歸於周定八年傳劉子伐盂朱豐芑謂即隱十一年傳王取鄔劉蔿邘之邘邘盂同音古通此盂未之盂不能强定爲何國矣又疑此盂字亦即邘之通借邘本殷諸侯周滅之尚書大傳文王受命之二年伐邘史記周本紀明年伐邘是也後以之封國左傳邘晉應韓武之穆也說文邘周武王子所封在河內野王此盂未或即邘君歟同治癸酉冬岳郡花橋港浚河發土得之歸張文心大令憲和處今以贈余出土時役夫以爲金製惡其銹蝕烈火而刮摩之腹鼓處古色大損幸彤內青綠無恙也

鄭義匜文云奠義蕣父乍敦匜其眉壽無疆子子孫孫永用奠即鄭蕣即敬並消文敦其二字半泐

諸女匜有蓋蓋器同銘亞形中作卣形左作格上三矢形銘者女𢍜太子尊彝七字者古諸字𢍜字近泐形制與博古圖鳳匜夔匜相類案趙晉齋有是器積古齋款識載之唯亞形中彼作尊形此作卣形爲小異耳阮文達云諸女即諸子諸姬之例諸子內官之號見管子注亦稱諸姬見漢書高五王傳阮氏又載有諸女尊銘文無太子字

王子申盞蓋阮氏孶經室故物也文達謂申即子西定爲楚器案方言河濟之間謂之𥂴盞據此則楚亦稱盞矣其文云王子申作嘉嬭盞蓋其眉壽無碁永保用之盞或釋作㦰盞或釋作蓋此從阮氏盞即盞二戈並列耳期古文作𣅀下从日此亦同之

虢季子白盤橢方而長約六七尺可以沐浴形製未詳昆陵徐氏舊物今在合肥劉氏壬申冬介韓履揚協戎索得墨本徐氏燮鈞宦於秦因事至郿見民間以之飼馬易以重直長官索之弗應乃引疾捆載而歸又嘗得一鼎歸田後築室置之分列左右終日居息其間怡然

自得也兵燹後橫尸其中匜月不腐省三軍門閭而異之輦運以去徐氏後裔乞留之弗應有貴人欲之亦弗應珍重與夔鈞等夫省三有大功勛位亦顯赫貴人無如之何夔鈞一縣令耳乃能抗拒長官棄組而去嗜古甚於嗜名不負斯盤矣銘八行完好僅泐一字文云唯十又二二季(二字合文)正月初吉丁亥虢季子白乍寶盤不(即丕)顯子白庸(古用字)壯于戎工(功之婚古通)經綫三(古四字積畫)方搏伐厰𤞤于洛之陽折首酉執(反文)僕(泐一字)是呂先行趄〻子白獻戎于王〻孔加(嘉渚)之子白義王各(即格字)周廟宣廚受卿士曰白父孔䫲又(即有字)光王睗(古賜字)乘馬是

用左(古佐字)王睗用弓彤矢其央睗用戉(古鉞字)用政䜌(蠻之)婚方子〻孫〻萬年無疆凡一百一十字案經綫即經畫之異文搏伐即毛詩之薄伐左从干尤得撻伐之指其爲薄之古文無疑厰即厰𤞤即狁字允之古文厰𤞤即玁狁之異文酋或讀作馘亦通僕字見博古圖敔敦銘亦見不𡢁敦銘淮南子僕人之子女注云僕與囚繫之繫同執僕蓋即獻囚之意僕與奚通孟子百里奚左傳祁奚史記均作僕左傳衛彪僕呂覽必已注作奚奚从系省聲系古文系字故囚繫之繫可作奚僕从人此似从口上古文字偏旁不嫌變動以口計人亦合六書之恉周禮奚訓女奴說文作㜎古只用奚从女从人从口皆後人所加趄趄即書侚桓桓詩桓桓于征字威武皃說文引書作狟趄爲趄田字此蓋借趄爲之廚榭之古字䫲靖之古字光王央方疆銘之有韻者政用爲征征政古通虢季子白伐狄有功王錫之乘馬弓矢乃作器以紀其績省三蕩寇有功乃獲是盤後先輝映天殆以之酬其庸歟夔鈞名傳劍武進人省三名銘傳合肥人

雙燕盤同治五年得之長沙質庫以建初尺度之連足高二寸六分徑二尺彊邊寬二寸作虬蟠紋周圜彎辦

式凡廿四出中作雙燕對舞形頗極生動之致無銘邊背列蝠廿有一首皆內向腹外列蝠如邊之數首皆下俛統蝠四十二皆銜環環用鐵意綴瓔珞之飾者歲久脫落損七蝠九環三足亦作蝠大倍之首上仰蓋所以承盤也銅色樸茂青綠迷道或指爲趙飛燕舞盤恐涉傅會要是漢器無疑

父乙器銘二一云子孫父乙一作兩矛相對形下題一女字女左似一元字再下爲父乙器形未詳

父丙器銘云朱(龜形)乍父丙

父丁器銘云父丁(析木形)子孫蓋銘相同不知何器

尊父銅器銘文在腹底云揚作尊父敦用享于宗室凡十字右有鋬似匜左有柄似斗銘文稱敦博古圖無是器形文云用享于宗室當是祭祀燕饗所用者

仲子化器銘云㠯子化用□楚王用正梋用擇其吉金自作□□末二字下皆从皿曼患不可辨正作二字皆反書梋字不見於字書

師佳器銘銘六行文云師佳懋䞣念王母堇□自作後王母厚賡乃文母曾公孫用貞乃□子師佳王母佳用自念于周公孫子自余□毋享又□凡四十七字其蝕四師作歸異文或云帥字兄生二字合文厚疑即㕓字

賡續也紬繹文義兄生弟佳爲異母兄弟也

長久富銅器未知何器銘文三行曰長久富宜酒食樂未央又一行題一癸字分書陽文左讀末一癸字或歲陽或作器者名或記器之次弟均不可知

咸陽土器不知何名題有款識四字上平列咸陽二字下右爲巨字左一字下半爲式式上似止又似上疑巨爲𢀜歫之歫此其範也或即古之榘字亦未可定又案器中空如筒下孔較小形制似鐓用土不用銅或明器歟

周羊子戈文曰羊子之𦨶戈曲阜顔氏得於周公廟側土中後歸馮氏戈重今庫平三兩八錢孔氏以貨布準之爲十八兩一分三釐覙三埒爲一斤四兩者不足十之一用久故也所爲肉倍之胡三之援四之皆與攷工記合弟一字舊釋作羊周幔亭以爲芊楚姓也翁覃谿閣學金石記張芑堂金石契从之舉楚武王授師子爲證朱笥河學士仍釋作羊阮太傅積古齋款識从之以晉羊舌氏之族爲證馮晏海金石索兩存其說案國姓爵名無連稱之文朱氏所言確當不磨細審羊字實不出頭阮氏之定論也

郙子戈戈胡已斷缺援尖亦損折銘辭惟郙子舟䉷其

用行用八字爲明顯舟古通周郙本在商密秦漢界上小國後遷南郡郙縣

秦右軍戈桂未谷故物後歸葉東卿處今不知存亡矣文云廿三祁隹缺命右軍工戈夏𠀇豎積古齋款識金石索皆載之阮氏攷證詳備所釋豎下有一匚字馮氏題爲秦廿三年戈據金石志補一萬字於命上此本墨暈無由審辨

晉左軍戈文曰□晉左軍□䜌阮文達以爲漢戈云不可釋者三字左軍舊釋作左庫今諦審之末一字似䜌阮氏別載䜌左軍戈跋云䜌字古欒省左軍即下軍其

卽欒氏之物歟此戈明明言晉蓋亦欒氏之物也

衞公孫呂戈文曰衞公孫呂之告戈告造之渻阮文達云公孫呂可補三傳所未備

邾戈黃小松司馬故物上三字疑是邾大師磨泐二字當卽其名

蚪戈搨本有稱翁印章戈藏平湖陸氏亦見阮書上作蚪象形下題一至字阮氏云上體作飛鳥形下體从巛而橫之巛古坤字鳥飛至坤上是至地也此說近鑿

周齊辰劍道光丁未得此搨本於都下眞贗不可知而篆法自精劍作鐱从金與吳季子之子劍同上方有吳興姚廣平題周齊辰劍四分書注云梁研室收藏

吳季子之子劍鳥篆十字云吳季之子逞之永用鐱鐱古劍字余嘗得齊辰鐱搨本亦如此作此劍舊爲孫退谷所藏所謂一字十金者嘗爲跋尾手書之朱竹垞王漁洋均有題詠池北偶談積古齋款識均詳載其文文行首一字或釋作保或釋作造吳侃叔定爲逞名以逞爲季子子之名阮氏从之今審搨本逞不誤也庚午夏瞿經孶書來謂呂心田觀察獲此劍於長安遂走函轉匄搨本乃郵寄未久而心田已歸道山憮然

商舞戚作子孫執戈形孫亞於子尊卑之序也下作一獸似犬然

古戚无文字桂未谷所藏金索載之

古瞿銘一字曰元

肅慎氏砮大小五枚咸豐乙卯得搨本於廠肆有藕船持贈印章並題字云諸公各賜題詠肅慎石砮昨年秋史師自北海寘謫中歸貽此數種亦樵夫得之土中者孔夫子所謂肅慎氏砮卽此物弟曾作長歌以紀其事玆分貺諸公并乞題詠誌海外之舊蹟豈不佳哉龍圖記與肅慎并載拙刻不日當奉浼賜正是望案秋史姓金藕船姓李皆朝鮮使臣入都與名公鉅卿遊恒以金石投贈好古雅人也砮爲肅慎與否雖不可得而知要亦一時嘉話耳

漢陶陵通款器中空口圜漢尺一尺八分面廣五寸邊右高六分長二寸四分左高七分長二寸三分自邊後角至末斜銳長三寸五分內凹中有脊微偏於右前高一寸二分長四寸亦微凹後高一寸七分彊背廣四寸八分弱前平長一寸六分後斜削至銳末長二寸五分彊款識十六字蝕其一文云墊厔供陶陵通具重四斤□兩鑄工李常道州何子貞前輩所藏假觀數日手搨之攷盩厔漢縣屬右扶風此作墊厔形似而譌正字通

云山曲曰盜水曲曰㕓因以名縣又云盩盩字之譌案說文盩引擊也無曲訓呂氏春秋涉血盩肝以求之或以盩爲古抽字訓亦無涉盩下也疑縣名本作盩取卑下之意與盩江同㕓从至凡从至之字皆有下訓然諸書無作盩㕓者未可武斷也積古齋載有陶陵鼎阮文達謂是定陶共王陵廟之鼎此云陶陵蓋亦同之其爲西京故物無疑封定陶共王爲共皇帝改置陵寢事在哀帝二年此器當造於是時通器名兩旁均有小孔必有一物貫其中而用鋮以貫之者然漢書禮器秘器均無以通名者可攷矣物全謂之一具云具者猶齊安

宮熏爐上林鼎之言具耳李常名見羊鐙銘云黃龍元年李常造此鑄工李常疑即其人宣帝黃龍至哀帝建平相距四十餘年也　嗣讀隋書音樂志載梁武帝制定禮樂又立四器名之爲通通受聲廣九寸宣聲長九尺臨岳高一寸二分每通皆施三絃一曰元英通二曰青陽通三曰朱明通四曰白藏通因以通聲轉推月氣悉無差違而還相得中據此知通爲樂器之名是器前高一寸二分與長孫氏所言脗合又知其名岳也至中空處所置之物受聲宣聲不得而知以朊度之當是宣聲即施絃之處矣又案此器云通則通之名漢固有之不始於梁武長孫氏云帝素善鍾律詳悉舊事舊事者前代留遺之制也特史所未詳耳

漢建昭雁足鐙此即王述菴侍郎得之關中者王氏中落爲上海徐渭仁所得咸豐初土寇陷城徐渭仁從之事平瘐斃於獄而此器不知所在矣物非其主亦金石之大厄也　鐙與宋搨褚河南枯樹賦同歸黃荷亭觀察家荷亭鄉居亦久作故人矣近不越數十里竟不得一摩莎爲憾壬申秋又志

漢杜陵壺文曰杜陵東園銅壺容二斗重四斤八兩永始元年倂工長造護昌守嗇夫宗掾通主守左丞博守

令並省漢志杜陵故杜伯國宣帝更名莽曰饒安此壺造於永始元年乃成帝即位之十七年是年乙巳距更名時已久矣阮氏以杜陵爲宣帝陵蓋以下文言東園也

大吉壺高慮傂尺一尺二寸七分口徑五寸二分鼓腹圜圍二尺七寸六分足圜圍二尺二寸六分銘在其底分書大吉二字反文丁丑三月得於五砦

古銅和通高漢尺七寸三分上半橢圓居中一莢似輪而渾圓面空背實外郭隨莢圍之分爲四格亦空之莢縱三寸四分橫四寸四分統前後一寸五分中含銅珠

圓徑五分許搖之則轉動作聲面作八輻輻寬四分弱前彎而綴合於中中有穿背亦有穿微小於面皆所以宣聲使出也菉下方莖高一寸一分寬四分上薄下厚下半橢方而長中空高三寸八分肩寬一寸五分强隆起肩側寬八分峻邊四方皆有小孔足寬二寸足側寬一寸三分四方皆有穿穿圓徑四分又有七線隱起直注中三左右各二面背相同兩側亦各有一線色純綠而微黝其音琅琅然案攷古圖以爲舞鐃博古圖從之後遂無易其說者阮文達攷爲銅和箸說以辨正之楓論亦確論也說見揅經室集云古銅器中有下半長方

形而空其下口以待冒者上半橢圓空中如兩輪形中中含銅丸望之離婁然搖之其丸鳴于兩輪中其聲鴟鴟然攷古圖載李氏錄云是漢武時舞人所執之鐃遂謂之漢舞鐃誤矣鐃者似鈴而無舌周禮所謂以金鐃止鼓樂書所云小者執而鳴之以止鼓大者懸而繫之象鍾形薄旁有二十四銑非此之謂此乃古車之和鑾也鑾亦作鸞鄭氏注戴記云鸞和皆鈴也又云鸞在衡和在軾此據大戴禮而云然謂鸞在衡之端和在軾之前此器近世流傳甚多其下方空處應卽冒車前兩柱之耑故有旁孔以待橫貫使不致脫韓詩傳云升車前馬動馬動則鸞鳴鸞鳴則和應蓋鸞近馬首乘則馬動而鸞鳴和乃應之左氏傳錫鸞和鈴昭其聲也經解云升車則有鸞和之音皆此物也鸞者謂橢圓之形爾雅曰巒山墮詩曰棘人欒欒兮婉兮欒兮皆謂瘦削之形執其鸞刀亦象其形以爲象鸞鳥鳴聲者誤矣和字亦象形爲桓字同音假借字車前軾兩柱如桓楹和門然若以爲音聲之和誤矣祥案此器面空背寶與博古圖所載微異而形制相同其卽銅和無疑馮氏金索亦載有此種幷謂其異者聲別清濁也又云漢魏樂府有鼓吹鐃歌想以此爲鼓吹之節要以阮說爲是乙亥四

月燀兒自京攜歸與始建水匜蓋同得之秦人

漢小鐸銘二字不可識陰款金索所載惟永平小鐸爲陰文餘俱陽識有宜牛宜田原宜子孫宜子大吉牛馬大吉利土日各種

宜牛羊鐸文曰宜牛羊三字分書金索所載或題宜牛或題宜牛馬並與此同意

銅魚長四寸許面有文曰大吉昌宜矦王陰款背亦有文曼患難辨末一字似利中空當卽魚鑰或爲佩飾

虎錞橢圓中空下甬如幢上半較大鼓腹承槃槃上作立虎形里俗呼爲虁鐘案周禮以金錞和鼓注云圜如

椎頭大上小下樂作鳴之與鼓相和正字通錞釪皆因山川形似圜碓深箭者故以爲名此殆其遺製歟錞出多近苗蠻之區殆蠻人所作樂器如銅鼓之類雖非三代法物要非近今所制余收弆七事大者高今尺二尺四寸五分鼓腹處圜圓倍之小者高一尺三寸一分彊鼓腹處圜圓二尺三寸二分盤底作雙魚紋與漢洗無稍異虎後又有一泉形四字𣅀威不可辨似是大泉五十餘高一尺八寸七分一尺六寸四分不等有作鳳皇獸首者形製均同立虎與鐘紐相類殆懸以撞擊耳聞湘陰張氏藏錞盤內題已丑二篆文余未之見

又光緒辛巳五月伯寅寄虎錞搨墨一紙紙尾有八願齋印章不審何人所藏左作一魚形右作一弓二矢及簸形前作一圜二直似古器中所謂室形者又有三橫後作三折似是巳字反文

銅鼓圜圓今尺四尺八寸高八寸五分葉東卿故物也甲戌四月厄於火壖扁不可整理矣有款識云大王庚午季六月十八日造小篆十一字蓋苗蠻長所爲也紀年莫攷何代銅鼓有文字者絕少葉氏又有一完好之鼓亦有文字今歸伊臣甥處

漢石槨題字文曰利後子孫字徑四寸餘潘伯寅得以搨寄形製未詳

漢菑川太子鑪銘四行曰菑川太子家金熻盧容二斗半重十斤八兩積古齋云趙太常所藏器漢書龍邱侯等皆菑川懿王子陸元侯等皆菑川靖王子北鄉侯菑川孝王子此不知所屬盧鑪之省

漢菑川太子鉤銘七言曰今菑川太子家賜案鉤云家賜是賜其家臣者餘詳積古齋鑪跋

漢左護都尉鉤四字分列左右

帳構銅款一行云五月十日中尙方造長一丈廣六尺澤漆平帳下構銅重六斤十二兩搨本有嘉禾郭氏止

亭所藏長章案積古齋載有景初帳構銅大略相同唯此有月日而無建元彼云平坐帳上廣構銅此無坐廣二字又上作下彼重二斤十兩此則六斤十二兩爲異耳金索又載景初帳構銅廣作邊餘同此器疑與彼同時所造故不再題紀元彼爲上此爲下也特不知輕重懸殊何以若是耶

玉虎符二事一見將軍虎符四半字一共十餘字惟武亭二字爲明顯搨本有喜孫印章蓋維揚汪氏所藏也道光丁酉從外從祖小廬先生句得之阮氏積古齋載銅虎符亦有武亭字

孟獲兵符形似半規同治辛未夏宋雲孫大令見贈云三國時孟獲所遺銅印在滇藩庫中以余審之殆兵符也文字不可識王司寇阮文達先後入滇捜求金石不遺餘力何未聞一言及之豈出土在後耶姑留之以竢諮訪雲孫名組同江西人其從父小墅方伯現官於滇

唐交代銅符下一字不可識上一字是化息柯定爲交代符未知所據器爲息柯所藏丙子搨贈

慮俿尺文藏衍聖公府萃編載之慮俿隸并州太原縣顏音廬夷居易錄云漢章帝時泠道舜祠下得玉律以爲尺與周尺同因鑄爲銅尺頒郡國謂之漢尺此或其遺歟搨本有乾隆六十年三月三日顏之青手搨小字一行之青曲阜人於今七十五年矣已巳十月

漢孝文廟鋗湘鄉陳舫仙自關西攜歸甲戌夏借搨而釋之款識四行曼成三字首行題漁陽郡郡下似無文字次云孝文廟鑄□鋗容三斗重□□五兩第卅一案鋗字不見於字書蓋卽幎之異文幎覆也字亦作冪移巾於下耳周禮冪人說文引作幎是其左證亦借扛鼎之鼏爲之有尊彝之幎儀禮大射儀冪用錫若絺燕禮公尊瓦大兩有豐冪用綌若錫鄉飲酒禮尊綌冪賓至徹之禮記禮器犧尊疏布鼏禮運疏布以冪此冪之誤字禮器注云或作冪是冪之通借字說文云覆食案亦曰幕周禮冪人注以疏布巾冪六尊以畫布巾冪八彝是也有簠簋之幎儀禮公食禮簠有蓋冪燕禮執冪者舉冪主人酌膳執冪者反冪是也有鼎之幎儀禮公食禮鼏若束若編士虞禮有司徹之扃鼏特牲禮升脯俎鼏之特豚載合升離肺實于鼎設扃鼏是也此卽覆鼎之幎矣玉篇冪鼎蓋也古用絺綌用錫此緆之古字用疏布用畫布故字从巾亦或用茅見公食禮注後人用銅故字从金从金者後起之字許書不收幎鋗古今字其實冪本作冖冖幎二字已有古今之判後世孳乳日多不復溯其原矣漢漁陽郡在今順天密雲境內舫仙名湜曾官山西按察使

賀祕監酒牌長一寸七分寬一寸上橫列賀祕監三字下作一人走馬狀蓋卽以爲祕監也辛未夏瞿經孳寄贈搨本云得之長安市中恐好事者爲之耳

養鷹官軍牌一面畫一鷹上橫列號數字已不可辨一面題隨駕養鷹官軍勇士懸帶此牌無牌者依律論罪借者及借與者罪同又有豹牌畫一豹上橫列豹字捌伯伍拾玖號八字一面文與前同惟易鷹爲豹耳此前明之物也

吳越金塗塔黃小松司馬所藏搨本有小蓬萊閣金石

方章塔有畫象張芑堂金石契馮晏海金索均摹之明萬歷初常熟顧耿光掘得一塔見程嘉燧破山志略與此無二

宋茶銀方七分厚五分許面鐫龍形搨本有藕船持贈印章又有題字云此茶銀北宋宣和所製小龍團前年倣友得之於高麗僧寺石塔中弟從秋史師得二枚藏之此次帶來奉呈一枚以求題詠弟已有文記之

[illegible]此宋理宗玉押也辛亥春向稚蘅索得搨本

宋玉笄寬九分高四分彊橫列八字云皇宋元祐玉工安仁搨本有蕘生所藏印章木老一字蕘生蓋瞿氏故物也

金貞祐鈔濬研有跋萃編載之壬申四月於故書中檢得此搨製爲屏金宣宗貞祐凡四年宋寧宗嘉定六七八九年也左有趙堂審定印章同人先生一字趙堂蓋其所藏

瓦竈外從祖同人先生故物也嗣歸程序伯處兵燹後無復存矣下方有木夫先生分書題刻云此瓦竈雖無年月欵識然已見續漢書禮儀志其爲漢晉間墓中明器无疑三十年前同里錢同人孝廉所得今藏程氏小松圓閣道光壬辰閏六月木居士瞿中溶題記序伯喆嗣稚蘅以此搨本贈予有心芷手搨小印心芷爲木老次子早歸道山今稚蘅亦已悲宿艸爲憮然者久之

又余壬申購藏一具長五寸九分前圓而後方寬四寸五分面作兩竈中空所以支鬲者右列龜魚雞豚形象惟肖餘則炊爨之具高二寸一分後側中作竈突方八分突左一人作引弓將射之狀右一獸似犬如今俗所續張仙者世稱竈神姓張殆以是爲竈神歟

八瓊室金石札記卷二終

八瓊室金石札記卷三

太倉陸增祥撰　男　繼煇校錄
吳興劉承幹覆校

陽嘉洗壬申二月得於長沙以慮俿尺度之高三寸二分無足徑一尺六寸五分彊腹外有獸首二左右各一各銜一環環已陊落通體純素無紋底徑一尺一寸三分弱中列一榜銘六言與博古圖所載同惟彼洗如罌此如槃彼飾鷺魚此無之爲異耳阮氏積古齋款識據秦敦甫藏器橅入余又嘗得一打本字形較大知當時所造不一器也陽嘉四年漢順帝即位之十年末二字

博古錄釋爲朔令云朔者朔月令者時令馮晏海疑之云朔令二字强解且洗中無此銘識之式當是陽嘉四年三月造七字耳余案博古釋爲朔者屰變爲羊再變爲手而移右月於下也下一字左虫右令明明是蛉字或以蛉爲令之叚借耶竊謂不言月而言朔未見有此文法以余審之是青蛉二字也漢書地理志越巂郡有青蛉後書郡國志青蛉有禺同山俗謂有金馬碧雞此題青蛉蓋記所造之地猶章和洗之堂狼永建洗之朱提永和洗之一稱朱提一稱堂琅也馮氏目所未見憑空臆改爲三月造且謂各本沿譌已久其字必有錯亂處武斷不亦甚乎青蛉水經注作蜻蛉蜻青通用見爾雅釋文縣名青蛉殆亦如朐忍堂琅地多此蟲因以名邑歟

又搨本一紙有虎臣手搨小印較余所藏文同而字形稍大說詳前洗

永建洗文云永建元年朱榥造左右作雙魚形藏慈谿鄭氏與積古齋所載之洗文字同而筆畫不同別一洗也阮跋云漢志犍爲郡有朱提縣此从木者攷蘇林讀朱提爲朱匙北方人名匕爲匙玉篇榥即匙字是榥乃匙之別文隸書手旁木旁往往多亂

漢董寀洗銘文三字積古齋款識以董昌器釋之金索定爲董寀較阮氏爲確董作董崇作寀漢人恒用左作羊形與陸質夫所藏吉羊洗同左氏嚴氏兩洗亦作羊形以羊形爲祥猶以鹿形爲祿也

漢傳子洗銘云富貴昌宜侯王傳子曹藏司徒子臨處今爲湘舲所得雙魚一顛一倒罕見於它洗鏡鑑中恒有之

富貴昌洗此亦漢洗也可辨者富貴昌宜侯五字約缺三四字末一字似央餘平曼未知何氏所藏

又文曰富貴昌侯王右魚左鷺與永元永和洗兩侯字

渻一筆搨本有何瑗玉圖章
又戊寅九月鎮筸東北城外五里許平塽王氏撥土得之閱一年己卯九月余將退休購之以助歸裝洗高漢尺七寸一分彊侈口口圜徑一尺四寸八分兩旁作獸形底圜徑八寸四分銘曰富貴昌左右作雙魚形青綠粲然叩之其聲清越牆間一空爲鉏所損無害爲古質也苗疆僻守無意得之可見荒陋之區未必盡無古器特搜羅者無其人耳亦可遇不可求者
雙魚洗出土時地與上洗同形製大小亦同而完整無損惟無文字耳

漢宜侯王洗底圜徑漢尺五寸中列宜侯王三分書左右作雙魚形樸茂可愛
又腹底宜侯王三字陽識旁魚鷺各一器藏長沙周氏甲戌夏借搨之
漢大吉羊洗有雙魚文曰宜侯王大吉羊與金索所載同而侯字反書字體全是隸法蓋別一洗也藏鄒縣孟氏搨本有十長物齋印章
萬壽洗中一榜篆書萬壽溢三字左右作雙魚鱗鬐畢具制作與諸洗絕異金索載之云吳雲海兵部所藏此即是矣搨本有雲海所藏金石圖章

日光鏡徑五寸道光壬辰周雨蕉先生得之秦中以貽
先大父以鏡面對日照之其文字映於牆壁瞭然可辨蓋銅鍊之至精者文曰而日而月而內而清而心而昭而明而光而史而央月字上加一圜圖記當是造者姓字巳平威昭作舀史字不可識金索以爲照心鏡與此大同小異
又文曰見日之光長毋相忘上有常生手搨小印與余舊藏鏡及所得搨本皆異馮氏金索載之常生阮氏子也疑是文達故物
又圜徑今尺二寸五分文曰見日之光天下大明字各間以華飾

漢小方鏡銘十七字云邵自有紀湅治同錫去其宰辟不羊古市案同銅之渻宰滓之渻羊祥之渻漢洗有作芉者此又變作𦍌古即賈字魯氏鏡云辟去不羊治市古泰言鏡云辟除不羊宜古市均與此同
青蓋鏡徑四寸九分銘云青蓋作竟自有紀辟去不羊宜古市長保二親利孫子爲吏高官壽命久內層作四靈員綻精到兼而有之隸法渾樸色淡綠而潤金索云古市即賈市觀二千石鏡云賈市得利可見或釋作吉市非也

又銘云青蓋作竟四夷服多賀國家人民息胡虜殄威天下復風雨時節五穀孰長保二親得天力馮集軒昊海孔琴南葉東卿皆有此竟銘詞四句首云青蓋作竟自有紀並與此不同

長宜子孫鏡徑七寸八分內層銘云長宜子孫外層銘云壽如金石佳且好兮戊辰六月子受屬校其貽翁紹聞先生金石續編一書以此持贈黃小松司馬藏有此鏡內層四字先左後右次及上下外層銘左行與此不同色如澤漆黝然而光篆法銳勁如鐵生平所得漢鏡此最精美

又徑五寸九分內層銘長宜子孫四字長字鏽蝕揭不得顯就視之尚可辨也外層四禽獸閒以四乳鏡質瑩白而朱翠迻邐斑斕奪目鏡面右半爲妄人所磨而金暈呈露亦見銅質之精矣

又鏡破爲三以銀固之中層九乳內圓外方銘文在其四維惟長字爲青綠所掩耳通體黝而綠面有紅暈斑駁如霞

又徑六寸六分內層圜規九乳又界以四方銘在四維外層作四靈四獸形以八乳閒之

十二辰鏡徑五寸七分內層方規題十二支字篆書字閒一乳外層八乳作鳥獸形八色綠而赭

角王鏡徑八寸八分銘云角王巨虛辟不羊倉龍白虎神而明赤鳥元武治陰陽國葆受福昌外出鳥獸八閒以四花花四出左方有一神人手持一鳥金索載角王鏡二種皆與此殊馮氏釋云角王巨虛者言匈奴部落之大也後漢南匈奴傳云其大者左賢王次左谷蠡王次右賢王次右谷蠡王謂之四角次左右日逐次左右溫禺鞮王次左右斬將王謂之六角故漢印有四角羌王四角胡王此鏡概言角王則四角六角皆可用之愚謂如馮所言則鏡鑄於匈奴恐未必然竊意虛爲孤虛

之虛王即旺之古字角觸也巨即歫字有背誼角巨猶言觸背術家趨吉避凶之意與下文辟不羊相貫注也以角歫言者術士多用陳法耳

千秋萬歲鏡徑七寸五分銘云湅治銅華清而明以之爲□而宜文章延年益壽而去不羊與天毋亟而日月光千秋萬歲內層又有朱氏二字分列上下蓋朱氏所造者金索載有此鏡銘文大同小異無極作毋亟而日月光而讀爲如

騶氏鏡徑五寸二分銘云騶氏作鏡四夷服多賀國家人民息胡虜殄威天下復風雨時節五穀孰長保二親

得天力傳告後世樂無亟兮內作四獸隆起騶鄒古通亟極之渻家隸續載騶氏二鏡銘文相同而少末句胡字作牯其大者內層作兩人相向坐題有東王公西王母字錢十蘭浣華拜石軒鏡錄載騶氏鏡內層作吳王伍胥范蠡西施越王二女之象題榜四曰吳王曰忠臣伍子胥曰范施曰越王二女皆與此不同金索亦載此鏡文字皆同而華飾異余幼時於錢氏得自怡齋見有是鏡圓徑較小字體不若此之古茂也制作亦無此精到

新安鏡內層方規題十二辰字閒以十二乳中層八乳

分四格格畫鳥獸各一外層銘云新安呰竟出尙方魯攸刻畫成文章湅治同錫清而明長保二親利弟兄爲吏高遷樂未央兮新字反文同銅之渻錫作沪古字亦反書新安漢屬宏農郡魯攸當是匠工姓名

換青鏡徑五寸五分銘云作佳竟哉眞大好上有仙人不知老渴飮飢食內層八乳左偏有一圖記題換青造三字

宜宮鏡中心上下各列宜宮二字外層銘云吾作明竟幽湅三商周刻雲龍五帝三皇□萬美黃□□朱鳥元武白虎青□宜高官□□侯王萬畨大吉此與趙義成造象同得之於稚蘅上舍上有素門先生及趙氏金石二印章

尙方仙人鏡顏心齋所藏外層銘云尙方作竟眞大好上有仙人不知老渴飮玉泉飢食棗浮游天下敖四海壽如金石爲國保而兮三十七字詞未全漢竟中所恒有內層銘十二辰字凡鏡皆陽識此獨陰款並左行反書殊所罕見馮氏模入金索者即此而釋文漏載二字又外層銘云尙方佳竟眞大丂上有山人下洪老渴飮王泉飢食棗兮丂巧之渻山仙之渻老字反文內層題十二辰字金索載此鏡五種皆與此異余嘗見吾鄉徐

秋士先生藏此五六種亦復各殊今不一存矣秋士名元潤嘗爲泰中大令收獲漢唐六朝古鏡不下二百餘枚

上大山鏡銘云上大山見神人食王央飮澧泉駕文龍乘浮雲宜官凡廿言央英之渻文澧醴之古通字金索以此爲太山神人鏡其弟二鏡與此相似宜官下尙有秩字及保子孫貴富昌樂未央兮三句此鏡文未全也金索又華山神人鏡銘略同

西王母鏡銘云尙方作竟眞大丂丂巧之渻上有山山仙之渻人不知老渴飮玉泉兮十九字又有西王母三字金索載有此

鏡跋語甚詳云此鏡六乳分六格一格畫女子坐而聽琴題西王母三字殆即西王母也一格畫一女鼓琴疑王母侍也一格畫一女翻身而舞倒垂纖履案武氏石室畫象中曾母投杼足履亦小知小足不始於六朝也一格畫龍一格畫獨角獸而馬蹄蓋麟也一格畫一神鬼跪而擊毬兩手似翼銘詞旁署西王母三字與隸續騶氏鏡旁署東王公西王母相類其中鼓琴女子兩翼神鬼往往見於武梁祠畫象其獨角而馬蹄之麟亦與永建元年山陽麟鳳碑相似

袁氏鏡圓徑九寸四乳閒以二神人二異獸銘云袁氏作竟莫天巧上有東王公西王母仙人俠侍長保二親宜子孫爲吏高升莫天巧莫字與盍氏鏡同尙方仙人鏡亦有如此作者或釋爲眞殆非也俠即夾字紅稻村農云袁氏鏡其色純綠似瓜皮藏木老處所謂綠鏡是也木老得此當自名其軒曰綠鏡紅稻村農小盧先生自號壬申夏五

君宜高官鏡亦瞿氏所藏圓徑四寸九分

李氏鏡徑四寸六分八乳右偏作圓圖記鐫一李氏正書鑄鏡人姓也色淡綠有古澤閒雜紫赭特非漢器耳

周氏鏡圓徑二寸八分僅一周字搨本有金石華竹主人賞鑑長印

唐秦王鏡銘云曾得秦王鏡判不惜千金非關欲照膽特是自明心與博古錄自明鐵鑑同金索載兩種一鏡判作拚開作關中鑄四海馬閒以葡桃其一則文與此同而華飾亦異謂是葉得者此本亦錢氏故物也

當眉鏡篆書銘云煉形神冶瑩質良工當眉寫翠對臉傳紅如珠出匣似月停空綺窻繡幌俱涵影中金索載有二種云吹影集以爲六朝鏡博古圖以爲唐鏡太平廣記及池北偶談以爲蜀王衍銘詞見張君房麗情集案此鏡乃後人所仿造對臉傳紅本係傳字而此作傳金索所載同綺窗繡幌此作幌幌即幝字尤爲繆戾涵字右从亟亦與篆法不合博古圖末二字作秦宮題爲秦宮鏡與此小異

唐辟水鏡圓徑八寸五分內層作海獅獸外層作十二生肖形銘詞四十八言正書規逾璧水綵艷蘭缸銷兵漢殿照膽秦宮龍生匣裏鳳起臺中桂舒全白蓮開半紅臨莊並笑對月分空式固貞吉君子攸同辭麗以則頗有六朝風韻

海馬葡桃鏡圓徑六寸五分內層作海馬外層作鵲形均閒以葡桃博古圖不詳其義或曰天馬來自西極張騫得葡桃於西域此記異物也

菱花鏡八出徑六寸中作四禽閒以花艸邊作四芝亦閒以花厚重倍於它鏡制作亦精非唐以後物

吳剛斧月鏡亦稱龜鶴遐齡鏡方今尺二寸九分中列一樹左立一人作持斤伐木狀其爲吳剛故事無疑右作一鶴一龜取壽命長之意左作雲彩或曰是日本鐵鏡日本鏡多以龜鶴爲飾

日本鏡鏡作松林雙鶴工細有法右方題天下一三字龜紐與金索所載大同小異彼鏡爲葉東卿所藏此不知所在

準提背相鏡中作準提背相環列咒語與汪桂林藏鏡

同惟略大彼鏡正面有梵字三十六此無之或搨本佚也搨本有李鐵橋印章鐵橋名東琪嗜金石甚篤鏡出西藏亦數百年物矣

準提鏡內層規方環列咒語外層鑄梵字廿五有常生手搨印章或藏阮氏

雙魚鏡雙魚一傎一倒下有一印可辨者子官二字金索載雙魚鏡無字

松潤鏡右方有松潤二字四乳閒以四獸

道卿鏡下方鑄道卿二字反印篆書

照邪鏡三角下弦八寸六分左右各六寸一分兩角分題照邪二字上角橫列神鏡二字其下又有三行行六字文云八一十口三陽在後前牛無角後牛有口走走

案金索載軒轅鏡中列十三字云八有十口前牛無角後牛有口走其下又畫一牛馮氏謂是丑月所用鏡十口者甲也牛無角者午也牛有口者告也告下加走必造字甲午造取陽日也此鏡字句大同小異云三陽在後似與丑月之說相合八一十口則是舍非甲矣大約黃冠者所爲可無求甚解也

𠂤幣圜徑二寸八分僅一周字搨本有金石華竹主人賞鑒長印

安邑幣文曰安邑化二金倒文金索以爲禹幣化郎古貨字庚子秋得於白下

古鏟幣其下單層其上夾層有口向上可以正柄面有一商字金索所模有題京字者與此相似而不同

安陽幣文曰安陽二字夏都安邑當是禹時所造

安陽布背一右字

安陽小布朱近漪古金待問錄云凡有陽字者皆高陽氏幣馮氏金索从之余謂禹都安邑安見其必非夏幣也

古布兩種藏弆家謂之鏟幣有口向上可以正柄一題

空字一題土字甬上有孔背無字作三直紋
秦半兩泉以建初尺度之徑一寸三四分爲秦物不及
寸二分乃漢時所作此泉徑一寸四分
藕心泉戊戌春子雨見詒戲爲之銘藕心泉橢而方直
如矢佩毋忘丹鉛錄潛確類書皆定爲漢制桂未谷云
是西南番瓦交子
差布五百幼布三百新莽十布之二見漢志五字作㐅
大黃布千十布之最大者大黃者布之名古以之名弩
亦以之名山或讀爲大布橫千者非
貨布在十布之外者漢志天鳳元年罷大小錢改作貨

布直貨泉二十五是也
莒刀三種亦名明月刀面文莒字均同背文各一字曰
右曰左曰行金石志云莒刀亦齊器樂毅伐齊城不下
者唯莒及郎墨是莒亦齊之大都會也金索載卄四種
余所得搨本廿三種郤有馮氏所未備者
齊寶貨刀背有吉字舊說作齊吉貨馮晏海以爲古寶
字
節墨刀文曰節墨之夻化節卽古通金石志言之墨作
墨馮氏釋爲郎墨邑之寶貨舊說作吉貨邑字未的疑
墨郎墨之異文非墨邑兩字也夻古寶字化古貨字背
有工字金索載郎墨刀十二未見此種
安陽刀文曰安陽之夻化背題十貨二字安字从广見
汗簡此又變从厂安陽莒邑見後漢趙彥傳注金石志
云安陽屬宋國
齊刀文曰齊夻化舊釋爲杏九或又釋爲吉化皆非化
卽懋遷有無化居之化古貨字也背文題一甘字
貨布刀洪氏泉志宣和年蒙城人於田中得古刀柄端
有方寸匕三字彷彿隸書身有文曰貨布五百疑莽所
鑄此卽是也
齊途陽刀文曰齊途陽吖夻化途字馮晏海疑爲遲弟

四字未可強說背文有一吉字吉上　或以爲丁或以
爲甲金索載是刀兩種文均少異此刀篆法不甚古制
作亦不精或仿爲之耶
日字刀長五寸六分寬六分形直面文有一日字可辨
不審何代所鑄
金錯刀文曰一刀又曰平五千錢氏故物有小盧先生
名印
大泉五十笵底列富人大萬四篆書金索云形橢員而
長兩行列泉六枚半字半背分布之大萬猶今八云巨
萬漢書劉向傳功費大萬百餘案瓦當文有云樂當大

萬者疑與此同意俞太學以萬爲舞名凡樂皆以大稱如大咸大罄之類

又縱三寸一分橫三寸五分底列大泉五十二枚正背各半背存日利千三字千下所缺似萬新莽時所造也

大黃布千范橢圓長四寸寬三寸二分底作布泉面背並列文曰大黃布千范背無字

貨泉范郭止亭所藏方二寸六分中列貨泉面背各二又兩種一橢圓而長長五寸一分寬三寸三分峻邊中列貨泉二行四面四背底分四格文字不可辨識上二格內尙有字蹟隱起一方三寸七分中列貨泉面背各二底無文此皆非鑄泉所用者器經烈火青綠黯然矣

小者尤甚

一揭本高二寸許廣約四寸下半斷缺鐫刻齊刀貨三字僅存寸許不知何物亦不審是銅器與古磚否也辛巳五月伯寅所遺

周豐宮瓦當外大父亦軒先生所藏阮文達攷證極詳王司寇纂入金石萃編憶丱角時隨侍我母至鄮每一摩莎不忍釋手忽忽幾四十年矣先慈見背已十九載錢氏自兵燹後凋零殆甚是瓦亦付劫灰回首前塵何可再得已已十月從故篋中檢獲是紙亟付裝池並書數語以志愴懷不獨吉光片羽留傳天壤無多也　補訪碑錄載大興劉氏所藏丰字瓦云文作丰與原書所載丰字瓦異案瓦文原作丰下畫不平孫書誤刻作丰特此係二丰相並彼只一丰爲異恐好事者爲之今錢氏後人亦嘗以舊揭本摹造矣壬申又識

十二字瓦當文曰維天降靈延元萬年天下康寧瓦出阿房宮故基諸家皆斷爲秦瓦金石萃編載有三種金索有二種其弟二種卽萃編之弟一種其弟一種卽此是也降字右从夅與它瓦作夅夅夅爲合於古矣

永受嘉福瓦俞氏以漢書董賢傳更名其舍曰椒風釋爲椒風嘉祥云椒作赤反書風字上加虎取風從虎之

義程氏據漢武帝迎風宮釋爲迎風嘉祥萃編載之馮氏云末一字明係福字當是永受嘉福四字文似秦璽宜定爲秦瓦其說近之是瓦世不多見乙巳夏見此本於厰肆椎揭頗精以百錢易之訪碑錄作永壽嘉福受壽古可通借以篆體審之作受爲是無煩易字以釋也

宗正官當瓦下方缺損道光丙申得此於崑山生平所藏金石此開其先案宗正官掌親屬秦漢皆有之史記正義引應劭說周成王時彤伯入爲宗正是又在秦以前矣以字體審之當是漢物

長生無極瓦横徑七寸二分上半輪郭無存此瓦流傳不少萃編未載偶未得耳舊說云未央宫瓦程勉之以爲阿房宫瓦文字茂滿與石索所載同

又有外曾祖可廬徵君銘刻於輪背迄今八十三年矣瓦燬於兵火搨本亦僅有存者銘云西京遺刻渲古可式置之坐右世守無極乾隆丁未四月四日辛丑錢大昭銘已已付裝書此

延年益壽瓦輪郭微損辛未夏朱星垣持贈

長生未央瓦徑六寸三分上輪已缺下輪鐫款廿二字云丙午重陽後一日海昌目畊農陳恕得於邸寓之雙

清閣輪側又有未谷題字云道在瓦礫丙午冬日目畊先生屬題曲阜桂馥目耕得此瓦於雙清閣余得是瓦新以宋蔣時所題雙清室三篆書製爲齋額亦適逢其會矣

千秋萬歲瓦徑六寸六分右上角輪郭陊落秋歲二字亦有剝損諸家皆以爲未央宫萬歲殿

又兩種一徑八寸四分一徑六寸二分文同而篆異

千秋殘瓦小廬先生爲予題云漢千秋殘瓦亦藏予處憶十蘭兄曾有萬歲磚俱係宫殿中物可寶也輪側鐫有銘詞云千秋殘瓦遺漢宫錢郎作硯傳無窮老木爲靜儒銘凡廿字靜儒舅氏小廬先生冢嗣也余弱冠恒摩莎之至今猶在心目閒壬申重裝成幀並識之

都司空瓦輪郭有弟五硯三分書木夫先生所鐫記藏研之次第也

永奉無疆瓦瓦在粤東某氏有松生手搨印章申氏以爲宗廟所用

八風壽存當瓦右上邊微缺朱氏釋爲益壽存富殊誤此瓦當字極明與它瓦米下作冂者不同

萬物咸成瓦諸家皆以爲長秋殿所用秋爲萬物成孰之候理或然也棨疑是農官之瓦上林少府大農太僕

各置農官

延壽萬歲瓦或萬歲殿瓦或延壽觀瓦皆無不合

上林瓦一圓徑七寸餘一圓徑四寸九分無輪郭文字較小制作亦異

右空瓦右司空瓦也少府屬官秦漢皆有之

有萬憙瓦馮晏海讀爲萬有憙棨宜富貴當瓦中列千金二字此作萬者其意正同不與有憙連綴成文也錢獻之嘗得此不全瓦僅見萬憙二字

便字瓦當是便殿之瓦或讀爲傳謂施於傳舍者亦未可知上七本均有何瑗玉印章

方春蕃萌瓦當是宜春宮物或謂春位東方東宮所用之瓦疑未必然

長樂萬歲瓦其爲長樂宮物與萬歲殿所用均不可知關中金石記金石萃編兩漢金石記潛研堂金石目皆未之載訪錄據陽曲申氏本錄之石索亦載二種其篆體位置均與此不同咸豐丁巳得此拓于厰肆疑是燕庭先生所藏

鹿甲天下瓦上作二鹿右走形下列甲天下三字左讀俞太學以爲天祿閣所用程氏據長安志屬諸眾鹿觀馮氏又據三輔黃圖疑爲白鹿觀瓦

蘭池宮當此石索所載之第一種也殘缺處毫無差別瓦出咸陽諸家皆定爲秦瓦程氏據漢書地理志及楊僕傳注文選注謂蘭池爲漢宮案元和志秦蘭池宮在咸陽東二十五里則謂秦無宮漢因池以建宮者未確矣

與天無極瓦獻之先生舊物也輸郭鑄有四奚老人坫珍賞於著書閣十一字分書今在王頌笙處萃編載八種金索載四種皆大同小異馮氏疑爲秦極廟之瓦太泥矣

右將瓦當題右將二字徑漢尺四寸五分

殘瓦當約存三之一唯一歲字可見其左似是利字伯寅寄貽

八瓊室金石札記卷三終

八瓊室金石札記卷四

太倉陸增祥撰　男　繼輝校錄

吳興劉承幹覆校

大吉宜子專庚午十月得於長沙長一尺一寸廣五寸字在下耑分書反文側作斜方勝二上下各一泉幕上端作冰紋咸豐初長沙修城發土得之或以爲定王時所造審之不似漢人手筆當是晉物積古齋載漢鈴有題大吉宜子者與此正同

魯倉專長九寸八分廣四寸八分厚二寸一分壬申夏黃昌岐軍門持贈案同治辛未楚北興國州鄉人掘土得粟窖窖置米百餘秅四周䌫垣悉用此專上端有五□泉二枚當是五銖背有席紋側紋亦樸茂專不一笵其五銖泉文上下左右無定所別無文字攷其地爲子敬故宅今猶呼爲魯府坪其爲孫吳時造無疑也米純黑而堅百黄不爛并不變色用以療疾能消滯息躁試之輒驗千餘年物非它品所可同語亦奇異也并識之

甄公石室專三種　一長存一尺二分廣六寸二分厚一寸七分側存富且貴至萬五字貴至之間作一泉幕富上同上耑題富貴二字均篆書左右亦各有泉專背麻布紋極細質亦細潤宜墨　一長五寸三分下狹上寬上廣四寸四分下廣三寸三分亦列富貴二字余銘之曰多金匪富文爲富美玉匪貴德乃貴其德茂其文蔚是天下之眞富貴也永保茲罔攸暨　一長六寸五分下寬五寸二分上寬三寸九分專端作蚪龍形有飛動之勢非後人所能仿佛余銘之曰温其德黝其色不以文字飾是爲龍天之羽翼又有蚪龍在側者見而未得案專出白門盤龍山麓相傳以爲周郎墓方小東攷爲漢甄邯石室以篆法審之出漢人手筆无疑凡百數十甴余得其三或云專出丹徒攝山之足又有指爲晉諸陵者殆非　駉得全專長漢尺一尺一寸七分廣八寸五分厚二寸三分萬字下尚有世字并一泉幕

宜子孫專八種　一長存五寸八分廣五寸厚二寸分書反文孫字左系右子與盋氏竟銘利孫子字同壬申出長沙北郊井中施礪卿贈側紋似大吉宜子專　一長一尺一寸五分廣五寸五分右厚二寸一分左厚一寸三分兩端均題宜子孫三分書左側有交紋六　一廣五寸五分厚二寸一分專無全者字在右側分書反文上截存長五寸八分側題宜子孫四四字專端列大吉二字下截存長六寸三分側題四年六月十八日作專耑列牛一陽三字亦分書反文書四年不書紀元當

自有故或曰漢武以前未有建元時所造然制作不似西京　一長一尺一寸廣五寸二分厚二寸右側題篆書宜子孫四年作六字反文下耑題大吉二字左向紀時但稱四年與前專一例　一長一尺一寸廣五寸六分厚一寸八分右側題宜子孫三篆書反文上題大吉二字下題牛子陽三字或以牛一陽例之讀爲牛五陽五字上多三筆它處未見此書法蓋古文子字也上巛象髮見說文或云古文文字作彣此移彡於上耳或又讀爲牛山之陽案一統志金牛岡在縣西十里專出城南非其地孫下圜規中似十字或釋爲田云是田氏壙

專以後專審之乃華飾耳又一專文字俱同惟牛子陽三字自左而右花飾亦微異　一存下截右長五寸四分左長七寸許右側存一孫字華飾與前大同小異下耑列牛一陽三字皆反文以四年六月及牛子陽兩專例之亦宜子孫專也此專久爲竈突偶從鄉民購得之

一右側篆書反文與前同上耑大吉二字左向下耑有華飾無文字　一長一尺一寸二分廣五寸三分厚一寸九分右側題宜子孫□年□反文弟四字作亘疑是寅字末一字似益婁見於晉專下耑大吉二字右向上耑磨泐亦似大吉

長樂未央專六種、　一長一尺二分廣五寸四分厚一寸五分文在左側分書樂作樂長沙舊有此專相傳以爲定王臺故物此專出瀏陽門外案明統志長沙定王廟在府城東門外寰宇記云定王廟連岡一丈俗謂之定王岡案圖稽攷正值其地殆施諸廟中者耶　一長一尺一寸廣五寸二分厚二寸題字亦在左側樂字中變白爲呂與左右相配未字渻一筆央字倒置上耑題富貴二字右向均篆書　一長一尺五分廣五寸厚一寸九分上耑富貴字左向貴字少一直富字微缺　一長一尺三分廣四寸七分厚一寸五分强樂作𣗥　一

長二尺二分廣四寸九分厚一寸八分文在左側反書樂作桒未央二字併借上耑列宜皇二字右向皇字从白不从自見盄和鐘銘秦權銘嶧山碑及漢碑者甚多隸辨云白與自同非黑白之白韻會云今文渻作皇非也或釋爲直百王義不可解　一長一尺七分廣四寸九分厚一寸七分字在左側樂作栞未作市少一筆上耑長宜二字右向

一未央專長存四寸三分廣五寸厚一寸七分文在左側僅存央字未字陊剝就器審之的是未字與長樂未央諸專均異專端似是用字

雙未央專長一尺一寸三分廣五寸四分厚一寸八分右側題兩未央字顛倒相背中間以花飾下端斜勝左右各一泉幕以雙線繫之

大吉昌宜矦王專長一尺一寸二分廣五寸厚一寸九分文在左側反書王字中畫特長隸辨載魯峻碑陰王端子行云王即王字穀梁傳文七年宋公王臣卒左傳公羊傳皆作王臣據此碑王書爲王王臣即王臣傳寫譌耳案魯峻碑陰尚有王輔子助王□少□武梁祠畫象題秦王字亦如此作不獨王端也左傳文七年定四年釋文並云王本或作王漢書古今人表頭王壬臣史

記周紀作壬臣是王之作壬歷有徵信自誤讀爲壬癸字遂變費爲擻截然分爲兩字矣壬與王不可通假未深究耳

常宜子孫專五種　一長一尺四分廣五寸二分厚一寸三分弱左側題常宜子孫四字上端大吉二字篆書吉字缺一筆案說文常下帬也長久遠也以常爲長古通借漢鏡銘云長宜子孫此作常似異而實同馮晏海金索二千石鏡銘云常樂無亟即長樂無極也東阿鏡銘云常保二親它鏡多作長保長生無極瓦當亦有作常者錢十蘭浣花拜石軒鏡銘集錄有題常樂未央長毋相忘兩字兼具故長常並用之凡經典常字訓恒訓久者皆長之通借字毛詩文王鄭箋云長猶常也白虎通陰終陽始其道常久故曰常山是常山字本當作長亦借常爲之余所得專又有常樂子孫常宜矦王皆以常爲長者建初六年昆弟六人買山地記上方列大吉二字知漢人營葬習用之不獨施諸器物銘也專文正與之同吉字中缺一筆卻非殘泐得此專十餘由罔不如此或以爲避家諱改字殆非或以爲十口爲古讀爲太古望文生義亦非　一長一尺廣五寸四分厚二寸文字同前惟子字引筆特長孫字亦微異右側多一十

字　一長一尺八分廣五寸一分厚一寸八分上端列大富二字富字省一筆　一長一尺一寸廣五寸六分厚一寸九分文與弟一種同而上端無字　一長一尺七分廣五寸四分厚二寸二分文與弟二種同而上端無字

長宜子孫專長一尺四分廣五寸四分厚一寸九分側題長宜子孫上端題佑利篆法鋭勁易曰自天祐之吉无不利佑利二字葢取諸此易作祐此作佑者祐與佑通易繫辭自天祐之損卦自上祐也詩小明箋神明若祐而聽之釋文並云本作佑无妄天命不佑釋文云本

作祐一切經音義云祐古文冏佑二形此專僅獲一枚它姓亦未之得非新出土者

永佑子孫專五種　一長一尺一寸七分廣五寸六分厚二寸一分側題永佑子孫上端題大吉均篆書古字有右無佑然經傳多用之亦屢見於漢碑永佑猶言永保也　一長一尺一寸五分廣五寸四分厚二寸一分側文同前反書爲異上端題太吉二字大太古通　一長一尺一寸八分廣五寸五分厚二寸三分弱文同而字最茂滿　一長一尺一寸廣五寸四分厚二寸彊反文孫作吅上端亦題太吉　一廣五寸七分長厚同前

反文孫作吅佑子二字亦微異上端大吉大字略長

石羊專六種　一長一尺一寸六分廣五寸五分厚二寸左側篆文曰石羊作雨義不可曉上端曰富貴或讀爲石羊作用云石羊是人名言作復言用者猶三代器銘言作尊彝又言永保用也　一長一尺七分廣五寸四分厚一寸七分篆書在右側與前小異上端无字一長一尺一寸九分廣五寸三分厚一寸九分作字反文雨字亦微異上端題長宜二字　一長一尺七分廣五寸二分厚二寸上端亦題長宜長字少一筆便成辰字雨字亦小異　一長一尺五分廣四寸七分厚一寸八分作字亦反書末一字作毌不可識下端鑿二孔深居專之半似兩專接筍處　一長一尺一寸廣五寸五分厚一寸八分上端題石羊二篆書反文下端作一十字側作蕉葉紋似和平專上下中間各有泉幕形

富貴宜專長一尺一寸廣五寸五分厚一寸七分左側題富貴宜三字下作泉幕以雙線繫之下端題大吉二字均篆書漢瓦有題宜富貴者此云富貴宜意亦相類

富貴宜子孫專二種　一長一尺一寸一分廣五寸五分厚二寸右側題富貴宜子孫五字反文下端左右各列一泉以雙線交繫之漢人器銘富貴字往往隨勢增

損迄無定則余嘗得富貴專揭本五六種體與此類而各自不同也上端有一巾形　一長一尺一寸二分廣五寸五分厚二寸右側題字同前上端大吉二字大作亣似六字下端題周氏作三字反文均篆書或釋爲周尹誤仞反書爲正文也張氏鏡或以爲張尹誤正同又一專文字制度皆同惟字在左側兩端字皆左向爲異

富貴專存半截長五寸三分廣五寸五分厚二寸右側存富貴二篆書疑即富貴宜子孫也而上端有三横線諸專中所未有又一種也

宜子專長一尺六分右厚一寸一分左倍之上端列宜

子二字右向邵氏鏡銘云官貴宜子此題宜子正同

大貴專長一尺六分廣五寸四分厚一寸九分下端列大貴二字隸書側文似大吉宜子專

常樂子孫專長一尺六分廣五寸厚二寸常字上半缺一直樂作樂又變白爲目瓦當文樂字亦有如此作者

上端大吉二字篆書

天字專二種　一長一尺九分廣五寸厚一寸四分下端列一天字眞書反文右側紋亦秀雅專出長沙對河陳程初所贈　一長一尺八分廣五寸上厚二寸四分作十字形下厚一寸題一天字又有牛中牛三字左右

傾斜配向極爲奇異而義不可曉或卽牛戴牛之意究亦何取於此

桓夫人專長存三寸六分廣四寸九分專端題丁酉桓夫四字中間以三横夫字反文專出羅家沖與永明專相岠不遠亦桓氏墓也紀年書丁酉不知何代專文疑未全以朊度之或累數專以成讀者然所見祇此

長吉陽專長一尺五分寬三寸八分厚一寸三分下端題長吉陽三隸書壬申秋出北門外鐵佛寺故址之東爲礪卿所得癸酉冬以常宜子孫專易之今歸余處漢人書吉祥字多借羊爲之此又借陽陽羊同音通假也

綏民校尉熊君碑治歐羊尚書集古錄云以羊爲陽漢隸字原載青羊鏡云卽青陽如歐羊之類金索云漢印有青陽子疑卽其人爾雅梟羊淮南子作梟陽武王之相望陽字亦作羊釋名望羊羊陽也吉陽氣在上舉頭高似若望之然也此陽羊通假之證永初元年景師專云大吉陽宜矦王上方鏡銘云大富貴宜孫子大吉陽方此借陽爲祥之證余又收得吉陽專亦卽吉羊

吉陽專長存五寸三分廣三寸四分厚一寸六分文存專端反書陽字并變左阜爲右邑吉陽卽吉祥也

五字專長一尺六分廣五寸二分厚一寸九分上端題

一五字篆書側紋似魯倉專

常宜矦王專亦用常爲長矦字微斷幾成㑨字然矦書作㑨亦已見於漢碑上端大吉二字右向長一尺七分廣五寸二分厚一寸九分下端作巾形

吳氏專長一尺四分廣四寸九分厚一寸四分上端題一吳字分書反文

大吉利專長一尺五分廣五寸上厚二寸二分題大吉利三分書下厚一寸五分蕉葉紋與和平專同

大吉利宜子孫專長一尺一寸三分廣五寸三分厚一寸七分左側題大吉利宜子孫分書反文出匠工手筆

郤有隸法上端列三泉幕
大吉昌專長存三寸二分廣五寸八分厚一寸九分專
端題大吉昌三隸書昌字省筆側紋存一泉幕以雙線
系之
留氏治橋路專二種　一長一尺一寸五分廣五寸五
分厚一寸九分文在上端斜勝紋左右各一泉幕專出
長沙南門外山澗圯橋之足分書五字曰巨友作好留
留其姓也毛詩彼留子嗟傳云留大夫氏子嗟字也韻
會云出會稽本衛大夫留封人之後吳志有左將留贊
又漢有留肦封彊圉矦三國有留略東海太守留慮西

陵都督晉有留璠江夏令南史有留異東陽太守隋有
留進著管絃記十卷留平征西將軍唐宋以降均有此
姓此留氏莫攷何代當在六朝以前字勢文句頗似漢
人手筆巨友作好即商書之無有作好也書云遵王之
道無有作好用斯語以治橋路古人事事不苟即一專
之微亦復可見巨古詎字說文無詎新附始有之漢書
高帝紀公巨能入乎師古注曰巨讀曰詎猶豈也列子
黃帝篇未巨怪也陸釋文云本作詎莊子齊物篇庸詎
知吾所謂天之非人乎釋文云徐本作巨友有古通釋
名友有也相保有也白虎通友者有也荀子大略篇友

者所以相有也注云友與有同義魯論有朋自遠方來
顏淵集解有相切磋之道釋文並云有本作友是巨友
之即詎有確有左證矣以巨友作好爲無有作好者未
必當時有此別本蓋師儒詮釋之詞也說文所引經傳
每有今本所無者不盡爲異文逸句此蓋同之　一長
存五寸五分廣厚略同側存巨友作三字作字已損一
筆上端有大吉字別一笵也
圜字專長存四寸廣五寸四分厚一寸八分側存一泉
幕半斜勝古澤字作臭上从白皋字下从火此不可識
或是冥字猶宜之作圓也然未可定背有粟紋決非六

朝以後制作
大吉專十五種　一長一尺九分廣五寸五分厚二寸
一分吉下口僅見一橫借邊法也側作三泉間以斜勝
繫以雙線　一長存六寸四分廣五寸四分厚二寸分
書礪卿所贈亦在北郊出土者大字已泐礪卿所獲尚
明顯吉字上半似工右側存泉幕斜勝各一　一殘專
不方整最長處存六寸廣五寸四分厚二寸專端大吉
二字反書左向吉下作羊或讀爲大吉羊云吉羊二字
併借　一長一尺六分廣五寸五分厚一寸八分專端
大吉二字分書反文左向吉字中直特長右側紋作兩

截截各二泉中間以斜勝上端有𠂹形　一長一尺一寸五分廣五寸六分上厚二寸一分題大吉二字分書反文吉下作𠂹形不知所謂下端似是兩五字癸酉出專此最在先土人呼其地爲王墳志乘無徵疑是荒之音訛　一長一尺一寸二分廣五寸四分厚二寸側題大吉大吉兩端又各一大吉右向上端反文並分書　一長一尺一寸四分廣五寸五分厚一寸六分下端大吉二字左向諸專中此二字最古渾餘與弟四種略同　一長一尺一寸二分廣五寸三分厚二寸側及下端皆作泉幕斜勝與前諸專同上端大吉二字右向　一

存半截廣五寸六分下厚二寸三分題大吉二字分書左向大字似六或釋爲六吉取謙卦六爻皆吉之義上厚一寸六分　一存半截廣五寸七分下厚二寸三分大吉二字右向上厚二寸　一殘損不整長處存八寸五分廣五寸三分厚二寸大吉二分書左向吉字作右中直斜曳又係反文幾不可識　一長四寸八分上寬三寸二分下寬五寸厚一寸八分吉字下口變成日乙亥春錢調甫自沭寄貽云得之傳靑餘者不三月而調甫惡耗至矣擲筆憫然　一長存六寸八分廣五寸六分厚一寸六分文在左側大吉下間一橫線又一大字大下作二或曰古文下作二是大吉天下四字也亦通　一長存五寸三分廣五寸厚一寸七分吉下作木似利字反文并借吉字末畫及邊線爲之　一長存六寸七分廣四寸七分左薄右厚端列大吉二字吉作舌側作蕉葉紋

太吉殘專長處存五寸五分右存一泉廣五寸七分專端太吉二篆書右向與永佑子孫專同而側無文字

大字專長廣各五寸厚一寸三分文在端大下似字非字極爲奇異其押歟

陽氏專二種　一長一尺二分廣五寸厚一寸七分文閅於左側花飾兩邊右邊列金玉二字左邊巳平曼陽

字在下脚正中反文　一長廣存五寸二分厚二寸專端題篆書陽字反文

壬申專長一尺二寸一分廣五寸九分厚二寸下端壬申二字分書左向右側畫一魚其下又列二泉以雙線分繫而交綴之壬字中直徹上徹下申作𢀳用古文而變化之或以專出圭塘讀爲圭唐二字塘古祗用唐而唐字如此作於古無徵又有以爲圭田者田亦未有此書法

直文專長一尺二寸二分廣六寸厚一寸九分下端題

直文二字或讀爲亘文云文爲坟之省恐非左側作魚形其上有一五字

貴用專長一尺一寸一分廣五寸厚二寸下端二字曼患似是貴用或亦是富貴字所謂隨勢增損不拘定法也右側蕉葉紋極古質閒以三泉

錐字專長存五寸六分廣五寸二分厚二寸專端字不可識弟二字似錐字反文背有粟紋存之

東王公專長四寸三分厚一寸六分篆文上半斷缺

麋氏專長存四寸三分厚一寸四分側題歲在癸亥亥字半泐端麋氏壁即甓字聲同假借丁丑夏兒子繼德

自蘇購得專硯七枚浙中鈕氏故物也上二專年月可攷備錄於此

五朱專長九寸五分廣四寸五分厚一寸九分右側下半列五朱泉二枚兩相背遼通典云五朱源出稚錢此但易銖爲朱耳

二五專三種　一長一尺二分廣五寸二分厚一寸六分右側列二五泉四枚弟二泉文字最顯此泉鑄自何代無可攷證又有四五泉雙十泉均不知所緣起　一長存六寸二分廣五寸厚一寸七分左側列二五泉一枚下端畫一龍　一長存五寸四分廣三寸厚一寸六分朱子梅持贈側作祼體人形亦食堂畫象之意人下列一二五泉兩面均有粟紋

壽若大山專二種　一長一尺五分廣五寸厚二寸彊文在左側篆書大郎太字古人大太不分也　一長廣尺寸同篆體略異別一笵也

以上八十三種均藏予家

未央斷專未字已缺上半李篁仙曹郎所藏云數十年前在定王臺出土背鑄漢蓼園甎四分書不知何人手筆蓼園定王故宮名見述異記央字上半圓折於篆法不甚合然所見未央各專多如此作

五朱專斷缺存兩泉又半泉泉圜徑一寸三分中有線連綴之左五右朱長四寸一分厚二寸五分疑亦在專端者

五銖專左五右銖兩泉圜徑一寸八分在專端廣五寸厚二寸一分長無攷

六年專長四寸二分厚二寸許分書惟六年二字可辨

辟大貴專反文辟大貴三字分書斷損存長六寸厚一寸四分

大吉富專長存四寸五分厚一寸四分分書大吉富三字富作𡧸

大吉利專長四寸五分厚一寸五分分書大吉利三字反文科字如此

維君辟專長五寸五分厚二寸二分分書維君辟三字辟字如此又一專左下角缺損寸許又一專僅存維字半君字

富貴專四種均在專端　一富貴廣五寸三分厚二寸一分　一富貴廣四寸一分厚二寸　一富貴廣三寸七分厚一寸八分　一富貴廣五寸二分厚二寸篆文以意增損不拘常法漢洗銘文往往如此

黃山專長五寸厚二寸五分雙線互交達於四維上列

大壬二字下列黃山二字分書山字微泐體與黃山瓦同漢地理志槐里黃山宮孝惠二年作漢鼎中亦有作黃山字者大壬當是工人名猶軹家釜甑之工丙也或讀爲大王恐非

子字專長四寸厚一寸三分僅一子字清顯分書子下似是孫字

八月專長存五寸三分厚二寸餘分書反文上半截字不可識下存八月十三字或云是建元甲三字未甚確實

蜀師專殘損不整中列蜀師二字似篆似隸長約存五寸五分廣三寸七分搨本有松生手搨松生所得金石及何瑗玉諸印章案南潯沈氏所藏蜀師專有太康三年字

臾師專長六寸四分厚一寸四分篆書臾師五年四字反文師字作𠂤借邊五年二字之中作一泉形閒之臾師疑亦蜀師之類紀五年不紀建元或謂漢末有建元時所造

陳成專長三寸六分厚一寸六分分書陳成二字舊藏錢氏得自怡齋今佚

延年曾壽專分書四字長存五寸六分厚一寸七分延

上缺一筆年作𠦪漢洗中恆見之曾古增字漢瓦嘗題延年益壽此與之同意必以延年殿益壽館實之鑿矣

萬世不敗專分書四字長存五寸厚一寸四分趙撝叔藏有萬歲不敗專審爲漢刻此當同之惟彼作歲此作世彼篆此隸爲不同耳

常宜專長五寸四分存常宜二字寬二寸五分上端存一大字厚二寸此湯子惠故物也四圍皆涂黍汁全失朴雅之趣矣子惠名亦中長沙人以金石爲嗜好喜作八分書宿州未生所蓄四散良用憮然癸酉夏余得此全專不少子惠有此專是前此已曾出土也全專側爲

常宜子孫四字上端列大吉二字
富貴昌專長四寸八分厚一寸七分篆文富貴昌三字
昌字半缺富作圖見於長沙市肆以直昂置之
大使專廣五寸六分厚一寸八分正書横列大使府造
隋唐以前無大使之稱搨本有松生手搨松生所得金
石及何瑗玉印章
尉遲專廣厚未詳正書尉遲恭監製五字横列字徑九
分壬申四月得此搨本疑是鐵佛寺舊專相傳寺爲敬
德監造也
全字專長四寸四分厚一寸五分上列一全字下作二

線交紋似五字審其筆意不似六朝亦有松生手搨及
何瑗玉印章
大吉詳專長七寸七分厚一寸四分文曰大吉詳宜子
孫六字分書詳祥古通
永佑專金少尹文錦搨本長存六寸厚二寸三分側存
永佑二字上端列大吉二字此即永佑子孫專也惟大
作大與余得諸專不同
瞿氏專廣四寸四分厚一寸五分專端題瞿氏二字長
僅存數寸施礪卿得於長沙北郊製瓶供花亦雅觀也
陳大娘專長二寸六分厚一寸六分文曰陳氏大娘捨
五字當是修塔廟者亦唐人所爲
大泉五十專横列兩泉泉徑漢尺寸餘均反文而傾倒
之左右各有一五字疑即所謂二五泉也新莽居攝變
漢制更造大泉徑一寸二分重十二銖文曰大泉五十
始建國鑄泉六品最大者爲大泉五十
高仲專長八寸五分厚一寸三分文曰太□元年八月
高仲八字反書太下一字泐上一字以太紀元者十有
七
高氏專長一尺一寸八分厚一寸五分文云八月一日
章盃高作分書盃即孟字

萬歲專漢尺八寸一分厚二寸題萬歲二字與金索所
載同
任氏專斷缺存六寸三分厚一寸三分存昌元年四月
廿七日任□□反書任下似是氏字已泐下一字以昌
紀元者十有三此專字體疑是晉元帝之永昌
呂氏專長四寸二分厚一寸三分分書呂氏二字
富字專長存五寸七分厚一寸四分中題富字上下各
横列一五十泉泉圜徑一寸二分
大堵專長四寸五分厚一寸四分題大堵二字
宜子專長四寸五分厚一寸四分文五字宜子□□作

作字反文
徐氏專廣四寸七分厚一寸六分此其專端也文曰徐
公曹君冢分書公古通功
黃氏專廣四寸七分厚一寸五分字亦在端存四字曰
黃典書君下泐似是冢字與前專同典書收名
功曹專存長四寸一分厚一寸五分存四日□功曹□
凡六字缺其二反文功曹上所缺墓中人姓也
金立功專存五寸厚一寸三分文曰史金立功四字反
文史當是官稱之未全者
殷氏專長存六寸九分厚一寸文曰九月戊戌朔十三

日丙戌殷□作十三字反文戊戌朔則十三日直庚戌
十三日丙戌則朔日直甲戌專蓋有誤
黃平專長存五寸四分厚一寸文存年黃平作四字反
書字甚小每字中空一寸三四分
魯功專長五寸七分厚一寸二分文曰歲乙亥魯功曹
造
永嘉專長三寸八分厚一寸四分存故溫州永嘉五字
正書永嘉唐屬江南道溫州專多陽文此獨陰款
公翼專長五寸一分厚一寸一分上下各泐一字僅公
翼二字可辨反文分書

辛未專長存六寸厚一寸三分文曰歲在亲未□作分
書反文辛作亲與余所得元嘉李氏專同
□維專長存四寸厚一寸五分文曰□□□維造上二
字似是歲在維上疑是徙字然不可定
徐氏專長存五寸四分厚一寸文曰月廿三日徐造
盧氏專長存六寸九分厚一寸三分上二字不可辨下
云一日盧□造再下作泉幕郭內四出
丁酉城專字在專端廣四寸八分厚一寸六分文曰丁
酉城明堂正書以上廿二種皆呂氏所藏
楊遂專煇兒於汴梁市肆見之直昂未售搨一紙來文

云楊遂富貴必昌子孫吉利字在專端厚寸許寬□寸
□分橫列者甚少分書挺勁惟富貴二字用塡篆法製
作頗精
丙子春煇兒得專搨於京都廠肆凡二十餘種無紀元
可系者亦錄之以備攷一己丑專厚一寸六分長存三
寸五分題歲在己丑五五字正書反文　一丁己專厚
寸許長四寸四分題大歲在丁己五字分書下作直線
五柱　一章氏專長存九寸二分厚一寸六分分書反
文題四年八月十二日章□所作元□與元興年章祿
專相似疑同時所出者元下所缺似是堂字　一厚一

寸四分長存五寸七分文云大（約缺三字）子孫存三字分書
子上所缺似是宜字　一宜官專厚一寸五分長存四
寸四分存三字又半惟宜官二字爲明顯　一吳冢專
長一尺一分廣四寸七分厚一寸四分上角微缺題字
在左側分書文云作吳冢吉翔位至公□公下所缺似
是卿字翔祥通借又一斷專長存四寸三分見造作吳
冢四字知作上所缺爲造字矣　一長一尺一寸廣六
寸四分厚二寸右側題字上截云東陽□長□下截云
北□□溪道分書夾行中作泉幕以四線繫之上下各
作直線七柱以意度之蓋記塋地四止之界也　一長

六寸廣四寸九分厚一寸三分四周有字一題永和十
二年一題大吉二字上作泉幕再上作畜形不可强定
爲何字　一題高字一題十字此專疑有後人添鑿者
不入正錄姑識於此　一存長四寸二分廣五寸五分
厚二寸許右側題富貴二字
求氏專晉專也字在專端廣四寸三分厚一寸四分題
求正貟明堂五字正貟官稱也丁丑冬余子韓太史搨
以見貽
宋倉專四十五種長厚不計壬申夏袁裕文攜倉專六
百并搨本四十五紙云數年前在金陵出土專以百計

方小東刺史攷爲孫吳時物著有倉專說一通以余審
之專背無紋非六朝以前制作合諸專攷之當是南宋
理宗時物雖未必一時所造要爲宋物無疑專題地名
皆非孫吳時所有之稱小東置之不問孫吳建倉之所
又不能實指其地以意附會輒定爲漢末并以誇獨得
之珍耆古者矜奇好異恒有此病　一戊戌所造四字
横列反文左讀殘泐似分書以淮安州專證之蓋嘉熙
二年也　一淮安州三字正書横列楚州紹定初改淮
安軍端平初又改淮安州此外無稱淮安州者　一楊
州二字横列正書　一靜海二字正書後周顯德中置

靜海軍尋改通州宋改崇寧尋復改故名政和初置靜
海郡　一招信軍三字横列正書理宗紹定五年金納
合買住以盱眙來歸詔改爲招信軍　一漣水軍三字
横列正書太平興國初置漣水軍金皇統初降爲縣紹
定初收復端平初復置軍景定初升爲州據此則戊戌
之爲嘉熙二年益足徵信　一存使府燒三字横列正
書右見半大字左見半造字隋以前無大使名官者
一楚州二字正書今州今淮安府地晉義熙中置山陽
郡隋初廢郡移楚州來治唐置東楚州尋改楚州淮陰
郡宋爲楚州山陽郡　一楊州二字直書與前專異字

亦較小　一寶應楊□正書末一字泐唐上元始置寶應縣宋寶慶初置州尋又改軍　一丹徒徒字半缺正書丹徒漢縣吳嘉禾初改武進晉太康初復名嗣後因之依小東之說則戊戌爲天紀二年其時稱武進不稱丹徒　一歙東二字正書　一倉浚天一四字淩爲匠姓天一或爲倉號　一獨一淩字　一倉三淩三字三亦號記之數也　一倉淩三種皆二字　一倉譚二種　一有雙線斜交爲界上下各題一字分書小東則概以爲分書也文字制作俱有古意不似宋人姑類列之　一倉陶二字一獨一陶字皆反書　一朱郃二字　一

朱少郃三字少當是匠人名　一倉陳三種一係反文　一倉談二種　一談字　一修倉蔣三字　一倉周二字　一二周二字二亦記數與三淩同　一倉楊二字反文　一修倉張記四字　一周鄙二字橫列左行反書鄙亦匠人名方小東以爲周郭非　一正後羅三字　一正後□塼四字泐其一　一二殿字　一東字　一北中二字橫列　一北□二字亦橫列弟二字揭未顯　一□南二字亦橫列右不可辨或無字方小東又有正中宮專未見揭本

齊專長八寸廣三寸六分中鑄一[illegible]字長三寸五分篆書白文辛巳夏五伯寅寄遺揭本並云陳壽卿謂是三代物以余審之當是齊氏墓專或係高齊時所造亦未可定雖未得一見而可決其非三代也壽卿自矜所得以爲奇異耳

八瓊室金石札記卷四終

八瓊室金石袪僞

金石祛僞

太倉陸星農先生著

甲子歲寒長洲章鈺

吳興劉氏
希古樓刊

八瓊室金石祛僞

太倉陸增祥撰　男　繼輝校錄

吳興劉承幹覆校

秦詔版

元年制詔丞相斯去疾灋度量盡始皇帝爲之皆有刻辭焉今襲號而刻辭不稱始皇帝其於久遠也如後嗣爲之者不稱成功盛德刻此詔故刻左使毋疑

右秦詔版款五十九字庚午夏瞿經孳寄拓云近出秦中爲常熟翁玉甫同龢方伯所得形制何若未及備述功字右從刀德字中無乚毋字多一横疑字亦不合於六書秦時無是體也

漢會仙左礦題字分書

元光二年十月文成將軍栾詔建會仙左礦工四萬五□

桉史記齊人少翁以方術見武帝時王夫人卒少翁夜致王夫人帝自帷中望見焉乃拜少翁文成將軍史雖不詳何年約略當在元狩閒少翁之姓

史亦不詳通鑑目錄元狩四年少翁以詐妄誅云又案少翁之前有李少君者以方術見上上尊之亦見史記通鑑目錄云元光二年李少君善爲巧發奇中上始好神仙然未嘗拜文成將軍也太平廣記李少君傳云時有文成將軍亦得少君術事武帝是少君少翁爲兩人此誤以少君爲少翁矣

嘉禾紀瑞刻石 分書

嘉禾九穗

元守二季秋北都鄉勸農官王守五大夫宋辰率民

眾大合樂會飲三日㠯紀瑞

予於癸丑避地濟甯得於南門市上以建初銅尺度之縱橫一尺五寸文共六行首行嘉禾九穗四字字之收縮波磔計約三四寸不等後五行小字字約一寸有餘每行八字末行二字二行斲蝕王字北都鄉四字尙可辨識與首行大字皆低六寸文云元守二年秋北都鄉勸農官王守北都鄉五大夫宋辰率民眾大合樂會三日㠯紀瑞共三十四字遒古沈厚當非漢人不能爲元狩二年爲武帝卽位之二十年守由篆趨隸之省猶之秦刻以開爭理說文作㠯㠯乃以之省也北都鄉不知何縣所轄百官志載凡縣各置諸曹掾史眾如郡員五官爲廷掾監鄉五部春夏爲勸農掾秋冬爲制度掾此云勸農官當卽縣發之勸農掾也五大夫者爵級也九曰五大夫師古曰大夫之尊也王守宋辰皆人名西京文字向數五鳳此更前六十五年安得不驚諸碑而上之惜乎北都不知今在何所也石亦不知在何所也 方朔枕經堂金石題跋

癸酉冬汪硯山寄贈云東省丁筱農所貽未詳所在惟枕經堂跋有之予審眎之近今僞作耳首行大字與後五行小字筆勢不類前列四大字後共三十一字首行八字餘俱七字末行二字方小東

以爲每行八字共三十四字其所錄之文亦與此不合豈小東所見又是一本邪至會下少一飲字則小東脫誤否則不得有三十四字矣守古狩字小東謂由篆趨隸之省非㠯亦非以之省

麃孝禹闕 分書

河平三年八月丁亥平邑麃里麃孝禹

子平邑 此刻在碑左

同治庚午揚州宮本昂宮昱任城劉恩瀛訪得此碑

右麃孝禹闕上鋭下方似圭形分書兩行左右各有直界中空三寸許上有畫鶴蓋麕鼎也

琴亭國李夫人墓門題字 分書

漢廿八將佐命功苗東藩琴亭國李□夫人靈第之門

聞此石在登州出土題廿一字漸其一前畫一鹿蹲伏於地花飾不甚古可疑也攷後漢書馮異傳永初六年安帝下詔曰建武元功二十八將佐命虎臣讖記有徵蓋蕭曹紹封傳繼於今況此未遠而或至乏祀朕甚愍之其條二十八將無嗣絕世若犯罪奪國其子孫當統後者分別署狀上將及景風章敘舊德顯茲遺功焉又攷李忠傳忠初封武固侯建武二年更封中水侯子威嗣威卒子純

嗣永平九年坐母殺純叔父國除永初七年鄧太后復封純琴亭侯純卒子廣嗣是琴亭國爲李純封爵功苗者功臣之苗裔也李忠爲東萊黃人故稱東藩東漢黃縣即今登州府黃縣地此石出土正在其處隸法亦足以亂眞

琴亭侯買山題記 分書

建武二年三月丁卯琴亭侯爲夫人李義買山値錢十五萬東至奧盧西至櫛櫟南至芝柯北至五鹿立石勒劵庶勿爭焉　歌曰　三光共鑒鬼神斯証立石勒劵魑魍勿爭風雨時節兮蝨蠱不生脩爾嘉穀早之公庭姒娣相讓兄弟偶耕雖逢歉歲兮勤劇自豐毋曰勿爭惰將自攻教誨爾子毋怠厥躬子〻孫〻兮毋怠厥躬

石工劉作舟錢千

建武二年無琴亭侯之封封琴亭侯者李純其夫人不得姓李作僞日拙紕繆乃爾餘姑勿論也或云前刻實是漢石後刻郎因前石而妄作之亦未敢信

劉熊殘碑 分書

上缺大帝畱精接感生聖明

爵列土封侯載德相繼不顯

季子也誕生照明岐嶷踰絕長

蕪古業敷其妙行脩言道□

練州郡卷舒委迻忠貞竭效官□□

祀有成來臻我邦循東里之惠□

愼徽五典勤恤民殷□心顧下

□德惠潛流豈芳旁布尤愍縣

之風莫不嚮應悅誨日新砥□頑

□有所由處民之秉彝寔我劉父

講禮習聆匪徒豐學屢獲有年□

在昔先民有作洪勛則甄盛德□□

式序在位羣𩛠授宜官無曠事士無逸
彈造設門更富者不獨逸樂貧者不獨
劉父吏民愛若慈父畏若神明悔□脩
乃相□咨度諏詢采摭謠言刋石佳
風□誕生岐嶷言協□□
靈不傷人告曰公已□□
道德民□仁思淸□□□□
嗚一震天臨保漢寔生乃仁□
逸乎成功□暇民豫新我□風□

豐黔首歌頌

碑久不存翁閣學据巴俊堂雙鉤本凡二百十八字內多出洪所闕者四字纂入兩漢金石記云是碑隸法實在華山廟碑之上此蓋据雙鉤本摹勒者而又多增入之字內洪所無者七字謬妄已甚以□識之洪有而翁無者十一字砥勵授劉悔相謠言刋言協亦不足信洪翁有而此無者一微字洪無翁有此亦有者不獨二字考洪本貧者下只缺一字跋語云貧者得順則不得有不順二字然則雙鉤本亦已以意增矣又弟十九行應列廿一行廿行廿一行應列十九廿行隸法除妄增十餘字外雖乏神味而筆勢却非後人所可及是足以惑人者故錄而著之

魏張翔碑分書

魏故張府君之碑
府君諱翔字仲潛□□□□□□其先世有隱德不替淸芳府君秉性淵穆孝友是稱貞茂之行懿于鄉郈治易書詩克究奥衍四方來學承命若歸隱居懷德寔爲與□惟兹碩德允矣完人乃以咸熙元年甲□五□終于其鄉春秋四十有五嗚□哀哉凡百君子莫不愼惜爰爲之銘曰

篤生賢喆不顯而明夫躬淸白延譽無疆□□來茲令德彌充

甲戌十月市賈以此求售審之乃僞造耳然紙墨頗舊足以欺世爰錄而識之卓悼作卓愼隱字右半上作乍啇字上作啇皆於六書不合

晉泰始磚文分書

大晉泰始三年六月作在側 佑利在端

丁丑八月桐軒拓寄謂去秋在長沙出土蓋僞作也泰始三年長沙尚不屬晉分書亦不古拙

北魏高植墓誌正書

魏故□陵太守高府君墓誌銘
君諱植字建瀛勃海修人也其先乃帝炎氏之苗裔昔
在虞舜四岳至太公封齊其公族有高子者即爲高氏
爲　文昭皇太后之世宗武皇帝外祖也煌煌巨族聲
□遍於草野巍巍世勳名著於廊廟　祖醴□鱗遊
尉相□府參軍右衛將軍兖冀二州刺史遷肝貽太守
太尉　父猷爰始新蔻縣邑侯七百戶遷營州刺史
太原晉陽參軍太守太尉給事中君稟性生純誠德音
洋溢乎朝野天資剛健偉績載記於太常有果敢慷慨
之志無苟且畏葸之心乃若上交不諂下交不瀆富貴
不謡貧賤不移威武不屈又其倜儻不羣非碌碌庸衆
所與語者既而釋褐登朝輔弼王室沐雨櫛風成家開
國時遷諮議參軍建威將軍遷太尉太守相國府參軍
并太子虎賁中郎左驍衛將軍正光二年十一月十六
日葬□齊城西北六十里當其時賔僚咸集士友感德
□勒諸他凶之石對揚休聲乃作頌焉其詞曰
藹藹前哲秉心克貞鞠躬盡瘁遐迩共稱克勤克儉既
和且平堅若介石穆如清風經天緯地莫與共能夙夜
匪懈積德建功剛健文明炳如日星赫赫世勳烈烈頌
聲哲人既往遺範猶存不忮不求乃武乃文仰不愧天

俯不怍人光前裕後致君澤民遐欲存理聚精會神皎
皎素月泱泱白雲緬厥雅度飛靈遊魂人往風微歲月
廻輪誌名萬世流芳傳聞
大代正光元年三月初八日癸卯朔建
丁丑二月兒子繼煇錄寄此誌云以魏書高肇傳
攷之世次名位絕不脗合誌書葬不書卒二年十
一月葬以元年三月預立是誌而有其時賔僚咸
集語文義可笑餘多訛脫殆摭拾時文爛語以爲
之者余謂此誌原石殘損藏德州田氏立於神龕
並非正光鱗遊縣自唐始置北魏所無歷代無新
逘縣殆新淦之誤誤淦爲塗因書作逘新淦亦北
魏所無太原晉陽參軍太守太尉給事中太尉太
守相國府參軍并太子虎賁中郎太守不著何郡
敍次亦不倫末行年月紀癸卯朔於初八日之下
無此書法是年六月值癸卯朔亦非三月三月朔
非乙亥即甲戌四月甲辰朔癸卯乃三月盡日也
妄人僞造不足置辨惟原石世少拓墨恐後人或
據爲眞也錄而識之
北齊朱氏女姜瑞雲造象正書
大齊天保四年正月六日朱氏女姜瑞雲爲亡母敬造

文殊菩薩聖像一軀一心供養

刻佛座補訪碑錄謂在正定而常山貞石志無之

桉菩薩本作扶薛一變爲薩再變爲薩然六朝唐人尙無作薩者僞作無疑而書刻足以亂眞也

房周陁墓誌 分書

處士房周陁字仁師脅郡盎都縣都鄉營邱里人君稟秦之名士也器寓淹宏宮墉淵邃鄉黨未有量其邊幅朋交不能測其淺深嶷嶷然若劒閣之于雲漢汪汪也似洪波之在藪澤而心無是非懷忘彼我是以士友見之者辭貧憂祛鄙悋若斯之善宜假□□季紀綿而地何期雲雹無恒風飄疾春秋卌有五以大脅河清三季九月十三日卒於營邱里天統元季十月廿四日癸酉窆於鼎足山之陽惜乎馨蘭夏折芳桒秋摧余曾因醼言之次謂之曰昔師曠聽聲觀色惜王子虫早逝僕今覩骨看文恐吾賢亦不眉壽當昔此諠事等鍾箭之驗不意一二季閒便致殂殞於是梢笔銜哀叙君盛德其幽魂有悟知不爽言其銘曰　冠蓋滑川風流稷下道踰郁鄭名超終賈邑傳孝鄭鄉稱儒雅匹鳥於鳳方驥於馬人同金箭□荨蘭蓀情高志潔心直狠溫朋因淡久交已素存江湖相望得意忘言風飄泫露塵飛弱草百季一□□甎□先沒而不墜德音爲寶銘石泉□用中交道

房仁墓志記銘 此三行史篆書

碑尾題七大篆字碑版中未有此例亦非標題之式首云房周陁字仁師後云房仁墓志又單稱仁字何也文不古雅書法分隸而近於庸俗字體乖異六朝固多謬盭此爲尤甚怪字小旁作少戚字右旁友作叏皆他處所未見碑估云志新出土恐好事者所爲也營作營邃作邃菊作桒逝作逝誼作諠殂作殂淄作淄貌作貌狠並俗惟墜作隊爲近古甎不可識當是甄之譌以甄爲眞風飄疾句脫一字餘不悉述

陳塏造像 正書

大齊天統四丰歲次戊子二月丙辰朔日辛巳佛弟子陳豈爲亾父恬造佛像一軀願入法界早令解脫

佛弟子陳豈虔誠供養

是年二月丙寅朔此作丙辰誤是年月朔亦均不值丙辰也象刻沾滯無古意字體柔媚不似六朝入手筆僞作也豈卽塏字

北周郭賢造象 正書

保定四年歲次壬辰三月乙未朔八日吳國公儀同三司驃騎大將軍開國公昌樂縣郭賢爲父母伽𢆶造石像一區上生天宮下生人間一心供養

題記鐫佛背徑四分楷北周武帝保定凡五年不值壬辰四月甲申三月己未朔亦不值乙未書字姿致秀媚斷非六朝人手筆近今文人所爲耳

馮長孫造象（正書）

天和元年庚午二（此字旁注）月壬申囗弟子馮長孫沐浴淨心造佛像一區等成正覺

光緒己卯繆筱珊得於都門永興寺中攷後周天和元年丙戌非庚午是年月建月朔皆不值庚午惟二年正月或是壬申朔二年值丁亥月建亦不值庚午僞造無疑

隋樊尚造象（正書）

開皇元年歲次戊寅正月辛亥朔五日佛弟子樊尚上爲七世父母所生父母造石像一區上生天宮下生人間因緣眷屬等成正覺

佛弟子樊尚造託

按開皇元年歲值辛丑不值戊寅隋書帝紀開皇元年二月甲子即皇帝位大赦改元則是年正月尚未有開皇之號通鑑目錄是年陳二月辛亥朔隋三月辛巳朔則正月朔亦不值辛亥也或云正月係二月之誤然以本紀二月甲子合之二月朔或是辛亥甲子爲十四日二月五日亦未有開皇之號僞造無疑造訖訖字作託亦誤

王胄妻孫氏造象（正書）

王胄妻孫氏（二字橫列）子仁甫理卿（二字橫列）媳陳氏（以上在座背）爲合家不安敬（三字橫列）奉造爲（以上在右側）一區永遠太平（三字橫列）吉羊如（以上在正面）意開皇八年吉（三字橫列）日供宅（以上在左側）

韋載造像（正書）

弟子韋載妻王氏于氏率男韋喜韋蘇亞兒女曇女玉一切眷屬香花供養一心礼拜（以上正面象下）

大隨仁壽四年歲次壬子四月癸丑朔丙寅八日癸酉涿郡弟子韋載敬造石佛像一軀爲亡父母離苦超凡降生人間埽除煩腦并一切衆生有識之類普同斯福

文云仁壽四年歲次壬子四月癸丑朔丙寅八日癸酉按是年歲直甲子此作壬子蓋誤四月朔日丙寅則八日癸酉不誤蓋先作癸丑後知其誤而更正之也像刻無古樸之致香花二語不似六朝人筆墨當是僞作

唐蘇玉華墓志 正書

女子蘇玉華墓志銘

宏文館學士歐陽詢撰并書

女字玉華盖冼馬蘇君之季女也夫其瑶姿外照蕙性內芳體脩幽閒動合禮則既嫻習於圖史且留連於音律以故名靄蘭閨聲緜梓里夫何美質降年不永竟致天歿春秋十有五焉以大唐武德二年五月九日終於居德里之第即以其□□□有五日葬之於京地之神和□悲□□□□感曾靡降福□道何昧竟貽斯殃諒豈□□芳齡永逝悼以長往終天無春嗚呼□哉□□□其墓銘曰　玉碎兮珠焚風悲兮日曛問天兮無言永絕兮音塵善可紀兮慧絕倫嚴霜降兮值芳春丹旐飛兮淚霑巾千秋万世兮哀無垠

萬鈞刻字

武德年信本未爲宏文館學士

黃葉和尚墓誌 正書

唐故卧龍寺黃葉和尚墓誌銘

守黃門侍郎許敬宗製　文館學士歐陽詢書

和尚自說姓張名真誌其生緣秉梓莫能知之隨故特進蜀人既經興善寺僧釋永徜並見和尚於太清初出入中條往來都邑年可五六十歲未知其異也隨氏末年稍顯靈跡被髮徒跣負杖挾鏡或徵索酒肴或十餘日不食預言未兆懸識他心一時之中分形數處屬我皇膺運率土崩裂和尚竟著先知住錫黃龍寺迫於宅鼎果護奇驗以武德二年五月廿有九日即化於卧龍寺之禪堂先是移寺之金剛像出置戶外語僧衆曰菩薩當去爾越旬日無疾而逝沉舟之痛有切　皇心殯葬資須事豐□厚迺以武德三年秋九月四日葬於萬年縣鳳□原望□墳而擗踴□白幕而驚心爰詔有司式刊景行其銘□　□化毗城金粟降靈猗歟大士權跡　帝京緒□莫明邑居孰見辟彼湧出猶如空現五塵□離三條□依戒珠靡□忍鎧無違智燈含熘慧駕□騑哀茲景像悲斯風電將瀵舟粱貽我方便形煩心寂□□□□觀往測來覩微知顯石□亡儒星開□賢反初息假薪絕火然神明何許暗石空傳

武德初許敬宗官漣州別駕其爲黃門侍郎約在太宗末年信本署銜誤與蘇玉華誌同乘誤乘果獲奇驗獲誤作護唐人造象刻經書菩薩字作薛亦作薩未有作薩者此作薩僞造無疑也陝西通志卧龍寺有吳道子畫觀音像及佛足跡碑初以

像名觀音寺宋初有僧惟果長臥其中人以臥龍呼之故名秦藩碑記云隋爲福應禪院唐名觀音寺宋太宗更名臥龍据此則寺名亦謬誤矣

褚遂良造象正書

大唐善業如妙法身　貞觀二年四月五日褚遂良造

此好事者爲之也書法絕妙然去登善倘遠

涼州刺史郭雲墓志銘正書

唐故銀青光祿大夫涼州刺史定遠縣開國子郭公墓銘

率更令歐陽詢書

公諱雲字仲翔京兆萬年縣人也祖慶隨驃騎大將軍右光祿大夫相州長史父振武開府儀同金紫光祿大夫幽并二州刺史並箕裘紹業鍾鼎傳門公稟毓華之秀氣降昴緯之星精英姿颯爽得孔門季路之風智計宏深有前漢留侯之略屬隨氏失政率土分崩我皇崛起英俊雲集公投欵轅門深蒙優禮授武騎尉公迺霜戈奮武星劒臨戎靜則岳峙山立動則雷奔電擊識超萬眾勇冠三軍以故但從征討輙建奇勳武德元年封定遠縣男邑五百戶既又因舊封進爵爲子賜以絳節儼上將之儀苴以白茅開建國之模方當翊衛皇家馳騁雲表不幸以貞觀五年六月廿有七日終於脩德里第春秋五十有九贈銀青光祿大夫涼州刺史夫人唐氏定遠縣君內府丞仲翔季女也貞順著行珠玉含華雅稱良匹先公永逝以其年十月六日葬於縣西龍首原禮也嗣子漢章痛風木之不停慮陵原之條變迺銘貞石庶表芳徽銘曰　惟岳降靈是生郭公既智且勇克奏膚功蔚彼虬松長留雄風億万斯年流慶無窮

隨無相州文云祖慶相州長史定遠屬濠州本臨濠武德三年更名文云武德元年封定遠縣男均不合萃編載郭雲銘並無誌文不知者因作此誌

耳据志郭雲以武騎尉封男進爵爲子未歷何職殁贈銀青光祿大夫武騎尉勳之一轉視從七品男爵從五品上子爵正五品上銀青光祿大夫爲從三品階亦高卑懸殊矣

蜀王祭酒蕭勝墓志正書

大唐故蜀王西閤祭酒蕭公墓誌

公諱勝字立寐東海蘭陵人梁中宗宣皇帝之孫太尉安平王周柱國巖之第十三子也豐谷雕雲騰三傑於星漢金陵王氣軼五馬於天枝爰自綺年已膺茅社封爲宜陽侯俄而青蓋云歸咸陽起布衣之歎家聲□隕

高辛□□□□□□□授散騎郎皇朝爲上輕車都尉蜀
王西閤□□□□□賁虛元立操貞白學綜書府文藹詞
林鐫銖珪糸脫落塵情□物我於臨濠照空有於壺室
龍宮之旨無以□□□□□野之□自足荷其想信圻岸
之金碧爲羽毛之麟鳳然而過鳥忽驚悲鼠藤之何促
隟駒俄謝怨鶴林之已空春秋七十有四永徽二年八
月十五日遘疾薨於萬年縣之崇義里郎以其年歲次
辛亥八月壬戌朔廿三日甲申空於萬年縣寧安鄉鳳
栖之原嗚呼哀哉山可移予日難繫海成田予川而逝
因寶亡於窮泉振芳聲於來裔其詞曰

楚國琴響秦時故侯穿冢下位棲遲一邱情涵水月心
沉壼舟持蓮淞盡援桂芳留人事趨忽生涯浮脆溘露
銷津翻霜霣蒂夕陰先下泉扃早閉長夜不追悠然來
際

剌史褚遂良書

志石四裂十餘年前得諸都中審爲贋作勿錄也
去夏海琴復以寄贈云書款數字係後人所妄鑿
嗣見補訪碑錄載此志亦云後署六字乃僞作覆
審字蹟前後無區別耳新唐書宰相世系表巖安
平王不言其爲太尉亦不載勝名此志云巖之第
七三子而表於巖之後絕未載其一子可疑也蜀
王高祖弟湛所封爵

瘞琴銘并心經書正

瘞琴銘有序

嗚呼琴兮故者人亡則留爲虛器友之樂盡將顧而生
悲妻莊氏字淸卿明姿耀玉慧性旋珠垂髫而貞度山
安待笄而麗辭泉涌蠶桑之暇癖嗜絲桐家有美材命
工精斲音律既協性命相依年廿四歸予琴即爲媵春
花芬而奏薰風秋月皎而操流水寢食與並好合彌徵
纔及十年遽罹婉難春秋卅有四惜哉一息靡憑豈謂

九原可作七絃無恙誰禁五內併傷乃以服御之具閒
寘高閣瘞琹于山巔殉所自也唯埋軫弛絃希聲於太
古濡翰勒石飲恨以千秋銘曰生不逢辰予人物棄捐
音徽不遠兮南山之巔銘幽表潾兮有待他年

顧升撰書

般若波羅蜜多心經
般若多心經　顯慶二年八月一日莊甯爲夫資福
書
捻遺篋感深意福無靈人先棄勒貞珉還資施升□
記

此吾蘇文人所爲以寄其悼亡之情耳有能道其
姓氏者非輕疑之也薩字作蕯已露破綻近秦中
又有翻本矣

海禪師方墳記 正書

大唐化度寺故僧海禪師季六十有六俗姓劉絳州上
縣人也永徽五年十一月八日卒於禪衆以顯慶二年
四月八日於信行禪師所起方墳焉
顯慶三季歲次二月廿五日癸巳書

長安志化度寺本真寂寺隋尚書左僕射高熲宅開
皇三年熲捨宅奏立爲寺武德二年改化度寺在義

甯坊南門之東 平津讀碑記

吳荷屋云此記有二石一八行行七字邊有花紋
一九行行九字界方格後有年月案歲次下不記
干支何邪通鑑目錄是年正月甲申朔二月癸未
朔則二月廿五日非戊寅郎丁丑不直癸巳二月
亦不得有癸巳日癸巳乃正月十一日也然則後
有年月者妄人爲之耳後無年月者禪衆上無於
字未得拓本

雷大岑造象記 正書

若夫二儀有象顯覆載以含生四時無形潛寒暑以化
物是以庸愚者皆識其端□陰洞陽賢智者罕窮其數
況乎佛道崇虛乘幽控寂宏濟□品典御十方舉威靈
而無上抑神力而無下大之彌於宇宙細之攝於豪釐
無滅無生歷千劫而不古若隱若顯運百福而長今妙
道凝懸遵之莫知□□故知蠢蠢□□區區庸鄙投其
指趣能□疑惑者哉□□□□□□□□十三人等□□
□□□早悟三空之心□□菩提建立碑象一區上爲
皇帝陛下法界一切衆生及所生父母囙緣眷屬
早登菩提同臻彼岸
龍朔元年歲次辛酉七月甲午朔廿三日丙辰

成佛弟子雷大岑

石不知所在前襲聖教序文而庸愚上脫竊天鑒
地四字不成對偶妙道凝元作凝懸近人避
聖祖諱耳又割去法流二句

劉智妻孫氏合葬墓誌 正書

大唐故劉君合葬墓誌銘 并序　武功蘇靈芝書
文不錄

原石爲劉燕庭所得官浙後置諸淨慈寺今失所
在標題下有進士陳遵文五字無書人名此碑估
仿造託於蘇靈芝之名易於牟利也翻刻亦有兩

本一本稍肥近俗

淨善和尚塔銘正書

大唐興唐寺淨善和尚塔銘

監察御史王延昌製　蒲州刺史顏真卿書

和尚姓張氏法号淨善京兆雲陽人也幼而神清長益

靈悟誠請既深緣愛自淨迺授經於惠雲溯源窮委靡

弗徹貫以故業行高超利益宏溥知與不知但蒙宜示

咸得解脫頭悟信大道之津梁也以乾元元年二月六

日告行於興唐寺門人惠信等與俗侶白衣會葬近千

人焉以其年九月九日起塔於畢原高岡式昭大道庶

慰永懷銘曰　佛有妙法使皆清淨世界空闡茫然莫

正大哉我師降厥慈悲開示寂樂破其惑迷法相既闡

色空自離千萬大衆歎泣而隨功成身去自葬自藏銘

於塔石與天同長　門徒惠信等立石

但蒙二字在第三行行末茫然茫字在廿行第二

格蓋正文錯誤補刻於空處耳世字不避寫末行

有後學下泐數字豈銘有原石久亡而是人重摹之

耶後學上有指南二字疑亦碑中文字然不知在

何處也陝西通志興唐觀開元十八年建又引續

文獻通考云元和八年命中尉彭忠獻修興唐觀

而不載興唐寺

河南少尹裴復墓誌正書

唐故河南少尹裴君墓誌銘

□諱復字茂紹河東人曾大父元簡大理正大父曠御

史中丞京畿採訪使父虬以有氣略敢諫諍爲諫議大

夫引正大疑有寵代宗朝屢辭官不肯拜卒贈工部尚

書公舉賢良拜同官尉僕射南陽公開府徐州名公主

書記三遷至待御史入朝歷殿中侍御史累遷至刑部

郎中疾病改河南少尹與至官若干日卒實元和三季

四月二十三日享季五十夫人博陵崔氏少府監頲之

女男三人璟質皆既冠其季始六歲曰克郎卜葬得公

卒之四月壬寅遂以其日葬東都芒山之陰杜翟村□

公幼有文季十四上時雨詩代宗以爲能將名入爲翰

林學士尚書公請免曰願使卒學了後母喪上使臨弔

又詔尚書公曰父忠而子果孝吾加賜以厲天下終喪

必且以爲翰林其在徐州府能勤而有勞在朝以恭儉

守其職居喪必有聞待諸弟友以善教館嫛妹畜孤甥

能别而有恩歷十一官而無宅于都無田於野無遺資

以爲葬斯其可銘也已銘曰

裴爲顯姓入唐尤盛支分族離各爲大家惟公之系德

隆位細日子曰孫厥聲世繼晉陽之色愉愉翼翼無外無色幼壯若一何壽之不遐而祿之不多謂必有後其又信然邪

唐書宰相世系表洗馬裴後魏中書博士天壽之後曰元簡尉氏尉子曠御史中丞曠次子虯諫議大夫虯長子復河南少尹復三子長曰璟次曰質吏部郎中季曰望郎此誌元簡官大理正及季子曰克郎與表異餘皆同復之名又見於御史臺精舍記碑額題名誌中所稱僕射南陽公謂張建封也建封鎮徐州在貞元間復爲所辟誌內侍御史誤侍作待刑部郎

中誤刑作形歷殿中侍御史歷十一官二歷字皆誤止從日銘詞首二句姓盛爲一韻三四句離家二字無韻又無外無色色當是內字之譌古誌石華

石華系此誌於元和三年四月案文云實元和三年四月二十三日又云卜葬得公卒之四月壬寅攷通鑑目錄是年五月壬午朔以此逆推之四月不得有壬寅是年七月辛巳朔誌所稱壬寅者蓋七月廿二日也復卒於四月歷四五六七四月而葬故云公卒之四月壬寅也石華殆未攷核矣吳子苾式芬以爲僞作洵然吳荷屋採入筠清館金石記趙撝叔收入補訪碑錄系此於元和二年尤誤

李衡墓志正書

唐故叔氏墓誌并序

元和九年歲直甲午正月十九日丁夘浙東道觀察判官將仕郎試大理評事攝監察御史李翺奉其叔氏之喪葬于茲叔氏諱衡生子曰王老遠在京師翺實主其事銘曰

翺生始言叔氏棄孩爰殯于野年周四甲豈無諸甥生故或迫亦有息子旅宦京國邱墳孰封松檟未列殯宇

零毀狐狸同穴中夜遠思酸悽心骨是以乞假公府言来筮宅追念延陵喪子嬴博葬不歸吳於祇其合唯叔平生游居是邑天謝于此靈幽其託女姪之西仲兄之北冥晤何異可用居息孰爲故鄉乃樹松栢

案墓銘見李文公本集衡爲諸父而曰叔氏叔父之尊而擬之延陵嬴博尤爲不倫文云奉其叔氏之喪葬於茲銘云唯叔平生游居是邑卒莫知所葬何地李翺此文本不可爲典要後人就集本上石詭言出士書刻並劣集本題叔氏墓誌銘石本加唐故二字淺人涉筆已見其陋不獨旅作旅幽作幽也錄而摘

之以懲贋託（金石續編）

太子校書李觀墓銘（正書）

巨唐故太子拔書前進士李君墓銘

李觀字元賓其先隴西人也始來自江之東年二十四舉進士三年登上第又舉博學宏辭授太子校書一年年三十九客死於京師既斂之三日其友人博陵崔宏禮葬之於國東門之外七里里曰慶義原曰嵩原友人韓愈書石以誌之銘曰已乎元賓壽也者吾不知其所慕天也者吾不知其所惡生而不淑孰謂其壽死而不朽孰謂其夭已乎元賓才高乎當世行侔於古人已乎

元賓竟何爲哉竟何爲哉

朱子校昌黎集授太子校書授作得年三十九作二十九据文序當以廿九爲是里曰慶義里作鄉韓愈下無書字銘曰作辭曰孰謂其天作孰謂之天行侔於古人作而行出乎古人末二句注云方又云上竟石本作意而邵公濟嘗嘆其句法之妙謂歐公而下好韓氏學者皆未之見遂從其說定上句作志意之意下句作究竟之竟則予不識其何說也竊意若非當時誤刻卽是後來字半磨滅而讀者不審遂傳此謬是誌原有石刻久不存矣此據韓集別本爲之耳

福林寺戒塔銘（正書）

唐故福林寺戒塔銘并序

大德具戒爲元和尚金□將贖而之盡衣懃懼也以至麼㦔視祫未嘗犯者信生于手鄉可約束至顏氏子也西方聖人設戒二百五十俾隄限身口徑出生死今言法者㲉㖸古鏑鎧其人我姓釋氏徒毗尼者雖不轍乎意地而形骸之外是釭是輻大宅熻燃羊鹿効駕亦各也視中夏聖人刑自墨劓三千彧和尚出家之維乎不然和字德未相如夏五十七疊幢于積祖師能孕業人

戾垢不嘗□□□非延□□□□□之賓賓然不差浄觸噫法廣缺九字族龎氏京兆興平人葷腴及缺九字産吮而不啼慾而始誰竇氏缺九字曰滋善種得度隸于慈悲跂缺四字墨缺四字及多羅經壓頡碩請介處不缺九字禰法界也其年其爲泥八若射□□是□□宅□□䈇也至乎昹生死之流闤身□□□□聖人□□□□之歧其在㘞尼乎多羅經五行□□□□乎缺四字下次授萬化不可窮極居山雪首缺六字百儕苔色其下楬車夜形偈沓不缺六字大厦故毀地之桐也　議大夫柳公權書

會昌六年正月十六日建　寶来延刻字

此縮臨元奘碑殘字而爲之故字蹟頗似誠懸文義絕不可通出家之雄雄書作維尤爲可笑作僞日拙不待識者辨矣

葬馬銘正書

大唐左監門衛副率哥舒季通葬馬銘

太子中允王知敬製并書

爰有名驄厥号雪蒼巖高天厩産重流砂蓋武德中嘗以賜故越州刺史督都諸軍事哥舒府君者也府君既已就義戎行維是名驄亦從殲焉孤子左監門衛副率季通鳥号血竭雞聳骨立永懐罔極之悲思廣推恩之義迺圖厥形葬之墳隅肇錫嘉銘用誌雄特其詞曰

粤維泰運異質斯生坤元毓德天駟流精　惟彼雪花驄嚴御櫪龍文表瑞鳳翥開績　矜恭府君丕茂霄功帝曰賚汝駿尾方瞳　越國過都逐星激電軆健騰驤姿碓顧盼　紲力著德合志同心策勳奏凱照古凌今夫何不永陽九當厄倏膏霜鋒早墜逸翮　瓦鴛羞全紙鶴並飛存亡既偕神魄攸依　鐫鐫精忠彝光丹□翮翮者騅揚華驤尾　雲蒼顧影楊葉嘶風戀彼故主遺恨爲竆

金石祛僞　卅六　吳興劉氏希古樓刊

武德四年置越州總管七年改爲都督府武德中無越州刺史之稱都督諸軍事亦誤倒爲督都哥舒氏代居安西哥舒沮官左清道率其子道元官安西副都護並無官越州刺史者哥舒翰則明皇時人矣此所稱哥舒府君及孤子季通皆烏有先生耳王知敬高宗時人

金石祛僞　卅九　吳興劉氏希古樓刊

八瓊室金石祛僞終

八瓊室元金石偶存

八瓊室元金石偶存

長洲章鈺署於析津

吳興劉氏希古樓刊

八瓊室元金石偶存

太倉陸增祥撰　男　繼煇校錄
吳興劉承幹覆校

重修艸堂寺碑在鄠縣篆額橫列題皇太子令旨重修艸堂寺碑十一字碑分四截上二截稱闊端太子令旨一題癸卯年五月一題乙未年十一月第三截稱皇太子令旨題丁未四月末截稱帖哥火魯赤都元帥鈞旨題丁未年十月丁未爲定宗二年當宋淳祐七年潛研堂有跋攷覈極精詳

王惲漢柏詩云蒼柏無城擁漢陵閟宮遺樹鬱崢嶸崔嵬不植明堂礎造化還通岳頂靈萬壑煙霏封傑榦半空風雨撼秋聲白頭會見東封日秀映鸞旂一色青至元二年五月朔述後書同來者郡人時震吳能賢滎蒲陳簡前司掾李昕又有從仕郎泰安州判官張翔承務郎同知泰安州事徐汝嘉武德將軍泰安州達魯花赤兼諸軍奧魯□合禿都目高淵諸人名餘詳潛研堂跋語

宗聖宮圖碑在盩厔橫額題終南山古樓觀宗聖宮之圖十一隸書下方有石庭玉題記其文云天下形勝之雄者在都曰長安長安形勝之雄者在山曰終南終南

名勝之最者在宮曰樓觀樓觀者眞人尹氏之故宅太上老君說道德經之處也爰自結艸爲樓觀星望氣聖眞際遇經教宣傳由是道家之學風動天下水行地中矣自周而來屢經世變以教本所在旋廢旋興近又廢於金季國朝開創之初先師同塵眞人承淸和大宗師之命篤意興復未幾樓殿凌空金碧溢目千季舊觀一朝復還草木以之生輝煙雲爲之改色南山益秀而渭水增明矣嘗試論之天下名宮偉觀多矣原其所起斯樓觀者張本之地也諸方仙蹤聖迹廣矣覈其所以而樓觀者太上開教之□也論時則無前校尊則莫大是

故萬乘數謁詔旨累修良有由也諦觀先師傳所載自古登仙得道之士出乎其間者無世無之是宮也其爲道之源仙之祖教之本乎所以稍弛而更張中微而益著先德所謂終南元氣老不死誠篤論也比者修建告成因呂先朝宮圖故新參訂重繪而□之石使四方學道之士得呂稽古而知本云至元二季十月二日住山石庭玉謹識宮圖題榜曰宗聖宮曰三門曰望氣樓曰三淸殿曰元始殿曰四子殿右曰寶章左曰景陽曰丹井皆在三淸殿前又有六榜分列左右次右曰道院曰企秀曰正一堂曰常善堂次左曰宮廳其右一榜漫漶

曰□宗曰育心曰祖堂曰孝□樹曰方丈曰道院宮之南曰衙林曰說經臺曰煉丹峯曰□阿菴曰太微峯□□山□□山下□莊□□洞四榜在其右子方山五福山青石菴呂公窑同車嶽□坊平十老洞迎門洞八榜在其左說經臺之右有東觀谷丹岩化女泉西觀谷洞微菴飛昇谷卧牛池玉眞祠延眞觀九榜其左有純陽洞文仙谷洪□庵會靈觀□□莊田谷樓觀渠元始臺七榜宮之西曰仙蛻園曰田村曰亞柏元眞觀曰洪□菴曰柏林宮之東曰菓園宮之北曰玉泉觀曰渭河右爲□眞菴黑水河盩厔縣路左爲樓觀□河終南縣凡

題字六十八榜又有東南西北四字

火星巖詩刻一則詩云石柑根束蒼崖刻艾納苔封太古松遷客鳳簫吹乳洞天池開徹玉夫容後題至元丁丑仲冬廿又三日陝郡姚子徵父題

九老題名并詩句在平江道宮題名碑十一行文云前石埭吳判縣釿振道生於宋甯宗嘉泰七年辛酉越壬戌三年甯宗開禧十二年乙丑學賓曾士行時可生又一年甯宗開禧十三年丙寅前淮東督師機士能時舉管轄曹惟高陵甫生又七年嘉定癸酉聘君方采亮甫生今宋末帝己卯五老合三百六十八歲三月之朔胥

會葆眞以敘一時之盛事因題名於石垂不朽焉九月白鹿洞講書鄧希恕德夫如會時年六十有八前宋遺老會前承直郎池州石埭縣令吳釿振道年七十八學賓會士行時可年七十七前奉議郎淮東帥機會士能時舉年七十三葆眞觀管轄曹惟高陵甫年七十六逖老方宋亮甫年六十九白鹿洞講書鄧希恕德夫年七十七主會前事奉大夫江夏縣開國男致仕鄂渚李應春子發年六十九前朝散大夫京西通□漢東張萬全純甫年六十七豫章羅大吕年六十二羅大亨年七十至元辛巳三月甲子日刊末云九老之是詞遺留後巖

本崖石壁今乃重鐫是碑以垂不朽詩句碑云□□(本搨碎裂)九老集一時齒德作期頤會每歲値菊金蓉錦之時擇山水勝處更迭主會借杯酌以篤斯文之雅如是者十餘年各題姓名詩聯刻於道巖石上恐年湮剝落錄載譜牒今復命匠鐫碑以垂不朽初同會時各有詩章今採其警聯云方宋亮曰(方宋字亮甫此作方宋亮殊誤)萬刼灰中存世界千層浪裏惜儒琛吳釿曰阮藉每看靑眼舊鄒陽咸慨白頭新李應春曰像繪耆英希五老鶴歸華表詔千年張萬全曰乍接笑言疑是夢相看顏貌老於年鄧希恕曰龜鶴爲羣同壽儁鹿麋相伴共時賢羅大吕曰

素絲不改衣冠舊黃道從教日月新羅大亨曰且追白社爲耆會縱買黃金肯少年又詩云(其一)元都重到拂題塵屈指於今十四春白石煙消丹竈冷蒼崖日永畫樓新山中自笑黔驢技天外誰知海鶴身洞口桃花莫相笑劉郎猶是少年人(其二)乘雲不到玉皇家嵩山仙桃幾度花今日喜儕三益友來看丹竈煉黃芽(其三)石敲新火煮雲腴細講濂溪太極圖此處不知千載後有人來講此圖無九老同歎曰九人六百三十二雪鬢霜髯壽且康更向丹崖題姓字永同地久與天長

沐潤魏夫人祠碑陰有至元年題刻一段記廟地四至

文云維大元國紫陵村上淸紫虛元君廟地壹段東至溝道北至溝南至官道西至楊家溝計地五十畝至元拾玖年叁月十九日知廟王志希謹記曾書□人張元李□凡八行

石角山題刻二段一題太歲甲申至元二十一年正月二十四日開山立此香火道場王□立一題丙戌至元二十三年季春後一日二水丹崖宗興景中古昇江凉洪夫仝安國君□周寶貴卿侍主教□□沖虛瓊李祥庵記石角山石刻從未經人搜搨

重修說經臺記在盩厔宣授陝西五路西蜀四川道教

提點古汳李道謙撰文制授體仁文粹開元眞人書樓
孫悳彧篆額本宮元壇講師藍水李志宗書後列尊宿
提點提舉提領知宮副宮知事等廿六人至元甲申歲
陽復日立甲申爲至元二十一年陽復冬至也碑凡十
列列各二十二行行九字行書絶似趙承旨撰書人姓
名分書在下方額失搨潛研有跋
重修慈雲寺碑在三原禮部貢士安定野人雅安張應
成撰小師楞菴老人有宣正書耀州管內僧判小師有
才篆額至元廿四年七月十五日僧有珍等施石後列
三原縣簿石縣尹王姓而不名又列達魯花赤並不書
姓末列宣授安西路都僧錄靈通等名
澹山嵒題詩三段　張圯詩云民喜甘霖澤大田公餘
乘興訪林泉離塵疑到清涼國覽勝如登小有天晝接
陽和臨洞口夜邀月色照臺前顧崖誰道人辛苦心境
安恬便是仙伊誰鑿開混沌竅天造地設豈人爲不到
澹山得觀覽爭知閬苑非絶奇磨崖雖欠漫郎頌刻石
喜存太史詩若使殷賢居此境料應版築肯他之前題
云漢中張圯與同袍南陽萬國良八桂王桂侍廉訪簽
事按部零陵喜六月雨吏民胥慶乃因公暇游澹□巖
覽古迹靈異閱前賢品題情動於中吟二律以紀歲月

非敢言詩也偕行郡庠廖景誠鄧桂賢唐以直醫士胡
寅孫淸湘許珣春陵孟希聖二水李仁榮子鑑侍旹至
元壬辰後六月旦日書　萬國良詩云初聞勝景興猶
慳一到幽巖倦復還萬里俗塵紅日遠數聲僧磬碧雲
閑從知天上無名竅化作人間澹姓山好寄煉丹仙島
客來時爲我駐朱顏後題壬辰歲臘八日南陽萬國良
留題萬國良見張圯詩引故知爲元刻永州志誤煉爲
秋　劉學海題記分書六行云眉山劉學海督工修學
得古石徑甚有佳致命監修卿踹孫重闢之後來者無
使其復堙焉亦同上天梯之要路也元貞乙未冢環劉
洄珠記此刻前人未見
潭州權一面鐫至元二十□年一面鐫潭□路造上此
器與元貞鋼皆楊海琴所藏
濟州重建大成殿碑上半殘蝕在濟甯州學大成門外
至元三十年二月立楊桓八分書楊郁文篆額撰人名
缺濟州金石志以爲李謙撰武授堂有跋
西谿題刻三段在衡州石鼓山　史杠題名二段俱左
行一云元貞元年八月日自郴戍軍迴眞定史杠□湖
南通志所載郴下有桂字今未之見一云大德九年春
正月重來距元貞十年矣湖南通志所載缺後三字

主簿郭某題記云缺佳致嶽阜名山惟蒸湘缺之冠也中閒缺輩名重品缺言哉茲棠缺分司委請缺判官布伯承直提調鼎建缺燕居輪奐一新畢工之日刱此亭鐫缺以紀歲月其用心亦為日後□塵缺耳時丙申元貞孟春念□日將仕佐郎衡陽縣主簿郭缺　元貞鋼款題元貞丙申七月吉日郭震造正書丙申為元成宗二年

樓觀璽書碑亦在盩厔篆額大元璽書四字碑列聖旨二通蒙古語以漢字書之有稱成吉思皇帝月古台皇帝薛禪皇帝者成吉思太祖也薛禪世祖也一作色長

末題元貞二年猴兒年十一月初七日

乙亥十月廖孟揚自濟州寄來鐵獅款字云在東嶽廟前手自搨墨以備采錄伸紙閱之凡十五行行兩字陽文首行殘泐存二十九字文云□□獅子壹對鎮宅大吉安陽縣北銅冶匠人付興男付政造元貞弍年十二月校此刻見山左金石志跋云在河道總督署前旗纛廟門前銘橫列獅子座之左側惟右獅有之考督署在元時為總管府治此鑄於元貞二年疑是總管府治舊物不知何時移於旗纛廟也然曰鎮宅大吉似非官署神祠之器矣今謂在東嶽廟前與山左志不合抑孟揚之誤邪又濟州金石志亦載之首作門前二字云山左金石志門下缺一字今從金石索補之校門字僅存左半自是不誤前字則馮氏以意增耳

浯溪題刻七段　杜明詩云□□猶能不染塵照開萬象本□眞憲官不究戕民弊著甚□□寄我身後題大德庚子冬至後一日江南諸道行御史臺監察御史杜明偕御史兀都蠻敦武察吏劉禎劉衍因按臨湖廣舟經浯溪書此以紀歲月祁陽縣典史李廷揚立石　史杠題名云大德九年乙巳歲正月既望眞定史杠觀從公游者省椽許政王毅及姪史耿從事高信客謝端識

史杠天澤第四子史附天澤傳湖南省府志誤作史杜並脫眞定二字　姚紱詩云轉壑飛流落碧虛巉巖初得野僧居辟巖曾史獲麟筆義抗馬遷金匱書萬世綱常垂宇宙千年龍物護儲胥懸崖鏡石明如水幾與遊人照珮琚後題至元丙子夏六月予分憲讞刑郴道諸郡歷九疑下瀧江游澹巖寺讀浯溪碑茲亦生平瑰偉奇觀也適會班文卿縣武岡至永彌節湘滸遂同觀磨崖文憲掾張德新許彥叔馬益速縣尉會圭陝郡姚紱書瞿先生云紱時官肅政廉訪使按部過祁而題也紱又有浯溪即景二絕句亦刻厓上余未之見志載憲掾

之寃誤作卿字　高絢王雖詩前題至元後丁丑冬至
日予二人陪御史南巡嶺海道經浯溪艤舟登眺各成
一律書以識一時之勝觀云高詩云瀟湘江上驛船過
登眺其如感慨何梵宇崢嶸□雲漢元家零落寄煙蘿
唐文剝蝕蒼苔合石鏡昏蒙歲月多欲記遠游留拙句
天齊崖壁愧鐫磨王詩云昔年聱叟宅此日梵王宮基
址浯溪上山河石鏡中雄文稱水部健筆記顏公長嘯
雲林外煙飛萬壑風首行下有立石一行銜名已泐僅
見教諭張遠珍書六字高絢洛陽人字元履王雖河東
人字元□似是耆字皆察掾也湖南省府志所見未全

故疑即訪碑錄之燕莫白詩　御史等題名九行漫漶
已甚首行見江南□道行御史□監察御史燕十一字
末題至元後丁丑冬仲□日邑令後泐云云第三行有洛
陽高絢名蓋即前詩引所稱之御史也訪碑錄所載之
燕莫白詩疑即此人然此刻燕字似是地名未可遽定
湖南省府志未載　何崇禮詩云行盡三吾數里程風
光苒苒入詩評山園佛寺禪關靜霜徹浯溪眼界清石
鏡照開天地影崖碑磨盡古今情倚筇未足登臨興目
斷重巒隔帝京後題皆至元五年冬十一月初七日齊
西何崇禮題湖南省縣志誤作至元孟冬初一日并佚

其姓名殆未見搨本耳　吳大年詩刻六行缺仲冬十
九住山无方智普立缺見湖南道宣慰使俺日不花缺
□妙前朝劍壁缺摇摸索斷崖缺林霜葉莫蕭蕭缺未
九月晦日溪園吳大年題湖南志未載
重建昭佑王廟碑在揚州馬允中撰書并篆額額題重
建雷塘昭佑王廟之記汪硯山寄貽云阮文達所搜出
者文云惟揚全淮之甲郡也郡西北相距十五里有塘
曰雷塘或曰陂塘曰波波即陂陂即塘也唐貞觀閒引
塘水溉田民獲其利大□閒決塘水成田民得其畊唐
末迄於宋濬水以備漕運積而成淵其深不可蠡測時

之晴明也日光搖曳水波不興瑩□□下□□碧時之
陰晦也翳空雲霧拍岸水聲倏然雷□□□解質其所
以然蓋有□□蟄於其中因祠於塘北封之曰昭佑王
是郡犆□長□□下請水設雩禱雨其應如響郡人歲
時藏祀而不敢忘兵革之□□有存□皇元混一區□
□□已亥□□□東宣慰合於一仍隸於揚命中書缺九
字而行司事撫治全淮公元勳世家碩德重望式副□
□是歲缺七字詢於衆有以雷塘請水告公從缺四字同知
備□翰文缺七字率僚屬詣塘請水焚香拜手祠下□□
□宇傾頹廟□□□默□□□□□之冀其感應之速

耳未幾果如所□庸是涓吉興缺五字石一缺四字工役樂
從其事以治中馬居仁仍釐務而董缺四字竟□明年庚
缺四字少雨螟螣肆□公齋祓禁屠復遵故典貯塘水置
諸寺□□誠意□□不五日開大雨蘇旱一月凡七晨
悅於野民悅於市官吏得□□其責萬口一辭咸感龍
之靈公之德繇是工役轉嚴秋八月初□□宇落成正
殿六楹門六楹環堵約三十五丈有奇塑像□□兩旁
繪□兩部出入之像公設牲醴妥靈於祠惓惓冀神惠
於無窮淮民何其幸歟□州路儒學教諭馬允中用摭
其實而爲之記題蓋并書後題大德辛丑四月吉日監

工許提控林知事劉經歷張承務郎推官馬蕭從仕郎
判官劉奉直大夫治中馬居仁奉政大夫同知正議大
夫揚州路總管兼管內勸農事移剌慶堅昭毅大將軍
揚州路總管府達魯花赤兼管內勸農事孛蘭奚等立
□
世祖平雲南碑在交城其文云國家繼天立極日月所
照罔有內外雲南秦漢郡縣也負險弗庭乃憲廟踐祚
之二年歲在壬子我世祖聖德神功文武皇帝以介弟
親王之重授鉞專征秋九月出師冬十二月濟河明年
春歷鹽夏四月出蕭關駐六盤八月絕洮踰吐蕃分軍

爲三道禁殺掠焚廬舍先遣使大理招之道阻而還十
月過大渡河上率勁騎由中道先進十一月渡瀘所過
望風欵附再使招之至其國遇害十二月薄其都城城
倚蒼山西洱河爲固國主段興智及其柄臣高太祥背
城出戰大碑刻作太敗又使招之三返弗聽下令攻之東西
道兵亦至乃登點蒼山臨視城中宵潰興智奔善闡追
及太祥於姚州俘斬以殉分兵略地所向皆下惟善闡
未附明年春留大將兀良合台經略之上振旅而還未
幾拔善闡得興智以獻釋不殺進軍平烏蠻部落三十
七攻交趾破其都收特磨溪以統之大德八年平章政

事也速合兒建言所領雲南地居徼外歷世所不能臣
先皇帝天戈一麾無思不服今其民衣被皇明同於方
夏幼長少老怡怡熙熙皆自忘其往陋非神武不殺之
恩不及此惟點蒼之山嘗駐蹕焉若紀聖功刻石其上
使臣民永永瞻仰於事爲宜中書以聞以下搨本遺失
張與材題二蘇書記草書亦在盩厔文云此勝國嘉祐
癸卯坡穎二公之筆其辭流出胸臆一皆上下感動忠
懇之情而底無爲之功者豈亦見當時大臣於朝廷之
意耶姑勿論維神君之靈有不待此辭而洋洋如在然
亦以贊神功傳遠久者此辭也摩挲刻本天風灑然予

何言書以識余觀之歲月云爾大德十一年三月廿有八日嗣天師張與材書與材為道陵二十七世孫元史有傳其下又有廣微子寄題終南山上清太平宮詩廣微子卽與材自號畫史元詮與材字國梁號薇山別號廣微子詩云飄飄紫□行太清秘語忽落空中聽至今天風吹不了白鶴飛繞終南靑上三碑皆關中金石記所未載

鎮江路祭器題字篆書四行文云元大德丁未中順大夫鎮江路總管提舉學校史燦山長曹鑄凡二十四字丁未為大德十一年其明年則武宗至大矣

重建孝子李永珍碑碑極漫漶永州志所載缺誤甚多

備錄存之文云東安縣□永田江東坊李孝文諱文珍缺半行股利湯藥其病安□宿唐伯玉等陳縣申州照條文賜錢會是歲趙知縣□□□縣尉給照旌表缺半行風雨飄□獨存石□想當時因循鐫刻至□□于路旁得李孝子曾孫李覺昕袖當年所給縣照而告予請記名予曰東安志已紀其缺□縣志雖具載而路人不知是名之意□□□之予不容辭於敘　孝者百行之原人之行莫大於孝孝莫大於事親人之一身乃父母之遺體也其嗣續為尤大凡人子事親居則致其敬養則致其元脫其字樂病則致其憂冬溫而夏凊昏定而晨省恭為子職然後無愧於高厚夫在昔大孝稱虞舜至孝曰曾子曾□見命□□考叔寤莊稱純黃香之溫席□□王祥之卧冰□鯉能□□事愛敬之□惟揚名後世而天地鬼神垂憐之自唐時陳藏時著本草拾遺謂人肉治羸疾自是人間父母疾困者多以刲股治之其病卽愈時有京兆之張河陽之劉皆以孝行聞朝廷□給□□旌表門閭□□□先後韓文公有云人子有缺篤孝未聞缺不幸則至□之義缺經□之□非全□行禮□之能□乎□其親出於誠心亦足稱者同視□□昔為何如人都李缺以缺父母缺高□之視□州縣□加之

□不易得也缺聖朝□以孝子順孫□天下得亦加旌表以勸之視今□之□□孝子不匱永錫爾類是其之謂乎今日有能以孝行聞於上豈止奪一時而榮一鄉哉予□不逮舉善而教□□勸缺行之歸顧不韙歟時至大元年十月□縣學司諭龍□文翔伯記鄧直□書後列典史周□永州路東安縣尉和□進義副尉永州路東安縣主簿張心□將仕郎永州路東安縣丞劉□承務郎永州路東安縣尹兼勸農事楊銮進義副尉永州路東安縣達魯花赤兼勸農事花列迷迭立梭李永珍東安人母鄧氏獲異疾思魚作羹時冱寒永珍處禱

得魚供膳後復割股療毋咸湻中縣令趙崇硂聞於朝
旌表其門建孝感坊
崇聖寺聖旨碑在大理府碑因寺內産業薗林碾磨店
鋪席浴房人口頭疋不准專取給予聖旨內有成吉思
皇帝月吉歹皇帝薛禪皇帝完澤篤皇帝曲律皇帝聖
旨字末題猪兒年閏七月初五日桉完澤篤成宗也一
作鄂靳哲圖曲律當是武宗猪兒年當是武宗至大四
年辛亥也
玉琯巖楊宣慰詩云湖湘巨嶽衡爲奇衡山之南推九
疑千峯揷立雲滅表萬壑交鎖松蘿垂眞人厭世不事

俗騎龍跨鳳相攀追結茅鍛竈入杳渺靈迹往往傳豐
碑窮奇極巧擅南服有虞祠塚宏門楣何爲遠狩坐弗
返天以聖眞彰遐荒簫韶娥皇及女英三旬鼎拔貊鎗
旗衣冠劍履亦安在雲麓靄靄猿猱悲自餘瑣細不足
料茲欲挂一差萬遺披圖目眩膽再邅況若親履臨隇
陝愛山不舍自我癖畫山致遠天工移殘年仙籍倘有
分莞豹或可容微窺前題播州楊宣慰相公詠九疑圖
詩後題古□進士雷聲鴻書至大四年歲次辛亥十二
月旦日軍民宣撫使司奏差雷嗣正沿邊宣慰使司奏
差雷元善磨崖後又題大元國上護軍資德大夫紹慶

珍州平南等處沿邊宣慰使行播州軍民宣撫使播州
等處管軍萬戸侍衛親軍都指揮使楊中齋宗滌樓留
雲龕金石審攷爲楊漢英所題史言漢英字熙載此作
中齋與史不同以署銜證之其說良是漢英賜名賽因
不花系出楊端史有傳餘詳宗跋
浪石寺蔣大士塔記在江華前鄉貢進士李起莘撰并
書篆額題道州江華縣蔣大士塔記十字古文甚奇皇
慶二年五月蔣雷發等立石其略云大士姓蔣名承雄
一夕神僧下降自稱普法王佛謂大士十世有修行之
舊付以穿珠經訣乃地道者服就浪石寺立壇說法有

經書八本偈頌百餘以崇甯五年五月廿九日趺化於
姹嵒迎歸於寺屢臻靈異曾留日出江華照永明之頌
至湻熙間金華周煜來宰邑奏減税額乃合日華二字
爲其名知爲大士後身今其裔孫雷發一新塔廟以奉
眞身乃立碑而申之以辭曰三華兮鄰九疑偉大士兮
心香舜祠指穿珠兮逢聖師鐵脊梁兮坐雲芝來金地
兮二百禩於茲謙處不來果兮福慧過之裔孫兮撐宇
拓基竹苗龕後兮隨現神奇讚歎兮鄧豐碑就重華兮
儼詞願能仁兮輔皇化之無爲今而後兮溥寰宇之雍
熙後題嗣香火僧法奇等名永州志脫會首何文煒蔣

義和朱至善十一字
文昌樓殘鐘陽識舊在太倉海甯寺明孝宗時移置州
治之鐘樓據潛研跋云延祐四年崑山州知州王安貞
屬翰林國史院編修官章嘉爲之銘同治年颶風大作
樓圮鐘毀僅存數片今亦爲人融冶矣鄉人有寄貽搨
本四紙者錄之以存遺蹟一存若人欲了知三世一缺
應觀法界性一切缺十五字一存海船揚風履道坦坦
□若不逢福靈沙界聖祚延洪二十字蓋銘詞也後列
唵嚩呢□哩吽野吒八字通體正書此獨草書一存十
二行首列造寺故大檀越資德大夫大司農河南河北

等處行中書省左丞相公朱君夫人却氏胡氏朱君者
潛研以爲朱清也次列懷遠大將軍海道運糧万戶玉
□相公朱君昭武大將軍都水監中山相公朱君夫人
慕氏福一舍人信武將軍海道運糧万戶玉溪相公劉
君夫人周氏明威將軍海道運糧万戶春□相公黃君
夫人穆氏承信郎海道運糧阿二總管朱公忠顯校尉
海道運糧万七總管朱公敦武校尉海道運糧千戶竹
軒總管宋公阿二万七當是艘編次也後又有助緣人
名云錢天祐男金斗助度母親沈氏季一娘子室閭氏
榮二娘徐慶娘男士淵士海度祖妣陸氏廿七娘許氏

細三娘姑吳氏細一娘王慶孫追度考性初王仲一承
務餘二紙則係心經十六行行三字一存眼耳□舌身
意無色聲香味觸□無眼□乃至□意識十七字一存
無□□故菩□薩埵依般若波羅蜜多故心無罣礙故
無有恐佈遠離二十七字
平江路祭器題字共五行文云延祐六年歲在己未正
月吉日平江路提調學校官總管不八沙正議任內添
造後題教授陳伯監鑄
董祐題名文云董祐田公□□□揔䬻府□□□延祐
七年□月左行在宣和年閻中蒲某題名之右未詳所

在
大羅江廟鐘款在武岡余兩得搨本一本僅搨天下太
平等十六字末有元祐六年月日住持八字簽之是描
摹者蓋據湖南通志以爲宋鐘也一爲全本鐘凡四區
題刻人姓名一區有勸緣朱慶孫字後題年月祐上似
是延字一區有大元國湖南省武岡路云云鐫刻甚劣
不盡可識要爲元仁宗延祐年所鑄無疑湖南通志又
載有元祐開大羅江廟碑疑亦延祐之誤特未之見耳
福山文廟學田記碑在福山縣學翰林待制奉議大夫
知制誥兼國史院編修張起巖撰棲霞縣儒學教諭劉

遵誨正書將士佐郎福山縣主簿納合彥禮題額額題福山縣文廟學田記八字泰定元年二月儒學教諭馬禧等立石後列福山縣達魯花赤秃滿迭兒諸官吏名先卑後尊據碑文及山左金石志碑尙有陰

永昌路祭器題字陽識四行文云常德路達魯花赤哈珊黑黑鑄造祭器壹伯貳拾玖件奉王命也永昌路西涼州儒學永寶之泰定甲子四月吉日誌甲子爲泰定元年紙尾有虎臣手搨小印

桂林有祖師坐像磨厓石刻之廣西金石略所未載像高一尺一寸許上列橫額題祖師□法性古像七字次

刻比邱宗寶贊及慈信刻石題記贊云盧淡月冷庾嶺月明風旛非動訂露心晴人開天上覓不得還照曹溪淸更淸山翁與鹿嘖嘆也只道得一半且如何是那一半光含萬象徹今古慧日高懸天外昇後題至元甲午住山法孫比邱宗寶拜贊泰定甲子七月二十八日住風旛嗣祖比邱慈信拜立甲午爲至元三十一年甲子爲泰定元年相距三十載

石門林升題名在襄城文云郡知事□仲林升以□修㙺□□□工來此泰定四年孟秋十日友人鄭復初□宰曹子成

石魚宋刻百餘段姚彥士始捘搨之己巳冬悉數贈予內有元人題記兩段一題云天厤己巳春水去魚下二尺歲大熟庚午復去五尺監郡宣侯爰及同僚洎邦人士游慶記耳王正上元日題攷己巳明宗卽位無年號庚午五月文宗卽位改元至順此題在正月故仍稱天厤也後又有救苦觀世音菩薩一身九字一題云涪陵誌江心石魚出則大稔予守郡次年始獲見率僚友來觀適有木魚依柳條中流浮至衆驚喜曰石魚自古爲祥木魚尤爲異瑞也請刻之以示將來云至順癸酉仲春十有三日奉議大夫涪守張八歹謹識攷至順爲文

宗年號癸酉爲順宗元統元年順宗於是年十月卽位此題在二月尙未改元先一年甯宗卽位無年號故仍稱至順也

慶眞閣記碑在臨桂馬宗成撰橫額題碧霞洞慶眞閣之記碑文云天厤三年春臨江胡雲與甃葺碧□洞天架閣道以便人之登臨粧飾元帝聖相立龕堂以起人之瞻仰扁其額曰慶眞閣仍鑄銅鐘懸挂晨昏扣擊使聲聞於天而乃屬予作文以記之予覩夫桂林勝狀南北東西環遶皆山也山皆平地拔起而成碧玉簪之秀者看來亦未足爲勝其有□岩空洞中間更有古跡可

驗此爲勝爾堪羨桂之關北出內城之外沿隍池東去二百步一山突起朝北開岩生成洞天之景致古曰碧霞洞今也胡君出力命工履崎嶇披蒙茸架閣道接高空此後人來登臨者必景行而歸功也元初安奉治世福神侍從將吏於高巖之上歲久損壞今也胡君捐財命匠立龕堂安聖像肅侍從列天將此後人來瞻仰者必加敬而傾向也聳聽鯨音震動鳴聲遠揚何況洞中佳致常清常靜塵飛自隔風過不侵遇夜則天漢相連斗星正對誠爲仙境宜胡君目爲勝境而樂然修飾之抑又慶師頁高閣從此一新也噫桂林有碧霞洞天之勝微雲開之士其誰與興援筆成文記其歲月云爾旹天秝庚午三月望日湖湘道人馬宗成述寓桂府臨江胡君雲興立石按天秝無三年是年四月改元至順此碑刻於三月故尙書天秝也粵西金石略失採楊海琴前輩搜得之

孔子象贊在臨林讀書巖下方題記大元至正五年畏兀氏荅海帖木兒喜童同安馬家叔荅密失海牙李京孫□□□□道靜江閭唐九氏□師保各侍親官桂林憲帥司來學於顏公書嵓刻孔子像朝夕瞻敬永保無荒臨川黎載謹識

重修義帝廟碑在郴州篆額題重修義帝廟記六字至正五年碑多殘泐下方尤甚文云白蛇劍斷山鬼獻璧天下已無秦□無秦者天理也人心也秦爲不道毒痛四海人心思得義主若大旱之望雲霓缺特殺函之戍卒大澤之羣盜耳安能爲天下之義主哉夫除暴之謂義虐我之謂讐義者人心之所同歸讐者天下缺之犬馬皆有憤色人之言曰楚雖三戸亡秦必楚當時之人痛入骨髓有能因人心之痛而義之猶水就下沛然莫缺復立楚後以從民望於是懷王立而雲合響應□想其國造草昧南面雍容乃能遣寬大長者難慓悍禍賊約以缺義主也奈何陽尊陰弒是亡秦之續耳天下烏得而不讐之是以新城三老陳順逆之說率三軍爲之縞素缺嗟乎內則父子外則君臣□爲人倫天理之在人心庸可泯哉故隨何陳此義而下九江酈生陳此義缺名既正勝負之勢遂分吁可畏□□陵在郡之西祠庭改創於宋之咸湻年間到今百有餘年矣歲月缺餘耳疇肯一顧而葺之至正甲申冬通議大夫脫穎溥化疇埜公來監是郡□背繇尙書直省舍人歷宣徽院提點充武備寺使考績旌缺拜江南諸道行御史臺監察御史守江浙行省□□揚淸一省鎭靜体覆浙東浙西

福建廉司聲迹剛果缺河北河南憲事薙姦癉惡發粟
□飢斯民至今□□□中書吏部而銓選無弊出守黃
靖二郡而政化大缺選除江浙財賦都總管出納明□
□□其□□□□□□事蹟炳然可考夫以公之碩德重
望出監斯郡固缺明德化於是詞訟簡賦役均囹圄空
缺七字農桑有効開倉賑濟減價糶糧孜孜爲民日不暇
給缺臣之義不可以不明古帝之祠不可缺八字因其舊
制腐者易之故者飾之凡其購木石餉工缺民而趍事
赴功者皆不顧而集既而缺八字直欄古礎增美於前於
是耄者喜其新穉者駭其麗缺□曰噫首議立楚後者

以義結人心也缺八字無諫者豈亞父諸人不與聞歟何
睿於始而昧於缺尊王之義安有身被弒君之名而自
缺八字羽之罪遂無所容於天地之間矣拔山力盡四面
登缺吁知咎天而不知逆天猶斬將缺九字果何救於敗
亡哉宜乎不遂覇而懷王廟缺者不能以義而終深羨
夫□埜公能明大義以正人心使君臣之缺知所畏懼
其有功於世教豈小補哉遂銘之缺君臣有義人缺五字
定矣帝豈陽尊濁水龍興缺迺逞其欲缺六字遂深哀哉
義帝竟殞於郴缺垓下潰圍缺六字古木維義之陵千秋
萬歲缺修舉廢墜缺六字攸敘郴山矗矗郴水洋洋缺亂

臣賊子缺七字銘將以垂戒記前題銜首行存賜同進士
出身將仕郎天臨路長沙縣十五字次行存大夫湖南
道宣慰使都元十字三行存榮大夫前典瑞院使八字
碑尾首行存至正五年龍集乙酉缺隆毛必富郴州錄
事判官趙欽祖同郴州二十四字次行存林宏承隆郎
郴州缺勸農事荅失蠻郴州路總管府十九字末行存
州路總管府知事吳榮缺總管府缺居敬承務郎郴州
路總二十一字撰書人名缺據郴州志謂長沙縣丞陳
元明撰

嵩陽石柱有至正丙戌題名五行丙戌爲至正六年順

宗卽位之十四年也文云至正丙戌歲六月登封縣達
嚕花赤塔海縣尹奉甯鄭郁文卿主簿天黨張惟暹杲
臣同游二十六日謹題塔海書名鄭張兼書字奉甯天
黨皆不見於元史地志當攷

九曜石有至正年題刻兩段余得其一正書兩行文云
至正丙戌正月望日韋德安叔逸遊此丙戌爲至正六
年

承天禪院碑在荊州篆額二行題荊南叢蘭精舍之記
標題云荊南承天禪院叢蘭精舍記文云臨川羅季能
以荊湖制司幕府寓治江陵郎承天院故基爲叢蘭精

舍而移書渠陽缺四字書缺三字天院以黃太史重固也而
叢蘭之名何居乃復以請季能曰是院也世傳爲晉侍
中缺八字章致仕還荆而蘭叢生於階庭人謂德行之感
子爲我倂識所以作予觀世之論君缺四字謂缺三字烏之
夢藻思日新其謦欬直亦曰詞人之巨擘耳噫張華蕭
繹嘗博物矣朱異江總嘗屬文云□世如□夏呂王亦
能操觚弄翰矣而他無足云祇足爲國家妖孽則君子
奚貴焉君章之事□史罕見其僅見□湘中之寶荆楚
之材江左之秀耳然觀其從庾元規友謝仁□則猶未
免爲曠逸之士□□桓溫氣豔翕赫公卿大臣皆卑躬

屈膝惟恐後雖謝安石之賢也而不能免君章獨以□
近嚣塵缺四字西之小洲布衣蔬食居之宴如也他日溫
大會寮吏君章雖容未坐若有氣吞姦豪之勇以缺五字
謂賢乎黃魯直所遭則又有人所甚難者章惇爲政蔡
卞諸人首治史事魯直坐謫黔戎缺五字徽宗初政起之
謫籍道出江陵爲承天院作浮圖記而轉運判官陳舉
承望趙挺之風缺十字以爲幸災謗國坐徙宜陽嗚呼彼
所謂卑躬屈膝望承風指洋洋然自謂得矣朝榮□槁
□壤同□而矯矯獨立者垂芳簡策其爲蘭鞠不已多
乎況君章耒陽人也江陵特仕國耳且□宮故□□其

猷諠嗜寂徙居城西三里而盛洪之荆州記乃謂距城
西者百餘里瞰川爲樓因名羅公洲棱缺四字前後凡□
遷今承天院故址或始居或改卜亦未可知也而劉明
之假其宅若有見其像貎缺三字貽詩□□亦卷卷於短
墻喬木之間以是知賢者所寓雖名存實廢而隱乎斯
□□心者常與所寓缺三字天理□亘□閱千載如一日
也承天塔記豫章集以其因是取禍不忍錄而七十□
年後再勒缺三字處缺三字士大夫正心脩身當以千載自
期苟有所好樂憂懼而不得其正祇以□遏其□耳矣
缺九字也家有蘭鞠而紉芳擷華於簡策尚友古人此其

好學之誠未有□□予缺九字稱亦□季能充而大之必
至於師友古之聖賢明善誠身而後爲學焉紹定四年
夏缺十字大元至正七年歲次丁亥十月望日山門重立
石後題當寺首座□□書丹篆□當代住山天瑶書法
趙承旨微少骨力而名已泐矣後又有旨授佛光普照
大禪師前住當山□住公安大工聖缺一字行棱山谷作
承天塔記因是編隸宜州事見宋史本傳亦見山谷年
譜所述爲詳云公初自蜀出峽留荆州待辭免乞郡之
命與府帥馬瑊忠玉相爲歡甚閩人陳舉自臺察出爲
轉運判官公未嘗與交一日承天寺浮圖成僧智珠乞

記並請書石忠玉同諸部使者環觀公書碑公於碑尾但云作記者朝奉郎新知舒州事豫章黄庭堅立石者承議郎知府事荏平馬瑊而已舉與轉運判官李植提舉常平林虡相顧遽請於前曰某等願記名不朽可乎公不答舉由是憾之知公在河北與趙挺之有怨挺之執政遂以墨本走介獻於朝謂幸災謗公遂除名羈管宜州事具仲貢跋承天塔記中承天塔記今集中無之據此碑於紹定年重勒入石亦已久亡君章者羅含也耒陽人晉書有傳稱其爲州別駕時以廨舍諠擾於城西池小洲上立茅屋伐木爲材織葦爲席而居布衣蔬

食晏如也又云及致仕還家階庭蘭鞠叢生人以爲德行之感據此碑則蘭鞠叢生在荆不在耒矣

棠峝偰世玉祠刻文云至正戊子二月朔偕憲掾戴仲治奏差劉右卿祝蠭來遊時山桃爛漫煙雨冥濛恍隔塵世汲泉煑茗清話移時爲賦菩薩蠻一闋云棠峝幾日桃花雨依稀流水章橋去只恐到天台誤通劉阮來玉堂開綺戸不隔塵寰路休認避秦人壺中別有春通議大夫憲僉偰世玉題

朱守諒秋夜偶成詩在黔陽登科題名碑下方詩云兩圍江水薄城闉地僻民稀俗化淯暫止熊羆消大暑秋深雲合殄妖塵旌旗十萬壓城闉矍鑠將軍智略新蠢爾洞猺殲滅盡捷書馳報馬揚塵征夫鼓角定晨昏細柳嚴明令具存擒盡渠魁歸上府稍從先已宥皇恩殘暑炎蒸苦不禁秋來伏盡尚相侵祝融何是專權甚不放新涼爽客襟臨戰籌兵機失晚羨魚結網智尤凝英豪若隱平蠻策特展長才莫吝爲麟足傷殘遇世衰孔宣嗟悼出非時陽消陰長皆天理一任豺狼滿路歧後題近因洞賊作耗逆犯王師奉命分省勦捕予忝居其幕自辰沅東下至黔陽時維大暑軍卒疲痢故暫憩是邑秋夜偶成七言六絶以俟同志諸君一笑云至正八

年歲次戊子秋七月中旬朝散大夫湖廣等處行中書省左右司員外郎朱守諒題左右司典吏文暨書從行張政進士文鈞黔陽縣儒學教諭徐祐立湖南通志載此脫誤三字

朝陽峝周從進題名云至正九年歲在己丑仲春之月湖南僉憲周公從進按部春陵艤舟二水偕掾史張仲謙馮禮卿遊郡之朝陽峝尋幽索奇慷慨弔古風日和美峝洞虛明恍若僊境也因命刻石以紀勝游且誌歲月從行者總管牛中同知野先海涯推官李讓經歷白鏞謹記府吏李次皋書永州志誤牛爲井

周子故居記碑在道州濂溪故里祠大門之左篆額題濂溪周子故居新興造記十字榮祿大夫知制誥監修國史歐陽元撰并書榮祿上磨泐僅一旨字明顯蓋翰林承旨也翰林學士資善大夫知制誥同修國史楊宗瑞篆額僉嶺北湖南道肅政廉訪司事周□書□僉上磨泐至正九年十月立其文云□□□□西距城可十里有鄉曰營樂里曰濂溪子周子故居在焉左有山曰龍山其□□□□□龍右有巖曰豸嶺巖石唅呀其狀若豸中爲平田有水逶迤田閒澄澈見底□□濂水□其居舊制有堂三閒門廡稱之堂肖周子之父諫議大

夫之像居其中周子像□其右□□則司封郎中壽徽猷閣燾之像以次侍坐周子之二子也在宋之代春□二□以□□□□守令詣祭元□□濂洛之學追封周子爲道國公祀事視昔加豐而故居湫隘歲久浸獘祭畢飲福缺十一字年邑人□偉□營道主簿嘗□祭□進里儒唐道舉而勉之缺十一字弗□君生□里缺八字之責□屬君其勿辭道缺二十五字完而已吾欲異於是可缺九字之郡缺十二字工伐石陶瓦除其旁地斥大缺六字三閒□爲專□祠周子列先賢□□於其側後爲重屋上下皆施雙梁如缺六字像□坐旁設司封徽猷像坐東西□□下爲祭官

止息之所未及落成而□□即世後三年子□詔復作東西序□十閒以□□□未幾屬邑有警軍興方殷作□□□□□至□八年缺十八字獠以周垣□以堅□丹堊彰施新缺十九字計者百四十有奇然後每歲祀事籩豆有□□□有位□□有儀□□而□旅酬有所□□□□□咸有莊蘋乃介缺五字君嗣隆奉事狀來請□記之惟昔商容商之賢人也周武王伐商有天下過其門而□之史書於冊召伯□行南國聽民訟於甘棠之下南國之人爲詩以相戒曰□□□□□召伯所□勿翦勿伐夫商容□代□賢其所居爲時君之所敬禮召伯一日之

舍□□□爲邦人之所□□□□且如是子周子上接孔孟之緒下開程朱之學有功斯道昭被萬世其故居修□□固爲政之所當□□度之所當舉然贊府熊君謀於其始通守吳侯濟於厥終唐氏父子實克繼紹以究是圖垂三十年乃底成績其可無紀載乎大德□未戊申閒□從先君子奠國公典教是邦歲祠故居屢造其地蓋嘗目擊而能言者乃□以授詞隆俾歸勒之石以勸方來云至正八年歲在戊子九月己酉記前後凡二十八行下方又有題記云蓋聞孔子舊宅金石絲竹□□猶遺孟母三遷□豆揖遜之居如昨嗟孟後不傳之

久幸周子篤生於南紹往聖開來學厥功大著濂溪故居前營道主簿邑人熊偉勉里士唐道舉新之父作子述前郡侯肯堂吳君成其終翰林承旨圭齋先生歐陽公爲之記嶺北湖南僉憲周公爲之書翰林學士楊公篆題至正九年己丑之歲□□慱士蔣文緯書院攝山長周仁□教導周善溥偕□院□儒□爲立石表厥□里樹之風聲□□□□□□衍行□吾黨勗哉是年□艮月吉日中順大夫□□路總管兼管內勸農事玉山林興祖謹書

牛繼志南海神祠碑在南海標題云代祀南海廟記下

題南安路道源書院山長黃異書丹文云至正乙未春正月元日皇帝御大明殿受群臣萬方賀廷臣陛請嶽鎮海瀆歲有恒祀宜遣香如舊禮皇帝嘉其奏手香於頷分授使曰若曰往敬之哉時承事郎太府監右藏庫使臣三寶奴翰林修撰承務郎臣牛繼得南海南海廟在海北壖去京師且萬里經涉江嶺凡四越月始達於廣之驛五月二十又二日丁未有事祠下憲臣八撒剌不華奉訓帥臣忽速剌沙中奉率寮寀以次酌獻內盡志外盡物威儀孔時于于如也省牲之夕暘陰閈作禮既畢萬里一天月星明穊而風馬雲車一陟一降眞若有或臨之者不奇特而然哉先是淮寇搆亂道途梗塞使節罕通逮茲香旆之來谿蜑峒獠羅拜道側或至垂泣曰不圖今日復覩天使威儀誓死不敢從亂矣烏虖古之所以致力於神者凡以爲民也民心之悅若是神之意可知其降而歆我食氣也固宜然而南海王之靈應昭晰昌黎韓愈爲孔戣述之詳矣當茲大禮告成倘用赫厥靈異祚我皇運恢神謀彰秘筭不界遐爾俾兵以時輯人獲其所嘉氣應而諸福至斯之謂善對揚聖天子敬恭之美意韓碑在前必有能嗣而書之者六月朔日臣繼志謹記與祭官憲司經歷月忽難從仕知事

王謙從仕譯史長吉歹書吏郄執道蔣仁傑奏差汪珪廣西憲司知事高志翔從仕名汝翼江西行省宣使程忠帥府經歷察邇令史游崇德田宏方晉梁瑞曹逢原何仁孫奏差杜思義杜從道黃誠陳仲寬楊眞惠廣州路總管府判官王哈剌歹照磨林瑞路吏霍仲祥岑伯仁番禺縣尹鄭敬廣州路儒學教授羅文煥學正周通學錄尹靖訓導沈克敬教諭張本彭唯等立石記十五行行三十四字與祭銜名七行乙未爲至正十五年分隸整勁鐫刻精良是元碑之佳者翁閣學粵東金石略載南海廟元碑十通所見惟此

粤東鐵塔蓋爲宋人所鑄歲久泐蝕元至正間重易之
以銅海琴游粤搨以見詒前列佛號四行其文云護持
四法緊那羅王菩薩西天唐土諸善知識護塔大權哆
唎菩薩千手眼觀世音菩薩後列姓氏年月二十六行
云化緣信士瞿伯王運力僧寶昇堅總堅愿堅憲元偉
廣慶義璟義意仲賢堅恂元詮寶琛寶琼寶瑞善祿化
緣信女馮妙田自命癸巳三月十二夜子時生信女龔
二姐孟一姐程妙堅運力行者可達可印以壽道清塔
主善壽何大曹二護陳伯誠趙文遠林觀俊李那海灰
拭匠人潘德卿大元至正十八年歲戊戌十壹月十七

日彌佗但晨上寶珠記江西吉安師父李仁敉李善卿
父呂道全各生淨界蔣王府禹四姐後又列佛號二行
云南無滿願菩薩南無常精進菩薩後又列年月八名
二十六行云熙甯癸酉女弟子黄氏念六娘捨錢鑄造
鐵蓋年深破壞今大元至正十八年戊戌歲化到十方
善男信女以銅易鐵重新鑄造天盤壽山蓋各祈善利
者提調燒灰僧信士李榮祝壽僧定明定智寶球明觀
堅懃庫子元宏化主明枯堅忻寶瑨寶現堅悟堅□監
修堅恕掌財法璁提督堅德耆舊堅悠壽祚嗣真堅悅
堅慧嗣堅仁堅義舒志念有貴淨廣淨亮嗣敬淨寶宏
懋法成元紀掌事寶瑽寶綺傳意寶璋嗣閏頭首善福
宗方至初寶瑄寶瓊元粟堅愢當代住持永吉識羊城
匠人呂從政鑄造凡五十八行三百九十七字字多訛
俗湣熙宋孝宗年號不值癸酉癸酉爲咸湣九年此作
熙湣熙蓋咸之誤也自咸湣癸酉至至正戊戌歷八十
五年矣

賀祕監祠堂碑在鄞縣篆額題賀祕監祠堂記六字旁
作麟鳳畫象至正二十年七月立文云唐祕監賀知章
字秀眞世居四明小谿湖上性曠達無俗韻嗜酒善隸
草書晚年尤誕放逍遙夷猶自號四明狂客嘗擢科累

官大常博士開元間以禮部兼集賢遷太子賓客授祕
書監天寶初一旦棄官去若弊屣著黄冠道士服請易
居宅爲千秋觀詔許之仍賜鏡湖剡川一曲蓋其抱高
世絶俗之姿瀟灑出塵之表儀形丰度鸞翔鵠峙蟬蛻
汚濁之中神遊八極泥塗軒裳浮雲富貴翩然高舉介
然遠引而不顧者也知汚世之不可爲也故寄迹老子
以遊方之外知元宗好誕將必咈其請也故託爲夢帝
所之說以歆動其聽不能終遠其鄉也故又請鏡湖剡
川以居之清風高致千載而下聞斯興起宋紹興閒郡
守莫將訪其讀書故地闢逃老堂於城西隅月湖之曲

與李太白同祀蓋取白稱其爲逸老也寶慶中守胡渠
又更爲隱德堂以漢四皓黃公並祀蓋擬其同郡同德
也既而燬廢尋廢其址爲驛傳至元更化因之弗改至
正十九年冬江浙行中書省理問官邱楠奉省命繕修
館舍得碣像於蕪穢中爬挲刮滌衣冠儼如即驛東偏
別作祠堂三楹以專祀徽黃公李白位設椒醑奠之昭
崇敬焉於是吞吐湖光以據十洲島嶼之勝而雲煙月
露徘徊於斗牛之間者尙想先生之風可陟也彼車塵
轍迹宦途鞅掌過祠下趨館穀甯無一二竦息者乎而
邱君能表而出之其志爲可尙已徵記於余辭不獲而

爲之書至正庚子七月既望記前列碑題一行次列書
撰人銜名承務郞江浙等處行中書省左右司郞中劉
仁本撰奉議大夫僉淛東海右肅政廉訪司事史銓書
中奉大夫江浙等處行中書省參知政事周伯琦篆後
題鄉老胡世佐孫蒙鄭覺民迺賢楊彝立石徐中裕刻
凡二十一行行三十四字正書方界格鑱潛研有目無
跋兩浙金石志載此文無一缺損今行末已泐十二字
沅跋引至正十三年以是堂并後區虛館改置水馬站
分南北二館而祠廢此邱楠奉省命繕修而仁本記之
也仁本字德元天台人爲方國珍參謀至正庚子仁本

治師饒姚作雩詠亭爲續蘭亭會有圖刻石傳世祥校
胡渠廬陵人銓之孫宋史附其祖銓傳邱楠見明史方
國珍傳至正二十五年銅漏壺銘爲楊彝所撰阮跋云
錢塘人官至翰林學士疑即其人碑爲鎭江太守趙粹
甫佑宸所貽粹甫鄞人余丙辰分校所得士由詞館外
擢

桂林修城碑陰記在桂林東城樓楊子春撰篆額題碑
陰記三字至正廿一年十一月立碑分四截上截記四
十行文云廣西古南越地當楚越之交秦漢爲旁郡史
祿開靈渠漕運乃通歷代更革不一隨廢始安郡爲桂

州總管府置大使唐因其舊尋改大都督府後又升爲
節鎭宋置經略安撫司國家混一寰宇建元帥府立廉
訪司以糺劾一道躔之分野則唐僧一行宋蘇文忠公
諸說以湘南爲鶉尾之次桂林當軫十一度其論迺有
所據我朝承平百年蠻夷率報城池稍以廢弛至正十
有一年監憲也兒吉尼公憲副是邦明年淮右盜起湖
廣不守賊遂入湖南衡永皆警嶺海震動公諭衆曰八
桂根本一十六州國保於民民保於城乃議建築城池
以爲設險守國之要遂捐俸於官貿易海艖積以歲月
息倍至萬經制之費皆出於此以至正十六年冬十月

甲子鳩工軍民就役者五千餘人自北而東由南而西城廣袤三千七百丈監築官吏分命督役人各賦四十丈鑿石於山督工吏士凡二百餘人計日取石皆有數工匠及軍民充夫役者日給鹽折錢一百文廩米三升凡城內外自頂至踵皆甃以大石瀋米爲膏煉石爲灰擣如堇泥塗澤其中城兩廂皆砌石三重基址堅厚自下樹石櫛比而上端方周正文理緻密繚繞周迴一十餘里起於東北寶積山連風洞因山爲城增卑益高築爲垣建睥睨各數十百丈東爲就日門又東爲癸水門爲行春門又正東爲東江門正南爲安遠門爲通明門

左爲拔門以達東江門又南爲小南門又西爲麗澤門爲西成門西北爲寶賢門正北爲迎恩門爲安定門爲拱辰門爲鎮嶺關城門皆建樓閣設閫閾其最大者爲逍遙樓下各爲磴道以便登陟團敵爲臺者三十九臺上建樓樓皆外向以便觀覽團敵之中又其大者建雄邊樓城門樓閣其高廣又倍之守城吏士爲周廬五十三所以庇風雨城上壘埤外向皆有箭眼內亦設女墻以防墜佚城之顛面皆砌以甎石其平如砥外築閫馬墻以護城輪奐一新雉堞相望流水縈帶羣山聳立長虹天矯煙雲相連誠一道之偉觀肇基於至正丙申之

冬竣事於庚子歲之八月凡一歲畊穫之時休暇以卹民力以實計之四季而克成厥事其勤可謂至矣城以丈計三千七百有奇城高二丈有奇城面闊三丈有奇以丈計當用之石一千餘枚爲石三百一十萬八千有奇工石之工以日數之六十三萬五千五百有奇軍民夫役之在官者以日數之一百二十四萬六千四百有奇城臺之樓以間數之一百七十五楹有奇竹木之數計百餘萬灰與米和而爲膏計米四千八百五十石有奇灰以石計三十餘萬有奇甎甓之數五十萬有奇金錢之用以斤計之一十萬三千八百有奇財用之廣鹽

以引計九千九百有奇折緡錢三十九萬一千七百有奇軍民之役於官者傭工廩稍爲米三萬一千七百二十石有奇犒賞之用不在數焉其費可謂大矣是役也官吏督工役者一百七十八人工石之工一千二十七人竹木之工一百一十八人取石於山監臨官吏二十七人吏卒四十人惟百執事之駿奔兵若民之效力其勤勞之至四季于茲城築大事也不可以不書爰命備述其事勒之碑陰云至正二十一年龍集辛丑十有一月丙寅賜同進士出身將仕郎清湘縣丞蜀郡楊子春謹記下三截列築城官吏夫役姓氏有提調築城官吏

總提調一應錢糧提調東西二山取石收支鐵器收支篾纜一應什物監督各山運石監督砌城監督軍夫平土收支供給一應錢糧修造運石船隻收支麩漿柴薪木植提調麩漿和灰收支石灰監督砌城排日計工提調民夫提調軍夫監取山石公使人監砌女墻提調燒造甎瓦監督取山收支搭蓋竹木茅草收辦鍊鐵木炭起蓋城上樓櫓諸名目以及夫匠石匠夫役軍夫水夫泥水匠木匠竹篾匠造船造桶匠鐵匠等名數

烏石山國書七字魏稼生巏尹寄貽云副使側□書審之未見署款

八瓊室元金石偶存卷終